汇添富基金·世界资本经典译丛

安然公司发迹的岁月
——被遗忘的1984—1996年

（上）

小罗伯特·L.布兰德利
（Robert L. Bradley Jr.） 著

沈国华 译

上海财经大学出版社

图书在版编目(CIP)数据

安然公司发迹的岁月:被遗忘的1984—1996年/(美)小罗伯特·L.布兰德利(Robert L. Bradley Jr.)著;沈国华译.—上海:上海财经大学出版社,2022.1
(汇添富基金·世界资本经典译丛)
书名原文:Enron Ascending:The Forgotten Years,1984—1996
ISBN 978-7-5642-3547-5/F·3547

Ⅰ.①安… Ⅱ.①小…②沈… Ⅲ.①能源工业-工业企业-企业史-美国 Ⅳ.①F471.262

中国版本图书馆CIP数据核字(2020)第093418号

□ 责任编辑　李成军
□ 封面设计　南房间

安然公司发迹的岁月
——被遗忘的1984—1996年

小罗伯特·L.布兰德利　著
(Robert L. Bradley Jr.)
沈国华　译

上海财经大学出版社出版发行
(上海市中山北一路369号　邮编200083)
网　　址:http://www.sufep.com
电子邮箱:webmaster @ sufep.com
全国新华书店经销
上海叶大印务发展有限公司印刷装订
2022年1月第1版　2022年1月第1次印刷

787mm×1092mm　1/16　53.75印张(插页:4)　877千字
定价:268.00元
(共上、下册)

图字：09-2019-792 号

Enron Ascending

The Forgotten Years，1984—1996

Robert L. Bradley

© 2018 Scrivener Publishing LLC.

All Rights Reserved. This translation published under license with the original publisher John Wiley & Sons, Inc.

No part of this publication may be reproduced, stored in a retrieval system, or transmitted, in any form or by any means, electronic, mechanical, photocopying, recording, or otherwise, except as permitted by law, without the prior written permission of the Publisher.

Copies of this book sold without a Wiley sticker on the cover are unauthorized and illegal.

本书简体中文版专有翻译出版权由 John Wiley & Sons, Inc. 公司授予上海财经大学出版社。未经许可，不得以任何手段和形式复制或抄袭本书内容。
本书封底贴有 Wiley 防伪标签，无标签者不得销售。

2022 年中文版专有出版权属上海财经大学出版社

版权所有　翻版必究

总　序

书犹药也,善读之可以医愚。投资行业从不乏聪敏之人,但是增智开慧乃至明心见性才是成长为优秀投资人的不二法门,读书无疑是学习提升的最佳方式。

常有人说投资是终身职业,但我认为投资更需要终身学习。很多人投资入门多年,依然不得其道;终日逡巡于"牛拉车不动,是打车还是打牛"的困境,不得要领。从业多年,我接触过太多这样的投资人士,个中缘由不尽相同,但有一点却非常普遍:或是长期疏于学习,或是踏入"学而不思则罔"的陷阱。

我认为,学习大致有三个层次,亦是三重境界:

第一重是增加知识,拓展基础的能力圈。着眼点是扩大个人对于客观世界的认知积累,这是大多数人的学习常态,这一重固然重要却不是学习的本质。

第二重是提高逻辑,改进个人的认知框架。达到这一境界,已经可以将刻板知识灵活运用,但仍然仅可解释过去却无法指向未来。

第三重是强化洞见,思考从个人出发,无视繁复的信息噪声干扰,穿透过去、现在和未来,最终开始正确地指导现实世界。在这一境界,学习已不只是追求知识,更是追求"知识的知识"。这是无数积累之后的茅塞顿开,更是质量互变之际的醍醐灌顶,不断思考感悟尤为重要。

书籍浩如烟海,书中智慧灿若繁星,而若能由自己抽丝剥茧得到"知识的知识",将会终身受益。二十多年前,我还是一名上海财经大学的普通学生,对投资有着浓厚的兴趣,可惜国内的投资业刚刚起步,相关资料远没有今天互联网时代这样发达，此时财大的图书馆像是一个巨大的宝库，收藏着大量有关投资的英文原版书籍。我一头扎进了书丛，如饥似渴地阅读了许多经典，通过这一扇扇大门，我对西方资本市场发展窥斑见豹，其中提炼出的有关投资理念、流程、方法的内容潜移默化地影响并塑造了日后的我。时至今日，常有关心汇添富的朋友问起，为什么根植于国内市场的汇添富，投资原则和方法与外资机构如此类似？我想多少应该与我当年的这段经历有关。

今天，我依然非常感恩这段时光，也深深地明白：那些看过的书、走过的路对一个人的人生轨迹会产生多大的影响，特别是在以人才为核心的基金投资行业。今年恰逢中国基金行业二十周年，二十年斗转星移，正是各路英杰风雨兼程、夙兴夜寐才有了今天的局面，汇添富基金是见证者，也有幸参与其中。这些年，我总试图在汇添富重现当年我学生时的氛围，鼓励同事们有空多读书、读好书、好读书。在此，奉上"汇添富基金·世界资本经典译丛"以飨读者，希望大家能够如当年懵懂的我一般幸运：无论外界如何变化，我们都可以不断提升进化自己。

是以为序。

张　晖

汇添富基金管理股份有限公司总经理

2018 年 12 月

谨以本卷纪念我的两位导师默里·N. 罗斯巴德(Murray N. Rothbard)和唐纳德·C. 拉沃伊(Donald C. Lavoie)。

我们仍有许多东西需要了解，而且要了解安然公司非同寻常的历史，这样才能理解这家公司对于 21 世纪美国资本主义的意义。
——哈佛商学院名誉教授、《腐败的创新：安然公司破产的起因和留下的遗产》(*Innovation Corrupted：The Origins and Legacy of Enron's Collapse*)的作者马尔科姆·S. 萨特(Malcolm S. Salter)

序

"安然公司正在成为美国商业史上受到深入剖析的企业之一。"贝瑟妮·迈克莱恩（Bethany McLean）和彼得·埃尔金德（Peter Elkind）在他们2003年出版的《房间里最聪明的家伙》(*The Smartest Guys in the Room*) 中这样写道。今天，安然事件已经成为现代历史上被分析最多的企业丑闻，有无数的书籍、期刊和报纸在谈论这家典型的不守规矩的企业。

轻率的投资以及财务和会计欺诈充分揭示了安然公司人为繁荣和最终破产的原因；但很少有人深究造成这些原因的原因，即引发风险和欺骗行为的态度和策略，而且也很少有人了解这样的原因。

对安然公司过于简单的批评比比皆是，一本关于安然公司的畅销书声称，"鱼先从头部开始腐烂"。另一本关于安然公司的畅销书则表示："令人震惊的无能，毫无道理的轻率，道德沦丧，完全无视市场评判。"到目前为止，关于安然公司最专业研究所下的结论是"领导层缺乏理智和能力"以及"管理层粗心、懒散"。

在肯尼斯·李·莱［Kenneth Lee Lay，以下简称肯·L. 莱（Ken L. Lay）、肯·莱或莱］的公司里肯定存在狂妄自大、道德沦丧和贪得无厌的问题，但有关无能、懒散和轻率的指责与事实不符。安然公司有很多聪明、专注并富有献身精神的决策者，他们孜孜不倦地致力于创建一家新型企业。那么，安然公司这么多有才干和拼劲的员工怎么会并因为什么误入歧途的呢？就像哈佛商学院的一位教授所设问的那样，为什么会出现"腐败创新"的问题呢？

那么，难道是资本主义失控的结果？是一种市场失灵？或者说，是一种直接或间接的非市场失灵——政府和企业高管分别实行干预主义公共政策和反资本主义行为造成的意外后果？

更具体地说，美国政府在安然诞生之前和安然存续期间对天然气、煤炭、石油和电力行业的普遍干预，是否影响了这家曾经赫赫有名的企业的领导层及其经营策略呢？美国混合经济的特殊性是否导致这家名叫安然的企业在重要实践中采取财务欺诈和其他不良行为？

如果真是这样，那么，为什么是肯·莱的安然公司，而不是譬如说李·雷蒙德（Lee Raymond）的埃克森公司（Exxon）[后来的埃克森美孚公司（Exxon Mobil）]或者查尔斯·科赫（Charles Koch）的科赫工业公司（Koch Industries）受到不良行为的支配呢？安然公司有什么与众不同的地方呢？这家公司的创始人和自始至终的董事长、他所在行业的大人物以及与所有人一样的休斯敦先生（Mr. Houston）扮演了什么角色呢？

由于多种原因，这些问题都没有得到充分的探讨。首先，许多记者对安然公司和能源行业缺乏深入的了解。其次，安然公司员工出书（大约有十来本）所做的回顾性分析有可能提出一些比较深刻的洞见，但常常是一些狭隘的个人叙述。最后，有关安然公司的分析大多专注于安然出事前最后几年的表现，但忽视了早期即使不做重大（甚至根本性）方向调整也几乎能够据以预测结果的事态发展过程。但最重要的是，大多数叙述都没有谈到安然公司利润中心的政治维度以及安然公司领导层普遍存在的反资本主义心态。

主流媒体讲述的安然公司的历史由于缺乏专业深度和理论广度，因此常常具有误导性。尤其是在把安然公司置于它所处的社会、经济、历史和政治背景下分析时，这个问题就暴露无遗了。具有讽刺意味的是，评论人士又回到了安然公司自诩崇尚自由市场的误导性标榜上。

这家公司和肯·莱比任何人都更加明确地、一次又一次地承诺坚持自由企业、放松管制、私有化和竞争等理念。在金融危机爆发时，还有人对他们的这些花言巧语信以为真。如果安然公司的所作所为就是资本主义，那么，资本主义就是说谎、欺骗甚至欺诈——直至失败，于是就会得出这样的结论：过去和将来都需要更加严厉和明智的监管；必须制止私有化，特别是在不发达国家；

由企业赞助的游说活动即使不予禁止，也必须加以限制。只有这样，政府本应进行的有可能阻止安然公司堕落的干预才能在未来阻止像安然公司那样的企业。

这种观点很有市场，而且经久不衰，安然公司的破产仍然是自由企业和资本主义精神危险的现代版寓言。有商学院的师生声称，他们在总结安然公司的教训以后明白了监管的必要性。专家学者、政治家和知识分子继续用安然公司的名字作为不受约束的逐利行为的隐喻来表达他们的意识形态观点。结果就是，即使在安然公司破产15周年之际（2016年12月2日），我们仍然缺乏为更加全面地解释和洞察安然事件所必需的按时间顺序讲述的让人产生身临其境感的详细史实。

一份完整的历史文献必须关注安然公司的创建和成熟过程甚至它的前身，而且必须还原安然公司实际做过什么，而不是仅仅关注它说自己做过什么。用心的分析必须不但要剖析安然的主要负责人在公司有偿付能力的岁月（大约17年）里如何行动、如何互动、如何反应和如何不作为，而且要关注除肯·莱外是否还有其他主要负责人在这个时期采取行动、进行互动、做出反应或者不作为。

要想从安然事件中总结真正的教训，不仅需要更加详细的文献记述，而且必须跨越不同的社会科学对安然公司进行全方位、靠谱的世界观透视。之前的研究虽然可以说都是以事实为依据，却明确或巧妙地基于美国的进步主义世界观——资本家所做的一切都是资本主义的，结果就出现一种既矛盾又难以理解的情景：一家根据推测本应是自由企业的公司却利用自己的政治影响力大肆牟利。本卷及其所属的四卷本丛书"政治资本主义"（Political Capitalism）都致力于解释这种矛盾现象。

《政治资本主义》丛书的第一卷《资本主义在行动：企业、政府和能源》(*Capitalism at Work: Business, Government, and Energy*, 2009) 阐述了古典自由主义的世界观；第二卷《从爱迪生到安然：能源市场和政治策略》(*Edison to Enron: Energy Markets and Political Strategies*, 2011) 详细讲述了安然公司的行业背景故事和肯·莱的早期职业生涯。本卷（和本丛书的下一卷）将在前两卷的基础上，从认识论、伦理、商业和政治方面违背古典自由主义原则的高度来讲述安然公司制造虚假繁荣并最终令人震惊地宣布破产的原委。

"反资本主义"可以非常方便地被认定为寻求政府特殊照顾的行为——一种下文用来定义安然公司的实践。然而，这种行为或实践最深层的根源在于违背了"资产阶级道德"（或者本丛书第一卷所说的"斯密美德"）。要知道，"资产阶级道德"一直是商业资本主义的根基。这种反资本主义的越轨行为本质上可能是一些个人行为，如自欺欺人、轻率、鲁莽和挥霍；也可能是企业内部的恶习，但违反了诚信合作和最佳领导实践的规则。

对成就和困难的虚假陈述、哲学欺骗，是安然公司作为企业犯下的最大罪孽。但是，混淆个人和职业关系、同时侍候多个主人、以塑造形象来取代创造利润以及首席执行官崇拜等，都是安然公司犯下的其他罪行。本书的导言对这种反资本主义进行了阐释，而全书对反资本主义的行为进行了认定，以证明安然公司在精神和行为两个方面都是完全背离古典自由主义的。

古典自由主义者为市场——而不是监管机构——揭露并击溃安然公司而拍手叫好。他们做得很对。但是，这个故事更重要的地方和更加深刻的道德寓意在于：安然公司和肯·莱，无论是过去还是现在，都不可能在一种真正的资本主义文化中生存。莱雄心勃勃、才华横溢，他把一家"政治化"企业推到了政治化经济体中一个政治化行业的风口浪尖，并且在企业的经济可持续性和效益方面欺骗了几乎所有的人。

关于安然历史的第一批著述，是有关安然公司的新闻分析文章和由这种新闻分析文章编纂而成的书籍。这些关于安然公司历史的著述主要得出了三种结论：第一种是正确的结论，第二种是部分正确的结论，第三种是错误的结论。本书旨在确认、完善和修正这些结论，而本丛书的最后一本也将以此为己任。

有关安然公司的第一种结论——安然理应失败——是正确的。肯·莱和杰夫·斯基林（Jeff Skilling）颠倒了因果关系。他们辩称，安然公司遭到了"不良"媒体和安然股票*卖空者的打压。安然公司并不像斯基林和莱坚持认为的那样，是一家"伟大的企业"，而且肯定也不是像莱直到临终一直宣称的那样，

---

* 安然公司在发迹的过程中先后有多家子公司上市，它们的股票都有自己的交易代码。交易代码为"ENE"的股票是母公司的股票。在本书中，当说到安然公司的股票时，就是指交易代码为"ENE"的股票。——译者注

安然公司即使到了2001年第四季度仍是"一家实力雄厚、继续盈利并发展的企业"。2001年破产清算时，安然公司已经是一家被掏空的企业，它几乎没有什么值钱的资产可用来抵债。

很久以来，安然公司一直能够欺骗外部人甚至它自己。现在回想起来，这家公司为数不多的批评者和股票卖空者做得非常正确，他们透过烟雾发现了火苗。如果说他们有什么没做到位的话，那就是没有早点让安然公司倒闭。多年来，安然公司表面上的成功以及肯·莱高超的伪装伎俩、灵敏的嗅觉、对新经济前景的夸大和财务欺诈诡计，都让安然这个"海市蜃楼"持续了比在没有这些因素的情况下更长的时间。

关于安然对错参半的结论是：1996年年末和1997年年初理查德·金德（Richard Kinder）的离去和杰夫·斯基林的升迁，击垮了原本有望成功且可持续的安然公司。安然公司的一位董事回忆道："里奇·金德的离去，是令安然公司最悲伤的事件之一。"有本书的作者写道："就在1996—1997年的某个时候，安然公司越过了底线。代表安然公司财务良知的理查德·金德的离去，似乎是安然公司变坏的关键原因。"

安然公司的员工也表达了同样的看法。"我想，你的书和其他人的书最终都会说，安然公司的破产始于1997年1月1日。"吉姆·巴恩哈特（Jim Barnhart）如是说。巴恩哈特是安然旗下佛罗里达天然气公司（Florida Gas Company）一位深受员工爱戴的高管，于1997年退休。

虽然这个结论在一些重要的方面是正确的，但现实情况是：到了1996年，安然公司严重偏离了正道。转折点可能出现在1987年［瓦尔哈拉（Valhalla）危机］、1989年（盈利加速增加）、1992年［采用"盯模型会计"（mark‐to‐model accounting）］和1996年（玩弄财务游戏），而不仅仅出现在发生更加广为人知的与财务总监安迪·法斯托（Andy Fastow）有关的事件的1997年。除了地位稳固的州际管道运输和行业领先的勘采部门（这两个事业部与母公司有着截然不同的企业文化）之外，安然的主要事业部也被挂牌上市，而重要的新举措效果尚未得到检验，并且也存在问题。

具有讽刺意味的是，安然公司的麻烦，在一定程度上是由于它没能如愿以偿地成为救世主造成的。在肯·莱、里奇·金德和杰夫·斯基林三人组成的领导班子中，硬汉金德是首席运营官，他挥舞手中的大棒，确保了问责制在安然公司不同业务单位的贯彻执行。但是，莱帮助金德获得了成功和财富，而金德在这一过程中明显做出了妥协。事实上，金德在肯·莱面前显得有点谦卑，他的上司的缺点——缺乏专注度、好冒险——导致金德陷入困境并与他同流合污。在从石油交易丑闻到目光短浅的会计操纵，再到莱的家族裙带关系、夸张的公关活动以及涉足政治的各个方面，莱作为首席执行官总是发号施令，而金德作为首席运营官则是言听计从。

金德的缺点不仅仅是默许。由于他是安然公司的首席律师，因此，瓦尔哈拉交易失败在一定程度上也是因为他冒险和粉饰造成的。金德本人坚持不懈地努力，希望每个季度、每个年度都能实现所承诺的收益。为了实现公司和关键高管规定的绩效目标，他不惜采取违背净现值经济学的权宜之计。而且，他还身居财务高位，这可不是巧合。在1996年卸任之前，安然公司的这位首席运营官一直主持误导人的财务工程，这是一种只会导致公司财务状况恶化的做法。

金德给公司制定了一套漏洞百出的薪酬制度，其中包括针对国际项目的薪酬制度，这是一种奖励项目关门歇业，而不是鼓励成功运营的薪酬制度。他签署"裸险"协议，并批准导致大规模资产注销的投资。在他的任内，安然公司积欠了大量的表外债务。他在采取建设性措施贯彻问责制和进行"严爱"管理的同时，又做出了鲁莽和欺骗行为。

认为金德应该能够拯救安然公司的想法，与其说是基于他在安然公司时所做的事情，还不如说是基于他离开安然公司后取得的成就。金德由于早年曾开公司破产，因此来安然任职后重新认识到，聪明人的高调冒险行为也会出问题。以前的失败教训以及辞去必须对肯·莱言听计从的工作，使他受益匪浅。在安然公司破产以后，金德和原先在休斯敦天然气公司任职的威廉·摩根（William Morgan）以一种"硬资产中游模式"创建了金德-摩根（Kinder-Morgan）公司（他俩从购买安然公司不再需要的资产开始了自己的业务），最终取得了公司估值达数十亿美元的业绩。这家坐落在安然大厦对面的"反安然"公司是因为它的一个公司创始人（金德）偶然退出安然而创建的，这个公司创始人后来在经营管理上成了反"莱"之道而行之的人。

与此同时，由斯基林和莱组成的新团队用炒作、许愿和喝彩取代了中途调整，从而导致安然公司的不良事业部压倒了优秀事业部。他俩没有选择积极竞购新的输气管道,也没有把重点放在安然的核心业务国内新基础设施项目的建设上,而是把赌注压在了那些被认为回报率更高的时髦合资企业上。安然公司和金德-摩根公司选择的不同发展路径不禁让人想到,如果金德当初能留在安然公司不走,那么就会改写安然公司的历史——这一点完全不能确定。

第三个主要结论是关于意识形态影响安然公司经营策略形成的作用的,这个结论需要接受全面的修正。我们要回答的问题是:导致安然公司破产——关系到所有私人和政府守门人和企业守护者——的"系统失灵"是主要归因于对自由市场激励和资本主义的态度,还是可归因于倾向政府干预(监管、税收优惠、补贴)以及欺骗和偷工减料的观点?

关于这个问题的主流观点认为,是资本主义失灵。那么,安然公司难道没有滥用那些旨在保护公众的规则吗?肯·莱在安然公司任职期间难道没有对放松管制和自由市场顶礼膜拜?杰夫·斯基林难道不是社会达尔文资本主义的缩影?这样的最终结果——数以万计的无辜者蒙受经济损失——难道没有揭示现代资本主义的弊端?《华尔街日报》甚至也发表社论称,在这片废墟中,安然公司"对于任何相信市场的人来说都是有问题的"。有进步人士断言,更加严厉的法律和更好的贯彻执行必然能够防止自由市场崩溃。安然事件后的立法得到国会两党的支持,就反映了这一观点。

但是,我们必须透过安然公司亲市场的表象,才能看透它的实际行为和真实动机,而且只有这样才能提出截然不同的观点。

对于任何相信现代混合经济的人来说,安然公司的确是个问题。肯·莱通过他的商业模式采取各种最终有损竞争对手、投资者、纳税人和消费者的方式,持续不断地利用政府发起创造的商业机会。但与动产信贷银行(Crédit Mobilier)和蒂波特山公司(Teapot Dome)等的商业/政治丑闻不同,安然公司的政治敛财行为是合法的。此外,在混合经济中,它的这种行为从政治的角度看往往是正确的,媒体和安然公司自己的年报都大肆宣扬安然公司靠这种行为取得的成就。

对于任何相信高度管制经济的人来说,安然公司也是个问题。这家公司成了玩弄复杂的税法和监管条例的高手。事实上,安然公司终于做出了那些受到古典自由主义思想家和自由市场企业家长期谴责的不择手段的牟利和哲学欺骗行为。但与安然公司开展的游说活动一样,这些操纵手段几乎都是合法的。而且，这些操纵手段甚至还算不上通常所说的"违反会计准则细节"。

安然公司之所以能在这么长的时间里通过弄虚作假取得巨大的成功，仅仅是因为它聪明绝顶地利用政府的监管角色来为自己谋取利益。由于进步主义的官僚监管所造成的败德行为，因此，私营部门的看门人没能发现并制止这家公司违反道德和最佳商业实践的行为，但他们在一个买方因必须自我保护而更加谨慎的市场上肯定会这样做。

一种关于安然公司的修正主义观点还必然会关注肯·莱的行为方式。莱是一个有大局观的经济学博士，并且在联邦政府机构内外部积累了丰富的监管经验。在出任安然公司的前身（即休斯敦天然气公司）的首席执行官之后，莱迅速把他的新公司改造成一个接受联邦政府监管的实体。他一开始因无知而逐渐抛弃了有数百年历史的商业谨慎准则，徒劳地想把安然公司打造成世界领先的能源企业，然后再把它打造成世界领先的企业。

安然公司的董事长雄心勃勃、极其乐观，他正从过去走向未来，并且在加速前进。一个现实版的霍雷肖·阿尔杰（Horatio Alger）[1]笔下的故事最终却变成了一出美国悲剧，并且成为本丛书第四卷的主题（时间跨度从1997年到安然公司破产并被提起刑事诉讼）。杰夫·斯基林出狱将成为笔者讲述的安然公司历史的最后一个数据节点，也将成为笔者在肯·莱的企业兴衰的启发下撰写的这套四卷本政治资本主义丛书的最后一个数据节点。

本项目始于拥有三个篇章的著作《政治资本主义：英萨尔、安然及其他企业》（*Political Capitalism：Insull，Enron，and Beyond*）。后来，每一篇——世界观、背景故事和安然公司——都被扩展成书，并且都反映了每个主题各自出乎意料的内容丰富性。

第一卷《资本主义在行动：企业、政府和能源》把古典自由主义的世界观应用于安然公司和该公司据以发迹的美国混合经济。笔者试图从经营策略、历史、哲学、经济学和政治经济学的角度记述主要的资本主义思想家是如何识别并强调具有经济可持续性的商业实践的。

亚当·斯密（Adam Smith）、塞缪尔·斯迈尔斯（Samuel Smiles）和艾

---

[1] 1832～1899年，美国儿童小说作家，大约发表了130部作品，大多是讲穷人家的孩子如何通过勤奋和诚实获得财富和社会成功。——译者注

恩·兰德（Ayn Rand）都对我们今天界定安然公司的行为提出了应该注意的地方。在我们这个时代，古典自由主义企业家查尔斯·科赫在他的著作《成功学》（*The Science of Success*，2007）和《取之有道的利润》（*Good Profit*，2015）中编纂整理了一整套与安然公司的运营方式截然不同的经营理念。

就重要性而言，制度史并不比思想史逊色。第二卷《从爱迪生到安然：能源市场和政治策略》考察了安然公司的前身企业和包括肯·莱本人在内的相关个人。有关约翰·亨利·柯比（John Henry Kirby）和塞缪尔·英萨尔（Samuel Insull）等历史上发生过的"同类"故事与肯·莱、破产等诸如此类的故事有许多相似的地方。历史的教训，特别是看似根基稳固的个人和企业的兴衰表明，不为人知或者被遗忘的历史，或者简单地说，没有受到重视的历史，无一不是宝贵的知识财富。

在这一卷里，笔者开始分析安然事件本身及其后果。但由于几个原因，这一卷最终变成了两卷，而三卷本的丛书也就变成了四卷本的丛书。

首先，肯·莱是个绝对复杂的人物，他总是心血来潮、不断改变安然公司；安然公司是一个拥有许多独立管理层、商业计划和激励机制的公司的企业集团。这些公司分别从事石油和天然气勘探和开采［安然石油天然气公司（Enron Oil & Gas）］、州际天然气输送［主要有佛罗里达天然气输送公司（Florida Gas Transmission）、横贯西部管道公司（Transwestern Pipeline Company）、北方天然气公司（Northern Natural Gas）等］、天然气营销［安然资本与贸易资源公司（Enron Capital & Trade Resources）以及这家公司的几家前身企业］和国际基础设施［安然国际公司（Enron International）］等业务。安然公司旗下还有液化天然气和其他合资企业，如可再生能源公司，也都有自己的历史。

安然公司曾多次剥离自己的子公司，成立上市公司，其中的一家子公司在剥离上市后重又成为安然公司的全资子公司。变卖资产为下一个大项目融资，对于安然公司成为北美领先的一体化天然气公司，然后成为全球最大的天然气巨头，最后再成为世界领先的能源企业，起到了非常重要的作用。（安然公司的终极愿景是成为世界领先的企业，这是本丛书即将出版的第四卷中的部分内容。）

其次，安然公司是与比其自身更加宏大的外部事件联系在一起的。在商业和公共政策论坛上，肯·莱曾是主张使用天然气、反对使用煤炭和石油的代言人。到了20世纪90年代中期，莱又成了最接近获得"休斯敦先生"荣誉的人，他利用自己的个人财富和公司的巨大资源支持众多慈善事业，并且推动了他认为对安然公司及其家乡很重要的项目的选民公投。

再次，可信赖的学术史记必须交代事件的背景和构建相关实践的目的，而不只是满足于讲述事件的经过。安然公司不是一个场所、物件或者事件；它是一系列决策的产物，而且它所经历的每个阶段都与下一阶段有关。以目的为中心、联系背景的组织内部历史——与只讲述外部故事的历史完全不同——要求作者采用能让读者产生"身临其境"感的写实手法，这样就能让读者乃至研究安然公司的学者明白哪些事情有可能在其他情况下会让他们感到困惑。

最后，1997年前的安然公司本身就是一个故事。在"被遗忘的岁月"里发生的事件和可以吸取的教训与之后的安然公司历史并没有"并发症"的关系。安然公司1997年前的过去是这家公司（有偿付能力的）最后五年的序幕。不过，这个过程仍有两个自然阶段：1984—1996年和1997—2001年。

安然公司的故事是美国商界最重要的故事之一，当然也是美国国内能源行业最重要的故事，肯·莱的传奇故事可以与约翰·D. 洛克菲勒（John D. Rockefeller，1881—1911年）和塞缪尔·英萨尔（1892—1932年）的传奇故事相提并论。洛克菲勒是石油先生，英萨尔是电力行业的"老大"，而肯·莱则是天然气先生，并且想要获得更多的名利。

大约在20年前，笔者作为安然公司一名热情洋溢的员工开始这个项目时，我相信莱会实现或者至少接近达到他那些崇高的目标，并成为一个引人注目的成功故事中的主人公。但我所不知道的是——本书所记载的——许多失败和悲剧的种子早已播下。

致　谢

这本记述安然公司历史的读物，在很大程度上应该归功于笔者在安然度过的 16 年（1985—2001 年）职业生涯。在这 16 年中，我最早供职于横贯西部管道公司，这是一个州际天然气输送系统，负责从得克萨斯州和新墨西哥州向加利福尼亚州输送天然气。在这家公司，我了解到根据联邦能源管理委员会（Federal Energy Regulation Commission）制定的规则确定的天然气价格和服务条款以及该委员会把先前的监管制度改成强制性开放—准入制的一手资料。我还了解到加州实行内容广泛的能源和环境监管，具体由加州公用事业委员会（California Public Utilities Commission）、加州能源委员会（California Energy Commission）、加州空气资源委员会（California Air Resources Board）和南海岸空气质量管理区（South Coast Air Quality Management District）共同实施。

我在安然公司供职的第二阶段担任专为我设置的公司一级的职务。作为公共政策分析总监，我参与处理不同的立法和监管问题，并且参与起草主要为肯·莱准备的执行报告。在公司关于可再生能源和气候问题的辩论中，我是安然公司唯一持自由主义观点的员工。因此，我的持传统观念的同事在人数上远远超过了我，他们在董事长的暗示下追逐由政治衍生而来的利润（经济学家称这种行为为"寻租"）。尽管如此，我的声音还是让尊重别人并至少自诩相信自由市场的莱听到了。

实际上，我从进安然公司工作开始就养成了做笔记的习惯，而且还把公司的历史记在了自己的脑海里。我在1992年2月12日的备忘录中第一次向时任安然公司办公室主任的埃德蒙·塞格纳（Edmund Segner）建议写这样一本书。2000年，在公司提出要让安然公司成为"世界领先企业"的愿景以后，我就开始采访一些公司历史上的关键人物。休斯敦大学历史与商业学卡伦讲席教授约瑟夫·普拉特（Joseph Pratt）加入了我负责的团队，并且担任这个项目的联合主管。普拉特是他那一代秉承亨利埃塔·拉尔森（Henrietta Larson）和哈佛大学领导的商业史基金会（Business History Foundation）传统的主要能源行业编年史学者。可惜，安然公司的口述史项目（Enron Oral History Project）在2001年底随着安然公司的破产而终止。

本书引用了这个研究项目以及公司内部收集到的许多其他重要资料。除另有说明外，本书引用的插图、宣传材料、办公室内部备忘录、公司文件、访谈录以及我与安然公司高管之间来往的电子邮件的副本都"归作者所有"，并将最终存入一个可公开查阅的档案文献。与本套丛书第二卷一样，本卷的资料来源说明（约有5 300个）、完整的参考文献（约有1 000个）和39个在线附录都挂在网上（网址：www.PoliticalCapitalism.org）。在这个网址上还能找到本卷三个索引（名称索引、商业索引、政治经济索引）更加完整的版本。在线版本的索引有第三个层次的分析，因此可用于更加精确的搜索。

我难得有机会把一种涉及多学科的古典自由主义世界观应用于安然公司，这是许多人提供耐心和慷慨帮助的结果。首先，我要感谢能源研究所（Institute for Energy Research）理事会和总裁托马斯·J. 派尔（Thomas J. Pyle）。我还要感谢古典自由主义企业家查尔斯·科赫的慈善基金会以及我的父母（现已故）罗伯特·L. 布兰德利（Robert L. Bradley）和玛格丽特·布兰德利（Margaret Bradley）的鼓励，是他们让我走上了这条较少有人问津的知识道路。

我也想借此机会偿还自己积欠的知识债务。在我刚开始自己的职业生涯时，虽然工作热情很高，但缺乏专业知识，有两位受人尊敬的古典自由主义学者特别引起了我的兴趣，更不用说他俩发表的著作了。唐纳德·C. 拉沃伊使我懂得了得到深刻理解、善意阐释和全面评价的对立观点所具有的学术价值，而默里·罗斯巴德则使我明白了一种涉及多个学科的世界观对于撰写可信赖的史记的重要意义。1977年，我和他俩在加州门洛帕克（Menlo Park）一起度过的夏季将永远成为我本人个人生活和学术生涯的一个亮点。

由自由基金会（Liberty Fund）举办、杜格·丹·尤尔（Doug Den Uyl）主持的学术研讨会已经证明对我的学术发展起到了不可估量的作用，而我的学术发展依靠的是我早年在现在属于乔治梅森大学（George Mason University）的人文科学研究所（Institute for Humane Studies）参加研讨班研修的自由科学。

加州大学富乐顿（Fullerton）分校的经济学家罗伯特·迈克尔斯（Robert Michaels）以及加州能源委员会的理查德·比拉斯（Richard Bilas）和汤姆·坦顿（Tom Tanton）都是美国能源最缺乏的州的伟大教育家和支持自由的盟友。我还记得我因业务关系在加州一些公用事业公司结识的很多朋友和遇到的老师，包括南加州燃气公司（Southern California Gas Company，SoCalGas）的拉里·弗莱瑟（Larry Flexer）和南加州爱迪生公司（Southern California Edison Corporation）的曼努埃尔·阿尔瓦莱斯（Manuel Alvarez）。

曾经与我一起度过或者重新度过安然岁月并审读过本卷不同部分手稿的人士包括：吉姆·亚历山大（Jim Alexander）、杰拉尔德·班尼特（Gerald Bennett）、罗恩·伯恩斯（Ron Burns）、约翰·埃斯林格（John Esslinger）、马克·福莱维特（Mark Frevert）、史蒂夫·哈维（Steve Harvey）、福莱斯特·霍格伦德（Forrest Hoglund）、斯坦·霍顿（Stan Horton）、文斯·卡明斯基（Vince Kaminski）、丽贝卡·马克-乔斯巴什（Rebecca Mark-Jusbasche）、丹·麦卡蒂（Dan McCarty）、迈克尔·穆克勒罗伊（Michaele Muckleroy）、辛迪·奥尔森（Cindy Olson）、李·帕帕约蒂（Lee Papayoti）、肯·赖斯（Ken Rice）、杰夫·罗伯茨（Geoff Roberts）、马克·施罗德（Mark Schroeder）、克拉克·史密斯（Clark Smith）、布鲁斯·斯特拉姆（Bruce Stram）、特里·索恩（Terry Thorn）、乔治·沃瑟夫（George Wasaff）和谢隆·沃特金斯（Sherron Watkins）。还有数十名安然公司的员工同意接受我的采访，这些采访素材现在已成为安然公司历史资料的一部分。

贝基·坎特莱尔在我们在安然公司一起共事的最后几天里给了我一份珍贵的内部备忘录。我的同事杰夫·格莱（Jeff Gray）能实时了解公司的问题，并给他资历更深的同事（包括我在内）分析安然的问题。约翰·奥尔森（John Olson）审阅了本书的部分手稿，并且讲述了他关于一位专业分析师质疑权威人士——其中包括安然帝国的"皇帝"们——的故事。约翰·詹瑞奇（John Jennrich）是他那个时代首屈一指的能源记者，他爽快地答应审阅本书各章节的手稿，并且为我写此书寻找研究资料。

罗杰·唐威（Roger Donway）作为学者中的翘楚，提供了第一手研究资料，帮助我发展了反资本主义企业管理的概念，并且对全书进行了校订。让·施皮茨纳（Jean Spitzne）为本书配置了非常专业的插图。文字编辑伊夫林·派尔（Evelyn Pyle）为确保全书无编校差错付出了辛勤的劳动。

撰写经得起时间检验的史书是一个漫长而艰苦的过程。我的出版商兼朋友马丁·斯克里夫纳（Martin Scrivener）是作者所能找到的最有耐心和最会鼓励人的出版商。在他的策划和督促下，一卷本就变成了三卷本，而且还有望变成四卷本。我为能得到斯克里夫纳出版公司（Scrivener Publishing）和约翰·威利父子公司（John Wiley & Sons）联合出版本卷的许可而感到非常自豪。

本卷中存在的任何不足都由作者本人负责。我将在我的网站（www.politicalcapitalism.org/Book3/Revisions.html）上发布读者所做的更正、批评和阐述。为此，本人敬请读者通过电子邮箱 robbradley58@gmail.com 把信息发送给我。

小罗伯特·L. 布兰德利
2018 年 3 月

目 录

总序/1

序/1

致谢/1

导言　安然公司的发迹历程/1

反资本主义/4

董事长肯·莱/10

收益问题/20

公司的面具/33

政府创造的机会与依赖/42

(政治领域取得的)成就/55

反资本主义的安然公司/70

历史教训/76

第一篇　从休斯敦天然气公司到安然公司：1984—1987年

引言/81

第一章　焕然一新的休斯敦天然气公司/83

新公司/84

回归天然气/90

招募新人/94

收购案/97

剥离资产/107

动能与债务/109

1985 年/112

最后一招？/121

第二章　休斯敦天然气公司与联合北方公司/124

北方天然气公司/125

一家擅长营销的天然气管道运输公司/130

一起合并案的序幕/136

休斯敦天然气-联合北方公司/142

买方后悔/146

合并后的挫折/149

团结一致/151

肯·莱亲自掌管/158

竞争性管道运输服务/163

给未来定位/170

新的公司名称/172

第三章　奠定基础/174

新的公司总部所在地/175

新的团队/179

不朽的 1986 年/182

熠熠生辉的 1987 年/206

结束语/215

第二篇　冒险与发展：1987—1989 年

引言/219

第四章　安然石油公司危机：1987 年/221
警示与否认（瓦尔哈拉 1 号丑闻）/224
危机与善后（瓦尔哈拉 2 号丑闻）/230
没有吸取的教训/243

第五章　复苏：1988—1989 年/245
管理层的深度和变革/247
安然石油天然气公司的重新定位/252
重新致力于热电联产/257
天然气管道运输公司创业/263
狠抓天然气营销不放/273
液体燃料：有钱可赚的渐进式发展/279
变得更有政治追求/282
业已实现的愿景/286

第三篇　天然气、天然气政治：1990—1993 年

引言/295

第六章　争当世界天然气行业的巨头/298
新愿景/299
发展州际天然气业务/302
致力于国际化/314

安然电力公司/333

安然石油天然气公司/335

安然液体燃料公司/344

企业文化/352

结束语/357

第七章　具有政治头脑的莱/360

"天然气先生"/364

大谈价格/366

与石油斗/371

向煤炭宣战/374

让天然气变绿/386

请布什去里约/388

从布什到克林顿-戈尔/391

注重环境问题的安然公司/395

在其他场合从事的政治活动/397

能源哲学家？/401

第四篇　杰夫·斯基林

引言/405

第八章　天然气营销：1990—1991 年/408

监管变革与新市场/409

安然天然气营销公司：1990 年/414

安然天然气服务集团：1991 年/429

盯市记账/440

结束语/446

第九章　天然气营销发展：1992—1993 年/448

　　安然天然气服务集团：1992 年/449

　　安然天然气服务集团：1993 年/472

　　监管问题/484

　　竞争与压力/491

第五篇　安然公司的扩张：1994—1996 年

引言/495

第十章　安然公司稳定的一面/500

　　州际天然气管道集团的发展/501

　　安然石油天然气公司/520

　　安然石油交易运输公司/530

　　结束语/536

第十一章　安然资本与贸易资源公司/538

　　新的名称，组织变革/545

　　电力批发市场营销/547

　　安然国际公司/551

　　风险管理，企业文化/559

　　人才评价与引进/565

　　结束语/569

第十二章　安然公司的国际抱负/571

　　早期的成就/574

　　发展中的问题/576

　　未了的心愿/588

　　安然全球电力与管道公司/595

安然工程建设公司/600

结束语/602

第六篇　焦虑不安的安然公司：1994—1996 年

引言/605

第十三章　替代性能源/608

伟大的思想，新的赌注/611

太阳能/615

风能/627

燃料电池尝试/637

安然环保服务公司/641

总统可持续发展委员会/643

结束语/649

第十四章　愿景多变的安然公司/652

安然公司的新愿景/653

安然公司的新经济（加里·哈默尔）/662

大人物，伟大的企业/665

结束语/678

第十五章　能源零售/680

天然气零售/682

电力零售/686

安然能源服务公司/731

结束语/739

后记　危险的野心/740
　　三个"纪元"/740
　　1996年前后/744
　　一家不断变革的企业/747
　　纠正误解/769
　　反资本主义的安然/775
　　最后的思考/778

肯·L. 莱年表/781

参考文献/791

导言　安然公司的发迹历程

安然公司总爱铤而走险,它的冒险经历始于1984年,即肯·莱接管安然公司的前身休斯敦天然气公司几个月后,并且一直持续到2001年12月安然公司破产。在这17年里,安然公司之所以一直身陷险境,与其说是因为天然气行业境况不佳,倒不如说是因为莱认为,与一种宏大叙事联系在一起的超常增长就能打造一家更具统治力的企业。

肯·莱接手休斯敦天然气公司的第一年,为购买两条州际天然气运输管道支付了最高(甚至更高)的价格,然后根据他在这方面夸大的利润预测策划了一起合并案。到了1985年年中,原本现金充盈的休斯敦天然气公司已经变成了债务缠身的休斯敦天然气-联合北方公司(Houston Natural Gas/Inter-North),一家(用莱的话来说)"没有犯错误余地的企业"。

安然公司在接下来的几年里如履薄冰,甚至遭遇了一次险些倒闭的劫难,但莱这位大权在握、有恃无恐的首席执行官正在寻找一种需要新业务和新实践的增长方式。

进入20世纪90年代以后,安然公司的盈利持续增长,一度在业内被传为佳话。但是,莱常会采取一些独特的咄咄逼人的行动。安然公司依赖一些有根据的猜测和希望,而不是通过降低风险来做出非常重要的承诺。安然公司因为采取增加当期收益的权宜之计而牺牲了自己的未来,并且把国内的政治施舍和国外不稳定的反资本主义政权作为重要的利润来源。

更重要的是,安然公司旗下增长最快的事业部所报告的收益是主观制造,而不是客观创造的。距离舞弊已经近在咫尺。

安然公司的盈利一季度接着一季度、年复一年地持续增长,而且速度非常惊人。安然公司的股票是名副其实的动力股,莱向所有人保证这只股票的增长潜力,而安然公司的员工重仓持有本公司的股票,心里想着它会涨得又快又好——就像他们的首席执行官所希望的那样。

在经济不可避免地放慢增长速度甚至发生逆转时,安然公司就开始玩弄财务伎俩和真假混杂的披露手段来延续它的神话故事。这种不法行为只能起到短期缓解的作用,却使安然公司的未来变得黯然失色。安然公司想要避免新的麻烦,就必须采取更多轻率甚至不择手段的行为。这就是安然公司偏离最佳实践的行为不断增加、公司发动机和控制系统不断腐朽,而摊子越铺越大[1]的发展过程[2]。

本书记述了安然公司6种主要业务在1984—1996年间的表现。安然公司旗下3个市场取向的事业部——天然气输送、天然气勘采和液化天然气——以审慎、诚信和高效而著称。无独有偶,这三个事业部也是休斯敦天然气公司和联合北方公司的核心部门,但安然公司的另外3个事业部(天然气与电力营销、电力开发以及可再生能源与清洁燃料)都要靠政府扶持,因此被证明容易变得轻率、夸张——正好与自亚当·斯密时代以来的古典自由主义所认定的好企业背道而驰。

本导言兼综述旨在着重介绍可从大量的商业史实提炼并总结的重要主题和关键事实,并且得出两个主要结论。

首先,安然公司的最终命运自然是它最初十几年表现的结果。具体而言,有人不无道理地分析认为,1987年发生的瓦尔哈拉石油交易丑闻(见本书第四章)是安然命运的预兆。但是,为了凸显早期决策和缺陷的演化最终把安然置于危

---

〔1〕 安然公司在破产申请材料中列出了498亿美元的资产和312亿美元的负债,其中不包括表外融资或有负债。在最终的会计报告中,安然公司的负债超过了资产和诉讼索赔额的4倍,即630亿美元对120亿美元。

〔2〕 还请参阅:"Enron as a Process," in the Epilogue, pp. 667–668; Internet appendix I.1, "Business History Scholarship: Some Methodological Notes," www.politicalcapitalism.org/Book3/Introduction/Appendix1.html。

险境地而不能自拔的过程,本书寻找并发现了安然公司更多偏离最佳实践的行为——通常是一些不大,但有些却很严重的偏离行为。

我们发现,导致安然公司破产的原因就是安然在 1996 年以后进行不明智的投资并玩弄会计花招,而这些行为的曝光则最终导致安然公司在 2001 年年底宣布破产——并且使我们大家为安然怎么没有更早破产而感到惊讶。

这既是导致我们知其然而不知其所以然(也就是知道安然公司是因为这些原因而破产的,但却不知道为什么会出现这些原因),又是造成那些导致安然公司在 1997 年以前频频失误和失信的公司经营策略和高管个人动机鲜为人知的原因。详细考察安然公司的每个部门以后,我们发现,从时间上看,安然公司走向破产的过程明显始于 1997 年之前,而不只限于 1997 年以后。

那么,如何解释安然内部走向破产的过程、外部相关制度失灵以及那么多选民对安然的破产感到惊讶呢?这个问题的答案可在本书总结的第二个结论中找到:肯·莱领导的企业是美国现代史上资本主义程度最低的超级企业,并且一路走来创建了自己的经营模式。安然公司的这个特点是可用来解释安然传奇故事的"公分母";否则,我们就会觉得这个传奇故事显得颇为唐突、难以理解甚至不可思议。

之前的任何分析都没有进行这方面的联系。一方面,进步主义者认为,安然公司是最典型的不受约束的资本主义和制度化贪婪的化身。夸张、欺骗、非法敛财和任人唯亲是肯·莱的全部事业。他们开出的医治处方是:降低经济自由度,加大政府调控公共利益的力度,以保护公民免受自私的破坏性市场行为的侵害。

而无论是保守主义还是自由主义的亲企业分析人士则认为,安然公司只是谚语中所说的"烂苹果";必须加以谴责和惩罚,但没有必要进行重大的监管改革。毕竟,市场已经惩罚了有罪者,并且从中吸取了许多宝贵的教训。

简言之,安然公司有左翼经济体制的症状,但并不代表右翼资本主义。

这两种观点都有自己的效度。安然公司具有美国文化和政治经济的症状,但与资本主义几乎没有关系。调和这两种观点需要一个新的术语,甚至是一个全新的词语。关系到安然公司生死存亡的症候群是"反资本主义"(contra-capitalist)的,这是一种与古典自由主义的道德、经济和政治戒律体系相对立的非意识形态行为模式。

反资本主义

最佳实践资本主义有它的行为对立面,而最佳实践资本主义行为对立面的特点就是不能成就互惠交易和财富创造。但是,由于没有现成的概念可用来表示这种行为对立面,因此自由市场资本主义的支持者因肯·莱的企业而感到困惑。《华尔街日报》编委会也觉得颇为尴尬,因此只能认为,安然公司对于"任何相信市场的人都是个问题"。卡托研究所(Cato Institute)董事长威廉·尼斯卡宁(Willian Niskanen)为了更好地破解资本主义面临的这种新的声誉威胁,便着手进行损害控制,筹钱召集学者著书立说。

对于进步主义者来说,20年来市场不断受到重视,因此,安然资本主义是一个颇受欢迎的规则变革因素。就在安然事件这个美国历史上最具创伤性的事件(之一)发生几个月后,保罗·克鲁格曼(Paul Krugman)在《纽约时报》撰文表示:"根据我本人的预测,未来几年,是安然事件,而不是'9·11事件',将被视为美国社会更加重要的转折点。"而其他坚定的资本主义批评者则预言自由市场主张将趋于衰微,并宣称有必要对商科学生进行普遍的强制性道德教育,以减弱所谓的资本主义者的反社会动机。

进步主义者们的理由之所以显而易见,是因为安然公司的主要负责人并不是资本主义意识形态的敌人。肯·莱和杰夫·斯基林宣称自己相信自由市场,并且经常谈到竞争、放松管制、自由化和私有化的好处。政府——而不是市场——才是他们公开的敌人,甚至是被嘲笑的对象(莱喜欢说,"不完善的市场常常要好于完善的监管")。

我们常说,"行动胜于雄辩"。安然公司的不良行为——市场欺骗、会计粉饰、做假账、骗取大量的政府补贴和狂妄自大——长期以来一直被资本主义拥护者认为是与自由市场的道德、经济和政治格格不入的。然而,到现在为止,安然公司的这种离经叛道被认为是非典型性的,也不够明显和相互关联,因此不足以构成某种主义。

安然公司是有它的文化症状的,它不像伯尼·麦道夫(Bernie Madoff)的投资基金那样是一个由个人设计的庞氏骗局。肯·莱也不像世通公司(World Com)的伯尼·埃伯斯(Bernie Ebbers)那样无药可救。安然公司不但在商界受到尊敬,而且在商界以外也受到推崇。肯·莱拥有经济学博士学位,而杰夫·斯基林则以全班第一的成绩毕业于哈佛商学院。安然公司人才济济,拥有非常优秀和聪明的员工,几乎全体员工都受过高等教育。

反资本主义的企业管理层通常有三个特点,其中最明显的特点——通过利用政府认可的强制性手段(寻租)来追求企业的利润——是反资本主义,因为这种行为尽管只是为了让纳税人出钱补贴特定的商业行为,但会导致交易非自愿。在自由市场上,政府通过禁止使用暴力和欺诈,中立地促进生产和交易。在法治条件下,如果没有人身胁迫或虚假陈述,那么,交易是自愿的,并且有利于促成双赢的结果。

反资本主义的企业管理层有一个更加微妙的特点,就如安然公司的这段经历所证明的那样,那就是依靠政府的程度远远超出简单的企业福利范畴。即使之前没有学过政治经济学,肯·莱在20多岁到30岁出头的年龄上,作为一名政府官员也知道企业如何从旨在为公众利益服务的监管改革中获利。

反资本主义还包括诉诸合法(不可起诉)的不诚实行为,从而削弱对手方进行有益交换的能力。除了法律规定的刑事欺诈罪外,哲学欺骗行为是指那些仅仅是不正当、不道德或虚假(不可起诉)的行为——所有这些行为都是以牺牲公平交易和互利结果为代价的。安然公司以一种特别可憎的哲学欺骗方式设计的(合法)融资结构复杂到了令人难以理解的地步,从而导致投资者不得不依赖它(捏造)的声誉。

反资本主义的企业管理层的第三个特点——也是它最微妙的特点,就是践踏有利于促进可持续且有利可图的生产和交易活动的资产阶级美德(如谨慎、谦逊、深谋远虑和节俭)。[1]但正如古典自由主义者塞缪尔·斯迈尔斯在19世纪所坚持的那样,资产阶级的美德还包括守礼仪、讲礼貌和尊重他人的性格特征。但是,所有这些资产阶级美德正是曾经显赫一时的安然公司所没有的。

虽然"反资本主义"一词不是《资本主义在行动》(本丛书第一卷)发明的,但本丛书第一卷的前三章概述了资本主义的哲学基础,并强调指出安然公司践踏

---

[1] 这些美德有灰色区域,可以用经验重新评估(后来的安然史实)。例如,一次不计后果、轻率鲁莽的商业赌博可能会因为成功而被认为是大胆、勇敢的行为。只有通过对具体的个案研究才能确定,在做出决策之前,决策的主要决定因素是审慎还是轻率,以及有利的结果是源自企业的机警还是纯粹的运气。

这个历史悠久的传统的行径真是数不胜数。安然公司的经营管理与以市场为基础的经营管理(一种由古典自由主义企业家查尔斯·科赫编纂整理的组织哲学)形成了鲜明的对照。科赫的《成功学》(2007)和《取之有道的利润》(2015)表明,自由市场的传统美德和原则是多么适合公司企业。反资本主义的商业行为(与科赫的以市场为基础的经营管理截然不同)常常违背支撑自由市场和民主社会繁荣的传统美德和原则。

本书讲述了安然公司有多少员工和事业部在公司最高管理层的暗示下促成了安然公司各种串联在一起的问题,并最终导致灾难性的结局。违反市场的行为和不义之财挫败了良好的市场行为和正当的利润。在肯·莱和杰夫·斯基林这两个杰出的反资本主义者的领导下,安然公司成了一家独特的反资本主义企业。

虽然肯·莱把安然公司的反资本主义实践提高到了一个前所未有的高度,但是,安然公司的反资本主义反映了某些主导20世纪末商业和社会的思想。莱没有采取反资本主义策略(没人分离出反资本主义实践或对这种实践进行定义),莱所接受的教育和训练以及他的远大志向使他走上了反资本主义的道路,而一个被政治化的产业(能源)和美国的政治经济为他开辟了这条道路——或者说使他迅速堕落、难以自拔,就像安然公司的结局所显示的那样。

发迹理念支撑安然做出一些特别激进的行为。凡是理念都会产生影响,一个四面出击的首席执行官敏锐地注意到流行的政治经济学和政治正确性理论。[1]具有讽刺意味的是,提倡实用主义、进步主义和后现代主义等学说的反资本主义学者和政治家帮助创建了后来被他们错误地谴责为资本主义的实体。[2]

虽然我们不太可能认为安然公司的经营管理实践与这个实体的反资本主义理论有直接的哲学渊源,但可以认为安然公司直到最后仍受到美国左翼知识分子的青睐。今天,正是这些知识分子在痛斥那家最不像安然公司的企业,也就是

---

〔1〕在能源政策领域,安然公司是反化石燃料环保人士和政客们的"宠儿",他们极力鼓吹全球气候变暖问题以及政府补贴风能和太阳能(取代化石燃料)的必要性。正如本丛书第一卷(Bradley,*Capitalism at Work*, pp. 309-312)所描述的那样,安然也信奉企业社会责任理论。

〔2〕关于这些理论的综述,请参阅:Internet appendix I. 2, "Pragmatism, Progressivism, Postmodernism," www. politicalcapitalism. org/Book3/Introduction/Appendix2. html。

那家建立在古典自由主义管理基础上的企业。[1]

"报春花之路"——不归之路

安然公司的反资本主义——后来被谴责为"道德漂移"(ethical drift)和"起决定作用的变异性堕落"(defining deviancy down)——并非与生俱来,而是逐渐演化而成。在努力加快安然增长速度和维护投资者信心的过程中,肯·莱在推行稳健的商业实践的同时,时不时地采取反资本主义的商业行为,在采用复杂的方式规避风险的同时又做出鲁莽的冒险行为,在践行诚信会计的同时又操纵盈余,在创造财富的同时又不失时机地寻租。

这并不是说安然公司所有认真做出的决策都取得了成功,也不是说安然公司的整个反资本主义事业全部遭遇了失败。经营企业并没有这么简单。但是,在1984—1996年安然公司这段被遗忘的岁月里,这家公司并没有停止它的反资本主义实践,而是不断加以发展、推陈出新。而且,这个过程在接下来的几年里不断加速发展,变得势不可挡。

安然公司常处于危机的边缘,但对于数以万计的安然员工(笔者本人就是其中的一员)来说,在为一个"行业巨头"服务时,他们感到的更多是兴奋,但并没有发现不祥之兆。安然公司的董事长肯·莱似乎一如既往地想改变一个以传统方式运营的行业,他要把我们的公司打造成另一家《财富》500强企业"。安然公司依靠新的策略甚至全新的经营方式,似乎一次又一次地超越了竞争对手,使得我们的安然公司能在业内独树一帜。

那么,莱采用了怎样与众不同的新商业模式呢?安然公司采用的新商业模式并不是重组资产,而是20世纪80年代安然公司所在的天然气买方市场上游和中游竞争对手常用的商业模式。天然气业务整合只是莱的计划的一部分,但美国联邦监管当局限制了安然公司庞大的天然气输送和全美营销网络发挥协同效应。吸引和留住优秀的管理人才当然是成功的关键,但值得注意的是,到了1988年,竞争对手挖走了安然的人才。安然公司仅凭借自己比竞争对手大胆这一点就赚到了巨额利润,但也不得不注销了大量的资产。

要把竞争性市场的正常回报率提升为多年不间断的两位数增长率,还必须

---

[1] 那家公司就是由思想家、企业家和慈善家查尔斯·科赫领导的科赫工业公司。

采取其他措施。安然公司的应对之策是以前所未有的方式来规避市场的严酷和规范。

我们这样说倒并不是要指控肯·莱行为不端。其实,莱有许多讨人喜欢甚至令人钦佩的品质。但遗憾的是,他的商业行为反映了他所处的那个时代,但被他非同寻常的抱负和急于求成的心态推向了极端。这位首席执行官并没有心怀恶意,而是受到了安然运营方式——一种微小决策和路径依赖暴政——的影响。在这种氛围中,轻率和鲁莽导致安然公司从健康状态恶化为不稳定状态,最终走向了毁灭,也让莱大为吃惊。

过程分析表明,安然公司生前就预示了它必亡的命运。过程分析大致表明,肯·莱是20世纪混合经济和实用主义的产物,他没有认识到个人规避传统的资产阶级道德与规避会计准则、监管条例和税法以及在政治上绕过自由市场谋取利益之间的联系。

说到底,莱没有想到,深陷轻率、欺骗和任人唯亲旋涡中的企业,如果在这条路上走得太快太远,那么怎么可能持续。追溯并解释安然公司接受这种反资本主义的原因,是本书的规范性目的。

———

本书详细描述了安然公司的出生、青春期和成熟期——这个阶段大致从1984年持续到1996年,并且详尽介绍了安然公司取得的真正成就——那些使大多数观察家相信安然公司曾经是一家很了不起的企业的成就。本书还介绍了那些促使安然公司以更快的速度实现其至高无上的目标的冒险、轻率甚至鲁莽行为,而正是这些行为反映了弥漫在安然公司态度、人际关系、法律解释和政治策略中的反资本主义气质。

安然公司一开始并不一定比20世纪80年代的其他天然气公司——当然包括莱之前供职的特兰斯科能源公司(Transco Energy)——更加反资本主义。[1]这也是本导言要着重强调最初相对较轻地违反资产阶级道德和最佳实践管理的行为给1996年以后犯下灾难性罪行奠定了先例基础这个过程的原因。这些按

---

〔1〕 在董事长杰克·鲍温(Jack Bowen)的领导下,特兰斯科能源公司提出了一项类似于吉米·卡特(Jimmy Carter)计划的国家能源计划,内容包括对进口石油征收关税,推行强制性资源保护(自然资源保护),政府提供合成燃料补贴以及为特兰斯科能源公司的天然气"不议照付"合同进行立法。鲍恩也为创建美国天然气研究所(Gas Research Institute)发挥了重要作用。美国天然气研究所通过收取联邦政府批准的州际输气附加费来筹集经费。

年代记录的罪行,即使在理查德·金德时代——本书历史修正主义内容的体现,也是有先例可循的。

20世纪90年代中期,安然公司为了编造夸大其近期和未来增长的故事也曾经误导过人。这种误导人的行为始于几年前对长期合同当期利润的主观估计。正如本书第十一章所讨论的那样,在1996年的一个季度里,安然公司由于其重要业务单位遭受了严重的交易损失,它承诺的季度利润出现了1.9亿美元的缺口(安然大量买进自己股票——但它告诉投资者它没有这样做——的操纵有时会失败)。由于安然从未使季度目标落空,因此,它的股价可能会因为这样的利空消息而大幅跳水。

在最后一刻,安然公司精力旺盛的财会人员(大多是20世纪90年代初聘用的员工)宣布,共有投资工具项下持有的资产并不是核心资产,而是用于转售的资产。从历史成本法到"公允价值"(盯市记账)法的变更产生了所需的(账面)利润。安然公司凭借莱、金德和斯基林保持的认知能力得以躲过了一劫。

利益冲突

制造和利用利益冲突是安然公司在自己发迹的过程中常用的另一种反资本主义做法。马尔科姆·萨特在论述安然公司的学术著作的索引中有15个与"利益冲突"有关的条目。

在安然公司董事会允许公司财务总监安迪·法斯托享受利益冲突条款豁免权以后,侍候两个主人(而不是一个主人)的问题达到了登峰造极的地步,因为法斯托受权管理从安然公司购买资产的特殊目的实体(special-purpose entities, SPE)。[1]至少在13笔资产买卖交易中,与法斯托进行交易谈判的安然员工都是他作为财务总监的下属。

然而,在安然公司那些被遗忘的岁月里也不乏这种严重违规行为的先例。1985年合并后,为了让安达信会计师事务所驻奥马哈办事处继续营业,安然公司聘用该会计师事务所作为它的审计机构,这样,总部位于奥马哈的联合北方公司这边就出现了利益冲突问题。合并以后,休斯敦天然气公司解聘了它原先的审计机构,由安达信会计师事务所负责公司合并后的审计和咨询工作。但是,利

---

[1] 请参阅:Internet appendix I.3, "Enron Special-Purpose Entities: From 1991 to 1996, and Beyond," www.politicalcapitalism.org/Book3/Introduction/Appendix3.html.

益冲突或许最早始于这位新任首席执行官把休斯敦天然气公司的旅游业务交给了他是股东的由其胞妹经营的公司。

莱允许原先是其雇员的咨询顾问约翰·温(John Wing)参与安然公司热电联产交易双方的咨询工作,于是,利益冲突的先例又有所增加。从性质上看,在安然公司分拆全球电力与管道公司(Enron Global Power & Pipelines, EPP,作为这家公司少数股东的散户由安然公司控制的管理层代表)的经历(这段从1994年一直延续到1996年的经历直到全球电力与管道公司重新加盟安然公司才结束)中再次赋予法斯托利益冲突条款的豁免权。1997年年初,安迪·法斯托与安然公司不透明甚至明显不诚实的合作关系,使得后者能够在购买和转售风能发电设备的过程中绕过有关的监管规定。

简言之,安然公司在它最后几年兴衰中遭遇的一切——从逻辑上讲可以预见,但几乎不可避免——都可以追溯到它的初创和成长阶段。我们这部企业成长小说正是从这个阶段开始阐明那个导致人们经常提到但解释不充分的"1997年后安然公司从创新到不计后果的赌博再到欺骗性管理"的因果关系。

董事长肯·莱

"制度是人影的延伸",安然公司的情况就是如此。那家后来成为安然公司的企业始于1984年年中。当时,特兰斯科能源公司的前总裁兼首席运营官入主位于休斯敦市中心的特拉维斯街1200号,出任休斯敦天然气公司董事长兼首席执行官。肯尼斯·李·莱在上任头几个月里重组了休斯敦天然气公司,然后在1985年策划了一起反向合并案,并创建了休斯敦天然气-联合北方公司。第二年,美国一体化程度最高的最大天然气公司便更名为"安然"。

安然公司就是它的创始人和领导人的故事,也是他所在行业的"神奇小子"。从1984年6月到安然公司进入破产保护程序的2002年1月,肯·莱一直担任这家公司的董事长。1986年,他把公司总裁的头衔让给了约翰·"米克"·塞德尔(John "Mick" Seidl)。1989年年初塞德尔离职后,他又先后把这个头衔让给了里奇·金德(1990—1996年)、杰夫·斯基林(1997—2001年)和马克·福莱维特(2001年)。[1]在安然公司存续的最后10个月前,莱一直担任公司的首席执行官,而在安然公司存续的最后10个月里,杰夫·斯基林和格莱格·沃利短暂担任过安然的首席执行官。[2]

肯·莱不但对安然公司有自己的远见卓识,而且对天然气行业也有自己的洞见。他认为,在重要的发电市场上,天然气是比煤炭和石油更好的高值燃料(他还短暂有过把天然气作为运输燃料的想法)。莱对公司员工和蔼可亲,富有同情心,就像仁慈的上帝。他在公共场合很有分寸,并且善于交际。他在董事会很受尊敬,而且还受到了媒体的高度尊重。莱也是许多外部选民有事愿意找他的人——所有这一切到了2001年夏季安然公司陷入死亡旋涡以后就戛然而止。

在安然公司动荡的岁月里,当然还有一些人起到了重要的作用,从杰夫·斯基林一直到1996年的里奇·金德、卢·派(Lou Pai)、丽贝卡·马克,特别是安迪·法斯托都是关键人物,紧随他们后面的是理查德·考西(Richard Causey)、肯·赖斯和凯文·汉侬(Kevin Hannon)。但是,莱全力支持他们的工作,并对他们的工作定基调和提希望。他既是安然的责任人,又是公司的挂名首脑。

肯·莱雄心勃勃,总是忙忙碌碌。他是华盛顿问题专家和消息灵通人士,也是媒体炒作的对象。他有积攒人脉的嗜好,不是忙着打电话、开支票,就是准备外出演讲。在他的朋友中有共和党人、民主党人、环保人士、学者、智库专家、慈善人士、教士、教师、少数族裔。莱平易近人、做事理智("有幽默感的上帝之声")。肯·莱是私营部门的政治家、"政客新闻网的首席执行官",他在地方、州、国内乃至国际上都有一定的影响力。

然而,对于莱的为数不多但颇有见地的批评者来说,这位大家的朋友真是比较另类,是一条变色龙或者艾恩·兰德所说的"第二帮手"。[3]

---

[1] 在1990年出任安然公司总裁之前,金德担任安然公司的最高法律—行政职务,可以说是公司的三把手。金德在安然的头衔是副总裁兼总法律顾问(1985—1986年)、法律与行政执行副总裁(1986—1987年)、执行副总裁兼行政办主任(1987—1988年)、副总裁(1988年12月—1990年10月)和公司总裁(1990年10月—1996年12月)。金德在升任副总裁后就加入了公司董事会。

[2] 安然公司曾经担任副总裁的有里奇·金德(1988—1990年)、约翰·厄克哈特(John Urquhart,1991—1998年)、肯·哈里森(Ken Harrison,1997—2000年)、丽贝卡·马克(1998—2000年)、约瑟夫·萨顿(Joseph Sutton,1999—2000年)和J.克利福德·巴克斯特(J. Clifford Baxter,2000—2001年)。他们在担任安然公司副总裁期间都是公司董事会的成员。除了金德以外,他们都可被视为安然公司当时真正的三把手。事实上,20世纪90年代末,安然公司的副总裁职位在安然被称为可裁高管的"弹射座椅"。

[3] 请参阅 *Capitalism at Work*, pp. 8—11,13,68,302,321。

那么，为什么这一切都发生在安然公司呢？简单的答案是：鉴于能源行业的所有首席执行官在安然公司所处的那个时代都遇到了政治机会并受到了激励，肯·莱只不过是在适当的时间里出现的适当人选而已。但是，企业要靠领导力来造就。由于当时的时代背景和他接受的教育，肯·莱被迫为自己和他的公司努力攀登成功的顶峰——并且迅速而不是最终取得成功。从气质和所接受的教育的角度来看，具有大局观的华盛顿通肯·莱根本就不像他自己声明的那样（"我相信上帝，也相信自由市场"）是信奉自由市场的信徒，而媒体也只是对他的声明做一些表面文章（"他是众所周知的自由市场拥护者，也是一位公开宣扬放松管制的游说者"）。

恰恰相反，莱是一名政治资本家。如果有现成的非市场优势可以利用，他就会毫不犹豫地利用非市场优势；如果没有现成的非市场优势可资利用，他就会创造这样的优势。这位酷爱书面和口头表达的经济学博士是一位政治家兼首席执行官，他善于运用听起来不错的合理化手段（竞争、国家安全、多样性、消费者福利、授权、造势、鼓励成功）来促进不那么自由的竞争，并且容忍那些缺乏谨慎和诚实的行为。[1]

安然公司破产以后，《纽约时报》在一篇回顾文章中表示："在过去的30年里，莱的职业生涯中一个永恒不变的主题是他对商业和政治间共生关系的理解，以及他积极参与这种游戏的意愿。"一些有关安然公司的书也指出，莱的自由市场和亲竞争形象与安然公司的积极政治行为是格格不入的。[2]但是，政治资本主义绝不只是个次要问题，而是肯·莱职业生涯中的"永恒主题"。

风 险 偏 好

肯·莱从一家财务状况良好、身处疲软市场的公司起步，但这种状况对他来说是无法接受的。在休斯敦天然气公司之前的管理层拒绝了一份收益丰厚的收购要约后，股东需要得到完整的补偿。休斯敦天然气公司必须吞并其他公司，才

---

[1] 传统的企业分析侧重于绩效管理体系和财务结果。对安然公司的这种解读还着眼于政治（非市场）机会，因为正是这些机会让肯·莱和杰夫·斯基林得以进入商界，并且一度在商界如日中天。

[2] 如请参阅：McLean and Elkind, *The Smartest Guys in the Room*, pp. 88–89; Fox, *Enron*, pp. 110–112; Bryce, *Pipe Dreams*, p. 5。

能保持自己的独立性,并在行业中处于领先地位。

休斯敦天然气公司的这位新任首席执行官在走马上任的头6个月里收购了两家大型输气公司,使休斯敦天然气公司的规模扩大了一倍,债务与资本比率也翻了一番,达到了59%。仅仅过了几个月,与联合北方公司的合并又使公司规模翻了一番,而债务与资本比率则达到了73%,是通常认为的谨慎水平的2倍。

这些举措都与规模和影响力有关,而市场估值几乎没有变化。提高盈利能力的承诺因债务还本付息负担的加重而没有兑现。随着信用评级的下降,莱掌管的这家巨型公司开始依赖德崇证券公司(Drexel Burnham Lambert)的迈克尔·米尔肯(Michael Milken)首创的高息垃圾债券。[后来在安然公司任职的德崇公司员工吉姆·亚历山大回忆称:"我们帮助为安然公司即将陷入技术性违约的巨额债务进行再融资。"]这就把安然公司的各运营单位推到了还本付息的前沿阵地,同时还要承担莱的"头等舱"开销。

如此构建的安然在资产和故事情节方面都令人印象深刻,但财务状况十分脆弱。在合并后的头19个月里,休斯敦天然气-联合北方公司亏损了1亿多美元,与1984年合并前两家公司4.2亿美元的净收入相去甚远。1987年年底,不稳定的债务占公司总资本的70%,从而迫使安然公司要比资本占比高的公司支付更高的利率。

在许多方面,安然公司石油交易部门的命运象征着安然公司早年的命运。位于纽约州瓦尔哈拉的安然石油公司(Enron Oil Corporation, EOC)因无须投入太多的资本却能创造高收益而受到了重视。只是在肯·莱的指点下,安然石油公司才做出了证据确凿的不当行为。(对于莱来说)只要有源源不断的现金流入,他就愿意铤而走险。

很快,安然石油公司的盈利被证明是虚构的,必须在1987年大规模冲销。对于安然公司自己的最终命运来说,安然石油公司这只"煤矿里的金丝雀"*先是"警示和否认",接着是"危机和清算",最后是解体(见本书第四章)。如果瓦尔哈拉的亏损更加严重,那么,肯·莱在安然公司的职业生涯可能得提早15年结束,而且没有现在这么悲惨。

---

* 旧时矿工下井时会带上金丝雀,如果矿井里有有毒气体,金丝雀就会先死,由此起到预警作用。——译者注

自信、乐观、狂妄自大

莱这个敢于冒险的超级乐天派喜欢较劲。肯·莱出生在密苏里州农村,家境贫寒;而现在新任一家现金充盈但前景黯淡(休斯敦天然气公司1984年年底的市值低于之前三年的平均市值)的"《财富》500强企业"的首席执行官,再次陷入了艰难的处境。但他从来没有感到被逼得走投无路。恰恰相反,他在孩提、少年和大学时期都表现十分出色。他发展全面,喜欢音乐,聪明要强,和蔼可亲。他明白自己比其他任何在比较富裕的环境下长大或者体格比较强壮的同伴更有天赋。

肯·莱很小就开始干活,而且打过许多不同的工。后来,他在班里成绩总是名列前茅。他曾当选为密苏里州大学(University of Missouri)兄弟会会长,成为该校顶尖经济学教授平克尼·沃尔克(Pinkney Walker)的学生,并以美国大学优等生的身份毕业。他的一名同学说,他在城市环境中巧妙生存的能力达到了4.0的水平。[1] 然后,就像《从爱迪生到安然:能源市场和政治策略》(本丛书第二卷)所描述的那样,他就开始了自己在不同企业任职的职业生涯。

肯·莱在他的职业生涯早期就被企业管理领域的非凡人物所吸引,并且决心也要尽早成为像他们那样的事业有成者。彼得·德鲁克(Peter Drucker)的《不连续的时代》(*The Age of Discontinuity*, 1968)——在乔治·华盛顿大学(George Washington University)讲授研究生经济学课程的莱教授选用的教材——谈到了公司在未来时代需要进行重大变革。后来,革命性变革就成了安然公司的口号,而增量改进则正是莱决心要让自己供职的企业超越的东西。为了达到这个目的,他会花大把的时间在政治场合寻求大变革的机会,然后把事情交给下属去办。在里奇·金德担任安然公司的首席运营官以后,这一切似乎都运行得十分顺畅。

莱的名声越来越大,到他执掌安然公司时已经成为(美国有史以来第一个)得到全美公认的"天然气先生"的称号。"肯早年赢得了一个绰号,"《天然气周刊》(*Natural Gas Week*)的创始编辑约翰·廷里希回忆道,"很简单,'肯圣人'……他显然远远超过了一般人。"

---

[1] 请参阅本书:肯尼斯·L. 莱年表。

过度自信再加上一些狂妄,就催生了各种不同的轻率和哲学欺骗组合。那么,安然公司是在什么时候开始采取违规行为的呢?在1985年与联合北方公司的合并谈判期间,为了抬高休斯敦天然气公司的价格,莱提高了他已经夸大的利润预期,并以"个人的名义保证"15%的年增长率是可以实现的(其实是绝对不可能的,而且相差很多)。

肯定是在1987年春天安达信会计师事务所向安然董事会审计委员会报告了安然石油公司的违规交易问题以后,莱回应说:"我决定不解雇这些人。我需要他们赚钱。"肯定也是在瓦尔哈拉事件发生后,莱在解释安然公司如何侥幸逃过一劫时隐匿了预兆和争议性的内容——这次"清洗"是如此彻底,以至于一些涉案员工因担心自己的前程把一些公司文件私藏在家里。

哈佛商学院的一项案例研究把肯·莱描绘成一个"既有很大的拼劲但又有目标灵活性的竞争对手"。15%的年收益复合增长率就反映了这一点。莱设定第一个这样的目标——让联合北方公司以每股70美元的价格收购休斯敦天然气公司的股票,简直就是狂妄自大。1982—1984年间,休斯敦天然气公司和联合北方公司作为独立公司合并前总共有12亿美元的收益,而合并后3年作为一个实体非但没有实现盈利,而且还略有亏损,在抵扣了联邦所得税减免后才有4.5亿美元的收益。合并后的公司债台高筑,债务超过资产2倍多;虽然现金流变得比较充盈,但盈利能力很低。不过,一向自信的肯·莱仍保持着良好的心态,并且对扭亏为盈寄予厚望。

莱的过度自信还表现在他总是要求一流上面,这是一种对密切关注支出的鄙视,至少在公司层面就是如此。"你不能削减为取得成功要付出的代价。"莱会这样说(街对面安然石油天然气公司的福莱斯特·霍格伦德并不赞同莱的这种说法)。设施条件和商业规范对于他这样绝顶优秀和聪明的人必须是一流的。反正,安然公司高层并不重视严格的成本控制,因为缺乏创新精神的企业才不得不这样做。对莱来说,安然公司需要的是赚大钱,而不是精打细算。

然而,在1985—1986年的艰难岁月里,安然公司还是削减了支出。1988年第四季度,安然公司旗下的天然气管道集团和总公司的管理层合并,至少在名义上让肯·莱和里奇·金德在管道集团有了自己的职位。[1]但在这以后,一直到安然公司濒临破产,肯·莱也没有制定针对全体员工的成本控制计划。

变得亲近政府

雄心勃勃,过度自信,包括变得关心政治。安然公司在并非故意逃避管制的情况下,就开始把受到高度管制的州际天然气管道运输业务并入当时是休斯敦天然气公司主要业务的受管制较少的州内管道运输系统。然而,安然公司也并不是不想通过政治渠道谋求自己想要的东西。不管怎样,它接受了混合经济体制。在这种体制下,安然公司可以为它的交易对手方(天然气生产商和天然气买家)创造价值。事实上,安然公司在它的整个存续期里都在致力于放松监管和改善州际管道运输市场的服务。

强制性开放—准入规则也有类似之处。在天然气管道运输业推行强制性开放—准入,实质上就是推行基础设施共享,它迫使企业以平等的条件让其他企业使用自己的基础设施。但输气设施的强制性准入更多是由主张改革的经济学家推动的,而不是行业寻租者驱动的。历史地看,这种行业寻租更多是例外,并不普遍。

肯·莱简单地接受了这个不可回避的事实,并为安然公司迎来了一个新的利润中心——天然气批发营销(就像他在特兰斯科能源营销公司时所做的那样)。这些天然气管道运输公司有可能并且确实适合发挥它们已被削弱的作为纯运输工具的作用,而不是像以前那样作为天然气的买家和卖家。此外,电力批发和零售基础设施强制性开放—准入规则,后来是在安然公司和改革者们的推动下出台的。

但是,(非公用事业的)独立企业(如安然公司)开发燃气热电联产项目,都是为了寻租或者"收租"。无论是在安然公司还是在他之前的职业生涯中,肯·莱的游说活动都不涉及政治。1978年一项获得可再生能源利益集团拥护的联邦法律规定,公用事业公司必须按"避免成本"(avoided cost)价采购电力。这个规定也适用于新的高效天然气技术。政府的干预能为有才干的人,尤其是莱为安然公司吸引来的顶尖团队,带来意外财富。

---

〔1〕请参阅第五章。经过1988年年末的重组,情况有所改善,莱越来越少插手安然公司的日常业务,而是把日常业务管理工作交给了首席运营官金德。

这样的事情还有很多。从 1988 年开始,全球气候变暖问题就成了安然公司要传递的用天然气替代煤炭和石油的重要信息,这个开端把"绿色"安然引入了太阳能、风能、环保服务和碳排放交易领域。20 世纪 90 年代初到中期,安然公司突然进军发展中国家,凭借美国和外国实体依靠纳税人的资助融资建造发电厂。另外,本应由市场驱动的安然石油天然气公司在 20 世纪 90 年代初通过政治途径迂回进入了致密砂岩天然气生产领域,目的就是要利用优厚的税收抵免待遇,而这种税收抵免待遇本身就是这家公司的母公司安然巧妙游说的产物。

不受约束的莱

肯·莱——名义上——有个老板,那就是安然公司的董事会。安然公司的董事会由学术界、商界甚至医学界等不同界别事业有成的人士组成(除了莱以外,另有 3 位博士),其中有些董事是安然公司的现雇员或前雇员,有些则是由莱根据多年的个人关系和友谊精心挑选的。莱只保留几个休斯敦天然气公司和联合北方公司原来的董事,其中有几个非常强势和独立,至少在最初是这样。

事实证明,安然公司的董事会对莱几乎没有约束力,尽管安然公司的董事在各自的职业领域都颇有建树。分离不足和控制不力是很多机构都有的问题。但就如马尔科姆·萨特所强调的那样,这个问题是安然公司的致命伤,因为一般认为,董事的独立性应该能够更好地制约莱实施反资本主义的管理。

在理论和实践中,管理层的利益应该与股东的利益保持一致。但是,在管理层的薪酬和津贴与他们创造并由消费者和投资者评定和认可的价值不符的情况下就会出现委托代理问题。董事会有责任确保管理层和员工(代理人)的利益与股东(委托人)的利益之间的合理一致。

那么,安然董事会这些公司看门人的作用是如何受到损害的呢?为什么这么多杰出的董事竟然允许安然公司违反包括久负盛名的利益冲突回避准则在内的最佳商业实践呢?安然董事会最终是怎么失去对公司的控制力的呢?

莱的一个妙招就是用高薪取悦董事会成员,但更重要的原因当然是,在安然的早期岁月里,公司董事会不但认为莱是董事会的成员,而且把莱看作比其他董事优秀的成员。

到了 20 世纪 80 年代初,肯·莱被公认为是他所在行业最优秀的年轻俊才。这位年方 38 岁的特兰斯科公司新总裁在业内领袖人物杰克·鲍温的领导下任职，从未让人失望过。1983 年，《休斯敦纪事报》(*Houston Chronicle*)在头版头条的位置报道称："特兰斯科公司的肯·莱被誉为天然气行业的创新者。"因此，1984 年年中，为了吸引莱来公司担任新的首席执行官，休斯敦天然气公司没有少用热情洋溢的赞美之词。休斯敦天然气公司的一名董事向《华尔街日报》表示："[我们需要]优秀、积极的经理人。我们认为，我们现在已经找到了这样的经理人。"这家公司的另一位董事在几年后盛赞莱说："我们做梦也没有想到他能使公司实现如此巨大的升级换代。"

尽管安然公司的业务经历了一些起落，但大家对莱的这种信心只增不减。许多人就很容易相信肯·莱。毕竟，他总能兑现自己的承诺，并且让每个人——从 1985 年休斯敦天然气公司的股东开始至 1996 年期间见证安然股价涨了 4 倍的股东——都变得更加富有。

肯·莱表面上欢迎正常的严厉监督。他在 1994 年表示："我的董事会运行理念，就是强大的公司需要强大而又独立的董事会。"那么，安然公司的董事会是如何运作的呢？"偶尔，个别董事甚至整个董事会可能会不同意我对某个问题或某项策略的具体看法，"他说道，"但我们始终能够开放、坦诚地讨论和解决我们的分歧，并取得进展。"

然而，这位大人物有一个对他过于信任的董事会。"我来这里是为了支持公司管理层的，"曾在 1985—2002 年担任安然公司董事会审计委员会主任的斯坦福商学院会计学研究生院院长罗伯特·贾迪克(Robert Jadicke)教授表示，"我来这里就是为了支持肯·莱的。"贾迪克在从瓦尔哈拉到法斯托的 LJM* 合资企业任职期间都是这么做的。在远早于这位曾在另外 6 家美国大公司董事会任职的 73 岁老先生的时期，情况就是如此。2001 年第四季度，贾迪克投票赞成安然公司提出破产申请。

回过头来看，安然公司的董事会既没有对莱进行监督，也没能防止"一种随时间推移逐渐形成的欺诈行为模式"。安然公司"在商业、教育、医学研究和公共服务等领域讲原则和负责任的董事，在安然公司作为公司的决策者和监督者采

---

* LJM 是安然公司财务总监安德鲁·法斯托妻子和孩子的名字"Lea""Jeffrey""Matthew"首字母的缩写。这里的 LJM 是法斯托在 1998 年创建的两家公司(LJM Ⅰ 和 LJM Ⅱ，即所谓的"特殊目的实体")，目的是要购买安然旗下公司表现不佳的股票或股份，以粉饰安然公司的财务报表。——译者注

> **安然公司董事会制定公司领导标准**
>
> 安然的董事会掌控公司，带领公司朝着成为天然气巨头的目标前进。
>
> 安然董事会的最重要支持者、董事长兼首席执行官肯·莱表示，安然公司在过去几年里取得了成功，这在很大程度上得益于董事会的坚强领导以及积极参与制定公司发展方向的意愿。
>
> 安然公司董事会成员：
> 罗伯特·A. 比勒
> (Robert A. Biller)
> 小诺尔曼·P. 布莱克
> (Norman P. Blake, Jr.)
> 约翰·H. 邓肯，执行委员会主任
> (John H. Duncan)
> 乔·H. 福伊 (Joe H. Foy)
> 温迪·L. 格拉姆
> (Windy L. Gramm)
>
> 罗伯特·约翰·邓肯 ／ 赫伯特·威诺克 (Hebert Winokur) ／ 诺姆·威诺克 (Norm Winokur)

图 0.1 安然公司名义上强有力的董事会对肯·莱过于忠诚，部分原因是安然公司的董事长对董事出手大方。从头到尾一直担任安然公司执行委员会主任的约翰·H. 邓肯对安然和莱取得的表面成功深感不安。

取了消极行为"。哈佛大学的萨特(以上引文的来源)认为，问题出在安然公司的董事会"与肯·莱长期的个人关系和情感纽带"上。

正在酝酿的悲剧

"神要谁灭亡，必先称谁有希望。"肯·莱的悲剧性缺陷就是因过去取得了成功而对未来抱有太大的希望。说到底，莱未能"战胜成功"。他的一生堪称楷模，绝对如此。他接受过一流的教育，入职不久就取得了不俗的成就。此外，他还有一种只要有机会或者出现创造机会的可能性就能迅速顺势而为的本领。

他担任大陆资源公司(Continental Resources Company)总裁才2年，就收到了邀请他出任特兰斯科公司总裁的聘约。他出任特兰斯科公司总裁才3年，在42岁那年就应邀当上了休斯敦天然气公司的首席执行官。肯的妻子琳达(Linda)在谈到登上顶峰时对一个朋友说："当国王一定很有意思。"天空就是一个不安分的权力掮客能够达到的极限。但有一句充满智慧的谚语告诉我们：飞得越高，摔得越重。

虽然这家以得克萨斯州为中心的天然气公司是一家实力雄厚的"《财富》500强企业"，但肯·莱希望自己的公司能在国内和国际上都占有一席之地。不但天然气没有足够大的能量,而且时间也不允许他实现自己的愿望。业内高智商者看到了莱成为(如果不能超越能源业,至少是)整个能源业哲学家以及他处理当今重大政治经济问题的潜力,而特兰斯科公司则让他尝到了自己这种潜力的甜头。

但是,莱需要更大的天地,并且要为公司高层和整个组织寻觅新的业务和最优秀的人才。他特别看重那些能够发现机会并推动变革的打破常规者。企业/政府和政府/企业型混合经济为摆脱现状开辟了一条宽阔的道路。

这种愿景是安然公司反资本主义的起源。

收益问题

安然公司早期和中期的特点是:下大赌注和做有问题的投资,再加上良好和稳健的经营。对于安然来说,20世纪80年代进行高成本的垃圾债券融资还是必要的,但美国三大信用评级机构在90年代把安然的信用等级评为"低投资级"。[1] 想要维系自己在交易对手方心目中的信用地位,就必须采用合法的手段来避免被信用评级机构调低信用等级的可能性。对安然来说,被信用评级机构下调信用等级,是一种无形但致命的风险。

《华尔街日报》1984年报道称:"休斯敦天然气公司董事长兼首席执行官肯尼斯·L.莱总是急于求成。"他不会放慢速度。到了1987年年底,在安然公司积欠的40亿美元的债务中,约有5亿美元(1/8)可归因于莱在扩大公司规模和提高公司独立性方面体现出来的冲动。具体而言,这种冲动主要体现在以下三个方面:

1. 溢价收购州际管线(1984年):溢价收购横贯西部管道公司和佛罗里达天然气输送公司,比竞争对手的出价高1亿—2亿美元(相当于收购价格的10%~20%)。虽然肯·莱把休斯敦天然气公司的规模扩大了1倍,但也使这家公司的负债率翻了一番,从而"对公司信用产生了负面影响"[2]。

---

[1] 直到2001年,安然公司由以下这些信用评级机构评定的信用等级一直没变:穆迪公司(1989年)评定的"Baa2"、惠誉公司(1993年)评定的"BBB+"以及标准普尔公司(1995年)评定的"BBB+"。

[2] 这些溢价完全可通过扩张和与其他合并案的一些协同效应来证明。就如本书第三章即将讨论的那样,1986年,安然公司为了实现收支平衡,按收购价格把佛罗里达天然气输送公司的一半资产卖了给索纳特(Sonat)公司。

2. 迫使联合北方公司多付(1985年)：莱至少让联合北方公司向休斯敦天然气公司多付了每股5美元，约合1.5亿美元。虽然争取最好的价格可以说是莱的短期受托责任，但基本的市场伦理观理应能够阻止使用捏造(因此也是不可能实现)的盈利预期数据，而莱捏造的盈利预期数据损害了联合北方公司投资者的利益，也使合并后的安然公司负债46亿美元，占公司总股本的73%。[1]

3. 雅各布斯(Jacobs)收购案(1987年)：作为联合北方公司合并案的最后一笔交易，莱以2亿美元的股东成本价买下了"蓄意收购者"欧文·雅各布斯(Irwin Jacobs)和卢卡迪亚国民公司(Leucadia National Corporation)手中的股权。结果，安然公司当年大肆抛售资产，但债务负担仍高得令人不安。[2]

莱总是非常自信，至少在公开场合是如此。他相信自己手下的"超级明星"比竞争对手的下属更加聪明，更不用说联邦能源管理委员会和其他监管机构的官员了。这位首席执行官坚信自己和自己能力更强的部分原因就是：经济繁荣终究会盖过经济低迷，并让安然公司变得更好，好于安于现状——或者选择比较谨慎的发展道路，而且不会因未来的收购案而发生变化。[3] 安然在未来还会做非常多的收购案，而且很多是误入歧途的收购案。

"伊卡鲁斯"项目

虽然安然公司把风险管理视为一种核心能力，但为了率先推行风险管理，轻率地承担了非对冲(实际上是不可对冲的)风险。在莱—金德时代，"反复无常"的行为导致大量的资产被注销。如果说安然公司无论是在收益增加还是减少时都气势汹汹地采用盯市记账法，那么，会计期间发生的亏损甚至费用收入可能会更多。

如果安然公司没有一个真正的能源巨头应该拥有的实物资产，简直就无法承受比这更加严重的亏损。1985—1997年，安然总共注销了4笔资产，共计11.35亿美元。按被注销时间顺序排列，这些被注销资产项目分别是：

1. 被秘鲁政府(1985年)收归国有的项目：在休斯敦天然气公司和联合北方

---

[1] 在休斯敦天然气公司捏造新的盈利预期数据(即15%的年收益增长率)后，联合北方公司就接受了这个溢价。请参阅第二章。

[2] 请参阅第三章。

[3] 1989年接替米克·塞德尔担任总裁兼首席运营官的里奇·金德一直与担任执行副总裁兼办公室主任的塞德尔过不去。金德在1997年核销资产之前离开了安然公司，但无论是蒂赛德项目二期工程(Teesside Ⅱ)还是甲基叔丁基醚项目，都完全归他管辖。

公司合并之后,贝尔科石油公司(Belco Petroleum)被迫注销了2.18亿美元的资产,原因就是秘鲁政府非但没有提供任何所得税优惠,而且征用了这些资产。[1]

2. 瓦尔哈拉事件(1987):位于纽约州瓦尔哈拉的安然石油公司发生了一起石油交易丑闻,安然公司不得不重报1985年和1986年的收益,并且关闭了这家公司。安然公司在1987年第四季度注销了1.42亿美元的收益(税后收益8 500万美元)。休斯敦母公司派来的一个应急工作小组凭借自己娴熟的业务手段,把公司的敞口风险资产从3亿美元的高点降了下来,如果市场发现安然公司大约有8 500万桶石油的空头虚值期权仓位,那么,敞口风险资产可能还会更多。[2]最终,敞口风险资产的减少给了安然公司和肯·莱第二次机会。[3]

3. 甲基叔丁基醚项目(1997年):安然公司把"清洁燃料"的赌注压在了新配方汽油上,结果导致收益减少1亿美元(约合7 400万美元的税后收益)。如果不是采取盯市记账法这种欺诈行为,那么,收益会减少更快、更多。1991年斥资6.32亿美元收购的甲基叔丁基醚和甲醇生产设施"高价"项目从未盈利,最终被迫出售,而新业主不得不把这些设施报废。[4]

4. 蒂赛德项目二期工程(1997年):安然公司通过蒂赛德项目一期工程,成功地在英国建造并运营世界上最大的燃气热电厂。1993年,为实施蒂赛德项目二期工程,安然公司签署了一份日供3亿立方英尺天然气的固定价格天然气供应合同。安然公司压注的第二阶段英国天然气(和电力)开发项目陷入困境,原因是新发现的气田的天然气价格低于安然公司必须购买天然气然后出售盈利的价格。J区块天然气合同注销额为6.75亿美元(税后4.63亿美元)。[5]

那么,以上这些资产注销项目在多大程度上可以归咎于肯·莱和他的高管同僚呢?其中的第一笔是由联合北方公司这边的遗留问题造成的,但在合并之前,休斯敦天然气公司已把这视为一种特殊风险(秘鲁的政府赔款在数年后挽回了大部分注销金额)。第二个资产注销项目也源自联合北方公司,但与此相关的

---

[1] 请参阅第二章。
[2] "如果市场价格再继续上涨3美元,安然公司就会破产,"清算人迈克尔·穆克勒罗伊回忆道,"莱和塞德尔根本就不知道这一点。"
[3] 瓦尔哈拉事件发生后,安然公司出售了安然热电联产公司一半的股份,从而清理了安然公司的财务状况,但也减小了安然公司盈利引擎的马力。
[4] 请参阅第六章和第十一章。
[5] 请参阅第十二章。

违规操作都是在莱(以及塞德尔和金德)的任内完成的。当然,严格按照资产阶级的资本主义传统进行基本的对与错的商业判断的做法都已经被弃之不用,取而代之的是欺骗、许愿和祈祷。

第三个资产注销项目是由一次完全压错的政治—环境赌注造成的;而最后也是最大的资产注销项目则是由于非常草率地签署了一份"不取照付"合约——从而导致安然公司多年来一直依靠州际天然气管道运输业务来清偿这种负债——而造成的。

俗话说,"不入虎穴,焉得虎子"。在资本主义的创造性破坏条件下,注销资产是商业生活的一部分。有人预计,在一个经济判断总是不确定的世界里,压注失误能在一定程度上抵消非常利得。然而,安然公司压错赌注的情况和规模使我们对其是否遵守商业资本主义内部自发出现的长期最佳商业实践产生了怀疑。分析企业破产的原因,必然要考察这样一个问题:光靠基本的谨慎——如果放弃按规则办事的美德,包括透明、求实的会计,能够合理避免哪些问题?

事实上,1997年的两笔资产注销(甲基叔丁基醚项目和蒂赛德项目二期工程)导致安然公司的"安然2000"增长叙事变得支离破碎。[1] 安然公司的动力股也陷入了险境,更不用说杰夫·斯基林交易业务所必需的高信用等级。安然公司很可能不得不提早进行后来的资产注销,并把其他费用计入盈利,除非它相信自己能把有问题的资产变成偿付能力,这就是1997年安然公司迎来的螺旋式欺诈和哲学欺骗旋涡的显著"转折点"。从此,肯·莱用他想要讲的安然故事取代了真实的故事。

"我认为,安然有一个令人遗憾的特点,那就是我们往往喜欢操纵财务把事情搞砸,而不是'对症下药'把病治好,"安然公司的高管汤姆·怀特(Tom White)在安然跌入死亡漩涡前几个月抱怨道,"我们花费了巨大的智力资本,试图围绕财务操纵设局。我觉得,在斯基林主政安然时期,情况要好于金德主政时期。这些年来,这给我们造成了巨大的痛苦。"虽然怀特明显是在暗指金德,但他显然不知道杰夫·斯基林和安迪·法斯托隐瞒了什么。

---

[1] "安然2000"向华尔街承诺:1996—2000年,安然公司的收益将平均增长15%;与1995年这个基准年相比,安然的规模和收益率都将翻番。继1996年两位数增长之后,安然公司1997年的利润暴跌80%,从而使得"安然2000"名存实亡。

推迟注销

上述这些资产注销项目几乎都与其他资产注销项目相伴。由于政治动荡以及买方支付意愿和能力有限,由安然公司牵头的耗资数十亿美元的印度达博尔(Dabhol)发电厂1994年停建,并且在重新上马后又于1996年再度停建。结果,安然公司要用从马哈拉施特拉(Maharashtra)邦取得的微薄收入来冲抵在它有偿付能力时发生的6.5亿美元的成本。[1](达博尔电厂的资产在安然公司破产后被注销。)

安然公司采用效果值得怀疑的"滚雪球"方法来处理入不敷出的国际项目,从而避免了其他项目的资产注销。这种滚雪球的处理方法就是把破产合资项目的成本滚到位于同一地理区域还在谈的合资项目来制造当期利润。安然发展公司(Enron Development)丽贝卡·马克负责的75个左右的项目中有很多不可能完成。

事实上,安然公司在1996年年报中所列的10个"最终发展"项目中,有5个项目最终还是没有竣工。安然公司国际事业部采用"滚雪球"方式处理的资产项目在金德主政时期最多达到了9 000万美元,但后来增加了1倍多。然而,正如安然当时的高级会计师向公司管理层所解释的那样,之所以没有选择注销这些项目的资产,"是因为这样做会使安然公司的收益低于预期"。安然公司就是采用哲学欺骗手段,而不是坦率和谨慎来应对令人不快的事情。

———

一种高风险的鲁莽文化导致安然公司在迅速崛起的过程中常常险象环生,其中就有上述耗资13亿美元、装机容量1.825兆瓦的蒂赛德热电项目(1989—1993年)。安然公司糟糕的资产负债状况无法为这样一个大型项目自筹资金。利用外部资金的项目融资要求同时敲定天然气供应和电力销售合同。安然公司的雇员兼顾问约翰·温不愿再等,于是提前订购了通用电气公司的汽轮发电机。合同谈判期间,安然公司在6个月里自筹了3亿美元的建设资金。天然气卖家和电力买家设定了严格的竣工期限。如果热电项目不能如期投产,他们就会放弃这个项目,也就是放弃与安然公司签订天然气供应合同和电力采购合同。

---

[1] 请参阅第十二章。

最后,总算赶在最终期限结束前的最后一天——而不是在安然公司答应并以每超过期限一天支付38.5万英镑(约合57.5万美元)罚款作为担保条件的严格施工期限到期之前——签下了背靠背合同。1993年,这个项目在合同规定的最后期限结束前几天竣工,从而使安然公司逃过了一劫。安然公司负责这个项目的现场明星拉里·伊佐(Larry Izzo)就是为了应对这种紧急情况,被汤姆·怀特从军队挖来的。怀特本人也是从美国陆军退役后加盟安然的,他曾是美国陆军准将。[1]

"我们都很紧张,"怀特回忆说,"这对我们来说就是一次十字军东征……一项必须赶在最后期限之前完成的宗教任务。"全天候的英勇表现和侥幸的险胜抹去了对一场潜在灾难令人汗颜的记忆。"除了安然公司的员工,几乎没人知道公司搞蒂赛德项目承担了多大的风险,后来也几乎没人在意这个事件。"一位描述者写道。这种为了达到目的可以不择手段的做法并不是一种总能取得成功的管理实践。

现在回想起来,肯·莱拿公司作赌注的策略在当时被作为走向国际市场和获得全球认可的捷径来吹捧。但是,蒂赛德项目一期工程的成功导致对项目二期工程"裸赌"。这次赌博完全压错了赌注。蒂赛德二期工程结果遭遇了巨大的损失,从而导致安然公司不得不进行它有史以来最大规模的资产注销,并且使安然欠下了另一笔在2001年没有作为重大问题报告的债务(中央区域输气合同)。

———————

"蒂赛德一期工程"几近失败的经历被人们所遗忘,但它的成功却导致了安然公司在全球范围内的冒险。安然在发展中国家开发的项目预期利润率高达30%,据说远远高于在资本主义环境下开发的项目。因此,安然公司在由纳税人资助的贷款的帮助下,在发展中国家建造了很多发电厂,这可是对安然自由市场言论的明确且可认定的背离。

这种有21个官方机构参加的政府参与反映了有些国家的环境不适合私人借贷。安然公司在20多个国家的投资靠的是争取尽可能多的政府帮助来安抚私人当事方。但从最终结果来看,安然公司通过非市场援助谋求非常利润的做法只取得了非常平常的回报率(根据不同的内部计算,年回报率在3%～12%)。

———————

[1] 请参阅第六章。

非资本主义果园里的苹果看上去已经成熟，项目未到手的利润已经得到了确认，项目的发起人也领到了奖金。但是，成本很高，在许多情况下，实际运营都有问题。此外，这些国家为了降低投资项目的预期利润率，把项目谈判转变为项目招标。安然公司的整个国际业务单位——安然发展公司——在1999年停止了项目发起工作。[1]

鲁莽的营销

安然公司不受监管的天然气批发大合同业务也出现了明显的风险，而且这类业务是新组建的安然公司的业务基础。安然公司在1985年签署了这类业务的第一份合同，那是一份由(安然公司持股50%的)西特鲁斯贸易公司(Citrus Trading Corporation)与佛罗里达电力与照明公司(Florida Power & Light)签署(由安然公司做全额担保)的15年期天然气销售合同。

这份合同规定的天然气交付价格与残油交付价格挂钩(佛罗里达电力照明公司旗下的发电厂可用燃油或天然气发电)。但是，为了确保天然气卖方西特鲁斯/安然公司的利润率，天然气供应并没有锁定在井口净回值价上。安然公司的一位高管表示，安然公司做多石油、做空天然气，这是一场"豪赌"。安然公司的经济学家布鲁斯·斯特拉姆回忆说："我们认为，公司的生存全靠继续在佛罗里达销售大量的天然气。"

由于天然气和石油意外出现了价差，因此，在1988年开始交付时，安然的处境岌岌可危。由于每个月的负债以数百万美元计，根据合同存续期计算，在最坏情况下，安然公司因这份合同要亏损4.5亿美元。1992年的重新谈判导致安然公司向佛罗里达电力照明公司支付5 000万美元的赔款，但也在新合同中添加了能使安然公司在未来获利的新条款。[2] 这次又让一个举世无双的冒险家以蒙受相对较小的损失为代价逃过了一劫。

1987年，安然天然气营销公司(Enron Gas Marketing, EGS)与布鲁克林联合燃气公司(Brooklyn Union Gas)签订的10年期天然气供应合同，被誉为安然天然气营销公司的"闪亮时刻"；1992年安然公司与赛德能源集团(Sithe Energy

---

[1] 请参阅第十二章。安然公司后来试图把同样的模式应用于较不发达的休斯敦和周边地区。结果，安然投资伙伴公司(Enron Investment Partners)惨遭失败。

[2] 请参阅第六章。

Group)签订20年期合同做成的交易,被誉为安然天然气服务公司做成的"头牛交易"(bell-cow transaction)。但在签订这两笔交易的合同时,安然公司都没有敲定承诺对方的天然气,它是在赌几年后能买到并交付所承诺的天然气,并且能从中赚取利润。

与布鲁克林联合燃气公司签订的日供应6 000万立方英尺天然气的销售合同,是由联邦能源管理委员会第436号令促成的。这份销售合同允许安然公司把它的传统卖家特兰斯科能源公司降格为只负责输气的管道运输营运商。这笔交易的利润非常高,锁定价格远远高于当时通行的天然气现货(短期)价格。但是,安然公司在签约时并没有敲定固定价格的长期天然气供应来源,因此签约后的好几个月无法锁定2 300亿立方英尺天然气交易的利润率。安然天然气营销公司与(纽约州)伊丽莎白镇燃气公司(Elizabethtown Gas Company)签订的10年期合同以及与北方诸州电力公司(Northern States Power Company)签订的5年期合同都是类似的无对冲"赌注"。

这份旨在为纽约赛德能源集团拟建的1 000兆瓦热电厂每天供应1.95亿立方英尺天然气的合同,得到了有5年价格对冲和此后15年无价格对冲天然气供应的支持。从1995年1月1日开始交货后,无价格对冲的天然气在2000年1月1日就出现了亏损。更糟糕的是,安然公司采用盯市记账法已经提前把这笔天然气交易的收益入账,从而加剧了日后的账面亏损。在比较正常的市场条件下消除这种负债之前,这笔亏损一度曾增加到数亿美元,有可能超过这家热电厂的价值(安然公司的担保额)。[1]

因此,安然公司无论落得怎样的下场都不足为奇。2002年年初,一份关于安然公司的事后分析报告写道:"……把一切都搞砸的赌徒。莱以为自己是霍雷肖·阿尔杰,但他可能更加接近另一个原型,即相信自我炒作的豪赌者。"安然公司的创始人并不是资本主义理论树立的完美无缺的典型。

劣 质 收 入

投资者更加喜欢可预测、可复制的利润,而不是偶然的一次性收益。可持续性——现在不应透支未来,而是应该做强未来——不仅适用于环境,而且适用于

---

[1] 请参阅第九章。

企业。在买下欧文·雅各布斯手中的安然股份以后,肯·莱本人也在安然员工中倡导一种长期取向,他表示:"这份协议消除了短期取向的投机者对安然公司未来造成严重破坏的不确定性。"

但是,安然公司必须实现它承诺的盈利,年复一年,甚至一个季度接着一个季度,无论付出什么代价。肯·莱是这么说的,而里奇·金德则执行了他的命令,有时还严斥行事谨慎的高管。用安然人的话来说,"紧迫感"就意味着我们需要盈利。

尽可能做大当期——后来甚至多期——收入的目的有两个:第一个是通过减少债务来增加未来收入,但通常因最初放弃未来收入而无法增加未来收入;第二个是使安然公司的股票成为动力股。

安然公司常通过变卖资产来创造当期超额利润,并且/或者利用会计自由裁量权提前把未来收入作为当期收入入账的方式来制造当期超额利润,他们采用的权宜之计往往都违反净现值(NPV)法。安然公司也依靠偶然收入来实现其短期目标。总之,安然公司的减持/取现倾向把一家收入流可预测的(正常)实物资产公司变成了一家把赌注压在大事件上、玩形象/造势游戏的企业。肯·莱确实创建了一家"新型"能源企业。

从20世纪90年代初到中期,许多证券分析师认为可买入安然公司的股票,但有两名记者突破重重阻挠表示了异议。托尼·马克(Toni Mack)1993年在《福布斯》杂志上撰文表示,盯市记账法以一种不可持续的方式加快了利润增长速度。哈里·赫特三世(Harry Hurt Ⅲ)1996年在《财富》杂志上载文总结称,安然公司的"今世生存哲学"应该能让普通投资者觉醒。几年之后,这样的分析才被认识到具有超前价值。

承诺与前提。1995年,安然公司的——账面——收益连续8年增长了15%,这个纪录仍落后于莱和金德的"安然2000"财务计划——旨在5年内保持相同的平均增长速度,到2000年让安然公司的盈利能力翻番并努力把安然打造成世界领先能源企业的计划。

但仔细观察就不难发现,1988—1995年安然公司连续盈利,不仅与安然公司各主要事业部业绩优异——尽管确实如此——有关,而且与安然公司为实现其激进的目标而变卖核心资产和人为加快收入增长有关。

在本书所考察的12年(1985—1996年)里,除了1985年和1987年亏损、

1988年盈利外,安然公司9年主要收入的增长速度明显被人为加快,而1988年1.09亿美元的净收益只占合并前休斯敦天然气公司和联合北方公司合并净收益的1/4。

在从1986年合并后算起的11年(1986—1996年)里,除了1987年(亏损)、1990年和1991年外,其他8年都变卖了资产。

总之,在1988—1995年的8年里,有5年出现了收入加速增长和特别资产销售,而另外3年则不是出现收入加速增长就是出现特别资产销售。在这8年里,没有哪一年在没有特别"帮助"的情况下实现了15%的收益增长率。

我们可以从1989年(连续盈利8年的第2年)发现安然公司的盈利缺乏质量。安然公司1989年实现利润2.26亿美元,用安然自己的标准来衡量属于高利润,但对于一家拥有90亿美元资产的公司来说,这个利润并不算高,远远低于休斯敦天然气公司和联合北方公司合并前的净利润。然而,变卖资产实现的收益占这一年总收益的一半,出售美孚公司股票的收益占1/3,反垄断和解获得的收益占5%。由于必须扣除安然公司运营单位要履行的债务还本付息义务才能使安然盈利,因此,安然公司对休斯敦管道公司(Houston Pipe Line, HPL)与恩泰斯集团(Entex)签订的一份天然气长期销售合同重新进行了调整,以牺牲更多的未来收入(按净现值计)为代价增加即期收益。但是,安然公司居然在年报中告知投资者:"1989年的首要任务仍将是为大幅增加短期和长期盈利奠定基础。"

安然公司报告连续盈利,其实是一种欺骗行为、一种哲学欺骗。

我们可以按照时间顺序来重新讲述安然公司完整的收益故事。故事的高潮出现在1985年合并后的问题影响了休斯敦天然气-联合北方公司的盈利能力以后。1986年,约翰·温对得克萨斯市(Texas City)的一个热电联产项目进行了财务再安排,以牺牲数百万美元的未来收益为代价在年底前取得(数额较小的)收益,从而在一定程度上缓解了这一年糟糕的财务状况。同年,在贝尔科公司收归国有后,安然公司为了减少债务,变卖了佛罗里达天然气输送公司一半的股权,而这只不过是一年前休斯敦天然气公司(全资)收购案中的一笔平衡交易。

在1987年瓦尔哈拉丑闻曝光、注销安然石油公司资产以后,安然公司以9 000万美元的价格把安然热电公司(Enron Cogeneration Company, ECC)一半的股份卖给了道明资源公司(Dominion Resources),聊以渡过1988年的财务难关。如前所述,1989年,休斯敦天然气公司与恩泰斯集团仓促达成的天然气交易重复了1986年为赚取利润违反净现值法的做法。这仅仅是安然公司从1992年开始采用盯市记账法加快增加当期收入的前奏曲,而安然公司采用盯市记账法的做法可追溯到1991年捏造收益数据,而且后来更是变本加厉地滥用这种记账方法。[1]

20世纪90年代初,在蒂赛德发电项目投产前2年,安然公司就开始向仓促创建的安然建筑公司(Enron Construction Company)支付工程款,采用这种方法从蒂赛德项目获取盈利——价值超过1亿美元。后来,安然公司还通过蒂赛德项目直接套现,它在1994—1996年间把自己在这个项目持有的50%股权减少到了28%,从而创造了8 300万美元的收入。[2]

1992年分拆创建的公司(安然液体燃料管道运输公司,Enron Liquids Pipeline)和1993年分拆创建的公司(北疆管道运输公司,Northern Border Pipeline)分别创造了2.25亿美元和2.17亿美元的净收入。1994年变卖安然全球电力与管道有限公司的部分股权实现了2.25亿美元的收入,从而使安然公司股票(安然还剩下52%的股份)的估值为正(但在安然全球电力与管道有限公司成立3周年之前,安然公司为了结束这起"鱼和熊掌兼得"型袭击交易,又回购了这些未清偿股票)。另一起公募交易,1994年分拆安然石油交易运输公司能源合伙人公司(EOTT Energy Partners)60%股份的交易,就如本书第十章所述,虽然获利甚少,但是在非常艰难的条件下完成的。

最大的现金流入额与安然石油天然气公司有关,这家公司在1989年、1992年和1995年出售自己的股份,给母公司带来了6.79亿美元的收益。[3] 1999年,安然公司最后一次出售安然石油天然气公司的股份,从而完全把这家公司剥离了出去。因此,可以说,安然公司最终把自己最好的资产都剥离了出去。

安然公司不但把年度盈利目标,而且把季度盈利目标也作为把安然股票打造成动力股的宣传内容(一份典型的新闻稿写道:"这是连续第13个季度公布盈

---

[1] 请参阅第八章。
[2] 请参阅第十二章。
[3] 1989年为2.02亿美元(税前),1992年为1.1亿美元,1995年为3.67亿美元,从而导致安然公司持有这家子公司61%的股权。安然公司将在1998年进一步减持安然石油天然气公司的股权,并在1999年完全把这家公司剥离出去。

利数据……")。安然大厦的出售和回租拯救了其中一个季度的盈利业绩,此举在收到立竿见影地改善收益状况的效果的同时,也产生了推高未来成本(支付大楼租金)的负面影响。复杂的税收策略被用来追求非同一般的目标,其中的高定价策略在收入旺季为安然公司节省了不少税款;而安然公司的税务部到了20世纪90年代末就把自己视为利润中心,而不是成本中心。

总之,变卖14亿美元的核心资产——接近莱主政时期休斯敦天然气公司(6.32亿美元)和休斯敦天然气-联合北方公司(10亿美元)合并销售的资产——反映了部分采购和经营方面内容丰富的遗留问题。所有这些资产销售当然会减少安然公司的未来收入,因此,安然公司需要一些新的东西来维持和增加利润。

大公司难免会有偶然的收入,并且也欢迎这样的收入。但由于非常不幸的原因,大公司也可能遭遇截然相反的情况。然而,依靠这样的非经常性收入在华尔街满足引导舆情的需要,是安然公司塑造自己形象的另一种方式。

在安然公司的非经常性收入中,有一笔是一起反托拉斯诉讼案胜诉后获得的意外之财。1983年,联合北方公司在一个废弃煤泥输送管道项目投资了500万美元。后来,这个项目遇到了煤炭运输铁路通行权的问题。能源运输系统公司(Energy Transportation System Inc., ETSI)的项目最终达成了庭外和解,法院判决安然公司获得29.5%的股权和1亿美元的现金,从而帮助安然公司在1987—1990年间恢复了盈利能力。

第二笔意外收入是联合北方公司在1964年把它旗下的石油勘采子公司卖给美孚石油公司(Mobil Oil Corporation)后获得的美孚股份。1988—1992年,安然公司通过出售这些股份获得了2.5亿美元的税前收入,从而开启了它连续多年收益增长15%的进程。[1]

盯市记账法? 安然天然气服务公司(Enron Gas Services, EGS)对于长期能源合同大肆采用盯市记账法,甚至达到了滥用的地步。安然公司最早是在1991年结算时为了增加这一年度的收益,把这种记账方法应用于一个追溯性调整项目。杰夫·斯基林只需调整假设——批评者称之为"盯模型记账法"——就能产

---

[1] 关于变卖能源运输系统公司与美孚公司股份的收入,请参阅:Internet appendix 2.2, "HNG/InterNorth: Joint Ventures, Miscellaneous Assets, and Sales," www.politicalcapitalism.org/Book3/Chapter2/Appendix2.html。

生各种各样的利润,甚至可以按照自己的意愿避免亏损。安然天然气服务公司,也就是后来的安然资本与贸易资源公司,可在接下来的 10 年里自由计算利润,并为虚假利润获得巨额补偿。

1991 年,天纳科公司(Tenneco)不幸收购了甲基叔丁基醚和甲醇生产设施,其中的两份甲基叔丁基醚长期合同人为地制造了一个流动性市场。但与此同时,安然公司又以一种全新的方式滥用盯市记账法。这种财务幻觉创造了 1993—1994 年度的当年利润,却消除了未来的收入,并且加剧了未来的亏损。1997 年这些资产项目减计 1 亿美元,但仅仅只是一个开始;几年以后,这些设施就全部被报废。

安然公司发现自己出现了越来越多且越来越大的财务窟窿,于是变本加厉地滥用盯市记账法和盯模型记账法。其中的一个例子就是上述人为的做法,也就是为了使 1996 年的收益达到之前承诺的水平,按"公允价值"(模型)重新对资产进行估值。

杰夫·斯基林是负责这方面的高管,但他是在肯·莱的支持以及里奇·金德的监督下走这些财务"捷径"的。事实上,首席运营官金德也参加了制造公允价值骗局的会议。外部审计机构安达信会计师事务所总是听命于能为它带来丰厚利润的客户,也参与了这项欺骗计划,这是安然公司历史上又一个"煤矿井里的金丝雀"时刻。

感知主义。为了确保安然公司的股票一直是"买入"级的股票(而不是"持有"级的股票),安然公司必须达到甚或超过其(乐观的)盈利预期。安然公司明白自己必须维持信用等级,才能支持其庞大的交易业务,特别是采用盯市记账法开展的交易业务。

盈余管理对于保证安然公司故事情节的顺利发展至关重要,而盈余管理的一种策略是,如果实现了当期收益目标,就通过向前结转利润来平滑收益。1995 年年底,安然资本与贸易资源公司仅出于盈余管理的目的,就把 7 000 万美元的收益结转到了 1996 年度。

安然公司通过结转收入、加快收入增长速度和变卖资产来制造收益——一个季度接着一个季度,而不仅仅是年复一年地这样做,赋予"财务工程"这个术语以新的含义。这个术语从最初被用于定量建模这个深奥的领域(安然公司首席定量分析师文斯·卡明斯基的专业领域)就开始具有为了实现企业目标尤其是为了安抚投资者和/或触发内部薪酬机制而玩弄会计准则的含义。这种游戏也被用来把债务隐藏在资产负债表外,企业财务界曾在1997年之前批判性地注意到了这种做法,里奇·金德也在这方面发挥过作用。

"安然公司的破产是选择性财务虚假陈述心态的一个极端例子。"《会计与公共政策杂志》(*Journal of Accounting and Public Policy*)的一篇评论文章指出。用反资本主义的术语来说,哲学欺骗是由一种基于规则(而不是基于准则)的会计制度促成的。通过建立一种意图可能被法律用语掩盖的会计制度,监管机构会促使下层企业参与"赌博",并催生一代不愿更好地为自己小心行事的投资者。

安然公司希望通过报告它想要的现实情况,而不是真实的现实情况,能够避免痛苦的中途修正,并且安抚外部投资者。安然公司的高管迈克·麦康奈尔(Mike McConnell)给他的回忆录取名叫《仅仅是因为你能做并不意味着你应该做》(*Just Because You Can Doesn't Mean You Should*),而安然公司就是"仅仅是因为你能做并不意味着你应该做"的一个例子。这种短期欺骗变成了习惯性的欺骗,而且一种权宜之计换成了另一种权宜之计。对抗现实而不是理解和尊重现实的哲学欺骗将被证明是不可持续的。麦康奈尔回忆道:"这发生在很多层面,从与董事会有关的问题到我们认为'灰色'财务机制合规的论点。"

财务工程背后隐藏的心态是与最佳实践资本主义背道而驰的。通过创造现金流实现的经济利润,才是取之有道的利润,而做假账或者制造账面利润并不能创造取之有道的利润。了解促成盈利的市场(和政治)力量,也是生财之道。但正如安然资本与贸易资源公司高管约翰·埃斯林格回忆的那样:"安然人不会问你是怎么赚钱的,只会问你为什么没赚到钱。"

公司的面具

安然公司的沟通策略超越了标准的商业惯例,即在参考一般市场状况的情况下,乐观地披露关键数据。标准的商业惯例是为一般的年度报告和人手少到不能再少的公关部门准备的。具有大局观的肯·莱——把经营策略与公共政策结合在一起,创建新的利润中心,一直保持公司股票热销,后来又致力于为能源零售业务打造成全国性的品牌——需要打动很多选民,并且戴上不同的面具。

在1988年之前,安然公司的年报紧扣自己的业务,但后来就变得大胆,出现了主题导向的趋势。1992年的年报大打天然气绿色主题的牌,封面异常生机勃勃,甚至有点滑稽可笑。1993年的年报增加了全球视野,封面中央有一张地球全息图(如图0.2所示)。

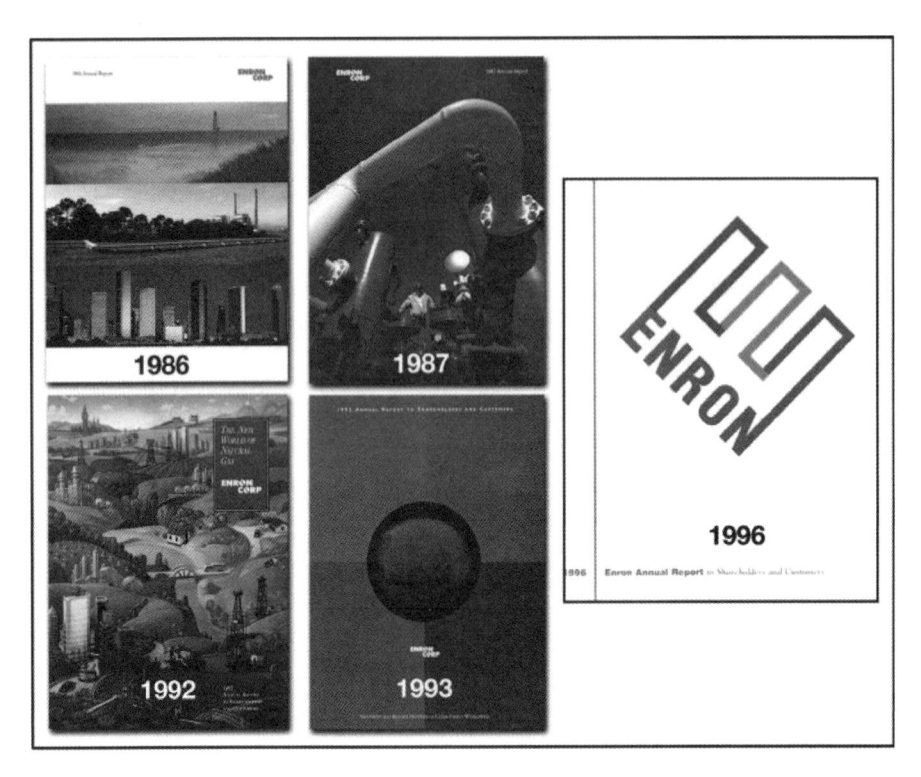

图0.2 安然公司最初几年年度报告的封面都与公司业务有关,如1986年和1987年年报的封面。1992年和1993年年报的封面有鲜明的主题,就是把安然打造成一家具有全球影响力的天然气企业。1996年年报的封面凸显了安然公司的新标识以及进军天然气和电力家庭与企业用户零售市场的计划。

然而,安然公司不同年度年报封面图案的变化,反映了安然公司在所谓的绿色能源和竞争方面自我塑造的形象,根本没有反映它所谓的对自由市场资本主义的忠诚。每当安然公司年报封面着重披露某些信息,而掩饰其他同样相关的信息时,每当年报封面不做或伪造必要的解释时,就存在误导甚至欺骗的问题。安然公司1985—1996年年报封面的一个共同特点就是图案不一,存在误导的问题,而1997年以后的年报封面图案则变得更具欺骗性。

"绿色"企业？

天然气是三大化石燃料中最清洁的燃料。[1]在一个政治环境主义的时代,这家自诩"北美领先的一体化天然气公司"自然会从这种差别化中谋求估值溢价,但当安然公司的绿色形象与它的盈利考量发生冲突时就会造成紧张。

"奇妙的天然气是看不见的,所以,大自然中其他奇妙的东西也绝不会是看得见的,难道不是这样吗?"这是1989年年底安然公司在全国广告宣传活动中使用的一条广告。1990年年初,安然公司公布了它的新愿景:"成为世界第一天然气巨头,致力于创造更加美好的环境的全球最具创新性和最可靠的清洁能源供应商。"[2]两年后,肯·莱提出了他的"天然气标准",目的是要说服电力公司及其监管机构选择构建新的燃(天然)气发电产能,而不是选择增加新的燃煤发电产能。[3]

公平地说,安然公司把自己与这样一种燃料捆绑在一起:这种燃料曾经受到政策的人为抑制,而今天在快速改进的联合循环涡轮发电技术的帮助下既有成本优势,又具政治—环境优势。莱正巧妙地从政治角度推销这种具有双重优势的燃料,而这种燃料曾在政治上被一种优势没那么明显的燃料所伤害。

绿色安然不但反对煤炭,而且反对石油。在安然公司从佛罗里达州到加利福尼亚州的天然气管道运输业务市场上,燃料油是天然气的竞争对手。在20世纪80年代中后期及其后,双燃料工厂的燃料从天然气到石油的周期性转换不是正在发生,就是有可能发生。因此,肯·莱甚至主张对进口石油征收关税,以减弱(国内)天然气受到的国际竞争。[4]

然而,安然公司想在许多发展中国家建造的发电厂却选择石油而不是天然气作为燃料。许多发展中国家通常不生产天然气,而液化天然气(LNG)的价格高于石油。因此,安然发展公司大力宣传其"为国家能源需要找到解决方案,而不是推销特定燃料(天然气)或者推动特定项目的市场主导观"。

---

[1] 安然公司1992年的年报称,"(与燃煤发电厂相比,)燃(天然)气发电厂可减少排放80%的氮氧化物和60%的二氧化碳,而且不排放二氧化硫"。此外,与类似规模的燃煤电厂相比,燃(天然)气电厂没有污泥和粉尘污染问题,而且能节约一半的用水。

[2] 请参阅第十四章。

[3] 公用事业监管制度下的费率基础激励机制有利于构建新的燃煤发电产能,而不利于构建新的燃(天然)气发电产能,这对消费者来说未必是好事,更不用说对于环保了。请参阅第七章。构建新的燃油发电产能没有技术问题,因为同样的发电技术既可使用燃料油,也能使用天然气。

[4] 请参阅第七章。

例如,安然公司在菲律宾投资的巴丹加斯(Batangas,装机容量 105 兆瓦)项目和拥有一半股权的苏比克湾(Subic Bay)项目(装机容量 116 兆瓦)都以石油为燃料,而安然公司在苏比克湾租赁和运营的装机容量 28 兆瓦发电厂也是烧油的;安然公司拥有一半股权的危地马拉波多库扎尔港(Puerto Quetzal)一家建在两艘驳船上的发电厂(装机容量 110 兆瓦)也是烧油的(在政府贷款的推动下,这些项目为安然带来了丰厚的利润)。渣油也是印度装机容量 696 兆瓦的达博尔发电厂(一期工程)首选的燃料,但二期工程将同时采用液化天然气作为燃料。

在国内,安然公司的天然气巨头形象还必须与安然液体燃料公司的形象保持一致,因为安然公司在 1989 年的年报中把它的液体燃料公司说成是"北美一个完全一体化的原油实体"。安然公司的中游石油资产[之前叫"安然石油交易运输公司"(Enron Oil Transportation & Trading,EOTT)]以安然石油交易运输公司能源合伙人公司的名称(于 1994 年 3 月)包装上市。安然石油交易运输公司能源合伙人公司在美国 17 个州和加拿大的业务包括"原油和成品油采购、采集、运输、加工、贸易、储存和转售及其他相关活动"。此外,安然石油天然气公司虽然有自己的油藏并且自己开采石油,却接近于一家纯粹的天然气企业。

安然公司是一家没有煤炭资产的企业,也是一家反对煤炭的企业。它敦促公用事业公司在发电时选用天然气而不是煤炭作为燃料,并游说政府出台不利于煤炭使用和排放的公共政策,却悄悄地进入了(有利可图的)煤炭业务领域。

2001 年 10 月,肯·莱在一次有证券分析师参加并且是他最后一次参加的电话会议上透露了一个此前没有披露的利润中心。他承诺,安然公司将退出非核心业务,继续从事天然气交易、管道运输以及煤炭业务。

安然公司也做煤炭业务? 有谁知道,自 1997 年以来,安然公司一直在做煤炭业务,先是做煤炭交易,后来是为煤炭企业融资并做实物煤的"量产付款交易"(volumetric production payment,VPP)*,安然公司的一位高管对它的公司的"一体化观"进行了解释:"虽然我们对直接收购煤炭企业不感兴趣,但我们可以通过多种方式利用安然资本与贸易资源公司的资金进入煤炭生产领域,从而提高我们的生产实体地位。"

---

* 一种在石油和天然气行业采用了几十年的融资方式。油田或气田的业主出售自己生产的部分原油或天然气以换取预付现金。——译者注

可以肯定的是,安然公司已经宣布自己是世界第一大天然气巨头,并且已经提出成为世界领先能源企业的愿景。但是,肯·莱的企业仍然在推进全球气候变暖和绿色能源问题的解决。当安然公司一位负责煤炭业务的高管面对这个矛盾时,杰夫·斯基林就用以下这句话来平息这个问题:"迈克,我们是一家绿色能源企业,不过,绿色代表的是金钱。"

从此,安然公司总部再也没人说煤炭是"可燃污垢"的笑话了。

这位戴着多种面具的首席执行官——在佛罗里达天然气公司任职时主张使用煤炭,而在特兰斯科公司任职时又反对使用煤炭——在到休斯敦天然气公司任职以后一直反对使用煤炭。他一直是私营部门这种燃料的头号敌人,直到安然公司进入煤炭行业甚至购买了煤炭储量为止。不过,安然公司并不重视煤炭业的实物生产业务,却非常重视煤炭物流。安然公司公布的(2000年)年报指出:"安然公司采用一种全方位的解决方案来管理进口煤炭和国产煤炭的物流和风险。在某些情况下,我们已经帮助客户降低了高达10%的煤炭成本。"

安然公司拥有35名员工的煤炭业务单位,在1999年创造了3 500万美元的利润,它是一个名副其实的利润中心。为了支持安然资本与贸易资源公司开展实物交易业务,安然煤炭业务单位进行了3亿美元的煤炭储量投资。"我们作为'绿色企业'的地位正在下降,"安然公司欧洲事务主管马克·施罗德表示,"我们发现,就连继续模仿约翰·布朗(John Browne)也变得越来越困难,因为他已经把太阳能业务卖给英国石油公司(BP),并在明年某个时候成为世界最大的煤炭贸易商。"

支持竞争?

虽然安然公司雇用了许多经济学博士(和准博士),但它并不是一座象牙塔。肯·莱是一个商人,不是学者,也不是理论家。他首先是一个实用主义者,其次是一个有远见的首席执行官。在利润最大化的名义下,莱在很多事情上先是支持后又反对,而在另一些事情上则先是反对后又支持。莱在某些问题上欢迎市场和竞争这些标志性机制,但在另一些问题上又不欢迎这些机制,即使是在公众立场对立的问题上也是如此。这就是安然公司苦心经营的"混合经济",而肯·莱则把它做到了极致。

起先,莱对于现货天然气革命以及相关的天然气输送和传统的经营方式还

为您提供煤炭服务的自然资源

现在有一种无所不包的煤炭批发商资源——安然资本与贸易资源公司，帮助您进入市场、管理风险和控制盈亏底线。

安然资本与贸易资源公司是安然公司旗下的一个业务单位，而安然公司则是世界上最大的一体化能源企业之一，大约拥有300亿美元的资产。安然资本与贸易资源公司的能力包括实物能源大宗商品交易的做市、创造性风险管理和融资服务。

由于我们已经认识到能源资源的趋同性，因此我们把煤炭添加到业务组合中，以帮助我们继续扮演世界领先的全球能源问题解决方案提供者的角色。我们拥有的大量资源和从事煤炭业务的创新方法能够帮助您争取更大的成功。

煤炭依然在燃烧发光

安然资本与贸易资源公司

图 0.3　安然公司在1997年悄然而又果断地进入了煤炭行业，先是在煤炭交易，然后是在资产收购方面加大了交易力度。煤炭部门是安然资本与贸易资源公司批发业务方面一个颇受欢迎的新利润中心。

拿捏不准。"当我们能得到自己想要的全部灵活性和天然气输送方式的时候，"他在1985年表示，"我们就会发现自己并不需要所有这些东西。"那是为什么呢？因为他的上游和中游业务需要更高的价格和利润。这句话出自特兰斯科能源公司前总裁之口，他在1983年牵头成立了美国天然气清算所（US Natural Gas Clearinghouse），而且在1982—1983年推出了特兰斯科能源公司的特别营销计划。

天然气现货价格走低给莱造成了巨大的压力。他抱怨说，以"低于成本的价格"出售天然气，可能会损害管道运输公司输送天然气的服务义务，最终导致天然气价格随后"大幅下跌"。

那么，"天然气先生"是在说天然气根本就资源不丰裕、供应不可靠吗？对于电力公司，安然公司的回答是否定的……但也许又是肯定的。安然公司表示，无疑，天然气能让发电商为新建的电厂弃用煤炭。他们不得不这样做；天然气的买家还记得20世纪70年代中期天然气供应减少的情景。《安然天然气展望》(*Enron's Outlooks*)难道没有根据技术进步对北美稳固的资源基础进行过量化分析？

此外，天然气长期合约交易的利润率高于交易量大、透明度高的逐月现货天然气交易。因此，安然公司暗示，天然气可能并不那么资源丰裕、供应可靠且经济适用，而发电企业应该为满足其部分甚至大部分需求签订有价格溢价的长期固定合约。顺便说一句，安然公司是这种长期合约天然气的杰出供应商。

肯·莱既看好又看衰天然气市场。1985年，他抱怨称，"我们的行业可能即将出现严重的供应短缺和价格螺旋式上涨的问题"，并不是"推销我们的长期燃料承诺非常有效的方式"。但过了3年，他又警告说，以低于重置成本的成本生产的天然气正在对"整个行业造成真正的冲击和非常严重的混乱"。

有一个障碍必须跨越。当时的想法是让公用事业公司扩建新的燃气发电能力，并致力于利润率更高的长期供应。安然公司将确保它们有足够的天然气来扩建新的燃气发电能力，但又担心它们能否签订长期固定价格合约。事实上，在客户会议上，安然公司介绍了麦肯锡公司对天然气供应的悲观看法，接着又介绍了安然公司自己的乐观看法，然后又抛出了旨在锁定(溢价)价格的天然气长期期权。

为了鼓励签订长期供气合约，安然公司还提醒各州的公用事业监管机构注意天然气现货价格波动和可能出现的天然气供应问题。[1] 安然公司的提醒不但适用于电力公司，也适用于向家庭和商业用户供应天然气的公用事业公司——适用于任何从安然公司批发采购天然气的企业。

请不要搞错：肯·莱知道安然公司的面包在哪些地方涂了黄油。他很早就明白，作为天然气营销商，而不仅仅是天然气管道运输运营商，应该怎么赚钱。而且，他也清楚，长期合约交易远比现货市场交易有利可图。

———

对于自称是自由市场拥护者的肯·莱来说，资产集体主义代表了一个更加基本的矛盾。然而，他很早就发现，如果安然公司既做独立天然气销售商，又当

———

[1] 请参阅第九章。

天然气管道运输运营商，就能赚到更多的钱。把天然气销售和输送业务分开，就能创建两个利润中心。在这之前，安然公司只有捆绑在一起的管道运输天然气销售(没有利润)和天然气灌输业务一个利润中心。同样的原理——电力销售和输电业务分离——也适用于规模更大的电力市场。

安然公司倘若想把天然气销售和管道运输业务分开，就必须接受联邦能源管理委员会的强制性开放—准入计划。根据这项计划，州际天然气管道运输企业(以及后来的电力公司)必须允许所有新进入者按照非歧视性价格和其他服务条款使用它们的管道运输容量。最初，这项计划只在批发层面(输气管道、输电线路)实施，但以后也要在零售层面推行。

安然公司通过"基础设施共享"来使用其他公司的资产，从而创建一个专门负责天然气和电力营销的业务单位，这对于一家试图快速发展，同时享有较高信用等级但拥有资产不多的公司来说，无疑是一件非常好的事情。强制性开放—准入计划是一项鼓励竞争的计划，它告诉安然公司竞争是好事，哪怕是发生在一个监管区域化的竞争环境里。

对于莱来说，强制性开放—准入计划就是一个达到赚钱目的的手段。他并不关心真正的放松管制，即废除已经实行几十年的对公用事业公司的保护，取消特许经营权保护和费率上限。这些都不属于政治游戏的范畴。

安然公司先是支持在联邦(州际批发)层面实施的强制性开放—准入计划，因为这项计划允许安然公司组建安然天然气服务公司、安然天然气营销公司和安然资本与贸易资源公司作为新型创新性利润中心。正如本书第十五章和后记将讨论的那样，强制性开放—准入计划现在被安然公司奉为自己在天然气零售(供气层面)领域的下一个大事件。

一种取代原则的权宜之计为肯·莱制造了一些非同寻常的情境。当潜在的州际强制性开放—准入计划威胁到安然公司两条州内输气管线供销的盈利能力时就造成了一种紧张局面。在得克萨斯州，休斯敦管道运输公司因与恩太思公司签订了一份长期销售合同而面临风险。如果得克萨斯州铁路委员会做联邦能源管理委员会做过的事情：发布开放—准入令废除利润丰厚的合同，并且支持(利润较低的)天然气现货交易合同，那么，结果会怎样呢？

安然资本与贸易资源公司在1997年的一份法务备忘录中表示："为了避免

安然公司内部出现不同的业务定位,我们有必要协调公司内部的策略、声明和定位。"安然公司路易斯安那资源公司(Louisiana Resources)输气管道业务部的天然气销售,也存在同样的问题。

为了确定安然资本与贸易资源公司的定位,从而支持它进军零售业务领域,并最大限度地减小对我们州内管道运输和批发业务部门造成的损害,必须全员参与"协助解决内部不同利益集团的问题"。结果,安然公司躲过了一场危机(避免执行州内强制性开放—准入计划),它的"两面三刀"策略并没有在一个非常不合时宜的时候公之于众。

安然公司在南美洲的业务也出现了同样的紧张状况。在南美,安然公司在建造或购买天然气基础设施时倾向于采用封闭、综合、捆绑的方式。天然气生产商把天然气卖给安然公司,后者随后就把天然气输送到它的发电厂并用来发电,在几乎不存在外部竞争的各个阶段赚取利润,而开放输气服务市场、提升竞争程度和提高价格透明度则会降低回报率。

"你们可否用电子邮件给大家安排一次会议……讨论基础设施整合的问题?"一份内部备忘录如是问道。安然公司公共政策分析主管(本书的作者)写道:"我们真的需要解决这两个(定位)问题,给肯·莱一些建议,而现在我本人也十分迷茫。"

我们还可以举一些其他"莱在某些方面支持竞争,而在另一些方面又不支持竞争"的例子。一位据称是支持竞争的首席执行官由于把安然公司的旅游业务交给他胞妹的旅行社,因此做了绝对不利于竞争的事情。肯·莱指责大石油公司在20世纪90年代初通过对井口天然气销售进行掠夺性定价,实际上是在抱怨竞争太过激烈(在其子公司安然石油公司的引领下),而不是竞争不足。

莱和安然公司为了《北美自由贸易协定》(North American Free Trade Agreement, NAFTA)能够获得国会批准而积极进行游说。这个协定从1994年第一天开始禁止对从加拿大或墨西哥进口或出口到加拿大或墨西哥的石油或天然气征收关税或进行其他限制。但在莱看来,外国石油太便宜(有竞争力)。莱曾在1993年设法让政府征收关税,以缓和石油与天然气的竞争。[1] 莱还游说

---

[1] 请参阅第七章。

开征英热量单位税(Btu tax),以凸显天然气相对于石油和煤炭的优势——直到克林顿提案无意中搞砸了安然资本与贸易资源公司当时正在进行的长期天然气交易谈判。

安然公司宣称,在发电领域,至少从1987年起,天然气就超过了煤炭和石油。美国环境保护局的政治监管由于天然气排放较少而青睐天然气,而20世纪70年代有利于煤炭的法规也被废除,或者说几乎被废除。尽管如此,肯·莱仍然希望能在与两种竞争对手燃料的竞争中取得优势。20世纪90年代初,为了平衡竞争环境,已经出台过针对特定燃料的环保法规,因此,开征一种针对石油和煤炭而让天然气受益的差别税收,就是降低燃料间竞争的激烈程度和反对燃料消费主义,但有利于安然公司盈利的一个例子。

政府创造的机会与依赖

那么,是应该支持市场竞争,还是支持政府给予特别照顾?是支持私人控制资产,还是支持强制性的开放—准入计划?是支持石油和煤炭,还是支持(主观定义的)绿色能源?在公共政策制定者站在基于企业盈利,而不是基于理智论证和前后连贯的立场上制定公共政策的情况下,自然会造成关系紧张或者矛盾;同样的矛盾也会出现在肯·莱作为"主张放松能源管制的哲学家"的形象中。

1983年还在特兰斯科公司任职时,莱就游说国会阻止谈判达成缺乏灵活性的生产商合同。莱的这个立场在国会举行的同一次听证会上遭到了境况较好的联合北方公司的反对。1985年,随着联合北方公司和休斯敦天然气公司的合并,莱便赞成进行私人重新谈判(合并后的公司占全美天然气市场14%的份额,但只占美国天然气行业"不取照付"业务5%的市场份额)。[1] 莱在特兰斯科公司供职时曾寻求通过立法解决"不取照付"的问题,但到安然公司任职后却支持在自由市场上进行自助。

肯·莱和丽贝卡·马克的安然发展公司"向发展中国家传播私有化和自由市场福音"的时髦说法只说对了一半或者连一半都不到。由于政府提供了至关重要的贷款援助,因此,安然公司通过与作为交易对手方的专制政府合作,是在

---

[1] 请参阅第二章。

实行权贵资本主义——而且并非没有风险。虽然围绕许多项目启动的宣传声势浩大,但刨去成本后的收益并不多。

当安然公司的盈利能力受到威胁时,肯·莱对市场的依赖就会动摇。就如本丛书第一卷(《资本主义在行动》)所说的那样,而且本书进行了更加全面的记述,肯·莱通常是"私酒贩子与浸信会教徒"(商业利益集团与公共利益团体之间串谋)寻租框架中的"私酒贩子"(企业方面的参与者)。事实上,安然公司是一家政治企业,对现有政府干预创造的机会或者可能来自新监管条例、税收或补贴的机会有先动者偏好。

有一个明显的例子表明,安然公司精于实用主义的算计,并不坚持自由市场原则。这个例子就是在全球气候变暖的背景下推动征收新能源税的寻租博弈。事实上,1997年安然公司是克林顿-戈尔特别工作组的成员,曾建议把开征能源税作为一项公共政策。

到了20世纪90年代中期,安然公司以为消费者降低价格的名义,力挺在电力零售市场——安然资本与贸易资源公司的一个巨大新市场——执行强制性开放—准入计划。"降低电价就意味着经济增长和创造就业机会。"莱在1992年高调表示。两年后,杰夫·斯基林指出,仅加州就能节约电费多达89亿美元,"足以偿还当前的债务,使该州几个最大城市的警察人数翻一番、教师人数增加2倍,而且仍有大约10亿美元可以自由支配"。

在一次典型的安然式演讲中,里奇·金德指出,通过比较每度电接近0.07美元的平均零售电价与每度电0.04~0.05美元的供电边际成本,我们就能发现,我们可以节省30%~40%的电费,即每年节省600亿~800亿美元。[1] 如果安然公司能通过零售来赚取部分差价,就能成为能源巨头,它在电力行业的地位就能如同埃克森美孚公司在石油行业的地位。

由爱迪生电力研究所(Edison Electric Institute)牵头的强大电力行业游说团体发现,安然公司试图通过推行碳排放配给制度来提高电价,同时又敦促电力行业零售企业降低电价。那么,结果又会怎样呢?虽然这两种策略相互抵触,但

---

[1] 据安然公司估计,公用事业公司不可能得到纳税人的补偿,因为不经济的发电按照公共事业监管条例无法再享受费率基础待遇。这种"搁置成本"如果能够获得通过,理论上将抵消大部分成本节约,至少在短期内是如此。

安然公司作为电力市场销售商、天然气巨头和可再生能源巨头而成为三重赢家。如果"总量控制与排放交易"能创造一个碳排放市场,那么,安然公司将成为四重赢家。

面对有可能危及安然用户至上论的电力行业重组观的曝光,莱低调地淡化了安然公司"忽左忽右"的立场。[1]"安然2000"的基石——安然资本与贸易资源公司2 000亿美元的新市场——实在是太重要了,因此不能与全球气候变暖政策纠缠在一起,至少不能从正面搅和在一起。

政治资本主义

本书第七章和第十三章专门关注安然公司利用的政治机会和采取的寻租行为,以补充对处于特定商业情境的政府逐章进行的讨论。这种兼顾宏观和微观的处理方法凸显了安然公司对政治进程的独特依赖完全超出了对简单的私有财产自由市场的依赖。

实际上,注重政治的莱和注重政治的安然公司两者密不可分。在一切政府事务中,莱这位政治家兼首席执行官都是中心人物。企业历史学家将很难找到另一个拥有更多华盛顿机会、动力和结果的企业领导人。造成这种状况的部分原因就在于能源行业的性质。正如本丛书第二卷(《从爱迪生到安然》)的后记所总结的那样,长期以来,能源行业一直受到州和联邦政府的监管。而造成这种状况的另一部分原因则是肯·莱被受监管业务所吸引,并且拥护新的政府干涉主义政策。[2]正如一名公司说客回忆的那样,"肯·莱只会进攻,不会防守"。

安然公司全部的利润中心几乎都受益于并/或寻求政府的重大干预:强制性进入州际管道运输(批发)市场、针对独立(非公用事业)发电企业的特别激励、强制性进入州际输电(批发)市场、针对资源(致密砂岩气)开采的特别税收待遇、标准污染物[3](也许日后还会包括二氧化碳)监管、针对太阳能和风能发电的特别税收待遇(与后来的州级可再生能源产出配额)以及针对国外项目的贷款援助。这些法律和行政法规有些起源于20世纪30年代,有些在安然公司所处的

---

[1] 请参阅第十五章。
[2] 莱和1930年创建休斯敦天然气公司的约翰·亨利·柯比都是私营部门的"政治家"。布兰德利在《从爱迪生到安然》(pp. 8–10, 388–400)中讨论了他俩的相似之处。
[3] 这些污染物包括颗粒物、地面臭氧、一氧化碳、二氧化硫、氮氧化物和铅。在这六种污染物中,有三种(颗粒物、二氧化硫和氮氧化物)是有关天然气与煤炭争论的主题。值得注意的是,二氧化碳并不被认为是一种标准污染物。

年代发挥了作用,有些与安然公司至关重要的提议和游说活动有关。

不过,法律可能会伤害而不是帮助安然公司。1935年颁布的《公用事业控股公司法案》(Public Utility Holding Company Act)对安然公司这样的非公用事业机构来说是一个负担。安然公司在多个州建造了发电厂并进行电力交易。在1992年正式修订这项法案之前,安然公司必须申请不遵守该法案的豁免权。

安然公司遇到的另一个棘手问题是环境监管。虽然安然公司(特别是横贯西部管道公司和佛罗里达天然气公司)通过创新把低效率问题降到了最低限度,但环境监管还是阻碍了安然公司天然气管道运输业务的运行,并且耽误了管道运输业务的发展。在对环境的资本成本进行基于费率的处理以后,安然公司(以及其他竞争性项目)能够忍受这个麻烦因素。

同得到联邦能源管理委员会规定的公用事业费率与服务监管处资助的业务相比,安然公司的州际天然气管道运输业务处于较为不利的处境。从20世纪80年代初到中期,州际天然气管道运输(批发)市场开始出现运能过剩的问题,造成了管道运输企业之间的竞争,从而使得传统的成本加成定价法失去了存在的必要性,而且不利于实现推行市场反应定价法的目标。最高管制费率有可能高于市场费率,从而要求打一定的折扣,才能避免费率因失去业务而变为零。

这样的法律有可能会伤害安然公司的竞争对手,从而减轻安然公司的痛苦,至少相对而言就是如此。肯·莱寻求的是对安然公司有利的政府干预,他才不管政府干预是否会对安然公司的竞争对手产生负面影响,更不会关心是否对费率支付者或纳税人产生负面影响。在这样做的过程中,安然公司沉迷于政府创造的特殊机会——无论是有利于它的监管、税收优惠,还是美国政府机构开出的以财政部为付款人的支票。

不过,安然公司的核心竞争力肯定不是由肯·莱开始构建的。"寻租"行为在18世纪就给亚当·斯密敲响了警钟,而美国的主要政治经济学家解释了这种行为在19世纪的邪恶存在。[1]《天然气周刊》的编辑约翰·詹瑞奇在安然事件发生期间简单谈过这个问题。"这毕竟不是哲学讨论,"他在谈到业界有关监管问题的不同立场时指出,"这关系到金钱。"这种实用主义在美国能源行业已经习以为常。美国能源行业常会忽视始于亚当·斯密和塞缪尔·斯迈尔斯的商业道

---

[1] 请参阅:Bradley, *Edison to Enron*, pp. 7—9,11—13,33—35,130—134。

德和资产阶级美德的悠久传统。

混合经济竞争

美国的相关立法和行政法规使注重政治协调和政治正确性的安然公司在1984—1996年赚到了数亿美元。另一种不同的监管（会计、财务）使安然公司能够解释财务业绩，从而使得安然的财务业绩看起来比实际情况更加有利和更可持续。但在某些情况下，安然公司发现自己参与了促进竞争和财富创造的政治游说活动。

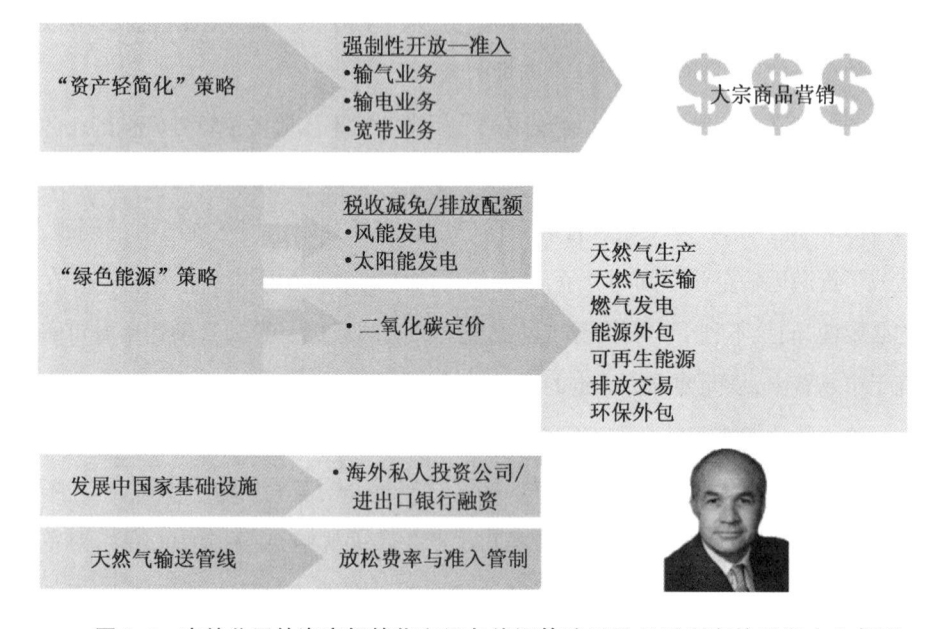

图0.4 安然公司的资产轻简化和绿色能源策略以及几乎所有的利润中心都要依赖政府的特别照顾。注重政治关系和政治正确性的肯·莱是安然公司公共部门行动主义的"公分母"。

肯·莱收购两条州际输气管线的开局行动，把联邦监管放在了休斯敦天然气公司运营的核心位置。这是在监管约束下的市场逐利行为，而不是寻租行为。州际天然气输送是一项由客户驱动的业务，而这项业务的能源竞争对手——（煤炭）人造煤气和燃料油——经常会阻碍推进天然气使用的政治进程。事实上，煤炭和石油利益集团在不同燃料间的寻租，在1931年推迟了北方天然气管道公司（Northern Natural Gas Pipeline）进入这个市场，并且在1959年差点导致佛罗里达天然气输送公司无法进入这个市场。

在联邦能源管理委员会支持竞争的竞争性市场上,安然公司主动支持监管的行为有助于促进竞争——开放天然气服务市场,使客户在天然气供应商之间以及不同燃料之间有越来越多的选择。[1]安然公司这种行为的唯一例外就是,肯·莱为了保护天然气输送管线的输气量不受外国石油的影响而推进进口石油关税的开征。

历史遗留下来的干预机会

《天然气政策法案》(Natural Gas Policy Act,NGPA)是1978年《国家能源政策法案》(National Energy Policy Act,NEPA)五部法案中的一部,也是安然公司核心业务的基础。有两位律师把逐步取消价格管制以及该法案的其他条款说成是"有史以来颁布的最复杂、最模糊的法规"。虽然没有(为创建一个真正的自由市场而)完全解除管制,但放松管制的势头得到了保证,从而会促进更多的行动自由和竞争。

《天然气政策法案》第311条开启了把天然气商品从州际天然气管道运输市场中分离出来的进程。需要逐案报批的天然气现货运输项目在被取代后,因联邦能源管理委员会颁布开放—准入通令而得到推广,从而创建了一个新的行业——州际天然气营销。

《天然气政策法案》加快了旨在解决天然气短缺问题的联邦井口价格自由化进程,并建立了一个开放式的资源丰裕制度框架。在天然气供应问题得到解决以后,肯·莱实施了一种以聚焦于天然气的可持续盈利商业模式。[2]

《公用事业管理政策法案》(Public Utilities Regulatory Policies Act,PURPA)创造的机会。《国家环境政策法案》五部法案中的另一部法案,即1978年颁布的《公共公用事业管理政策法案》,是安然公司新的发电业务的前导因素。这部法案旨在推动可再生能源的使用,因为天然气被认为是一种正在逐渐衰退的发电资源。然而,高效的新天然气技术符合这部法案提出的要求。

结果,天然气供应变得丰盈起来。天然气—蒸气联合循环发电技术在20世

---

〔1〕关于这些赚钱的举措,请参阅第六章。
〔2〕莱反复宣称的自由市场主张以市场(稀缺性)定价——而不是以根据1938年《天然气法案》主张的公平和合理标准解释的联邦价格管制——为核心内容。但他对市场价格过低提出过两次异议:一次是涉及天然气价格(1991年莱所说的掠夺性定价),另一次是涉及石油价格(他建议对石油征收关税和其他税收)。

纪80年代迅速得到改进,每单位天然气能发越来越多的电。《公用事业管理政策法案》在安然公司问世之前已经颁布,但肯·莱在他职业生涯的前一站特兰斯科公司任职时已经看到了独立电商发电的美好前景,他是休斯敦天然气公司主张推进这部法案付诸实施的早期推动者。

《公用事业管理政策法案》要求公用事业公司按照由监管机构指定的利润丰厚的"避免成本"——公用事业公司自己构建发电产能需要承担的成本——购买电力,从而为独立的燃气热电联产商开辟了一个新的市场。[1]安然热电公司是安然公司急需的新利润中心,事实上也是安然公司旗下收益率最高的子公司。安然热电联产公司在1985—1988年间建造或收购了6家电厂,这些电厂为安然公司贡献了数千万美元的利润。莱一开始就想做这种业务,并且发现以前曾在通用电气公司工作过的约翰·温适合做安然热电联产公司的领导人。

安然公司的多个事业部都得益于温做成的《公用事业管理政策法案》允许的交易。(低)天然气成本和(高)"避免成本"电价之间的巨大价差,使得安然公司在得克萨斯市的热电项目不仅可以锁定在高利润率上,而且可以"按远高于天然气现货市场价格"的价格从安然石油天然气公司购买7 500万立方英尺/日的天然气。

根据1990年的《清洁空气法案》,得克萨斯市项目的"避免成本"是根据一家配备了昂贵的污染控制设备(洗涤塔)的新燃煤电厂的估计成本计算的。温的高效燃气热电厂300美元/千瓦的燃气装机容量成本与监管机构批准的1 100美元/千瓦的燃煤装机容量成本之间的差额,允许安然石油天然气公司和管道运输运营商休斯敦管道公司赚取(由监管促成的)暴利。[2]

这份电力销售合同的售价是如此之高,以至于在现货天然气平均价格低于2.00美元/百万英热单位的时候,从安然石油天然气公司按3.25美元/百万英热单位的价格购买天然气(含6%的上升幅度)仍有利可图。我们应该称赞安然公司真会充分利用政府监管创造的盈利机会,这是可用来定义政治敏感企业在一个由政治促成的行业成功运作的许多案例之一。

根据对"避免成本"更加合理的解释,电力销售合同的电价应该根据公用事

---

[1] 关于这部法案的介绍,请参阅:Internet appendix 1.5, "Public Utility Regulatory Policies Act of 1978 (PURPA)," www.politicalcapitalism.org/Book3/Chapter1/Appendix5.html。

[2] 请参阅第三章、第四章和第五章。

业公司建造自己的燃气热电厂(就像安然公司的约翰·温所做的那样)的成本来计算。这样,发电商的天然气采购价就得更加接近天然气现货价格。但是,得克萨斯公用事业公司作为特许经营垄断者,只要能够把(根据《公用事业管理政策法案》)购买的电力卖出去,就不会关心这个问题。

换句话说,安然公司在1984—1989年《公用事业管理政策法案》实施的鼎盛时期赚到的利润正是那些"被俘虏"的电力用户多付的钱。一部能源危机法在能源过剩时代产生了截然不同的效果,这也是政府对已经发生了变化的市场进行干预产生的意外结果。

出口援助。安然公司在世界最不发达地区完成的基础设施项目,都是由一些颁布已久的法律推动的项目。根据这些法律,美国在1934年成立了进出口银行(Export-Import Bank, Ex-Im),1971年又创建了海外私人投资公司(Overseas Private Investment Corporation, OPIC)。丽贝卡·马克的任务就是"在尽可能多的发展中国家插上安然公司的旗帜"。

那么,安然公司为什么要开拓最贫穷、风险最大的市场呢?因为其他能源公司已经在更好的市场上安营扎寨,而安然公司则希望通过冒更大的风险来赚取更多的利润。政府融资和/或政府担保风险,再加上安然公司在蒂赛德项目一期工程取得成功后赢得的良好声誉,足以吸引其他私人融资来完成项目。

在安然公司有偿付能力期间,美国进出口银行曾在1986年、1992年和1997年三次获得向安然公司融资的授权。在海外私人投资公司申请再授权向安然公司进行投资的议案于1996年被众议院投票否决以后,安然公司就把游说活动推向了高潮。"随着我们在克罗地亚、莫桑比克、玻利维亚、波兰和其他一些新兴民主国家不断开发新的项目,"肯·莱在《商业日报》(*Journal of Commerce*)上载文表示,"海外私人投资公司将再次成为支持安然公司为这些陷入困境的国家进行私人投资的关键机构。"

美国进出口银行和海外私人投资公司与美国纳税人一起参与了安然公司的海外风险投资。根据一项研究,"至少有21个代表美国政府、多边开发银行和其他国家政府的机构"同意向29个国家38个与安然公司有关的项目融资72亿美元。

在安然公司之前或者之后,没有一家公司能够获得涉及面如此广泛的这类援助。安然公司的言行具有明显的讽刺意味。"有时,莱的游说似乎与他公开宣称的相信自由市场解决方案的信念相左,"贝瑟妮·迈克莱恩和彼得·埃尔金德指出,"一个典型的例子就是安然公司对(海外私人投资公司和进出口银行等)政府机构的依赖。"

安然公司促成的干预

1984—1996年,安然公司虽然没有发起,但促成了一些重要的立法和行政法规。它们涉及两个主要领域:(1)针对州际天然气管道运输市场的强制性开放—准入计划;(2)根据1990年修订的《清洁空气法案》制定的排放管理条例。

联邦能源管理委员会的开放—准入计划:天然气批发。上文提到的联邦能源管理委员会强制性开放—准入计划的实施始于1985年5月的一份建议制定规则的通告。结果,这份通告当年晚些时候变成了行政法规。

《天然气井口价部分解除管制后的天然气管道运输市场管理条例》(Regulation of Natural Gas Pipelines after Partial Wellhead Decontrol),也就是联邦能源管理委员会颁布的第436号令(FERC's Order No. 436)促成了一个全国性的州际天然气大宗商品市场。新的天然气管道运输市场管理制度得到了休斯敦天然气-联合北方公司的支持,甚至是拥护,而且肯·莱亲自为这个制度游说。[1] 实施强制性开放—准入计划执行规则最后在《天然气管道运输服务义务》(Pipeline Service Obligations)以及根据委员会管理条例第284部分修订的《自执行运输规则修订案》(Revisions to Regulations Governing Self-Implementing Transportation)中得到了确定。联邦能源管理委员会于1992年发布的第636号令中有安然公司留下的印记:安然公司的一份内部备忘录称,"休斯敦天然气-联合北方公司在建议书中提出的许多建议都在最终规则中得到了采纳"。

到了1993年,安然公司旗下的州际管道公司已经全面进入开放的州际管道运输市场。横贯西部管道公司、佛罗里达天然气输送公司、北方天然气管道公司或者北疆天然气管道公司不再做天然气买卖交易,而是只负责输送属于其他公司(包括安然公司子公司)的天然气。从安然公司的角度看,这次业务转型进行得很顺利。"联邦能源管理委员会的第636号令将对安然公司和整个天然气行业产生积极的影响。"安然公司在其填写的1993年10-K表上写道。安然公司在

---

[1] 请参阅第二章和第七章。还请参阅:Internet appendix 1.2, "Mandatory Open Access for Interstate Gas Pipelines," www.politicalcapitalism.org/Book3/Chapter1/Appendix2.html。

自己的年报上做出了响应:"联邦能源管理委员会第636号令全面付诸实施,再加上1993年成功解决与我们州际输气管网有关的全部重大监管问题,应该能为我们最大的单一收入贡献者(意指安然旗下现在已经拆分的管道运输公司)提供持续和可靠的现金流。"

对全部28条主要州际天然气管道运输,而不只是对安然公司的几条州际天然气管道运输,实行强制性开放—准入计划,还允许安然天然气营销公司(1986—1990年)、安然天然气服务公司(1990—1994年)以及后来的安然资本与贸易资源公司在全国范围内买卖天然气并从中获利。杰夫·斯基林在1994年告诉他的员工:"我们正在经历这个行业'百年一遇'的转型期。"他说的是天然气行业,但电力行业,首先是电力批发业(如果安然公司压在大规模游说活动上的赌注取得成功,然后就是电力零售业),也即将迎来自己的"基础设施共享"。

《清洁空气法案》规定的排放控制。1990年通过的《清洁空气法案》对天然气行业至关重要,部分原因是安然公司促成了这部法律的颁布。1989年9月,肯·莱代表全美州际天然气协会(Interstate Natural Gas Association of America)和全美天然气协会(American Gas Association)(分别是天然气行业中下游企业的行业协会)在(众议院能源与商业委员会)能源与电力小组委员会举行的听证会上作证。

莱在听证会上强调,天然气"几乎没有二氧化硫排放的问题,而且氮氧化物排放量也只有煤炭的1/3";并且主张采取"自由选择"的方式,允许电力公司通过二氧化硫和氮氧化物交易来减少排放。"立法不应该要求公用事业公司安装洗涤装置,"莱恳求道,"所谓的清洁煤技术也不应该在商业化可行性研究阶段之后再得到补贴。"

减排指标应该在整个系统、区域或州的范围内分配,而不是按电厂量化。莱和天然气行业同样都支持排放交易和对其他化石燃料(而不是天然气)征税,"以帮助为实施(减排)计划筹款"。

安然公司通过现有和潜在的途径来谋取利益。天然气需求的增长有利于安然公司天然气勘探、开采、输送和销售业务的发展。展望未来,二氧化硫和氮氧化物的排放交易可以由像安然这样处于有利地位的天然气公司来完成。甲烷含量高的氧合物对于运输业可能很重要,因为这是天然气的前沿阵地。事实上,在未来的几年里,安然公司将成为排放交易和新配方汽油生产的主要参与者。

1990年的《清洁空气法案》赋予肯·莱以新的筹码。在此之前,他的游说一直是为了在立法和行政法规上恢复天然气与煤炭的均势,而现在是为了建立天然气相对于煤炭的优势。莱同时发表演讲和文章劝诱公用事业电力公司实现"超越《清洁空气法案》的合规","采用同时把天然气和煤炭作为燃料、改用天然气作为燃料或者构建新的燃气发电能力等方式来应对电力用户因未来潜在的二氧化碳排放限制或税收而要面临的风险"。二氧化碳排放监管?这是又一场由莱和安然公司推动、天然气行业谋求的以天然气取代煤炭和石油的博弈。

安然公司拥护的干预

安然公司还在推动重大法律条款制定方面发挥了重要作用。1992年通过的《能源政策法案》中有一条堪称"本垒打"的条款,它要求公用事业电力公司向外部非公用事业配电公司提供输电服务,以便它们进行转售批发交易。正如本书第十一章所述,这一条款催生了电力批发营销市场,而安然公司则成为这个市场的引领者,并为在电力零售业实施强制性开放—准入计划(本书第十五章的主题)奠定了基础。

另一部由安然公司推动的法律是1990年颁布的《综合预算调整法案》(Omnibus Budget Reconciliation Act)。这部法案规定,1991—1992年钻探的致密砂岩气井每销售1 000立方英尺的合格天然气可享受0.52美元的税收抵免。安然石油天然气公司天然气的税前收益是每立方英尺0.80美元,实行税收抵免就相当于当时天然气井口价格上涨了50%。

虽然安然石油天然气公司已经开始生产这样的天然气,但它还是"来了个180度的转弯",摇身变成了全国领先的致密砂岩气公司。安然公司在1991年的年报中公布了一个利好消息:"安然石油天然气公司在使致密砂岩气立法获得通过方面所发挥的支持作用……按净现值计,可能为安然公司创造了超过1亿美元的价值。"事实上,这部法案对安然公司产生的累积效应可能是这个数字的两倍。

安然公司和安然石油天然气公司的"勤勉"工作,赋予业已过期的税收抵免以新的生命,这绝不是巧合。"我们在这个问题上花了很多时间,实际获准延长第29节规定的税收抵免使用期限。坦率地说,安然公司可享受的税收抵免当时已经过期,"安然公司驻华盛顿办事处的负责人约瑟夫·希林斯(Joeseph Hillings)回忆道,"安然公司实际上就是这部法案的最大赢家。"

安然石油天然气公司曾试图把合格的致密砂岩气井的开工日期推迟到1992年以后,但已经钻探的气井有10年的税收抵免窗口期,从而使得1991—1992年钻探的气井为安然公司节省了9位数的税金。

安然公司驻华盛顿办事处经常求助于立法补救措施来应对其遇到的紧急情况。在它求助的立法补救措施中,有上文提到的反对海外私人投资公司和进出口银行减少投资或者融资。这是安然公司求助的防御性立法补救措施。除此以外,安然公司还求助于进攻性立法措施。安然公司曾因要扩建两条输气管线而遇到过紧急情况:由于进口钢管要缴纳关税,因此,安然公司面临钢管短缺和工期延误的问题。结果,1989年,"安然公司成功地在相关法律中体现了它的意愿,从而创造了一种短缺救济机制"。在这个案例中,安然公司与消费者分享了由此而获得的利益。

约瑟夫·希林斯、辛西娅·桑德赫尔(Cynthia Sandherr)以及安然公司在华盛顿工作的其他员工总是忙于处理安然公司在国内外的日常琐事。对于像安然这样在政界有"快速通道"的公司来说,日常事务就是安排公司负责发展的高管与外国政要互访,或者安排他们与美国能源部或美国商务部进行人情交易。

安然公司想要的干预

也有安然公司想要但无法落实的立法和行政法规,其中的一个例子就是,为了降低石油与天然气竞争的能力,肯·莱努力推进对石油进口征收关税。另一个例子是,为了通过对二氧化碳排放定价,或者通过限额交易或征收排放税来控制二氧化碳排放,肯·莱做出了更加持久的努力。肯·莱更加青睐碳排放交易(因为安然公司有可能成为碳排放交易的做市商),但他也赞成开征碳税。

第三个例子是,为了争取各州或者通过联邦先于各州立法准许在电力(或天然气)零售业实施强制性开放—准入计划,肯·莱做出了极大的游说努力,并且是这里列举的三个例子中肯·莱做出的最大努力。这一代价高昂的广泛努力见效缓慢,结果喜忧参半,而且最终也没能救活安然。

进口石油关税。 从20世纪80年代中后期开始,石油一直是天然气行业的"眼中钉"。双燃料发电厂的燃料转换曾经是佛罗里达天然气输送公司和横贯西部管道公司服务的市场遇到的一个重要问题,而廉价汽油也一直是天然气汽车商业化的一个障碍。

20世纪80年代,莱曾考虑支持对进口石油征税,这是他回到特兰斯科公司任职时与杰克·鲍温共同拥护的政策。1986年油价暴跌后,莱在贸易保护主义问题上只是有所收敛。但在1991年海湾战争结束后,他在阿斯彭研究所能源政策论坛(Aspen Institute Energy Policy Forum)上发表演讲表示支持征收石油关税,其实是在进行试探。[1]

1993年年初,莱在一份长达四页、题名为《安然公司董事长肯尼斯·莱列举了重建美国能源基础设施、创造新就业机会和美国投资的手段》的安然公司新闻稿中,毫不掩饰地表达了自己的观点。莱在《石油经济学家》(*Petroleum Economist*)上发文表示,对每桶进口原油征收5美元的关税,就能征到750亿美元的税收;这笔收入可用来推动国内石油和天然气生产,并为战略石油储备购买原油提供资金保证。但他几乎没有考虑这项政策的政治影响和实施机制,例如,在《北美自由贸易协定》获得通过(他大力支持这项协定)之后,无法对加拿大和墨西哥的石油征收关税。

二氧化碳排放限额。"我认为,我们必须做点什么,"肯·莱在1996年的一次学者和业界领袖会议上表示,"也许应该首先建立某种排放交易制度,我们将对二氧化碳排放做出一些限制……我认为,在一段时间里,我们不会看到碳排放税大幅增加。"事实上,自1988年提出全球气候变暖问题以来,碳排放定价一直是安然公司首席执行官孜孜以求的一个目标,并且成了安然公司发起的旨在把化石燃料行业分成两部分甚至三部分的"企业绿色运动"的一项重要内容。

虽然他在天然气行业寡不敌众,而且被认为对民主党和反工业左派做出了让步,但他还是冲锋在前。1990年,他在《天然气周刊》上委婉地表示:"也许我们应该非常小心地发起这场取消碳排放税的斗争。"两年后,莱又表示,只要这种税收"对更脏的燃料课征更重的税",他就支持克林顿的英热单位税。

碳排放定价,是一种有望为安然公司各下属事业部创造盈利机会的干预措施。安然公司有四个事业部能够利用这些机会,它们是天然气开采、输送、销售和燃气电厂建设事业部;安然公司在进入太阳能(1995年)和风能(1997年)发电

---

[1] 请参阅第七章。

领域后,又增加了两个可利用这种盈利机会的事业部;通过安然环境服务公司(Enron Environment Services)开展电力设施外包业务,这样安然公司可利用这种盈利机会的事业部就增加到了七个。

再加上碳排放交易,有望为安然公司各事业部创造盈利机会的干预措施清单就完整无缺了。安然公司在1993年年初通过收购依照地方法规在洛杉矶做二氧化硫排放额度交易的空气排放咨询公司AER*X,进入这个最后确定名称的市场。AER*X公司的创始人兼总裁约翰·帕米萨诺(John Palmisano)后来加盟安然公司担任首席气候游说官,负责二氧化碳排放交易问题。[1]正如一位绿色和平组织前官员所说的那样,在这一切结束之前,安然公司是"在碳氢化合物行业挑起'温室效应内战'的罪魁祸首"。

强制性开放—准入计划:电力零售。最令人垂涎的政府干预,也是关系到"安然2000"目标(承诺五年内把安然公司的规模和盈利能力分别提高1倍)能否实现的关键,是州际天然气和电力零售市场准入规定。公用事业公司不会主动让安然公司这样的营销商(无论是通过最近新增的天然气输送管道还是输电线路)接触它们的客户。各州监管当局将不得不强制推行强制性开放—准入计划。

1985—1992年,联邦能源管理委员会出台相关监管法规,从而使强制性开放—准入计划得以在天然气批发业付诸实施。在接下来的几年里,联邦能源管理委员会通过实施1992年《能源政策法案》,得以在电力批发市场实施强制性开放—准入。这样,就剩下零售市场这个各州各自为政的战场缺乏一部剥夺州政府这方面权力并一举攻克这个战场的联邦法律。安然公司不惜余力地设法达到这两个目的,这一努力始于1995年,并在2000年加州电力危机中达到顶点。我们将在这套四卷本丛书的最后一卷中讲述这个主题。

(政治领域取得的)成就

安然公司是在美国混合经济中一个高度政治化的行业中运作。天然气和电力州际传输、配送业务受公用事业管理条例的约束,而政治化的税法影响天然气

---

[1] 请参阅第九章。美国环境保护基金支持的碳排放交易方案,促使莱发表评论表示:"在更多地转向以市场为导向的解决方案的过程中,环保领袖们正在用商人的语言说话。"

的勘探和开采,特别是符合条件的可再生能源的勘探和开采。20 世纪 70 年代能源危机时期遗留下来的各种法律既为安然公司提供了机遇,也形成了约束。

安然公司就是在这样的监管框架下起家并发展起来的。这种监管框架对于任何一家进入天然气和电力行业的企业来说都是既定的,而在这个框架下起家并发展,就其本身而言并不严重违反最佳商业实践或资产阶级道德,但在这一框架内成功运作无疑需要一些与真正的自由市场企业家精神相悖的技能和态度。

安然公司在混合经济的环境下运作,本身并不是导致肯·莱的企业反资本主义的原因。例如,在州际天然气管道运输领域,安然公司通过提高效率和方便用户,在监管约束的条件下实现了利润最大化。在竞争中,安然公司旗下的管道运输公司根据市场来判断消费者的需求。政府并不支持而是限制这项业务,企业要靠自己的卓越表现,而不是靠哲学欺骗或政治资本主义,更不能依靠裙带资本主义来赚取利润。

安然公司在天然气管道运输强制性开放—准入时代开创的天然气营销业务,在较小的程度上也是如此。支撑天然气营销的基础设施共享是一种安然公司努力塑造并引领市场交易的监管遗产。而在电力行业,安然公司并没有沿用已有的配电业务,而是像本书第十五章所描述的那样引领联邦层面的批发业务和各州层面的零售业务。

强制性开放—准入计划是杰夫·斯基林推行的资产轻简化策略取得成功的关键,因为这项计划规定自己不必拥有但可使用他人的州际天然气管道输送天然气。如果没有强制性开放—准入计划和政府的其他天然气干预措施,输气管道所有人就得在一个从井口到零售的实体一体化产业里完成营销工作,这就与石油巨头"业务一体化"模式没有什么区别(安然公司本身也沿用休斯敦管道公司的捆绑模式)。

换句话说,杰夫·斯基林开创的重要职能部门,是对不同市场形式下的传统做法的分散化再造,而享有特许经营权的公用事业公司及其监管机构接受用长期固定价格合同取代现货天然气月度采购合同,也极大地促进了这个分散化再造过程。

自从甲烷或电力等大宗商品的州际交易首次解除管制以来,强制性开放—准入计划通常被等同于放松管制,但州际天然气管道运输费率和服务仍受到管制,而且随着强制性开放—准入计划的实施,甚至受到了过度管制。因此,正如一位编年史作家总结的那样，与其说安然公司是"放松管制的产物"，还不如说它是推行强制性开放—准入计划的产物，而且是政府在其他方面创建的利润中心。

我们必须把安然公司的下列成就——无论是关系到母公司整体业绩还是下属业务单位各自的业绩——年表置于取得这些成就的政治背景下，并根据它们反资本主义的程度来评判。那么，安然公司在产生双赢结果的监管约束下采取了哪些逐利行为呢？安然公司进行了哪些为了自己牟利而导致他人损失的寻租活动呢？安然公司在新的监管框架下，为了从放松监管中谋取利益进行了哪些游说活动呢？安然公司为了(利用裙带关系)争取得到政府的特殊照顾开展了哪些游说活动呢？

那么，安然公司进行的哪些活动和取得的哪些结果已经向公众做过公允的介绍？安然公司进行的哪些活动和取得的哪些结果被哲学欺骗所歪曲？安然公司在什么时候有过谨慎和谦逊的表现？又在什么时候放弃了最佳实践？

换句话说，在资产阶级主导的资本主义道德体系中，有哪些策略和行为是道德的，或者说，是可犯邪恶中较轻的邪恶呢？或者说，有哪些策略和行为既不道德，也不能算较轻的邪恶呢？

1984—1996年，安然公司有6个独立的业务单位取得了以下一些或者大部分明显且实际的成就，但同时也有一些"灰色区域"。但是，这个时期安然公司的总体情况预示了它的未来，而它们的发展是造成商业资本主义历史上后果最严重事件(之一)的原因背后的原因。

价格飙升的安然公司股票

在成立后的头10年里，安然公司在行业动荡时期取得了相对的成功，其最高管理者肯·莱表现出了卓越的想象力和执行力，并且拥有一支有进取心和才华的员工队伍。在20世纪80年代中期，安然还是一家市值不到20亿美元的公司，但到了1991年，安然公司的市值差不多翻了一番，达到了35亿美元。1994年，安然公司的市值又翻了一番，到1996年已经达到110亿美元。一只价值为每股5美元的股票(经拆分调整后)股价在1986—1988年间翻了一番，到了1996年又翻了一番。安然公司股票的表现远远好于竞争对手和整个股票市场。

可以肯定的是，与合并前相比，安然公司的净收益并不算多。但是，安然公司的股票之所以有这么多的溢价，是因为肯·莱讲述了一个新能源时代——由

安然公司发迹的岁月

天然气行业第四部门州际营销推动的——天然气一体化运营的故事。"天然气行业生机勃勃,看上去很像安然公司,"华尔街的一位分析师曾在1992年评论说,"只有那些收益增幅超过大宗商品价格的公司才会有良好的表现。"

安然公司股票的市盈率讲述了市场对这只股票信心增强的故事。该公司1988—1991年总股本价值除以年收益的平均市盈率是14倍,到了1992—1996年平均市盈率上涨到了20倍。如果说是安然公司的收益推高了股票的市场估值,安然公司股票市盈率上涨就意味着20世纪90年代中期,投资者赋予这家公司每一美元的收益比以前更高的市场价值,而投资者对安然公司的这种乐观情绪在很大程度上与其报告的天然气营销收入激增有关。

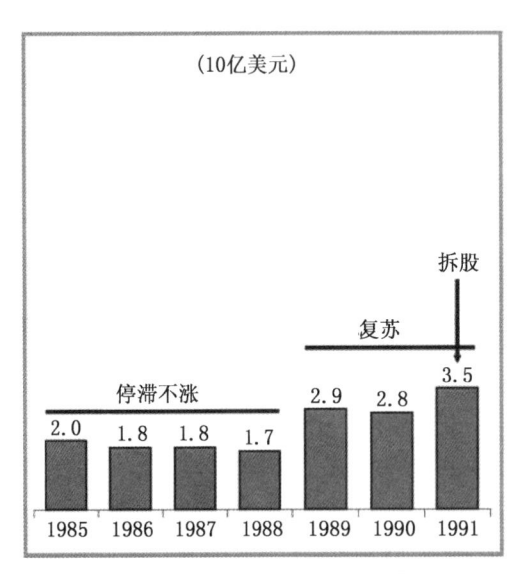

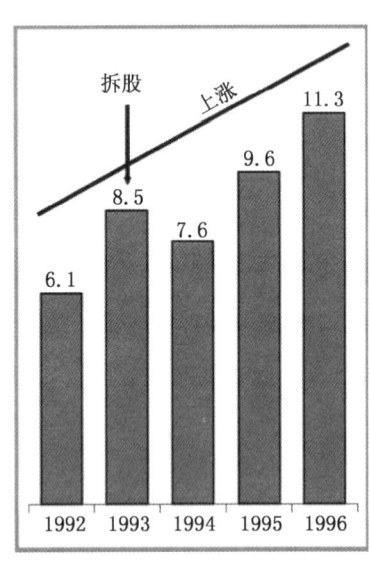

图0.5 到了20世纪90年代初,安然公司股票的初始市场估值(以10亿美元计)翻了一番,并在90年代中期又翻了一番。安然公司的收益不断增加,加上盯市记账法加快了收益增加的速度,以及肯·莱的声誉和造势,使得安然公司的股票成了一只高市盈率的动力股。

安然公司股票出现这么高的溢价是否合理?证券分析师约翰·奥尔森几乎与他所有的同事都不同,他非常谨慎。石油交易公司的低市盈率反映了这个行业的高风险,但天然气行业的公司只有很少的可比数据。同业公司大多拥有管线资产,它们的股票按只相当于安然公司股票市盈率一半到2/3的市盈率交易。20倍的市盈率就是合并前联合北方公司对休斯敦天然气公司进行估值采用的市盈率,这个市盈率被证明估值过高,从而为新公司创造了超过10亿美元的商誉资产。

事实上,奥尔森自1990年以来一直不能接受安然公司的故事,导致莱向奥尔森供职的与安然公司有业务往来的投资公司投诉。"肯·莱曾有三次想让公司解雇我。"这个特立独行的分析师回忆道。

最终,奥尔森为自己辩解,把安然公司描绘成一家痴迷于金钱和权力的企业,并且把安然公司的"快速致富游戏计划"说成是"花钱买影响力,大肆发行股票期权,玩弄华尔街,炒作自己的股票"。奥尔森指出,分析师、审计师、律师和投资银行都把安然公司的股票作为动力股来炒作,结果都获得了丰厚的回报。按照奥尔森的说法,安然公司的董事会明确支持莱的策略,并且明白他的策略,因此都应该对安然公司的行为负责。安然公司的总裁兼首席运营官里奇·金德在离开安然之前也应该对安然的行为负责。

安然公司花钱购买了政界不同层次的政治影响力,为"房间里"最聪明的高管发行了超大规模的股票期权,强迫华尔街分享它的故事,并花高价聘请顶尖的法律和财会人才来玩弄规则。肯·莱和安然公司出手大方,从而使越来越多的外部利益相关者——更不用说公司自己的高管、员工和董事会——做出妥协,并且让资本主义(但实际上是反资本主义)声名狼藉。

利润丰厚的核心业务

安然公司股票的每股收益连续9年(1988—1996年)实现两位数增长,这在能源业和其他任何行业都是十分罕见的,而且是靠财务工程("赌博")做到的。尽管如此,安然公司仍有五个盈利稳定的事业部。按重要性排列,它们是:

(1)"现金牛"州际天然气管道运输事业部。这个事业部是安然公司的主要资产基础和本书考察期内最大的总净现金贡献者。

(2)石油天然气事业部。这个事业部是安然公司业绩最好的事业部,1989—1996年现金流年均增长19%,债务比率位于20%~30%。

(3)天然气营销事业部。到1989年,这个事业部已经成为一个值得注意的利润中心,并且在"自由会计"的帮助下,在1993年成了安然公司最大的利润贡献部门。[1]

(4)发电(热电联产)事业部。这个事业部在1986—1993年间,依靠美国国内的项目和英国的蒂赛德项目成了安然公司的主要利润创造者。

(5)液化天然气事业部。这个事业部在天然气价格低迷时期是创造反周期收益的可靠贡献者。

此外,安然公司在发展中国家安营扎寨的国际公司也有盈利。但安然公司最大的印度达博尔项目给整个公司的业绩蒙上了阴影。

安然石油天然气公司是安然公司稳定时期最真实的增长故事,甚至可用来解释它获得的重大政府支持。安然石油天然气公司与它的母公司不同,是一家低成本、朴实无华的运营公司。霍格伦德拒绝人为地增加收益("我们没有玩那种简单的游戏"),从而确保了公司的稳定。安然公司在1999年把安然石油天然气公司完全卖给公众投资者以前,为了维系母公司盈利故事的吸引力,曾三次想变卖这家子公司。

安然公司旗下的各州际天然气管道运输企业运行良好,年收益增幅约为5%。在扩建项目投入运行以后,年收益增长率就更加可观。这些公司通过自动化改造和由客户全额认购的管道运输容量扩建降低了成本,从而解决了联邦能源管理委员会采用设定最高费率的方式规定收益率所造成的问题。最后,在竞争激烈的液化天然气业务中,个位数中值的年收益增长率已经算是不错的增长率,而安然公司的液化天然气事业部实现了这样的年收益增长率。

在一个分别由依据《公用事业管理政策法案》实施监管和基础设施共享形塑的市场上,热电联产和天然气营销都是高回报业务。但是,即使在受监管的空间里,竞争仍然发挥了作用,并且随着时间的推移逐渐使回报正常化。监管机构也收回了它们对避免成本的慷慨解释。以约翰·温为例,利润丰厚的美国市场到了1990年已经被榨干,因此有必要向海外转移(进入一个由私有化新创建的新市场)。对于杰夫·斯基林来说,20世纪90年代初至中期利润增幅收窄,这可是一个利空消息,因为过去几年做成的长期交易的利润增幅已经记录在案。

管理人才是驱动盈利的核心因素,肯·莱的理念是"在每个关键的岗位上都

---

〔1〕 安然天然气营销事业部在1990年盈利2 900万美元,后来改名为"安然天然气服务公司"。1992年,安然天然气服务公司盈利1.22亿美元,由此成为安然公司仅次于州际天然气管道运输公司的第二大收入来源。

要安排一个游戏规则打破者"。他的这一理念带来了回报,并且有可能是决定安然公司早年冒险成败的关键所在。他的手段就是,对业绩优异者支付甚至超过其他公司的报酬和奖金。约翰·温、福莱斯特·霍格伦德和安然公司其他高管签订的多年期聘用合同与莱供职过的特兰斯科公司的理念大不相同,因为特兰斯科公司的杰克·鲍温认为,高管的薪酬应该按日计算(事实上,霍格伦德在1977年离开埃克森美孚公司加盟美国石油公司时获得了一份为期5年的聘用合同)。

莱的激励方法(拿公司的股票价值与同行和大盘比较)被证明是不完善的,因为短期业绩可能并且确实会得到过分重视和奖励,而且竞争会推高安然的薪酬水平。不管怎样,在安然公司成立后的头10年里,莱手下的事业部主管,个别是留用主管,但大多是新聘主管,表现都更为出色。

1987年福莱斯特·霍格伦德加盟安然公司,实实在在地唤醒了安然石油天然气公司,并使该公司获得了成长。杰夫·斯基林先被聘为公司咨询顾问,后被聘为公司高管,加快了安然公司开发天然气批发市场产品的速度。州际管道运输事业部的主管吉姆·罗杰斯(Jim Rogers)与莱很像,他乐于推动联邦能源管理委员会改革,就像这个委员会希望推动安然公司和整个行业变革一样。

虽然在依照《公用事业管理政策法案》监管的领域开展业务非常难,但安然公司负责这方面业务的约翰·温却是这个领域的价值创造者。只有肯·莱才能让温在尽可能长的时间里安心做好这份工作,从温按时按预算做成的项目来看,这是一件好事情——而且利润非常丰厚。

迈克尔·穆克勒罗伊为安然公司创造了不少价值,他到安然公司做的第一份工作就是特别项目主管,在联合北方公司与休斯敦天然气公司合并后负责变卖杂散资产。穆克勒罗伊成功地把两个液化天然气单位合并成一个,并成为安然公司摆脱瓦尔哈拉危机的救星。穆克勒罗伊也是安然公司有良心的代言人,他对盯市记账法和安然国际事业部过度涉足政局不稳的国家提出过质疑。

在行业衰退期间,安然公司依靠两种降低风险的策略取得了傲人的业绩。其中的一种策略允许州际管道运输公司继续成为现金牛,而另一种策略则帮助安然石油天然气公司在井口价格低迷时期继续繁荣发展。这两个案例都是企业家的远见卓识和谨慎态度让安然公司和肯·莱在业内和华尔街双双获得(他们

完全配得上的)比别人高明的光环的实例。

事实证明,莱责成州际管道运输公司迅速解决"不取照付"的债务问题是合理的。天然气生产商需要现金,但安然公司与其他州际管道运输公司不同,对提高天然气井口价格来消除其"不取照付"负债并不抱希望。[1]华尔街喜欢分辨能力,而不是不确定性,从而使安然公司股票的价格因其不取照付负债从1987年的12亿美元减少到了1992年的"无实质性负债"而大幅上涨。[2]这对1987—1992年间安然公司股东的回报率比同行高出1倍也起到了一定的作用。[3]

风险最小化策略在价格低迷时期帮助了安然石油天然气公司。肯·莱在1995年表示:"我们试图对我们开采的大部分天然气和我们开采的产量小得多的石油的价格以及我们支付的利率进行对冲(套期保值)。"[4]另一种公司协同效应来自安然石油天然气公司的天然气长期销售业务。这种业务仅在1990—1991年度就为霍格伦德创造了1.31亿美元的增量收益。

那么,安然公司在其他领域冒"裸险"又产生了什么样的结果呢?例如,蒂赛德项目二期工程的敞口供应合同忽视了(包括安然公司在内的)美国州际天然气管道运输业不取照付问题的历史。匆匆进入反资本主义国家,特别是印度,即使有政府的贷款援助,也要承担很大的风险。事实上,安然公司所宣扬的谨慎态度掩盖了它在其他方面的鲁莽策略,这也是安然公司能够在其有偿付能力的大部分时间里人为地为自己制造虚假信任的部分原因。

应该提一下安然公司做出的其他贡献和产生的正面影响。安然公司1989年推出的信用敏感票据(credit-sensitive notes)等融资工具,在业界被公认为具有创新性。安然公司还开创了天然气和电力衍生品交易。证券化工具虽然一度

---

[1] 安然公司不同意特兰斯科能源公司董事、莱的密友亨利·格罗佩(Henry Groppe)咨询顾问的分析。格罗佩预测,随着产量的减少和价格的上涨,天然气泡沫终将会破裂。安然公司在1989年首次出版的《安然天然气展望》(Enron Outlook for Natural Gas)中看好天然气生产,但看衰天然气价格。

[2] 在莱辞职加盟休斯敦天然气公司后,特兰斯科能源公司几近破产,因为它改变了自己的"不取照付"策略。请参阅:Bradley, Edison to Enron, pp. 331, 334, 338, 347−348, 352−354, 359。

[3] 按照激励薪酬的定义,安然的同行公司是11家拥有主要州际管道运输资产的公司,包括伯灵顿北方管道公司(Burlington Northern)、沿海管道公司(Coastal)、哥伦比亚天然气公司(Columbia Gas)、索纳特公司、天纳克公司、特兰斯科能源公司和威廉姆斯公司(Williams)。

[4] 对低气价进行的对冲(套期保值)帮助安然石油天然气公司在1992年、1994年和1995年取得了成功。1993年和1996年,由于锁定价格低于市场价格,因此,安然石油天然气公司的套期保值业务收到了适得其反的效果。

被滥用,但仍有良好的用途,如安然金融公司(Enron Finance Corporation)在20世纪90年代初把它们用于量产付款交易。

在本书的考察期内,安然公司的经历对它的大多数员工来说肯定具有积极的意义。到了20世纪80年代末,肯·莱已经成为全美知名的企业领导人,也是能源行业的大人物。在安然总部的所在地休斯敦,安然公司被认为是最适合工作的企业之一。安然公司是一所新学校,而埃克森公司(很快将成为埃克森美孚公司)仍然是传统的卓越学校标准。员工们得到了丰厚的报酬,有些员工还分别在1991年和1993年从安然股票买一送一的分拆中获利。安然公司内部,但不是外部,正在出现一派欣欣向荣的景象。

总的来说,安然公司确实在受经济周期影响明显的能源业中找到了一个独特的利基市场,因此能够超越同行甚至与同行拉开距离。但先发优势也变成了一种反资本主义的优势,违反了最佳商业实践、市场道德和自由市场本身的政治约束。

竞争性天然气管道运输业

安然公司1986年的年度报告无可非议地指出,安然公司的州际天然气管道运输业务"引领业界创造出为不同的市场提供服务的创新性方式"。一年后,安然公司又报告称:"本公司支持放松管制,本公司旗下的3家州际天然气管道运输子公司在本年度已经正式承接非歧视性天然气管道运输业务,就能证明这一点。"

这方面的放松管制并不是指放松联邦能源管理委员会对州际天然气管道运输费率和服务条款的管制,而是指强制性开放—准入框架下的竞争,即(不受管制的)现货天然气从井口一直到门站(公用事业燃气公司)或最终用户(发电商)发出价格信号。由安然公司旗下横贯西部管道公司提供服务的加州实际采用了实时稀缺定价法(real-time scarcity pricing),因为在1987年年初加州遭寒潮袭击时,天然气价格在一夜之间上涨了15%。"我们没有要求华盛顿或任何其他州的监管机构配置任何东西。"一位与会者惊叹道。

安然公司的州内天然气管道运输系统(休斯敦管道公司,路易斯安那资源公司后来加入)、州际管道运输系统(横贯西部管道公司、佛罗里达天然气输送公司、北方天然气管道公司)以及4家合资管道运输公司[北疆管道公司、开拓者管道公司(Trailblazer Pipeline)、德克索马管道公司(Texoma Pipeline)、绿洲管道公司(Oasis Pipeline)]在困难时期扩大了它们的市场份额。1985年,安然公司长达37 000英里的输气管网输送了占美国天然气输送总量13%的天然气。5年后,安然公司长达38 000英里的输气管网络占据了全美天然气管道运输市场18%的份额,并在以后几年里继续保持这个市场份额。

多年来,安然州际管道运输公司在收入和收益两个方面一直领先于安然旗下的其他公司,这都是詹姆斯·E. (吉姆)·罗杰斯[James E. (Jim)Rogers, 1985—1988年]、克拉克·C. 史密斯(Clark C. Smith, 1985—1988年)、奥利弗·(里克)·理查德[Oliver(Rick)Richard, 1987—1991年]和斯坦·霍顿(1985—2002年)等公司领导人的功劳。他们都想方设法摆脱监管的束缚,并凭借企业家精神创造了正当的利润。[1]

安然公司旗下的州际管道运输事业部不断提出旨在放宽收费和服务条款的创新性建议,导致联邦能源管理委员会忙于应付。由于联邦能源管理委员会已经在开放—准入时代取消了对管道运输公司实施的天然气销售限制,因此,安然公司在此前迫使该委员会正视(包括安然在内的)州际管道运输公司获取和交付天然气的长期公共服务义务。《天然气周刊》在1987年报道称,"这个长达37 000英里的输气管网的高管们就像天鹅绒锤子那样,准备通过迫使联邦能源管理委员会就这个问题做出决定的方式来敲打出(找到)新的法律依据"。

横贯西部管道公司有一条通往加州的相对比较简单的输气管道,在1985年年初被收购以后迎来了一个全新的管理团队。这家公司成了安然公司推动市场和监管改革的"实验室"。横贯西部管道公司及其位于其他司法管辖区的输气管道通过以下几种方式把市场和监管行动主义组合在了一起:

(1)支持并完善联邦能源管理委员会开放—准入计划下的州际管道运输政策,同时建议让管道运输天然气能够与现货天然气竞争,从而避免承担井口不取照付责任。[2] "因此,我们是天然气交易重组进程的引领者,"斯坦·霍顿回忆道,"我们努力在自己所做的每一件事上争做第一。"

---

[1] 安然公司努力降低监管约束,而不是加强监管约束,并且为消费者创造价值。例如,安然游说联邦能源管理委员会阻止竞争对手进入或者实行费率和服务自由化,就是在寻租牟取不正当的利润,而不是创造正当的利润。

[2] 请参阅:Internet appendix 1.2, "Mandatory Open Access for Interstate Gas Pipelines," www. politicalcapitalism. org/Book3/Chapter1/Appendix2. html。

(2)按市场价格而不是基于成本的监管最高价为输气服务定价。从1985年开始,安然公司提出的费率建议都含有这样一些限定词:"议定的""灵活的""季节性""激励性""公允的"和"基于市场的"。使用这些限定词都是为了更好地反映不断变化的需求和成本。[1] 1938年颁布的《天然气法案》因夹在合法的灵活性和市场竞争之间而正变得不合时宜。霍顿在1993年表示:"虽然州际管道运输业务仍然受到管制,而且联邦能源管理委员会为我们的每一种非捆绑服务设定最低和最高费率,但我们发现,竞争正在决定我们的实际收费。"

(3)进入新的市场以加强竞争,并推动联邦能源管理委员会加快审批急需的天然气新管道运输容量建设项目的速度。关于前一个问题,1985年首次提出的由安然公司牵头的莫哈韦管线建设项目,对加州两大公用事业燃气公司长期分享的垄断经营权发起了挑战。关于后一个问题,横贯西部管道公司推动联邦能源管理委员会进行改革,而且该公司自己创造了从申请到竣工18个月(1990年9月—1992年2月)完成的"现代记录",从而终结了加利福尼亚州天然气短缺的问题。[2]

安然公司提出并由联邦能源管理委员会牵头实施的举措的一个亮点,就是横贯西部管道公司的一个费率方案开拓性地达成了和解(1996年11月生效)。这个达成和解的费率方案在10年内有效地解除了对管道运输业务费率的管制。横贯西部管道公司有一份大额合同即将到期,从而导致它立刻出现收入短缺的问题,于是与差不多25个客户谈判达成一份内容包括风险共担、收益分享的协议。这样,横贯西部管道公司就要承担合同规定的责任,而不是像以前那样承担监管条例规定的责任。费率与通货膨胀挂钩,使横贯西部管道公司有机会在10年内(传统的做法是每三年确定一次费率)通过提高效率来实现盈利。由于这项和其他创业型决策,一条名义上由联邦能源管理委员会监管的输气管道把自己列入了"安然公司的发展故事"。[3]

本书作者在安然公司的一份内部备忘录中表示,横贯西部管道公司的这个费率和解方案"表明,通过对长期合同进行自我监管,可以应对棘手的情况,从而

---

[1] 关于安然公司向联邦能源管理委员会提出的自由化倡议,请参阅第二章、第五章、第六章、第七章和第十章。

[2] 请参阅第六章。1986年,横贯西部管道公司也成为第一个向加州工业和电力用户销售天然气的州外供应商。

[3] 请参阅第十章。

消除监管成本、提高商业确定性和增加创业机会"。

安然公司旗下的管道公司开发了新的信息技术和协议,以便在新的"开放—准入"领域开展竞争。作为天然气行业最大、最灵活的运营商,安然公司发现自己扮演了"银行"的角色,它的竞争对手可以在天然气供应紧张时期从它那里借入(短期)天然气日后再偿还(受监管的州际天然气买卖不允许盈利)。安然公司扮演的这种角色导致肯·莱在 1990 年全美州际天然气协会(INGAA)管道运输分会理事会会议上与其他管道公司首席执行官进行了面对面的交锋。一位与会者回忆道:"肯·莱在闭门会议上发表了很有说服力的讲话,可以说是标志着制定在 1992 年成为行业规范的协议业务操作规程指令和业务平衡协议的开始。"[1]

安然公司为执行强制性开放—准入计划而进行的信息技术投资,把天然气输送管线"各自为政"的分散网格变成了"统一的网络化系统"。安然公司的这种信息技术投资始于 1994 年的电子公告栏项目,几年后在由联邦能源管理委员会指导、天然气行业标准委员会(Gas Industry Standards Board, GISB)编纂的 100 多个关于输气指定、分配、产权转让和开具发票的最佳实践标准时达到了顶峰。总之,安然公司引领天然气行业确定独立营销商(安然资本与贸易资源公司及其他同业企业)展开公平、公正竞争应该执行的最佳实践。

安然公司在收购、振兴和发展阿根廷南部天然气输送系统方面,取得了像蒂赛德项目那样有价值的成功。1992 年,一个由安然公司牵头的财团以 5.5 亿美元的价格买下了阿根廷南方天然气输送公司(Transportadora de Gas del Sur, TGS)日输送 130 亿立方英尺、长达 13 800 英里的天然气输送管线。安然公司引进北美的专业知识,把利用率只有 85% 的老旧输气系统改造成了利用率可达到 100% 的现代输气管网,并在第二年又把这个管网的输气容量扩大了 25%。绩效激励机制被用来赚取额外利润——而美国联邦能源管理委员会永远无法在国内把这种机制用于制定激励费率。

安然公司的这家最佳合资企业在迈克·塔克(Mike Tucker)和乔治·沃瑟

---

[1] 请参阅第六章。

夫等知名企业家的领导下,(至少在很短的一段时间里)被公认为对拉美"第三大奇迹"做出了贡献。[1] 的确,作为卖方和关系密切的监管机构,政府在很大程度上与政治有关系,而安然公司从海外私人投资公司那里获得了政治风险保险。但是,作为一个私营部门改造迄今状况和业绩仍然不佳的政府资产的研究案例,阿根廷南方天然气输送公司项目在1993—1999年期间还是非常成功的。

天然气大宗商品化

从一开始,安然公司就是美国处于领先地位的天然气市场销售商,它身上带有安然公司的前身休斯敦天然气公司和联合北方公司的基因。在竞争非常激烈、几乎不受监管的得克萨斯州天然气市场上,休斯敦管道公司是一家经验丰富的天然气销售公司;而北方天然气管道公司的推销文化则为它服务中西部小客户的"意大利面条"式输气管线所必需。

在联邦政府强制推行的基础设施共享规则的作用下,州际天然气销售成了天然气行业的第四个部门(天然气行业的另外三个部门分别是传统的采气、输气和供气)。安然公司的州际天然气销售业务始于北方天然气公司的运输交易事业部,这个事业部后来发展成为一家不受监管的附属公司——北方天然气营销公司(Northern Gas Marketing, NGM)。北方天然气营销公司后来成了休斯敦天然气公司和联合北方公司天然气营销的核心(1986年改名为安然天然气营销公司),由从特兰斯科能源公司新聘来的约翰·埃斯林格领导。[2] 安然天然气营销公司于1991年变身为安然天然气服务公司,1994年改名为安然资本与贸易资源公司。

到了1989年,安然天然气营销公司通过用高利润长期合同来补充其短期销售业务而成为一个引人注目的利润中心。本书第五章介绍的"天然气银行"标志着一种业务组合方法的开始,这种业务组合方法向公用事业燃气公司、公用事业电力公司、市政当局或独立发电商提供各种价格不同(可变、固定或两者兼有)的产品、期限(多个月、多年或两者混合)和服务(确定、可中断或两者混搭)。原来只有"巧克力"和"香草"两种味道(长期确定或可中断),现在有31种不同的"味道"。

---

[1] 请参阅第六章。
[2] 请参阅第三章。

州际天然气营销的第二次腾飞始于 1990 年,当时杰夫·斯基林领导的安然金融公司开发新的方法来锁定天然气供应,以满足一个需求有待满足的天然气长期销售市场。[1] 同年,该公司正式推出天然气期货交易,从而为天然气市场提供了一种能够熨平全美基准价差的全国性定价机制。

安然天然气服务公司在掌握了稳定的天然气供应来源(如本书第八章和第九章所述,这可不是一项容易完成的任务)以后,就加大了向发电商推销天然气的力度:先是向独立发电企业,然后是向公用事业电力公司。企业战略家和历史学家马尔科姆·萨特发现了一个购买、销售和输送同一些天然气的"完整良性循环过程"。由肯·莱提出但由杰夫·斯基林付诸实施的天然气标准强调了甲烷相对于煤炭和石油的经济和环境效益。可以说,这是安然公司对天然气行业乃至整个商业做出的最大贡献。

把市场从实物产品扩大到金融产品,使复杂的合同标准化,从而把谈判时间从几个月缩短到几个星期,是安然天然气营销公司、安然天然气服务公司和安然资本与贸易资源公司做出的部分贡献。天然气看涨期权、天然气看跌期权、天然气远期交易合约、天然气对冲(套期保值)、天然气互换、天然气混合产品和其他天然气"奇异期权",都是安然公司为天然气交易开发的新产品,并在 20 世纪 90 年代初至中期为天然气行业所采用。难怪安然公司从 20 世纪 80 年代末开始,在销售量和整体声誉方面,都是数百家天然气营销公司中的佼佼者。

安然公司——无论是从知识、运营还是从公共政策的角度——使天然气成为发电的"首选燃料"。安然公司的董事长一再强调(几乎所有的能源经济学家也是如此),联邦政府对天然气实行的价格管制最终导致了天然气的实际短缺;而且具有讽刺意味的是,最终人为地抬高了天然气的价格。莱博士知道,解除价格管制可以协调供需关系,也能提高人们对天然气满足长期项目尤其是发电项目燃料需要的信心。

在经济学家布鲁斯·斯特拉姆的带领下,安然公司对私人咨询公司的悲观"硬着陆"研究提出了质疑。据这些研究预测,天然气价格走低会导致天然气产量下降,而价格上涨甚至会导致天然气实际短缺。据第一期《安然天然气展望》

---

[1] 请参阅第八章。

报告(1989)预测,2000年的天然气需求将达到18.5万亿立方英尺,而格罗佩(Groppe,1987)、隆和利特尔(Long & Littell,1987)以及麦肯锡咨询公司(1988)预测的市场需求要小得多(但实际需求是19.2万亿立方英尺,从而使安然公司的预测数值显得有点低,但相当准确)。安然公司1991年的《安然天然气展望》把它对2005年天然气需求估计值提高到了22万亿立方英尺,事实证明完全正确。[1]

安然公司的自下而上型预测正确地表明,虽然天然气价格低于预期,但发电业的天然气需求增加,钻井技术改进导致天然气供应强劲增长。安然石油天然气公司证明了安然公司对后者的预测是正确的,而安然石油天然气资源公司(EOG Resources)将继续引领天然气业的上游市场(而且在后安然时代最终成为引领全美本土48个州的产油商)。

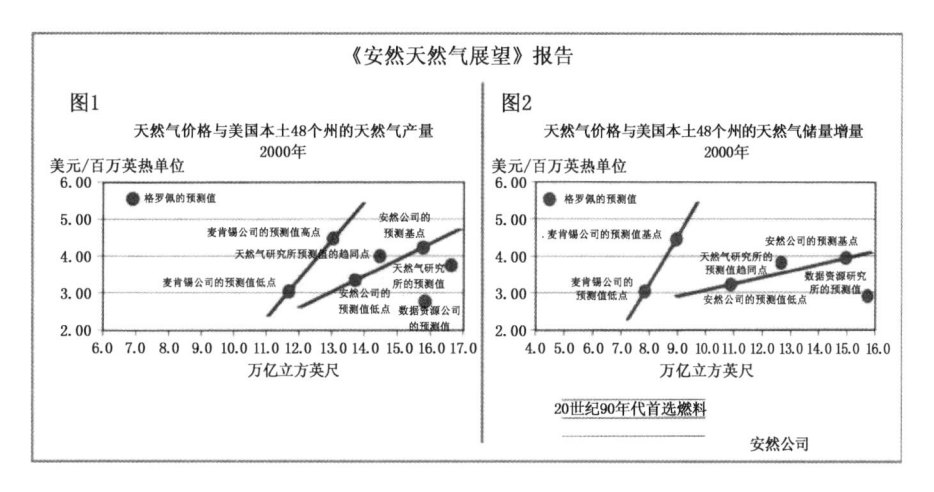

《安然天然气展望》报告

图1 天然气价格与美国本土48个州的天然气产量 2000年

图2 天然气价格与美国本土48个州的天然气储量增量 2000年

20世纪90年代首选燃料

安然公司

资料来源:Groppe,Long & Littell,private clients study,March 1987;Mckinsey & Company,August 1988;Gas Researcg Institute (GRI), *1988 Baseline Projection*, Dec.1988;Data Research Inc.(DRI), *Natural Gas Review*,Spring 1989。

图0.6 1989年,安然公司首次发布《安然天然气展望》报告,然后每年定期更新。《安然天然气展望》把这种基础资源说成"丰富而无限"。《安然天然气展望》除了反驳其他研究对天然气供应的悲观预测外,还向公用事业电力公司发起挑战,要求它们建造天然气发电厂,以取代新建燃煤发电厂。

---

[1] 1993年的《安然天然气展望》是安然公司发布的第三期天然气展望报告。这份报告的预测分别比2005年和2010年的天然气需求高出7%和4%。1995年的《安然天然气展望》把预测范围扩大到国际天然气市场,而1997年的《安然天然气展望》(最后一期展望报告)增加了电力和可再生能源的分析内容。

正如本书第七章所详细介绍的那样,肯·莱和安然公司孜孜不倦地为天然气行业营造公平的竞争环境,结果是废除了1978年《燃料使用法案》(Fuel Use Act)和1978年《天然气政策法案》中的增量定价条款,因为两者都在非常重要的发电燃料市场上人为地让煤炭居于优势地位。在建设新的燃煤发电厂(而不是燃气发电厂)之前,如果让公用事业公司及其监管机构把前者想象成受到市场力量制约(而不是最大限度地提高管制费率),就能取得提高能效的结果——但这仍然是一个受政府影响的结果。

———

安然公司不仅在国内为了在正面的竞争中向煤炭发起挑战并击败煤炭,把天然气作为大宗商品来交易,而且在英国通过对蒂赛德项目的"私有化展示"引发了取代得到政府保护的燃煤发电的"天然气发电热"。迄今一直在欧洲地区发号施令的英国天然气公司(British Gas)[后来的英国天然气集团(BG)]第一次面临——至少由总部设在美国的安然公司发起的——地域竞争。20世纪90年代中后期,安然资本与贸易资源公司已经在英国和欧洲其他国家割据垄断的市场上把天然气作为大宗商品来交易。

反资本主义的安然公司

我们可以运用古典自由主义思想家和企业家长期积累的商业智慧来评估安然公司各事业部推行的策略和取得的业绩。反资产阶级价值观、哲学欺骗、寻租——古典自由学派已经识别出这些范畴,并且告诫人们要加以提防,简直就好像当时已经预见到了安然公司和肯·莱。

反资本主义违反了市场手段和方法。市场手段和方法就是:把现实视为既定;把投入转化为更有价值的产出;为了互利而交换商品和服务,不诉诸暴力或欺诈,文明礼貌;重复这样的实践以创造声誉价值。

作为一个规范性理念,顺应资本主义首先关注的是手段,然后才是财务结果。简单的商业判断——利润是好的结果,亏损是坏的结果——是次要的;有时,在一段时间里,好的商业实践可能会导致亏损,而坏的商业实践则会创造利润。

市场的未来状况是未知的。创业是且必然总是不完美的,因此必须试错,以了解市场可行性。安然公司当然因在创业时犯错而受到了困扰,但也在犯错的过程中取得了许多成功。肯·莱的企业拥有稳固的利润中心,创立了最佳实践并使之制度化,但糟糕的实践和业绩糟糕的事业部则会对公司的最终结果产生严重的影响——而且是系统的影响,并且启发笔者提出了支撑本书的理论框架。

安然公司的反资本主义倾向始于肯·莱,也止于肯·莱,他惊人的商业内驱力就是冒险、傲慢,最终是宿命。莱规避传统的最佳实践,试图通过一种损害审慎美德的情境伦理来超越竞争对手。这种偏离正道的倾向在这家公司名叫"安然"之前就已经存在,到了1997年,正如本丛书第四卷将要进一步记述的那样,一家独特的反资本主义企业就诞生了。

安然公司的反叛并不像它的许多员工认为的那样,是一种资本主义内部的创造性破坏或创新形式,而是由于无视资本主义的商业戒律而误入滑向衰退的斜坡。不过,那只是一个斜坡,而不是悬崖。安然人并不会在一夜之间变得轻率、不诚实、挥霍浪费或狂妄自大。事实上,他们在堕落的同时取得了许多实实在在的成就,给外部人留下了深刻印象,结果对公司为实现可持续发展进行途中纠偏的必要性视而不见。

我们可以采用类型学方法或者按时间顺序来介绍反资本主义的安然公司,而这种类型学方法把明目张胆的反资本主义行为(如为获得政府的特别照顾进行游说)、违反基本的市场规则(如在财务结果上误导外部各有关方)和背离由来已久的自由市场戒律(如过分重视眼前而轻率行事)等之间的哲学和心理关系联系在了一起。我们现在来介绍这种类型学方法。

本丛书即将出版的按时间顺序叙述安然故事的第四卷记述了安然公司的契约主义实践如何——与可逆的小偏差相互作用——演变成几乎不可逆的大偏差(造成灾难性的急剧下滑,也称为"路径依赖")。

本套丛书第一卷记述了古典自由学派关于个人和企业成功的研究以及关于个人和企业失败的研究。他们的智慧被本书用作评判安然公司破坏性策略的框架:安然公司的轻率和不靠谱始于肯·莱根据伪造的盈利业绩来增加公司债务的行为,安然公司中"最聪明的家伙们"缺乏谨慎甚至端庄,安然公司内部蔑视成熟的传统业务,滥用财务和会计准则,还有其他类似的行为。

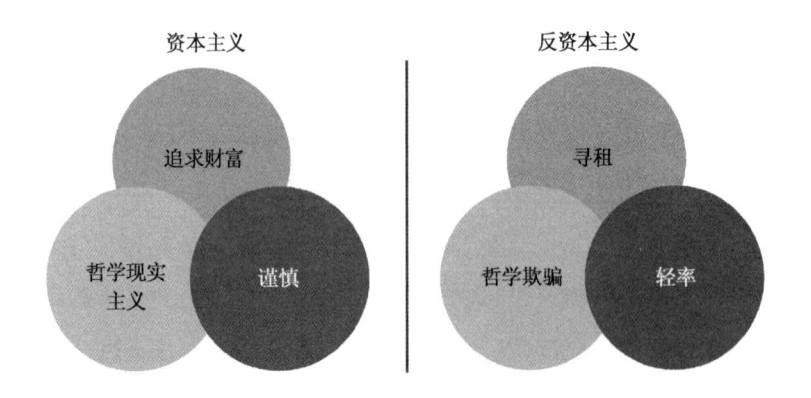

图 0.7 安然公司的反资本主义实践不仅涉及政府干预，而且涉及古典自由学派思想家长期以来批评和反对的思维习惯。

资产阶级恶习

安然公司的反资本主义是最内在和最个性化的：它违背了构成"资产阶级美德"的"资本主义精神"。亚当·斯密的一位阐释者列举了这些资产阶级美德——"谨慎、克制、勤奋、节俭、冷静、诚实、文明和可靠"。

在斯密以后差不多过了一个世纪，塞缪尔·斯迈尔斯赞扬了尊重、敬畏、诚实、节俭、礼貌、殷勤、慷慨、深谋远虑和节约，而最重要的是，他坚持不懈地关注更加长远的目标。斯迈尔斯认为，反资产阶级的恶习包括贪财、贪婪、吝啬、欺诈、不义、轻率、奢侈、自私和鲁莽。

查尔斯·科赫最近把驱动商业成功的重要美德编撰成册。为了"优化资源"，有必要"调整风险价值"，通过"实验来发现"（试错）、"质疑假设""承认错误"和"承担责任"。但是，科赫更进一步强调，每个员工都必须尊重他人并富有"同情心"，"正直诚信"，有工作"激情"和"自豪感"，但要"谦逊"面对不足和无知。

安然公司强调其企业文化中的价值观，以配合其积极进取的愿景（在1996年前后变成了"成为世界领先的能源企业"）。用其终极和最高形式来表述"我们的价值观"就是尊重（respect）、正直诚信（integrity）、沟通（communication）和卓越（excellence）（简称"RICE"）。

这四种价值观中有三种——尊重、沟通和卓越——是对内的，实际上是告诉员工要和睦相处,好好工作,取得成绩。但安然公司的另一个价值观——诚信——既对内又对外:"我们将开放、诚实和真诚地与顾客和潜在顾客进行合作";而第二层意思就是,"如果我们说我们要做某件事情,就应该做这件事情;如果我们说我们不能或不愿做某事,就不要做"。

那么,即使我们已经做了某事,是不是以合乎伦理的方式去做的呢?

除了诚信之外,安然公司的任何价值观都没有阻止它的反资本主义行为。此外,"RICE"缺少的就是对由消费者驱动但对纳税人中性的市场的谦逊、诚实、透明和尊重等资本主义美德。

安然公司所宣扬的价值观充其量只是一个"避风港"、一种"勾选练习"、一种面具,而不是对员工和公司不当行为的坚决制止。价值观并非固定不变,而是可以依据是否实用相机采纳。目的(避免失败,宣告成功)决定手段;无论目的如何,手段都不被认为不可侵犯。[1]

哲学欺骗

哲学欺骗即使没有违反法律,也有悖于市场精神,并且阻碍市场的有效运行。哲学欺骗还会损害把分散的知识变成非有意所为的理性知识整体的能力,阻碍互惠交易,并且降低信誉(一种商业标志)。

哲学欺骗有可能损害市场通过价格和利润发送信号的功能,以至于实施哲学欺骗的企业会误导自己的员工(安然公司聪明的财会高管当然是愚弄了本公司的普通员工)。更糟糕的是,这种不诚实的企业必然会继续采取不诚实的行为,才能掩盖自己不光彩的过去。艾恩·兰德的两个弟子描述了莱这位不诚实的首席执行官的心理过程:"他正把主要注意力从与企业经营相关的事务转移到了欺骗他人上。"

研究安然公司的史学家必须在这样的背景下剖析里奇·金德坚持编造数据的行为、杰夫·斯基林的盯模型记账法、丽贝卡·马克的"滚雪球"以及安迪·法斯托的特殊目的实体的特点。在安然公司生命的下一阶段,也即最后阶段,这种哲学欺骗行为不断蔓延和发展,最终导致公司破产。

---

〔1〕 安然公司早期的价值观(即你个人的最优成就安然的最优,沟通——真实是和睦之母;更好,更快,更加简单;我们做每一件事情要追求卓越)更多是为了提高公司的内部效率,而较少是为了弘扬资产阶级美德,因为资产阶级美德显然被认为已经过时。

―――――

1631年，研究自然权利的哲学家雨果·格劳秀斯（Hugo Grotius）写道："通过欺诈、暴力或者恐吓取得的合同或承诺，应该赋予受害方全面赔偿的权利。因为我们在一切交往中完全不受欺诈和强迫阻挠的自由，是一种我们从自然法则和自由权中获得的权利。"简而言之，安然公司的违法行为不能归咎于自由企业或自由企业规则、传统或道德规范。

正如本丛书第一卷所详细阐述的那样，长期以来，机会主义欺诈一直受到——从亚当·斯密到塞缪尔·斯迈尔斯，到艾恩·兰德，再到查尔斯·科赫等——古典自由主义者的谴责。在安然公司的案例中，为了实现肯·莱提出的令人陶醉的目标，安然公司管理层使用了包括哲学欺骗[1]在内的各种反资本主义手段。最臭名昭著的是，安然公司管理层为了使公司账面利润大于实际利润，不惜玩弄美国会计准则。[2]

安然公司在设法获准使用盯市记账法（本身并非谬误的会计方法）时，信誓旦旦地向美国证券交易委员会保证，根据"已知价差和已平仓位"（known spreads and balanced positions），而不是"明显依赖主观因素"来计算收入和利润。事实上，正如本书第八章所解释的那样，在1992年1月获得美国证券交易委员会的批准后，安然天然气服务公司对1991年的收益追溯使用了盯市记账法，并且告知美国证券交易委员会它的这一行动"并无实质性意义"。

不管怎样，这次记账方法的变更使安然天然气服务公司多出了2 500万美元的账面收益，占到该公司总收益的10%，从而允许莱和安然公司的首席运营官里奇·金德在1991年的公司年报中大肆渲染这家子公司"非凡"的业绩。对于安然公司整体而言，这笔虚增的账面收益帮助把个位数的收益增长率变成了20%收益增长率的故事，从而推高了安然公司股票的年终价格。

―――――

许多书和文章都把安然公司的财务行为说成是欺诈性非法行为（安然公司在20世纪90年代初还率先推出了明显有利于能源生产商和能源消费者的财务实践），但就像哈佛商学院的马尔科姆·萨特指出的那样，对安然公司的"精准判

―――

[1] 这个词是本丛书第一卷《资本主义在行动》创造的。
[2] 请参阅第八章、第九章和第十一章。

决"称,安然公司还算不上刑事犯罪,只是利用了"法律没有明确规定的模糊空间"。

萨特发现,"安然公司的许多复杂交易、选择值得怀疑的记账方法、披露意思模糊的信息和公司重组都发生在'不当行为与正当行为之间界限不清的地方'。虽然在安然公司令人震惊的财务操纵中有一部分带有欺骗的性质,缺乏对法治精神的尊重,因此表现为违背道德,但大部分这种行为并不明显违法"。

安然公司的问题并不在于复杂的金融交易本身,也不是政府严格的监管控制(事实上,监管机构因此而变得自满),而正是安然公司这种"爱做小动作的文化"(又叫"耍小聪明的欺诈"),违背了古典自由学派的企业家精神。安然公司不但对伦理道德发起了挑战,而且是反资本主义的。

政治资本主义(寻租)

政治资本主义的一个社会政治范畴把它的道德范畴(资产阶级恶习)和认识论范畴(哲学欺骗)结合在了一起。正如史学家加布里埃尔·科尔科(Gabriel Kolko,已故)所指出的那样,政治资本主义是指玩弄政治手段来实现经济成就。虽然科尔科认为这是资本主义一个不可避免的方面,但它的实践至少从亚当·斯密那个时代开始就被资本主义思想家谴责为有欠公正并缺乏(社会)经济性。

本书把企业从政府那里牟取特殊利益的做法称为"寻租"。在社会学中,企业或行业协会寻租的普遍做法被称为"政治资本主义"[1]。当把利益输送给捐助者或朋友时,政治资本主义就变成了裙带资本主义。

从类型学的角度看,几个世纪以来,古典自由学派一直在谴责政治资本主义甚至裙带资本主义所做的最明目张胆的反资本主义行为——寻租。亚当·斯密在1785年写道:"本人期待,国王陛下能够预见到设立在我们这个国家不同地区的商会和制造商协会可能造成的一切不良后果。商业规则通常是由那些最有兴趣欺骗公众并把它们强加给公众的人制定的。"

大约过了150年,艾恩·兰德写道,"我以一种从未有过的方式颂扬真正富有成效的自由企业商人",但"要让那些自称'中间人'并谈论'混合经济'——要

---

[1] 政治资本主义与混合经济有重叠的地方,但并不是同义词。混合经济通常会给企业带来不劳而获的好处或租金,但同时也会给它们造成额外的市场成本。"政治资本主义"是指为提高企业的盈利能力而应企业的要求专门采取的政府经济干预主义行为(Bradley, *Capitalism at Work*, p. 3)。

求政府提供援助和补贴,制定法律并进行监管的经济——的商人粉身碎骨"。

在我们这个时代,崇尚古典自由主义的企业家查尔斯·科赫谴责"企业福利"是一种糟糕的东西。他解释说:"企业的作用是尊重和满足顾客的价值需求(哪怕是采用其他推销方式),而不是游说政府强制规定可以或不能供给哪些产品。这样的行为是不尊重顾客的终极表现。"

让我们来看看安然公司,它的各个利润中心屡屡受益于政府的特别照顾。有些特别照顾是过去遗留下来的,但大部分是在州首府和华盛顿特区明确要求的。对于这家公司来说,寻租不仅是一种策略,而且已经成为一种核心竞争力——在这家公司疯狂的结局中,寻租成了一根遥不可及的救命稻草。

能源交易的强制性开放—准入、针对国际项目的贷款援助、国内致密砂岩气开采可享受的税收抵免、对太阳能和风能发电实施的税收优惠等,真是不一而足。安然公司至少有7个利润中心与肯·莱关心的事业——(政府)定价的二氧化碳排放——有关。难怪安然公司在地方、州和联邦各个层次都树立了无与伦比的捐赠者形象——裙带资本主义在行动。

的确,政治干预市场,长期以来一直是美国经济的一大特点。确实,利益相同的企业为了自身的利益促成了很多这样的干预。但从规模和范围的角度看,安然公司从美国政府发放的补贴和实施的监管中牟取了美国其他主要企业从未得到过的利益。

历史教训

安然公司已经不复存在,但它的影响仍在继续,它的教训依然有现实意义。企业在制定经营策略和政府机构在制定公共政策时应该真正吸取安然公司的教训,而不是从肤浅的分析和有缺陷的世界观中总结误导性的教训。

在安然公司还"健在"的那个时代,按通货膨胀率调整后的利润能增长5%,对于大多数能源企业来说,已经是相当好了,但这对肯·莱来说是不够的。对于他来说,15%的年收益率从愿望变成了预期,后来又从预期变成了承诺和要求。为了实现这个愿景,安然公司成为反资本主义者,并且违反了自由社会的道德、经济和政治准则。

多么具有讽刺意味！安然公司的破产居然引发了对自由市场、放松管制、私有化和追求利润的大量指责和抱怨。

资本主义传统的不同方面——从亚当·斯密利己主义的"看不见的手"到米尔顿·弗里德曼(Milton Friedman)的芝加哥自由市场经济学派，再到艾恩·兰德的理性利己主义客观主义哲学——都与安然公司的伦理文化和商业行为有关。在主流(进步主义)分析中，安然公司成了自由化和自由主义出错的典范。有一本经济学教科书总结称："安然公司的故事提醒我们经济生活中的一个严重事实——市场失灵。"

基于以下原因，对这些分析必须从根本上重新阐释，并加以修正。

首先，主流观点忽视了这样一个事实：无数古典自由主义知识分子谴责可用来定义肯·莱的公司的商业惯例和伦理文化，从亚当·斯密所说的自欺欺人行为到艾恩·兰德对有罪高管提出的警告："他有逃避现实的自由，他还有分散注意力并盲目地走他喜欢走的道路的自由，但他没有躲避他拒绝看到的深渊的自由。"

其次，早在联邦监管机构之前，是市场及其附属机构的从业人员——少数卖空者、金融分析师和财经记者代表——发现并揭露了安然公司的不良行为。于是，就像市场理论所预言的那样，投资者信心的普遍丧失，挫败了安然公司阻止自己被卷入死亡旋涡的可怜努力。

一家信奉自由市场的智库的领导人乔·巴斯特(Joe Bast)在安然公司破产后写道："安然公司证明了资本主义仍然有效。"从某种意义上说，巴斯特说得对：安然公司的破产证明，正如消费者和投资者所判断的那样，资本主义倾向于淘汰失败者。但安然公司的崛起和繁荣说明了一些不同的情况：反资本主义可以在短期内骗人，但在(大部分)自由经济中却不能长期发挥作用。

再次，安然公司出生和生活在混合经济中，并且在混合经济中茁壮成长。在这种混合经济中，政治创业或所谓的寻租是正常的行为。安然公司的绝大部分活动受到了监管，而安然公司的大部分利润中心与政府的特殊照顾紧密相关。[1]安然公司还操纵混合经济中的监管机制，从税法到会计规则再到能源交易。其中的一些机会是由安然公司发起甚至创造的，但许多机会却是由所谓

---

〔1〕 衍生产品不受监管，因此有利于安然资本与贸易资源公司。然而，这种不受监管的环境并不是导致安然公司破产的原因。

的"公益干预"创造的。[1]

在进步主义经济中,玩复杂规则的游戏也是一种公平竞争——但没有一家企业像安然公司那么极端。例如,在休斯敦天然气公司与联合北方公司合并以后,安然公司为了减少冗员,裁掉了公司税务部一半的员工,只雇用40名员工。但到了1996年,公司税务部的员工又超过了合并前的人数,到了2000年已经多达253人。对于安然来说,公司税不只是成本中心,而且是利润中心。为了少缴公司税,安然公司把资源投入非常复杂的交易中。虽然这些交易都是合法交易并且能使利润最大化,但这种盈利机会和行为远远超出了简单的自由市场税收制度。

安然事件后持续时间最长的误解是"安然公司就是资本主义"。对安然公司的评判有必要进行彻底的重新考察,就像本书这份新的历史文献所做的那样。

---

[1] 政府干预在导致私营部门做出过度的机会主义反应方面所起的作用,是与另一种讽刺联系在一起的:公共部门官员的安然式行为方式。笔者将在本丛书第四卷中探讨这个问题。

第一篇

从休斯敦天然气公司到安然公司：1984—1987年

引 言

1984年几乎算不上是"奥威尔"*年。在吉米·卡特(Jimmy Carter)的国家主义遭遇失败后,罗纳德·里根(Ronald Reagan)领导下的美国转向了自由市场。玛格丽特·撒切尔(Margaret Thatcher)为英国带来了新的观点和政策逆转,凯恩斯主义开始失宠,约翰·肯尼斯·加尔布雷思(John Kenneth Galbraith)的思想也已经过时。路德维希·冯·米塞斯(Ludwig Von Mises)和F. A. 哈耶克(F. A. Hayek)这两位在20世纪30年代被政府计划时尚冷落的知识分子的经济学理论受到了社会新思潮的青睐。米尔顿·弗里德曼也开始受宠,他向广大民众宣传资本主义和自由的优点。

在能源领域,经济自由化创造了创业机会,并且很快就催生了一家名叫"安然"的公司。根据1978年《天然气政策法案》实施的部分管制解除引发了一系列由天然气行业冉冉升起的明星肯尼斯·L. 莱所倡导并加快的变革。莱积极进取、孜孜不倦、聪慧过人、和蔼可亲,而且是正经的经济学博士,他决心做一个自己所在领域的变革者。

他通过合并自己供职的休斯敦天然气公司(建于1925年)和联合北方公司(成立于1930年)一手打造的安然公司,于是就成了他推动变革的工具。这两家

---

* 乔治·奥威尔(Georges Orwell,1903—1950年),原名艾里克·阿瑟·布莱尔(Eric Arthur Blair),英国左翼作家,新闻记者和社会评论家。由他的姓氏衍生出的"奥威尔主义""奥威尔式的"等词语甚至成为通用词语而被广泛使用。——译者注

公司在 1985 年的合并是对全美和美国天然气主要产地得克萨斯州天然气市场的监管和经济动荡做出战略性回应的结果。天然气行业的价格和利润双双下降,而联邦监管机构为了让消费者从天然气行业上游和中游降价中受益而改变了部分监管规则,其中有些规则已经实施了 50 年。恶劣的新环境引发了一波旨在寻求协同效应和降低成本的并购浪潮。对于莱来说,这个新的世界还要求关闭大型混业集团和回归基础业务。

肯·莱在他主持编制的首份休斯敦天然气公司年报的封面上写道:"我们将继续编织我们的网络,并做我们最擅长的事情。"莱在休斯敦天然气公司任职的第一年(1984 年)就把公司的业务网络从相对不受监管的得州天然气市场扩展到了受到高度监管的州际天然气市场。业务扩大后的新休斯敦天然气公司(见本书第一章)变卖非核心资产,为扩展其核心资产筹集资金。

在接下来的一年里与联合北方公司合并后(见本书第二章),公司规模大幅度扩大,并且把自己定位为业内最大的中上游业务运营商。休斯敦天然气公司的传统得州枢纽现在北面与美国中西部地区和加拿大连接,东面与佛罗里达州连接,而西面与加州连接。美国没有一家天然气管道运输公司在美国——更不用说在美国天然气市场增长最快的三个州——具有这么大的影响力。

我们可从休斯敦天然气公司与联合北方公司的合并中预见到安然公司会采取一些重大举措,因为该公司在合并后的狂热中自诩是美国首屈一指的能源企业。可惜,市场并不配合。在市场疲软之际,这些大胆的举措导致公司债台高筑。1986 年油价暴跌,影响了安然公司的天然气资产业务,因为它要用天然气来与工业和发电厂市场上的燃料油展开竞争,而安然公司故事的美妙情节(美国"从东海岸到西海岸、从北疆到南疆"的输气管道系统)也只能到此为止。

安然公司的问题似乎在 1987 年年初得到了解决(见本书第三章)。大幅度削减成本、变卖资产和天然气价格回升——更不用说在得州休斯敦这个能源之都进行的业务整合——都有助于扭亏为盈。安然公司的首席执行官肯·莱和首席运营官米克·塞德尔在写给股东的信中表示:"我们相信,通过这些调整,所有与合并和能源价格大跌相关的成本都已经成为过去。"安然公司的各主要事业部都配备了得力的领导班子,公司还引进了新星福莱斯特·霍格伦德,并让他负责重振规模庞大但昏昏欲睡的勘采部门。在莱看来,一切准备就绪,新公司可以开始实现被寄予的希望——至少表面上看起来是这样。

第一章　焕然一新的休斯敦天然气公司

1984年,肯尼斯·L. 莱辞去了特兰斯科能源公司总裁的职务,并出任休斯敦天然气公司总裁,这是一次充满挑战的晋升。安然公司的前身,总部位于休斯敦、以得州为中心的休斯敦天然气公司,拥有28亿美元的资产(大约相当于2017年50亿美元的资产),现金充盈,但融资保守。当时,市场低迷,休斯敦天然气公司的收入和利润都在下滑。[1]更糟糕的是,这家赫赫有名的公司似乎并没有扭转颓势、重铸辉煌的计划。这就是休斯敦天然气公司的董事会罢免守旧的董事长M. D. 比尔·马修斯(M. D. Bill Matthews)并引进一位年轻、和蔼可亲、行业经验丰富的经济学博士的原因。[2]

1984年,告别发生能源危机的20世纪70年代的过渡期还没有结束,原油价格从1981年的最高点下降了25%。石油输出国组织首次下调原油基准价格,并开始削减成员国的生产配额。与此同时,美国1980年开征的原油暴利税,由于按当时的油价已经征收不到任何收入而即将被废除。

页岩油和煤炭液化项目——曾经被特兰斯科能源公司、休斯敦天然气公司

---

[1] 休斯敦天然气公司之前的繁荣部分得益于联邦监管。由于(不受监管的)州内天然气市场存在天然气过剩的问题,休斯敦天然气公司通过把其低价天然气(一些是根据传统合约)卖到天然气短缺的州际(受监管的)天然气市场,结果就像"印钞票"那样赚钱。这种天然气双重市场的现象到了20世纪80年代初已经消失。

[2] 关于休斯敦天然气公司和肯·莱离开特兰斯科能源公司的这段历史,请参阅:Bradley, Edison to Enron: *Energy Markets and Political Strategies* (Book 2 in this series), chapter 13。

和其他公司认为是能源业的未来——正被束之高阁。处于自然状态的石油和天然气不需要高成本替代品(次边际供应)的帮助。虽然里根总统在 1981 年通过拨巨款,给卡特时代的合成燃料公司(Synthetic Fuels Corporation)注入了新的活力,但他现在已经准备撤销这个机构。

由于天然气价格不断上涨,20 世纪 70 年代中期和 80 年代初经济衰退抑制了锅炉用气的需求。70 年代初至中期,冬季的季节性天然气供给减少,不仅降低了当期的天然气用量,而且导致新建电厂改用煤炭。总而言之,美国的天然气使用量从 1970 年的 21 万亿立方英尺减少到了 1985 年的 17.3 万亿立方英尺(降幅达 17%)。

20 世纪 70 年代末,天然气过剩("天然气泡沫")——"必须取货的长期固定价格合同项下天然气井口交付能力供过于求"——的问题并没有得到解决。虽然解决井口供气合同(现在)定价过高的问题是联邦能源管理委员会的职责之一,但这个机构更有兴趣帮助天然气消费者,而不是生产商。与此同时,美国能源部经常授予不执行 1978 年《电厂与工业燃料使用法案》(Powerplant and Industrial Fuel Use Act)——该法案禁止新建工业和电力设施使用天然气——的豁免权。[1]

逆转大宗商品周期——哪怕是曾经被认为正在枯竭和日益稀缺的矿产的周期——已经成为现实问题。10 年前,在能源短缺的背景下,除了朱利安·西蒙(Julian Simon)和其他一些技术乐观主义者外,几乎没有人预见到资源会变得丰裕。[2]

这家通过收购和合并后来成为安然公司的企业必须在不利的环境下转型,它需要新的能源盈利方式,而新上任的独特首席执行官很快就能找到这种方式。

新公司

1984 年 6 月,肯·莱接替了比尔·马修斯的职务。当时,休斯敦天然气公

---

〔1〕 卡特时代的《燃料使用法案》以牺牲天然气为代价使煤炭受益,这是一个具有讽刺意味的结果,因为它推动了空气质量监管,并且还引发了即将成为能源政策核心内容的全球气候变暖问题的辩论。

〔2〕 请参阅:Bradley,*Capitalism at Work*:*Business*,*Government*,*and Energy*(Book 1 in this series),chapter 11。

第一章
焕然一新的休斯敦天然气公司

司已经进入了比任何已知速度都快的增长轨道。这家习惯了成功但现在没有安全感的公司又有了登顶的机会。但是，在首席执行官罗伯特·赫林（Robert Herring）领导下公司鼎盛时期行之有效的多元化模式已经不再可行，休斯敦天然气公司必须剥离部分现有资产并收购新的资产，才能构建定义明确、充满活力的核心竞争力。

在年方42岁的莱看来，休斯敦天然气公司资本充足、盈利能力强，但财务指标出现负值，前景并不明朗。公司股价在1969—1981年间强劲上涨之后，虽然在1984年年初奥斯卡·怀亚特（Oscar Wyatt）和沿海管道公司发起敌意收购时也出现过投机性上涨，但现在已经回落。但不管怎样，在那次敌意收购失败后，休斯敦天然气公司的股价大幅下跌。投机者们感到失望——有人提起了诉讼。保诚贝奇证券公司（Prudential-Bache Securities）以不符合股东最大利益为由，对休斯敦天然气公司及其董事会提起了诉讼。莱历来就不喜欢冲突，他希望通过给折磨他的人想要的股价来摆脱他们的纠缠，方法无非就是重塑休斯敦天然气公司自身并创造股东价值，或者屈从被另一家公司的收购。肯·莱在写给股东的第一封信的结尾承认了这一点，他表示："但最重要的是，我们要向股东表示感谢，我们将尽一切努力提高他们在公司中的投资的长期价值。"

但不管怎样，休斯敦天然气公司的故事并不是一个悲伤的故事。它在1984年宣布增派10%的股息，这是连续第13年增派股息。低债务—资本比率赋予公司收购其他公司的实力。赫林和公司守护人马修斯的遗产是一家设立了基金会的公司，而天然气是一个潜力巨大的行业。

虽然休斯敦天然气公司聘用一位被行业分析师形容为"极具天赋"和"备受尊敬"的高管取代了马修斯，但这一人事变动只使休斯敦天然气公司的股价上涨了不到3%，也就是涨到了每股53.75美元。休斯敦天然气公司必须进行资产重组和改善经营业绩——而不是做一些华而不实的事情，才能让自己的股价达到那年早些时候沿海管道公司要约收购时经历的投机性高点（每股63.25美元）。

休斯敦天然气公司拥有1 400名员工和11亿美元的市值，自称是"一家主要从事天然气输送、加工和销售以及石油和天然气勘探、开发和开采的多元化能源公司"；公司的目标是"通过内部发展和收购扩大其主要业务"；休斯敦天然气

公司的"皇冠宝石"是1956年收购的休斯敦管道公司。休斯敦管道公司拥有一个长达5 100英里的州内输气系统，它向工业用户出售的天然气比国内任何其他管道运输公司都多。休斯敦管道公司还向得克萨斯湾沿海配气公司(包括它的前子公司恩泰斯公司)批发销售天然气。[1]

休斯敦管道公司的天然气销售和输送总量占全国天然气消费量的4%～5%，堪与为东北、中西部和加州输气的大型州际天然气管道运输企业媲美。休斯敦管道公司位于休斯敦北面的巴梅尔(Bammel)储气库的天然气储量要占到得州天然气总储量的40%，而得州生产全美1/3的天然气，并消费全美1/7的天然气。与其他任何一家管道运输公司相比，休斯敦管道公司配得上美国天然气枢纽(中心)的称号。

但是，休斯敦天然气公司的利好消息到此为止。经济衰退和燃料间的激烈竞争，更不用说公司不愿折价销售天然气，已经影响了天然气销售，例如，1980—1984年，休斯敦天然气公司的工业客户减少了1/4。正如新任首席执行官发现的那样，随着发电天然气需求的减少，情况变得越来越糟。

6月7日星期四，是肯·莱到休斯敦市中心特拉维斯街1200号上班的第一天。他的5年期聘用合同从周五开始生效，但他已经离开特兰斯科能源公司，并急着开始新的工作。与莱一起从特兰斯科公司来的只有他的得力助手南希·迈克尼尔(Nancy McNeil)，因为莱曾向杰克·鲍温保证不会在他以前供职的公司挖高管人才。

吉姆·沃尔泽尔(Jim Walzel)最近从休斯敦管道公司总裁的职务上晋升为休斯敦天然气公司总裁兼首席运营官，他领着肯到附近办公室并把他介绍给新同事。沃尔泽尔是在行业协会的会议上认识他的新老板的。由于肯·莱有很高的知名度，因此，大家都认识他。接下来就开了次全体员工会议。"我是来找乐子的，"莱开口说，"我所做的每一个职业决定都能让我获得最大的乐趣。"莱利用这个机会谈到了休斯敦天然气公司雄厚的资产基础、重组计划的执行现状以及未来的挑战和机遇。莱说话带有家乡口音，讲话的语气让人感到放心。与会者明显觉得肯是他们中的一员。他介绍了南希·迈克尼尔和他自己的妻子琳达。就在4年前，琳达在佛罗里达天然气公司做过肯的秘书。

---

[1] 请参阅:Bradley, *Edison to Enron*, chapter 13。

第一章
焕然一新的休斯敦天然气公司

与会者并不知道,琳达也是公司的合作伙伴。她非常支持肯辞去特兰斯科公司二把手的职务,来休斯敦天然气公司当一把手。她对这件事非常热情。"当一把手很有意思。"她对一位朋友说。[1] 幸运的是,做一把手还有优厚的薪酬:莱的重组家庭有7个成员——琳达带来了3个孩子,肯这边也有2个孩子,这意味着这个家庭将来有很多账单要付。

休斯敦天然气公司的这位新老板在年度员工报告中阐述了他的目标和管理理念。公司正从一个综合型企业集团向天然气输送、勘探和生产企业转型。莱表示,他希望1984年,也就是业绩连续下降的第二年,能成为转折点。"我希望在1985会计年度,我们能重新回到20世纪70年代公司强劲增长的曲线,"莱表示,"我们1985年的财务目标是让公司成为业内每股收益增长最快、股权收益率最高的公司之一。"他接着又补充说:"我们希望休斯敦天然气公司能够成为盈利能力、盈利增长率和投资回报率最高的企业之一。"

随后,这位新任首席执行官又谈到了他的个人目标:

"我非常认可树立个人目标的必要性,我想鼓励你们每一个人……为自己制定计划,设定一些目标。好好想想自己的工作,怎么能做得更好?不管做什么工作……我希望大家都尽可能地富有成效,注重效率,并且弘扬职业精神。"

接着,肯承诺尽量做到透明,这是他在所有供职过的公司都要谈的重要主题。

"我想让员工了解公司的目标和计划。我认为,如果员工觉得自己知道在做什么、公司想要实现什么以及公司的目标和问题所在,就会变得更加有效,并且更加喜欢自己的工作。"

肯在新公司最早注意到的几个问题之一,就是"办公室门紧闭"的问题。比尔·马修斯沉默寡言,有员工抱怨有时很难找到马修斯。大家都说,他很多时候都在看书,你只能看到他的两只脚。

沟通不畅是休斯敦天然气公司的一个老大难问题。"别把此事捅到董事会"是"不喜欢多事"的比尔阻止沟通的一句口头禅。马修斯不敢正视可能会招惹麻烦的信息,从而导致有些下属害怕分享信息,而另一些下属则非常喜欢马修斯这种自己管好自己的做法。莱简要谈了关于这个问题的大致情况,交代了需要注

---

[1] 还请参阅:Internet appendix 1.1, "Linda Herrold Lay," www.politicalcapitalism.org/Book3/Chapter1/Appendix1.html。

意的问题,并赞扬了那些"讲述完整故事"的员工,从而在公司内部沟通的问题上定下了新的基调。这是一个全新的开始。莱目光敏锐、思路清晰,他想了解事情的真相,毫无隐瞒任何问题或弄虚作假的企图。

董事长约翰·邓肯倒是非常全面地介绍了公司的情况,对他的新雇员所抱的期望丝毫也没有降低——不管发现什么问题,不管情况有多么糟糕,董事会都希望他能及时发现、报告并解决问题。[1] 好消息是,这家管理保守、因循守旧的公司的问题还可以解决。事实上,对于一位新上任的首席执行官来说,这家公司正处在一个和谐、富有成效的时期,他的远大抱负很快就要考验"谨慎"这项原初美德。

对于新上任的首席执行官来说,第一要务就是重新审视和制定公司的战略并付诸实施。莱从董事会获得了完全的行动自由,可以停止马修斯已经在做的剥离非核心资产的工作,甚至调转方向(但他不会这样做)。不过,这位新任首席执行官有一个更加紧迫的问题需要解决。用他的话说,休斯敦管道公司的天然气销售"一落千丈"。这家公司的销售人员认为自己公司的天然气"质量好",而其他公司卖的都是"垃圾天然气",因此销售价格高于竞争对手。毕竟,休斯敦管道公司有巴梅尔储气库作为支撑,在公司历史上从来没有哪个客户减少过订单。

"大概是到那里工作的第三天,"莱回忆道,"我告诉他们中的很多人,'你们跟我说的其他方面都很棒,再加上最便宜的价格,就能把我们的天然气卖出去'。"他接着又补充说:"所以,我在那里头几个星期遇到的真正挑战是与公司全体客户见面,努力让他们重新购买我们的产品。"

莱对打折销售短期现货天然气并不感兴趣,但在天然气过剩消失之前,这是一个现实问题。据莱预测,天然气过剩在"不太遥远的将来"就会消失。鉴于供给过剩,联邦监管即将发生的变化,将会允许廉价的大宗商品天然气进入州际天然气管道运输市场的另一端。[2]

事实上,莱在特兰斯科能源公司任职时已经致力于把公司打造成美国天然

---

〔1〕 随着时间的推移,早期的这种理性逐渐受到侵蚀,因为莱和邓肯都开始自欺欺人地认为安然公司是一家伟大的企业,并且能够所向披靡。

〔2〕 这项在联邦能源管理委员会指导下进行的州际天然气管道运输公用事业监管变革,开辟了推动安然公司发展的天然气管道运输和销售新天地。请参阅:Internet appendix 1, 2, "Mandatory Open Access for Interstate Gas Pipelines," www.politicalcapitalism.org/Book3/Chapter1/Appendix2.html。

气经纪业务的开拓者——美国天然气清算所(U. S. Natural Gas Clearinghouse, NGC)——的第一个天然气管道运输企业成员,并且立刻致力于让休斯敦天然气公司成为同样拥有这个清算所 10%股权的成员(休斯敦天然气公司是这家清算所的第 5 个成员)。[1] 1984 年 9 月,这家后来改名为"迪奈基"(Dynegy)的天然气交易经纪公司的第一笔交易,就是在休斯敦管道公司把天然气交付给特兰斯科公司然后再由后者交付给东北地区 4 家公用事业燃气公司后做成的。虽然这笔交易的象征意义远大于赚钱的意义,但肯·莱为促成这笔交易做出了不少努力。由于美国天然气交易清算所只不过向其会员借用天然气管道运输交易主管,因此,这些交易主管自然希望为自己的公司做成同样的交易,而不是为天然气交易清算所收取每百万英热单位 0.10 美元的费用。因此,清算所的业务十分清淡,没做成几笔交易。

莱也许比较明显地感觉到,他必须解决休斯敦天然气公司的股票价格问题,因为在沿海管道公司的收购要约被拒绝后,休斯敦天然气公司的股票价格还没有恢复到原先的投机性高点。液碳公司(Liquid Carbonic)的出售交易已经接近尾声,出售海运和煤炭资产的讨论正在进行之中。由于想要进行一起重大的收购案,因此,莱要求公司财务测算现金流,并制订一份债务偿还计划。肯在学校里只修过很少的会计和财务课程,但他在担任大陆资源公司首席执行官和特兰斯科公司首席运营官时已经掌握了工作所需要的财会知识。

迈克尔·皮耶里(Michael Pieri)熟悉休斯敦天然气公司的财务状况。几年前,马修斯在财务总监的职位上得到赫林的提拔时,提议由皮耶里接替他担任公司的财务总监。莱得到了他想要的数据,然后又收到了新的数据,而且是越来越多的新数据。财务部的人员流动十分频繁,而手工计算的数字前后不一。肯不喜欢解雇员工,但皮耶里必须走人。

财务部其他一些员工已经在公司干了很长时间,现在也就是在混日子。公司已经为他们准备好提前退休的"套餐"。由于市场变得不再宽容,因此,必须改变休斯敦天然气公司业已形成的终身雇佣文化。[2] 克利福德·坎贝尔(Clif-

---

[1] 关于莱在担任特兰斯科能源公司总裁期间与美国天然气交易清算所进行的基础性合作,请参阅:Bradley, *Edison to Enron*, pp. 346—347。

[2] 吉姆·沃尔泽尔回忆道:"你可以叫它'老好人网络'。公司基本上从不解雇任何人。我不是说这是正确的政策,但那是这家公司的用人政策。即使有员工变得不怎么称职,他们也会被安置在能够维持生计的位置上。这是一种非常仁慈的政策——现在回想起来,也许比它理应做的还要仁慈。"

ford Campbell)、理查德·内韦尔(Richard Nevill)和 H. J. 哈斯(H. J. Hass)都是经验丰富的老员工,他们在莱上任后没几个月就离开了公司。詹姆斯·哈里森(James Harrison)和约翰·希普(John Heap)留任的时间较长,但在 1985 年年中也离开了公司。

在有些情况下,对于员工个人和公司双方来说,提前退休都是最好的解决方案。但在另一些情况下,在职员工被更有才华的新人所取代,感情会受到伤害。"我没有学历。"在休斯敦管道公司已经工作了 30 年的老员工希普不平地表示。"学历被作为留用和/或晋升的依据。"休斯敦天然气公司另一名前管理人员抱怨道。他还说:"经验没用。"莱尽其所能确保遣散费即使不能算慷慨,也起码算得上相当合理。[1] 休斯敦天然气公司就此诞生了一种新的文化,它能帮助公司留住最棒的员工。

回归天然气

莱才上任 2 个月,就到了休斯敦天然气公司会计年度结束的 7 月 31 日。"我们将继续编织我们的网络,并做我们最擅长的事情。"休斯敦天然气公司 1984(会计)年度报告如是宣称。

这句话出自汤姆·彼得斯(Tom Peters)和小罗伯特·沃特曼(Robert Waterman Jr.)合著的商业畅销书《追求卓越》(*In Search of Excellence*,1982)。麦肯锡咨询公司在它关于美国最优秀企业的研究中提出了最优秀企业的八项原则,其中第六项原则是"继续从事最熟悉的业务"。放弃混业集团化经营,回归基础业务。"一个又一个案例说明我们很难接受不寻常的东西,"这本书解释说,"几乎所有卓越企业的成长都由内部因素驱动,而且都是土生土长。"这本书的作者发现:成功的企业确实也收购非核心资产,但必定是采取渐进的方式,并在必要时会采取明确的退出策略。

罗伯特·赫林在正确的时间里收购了液碳公司(1969 年)、齐格勒煤炭公司(Zeigler Coal,1974 年)和波特工业公司(Pott Industries,1977 年)。休斯敦天然气公司的多元化战略看起来很有亮点。可是,公司负责天然气业务的最高管理

---

[1] 还请参阅:Internet appendix 1.3,"Ken Lay's New Team," www.politicalcapitalism.org/Book3/Chapter1/Appendix3.html。

者乔·福伊(Joe Foy)在 1978 年离开了公司(但仍然是公司董事),原因就是他不同意赫林的一体化煤炭—海运战略。结果,福伊的担忧被证明是正确的。事实上,一体化煤炭—海运战略几乎没有产生协同效应,因为捆绑式服务无法与单独或者独立的服务提供商展开有力的竞争。

图 1.1 肯·莱在作为休斯敦天然气公司首席执行官来这家公司任职后负责编制的第一份年报中宣布,公司将回归核心业务。从《追求卓越》中借鉴的战略是渐进式的改进,而不是革命性的变革。

到了 1983 年,休斯敦天然气公司以势头仍然强劲的天然气业务支撑起了公司大部分其他业务。液碳业务的业绩还算可以,但海运—煤炭业务只能做到收支平衡。投资者不知道如何评价休斯敦天然气公司的不同业务,而休斯敦天然气公司也不知道如何实施集中化管理。肯·莱在去大陆集团(Continental Group)这家收购了佛罗里达天然气公司的混业经营公司工作之前就遇到过这种情况。[1]

但休斯敦天然气公司这次吹响进军天然气市场的冲锋号并不只是简单的回

---

[1] 请参阅:Bradley, *Edison to Enron*, pp. 306—312。

归基础业务,而是反映了莱的愿景:甲烷是下一个能源时代的理想燃料。天然气行业已经经历了麻烦不断的十年,但这个问题是由违反供需经济规律的联邦监管造成。正如莱喜欢说的那样,这里有监管过度的问题,而不是天然气短缺。莱曾在佛罗里达天然气公司和特兰斯科能源公司任职时与煤炭打过交道,但清洁空气和工会反对的问题导致煤炭前景黯淡。新建电厂选择的燃料是——或者应该是——天然气。

在莱看来,天然气过剩表明,天然气的资源基础比先前想象的要坚固得多。考虑到天然气相对于煤炭和燃料油在经济和环保方面的优势,如果能让以往的"限气"幽灵消停,那么,天然气需求就能赶上供应。核能已经夺走了天然气的部分市场份额,但1979年发生了三里岛(Three Mile Island)核电站事故,再加上简·方达(Jane Fonda)的核电站事故电影《中国综合征》(*The China Syndrome*)碰巧同时上映,核电站建设就随之停止。[1]

天然气有一个需求正在蓬勃发展的市场,而休斯敦天然气公司就身处这个市场。热电联产——用天然气作为燃料同时生产电力和蒸汽——引起了当时还在特兰斯科能源公司工作的莱的注意,而休斯敦天然气公司在他上任后(4个月)发布的第一份年报介绍了与得州几家热电厂达成的6笔天然气交易。

1984年年中,休斯敦天然气公司与通用电气公司(General Electric)签订了一份今后10年向后者位于得州未来的热电厂项目每天供应30亿立方英尺的天然气——并附有前者购买后者热电厂项目股权的选择权——的"初步"合同。莱写道:"热电厂是得州乃至美国最大的单一天然气新市场。我们与通用电气公司的关系应该能使我们成为这个市场占主导地位的天然气供应商。"

但是,莱想做的不只是天然气的供应商和被动的所有者,他想建造或购买热电厂,而从通用电气公司挖来的一位年轻"叛徒"很快就成全了莱。

负责休斯敦天然气公司全部天然气业务的吉姆·沃尔泽尔惊喜地发现,莱给他一份条件优厚的雇佣合同,保证他即使在公司控制权发生变更,从而减少他职责的情况下仍能拿到4年薪水。休斯敦天然气公司以及特兰斯科能源公司此前从未签过这样的雇佣合同,就连实力雄厚的埃克森美孚公司和其他石油巨头

---

[1] 1974年后,美国没有新的核电站项目开工,但20世纪80年代竣工的核电站仍继续在减少对燃气发电的需求。

也从来没有签订过条件如此优厚的聘用合同。以前,大家在退休或者离开公司之前每天只是为挣钱而工作;而肯·莱现在改变了这种状况。他还提高了公司董事会全体成员的薪酬。

显然,莱这一举措传递出来的信息是:我比同行业的对手更加优秀,而你们则是我的团队的成员;我们应该得到相应的报酬;一切都将是一流的,因为我们这些优秀分子是在最好的条件下工作,而不是为自己挣钱。从一开始,莱就把推行积极的薪酬政策以吸引优秀人才和奖励员工——在特兰斯科公司,杰克·鲍温肯定不会让他这么做——作为其经营战略的重要部分。当然,这是一种讨人喜欢、非常令人愉快的行为,但这种对严格意义上的甚至禁欲式节俭的渐进性挑战将促成一种具有经济和精神破坏性的趋势。

来休斯敦天然气公司工作的头几个月里,美国天然气行业的"金童"肯·莱还在"蜜月"期。其间,他所做的一切都是礼节性的,这也是莱的风格。但要给这家传奇企业重新定位,还有大量的工作要做,而且必须要迅速完成。公司真正做实事的人对这位新老板基本上没有什么怨言,只是对公司马修斯后时代又重新怀有热情并寄予希望。但莱是背着一个"包袱"来新公司任职的,尽管没有人敢这么说。这个"包袱"就是他的胞妹。

与她的哥哥一样,莎伦·苏·莱(Sharon Sue Lay)聪明伶俐、能说会道、讨人喜欢,而且精力充沛。她拥有并经营着一家高档旅行社。这家旅行社的客户中有与特兰斯科公司有业务关系的企业[其中包括安德鲁斯-库尔斯(Andrews & Kurth)律师事务所]。特兰斯科公司本身并没有指定的首选旅行社——杰克·鲍恩对此并不感兴趣。尽管如此,特兰斯科公司的客户还是很高兴地把生意送给莱的胞妹,他们知道莱肯定会知道并却感到高兴。莎伦会告诉他,而肯则很喜欢这种事情。

现在,肯·莱有了自己的"个人秀"。不久就有传言说,休斯敦天然气公司的旅行都由莎伦费心安排。吉姆·沃尔泽尔认为,把这两家公司搞在一起实在是"太糟糕了",尤其是他知道肯在莎伦的公司里有经济利益,而且后来还听说休斯敦天然气公司有一名员工在莎伦那里买的国际机票比他先前订的高出 1 500 美元。可是，既然节俭已经不再受重视，谁还会真正抱怨这种事情呢？[1]

招募新人

天然气行业中下游业务组成了一个由工程师和会计师以及一些律师和说客参与的职业，高层需要优秀的管理人才。不过，天然气行业并没有被认为是创业的温床，但它的业务正在发生变化。只有聪明人才能应对市场的挑战并促进监管微调，至少对于一家希望帮助塑造未来而不仅仅是应对未来的企业来说就是如此。

1985年9月，《天然气周刊》的创刊编辑在他负责的专栏里发表了一篇题为《征聘：许多没有深陷监管条条框框、有竞争力的高管，应聘天然气行业高管的职位，负责带领天然气行业步入现代世界》的文章。约翰·詹瑞奇在他的这篇文章中讲述的是，一位已经加盟一家猎头公司的前天然气监管机构官员正在寻找"有竞争力"的高管。

肯·莱完全赞同这篇文章的观点。休斯敦天然气公司需要新人来创建他心目中的企业。在他职业生涯的前几站，莱曾引进一些顶尖人才，现在他可以自由创建自己的管理团队。

莱让吉姆·沃尔泽尔负责处理公司天然气方面的一切事务，并且为负责重组工作的约翰·A."米克"·塞德尔争取到了一个得力助手。塞德尔实际上并不是莱雇来的，而是由马修斯和沃尔泽尔聘用的。但莱和塞德尔是朋友，两人智力相仿，是居住在休斯敦派尼角（Piney Point）小区的邻居。他们第一次见面是在尼克松政府内政部。当时，莱是能源部副部长，而塞德尔则是负责项目、发展与预算的副助理部长。后来，两人各奔东西，塞德尔先是去了斯坦福大学商学院任教，后来又加盟总部设在旧金山、生产石油和天然气、对煤炭开采和地热等业务也有兴趣的纳托马斯公司（Natomas Company）。1981年，塞德尔从负责公司发展事务的副总裁职位晋升为纳塔马斯北美公司总裁，并移居休斯敦。

在钻石三叶草公司（Diamond Shamrock）1983年年中收购了纳塔马斯公司

---

[1] 这个反映莱的裙带作风和为家人牟利——亚当·斯密认识到的委托—代理问题的一种（参阅：Bradley, *Capitalism at Work*, pp. 30-31）——的早期例子，树立了一个只会恶化和蔓延的坏榜样。

第一章
焕然一新的休斯敦天然气公司

以后,塞德尔就在就业市场上寻找工作。当时在特兰斯科公司任职的莱有意聘用他,但米克觉得不合适。于是,肯建议他的朋友到休斯敦天然气公司去看看,因为这家公司执行新的重组计划需要帮手。比尔·马修斯和吉姆·沃尔泽尔都很喜欢米克。米克待人友善,在能源领域有近10年的实践经验(那时休斯敦天然气公司并没有雇用准学者的习惯)。比尔·马修斯和吉姆·沃尔泽尔说服米克加盟当时正需要走出混业经营困境的休斯敦天然气公司。现在,莱取代了马修斯,一切都变得好了很多。[1]

莱立即需要一位负责公司事务的高级副总裁,但塞德尔要举家出国度一个计划已久的假期。塞德尔度假刚回来,莱拿着一叠纸来到他的邻居家说:"我所知道的这家公司的材料都在这里。"

塞德尔的工作就是评估潜在的收购案。由于20世纪80年代大宗商品价格长期上涨的趋势发生了逆转,他可以在一个有很多猎物的狩猎场上狩猎。莱当时想在天然气管道运输市场上为休斯敦天然气公司补强,以便在一个被预期会日益一体化的全国天然气管道运输网络中一展身手。

塞德尔在1984年7月,也就是在莱上任后1个月便到休斯敦天然气公司任职。他迅速聘请纳塔马斯公司的一位同事、经济学博士布鲁斯·斯特拉姆担任公司战略总监。[2] 斯特拉姆找到了马克·福莱维特,希望他能做自己的副手,而福莱维特在修完莱斯大学(Rice University)经济学博士课程后就被选中到纳塔马斯公司工作。[3] 此前,从未有经济学学者赏光担任能源企业的高管。这个行业不再是工程师和律师的一统天下——至少在肯·莱的公司里就是这样。

肯·莱早期聘用的另一名员工J. 迈克尔·穆克勒罗伊,曾被《从爱迪生到安然》中介绍过的塞尔比·沙利文(Selby Sullivan)在佛罗里达天然气公司雇用过。[4] 作为休斯敦天然气公司的特殊项目总监,穆克勒罗伊负责公司非核心

---

[1] 还请参阅:Internet appendix 1.4, "John M. 'Mick' Seidl," www.politicalcapitalism.org/Book3/Chapter1/Appendix4.html。

[2] 安然公司聘用的博士中还间接涉及达里斯·加斯金斯(Darius Gaskins)博士。加斯金斯是塞德尔在西点军校的同学,后来担任斯特拉姆供职的州际商业委员会(Interstate Commerce Commission)主席。塞德尔在纳塔马斯公司任职时聘用过加斯金斯,而斯特拉姆因为加斯金斯而结识了塞德尔。

[3] 斯特拉姆和福莱维特继续留在安然公司。在安然公司存续的最后几个月,福莱维特作为副董事长成了公司的三把手。斯特拉姆还聘用了后来先后担任安然资本与贸易资源公司首席运营官,后又担任安然能源服务公司首席执行官的卢·派以及负责公司发展事务的克利夫·巴克斯特(Cliff Baxter)。

[4] 请参阅:Bradley, *Edison to Enron*, pp. 300-309。

天然气加工与碳氢化合物销售
休斯敦石化公司，得州休斯敦

石油、天然气勘探与开采
休斯敦石油公司
休斯敦化石燃料公司
得州米行德兰

合成燃料
休斯敦合成燃料公司
得州休斯敦

天然气管道运输
休斯敦管道公司
得州州内天然气公司
绿洲管道公司
河谷管道公司
HT集输公司
潘汉德尔天然气公司
休斯顿天然气公司离岸公司
工业用天然气公司
布莱克·马林管道公司
得州休斯敦

图 1.2　肯·莱到休斯敦天然气公司任职时组建的第一个管理团队由詹姆斯·沃尔泽尔(总裁兼首席运营官)和米克·塞德尔(负责公司发展事务的高级副总裁)领导。两个主要事业部分别由梅尔文·斯威特曼(Melvin Sweatman,休斯敦天然气州际管道运输公司总裁)和泰德·柯林斯(Ted Collins,休斯敦天然气石油公司总裁)负责(底排,从左往右)。

资产剥离工作。在石油零售、大宗商品交易和液化天然气领域具有管理经验的高效、可亲的谈判高手穆克勒罗伊是一个多面手,他将在新公司的许多方面发挥作用。

　　肯·莱还在另一条战线上冲锋陷阵。休斯敦天然气公司董事会力量并不薄弱,拥有像约翰·邓肯、乔·福伊和埃德·史密斯这样的领军人物。但在过去的15年里,莱积攒了重要的人脉关系,现在可用来充实这个高管群体。1984年,莱任命了3名董事,从而使董事会成员增加到了18个。在增补的董事中有米克·塞德尔教授的前同事、斯坦福大学商学院院长兼会计学教授罗伯特·贾迪克。第二个增补董事是位于康涅狄格州格林尼治的破产企业宾州中央公司(Penn

Central Corporation)的高级副总裁兼董事小赫伯特·"帕格"·维诺库(Herbert "Pug" Winokur Jr)。第三个增补董事是查尔斯·沃尔克(Charles Walker),他是莱的导师平克尼·沃尔克的弟弟,也是华盛顿一家咨询与游说公司查尔斯·E. 沃尔克合伙公司(Charles E. Walker Associates)的负责人。贾迪克和沃尔克都有博士学位;而维诺库是莱在五角大楼工作时结识的朋友,他是一个精明的商人,因挽救七叶树管道(Buckeye Pipeline)公司和关闭了破产后的宾州中央公司而赢得了全国性的声誉。他们三人都为休斯敦天然气公司董事会带来了多样化的专业知识和新的地域分布,而且无论用什么标准来衡量都很有实力。

肯·莱从外面引进了最优秀的高管人才,而公司人力资源部的工作则是在公司内部深入发掘优秀人才。莱希望聘用更多工商管理硕士,但他的招聘总监却告诉他:"天然气企业无法吸引到这类人才。"不久,这位先生就被取代。

收购案

肯刚来休斯敦天然气公司时,这家公司拥有源源不断的现金流和充盈的现金储备。公司正在策划一个咄咄逼人的股票回购方案,以提高公司股票的每股收益和价格。在实施一个可以说是重大资产收购方案的前夕,休斯敦天然气公司以4亿美元的价格买下了公司1 000万授权发行股份中的约850万股股份——休斯敦天然气公司就有这么多的流动资金。

与大多数其他天然气管道运输公司相比,休斯敦天然气公司26%的债务—资本比率是相当低的(特兰斯科能源公司的这个比率是50%)。增加债务的重大收购案是保持独立性的最佳策略。比尔·马修斯曾经放弃了与埃尔帕索天然气公司(El Paso Natural Gas)的合并,而肯·莱则看到了这种合并的未来。

休斯敦管道公司最近花费数亿美元与新的输气管线连接并开发新的含气盆地。莱坚信,只有拥有最佳天然气供应渠道的企业才能保证最便宜的天然气供应和增加市场份额——其中蕴藏着为先行者准备的机会。但是,休斯敦管道公司这个"轮毂"需要"辐条"才能进入全美各地高速增长的天然气市场。[1]

肯·莱的愿景就是构建首个从东海岸到西海岸横跨美国的天然气输送系

---

〔1〕 众所周知,"轮毂—辐条"概念源自已经放松管制的航空业。安然公司的规划者认为这个概念也适用于天然气行业。

统。事实上,1967年东得州输气公司(Texas Eastern Transmission Corporation,下称东得州公司)收购横贯西部管道公司,就是在实现这个愿景。但从目前的情况来看,这个愿景早已被遗忘。

横贯西部管道公司

从1984年11月30日开始,休斯敦天然气公司斥资3.9亿美元从东得州公司收购了横贯西部管道公司。[1]这笔耗资巨大的大胆收购在莱到任后5个月就已完成,这笔交易在随后的几年里创造了丰厚的回报。

横贯西部管道公司是一家中等规模的州际天然气输送公司,它把西得州和潘汉德尔的天然气输送到亚利桑那—加利福尼亚边境。在这个终端,只有一条天然气外输管线。其所有人是天然气买家、美国最大的供气商太平洋照明公司(Pacific Lighting Corp.)的子公司南加州燃气公司。

南加州燃气公司凭借其在南加州拥有的天然气独家特许经营权,成了每年为横贯西部管道公司带来十亿美元收入的大客户。南加州爱迪生公司和圣地亚哥燃气与电力公司(San Diego Gas and Electric Company)等南加州燃气公司的客户都没有与加州边境的州际天然气供应商联网,而且作为南加州燃气公司的供气客户也不能自己购买天然气。根据加州公用事业委员会的规定,它们只能是一家公用事业公司的专属客户,而横贯西部管道公司则是南加州燃气公司的专属供应商,从而在这个天然气边境市场形成了买方独家垄断的局面。

横贯西部管道公司创建时的输气容量是350万立方英尺/日,而到了被休斯敦天然气公司收购时已经扩容过3次,达到了750万立方英尺/日。[2]尽管如此,横贯西部管道公司的规模还不到其南加州竞争对手埃尔帕索天然气公司的一半。横贯西部管道公司对于它的买主来说并不陌生,因为它已经在西得州和潘汉德尔与休斯敦管道公司联网。此外,休斯敦天然气公司旗下的石油公司是州际天然气灌输公司的第三大天然气供应商。

---

[1] 东得州输气公司是在收购大直径管线的基础上成立的。东得州输气公司在以9 500万美元收购横贯西部管道公司后实现了其东北部的输气业务多样化。1989年,东得州输气公司被东潘汉德尔公司(Panhandle Eastern Corporation)收购;收购后改名为泛能公司(PanEnergy Corporation),并于1997年被杜克能源公司(Duke Energy Corporation)收购。

[2] 1965年,横贯西部管道公司修建了第二条从得州潘汉德尔到俄克拉荷马州的输气管线。由于北堪萨斯州西南部休哥顿(Hugoton)油田——北美最大的天然气层——的天然气供应比较便宜,因此,横贯西部管道公司后来在1989年终止履行与城市服务公司(Cities Service Company,后来的威廉姆斯公司)签订的250万立方英尺/日供气合同。

横贯西部管道公司与南加州燃气公司签订的供气合同有一项条款规定,无论买方是否提取天然气,都得支付不低于合同规定供气量91%的货款。这一条款作为对管道运输公司与天然气生产商之间签署的不取照付合同的补充,为投资者提供了一定的回报保证,因为管道运输公司的投资者被要求投资构建一旦建成就几乎或者根本没有其他用途的资产。

与所有其他州际管道运输公司一样,横贯西部管道公司仅因随时准备交付合同规定数量的天然气而要每月收取一笔即时供气附加费,这笔费用用于收回管道运输公司运营涉及的所有固定费用(设备投资、员工工资等)。然后,根据最低账单规定,横贯西部管道公司至少能够收到750万立方英尺/日供气量91%的货款,而这笔货款用于支付其剩余固定成本和用户取气量(甚或未取气量)的全部可变成本。只要天然气可实际交付,横贯西部管道公司就——根据无失效期的合同——免费送气上门。

因此,横贯西部管道公司没有设立营销部门,只有供应和工程部门负责确保天然气在完成1 300英里的"旅行"之后每天都能抵达目的地。南加州燃气公司的原始供应商埃尔帕索天然气公司也按照同样的最低账单合同运作。[1]这就是加州在气田长期供应合同的支持下建设资金密集型州际输气管线的方式。

1959年,美国联邦动力委员会(Federal Power Commission,FPC)批准了横贯西部管道公司与南加州燃气公司之间签订的无期限供气合同。当时,加州需要横贯西部管道公司(和埃尔帕索公司)所能供应的全部天然气,而且还不够。1974—1981年,加州周期性的天然气短缺("紧缩")就证明了这一点。横贯西部管道公司的母公司东得州公司一直非常希望从事天然气业务(由于联邦价格管制阻碍了天然气井口供应),以至于在1971年创建了横贯西部煤炭气化公司(Transwestern Coal Gasification Company,TCGC)。[2]东得州公司也加入了一个有兴趣建造世界最长的把天然气从普鲁德霍湾(Prudhoe Bay)输送到美国本土48个州的阿拉斯加天然气输送系统(Alaska Natural Gas Transportation System,ANGTS)的财团。20世纪80年代初,天然气供应状况有所好转,这两个项

---

〔1〕 关于埃尔帕索公司最初如何进入加州的介绍,请参阅:Bradley, *Edison to Enron*, pp. 240—242。

〔2〕 西部煤炭气化公司与(南加州天然气公司的母公司)太平洋照明公司的子公司太平洋煤炭气化公司(Pacific Coal Gasification Company)为开办一家煤制气厂,组建了一家合资企业。1975年,西部气化公司获得了联邦动力委员会颁发的营业执照,但监管的不确定性和经济形势的变化阻碍了煤制气厂的建设。

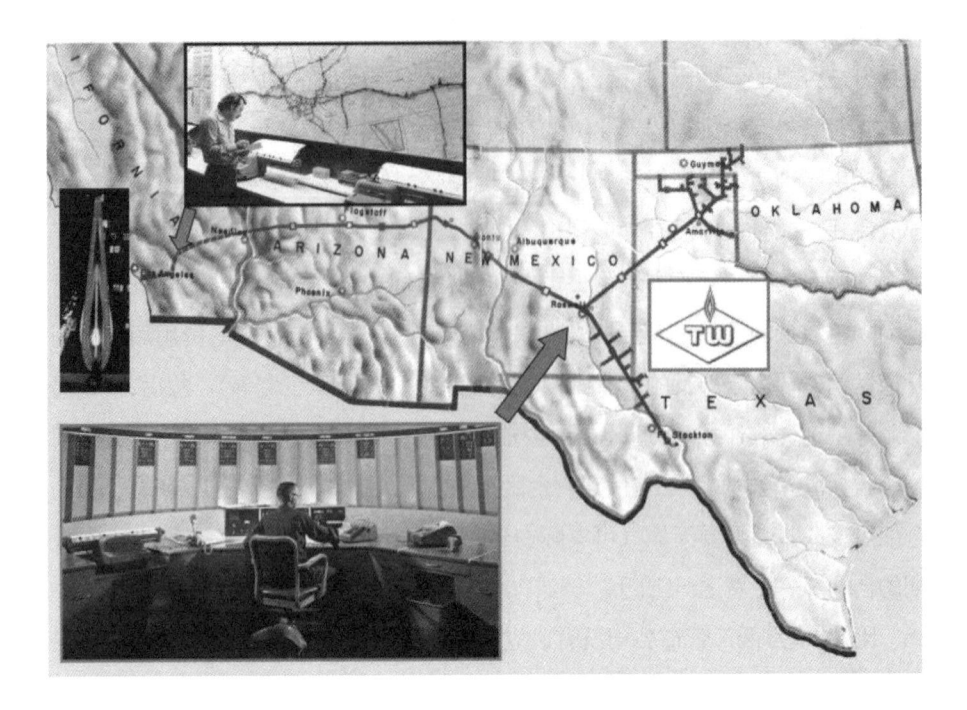

图 1.3　横贯西部管道公司是在 1959 年为了把新墨西哥州和得州的天然气输送到南加州而创建的,于 1984 年被休斯敦天然气公司收购。这个输气系统主干线全长 4 434 英里,沿途建有 18 个干线压缩站,每天分别把 750 万和 250 万立方英尺的天然气输送到加利福尼亚州和俄克拉荷马州。横贯西部管道公司在随后的几年里为它的新母公司创造了丰厚的利润。

目被放弃,并且核销了数百万美元的资产。

在天然气供应过剩的情况下,价格比较便宜的现货天然气可以与州际天然气管道运输企业价格较高的专门("系统")供应的天然气展开竞争。但在改用现货天然气之前必须先解决管道运输运营商作为天然气卖方和公用事业公司作为买方以及管道运输运营商作为天然气买方和天然气生产商作为卖方之间的合同问题。

在天然气价格不断走低的条件下,以公用事业公司为首的州际天然气管道运输系统作为天然气的买家,急于放弃他们已经做出的把天然气这种大宗商品和管道运输服务捆绑在一起的采购承诺,想改买价格比较便宜的现货天然气,并按照管制价格签订非捆绑式天然气管道运输合同。此外,在 1977 年取代联邦动力委员会的联邦能源管理委员会,务实地修改了已有规则,从而赋予公用事业公司这样做的能力。

对于东得州公司来说,1984年5月是一个玫瑰花盛开的月份。联邦能源管理委员会就在这个月颁布了第380号令(其中一项内容就是废除横贯西部管道公司与南加州燃气公司签订的天然气销售合同),从而终结了包括从埃尔帕索到加利福尼亚的州际天然气管道运输供气最低账单合同中的可变成本(但管道运输公司仍收取上述月度即时供气附加费)。

东得州公司发起了反对这项裁决的猛烈游说攻势,并警告称:废除这项合同,有可能导致横贯西部管道公司破产。1984年7月,联邦能源管理委员会拒绝了横贯西部管道公司的不执行请求,随后该公司向法院提起的诉讼也毫无结果。公用事业监管曾经被认为对于企业来说风险小且容易对付,但在改革者和监管者采取机会主义行为时,情况并非如此。

横贯西部管道公司再也无法出售天然气。天然气需求波动不定,之前给买方造成了问题,现在变成了给卖方造成问题。东得州公司担心这种变化,并需要解除与其最近斥资数十亿美元收购总部设在加州的液化天然气(丙烷和丁烷)零售公司石油巷(Petrolane)有关的债务。因此,横贯西部管道公司被挂牌出售。[1]

与母公司旗下两家更大的输气管道子公司(东得州管道运输公司和东潘汉德尔管道公司)相比,横贯西部管道公司无论如何都要相形见绌。但是,肯·莱看到了美国最大的天然气市场之一的增长机会,并对休斯敦天然气公司的管理能力充满信心,因此非常乐意与加州公用事业委员会、联邦能源管理委员会、埃尔帕索公司和南加州燃气公司斗智斗勇。

休斯敦天然气公司收购横贯西部管道公司的中标价是3.9亿美元,比这家公司的账面价值——含监管允许回报的折余原始成本——高出了6 000万美元(高出近20%)。这个溢价部分源于输气管道拟扩建项目可望实现的纯利润——联邦能源管理委员会允许的管线扩建回报减去借款成本,而其余收购溢

---

[1] 奥斯卡·怀亚特的沿海管道公司持有东得州公司1.2%的股份,该公司提起了旨在阻止石油巷公司收购案的诉讼。沿海管道公司在没有得到法院支持的情况下,以微薄的利润出售了自己持有的东得州公司的股份。

价是买卖横贯西部管道公司输送的天然气的预期利润。[1]这部分收购溢价当时还不合法(因为天然气成本打入捆绑价格如数逐一收回),但已经在酝酿一项重大的政策变更。事实上,1985年,联邦能源管理委员会就将推行取消管制天然气这种大宗商品的政策,从而使这家公司的营销部门首次尝试在邻州发展天然气交易业务。

这是一项重大的变革。过去,州际管道运输企业不能通过天然气买卖获利。如果联邦监管机构觉得跨州购买天然气不"合理"或不"谨慎"(监管用语),就不可能导致天然气价格上涨,而只可能导致天然气价格下跌。天然气管道运输企业由于在20世纪80年代要承担合同规定的"不取照付"责任而不得不毫无道理地面对这种不对称问题。

但是,通过把天然气这种大宗商品与管道运输服务拆分开来,并解除对这种大宗商品的管制,就有可能在过去只有一个利润中心的领域建立两个利润中心。因此,休斯敦天然气公司已经把这部分潜在价值包括在了收购横贯西部管道公司的投标价中,而其他投标人则只关注取消最低账单合同以及因此而作废的生产商合同中可规定的"不取照付"条款造成的损失。这种"1变2"的利润中心转换是休斯敦天然气公司计算中标价的不同之处——这种计算方法虽然让人相信(或许过度相信)创业天才有能力补救管理层过度冒险造成的失误,但在实践中被证明是合理的。

佛罗里达天然气输送公司

1984年年中,也就是在莱离开大陆资源公司几年后,大陆集团同意与彼得·基维特儿子公司(Peter Kiewit Sons)和默多克投资公司(Murdock Investments)拥有的基维特-默多克投资公司(Kiewit-Murdock Investment Corporation)合并。詹姆斯·戈德史密斯(James Goldsmith)爵士曾以21亿美元(很快增到24亿美元)的报价要约收购大陆集团,而基维特-默多克投资公司这个更讨得大陆集团喜欢的收购方,也在最后一刻参与竞标。大陆集团的股东批准了这起27亿美元的收购案。于是,一家名叫"基维特-默多克投资大陆集团"(KMI

---

[1] 对于这次竞标,休斯敦天然气公司根据横贯西部管道公司的天然气成本与加州边境交货价格之间的估计差额,测算该公司的供气利润率。交付价格采用可用于洛杉矶和圣地亚哥燃料可转换电厂的估计渣油价格。虽然这种定价方案没有被实际采用,但从交易商品的角度估算横贯西部管道公司的价值是一种合理的方法。

Continental Group)的公司于 11 月 1 日宣布成立。

由于需要偿还债务,这家新公司宣布出售大陆资源公司。大陆资源公司的主要资产就是杰克·鲍恩 25 年前为佛罗里达天然气输送公司修建的那条把天然气从得州输送到佛罗里达州的输气管线(就如《从爱迪生到安然》[1]所描述的那样,鲍恩曾先后在佛罗里达天然气公司和特兰斯科能源公司聘用过肯·莱)。这条输气管线 725 万立方英尺/日的输气容量与 1970 年在(监管引起)天然气供应问题之前完成最后一次扩建时的输气容量大致相同。[2]

除了州际输气管线外,大陆资源公司还有陆上和海上油气生产设施、天然气加工设施和一栋位于佛罗里达温特帕克的七层办公楼。大陆资源公司的高管已经搬迁到休斯敦的格林威广场(Greenway Plaza)办公,距离休斯敦天然气公司只有几英里远,而大陆资源公司运营部门的高管则重回温特帕克办公。

休斯敦天然气公司的收购团队虽然已经因为收购横贯西部管道公司而忙得不可开交,但他们还是为佛罗里达天然气输送公司设定了 5.75 亿美元的收购底价,其中包括输气设施账面净值以及联邦能源管理委员会据以确定许可回报率的费率基础。收购团队还对计划出售的非输气管道资产(主要是石油和天然气生产资产和租用的油气田)进行了估价。

从 1984 年 12 月 31 日算起,收购横贯西部管道公司刚满 2 个月,休斯敦天然气公司就宣布以 8 亿美元的价格收购大陆资源公司及其相关子公司。休斯敦天然气公司的中标价轻松超过了美国自然资源公司(American Natural Resources Company)、联合北方公司[分别是美国自然资源公司管道运输公司和北方天然气管道公司(Northern Natural Pipeline Company)的母公司]以及竞标价排名第三的天纳克公司[田纳西天然气输送公司(Tennessee Gas Transmission Company)的母公司]的联合报价。"我们完全被击败了,"联合北方公司的卢·波坦帕(Lou Potempa)回忆说。他对大陆资源公司"咄咄逼人"的报价被证明太低,整整低了 25%。

休斯敦天然气公司对佛罗里达天然气输送公司的竞购价与它对横贯西部管道公司的竞购价一样,反映了它准备把销售业务从输气部门剥离出去的打算。这样就可以获得两笔利润,而不是一笔利润。休斯敦管道公司的输气系统(特别

---

[1] 请参阅:Bradley,*Edison to Enron*,pp. 295—298,310—312。
[2] 同上,pp. 281—282,285—287。

是巴梅尔储气库)也被认为与佛罗里达市场之间存在协同效应。

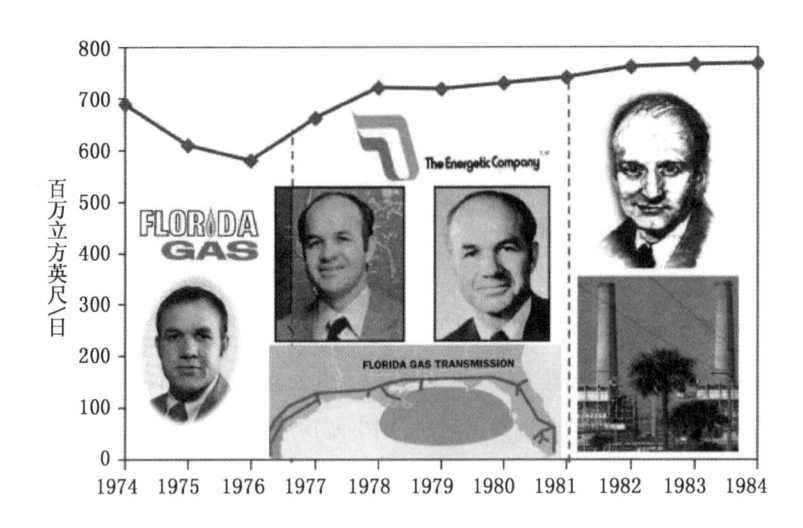

图 1.4　1959 年创建的佛罗里达天然气输送公司是肯·莱 1973 年离开内政部后到企业任职第一站的一个落脚点。接替莱担任佛罗里达天然气输送公司负责人的是威廉·摩根(图中最靠右的那位)。摩根将在这起合并案后加盟休斯敦天然气公司。佛罗里达天然气输送公司自 1970 年以来一直没有扩大输气容量,但被收购后在安然公司有偿付能力期间进行了 4 次扩容,并把输气容量扩大了 2 倍。

佛罗里达天然气输送公司收购价的另一部分溢价来自它的低成本扩容潜力,而大陆集团之前一直没有挖掘这一潜力。事实上,大陆集团曾计划把部分天然气输送管线改为输送石油产品的管线。天然气短缺时期构想的跨海湾输送管线项目刚获得联邦能源管理委员会的批准。此外,1978 年颁布的禁止向新建工业和发电锅炉供应天然气的《燃料使用法案》虽然仍旧有效,但可以经济或环境原因为由申请不执行豁免权。

休斯敦天然气公司的布鲁斯·斯特拉姆和马克·福莱维特对佛罗里达天然气市场进行了技术分析,结果表明,佛罗里达的公用事业电力公司为了从东南部燃煤电厂(电控加煤)输入电力,正在超支修建新的输电线路。如果公用事业电力公司能够想到燃气电厂比较便宜,就会建造比较便宜的燃气电厂。经济分析表明,只要创新性的合同能够缓解那些对天然气短缺记忆犹新的公用事业电力公司的担忧,天然气就会迎来光明的未来。

肯·莱在听取了他的团队的意见以后提出的中标价反映了被收购公司的另一种价值:成为休斯敦天然气公司的人才来源,帮助莱经营管理整个公司,而不仅仅是管理管道运输业务。佛罗里达天然气输送公司从一开始就不但是把天然气及其输送服务捆绑在一起销售的批发商,而且还是一家为其他企业输送天然气的管道运输公司。联邦能源管理委员会新批准的州际天然气管道运输业务开放—准入时代即将到来,无所不在的燃料间竞争能创造很好的锻炼机会,而优秀人才则能在温特帕克这个人间天堂施展自己的才华。

大陆资源公司的三个老人后来回报了莱为竞购这家公司出的高价。理查德·金德不久就取代休斯敦天然气公司的老人理查德·阿尔苏普(Richard Alsup)出任公司总法律顾问;罗恩·克诺普(Ron Knorpp)差点在 1979 年被即将离任的首席执行官塞尔比·沙利文选中取代莱掌管大陆资源公司。威廉·("比尔")摩根成了佛罗里达天然气输送公司——一直在为大陆资源公司管理的管道运输公司——的总裁。他在横贯西部管道公司取得了同样的头衔,并且直接向休斯敦天然气公司旗下新建立的州际天然气管道运输公司董事长米克·塞德尔汇报工作。[1]

佛罗里达天然气输送公司在 1984 年为它的前东家赚了 4 000 万美元的利润,与前几年相比也算是一个不错的业绩。由于佛罗里达天然气输送公司与直销客户直接签订销售合同,而对转售客户采用经联邦能源管理委员会批准的费率方案结算协议,因此,这家公司输气管线的满负荷输气容量达到了 7.25 亿立方英尺/日,利润率也有所上升。虽然石油价格下跌,但还不足以导致佛罗里达天然气输送公司最大的客户佛罗里达电力照明公司和其他发电厂不用天然气,而改用渣油。但是,休斯敦天然气公司必须让这家公司的输气管线持续满负荷运行——并找到新的盈利方式,才能使这起收购案在考虑了新欠债务以后仍有回报。

新的管理层

肯·莱在新年第二天就带着聘书飞往温特帕克邀请佛罗里达输气公司 12 名高管加盟休斯敦天然气公司。聘用金德和摩根已经是十拿九稳的事,但公司还需要中层管理人员。佛罗里达天然气输送公司的这 12 名高管都会获得升职

---

[1] 比尔·摩根和肯·莱曾是密苏里州立大学兄弟会成员,而摩根和金德曾一起在密苏里州立大学法学院读书。他们三人都与密苏里州立大学女生联谊会的会员有过约会,后来又都娶了这个联谊会的会员。1975 年,莱在佛罗里达天然气公司雇用了摩根;5 年后,摩根和莱在更名为"佛罗里达天然气公司"的大陆资源公司雇用了金德。

和加薪,并成为休斯敦天然气公司旗下州际管道运输公司的高管。"我需要你们去休斯敦,"莱解释道,"我还买了另一家公司,而东得州公司仍根据一项服务协议在为我经营这家公司。我要退出这个协议,因此需要一个了解州际市场的管理团队。"事实上,横贯西部管道公司被收购后,只有现场管理人员加盟了休斯敦天然气公司。

斯坦·霍顿接受了赴休斯敦担任运价副总裁的邀请,但后来因加州输油管线问题而被解雇。"这是你能想象到的最具挑战性的职位,"霍顿回忆说,"横贯西部管道公司正在经历大规模的监管引致型重组,还有棘手的'不取照付'问题和尚未达成协议的费率方案,因此,我们只能摸索着解决一些基本问题。"

霍顿的第一招就是聘请已经在东得州公司任职的横贯西部管道公司运价专家罗伯·基尔默(Rob Kilmer)回来工作。里奇·金德已经聘请了东得州公司的谢丽尔·福利(Cheryl Foley)担任横贯西部管道公司的总法律顾问,不久,休斯敦天然气公司旗下州际管道运输公司的新晋高级副总裁詹姆斯·E."吉姆"·罗杰斯也来辅助霍顿工作。罗杰斯和福利就此开始了一段从安然公司到印第安纳公共服务公司(Public Service Company of Indiana),又到PSI资源公司(PSI Resources),再后来到辛纳杰能源公司(Cinergy)的长期商业关系。

在获得肯塔基州立大学(University of Kentucky)法学学位后,罗杰斯就到联邦能源管理委员会任职,并且掌握了莱所需要的技能。罗杰斯曾在阿金-冈普-施特劳斯-豪尔和费尔德(Akin, Gump, Strauss, Hauer & Feld)律师事务所驻华盛顿办事处工作过,为美国天然气交易清算所这家位于休斯敦的新创天然气经纪公司(他所供职的律师事务所是这家经纪公司的共同所有人)提供咨询服务。罗杰斯就是在那里认识了时任特兰斯科能源公司总裁、现在的休斯敦天然气公司首席执行官。

罗杰斯对联邦能源管理委员会了如指掌。他明白,根据1938年《天然气法案》规定的公平合理标准,在迄今缺乏灵活性的监管下,受管制的州际天然气业务需要前所未有的灵活性。罗杰斯和休斯敦天然气公司曾对联邦能源管理委员会进行过多次试探。1985年4月,他们进行了第一次试探,建议用在"合理区间"内设定的费率取代现行的以固定最高成本为基础的可中断输气费率政策。"试点"费率可协商确定,具有灵活性。平均而言,这种费率仍将根据成本来确定,一些业务低于成本的费率会抵消其他业务高于成本的费率。事实上,在当时

第一章
焕然一新的休斯敦天然气公司

天然气供过于求的条件下,费率上限因打折已低于均摊成本。虽然这种情况在公用事业受到管制的情况下十分罕见,但已是不争的事实。

罗杰斯来到休斯敦担任休斯敦天然气公司旗下的州际天然气灌输公司负责费率、监管事务、预算和战略规划的高级副总裁,直接向比尔·摩根汇报工作。很快,罗杰斯就在肯·莱的公司里负责最重要的工作之一——在监管和市场大动荡时期先是负责公司两条,后来是三条主要州际天然气输送管线的运行。

霍顿不但看到了横贯西部管道公司的混乱经营状况,而且还发现了一些创业机会。休斯敦天然气公司在佛罗里达天然气输送公司收购案结束后便着手组建的州际天然气灌输业务管理团队,很快就加快了行动的步伐,并熟练地经营管理着公司的两条输气管线。休斯敦天然气公司实现了它在收购横贯西部管道公司和佛罗里达天然气输送公司的报价中已经考虑到的协同效应。这个新团队在莱的激励和鼓励下,依靠他们的"肾上腺素"支撑自己完成每天12小时和周六加班的工作。"我们都意识到,我们正处在某种有可能成为伟大事业的工作的开始阶段,"霍顿回忆道,"我不能确定有谁想过它会变成什么样子。但我们都知道,当时我们所在的组织对这个行业的看法与美国任何其他天然气管道运输企业都不一样。"

贯穿休斯敦天然气公司上下的理念就是为构建竞争优势而迎接变革。"一场变革正在席卷整个天然气行业,这股变革浪潮将使天然气行业发生翻天覆地的变化,"罗杰斯对员工解释说,"我们有两种方法来应对这场变革:我们可以顺势而为,变混沌为机会,或者逆流而上。显然,我们的使命是顺应乃至促进正在发生的变革,使我们的公司和我们个人无论是在成长还是发展机会方面,从这场变革中受益。"[1]

罗杰斯借鉴了"大老板"的做法,并且补充说:"我们应该尝试一些新的东西,并从中寻找乐趣。"

剥离资产

休斯敦天然气公司收购并经营液碳公司已有15年,却在1984年8月以

---

[1] 1989年,罗杰斯离开安然公司加盟一家以燃煤发电为主的电力公司。他在这家公司支持输电强制性开放—准入计划和对二氧化碳排放的监管限制。罗杰斯和莱根据同一本反资本主义的剧本扮演角色,在不同的行业倡导相同的事业。

4.07亿美元的价格把这家公司连同债务一起转让给了芝加哥桥梁钢铁工业公司(CBI Industries)。休斯敦天然气公司仍因这笔交易要减计700万美元的资产,不过,这是一笔还清了债务的干净利落的退出交易。变卖公司资产虽然在肯·莱的任内达到了高潮,但确实是比尔·马修斯在担任休斯敦天然气公司首席执行官期间进行的最后一搏,也是休斯敦天然气公司(莱到任之前)1984年4月重组计划的一部分。休斯敦天然气公司推行这项重组计划是为了应对沿海管道公司被迫撤回收购要约后股价急剧下跌,而投机者又卷土重来的局面。[1] 不过,推行这项计划也是为了回归基础业务。

与工业天然气资产市场相比,海洋和煤炭资产市场要疲软很多,因此,变卖海洋与煤炭资产需要更多的时间,并采取不同的策略,就如迈克·穆克勒罗伊接手休斯敦天然气公司的资产剥离工作时发现的那样。

1984年11月,休斯敦天然气公司把它旗下拥有159艘商船的海湾船队海运公司(Gulf Fleet Marine Corporation)与萨帕塔公司(Zapata Corporation)和哈里波顿公司(Halliburton Company)的船队合并,组建了世界上最大的近海航运服务公司。休斯敦天然气公司获得1.3亿美元的现金和新公司萨帕塔海湾航运公司(Zapata Gulf Marine Company)36%的股权。同年12月,休斯敦天然气公司另一项对联邦驳船公司(Federal Barge Company)的投资以4 000万美元的价格卖给了东方燃气燃料合伙公司(Eastern Gas & Fuel Associates)。然后,也就是1985年1月,齐格勒煤炭公司被其子公司的高管层采用杠杆收购的方式以5 500万美元的价格收购。

在以8 200万美元的价格把大陆资源公司约80%的陆上石油和天然气资产卖给了阿帕奇公司(Apache Corporation)后,休斯敦天然气公司剥离资产的收入超过7亿美元,但仍小于这家公司估算的资产销售收入。不过,萨帕塔海湾航运公司和其他杂散资产——在5个州未开发的煤田、2个煤炭转运码头、2家修船厂、西得州的2个原油回收项目以及科罗拉多州的1个金矿——还能值不少钱。迈克尔·穆克勒罗伊在1985年年中变卖了所有这些资产。

1985年12月,阿拉莫驳船公司(Alamo Barge)以1 850万美元的价格卖给了好莱坞航运公司(Hollywood Marine)。休斯敦天然气公司董事埃德·史密斯

---

[1] 关于沿海管道公司收购休斯敦天然气公司的企图和失败,请参阅:Bradley, *Edison to Enron*, pp. 470–478。

(Ed Smith)的报价是 1 825 万美元,位居第二,而这个报价意味着他想——以 1/3 的价格——获得他在不到 5 年前卖给休斯敦天然气公司的这家公司(正是这桩交易使史密斯成了休斯敦天然气公司的最大股东和董事会执行委员会的成员)。1986 年能源价格低迷,导致休斯敦天然气公司经历了它有史以来第一个艰难的年份,但阿拉莫驳船公司后来仍证明好莱坞航运公司做了一笔很好的收购交易。

动能与债务

肯·莱离开特兰斯科能源公司到休斯敦天然气公司履新已经接近半年。现在,休斯敦天然气公司已有员工 3 100 人,而不是 1 400 人;公司高管层和董事会也已经改组。此外,休斯敦天然气公司通过斥资 1 000 万美元购买液化石油产品销售商石油源公司(Petro Source Corporation)一半股权,补齐了它旗下天然气加工厂的门类,而它的石油和天然气产量因为大陆资源公司没有卖给阿帕奇公司的油气田而有所增加。但最重要的是,休斯敦天然气公司是一家专注于天然气行业中游业务的企业,它拥有得州的输气枢纽和从西海岸到东海岸、覆盖佛罗里达州和加利福尼亚州、总长达 14 300 英里的天然气输送系统("州内和州际输气管网")。正是这三个州拥有全美天然气行业最高的预期增长率,而且几乎所有其他地方的天然气预期增长势头也很强劲。

现在,休斯敦天然气公司是一家"完全一体化的天然气企业,能够从地下开采天然气,通过管道输送天然气,然后把天然气供配给客户"。莱还把他的公司称为"天然气行业无可争议的引领者"。

肯·莱和他的家人一起度过了圣诞节和元旦,他在很短的时间里做了许多事情。笔者打开 12 月 30 日《纽约时报》商业版读到一篇配发他照片的带框文章——《改变了一个行业的特立独行者》。这篇文章证明莱几十年的辛勤工作是值得的,并且是解决父亲奥默遭受的经济困难的有力解药,也是肯本人和琳达应对个人挑战的有效手段。

"如果说有谁可能对最近的天然气行业转型负责,"这篇文章写道,"那么就是现年 42 岁、精力充沛的前经济学教授肯·L. 莱。去年 6 月前,他还是特兰斯科能源公司的总裁。"文章解释说,莱开创的商业实践克服了监管和行业僵化,并

安然公司发迹的岁月

休斯敦天然气公司将主要专注于天然气输送和销售、碳氢化合物开采以及油气勘探和生产。我们将紧紧围绕拥有强大竞争优势的业务拓展我们的业务。

单位：百万美元

资产出售收入 6.32亿美元
- 液碳公司 407
- 萨帕塔海湾航运公司 130
- 联邦驳船公司 40
- 齐格勒煤炭公司 55

资产收购支出 12亿美元
- 石油源公司 10
- 横贯西部管道公司 390
- 佛罗里达天然气输送公司（和其他公司）800

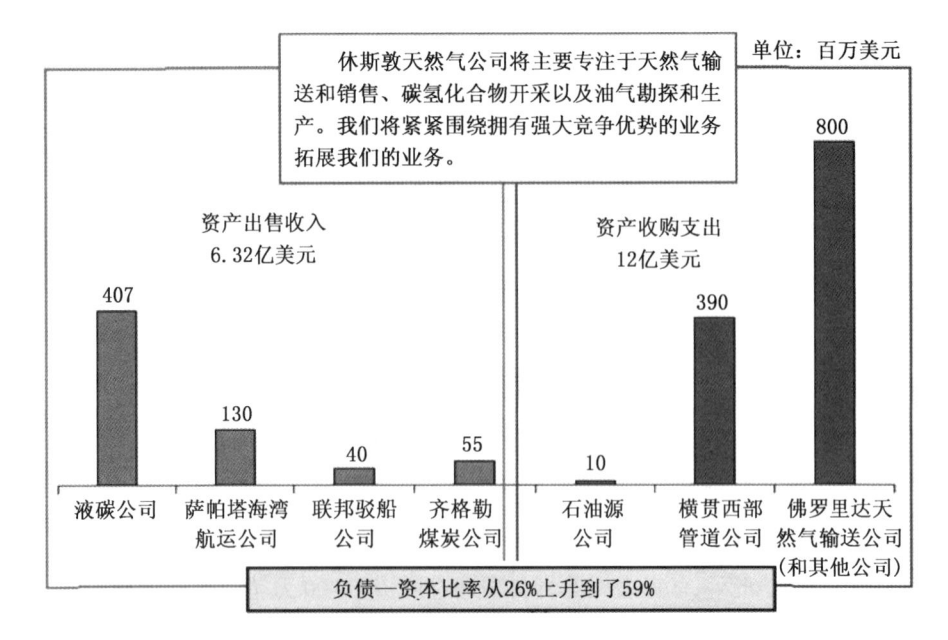

负债—资本比率从26%上升到了59%

图 1.5　休斯敦天然气公司通过剥离其工业用天然气、煤炭和海运资产，购买 2 条州际输气管线和 1 条州内输气管线，重新回归它的核心业务。在肯·莱到休斯敦天然气公司履新的前 8 个月，这家公司的债务—资本比率翻了一番以上，资产购置支出与资产销售收入之比几乎达到了 2∶1。

且创造了一个全国性的天然气现货市场。现在，天然气价格可以平衡区域内和区域之间的天然气供求。

"现在，莱先生把自己扭转不利局面的癖好特地用在了一家公司——休斯敦天然气公司——身上，"文章继续写道，"在担任这家公司总裁的短短 6 个月时间里，他已经把一个管理不善的收购对象完全搬到了得州境内，并把它变成了一个发展州际天然气业务的动力源——美国天然气行业第一家把输气管道从东海岸延伸到西海岸的州际天然气管道运输企业。"《纽约时报》在谈到莱的策略时表示："他们将进入几乎美国本土全部 48 个州的天然气产地，让休斯敦天然气公司能够'挑挑拣拣'，为客户供应价格最低的天然气。"

但是，休斯敦天然气公司只是取得了一些精神胜利。莱的公司规模翻一番产生的动静并没有给市场留下太深刻的印象，休斯敦天然气公司的股价几乎没有反映收购横贯西部管道公司和佛罗里达天然气输送公司的交易。这家公司的股价一直在每股 40 美元的低位徘徊，就相当于沿海管道公司收购要约引发的投机之前的水平——而比肯·莱加盟公司当天的股价下降了 20% 左右。

The New York Times

THE MAVERICK WHO TRANSFORMED AN INDUSTRY

HOUSTON

If any one person can be considered responsible for the recent transformation of the natural gas industry, it is Kenneth L. Lay, the hard-charging 42-year-old former economics professor, who, until last June, was president of Transco Energy Company. It was he, more than any other industry executive, who was responsible for devising the first spot market for natural gas.

Kenneth L. Lay

By bringing free-market pricing to an interstate industry that had never before been subject to the rigors of competition, he helped the interstate gas pipelines survive the crippling squeeze brought on by partial deregulation at a time of recession.

"We tried to build incentives for producers to respond to the marketplace, even though contracts and regulations did not," Mr. Lay said. "The spot market is growing by leaps and bounds," he noted with satisfaction. "There are virtually no barriers to where you can sell gas today."

Now Mr. Lay is bringing his penchant for turning around bad situations to bear on one company in particular: the Houston Natural Gas Corporation. In just six months as that company's head, he already has taken what has been a poorly managed take-over target operating entirely within Texas and turned it into an interstate powerhouse--the first in the industry to stretch from coast to coast.

Mr. Lay has negotiated two giant acquisitions that will about double, to 14,000 miles, the Houston Natural system, making it tops in the industry in terms of pipelines mileage.

First, he spent $380 million to acquire the Florida Gas Transmission Company, the only supplier to the Florida peninsula. Then, just after Thanksgiving, even before the Transwestern deal was formally completed, H.N.G. announced that it would spend $800 million to acquire the Florida Gas Transmission Company, the only supplier to the Florida peninsula.

"We're going to have access to virtually all the Lower 48 gas producing areas," said Mr. Lay, noting that H.N.G. will now be able to "pick and choose" the cheapest supplies for the various parts of its new transcontinental market, instead of being tied to its traditional Gulf Coast sources.

HNG HOUSTON NATURAL GAS

图 1.6 《纽约时报》刊登了肯·莱的个人简介，并称他是天然气行业的梦想家。作为一名前经济学教授（文章就是这么说的），莱博士比一般的企业首席执行官更加严肃。

我们不难理解导致休斯敦天然气公司股价下跌的原因。莱曾非常咄咄逼人地竞购他想要的新资产，而这些收购案引发的对休斯敦天然气公司股票的投机性炒作现在已经平息。标准普尔公司把新的休斯敦天然气公司列入了它的"信用观察"名单，因为这家公司"将大肆举债，背负沉重的短期债务负担，面临更高的固定费用，并且只有有限的机会涉足资本市场"。

不过，这位首席执行官并没有被吓倒。"我们需要一点时间，"莱应允道，"我相信，与过去的半年相比，我们公司今天的基本面更加稳健，增长前景更好。"这位永恒的乐观者后来调侃说："董事会已经赋予我无限的权力，但我却超越了董事会的授权。"

12.4 亿美元的资产收购支出减去 7.14 亿美元的资产销售收入，导致公司的债务—资本比率翻了一番多，达到了 59％，这是任何人都能记住的最高水平。罗伯特·赫林/比尔·马修斯的公司被彻底重组，而对公司独立性的担忧变成了次要问题，因为充满信心的莱认为要么收购，要么设定收购条件。

当然,休斯敦天然气公司收购的是一批有耐久力的资产。但是,休斯敦天然气公司还得下注一搏:它必须不断创造新的非预期收益才能摆脱债务问题,并给华尔街留下深刻的印象。

1985 年

肯·莱也许已经成为他所在行业的热门话题,但这并不是容易的事情,因为公司核心业务的数量和利润率受到挤压。1984 年,休斯敦管道公司的州内管道运输收入比 2 年前下降了 14%。但与 1981 年相比,休斯敦管道公司保持住了输气量。在(得州)天然气市场萎缩了 1/3 的情况下,这可是一个不小的成就。这家公司的市场份额从 11% 增加到了 15%,这反映了这个输气系统(包括巴梅尔储气库)出众的物流服务、积极进取的营销和再投资。比尔·马修斯、吉姆·沃尔泽尔和休斯敦天然气公司的董事会做了正确的事情,让资金流向公司的核心业务。

休斯敦天然气公司大量生产石油、天然气和液化天然气,因此需要——但几乎不能指望——价格的帮助。与赫林主政时期能源供应紧张和价格上涨的情况截然不同的是,莱只能抱怨"许多人估计天然气泡沫只能持续一年半到两年,而现在已经是第六个年头了"[1]。

休斯敦天然气公司还没来得及成立一个独立的天然气营销事业部——肯·莱的公司后来就是因为成立了独立的天然气营销事业部而出名。目前,休斯敦天然气公司旗下的州际管道运输公司需要出售它们与生产商签约购买的天然气——并且只有在需要保持对价格敏感的负荷时才能替代现货天然气和输送服务。有收入,哪怕是微薄的收入,总比没有收入好。

莱不仅是一个梦想家,而且是一个实用主义者,对不断变化的天然气世界持两种看法。"大约在人们得到他们想要的所有灵活性和输气方式的时候,"他斥

---

[1] 在正常情况下,自由市场的价格调整机制会消除供给过剩,就像它们会消除供给不足那样。但是,天然气生产商和输气管线运营商之间签署的长期固定价格合同,在政府政策的鼓励和支持下产生了不取照付的责任和其他问题,从而迫使双方艰苦地协商解决问题的方法。联邦能源管理委员会通过废除终端用途销售合同,而不是井口采购合同,造成了天然气供需不平衡,直到法院对联邦能源管理委员会第 436 号令进行复审后才强制这么做。随后,联邦能源管理委员会又发布了第 500 号令,允许输气管线运营商把部分履行与生产商签署的不取照付合同所产生的买断成本转嫁出去。

责道,"他们会觉得自己并不想要所有这些。"然而,休斯敦管道公司有一个针对州内业务的营销部门——得克萨斯铁路委员会(Texas Railroad Commission, TRC)所说的"影子管道运输部门"。这个部门正在改变面向终端用户的销售方式。随着天然气价格的下跌,得州1/3甚至更多的天然气消费已经从数月期天然气转向了逐月30天的现货天然气。在终端用户受益的同时,生产商却受到了同等程度的伤害,而对生产商友好的得州铁路委员会想了解更多有关这个问题的信息。

莱超前地为休斯敦天然气公司设定了两个目标:一是投资回报率达到百分之十几或者百分之二十多一点;二是在18个月内把债务—资本比率降到50%。随着重组接近完成,他提出的两个优先目标是"控制运营费用"和"创新创业"。在一次信任投票中,为了支持走势低迷的公司股价,莱和董事会宣布1985年增派6%的股利——这样的增幅在随后几年里不可能再出现。

休斯敦天然气公司有一项立刻有望创造不错收入的新业务。1984年末,休斯敦天然气公司收购了河口热电厂(Bayou Cogeneration Plant)这家由通用电气公司和三大工业公司(Big Three Industries)投资1亿美元创建的合资企业34%的股份。这个项目由通用电气公司的约翰·温和罗伯特·凯利发起,他俩在1981年离开大陆资源公司之前都曾被肯·莱雇用从事能源业务。到了1985年3月,河口热电公司正改用主要从休斯敦管道公司购买的天然气为休斯敦电力照明公司生产300兆瓦的电力,并为三大工业公司和其他工业企业提供每小时140万磅的蒸汽。

最重要的是,这家热电厂正在创造利润。不仅如此,温和凯利又回到了肯·莱的身边,负责开拓独立的电力业务,作为休斯敦天然气公司天然气一体化战略的下游业务。

热电联产利用最新的技术进步成果来生产一定数量的电力和蒸汽(因而叫"热电联产"),却能少用1/4~1/3的天然气或燃油。与工业企业自己生产蒸汽相比,这种生产蒸汽的方式可以节约大量的成本——建造这类电厂的主要原因。

一项常被称作《公用事业管理政策法案》的联邦法律(1978年《公共公用事业管理政策法案》)允许像休斯敦天然气公司这样的新来者开展这项业务。这部法律要求公用事业公司按照州监管听证会确定的"避免成本"价购买联产的电力和蒸汽。[1]这样又允许新建的非公用事业发电公司至少获得一些公用事业电力公司迄今为止自产或从其他公用事业或市政电力公司购买的电力。就这样,一项新的业务在高度监管的电力行业内部脱颖而出,而肯·莱就喜欢新的商业机会。

———

休斯敦天然气公司为收购其州际管线支付的价格超过了收购价的最高水平,这也是该公司没有获得股票市场回报的原因之一。扩大横贯西部管道公司和佛罗里达天然气输送公司的输气容量,为提升股价所必需。利好消息是,这两家公司的输气系统都在为美国增长最快的市场提供服务。

1985年年初,莱和塞德尔与埃尔帕索公司的威廉·怀斯(William Wise)和太平洋照明公司(南加州燃气公司的母公司)的李·哈林顿(Lee Harrington)一起带领莫哈韦管道公司(Mojave Pipeline Company)进入了加州中部这个北美最大的未开发天然气市场。

由以上三家公司共同拥有并经营的莫哈韦公司把天然气从横贯西部管道公司和埃尔帕索公司输气系统的终端输送到克恩县(Kern County)的重油田。在这个重油田,莫哈韦公司的天然气用于生产蒸汽把重质原油输送到地面,这个过程能够提高原油采收率(EOR)。据估计,在5年内(到1990年),每天7.5亿立方英尺的新天然气需求将为与提高采油率相关的热电厂(它们本身得到了《公用事业管理政策法案》激励措施的帮助)提供燃料。这是一条满负荷运营的天然气输送管线——一条新的满负荷运营的输气管道。

但在加州,由于贝瑞石油公司(Berry Petroleum)、雪佛龙美国公司(Chevron USA)、美孚石油公司、壳牌加州生产公司(Shell California Production)、德士古公司(Texaco)以及克恩县的其他石油运营商无法从加州公用事业公司获得长期稳定(不间断)的天然气供应合同,因此,原油采收率的提高受到了阻碍。石油运营商需要合同保证每天都有负担得起的天然气供应,才会进行新的蒸汽驱采油投资。

天然气比石油便宜并且易燃,但在两者之间来回转换的成本令人望而却步。

———

[1] 关于《公用事业管理政策法案》规定和政治意义的讨论,请参阅:Internet appendix 1.5, "Public Utility Regulatory Policies Act of 1978 (PURPA)," www.politicalcapitalism.org/Book3/Chapter1/Appendix5.html。

不过，根据加州公用事业委员会批准的加州公用事业燃气公司服务时间表，家庭和商业天然气用户被安排在服务时间表的最前列，发电用气也排在蒸汽驱采油用气之前，而用于提高原油采收率的天然气供应服务处于较低的优先级别。因此，在目前的情况下，一旦出现天然气短缺，提高原油采收率的作业就会受到限制。

但通过启动始于亚利桑那州、止于加利福尼亚州克恩县的莫哈韦项目，莫哈韦输气管道将成为一条隶属于联邦能源管理委员会管辖的州际天然气运输管道。这条输气管道的供气合同是买方和卖方之间签署的合同，因此不受州内供气服务时间表的约束。虽然天然气服务是在加州内提供，却避开了加州公用事业委员会的监管。此外，由于莫哈韦输气管道是一条专门用来提高原油采收率的输气管道，石油生产商就能签订确定的供气合同；如果供气方违反供气合同，石油生产商就可以向联邦法院提起诉讼。

但是，分别拥有为南加州和北加州服务特许经营权的帕克照明公司（Pac Lighting）和太平洋燃气与电力公司（Pacific Gas & Electric Company）却希望由自己来经营为提高原油采收率供气的业务。于是，帕克照明公司加入了州外供气联盟，从而获得了为增量市场服务所需的天然气；太平洋燃气与电力公司承担了为提高原油采收率供气的现有供气负荷，但没有参加州外供气联盟，而是选择与这个联盟抗衡。

帕克照明公司把莫哈维公司看作一个与太平洋燃气与电力公司争夺新市场的途径，但哈林顿和其他公司高管低估了加州公用事业委员会对公用事业公司的事务不分大小几乎都要监管的厉害。迫于压力，帕克照明公司很快就退出了莫哈韦项目。此后，帕克照明公司、太平洋燃气与电力公司和加州公用事业委员会联合起来对付这些闯入者，认为当时的情况允许把公用事业公司的固定成本分摊到更多的销售交易上，从而降低全体客户的天然气价格。

公用事业公司据以反对莫哈韦项目的效率论，实际上是一种认为向加州输送天然气的能力足以防止天然气供应减少的财富转移论。但撇开老客户和新客户的福利不谈，输气能力不足就是有意提高原油采收率的运营商坚持要确保自身产能和天然气供应的原因。事实证明，监管辖区之间和竞争对手之间为服务同一市场而进行了多年的斗争，而休斯敦天然气公司迫使有关方面立刻就这个问题做出决定。[1] 肯·莱是要用对莫哈韦项目的投资来搅加州的局。

莫哈韦公司的总裁是罗斯·沃克曼(Ross Workman)，他曾是肯·莱为佛罗里达天然气公司、特兰斯科能源公司和休斯敦天然气公司聘用的律师。沃克曼的工作就是获得所有监管机构的批准，并且让采用强化采油法的生产商为了能够进行项目融资而签订长期供气合同。4月15日，莫哈韦公司向联邦能源管理委员会申请建立一条价值3亿美元、长388英里、日供气4亿立方英尺的输气管线。这条输气管线将负责把美国西南地区的天然气注入横贯西部管道公司和埃尔帕索公司的输气管网，用于补充或者扩大这两家公司的已有供气能力。自1969年以来，横贯西部管道公司的供气能力一直没有得到扩大。

在佛罗里达州方面，佛罗里达天然气输送公司仍计划将部分输送能力由输送天然气转换为输送石油产品。休斯敦天然气公司设定，最迟到1986年年底一定要签订斥资4亿美元、每日输油35万桶的跨海湾输油管道的建造合同。

为了推进谈判，佛罗里达天然气输送公司为修建第一条输油管线头78英里管道，订下了一笔价值1 200万美元的输油管。并且把这份订货合同宣传为修建跨海湾输油管线几份主要合同中的首份合同，但这份订单也有利于扩建天然气输送管线。事实上，休斯敦天然气公司正在积极寻求取代跨海湾输送管线的替代方案：争取让佛罗里达州各公用事业电力公司承诺扩大其燃气发电能力。这些合同将要求佛罗里达天然气输送公司在15年内完成首期管线扩建工程。这可是一个非常重要的利好消息，即使按照费率基础收费也能获得两位数的回报；不然的话，该公司的收益就会因联邦服务成本监管条例规定的折旧而减少。[2]

在州内业务方面，休斯敦天然气公司为了获得新的天然气供应来源把资金投在了休斯敦管道公司。马修斯和沃尔泽尔以1 700万美元的价格从联合碳化物公司(Union Carbide Corporation)买下了黑枪鱼管道公司(Black Marlin Pipe-

---

[1] 莫哈韦公司于1985年4月15日向联邦能源管理委员会正式提交了为提高原油采收率供气的申请。1个月后，田纳科公司和威廉·科斯联合开发的科恩河(Kern River)这个竞争性项目也提交了为提高原油采收率供气的申请。听证会于1987年开始，1989年和1990年分别批准了日供气4亿立方英尺天然气的莫哈韦项目和日供气7亿立方英尺天然气的科恩河项目。莫哈韦和科恩河这两条输气管线及其在加州最后一站合并供气11亿立方英尺/日天然气的项目最终于1992年年初投入使用。

[2] 关于马克·福莱维特和安然公司努力使天然气成为发电首选燃料的讨论，请参阅第三章。

line Company)，从而使休斯敦天然气公司能在得克萨斯州东南部的联邦水域获得天然气供应来源。[1] 休斯敦天然气公司以合伙经营的方式买下了一条输油管道，准备把它改造成输气管道，以获得俄克拉荷马州有价格竞争力的天然气供应来源。这条日输气6.5亿立方英尺的得州管道于1985年投入使用。

同年，休斯敦管道公司完成了斥资1亿美元、全长193英里、连接西得州绿洲公司管线与南得州天然气田（包括海上气田）的输气管道建设项目。按照计划，这个输气容量5.5亿立方英尺/日的项目将为横贯西部管道公司往加州输气，或者为休斯敦管道公司往休斯敦和佛罗里达州输送天然气。这种车毂—辐条协同效应是肯·莱的商业模式的核心内容。

到了1985年第一季度，休斯敦天然气公司已经组建了肯·莱所说的"天然气行业最具创新精神和经验的团队之一"。这个团队由休斯敦天然气公司的5个"老人"和9个新人混合组成。休斯敦天然气公司的5个留任"老人"分别是：总裁兼首席运营官吉姆·沃尔泽尔；海运与煤炭公司的副董事长理查德·康纳利(Richard Connerly)；高级副总裁兼休斯敦管道公司总法律顾问理查德·阿尔苏普；高级副总裁兼休斯敦管道公司总裁梅尔文·斯威特曼；高级副总裁埃尔伯特·沃森(Elbert Watson)。

休斯敦天然气公司的这些留任"老人"难免会觉得自己对这个日新月异的组织有点疏远感，但肯·莱在这种日新月异的氛围中游刃有余，他是休斯敦天然气公司习惯的那种领导人——与沿海管道公司可怕的奥斯卡·怀亚特形成了鲜明的对照。

休斯敦天然气公司有3名新的公司高级副总裁来自大陆资源公司，并在公司改组时上任——他们分别是理查德·金德、罗恩·克诺普和比尔·摩根。基斯·科恩(Keith Kern)也是新来的，他于1985年年初加盟休斯敦天然气公司，担任高级副总裁兼财务总监。科恩曾接替之前由被罢免的迈克尔·皮耶里担任的职务，负责壳牌石油公司炼油、化工制造与营销部门包括审计在内的财务。

科恩有在大公司任职的经历，但休斯敦天然气公司并不是一体化石油巨头。

---

〔1〕 鉴于联邦能源管理委员会拥有管辖权，54英里长的黑枪鱼输气管线后来就被休斯敦天然气公司收购，交给了它旗下统管横贯西部管道公司和佛罗里达天然气输送公司的州际管道运输公司管理。

肯·莱的公司在距离边缘较近的地方谋生。基思·科恩在加盟(并很快离开)安然旗下的一家子公司(安然石油天然气公司)之前,曾在公司总部干过不到3年。

38岁的约翰·温于1985年1月来休斯敦天然气公司任职,他是公司最年轻的高级副总裁,并兼任首席规划官。温有西点军校的工程学学位,然后去越南作战并获得了一枚青铜勋章。他后来获得了哈佛大学工商管理硕士学位,1980年以全班前5%的成绩毕业,并成为贝克学者。杰夫·斯基林是另一位贝克学者(他比温早一年成为贝克学者,但两人并不认识),他很快就成了肯·莱和安然公司故事中的重要人物。

1980年,温加盟大陆资源公司担任公司发展部总监,这正是7年前杰克·鲍恩聘请肯·莱担任的职务。温招募他在西点军校的室友和越南回来的战友罗伯特·凯利(Robert Kelly)与他一起来温特帕克共事。凯利有哈佛大学的经济学博士学位,他在西点军校任教时,温已经去了企业界。

1982年,也就是莱离开特兰斯科能源公司差不多1年后,温跳槽到通用电气公司谋职。次年,凯利也去了通用电气公司。在通用电气公司,温引起了首席执行官杰克·韦尔奇(Jack Welch)的注意,并被任命为通用电气公司新成立的电厂发展部——热电联产应用部(Cogeneration Applications Department, CAD)——的负责人。这个部门后来在通用电气公司内部和外部都起到避雷针的作用。超级自信、非常激进的温将告诉世界,通用电气公司是如何——很快就——成为全美最大的独立电厂开发商的。他未必有错,但他那种盛气凌人的信息传递方式让通用电气公司最大的几个涡轮机和设备客户——投资者所有的公用事业公司(investor-owned utilities, IOU)——感到不适,导致它们想自己建造这种电厂。休斯敦电力照明公司的负责人甚至游说韦尔奇解雇温。通用电气公司的其他大客户,如南方公司(Southern Company)和佛罗里达电力与照明公司,也觉得他怪怪的。

对于投资者所有的公用事业公司来说,建造自己的发电厂就意味着盈利能力的提高。考虑到公用事业监管下的赚钱方式,新的费率基础意味着收益增加,而不是停滞不涨。但是,《公用事业管理政策法案》中的一项条款要求一体化的公用事业电力公司通过谈判购买独立发电厂的电力。这种干预遭到了大多数投资者所有的公用事业电力公司的强烈反对,引发了法律诉讼,并推迟多年,直到

第一章
焕然一新的休斯敦天然气公司

1978年颁布的《公用事业管理政策法案》产生了在政治上迫使把竞争引入电力发展领域的预期效果后才付诸实施。

温负责的部门还因在项目谈判进入白热化阶段就在通用电气公司内部下单订购设备而引发了争议。急下订单是温先发制人的策略的一部分，但在温所下的部分订单最终没有实际采购时，公司内部就有一些守旧分子发牢骚抱怨。

不过，温在公司有一个身居高位的朋友。杰克·韦尔奇让温成了通用电气公司最年轻的总经理，并让他的门生在通用电气公司的董事会、高管层和纽约证券分析师面前大放异彩。韦尔奇也不介意温在公司内部进行变革。对于一个年轻的土耳其人来说，这可是很好的境遇。

在肯·莱打电话问约翰·温是否对休斯敦天然气公司的一个高级管理职位感兴趣时，温并不打算离开通用电气公司。休斯敦天然气公司希望热电项目能成为公司的增长载体——以及创造现金多于再投资机会的输气业务的补充，但更希望做见效更快的事情，如并购。莱需要一个经济意识强、作风硬朗的谈判高手，以确保休斯敦天然气公司在业内收购或被收购环境中有好的表现。

在为自己和他的得力助手罗伯特·凯利进行了效果不错的加薪谈判后，温接受了莱的邀请；凯利的新头衔是负责战略规划的副总裁。从多个方面看，这都是令人兴奋的机会，于是两人很快就从纽约州斯克内克塔迪（Schenectady）这个《从爱迪生到安然》讲述的故事中一个多世纪前托马斯·爱迪生（Thomas Edison）开办企业和塞缪尔·英萨尔经营企业的地方来到了休斯敦。

在离开通用电气公司前，温拜访了韦尔奇。他告诉韦尔奇自己是多么感激在通用电气公司受到的栽培和锻炼，这远比他在哈佛商学院接受的教育更有价值。韦尔奇回敬了他几句，并重新数说了他心目中代表公司未来的高管人选，温也是其中的一位。但温并不是来重谈聘用条件的。在这次会面中，韦尔奇预言温还会回来。但这次不同，温将一直坚守他的热电联产开发事业。但不管怎样，温永远也不会忘记他在通用电气公司度过的那些日子——"终生难忘的友谊、忠告以及杰克·韦尔奇对我的帮助"。

约翰·温不久便来到休斯敦天然气公司工作，住在休斯敦市中心四季酒店的一套公寓里。（莱常把客人安排在这个豪华酒店作为他们的临时住所。无论开支大小，他总是出手阔绰。）然后，出乎意料的是，联合信号公司（Allied Signal）提供了一份待遇更加优厚的聘约，邀请温负责他们新建的热电联产单位。温拜访了莱,表示了他的歉意,并且表示愿意偿还休斯敦天然气公司为他花费的全部搬迁费用。但是,肯·莱不会让别人的出价超过自己。于是,温很快就与休斯敦天然气公司签订了一份为期5年的合同,合同中还有为未来项目提供加薪和股权激励的条款。监管促成的热电联产是能源行业最热门的领域,而莱的理念就是值得为优秀人才付出代价。

在接下来的10年里,约翰·温与肯·莱和即将成为安然的公司建立了一种多事的奇特关系,其中的部分原因是温造成的。温后来承认:"我基本上成了无用的人,与公司文化格格不入。"《从爱迪生到安然》第八章重新讲述了这样一个故事:温向莱提出了一些与塞尔比·沙利文10年前在不同背景下向莱提出的相同挑战。[1]但造成这个问题的部分原因是安然公司自身的波动以及肯·莱在许多事和人之间的平衡——有时要他付出牺牲反传统实干家和终极者形象的代价。

拥有19家天然气加工厂股份的休斯敦天然气公司旗下的液化天然气公司(HNG Gas Liquids)[原休斯敦天然气公司旗下的石化公司(HNG Petrochemicals)]和新收购的液化天然气销售公司石油源公司均归现在几乎只做资产出售工作的迈克尔·穆克勒罗伊领导。穆克勒罗伊这个前海豹突击队队员、克林特·默奇森(Clint Murchison)的门徒取代了休斯敦天然气公司的"老人"H. J. 哈斯,并且在随后10年里负责液化天然气公司。

另一个新上任的官员是E. 约瑟夫·希林斯(E. Joseph Hillings),现在是休斯敦天然气公司负责政府关系的高级副总裁。希林斯曾负责当时总部设在迈阿密的美国联合航空公司(United Airlines)的驻华盛顿办事处。他在办事处的工作表现曾让肯·莱聘请他担任大陆资源公司负责公共事务的副总裁。莱去了特兰斯科能源公司后,希林斯就离开温特帕克去了福陆公司(Fluor Corporation)负责管理华盛顿办事处。正当休斯敦天然气公司需要任命驻华盛顿办事处主任的时候,莱在福陆公司驻华盛顿办事处遇上了希林斯。约瑟夫·希林斯一直干到安然公司2001年破产前夕退休,因此,他后来遇到的问题可能比他想象的还要多。

---

[1] 请参阅:Bradley, *Edison to Enron*, pp. 302—303。

最后一招？

"休斯敦天然气公司正在积极塑造未来的天然气市场。"肯·莱报告称。但是，休斯敦天然气公司必须做更多的工作，才能震动其股票"投机后"的价格，并解决沿海管道公司遗留的问题。那么，对于公司管道运输系统来说，这是已有业务的一种新延伸还是一种全新的业务呢？这可能是一种创造新价值的对等合并？不久，温和凯利就会找到这些问题的答案。

1985年年初，奥斯卡·怀亚特和沿海管道公司开始主动发出收购美国自然资源公司的要约。这家总部设在底特律的公司拥有一条从得克萨斯州、俄克拉荷马州和路易斯安那州向中西部和大湖地区输送天然气的州际管线。作为对沿海管道公司全现金收购要约（怀亚特认为这些应该是他本可在早些时候成功收购休斯敦天然气公司的条件）做出的回应，美国自然资源公司首席执行官亚瑟·塞德要求肯·莱充当白衣骑士。这将是一起对等合并案，但休斯敦天然气公司的股东可能会提出一份全价收购要约。美国自然资源公司旗下的州际管道运输公司也将在地域分布上补充休斯敦天然气公司的三条主要输气管线。

谈判和尽职调查迅速展开，直到一个交易杀手突然露面：休斯敦天然气公司仍根据一项按照去年结算协议与沿海管道公司达成的暂停交易协议运作。怀亚特虽然是一个声名狼藉的诉讼当事人，但这次有理由提起"侵权干涉"诉讼。休斯敦天然气公司退出了竞购，而美国自然资源公司在争取到沿海管道公司的一些让步后，继续按照双方友好协商谈定的条件完成了合并。这起合并交易宣布时，沿海管道公司和美国自然资源公司的股价双双上涨，裁员和生产中断时间也被降低到了最低限度。对于下一起大型管道运输公司合并案的各当事方来说，事情就没有那么容易，这也是本书第二章要讨论的主题。

不管怎样，其他主要的天然气输送系统可以通过成为休斯敦管道公司输气枢纽的一部分来获得协同效应。中西部有联合北方公司的北方天然气管道公司，而东北部有美国最大的市场，共有东得州公司、田纳西天然气输送公司和（特兰斯科能源公司旗下的）横贯大陆天然气管道公司（Transcontinental Gas Pipeline）三家输气公司。

1985年2月，肯·莱开始与他最熟悉的公司谈判。特兰斯科能源公司全长

10 000 英里的输气系统供应占全美消费量 6% 的天然气,而休斯敦天然气公司的三个输气系统——全长 14 000 英里——则供应了差不多占全美天然气消费量 10% 的天然气。在 1984 年年初沿海管道公司的收购要约中,特兰斯科能源公司对于休斯敦天然气公司来说就是"白衣骑士"。要不是得州总检察长吉姆·马托克斯(Jim Mattox)出面干预制止沿海管道公司收购,就如《从爱迪生到安然》第十三章所描述的那样,那时候就会诞生休斯敦天然气公司/特兰斯科能源公司。[1]

开始时,谈判是在休斯敦天然气公司的约翰·温和肯·莱与特兰斯科能源公司的吉姆·怀斯(Jim Wise)、乔治·斯洛克姆(George Slocum)和杰克·鲍温之间进行的。休斯敦天然气公司有兴趣以每股 65 美元的价格收购特兰斯科能源公司,比该公司当时的股价高出 1/3,但这个价格对特兰斯科能源公司来说实在是太高了。随后,这两家公司讨论了股票直接互换的问题,但传闻推动休斯敦天然气公司股价上涨,从而降低了特兰斯科能源公司对股票互换的兴趣。此外,这两家公司高管的自我意识也在作祟,从而导致合并后的公司管理职位分配会变得复杂不堪。4 月初,双方停止了谈判,休斯敦天然气公司股票跌回到了 45 美元左右的价位。

莱和休斯敦天然气公司董事会都感到失望,但肯定还有其他购并机会。联合北方公司就是这样一个机会,总部设在奥马哈的联合北方公司是北方天然气公司的母公司。联合北方公司首席执行官山姆·塞格纳(Sam Segnar)去年秋天曾拜访过肯·莱。他俩品着咖啡谈论业内问题的时间远远要比事先规定的时间长,这两个人有着相似的经营理念和对本行业未来的预见,虽然两人的年龄要相差一代人,但也有相似的自我意识。

无论是塞格纳还是莱都不认为,天然气过剩的问题会在短期内得到解决。天然气行业的监管改革将会开放州际输气市场,允许输气商自由进出市场,并为天然气这种大宗商品的买卖交易创造一个全国性市场。拥有通往含气盆地和市场最佳通道的输气系统,就能取得最后的成功。联邦政府必须放宽对州际输气市场的监管。(事实上,北方天然气公司主张废除联邦能源管理委员会的认证制

---

[1] 请参阅:Bradley,*Edison to Enron*,pp. 474-475。

度,以加快进出州际输气这个新市场的速度。[1])那些拥有最大、最灵活输气管道,单位成本最低的输气公司将成为这次州际天然气输气市场监管改革的赢家。

塞格纳和莱虽然没有谈到两家公司合并的问题,但都一致认为,他们的公司很适合这样做。塞格纳必须谨慎行事,因为联合北方公司和休斯敦天然气公司在与沿海管道公司有关的白马骑士谈判中达成了一项暂停交易协议。任何交易都必须是友好协商的结果,这次会晤当然也是在这样的气氛中进行的。

莱很高兴能和他的客人保持一致。联合北方公司是休斯敦天然气公司的一个大客户,每天要购买10亿立方英尺得克萨斯近海产的天然气,并使用休斯敦管道等公司的输气管线把这些天然气输送到北方天然气管道公司的输气管道。据莱了解,联合北方公司曾向马修斯提出过一份很酷的10亿美元收购休斯敦管道公司的要约[2],但遭到了马修斯的拒绝。不过,两家公司进行了真诚的谈判,就像他们在白衣骑士谈判中所做的那样。

联合北方公司当然听说过关于休斯敦天然气公司"车毂—辐条"的浪漫故事。塞格纳带着对肯·莱和新的休斯敦天然气公司的好感告别了莱。莱有所不知,塞格纳正在做一件事。联合北方公司1984年的年报预测1985年资本支出在5亿~7亿美元,提到了一些中小规模的收购案,而且还补充称:"一个例外是,可能有机会收购一家能对盈利做出重大贡献、同时长期增长前景好于平均水平的大公司。"联合北方公司还有其他原因需要合并。我们很快就会再次听到这家公司的消息。

---

[1] 请参阅:Internet appendix 1.6,"InterNorth and Interstate Pipeline Deregulation,"www.politicalcapitalism.org/Book3/Chapter1/Appendix6.html。

[2] 联合北方公司对收购整家休斯敦天然气公司没有兴趣,因为后者的非能源业务(工业用气体、海上运输)与前者专以能源为重点的多元化计划不符。

第二章　休斯敦天然气公司与联合北方公司

总部设在奥马哈的联合北方公司渴望能在 1985 年春天通过合并做大公司。这家公司 57 岁的董事长山姆·塞格纳把合并和精简看作公司的未来。他的公司正在寻找增长率高于美国中西部地区新出现的天然气市场。他和公司其他一些高管都快要退休了，但最重要的是，联合北方公司是在按照其他企业制定的规则行事。

欧文·雅各布斯正在囤积联合北方公司的股票，目的是要获得这家公司的控制权。雅各布斯很可能会把联合北方公司分为天然气输送、天然气分销（供气）、天然气勘探和生产、液化天然气和石化产品五个部分出售。不过，并购可能会因联合北方公司太大而无法"咽下"。而且，并购在 20 多家主要的州际天然气输送公司中间已经成为非常热门的话题，最近的一起并购案是沿海管道公司以 25 亿美元收购美国自然资源公司。《商业周刊》发表了一篇题为《天然气行业正忙于收购或被收购》的报道，而塞格纳的公司是一家很好的候选企业。

联合北方公司 1984 年的年报取名"丰收的一年"。1984 年公司营收 75 亿美元，创下了盈利 2.97 亿美元的纪录。公司各事业部都实现了盈利，部分原因是此前通过"门户清理"变卖、停用或注销了部分不良资产。[1]虽然在前一年完成了公司历史上规模最大的一起收购案之后，公司又斥资 7.68 亿美元收购了一家总部设在纽约市的石油勘采企业贝尔科石油公司，但 1984 年公司实现了 6.52 亿美元的现金流，从而得以把债务—资本比率保持在 38% 的健康水平上。

1984 年，联合北方公司的州际天然气灌输事业部——北方天然气公司——的收益占公司总收益的 40%，而它的旗舰公司北方天然气管道公司，如果把位于南得州和上密歇根州之间的所有输气干线——横贯 9 个州、总长 23 000 英里——加在一起，就是美国拥有最长天然气输送管线的公司。[2]

北方天然气管道公司的天然气收购成本相对较低。这家公司在与生产商签订的供气合同中只承担适度的"不取照付"风险，这与肯·莱曾一直致力于解决这个问题的特兰斯科能源公司的情况截然相反。事实上，莱作为特兰斯科能源公司的总裁，曾在 1983 年要求国会废除这类合同，但时任北方天然气管道公司总裁的丹·丁斯特比尔(Dan Dienstbier)在国会举行的同一次听证会上反对这种"快速解决方案"[3]。

联合北方公司是业内实力最强的企业之一，并在 1985 年收购休斯敦天然气公司后组建了休斯敦天然气-联合北方公司(HNG/InterNorth)。第二年，休斯敦天然气-联合北方公司就改名为"安然公司"。

北方天然气公司

1931 年，北方天然气公司修建了美国第一条容量巨大的天然气输送管线。要不是花费多年时间应对煤矿企业、煤炭工会和铁路煤炭运输公司——为了设法保护自己的煤气业务而进行——的政治操纵，这条天然气输送管线可能早几

---

[1] 联合北方公司 1982 年的收益因为冲销了公司在科罗拉多州的煤矿、2 艘液化天然气运输船和即将报废的阿拉斯加天然气运输系统的价值而减少了 6 400 万美元。联合北方公司表示："……1982 年，公司面临成立 52 年以来从未遇到过的严峻挑战。"
[2] 横贯大陆天然气管道公司(特兰斯科能源公司)拥有全美最长的直线输气系统，从南得州一直伸展到纽约市，全长约 1 500 英里。
[3] 丁斯特比尔表示："用速战速决(解决不可更改的生产商供气合同的问题)的方式采取的草率行动，肯定会削弱天然气行业处理这些问题的能力，并从更长远的角度看，损害其满足消费者和国家需要的能力。"莱以"他的公司难以与 1 400 个生产商重谈 1 050 份合同"为由，主张对现有的全部天然气采购合同"立法规定强制性'退出'市场机制"。

年就已经建成。[1]

北方天然气管道公司 1 150 英里长的天然气输送系统,至少是当时已投入使用的任何其他一条天然气输送管线长度的 2 倍,最初的输送容量是 2 亿立方英尺/日。只是到了后来,这种千英里长的输气管线才变得司空见惯,先是田纳西天然气输送公司(1944 年)、接着是埃尔帕索天然气公司(1947 年)、横贯大陆天然气管道公司(1951 年)、太平洋西北管道公司(Pacific Northwest Pipeline Corporation,1956 年)和佛罗里达天然气公司(1959 年)。

北方天然气管道公司和北方天然气公司旗下负责供气的人民天然气公司(Peoples Natural Gas Company,Peoples Gas)是在大萧条时期建立的,经历了中西部地区第二次世界大战时期的萧条。但是,战后的经济繁荣改变了一切。需求已经超过了这家公司的输气能力,因此有必要扩容。在北方天然气公司创建 25 周年之际,它的输气能力已经达到 11 亿立方英尺/日,是其初始输气能力的 5 倍。到了 1955 年,北方天然气管道公司的母公司增设了天然气勘采事业部,从而成为全美业务门类最齐全的天然气企业之一。[2] 北方天然气生产公司(Northern Natural Producing Company)在输气干线附近和加拿大阿尔伯塔(Alberta)地区勘探石油和天然气。

受监管的天然气业务是这家公司天然气业务的重要组成部分。在它开展运营活动的艾奥瓦、明尼苏达、内布拉斯加和堪萨斯四个州,人民天然气公司作为公用事业公司受到监管。北方天然气管道公司的费率由联邦动力委员会规定上限。就连天然气生产单位向北方天然气管道公司出售天然气,也要受联邦动力委员会价格上限的约束,从而促使北方天然气公司在 1964 年把自己的生产单位卖给了美孚石油公司以换取后者的股票。这是一起不错的资产剥离交易。"见鬼,"时任北方天然气公司总裁威利斯·"比尔"·施特劳斯(Willis "Bill" Strauss)回忆道,"股息可是我们从未见过的收入!"[3]

---

[1] 还请参阅: Internet appendix 2.1, "Regulatory Delay under the Natural Gas Act," www. politicalcapitalism. org/Book3/Chapter2/Appendix1. html。

[2] 在萨缪尔·英萨尔帝国衰落的推动下,1935 年颁布的《公共公用事业控股公司法案》规定了一种"一州连续制"规则,要求那些把州际天然气输送与地方供气整合在一起的公司剥离资产(Bradley, *Edison to Enron*, pp. 219, 406, 433, 513)。但是,作为"单一一体化公用事业系统",人民天然气公司获得了不执行该法的豁免权,从而使得北方天然气公司能够保持完整无损。

[3] 20 年后,美孚公司股票的市值达到了 1.8 亿美元。只要美孚决定以很低的"成本价"出售股票,就能为休斯敦天然气-联合北方公司和后来的安然公司带来"饼干罐"收益(指可在好年景增加准备金用于应对坏年景亏损的收益。——译者注)。请参阅第五章。

第二章
休斯敦天然气公司与联合北方公司

根据1958年公布的一项战略计划,北方天然气公司开始多元化经营,向着其核心业务周围不受监管的业务进军。20世纪60年代初,北方天然气产品公司(Northern Gas Products Company)建造了西方最大的烃类萃取工厂。这家位于堪萨斯州布什顿(Bushton)的工厂从北方天然气管道公司输送的9亿立方英尺/日富含英热单位的天然气中提炼丁烷、丙烷、氦气和天然汽油。

同期,北方丙烷气公司(Northern Propane Gas Company)收购了100多家在农村社区销售瓶装天然气的小企业。在20世纪60年代的后半期,一家价值2亿美元的石化加工厂导致北方石化公司(Northern Petrochemical Company)与联合碳化物公司、陶氏化学公司(Dow Chemical)和杜邦公司(DuPont)等巨头为它展开了竞争。到了1970年,北方天然气公司就成了一家多元化的能源公司,经营受监管和不受监管两类截然不同的业务。

按照联邦井口价格上限出售的天然气供应不足,导致20世纪70年代成为州际天然气供应困难重重的10年。北方天然气管道公司系统的天然气储量在1966年是15万亿立方英尺,而到了1973年减少到了11.5万亿立方英尺,而且仍在继续减少。输气管道扩建已经停止,北方天然气管道公司迫切需要设法避免客户在冬季减少天然气支出。1972年,艰难时期导致北方天然气公司实施紧缩计划,其中包括公司历史上推行的第一份提前退休计划。

随着能源价格开始大幅上涨,1973年财务形势开始好转。由于联邦政府在限价的问题上做出了让步——而且由于这样的监管减少了能源供应,液化天然气、天然气和石油的价格不断上涨。[1] 在能源大宗商品价格飙升的推动下,北方天然气公司在1975年和5年后两次进行了"一拆二"的股权分割。

加拿大的天然气在20世纪50年代是北方天然气公司关注的重点,后来就成了这家公司的一个主要发展重点。[2] 1978年,北方天然气公司成立了北疆管道运输公司,把加拿大的天然气输送到美国中西部地区。联合北方公司是这个拥有6家公司、13亿美元资产的财团的执行合伙人和持有22.75%股份的所

---

[1] 北方液体燃料公司(Northern Liquid Fuels Company)就其产品受联邦价格管制的争议提起了诉讼,最终在1988年与美国能源部达成了费率和解协议,并获得了4 800万美元的赔偿。

[2] 关于北方天然气公司在首席执行官约翰·梅里亚姆的领导下决心开采加拿大天然气的问题,请参阅:Bradley, *Edison to Enron*, pp. 254-255。

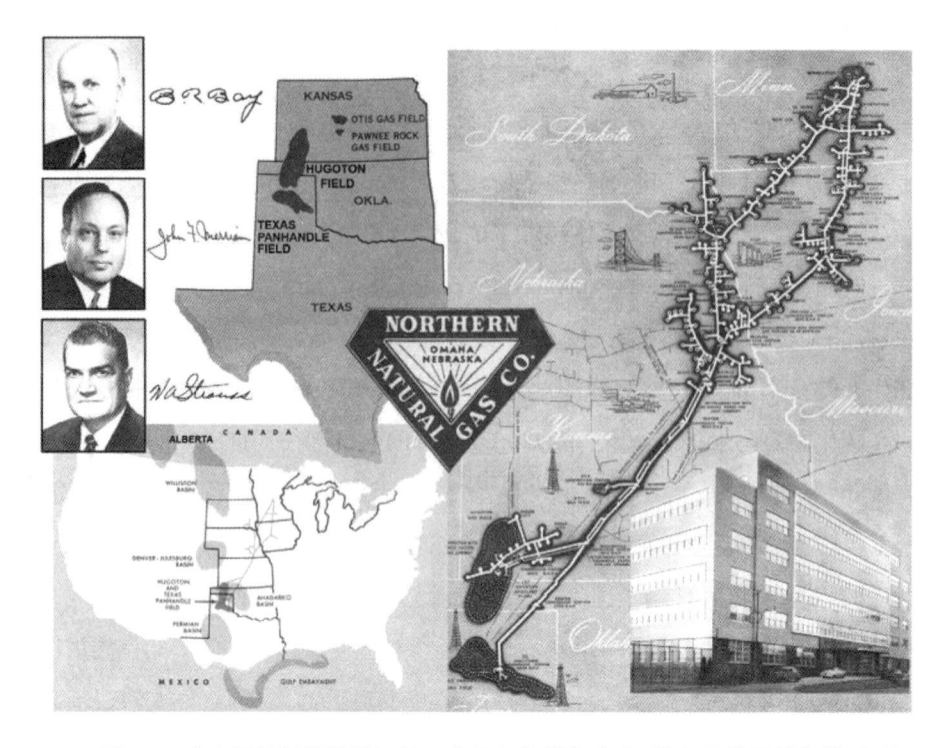

图 2.1　北方天然气公司最初是一家输气和供气企业，后来经营天然气勘采、液化天然气和石化产品。1951 年，这家公司对它在奥马哈道奇街 2223 号的业务进行了整合。公司任职时间最长的总裁(见图，自上而下)是伯特·贝(Burt Bay，1939—1950 年)、约翰·梅里亚姆(1950—1960 年)和比尔·施特劳斯(1960—1976 年)。

有人。[1] 这项北方供应策略得到一项 1976 年开始的南方计划的支持：购买墨西哥湾近海天然气供应北方天然气管道公司。这个货源的天然气价格并不便宜，但每立方英尺的天然气都是需要的。事实上，在 1976—1977 年冬季，北方天然气管道公司对其客户的供气减少了 1 260 亿立方英尺，约占其年度交付量的 15%。但是，在北疆管道公司 9.75 亿立方英尺/日的输气系统于 1982 年投入使用以后，天然气的供求状况发生了变化。

煤炭气化作为第三种策略也得到了广泛的研究，但最终未被采纳。在山姆·塞格纳积极进取的领导下，北方天然气公司收购了科罗拉多州和怀俄明州的煤炭业务，并且把采取保护措施扩大已有天然气供应作为优先任务。

---

[1]　有关北疆管道公司和其他合资企业以及杂项资产及其出售的更多细节，请参阅：Internet appendix 2.2, "HNG/InterNorth: Joint Ventures, Miscellaneous Assets, and Sales," www.political-capitalism.org/Book3/Chapter2/Appendix2.html。

随着能源价格在 20 世纪 80 年代初的触顶,联合北方公司的高管们开始关注对煤炭、可再生能源和合成燃料等的新投资,并且对乙醇汽油(作为运输燃料的谷物酒精)进行了研究。但是,这家公司对于天然气有着割舍不下的情结。1982 年,北疆管道公司全长 823 英里的输气系统开始从国际边境向美国北方腹地输送加拿大天然气。这个项目原先计划由阿拉斯加天然气运输系统提供东段输气服务,但这个需要耗资 150 亿美元(甚至更多)的项目在 1983 年被取消。在短短的几年时间里,天然气供求状况就发生了翻天覆地的变化。

北方天然气公司创建 50 周年(1930—1980 年)是一个值得庆祝和推进变革的日子。除了股票分拆外,公司旗舰资产的天然气供应能力也恢复到了能满足需求的水平。目前,北方天然气公司旗舰资产的输气容量超过了 20 亿立方英尺/日。为了更好地反映其不同的业务——天然气输送、天然气配送、油气勘采、液化天然气、石化产品和罐装液化天然气,北方天然气公司更名为"联合北方公司"(InterNorth Inc.)。北方天然气公司以前是整家公司的名称,而现在是从事天然气批发业务的子公司的新名称。

同样在 1980 年,比尔·施特劳斯把首席执行官的头衔交给了公司总裁山姆·塞格纳,但仍保留董事长一职。4 年后,施特劳斯到了联合北方公司规定的 62 岁退休年龄,结束了 36 年的职业生涯,并且成了公司历史上最有效率、最受欢迎的首席执行官。施特劳斯退休以后,山姆·塞格纳一人身兼联合北方公司两人的职务。

塞格纳是工程师出身,在加盟城市服务燃气公司(Cities Service Gas Company)之前,曾在路易斯安那州查尔斯湖的一家炼油厂工作过。1960 年,他所在的城市服务燃气公司的老板罗科·"洛基"·洛基亚诺(Rocco "Rocky" LoChiano)派他到公司新成立的北方天然气产品公司负责咨询工作。1 年后,这位咨询顾问就变成了他的客户的雇员。塞格纳在发展液体燃料方面取得了不小的成就,1976 年任北方天然气公司总裁,1980 年成为联合北方公司总裁兼首席执行官,并在 1984 年又兼任联合北方公司董事长。

塞格纳虽然在某些方面比较内向,但他有很强的自我意识和贵族作风,给公司带来了前所未有的活力。联合北方公司 1981 年度的报告显示,公司在 39 个国家开展业务活动。联合北方公司的广告宣传活动推出了一张以地球为背景、配有"我们为美国而工作"文字的塞格纳头像。

为了凸显爱国主题，塞格纳援引了托马斯·杰斐逊(Thomas Jefferson)和托马斯·潘恩(Thomas Paine)的至理名言，以向"我们经常受到某些标新立异者攻击的自由市场制度"致敬。当然，联合北方公司也在用纳税人的钱做一项合成燃料研究，而北方天然气管道公司既动用土地征用权，又依照一部防骤燃天然气合理利用法修建其输气管道，然后确保它的管线有源源不断的天然气供应。[1]不过，这些只是一碟小菜，塞格纳(和业内其他企业的高管)面临的真正问题是天然气价格管制和原油暴利税。

一家擅长营销的天然气管道运输公司

北方天然气管道公司是全美第一家天然气营销管道运输公司。这家公司与其姊妹公司负责地方供气的人民燃气公司一起销售燃气灶具以增加对天然气的需求。北方天然气管道公司的输气系统主要是一个由"意大利面条式"的管线——把主干线与上中西部地区各交货点连接起来的小直径中继线——组成的输气系统。北方天然气管道公司正好与横贯西部管道公司(未来安然公司旗下的姊妹管道运输公司)穿越西部的"步枪射击"状输气系统截然不同，后者几乎把自己所有的天然气都输送到一个位于亚利桑那州和加利福尼亚州边境的终端站。由于与加州、佛罗里达州、得克萨斯湾沿岸和东北部等其他地区的天然气市场相比，美国中部地区人口稀少，因此，北方天然气管道公司的销售人员不得不上门或打电话招揽顾客。

"结果就形成了一种推销文化，"北方天然气管道公司的一位高管回忆道，"有些州际输气公司几乎没有营销人员，但我们与客户一起成长，并与他们分享我们的专业知识。"到了20世纪60年代中期，荷兰、德国、法国和英国的天然气商大老远来到奥马哈，向北方天然气管道公司讨教天然气营销的技巧和策略。

北方天然气管道公司的目标就是为扩建天然气输送管线销售更多的天然气，从而凭借受监管业务创造的收益来扩大费率基础。否则，公司收益会随着输

---

[1] 在大多数州际天然气输送公司完全根据自愿签订的合同来修建输气管线的情况下，北方天然气管道公司利用州一级的土地征用法来保证输气管线建设过程中涉及的通行权。在政治资本主义的另一个例子中，这家公司成功地游说得州立法机构禁止在井口露天排放天然气以及把天然气用于所谓的"次等"用途，这两项禁令都要求把天然气卖给(包括北方天然气管道公司在内的)输气公司。

气管道净账面价值(折余累积原始成本)的减少而下降。

1978年,北方天然气管道公司根据《天然气政策法案》第311条,成立了一个输气交换部(Transportation and Exchange Group, T&E)。《天然气政策法案》第311条允许输气公司自行执行输气协议,从而取代了第7(C)条关于由联邦能源管理委员会认证的规定。简单地说,根据《天然气政策法案》第311条,州际输气公司现在接到客户通知就可以输送天然气,然后再提交相关报备文件,而不是先履行报批程序等待华盛顿的批复。

在这之前,北方天然气管道公司基本上就是一个"孤岛",从得克萨斯州、俄克拉荷马州和堪萨斯州购买天然气,然后再把天然气输送到艾奥瓦州、明尼苏达州、威斯康星州和密歇根州销售。现在,一家州际管道运输公司可以与另一家管道运输公司进行天然气交易,也可以利用暂时的空隙委托另一家管道运输公司输送天然气。[1]

由于北方天然气管道公司的输气系统位于美国的上中西部地区,因此,它可以往东、西和南三个方向输送天然气;而其他输气公司输气系统比较封闭,不愿进行系统外交易,宁愿把自己关闭在一个它们不进入其他市场、其他公司也不进入它们市场的封闭世界里。

通过允许天然气公司把原来在销售环节进行天然气重新分类的做法改为在输送环节重新分类,《天然气政策法案》第311条开辟了一个充满可能性的新世界。最初的机会出现在天然气供应不足的州际输气公司(如北方天然气管道公司)与天然气供应过剩的州际输气公司(如休斯敦天然气公司的主要子公司休斯敦管道公司)之间签订的输气交易协议。即使在1979年天然气供需达到较好的平衡以后,也仍有机会做利用输气系统提效后出现的剩余输能的交易。北方天然气管道公司的输气交换部是业内最大的,它得益于北方天然气管道公司输气系统的复杂性以及西得州和南俄克拉荷马州之间的双向支线(K-B线,不管怎样都可以接收和输送天然气)提供的灵活性。

---

〔1〕 输气公司之间的天然气交换并不是什么新发明,而是根据第7(C)条有关认证的规定做出的长期安排。例如,1952年,北方天然气管道公司与埃尔帕索天然气公司签署了这样一项协议:埃尔帕索天然气公司将向前者输送帕米亚盆地(Permian Basin)产的天然气,而北方天然气管道公司则向埃尔帕索天然气公司输送同样数量的得州潘汉德尔产的天然气,从而避免交叉输送;而且还驱使北方天然气管道公司修建了一条连接其输气主干线的西得州输气支线。

无论是接收还是输送天然气，不管是开放还是关闭输气系统，玩这种游戏的名义就是用足输气系统的输能并使之运营成本最小化。通过在不同地点交换天然气——或者如果合同谈定的输气流向与实际流向正好相反（反向输气），就可以不用实际输气。鉴于在输气交换上花费的每一美元都能作为（受管制）管道运输服务收回的成本，因此，天然气销售超过成本的收益将根据北方天然气管道公司报联邦能源管理委员会审批的费率方案返还缴费人。不过，至少在名义上，由输气交换驱动的成本节约效益是由联邦能源管理委员会审慎原则审查推动的，因为输气公司如果不作为就有可能会受到处罚。

此外，与天然气生产商签署的不取照付免责协议要求北方天然气公司为其超过北方天然气管道公司本地负荷（输气系统内需求）的天然气寻找新的市场。考虑到北方天然气管道公司并不知道在没有达成协议的情况下未履行的不取照付责任能否在未来的费率中得到补偿，不取照付免责协议极大地刺激了天然气系统外交易市场的形成。

1980年1月，朱莉·戈麦斯（Julie Gomez）出任北方天然气管道公司输气交换部的第一任会计。她刚上班就看到了一箱箱有关各种各样交易的杂乱无章的文件。用她的话来说，这些交易"既不买天然气，也不卖天然气，这种工作真的不适合任何人"。这些交易标志着一个协调的天然气网络——天然气物流网络——开始形成。输气交换部的专家们就像线性规划员那样，也在研究如何才能使由数百个收货点和发货点构成的系统的成本最小化和收入最大化。

这是一个新的领域，而且在联合北方公司这个新部门主管与北方天然气管道公司的传统客户经理之间扩大了文化差异。戈麦斯回忆说：

我们是一个十来人、不超过15个人的团队，公司的其他员工都讨厌我们！我们是暴发户，偷走了他们的市场。我们搞砸了他们与生产商的关系……我们在输气管道不应该"打孔的地方打孔"。这是一个巨大的变化，但北方天然气公司没有经历过这样的变化。

随着现货天然气供应和需求的增加，输气交换部头脑好使的专家们赚到了越来越多的能带来利润的价差。但是，北方天然气管道公司受到了联邦法规的制约，至少是受到了联邦能源管理委员会对联邦法规的解释的制约。（"我们是一个非营利组织，信不信由你。"戈麦斯回忆说。）不甘坐受制约的反叛者不但要降低北方天然气管道公司的成本，而且必须为他们自己赚取利润，这样才能得到关注和发展。

———————

北方天然气管道公司从1983年1月1日起执行的新费率方案考虑到了激励天然气营销职能部门的问题。北方天然气管道公司分得了一定水平的输气收入,但超过这个水平的收入就归总公司所有,而不是返还给缴费人。为此,北方天然气公司成立了北方天然气营销公司,一个既独立于天然气销售部门,又独立于输气交换部的真正利润中心。

这可是推行新费率方案再好不过的时机。北方天然气管道公司发现,从1982年年中开始合同预定的输气容量实际出现了剩余,到了1983年春季,剩余输气容量已经达到了合同预定总输气容量的50%。

现在的问题部分是:在输气系统另一端,天然气交付价格因输气成本上涨而成了整个输气系统最高的价格,从而导致天然气销量减少。在明尼苏达州北部,用于铁燧岩还原的天然气正被科赫工业公司位于明尼阿波利斯附近的一家炼油厂的桶底油所取代。联合北方公司聘请麦肯锡咨询公司策划应对策略,麦肯锡咨询公司驻休斯敦办事处便责成公司新星杰弗里·斯基林负责这个项目。

斯基林认为,非传统营销是解决这个问题的唯一办法。北方天然气管道公司必须(通过征得生产商允许和联邦政府批准)释放输气系统内过剩的天然气,并且把这种天然气作为(比较便宜的)现货天然气向系统外出售。于是,为最大限度地减轻不取照付责任,必须重新与生产商签订供气合同。从长远看,这种创新甚至能创造更多的纯利润。

———————

制定开拓非管辖区(非监管)盈利业务的费率方案,对于联合北方公司来说,是做领头羊的好机会,于是就责成公司费率主管罗恩·伯恩斯设计这种激励机制,并游说监管机构允许管道运输公司通过向系统外销售天然气来赚取利润。

众所周知,罗恩·伯恩斯在1974年夏天来北方天然气公司工作时,还是一个刚从奥马哈内布拉斯加大学(University of Nebrashas)毕业、年仅22岁的会计实习生。伯恩斯身材魁梧(6.4英尺高)、体格健壮、聪明能干、善于交际,而且还是个零差点高尔夫球手。伯恩斯善于激发周围人的热情,并且能赢得他们的尊重。这个长得很像全美男孩和超人的年轻才俊后来在监管事务部找到了适合自己的职位。他在工作中逐渐懂得了商业机会和《天然气法案》之间的相互关系。伯恩斯很快就当上了输气交换部的总经理,后来又成了联合北方公司、休斯敦天然气-联合北方公司和安然公司非监管天然气营销业务的关键人物。

虽然输气交换部专注于系统外输气业务运作,以减轻北方天然气管道公司承担的不取照付责任,同时为最大限度地降低系统内业务的成本而继续缓和与联邦能源管理委员会的关系,但北方天然气营销公司仍把天然气卖给一些威胁要转换燃料甚至暂停运营的高风险工业客户。这两种都是非传统业务,但具有互补性。因此,1983年5月,也就是在北方天然气营销公司成立几个月后,输气交换部从营运部分离出来,加盟到北方天然气公司(NNG),"通过把天然气销售和输气服务销售活动安排在一个部门,开展更加一体化的公司销售工作"。输气交换部总经理罗恩·伯恩斯便开始向天然气营销公司新任命的副总裁比尔·凯尔斯特罗姆(Bill Kellstrom)汇报工作。

北方天然气营销公司的任务就是买卖现货天然气(售价比输气系统供应的天然气要低很多)和安排输送。[1]现货天然气可以按1月期到6月期不同的固定价格,也可以按期限更长的可变价格销售。现货天然气销售的卖点是规模,北方天然气管道公司有全美最长(总长23 000英里)、途经14个州,并与其他26条输气干线相连的输气网络。"北方天然气公司独特的地理位置不仅赋予您有竞争力的天然气来源,而且无论您在哪里都能获得可靠的天然气供应。"北方天然气公司的营销手册就是这样推销自己的。

1985年年初,就在收购休斯敦天然气公司的几个月前,联合北方公司把输气交换部和天然气销售部门并入了北方天然气营销公司。伯恩斯、比尔·凯尔斯特罗姆和比尔·休斯敦(Bill Houston)都加入了天然气输送交换—销售服务单位(T&E/Gas Sales Services Unit):伯恩斯被任命为副总裁,比尔·凯尔斯特罗姆被任命为营销执行副总裁,而比尔·休斯敦则出任负责天然气销售的总经理。朱莉·戈麦斯被任命为运营主管,负责输气容量分配并与天然气监管部门打交道。北方天然气营销公司在各条战线上都有年轻有为的营销才俊,包括肯·赖斯和史蒂夫·伯格斯特罗姆(Steve Bergstrom),他们后来都成了天然气

---

[1] 联合北方公司1983年度的年报称,北方天然气营销公司的作用是"直接从生产商那里采购天然气,并为目前不使用天然气的潜在大客户提供管道输气服务"。天然气营销公司根据它的代理计划,并不会买断天然气,而是为最终用户安排在井口购买天然气(和输送服务),这样就可以避免必须向联邦能源管理委员会申请营业执照才能开展转售批发业务的情况。

行业这个新部门的领军人物。

北方天然气公司的系统外天然气营销团队是业内第一个也是最好的营销团队。因此,联合北方公司的伯恩斯和丹·丁斯特比尔在1984年春天参加了由特兰斯科能源公司和肯·莱主持的一次会议后,不同意让北方天然气公司成为美国天然清算所的持股会员,也就不足为奇了。另外6家天然气管道运输公司,包括肯·莱的老东家特兰斯科能源公司和他的新东家休斯敦天然气公司都参加了美国天然气清算所。北方天然气公司没有参加美国天然气清算所,当然有自己的打算。

输气交换部有罗恩·伯恩斯这个充满活力的领导人,而且还得到了丁斯特比尔的鼎力支持;而丁斯特比尔则是联合北方公司旗下最大子公司北方天然气公司总裁的热门人选。

丁斯特比尔在40岁刚出头时就认识到输气交换部和利润丰厚的营销部能带来的好处。他注意到这两个部门都有令人印象深刻的人才引进。市场状况和监管趋势表明,这方面的业务将有更多的增长。"市场开拓能力"将成为天然气行业的一个流行词。

联合北方公司的这些新贵曾引起一时的轰动。"北方天然气集团成功地应对来自替代性燃料的激烈竞争,"山姆·塞格纳在公司1984年度的报告中表示,"本公司还大幅增加了为其他公司提供的输气服务,同时又大大降低了运营支出。"丁斯特比尔补充说:"为其他公司提供输气服务以及在全美范围内开展经纪和交易业务的机会,已经发展成为一些重要的商业活动。这两个服务项目在1984年使得我们公司的输气收入大幅增长。"

展望1985年,北方天然气公司将有3 500万美元的预算用于"通过天然气经纪、直销、运输和交换活动……寻求收入机会,从而扩大它在全美天然气输送和交换市场上的份额"。输气交换部副总裁罗恩·伯恩斯就是这些活动的总负责人。特别值得关注的是,修建不受管制的把天然气从井口输送到输气干线的小直径集气管线。伯恩斯解释说:"为了长期回报而进行短期投资,而不是通过付钱给其他管道运输公司或天然气生产商,让他们为我们集气,是一种'良好的商业意识'。"

一起合并案的序幕

"在他最凶猛的时刻,"《福布斯》发文回忆称,"公司蓄意收购人欧文·L. 雅各布斯会恐吓目标公司的首席执行官,如果可能的话,迫使他们要么解决问题,要么把公司卖给他。"雅各布斯主要购买了博格-华纳(Borg-Warner)、帕布斯特啤酒(Pabst Brewing)、恺撒钢铁(Kaiser Steel)和沃尔特·迪士尼(Walt Disney)等公司的股票,"他用自己的现金为他的掠夺提供资金,然后卖掉迅速获利"。

山姆·塞格纳也是受到雅各布斯恐吓的首席执行官之一。1984年,雅各布斯悄悄地囤积了联合北方公司的大量股票,因为他认为,这家公司部分子公司比公司整体更有价值。首先是这家公司的管道运输系统——不仅是北方天然气管道公司,而且还有北疆管道公司,以及一些累计占联合北方公司收益近一半的较小管道运输公司。联合北方公司的石油天然气子公司贝尔科石油公司可整体或部分出售。北方石化公司在最近从德士古公司收购普莱克斯公司(Chemplex Company)以后变得能够盈利并且可以出售。北方液体燃料公司也是联合北方公司旗下一家有价值的子公司,它拥有联合北方公司的液化天然气设施和营销团队,盈利要占到联合北方公司盈利的5%。联合北方公司的天然气零售子公司人民燃气公司虽然盈利贡献率较小(3%),但公用事业监管下的费率基础收益却相当稳定。联合北方公司最新的重要部门国际事业部(包括位于纽约州瓦尔哈拉的石油交易业务部)看起来也是一个盈利能力很强的部门。

那么,这位声名狼藉的明尼阿波利斯金融家有什么想法呢?山姆·塞格纳与雅各布斯见了面,但雅各布斯只说他喜欢这家公司。塞格纳知道,这可能就意味着一家赫赫有名的企业——不,是一家最终在其业务受监管的部门与业务不受监管的部门之间实现理想平衡的企业——的寿终正寝。联合北方公司在1979年组建的并购团队正忙着寻找一项能产生协同效应并使联合北方公司对于雅各布斯或任何其他蓄意收购者来说太大或者太贵而无力收购的交易。

联合北方公司还有一个彻底重组的问题。虽然北方天然气管道公司的重置成本高达数十亿美元,但它的费率基础收入还不到10亿美元。虽然有大量的低价天然气,但都集中在人口增长缓慢的市场,扩张比较缓慢。"我们已经与这个地区最后一间室外厕所连接。"联合北方公司的一些高管开玩笑地说。但是,当

第二章
休斯敦天然气公司与联合北方公司
137

它的收益因联邦公共事业监管而导致费率基础的业务收入逐渐消失(减少)而停滞不涨时,就不那么好笑了。

1985年3月15日,联合北方公司的股票价格放量上涨了13%。收购传闻已经把这只股票的价格拉出每股30来美元的价位,现在已经把股价拉高到每股53美元的狂热水平。山姆·塞格纳正在与联合北方公司的潜在追求者——其中包括最终被沿海管道公司收购的美国自然资源公司、惠灵顿北方公司(埃尔帕索天然气公司的新东家)、南方天然气公司(Southern Natural Gas Company)、美国天然气管道公司(Natural Gas Pipeline of America,塞缪尔·英萨尔创建、总部仍在芝加哥的公司)和东得州天然气输送公司——接触,有时还有麦肯锡咨询公司两位顶级能源专家——约翰·索希尔(John Sawhill)及其门生杰夫·斯基林——陪伴。

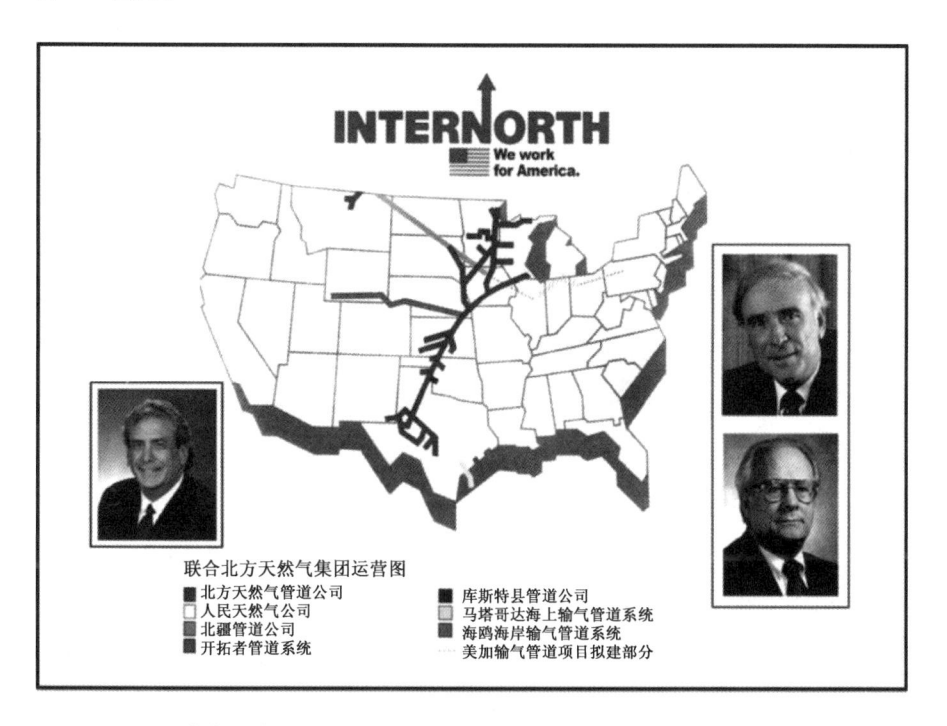

图2.2 联合北方公司是一家美国中部以天然气输送为核心业务、地位稳固的公司。1984—1985年度,公司首席执行官山姆·塞格纳(图右上)指示洛基·洛基亚诺(图右下)在欧文·雅各布斯(图左)获得公司控制权并拆分公司之前找到合并伙伴。

套利者们认为伯灵顿北方公司会竞购北方天然气公司,但惠灵顿北方公司旗下的埃尔帕索天然气公司只是在与北方天然气公司商谈成立合资企业的事宜。关于收购的传闻平息以后,联合北方公司的股票价格又回落到了每股 45 美元左右的价位上。

联合北方公司最希望收购的企业是休斯敦天然气公司。这两家公司公开了它们的账目,并且进行了不止一次,而是两次的真诚谈判。6 个月前,联合北方公司在与美国自然资源公司联合竞购佛罗里达天然气输送公司东家大陆资源公司时输给了休斯敦天然气公司。考虑到北方天然气管道公司因为由北疆管道公司从北方为它供气,所以在其输气系统的南端有多余的天然气需要找到归宿,因此,这次竞购失败对于联合北方公司来说是一次不小的打击[1],从而就引出了 B 计划:在得州大力推动管线供气营销,以便把联合北方公司的剩余天然气推向市场。

1985 年 2 月,联合北方公司与总部位于圣安东尼奥的瓦莱罗能源公司 (Valero Energy Corp)达成了两项协议:第一项协议是以 8 050 万美元购买瓦莱罗能源公司 450 英里西得州输气管道的一半股权;第二项协议是组建一家新的合资企业诺瓦尔天然气公司(NorVal Gas Company),把管线外的天然气卖给得州的客户。联合北方公司(和瓦莱罗能源公司)在天然气中下游市场的主要竞争对手是休斯敦天然气公司旗下的主要子公司休斯敦管道公司。

不过,联合北方公司可能为了获得更大的利益而推翻新得州战略。休斯敦天然气公司的东海岸—西海岸输气管网以北方中西部市场为中心。得州、佛罗里达州和加州都是经济增长很快的地区。塞格纳很喜欢肯·莱,而联合北方公司董事会对这位和蔼可亲、有着辉煌过去的年轻人也很感兴趣,因为大家都认为他正带领他的公司走向这个行业的未来。由于塞格纳来联合北方公司任职 25 年的纪念日即将到来,还由于这家公司其他高管即将年满 62 岁的强制退休年龄,因此,肯·莱和他的年轻团队被认为就像"地下铁"那样有价值。

1985 年第一季度,联合北方公司的收入和盈利是休斯敦天然气公司的 3 倍,联合北方公司的雇员人数是休斯敦天然气公司的 2 倍,而 1984 年的盈利是休斯敦天然气公司的 2 倍。但这两家公司的市值比较接近。不过,即使华尔街

---

[1] 尽管加州是一个令人垂涎的市场,但联合北方公司没有像收购大陆资源公司那样收购横贯西部管道公司,但横贯西部管道公司在 1967 年被卖给东得州输气公司之前,联合北方公司曾拥有这家公司 16% 的股份。

认为休斯敦天然气公司的潜力比联合北方公司更大,也不能确定谁是行业的龙头老大。1984年,联合北方公司盈利2.97亿美元,而休斯敦天然气公司只有1.23亿美元的盈利;联合北方公司的总资产为61亿美元,而休斯敦天然气公司只有37亿美元;联合北方公司的股东权益为18亿美元,而休斯敦天然气公司的股东权益只有10亿美元。

联合北方公司在得州已经有自己的部分业务,而得州是包括中西部地区在内的全美天然气行业的州际业务中心。联合北方公司对马塔哥达(Matagorda)岛的海鸥海岸输气管道系统持有50%的股权,而休斯敦天然气公司持有这个输气管道系统25%的股份。总部位于奥马哈的联合北方公司与休斯敦管道公司签订了多项墨西哥湾沿岸输气协议,并在得州雇有1 000多名员工,其中近一半员工在休斯敦工作。联合北方公司1984年股东大会就是在休斯敦召开的。

休斯敦管道公司和北方天然气管道公司分别是州内和州际输气市场上营销最有活力的公司。天然气行业的未来属于现货天然气和输送服务市场,而不是传统的管道运输天然气销售。任何其他公司都无力与合并后的休斯敦天然气公司和联合北方公司相抗衡,至少在这两块业务上。通过合并各自的天然气勘采、液化天然气和石化业务,就能实现规模经济并节约成本。最后,可以出售两家公司的杂散资产,以减少与购置资产有关的债务。

但是,奥马哈和休斯敦是两个非常不同的地方。联合北方公司的企业文化比肯·莱重塑的休斯敦天然气公司的企业文化来得传统、注重企业层级。但现在可不是贪图便利或者怀旧的时候,联合北方公司必须为走好崎岖的前行道路选择最佳伙伴同行。不出所料,联合北方公司最后选中了休斯敦天然气公司。

———

1985年4月20日,星期六,塞格纳与肯·莱联系,商讨合并事宜。"我们想买你们的公司;或者,如果你愿意的话,可以把我们买下。"塞格纳说道。休斯敦天然气公司的首席规划官约翰·温指出,莱利用了塞格纳和联合北方公司在6个月前会晤时对他产生的正面印象,并意识到有必要提高他的公司的股价以治愈沿海管道公司竞购要约留下的创伤。塞格纳找到了联合北方公司的首席技术开发官洛基·洛基亚诺,后者把他的副手卢·波坦帕和温约到了一起。休斯敦天然气公司聘请拉扎尔兄弟公司(Lazard Frères & Company)作为咨询顾问,而联合北方公司则请高盛公司当顾问。

对这两家公司来说，主要是更新它们已掌握的数据。对于温来说，是为休斯敦天然气公司提出做成这笔交易必须满足的条件：第一个条件是价格；第二个条件是由谁来掌管合并后的公司。面对这样一个合并追求者，莱深信这两个条件都能得到满足。收购价格必须不低于休斯敦天然气公司股票价格因沿海管道公司发出收购要约后曾经达到的最高价格（每股 63.25 美元），最好能再高一点。肯·莱——迟早——会登上公司权力的顶峰。温 2 年前在热电联产方面与联合北方公司打过交道，由于以上两个条件早已准备好，因此加快了谈判的推进速度。

莱听过温的简要汇报后，过了一个星期就去奥马哈拜访了塞格纳。塞格纳说明了他对合并的设想和对雅各布斯的担心。莱说明了需要抬高休斯敦天然气公司股价的原因以及休斯敦天然气公司与美国资源公司和特兰斯科能源公司谈判失败的经过——但也许可争取最好的结果。两人介绍了两家公司各自的主要资产和其他情况，都认为两家公司彼此非常合适——比他们能想到的任何其他合并对象都要合适。

莱感觉到了塞格纳的紧迫感，明白任何合并交易都必须按照休斯敦天然气公司根据联合北方公司正在执行的暂停协议确定的条件进行，并且重申了温已经提出的那两个条件。

联合北方公司规模比休斯敦天然气公司大，因此将充当收购方。这次收购的股票价格必须不低于沿海管道公司提出但被拒绝的竞购价格，也许会更高（当时休斯敦天然气公司股票的卖出价差不多是每股 45 美元，而 14 个月前曾达到沿海管道公司要约收购时推高的股价高点）。莱解释说，休斯敦天然气公司一半以上的股票由机构投资者持有，他们急于把纸面上拥有的数亿美元装进口袋。拉高休斯敦天然气公司的股价，就能避免股东起诉休斯敦天然气公司。

塞格纳作为收购方联合北方公司的董事长兼首席执行官，将出任合并后的公司的董事长兼首席执行官，而莱则担任总裁兼首席运营官。此外，联合北方公司将在合并后的公司的董事会中拥有多数席位。但是，莱和塞格纳都清楚对方的野心。1987 年 1 月 1 日，也就是两家公司合并后差不多过了一年半，莱就成了新公司的首席执行官，而塞格纳则成了资深董事长。新公司将成为莱的公司——除非董事会改变主意。

在公司总部设在哪里这个敏感问题上，双方谈定公司总部仍放在奥马哈不变，除非公司董事会另有决定。北方天然气管道公司肯定会留在奥马哈，但休斯敦对于公司几乎所有其他部门都很有吸引力。双方就合并后的公司组织机构设置初步交换了想法，并且考虑了两家公司高管的职务安排问题。

高盛公司为联合北方公司估算的休斯敦天然气公司的股票价格是每股 45 美元（大致相当于当时的股价），这对它的客户来说是一个很好的谈判砝码。拉扎尔兄弟公司为莱和温估算的休斯敦天然气公司股价是每股 77 美元。这两个股票估算价格的均价低于每股 65 美元。事实上，在听到这些传闻以后，天然气行业专家德崇证券公司的约翰·奥尔森和罗斯柴尔德-温特伯格-托宾 (L. F. Rothschild, Unterberg, Towbin) 投行的库尔特·劳纳 (Curt Launer) 对休斯敦天然气公司股票价格的估值最高达到了每股 60 美元。洛基亚诺在休斯敦天然气公司由马修斯和后来由莱掌管时曾对其做过尽职调查，他认为 65 美元是休斯敦天然气公司股价的上限。

但由于联合北方公司一心想做成这起合并交易，而且没有与其他公司接触谈判，因此，休斯敦天然气公司决定迅速出击。温拒绝了洛基亚诺提出的每股 65 美元的收购价，并提出了每股 70 美元的"照付不议"收购价。"我想我明白了，"洛基亚诺对温说，"我们是又老又丑又有钱的家伙，而你们是妙龄金发女郎。"

但是，洛基亚诺态度坚决，他不愿带着这个价格去见塞格纳，而塞格纳也不愿拿这个价格提交董事会审议。休斯敦天然气公司自己对并购后收入的预测无法证明这个收购价格的合理性。高盛公司也就这个收购价做过估算，并且解释说还本付息的负担实在太重。

温告诉莱，每股 70 美元的收购价需要数据支撑。莱确信自己需要 70 美元的价格，尽管 65 美元比沿海管道公司打收购战期间达到的股价投机峰值还要高（在沿海管道公司收购战打得最激烈的时候，休斯敦天然气公司自己的报价是每股 69 美元，这个价格帮助莱说服了自己）。莱又一次提出了一个轻率、大胆、高得离谱的收购价，并且相信他手下最聪明的人能够让对方接受这个价格。

休斯敦天然气公司为了镇住它的追求者，提高了它的预期收益。据估计，1985 年休斯敦天然气公司的收益将达到 1.36 亿美元，到 1989 年将增加到 2.27 亿美元，复合增长率接近 15%。与此同时，莱以"个人的名义保证"，休斯敦天然气公司将在合并后公布这些数据。

联合北方公司迅速谈定了由纽约花旗银行牵头安排的25亿美元"一般用途"信贷额度,而公司董事会为这笔信贷额度召开了特别会议。

莱觉得很有信心。1985年,休斯敦天然气公司开局势头强劲,第一季度的收益比上一年增长了1/3,债务—资本比率从上一年年底的59%下降到了50%——一个连莱自己都不敢指望6~12个月后能够实现的目标。休斯敦天然气公司的董事会对他们的金童非常满意。

高盛公司根据休斯敦天然气公司新测算的收益数据签署了代理协议,同时承认每股70美元有点夸张。洛基亚诺去找塞格纳,塞格纳没做正面回答,而是表示,他有49%的可能性支持这个合并价格,因为这个价格几乎是休斯敦天然气公司1984年每股收益的20倍。

虽然要价与出价相差很多,但休斯敦天然气公司无论对最终的要价还是坚持合并后的盈利目标看上去都很认真。塞格纳为自己构想了光荣引退,而为莱设想了闪亮登场,于是表示同意,并让这起合并交易的主要推动者和联合北方公司董事会非常尊敬的洛基亚诺出席董事会介绍情况。1985年5月2日,联合北方公司董事会一致接受了休斯敦天然气公司提出的合并条件,而显然非常满意的休斯敦天然气公司董事会也一致通过这笔合并交易。

从山姆·塞格纳打电话给肯·莱谈论合并事宜算起,仅仅过了10天,两家历史悠久的公司——休斯敦天然气公司(成立于1925年)和联合北方公司(成立于1930年)——就要合并成为休斯敦天然气-联合北方公司(HNG/InterNorth)。

这起合并案对莱的家庭来说也完全是个利好消息。肯·莱15万股休斯敦天然气公司股票期权的授予价是每股50美元,现在意味着有300万美元的盈利。莱的个人开销很大,他2年前协议离婚,现在有一个七口之家(他自己有2个孩子,琳达有3个孩子跟他们一起过),他在家里充当银行家的角色。但是,要过上他和琳达正在开始的那种生活,他需要更多、更多的钱。

休斯敦天然气-联合北方公司

联合北方公司向休斯敦天然气公司股东发出的收购要约总价是24亿美元。加上要承担的债务,收购总价就达到了38亿美元。休斯敦天然气公司的股票价格上涨了 1/3 以上,而联合北方公司的股价却下跌了 10%。而且,这两只股票价格的涨跌大部分发生在公告前一天。事实上,《华尔街日报》报道称,一次"公然"泄密提供了有关这笔交易"相当不错的细节"。事实证明,收购专家伊万·博斯基(Ivan Boesky)利用内幕消息购买了几十万股休斯敦天然气公司的股票,2周后抛掉获利 400 万美元。[1] 休斯敦天然气公司和联合北方公司的高管从休斯敦飞往纽约市向董事会介绍这笔交易,但在机场被记者追问时都不知道怎么回答。就在这些高管乘坐的飞机在空中飞行时,休斯敦天然气公司股票的价格又上涨了 25%,媒体想要一个解释。

塞格纳和莱在打给他们分析师的电话中都对这起合并案给出了非常积极的评价。莱强调了这起合并案涉及的地域范围和综合性质,而且特别强调了由四条纵横美国,全长 3.7 万英里,可以连接美国、加拿大甚至墨西哥所有主要天然气盆地的输气管线组成的网络。塞格纳滔滔不绝地表示,我们现在拥有"竞争、运营、营销、财务和管理等方面的诸多优势。简单地说,这些优势将使我们能够真正按照国家能源产业的结构性调整完成我们的任务"。在分析师方面,就在几天前把休斯敦天然气公司股价的最高估值确定为每股 60 美元的柯特·劳纳,也称赞这起每股 70 美元的收购是"一笔很好的交易",因为它创造了"美国第一输气公司"。劳纳在后来的很长一段时间里始终跟踪这家新公司的发展趋势。

市场的即时"裁决"表明,从联合北方公司转移到休斯敦天然气公司股东手中的财富,收购价至少高出联合北方公司最初(出于谨慎的原因)拒绝接受的要价每股 5 美元。温自己也表示,如果他代表对方谈判,每股 65 美元是他能接受的最高要价。但莱对避免痛苦的渴望要求他终结沿海管道公司收购战遗留下来的股东诉讼。那么,考虑到收购价实在是太高,合并后的公司未来会有怎样的表现呢?肯·莱非常自信,他的聪明才智会帮助他取得赌博的成功。

塞格纳仍然是合并后公司的子公司联合北方公司的董事长兼首席执行官,而莱则仍是合并后的公司的子公司休斯敦天然气公司的董事长兼首席执行官。莱也是联合北方公司的总裁兼首席运行管——排名仅次于塞格纳的二把手。但按照合同规定,18 个月后,肯·莱将毫不含糊地成为公司一把手。

---

[1] 据美国证券交易委员会的文件记载,这起泄密事件起因于由负责休斯敦天然气公司合并案、收取 700 万美元咨询费的咨询公司拉扎尔兄弟公司的罗伯特·威尔基斯(Robert Wilkis)。威尔基斯向德崇证券公司的丹尼斯·莱文(Dennis Levine)泄密,而莱文又向伊万·波斯基通风报信。最后,三人均因违反禁止内幕交易的法律而锒铛入狱。

不过,这时联合北方公司方面拥有董事会20个席位中的12个。收购方的全部12名董事都继续留任,而休斯敦天然气公司方面则不得不把董事人数从18个缩减到8个。[1]留下的董事中有莱最近任命的董事以及休斯敦天然气公司的老董事约翰·邓肯和乔·福伊。合并协议规定,合并第二年,塞格纳和莱将共同推荐2名董事,从而使董事总数达到22人。

阻止第三方入侵的一个利器是,联合北方公司有权以8.67亿美元的总价购买休斯敦管道公司2/3的股权,从而使得休斯敦天然气公司这枚"皇冠上的宝石"的账面价值达到13亿美元。联合北方公司在2年前曾以10亿美元的出价要约收购这项资产。

休斯敦方面情绪非常乐观,当地的报纸为休斯敦天然气公司报道了这个利好消息。休斯敦天然气公司的股东,包括几乎公司的全体员工,都已经拿到了"全价",而肯·莱本人也收获了他有生以来最大的一笔收入。令人欣慰的是,这位43岁的老将已经获得了公司最高职位,但考虑到他的名声,这个结果并不令人惊讶。

莱在一次全体员工大会上表现出来的满腔热情打消了员工对这起合并案的疑虑。他在会上解释说,休斯敦天然气公司的资产正是联合北方公司梦寐以求的,而且为补充它的核心资产所必需的;至少在可预见的将来,这是休斯敦天然气公司资产剥离和收购计划的最后一部分,主要是因为休斯敦天然气公司方面的现状;一家规模更大的公司对于所有人都意味着有更多的机会。

在周四宣布合并消息后,周一有1 500名员工在奥马哈的奥菲姆(Orphum)剧院集会,他们充其量也只是表示了自己的担心而已,但有些人并没有掩饰自己的不满。大多数员工是第二代、第三代或第四代内布拉斯加州人,他们在这个州读书上大学,并与另一个中西部家庭联姻。联合北方公司是收购方,但休斯敦是能源中心,肯·莱注定要管事做主。

联合北方公司与被它收购的休斯敦天然气公司相比,业务更加多元化、战线拉得更长,而变卖资产可能会减少这宗代价昂贵的收购案造成的债务负担。是

---

[1] 休斯敦天然气公司幸运留任的8名董事分别是莱、邓肯、福伊、约翰·哈伯特三世、罗伯特·贾迪克、查尔斯·勒麦斯切(Charles LeMaistre)、查尔斯·沃尔克和赫伯特·维诺库。失去董事会席位的董事中有埃德·史密斯、詹姆斯·沃尔泽尔和布赖恩·温伯利(Bryan Wimberly)。

的,联合北方公司的董事占据了新公司董事会的多数席位,但他们已经批准了曾被说成"反向合并"的交易。几张摇摆不定的选票有可能导致任何——包括把总部迁往休斯敦在内的——事情的发生。

塞格纳宣布董事会会议开始。"当我们经历放松管制和面临激烈竞争的市场形势时,我们的生活将与过去不同,"他继续说道,"我在前一段时间得出的结论是,我们的最大利益应该通过进攻而不是防守来争取……休斯敦的一位财经作家说过'从北疆到南疆,从东海岸到西海岸'这句话。这句话现在很适合我们两家公司的输气系统。由于我们追求高效率的输气服务和在市场上有很多选择,'从北疆到南疆'和'从东海岸到西海岸'肯定会成为天然气管道运输业的一道独特风景线。"

塞格纳又补充说,休斯敦天然气公司服务的天然气市场在夏季达到需求高峰,这反映了发电对天然气的需求;而休斯敦天然气公司夏季发电用天然气的市场正好与北方天然气管道公司的冬季家庭用户市场互为补充。休斯敦天然气公司的输气管网途经得克萨斯、佛罗里达和加利福尼亚三个美国经济快速增长的州,而这三个州的天然气市场正是"我们一直在致力于进入的市场"。最后,他总结说:"这就是这3年来我们一直在努力做的事情……我认为,这个附带结果对大家都有好处。"

洛基·洛基亚诺对休斯敦天然气公司索要"不成功便成仁"的被收购高价起到了决定性的默许作用。他把这个价格说成是位于两家公司所希望的收购价格之间"某个点上"的价格,因此算不上是哲学欺骗,但已经接近哲学欺骗。他向那些严肃的听众解释说,他们还考虑了其他选择。在3月中旬有传言导致联合北方公司的股价飙升近15%以后,管理层决定采取果断行动。公司首先考虑了杠杆收购,公司员工可通过员工股票期权计划(ESOP)来控制公司。但由此产生的90%的债务比率需要大幅削减资本支出,从而危及未来的收益。公司管理层随后拜访了他们首选的两个合并伙伴中的一个伙伴——埃尔帕索天然气公司的母公司惠灵顿北方公司,但最终遭到了拒绝。与东得州公司和美国天然气管道公司的谈判甚至还没有走到这一步。

于是,联合北方公司转向了它选择的第一个合并伙伴休斯敦天然气公司。这个合并伙伴曾在1983年拒绝过联合北方公司发出的收购休斯敦管道公司的要约,就如我们在第一章里介绍的那样。肯·莱虽然刚刚尝过发出收购要约就被特兰斯科能源公司拒绝的滋味,但对合并仍持开放的态度。公司新的债务比率70%(差不多有54亿美元的债务和77亿美元的市值——其中联合北方公司的市值约为50亿美元,休斯敦天然气公司的市值为27亿美元)虽然远高于先前的38%,但与采用员工持股计划进行杠杆收购会造成的债务比率相比,还是可以消化的。

塞格纳向他的员工保证:"肯·莱是一个非常正派、直率的人。"塞格纳把他自己的作用描绘成确保肯和奥马哈方面互相了解。他承诺,未来18个月将是一个平稳过渡期。

休斯敦天然气公司方面在这笔交易中得到了很好的保护。莱没有预见到裁员,而合并协议规定联合北方公司有义务在不少于2年的时间里履行休斯敦天然气公司包括休假和离职在内的全部员工福利计划。肯·莱并没有忘记这种小人物的事情。毕竟,在几乎所有的方面,他曾经就是一个小人物。

买方后悔

奥马哈合并案很快就演化成一个买方后悔的糟糕案例。当然,持有联合北方公司5%普通股的欧文·雅各布斯从一开始就反对这笔交易。他说:"我不喜欢这笔交易,我也不会坐视不管。"在这笔交易导致联合北方公司股价下跌5.25美元,休斯敦天然气公司股价上涨20.25美元时,市场发出了明确的信号。一位金融专家打趣说:"在达成协议之前,这看起来是一起很棒的企业合并交易。"行业分析师约翰·奥尔森在看到协议细则后表示:"这让你感到惊讶,到底是谁在接管谁。"

联合北方公司支付了过高的收购价是一回事,但更令奥马哈方面雪上加霜的是,一些很有来头的传闻称,这家新公司将把总部迁往休斯敦。给人的印象是,联合北方公司方面——收购方,规模更大的公司——表现非常软弱。《休斯敦纪事报》记者芭芭拉·舒克(Barbara Shook)、一名休斯敦天然气公司的前员工认为,把新公司的总部迁往天然气之都是合乎逻辑的,并且记述了塞格纳与这座城市的关系。与肯·莱一样,塞格纳也是休斯敦最大的银行第一城市银行(First City Bank Corp.)的董事,最近娶了一名休斯敦女子,在城里租了一套公寓,并打算在休斯敦伍德兰兹(Woodlands)北面买一套别墅。

但是，塞格纳和莱都矢口否认休斯敦被选作公司总部所在地。然而，我们并不需要天赋就能知道莱希望把公司总部设在哪里。所有这一切都发生在联合北方公司斥资1.08亿美元新建的总部大楼——被称为塞格纳的"粉色宫殿"——即将完工之际。

7月16日，经过全体股东和监管机构的批准，这起合并案最终成交。6月1日被选为正式的合并日期。为了满足联邦贸易委员会（Federal Trade Commission）的反垄断要求，这两家公司必须在合并后剥离多家得州州内输气子公司的权益。休斯敦天然气公司出售了它在绿洲管道公司、红河管道公司（Red River Pipeline）和绿巨能公司（Llano Inc.）的权益，而联合北方公司则变卖了它刚刚买下的瓦莱罗能源公司西得州输气管网的一半股份，还变卖了它在诺瓦尔天然气公司中的权益。[1] 新公司暂时取名为"休斯敦天然气-联合北方公司"。莱解释说："之所以把休斯敦天然气公司的名字放在新公司名称的前面，因为读起来比较顺口。"

休斯敦天然气-联合北方公司开业简讯介绍了这家公司全长37 000英里的天然气输送管网，把从美国和加拿大所有主要天然气盆地开采的天然气输送给500万用户。这份简讯还评论说，这家公司的每个部门照常经营自己的业务。在一张随附的图片中，塞格纳和莱两人都笑容可掬。

新公司公关部用"美国第一能源公司"的宣传语取代了"我们为美国而工作"。"从战略上讲，很少有合并案比这起合并案更有意义，"一本制作精美的公司宣传册这样解释，并且又补充说，"新公司凭借联合北方公司的低成本天然气供应和覆盖面大的输气管道系统以及休斯敦天然气公司不断扩大的市场份额来提高运营和营销效率，而它们遍布全国的输气管道系统赋予新公司无与伦比的灵活性和竞争机会。"

如果新公司能够做到严格意义上的协调管理，并且能够争取让监管部门提高工作灵活性，那么，从东海岸到西海岸、从北疆到南疆的天然气输送管网协同运营的新理念就能创造机会。

在宣布合并后几周里又出现了新的情况。6月，包括标准普尔公司在内的

---

[1] 在资产剥离之前，由于合并后的休斯敦天然气公司和联合北方公司的购买力有所减弱，因此，这起合并案被认为对帕米亚盆地——天然气产量占全美天然气产量的1/5——的天然气生产商不利。莱和塞格纳最初设想的规模经济因监管机构的监管而没能实现。因此，在这个案例中，反垄断法可以说是有利于生产者，而不是消费者。

图 2.3　公司的公关部和公共事务部致力于融合两种企业文化并提高员工士气。由于在 1985 年剩下的时间和 1986 年期间发生的事情,"美国第一能源公司"的宣传语很快就被遗忘了。

几家主要信用评级机构把这家拟合并公司优先债务的信用评级调低了几个等级,从"A"下调到了"BBB"。"BBB"仍算是投资级,但与非投资级已经相去不远。这就是肯·莱认识迈克尔·米尔肯的原因。1985 年 10 月,米尔肯的公司德崇证券为休斯敦天然气-联合北方公司发行了 6.14 亿美元的"垃圾债券"[1],而这只是未来三年总额略低于 30 亿美元的八笔交易中的第一笔。这次交易是米尔肯和莱之间长期友谊的开始,也使这名曾经锒铛入狱的金融家在 2000 年年底安然公司召开的最后一次管理层会议上发表讲话。

休斯敦天然气-联合北方公司高达 70% 的债务比率——并据此下调了债务的信用等级——导致利息支出吞噬了一半以上的运营利润。塞格纳和莱制定了一个用现金流量(估计每年超过 10 亿美元)并通过削减资本支出和变卖资产的方式把债务比率降低到 60% 或更低的目标。

两家公司为合并确定的(轻率)条件从一开始就破坏了这起合并案的经济价值,但这是以牺牲联合北方公司股东利益为代价并由休斯敦天然气公司股东(包

---

[1] 杰夫·斯基林回忆说:"休斯敦天然气-联合北方公司是第一批依靠发行垃圾债券——成本很高的债务——完成的大规模杠杆收购交易之一。我们的资产负债状况非常糟糕。"

括肯·莱在内)侵吞的经济价值。[1] 合并前休斯敦天然气公司的估值为 10 亿美元,联合北方公司为收购休斯敦天然气公司支付了 24 亿美元,而商誉价值约 14 亿美元,这个数值必须通过未来的收益或减计资产来处理。

6 月 27 日,新公司发布了第一张合并组织结构图。根据这张组织结构图,莱和负责资产收购与出售的洛基亚诺要向塞格纳汇报工作,而几乎所有其他高管都要向莱汇报工作。[2] 在(休斯敦、奥马哈或两地之间的其他地点举行的)员工会议上,宣布公司需要裁员。

2 周后,新公司公布了一份全公司范围内的遣散或提前退休计划。这项计划规定,员工在两家公司每工作一年可获得 2 周的遣散费;另外,每 1 万美元工资再加 1 周的遣散费。对于老员工来说,遣散费就相当于 1 年或以上的工资。"我希望大家都能感觉到这些遣散费可帮助解决经济困难,"塞格纳写道,"这当然是我们的意愿。"

但是,奥马哈方面不禁想知道为什么会出现这种情况。休斯敦有人还记得肯·莱在合并消息公布的第二天表情轻松地对媒体说的话:"我并不认为休斯敦有任何冗员。"这并不是莱最后一次面对轻率表示过分的乐观。在这一年结束之前,新公司要裁减 900 名员工,并且要发生用于支付提前退休计划、遣散费和搬迁费等的非经常性费用 5 500 万美元。但是,形势变化的严重程度也反映了一些意料之外的因素在起作用。

合并后的挫折

随着合并接近尾声,肯·莱飞往华盛顿与他的政府事务新主管见面。约瑟夫·希林斯曾在华盛顿国际街区附近工作。他在全美航空公司(National Airlines)和福陆公司工作的经历使他十分熟悉数十个国家的政治状况。在形势艰

---

[1] 1984 年年底,休斯敦天然气公司和联合北方公司的债务比率分别为 59% 和 38%,加权平均为 46%。1 年后,休斯敦天然气-联合北方公司的债务比率因债务增加和股东权益减少而达到了 70% 的峰值(后来重报为 73%)。投资者认为,与合并前两家独立公司相比,合并后的新公司风险有所增加,而价值则有所减少。

[2] 向莱汇报工作的有比尔·摩根(副总裁兼董事长和总裁助理)、汤米·汤普森(Tommy Thompson,执行副总裁和财务总监)和基斯·科恩(副总裁兼副财务总监)、米克·塞德尔(副总裁兼办公室主任)、丹·加德纳(Dan Gardner,负责天然气业务的副总裁)和戈登·塞韦拉(Gordon Severa,负责石油化工、液化天然气和勘采业务的副总裁)。向加德纳汇报工作的是天然气业务主管丹·丁斯特比尔——可以说,丁斯特比尔在公司担任重要程度仅次于莱的职务。

难的时候,他聘请前中央情报局局长和大使来获得实时情报信息和建议。

"约瑟夫,你会喜欢这份工作的,因为你已经在国际事务领域工作过多年,而联合北方公司也有许多国际项目,包括一个在秘鲁的项目。"莱对他说。

"肯,你不会是说秘鲁吧!"希林斯回应道,"福陆公司在秘鲁的矿山附近有'光辉道路'活动,我们有一支部队保护我们的矿山。"希林斯就在那时候意识到他的首席执行官缺少在国际热点地区做生意的经验。

联合北方公司一家主要子公司贝尔科石油公司拥有的海上石油生产设施是一些问题资产。贝尔科石油公司的创始人阿瑟·贝尔弗(Arthur Belfer)自1959年以来一直在秘鲁从事经营活动。他的公司率先使用海上钻井技术,减少了所需平台的数量。1983年8月,他和儿子罗伯特·贝尔弗(Robert Belfer)为了解决"结构性失衡"问题,也就是"我们有太多的收入……来自国外一个国家"的问题,明智地把贝尔科公司卖给山姆·塞格纳。贝尔弗父子明白,秘鲁曾在1967年和1975年先后把埃克森公司和海湾石油公司(Gulf Oil Corp.)的相关资产收归国有。

秘鲁当时是一个民主国家,依据1980年7月28日(独立日)通过的宪法治理国家。费尔南多·贝劳德(Fernando Belaúnde)总统对秘鲁贝尔科石油公司十分友好,但后来秘鲁发生了政治动乱。贝尔弗父子向美国海外私人投资者公司(Overseas Private Investor Corporation, OPIC)寻求美国政府的保护,但秘鲁法律不允许在第三方国家审理纠纷,而可在第三方国家审理纠纷则是获得美国政府保护的必要条件。贝尔弗父子和愿意帮助他俩的(纽约州共和党)参议员雅各布·贾维茨一起努力争取国会修改有关法律,但毫无结果。

联合北方公司要求贝尔科公司购买政治风险保险,作为收购这家公司的一个条件。于是,贝尔科公司向美国国际集团(American International Group Inc, AIG)购买了一份保额2亿美元的保单——大约相当于其在秘鲁的资产一半的账面价值。鉴于联合北方公司有充盈的现金流和多元化的兴趣,因此,这份保单对山姆·塞格纳和联合北方公司的董事会来说已经足够了。

秘鲁的中央集权经济疲软,通货膨胀居高不下,"光辉道路"正在威胁农村地区。1985年4月,左翼美洲人民革命联盟(American Popular Revolutionary Alliance, APRA)的候选人阿兰·加西亚(Alan Garcia)赢得了总统大选。无论是国内还是国际企业,凡是根据政府合同经营能源和其他领域的私营企业都面临国有化的风险。

1985年8月29日,加西亚颁布了一项重签秘鲁贝尔科石油公司与秘鲁石油公司(Petroleos del Peru)各占50%份额的生产协议——替代方案是征用。[1] 20世纪70年代油价飙升时期曾进行过重新谈判,但现在油价正在下跌。罗伯特·贝尔弗曾向秘鲁前届政府要求更加宽松的合同条款,秘鲁政府当然拒绝了加西亚提出的要求,即归还5000万美元的税收抵免,并接受为未来规定的新条件。在长达90天的谈判期结束后,又延长了1个月,但仍然无果而终。

1985年12月27日,秘鲁军队包围了秘鲁贝尔科石油公司驻利马办事处,并且占领了贝尔科公司在秘鲁沿海城镇塔拉拉(Talara)的经营场所。该公司111个日产约2.4万桶石油的海上钻井平台被置于秘鲁政府监管之下,结果导致休斯敦天然气-联合北方公司的股票价格下跌了4%。

对公司合并后的所有乐观预期全都落空。在扣除预期可追回款项后,账面价值为3.93亿美元的财产损失导致1985年第四季度额外支出2.18亿美元(并没有享受任何税收优惠),从而抹去了这一年度的大部分营业利润。在标准普尔和穆迪公司重申休斯敦天然气-联合北方公司(已经下调)的信用等级时,这家公司因已经决定推迟发行原定要发行的债券而松了口气。[2]

在变卖了一些资产和用现金流偿还债务后,新公司还积欠50亿美元的债务,必须把新赚到的每一美元都用于减少债务。收归国有的资产每年大约能产生2000万美元的现金流,约占公司总现金流的3%。肯·莱第一次尝到了国际商务变幻莫测的滋味。考虑到这次合并在很大程度上是他促成的,因此,对他来说,是一次罕见但完全可以预见的商业挫折。[3]

团结一致

休斯敦天然气-联合北方公司设立了天然气管线运营、勘采、液化天然气、石

---

[1] 秘鲁当局指控秘鲁贝尔科石油公司滥用前政权给予的免税优惠待遇,并声称:"这并不是针对外国资本的措施[或者]……反美立场。"事实上,加西亚是想"鱼与熊掌兼得",因为美国政府自1980年以来已经向秘鲁提供了6亿美元的援助。

[2] 请参阅:Internet appendix 2.3, "The Nationalization of Belco Peru: A Personal Recollection," www.politicalcapitalism.org/Book3/Chapter2/Appendix3.html.

[3] 莱就在特兰斯科能源公司把它在大平原煤炭气化项目(Great Plains Coal Gasification)——该公司董事长杰克·鲍恩钟爱的项目——中20%的权益进行9200万美元税后减计前离开了这家公司。

化产品和国际5个事业部。联合北方公司方面的(负责输气管道运营的执行副总裁)高管丹·加德纳和(负责石化产品的执行副总裁)戈登·塞韦拉的职位最为重要。但在这个价值90亿美元、自称是"国际能源公司""美国第一能源公司""一流能源网络"并"具备打造美国最佳多元化能源公司的素质"的实体之表面下,潜伏着很多休斯敦天然气公司方面的人才。

除了公司总部外,每个事业部都要选择自己的栖身地。不久,各主要业务单位就开始南下。

联合北方公司方面最有价值的管理人才都在北方天然气公司任职,这家公司的主要管理人员最早搬到休斯敦,甚至在他们的家人之前。北方天然气营销公司的总裁丹·丁斯特比尔和副总裁罗恩·伯恩斯都搬到了休斯敦。他俩喜欢做天然气生意,而休斯敦就是做天然气生意的地方。

7月中旬,休斯敦天然气-联合北方公司各天然气业务部门在联合北方公司位于科罗拉多州格兰比(Granby)附近的牧场举行了为期3天的整合会议,并安排了开展社交和娱乐活动(骑马、钓鱼、徒步旅行、保龄球、多向飞靶射击等——山姆·塞格纳总要求一流)的时间。但现在已经到了让他们着手运营业已构建好的巨大网络的时候了。每家管道公司的总裁都做了介绍,而工作组做了专题介绍,并推荐谁担任什么工作。大家都在寻找协同效应和能使公司利润最大化的方法。

这次会议名义上由丹·加德纳负责,但实际上由罗恩·伯恩斯主持。肯·莱原计划参加这个会议,但因故不得已临时取消了参加会议的计划,而山姆·塞格纳也不知去了哪里。但几乎所有其他重要的新任命的高管都参加了这次会议。公司方面由副总裁兼办公室主任米克·塞德尔,莱的特别助理、曾在佛罗里达天然气公司工作过的比尔·摩根以及因公司重组减少了职责而触发其买断条款并很快离职的吉姆·沃尔泽尔代表。除了丁斯特比尔和伯恩斯之外,北方天然公司方面有十几个高管参加了这次会议,其中包括负责营销的副总裁比尔·凯尔斯特罗姆、战略支持经理唐·赫佩曼(Don Hepperman)、负责天然气采购的副总裁弗莱德·霍林格(Fred Hollinger)和负责天然气销售的比尔·休斯敦。

领导休斯敦天然气公司州际天然气业务的团队成员包括新任命的总裁约翰·温(没过多久就离开了公司),负责营销、输气交换和供应部的执行副总裁吉姆·罗杰斯,负责营销的执行副总裁克劳德·穆伦多(Claude Mullendore),负责

第二章
休斯敦天然气公司与联合北方公司

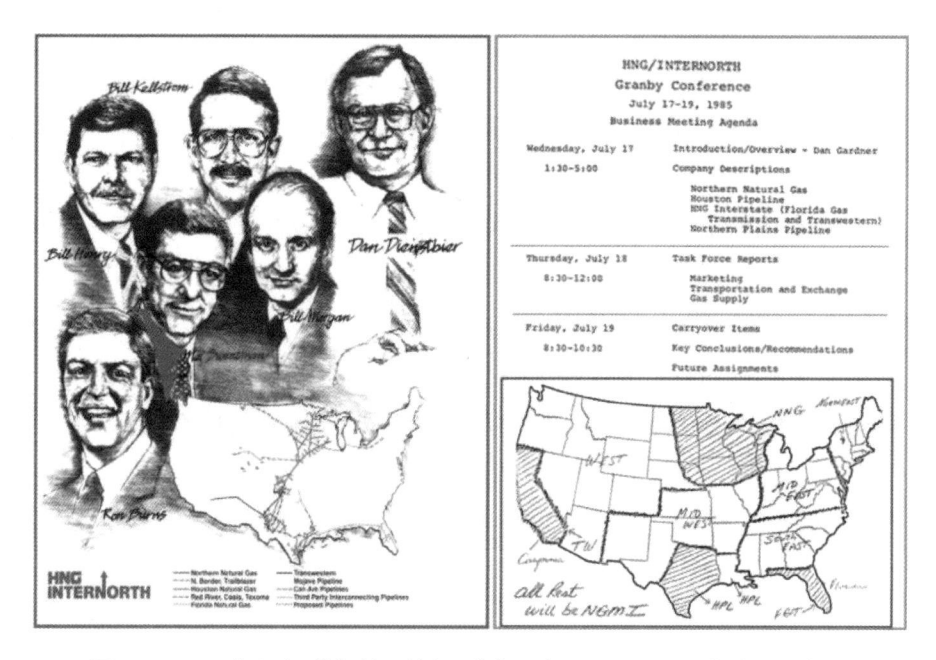

图 2.4 1985 年年中，休斯敦天然气-联合北方公司召开了由负责天然气业务的高管参加的会议。这次会议制定了新公司州内和州际输气业务的开放策略，包括组建一家全国性的营销公司。

运营部的执行副总裁 E. J. 伯金(E. J. Bergin)，以及负责天然气供应的高级副总裁哈里·斯托特(Harry Stout)。休斯敦天然气公司州内业务的代表有休斯敦管道公司总裁梅尔·斯威特曼、负责供应和行政的执行副总裁杰拉尔德·班尼特、负责开发部的高级副总裁鲍勃·凯利(Bob Kelly)以及其他负责州内业务的高管。

成为休斯敦天然气-联合北方公司和后来安然公司领导人的"五巨头"分别是丁斯特比尔、伯恩斯、班尼特、穆伦多和罗杰斯，而业内新涌现的最优秀人才很快就会加入他们的行列。

北方天然气管道公司负责上中西部地区，休斯敦管道公司负责得克萨斯湾沿海和达拉斯地区，佛罗里达天然气输送公司负责佛罗里达州，而横贯西部管道公司则负责加利福尼亚地区——这一点不会令任何人感到奇怪。这四家输气公司各自对本系统放开供应的天然气(即放开合同制供应的天然气,作为弹性价格现货天然气供应)负有营销责任。

北方天然气营销公司广阔的覆盖范围使它成了全系统天然气营销人员的必

然选择。这家不久就更名为"休斯敦天然气-联合北方公司天然气营销公司"(HNG/InterNorth Gas Marketing Inc., HIGMI)的子公司已有 2 年的营运经验,并且有专职员工和工作信息系统。经它营销的天然气多达 8 亿立方英尺/日,超过了天然气交易清算所或任何其他天然气营销公司。

联合北方公司旗下的输气交换部不但自信,而且自大,在会议上称自己是"全国天然气行业最了不起的部门",是一台"以团队为导向、积极进取的全集成化机器"。输气交换部依托公司从东海岸到西海岸、从北疆到南疆的输气管网,把自己想象成一个推行"全面网格化管理"的"服务中心"和"神经中枢"。所有这一切都是必需的,到 1986 年年中,大约有 70 家知名营销公司或经纪公司——以及更多只有"一部电话和一张折叠桌"的进入者——正大举进军美国开放—准入的州际(批发)天然气输送市场的天然气物流领域。

天然气加工和液化天然气业务是休斯敦天然气-联合北方公司另一个需要合并和精简的重要业务部门。联合北方公司的北方液体燃料公司必须与由迈克尔·穆克勒罗伊掌管的休斯敦液化天然气公司合并。由罗兰·比斯利(Roland Beasley)领导的北方液体燃料公司规模要比休斯敦液化天然气公司大几倍——但管理不善。穆克勒罗伊在合并前对北方液体燃料公司旗下的每家工厂进行了评估,他向莱解释了他的改进想法。麦肯锡公司受聘提供咨询意见。当时的决定是从 1985 年 9 月起由穆克勒罗伊担任合并后的液体燃料集团的首席运营官,而由比斯利担任北方石化公司负责液体燃料和石化产品生产的执行副总裁。

穆克勒罗伊很快就宣布把他负责的集团总部设在休斯敦,并告诉联合北方公司方面,他们越早搬迁,就越有可能选到好的工作和住房。搬迁补助也很慷慨,让每个搬迁员工的家庭都有机会获得额外的公平待遇。在奥马哈举行的圣诞晚会上,穆克勒罗伊收到了一些嘘声,但北方液体燃料公司的大多数员工都去了休斯敦。那些选择留在奥马哈的员工有些被安置在公司工作,而有些则离开公司去其他地方谋职。最重要的是,在接下来的几个月和几年里,重大的业务改进取得了美满的结局。

北方石化公司在伊利诺伊州和艾奥瓦州拥有世界级的烯烃和聚烯烃生产设备,并在俄亥俄州、伊利诺伊州和马萨诸塞州拥有规模较小的工厂。北方石化公司在休斯敦天然气公司没有竞争对手,因此,合并后业务一切照旧。事实上,这家公司自己也正忙于合并,这项工作由詹姆斯·肖尔(James Schorr)负责。詹姆斯·肖尔曾为德士古公司掌管过在1984年末被联合北方公司收购的普莱克斯公司。北方石化公司[简单地说,就是安然化学公司(Enron Chemical Company)]没有必要搬到休斯敦,因为这家分公司是为减少公司债务而变卖资产的一个早期"候选人"。罗兰·比斯利之前选择留在奥马哈,11月石化事业部的资产被变卖后,他就成了开销很大的冗员,并于第二年上半年离开了公司。

1985年10月,休斯敦天然气公司旗下的石油公司(HNG Oil Company)和贝尔诺斯石油公司(BelNorth Petroleum)这两家位于休斯敦的石油公司合并成休斯敦天然气-联合北方公司旗下的勘探公司(HNG/InterNorth Exploration Company),负责公司全部的国内石油钻探和生产业务。曾任休斯敦天然气公司石油公司总裁的泰德·柯林斯受命掌管美国第四大独立油气公司。

柯林斯向贝尔科石油公司董事长罗伯特·贝尔弗汇报工作。贝尔科石油公司持有贝尔科公司的国际油气田资产,包括对被收归国有的秘鲁资产的权利。随着贝尔科公司从纽约市迁往休斯敦的日期迫近,贝尔弗辞去了在贝尔科的职务,但仍是休斯敦天然气-联合北方公司最大的股东之一。[1]

联合北方国际公司(InterNorth International)负责联合北方公司勘采以外的全部非国内业务,休斯敦天然气公司也没有这样的对应机构。这个主要是在山姆·塞格纳领导下组建起来的能源企业集合体,继续在奥马哈合并前总裁的领导下作为一个独立实体存在。

市场变幻莫测,并且支配着休斯敦天然气-联合北方公司的每个事业部。石油和天然气价格下跌,伤害了除石化产品部以外的所有事业部。输气部虽然业务稳定,但也遇到了费率基础下降的问题。此外,由于联邦监管剧变,向着开放—准入环境的过渡造成了一些无法补偿的费用。开放—准入有望为最高效的天然气大宗商品做市商带来利润,但结果还没有定论。

热电联产项目是当时现成可做的项目。由于政治资本主义旨在创建独立的电力生产商,与垂直一体化的公用事业电力公司在发电领域展开竞争,因此,如果热电项目做得好,与长期能源供应合同挂钩,就能做到有钱可赚甚至带来超常

---

〔1〕贝尔弗回忆道:"在我看来,很明显,要么离婚去休斯敦工作,这样做代价大;要么留在纽约与休斯敦天然气-联合北方公司断绝雇佣关系,但继续担任公司董事。显然,我选择了后者。"

的回报率。能源监管及其变革对肯·莱特别有吸引力,他的能源游戏就是在政府支持的方面抓住盈利机会。

安然公司有打造一个生机勃勃的独立电力事业部的愿景,因此面临如何在两个掌门人中间挑选一个的问题。其中的一个就是通用电气公司的热电联产明星年方39岁的约翰·温,莱早在一年半前就已经聘用了他。温已经帮助休斯敦天然气公司完成了利润丰厚的与联合北方公司的合并。根据他原先与休斯敦天然气公司签订的合同,他应该负责热电联产部门。但现在,休斯敦天然气公司已经与联合北方公司合并,而且合并后的公司任命了很多休斯敦天然气公司这方面的高管。此外,莱手下的这个伙计并不会因为是这起合并交易的休斯敦天然气公司方面的谈判代表而获得加分,因为仍大权在握的联合北方公司方面已经变得越来越不喜欢这起合并交易。

最重要的是,塞格纳和他的董事会多数成员都有自己的人选——一个很不错的人选,即北方自然资源公司(Northern Natural Resources Company, Northern Resources)总裁——50岁的霍华德·霍克斯(Howard Hawks)。霍克斯于1966年加盟北方自然资源公司,5年后被任命为财务与行政副总裁。1977年,他被提拔为负责北疆管道公司建设项目的总裁。1982年,他接手管理联合北方公司的一个主要事业部北方液体燃料公司,并且取得了不错的业绩。因此,霍克斯在1984年受命掌管北方自然资源公司,负责为联合北方公司可观的现金流寻觅好的投资机会,而热电联产项目位居好的投资机会的榜首。

前北方自然资源公司总裁罗伯特·拉什(Robert Raasch)和山姆·塞格纳在休斯敦天然气公司与联合北方公司合并之前就认识温。1983年,北方自然资源公司由于没能与设备制造商克劳斯-海因兹公司(Crouse-Hinds Company)[今天的库柏-克劳斯-海因兹公司(Cooper Crouse Hinds Company)]和设备供应商比塞洛斯-伊利公司(Bucyrus-Erie Company)[卡特彼勒公司(Caterpillar)]结盟,因此转向了通用电气公司。为了达成协议,联合北方公司邀请通用电气公司热电联产应用开发集团(Cogeneration Applications Development Group)的高管到格兰比牧场谈判。

这两个竞争对手——它们的员工甚至在休息寓所还在通过电话进行项目谈判——有理由携手合作。但是,当温起身为东道主敬酒致谢,原本充满节日气氛的晚宴结束时,合作的希望就破灭了。通用电气公司的代表只字未提北美联盟的事情。他是想在联合北方公司的地盘上建立合资企业,从而能够从北方天然气公司的天然气供应和输送服务中获益。

联合北方公司不需要合作伙伴,甚至连实力雄厚的通用电气公司也不需要。拉什感到困惑,在举杯答谢时几乎没有说什么。第二天,在进行了一些敷衍了事的娱乐活动以后,会谈就结束了。

不过,在联合北方公司收购休斯敦天然气公司时,现在由霍克斯掌管的北方自然资源公司提出了投资(股权融资)开发3个热电项目的意向书:2个在加州(与提高原油采收率有关的项目,也都是休斯敦天然气公司旗下莫哈韦管道公司追求的项目),另一个在得州的得克萨斯市。[1] 联合北方公司已经为这些项目准备了3亿美元的资金,后续会有更多的此类项目。北方天然气管道公司有大量的自由现金流,远远超过了再投资的需要;而热电联产正是联合北方公司想成为成长型企业所需要的投资项目。因此,肯·莱默许了塞格纳,并且把休斯敦天然气-联合北方公司的热电业务交给霍华德·霍克斯掌管的北方自然资源公司这个在奥马哈根基很深的事业部。

那么,怎样安排约翰·温的职务呢?莱试图通过把他的这个明星安排在州际输气部门加以安抚,因为掌管州际输气部门名义上是公司最重要的职务之一。但是,温绝不会接受这个职务。温回忆说:"我习惯把世界分成财富创造和资产保管两个部分。从某种程度上讲,掌管管道运输公司就是保管资产。"温打电话给莱提到了他的聘用合同中的一些条款,并且两人协商达成了这样一个退出协议:他将与休斯敦天然气-联合北方公司协商,但也会自行开展热电联产项目。[2] 这份为期5年的协议具有非同寻常的意义,因为这意味着,温可与涉及安然公司的交易双方谈判,从而为未来出现(反资本主义)利益冲突时弃权开启先例。事实上,安然公司在合同中订有条款赋予自己优先拒绝温推荐的交易的权利。

这出霍克斯取代温的大戏只是肯·莱的热电联产生意经历起伏的一个开端。正如下一章所解释的那样,霍克斯很快就会出局走人,而温很快就会回

---

〔1〕 得克萨斯市的热电联产项目后来成为安然公司历史上最成功的项目之一。请参阅第四章。

〔2〕 温签订的5年期聘用合同才过去几个月,作为买断这份聘用合同的部分条件,温同意签署一份年薪26.5万美元(就相当于加薪)的2年期咨询合同,同时继续保留他在新项目中可按5年期聘用合同规定应得的津贴和股权。

来。[1]但这出大戏也没有就此结束,因为温将再次退出,并以安然公司顶尖电厂开发人的身份再度回来。

肯·莱亲自掌管

在所有冲击休斯敦天然气-联合北方公司的内外部因素中,肯·莱是一个不变的因素,而山姆·塞格纳只有一年半的短暂任期,最多也只能确保两家公司顺利过渡成为一家公司。

塞格纳与比尔·施特劳斯两人在为人处世等方面截然不同,但施特劳斯选择他作为自己的继任者。施特劳斯坚韧的企业家本能得到了他正直、价值主导、实话实说等个性的补强。他凭借自己的渊博知识、正直坦诚赢得了下属和同僚的信任;塞格纳,特别是在达到职业生涯顶峰以后表现得十分绅士,但很冷漠——在一家体现美国中西部地区价值观的上市公司里,这种性格并不讨人喜欢。

正是塞格纳购买了联合北方公司的第一架商务飞机,而且还喜欢自己驾驶。塞格纳规定只有总裁办公室成员可在15楼的高管餐厅用餐,每位用餐者都由戴着白手套的侍者小心侍候。也是塞格纳为公司在科罗拉多买下了一个度假牧场,并在远离奥马哈的地方大肆投资,包括在纽约瓦尔哈拉设立了一家独立持仓的(投机性)石油交易企业。现在,通过反向并购,塞格纳为自己实施一种奢华退出策略。

在为纪念1980年联合北方公司成立50周年委托制作的公司史册中,塞格纳被描述为"一个既谦逊又高傲的人,他既不忘自己卑微的出身,又毫不掩饰对生活中美好事物的喜爱"。他被说成"热情""才华出众"和"不惧风险"等不一而足。这本公司史册援引一位高管同僚的话说:"塞格纳也许并不总能做对,但他会尝试。"

这样的描述可能比塞格纳和他的公司想要的还要好——同样的情况也出现在这位大学教授对北方天然气公司前几任总裁性格特点毫不掩饰的生动描述中。这本有300页厚的手稿并没有按照塞格纳和施特劳斯的计划出版。这本有

---

[1] 请参阅第三章。

可能出版的书稿被锁在了奥马哈一家银行的保险库里,取而代之的是一本经过大刀阔斧删减的 25 页图文并茂的小册子。[1]

这年 9 月,就在股东批准合并案的 2 个月后,肯·莱邀请联合北方公司方面的全体董事到休斯敦参加与该市商界、市民和政治领袖见面的招待会。但招待会没有按计划进行,原因就是这些董事与他们不希望把总部搬到那里的城市过从甚密不感兴趣。正当莱、塞格纳和休斯敦天然气公司方面的全体董事举杯迎客时,联合北方公司方面那些顽固不化的董事召开了自己的会议,对莱和塞格纳私下达成的交易表示不满,其中包括把公司总部迁往休斯敦的交易。

鉴于双方董事不和,新公司以全体董事的名义聘请麦肯锡公司提出解决矛盾的建议。解决这个棘手问题的任务交给了麦肯锡著名的首选能源分析师杰夫·斯基林。

与此同时,山姆·塞格纳的境遇并不是很好。在合并后上班的第一天,休斯敦天然气公司方面的全体董事绝对没有向这位朝门口走来的董事长表示热烈的欢迎。但是,塞格纳也失去了联合北方公司方面董事们的支持。他的商业判断力看上去已经不如 1984 年"这个标志性年份"时那么敏锐。煤炭行业一蹶不振,1983 年联合北方公司收购贝尔科公司时买的保险,相对于被收归国有的那部分资产的账面价值而言显得不够。塞格纳对担任临时职务也变得越来越冷漠。他决定让莱向洛基亚诺汇报工作,而不是像原先由董事会决定的那样向他本人汇报工作。

仍然是公司董事会成员的比尔·施特劳斯看到了这种冷漠,并要求他这个日渐落寞的门徒与各位董事进行一对一的会晤,以消除他们的疑虑。塞格纳对此不感兴趣。更糟的是,他变得目中无人。当一位关键的董事打电话向他抱怨时,塞格纳突然莫名其妙地吼道:"好吧,该死的,如果你不喜欢,就出钱把我买断!"

麦肯锡公司的约翰·索希尔和杰夫·斯基林飞赴奥马哈参加了 1985 年 11 月召开的休斯敦天然气-联合北方公司董事会会议,以帮助他们的客户解决总部设在哪里的问题。然而,就在他俩发言之前,董事会终止了塞格纳的职务,付给

---

[1] 请参阅:Internet appendix 2.4, "The Suppressed History of InterNorth," www.political-capitalism.org/Book3/Chapter2/Appendix4.html。

他200万美元的遣散费，并剥夺了他的头衔和在董事会的职位。一份新闻稿宣布，塞格纳从1985年11月12日起辞去公司董事长、首席执行官和董事的职务，比原计划提前了一年多。当麦肯锡公司的两位代表提出用休斯敦取代奥马哈的理由时，争论还在继续，董事会对此进行了激烈的辩论，并投票否决了麦肯锡公司的建议。

联合北方公司方面的董事对几乎所有的事情都怒不可遏。

塞格纳本不应该对自己的结局感到意外，但他确实感到意外——或者佯装如此。就在几天前，他对纽约的证券分析师说："成功地把两家优秀的公司合并成一家伟大的公司的工作正在顺利进行。"他还重申了休斯敦天然气-联合北方公司计划在1986年年底之前把债务比率从63％降低到55％。

肯·莱不但保住了总裁的头衔，而且还被提拔为首席执行官。但是，董事长的头衔留给了63岁的比尔·施特劳斯，他很不情愿地暂时告别退休生活，替塞格纳完成董事长的任期。奥马哈方面的士气糟糕透顶，施特劳斯的工作就是在过渡期里处理投诉并与莱合作。事实上，在听到董事会决定罢免塞格纳的决定以后，莱敦促施特劳斯促进董事会这个团队"团结一致"，并"在奥马哈给我做空中掩护"。

施特劳斯向媒体表示："肯·莱是休斯敦天然气-联合北方公司非常有才华和能力的首席执行官。虽然他将负责公司的管理，但我将随时提供建议、咨询和指导。"莱表示，他"很高兴，施特劳斯先生能出任董事会主席"。

施特劳斯提醒董事会说："我最不想做的事情就是倒退。"果然，他很快就发现自己陷入一种没有胜算的处境。施特劳斯听到的都是对休斯敦方面和肯·莱的抱怨。合作和团队精神原本是联合北方公司的传统标志，现在已经"供应不足"。当董事会否决了莱的提议，选择联合北方公司的长期审计机构安达信会计师事务所，而不是休斯敦天然气公司的德勤会计师事务所时，施特劳斯感到了担心。这个决议是由裙带关系促成的：如果不继续聘用安达信会计师事务所，那么，这家事务所就得关闭它在奥马哈的巨大办事处，而在总部位于奥马哈的康尼格拉公司首席执行官查尔斯·哈珀（Charles Harper）的带领下，联合北方公司方面的董事们都是有公民意识的人，他们几乎没有妥协的意愿。

正如财务总监基思·科恩在向董事会建议时指出的那样，请德勤会计师事务所进行审计并请安达信会计师事务所做咨询的一个重要原因，就是避免一家

第二章
休斯敦天然气公司与联合北方公司

事务所同时做审计和咨询涉及的利益冲突。审计机构需要与咨询机构保持一定的距离,这样才可能正确评判后者提出的策略,这可能是安然公司在未来十年非常怀念的一种最佳做法。在1986年1月召开的公司董事会会议上,公司董事会的审计委员会主席罗伯特·贾迪克提出了这个建议,乔治亚娜·谢尔顿(Georgiana Sheldon)表示附议。显然,肯·莱并不是唯一愿意放弃这种谨慎态度的公司领导人。

"双头"休斯敦天然气-联合北方公司正在达成有可能造成长期后果的妥协。

一个星期六的早晨,安然公司三名奥马哈方面的高管带着令人不安的关于休斯敦方面非法活动的指控来到施特劳斯的住所登门造访。施特劳斯正要外出度假,便责成他的法律总顾问迪恩·华莱士(Dean Wallace)调查此事,并要求在他度假回来之前把调查报告放在他的办公桌上。

2个星期以后,施特劳斯度假回来上班,看到自己的办公桌上空无一物。施特劳斯打电话给华莱士。"该死的,我曾要求你……"但还没等他说完,华莱士回答说:"比尔,我没有发现任何非法行为!"

施特劳斯意识到自己正被人用来加剧奥马哈和休斯敦各部门之间的分裂,而不是减少两方面的分歧,于是就改变了策略。在与每一位董事单独面谈并评估形势后,他约见了莱。在肯回顾了他在奥马哈和休斯敦遇到的全部问题以后,施特劳斯询问了关于肯的价值数百万美元、可用三个字"我辞职"的密钥打开的金色降落伞*问题。

"我会推翻那份合同的,"施特劳斯告诉莱,"我不知道如何更好地与人沟通。"肯说,他愿意与他的妻子和知己琳达谈谈。第二周,肯·莱体现了资产阶级坚忍不拔的精神,同意取消合同中的那个条款,并向员工宣布"我将长期留在这里"。

在这之后,施特劳斯带着一份计划参加了1986年2月在佛罗里达温特帕克燃气大楼举行的董事会会议。作为休斯敦天然气-联合北方公司的董事长,施特劳斯在会议开始时要求内部人(公司非董事高管)在他开始讲话前离开会场。"我们在这里要谈一个很重要的问题,我不想让这个问题主宰一切,"他开始讲

---
* 指高额离职补贴。——译者注

话,"我们已经争取到了放松管制……[但]也已经债台高筑。我担心我们公司的生存问题。不过,我认为我们有很多优秀的员工。我相信,前行的唯一方式就是在一个人的带领下。因此,我提请辞职,这是我的辞呈。"

没等惊讶不已的董事们回过神来,比尔·施特劳斯就已经走出会场。虽然燃气大楼车库里停着7辆豪华轿车,楼外的跑道上停着7架私人飞机,但没有人看到施特劳斯离去。事实上,这个就在几分钟前还是一家《财富》500强企业董事长的男士,已经坐出租车前往机场,并将搭乘商业飞机回奥马哈,从此永远退休。

董事会重新召开会议,立即一致推选肯·莱为公司董事长、首席执行官兼总裁。此决议从1986年2月11日开始生效。那位前董事长在最终被人发现并被问及为什么辞职时回答说:"我退休的目的是加强肯·莱作为公司首席执行官的作用。"

"我是比尔·施特劳斯的学生,"董事会成员约翰·邓肯后来回忆道,"他是我心目中的英雄……一位真正的英雄。"但施特劳斯并不是为了博得掌声,他只知道一家公司不能伺候两个老板。[1]

肯·莱在公司并购后获得了令人瞩目的升迁,这不仅仅需要休斯敦天然气公司方面董事的支持。合并双方由于联合北方公司的最大股东亚瑟和罗伯特·贝尔弗父子的"倒戈"而达成了权力均势。他们俩喜欢莱,并且对他们的前公司在秘鲁遭遇的国有化加大了莱的工作难度表示同情。罗伯特·贝尔弗回忆道:"我们立即意识到肯·莱是一个精力充沛的人,一个效率非常高的领导人,一个善于思考的人。"(贝尔弗一直忠心耿耿,据报道,是在安然破产案中损失最多的人——整整损失了20亿美元。)

莱和塞格纳根据合并协议享有为董事会2个空缺席位共同挑选候补董事的权利,这也让莱获得了权力。然而,每次选择与1984年莱在休斯敦天然气公司做出的任命相比都是倒退。这两个新推选的董事年龄都已经60岁开外,而且都处于职业生涯的低谷。不久前刚从政府部门退休的乔治亚娜·谢尔顿曾是前联邦能源管理委员会委员(1977—1985年)。在批评者眼里,她只是因为具有天然

---

[1] 这类问题中最糟糕的是用一份商业计划来治理两家不同公司(而不是每家公司实施自己的商业计划),就像1925年成立休斯敦天然气公司的休斯敦石油公司(Houston Oil Company)那样。请参阅:Bradley, *Edison to Enron*, pp. 378—385,425。

气行业监管背景才被选中的。P. 斯科特·林德(P. Scott Linder)是佛罗里达州的一名实业家,又是被提名为竞选州长的候选人;他的女儿嫁给了莱第二任妻子琳达·菲利普斯·赫罗德(Linda Phillips Herrold,娘家姓名)的弟弟。实际上,林德在莱加盟佛罗里达天然气公司后不久就安排琳达到这家公司工作。后来,琳达便成了莱的秘书——而且还承担更多的工作。谢尔顿和林德一共拥有212股的公司股份,价值不到1万美元。[1] 在休斯敦天然气-联合北方公司,显然存在任人唯亲的问题,但现在这家公司是肯·莱的秀场,就连公司现在的董事会也是如此。

竞争性管道运输服务

肯·莱在1985年4月1日出版的那期《天然气周刊》上对现货天然气输送服务进行的抨击绝非玩笑,但鉴于安然公司即将成为这个市场的引领者,因此颇具讽刺意味。天然气价格下跌,就意味着休斯敦管道公司利润率的下降以及休斯敦天然气公司旗下石油公司利润的减少。在州际天然气业务方面,较低的现货天然气价格扰乱了传统的长期服务市场,并给休斯敦天然气公司留下了需承担不取照付责任的新输气业务,莱早在特兰斯科能源公司任职时就已经非常清楚地看到了这个问题。休斯敦天然气公司的董事长想要的是,从新买家那里获得更高的价格并签订从几个月到数年期限更长的合同。

肯·莱明白,天然气市场的未来属于直接营销和非捆绑输气服务。1984年,这两种服务占据1/3的天然气市场(而综合批发服务,即以捆绑价格购买、交付和销售天然气的州际管道运输服务,要占据2/3的天然气市场)。正是时任特兰斯科能源公司总裁的肯·莱帮助创建了天然气清算所,这是一家于1984年夏天开业的天然气经纪公司。而现在,莱正在为休斯敦天然气-联合北方公司进军

---

[1] 林德在1987年成为名誉董事之前,在公司任职不到2年。他于1990年去世。谢尔顿在连任两届公司董事后,1995年没有参加连任竞选,当时联邦商品期货交易委员会(Federal Commodity Futures Exchange Commission)前主席、时任(得克萨斯州共和党)参议员菲尔·格拉姆(Phil Gramm)的夫人温迪·格拉姆已经加盟安然公司的董事会。

全国性天然气营销市场摇旗呐喊助威。[1]

最终用户纷纷要求能够用上价格更加便宜的现货天然气,而联邦监管机构也急切希望满足他们的要求。联邦能源管理委员会在 1985 年 5 月提出的开放—准入输气市场的建议把创建天然气行业新世界的"车子"驶入了快车道。很快就会出现独立的天然气营销商,不但会出现像[由维诺德·达尔(Vinod Dar)创建的]哈德森天然气系统公司(Hadson Gas Systems)的企业,还会出现一些非营利组织,如"社区燃气收购"(Community Gas Acquisition)。"社区燃气收购"由行业讨厌鬼、公民-劳动者能源联盟(Citizens/Labor Energy Coalition)的能源主管埃德温·罗斯柴尔德(Edwin Rothschild)负责;"公民能源"(Citizens Energy)是由约瑟夫·肯尼迪(Joseph Kennedy)在 1979 年创立的另一个非营利组织,它为了应对开放—准入天然气输送变革,在自己供应的石油产品系列中添加了天然气。

"强制性开放—准入"是一种成熟的网络产业(如长途电话)理论。价格较低的现货天然气只要能解决输送问题,就能在价格上打败捆绑式管道供应的天然气,从而使这一变革在经济上具有吸引力。[2] 监管机构受这种理论的影响有意推动这一变革,但在天然气行业的主要部门(生产、输气或供气)遭遇的反对远多于支持。

里根政府的能源部也主张在州际输气领域把强制性开放—准入作为促进竞争和自由市场化的一个步骤来推行。[3] 完全解除管制甚至撤销联邦能源管理委员会(《华尔街日报》编委会提出)的建议,在国会和政府部门都没有起到作用。[4]

---

〔1〕 休斯敦天然气公司在莱主政时期作为股权合伙人加入了天然气交易清算所,但第二年在天然气交易清算所由(收取佣金的)天然气经纪公司改为(买断天然气并赚取价差盈利的)营销公司后,休斯敦天然气公司就以象征性的收费把它的股权卖给了天然气交易清算所,当时天然气交易清算所从一家天然气经纪公司(从事代理业务)重组为一家天然气营销公司。换句话说,莱的休斯敦天然气公司是改组后的天然气交易清算所的竞争对手。

〔2〕 据美国能源信息管理局预测,每百万英热单位的天然气价格将下降 0.30 美元,降幅约为 15%。事实上,1985 年,每百万英热单位的天然气平均价格是 2.28 美元,1 年后下跌到了 1.76 美元(跌幅达 23%)。1987 年,价格较低的现货天然气取代了价格较高的输气管线系统供应的天然气。

〔3〕 改革者推行强制性开放—准入制并不只是为了商业利益,至少在最初就是这样,正如布兰德利在《资本主义在行动》第五章和第六章中所解释的那样,这是大多数所谓的政治资本主义改革的一个显著例外。

〔4〕 这篇社论写道:"鉴于解除石油管制的改革取得了全面成功,很难相信今天仍有人会否定让政府完全退出能源行业的洞见。联邦能源管理委员会应该退役,并竖立一座纪念碑来提醒我们大家在 20 世纪 70 年代以应对'能源危机'的名义所做的蠢事。"

就在休斯敦天然气公司和联合北方公司合并的那个月里,联邦能源管理委员会提议将州际天然气管道运输企业与其(捆绑式)批发商角色分离开来,让其他企业买卖天然气实物商品盈利。联邦能源管理委员会在 1985 年 10 月颁布的"天然气行业大宪章"(指该委员会颁布的第 436 号令)规定了非歧视性天然气输送开放—准入的规则和条件。这项主动颁布的法令允许输气公司选择执行相关规则和条件。

图 2.5 但凡思想都会产生影响。州际天然气管道运输业的强制性开放—准入计划得到了联邦能源管理委员会年轻的委员奥利弗·"里克"·理查德(Oliver "Rick" Richard)的支持。他把 1984 年出版的上图所示的这本书归功于他的灵感和方向感。理查德后来在 1988 年出任安然北方天然气公司的首席执行官。

这项篇幅长达 650 页的行政命令文本在 11 月 1 日结束了联邦能源管理委员会批准的特殊营销计划和第 311 节天然气输送规定的使命,致使州际管道输气公司无法输送现货天然气,因而就成了推行大棒政策的工具。[1] "联邦能源管理委员会继续采取最终规则自愿执行的立场,"安然公司的一份内部备忘录总结称,"然而,如果州际管道运输公司继续希望在业务交换和提供回程服务方面具有任何灵活性,那么必须申领无业务限制的输气执照。"

业务需要和联邦能源管理委员会先前推行的政策已经把休斯敦天然气-联

---

〔1〕 第 311 条"天然气输送"是 1978 年《天然气政策法案》中的一个条款,也是第一且唯一一个允许州际管道运输公司在选择开放—准入之前输送现货天然气的条款。请参阅:Internet appendix 1.2, "Mandatory Open Access for Interstate Pipelines," www.politicalcapitalism.org/Book3/Chapter1/Appendix2.html。

合北方公司的州际业务引向了输气。在联邦能源管理委员会发布这个法令之前，横贯西部管道公司和佛罗里达天然气输送公司分别输送占其输气总量40％和20％的天然气，而北方天然气管道公司也差不多输送这个占比的天然气。这三家子公司都在与生产商谈判，希望把天然气从不能上市买卖的长期输气合同中"解放"出来，并把它转化为价格比较便宜的现货天然气，从而给天然气生产商创造现金流，并帮助输气管道运营商减轻不取照付的负担。休斯敦天然气-联合北方公司旗下的天然气营销公司（HNG/InterNorth Gas Marketing, HIGMI，改名为北方天然气营销公司）已经在买卖天然气，包括向纽约州、马萨诸塞州和宾夕法尼亚州供应非州际输气系统的天然气。[1]因此，休斯敦天然气-联合北方公司在合并前后都支持联邦能源管理委员会颁布的第436号令。

休斯敦天然气公司旗下的州际管道运输公司（横贯西部管道公司和佛罗里达天然气输送公司）的执行副总裁吉姆·罗杰斯表示："我们正在研究我们的所有输气系统，看看（第436号令对）我们的哪些管道运输系统具有意义。"这可是一个很难做出但是务实的选择。"没有回头路可走。"罗杰斯解释说。事实证明，1986年，横贯西部管道公司是最早开放州际输气系统的公司之一。北方天然气管道公司在第二年就跟进。由于竞争环境比较特殊，佛罗里达天然气输送公司直到1990年才开放。[2]

新的监管政策也触及了天然气行业的上游。代表石油和天然气独立生产商的美国独立石油企业协会（Independent Petroleum Association of America, IPAA）增加了法务人员对联邦能源管理委员会的行动和管道输气费率方案进行干预。华盛顿律师戈登·古奇（Gordon Gooch）在1986年年中美国独立石油协会召开的会议上对与会者说："在开放输气市场的背后有着明显的压低价格的意图。"事实上，天然气买方市场是推动联邦能源管理委员会改变游戏规则，为最终用户提供（价格更加便宜的）现货天然气的主要因素。"开放输气市场是一把双刃剑，"古奇解释说，"第436号令能帮助你们中的一些人，但也会伤害你们中的另一些人。"

---

[1] 丹·丁斯特比尔对员工解释说："休斯敦天然气-联合北方公司旗下的天然气营销公司的关键作用，是补充独立运营的管道运输公司，而不是与它们展开竞争。很明显，如果我们没有明确界定三家管道运输运营公司与我们新成立的营销公司之间的职责，我们就要冒业绩低于最佳业绩的风险。"

[2] 请参阅第六章。

另一个上游生产商团体是天然气供应协会（Natural Gas Supply Association，NGSA），成立于1965年价格管制时期，代表拥有大量天然气储量的一体化石油公司。这个协会也通过律师提高接受开放—准入制的天然气生产商（相对于天然气营销商和输气管道运营商而言）的友好程度。在接下来的十年里，当监管机构又颁布旨在取代天然气的可再生能源法令时，天然气供应协会再次发声表态。

南加州抢先闯进了现货天然气和输送服务的新世界，从而把横贯西部管道公司推到了风口浪尖。25年以来，横贯西部管道公司的天然气都是按照它与南加州燃气公司签订的91%最低账单合同销售的。南加州燃气公司是一家直接为洛杉矶及其周边地区服务并间接为圣地亚哥服务的地方配气公司。后来（1984年5月），联邦能源管理委员会颁布了第380号令，禁止输气公司因未交付和出售天然气而获得收入——对横贯西部管道公司最低账单合同的一种制止。面对这种不确定性，东得州公司出手相助，把横贯西部管道公司卖给了出价较高的休斯敦天然气公司。[1]

联邦能源管理委员会1985年7月1日发布的第238号意见书正式规定：横贯西部管道公司不再能够按照以前的安排运营。根据（加州公用事业委员会的）州级指令，南加州燃气公司可以选择指定输气量少到占横贯西部管道公司合同规定或认购输气容量的60%（即7.5亿立方英尺/日中的4.5亿立方英尺/日），而不是认购输气容量的91%。如果南加州燃气公司需要像以前那么多的天然气，它可能改买通过横贯西部管道公司输送的价格比较便宜的现货天然气。

由于埃尔帕索天然气公司销售合同已经把指定输气量减少到了占认购输气容量的60%，因此，南加州燃气公司购买了7月交货的6.5亿立方英尺/日拍卖天然气。一夜之间，南加州就变成了美国现货天然气和相关州际输气业务的中心。

横贯西部管道公司新成立的现货天然气子公司太平洋-大西洋营销公司（Pacific Atlantic Marketing Inc.，PAMI）在南加州燃气公司举行的新项目招标

---

[1] 请参阅第一章。

会上成功中标,因此能够向南加州燃气公司供应与以前一样多的天然气[1],但存在价格差别:南加州燃气公司以2.73美元/百万英热单位的价格购买现货天然气,比横贯西部管道公司输气系统供应的天然气便宜15%。

这是一项复杂且有风险的业务。为了与南加州燃气公司可选择的其他天然气供应公司展开竞争,特别是与同样为南加州燃气公司服务的埃尔帕索天然气公司提供的不同天然气产品包竞争,横贯西部管道公司采取了以下措施:

1. 向为输气系统供气的天然气生产商发出自己遭遇不可抗力事件的通知,要求他们降低天然气井口价格,否则就会因零指定输气量而关闭井口;

2. 安排释放向输气系统供应天然气的生产商按照现货价格可配送给太平洋-大西洋营销公司的富余天然气;

3. 每月竞购太平洋-大西洋营销公司的天然气以及休斯敦天然气-联合北方公司旗下各子公司和外部营销公司的其他现货天然气产品包,并把它们注入自己的输气系统;

4. 确定输气费率,以使现货天然气的交付价格具有充分的竞争力,足以在南加州燃气公司的招标过程中中标。

如果说以上措施都是正确的,那么,作为输气商的横贯西部管道公司就能赚到与以前按照联邦能源管理委员会规定的费率营运一样多的钱。而且,如果横贯西部管道公司能够创造性地设计自己的费率方案——为自动恢复输气分摊固定成本,并制定尽可能高的可中断输气费率,以奖励超过预期的输气量,就能够(肯定能够)赚到比过去更多的钱。但不利的一面是,为了进入新世界要与生产商重签合同。在休斯敦天然气-联合北方公司因与生产商签订了不取照付合同而发生的成本中,横贯西部管道公司要占到绝大部分,1985年年底估计达到了1.25亿美元,而且这个数字很快还会增加。

短短几个月,南加州燃气公司就管理着一个10亿立方英尺/日的现货天然气市场,占全美天然气消费量的2%。数十家公司竞标参与南加州燃气公司的

---

[1] 休斯敦天然气-联合北方公司旗下的每个州际管道运输公司都有自己的营销部门。在1986年合并为安然天然气营销公司之前,休斯敦天然气-联合北方公司的营销子公司分别是(休斯敦管道公司旗下的)潘汉德尔公司、(横贯西部管道公司旗下的)太平洋-大西洋营销公司和(北方天然气公司旗下的)北方天然气公司。从1986年6月30日起,随着佛罗里达天然气输送公司把自己一半的股份卖给了索纳特公司,佛罗里达天然气输送公司的营销部门将转让给独立的天然气营销公司西特鲁斯公司。

计划,在埃尔帕索公司和横贯西部管道公司之间和内部产生了不同天然气产品包之间的竞争。自 1938 年颁布《天然气法案》以来,从未发生过这样的事情。

在华盛顿特区,南加州燃气公司的代表向国会参众两院的能源委员会解释了他们的计划。与联邦能源管理委员会发出第 238 号意见书之前由输气系统供应的价格较高的天然气相比,现货天然气每月能为南加州燃气公司及其客户节省 1 000 万美元。面对天然气现货价格造成的压力,(管道运输)系统不得不折价提供输气服务,从而为南加州燃气公司及其客户节省了更多的费用。

1985 年,横贯西部管道公司满负荷运行,因此,玩新"游戏"比它的对手埃尔帕索公司更胜一筹。但是,这个结果来之不易。由于休斯敦天然气公司在从东得州公司那里收购横贯西部管道公司时接收了 500 名外勤工作人员——但没有高级管理人员或中级分析人员,因此,后来组建一个精心挑选的高级管理团队。在执行赚钱容易的最低账单合同时期,横贯西部管道公司根本不需要进行战略思考。[1](如第一章所述,横贯西部管道公司的主要人才来自佛罗里达天然气输送公司的温特帕克总部,这家公司是美国为数不多的依靠输气业务发展起来的管道运输公司之一。)

斯坦·霍顿是最早着手解决横贯西部管道公司问题的休斯敦天然气公司高管之一,他称这是"你能想象得到的最具挑战性"的经历。如本书第一章所述,他在裁员时获得了公司高层的帮助——派来了新聘任的吉姆·罗杰斯和谢丽尔·福利。

市场营销是横贯西部管道公司需要解决的第二个问题。罗杰斯聘用了埃尔帕索公司曾借调到天然气交易清算所工作过的高管克拉克·史密斯。史密斯刚回到埃尔帕索公司总部,就为参加南加州燃气公司 1985 年 7 月举行的首次现货天然气招标会做准备工作。几周后,他就在休斯敦帮助横贯西部管道公司安排 8 月份的现货天然气报价。31 岁的史密斯是一个思维敏捷的实干家。事实证明,在横贯西部管道公司从批发管道运输公司转型为现货天然气输送公司的当口,罗杰斯在正确的时间成为正确的人选。

为了深入剖析横贯西部管道公司,莱和罗杰斯聘请了全美州际天然气协会

---

[1] 关于横贯西部管道公司作为第 436 号令执行时期的一个主要成功案例的深入讨论,请参阅: Internet appendix 2.5, "Transwestern Pipeline: 'Enron's Laboratory' amid Regulatory Change," www.politicalcapitalism.org/Book3/Chapter2/Appendix5.html。

州际管道运输分会的研究负责人凯西·阿博特(Cathy Abbott)。阿博特拥有哈佛大学肯尼迪政府学院的硕士学位,他聘用了持有相同学位的史蒂夫·哈维。阿伯特推荐哈维到全美州际天然气协会工作。无论是阿博特还是哈维,都将在安然公司及其之后的天然气行业度过漫长的职业生涯。

对于一家一年前还没有分析能力的天然气管道运输公司来说,这一切都是巨大的变化。这即使不是之前保守、受到监管的天然气行业历史上最大规模的分析能力建设,那么也是最大规模的建设之一。[1]

给未来定位

秘鲁的国有化并不是困扰联合北方公司与休斯敦天然气公司合并的唯一问题。天然气和液化天然气的价格正在下降,天然气输送公司要承担不取照付的责任,因为它们在输送价格比较便宜的现货天然气,以取代(生产商专用)输气系统供应的天然气,并留住燃料可切换的工业和电厂用户。

1985年9月,莱强制下令停止招聘工作。2个月后,整个公司的重组导致数百人被解雇,这可不是塞格纳或莱在几个月前预料到的。公司不得不变卖一些非必需资产——如塞格纳在任联合北方公司董事长时买下的格兰比牧场游乐场;胆大妄为、代价昂贵的鲁莽行为开始造成损失。

1985年,休斯敦天然气-联合北方公司到年底结账时出现了7 900万美元的净亏损——这种情况发生在一家拥有100亿美元资产和11 000多名员工的公司,非常令人失望。这一年第四季度1.97亿美元的季度亏损造成了全年的净亏损。秘鲁的资产注销是个大项目,但还发生了其他费用,其中包括5 500万美元的提前退休遣散费和搬迁费,还有1 000万美元处理联合北方公司方面1982年退出煤炭业务善后的费用。从积极的方面看,公司以2.5亿美元的价格出售了联合北方公司原有的零售天然气的配气公司人民天然气公司,从而实现了4 200万美元的利润。

在1985年临近结束之际,肯·莱以年终备忘录的形式致函全体员工。他在

---

[1] 笔者于1985年9月加盟休斯敦天然气公司州际业务事业部阿伯特和哈维团队,在安然公司一直待到2001年12月3日。阿伯特雇用的另一个在全美州际天然气协会工作的人是R. 斯基普·霍瓦特(R. Skip Horvath),他后来继续负责在华盛顿特区的全美天然气供应协会(NGSA)。

向员工表示节日问候之前,先呼吁大家齐心协力把公司做大做强。莱解释说,鉴于不确定的价格环境和州际天然气管道运输业的监管转型,即将到来的一年将是"充满不寻常挑战"的一年。就如已经承诺的那样,公司将根据候选人的业绩,而不是根据他们在合并前属于哪一方,来决定由谁补缺。最后,他表示:"我们都有机会在我们国家创建像我们这样的最成功企业。不过,这个目标只有在我们都承诺像一个团队那样共同努力发掘我们的巨大潜力的情况下才能实现。"

图 2.6　在合并后不到 10 个月的时间里,休斯敦天然气-联合北方公司总裁兼首席运营官肯·莱就变成了董事长、总裁兼首席执行官。"目前的商业环境不允许犯错。"莱在 1985 年年报的第一页就严肃地表示,但他自己过度花销和乘坐头等舱公务旅行的嗜好与他对下属的节俭要求严重背离。

1986 年第一季度,公司发布了一本副标题为"1986'齐心协力"的宣传小册子。这本小册子回顾了当时的形势以及要让新公司走上正轨必须做的事情。"经历了挫折,"莱解释说,"就说我们面临艰难的一年,是一种不全面的表述。"他接着又说:

1986 年我本人的首要任务是让我们的组织安定下来,并让我们大家全身心地投入自己的工作。我希望大家不要被议论、冲突、不确定因素和谣言分心。我们大家都必须把全部精力用在我们拿报酬必须做的事情上,那就是为股东赚钱……我本人在 1986 年的第二个重要任务,就是多还我们积欠的债务……从我们目前所处的情况看,我们必须在自己的工作中和行业里做到最好。

1985年预计为10亿美元的年度现金流,最终还不到6亿美元。但是,肯·莱安排了优秀的人才来管理他所说的"打造美国最好的多元化能源公司"的事业。能源价格的反弹将为公司正常化和成长创造奇迹。此外,根据格兰比会议的决议,天然气营销具有很大的潜力。

紧张的气氛笼罩着休斯敦天然气-联合北方公司。但是,肯·莱很自信,甚至自信得有点狂妄自大。公司1985年的年报大胆提出了"通过打造美国最成功的能源企业来大幅提升股东价值"的愿景。

当然,休斯敦天然气-联合北方公司虽然负债累累,但实物资产还在那里。不过,莱把公司的智力资本——生存技能——看作公司的王牌。"公司很幸运,拥有一个可被列入能源行业最有才华、最有创造力的行列的管理团队,"莱表示,"鉴于目前的商业环境,我们认为这是公司最重要的资产之一。"

新的公司名称

"休斯敦天然气-联合北方公司"是一个由两家公司的名称组合而成的公司名称。公司需要一个全新的名称以告别过去,并实现统一。这项工作交给了纽约市的利平科特-马奎斯公司(Lippincott & Margulies)。利平科特-马奎斯公司被认为是业内最优秀的企业,在能源营销领域创造了耳熟能详的公司名称"埃克森"。肯·莱就想要这样一个公司名称,并为这个利平科特-马奎斯公司所说的"紧急项目"支付了数百万美元。据说,利平科特-马奎斯公司为完成这个"紧急项目""大约取了400个[正经的]候选名称"。

几个月后,答案揭晓,公司新名称是三音节的"Enteron"——其中,"En"表示"能源"和"环境";"ter"表示国际(但也表示"州际"),而"on"这两尾字母可以说用得妙不可言,既避免与石油巨头埃克森"Exxon"和雪佛龙"Chevron"重名,又有相同之处。它的专业含义是"输送营养的管道系统"。很多营销活动都可以围绕这个定义展开。

这个公司新名称是肯·莱在奥兰多被任命为公司首席执行官的那个星期公布的。莱利用这个公关机会,把这个新的公司名称说成是一个新的开端:"合并把两家伟大的能源公司合二为一,用一个新的公司名称来表示一个新的开端,是再合适不过的了。"联合北方公司方面曾因为公司合并后先前使用的名称把"休斯敦天然气"放在前面而感到不爽。有人认为,这个公司新名称叫起来更接近"InterNorth"(联合北方公司),而不是"HNG"(休斯敦天然气公司)。

公司名称是具有美化作用的"化妆品"。但是,在一个令人尴尬的消息传开以后,这个"化妆品"就失去了美化作用。业内媒体发现了一个名声显赫的利平科特-马奎斯公司显然没有注意到的问题:"Enteron"在词典里是指"肛门前面一直到肛门的那段消化道"的专业术语。肯·莱的公司主要经营天然气业务,这个消息一经传开,整个天然气行业哄然大笑。

休斯敦的这个厚脸皮者并不觉得好笑,但一种保住这个公司名称、安然渡过这场风暴的情绪油然而生。此外,由于印刷商正忙着印刷使用公司新名称的文件用纸,因此又得花费6位数的支出才能叫停印刷机。但是,肯·莱拥有最终的决定权。实际上,公司就他一人要求请利平科特-马奎斯公司给公司取个新名称,不然就继续沿用休斯敦天然气-联合北方公司这个名称。

1周后找到了一个简单但效果明显的解决方案。去掉"Enteron"中的第二个音节"ter",留下简洁明了的"Enron"。肯喜欢这个新名字。这是大公司的名字,就像名声显赫的埃克森公司的名字。肯曾经为这家公司效过力,并且曾斗胆相信自己最终会成为这家公司的竞争对手,甚至超过这家公司。此外,最好不要每次遇到不好的事情,就联想到"Enteron"的含义。莱懂得营销,并做出了正确的决定。

在1986年4月10日召开的年度股东大会上,"休斯敦天然气-联合北方公司"的名称被"安然公司"(Enron Corporation)所取代,公司的普通股代码也改为"ENE"。但这些都是表面文章,公司没钱派发股息,而且被笼罩在紧张的气氛中。这家负债累累的企业必须创造新的收益,才能走出合并后的困境。[1]

---

[1] 新的公司标识是"ENRON CORP",每个"O"上都有一条相同的斜杠,表示安然公司由两家天然气管道运输公司合并而成。

第三章 奠定基础

1986年2月11日,肯·莱当选为休斯敦天然气-联合北方公司董事长,同时兼任公司总裁和首席执行官的职务。虽然公司掠夺者欧文·雅各布斯仍然对莱的公司虎视眈眈,但《财富》100强企业"的称号是莱的坚强后盾。4月,股东大会批准了公司采用"安然公司"(出于营销的考虑,没有具体规定更名的期限)这个新名称。1个月后,休斯敦被宣布为公司总部所在地。

6个月前,麦肯锡公司的杰夫·斯基林列数了把公司总部从奥马哈搬到休斯敦的各种理由。当时由联合北方公司方面主导的董事会一致否决了这个提议,但早有不祥预兆,联合北方公司的一些业务部门已经在南迁。尽管如此,奥马哈仍是热电联产项目开发公司北方自然资源公司、全资拥有的北方天然气管道公司以及合资企业北疆管道公司和开拓者管道公司总部的所在地。[1]

1986年5月,J. M. "米克"·塞德尔晋升为公司总裁兼首席运营官,从而使安然公司有了一位正式任命的身兼两职的高管。莱非常看重学历和智力,他十分欣赏这位哈佛大学的博士和斯坦福大学的前教授。和蔼可亲的塞德尔也是一位亲密的私人朋友——而且永远都是。

---

[1] 关于安然公司的合资企业和杂项资产,请参阅: Internet appendix 2.2, "HNG/InterNorth: Joint Ventures, Miscellaneous Assets, and Sales," www. politicalcapitalism. org/Book3/Chapter2/Appendix2. html. 关于把休斯敦作为公司总部的决定,请参阅: Internet appendix 3.1, "Houston Headquarters," www. politicalcapitalism. org/Book3/Chapter3/Appendix1. html.

新的公司总部所在地

7月,新公司亟待举行一次庆祝活动,员工们从位于特拉维斯街(Travis Street)的28层老休斯敦天然气大楼(这里是自1967年以来休斯敦天然气公司的总部所在地)搬到了史密斯街1400号的50层新大楼安然大厦(Enron Building)。休斯敦市中心相隔几个街区的搬迁使得办公场所焕然一新,与以前相比堪称天壤之别。公司的新大楼虽然并没有装潢考究的特兰斯科大厦那么气派,不像什么历史名胜。但安然大厦外观跑道形状的镜像结构具有现代化的气息,内部设施完善,并且为容纳公司自助餐厅["劲量"餐厅(Energizer)]、地下健身设施"美体小铺"(Body Shop)和多个行政餐厅而进行了重新配置。大厦50楼设有多间行政套房、一间大会议室和一些小会议室。一切堪称富丽堂皇,是世界顶级室内装潢公司詹斯勒公司(Gensler)所能设计的最佳作品。

降低成本是当务之急,但肯·莱的傲慢性格不允许他降低安然公司的一流形象水准。他的商业模式要求把自己的聪明才智发挥到极致。只有位于能源圣地休斯敦的天纳克公司和特兰斯科能源公司向其员工提供了安然公司员工现在享受到的全套总部设施。安然公司的野外作业工人在听到公司总部"美体小铺"安装了带电视屏幕的健身单车以后,只会对公司的当务之急产生怀疑。

安然大厦被宣传为该地区安全设施仅次于美国国家航空航天局(NASA)的建筑。每个楼层都要刷卡才能进入,所有的一切——或者几乎所有的一切——都是用户友好型的。推开"劲量餐厅"的大门,餐桌上看不到盐和胡椒粉瓶的身影,取而代之的是名目繁多的调味品瓶。这种怪癖直接源自公司高层,极度重视健康的肯·莱简直就是健康的象征,严格遵循饮食规定,这属于他包括慢跑或其他剧烈运动在内的日常养生计划的一部分(公司员工都不知道莱患有心脏病[1])。不过,盐和胡椒粉瓶不久又重新出现在餐厅的餐桌上,因为在这个餐厅的用餐者中有太多的人抱怨没有盐和胡椒粉,而肯·莱从不在这里用餐。

撇开这些浮华不谈,安然公司正处于非常紧张的财务状况下。1985年5

---

[1] 他的心脏问题直到他64岁那年死于心力衰竭(就在2006年年中做出对他的致命判决几个星期后)才为外界所知。

月,山姆·塞格纳和莱自信地预测,合并后公司每年的现金流可望达到10亿美元甚至更多,因此很快就能还清债务。但实际情况大相径庭,合并1年后,债务仍逾40亿美元,从而导致公司的债务—资本比率超过70%,大大高于合并前的46%。银行家既不喜欢50%以上的债务—资本比率,也不喜欢低于40%的债务—资本比率。比尔·马修斯1984年因对公司债务—资本比率态度消极而被解雇。当时,休斯敦天然气公司的债务—资本比率接近25%。

1986年第一季度行业环境恶化,促使莱在1985年的年报中严肃地宣布:"目前的商业环境不容犯错。"能源市场疲软,特别是在得州,休斯敦管道公司的利润只占赫林和马修斯主政时公司鼎盛时期的一小部分。此外,联邦能源管理委员会推行的州际天然气行业监管改革,导致横贯西部管道公司以及(在较小的程度上)佛罗里达天然气输送公司和北方自然资源公司因为要承担生产商强加的不取照付责任而推出了州际输气服务业务。虽然莱早些时候曾预测天然气过剩的状况会消失,但他现在看到了持续多年的天然气泡沫。1986年年初,他对休斯敦的听众表示:"我们所看到的最缜密的预测显示,天然气过剩还将持续5年。石油输出国组织理念的变化也可能会对油价造成巨大的下行压力。"

肯·莱必须做完美的领导人,而公司的各运营单位必然要由优秀的经理人来管理:人人都必须履行自己的职责(最值得关注的事情现在被认为不重要了)。银行家们十分紧张,而投资者则变得很不耐烦。这起合并案并没有清除以雅各布斯为首的异议分子。如果我们能以史为鉴,那么应该能够预期到,这批异议分子增持股票,目的就是要获得董事会的席位和重组公司。

1986年2月,《商业周刊》刊发了一篇不那么讨人喜欢的介绍休斯敦天然气-联合北方公司的文章——乔·艾伦·戴维斯(Jo Ellen Davis)的《一个陷入严重认同危机的天然气管道运输巨头》。文章揭露了这家公司股价从(投机引致的)52周的高点下跌了近1/3的事实,并且对这起合并案做出了负面评论。文章还配发了一张傻笑着的莱舞动着紧握成拳头的右手的照片,暗示这位盛气凌人的首席执行官不自量力。

肯·莱讨厌这篇文章。莱遇到过无数的挑战,但从不认输。对于肯·莱来说,从小时候在密苏里州农村劳动到念大学时担任学生领导工作,再到大学毕业后在商界和政府部门任职并取得成功,然后在大陆资源公司、特兰斯科能源公司和现在即将改名为"安然"的公司担任高级管理职务的岁月里[1],开动脑筋,积极思考,努力工作,再加上上天的祝福,就意味着成功。在与联合北方公司合并之前,休斯敦天然气公司有过一个(第一次)业绩显赫的季度,这说明他在这家公司早期采取的行动是正确的。

生意上的失败只会让他回想起那些压垮他父亲奥默·莱(Omer Lay)的往事。肯发誓要证明怀疑他的人是错的——并改变别人对他的看法。从现在起,他要戴隐形眼镜,而不是传统的眼镜。他拍的照片显示的不再是情感的流露,而是一个平和、自信的男士,一个被认为具有出众的眼光和商业头脑的人士——展示他这种形象的照片实在是太多了。

图3.1 安然大厦(图中右上角)比休斯敦天然气大楼高出一大截,与肯·莱在密苏里州拉什山度过的童年生活相比简直判若两个世界。1986年的挑战导致肯·莱受到了一些批评,包括《商业周刊》刊发的那篇文章所配的照片(图中左上角)。

肯·莱并不打算降低自己的期望。在年度股东大会上,有人抱怨安然公司是"一条搁浅的鲸鱼"。对此,他回应称:"无论市况好坏,我们都打算超越我们的

---

[1] 关于莱的早期生平和职业生涯,请参阅:Bradley, *Edison to Enron*, pp. 20, 291-295, 310-312; "Kenneth L. Lay: A Chronology," pp. 677-688。

行业。"他在 1986 年春季写给股东的信中表示:"我们的目标是通过打造美国最成功的能源公司来大幅提升股东价值。"

不管怎样,莱的这些话与 9 个月前的自我吹嘘相比已经有所收敛。9 个月前,塞格纳和莱吹嘘要把他们的公司打造成美国第一能源公司。自那以来,秘鲁铁腕人物阿兰·加西亚把贝尔科石油公司的核心业务部门收归国有,能源价格下跌,合并两家长期争斗的公司的成本上涨。曾经的主张现在变成了目标,就连这个目标在日子难过的 1986 年也可能被遗忘——1986 年,为了减轻债务,把佛罗里达天然气输送公司的一半股权卖给了总部位于亚拉巴马州的天然气输送公司索纳特公司[1],而肯·莱在收购佛罗里达天然气输送公司的时候(距今不到 2 年)并没有打算这么做。

1987 年春天,肯·莱公布了正式成为安然公司(四个愿景中的)第一个愿景所表达的愿望——把安然打造成北美第一大一体化天然气公司。这个目标比打造美国第一大能源公司更有针对性、适宜性和持久性。新的目标更好地反映了安然公司在天然气输送、(主要是天然气)勘采、液体燃料和燃气热电联产等方面的业务协同性。占据美国天然气消费市场 14％的市场份额(按交易量计)的愿景与公司的这些目标相符。

但仅仅过了几个月,莱几乎因为安然石油公司的石油交易亏损而无法履行他自己的"特殊使命"——更不用说完成公司的使命了。安然石油公司是安然公司旗下一个总部设在纽约瓦尔哈拉的独立运营单位。正如下一章所说的那样,安然液体燃料公司派遣的应急小组通过巧妙周旋才使公司转危为安。不过,这场令人不寒而栗的危机——鉴于这个运营单位此前有案可查的业务,这场危机本不应该达到它的引爆点——早已平息,并且也被遗忘。肯·莱一直都很成功——尽管事实并非总是如此。

安然公司 1987 年的年报称,瓦尔哈拉丑闻"无法预见"。安然公司现在有了新的开端,最终会在艰难的行业环境中站稳脚跟并脱颖而出,从而(随着瓦尔哈拉丑闻被遗忘)开启一个使肯·L.莱博士成为他所在行业主角的新时期(本书第五和第六章将讨论这个主题)。

---

〔1〕 出售佛罗里达天然气输送公司的部分股权,让安然公司保住了对这家公司的运营控制权,保护了它的多管线输气系统这段管线的轮毂—辐条式协同效应,并通过运营收费来创造收入。

新的团队

合并还不到1年,许多联合北方公司的老员工都已经走人。董事长山姆·塞格纳原计划留任18个月,但实际留任不到6个月就被董事会罢免。联合北方公司赫赫有名的首席执行官比尔·施特劳斯为了救急补缺,爽快地答应中断自己的退休生活,但后来又优雅地辞职走人——这一切都发生在3个月的时间里。W. G. 汤普森(W. G. Thompson)最初担任财务总监,负责监督副财务总监基思·科恩后来却被休斯敦天然气公司方面的科恩取代。戈登·塞韦拉最初负责石化产品、液体燃料、天然气勘采等业务,在离职前曾短暂担任过公司办公室主任,现在由米克·塞德尔接管他的全部工作。

从塞韦拉手中接过液体燃料和石化产品业务的罗兰·比斯莱现在也已经辞职走人。负责资产重组的副总裁洛基·洛基亚诺在留任1年后,由长期做他副手的卢·波坦帕接替了职务。要知道,1年前,就是洛基亚诺为了这起单边合并与约翰·温进行了艰苦的谈判。

联合北方公司的另一个中流砥柱丹·加德纳在1985年侥幸没被解聘,但第二年也不得不辞职走人。霍华德·霍克斯被选中接替约翰·温掌管热电联产项目,1年后也不得不走人。安然国际公司——这家看似高歌猛进但实际完全不是那么回事的子公司——总裁约翰·哈丁(John Harding)是联合北方公司很少几个挺过1986年的幸存者之一。

山姆·塞格纳没有说错,联合北方公司不但收购了企业,而且买下了肯·莱和他的团队。但是,莱收买了联合北方公司的高管丹·丁斯特比尔,他立即被任命为天然气业务总管,而天然气业务是公司的核心业务和灵魂。丁斯特比尔带来了年轻的罗恩·伯恩斯以及美国最棒的天然气营销团队的中坚分子。肯·莱在特兰斯科能源公司任职时就为组建天然气交易清算所出过力,并且在1984年就让休斯敦天然气公司成了这个清算所的第5个合伙人。但莱真正进入天然气营销这个最终成为安然公司关键部门的领域,是在与联合北方公司合并以后。

休斯敦天然气公司方面也有人事变动。休斯敦天然气-联合北方公司1985年6月的初始组织结构图显示,休斯敦天然气公司方面的一些老人职务降了一到两级,而首席运营官吉姆·沃尔泽尔很快就辞去了职务,理查德·阿尔苏普也辞职离开了公司。吉姆·哈里森是休斯敦天然气公司的另一个中流砥柱，1984年9月被莱提拔为行政总监，但7个月后就辞职了。接替沃尔泽尔出任休斯敦管道公司总管的梅尔·斯威特曼在1986年1月也离开了公司，并把权力交给了沃尔泽尔和莱在公司合并前聘用的新秀杰拉尔德·班尼特。

对于休斯敦天然气公司来说，这一切就是第二次改造。比尔·马修斯主政时期的公司高管中，只有几个人留了下来。加里·奥洛夫（Gary Orloff）在公司法务部门获得了提拔。马修斯聘用的高管泰德·柯林斯掌管着新合并的安然石油天然气公司。另一位幸存下来的高管是副总裁兼财务主管唐·古尔奎斯特（Don Gullquist）。1987年，他发现自己卷入了一起在赫林和马修斯主政的休斯敦天然气公司很难想象的商业纠纷（瓦尔哈拉交易丑闻）。

辅助肯·莱的公司三员大将分别是总裁兼首席运营官米克·塞德尔、公司执行副总裁兼天然气管道运输集团总裁丹·丁斯特比尔，以及公司负责法务和行政的执行副总裁理查德·金德。基斯·科恩继续担任公司执行副总裁兼财务总监。[1] 除其他高管外，还有罗恩·克诺普（担任高级副总裁兼首席信息官）和约瑟夫·希林斯（出任负责联邦政府事务的高级副总裁）也都留了下来。两位分别负责公司税务和行政部门的公司副总裁罗伯特·赫尔曼（Robert Hermann）和吉姆·巴恩哈特虽然后来抵制公司转型，但仍在安然公司长期任职。10年前，就是巴恩哈特在佛罗里达天然气公司接受过塞尔比·沙利文的严格训练。[2]

公司三个关键事业部的主管分别是州内天然气管道运输部的杰拉尔德·班尼特、州际天然气管道运输部的吉姆·罗杰斯和液体燃料部的迈克尔·穆克勒罗伊。1987年，安然石油天然气公司新的强势领导人福莱斯特·霍格伦德加入了他们的行列。随着不受监管的天然气营销部门人才的迅速成长——首先是罗

---

[1] 如图3.2所示，合并后的公司高管（右上，从左往右）分别是约翰·M."米克"·塞德尔、肯尼斯·L. 莱、丹·L. 丁斯特比尔、基斯·科恩和理查德·D. 金德。董事会成员分别是：（前排，从左往右）詹姆士·J. 莱尼尔（James J. Renier）、约翰·H. 邓肯、小赫伯特·维诺库·威廉·F. 丁斯莫尔（William F. Dinsmore）、查尔斯·A. 勒麦斯切、罗纳德·W. 罗斯肯斯（Ronald W. Roskens）、查尔斯·E. 沃尔克、丹·丁斯特比尔和约翰·M. 哈彼特三世；（后排，从左往右）罗伯特·A. 贝尔弗、塞德尔、阿瑟·贝尔弗、莱、乔治亚娜·H. 谢尔顿、乔·H. 福伊。没有出现在这张照片里的董事有：罗伯特·K. 贾迪克和P. 斯科特·林德。4名荣誉董事均来自联合北方公司，他们分别是爱德华·J. 布罗克（Edward J. Brock）、罗素·多尔蒂（Russell Dougherty）、戴维·L. 格罗夫（David L. Grove）和托马斯·S. 努尔伯格（Thomas S. Nurnberger）。

[2] 关于安然公司雇用的包括巴尔哈特在内的前佛罗里达天然气公司员工的介绍，请参阅：Bradley, *Edison to Enron*, pp. 290, 302—304, 309。

图 3.2 《休斯敦纪事报》记录了休斯敦天然气-联合北方公司与一年前相比管理层变更的情况。在 5 名公司高管和 17 名董事中，分别只有 1 名高管和 6 名董事来自联合北方公司。与此同时，在肯·莱来之前在休斯敦天然气公司任职的高管几乎全部已经离开。

恩·伯恩斯，然后是特兰斯科能源公司 2 名老员工克劳德·穆伦多和约翰·埃斯林格，肯·莱可以说拥有了天然气行业最优秀的管理团队。安然公司正在为这个长期以来一直受制于昏睡的管理层，又在一定程度上受到州和联邦监管机构抑制的行业创造它前所未有的东西。

安然公司的普通员工也经历了变动。截至 1986 年第一季度，有 500 名普通员工提前退休或者被解雇；400 人因其他原因离职；另外，在合并周年前还要取消 750 个工作岗位。尽管如此，高素质的新员工仍在不断加盟安然公司。安然公司从上到下全体员工的进取精神，再加上肯·莱的声望，正吸引着更多专业人士和智囊们为安然公司的事业做出贡献。到了 1987 年第一季度，安然公司的员工人数(7 200 人)比 1985 年末已经减少了 18%。

不朽的 1986 年

为了给新的一年的强劲发展扫清道路,1985 年第四季度发生了巨额亏损。虽然想复制休斯敦天然气公司和联合北方公司 1984 年赚到 5 亿美元的愿望只是白日做梦,但 1986 年可望净赚上亿美元。

休斯敦天然气-联合北方公司 1986 年第一季度净赚了 8 000 万美元。虽然由于秘鲁的收入减少和能源价格下跌,这个季度的利润比上一年同期减少了 25%,但现金流支持股息派发和偿还一些债务。可惜,这是当年持续运营的最后一个盈利季度。造成这种情况的罪魁祸首是油价急剧下跌,从而导致天然气和液化天然气价格双双下滑。

1985 年年底,沙特阿拉伯宣布不再为维持油价而削减原油产量,而是将维持其市场份额。这就意味着价格战的爆发,在供需达成平衡之前,油价必然会下跌,或者原油产量因废弃或关闭油井而减少。

1986 年 3 月,石油市场出现了新的情况。西得州中质原油的现货(立刻交货、短期)价格从几个月前的每桶 28 美元跌破每桶 10 美元。在美国很多地方的市场上,天然气和相关液体燃料与石油产品竞争激烈,导致价格大跌。1986 年美国化石燃料综合价格平均比 1985 年下降了 1/3,这对于安然公司和几乎每一家上游和中游能源企业来说都是利空消息。

以形象为导向的肯·莱并没有因此而着急,更不用说发慌了。在 1986 年即将过去时,他居然说:"我玩得很开心。"这个永远的乐天派似乎可以做一些很少有人能做到的事情——在暴雨下奔跑而不被淋湿。但在幕后,莱冻结了 60 名薪酬最高的员工的薪水,而作风强硬的里奇·金德则在公司层面成立了一个成本削减委员会。

但是,鉴于穆迪投资者服务公司(Moody Investors Service)正打算把安然公司的信用级别从低投资级降至高投机级(垃圾债券),安然公司还必须采取更多的措施。穆迪公司表示"[安然的]债务杠杆率并没有得到改善",并且预计"无论是现金流还是资本结构,短期内都不会有实质性的改善"。与后来几年相比,信用评级机构并不亏欠安然公司或者肯·莱,而是莱所做的价高、胆大的采购让它们付出了代价。

营运结果

安然公司的三个事业部——天然气管道运输、勘采以及液化天然气——在新的价格环境下变得萎靡不振。[1] 天然气管道运输集团由于渣油的竞争而损失了交易量,并且为了保持竞争力而不得不按联邦能源管理委员会设定的最高输气费率打折收费。与此同时,由于从输气系统取气减少,井口交易价格下降,因此,安然公司三个州际管道运输公司承担的不取照付责任有所增加。1985年年底的不取照付责任涉及的金额达到了1.25亿美元,预计1986年将增加到3.95亿美元,而到年底则还会进一步增加到7.5亿美元。尽管如此,在为预期亏损设立了财务准备金以后,管理良好的天然气管道运输集团在1986年盈利1.91亿美元,仅比上一年减少了9%。

安然石油天然气公司号称是美国国内第二大独立油气生产商,1986年报告了很少的亏损,但现金流仍出现了强劲的正增长。[2] 天然气产量增加了近50%——实施一项积极、成功的钻探计划的结果,从而抵消了天然气价格下跌40%所产生的大部分影响。安然石油天然气公司裁减了1/4的员工,对业务进行了整合,并且把总部从米德兰(Midland)搬到了休斯敦;可以说是已经做了该做的一切,现在就等待价格回暖了。

安然液体燃料公司(Enron Liquid Fuels)公布了年度亏损,乙烷、丙烷、丁烷和天然汽油的销售收入减少,原油和成品油集运利润率也下降。迈克尔·穆克勒罗伊正在积极整合两家公司的业务,但因产品供过于求而难以盈利。

总体而言,安然公司1986年出现了8100万美元的净营亏。但是,变卖资产产生了1.39亿美元的收益("停止经营收益"),从而允许安然公司在一个萧条年份为中上游石油公司报告7800万美元的净利润。1986年,特兰斯科能源公司亏损2300万美元,而且它的问题才刚刚开始。不过,安然公司的报告净收入只有休斯敦天然气公司和联合北方公司2年前分开报告的净收入的15%。[3]

---

〔1〕 截至1986年年底,这三个事业部的资产占安然公司总资产的98.5%,安然公司的其他资产是热电联产项目和外国小型能源企业的共同权益。截至1985年年底,由于石化产品事业部还没分拆,因此,这三个事业部的资产要占到公司总资产的90%以上。
〔2〕 安然石油天然气公司在加上折旧费和耗损费以后就能使亏损变成正现金流。根据美国税法,独立油气公司可计提非常可观的勘采折旧费和耗损费。
〔3〕 2年后,1986年的重报收入为5.57亿美元(而不是7800万美元),反映了1986年税法修改后递延所得税的减少。

根据联邦公共事业管理条例,安然石油天然气公司的费率基础收入大概只有几亿美元。[1]

安然化工公司卖给全美酿酒化学公司(National Distillers and Chemical Corporation)的6亿美元收入,产生了1.21亿美元的税后净收入,从而挽救了安然公司这一年的财务业绩。能源价格不断下跌,极大地帮助了这家过去名称前冠以"北方"的公司。该公司的年收入约为2 500万美元(不包括资本成本)。燃料成本大幅下降,提高了聚烯烃树脂和其他主要用于制造塑料的化学产品的利润率。但从长远看,安然公司失去了一个"现金生产单位",而肯·莱则不再拥有这个逆周期运营的部门。安然现在把赌注压在了能源价格上涨上,希望公司除液体燃料部门外的所有其他部门都能从中受益。

安然公司1986年的损益表显示,这一年安然变卖的另一项重大资产——以3.6亿美元卖给索纳特公司的佛罗里达天然气输送公司50%的股份——没有产生任何影响。15个月前,能源资产的总体行情已经疲软,肯·莱花了一大笔钱才买下这家天然气管道运输公司。但凭借佛罗里达天然气输送公司扩张计划的威力,安然公司得以收回其一半的投资。由于没有在资产负债表中反映这起收支相抵的交易所产生的债务,因此减少(资产负债表中的)利息支出,并且让几乎所有的相关者感到不那么紧张(出售横贯西部管道公司一半股权的计划没能付诸实施)。

1986年安然化工公司的预估售价是这个艰难年份罕见的一个亮点。另一个利好消息——至少看起来是这样——是安然国际公司的石油交易事业部安然石油公司在1986年实现了2 700万美元的利润。还有什么比一家子公司几乎不需要投资就能盈利更好的消息呢?安然公司1986年的年报配发了安然石油公司总裁卢·博格特的一张照片,并解释说:"1986年经历的油价波动使这个集团获益,实现了盈利,因为它的盈利是靠利润率和交易员的技能,而不是靠其产品绝对价格的上涨来实现的。"这是安然公司回应无论哪个方向的价格波动取得的结果?还是这个结果太好,以至于令人难以置信?肯·莱和安然公司很快就会发现最终的结果。

---

〔1〕 北方天然气管道公司、佛罗里达天然气输送公司和横贯西部管道公司的折余原始成本(账面价值)接近40亿美元,按照10%的回报率计,可能有4亿美元的收益。

人民天然气公司（1985年12月）	2.5亿美元
利亚诺管输公司（1986年2月）	0.45亿美元
佛罗里达天然气输送公司50%的股权（1986年6月）	3.6亿美元
北方化工公司（1986年11月）	6亿美元
其他资产变卖收入	1亿美元

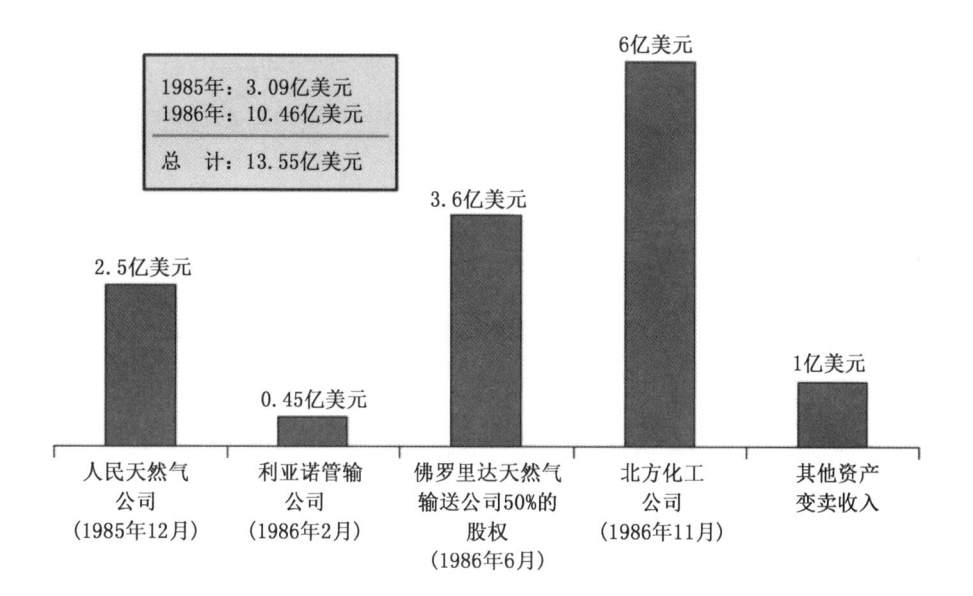

1985年：3.09亿美元
1986年：10.46亿美元
总　计：13.55亿美元

图 3.3 休斯敦天然气公司和联合北方公司在合并后的 18 个月里变卖资产获得了超过 13 亿美元的收入，但是，安然公司的债务—资本比率由于其他方面的原因而没有什么变化。直到 1992 年，这个比率才降到 50% 以下，但仍高于 1984 年年底两家公司合并后的水平。

创新性管道运输业务

安然公司在年报中高调宣称："1986 年，我们的天然气管道运输业务引领行业创造创新性服务方式为不同的市场提供广泛的服务。"需要激发了创新，在美国天然气消费量减少 6% 的一年里，安然公司的四大输气系统（休斯敦管道公司、横贯西部管道公司、佛罗里达天然气输送公司、北方天然气管道公司）以及四家合资管道运输企业（北疆管道公司、开拓者管道公司、德克索马管道公司、绿洲管道公司）共同提高了安然公司占据的天然气管道运输市场份额。安然公司全长 3.7 万英里的输气管网输送了占美国天然气管道运输总量 14% 的天然气，比上一年增加了 13%。不过，这个相对较好的业绩并不能掩盖一个黯淡的事实：自 20 世纪 60 年代罗伯特·赫林从巴斯·温伯利（Bus Wimberly）手中接过休斯敦天然气公司的指挥棒以来，天然气需求从来没有如此低迷。

1986 年年底，休斯敦天然气公司对以前分开运营的州际和州内业务单位进行了合并（这已经是这一年的第二次合并），创建了由詹姆斯·E.（"吉姆"·）罗杰斯领导的天然气管道运输集团(Gas Pipeline Group)。杰拉尔德·班尼特仍负责管理休斯敦管道公司和巴梅尔储气库,但现在要向罗杰斯汇报工作,就像三家州际天然气管道运输企业的总裁以及现在负责天然气管道运输集团的执行副总裁罗恩·伯恩斯所做的那样。

1987年年初,安然公司的州际天然气管道运输业务全部合并成安然天然气管道运输运营公司(Enron Gas Pipeline Operating Company)。安然公司年报介绍的"单一网络化输气系统"是行业首创。由以前曾在特兰斯科能源公司任职的克劳德·穆伦多领衔的安然天然气供应公司(Enron Gas Supply Company)引入了集中采购供应制。为了便于和联邦能源管理委员会打交道,安然公司专门成立了一个监管和竞争分析小组。

安然公司的年度报告强调:"这种整合式管理和经营的理念使安然公司旗下各独立的天然气业务部门更好地利用它们的组合力量来构建更大的优势。"不过,与可能理论意义大于实际意义的轮毂—辐条形组织相比,整合式和集中式只是炒作,也只能给人以希望。这些输气管线并不是作为一个系统建造的,联邦监管机构推行的开放—准入制禁止公司内部有自己的偏好。

天然气管道运输企业都面临如何持续充分利用好销售和管道运输能力,最大限度地增加收入,并尽可能少地承担不取照付责任的挑战。由于全美天然气需求自1979年以来减少了20%——很大程度上是因为联邦政府推行了支持燃煤发电的政策,因此,几乎全美各地都存在天然气管道运输网络过度建设的问题,结果就是导致了天然气公司与管道运输公司之间激烈的竞争,更不用说不同燃料(石油与天然气、外购动力与天然气,等等)之间的竞争了。

天然气管道运输业已经到了最后决战的紧要关头。联邦能源管理委员会第436号令(1985年11月1日开始生效)叫停了许多州际天然气管道运输企业拿(现货天然气)取代它们(非竞争性)管道运输系统销售的天然气的特别营销计划。[1]根据重组规则选择开放—准入输气方式是一项艰难的决定,因为如果客户购买价格较低的现货天然气并支付运费,就会加重天然气管道运输企业承担的不取照付责任。但是,如果竞争对手因为市场有过剩的输气能力而选择开放—准入制,那么在捆绑式交付的旧世界里,几乎没有天然气管道运输企业能够

---

[1] 请参阅:Bradley, *Edison to Enron*, pp. 339, 344, 347, 348。

继续运营下去。

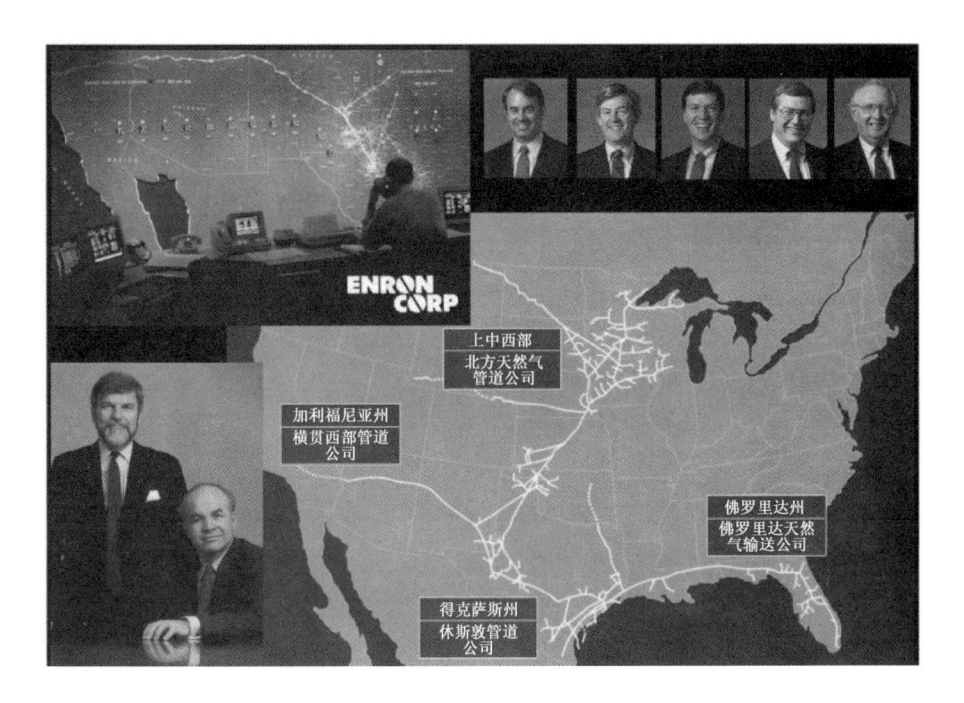

图 3.4　米克·塞德尔和肯·莱(左下)试图把安然公司的四条输气管线(上中西部地区,北方天然气管道公司;加利福尼亚州,横贯西部管道公司;佛罗里达州,佛罗里达天然气输送公司;得克萨斯州,休斯敦管道公司)整合成一个协同系统,但受到了联邦监管的限制。安然公司天然气业务的高级管理人员包括吉姆·罗杰斯(负责州际天然气管道运输业务)、杰拉尔德·班尼特(负责州内天然气管道运输)、罗恩·伯恩斯、约翰·埃斯林格和克劳德·穆伦多(负责全美市场营销)。

1986 年 4 月,横贯西部管道公司成为第一家接受联邦能源管理委员会第 436 号令和开放—准入规定的州际天然气管道运输企业,北方天然气管道公司很快就跟进。佛罗里达天然气输送公司的输气管线作为唯一一条为佛罗里达半岛服务的输气管线(尽管沿海管道公司表示要在佛罗里达半岛修建一条州际天然气运输管道),在未来几年里不会对外开放。

其实,横贯西部管道公司和佛罗里达天然气输送公司参与天然气管道运输转型都有自己的底线。肯·莱并非哲人,而安然公司也不是象牙塔。莱和安然公司都是在混合经济中开展运营的务实逐利者。他们在某些方面可以接受"市场"和"竞争",但在另一些领域却不能接受。因为,市场和竞争有时与公司的豪言壮语甚至既定策略相抵触。[1]

横贯西部管道公司转向非歧视性输气业务是协商解决其3年(联邦能源管理委员会)费率方案的部分结果。费率方案的协商解决与联邦能源管理委员会第436号令的执行情况相吻合,但关键在于横贯西部管道公司的主要客户——南加州燃气公司。南加州燃气公司是经过联邦能源管理委员会和加州公用事业委员会批准为南加州大部分地区服务的地方配气公司。这份涉及内容广泛的费率结算协议包括一项义务,即南加州燃气公司必须购买数量有所减少的由输气系统供应的天然气,并且按照横贯西部管道公司输气费率表来选择购买非输气系统供应的天然气。虽然天然气销售合同中的最低账单条款已经根据联邦能源管理委员会的指示,把最低账款占销售合同价款的比例从91%降低到了40%,而且违者将受到法律制裁,但南加州燃气公司与横贯西部管道公司签署的费率结算协议还是废除了最低账单条款。

为了满负荷向南加州燃气公司交付天然气,横贯西部管道公司已经在1985年采取了以输气取代售气的方式。但1986年第一季度,天气温和,取暖需求下降,从而导致天然气需求下降,而本来靠南加州燃气公司供气的发电厂则改用价格比较便宜的低硫渣油。横贯西部管道公司的输气量下降到了相当于其输气容量60%的公司历史最低水平。

空间供暖天然气需求的减少,已经在所难免。但如果修订私营部门的复杂供气协议能与天然气行业的监管改革配套,就能挽回由石油造成的天然气销售收入损失。安然公司州际天然气管道运输业务主管吉姆·罗杰斯派横贯西部管道公司的营销副总裁克拉克·史密斯前往加州交涉解决这个问题。

解决这个问题的首要工作就是与其旗下的电厂——有可能改用天然气发电的圣地亚哥燃气与电力公司——就所交付现货天然气的价格进行谈判。为此,要进行逆向操作,首先要让南加州燃气公司同意降低它的州内供气费率,就像横贯西部管道公司在州际输气费率问题上所做的那样。对于这两个输气商和供气商来说,有点收入总比没有收入好。卖天然气给太平洋-大西洋营销公司(横贯西部管道公司旗下的天然气营销子公司)的生产商也答应降低天然气的井口价

---

[1] 安然公司支持联邦能源管理委员会第436号令("政府为加剧天然气行业竞争而采取的一系列全面解除管制措施中的最新措施")超过了规则本身,即不允许天然气管道运输企业在开放—准入环境下完全收回它们的转换(不取照付)成本。

格,这样就可以不用关闭气井。于是,一切都准备就绪,可以用有竞争力的天然气来击退石油的进攻。加州公用事业委员会的批准——鼓励通过把天然气而不是渣油作为燃料来净化空气——开启了加州历史上第一个由州外天然气供应商向州内最终用户直接销售天然气的项目。史密斯和各有关当事方的代表在两周内雷厉风行地解决了问题。

这种绕过监管的迂回方式——横贯西部管道公司旗下的太平洋-大西洋营销公司直接与南加州燃气公司的客户签约供气——开启了加州天然气竞争的新时代。太平洋-大西洋营销公司准备在加州开设办事处,负责销售输气服务并直接向最终用户交付天然气,同时把南加州燃气公司新的供气计划中的边境交付与州内交付结合起来。向克拉克·史密斯汇报工作的是一位从竞争对手埃尔帕索天然气公司挖来的青年俊才乔治·沃瑟夫。沃瑟夫后来以不同的身份在安然公司工作了很长时间。

仅在第一年,横贯西部管道公司就增开了 15 个账户,此前只有南加州燃气公司一个账户。在新开的账户中,有两个是电力巨头南加州爱迪生公司和洛杉矶水务与电力局(Los Angeles Department of Water & Power)开的账户。横贯西部管道公司的营销工作甚至做到了北加州,它在北加州交付的天然气由埃尔帕索公司在北加州的分公司负责输送。后来,横贯西部管道公司还把天然气卖给了太平洋燃气与电力公司。[1]

肯·莱和安然公司高层的一些要员,特别是吉姆·罗杰斯,在听克拉克·史密斯关于"西部开拓史"的演讲时都面带微笑。州际天然气管道运输业务自1938 年被监管以来,几乎从未有过像这次这样漂亮的创业经历。安然公司的多个利润中心,而不只是横贯西部管道公司旗下的太平洋-大西洋营销公司,进入了加州巨大的天然气现货市场。安然公司向加州销售天然气并通过横贯西部管道公司或其竞争对手埃尔帕索公司输送天然气的其他子公司有安然天然气营销公司(一家由约翰·埃斯格林负责的全国性天然气销售公司)和潘汉德尔天然气公司(休斯敦管道公司旗下的供气子公司,这家子公司对外供气有助于解决得州

---

〔1〕 乔治·沃瑟夫在向南加州天然气公司出售横贯西部管道公司输气系统供应的天然气的同时,还向南加州天然气公司的客户交付现货天然气。他回忆道:"请想象一下我当时的尴尬处境:头一天走进一家公用事业公司销售受监管的天然气,第二天为了规避监管带着几份输气合同走进同一家公司的另一扇门。"还请参阅:Internet appendix 2.5,"Transwestern Pipeline:'Enron's Laboratory' amid Regulatory Change," www.politicalcapitalism.org/Book3/Chapter2/Appendix5.html.

安然公司发迹的岁月

休斯敦天然气公司州际天然气管道运输集团总裁 吉姆·罗杰斯

| 负责监管事务的高级副总裁S.C.霍顿 | 副总裁兼法律总顾问C.M.福利 | 负责财务规划和行政事务的副总裁罗德·海斯莱特 | 负责天然气经济研究的副总裁B.N.斯特拉姆(B.N. Stram) | 负责市场营销的副总裁C.C.史密斯(横贯西部管道公司) | 副总裁C.G.阿伯特(横贯西部管道公司) |

图 3.5　休斯敦天然气公司州际天然气管道运输集团由横贯西部管道公司和佛罗里达天然气输送公司组成,能够娴熟地驾驭不断变化的监管环境。斯坦·霍顿和罗德·海斯莱特(Rod Hayslett)是随被收购的佛罗里达天然气输送公司来休斯敦天然气公司任职的;而图中其他五人是在肯·莱 1984 年年中接任后加盟休斯敦天然气公司的。

天然气过剩的问题)。

横贯西部管道公司产生的协同效应不仅为安然公司的其他运营单位创造了收益,也使州际天然气管道运输集团的收益率超过了联邦能源管理委员会核准的投资资本(折余原始成本)利润率。从 1987 年开始,横贯西部管道公司每年能赚到 6 000 万~6 500 万美元的利润,而按照核准利润率,每年只能创造 4 200 万美元的利润。实现这一壮举,不但要天天保持以最大的吞吐能力输气,而且要设计一种能使管线空间出售两次的费率:一次是卖给支付即时供气附加费的企业客户,另一次是卖给支付量化费率使用企业客户未使用的管线空间的缓冲用户。(后来还推出了输能释放计划。根据这项计划,买断输能的客户可以出售他们买断但不需要的输气权。[1])横贯西部管道公司的费率设计部门的无名英雄们设计了3年的费率招标方案,为实现这样超好的业绩做出了贡献。

佛罗里达天然气输送公司在1986年也遇到了燃料油竞争的问题。在失去了佛罗里达电力照明公司双燃料发电厂的订单以后,佛罗里达天然气公司重新就其交付天然气的价格与客户谈判,并且答应按低硫渣油英热单位等效价格的一定比例打折。只要天然气生产商愿意接受天然气的井口净回值价(减去送到最终用户手中的运费的井口收取价),而不是减去不取照付费用就等于零的关井价,那么,锁定折扣是抵制燃料油竞争的一种可靠手段。

重新谈判按计划进行,佛罗里达天然气输送公司虽然遇到了麻烦,但还是把天然气吞吐量维持在设计容量的水平上。1个月后,也就是1986年7月,由于采用天然气价格按65%的渣油价格计算的方法,结果导致天然气的井口净回值价只有0.93美元/百万英热单位,还不到上一年夏季的一半。

以上就是佛罗里达天然气输送公司采取的防守行动,但它还必须主动出击,这样才能证明休斯敦天然气公司在不到两年前为构建输气系统收购大陆资源公司支付溢价的做法是合理的。扩建输气管网可以做到这一点,但除了已在交付的签约天然气外,还需要签订不可撤销的长期输气协议,目的就是要确保佛罗里达电力照明公司借助佛罗里达天然气输送公司来建造新的燃气发电厂。

佛罗里达天然气输送公司既有自己的优势,也有自己的劣势。佛罗里达州需要更多的电力,将天然气作为发电燃料是环保的首选。与已有燃油设施和新建燃煤设施相比,快速改进联合循环燃气电厂就能增强新的优势。但佛罗里达电力照明公司必须向佛罗里达州公共服务委员会(Florida Public Service Commission)证明,燃(天然)气发电与包括进口电力在内的其他替代方案相比更具竞争力,而且价格甚至更加便宜。

那么,安然公司能否签订多年期合同,保证做到佛罗里达天然气公司为了按低于渣油的价格供应天然气已经通过签订短期供气合同在做的事情呢?

25年来,佛罗里达天然气输送公司一直没有扩大它为全州输送天然气的能

----

〔1〕 1999年,联邦能源管理委员会第637号令允许持有但不需要已买断输能的客户转让自己的剩余输能,并停止支付即时供气附加费。现在,受监管天然气管道运输公司可以采用这种方式使用其(闲置的)输气容量,从而增加收入。

力。佛罗里达电力照明公司与美国石油公司签有一份由佛罗里达天然气输送公司输送2亿立方英尺/日天然气的油田终身保供合同,但美国石油公司油田的天然气资源濒临枯竭,合同也即将到期。佛罗里达州最大的电力公司根据合同规定,要承担可能因购买非本地天然气而产生的运费。

20世纪70年代,由于天然气短缺,电力系统关闭了一些燃气发电厂。与此同时,佛罗里达电力照明公司建造连锁电网输电设施,准备从位于佛罗里达州北面的南方公司购买其燃煤电厂的多余电力。

这种情况为输气容量的买方和卖方创造了机会。安然公司的布鲁斯·斯特拉姆和马克·福莱维特认为,新的燃气发电比从外州购买电力更加经济、可靠,用燃气发电取代燃煤发电,也会要求佛罗里达州电力系统为了盈利而进行更多的资本投资(确定费率基础的依据)。

福莱维特利用安然公司的资金在1985年5月与佛罗里达电力照明公司签署了一份意向书,计划在15年内每年向这家电力照明公司供应3.43亿立方英尺/日的天然气(夏季多供、冬季少供),价格比渣油便宜,从而能够保证买方省钱。合同规定的价格上限使燃煤发电受到了遏制。

佛罗里达电力照明公司签订了这份合同,承诺参与佛罗里达天然气输送公司自1970年以来的第一个1亿立方英尺/日的输气容量扩建项目。这个扩建项目的一期工程于1987年7月投入使用,而且按计划2年后还要进行类似规模的(二期)扩建工程。

安然公司的吉姆·罗杰斯称这种供气交易就是"豪赌",因为还没有与生产商签订供气合同。佛罗里达电力照明公司没有义务支付安然公司无法根据合同交付的天然气的费用,但电力系统希望全额交付天然气以满足其发电需要。

随着合同规定的从1988年年中开始送气的日期日趋临近,福莱维特必须完成两项任务。首先,他必须获得佛罗里达天然气输送公司新东家(1986年6月30日收购佛罗里达天然气输送公司的西特鲁斯公司)董事会的最终批准。西特鲁斯公司持有安然公司和索纳特公司的一半权益。其次,他必须确保1.9万亿立方英尺弹性价格天然气的供应。实际上,西特鲁斯公司是在卖空,鲁莽地冒相当于美国天然气年消费量10%的裸险。

西特鲁斯公司取消了作为这笔交易组成部分的跨海湾项目(该项目原本要把佛罗里达天然气输送公司的部分输气业务改为输油),转而向联邦能源管理委员会申请输气容量1亿立方英尺/日、斥资2 850万美元的扩建项目。佛罗里达电力照明公司在20世纪50年代末曾帮助确定佛罗里达天然气公司最早期的项目;新的合同正在确定自杰克·鲍温主政时期以来的首次扩建。[1]

供气风险最终全部由安然公司承担。索纳特公司的首席执行官罗恩·库恩(Ron Kuehn)坚决反对增加他的公司须承担的敞口风险,因为他的公司由于进行新的投资已经承担了风险。

由于合同还没签订,因此,肯·莱为了让西特鲁斯公司董事会全票通过这项交易,以他的公司的名义提供了担保。安然公司的担保使它承担本来应该由索纳特公司承担的那一半风险。因此,如果佛罗里达天然气输送公司没有从合同已经约定但未交付给佛罗里达电力照明公司的天然气中获得输气收入,那么,安然公司就得承担它替西特鲁斯公司担保的那部分风险。

后来,福莱维特和佛罗里达天然气输送公司的高管斯坦·霍顿为了履行合同努力安排长期天然气供应货源,于是与全球大宗商品集团路易达孚(Louis Dreyfus)进行了渣油/天然气价差对冲。[2] 他俩把赌注压在了"天然气价格能够降到甚至低于渣油价格"上。毕竟,油价不可能降到比1986年低很多的水平,佛罗里达天然气公司仍然能从生产商那里买到天然气。福莱维特凭直觉认为"市场会创造自己的供给",这正好与萨伊定理——供给会创造自己的需求——背道而驰。

福莱维特开始选中的是安然天然气供应公司,这是安然公司新成立的为安然旗下的所有天然气管道运输公司服务的采购子公司。可是,安然天然气供应公司反对称:"我们没有天然气,我们也不可能买到那样的天然气!"于是,福莱维特自己组建了一个团队,走出公司找到了2个天然气供应巨头:一个是能供应进口天然气的美国最大的天然气储量持有者美国石油公司;另一个是能供应液化天然气的东潘汉德尔公司。1987年4月签订的1.22亿立方英尺/日供气协议允许东潘汉德尔公司重新启用其查尔斯湖的设施进口阿尔及利亚[阿尔及利亚

---

[1] 关于佛罗里达天然气输送公司在鲍文主政期间和之后的历史,请参阅:Bradley, *Edison to Enron*, pp. 271-312。
[2] 据斯坦·霍顿回忆,这起对冲安排"可能是天然气行业有史以来最早的衍生品合约"。

国家石油公司(Sonatrach)]的液化天然气。[1]

对于安然公司来说,重要且幸运的是,美国石油公司和阿尔及利亚国家石油公司接受了与渣油市场价格挂钩的天然气净回值价,从而保证了西特鲁斯公司15年期合约所需的大约90%的天然气供应,而其余部分的天然气可到现货市场购买。这样,风险似乎就可以控制了。

佛罗里达天然气输送公司复杂的现货天然气供应合同规定了低于渣油价格的天然气价格,并且还订有多项试图让双方都负担得起这笔交易的条款,因此从一开始就对安然公司有利。佛罗里达天然气输送公司正在充分利用自己已有以及一期工程(1987年7月投入使用)和二期工程(1989年9月投入使用)扩建的输气能力,而安然天然气服务公司则开始依靠天然气供应合同赚取利润。

但1990年年底、1991年年初,形势开始逆转,安然公司(而不是西特鲁斯公司)开始发生巨额亏损,并且看不到任何缓解的迹象。这份合同估计价款的净现值高达4.5亿美元,而且还规定要向佛罗里达电力照明公司支付一笔预付款(本书第六章将介绍解除这份合同)。

安然公司州际天然气管道运输集团的创始公司北方天然气管道公司遇到了中西部其他天然气管道运输公司发起的激烈竞争,其中一些天然气管道运输公司在1986年利用廉价的加拿大天然气(和渣油)打进了北方天然气管道公司的工业用户市场。北方天然气管道公司利用一种新的监管机制(费率可根据提前1天的通知,而不是费力地向联邦能源管理委员会申请调整或者定期调整)调整费率,从而能够降低费率,保持自己的竞争力,并且维持了输气量。事实上,是横贯西部管道公司第一个要求联邦能源管理委员会推行一种已购天然气费率灵活调整(flexible purchased-gas adjustment)机制。

由于几个原因,北方天然气管道公司在摆脱传统运营方式的转型过程中做得很好。除了旨在调整费率的"已购天然气费率灵活调整机制"外,北方天然气管道公司还得益于在系统内和系统外所做的营销努力。与大多数州际天然气管

---

[1] 阿尔及利亚国家石油公司和东潘汉德尔公司的坎坷经历始于1972年签署的一份液化天然气供应合同,而且直到1986年才结束。东潘汉德尔公司支付5.3亿美元才解除了这份合同。西特鲁斯公司的液化天然气合同,对于这个未得到充分利用的价值数十亿美元的液化天然气基础设施来说是一个新的开端。

道运输企业与生产商签订的合同相比,北方天然气管道公司与生产商签订的合同对市场反应更加灵敏(价格比较灵活)。与包括塞缪尔·英萨尔最近完成的几个重大项目中一个美国天然气管道项目在内的竞争对手相比[1],北方天然气管道公司在降低不取照付条款造成的成本方面做得非常不错。

主动把天然气销售业务从天然气输送业务中剥离出来,为安然公司创造了两个(而不是一个)利润中心。用创新合同对付石油,使安然公司在距离两千英里的不同州保持很高的天然气输送量。设计和执行不同的费率方案创造了额外的利润。扩大输气容量,不仅是为了保持市场领先地位,而且是为了创造一个否则就会被竞争能源占领的增量市场。这是像莱这样的新生代在已经开始发生变化的联邦能源管理委员会监管的天然气管道运输世界里可做的事情。

现在需要比以往任何时候都要多的聪明才智,才能使天然气管道运输公司成为"摇钱树"。安然公司通过消化(不取照付合同的)转换成本和提供创新产品来创造其他州际天然气管道运输企业(如特兰斯科能源公司)无法创造的收益。事实上,由于天然气输能过剩,许多州际天然气管道运输企业的收益率在20世纪80年代末并没有达到允许收益率的水平。与此同时,它们正在用具有价格灵活性并可提前解除的2～5年期合同取代以往"20年期、价格固定不变、输能买断并因期限太长而被遗忘的"供应合同。

热电联产业务重组

热电联产是一种比已有技术生产相同数量的蒸汽和电力耗能(燃油或天然气)减少20%～35%的新技术。在一部相关联邦法规定公用事业公司只要符合条件,就得按被确定为"避免成本"的价格购买联产热能和电力后,热电联产就成了非热电商趋之若鹜的业务。[2] 就在莱离开特兰斯科能源公司加盟休斯敦天然气公司仅几个月后,约翰·温和鲍勃·凯利便让休斯敦天然气公司进入了热电联产业。

在结束了休斯敦天然气公司和联合北方公司合并的谈判以后,温打算根据

---

[1] 请参阅:Bradley, *Edison to Enron*, pp. 187, 257, 413, 503。
[2] 请参阅:Internet appendix 1.5, "Public Utility Regulatory Policies Act of 1978 (PURPA)," www.politicalcapitalism.org/Book3/Chapter1/Appendix5.html。

他的雇用合同发展一家蒸蒸日上的热电联产企业。可是,这起合并案的领头羊联合北方公司在北方自然资源公司有自己的热电联产业务。而且,霍华德·霍克斯把北方自然资源公司的热电联产业务管理得有声有色。

北方自然资源公司在热电联产业快速启动,并且有两个非常不错的项目。因此,霍克斯主管的总部设在奥马哈的子公司承担公司合并后的电力项目开发责任。根据一项为期 5 年的咨询协议,温离开休斯敦天然气-联合北方公司,从而有了独立开发热电联产项目的空间,同时又赋予安然公司投资的权利。

到了 1986 年,霍克斯的使命与休斯敦天然气公司和联合北方公司合并前相比并没有发生变化,仍然是"创建本身就有吸引力并能补充公司其他业务的基础性新业务"。中央盆地天然气管线项目就是这样一个例子。这是一个耗资 7 000 万美元、从新墨西哥州一直延伸到西得州、全长 143 英里的二氧化碳输送管道项目。这个项目于 1985 年末开始运营,并产生了较高的前期收益。差不多在同一时间签订了几份配套项目合同,准备在得克萨斯市联合碳化物公司这家石化联合企业附近建造一家斥资 1.52 亿美元、装机容量达到 440 兆瓦的热电厂。

这两个项目都由联合北方公司提供股权融资,但又不列入资产负债表,而且还涉及其他出资并承担风险的当事方。这并不是说这种融资是一种糟糕的商业行为,资金充裕的联合北方公司并不需要融资,而是要表明霍克斯的公司喜欢简单和透明——你所看到的就是你在这家中西部文化的公司能够感受到的。

得克萨斯市附近的项目最初被命名为"北方热电项目",现在已经很好地融入了公司。合同规定,蒸汽和电力的销售价格随天然气投入价格的涨跌上下浮动,因此会出现套利价差(当时还没有多年期的固定价格天然气供应)。生产蒸汽和电力所需的 1.4 亿立方英尺/日的天然气供应采用联合北方公司已有的海上天然气供应协议和休斯敦管道公司已有的天然气输送协议。丹·丁斯特比尔掌管的北方天然气公司进行了这些安排,但需要霍克斯的催促——后者甚至威胁要到公司外面去购买天然气——最终才完成任务。

联合碳化物公司答应购买拟建热电厂生产的全部蒸汽和 30% 的电力,因此,这家热电厂投产后生产的电力有 70% 需要出售。休斯敦电力照明公司(Houston Lighting & Power Company, HL&P)是一家有特许经营权的公用事业公司,当时正在建设燃煤和核能发电产能,而且不需要电力——至少不需要按足够高的"避免成本"价供应的电力来使这个项目可行。但有一个潜在的方案可以解决得克萨斯市热电项目出售剩余电力的问题。如果能把电力输送到北得州,总部位于达拉斯的得州公用事业电力公司需要电力,就能按具有吸引力的避免成本价购买电力。

由于得州公用事业委员会(Texas Public Utility Commission)进行了干预,迫使休斯敦电力照明公司("变换方向")向得克萨斯公用事业公司供电,因此,某种(更加浓郁的)政治资本主义打破了得克萨斯市热电项目售电的瓶颈问题(实际上,这两家公司之间的电力交易将完全消除输电需要)。这份为期12年的合同涉及393兆瓦电力的买卖,是热电联产公司和公用事业公司签订的最大供电合同。这笔就在联合北方公司宣布收购休斯敦天然气公司时完成的交易,是北方自然资源公司取得的一次胜利。这个项目在当年晚些时候开始施工,而且至少从账面上看,锁定投入和产出价格之间的套利回报相当可观。

但不久,情况就发生了逆转。1986年3月能源价格暴跌,北方自然资源公司发现自己"骑虎难下"——甚至更加糟糕。安然公司债台高筑,急需现金流入,根本就没钱支付建筑费用。休斯敦方面有消息称,已经停止没有结果的谈判,并将出售中央盆地管道公司,从而使得刚开始施工的得克萨斯市项目就面临要靠安然公司掏钱融资的可能性(但鉴于安然公司已债务累累,因此很可能要靠间接债务融资解决资金问题)。

迈克尔·米尔肯和德崇证券公司也参加了进来,他们发行的高收益垃圾债券一半归德崇证券所有。安然公司以1 000万美元获得了这座装机容量450兆瓦核电站的一半股权,并拥有它的运营权。这家核电站定于1987年年初投入运营,但安然公司在直到年底才能赚钱的过程中牺牲了很多——其间还降低了霍克斯的职务。笔者将在下一章里交代这个问题。

安然公司——甚至不惜动用其稀缺资本——想做的另一个热电项目并非由北方自然资源公司发起,而是一个霍华德·霍克斯告诉"米克·塞德尔如果不重谈合同条款,他就不会批准"并且在休斯敦和奥马哈之间制造分歧的项目。这个项目由罗伯特·C."鲍勃"·迈克奈尔(Robert C. "Bob" McNair)创建的热电技术公司(Cogen Technologies Inc., CTI)发起,在新泽西州贝永(Bayonne)斥资修建一座装机容量165兆瓦的热电厂。

迈克奈尔是这个行业的新手。他没有什么权益资本,并且刚经历了一次挫折:他的一家卡车运输公司在解除管制后的全行业调整过程中宣布破产。[1]但是,迈克奈尔聪明、勤奋、讨人喜欢,是个谈判高手。他最终可能还清了积欠债权人的债务,退出了卡车运输业,并进入一个结果惊人成功的领域。他最后也把他自己的公司卖给了安然公司,然后去做更大的事情。[2]

迈克奈尔最初向米克·塞德尔提出了一个装机容量22兆瓦的热电项目,塞德尔把他引荐给约翰·温。俩人进行了面谈,但迈克奈尔提出的利润五五分成的方案根本行不通,因为休斯敦天然气公司可能要提供权益资本。在温被调离去负责休斯敦天然气公司与联合北方公司合并谈判后,这个热电项目的谈判就停了下来。

休斯敦天然气公司与联合北方公司合并后,温不再负责热电项目,改由霍克斯负责。但迈克奈尔不打算飞往奥马哈与霍克斯谈判。温是做成热电项目交易的关键,他答应帮助做些什么促成交易,但由于需要逐一落实天然气供应商、蒸汽采购商、电力采购商和项目营造商(通用电气公司),因此要求收取1%的个人权益。更重要的是,这个项目的最终确定规模远远超过了原定规模,而通过这个项目,迈克奈尔显示了自己解决选址和许可申请等政治问题的高超技能。

温在这个项目谈判过程中扮演了奇特的角色——他作为迈克奈尔的顾问与安然公司谈判,但又在安然公司做咨询工作。安然公司的董事会注意到了这个利益冲突的问题,仍不得不批准这一安排。但是,温签的合同非但没有欺骗任何人,倒是规定他给予安然公司优先拒绝投资他发起的任何新项目的权利。考虑到安然公司受到资金的约束,这项规定已经毫无意义,却表明温是多么愿意听从莱的意见。

在代表休斯敦天然气公司谈判时,温希望迈克奈尔发起的项目能为公司带来85%的自由现金流,而不是迈克奈尔提出的50%。但迈克奈尔提出的这个现金流比例仍然是一个很好的谈判起点。现在,温代表三方利益——他自己、迈克奈尔和安然公司,于是觉得,如果这个项目的投资回报率能达到23%,休斯敦天

---

[1] 1980年颁布的《联邦汽车承运人法案》(Federal Motor Carrier Act)放宽了州际卡车货运公司的准入限制,而且还放开了运价。"到了1984年,数以百计的卡车货运公司,包括业内一些最著名的公司,都进入了破产程序。"迈克奈尔的卡车租赁公司也因为1982年的经济衰退而倒闭。

[2] 1998年,迈克奈尔以11亿美元的价格把热电技术公司卖给了安然公司,因而得以开始一个新的橄榄球大联盟特许经营项目,即休斯敦得克萨斯人队(Houston Texans),以取代已解散的休斯敦石油人队(Houston Oilers)。迈克奈尔的努力得到了一个由纳税人出钱建造的体育场的支持,这是安然公司和肯·莱亲自领导进行幕后努力的结果。安然公司和莱领导做这样的幕后努力,目的是要获得选民对这些公共资金使用的认可(参见第十五章)。

然气公司就应该做出让步,把自由现金流分成比例由85%对15%改为五五开。

这个分成比例是可行的,对各方都有好处。但考虑到项目进展如此顺利,以至于迈克奈尔希望,作为回报前面答应85%对15%的分成比例做出的让步,如果这个项目达到更高的利润阈值,那么自由现金流分成就再做有利于他的倾斜。也许是因为很少有人真的认为,这样的项目真能达到30%的投资回报率;也许迈克奈尔在青年总裁组织(Young Presidents' Organization)举行的一次静思会上分别与莱和塞德尔进行了亲切友好且卓有成效的一对一面谈;也许是温对这笔交易的有力支持以及莱和塞德尔对温的尊重——或者敬畏。不管是什么原因,迈克奈尔争取到了休斯敦天然气公司方面高层的同意:如果贝永热电项目的投资回报率达到30%,那么,在项目寿命期内,热电技术公司将获得85%的自由现金流,而安然公司则只能得到15%的自由现金流。

霍华德·霍克斯想要就这个自由现金流分三档分成的方案重启谈判,而不是像安然公司总裁米克·塞德尔希望他做的那样,设法让这个方案获得批准。因此,贝永项目的谈判在1986年春天陷入了僵局。

由于休斯敦方面命令北方自然资源公司削减开支,而贝永项目的谈判又陷入了僵局,霍克斯开始考虑离开安然公司后的生活。肯·莱也知道有必要进行重大变革,于是向温寻求帮助。那么,温能否为得克萨斯市项目进行再融资,哪怕这意味着要变卖项目的部分资产,也要帮助安然公司腾出已投入项目的1.52亿美元呢?莱还想继续开发(资产负债)表外热电项目——项目超级发起人—开发者—终极者温能做的事。

温第三次同意与安然公司重谈他的咨询合同,结果增加了月薪,并且如能为得克萨斯市项目进行有利可图的再融资,还可以获得一笔特别酬金。按照为这笔交易谈定的条件,安然公司将成立安然热电公司,并由罗伯特·凯利在休斯敦管理。实际上,凯利已经在休斯敦向霍克斯汇报工作。与此同时(1986年6月1日),北方自然资源公司更名为安然发展公司,霍克斯担任总裁,负责变卖二氧化碳管道,如果再有资金可用,那么还要负责新项目投资。

但是,霍克斯已经受够了在安然公司的工作。在征得莱的允许以后,霍克斯着手从安然公司购买中央盆地管道公司,作为其退出策略的组成部分。霍克斯打电话与几家他认为合适的能源公司进行了接触,最终得到了8 700万美元的报价,但莱决定把中央盆地管道公司卖给外部人。

霍克斯谈判争取到了一笔遣散费,并开始在奥马哈建立人脉关系。奥马哈居住着一批被解雇的联合北方公司老员工,他们既有能力,又有工作兴趣。几个月后,霍克斯发现了一个下马的热电项目。他和其他几个人盘下了这个项目,并且使它重新走上了正轨。1987年4月1日,是"特纳斯卡"(Tenaska)公司的第一个发薪日。其实,这家公司就是一家得到重生的北方自然资源公司。

如今,特纳斯卡公司已经成为美国最大的20家私营公司之一,拥有资产33亿美元,年收入80亿美元,企业价值15亿美元。霍华德·霍克斯的公司就是肯·莱的(反资本主义)企业最终失败的产物,现在销售或经营着占全美销售或经营总量10%的天然气,并且还管理着超过24 500兆瓦的托管电力。[1]

在莱决定把中央盆地管道公司卖给外部人,霍克斯离开安然公司以后,罗伯特·凯利大权在握。他聘请了原联合北方公司有才干的员工[如杰伊·伯里曼(Jay Berriman)]以及包括丽贝卡·马克(休斯敦天然气公司1984年年底收购大陆资源公司时,在大陆公司财务部任职)在内的有才干的新人。凯利还与已经是安然公司咨询顾问的约翰·温有直接接触。

凯利负责的安然热电公司开始重谈得克萨斯市项目的合同,以便进行再融资。合同重新谈定后不久,温很快就完成了这个项目的再融资。贝永这个装机容量165兆瓦的热电项目是在安然公司同意投资1 400万美元购买42%股份的情况下完成的。由温介绍参与贝永项目的其他合作伙伴有通用电气公司(营造商)、泽西中央电力照明公司(Jersey Central Power & Light,电力采购商)和特兰斯科能源公司(天然气供应商)。本书第五章将介绍这个由鲍勃·迈克奈尔的热电技术公司发起的项目不平常的盈利能力。

购 买 独 立 性

收购专家欧文·雅各布斯因联合北方公司并购休斯敦天然气公司案遭受了打击。因并购传闻在每股50美元的低点上被抛售的联合北方公司的股票,在休

---

[1] 关于把特纳斯卡公司作为安然公司对立面的阐释(如金德-摩根和科赫工业公司),请参阅:Internet appendix 3.2, "Tenaska: Escape from Enron," www.politicalcapitalism.org/Book3/Chapter3/Appendix2.html。

斯敦天然气公司被并购后又跌到了47美元。但是,雅各布斯非但没有抛掉手中的联合北方公司股票,而是继续增持。到了1986年第三季度,雅各布斯和他的合伙人持有510万股联合北方公司的普通股。7月,总部位于纽约的卢卡迪亚国民公司披露它已累计持有230万股安然公司的股票。雅各布斯等套利者总共囤积了16.4%的安然公司普通股,这时这只股票的价格已经深陷40～45美元的低谷。

那么,应该怎么做呢?莱的第一个计划是把安然公司变成"私人公司",让公司高管持有公司的股权。莱、里奇·金德、吉姆·罗杰斯和杰拉尔德·班尼特一起飞赴纽约,与杠杆收购专家科尔伯格-克拉维斯-罗伯茨公司(Kohlberg Kravis Roberts & Co.)商讨合作事宜。拉扎尔兄弟银行也在为协助安然公司做成这笔交易忙碌。

关键是要找到一个股东能够接受的价格——譬如说,每股55美元,但又不能承担过多的债务,以免危及公司可持续盈利的能力。但想要找到一个市场能接受的收购价格[1],就必须使安然公司各事业部的预期收益超过对它们的初始预期收益。因此,安然公司各事业部必须提高交易量和利润率预测值——与休斯敦天然气公司为了从联合北方公司那里争取到每股70美元的收购价而做的事情没有什么区别。但是,现在的能源市场比那时要糟糕很多,而且莱也有比较谨慎的同事相助。

在纽约商谈合作事宜最后一天的晚上,酒足饭饱之后,他们开始担心起来。"我已被逼得很不舒服。"班尼特在说到他的州内管道运输资产时向莱承认。罗杰斯在谈到州际管道运输部门时颇为同情地说:"我可能是我们国家最优秀的监管人,但就是没有这个兴趣。"莱回答说:"好吧,如果你们这些家伙觉得我们做不到,那么就放弃,回休斯敦去埋头苦干。"

安然公司随后要求拉扎尔兄弟银行和德崇证券公司寻找保持公司独立性的其他方式。莱拜访了一些富豪,争取他们对安然公司进行股权投资,但没有取得任何结果。于是,他们与雅各布斯和卢卡迪亚公司就回购安然公司股份的事宜进行谈判。

---

[1] 卢卡迪亚公司由伊恩·M.卡明斯(Ian M. Cummings)和约瑟夫·S.斯坦伯格(Joseph S. Steinberg)控制,他们俩都是哈佛商学院1970届的毕业生。有一次,卡明斯在听到自己被比喻为"收购狼"时居然接受了这个比喻,还说"狼爱吃腐肉"。

1986年10月20日，星期一，安然公司宣布以每股47美元的价格——比前一交易日的收盘价高出6%——回购740万股公司股票，并且把回购股票造成的2 000万美元差额作为特别费用入账。

但是，安然公司遭到的真正打击是，在公布回购股票的消息后股价下跌了4美元，市值损失了1.8亿美元；有100万股股票惨遭抛售，其中大部分是由失望的投机者抛售的。现在，安然公司股票的收购溢价已经完全消失，华尔街的套利者们毫无准备，但很快就进行了报复。

莱和安然公司董事会曾希望避免这种情况，因此，批准同时根据市场状况和公司业务因素，至多可回购1 000万股的公司股票。据安然公司估计，回购这么多的股票可享受的税收优惠将使公司的年现金流增加4 500万美元，但市场对此反应平淡。

做好准备，抛弃烦恼，可能一直是肯·莱——从此时到安然公司有偿付能力的最后几个月——避免痛苦的策略。每次，莱都会主动采取这种策略。他在写给全体员工的短信中表示："这项回购协议消除了短期投机者对安然的未来有可能造成破坏的巨大不确定性。我们的董事、员工和股东现在掌握着公司的命运。"莱又补充说，这一决定"结束了从联合北方公司和休斯敦天然气公司合并起就开始的长期调整、改组和重组"。不过，他也承认，"这种自由是有代价的"。

这次回购使安然的普通股东处于不利的境地，并在敏感时期恶化了公司的债务比率。对珍视良好公共关系的肯·莱来说，不幸的是，他的同行、行业领袖T. 布恩·皮肯斯(T. Boone Pkinson)当时正在为股东争取权利。

新成立的美国联合股东协会(United Holders Association, USA)主席抱怨道："绿色邮件(Greenmail)*是管理不力的一种症状，安然公司的高管在很大程度上都是失败者。"皮肯斯不依不饶地称这一事件为"黑色星期一"，并把这次回购说成"为安然公司高管安排的工作保障计划"。

肯·莱曾是布恩·皮肯斯的忠实粉丝。毕竟，就是他试图通过收购海湾石油公司来打破古板的石油巨头构筑的樊笼，这是肯乐意看到的。但布恩也做得太过分——实在是太过分了，竟然在全国媒体新闻发布会上嘲笑安然公司。

---

* 指目标公司通过私下协商从特定股东手中溢价回购自己的大量股份，中文又译作"绿色欺诈"等。——译者注

莱用3页纸的篇幅驳斥了他的批评者,他在信中提到,皮肯斯的梅萨有限合伙公司(Mesa Limited Partnership)最近在收购先锋公司(Pioneer Corporation)时,向欧文·雅各布斯支付了"很小"的溢价。莱认为,安然公司的价值减损最终将从包括员工积极性提高在内的回购好处中得到恢复;皮肯斯指责安然公司的高管层"软弱""顽固"是"出言不慎"。莱又补充说:

我担任安然公司首席执行官还不到一年,应该说时间并不长,不足以站稳脚跟。更重要的是……我们这个行业有许多人……相信,安然公司的高管团队是天然气行业最强大、最有深度的高管团队之一……在试图适应迅速变化的市场和监管环境的过程中,业内的许多创新都是由这个团队发起的。

"因为这件事,我对布恩的尊敬肯定大打折扣,"莱在给他在特兰斯科能源公司工作时的老板和朋友杰克·鲍温的便条上草草写道,并附上了他的信的副本。[1]但除此之外,莱并没有透露他写给布恩的信的其他内容。虽然皮肯斯伤害了莱的自尊,但莱觉得最好不要在公开场合为这件事争吵不休。这是一个艰难的时期,与行业偶像打口水仗也于事无补。只有提高盈利能力,安然公司才能证明这次股票回购交易是正确的,并且提升他(莱)的形象。

安然公司在投资银行界的特殊朋友纷纷发表意见。第一曼哈顿公司(First Manhattan Company)的约瑟夫·卡尔普(Joseph Culp)评论说:"套利者之所以能够对运营良好的企业造成危害,仅仅是因为他们只关心短期收益,这是投资界的不足之处。"不过,他和投行界的几乎所有其他人都不得不承认:这是安然公司为了粉饰资产负债表而采取的另一次"清障"行动。即使在变卖了超过10亿美元的盈利资产之后,安然公司的债务比率在1986年年底仍高达69%。这个比率虽然与上一年相比略有下降,但与莱在11个月前宣布的目标——年底降到55%——仍相去甚远。

即使这次股票回购行动没有给外界留下深刻印象,但内部的主要卖点是通过股票回购创建一种新的员工股票期权计划。这次回购行动的资金来源是从一个资金过剩的退休计划转移了2.3亿美元的免税资金——原本要用来偿还公司

---

[1] 关于更加深入的讨论,请参阅:Internet appendix 3.3, "Letter from Ken Lay to T. Boone Pickens," www.politicalcapitalism.org/Book3/Chapter3/Appendix3.html.

债务以及新欠的 1.05 亿美元银行债务。[1]

加上根据以前的计划已经派给员工的股票,安然公司就有 1/3 的普通股由员工持有。在肯·莱看来,这才是正确贯彻激励措施的方式。[2] 但是,公司内部可能会过度看重股票的短期表现,特别是由急于求成、超级自信的肯·莱操纵导致的短期表现。

再过几年,安然公司的员工持股计划将会成为员工的滚滚财源,并且几乎让每一个安然人都盼望公司的股票持续升值——同时又感到自己承受着争取股票持续升值的压力。时间会证明,剔除"我们认为以牺牲提高长期回报为代价追求短期收益的投资者",本身就会产生一种超级短视的偏见。

德崇证券公司发行的高风险债券(垃圾债券)为安然公司与雅各布斯做股票回购交易提供了部分资金,从而延续了莱和德崇证券公司的明星迈克尔·米尔肯之间的关系(1985—1988 年,德崇证券公司为安然公司的 8 起交易进行融资,总额近 30 亿美元)。米尔肯一直是安然公司董事长的最爱,即便在这名金融家因(有争议地)受到财务和税收指控而被判有罪以及 1990 年德崇证券公司破产以后也是如此。

公 共 政 策 建 议

长期以来,政府对能源市场的干预一直是由被竞争激烈搞得疲惫不堪的公司高管推动,而不仅仅是由以公共利益为由的外部改革者或寻求免费午餐的消费者团体驱动。政治资本家,也就是寻租者,既可以是小企业,也可以是大公司,他们的共同点就是能够为了在正确的时间获得正确的政客或者官僚的必要服务,以进行有效的组织并采取后续行动。[3]

毫不奇怪,1986 年能源价格的暴跌引发了政治资本主义行为。特兰斯科能

---

[1] 鉴于此前在对休斯敦天然气公司和联合北方公司退休养老金计划合并时,流出量比美国国税局(Internal Revenue Service, IRS)和养老金待遇保障公司(Pension Benefit Guaranty Corp)所要求的资产估值高 10% 的缓冲资金,因此,挪用养老基金回购股票,增加了退休人员的养老金风险,但这样做在一定程度上是为了利用一项新的税收激励措施做出的反应。

[2] 肯·莱和米克·塞德尔在安然公司 1986 年的年报中写道:"也许比节约成本更重要的是,我们全体员工——从薪酬最低到薪酬最高的员工——都将成为股东,从而有尽可能提高公司效率和生产率的积极性。"

[3] 关于政治资本主义理论和美国政府干预经济的悠久历史的介绍,请参阅:Bradley, *Capitalism at Work*, chapters 5 and 6;有关主要电力和天然气监管条例和实践的回顾,请参阅:Bradley, *Edison to Enron*, pp. 495−521。

源公司首席执行官杰克·鲍温在公司年报中呼吁对进口石油征收充分高的关税,这样才能保证美国国内最低油价跌到每桶25美元(当时的油价大约是50美元)。沿海管道公司的奥斯卡·怀亚特倡导石油保护主义。东潘汉德尔公司的首席执行官理查德·奥希尔兹(Richard O'ShiShield)呼吁联邦政府按比例(限制)用于满足天然气需求的天然气供给,并稳定(提高)天然气价格。"自由企业家的奇怪之处在于,他们无法忍受自由企业。他们就是想要确定性。"在北卡罗来纳大学主修政治学、时任《天然气周刊》编辑的约翰·詹瑞奇如是说。

安然公司的命运与石油和天然气价格息息相关。1987年,安然公司的财务总监基思·克恩宣布公司计划把资本支出在上一年的基础上削减38%。据他计算,每桶石油的售价每下降1美元,或者每千立方英尺天然气的井口价格每下跌0.10美元,就会给安然公司的年现金流造成1 500万美元的损失。因此,安然公司对推行旨在提高能源价格——为了自己的利益提高天然气(包括液化天然气)价格,并且提高石油价格以推高天然气(包括液化天然气)的价格——的公共政策非常感兴趣(当时,安然公司还没有投资煤炭业务)。

莱博士和塞德尔博士——分别是经济学和政治经济学博士——已经感觉到了不祥的预兆,他俩在安然公司1986年的年报中指出"风云突变,美国开始依赖外国的石油"。但是,他们并没有主张开征原油进口税。他们并不反对这样的政策,但认为这种政策在政治上不可行。他们还认为,他们终于扫清了障碍,这意味着"与公司合并和能源价格大跌相关的全部成本都已经成为过去",并且预测到能源价格会因"基本经济和政治因素"而反弹。但是,正如本书第七章所述,这种乐观和耐心在未来将经受考验,而肯·莱则偏爱速效政治解决方案,却不喜欢缓慢的市场调整。

肯·莱还在另一条战线上打着自由市场的旗号帮助他所在的行业和自己的安然公司。造成天然气问题的部分原因是,1976—1977年冬季出现天然气供应严重短缺后通过了一部限制已有和新建工业设施和电厂使用石油和天然气的联邦法律。卡特政府在当时的国家能源计划中总结称:"现在的公用事业电力公司基本上都是选择燃煤和核电厂供应的电力。"这样做的目的是确保被认为日益减少的天然气资源不至于以牺牲"高优先级"的家庭和商业用户市场为代价,流向"低优先级"的燃气锅炉。有人常说,"天然气因太好而不能把它烧掉"。

虽然差不多从卡特签署1978年《电厂与工业燃料使用法案》或《燃料使用法案》的那天起就开始出现天然气供给过剩的问题,但这部法律至今仍然有效。不过,现在可以申请不执行这部法律的豁免权,特别是那些这部法律的姊妹联邦法律《公用事业管理政策法案》鼓励的新建燃气热电项目。

但是,《燃料使用法案》发出了一个令人心寒的信号——对天然气的长期承诺是一种政治风险。到了1986年,全美天然气协会把争取废除这部法律列为自己的工作重点。次年3月,肯·莱为此到华盛顿在众议院作证。安然公司扩建输气管道需要这些天然气大用户的长期承诺,而增加天然气需求则为推高天然气价格所必需。[1]

煤炭资源丰裕的俄亥俄州参议员霍华德·梅森鲍姆(Howard Metzenbaum)在主持听证会的开场白中表示:"大家都认为'天然气泡沫'很快就会破灭。"莱回应称:"持续1年半到2年的天然气泡沫将会在8~9年内破灭。"对上游产业来说,这是一个悲惨的故事。天然气供应能力在增长,而天然气需求在5年内下降了近15%。天然气行业——理应拥有比以往任何时候都更加高效和便宜地把天然气转化为电力的新技术——需要一个公平的竞争环境,一种"让市场来检验"的政策。

莱在听证会上发出挑战:"我们对煤炭行业的朋友们说'你们建一个燃煤发电机组,我们建一个燃气联合循环机组',然后我们一对一竞争,看谁能把电卖给我们做电力生意的朋友。"

肯·莱在组织一次十字军东征。虽然他喜欢外部事务,特别是那些与他过去常去的华盛顿特区有关的事务,但他很快就把自己的注意力重新集中到了位于休斯敦的安然公司的内部事务。合并已有2年,他缔造的公司还没有走上正道,而公司正面临每况愈下的严重问题。

熠熠生辉的1987年

1986年,石油和天然气价格暴跌,这意味着石油和天然气行业的大部分上

---

〔1〕 莱的证词中还有旨在废除1978年《天然气政策法案》增量定价条款的内容,因为这个条款为了让家庭和商业燃气用户受益,不成比例地把天然气成本转嫁给了工业用户和电厂。但是,天然气的大用户可以转换燃料,油换气能让预期受益者提高费率,而天然气行业的需求则会减少。想了解这方面的更多细节,请参阅:Internet appendix 3.4, "Fuel Use Act, Incremental Pricing, and Gas Demand," www.politicalcapitalism.org/Book3/Chapter3/Appendix4.html。

游和中游企业要遭受痛苦和紧缩。由于燃料油取代了发电厂使用的天然气,因此,燃油价格急剧下跌导致本来就疲软的天然气价格雪上加霜。横贯西部管道公司被认为是天然气行业最具创业精神的州际天然气管道运输企业,它虽然重新赢得了市场,但未能收复失去的输气量。

不过,安然公司还是为自己的核心业务奠定了基础,它的核心业务在1988—1989年获得了蓬勃发展,并且在20世纪90年代延续了这种势头。安然公司为核心业务奠定的一个基础就是安然石油天然气的管理转型,而另一个基础则是创建安然天然气营销公司,并且使之成为开放—准入环境下的顶级批发商。

安然石油天然气公司成了安然公司的明星

在完成对联合北方公司的资产整合以后,安然石油天然气公司的油气储量在美国独立油气生产商中排名第二,并且主要集中在南得州和新墨西哥州。安然石油天然气公司在加拿大也有一些油气业务,在墨西哥湾也有一些气藏。1986年,该公司平均日产3.5亿立方英尺的天然气以及10 720桶原油和液化天然气。与上一年相比,天然气产量几乎增长了一半,而且低售价造成的损失部分被钻井成本的下降所抵消。

安然石油天然气公司的运势,随着油气价格的涨跌而起伏。1986年油气价格低迷,安然石油天然气公司裁员1/5,关闭了地区办事处,并在休斯敦进行了整合,"为自己的未来进行定位"。

安然石油天然气公司的历史可追溯到1951年。那年,休斯敦天然气公司成立了休斯敦天然气生产公司。20年后,罗伯特·赫林收购罗登石油公司(Roden Oil Company),把它并入了西得州的一个天然气聚集场,并且把这个事业部改名为"HNG石油公司"(HNG Oil Company)。1982年,W. F. 罗登(W. F. Roden)退休后,小泰德·柯林斯成了HNG石油公司的掌门人,而这家石油公司继续在米德兰运营。到了1986年,在休斯敦天然气公司与联合北方公司合并后,柯林斯就掌管一家规模比以前大得多的企业。

HNG石油公司仍有不少改进的余地。塞德尔的战略策划师布鲁斯·斯特拉姆比较了这家石油公司的资本回报率与资本成本,结果发人深省。麦肯锡公司的咨询顾问格伦·斯韦特南(Glen Swetnam)再次证实,HNG石油公司认为自己——与其他石油运营商相比,擅长有利可图地发现石油和天然气——的优势其实是个劣势。

安然石油天然气公司1986年的现金流是2.05亿美元。由于与上一年相比,天然气的收到价以及石油和凝析油价格分别下跌了1/2和1/3,因此,安然石油天然气公司在1986年实现了相当可观的现金流。但是,这家子公司规模庞大,需要出售一些油气田,却要发展另一些资产。内部争议使这家子公司在休斯敦新家变得杂乱无章。柯林斯对在新总部召开公司会议产生了厌倦感,他准备套现走人。用新的企业家眼光来看,对安然石油天然气公司进行改造还是有意义的。

肯·莱想要这个行业中最好的东西,并能提供一些有价值的东西——安然石油天然气公司的股权。据保诚贝奇证券公司估计,这家公司如果上市,能值17亿美元。麦肯锡咨询公司对安然公司所做的一项研究得出结论表明,安然石油天然气公司如能得到妥善管理,仍有很大的上升空间。

莱首先找到了阿纳达科石油公司(Anadarko Petroleum Corporation)的总裁罗伯特·艾利森(Robert Allison),艾利森对莱的邀请很感兴趣,并向公司董事会提交了自己的辞呈。阿纳达科石油公司董事会告诉他公司正在制定新的薪酬方案,而新的诱人薪酬方案使他留了下来。

莱列在"猎物"名单上的下一个目标是得州石油天然气公司(Texas Oil & Gas,TXO)高速增长的缔造者,莱有望追到福莱斯特·霍格伦德。因为,他的公司最近被美国钢铁公司(United States Steel Corporation, USX)以30亿美元的价格收购,在他之上又增加了一个管理层。霍格伦德已经与他的新老板签署了一份长期聘用合同,有传言说他将成为美国钢铁公司最高职位的候选人,但他签的聘用合同中订有退出条款。肯·莱向霍格伦德提供的是一个让他参与很多与他在得州石油天然气公司掌管的资产类似的有价值资产增值的机会。

霍格伦德拿到了一份基本薪水颇具竞争力、激励措施更加诱人的5年期聘用合同。这份合同规定的最具刺激性的激励措施是,安然石油天然气公司一旦上市,就能获得价值相当于公司估值1%的奖励。[1] 安然石油天然气公司至少价值10亿美元,因此,这笔奖金至少有1 000万美元,而且很可能更多。这可不是那家总部位于匹兹堡的公司愿意支付的奖金。于是,霍格伦德接受了安然公

---

[1] 霍格伦德的5年期聘用合同规定,每年底薪下限是55万美元,外加10万股安然公司的股票期权;此外,相当于公司估值1%的派股,每年支取20%。

司的聘约。

图 3.6　安然石油天然气公司在 1987 年迎来了新的领导人福莱斯特·霍格伦德，他是肯·莱聘用的薪酬最高的员工。图中，右上方照片是 1977 年加盟得州石油天然气公司时的霍格伦德；下面这张照片是 1989 年安然石油天然气公司上市时霍格伦德与安然公司主要高管们在纽约证券交易所的合影。

　　福莱斯特·霍格伦德是天然气行业上游部门的老手。1956 年，他从堪萨斯州立大学毕业获得机械工程学位，随后就作为工程实习生在汉贝尔石油与炼油公司(Humble Oil & Refining)开始了自己的职业生涯。在埃克森美孚公司，霍格伦德曾升任负责公司全球天然气业务的副总裁，然后在 1977 年被得州石油天然气公司聘为新总裁。2 年后，霍格伦德出任得州石油天然气公司首席运营官，并在 1982 年升任首席执行官。他的公司因实现了行业最高且最有利可图的增长率而轰动一时。德里天然气管道公司(Delhi Gas Pipeline Corporation)是得州石油天然气公司的一项主要资产，并且拥有杰克·鲍温在 20 世纪 50 年代修建的南得州天然气输送管线。

从1987年9月1日起,霍格伦德出任安然石油天然气公司的董事长兼首席执行官。安然石油天然气公司被誉为美国第三大天然气独立运营公司,拥有天然气储量1.7万亿立方英尺,与得州石油天然气公司的储量相差无几。安然石油天然气公司的油气储量中85%是天然气储量,其中94%是国内天然气储量。这2家公司还有一个相似之处:油气田地理位置集中,因而能够受益于自己旗下的子公司输送和营销服务。安然公司的协同效应和霍格伦德的企业家精神从1988年开始就成了一个令人愉悦的故事。

安然公司的天然气营销

20世纪80年代中期,由《公用事业管理政策法案》驱动的独立发电业务并不是安然公司可利用的唯一监管机会。《州际天然气管道运输用地法案》(联邦能源管理委员会第436号法令,后来作为联邦能源管理委员会第636号令)规定了强制性开放—准入制,从而为州际天然气管道运输企业买卖天然气打开了盈利之门。天然气交易清算所(NGC)是美国第一家全国性的天然气交易清算所,但正如杰夫·斯基林后来解释的那样,"他们犯了概念错误"。天然气交易清算所是一家天然气经纪公司,而不是天然气营销商,它保证州际天然气管道运输交付空间的动机和能力是有限的。[1]北方天然气营销公司制订了正确的计划,但要想成为全国性的企业,它还需要除其子公司北方天然气管道公司以外的输气通道。

休斯敦天然气公司和联合北方公司合并后几个月,联邦能源管理委员会就开始推行天然气输送开放—准入政策。[2]联合北方公司旗下的天然气营销公司后来就成了休斯敦天然气-联合北方公司的天然气营销公司的核心,没过多久又成了安然天然气营销公司。机会是存在的,但许多长期合同的客户受到了20

---

[1] 在天然气交易清算所开始运营的前15个月(1984—1985年)里,这个实体没有买断天然气,而是作为经纪人运营,因撮合交易各方实际转移天然气所有权而收取佣金。天然气交易清算所的员工都是从会员企业借调的,因清算所会员太少,影响了交易,后来都回自己的公司组建天然气营销子公司。天然气交易清算所的新领导查克·沃森(Chuck Watson)在1985年下半年把清算所重组成一个独立的天然气营销机构。这个机构后来成了安然公司的主要竞争对手。

[2] 联邦能源管理委员会从推行封闭式输气管线输送转变为实行强制开放—准入,请参阅:Internet appendix 1.2, "Mandatory Open Access for Interstate Gas Pipelines," www.politicalcapitalism.org/Book3/Chapter1/Appendix2.html. 关于监管部门对天然气行业第四组成部分天然气营销实施监管的情况,请参阅:Internet appendix 3.5, "Rise of Gas Marketing", www.politicalcapitalism.org/Book3/Chapter3/Appendix5.html.

世纪70年代天然气问题的困扰。天然气供应减少和暂停供应,导致发电商为了扩大产能改用煤炭甚至核能发电;而燃料油还得益于联邦政府对井口交付的天然气实行的价格管制。[1]

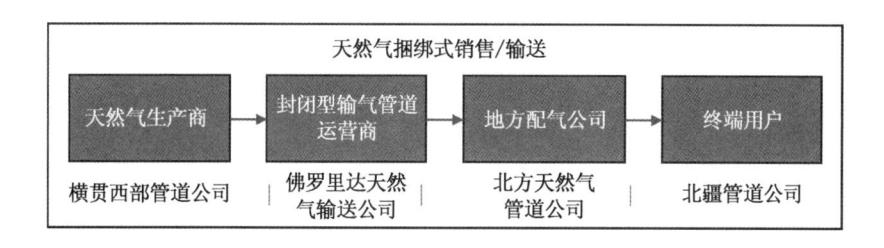

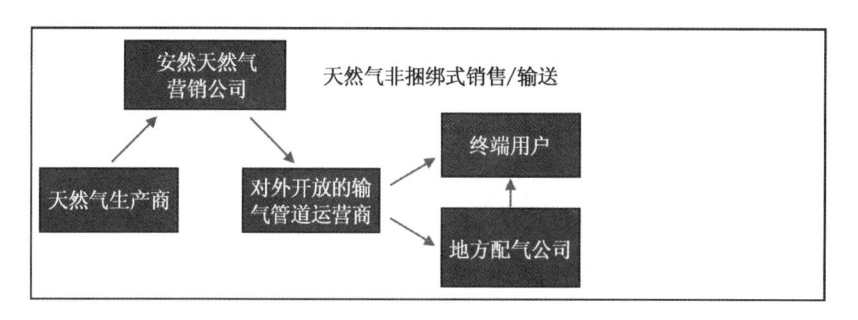

图3.7 联邦能源管理委员会的开放—准入规定导致包括安然公司在内的州际天然气管道运输企业放弃了捆绑式销售和输气职能。独立的天然气营销商履行买卖天然气这种大宗商品的职能,从而导致州际天然气管道运输企业成了纯粹的输气商,也为此前只有一个利润中心的安然公司又增加了一个利润中心。

煤炭热并不意味着固体燃料没有问题。煤矿存在周期性的工会问题,燃煤电厂的污染物排放要多于燃(天然)气电厂。不过煤炭是一种已知的储量丰富的大宗商品。美国的煤炭企业作为多产的生产商和净出口商(而美国要进口石油和天然气),向电力公司提供一种安全的投入品。按热值计,煤炭比天然气便宜1/3~1/2。但是,燃煤发电厂的建设成本要比燃气电厂高,以至于天然气价格下降改变了这两种燃料的经济性。

但是,有关煤炭和天然气的往事说来话长。20世纪70年代州际天然气市场的萎缩促成了一部旨在逐步让工业锅炉和电厂不用天然气的联邦法律。价格飙升也是天然气与煤炭对峙中的一个问题。而且,即使天然气供应安全且更加

---

〔1〕 20世纪70年代,州际天然气供应短缺(以及州内天然气供应过剩)导致联邦监管机构推行强制性开放—准入制。请参阅:Bradley, *Edison to Enron*, pp.505-509。

便宜,公用事业电力公司也因监管问题而倾向于扩建燃煤发电产能。资本密集型燃煤电厂的费率基础数倍于允许回报率。对于公用事业公司来说,无论燃煤发电生产的电力对于已被它们"俘虏"的客户来说是否比燃气电厂生产的电力更加经济,燃煤发电都能使利润最大化。

统计数字证明了这一点。从1973年到1988年,全美发电用天然气的使用量减少了28%,而三种主要煤炭——无烟煤、烟煤和褐煤——的消耗量几乎翻了一番。在得克萨斯州,发电用天然气的使用量减少了26%,而发电用煤几乎从零开始,后来增长了10倍。罗伯特·赫林在20世纪80年代初为休斯敦天然气公司提出了"气代煤"的愿景,现在看来很有先见之明。[1]

但从经济角度看,北美的天然气资源基础并没有像赫林和其他许多业内外人士所认为的那样逐渐趋于枯竭。20世纪70年代,天然气价格屡创新高;80年代,天然气开采和输送技术不断进步,使得我们做到了之前很少有人认为能够做成的事情:开创了天然气供过于求的新局面。天然气供应过剩导致天然气井口价格下跌——从1985年的约2.25美元/百万英热单位下降到了1986年的1.75美元/百万英热单位。后来,天然气井口价格又进一步逼近1.50美元/百万英热单位。鉴于燃气电厂的资本成本低于燃煤电厂,因此,天然气井口价格下跌,致使燃气发电的总体生产成本在电厂的预期使用寿命内低于它的主要竞争对手。[2]

有人因天然气价格低迷而提出了天然气即将变贵的警示——所谓的"供需间的硬着陆"。麦肯锡咨询公司的约翰·索希尔曾在能源监管机构工作过,是他提出了这一警示。格罗佩-隆-利特尔公司(Groppe, Long & Litte)的亨利·格罗佩也是这么认为。格罗佩是特兰斯科能源公司的董事,肯·莱认识并喜欢他,因此聘请他做安然公司的咨询顾问。正如本书第七章所说的那样,全美煤炭协会的理查德·劳森(Richard Lawson)出于自利心也在传播这个信息。

因此,安然公司和肯·莱既面临重大挑战,又迎来了机遇。公用事业公司需要天然气供应和价格的确定性来锁定天然气相对于煤炭的现有优势,才会致力于修建新的天然气发电厂(1979年发生三里岛核电站核泄漏事故以后,核电站

---

[1] 请参阅:Bradley, *Edison to Enron*, pp. 456—457, 465。

[2] 按英热单位计,1985年天然气成本比煤炭高50%,但到了1990年,两者的成本差别已经下降到了1/3。

发展受阻)。肯·莱非常清楚这个问题,麦肯锡咨询公司的能源专家(和索希尔的门生)杰夫·斯基林也很了解这个问题。正如本书后面几章要讨论的那样,他们两人的反应将决定安然公司的第一次繁荣。

1987年年初,安然公司对其最大的子公司天然气管输集团进行了重组。最大的变化是把不受管制的批发商职能与输气职能分开,成立了安然天然气服务公司,下设安然天然气营销公司和安然天然气供应公司。负责安然天然气营销公司的约翰·埃斯林格和负责安然天然气供应公司的克劳德·穆伦多以前曾在特兰斯科能源公司与莱共过事,现在向安然天然气服务公司总裁杰拉德·班尼特汇报工作。班尼特继续掌管安然公司旗下的休斯敦管道公司和绿洲公司的州内天然气管道运输业务,并且向丹·丁斯特比尔汇报工作,而负责安然公司州际天然气管道运输业务的吉姆·罗杰斯也向丹·丁斯特比尔汇报工作。

班尼特的工作是重建不受监管的天然气业务市场,这意味着要确保天然气供应,并致力于长期销售工作。目前,安然天然气供应公司负责采购天然气供应给安然天然气营销公司,其中主要包括在安然输气管道上释放的天然气。这么做的部分目的就是要解决"不取照付"的问题。

安然天然气供应公司和安然天然气营销公司主要专注于安然输气服务领域以外的市场,因此,安然输气管道系统销售的天然气不是源自本公司的管道运输公司,就是源自联邦能源管理委员会有管辖权的天然气供应公司或者它们的天然气现货子公司。但是,安然天然气供应公司和安然天然气营销公司的部分天然气与非安然天然气营销公司的现货天然气一起打包在安然公司的管道运输天然气市场上销售,但彼此保持一定的距离。安然公司的天然气输送和营销都优于其他州际天然气公司,因为后者的天然气管道运输子公司有可能以牺牲独立天然气营销公司为代价,优先与本公司的营销子公司合作。[1]

安然天然气营销公司1987年的亮点——这家公司的总裁约翰·埃斯林格

---

〔1〕这一争议导致联邦能源管理委员会发布第497号令,即天然气公司"营销附属机构规则"(Marketing Affiliate Rule, 1988)。该法令把天然气公司内部营销职能与(州际)输气职能分离开来。请参阅:Internet appendix 5.2, "Marketing Affiliate Rule(FERC Order No. 497)," www.politicalcapitalism.org/Book3/Chapter5/Appendix2.html。

在回忆时所说的"闪亮点"——是与美国第五大天然气供气商布鲁克林联合燃气公司签署了一份日供 6 亿立方英尺天然气的 10 年期销售合同。自 20 世纪 50 年代初投入运营以来,特兰斯科能源公司一直向布鲁克林联合公司提供这种合同项下的天然气,现在肯·莱的老东家将根据联邦能源管理委员会第 436 号令为安然天然气营销公司提供天然气输送服务。这笔交易从 1987 年 11 月开始,约占这家位于纽约市的配气公司所需天然气的 25%,或多达可供 12.5 万个家庭使用的天然气。

布鲁克林联合燃气公司的总裁埃尔文·拉森(Elwin Larson)表示:"(我们)相信安然公司大量的天然气供应来源和广阔的输气管网,在未来很长一段时期里将对我们的供应组合做出重大贡献,并将为客户提供可靠且有竞争力的天然气来源。"丁斯特比尔谈到了"在自由市场环境下,买卖双方都有机会从可靠的市场定价机制中获益"的问题。但是,使这种第三方营销成为可能的强制性开放—准入规定,既放松了(对天然气这种大宗商品的)部分管制,又重新实施了(对州际管道运输天然气市场的)管制。这是联邦能源管理委员会根据 1938 年《天然气法案》对公平、合理的定价做出的新解释。

安然天然气营销公司和布鲁克林联合燃气公司并没有披露它们 1987 年签署的合同的具体内容,但在业内很难保密。这种长期担保天然气价格与当时的现货价格相比有"很高的溢价"——高于任何其他合约的"溢价",除非布鲁克林联合燃气公司对天然气组合进行对冲以防价格上涨。不管怎样,这份长期合同订有"价格缓冲条款",一旦出现严重的价格波动,就触发重新谈判机制。

这份合同立刻为安然天然气营销公司带来了高额利润,但安然公司没有签订固定价格的长期天然气,因此无法提前数月锁定这笔 2 300 亿立方英尺天然气交易的利润率。安然石油天然气公司的天然气生产和储量,更不用说巴梅尔储气库,可以在紧要关头发挥作用。不管怎样,安然的公司信用能支持安然天然气营销公司履行合同——甚至不惜亏本购买天然气来履行合同。

与布鲁克林联合燃气公司做成的这笔交易具有划时代的意义。在(被管制的)州际天然气市场的历史上,从来没有一家营销公司与一家配气公司签订过如此规模的天然气销售合同。埃斯林格回忆说,这是"第一份在 10 年的基础上签订的不受管制的长期合同",而且仅仅是个开始。安然天然气营销公司继续把赌注压在天然气买方市场上,与新泽西州伊丽莎白镇燃气公司和北方诸州电力公司分别做成了类似的 10 年期和 5 年期交易。

期限只有几个月的输气不可中断的(确定)合同对现货天然气供应合同有很高的溢价。[1] 如果有公司担保(至少是隐性担保),买家愿意花更多的钱购买先输天然气(first-in-line gas)。这些都是安然公司作为生产商和营销商想做的交易。一般来说,这种交易的期限越长,利润率就越高,至少与当时的现货天然气价格相比就是这样。

安然公司当时并没有单独计算利润,这也反映了早期利润的雏生性和敏感性。什么样的客户会想知道安然公司在与它做成的交易上赚了多少钱? 开始,安然公司只公布交易量数据,交易量很大:每日供应 7 亿立方英尺的天然气。

为了引领市场,肯·莱并不介意冒险碰运气,甚至乐此不疲。毕竟,佛罗里达天然气公司和西特鲁斯公司在与佛罗里达电力照明公司达成 1.9 万亿立方英尺、为期 15 年的交易时,已经在大刀阔斧地身体力行。媒体也注意到了这一点,因为它们用新闻标题告诉商界,安然公司是多么勇于创新。其中的一个故事,就是肯·莱的新公司正通过他的老东家特兰斯科能源公司采购和销售部门的前高管克劳德·穆伦多和约翰·埃斯林格引路来击败他的老东家。

结束语

肯·莱在担任一家《财富》500 强企业首席执行官 4 周年之际,把休斯敦天然气公司打造成了《财富》100 强企业和行业引领者——但没有效仿一体化石油巨头的模式。莱的企业已经在管道运输天然气和液体燃料领域奠定了坚实的基础,并且在石油和天然气的勘探和生产领域有了一个令人兴奋的新开端。

最棒的是,安然公司在创建(由监管催生的)新的利润中心方面处于行业的领先地位。在(资产负债)表内负债有限的情况下,热电联产项目利润丰厚。天

---

[1] 天然气行业的不同出版物从买方和卖方那里收集信息,并公布每天有数十点波动幅度的现货天然气价格。期限——从几个月或一个季度到一年甚至更长——较长的合同通常采用按所报告特定交货地点现货价格打折的方式来定价。例如,上一年 11 月到第二年 3 月的冬季合同可能会参考《天然气周刊》报告的上一年 10 月的现货天然气价格,然后根据交易各方的协议调整——每百万英热单位增加或减少若干美分。在交易员越来越多地报告虚假价格和成交量并以自利的方式推高价格指数的做法——始于 20 世纪 90 年代末——成为公开的事实之前,这种价格指数一直被奉为福音。

然气营销，不但利用本公司管线的天然气营销，而且在全国范围内使用非本公司管线的天然气营销，是一种不需要添置硬资产就能赚钱的新方式——当然，需要进行价钱不菲且绝非万无一失的信息技术投资。[1] 监管改革，无论是否符合市场规律，都是肯·莱大显身手的竞技场。[2]

虽然行业环境危险重重，但莱仍然充满信心，也许还因此而变得狂妄自大。（"安然公司面对困扰我们的问题，既没有害怕，也没有表现得软弱无力，"肯·莱后来回忆道，"安然公司看到了在'游戏'初期确立自己作为行业引领者地位的机会。"）莱认为，他手下的每个部门主管都比竞争对手优秀。他们已经冒了很多风险，而且大多取得了成功，但考虑到所采取的行为模式，他们还是付出了很高的长期代价。

肯·莱在生意上从来没有失败过，在他自己和其他许多人的心目中，他实在是太成功了。然而，随着我们将在下一章介绍的安然石油公司丑闻的发生，莱的光辉业绩记录就发生了戏剧性的变化。这起丑闻几乎毁了安然公司，而且使肯·莱头上的光环至少在一段时间里变得黯然失色。

---

〔1〕 经过多次尝试和犯错以及花费了很多内部支出后，安然公司在1988年与电子数据系统公司（Electronic Data Systems, EDS）签署一份长期合同后，把信息技术职能部门外包给了这家公司。请参阅第六章。

〔2〕 请参阅：Internet appendix 3. 6, "'Market-Conforming' Intervention: Free Market or Not?" www. politicalcapitalism. org/Book3/Chapter3/Appendix6. html。

第二篇

冒险与发展:1987—1989 年

引　言

自合并以来,安然公司一直未能获得正常、稳定的增长。秘鲁的国有化毁了安然公司 1985 年的业绩;井口价格暴跌——原油价格几乎下跌了一半,天然气价格跌掉了 1/4——影响了安然公司 1986 年的业绩;安然公司为回购欧文·雅各布斯手中的股票而付出了高昂的代价。那么,安然公司还能犯其他哪些错误呢?

当然,现在是安然公司大放异彩的时候。各天然气业务部门的核心资产已经落实到位。公司最高领导层成员有负责州际天然气管道运输运营业务的吉姆·罗杰斯、负责州内天然气管道运输运营业务的杰拉尔德·班尼特、负责批发营销业务的约翰·埃斯林格、负责液体燃料业务的迈克尔·穆克勒罗伊、(作为员工或咨询顾问)负责热电项目的约翰·温以及负责天然气勘采的福莱斯特·霍格伦德。执行副总裁兼公司办公室主任理查德·金德正越来越多地辅助公司的六大业务部门——这倒是好事,因为米克·塞德尔在总裁位置上表现平平,而肯·莱有明显的外向型倾向。

然而,野心勃勃的安然石油公司却在纽约瓦尔哈拉做了一些形迹可疑的事情。这个独立核算、做投机生意的石油交易单位持续报告巨额利润,并且在安然公司的管理层聚会上大肆炫耀。休斯敦经验丰富的交易员认为,一个季度又一个季度地接连创造这样的利润是不可能的。迈克尔·穆克勒罗伊还因为此事大发牢骚。

那么，1987年安然公司发生了哪些好得令人难以置信的事情？那年，安然公司发生了一起重大丑闻——本书第四章将讲述这个故事。莱和塞德尔在他们主持编写的公司年度报告中只能满足于宣称，在"打造北美第一大天然气企业"方面取得了"进展"，原因是"一些意想不到的事件阻碍了这个目标的实现，但未能削弱我们公司实现这一目标的能力"。

安然公司必须为恢复正常和取得进展进行第二次尝试——并且在1988—1989年度取得了一定程度的成功。不过，正如第五章所说的那样，负债累累的安然公司依赖非经常性收益来报告盈利情况。这家公司就像年轻人那样追求惊险刺激的生活，这也反映了它的创始人兼首席执行官的雄心壮志和奋斗不止的干劲，从而预示了这家公司有可能"英年早逝"的命运。

第四章　安然石油公司危机:1987年

肯·莱本身就是一个精彩的故事,《天然气周刊》是这样描述这个男人的:"他从特兰斯科能源公司跳槽来到休斯敦天然气公司,然后到联合北方公司'吃大餐',甚至欺骗一些人让他们相信是他付的账。"不过,这种势头已经过去。以每股70美元的价格从股东手中收购休斯敦天然气公司的股票,已经有了美满的结局,但同样的交易却导致了一个危险的开局。

在莱的坚持下,联合北方公司以每股5美元的溢价——也可能是更高的溢价——买下了休斯敦天然气公司的股票。如果能正常运作,本可以不用支付这么高的溢价。但是,1985年的秘鲁国有化以及随后第二年的天然气价格暴跌——两者都曾有预警信号——导致收购或者合并案造成的高额债务长期无法还清,并且产生了制约作用。非经常性收益可以暂时支撑一下门面,但无法持续创造高质量的收益。

从账面上看,休斯敦天然气公司和联合北方公司在合并后的头19个月里总共发生了1亿多美元的亏损,从而导致债务占资本的比例超过了70%。这么高的债务—资本比就意味着合并后的公司要比财务状况较好的公司支付更高的利息,而迈克尔·米尔肯的德崇证券公司发行的投机级"垃圾"债券后来就成了安然公司不可或缺的借债工具。

尽管如此,莱还是定下了高期望的基调。他宣布,公司通过实施股票回购和员工持股计划已经完成了业务重组；他也已经基本组建好管理团队；公司还取得了很多精神胜利。安然公司难道不是业内最具创新力的企业？1987年是重要的一年，应该派发（冻结已久的）股息、减少公司债务和提升公司信用级别，从而形成降低利息成本和提高利润率的良性循环。

1987年第一季度是天然气的消费旺季，安然公司创造了6 700万美元的收益。但是，第二季度勉强做到了盈亏平衡，这足以表明行业形势依然严峻，公司债务负担沉重。随后传出了一条利好消息：一项拟议中的资本重组计划有可能在年底前使安然的债务比率从73%下降到60%。[1] 1986年年底，安然公司的股价已经跌到了39.50美元，但9个月后在大盘走低的情况下以51.00美元的价格交易。穆迪投资者服务公司正在考虑提高安然公司的信用级别。

1987年，安然石油公司已经成为安然公司的一个利润来源。安然石油公司是一家只有28名员工的石油交易公司，总部设在纽约的瓦尔哈拉，在伦敦和新加坡设有办事处。安然石油公司是安然旗下一家独立核算的子公司，它是过去山姆·塞格纳的联合北方公司和现在莱的安然公司的"亮点"。安然石油公司既没有为安然石油天然气公司做市场推广，也没有像迈克尔·穆克勒罗伊掌管的安然液体燃料公司的一家子公司安然石油交易运输公司那样做与实体基础设施有关的交易。安然石油公司做纸原油和几乎所有石油产品的交易，而安然石油交易运输公司则做要从一地运输到另一地的实物原油交易。安然石油公司做套利和投机交易是为了给自己盈利，而安然石油交易运输公司则主要是一家物流公司。从就在纽约北面的安然石油公司到休斯敦史密斯街有1 400英里的路程——安然公司的喷气式公务飞机要飞3个小时。

自1984年年初塞格纳从海湾诸州石油与炼油公司（Gulf States Oil & Refining Company）聘请卢·博格特（Lou Borget）为联合北方公司组建贸易公司以来，安然石油公司年年报告盈利：1985年盈利1 000万美元；1986年盈利2 700万美元，占安然公司这一年盈利总额的1/3。这些盈利是在1985年和1986年分别扣除了安然石油公司领取的像华尔街任何一家公司一样极具刺激性的奖金320万美元和940万美元后实现的，并且已经消化了公司汽车和豪华轿车服务

---

[1] 安然公司发出了以2.2股普通股交换1股优先股的要约，同时减少利息支出，并出售其全资拥有的子公司安然石油天然气公司18%的股权，打算筹集约2.75亿美元的资金。

等费用,更不用说办公室里随时可享用的香槟酒和美味鱼子酱。毕竟,生意好做的时候远远多于生意不好做的时候——至少从表面上看就是这样。

安然石油公司的母公司安然国际公司的负责人约翰·哈丁把卢·博格特说成是业内进安然董事会的最佳人选。博格特的老板解释说,博格特与石油输出国组织的一些主要官员保持着特殊的关系,因此,在判断原油价格走势方面具有优势。博格特在一份董事会报告中写道:"就像当今石油行业的专业人士所做的那样,运用现有的复杂工具,[石油交易]可以在几乎没有固定投资、风险也相对较小的情况下创造可观的利润。"正如安然公司在 1986 年的年报中解释的那样:"1986 年经历的油价动荡有利于安然石油公司盈利。因为盈利来源于价差和交易员的技能,而不是产品的绝对价格。"

安然石油公司与几乎所有做期货交易的公司一样,也是遵照限制敞口仓位或者裸仓(未做反向对冲的多头或空头仓位)的内部规则运作。在安然石油公司,石油交易的最大非对冲仓位是 800 万桶;一旦账面损失达到 400 万美元(相当于最高成交量每桶亏损 0.5 美元的上限),任何仓位都必须平仓。

限制未对冲风险的运营规则同样限制"本垒打",使得有利可图的交易变成了一种小球和韧性比赛。一家像让安然石油公司这样的机构,在不错的年份里有望赚到 300 万美元,或者在好年份最多能够赚到 700 万美元。但如果缺乏技能和谨慎,这样的交易公司也可能赔钱。

肯·莱很喜欢路易斯·J. 博格特,塞格纳也一样喜欢他。博格特是纽约人,他不惧虐待他的父亲,白天在德士古公司做全职工作,晚上在纽约大学上夜校。博格特聪明伶俐、能言善辩、性格开朗,而且擅长社交。米克·塞德尔也尊重他。

另外,博格特不畏重压,善于劝解。他手下的交易员都对他忠心耿耿。但最重要的是,对于休斯敦方面来说,他就是一棵摇钱树;对于莱来说,博格特只不过是另一个聪明的执行者,就像他手下的其他运营主管,如杰拉尔德·班尼特(州内天然气管道运输业务)、迈克·穆克勒罗伊(液体燃料)、吉姆·罗杰斯(州际天然气管道运输业务)以及不久就要来安然公司任职的福莱斯特·霍格伦德(天然气勘采)。

警示与否认(瓦尔哈拉 1 号丑闻)

博格特也受到过一些人的质疑。早些时候,北方液体燃料公司的霍华德·霍克斯曾提醒他的联合北方公司上司:卢·博格特可能在向前结转他的亏损。投机交易总是有低谷期,可博格特好像从来没有输过。

在安然公司,有个人非常怀疑博格特,他就是 J. 迈克尔·穆克勒罗伊。他俩第一次见面是在 1986 年的一次公司管理层会议上。安然石油公司在会上报告了巨额收益,但奇怪的是,当迈克尔询问博格特有关他们公司收益的情况时,他却避而不答。穆克勒罗伊曾自己做过大宗商品交易,取得过不错的业绩。他知道这是一种很难做的生意。20 世纪 60 年代初,他做橙汁期货交易时,曾在两周内赚了 120 万美元,但在接下来的几个月里亏掉了大部分收益。看起来很容易的事情——他正确地预测到了柑橘会遭遇霜冻,但结果变得很痛苦。

穆克勒罗伊因为说明了价格驱动因素如何发生不可预测的变化而赢得了同事的尊重。他体验过在收到保证金追加通知迫使他平掉敞口仓位,而只要再多坚持一点时间就能盈利时的痛苦。在他的妻子威胁要与他离婚的情况下,穆克勒罗伊终于放弃了自己的副业。他不相信有人能够成为期货交易的米达斯(Midas*),当然更不相信卢·博格特能成为石油期货交易的米达斯。

那么,为什么安然石油公司的盈利势头能够如此强劲并持续那么长时间呢?这可不是 20 世纪 70 年代监管促成的套利。20 世纪 70 年代价格受控的石油最高交易价可达到市场水平。那时候,做石油交易的人几乎都成了赢家。[1]但在 1981 年年初取消石油价格管制以后,有数百家交易机构相继倒闭,只有那些真正的专业机构存续了下来,主要是那些围绕本公司资产(如石油生产和炼油)进行交易的机构。

安然石油公司是在不稳定的价格环境下交易。在这种环境下,大赢和大输的机会并存。但穆克勒罗伊明白,即使是最好的交易员也会有糟糕的表现。人类和上帝有太多的行为表明,赚钱的人偶尔也会赔钱。

---

* 古希腊神话中有点石成金魔力的国王。——译者注

〔1〕 关于价格受管制的石油的监管套利["菊花链"(daisy-chaining)]的介绍,请参阅:Bradley,*Capitalism at Work*, pp. 260—262。

第四章
安然石油公司危机：1987年

但最重要的是，穆克勒罗伊知道安然公司强制执行的交易限制规定几乎不允许出现安然石油公司报告的那种利润。想要实现比这更高的盈利，博格特手下的交易员必须在马拉松式的交易中不断获胜。可是，博格特把安然石油公司做交易的利基市场说成是低风险市场，把套利（同时下达锁定某个价差的买入和卖出指令）收益与根据价格走势下注套利的技巧结合在一起。经验丰富的交易员有理由怀疑这两个故事：套利只能赚到小笔辛苦钱，因为很难从确定的事情中赚到大钱。

穆克勒罗伊在休斯敦负责的业务实际上规模比安然石油公司的大，也更加国际化。安然石油交易运输公司的石油交易员能够号准石油业的脉搏，有传言称安然石油公司正在下大赌注冒险。穆克勒罗伊提醒他的老板米克·塞德尔，他才是安然公司的总裁兼首席运营官，也是安然液体燃料公司（安然石油交易运输公司的母公司）和安然国际公司（安然石油公司的母公司）的掌门人。

米克从他在纳托马斯公司任职时就开始从事石油业务。但奇怪的是，他对穆克勒罗伊发现的危险毫无反应，肯·莱也是如此。现在担任安然公司总顾问的理查德·金德也没有给穆克勒罗伊抢滩的机会。在莱定下基调以后，安然公司的高管层也就满足于公司官方渠道公布的数据：经过审计并记录在案的利润——卢·博格特把卓越知识完美地转化为卓越回报的结果。

有人认为，安然公司能聘到博格特是幸运的。任何对他的小题大做都只不过是公司内斗的又一例证——而且，被投诉对象1986年的奖金是投诉人（穆克勒罗伊）的50倍。此外，穆克勒罗伊向安然公司最大的股东和董事会成员、最近才开始掌管贝尔科公司的纽约人罗伯特·贝尔弗表达了自己的担忧，这就做得太过了。穆克勒罗伊违反规定越级报告，而且缺乏团队精神。

1987年1月23日，星期五，安然公司负责审计的副总裁、公司21名高管之一的戴维·沃伊特克（David Woytek）敲响了警钟。一家纽约银行提醒他，安然石油公司财务主管汤姆·马斯特洛尼（Tom Mastroeni）、博格特的得力助手，通过他的个人账户把大量的资金电汇到国外不同的秘密目的地。沃伊特克提醒里奇·金德注意，而金德又提醒博格特的上司、安然国际公司总裁约翰·哈丁注意。瓦尔哈拉1号丑闻就这样被曝光了。

沃伊特克调查发现了问题。沃伊特克审计团队的一个成员约翰·比尔德

(John Beard)在笔记中简略地写道:"错误地解释数据,蓄意操纵数据,对截至1986年12月31日的年度的财务造成了影响。"

休斯敦方面很快召开了一次会议,并且请对此事负有重大责任的博格特和马斯特洛尼一起参加。塞德尔出差在外,所以,这次会议由莱主持。[1]安然公司的首席执行官处境险恶,莱根本不可能做在经济比较繁荣时期他能够——并且应该——做的事情,情况就是这样。安然公司的(低)收益有可能导致它违反借款合同,而信任危机即使不会造成更加严重的后果,也可能会导致信用评级机构下调安然公司的信用级别。[2]莱暗下决心,必须把这个"宝贝"分拆出去。

哈丁从博格特和马斯特洛尼两人那里得到了可以接受的解释,因此也松了口气。值得关注的只是在几个季度甚至几年之间平滑盈利的方法——就像安然公司高管们指示他(博格特)所做的那样。银行比较喜欢稳定的经常性收益,而安然石油公司也不难找到对手交易公司来执行净收益交易,从而按照自己的意愿转换成本和收入。因此,安然公司的目标就是保证1987年的盈利稳定增长——1986年取得的成功令人高兴地允许安然公司有如此的期待。

肯·莱听到他俩的解释时,神情严肃地点头表示赞同。但是,沃伊特克和他的审计团队已经做好了加大审计力度的准备。数百万美元不知去向,而且内部审计发现了疑似犯罪的行为。更加糟糕的是,就在会议开始之前,他们发现博格特和马斯特罗尼带来的一份关键文件是伪造的。从银行获得的原始文件上的资金流动已被可疑地删除。必须解雇这两个人,也许还应该起诉他俩。必须重新审计并终止瓦尔哈拉的全部业务,或者至少把它并入安然石油交易运输公司。

会上,马斯特罗尼对这些奇怪现象给出了貌似合理的解释,但"烟多看不清是否失火"。有人要求休息一会儿,比尔德和沃特克走向安然公司的首席律师里奇·金德。"他俩把你也给骗了。"比尔德抱怨道。金德说:"是的,如果由我来决定,现在就会解雇他俩。"

但后来会议的气氛变得对两个列席者有利。博格特和马斯特莱尼得到了休斯敦安然国际公司哈丁和史蒂夫·苏伦蒂奇(Steve Sulentic)道义上的支持(安

---

[1] 这段文字引自艾肯瓦尔德(Eichenwald)的《傻瓜的阴谋》(Eichenwald, *Conspiracy of Fools*, pp. 15-19)。迈克莱恩和埃尔金德表示,约翰·哈丁坚持认为莱当时并没有参与。但如果哈丁是对的,那么只能表明莱的冲突回避综合征会对公司造成更加严重的危害。

[2] 就在召开这次会议前几周,穆迪投资者服务公司把安然公司的长期信用级别下调到"垃圾级"(低于投资级)。

然石油公司的表现意味着他俩可能需要退回更多的奖金)。博格特和马斯特罗尼为安然石油公司辩解,并承诺在今后的工作中会采取不同的做法。

莱下达了指示,首席执行官把安然石油公司这个宝贝拆分了出去。"这本不应该发生。"莱表示。为了合规,必须重报季度和年度收入;必须收回多发的奖金。私下里,莱指示沃伊特克派一个审计小组到瓦尔哈拉把问题调查清楚。必须建立新的控制机制,并派遣新的财务主管。"这样的事情以后再也不能发生了。"莱直截了当地告诉博格特和马斯特罗尼。

尽管如此,沃伊特克和比尔德在离开会场时仍有挫败感;而穆克勒罗伊听到这一切却感到不安,博格特和马斯特罗尼是不可信的。至于莱,他把自己的决定告诉董事会主要成员以后就离开了会场。这是他最不想处理的事情,但必须非常用心地监督安然石油公司。从那以后,监督安然石油公司就成了米克·塞德尔的第一要务——每天检查它的交易仓位。最后,为了更加细致地研究安然石油公司的问题,安然公司董事会决定那年夏天在安然石油公司位于纽约瓦尔哈拉的芒特普莱森特(Mount Pleasant)企业中心的办公场所举行会议。

瓦尔哈拉1号丑闻还远未结束。沃伊特克的现场审计工作从一开始就陷入了困境。博格特对这些他不欢迎的客人严加约束,而他的账目没有任何凭证。尽管如此,审计人员仍不断施压,就在博格特看起来被逼得走投无路的时候,沃伊特克接到休斯敦方面打来的电话,要他迅速撤离。塞德尔解释说,公司的新计划是让安达信会计师事务所接替审计安然石油公司。结果,博格特打电话给米克,抱怨说审计扰乱了交易。博格特表示,不排除不做计划的可能。塞德尔明白,这是安然公司承受不了的。

莱下令进行的调查发现了各种违规行为。博格特卖掉了公司的一辆轿车,把钱打进了自己的账户。调查发现了几笔秘密支付给一个虚构的亚斯先生(M. Yass)["我的屁股"(my ass)的代码?]的款子。这些钱很有可能已经装进了博格特和马斯特罗尼的腰包。有些参与对敲交易的公司似乎并不存在。马斯特罗尼曾因欺诈而被银行起诉。内部审计部门把这份审计报告交给了安然公司的财务总监基思·科恩,他似乎不想插手这件事。虽然莱已经下令,但这并不是安然公司高层人士想要面对的事情——至少现在还不是。

在接手安然石油公司的审计工作以后,安达信会计师事务所也遇到了障碍。

博格特不愿提供必要的信息或者材料,如可用来与安然公司规定的交易限额核对的每日交易报告。事实上,博格特和马斯特罗尼承认他们按"惯例"已经销毁每日交易报告。这是非常可恶的行为,但是,瓦尔哈拉这帮家伙有休斯敦方面撑腰,就像善良的米克·塞德尔在公司各有关方面参加的电话会议结束后写给博格特的短信中指出的那样:

> 谢谢你的坚持。你比任何活着的人更了解你的企业。你给安达信会计师事务所的答复意思明确、直截了当、"坚如磐石"——很棒。我完全相信你的商业判断力和其他方面的业务能力以及你的个人诚信。请继续为我们创造更多的财富。[1]

4月,安达信会计师事务所向安然公司董事会审计委员会提交了调查报告。安然公司董事会的审计委员会由斯坦福大学商学院教授罗伯特·贾迪克担任主任,他担任这个职务一直到安然公司破产为止。安达信会计师事务所出具的结论很难让人放心,而安然石油公司已被"证明"可以进行不做记录的交易。虽然没有发现更多的不当行为,但无法保证安然石油公司没有采取更多的不当行为。

安然公司董事会的一些成员感到不安,包括罗恩·罗森思(Ron Roskens)。罗森思是为数不多的联合北方公司留任的董事之一,他表达了自己的担忧。但是,这次行动并没有结束,只有马斯特罗尼在其中扮演了角色。显然,博格特对保住自己的职位仍充满了信心,就在会议开始前还打电话给莱亲自为马斯特罗尼求情,说公司的业务离不开他。当莱看到会议讨论对马斯特罗尼不利时,就出面干预。根据会议记录,"管理层[莱明确]建议公司留用涉事者,但解除他的财会职务"。有消息称,莱表示"我已决定不解雇这两个人。我需要他们创收",就好像安然石油公司已经到了最危险的时刻。但没有确切的消息来源能够证实这种臆想或者这些引语。

按照穆克勒罗伊的说法,还有一封由(安达信会计师事务所的)约翰·比尔德和卡洛琳·凯(Carolyn Kee)以及戴维·沃伊特克根据穆克勒罗伊提供的信息写的信,信中详细描述了博格特和马斯特罗尼的犯罪行为以及肆意践踏公司政策的行径。如果真是这样,安然公司董事会没有解散安然石油公司,这本身就

---

[1] 根据罗恩·伯恩斯的说法,塞德尔是一个从未真正了解安然石油公司的"好人",而"真正开始掌握这家公司控制权、实际强势操纵这家公司的人是[如]丹·]丁斯特比尔、[米克·]穆克勒罗伊、[里奇·]金德"。

是玩忽职守。不过,实际情况可能并非如此。

穆克勒罗伊表示,不管怎样,他们四人显然都欣慰地觉得,如果安然石油公司因内部原因关门,他们的揭发可以证明他们在尽职方面已经尽了最大的努力。任何外部调查都肯定会表明,这起丑闻是由掌握确凿证据的人告发的。

但正如事情的结果所表明的那样,安然石油公司陷入了危机,但危害得到了控制,而且调查结果就在公司内部公布。直到许多年后,在安然公司和莱接受严格的审查时,瓦尔哈拉1号丑闻的整个故事才公之于众。

博格特和马斯特洛尼在4月的会议上躲过了一劫。也许,他们已经清楚,这是他们最好或者最后的机会。于是,他们和自己手下的几个交易员开始加紧秘密行动。他们"被困在了洞穴里,不得不——再次——往外爬"。

早在1986年,他们就不顾交易限额下大赌注,但年底油价的意外飙升帮助他们掩盖了这些问题。现在必须变戏法似的找到更多的解决办法,这样才能继续在米克·塞德尔每个工作日上午8:00要检查的每日交易报告中报告盈利。事情进展得并不顺利,但谣言四起。安然公司财务主管唐·古尔奎斯特接到纽约多家银行的电话,询问安然石油公司是如何"点亮屏幕上的每笔交易"的——安然石油公司似乎总能站在交易量大的一边。

鱼子酱和香槟酒照常享用,但下的赌注几乎没有赢过。以每桶21美元的均价做的多头因油价下跌而赔了钱,而以每桶19美元的均价做的空头因油价上涨而亏本。

为了掩饰他们不断增加的超限额违规交易,博格特请求塞德尔提高他们的交易限额。塞德尔把博格特的要求列入了安然公司董事会定于8月在瓦尔哈拉召开的会议的议程。在那次会议上,博格特说明了自己要求增加交易限额的理由,并且拿他的公司的风险状况与持有美国国库券的风险进行了比较。虽然与会者中有人持怀疑态度(如罗伯特·凯利把他对自己老板约翰·温的陈述说成是"炼金术,出售傻瓜的黄金"),但董事会还是投票决定把敞口仓位的限额从800万桶提高到了1 200万桶。

其实,裁决在开会之前——而不是会议期间——早已做出。古尔奎斯特还记得,他和同机飞往瓦尔哈拉参加会议的其他董事如何试图劝说莱拒绝博格特的要求的情景。莱以陈述安然公司需要盈利的方式结束了会议讨论。莱起身走出会议室,其他与会的董事也跟了出去。

与此同时,安然石油交易运输公司听到了新的传言,说安然石油公司在交易中选错了边。虽然莱去确认这些传言是否属实(博格特表示绝对没有),确实给博格特打过电话,但穆克勒罗伊向安然三巨头塞德尔、金德和莱发出的更多警示都没有引起重视。董事长办公室有人说穆克勒罗伊"偏执多疑"。[1]

安然石油公司的账簿显示,这家公司的盈利在1987年上半年大约增加了1 200万美元。因此,塞德尔在纽约市皮埃尔酒店(Pierre Hotel)秋千餐厅与他的明星交易员们共进午餐,并不是出于特别的担心。那天是1987年10月9日,星期五,距穆克勒罗伊第一次投诉安然石油公司大概已有1年,而距离发生瓦尔哈拉1号丑闻则大约已有9个月。[2]

危机与善后(瓦尔哈拉2号丑闻)

午餐席间,塞德尔听到了一个惊人的消息。"我遇到了一个大问题。"博格特开口说,他是在暗指他隐瞒的交易失衡问题。"有多大?"塞德尔反问道。"我想,可能高达税前5 000万美元。"卢回答说。博格特承认自己突破了新规定的交易限额,但他对通过一段时间的努力和公司的支持,采用他自己的方式来摆脱困境表示乐观。

米克显得十分沮丧,监督安然石油公司是他的责任。莱已经明确这是他的首要任务。曾在海湾西部公司(Gulf & Western)与食糖期货交易员打过交道的约翰·邓肯提醒米克要保持警惕。("塞德尔,要特别注意!这些人的心态与其他人不同。")为了把安然石油公司的事情做好,米克走访了纽约和伦敦的一些大交易公司,了解它们的制度和控制机制。他努力与卢·博格特建立职业和个人友谊关系。这个单位从未亏损过一分钱,它的业务介绍清晰而有说服力。每日交易报告显示,它又将为安然公司迎来一个丰收年。

---

[1] "我们完全陷入了绝境。"穆克勒罗伊回忆说。他指的是自己和安然内部审计团队的成员。"肯、米克和里奇要我'别多管闲事',瓦尔哈拉的运营'不关我的事',我只是嫉妒那个部门的成功和卢领到的奖金,让我停止骚扰。"

[2] 穆克勒罗伊的说法与塞德尔和博格特的说法口径不一,但他们都认为令人震惊的坏消息是在午餐时传出的。穆克勒罗伊说,10月5日星期一上午11:45,他得知安然国际公司最近接到了追加1亿美元保证金的催缴通知书。按照穆克勒罗伊的说法,是他把这个消息告诉塞德尔的。随后,塞德尔才飞往纽约去见博格特。

第四章
安然石油公司危机：1987年

博格特暗示的亏损足以毁掉安然公司这一年的盈利；而且，即使不会抹去安然石油公司自成立以来为安然公司创造的全部利润，至少也要抹去大部分。那么，如果这个窟窿更大的话，会造成什么样的后果呢？想到安然石油公司发生了那么多"稀奇古怪"的事情，塞德尔真担心它会出现什么更加糟糕的情况。安然公司刚刚渡过难关——现在又遇到了安然石油公司的棘手问题。

塞德尔在要求博格特尽其所能解除不良交易后，匆匆跳上了他的座机，去与从欧洲回国的肯·莱见面。莱和塞德尔又返回瓦尔哈拉与博格特会晤。之后，莱的座机又载着其他乘客飞回了休斯敦。

之前，莱正与安然石油天然气公司的新任首席执行官福莱斯特·霍格伦德一起周游欧洲考察，为安然石油公司上市做准备。莱诱惑天然气行业的明星霍格伦德，劝他离开得州石油天然气公司。如果瓦尔哈拉丑闻提早6个星期曝光，霍格伦德可能就不会跳槽。[1]

在休斯敦，里奇·金德凭借这个消息找到了穆克勒罗伊。金德不是博格特或者安然石油公司的粉丝，但在这一点上紧跟他的领导。他现在有一种金融末日的冰冷感觉——他还记得在密苏里州一些糟糕的个人投资让他破产的那种感觉。

穆克勒罗伊以前是草坪派对上的讨厌鬼，现在成了公司的希望。金德吼道，他有经验，立刻叫他带上一队人马到瓦尔哈拉去平掉安然石油公司的仓位。

穆克勒罗伊已经有所准备。由于预见到了这场危机，他已经通知一个团队做好行动的准备。紧急状况持续了3个星期，但穆克勒罗伊只用2小时就解除了紧急状况。辅助穆克勒罗伊采取解救行动的有安然石油运输公司经验最丰富的交易员约翰·费策尔（John Fetzer）以及财务信贷部经理罗杰·赖沃斯（Roger Leworthy），而内部审计和支援人员在第二个星期初随即赶到。

20世纪50年代初，德里石油公司的一条水下输气管道在科珀斯克里斯蒂（Corpus Christi）附近破裂，一度导致附近地区冬季天然气供应中断。事实上，当时是穆克勒罗伊这位前游泳奖学金获得者和海豹突击队队员帮助克林特·默奇森（佛罗里达天然气输送公司和其他一些天然气管道运输公司的创始人）走出了困境，同时也为他自己赢得了特别的荣誉。现在，他要利用从书中学到的各种人

---

[1] 关于霍格伦德加盟安然公司的讨论，请参阅第三章。

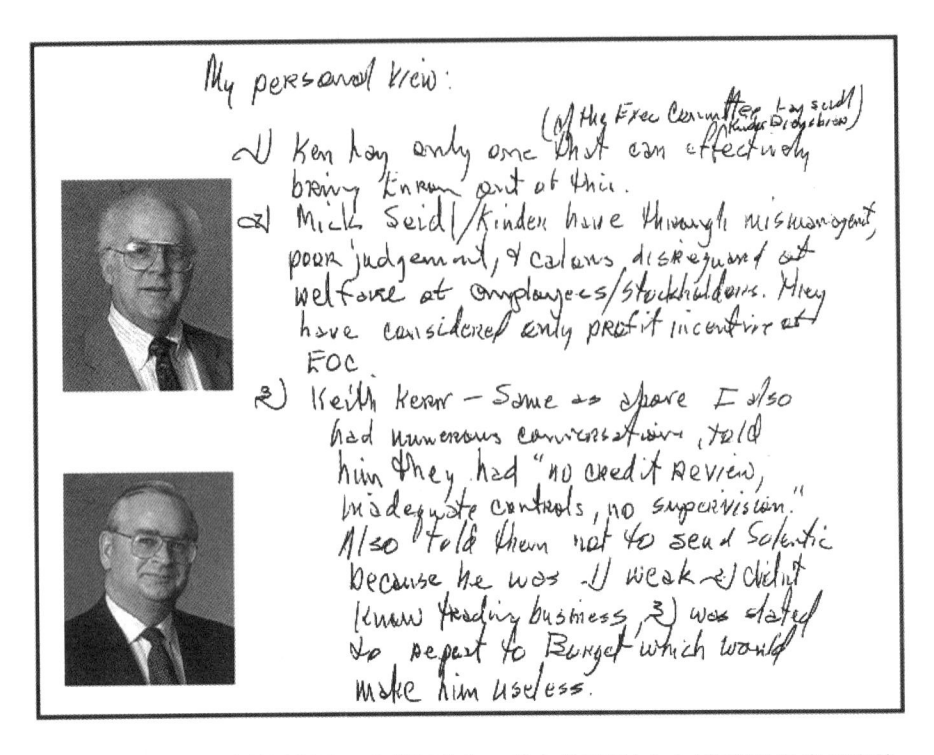

图 4.1 安然液体燃料公司总裁迈克尔·穆克勒罗伊(左上)徒劳地揭发了安然石油公司的卢·博格特(左下)。穆克勒罗伊收拾了博格特留下的烂摊子——在 2001 年年末安然公司破产之前一直没有充分认识到的惨败。

际关系和商业技巧拯救安然公司。为此,他必须小心翼翼地在不向市场泄露秘密的前提下解除博格特留下的赔钱合同。

傍晚时分,穆克勒罗伊来到安然石油公司的营业场所,发现员工们都坐在那里发呆。周五的交易已经结束,许多员工并不知道将会发生什么情况。博格特和塞德尔共进午餐回来后,他们几乎什么也没做。之前,博格特已经把问题告诉了公司全体交易员,并要求他们在自己的位子上等待休斯敦的人到来。

穆克勒罗伊首先宣布解除博格特的职务,并且让他告诉在场的所有人和那些必须知道他要出去度假两周的人,在他回来之前,营业所暂时由安然石油运输公司管理。除此之外,他什么也不能说。[1]

---

[1] 按照艾肯瓦尔德的描述,莱在纽芬兰给穆克勒罗伊打电话,命令他去瓦尔哈拉,然后在周六早上把博格特叫到他下榻的酒店。博格特如约而至,他以为自己会负责帮助公司摆脱困境,当莱告诉他被解雇了时,博格特惊呆了(*Conspiracy of Fools*, p. 38)。据博格特本人说,莱并没有在酒店解雇他,解雇通知是通过电传发给他的。如果真是这样,那么,这是莱避免正面冲突的又一例证。

安然石油公司危机：1987年

在场的所有其他人也同样被告知保持沉默，甚至不要相互交流交易仓位的信息，否则将被当场解雇。有关安然石油公司的全部信息都将集中披露，并且由公司最高层——穆克勒罗伊——披露。但在"挥舞大棒"的同时，穆克勒罗伊也许诺听话的员工会有"胡萝卜"吃：如果在场的每个人都能按照要求去做，并且表现良好，那么都会收到一笔奖金和一封推荐信。危机过去后，安然石油公司将不再是一家持续经营的企业，这看来已成定局。

在与博格特面谈以后，穆克勒罗伊约见了马斯特洛尼。穆克勒罗伊用颤抖的声音说："汤姆，我不相信你是已经发生的事情的始作俑者，但你肯定是推动者。博格特要坐牢，但我给你一个选择的机会。如果你能交出原始账册，帮我们收拾这个烂摊子，我将尽我所能让你免受牢狱之灾。如果你选择逃跑，那么，哪怕是逃到天涯海角，我们也会设法把你捉拿归案、绳之以法。我想让你明白，我在当兵时杀过人，完了就睡得像没事的孩子……明天一早我去找你。"

星期六上午8：00，马斯特罗尼抱着两只装满账外记录的纸箱如约而至。"打捞"作业就这样开始了，迈克尔·穆克勒罗伊后来称这次"打捞行动"为"原油交易史上规模最大的扑克游戏"。

穆克勒罗伊把整个周末都用来搞清安然石油公司的交易状况。可怕的真相是，安然石油公司有8 400万桶原油的价外期权空仓，而不是5 000万桶这个所担心的最坏情况。早在1985年11月，安然石油公司已经做了76笔虚假交易来掩盖这些问题。从来没有一家石油交易公司持过这么大的空仓。正如安然公司在诉讼记录中陈述的那样，这么大的空仓相当于英国北海油田3个月的原油产量。

市场不可能发现安然公司的状况有多么糟糕。鉴于银行正在为安然公司的资本重组计划忙碌，削减信贷额度和追加交易保证金都有可能在安然公司财务状况最糟糕的时候考验它的流动性。除了股票价格下跌以外，所有的迹象必须表明安然公司一切正常。即使发生什么事情，安然公司的员工也不愿发表评论和分析原因。

从周一开始，费策尔谨慎地买进了一些原油，而赖沃斯则与马斯特罗尼一起确定安然石油公司到底有多少空仓。市场发现，安然公司只报告很少其他方面的消息，但平掉大约500万桶原油的仓位，就发生了1 000万～1 500万美元的亏损。

安然公司在欧洲市场上买进了几百万桶原油，占其未平仓位10%左右。但星期二清晨，安然公司睡眼惺忪的交易员获悉伊拉克在霍尔木兹海峡袭击了一艘装载伊朗原油的超级油轮。欧洲的原油价格每桶上涨了1美元以上，从而导致安然公司这份合同的敞口风险又增加了1亿美元，总计约3亿美元。[1]

接着，穆克勒罗伊做了他一生中最正确的事情。周二上午，在纽约原油期货交易所开市前半小时，安然石油公司向纽约港市场最大的一个交易商出售了100万桶原油，价格较周一收盘价高出1.25美元。这可是大胆之举，因为安然石油公司需要的是交割它所欠的原油，而不是出售新买的原油；而且，按这个价格出售原油就意味着巨额亏损。在交易所开市之前，穆克勒罗伊让公司交易员向其他大交易商发出相同的报价。

市场得到的信息是：安然持有的空仓没有外界想象的那么多。所幸，没人购买安然公司的原油，市场以比上一交易日收盘价高出不到10美分的价格开盘，这可是求之不得，造势起到了作用。安然公司很快买入了200万桶原油，随后又买进一些欧洲原油。其中一笔交易是与"壳牌国际"（Shell International）做成的，"壳牌国际"并不知道，"壳牌美国"（Shell USA）已因这些传言切断了给安然公司的信用额度。

安然公司已经以可控的亏损平掉了20%的仓位。这可是冒险之举，但当有交易员问穆克勒罗伊，如果安然不得不按周一收盘价加1.25美元的报价出售原油，那他怎么办时，他发出了这些天来的第一次笑声。"那我只能自杀。"他回答说。

对于安然公司来说，信用是一个麻烦的问题。如果埃克森公司像"壳牌美国"那样切断与它的联系，很快就会被整个市场发现，休斯敦方面也会逐渐减少给它的信用额度。银行会发现一切，石油卖家也会叫出他们的价格，安然公司甚至可能陷入流动性危机。肯·莱的老东家也不会放过他，尽管他和德高望重的石油巨头对这个问题都不知情。

不过，穆克勒罗伊手中握有一张王牌。自合并以来，安然液体燃料公司与法国巴黎银行（Paribas）保持着大量的业务往来。法国巴黎银行的菲利普·布莱

---

[1] 以上这些空仓是安然公司持有的最大敞口仓位。有人估计安然石油公司的敞口仓位有10亿美元，是因为他们认为，原油价格每桶还会上涨5～10美元，部分原因是市场发现安然公司持有那么多的空仓。

维尔(Philippe Blavier)与几乎所有认识穆克勒罗伊的人一样,特别喜欢迈克尔·穆克勒罗伊。迈克向菲利普提出了3亿美元的信贷额度申请,理由是他正在平掉一些不良仓位,需要资金支持。

"你在平多大规模的仓位?"布莱维尔问道,但又补充说:"我不想知道,以后再告诉我吧!"

"菲利普,"穆克勒罗伊回答说,"30天后,我将在纽约四季酒店请你享用美味佳肴和最好年份的拉菲特葡萄酒,到时再给你解释这件事。"

虽然信贷额度不一定会使用,但安然公司有可能会欠巴黎银行这么一笔钱甚至更多的钱。对于安然石油公司来说,只要能够告诉它的交易伙伴,如果除了通常的公司担保,他们还需要银行开具信用证,可以打电话给巴黎银行,那么就能产生截然不同的效果。

石油市场在那周的周中平静了下来。石油价格与安然石油公司大部分未平仓位保持着惊人的距离。现在只有买进石油的问题——但不能太快。安然石油公司持有的全部空仓看来要亏损1.75亿美元——每桶原油平均损失2美元。但这笔交易损失将得到一些补偿:安然公司递延收益账户中有博格特还没有领走的600万美元奖金以及法院判决一家参与博格特设计的骗局的日本贸易公司须赔偿的1 500万美元。

11天后,到了穆克勒罗伊该打道回府的时候,同事们频频举起斟满苏格兰威士忌的酒杯表示庆贺,安然公司的一名飞行员亲切地打电话请穆克勒罗伊太太去机场迎候她的丈夫——尽管,是的,穆克勒罗伊的车就停在机场。安然石油交易运输公司的工作团队在安然公司各部门的帮助下已经挽回了损失,而安然石油公司现在正走向灭亡。

迈克尔·穆克勒罗伊的自尊心刚好得到了满足,他期盼早点回自己的办公室。安然公司的三巨头会对他刮目相看吗? 特别是,肯·莱会对他说些什么呢? 在这段痛苦的经历中,莱没找穆克勒罗伊谈过一次话,而是把这件事交给了塞德尔处理。塞德尔和莱已经离开了瓦尔哈拉,只要他俩出现在瓦尔哈拉,就会谣言四起。

如果马斯特罗尼没有在10月10日上午交出原始账册,从而导致平仓努力复杂化,并可能让市场知道安然持有巨额裸仓,那会造成什么后果呢? 如果埃克森公司切断信用额度,或者巴黎银行没有延长那么一大笔信贷额度的使用期,结果又会怎样呢?如果油价每桶上涨几美元,结果又会怎样呢?也许,这些因素的合并发生可能会造成更加严重的损失,但不至于导致安然公司破产——在发生瓦尔哈拉丑闻之前,安然公司的硬资产净市值超过 10 亿美元。但毫无疑问,恢复元气会困难许多。也许,肯·莱也得辞职走人。

善后清理

10 月 22 日,安然公司宣布,公司石油交易部门所做的未经授权的交易导致安然要从 1987 年第三季度的盈利中扣除 1.42 亿美元——税后 8 500 万美元。安然公司的净收益可一直追溯到联合北方公司聘用博格特组建石油交易公司的 1984 年。[1] 安然公司的股票因传闻已经下跌了 30%,但在关于安然石油公司造成的总亏损的官方消息公布以后又下跌了 30%。

这可是一味苦药。

但更糟糕的是,对这场灾难做出全面的解释,就会公开披露安然公司内部持续长达一年的内战,尤其会玷污肯·莱的名声。安然公司的股票一直享受着一种集中表现为肯·莱特殊天赋的管理层溢价。如果说莱被曝光是一个厌恶痛苦的智囊,那么,他的博士学位可能会从赋予他光环沦落到使他沦为哈姆雷特的境地,而安然公司的董事会也似乎是会落得听任一个不敢正视事实的首席执行官摆布的坏名声。[2]

新闻稿、员工会议和后续采访都是一些真假参半的操纵。安然公司不得不讲述一个故事,但是一个不完整的故事。企业一直都在这样做,安然公司以前肯定也这样做过,尽管规模要小得多。例如,有关被解雇或降职高管离职的新闻稿通常都是半真半假(策略性欺骗,又称"哲学欺骗")。1991 年特兰斯科能源公司解聘了首席执行官乔治·斯洛克姆(1984 年接替肯·莱出任该公司的首席运营官),但把这说成是他自己决定离职——而且是在深思熟虑之后做出的决定,情

---

〔1〕 联合北方公司的内部审计人员从一开始就怀疑这个位于瓦尔哈拉的石油交易单位,但没有发现任何问题。还有人发现,博格特是突然离开德士古公司的,并在海湾诸州石油与炼油公司做交易时赔了钱。山姆·塞格纳没有做适当的尽职调查。
〔2〕 如果安然石油公司的财务状况进一步恶化,就可能会导致肯·莱的罪责全面曝光,从而可能扰乱金融界,并且迫使安然公司董事会要求莱辞职。如果是这样,莱就能根据两项价值数百万美元的聘用协议享受福利。这种对于这个行业神童来说几乎不可想象的结局比 2001—2002 年及之后发生的事情要温和许多。

况也将是如此。[1]

净化版的瓦尔哈拉事件应该是这样的：石油交易是一种依赖交易员诚信和高度专业化技能、保密性很强的业务。这起丑闻是一起典型的无法预见的犯罪案件，种种迹象都表明他们违反了有关规定。卢·博格特和安然石油公司在这个事件出现令人震惊的转折之前做得非常成功，在两年半的时间里赚了5 000万美元的盈利。曾经有过关于他们的传闻，但是，安然公司已经采取了一切预防措施，如召开专题会议；进行内部审计；聘请外部审计机构审计；就连安然公司董事会也在安然石油公司现场召开会议；安然石油公司营业场所也接受了严格的检查。

有人仍在讲述安然石油公司的故事，在石油市场出现异常波动时期，安然石油公司先是压错了赌注，接着试图迅速弥补损失，同时都违反了公司的交易量和保证金政策。他们做多是赔钱，但做空也是赔钱。为了掩盖亏损和违反公司政策的行为，安然石油公司的两名职位最高的高管做假账并私藏真凭证。但是，正当这两个违法乱纪者发现自己挖的坑太深无法填补时，安然公司接到了举报。

安然公司在10月9日——进行预定审计的前三天——发现了问题，并迅速谨慎地采取了行动。公司解雇了博格特，并且派人在几天内平掉了敞口仓位。与此同时，安然公司的全体董事在纽约召开紧急会议，决定关闭作为永续经营企业的安然石油公司。

安然公司虽然在其他方面一直很谨慎，但在这个问题上受到了欺骗。莱在接受《纽约时报》采访时表示，这是一次"代价高昂的窘境"。包括《得克萨斯商业》(*Texas Business*)在内的财经媒体刊文说莱感到震惊、沮丧和无助，因为正如《得克萨斯商业》所描述的那样，"安全措施早已制定到位"。

听话的分析师帮助安然公司粉饰。"要是换了你，你会如何保护自己？"安然公司的一家投资银行保诚贝奇证券公司的戴维·弗莱舍(David Fleischer)问道。这家投资银行不久前起诉了休斯敦天然气公司的董事会，原因是后者支付了"绿票欺诈赎金"。"你得雇一名会计师和一名持枪警察，让他们整天盯着交易员。但仔细观察，透过博格特等人设计的骗局不难发现许多明显的管理失误。"

---

[1] 请参阅：Bradley, *Edison to Enron*, pp. 359－361。

"我向大家承诺,"莱对在凯悦酒店宴会厅参加会议的员工们说,"如果我们不能首先保证完全清楚其中的风险,我们将永远不会再拿安然公司在商界的信誉冒险。"莱在会上表示,他很遗憾,几名不诚实的员工可能会葬送数千人为了盈利而做出的努力。莱打了个比方,就像打高尔夫球,安然公司现在不得不在打了一记糟糕的击球后奋力打出标准杆。[1]

但是,难道不就是这个人在一年前就说过商业环境不容犯错吗?就在瓦尔哈拉2号丑闻曝光前几周,这个人还对《福布斯》说过他觉得这个无序的市场很有意思?不过,闲话少说,肯·莱是一个天生的乐天派——但又是一个"河船赌客"。

穆克勒罗伊离开了乱哄哄的宴会厅。他本以为首席执行官会做出更加直接的解释,甚至表示悔悟。但完全相反,莱声称自己完全无辜。刚才,穆克勒罗伊几乎想从他的前排座位上站起来,询问故事的真相。但是,他并不想让董事长难堪,尽管坐在他两边的两名同事已经准备起身阻止他。

迈克尔确实把真实的情况告诉了律师,并且补充了几页手写的书面材料。他想,如果公司要更换领导人,那么肯定不会需要他。负责为安然董事会调查这起惨案原因的文森-艾尔金斯律师事务所的律师曾提醒他:"迈克尔,请永远不要低估他们控制损失的能力。"

其他知情人士也很害怕。戴维·沃伊特克把他掌握的全部相关文件都复制了一份放在家里。如果莱或公司其他高管想撇清自己与这起惨案的关系,那么就不能客气。

穆克勒罗伊永远不可能受到莱、塞德尔、金德或克恩的任何由衷的当面感谢。但在公司的下一层高管中,罗恩·伯恩斯、福莱斯特·霍格伦德等都纷纷向他表示了祝贺。否则,这个话题也就到此结束了——而且,公司也禁止谈论这个话题。在莱看来,他雇用了迈克尔,迈克尔也取得成功——这正好证明了雇用"聪明人"策略的正确性。但事情并非总是如此。莱认为,一旦安然站稳脚跟,就

---

[1] 在备忘录中,莱直言不讳地表示自己"简直要疯了",并对员工们说:"如果能从最近的交易损失中吸取什么教训的话,那就是我们每一个人——我说的是每一个人——都必须遵守公司的政策、程序和控制机制。"

不需要再冒这样的风险。

但是,承认错误是必需的,而且也是完全应该的,至少在私下里。"我很想赚钱,"莱可能已经向他的核心圈子,尤其是穆克勒罗伊,承认了这一点。"下次,我要让金德来做这样的事情,而且要尽早介入——他出手比我狠。"最后,他说道:"谢谢你,迈克尔,谢谢你这么快就完成了清理工作。我很抱歉,没有把你的提醒放在心上。"

随着时间的推移,莱甚至可能会从全体员工的角度重新思考这个问题。他本来可以承认:"在安然公司的核心价值观最能体现其价值的时候,我却没有践行公司的核心价值观。在盈利的压力下,我们很容易忽略公司的核心价值观或者寻找变通的方法去践行。"以后必须记住的教训是:"禁止走捷径,勇敢地在问题变得严重、不可收拾之前就解决问题。"[1]

其实,瓦尔哈拉事件很快就会被忘却。要不是安然公司在1990年3月对涉案的21名仲裁申诉人提起诉讼,可能已经没人记住这件事情。遭到安然公司起诉的仲裁申诉人不仅有博格特和马斯特罗尼,而且还有许多参与虚假交易和非法资金转移的公司。博格特承认了3项重罪,被判处1年监禁和5年缓刑。马斯特罗尼承认了2项重罪,但在穆克勒罗伊按承诺请求宽大处理后,只被判处2年缓刑。

联邦调查并没有发现安然公司对瓦尔哈拉事件负有责任,但被告的刑事辩护律师试图扩大责任范围,辩称:"任何诚信、有胜任力的管理层,面对1987年1月向安然高管层揭发的博格特和马斯特罗尼的行为,都会毫不迟疑地解雇这样的人。"[2]

代价与后果

瓦尔哈拉事件造成的损失毁掉了安然公司1987年的业绩。区区600万美元的收益将在下一年度被重新报告为2 900万美元的亏损。1987年第4季度,安然的股价从50.50美元的高位跌到了31.00美元的低位,年底又反弹到了39.125美元。莱制定的到1987年年底公司债务—资本比率下降到60%左右的

---

[1] 几年后,随着挫折教训的不断积累,莱在他的标准演讲中增加了一张新的幻灯片,内容是关于如何面对问题和如何在解决问题的过程中学习,其中最突出的例子就是瓦尔哈拉事件。

[2] 关于瓦尔哈拉事件更深入的讨论,请参阅:Internet appendix 4.1, "Valhalla Redux," www.politicalcapitalism.org/Book3/Chapter4/Appendix1.html。

目标在执行过程中被大打折扣。虽然安然公司的资本重组计划(仅仅是因为银行没有发现瓦尔哈拉事件而得以完成)导致了 70% 这个略高于上一年度的债务—资本比率，但这个比率仍低于 1985 年的 73%。

《天然气周刊》的一篇新闻报道称："虽然 1987 年业绩不佳,但安然仍保持乐观。"撇开瓦尔哈拉事件不谈，安然公司 1987 年的现金流明显多于其 1986 年天然气行业萧条年份的现金流。1987 年,安然公司承担的不取照付责任减少了一半以上,从 11 亿美元减少到了不足 5 亿美元。

虽然资产负债失衡，但仍必须变卖核心资产，并传承那种出售优质资产变现为不良习惯埋单的传统。[1] 变卖安然热电公司,部分或整体出售这家公司，有助于粉饰公司损益表和资产负债表,至少在短期内是这样。由于政治资本主义,热电项目对独立开发商来说是一项新技术和重要的新业务。1979 年发生三里岛核事故以后,随着电力需求的增长和核电站的关闭,许多电力公司需要新的电力产能。所有这些因素共同造就了安然公司回报率最高的业务——以及最具市场价值的资产。

安然热电公司重组后,罗伯特·凯利和约翰·温的内外部团队得以与得州公用事业公司重签了为从资产负债表中删去为得克萨斯市融资所必需的合同。安然热电公司长期需要的固定价格天然气从安然石油天然气公司那里采购,这可是一处关键的修改,它能使这个项目被银行接受。

银行项目融资并不是温选择的融资方式。随着 1986 年临近结束,安然公司急需资金。正当安然公司为签订融资所需的合同而与得州公用事业公司谈判时,温推进了与业已成为安然支柱的德崇证券公司的谈判。迈克尔·米尔肯的公司同意用高收益垃圾债券为安然公司的这个项目提供 90% 的资金,以换取 50% 的股权作为酬金。这笔交易是为了帮助安然公司补救 1985 年出现净亏损后那年的业绩。

温切断银行融资和股权融资的惯常流程,长达数月之久。从支付利息和放弃股权的角度看,此举代价非常昂贵。但更重要的是,安然公司由此承担的机会

---

[1] 正如第三章所讨论的那样,先前的例子是 1986 年 3 月休斯敦天然气公司以大胆的价格收购了佛罗里达天然气输送公司后,秘鲁的国有化和高于预期的合并成本,迫使休斯敦天然气公司出售佛罗里达天然气输送公司一半的天然气输送业务。《商业周刊》报道称,安然公司正考虑在瓦尔哈拉事件后以"近 7.5 亿美元"的价格出售北方天然气管道公司一半的股权。

成本却要由哈罗德·霍克斯(Harold Hawks)而不是咨询顾问温来负责。安然的热电项目最初由霍克斯策划,他是一个尊重净现值经济学的管理者。结果,安然公司在忙乱中损失了不是数百万美元,而是数千万美元。[1]

得克萨斯市从1987年5月开始项目的全面运作。温获得了150万美元的基本奖金,以后还能根据电厂的利润提成。这家热电厂技术先进,利润很高。安然热电公司成立3年后,肯·莱和里奇·金德在安然公司的年度报告中告诉股东:"我们在得克萨斯市的最先进设施使安然公司成为这个新市场的关键参与者。"

事实上,得克萨斯市是安然公司实现"三赢"的福地。休斯敦管道公司每天向热电厂输送0.75亿立方英尺的天然气;向休斯敦管道公司供其中2/3天然气的安然石油天然气公司获得了一份远高于当时天然气现货价格、有利于公司建设的合同;而且有了这份合同,就能通过牺牲被垄断的公用事业公司用户的利益来承受依据联邦法律实施的避免成本监管。

安然石油天然气公司获得这份"甜心"合同的故事说来话长。温在没能引起安然石油天然气公司泰德·柯林斯的兴趣以后,就与布恩·皮肯斯——在温辞去安然公司雇员职务担任咨询顾问以后就聘请温加盟梅萨有限合伙公司[它的前身是梅萨石油公司(Mesa Petroleum Company)]——取得了联系,而梅萨有限合伙公司有意按高于现货天然气的价格向得克萨斯市供应长期天然气。但是,莱在发现皮肯斯(在雅各布斯-卢卡迪亚收购案以后就成了莱的死对头)即将从他自己的交易中分得一杯羹后,就让柯林斯和安然石油天然气公司答应签订一份能满足热电厂2/3燃料需求、为期数年的固定价格供气合同。这笔价格为3.25美元/百万英热单位(而现货天然气价格只略高于1.00美元/百万英热单位)加6%年增幅的交易,对安然石油天然气公司乃至安然公司来说都非常重要,因为天然气价格在接下来的10年里一直处于低位。[2]

安然公司需要更多这样的项目。虽然关于新的大型热电项目议论纷纷(据说有多达6个项目正处于谈判阶段),却没有一个项目最终进入施工阶段。因

---

[1] 其实,霍克斯并不适合安然公司,他在1987年离开安然公司后成立了自己的公司。特纳斯卡公司一开始就很谨慎,而且盈利颇丰。事实证明,特纳斯卡公司后来成了安然公司当初打算成为的那种多元化天然气公司。请参阅第三章。

[2] 关于天然气价格上涨背后的监管(与《公用事业管理政策法案》有关的)原因,请参阅:Internet appendix 1.5, "Public Utility Regulatory Policies Act of 1978 (PURPA)," www.politicalcapitalism.org/Book3/Chapter1/ Appendix5.html。

此,1987年8月,按照莱的做事方式,安然公司与温签署了一份新的5年期合同;合同期满后,温可获得安然热电公司5%的股权。不过,温仍然是安然公司的咨询顾问,而不是雇员,但他不能再从事非安然项目。这是一种奇特的安排,但温完全是独立的——安然公司是以自己经历挫折和坎坷的方式成就了温的独立。

图4.2 20世纪80年代中后期,约翰·温(居中)在《公用事业管理政策法案》的推动下所做的热电项目是安然公司非常需要的利润来源。安然公司的另外两位负责热电项目开发的高管分别是温的副手罗伯特·凯利(左上排,左)和联合北方公司的霍华德·霍克斯(左上排,右)。霍克斯于1987年离开安然公司创建了自己的特纳斯卡能源公司。

温接手的公司在三家总装机容量915兆瓦的热电厂拥有约400兆瓦装机容量的权益,并且又买下了清湖(Clear Lake)附近一家在运营的装机容量为377兆瓦的发电厂50%的股权。[1]根据安达信会计师事务所的估值,安然公司拥有的安然热电公司价值3 000万美元,一开始就给温价值150万美元的股份。但这一估值没有考虑未来的项目,目前正在就另外一个装机容量900兆瓦的项目

---

[1] 安然公司的热电项目投资包括:装机容量300兆瓦的河口热电厂34%的股份、装机容量450兆瓦的得克萨斯市发电厂(Texas City Plant)50%的股份、新泽西州装机容量165兆瓦的贝永电厂42%的股份(1987年)以及装机容量377兆瓦的清湖热电厂(Clear Lake Cogeneration Plan)50%的股份。在梅森能源公司(Mission Energy)按成本价把自己一半的股权卖给安然公司,以换取按独家报价收购安然热电公司一半的股权(梅森能源公司后来拒绝收购)后不久,安然公司就拥有了清湖热电厂100%的股权。

谈判。

但在发生瓦尔哈拉事件之后,温接到的新指令是出售他旗下的部分资产,以改善资产负债表并创造利润。[1]莱把这归咎于石油交易亏损,而更具体地说,让温吃惊的是,莱居然把这归咎于米克·塞德尔和基思·科恩在瓦尔哈拉事件上的监管不力。无论如何,安然公司和莱与温的关系已经破裂,而安然公司的一个顶级利润中心后来的收入则减少了一半。[2]石油交易失败所造成的影响将贯穿安然公司的余生。

没有吸取的教训

肯·莱对瓦尔哈拉事件的诠释不仅欺骗了他的员工和安然公司的投资者,而且欺骗了广大公众和他本人。这出两幕闹剧充满了教训。但是,由于没有主动交代全部真相,而是对这一事件进行了解析——一种让最接近瓦尔哈拉事件真相的人觉得是赤裸裸谎言的叙事,因此,资产阶级的许多道德教诲都被抛在了脑后。当时几乎没人意识到,这个事件是"煤矿里的金丝雀",最终不仅导致安然公司破产,还毁了肯·莱的职业生涯和个人生活。

肯·莱和安然公司的公关团队通过半真半假的陈述来实施哲学欺骗。哲学家艾恩·兰德把哲学欺骗表述为"一种非常恶毒的说谎方式"。兰德解释说:"纯粹说谎已经够坏的了,而不说出'全部真相'比纯粹说谎更容易误导人。"她继续说道:"当你在欺骗别人的时候声称自己诚实,就更加可恶。这就是为什么说要求证人在法庭上宣誓是多么明智:证人应该说出真相、全部的真相,除了真相别无其他。"

由于莱宽恕了博格特和马斯特罗尼证据确凿的违法行为,因此,他也违反了亚当·斯密所说的"尊重一般规则"和塞缪尔·斯迈尔斯所说的"通向常识的道路"。古典自由主义的时代智慧也适用于安然公司的错误判断。[3]

十多年来,安然公司的"哲学家王"在他关于安然历史的许多演讲中都没有

---

[1] 1988年年中实现了这个目标。请参阅第五章。
[2] 关于温与安然公司错综复杂的关系,请参阅第一章、第二章和第五章。
[3] 关于斯密·斯迈尔斯和兰德有关最佳商业实践的洞见,请参阅:Part I of Bradley, *Capitalism at Work*, pp. 17—89。

提到瓦尔拉事件。[1] 莱已坦率地承认,无视规则的逐利行为和不择手段的实用主义是导致安然公司陷入"代价高昂的窘境"——一种有可能变得更加糟糕的窘境——的主要原因,而谦逊应该成为一种制度,因为它能造福于莱自己和他的公司。

相反,莱开始(或者可能是继续)只说不做。他可能会打造安全的避风港(如一份关于公司愿景和价值观的声明),就好像是言重于行似的。[2]

"与事实为友",这是莱反复强调的价值观之一。但在肯·莱的安然公司里,即使在20世纪80年代,实现情况也是"与友善的事实为友"。

差不多过了20年,安然公司的检举者谢隆·沃特金斯在评论休斯敦陪审团对肯·莱的定罪以及可能被判处终身监禁时表示:"肯·莱犯下的大部分错误,实际上就是继续让那些受到道德质疑的员工只要能创造业绩就留下来为公司创造业绩。"这就是1987年安然公司在光天化日之下发生的事情。

---

[1] 1990年,莱在纽科门学会(Newcomen Society)发表关于安然公司及其两家前身公司历史的演讲时,把两家公司的合并描述为"艰难、混乱",但只字未提瓦尔哈拉1号和2号丑闻。莱在2000年1月哈佛商学院的一次演讲中顺便提到了瓦尔哈拉的石油交易丑闻。但在发生另一场危机时,2001年10月莱试图提升员工士气,在讲述安然公司处理瓦尔哈拉事件的经过时,提到不然"就有可能拖垮公司"。2个月后,安然公司真的被拖垮了。

[2] 安然公司在1998年3月公布的1997年年报中,突出强调了它的尊重、诚信、沟通和卓越的价值观。

第五章　复苏:1988—1989 年

　　肯·莱在市场不稳定的时候下了很大的赌注。在休斯敦天然气公司任职时,他先后出高价买下了横贯西部管道公司和佛罗里达天然气输送公司,而且在这两起交易中整整多花了 1 亿～2 亿美元(比正常的收购价格高出 10%～20%)。后来,莱又让联合北方公司在并购休斯敦天然气公司时每股至少多付了 5 美元,总共大约多付了 1.5 亿美元。虽然做出这些鲁莽行为可以说是他作为交易卖方的受托责任,但也出于他希望让股东撤回一起悬而未决的诉讼的愿望。为了免受打官司之苦,他以让股东付出 2 亿美元的代价买下了欧文·雅各布斯和卢卡迪亚手中的安然股份。

　　安然公司大约有 5 亿美元的债务——或者说 1988 年安然公司 40 亿美元债务总额的 1/8——都要归因于莱的攻击型性格甚至狂妄自大。然后,总部位于瓦尔哈拉的安然石油公司做石油交易又亏损了 1.42 亿美元(税后 8 500 万美元)。如果没有进行巧妙的善后处理,情况就会变得更加糟糕,肯·莱的职业生涯可能在 1987 年就发生了新的转折,而美国的商业历史也要重新改写。

　　到了 1988 年,安然公司的资本支出减少到了 1.85 亿美元的维持水平,约为 1985 年实际资本支出水平的 2/3。安然公司冻结了 60 名高管的薪水,而且停止派发股息。公司的主要部门也已经停止招人。但在利空的消息中也有效率有所提高的利好消息。自合并以来,交付天然气的单位管道运输成本下降了 1/4,其中包括一线工作人员减少23%所节约的人工费用。

安然公司用分别在1986年和1987年出售佛罗里达天然气输送公司和安然热电公司一半股权的收入弥补了千疮百孔的资产负债表上的一些窟窿,却减弱了安然公司利润引擎的马力。由于市况不好,因此,安然公司推迟了原定在1987年年底出售安然石油天然气公司一小部分股权的交易。华尔街对安然公司高达70%的债务—资本比率感到不安,1987年穆迪公司和达夫公司(Duff & Phelps)下调了安然公司的信用级别就是明证。在瓦尔哈拉丑闻曝光之前,莱曾承诺在年底前让安然公司的债务—资本比率下降到60%。

尽管如此,安然公司还得继续派息,投资者的预期仍然很高。这些管道运输公司因为它们要承担(不取照付的)转换成本而在耗用母公司的储备金,并且因为进行了创新性的费率方案设计和输气容量扩容而获得了增长。天然气营销是一个全新的利润中心,而安然公司是全美天然气营销的引领者。虽然安然公司的国内业务有所萎缩,但由监管促成的热电业务仍能盈利。安然石油天然气公司新的专家领导层创造了巨大的上升空间。

安然公司一直希望"可以相信能源行业最糟糕的时期已经过去",在完成重组以后掌握了具有协同效应的天然气核心业务。莱和塞德尔在公司1987年的年报中还指出,由于经济和环境的原因,消费者的选择和国家的能源政策都有利于天然气,而不是石油和煤炭。

肯·莱遇事乐观,对人淳朴热情,对下属关怀备至,这种风格使他在安然公司这个"部落"里很有人缘,大家都愿意相信他。"你可以想象,"莱的副手詹姆斯·E."吉姆"罗杰斯在接受《福布斯》采访时说,"当公司高层以下四五个级别的年轻人接到董事长的电话告诉他们'你们做得很棒'时,他们会有多兴奋。"安然公司有这样一位乐观、机智、自信、有远见卓识的领导人,有谁会质疑这样一个有着小说般的过去和看似完美的商业业绩记录的经济学博士呢?(别忘了,瓦尔哈拉事件只对他产生了很小的影响。)据当地、行业和国家媒体报道,他是一个有行业号召力的人。

安然公司是一个声誉卓著的一流工作场所。安然公司7 000名员工虽然要承受很大的工作压力,但他们中的很多人仍有很多机会。有传言称,在肯·莱手下做事的都是些聪明绝顶的家伙,而且安然公司总把晋升空间留给最聪明、最优秀的员工。

安然公司有很多的连锁资产和卓越的事业部或子公司管理层。想要让安然公司的子公司为母公司减轻债务负担，需要的是常态，而不是惊喜。现在应该轻装上阵，着手履行肯·莱在去年定下的使命——把安然公司打造成北美第一大一体化天然气企业。

年初，安然公司签署了以9 000万美元的价格把安然热电公司50%的股份卖给道明资源公司的意向书。这就是安然公司必须为瓦尔哈拉事件付出的代价。但好消息是，5个月后，约翰·温在完成这笔股权转让交易时，由于正在就一些前景看好的新项目进行谈判，因此，安然热电公司50%的股权就卖了1.04亿美元。这笔交易的全部收入都用于偿还债务。1988年，安然公司账上出现了4 000万美元的利润。[1]

然而，温不可能管理已经更名为安然-道明公司的热电公司。虽然道明资源公司与安然公司签订了经营独立电厂的新合同，但道明公司还是希望有一家自己的公司经营这家合资企业。莱真的很需要做成这笔交易，所以，虽然温重签的合同还有4年才到期，但他再次成为关键人物。温又谈成了一份利润丰厚的合同（他签下的四份合同一份比一份利润丰厚，两份正在履行，两份即将履行）。

本章要讲的故事有些是关于约翰·温的，他是在"发热"行业里炙手可热的人物，另一些是关于为一家负债累累、容易犯错的公司和一个必须取悦很多人的董事长辛勤工作的。

管理层的深度和变革

肯·莱带着凭借个人能力和行业领先的薪酬计划组建的高管团队进入了1988年。安然公司的三个主要事业部（不包括热电事业部）都有能力很强的创新型领导，首先是天然气管道运输集团在州内、州际和全国营销三方面业务都有能力很强的创新型领导。[2]

在州内业务方面，杰拉尔德·班尼特在供给过度、利润微薄的得州市场上做

---

[1] 作为这笔股权转让交易的一部分，德崇证券公司卖掉了它持有的装机容量450兆瓦的得克萨斯市电厂50%的股权，这家电厂就成了新的合伙公司拥有的全资企业。
[2] 1991年1月以前，安然公司的天然气营销部门一直隶属于安然天然气管道运输集团，但1991年1月更名为安然天然气服务公司，并隶属于新成立的天然气部门。

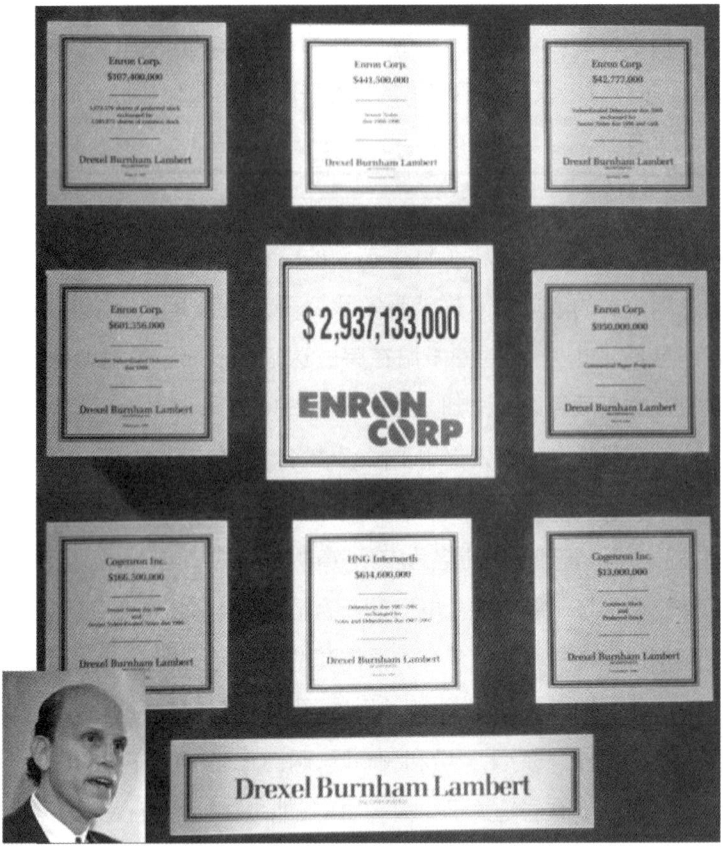

图 5.1 从 1985 年休斯敦天然气公司和联合北方公司合并到 1989 年迈克尔·米尔肯因违反证券法规而被起诉的项目融资期间，通过发行高收益债券（垃圾债券）融资对肯·莱来说至关重要。1990 年，德崇证券公司申请破产保护。

得与预期的一样好。虽然巴梅尔储气库的气藏产生的协同效应为安然公司天然气管道运输集团旗下的其他公司带来了好处，但休斯敦管道公司是这个集团旗下实力薄弱的公司。在这方面，与比尔·马修斯以前对休斯敦天然气公司实行的作茧自缚策略相比，肯·莱的重组举措看起来要明智很多。

在州际业务方面，安然旗下的三家管道运输公司在控制住自己不取照付条款造成的成本的同时，都在从天然气批发商演化为天然气输送商。吉姆·罗杰斯和他的团队在娴熟地玩着联邦能源管理委员会主导的自由化"游戏"，在客户的支持下提供新的产品，并已经达成费率方案协议，而且还有增加利润的潜力。横贯西部管道公司通过在监管约束下开展创业活动的方式制定了行业标准。佛罗里达天然气输送公司自1970年以来首次使得天然气成为佛罗里达电力公司的首选燃料。而北方天然气管道公司的运营则像往常一样稳健,但要保持它的高输气量,还需要在冬季来一些寒潮。

在安然天然气管道运输集团不受监管的业务方面,安然天然气营销公司正成为公司真正的利润中心,并且把天然气行业带进了一个天然气大宗商品化的新时代。[1] 罗恩·伯恩斯是安然天然气营销公司的领导人,并且由特兰斯科能源公司的前雇员克劳德·穆伦多(负责采购)和约翰·艾斯林格(负责销售)辅助。安然天然气营销公司持有联邦能源管理委员会颁发的无限制天然气业务营业执照,在全国范围内签订短期和长期合同买卖天然气。安然公司正凭借一种先发优势在构建与众不同的能力。

安然液体燃料公司在为瓦尔哈拉丑闻善后的英雄迈克·穆克勒罗伊的领导下,在艰难的行业环境下进行了重组,并且已经重新开始盈利。安然液体燃料公司有7.5亿美元的基础资产,下设液体燃料加工、液体燃料零售、液体燃料输送、石油运输和贸易以及国际业务五个事业部。[2] 福莱斯特·霍格伦德正在为重新配置安然石油天然气公司的宝贵资产而努力工作。

论才华,肯·莱并不会输给安然公司——和能源行业内——的竞争对手。在企业进行重组、寻找变革代理人时期,安然公司的高管都在许多猎头公司的猎物名单上名列前茅。到了1989年第一季度,安然公司的四名知名高管已经辞职去了其他公司。"虽然我们会惦记他们的足智多谋和领导才能,"肯·莱表示,"但他们的离开给我们创造了机会,不仅能提拔同样积极进取和富有创新精神的管理人员,而且能进一步精简我们的管理机构,从而进一步降低管理成本。"失去经验丰富的高管在当时似乎并不十分重要,但安然公司这样的急刹对于阻止莱的超速行驶可能不再起作用。

安然公司面对的竞争正在升级,克拉克·史密斯离开了横贯西部管道公司,

---

[1] 安然天然气营销公司的主要竞争对手是1984年肯·莱作为特兰斯科能源公司总裁帮助创建的美国天然气清算所。莱的休斯敦天然气公司是天然气清算所的第六个行业会员(拥有10%的股份),但在休斯敦天然气公司与联合北方公司合并后就卖掉了这些股权。到了1988—1989年,总共有300多家独立公司在销售天然气。
[2] 这些事业部包括:安然天然气加工公司(Enron Gas Processing Company),主要生产乙烷、丙烷、丁烷和天然汽油;安然液化天然气公司(Enron Gas Liquids Company),主要销售乙烷、丙烷、丁烷和天然汽油;安然液体燃料输送公司,拥有自己运营的1 537英里的液体燃料输送管线和气液加荷设施;安然石油交易运输公司,一家集石油采集、运输、销售为一体的公司;安然液体燃料国际公司(Enron Liquid Fuels International),从事各种与天然气有关的海外业务。

当上了沿海天然气营销公司(Coastal Gas Marketing Company)的首席执行官。沿海天然气营销公司是奥斯卡·怀亚特为了与安然天然气营销公司展开正面交锋而在沿海管道公司旗下创建的一家新公司。吉姆·罗杰斯跳槽离开了能源行业,当上了印第安纳公共服务公司[也就是印第安纳公共服务控股公司(PSI Holdings Inc),后来的辛纳杰能源公司,再后来的杜克能源公司]的首席执行官。他把政治资本主义和市场企业家精神结合在了一起,使他在陷入困境的中西部公用事业电力公司(Midwest Electric Utility)颇受欢迎。中西部公用事业电力公司需要与州和联邦监管机构重启新的合作,同时也需要确定新的战略方向。

罗杰斯在安然天然气管道运输集团的老板丹·丁斯特比尔为了逃避他从未适应的企业文化,也辞职去了一家规模较小的天然气公司当领导。[1]随着丁斯特比尔的离去,原来的联合北方公司迎来了新一代的高管——罗恩·伯恩斯以及在幕后默默工作的肯·赖斯和朱莉·戈麦斯,而肯·赖斯和朱莉·戈麦斯都是安然天然气营销公司后生代中的佼佼者。

另一位来自奥马哈的天才辛迪·奥尔森后来负责安然天然气营销公司的全部后台业务(会计、合同管理等)。后来,随着莱的对外野心越来越大,她在安然公司除了负责一些其他事务以外,主要负责社区事务,并且成了肯·莱的高级助手。[2]

———

安然公司高层的人事变动发生在1989年年初。米克·塞德尔几乎从一开始就是肯·莱的得力助手,但结果好坏参半。特别是,瓦尔哈拉丑闻是在他的眼皮底下发生的。理查德·金德甚至在1987年8月成为安然公司办公室主任之前就一直声称自己是莱的修理工——一个效果不错的修理工。

随着时间的推移,虽然米克总是有很多事情要做,但塞德尔在"好警察"莱和"坏警察"金德之间变得多余。因此,在马克萨姆公司(Maxxam)的查尔斯·赫尔维茨(Charles Hurwitz)推荐塞德尔出任凯泽科技有限公司[Kaiser tech Ltd.,即凯泽铝化工公司(Kaiser Aluminum and Chemical Company)]的总裁以后,事

---

[1] "安然公司的文化对于我来说是完全陌生的,"丁斯特比尔后来回忆说,"与我过去习惯或适应的企业文化相比,安然公司的企业文化更多是一种个人导向型文化,而不是团队导向型文化。"
[2] 请参阅第十五章。奥尔森的回忆录《真相大白:上帝保佑我》(The Whole Truth: So Help Me God)于2008年出版(Mustang, OK: Tate Publishing)。她在回忆录中先是回顾了自己早期的职业生涯,接着讲述了她在联合北方公司和安然公司度过的23年,包括她被任命为公司全球人力资源部主管和执行委员会成员,以及安然事件后的动荡岁月。

情进展得很顺利。在塞德尔离开安然公司后,莱重新获得了公司总裁的头衔,但留下了首席运营官的职位。1988年12月,里奇·金德被提升为安然公司的副董事长,同时被选入公司董事会,并且接替最近离职的吉姆·罗杰斯出任安然天然气管道运输集团总裁。

作为执行副总裁和办公室主任,金德几乎要参与解决每一项紧急事务。几乎公司每个职能部门——会计、行政、业务发展、财务、人力资源、信息系统、法务——都要向事必躬亲的金德汇报工作。凭借过目不忘的记忆力和对数字的直觉,他知道应该了解他负责的无数事务的哪些方面。肯·莱也很有天赋,但他对公司外面的事情更感兴趣。

金德在安然公司总是生活在公司的大墙之内。他虽然很强硬,但也平易近人。一家管道运输公司的总裁回忆说:"他每周都和我们在一起,还来找我们。"里奇·金德总是热情真诚地对待那些努力工作、专心致志、说话直来直去的员工;对于每个安然人来说,这个"工头"是一个优秀的资产看管人。

安然公司召开了一次旨在解决天然气管道运输公司与天然气营销公司之间未来由谁来履行天然气批发职能的冲突的重要会议。金德在这次会议上一举成名。这次会议被安然人称为"令人头痛的摊牌会"。

这些天然气管道运输公司希望继续扮演它们熟悉的角色,做天然气的买家和卖家。毕竟,它们有天然气的集输系统、与生产商签订的合同以及经过时间考验的工作程序,从而确保了可靠的天然气供应。只有不可抗拒的自然力——如霜冻和飓风——才能阻止它们进入指定的区域。但根据华盛顿的新规定,天然气营销子公司可以在州际业务中买卖天然气赚取利润。安然公司州际业务部门必须放弃历来由它们控制的天然气业务,以便把天然气采购、销售和安排输送的业务交给安然天然气营销公司负责。

安然公司旗下的天然气管道公司对这次业务调整感到不安。在休斯敦和奥马哈之间的文化冲突问题基本得到解决以后,未来由谁来履行天然气批发商职能,就成了安然公司的主要问题。[1]

莱支持把公司天然气业务的未来交给安然天然气营销公司,道理很简单:即

---

〔1〕 时任麦肯锡公司咨询师的杰夫·斯基林回忆说:"天然气管道运输公司的人坚决反对这个移交业务的决定。他们认为,开展天然气批发业务的目的是支持管道运输公司的输气业务。他们碰到了一个暂时的问题[不取照付],所以,他们想……解决这个暂时的问题,然后就会一切如常。"

使天然气管道运输公司退出天然气批发商业务要承担转换成本（不取照付责任），有两个利润中心总比只有一个利润中心强。莱和安然公司其他高管都认为，新一代信息技术能在由天然气营销公司而不是天然气管道运输公司协调天然气供应的新世界里保证天然气供应的可靠性。

在安然公司高管和事业部主管的会议上，莱一上来就委婉地向大家解释了他之所以要这么做的原因。为了公司的整体利益，应该把天然气买卖职能转交给安然天然气营销公司。金德接过了话头，他举了一个又一个"敌对势力"开展政治活动、暗箭伤人和完弄权力游戏的例子，说话的嗓门也越来越大。"沼泽地里有鳄鱼，"金德大声喊道，"我们要进入那块该死的沼泽地，要把鳄鱼一条一条地捉住，而且要把它们一条一条地杀死。"

会议又回到了正题。莱喜欢里奇的做事方式。这次会议对安然公司和金德个人来说都具有决定性的意义。障碍已经扫清，安然天然气营销公司可以加速发展，成为美国规模最大、利润最高的天然气销售商。

在金德接替塞德尔的职务以后，每周的公司管理层会议也发生了变化，它不再是每个事业部主管"争芳斗艳的选美大赛"，现在是先谈问题，然后做出难做的决定，而且都是涉及结果和责任问题的决定。

罗恩·伯恩斯回忆了公司周一例会发生的一个"巨大文化变革"，会议从午餐开始，有可能会持续到晚上。"金德总设法让大家把所有的问题都摆在桌面上，能够捉住沼泽地里的全部'鳄鱼'，尽可能多地把它们杀死。"金德绝不会忘记别人对他说过的话或答应过他的事。

每周一下午，真是难熬。但对于执行者来说，公开问题，达成共识以便采取艰难的行动，都是很有价值的。"只要大家齐心协力，各抒己见，就能当场拍板做出决定，"伯恩斯回忆道，"那是我们转守为攻的紧要关头。"

到了1988年年底，里奇·金德显然已经成为安然公司的二号人物。1989年（本章稍后讨论），莱和公司董事会任命金德为安然公司的新总裁兼首席运营官，莱仍担任董事长兼首席执行官。安然公司的莱-金德时代将一直持续到1996年。

安然石油天然气公司的重新定位

福莱斯特·霍格伦德和肯·莱正在争取欧洲潜在投资者的支持，以便让安然石油天然气公司上市。莱接到米克·塞德尔关于瓦尔哈拉事件的电话时,两人正在去欧洲的飞机上。如果瓦尔哈拉事件早发生一个月,霍格伦德可能就不会穿上安然公司的制服。他已经有一份很好的工作,但勘采公司的员工几乎都想让福莱斯特·霍格伦德加盟他们的公司。

莱的"求爱"成功是业界的热门话题。一名证券分析师在《华尔街日报》上撰文表示:"聘用霍格伦德表明,安然公司更加重视这方面的业务是认真的,而且立刻就提升了安然公司在这方面的信誉度。安然石油天然气公司的这位新领导将一如既往地打造一家蒸蒸日上、有价值的企业,并证明肯·莱聘用他是他采取的最明智的行动之一。"

霍格伦德也很赞同做强公司并在这个过程中让自己和同事致富的想法。但是,安然石油天然气公司不可能像安然公司,一家公司旗下的公司必须有自己的规则和文化才能上市,而且要花费很多开销。当肯·莱表示霍格伦德可使用安然公司的飞机往返达拉斯(霍格伦德一家拥有两处住所)和休斯敦时,福莱斯特表示反对。"乘公司的飞机一次就要花2 000美元,我可以乘坐西南航空公司的航班,这样只需花100美元,"他回答说,"我们为什么要这么做呢?"

回过头来看,与莱的成本观相比,霍格伦德的"成本观截然不同"。行业环境阻止了这种奢侈,但首席执行官却树立了这样的榜样。作为准备上市的公司的少数股权股东,霍格伦德也要为自己的利益考虑。

用霍格伦德的话来说,安然石油天然气公司需要重塑,必须成为一家"低成本、基础性、高效的企业"。公司必须把自己的资产分为需要发展的核心资产和可处置的非核心资产,并且重新塑造导致公司陷入平庸现状的智力资本。霍格伦德在他刚到公司参加的见面会上告诉他手下的管理人员,他们中有一半人会因不能胜任工作而走人,而另一半人则会成为百万富翁。"这两个任务,我都没有很好地完成。"他后来说。他大约撤换了公司80%的管理人员,新管理团队大部分成员变得很有钱。

安然石油天然气公司需要重新签订过于偏袒合资方的南得州合资企业("分工")合同,制定开发和销售其在怀俄明州大派尼(Big Piney)的巨大气藏,并做好旨在实现更多利润的营销安排。但是,与其像去年那样在休斯敦做强安然石油天然气公司,还不如在行动现场附近决策。霍格伦德领导的安然石油天然气公司在科珀斯克里斯蒂、丹佛、米德兰、俄克拉荷马城和泰勒(Tyler)分设了独立的办公和利润中心——在公司内部建立许多子公司。

钻探需要现金,而安然公司需要安然石油天然气公司的现金流,这就是发生瓦尔哈拉2号事件时莱和霍格伦德正在欧洲寻找投资者的原因。1987年10月19日,安然石油天然气公司首次公开发行的股票价格已经确定。但事实证明,那天是个"黑色星期二",道琼斯工业平均指数(DJIA)下跌了22%,几乎是1929年10月大萧条时期"黑色星期一"跌幅的2倍。安然石油天然气公司必须在一段较长的时间里充当安然公司的全资子公司,从而赋予霍格伦德做强并精简公司以及为分析师和潜在买家编造更动人的故事的机会。

1988年4月,随着股市的全面复苏,安然公司决定出售安然石油天然气公司。安然公司和它的投资银行对安然石油天然气公司的估值高达20亿美元,双方都表示希望能按相当于每百万英热单位1.5美元的价格出售安然石油天然气公司已探明的1.4万亿立方英尺天然气储量,另外还要出售4 230万桶的石油储量,从而使安然石油天然气公司的估值达到25亿美元。

但石油和天然气价格低迷,天纳克和其他大公司也在出售大量的油气储量。分析师对安然石油天然气公司的估值只有12.5亿~17.5亿美元,可安然公司需要这其中的每一美元来偿还36亿美元的债务,以降低利息成本并增加净收入。

在7月的最后期限临近时,有十来家公司正式竞价投标。安然公司内部希望能卖18亿美元,但收到的最高报价才13亿美元,比安然石油天然气公司的账面价值差不多低了15%——而且安然石油天然气公司拥有的已探明油气储量的估值也直接被打了折扣,而且未开发油气储量或管理层也都没有溢价。

霍格伦德、莱和安然公司董事会一致认为,按这个报价出售安然石油天然气公司对安然公司的股东不利,因此拒绝了所有报价,而安然石油天然气公司也因此再次暂时完全留在安然公司。

不过,莱表达了他的希望,冬季对天然气的需求会因为能签到价格更高的长期天然气供应合同而增加,从而会增加地下天然气储量的价值。安然公司媒体关系部的戴安娜·巴泽里德斯(Diane Bazelides)补充说:"对我们来说,减少债务仍然是一项非常重要的任务,我们将继续寻找各种途径来减少我们的债务。"然而,华尔街对此消息反应强烈,安然石油天然气公司的股价下跌了7%,跌到了$38\frac{7}{8}$美元。

第五章
复苏：1988—1989 年

1988 年第三季度末，安然公司负债 39 亿美元，持续经营亏损 1 400 万美元。安然公司仍然需要把安然石油天然气公司卖掉变现。按照 B 计划，安然石油天然气公司打算变卖 2 亿~3 亿美元的非战略性油气储量。事实上，安然石油天然气公司第四季度的销售收入将达到 2.53 亿美元，占公司当年 2.82 亿美元销售收入的绝大部分。更好的消息是，油气储量只减少了 13%；安然石油天然气公司留住了想要上市的资产。

与此同时，安然石油天然气公司的一些核心问题正在得到解决，霍格伦德上任第一年公司全年的息税前收入为 1 300 万美元，较 1987 年 4 100 万美元的亏损有明显的好转。回过头来看，1988 年是安然石油天然气公司出现转机的一年。

安然公司在 1988 年的年报中称，对于安然石油天然气公司"实行分散化管理、注重利润的管理团队"来说，1988 年是一个好年份。安然石油天然气公司 84% 的钻井成功率创造了安然公司的纪录。墨西哥湾马塔哥达岛附近发现了一个很大的天然气田，因此增加了公司的已探明天然气储量，每增加成本为 0.60 美元的 1 立方英尺天然气储量，就能增加每立方英尺天然气 1.56 美元的销售额。安然石油天然气公司的天然气销售帮助安然公司减少了债务，有助于提高安然公司的信用评级。安然石油天然气公司释放的价值只是部分反映在了安然公司股票的价格中。

那么，是否还有其他真正的生财之道呢？多亏约翰·温利用了监管促成的机会，安然石油天然气公司与安然-道明公司位于得克萨斯市的热电厂"按远高于现货天然气市场的价格"签订了一份 4 800 万立方英尺/日的天然气供应合同。事实上，安然石油天然气公司签约的天然气价格几乎是当时现货价格的 2 倍。因此，安然石油天然气公司仅凭这个高溢价就在 1988 年签订这份合同后的第一个完整年增加了 4 400 万美元的收入。

其实，不仅仅是纯粹的自由市场力量促成了这笔"甜心交易"。具体地说，1978 年《公共事业管理政策法案》提出了一种把电力销售协议与购买电力的公用事业公司的避免成本或者电力生产或购买成本挂钩的方法。

对于最终买家得州公用事业电力公司（通过与不需要电力的休斯敦照明电力公司的转售安排）来说，避免成本就应该根据建造一家新燃煤电厂的成本来计算。现在，由于燃煤电厂必须配备洗煤和其他污染控制设备，因此，资本密集度高于燃气电厂，尤其是最先进的高效热电厂。

因此，在这个案例中，州监管听证会把避免成本定为每千瓦装机容量1 100美元，而安然-道明公司每千瓦装机容量的成本只有300美元。电力销售合同的价格如此之高，以至于电厂按3.25美元/百万英热单位的价格（外加6%的年增幅）（从安然石油天然气公司那里）购买天然气仍有利润可赚（而且还能提供意外之财），而当时的天然气现货价格平均低于2.00美元/百万英热单位。

与监管机构本来可能会要求的相比，这笔天然气交易堪称是一次"本垒打"，因为电力合同的价格是依据与建造高效热电厂成本挂钩的避免成本来确定的。届时，天然气采购价格必须在距离现货市场较近的地方确定。但得州公用事业公司并不在乎这些，因为在公共事业监管下，它的利润是建立在费率基础上的，而天然气成本由缴费人负担。与自由市场企业不同的是，这个特许经营垄断者没有动机使成本和收入之间的差额最大化。

联邦电力法在肯·莱非常需要的时候对安然公司表现得非常宽容。[1] 州监管机构也非常慷慨，支持高避免成本，从而间接抬高了长期供气合同的天然气价格。这是好事，至少在1984—1989年《公共事业政策法案》实施的全盛时期以及受此法约束的公用事业公司的低谷时期是这样。

1989年10月，安然公司以每股18.75美元的价格发行了占安然石油天然气公司估值16%的股份。这次首次公募发行150万股，每股定价为18.75美元，以"EOG"为代码在纽约证券交易所挂牌交易。安然公司通过这次公募总共净集资2.02亿美元，安然公司拥有的安然石油天然气公司的剩余权益加上后者积欠母公司的债务，使安然公司资产负债表上出现了价值16亿美元的资产。

福莱斯特·霍格伦德在与得克萨斯市签订的那份特殊供气合同的帮助下创造了大量的企业价值，从而帮助肯·莱和安然公司走出了困境，而安然公司也会因此而变得更好。到了年底，这只股票的价格比发行价上涨了1/3，从而赋予安然公司20亿美元的资产，就相当于安然公司股票上涨到了40美元，剩下的每股17美元就是安然公司旗下管道运输公司、气液资产、热电项目权益以及新建的营销事业部的价值。但这种拖累远非缺乏理性，而是与这些宝贵资产相关的债

---

[1] 关于《公用事业管理政策法案》，请参阅：Internet appendix 1.5, "Public Utility Regulatory Policies Act of 1978," www.politicalcapitalism.org/Book3/Chapter1/Appendix5.html。

务负担。不管怎样,安然公司不缺乐观情绪。"很明显,"肯·莱和里奇·金德表示,"股东价值继续增长的可能性依然存在。"

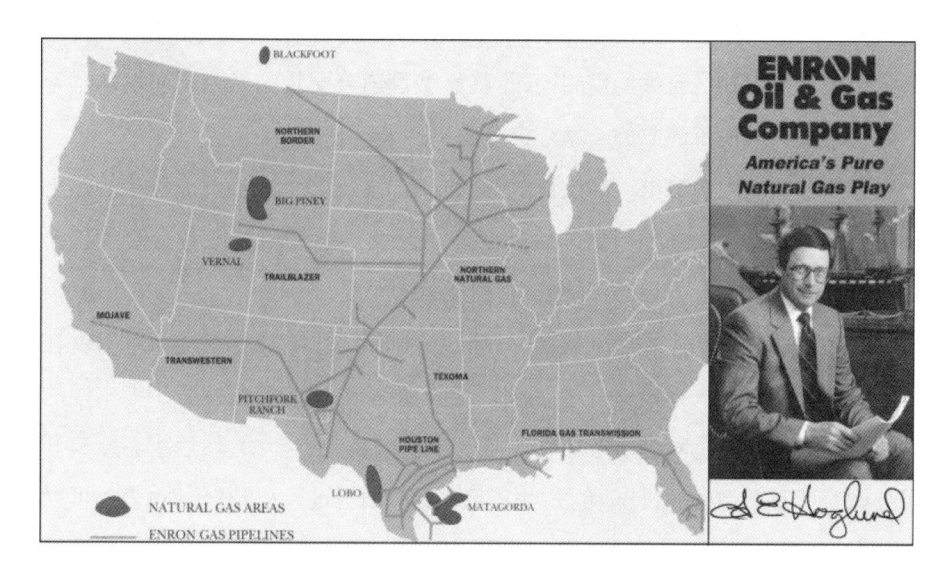

图 5.2　被广告宣传为"美国纯天然气企业"的安然石油天然气公司于 1989 年 10 月进行了首次公开募股。这家公司首次公开发行的估值是 16 亿美元,公司董事长兼首席执行官福莱斯特·霍格伦德在一个低价环境下很快就打开了局面。

安然石油天然气公司的首次公开发行是在天然气价格不配合的情况下完成的——至少现货市场的价格就是这样。安然石油天然气公司谋求做价格高于现货价格的长期交易,而肯·莱在后来的几年里则成了反对天然气"非理性低价"的代言人。[1]

重新致力于热电联产

在技术进步、天然气价格低廉以及联邦法律的推动下,热电联产成了一项令人兴奋的新业务。有一部联邦法律要求公用事业电力公司优先与具备资格的热电项目独立开发商签订合同。肯·莱对热电项目的关心可追溯到他在特兰斯科能源公司任职时,他在休斯敦天然气公司首席执行官的任上,从通用电气公司杰克·韦尔奇那里挖来了约翰·温和罗伯特·凯利,然后就进入了这个行业。

---

[1] 请参阅第七章。

安然公司位于得州墨西哥湾沿岸的工业带附近,这里有一个顶级热电市场。安然公司作为一家天然气管道运输企业,正在为热电联产开辟另一个重要市场——加州中部用蒸汽提高原油采收率的热电市场。加州中部是新组建的莫哈韦管道公司拟建输气管线的目的地,而莫哈韦管道公司是安然公司和埃尔帕索天然气公司共同投资建立的一家合资企业。[1]

安然公司在河口热电厂的投资做得很成功。肯·莱希望有一个稳定的热电项目,但在与联合北方公司合并后就把公司开发热电项目的任务交给了霍华德·霍克斯掌管的北方自然资源公司,由此惹恼了温。

在短暂的热电联产发展全盛期——得克萨斯市项目("北方热电一期")就在其间获得批准并投入建设——过后,北方自然资源公司的情况发生了根本性的变化。这个位于奥马哈的事业部发现自己正从增长走向萎缩,然后霍克斯离开了公司。莱重新请回温,让他负责为得克萨斯市项目进行(资产负债)表外再融资,安然公司取得了这个项目的全部所有权(最初是50%),目的是要完成装机容量377兆瓦的清湖项目,并且结束新泽西州的热电项目。

约翰·温可能是一匹性烈难驯的野马,但他才华横溢,而且是安然公司需要的那种人才,或者至少是在合同约束下可以驾驭的那种人。并不是任何人都能胜任来钱快的热电项目,尤其是在必须搞定很多合同才能做到项目自筹资金的情况下(安然公司的资产负债状况十分疲软,因此急需做成这类项目)。

利用最新技术建造和经营热电厂需要专业技术知识和精细化的应急管理技能。热电项目可能是能源企业可利用的股权收益率(ROE)最高的赚钱机会,这种项目的税前回报率可达到18%~20%,但前提是要把项目做好。随着公用事业公司和监管机构收紧有关热电联产的规定,热电产业的竞争变得越来越激烈。

约翰·温站在哪一边,哪一边形势就会大有好转,联合北方公司在1985年与休斯敦天然气公司进行合并谈判时就发现了这一点。安然公司在一年后也发现了这一点,因为它在新泽西州贝永投资了一座斥资1.2亿美元、装机容量165兆瓦的电厂,并要在谈判桌上解决这个项目42%投资的资金问题。温代表开发商参加了这个项目谈判,由此获得了1%的代理佣金,并且就此金盆洗手——并

---

[1] 莫哈韦项目通过横贯西部管道公司和埃尔帕索管道公司把天然气输送到位于加州中部克恩县的重油油田,后来成为一个竞争性项目的组成部分,并于1992年作为输气容量110亿立方英尺/日的克恩—莫哈韦输气管线项目投入使用。

不是说这项投资对安然公司不利,而是非常有利,但这个项目本可以并且应该做得更好。

新成立的安然热电公司与热电技术公司这家由罗伯特·迈克奈尔控股、新近暴发的私人公司就这个项目达成了协议。协议规定,项目投产后,80%的利润归主要股权投资方安然公司,但如果项目的股权收益率达到23%,那么双方就平分利润。后来双方又进行了一次利润分成比例调整:如果项目收益率达到30%,那么就按15∶85的比例(热电技术公司拿85%)分成。

图5.3 新泽西州贝永热电厂是罗伯特·迈克奈尔的热电技术公司投资兴建的第一个热电联产项目。10年后,热电技术公司在贝永和附近的两家热电厂连同债务以11亿美元的价格卖给了安然公司,从而使迈克奈尔能够成立美国橄榄球联盟球队——休斯敦得克萨斯人队。

1988年9月,贝永热电项目投入使用,收益率很快就达到并超过了合同规定的几个利润分成比例的阈值,而迈克奈尔和热电技术公司由此大赚了数千万美元。那么,怎么会发生如此不寻常的事情的呢?

迈克奈尔和温通过与通用电气公司——项目主承包商和涡轮机供应商——的密切合作使热电厂提前投入使用,而且建设费用也低于预算。但这仅仅是一个不同寻常的奇迹的开端。就在这个项目竣工之际,联邦政府出台了一项投资税收抵免法规,从而使这个项目的收益率提高了10%。同一法规中的加速折旧规定进一步保护这个项目的利润不受所得税的影响。真应该感谢政治资本主义!

关于风险与回报的第四个因素,对于迈克奈尔和他的其他私人投资者(包括温),可以说是皆大欢喜。由于预计天然气价格会上涨,主要电力采购商泽西中央电力照明公司要求热电技术公司签订能反映截至1985年天然气固定价格价差的电力销售合同。

如果不能通过天然气远期市场来锁定天然气价格,迈克奈尔就无法有效对冲因签订电力销售合同而要承担的敞口风险。与此同时,泽西中央电力照明公司并不会受价格(下跌)风险的影响,因为它签订电力购买合同得到了州监管机构的批准。迈克奈尔的热电技术公司更倾向于采用浮动电价,这样可以根据天然气市价采购合同的价差来确定电价。事实上,在电力买家的坚持下,迈克奈尔把重注压在了天然气价格的未来走势上。

泽西中央电力照明公司压错了赌注——而且是大错特错。1986年,天然气价格非但没有上涨,反而是大幅下跌,并且一直保持在低位。贝永热电项目投产后,利润率比预期的高出1/3,而现货天然气采购量则远低于1985年的水平。[1] 20世纪90年代天然气价格持续低迷,可能会增加迈克奈尔的胜算,也会增加垄断公用事业公司客户的损失,因为作为客户的代理人,这家公司压错了赌注。

总而言之,贝永热电项目在2年内达到了23%的收益率,在3年内实现了30%的收益率,使得热电技术公司在热电厂剩余寿命里可获得85%的利润。迈克奈尔对这个项目投入了血汗资本和数百万美元的开发费用,而安然公司则投入了1 400万美元,但迈克奈尔每个月从这个项目可赚到的钱比肯·莱作为安然公司首席执行官一年赚到的钱还要多。

---

[1] "我们怕得要死,"迈克奈尔回忆说,"于是,我们就把这些数字都算了出来,看看1986年天然气价格要涨到多高,才能把我们的利润全部蒸发掉……所以,他们真的想占我们的便宜。事实证明,1985年,每立方英尺的天然气交付价是4.20美元,后来下降到了3.00美元。因此,我们的利润率增加了30%~35%。"

第五章
复苏：1988—1989年

"你赚了这么多钱！"肯对鲍勃抱怨道。不过，安然公司从这个项目中也获得了可观的回报。虽然温和迈克奈尔"打败"了莱和塞德尔——以及夹在中间的罗伯特·凯利(他现在主管安然热电公司)，但交易就是交易。

热电技术公司不久就成了美国的顶尖电力项目独立开发商之一。1999年，这家公司把自己的主要资产卖给了安然公司(迈克奈尔要的是现金，而不是股票)，于是让迈克奈尔成了休斯敦最富有的人之一，并且有钱为他的家乡买下一支橄榄球队——这笔交易也因为纳税人出钱新建了一个橄榄球场而成为可能，而这个橄榄球场在很大程度上是肯·莱和安然公司在几年前大力游说的结果。[1]

1988年年初，罗伯特·凯利跟随温离开了安然公司。同年，道明公司(由于瓦尔哈拉石油交易亏损，不得不出售公司一半的股权)的戴维·海文里奇(David Heavenridge)出任安然-道明热电公司的首席执行官。凯利和温在休斯敦北面的伍德兰兹成立了温氏集团(Wing Group)，为安然公司和其他企业的客户提供咨询服务。

海文里奇在休斯敦经营的业务没有做成交易，并没有项目破土动工，只管理着安然公司在4家装机容量为1 000兆瓦的电厂的权益。[2] 其他一些热电公司——热电技术公司、梅森能源公司(即南加州爱迪生公司)甚至还有总部位于奥马哈的安然公司前高管霍华德·霍克斯旗下的特纳斯卡能源公司——更加活跃，并且宣布了一些项目。

由于海文里奇的高压式管理引发了异议，因此，肯·莱与温签订了第5份长期(5年)合同(4年内签了5份长期合同)。温答应签订这份合同，但仍以安然公司咨询顾问——而不是雇员——的身份。

1989年年初，安然公司成立了第二家热电子公司安然电力公司(Enron Power Corporation, EPC)，这家公司与安然公司在安然-道明热电公司持有的一半股权没有关系，这次采用的是被动投资方式。安然-道明热电公司已经成为过去，而独资的安然电力公司则关乎安然公司的未来。约翰·温担任安然电力公

---

〔1〕关于安然公司在用公共资金建造体育场馆的公投中所起的作用，请参阅第十五章。
〔2〕安然公司的热电资产有装机容量3.5兆瓦的河口热电厂34%的股权、得克萨斯市装机容量4.5兆瓦热电厂的全部股权、新泽西州装机容量1.65兆瓦的贝永热电厂(1987年)42%的股权以及装机容量3.77兆瓦的清湖热电厂的全部股权。

司的董事长、罗伯特·凯利担任公司总裁,安然电力公司已经超出了伍德兰兹的地界(根据温新签的合同,他的办公室距离他的主要住所伍德兰兹不得超过25英里,但安然大厦距离伍德兰兹有30多英里)。与此同时,温氏集团继续涉足非安然公司的业务领域。

美国热电产业的发展速度已经大大放缓,安然热电公司与安然-道明热电公司正在筹划的国内热电项目在谈判阶段就陷入了僵局。安然电力公司必须走向国际,特别是打入英国市场才能找到新的发展机会。与此同时,利用新技术降低英国经济增长所依赖的燃煤电价的时机已经成熟。

———

玛格丽特·撒切尔当时正在英国推行电力行业私有化,并且在其他行业实行自由化。与此同时,英国在北海发现了新的天然气田。对于安然公司这样的闯入者来说,改变局面的前景看上去非常值得关注。但与美国市场相比,英国市场要求签订背靠背合同,以便让各相关方——天然气卖家、蒸汽和电力买家以及项目开发商——都能成为赢家。

安然电力公司为此进行了重组。重组后,温担任董事长,在他下面担任总裁兼首席执行官的是现在已经拥有哈佛商学院工商管理硕士学位的丽贝卡·马克,而罗伯特·凯利则被任命为安然电力公司英国公司(Enron Power UK)的董事长。

1988年年底,温和凯利在伦敦希思罗机场与帝国化学工业公司(Imperial Chemical Industries,ICI)这个蒸汽和电力的主要消费者的两名高管会谈,于是就诞生了一家后来拥有世界最大燃气热电厂的公司。安然电力公司的电子表格显示,按照北海天然气的各种价格方案,帝国化学工业公司新建的最先进的热电厂能为其节省大量的成本。不过,安然公司无法买到北海的天然气,而帝国化学工业公司有合法的手段来打破英国天然气公司的垄断——而且,考虑到将来有可能买到比较便宜的蒸汽和电力,帝国化学工业公司也有这样做的动机。

这个拟建项目规模很大——比美国任何类似的已建项目的规模都要大。为建造一个新的北海钻井平台融资成本很高;必须降低天然气成本才能提供购买合同所要求的节约;必须找到除帝国化学工业公司以外的客户,才能使这个项目可行。在英国重组后的电力市场上,由几个发电商发电卖给十几个供电商的旧体制正让位于一种新的独立签约电力供销体制。

温和凯利想做的这个新项目正好可以利用英国公共政策的变革,新的公共政策允许自利的买家和卖家进行交叉交易。安然电力公司与英国一个由5家公用事业公司组成的财团签署了一份供电量超过帝国化学工业公司购电量1倍多的合同。

天然气供应在当时成了这个项目的关键。凯利同时与阿莫科公司[Amoco,常丰—罗蒙德油气田(Everest-Lomond Field)]、挪威国家石油公司[Statoil,斯莱普内尔油气田(Sleipner Field)]、英国石油公司旗下的马拉松公司[Marathon-BP,布莱油气田(Bray Field)]和菲利普公司[Phillips,J块油田(J-Block Field)]进行了谈判。随着谈判的推进,安然公司于1989年2月签署了一份意向书,拟在英格兰蒂赛德镇(Teesside)附近建造一家装机容量1750兆瓦的燃气热电厂。这家世界规模最大的热电厂造价要超过10亿美元,而安然公司的净资产才16亿美元。肯·莱的鲁莽促使他再次采用掷骰子的方式,把赌注压在了能说会道的约翰·温的智慧和刚毅上。

10年后,由《公用事业管理政策法案》推动的独立电力市场占美国新发电量的30%,而1984年这个比例仅为5%。安然公司已经进入这个市场,安然公司1989年的年报在介绍安然电力公司时称,"凭借天然气联合循环和热电联产技术成为美国最大的独立发电商之一"。

现在,安然公司正在把它提供内容广泛的协调服务的总体发展概念推向海外。莱为了劝说别人改变观点而声称,未来属于天然气——一种比煤炭和燃油更加便宜、清洁的替代燃料,当然也是一种比核能更加便宜的替代燃料。

天然气管道运输公司创业

安然公司正准备展翅腾飞,但天然气管道运输业务仍占其资产和收入的2/3。每年创造数亿美元的现金流是一项不小的成就。20世纪80年代,整个州际管道运输行业的股权收益率下降了一半,从大约15%下降到了7%。不过,安然公司管道运输业务的股权收益率没有遭遇这种情况,安然的州际管道运输资产(包括它在北疆管道公司的权益)的股权收益率一直保持在两位数。

吉姆·罗杰斯在1986年宣布,州际管道运输"不再是一项费率基础业务"。

这是千真万确的事。为了实现联邦能源管理委员会批准的收益率，州际管道运输企业需要做的不仅仅是保持它的压缩机运行和信号灯闪烁。现在已经不是做这类投资就像持有债券的20世纪50年代和60年代，也不是财务欠收可在下一年度得到补偿的天然气短缺的70年代。

现在，天然气管道运输业务也面临收益风险，因为已经废除了无论客户是否使用天然气，收入都有保证的最低账单合同。费率设计变革允许客户在没有实际提取天然气的情况下不用承担部分固定费用。管道运输公司为改革自己与天然气生产商签订的不取照付合同而承担的费用，并不能依法甚至采取经济手段自动通过费率转嫁给客户。管道运输公司自己不得不承担部分"不取照付"成本——把这些成本降到最低水平的一个令人信服的理由。

总而言之，无论是通过增收还是节支，管道运输公司都必须尽自己的可能来创造收益。为了最大限度地提高输气管道的吞吐量，管道运输公司必须通过提供一系列天然气销售和输送选项来讨好客户。管道运输公司必须具有竞争力，才能以低于燃油成本的价格向能够使用油气燃料的客户交付天然气——在某些情况下，还要帮助客户保持业务。

安然公司处于很有利的位置，它的轮毂—辐条式输气管网系统提供了规模较小或无协同效应的系统无法提供的物流机会。安然公司可以从更多的地区采购天然气，而巴梅尔储气库的天然气可以保证其管道运输网络中枢的灵活性。安然公司（旗下负责向东部地区输气的休斯敦管道公司和佛罗里达天然气输送公司、负责往西部地区输气的横贯西部管道公司以及负责往北方地区输送天然气的横贯西部管道公司和北方天然气管道公司）的输气管道在地理上的重叠允许它对野外作业进行合并。

在公司总部并不需要每家管道运输公司自己来完成传统管道运输业务的会计、行政、财务、营销、费率设计、监管事务和供应等职能工作。有些职能工作（天然气采购、配送）从1987年开始就在公司一级组织安排。甚至在这之前，横贯西部管道公司和佛罗里达天然气输送公司就已经分享管理人才。（"我们发现管理两条输气管道的成本与管理一条输气管道的成本相差并不多。"斯坦·霍顿回忆道。）不过，位于奥马哈的北方天然气管道公司为了接近客户，因此享有较多的经营自主权。

第五章
复苏：1988—1989 年

1988 年 3 月，安然公司旗下归吉姆·罗杰斯领导的各州际管道运输公司取消了总裁职务，转而实行集中化行政、财务、营销和供应、费率及监管事务管理。佛罗里达天然气输送公司前总裁霍顿被任命为安然州际管道运输集团负责营销和生产的副总裁；北方天然气管道公司过去负责监管事务的副总裁威廉·"比尔"·科德斯（William "Bill" Cordes）现在主管佛罗里达天然气输送公司、北方天然气管道公司和横贯西部管道公司的费率设计工作。

这次集中化管理改革裁掉了 90 名员工，并且把奥马哈北方天然气管道公司 140 名员工重新安排到休斯敦工作。每家州际管道运输公司虽然没有设总裁的职位，但都有一位执行副总裁负责：唐·帕森斯（Don Parsons）负责佛罗里达天然气输送公司；克拉克·史密斯负责横贯西部管道公司；而曾经推动开放—准入改革的前联邦能源管理委员会年轻俊才里克·理查德跳槽到了天然气行业，不久前就在安然公司谋到了一份工作，现在负责北方天然气管道公司。

不过，这次对各州际管道运输公司职能部门的整合也有它的局限性：联邦能源管理委员会根据每家州际管道运输公司各自的费率基础和成本分摊情况进行监管；每家州际管道运输公司都有自己的客户群。不到一年，安然公司旗下的各州际管道运输公司又恢复了总裁的职位。但不管怎样，安然公司实现了各州际管道运输公司职能部门的整合，从而也节约了成本。

安然公司在就不经济的天然气供应合同与生产商重启谈判之前，并没有坐等天然气价格上涨。肯·莱拒绝采取坐等天然气价格上涨的策略，更多是出于意气用事，而不是深思熟虑的结果。政府指示各州际管道运输公司迅速解决取气不足的问题，因为政府相信旷日持久的谈判和诉讼将产生适得其反的效果，可以通过向资金紧张的生产商提供即时流动性来节省谈判和打官司的开销。华尔街不喜欢不确定性，而是喜欢解决方案。

这种策略收到了超出预期的效果。1987 年年中，安然公司的"不取照付"应付款达到了近 12 亿美元的峰值，到 1988 年年底减少到 5.7 亿美元，一年后又减少到了 1.6 亿美元。[1] 安然公司占全国天然气市场的份额是 14%，它的总敞

---

[1] 据后来估计，"不取照付"应付款是 1 亿～1.5 亿美元，部分是由佛罗里达天然气输送公司在 1990 年 8 月成为开放—准入输气商后产生的新的"不取照付"应付款。但到了 1992 年，安然公司报告称，"不取照付"项下的敞口风险"并不是很大"。年报没有披露按年度或总额计算的实际偿还额。

口风险从未超过州际天然气行业账单的5%。与此同时,特兰斯科能源公司却受到了"不取照付"应付款的困扰,其这项在1987年为6.88亿美元的支出,及至不胜其扰的乔治·斯洛克姆辞职时已经超过11亿美元,而且还有数亿美元的催讨款没有偿还。[1]

虽然在特兰斯科能源公司任职时的肯·莱曾寻求通过立法途径来解决"不取照付"这个大问题,但在安然公司任职的肯·莱却倾向于通过自救来解决这个较小的问题。这完全是一个关于竞争地位,而不是自由市场理念的问题。

―――――――

《天然气周刊》把安然公司负责州际管道运输业务的人描述为"有远见卓识的天然气营销传教士和安然公司的天才高管"。吉姆·罗杰斯——早在1986年就宣称"我们都能适应乱象"——不得不在充满不确定性的环境中快速跑步前行。考虑到用来计算允许收益率的费率基础不断下降,即使假设管道运输公司能够实现其允许收益率,要维持收益也是困难重重,更不用说要增加收益了——许多管道运输公司都无法做到。

罗杰斯从另一个方面来认识监管游戏,因为他以往曾在联邦能源管理委员会当过负责诉讼和执行的副总法律顾问。他的敢闯精神表现为:设计策略,探测甚至拓展监管边界,以提高效率和经济效益。

这个肯塔基州人还有演讲天赋,他在1985—1988年间就天然气行业中游部门的政治经济状况发表了30多次演讲。罗杰斯在一次演讲中设问为什么威猛的恐龙会惨遭灭绝,而低等的蟑螂却"家族兴旺"。安然公司这只"蟑螂"正在执行它的"复原力和改变方向的能力"——并且在天然气行业生存下来。难怪罗杰斯成了莱的得意门生,也难怪他发表讲话时,整个天然气行业及其监管机构都会侧耳倾听。

早在1986年年中横贯西部管道公司正在打加州天然气攻坚战时,罗杰斯就提出了一种新的费率设计方案,以奖励那些无论客户是否取气随时准备供应天然气的生产商。由于能购买价格更加便宜的30日可中断供应的天然气,同时又能指望有供应保障的长期天然气,因此,加州人和他们的监管机构都既有自己的蛋糕,又能把它吃掉。罗杰斯采用类比的手法说:"现货天然气非常诱人,对那些

―――――――

[1] 请参阅:Bradley, *Edison to Enron*, pp. 331, 334, 338, 347–348, 352–354, 359。

开始用它的人产生了'麻醉作用'。"[1]他认为,供应保障要求客户为随时准备提供固定合同天然气的生产商支付一笔即时供气附加费,这是一笔与天然气可变成本分开的固定月费。这笔支付给生产商的月费可以减轻管道运输公司必须负担的"不取照付"成本。

第二年,联邦能源管理委员会发布了第500号令,其中有一项准许收取天然气库存费(gas inventory charge,GIC)的条款——差不多就是罗杰斯心里想的东西。横贯西部管道公司率先执行天然气库存费计划——一项很能反映罗杰斯麾下管道运输公司特点的把想法付诸实施的计划。但是,客户选择不买管道运输天然气,而是选择使用(比较便宜的)现货天然气,从而避免支付天然气库存费。

安然公司旗下的州际管道运输公司是市场和监管的引领者,就像肯·莱领导下的特兰斯科能源公司。1989年,横贯西部管道公司就成了联邦能源管理委员会构建的开放—准入世界里第一家只经营州际管道运输业务的公司。由于实行天然气销售和输送分业制,因此,实际废除了已实行几十年的混业经营义务。本书第三章所介绍的天然气库存费和已购天然气灵活调整条款,都是安然公司的主意。北方天然气管道公司是第一家全面获准销售系统外天然气的州际管道运输公司,与横贯西部管道公司一样,也是在1986年最早实施开放—准入的管道运输公司之一。

吉姆·罗杰斯建议,北方天然气管道公司在(平均)服务成本的约束下采取季节(月度)定价法来确定最高价格。"管道运输运营商里克·理查德正在制作一个更好的'捕鼠器',"约翰·詹瑞奇在《天然气周刊》上评论说,"他希望在天然气供应规划和定价方面获得更多的确定性。"

当时在安然公司地位仅次于莱的二号人物米克·塞德尔也加入了吉姆·罗杰斯的行列,要求联邦能源管理委员会减少监管,主张多让市场力量发挥作用。市场和监管改革正在重塑天然气行业,但《天然气法案》规定的"从摇篮到坟墓"式的监管起到了抑制作用,并且对于管道运输公司不公平。

"我们安然公司支持放松对天然气行业的监管并简化这个行业的运营方式,"塞德尔在休斯敦举行的剑桥能源研究协会(Cambridge Energy Research

---

[1] "加州消费者一直生活在谎言中。"罗杰斯补充说。罗杰斯所说的谎言是指加州公用事业委员会的费率设计政策,因为这项政策迫使加州电厂和天然气工业买家补贴天然气家庭和商业用户。事实上,这种交叉补贴产生了意想不到的后果,减少了非核心客户对天然气的需求,从而让核心客户承担更多的费用。

Associates, CERA)[1]的年会上发言说,"我们坚信,随着时间的推移,亚当·斯密所说的'看不见的手'可以比联邦监管机构最深思熟虑和最善意的努力更加有效甚至高效地保护天然气消费者的利益。"

事实上,从常规的报批到下达正式的费率方案批文,整个天然气行业都忙于应付与监管相关的事务。"文案工作的'英热单位值'现在超过了天然气的'英热单位值'。"一个好议论者在说到联邦能源管理委员会第500号令时抱怨说。输气管道扩建进展缓慢,在联邦能源管理委员会积压的待处理认证申请中,部分申请案的管线扩建造价总计140亿美元,输气能力180亿立方英尺/日——安然公司输气能力的数倍。

但不管怎样,安然公司并没有推动一个真正放松监管的市场的出现。经济监管委员会——安然公司的理查德在以联邦能源管理委员会专员的身份协助起草第436号令时是其咨询小组成员——报告称,"监管是为了公共利益,因为它往往能在竞争激烈的环境中保护天然气管道运输公司不受敞口风险的侵扰,从而促进稳定、降低资本成本并让用户受益。如果放松管制,那么,天然气管道运输业的规模经济就会导致竞争性市场准入,操纵市场力量,并有可能引发掠夺性定价,最终导致兼并"。

这就是所谓的自然垄断的监管例子,从芝加哥爱迪生公司(Chicago Edison)的塞缪尔·英萨尔所拥护的自然垄断到一个世纪前的电力行业,几乎没有发生什么变化。但几年后,肯·莱在华盛顿特区卡托研究所所做的一次演讲驳斥了这种公共事业监管的例子。[2]

但就目前而言,人们寻求的是监管平衡。安然州际管道运输公司(Enron Interstate)监管与竞争分析部主管彼得·威尔特(Peter Wilt)曾在行业会议上多次抱怨联邦能源管理委员会采用"供应可获得性的双重观"(dual approach to supply availability)——一边是监管,另一边是自由市场力量。威尔特和安然公司赞成放松管制,只要管道运输公司为公用事业提供服务能获得公允价值。全美州际天然气协会管道运输企业分会的政策负责人同样呼吁成立一个"市场反

---

[1] 能源行业咨询组织剑桥能源研究协会由丹尼尔·耶金(Daniel Yergin)和詹姆斯·罗森菲尔德(James Rosenfield)在1983年创立。该协会在休斯敦召开的旗舰会议得到了肯·莱的大力支持。

[2] 关于电力行业和天然气行业监管的源头,请参阅:Bradley, *Edison to Enron*, pp. 500–515;关于莱的态度的转变,请参阅第十章。

第五章
复苏：1988—1989年

应委员会"。事实上,联邦能源管理委员会对一个市场反应性行业提出的建议采取了一种"有罪推定"的做法。

在一个顽固的买方市场上,管道运输公司背负着"不取照付"的责任和提供公共服务的义务,而它们的客户则单方面接到行政命令,可以采购比较便宜的非传统供应品。塞德尔抱怨称,法令和市场的"不均衡组合"需要更多的市场来加以平衡。为了摆脱包括几十年来首次取消井口价格管制在内的既往监管割据的局面,应该采取一种双边的监管减轻观。

1988年第四季度,(年仅41岁的)罗杰斯被中西部地区一家陷入困境的电力公司——印第安纳公共服务公司——从安然公司挖走。这家公司急需对主要以煤炭为燃料的发电资产进行现代化,但由于一个核电项目遭遇失败而暂停了派息,而且在监管问题上保持中立。随和的罗杰斯只是个能为州和联邦监管机构、公司客户和投资者带来新思维和紧迫感的领导者。印第安纳公共服务公司的董事会认为,天然气行业的动荡状况是为此目的进行培训的好机会。

在随后几年里,罗杰斯在新的工作岗位上扭转了公司的局面。但由于他的公司的资产受到严格的费率基础监管,因此基本上不可能出现财务"本垒打"的状况。在印第安纳公共服务公司任职期间,罗杰斯先于他的电力业同行接受全球气候变暖问题和电力行业推行的强制性开放—准入计划,并且实施肯·莱在安然公司采用的政治资本主义模式。[1]

时年36岁的罗恩·伯恩斯接替罗杰斯管理安然州际天然气管道运输集团。当年,除了初涉费率和监管事务并在天然气输送和销售方面实践经验丰富的伯恩斯以外,吉姆·罗杰斯在州际天然气管道运输集团独当一面。伯恩斯富有感染力的"敢做敢当"精神使他成为一名优秀的领导人,这也得益于他那全体美国人都羡慕的身材和外表。在塞德尔、丁斯特比尔和罗杰斯离开安然公司以后,伯恩斯就向里奇·金德汇报工作,而金德现在是安然公司的副董事长和管道运输集团的总裁。

向伯恩斯汇报工作的是来自非监管天然气业务部门的杰拉德·班尼特,他现在也是安然公司的资深员工,负责休斯敦管道公司和安然天然气营销公司。伯恩斯手下管道运输公司的总裁有(佛罗里达天然气输送公司的)斯坦·霍顿、

---

[1] 关于罗杰斯离开安然公司后的职业生涯的介绍,请参阅第七章。

(北方天然气管道公司的)里克·理查德和(横贯西部管道公司的)特里·索恩。[1]

特别是霍顿,他是安然公司的后起之秀,后来成为安然公司输气管道部门的最高主管。1984年末,肯·莱和休斯敦天然气公司有关部门打电话给他时,霍顿还在佛罗里达天然气输送公司负责监管事务,当时正坐飞机去帮助横贯西部管道公司。现在,他自己在掌管管道运输集团——这在短短的4年前几乎是他想都不敢想的事情。

奥利弗·"里克"·理查德是一个才华横溢、性格阳光的人,他曾是联邦能源管理委员会历史上最年轻的专员(1982—1985年),领导过州际天然气行业监管重组的工作。他从该委员会辞职后,当上了天纳克能源公司天然气营销部门的总法律顾问。1987年年初,他加盟安然公司出任负责监管和竞争分析的副总裁。理查德是罗杰斯聘用的,他在1991年之前一直掌管北方天然气管道公司,后来先后出任新泽西州资源公司(New Jersey Resources)和哥伦比亚天然气系统公司(Columbia Gas System)[后来的哥伦比亚天然气集团(Columbia Gas Group)]的首席执行官。

特里·索恩曾是休斯敦天然气公司驻华盛顿的说客,他敏锐的商业头脑使他在1987年从罗斯·沃克曼手中接管了安然公司旗下的莫哈韦管道公司。索恩的博士和学术生涯计划止步于博士论文准备阶段。索恩是一位聪明、有党派倾向的民主党人,也是一位高效、讨人喜欢的上司。

1988年8月,索恩当上了横贯西部管道公司的总裁。差不多一年后,在南加州燃气公司决定在其天然气采购长期合同项下选择零采购,而选择购买比管道运输天然气便宜的天然气后,横贯西部管道公司就成了美国第一家只做州际输气业务的公司。营销公司每月卖给南加州燃气公司和加州其他客户的天然气,再加上按所需输气费率打折供应的天然气,使得横贯西部管道公司始终能够保持满负荷运营。横贯西部管道公司充当天然气买家和卖家的日子已经结束,但鉴于费率方案设计合理,再加上加州天然气需求不断增加,因此,横贯西部管

---

[1] 克拉克·史密斯被沿海天然气营销公司——在沿海天然气公司的地位就相当于安然天然气营销公司在安然公司的地位——录用后,索恩接替了史密斯的工作。有关奥斯卡·怀亚特多元化能源公司的背景,请参阅:Bradley, *Edison to Enron*, pp. 470–475。

道公司的收入还算不错。[1]

安然公司旗下的州际管道运输公司都在扩建自己的输气管道。佛罗里达天然气输送公司的第一期扩建工程(公司成立25年来第一次扩建)于1987年投产,并计划进行第二期增加1亿立方英尺/日输气容量的扩建工程(将于1991年投产)。[2] 在经历了1986年的萧条之后,横贯西部管道公司输往加州的天然气有所回升,最高运价折扣也有所下降。1989年11月,横贯西部管道公司宣布将斥资1.53亿美元扩建通往加州的输气干线以增加3.2亿立方英尺/日的输气容量,这是其成立20多年来首次增加输气容量。与此同时,北方天然气管道公司也明智地在扩大输气容量;而中西部诸州不同于佛罗里达州或加利福尼亚州,这也是联合北方公司在1985年收购休斯敦天然气公司的原因之一。

莫哈韦输气管道是一条旨在通过横贯西部管道公司和埃尔帕索管道运输公司的输气管线,把天然气输往加州中部采用提高采收率法的采油厂的拟建州际天然气输送管道,要途经两个监管机构——友好的联邦能源管理委员会和固执的加州公用事业委员会——监管的辖区。南加州燃气公司这家美国最大的配气公司有史以来第一次遇到天然气输送管线要绕道它的运营地盘的问题,也强烈反对新供气商进入它的地盘。说到开放—准入,南加州燃气公司只想索取,但不想给予。

《能源日报》(*Energy Daily*)的一篇文章标题为:《南加州燃气公司变成环保者,与竞争对手管道运输公司展开斗争》。文章称:"[南加州燃气公司]加入了塞拉俱乐部(Sierra Club)和地球之友(Friends of The Earth)等组织,这是一个有点新奇的转折,它现在开始支持救助濒危沙漠龟和圣华金狐。"利润追逐者的这种环保机会主义在未来几年将由新奇变为司空见惯,因为加州的公用事业公司将通过州和联邦绿色能源计划来寻租。[3]

但结果是,为了向加州中部地区输气,在经过7年的努力和由监管原因造成

---

〔1〕关于横贯西部管道公司为了规避联邦能源管理委员会根据服务成本监管条例制定的利润上限而实施的市场适应型创新,请参阅:Internet appendix 5.1, "Transwestern vs. FERC's Cost-based Regulation," www.politicalcapitalism.org/Book3/Chapter5/Appendix1.html.
〔2〕关于佛罗里达天然气输送公司的历史,请参阅:Bradley, *Edison to Enron*, chapter 8;关于这家公司1996年以后的发展,请参阅第六章和第十章。
〔3〕请参阅第十五章。

的推迟以后,莫哈韦项目后来与另一个扩建项目合并,并于1992年竣工投入使用。安然公司在第二年把一半的股权卖给了埃尔帕索天然气公司。[1]

在美国天然气行业萧条的1986年,安然公司全年只输送了略多于2万亿立方英尺的天然气,占全美市场份额的14%;而到了1989年,安然公司的输气管道总共输送了近3万亿立方英尺的天然气,占全美天然气输送总量的17.5%。是大量的创新和努力促成了这一进步,除此之外,安然天然气管道运输集团运营费用下降了1/3(从1986年的0.36美元/百万英热单位下降到了1989年的0.24美元/百万英热单位),从而帮助安然公司击败燃油发电商和外购动力者赢得了市场。

安然公司旗下的各管道运输公司正在通过谈判摆脱它们与生产商签订的合同的束缚,但这并不意味着它们不需要气源。即使与其他气商做天然气交易,也需要把天然气从气井输入管道与输气管道进行物理连接——否则,无论终端用户的需求有多大,输气量都会不足。

1987年,安然州际管道运输集团内部成立了安然天然气供应公司,专门负责全公司的天然气采购,这也是行业首创。安然天然气供应公司1988年的目标是向安然公司旗下的各管道运输公司供应4亿立方英尺/日的天然气。到这一年年底,这家公司就实现了这个目标,而且还多供应了50%。克劳德·穆伦多出任这家公司的总裁,他向杰拉尔德·班纳特汇报工作。杰拉尔德·班纳特是新成立的控股公司安然天然气服务公司的总裁,这家控股公司也持有安然天然气营销公司的股份。[2]

多亏了不断进步的技术,低价格并没有阻碍天然气供应。发现率的提高、钻井完井技术的改善以及管理效率的提升,这一切都允许消费者得到更多并付出较少。安然公司1989年的年报总结称:"美国的天然气资源基础雄厚,可以合理的价格开采,在发电方面具有与替代燃料竞争的能力。"事实上,正如安然公司在它出的期刊《安然展望》中所说的那样,牛气冲天的安然对资源持乐观态度是正确的——而且是有它的正当理由的。[3]

---

[1] 请参阅第六章。
[2] 1988年,安然天然气供应公司与两家挪威的天然气公司就液化天然气交易的问题进行了谈判,但由于无法解决资本投资的问题而没有谈成。
[3] 请参阅导言。

狠抓天然气营销不放

美国联邦政府推行的开放—准入规则正在改变天然气批发业务的一个关键部分。在此之前,州际天然气管道运输企业无法通过购买井口天然气来赚取利润。在取消(受监管的)管道运输企业的商业职能以后,现在独立的天然气营销公司可以通过买卖天然气来盈利。因此,就如本书第二章和第三章所述,美国天然气行业出现了一个全新的创业元素。

1986 年 8 月,约翰·埃斯林格离开特兰斯科能源公司,加盟安然天然气营销公司。自此,安然天然气营销公司度过了多事但卓有成效的几年。"我们基本上是从零开始的,"艾斯林格回忆道,"我认为,以一种不同于传统的营销方式营销就会有很多机会可以利用",包括让市场摆脱单纯依靠天然气现货(30 天)的"愚蠢"想法。

埃斯林格表示,安然天然气营销公司的核心业务是利用其"物流、规模、范围"和"(拥有)与任何公司一样多的市场知识"等优势来赚取买卖利润。巨大的巴梅尔储气库(属于休斯敦管道公司)赋予安然天然气营销公司以灵活性。安然天然气营销公司实施的战略性输能采购为提高利润率提供了杠杆手段。安然资本与贸易资源公司公平交易的声誉——即使在联邦能源管理委员会要求公平交易之前,安然公司旗下的各管道运输公司也确实距此不远,对于生产商、终端用户和监管机构各相关方都非常重要。[1]

天然气交易的报价周(Bid Week)是每个月的重要时刻。在每月月底前后的3～5 个工作日里,安然公司的交易员都忙着通过电话从这里买进、在那里卖出,从中赚取净利润。开始时,每个交易员在自己的办公室里交易,但很快就决定在一间大会议室里搭建一个约有 16 张办公桌大小的交易平台,让沟通变得容易许多。在每个月的其他时间里,这间交易室里空无一人。

那么,每百万英热单位的天然气交易能赚到多少利润呢?当时,除了安然公司内部几个经过精心挑选的员工以外,还真没有人知道这个问题的真相。分析

---

[1] 安然天然气营销公司希望安然输气服务有很强的竞争力,但它真正努力做的事情是"在不属于我们公司的输气管线——特兰斯科能源公司、东得州管道公司、潘汉德尔管道公司[以及]所有其他管道运输企业的输气管线——上开拓市场"。

师和投资者需要了解的是成交量,而不是利润率。但现在可以告诉他们,与最终的"零售利润率"(2%~3%)相比,处于零售上游的安然天然气营销公司的利润率可达到 20%或 30%(每百万英热单位天然气的利润是 0.50~0.75 美元,而每百万英热单位天然气的价格在 2.00~3.00 美元)。

严格的交易规则限制了持仓量(做背靠背的套利交易)。安然公司的内部交易规则是瓦尔哈拉石油交易失败案(见本书第四章)的产物,但也有它欠缺的地方。艾斯林格明白:"我们根本不可能了解市场。"在有限对冲的情况下,特别是在规模较大的交易中,做空(出售尚未持有或签约的天然气)或做多(购买尚未出售的天然气)对交易员来说是很可怕的事情。交易限额、技巧和一点谨慎(瓦尔哈拉事件仍然记忆犹新),或许还得加上一点运气,使得安然天然气营销公司在实物交易时代没有遭遇重大的交易亏损。

安然公司进入了肯·莱和大交易艺术时代。在扩大发电用天然气(与煤炭竞争)输能的问题没有得到解决的情况下,安然公司的天然气供应出现了短缺,它的企业信誉也岌岌可危。安然公司具有一些其竞争对手所没有的灵活性(用于短期交付的巴梅尔储气库,用于长期供应的福莱斯特·霍格伦德负责的安然石油天然气公司),但风险在于为其固定价格的销售承诺购买价格很高的天然气。在保持低位的井口价格的帮助下,安然公司在履行长期销售合同的同时实现了盈利。[1]

约翰·詹瑞奇在 1988 年指出:"天然气现在是一个营销人员多于律师的行业。"他在《天然气周刊》上撰文表示:"这并不是说,我们不需要一群'法律小猎犬'来追踪美国联邦能源管理委员会、[加拿大]国家能源委员会(National Energy Board)以及一些关键州或省级机构制定的法规的细微变化。但天然气现在是一种大宗商品——它的价格会因传言、某种突发奇想、寒潮、真实或感觉到的短缺以及竞争性燃料而波动。"

1988 年,安然天然气营销公司的销售额增长了 10%,这是它成立以来最低的年增长率。然而,这几乎是仅仅 3 年前年均销售额的 2 倍。更加利好的消息是,公司签订了期限 4~15 年、总计供气 1.64 亿立方英尺/日的合同,从而达成

---

[1] 请参阅导言和第三章。从 1990 年开始,安然天然气服务公司依靠新的策略填补了天然气长期供应的缺口,请参阅第八章。

了价格—利润率更高的协议。"我们在1988年开辟了一个天然气期货市场。"杰夫·斯基林在多年后谈到这家他先是作为咨询顾问出谋划策,后又作为安然高管掌管的子公司时回忆说。

这一年,安然公司的工作亮点是与加州最大的公用事业燃气电力公司太平洋燃气电力公司签订了一份日供1亿立方英尺天然气的10年期协议。这些天然气经由埃尔帕索公司的输气管道输送(横贯西部管道公司的输气管道没有连接到太平洋燃气电力公司的管道)。对于肯·莱来说,这就是开放—准入规定的美好之处。按照联邦政府的有关规定,非安然公司所有的输气管道应按非歧视性费率和其他服务条款随时向安然天然气营销公司提供服务。[1] 联邦能源管理委员会推行的新制度否定了肯·莱制定的从东海岸到西海岸、从北疆到南疆的扩张战略的部分内容,但(州内)业务不受监管的休斯敦管道公司和巴梅尔储气库(现在归安然天然气营销公司掌管)成了安然公司的核心优势,而美国联邦政府在天然气州际业务领域推行的开放—准入计划则促成了安然天然气营销公司。

1988年7月,一项监管改革把安然公司的现货天然气营销项目并入了安然天然气营销公司。联邦能源管理委员会的营销附属公司规定(第497号令)要求,州际天然气管道运输企业推出它们的"放气"(现货天然气)业务。天然气输送和商品销售职能分离的规定旨在免除管道运输公司的批发商职能,因为管道运输公司履行批发商职能难免会引起利益冲突,或者在履行这种职能时提供优惠待遇,所有这些都不利于独立的天然气营销商。换句话说,联邦能源管理委员会第497号令是一项从其第436号令和第500号令发展而来的监管规定,反映了一项新的监管规定解决之前监管规定的缺点和不足的干预累积过程。[2]

根据联邦能源管理委员会第497号令,安然公司就把它旗下(横贯西部管道公司)的太平洋-大西洋营销公司、(北方天然气管道公司的)北方天然气营销公司和(休斯敦天然气管道公司的)潘汉德尔天然气公司合并为安然天然气营销公司。任何员工不得同时为受监管的("辖区")管道运输公司和不受监管的("非辖

---

[1] 联邦能源管理委员会制定的开放—准入规则禁止管道运输公司向一些天然气营销商提供比另一些营销商优惠的条件,甚至包括管道运输公司自己的附属营销商。例如,安然公司旗下的管道运输公司不能歧视非安然天然气营销公司而偏袒安然天然气营销公司,尽管安然公司这样做能够从中受益。同样,其他州际管道运输公司与营销子公司(如沿海管道公司及其营销子公司)也不能歧视安然天然气营销公司。

[2] 请参阅:Bradley, *Edison to Enron*, pp. 493—498。

区")天然气营销公司工作。这两者之间不得传递任何特殊信息,违者依法惩处。州际市场的开放——准入制并不是一种自由市场制度,而是一种联邦能源管理委员会为了改变公用事业监管前一种用途而规定的制度。虽然肯·莱对这种制度进行了简化,但它并不是一种旨在解除管制的制度。它是一种"半奴隶、半自由"的制度:天然气输送受到监管,天然气销售不受监管,而这两个一度合并在一起的职能之间的互动也受到监管。[1]

到了20世纪80年代末,安然天然气营销公司已经成了名副其实的利润中心,抵消了安然公司因其旗下三家州际天然气管道运输企业退出批发商(买卖)业务所承担的"不取照付"合同条款造成的成本。在联邦能源管理委员会为了提高天然气独立营销商的竞争力而推出新举措——其中包括1988年允许从州际天然气管道运输企业那里购买过剩输气容量[即所谓的"容量经纪"(capacity brokering)]——以后,前景一片光明。

虽然安然天然气营销公司的业务因联邦能源管理委员会发布了针对州际天然气管道运输企业的第436号令以及终端用户开始执行价格有保证的长期合同而快速增长,但一个重要的约束因素也浮出水面:生产商没有增加长期天然气供应。市场脱节迫使安然天然气营销公司通过购买短期现货天然气满足其长期固定价格交易的需要,从而要承担未对冲风险(实际上是一种奈特不确定性;关于奈特不确定性的定义,请参阅:Bradley, *Capitalism at Work*, chapter 4)。到目前为止,天然气价格一直保持平稳,甚至有所下跌。安然石油天然气公司提供了其他天然气营销商几乎享受不到的支持。不管怎样,安然天然气营销公司不能再继续玩弄这种游戏。考虑到瓦尔哈拉事件,投资者迟早会注意到安然公司日益增加的未对冲头寸,并且会对安然公司进行惩罚。

那么,安然天然气营销公司是怎样创建对冲长期期货市场的呢?在管道运输公司的"不取照付"市场崩溃以后,天然气生产商们并不急于对他们未来的产量做出承诺——尤其是在天然气价格处于历史低位的情况下。这些敢冒险的乐观者一直认为,价格反弹只需要一两年或者三年的时间。因此,安然天然气营销

---

[1] 关于联邦能源管理委员会第497号令政治意义和实质内容的深入讨论,请参阅:Internet appendix 5. 2, "Marketing Affiliate Rule," www. politicalcapitalism. org/Book3/Chapter5/Appendix2. html。

公司不能简单地购买长期固定价格天然气来反映其销售情况。

不知什么原因,安然公司不得不重组它的天然气供应部门,以便在生产商和最终用户之间创造一个充满活力、有利可图的市场。这一创新将是安然公司重组全国天然气市场的一个组成部分(详见本书第八章)。

安然天然气营销公司终于在1989年突然爆发。开放一准入世界正在走向成熟,州际管道运输公司的天然气销售业务正在不断萎缩,而全美的天然气输送管网基本上已经对外开放。安然天然气营销公司的总交易量较上一年翻了一番,达到了11.4亿立方英尺/日,而最高的日交易量达到了19亿立方英尺。

由于市场更加对外开放,并且发现了包括天然气互换在内的新交易方式,因此,现货天然气销售较上年增长了20%以上。[1]但实际情况是,安然天然气营销公司"通过创新项目和其他长期销售合同……显著提高了利润率"。1989年,安然公司的长期天然气销售同比增长了2倍,几乎达到了3亿立方英尺/日;与15个客户签署的天然气年销售合同总额超过了1 140亿立方英尺/日,其中最大的合同是与南加州燃气公司签订的2亿立方英尺/日的合同。横贯西部管道公司和其他州际天然气管道运输企业在购买天然气这种大宗商品上损失惨重(它们无法从中获利,只能承担"不取照付"责任),但它们赔掉的钱全进了安然天然气营销公司的腰包,成了后者货真价实的利润。

肯·莱的安然公司从州际管道运输公司的痛苦转型中赚到了利润。一旦就"不取照付"问题达成协议,安然公司就没有理由不从两个利润中心——而不是先前的一个利润中心——赚取更多的利润。

1989年的最后两个月是安然天然气营销公司"一生"中最好的两个月,这主要得益于一个新项目——天然气银行。这个项目的起源是得州石油天然气公司(福莱斯特·霍格伦德曾当过总裁的得州天然气管道公司的母公司)在不受监管的得州市场上专注于天然气供应。得州石油天然气公司的天然气供应部被分割成满足异质最终使用合同条款而提供服务内容、时间和方式都不同的离散单元。由于这些合同都是长期合同,因此计算相关的天然气储量和未来产能就变得至

---

〔1〕 互换交易用(由安然公司)担保价格的(衍生)金融合同取代天然气的实物销售和交付,而天然气由第三方交付。杰夫·斯基林因这一创新满足了路易斯安那州一个铝生产商的天然气需求而受到称赞,他在继3年前做成的迄今已知的首笔油气互换交易后,于1989年执行了这笔交易。

关重要。杰拉尔德·班尼特在1984年来休斯敦天然气公司就职之前就参加过这个项目。这个项目是一个全新概念的前身，后来被归功于杰夫·斯基林和安然天然气服务公司。

麦肯锡公司斯基林的任务是创建一个能把安然天然气营销公司的长期交易风险降低到比之前更加可控并可用量身定制的方法加以防范的水平的供应组合。交易规模和差异化将使安然天然气营销公司能够同时降低价格和供应风险，锁定利润率，并且实现更多的销售。

斯基林得到班尼特的支持进行的创新[1]"不亚于为所有天然气交易参与者降低风险水平而做出的第一次认真努力"。为了满足不同最终用户在时间上不同的天然气需求，必须采购大天然气包（large gas packages）并把它分成销售包（sales packages）。这些有点像可贷放并可用于投资的银行存款的供应气包，经过安然公司自己的气田工程师验证后卖给最终用户。这就是天然气银行理论，后来被斯基林说成是"纯粹的智力产物"和"世界上最有意义"的东西。

虽然这个项目合乎逻辑且取得了成功，但安然公司的保守势力最初并没有接受这种天然气银行的想法。大约在这家天然气银行的产品上市前一年，里奇·金德召开了一次会议，并听取了斯基林的想法。由吉姆·罗杰斯率领的一队跨州管道运输公司的高管参加了麦肯锡公司举行的介绍会。对于安然天然气营销公司来说，金德几个月前召开的摊牌会就是一场胜利。但问题是，安然天然气营销公司能在多大程度上并以多快的速度抢占这些管道运输公司在天然气井口和门站或燃烧器喷头之间游刃有余的市场。

斯基林的介绍出乎意料的简短——只有一张幻灯片，只用了不到半个小时。听完斯基林的介绍，会议室里一片寂静。然后，罗杰斯表示："我不得不说，这是我一生中听到的最愚蠢的想法。其他批评者也纷纷发表自己的看法，并且表示安然天然气营销公司不能也不应该负责保证可靠的天然气供应。一些短吻鳄爬回了金德认为已经干涸的沼泽。"

评审结束后，斯基林谦卑地回到了金德的办公室，但他的老板并没有感到失望。"当我听到罗杰斯说这是他听到过的最愚蠢的想法时，我就知道这正是我们必须做的事情。"金德安慰斯基林说。但实际上，金德通过这次会议和之前与斯

---

[1] 关于杰拉尔德·班尼特扮演的角色，请参阅：Internet appendix 5.3, "On the Formation of Gas Bank," www.politicalcapitalism.org/Book3/Chapter5/Appendix3.htm。

基林的讨论已经理解了这个概念。麦肯锡公司的新目标是整合安然天然气营销公司的资源,让它们发挥作用。

供应问题解决以后,金德和斯基林走访了一些重要的天然气客户。这些客户除了做出一些短期承诺外,还对利用一些已知的供应和价格数据进行多样化表示了兴趣。许多客户欣然接受由安然公司担保支持供应和价格安全的想法。在1989年的最后2个月里,安然天然气营销公司安排了3 660亿立方英尺的10年期固定价格天然气——为安然公司创造了多达2亿美元的净现值收入。这么多的利润需要由良好储气工程支持的源源不断的天然气供应以及为把天然气输送到交付地点所必需的长期输气手段——强制性开放—准入规定所允许的事情。

但是,成功也伴随着令人担忧的事情。首先,长期风险没有得到对冲。只有价格保持在低位时,利润率才会很高。其次,天然气银行的天然气濒临枯竭。几年来能源价格暴跌导致天然气井口价格处于低位、银行融资稀缺,从而限制了最终用户想要的产品的供应。市场需要新一代的供给侧产品,因而需要具有创新精神的引领者设计新的做生意的方式,并构建能够把想法转化为行动的制度架构。

1989年临近结束时,里奇·金德和肯·莱邀请杰夫·斯基林加盟安然公司。但这位年方36岁的青年才俊刚被麦肯锡公司提拔为合伙人,安然公司不可能支付相当的薪酬。安然公司是一只"林中之鸟",而不是"手中之鸟"。斯基林还没有完全准备好终止策划咨询师的职业生涯,他是世界上最具创新精神的天然气公司的外聘人员。此外,安然公司不停地委托麦肯锡公司做重组和再分析业务,因此要付给麦肯锡公司巨额咨询费。

液体燃料:有钱可赚的渐进式发展

在安然公司的主要事业部中,安然液体燃料公司的知名度最低。它不像勘采事业部那么迷人,因为勘采事业部每一次新的勘探都会带来悬念和潜在的财富。与州际天然气管道运输企业不同的是,安然液体燃料公司并没有在一个业内新闻由联邦能源管理委员会的文件和罗杰斯的讲话来制造的监管迷宫中运营。

安然液体燃料公司并不像安然天然气营销公司那样是个暴发户,它开拓了一个新的领域,并且一路走来都在创造历史。把天然气转化为乙烷、丙烷、丁烷和汽油,只能算是一件相对平常的事情;用输送管线把这些液体燃料或石油输送到中西部和西南部并进行交易。对于肯·莱来说,这项中游业务并不太令人兴奋,但它是安然公司天然气经营模式不可或缺的一部分。

安然液体燃料公司的迈克尔·穆克勒罗伊已经解聘了大部分联合北方公司的高层管理人员,包括五个事业部的总裁。他们的继任者都是在内部挖潜找到的。联合北方公司就是这样的一家公司:中层管理人员常常可以与他们的终身上司一样优秀,甚至更加优秀。[1]

最值得称道的是,安然液体燃料公司在 1986 年和 1987 年连续两年出现净亏损以后,在 1988 年创造了 5 800 万美元的息税前收入,1989 年又继续创造了 8 900 万美元的息税前收入——要占到安然公司这一年息税前总收入的 10%～15%。安然液体燃料公司能够扭亏为盈的部分原因,就是在 1988 年年底进行重组和大规模裁员。

过去,安然液体燃料公司依靠高售价实现了很高的利润率。但在低价格环境下,盈利主要依靠控制成本、提供增值服务和加大营销力度。和蔼可亲的穆克勒罗伊就是在这些方面赢得了一席之地。他喜欢寻找问题的症结,然后尽早解决问题。他能以身作则,经常到各楼层走走,与员工交谈,鼓励他们多为公司尽力,并且会奖励为公司多尽力的员工。他被手下的数千名员工看作接近完美的领导人。

肯·莱把安然公司重新定位为全球化的天然气企业,安然液体燃料公司为安然公司提供了一个实现这个定位的平台,因为它是全球第六大非政府液体燃

---

[1] 以下是安然液体燃料公司在 1985—1989 年改革和转型时期主要负责人的名单(随附穆克勒罗伊的点评):总法律顾问迈克·莫兰(Mike Moran,"在我们的任何公司里,我们从来都没有遇到过重大的法律问题");人力资源主管玛丽·艾伦·库姆(Mary Ellen Coombe,"她参与了我们每一项管理层人事变动的重大决策");安然液化天然气公司的戴夫·鲁塞尔(Dave Rousell,"他负责我们液化天然气工厂的全部业务,还参与收购决策");安然石油交易运输公司的查克·埃梅尔(Chuck Emell,"在他的指导下,我们在美国和加拿大的原油日交易和运输量从 20 万桶增加到了 100 万桶以上");安然液体燃料管道运输公司的吉姆·斯宾塞(Jim Spencer,"他对安然石油交易运输公司进行了重组,然后负责液体燃料输送业务,做得很成功")。另外两名关键的团队成员是会计与审计部门的戴维·沃伊特克("是他发现了安然石油公司的会计、营销欺诈行为")和信息技术部门的罗恩·琼斯(Ron Jones,"他让信息技术系统在支持我们每家公司获得巨大增长方面发挥了作用")。

料产品营销机构。安然液体燃料公司在英国、法国和荷兰设有很大的办事处,国际营商机会正在不断扩大,其部分原因是美国作为石油和液化天然气净进口国的地位日益上升。安然公司1989年的年度报告称:"全球液化天然气需求继续增长,而美国国内的天然气供应则正在减少。"

由于国内和国外市场之间的联系日益密切,再加上有人预测安然液体燃料公司的对外部门将成为美国的净产品供应商,因此,穆克勒罗伊在1989年把安然液体燃料国际公司并入安然液化天然气公司。安然液体燃料公司旗下的五个事业部或者五家子公司现在变为四家——安然液化天然气公司、安然石油交易运输公司、安然天然气加工公司和安然液体燃料管道运输公司。[1]

穆克勒罗伊发现,在非资本主义国家或者在合资企业缺乏母公司关照的地方或那些不熟悉经营活动的地方开展经营活动有多么困难。例如,安然公司和通用电气公司在委内瑞拉合资建立了一家生产通用电气公司电器的制造企业马多撒(Madosa),但由于经济不景气和政府管制,结果,这家合资企业变成了"无底洞"。安然公司在波多黎各和多米尼加的小规模投资也存在或可能存在问题。

有些成功仅仅是因为能够说"不"取得的。一个恰当的例子是,穆克勒罗伊为肯·莱和俄罗斯能源部部长两人的会面牵线搭桥,于是就有了1989年12月一份高度公开的意向书,俄罗斯能源部部长希望安然公司能在俄罗斯开发一系列天然气项目。但是,穆克勒罗伊深知,在不稳定、不可预测的司法管辖区投资并非明智之举。安然液体燃料公司所做的是签订一项精炼产品的销售协议。按照这份协议,安然公司要等到俄罗斯的货物抵达波罗的海港口以后才支付货款。这样做才可能盈利,而肯·莱也获得了拍照露面的机会。

穆克勒罗伊也停止了对液化天然气基础设施的资本密集型投资。在与休斯敦天然气公司合并之前,联合北方公司因不得已取消一份液化天然气槽船的订单而受到过重创。安然液体燃料公司将大型基础设施项目留给了那些拥有经过时间磨炼的专业技能的公司。穆克勒罗伊非常厌恶风险,因此只专注于本职工作。由于安然液体燃料公司有规模和范围经济效益,因此,他有很多事情要做。10年后,穆克勒罗伊与其他像他这样经验丰富的高管都离开了安然公司,而安然公司也错过了这样一位做事审慎的高管。

---

[1] 这四家子公司都已经有好几年的历史,只有安然液化天然气公司经历了更名(也就是从"安然液化天然气营销公司"的全称中删掉了"营销"两字)。

1989年，安然液体燃料公司收购了路易斯安那州最大的液化天然气加工企业CSX公司，同年又实施了一份建造一条从得州蒙特贝尔维(Mont Belvieu)到路易斯安那州查尔斯湖(Lake Charles)的、全长100英里、日输送3万桶乙烷的管线的合同。虽然安然液体燃料公司1990年的资本预算为5 500万美元，比1988年的8 900万美元有所减少，但它仍是安然公司昂首进入新十年的五大子公司之一。

安然公司通过自己旗下的安然液体燃料公司和安然天然气营销公司，能为客户提供价格因交易期限从1个月到数年而不同但品种齐全的能源产品组合。肯·莱曾自豪地表示，美国天然气行业的其他企业都做不到这一点。即使在石油方面——莱不可能强调这一点，安然液体燃料公司也把自己描述为"北美完全一体化的原油实体"。

产品交易是安然液体燃料公司业务的一部分，但它不像老安然石油公司那样做投机生意。安然液体燃料公司做把赌注压在未来价格波动上的交易，与它围绕公司硬资产所做的交易相比，只能退居第二位。正如穆克勒罗伊所说的那样，违反安然液体燃料公司严格限制的交易员就是在"玩火自焚"。具有讽刺意味的是，他是从瓦尔哈拉调来的，但与那里的一些同事不同，向来循规蹈矩。

迈克尔·穆克勒罗伊这个瓦尔哈拉丑闻的善后处理英雄和安然液体燃料公司的创始人，在1989年获得了近100万美元的总薪酬。他是安然公司薪酬第三高、仅次于董事长和副董事长的高管。1989年12月，穆克勒罗伊又与安然公司签订了一份五年期的雇用合同，并且涨了底薪。对于安然公司董事会、莱和金德来说，他是一个值得留用的人。

变得更有政治追求

安然公司在20世纪80年代的利润中心与联邦能源政策有着特殊甚至独特的联系。联邦能源管理委员会采用复杂的费率方案确定法监管州际天然气管道运输业，从而影响了允许收益率和实际收益率之间的差额。《公用事业管理政策法案》促成了独立的热电联产行业，从而为非公用事业服务提供商搭建了一个竞争平台。强制性开放—准入使得在州际管道运输业开展营销活动成为可能。而

第五章
复苏:1988—1989年

福莱斯特·霍格伦德负责的安然石油天然气公司正在为争取有助于安然公司在20世纪90年代继续兴旺发达的税收减免到处游说。

但是,对于以经营天然气为主业的安然公司来说,它还有另一张政治牌要打。20世纪70年代,联邦政府的政策无意中让煤炭在与天然气的较量中占据了上风。具体来说,对天然气实施的价格管制造成天然气供应短缺,促使电力公司改用储量丰富、价格不受管制的煤炭。由于美国人普遍认为美国在地质上天然气资源禀赋不足,而不是政府的政策阻止了天然气资源的开发利用(莱可能会说"我们是监管过度,而不是天然气短缺"),因此,联邦政府立法下令工业企业和公用事业公司在新建设施中以燃煤替代燃(天然)气。[1]

即使在天然气供应过剩的情况下,美国的煤炭利益集团仍然贬低天然气,说天然气是一种不可靠的燃料,这让肯·莱抓狂。安然公司还有公共关系方面的工作要做——譬如说,驳斥全美煤炭协会(National Coal Association)会长理查德·劳森的反天然气言论。更重要的是,安然公司在市场上发起的反击行动与天然气银行以及其他降低天然气价格和供应风险的创新一起巩固了燃(天然)气电厂相对于燃煤电厂的经济地位。

天然气还有另一张对抗煤炭的牌可打:天然气发电产生较少的污染。安然公司1988年年报中有一张表格显示,与燃煤电厂相比,燃(天然)气电厂减少排放:99%的二氧化硫、43%的氮氧化物、53%的碳氢化合物和96%的颗粒物(PM_{10})。这些污染物减排量都是依照1970年《清洁空气法案》及其后的相关立法规定的传统污染物标准计算的。此外,这张表格还显示,燃(天然)气发电与燃煤发电相比,更能使主要的人为温室气体二氧化碳减少48%。在其他条件相同的情况下,二氧化碳并不是传统意义上的污染物,而是导致全球气候变暖(又称"气候变化")的吸热气体。二氧化碳这种吸热气体在1988年炎热干燥的夏天成了一个全国性的问题,当时美国国家航空航天局的科学家詹姆斯·汉森(James Hansen)在由田纳西州民主党参议员阿尔·戈尔(Al Gore)主持的参议院小组委员会听证会上作证表示:"全球气候变暖的程度已经十分严重,因此,我们可以非常有把握地把这种因果关系归因于温室效应。"

---

[1] 请参阅:Bradley, *Edison to Enron*, pp. 454, 508−509。在美国联邦能源部项目管理官员按常规给予发电用天然气税收豁免待遇后,《燃料使用法案》先在1987年和1989年被部分废除,后又在1992年被全部废除。

其他气候学家对这种因果关系并没有像汉森那么肯定。"真正困扰他们的倒不是他们认为汉森的观点有明显的错误,而是他没有使用那些说明气候模拟不是一门精确学科的适当限定词来对他的结论进行限定。"理查德·科尔(Richard Kerr)在《科学》杂志上报告称。但是,媒体对汉森证词做出了迅速反应,并表示支持——人为因素造成(人为)的全球气候变暖现象是客观存在的,并且造成了一些问题(美国当时正经历热浪和干旱天气)。20世纪70年代对全球变冷甚至新冰河时代到来(自1945年以来,全球平均气温一直在下降)的担忧已经被遗忘,现在有人提出一种流行观点,即气候科学家和评论家帕特里克·迈克尔斯(Patrick Michaels)所说的"世界末日环保主义"(apocalyptic environmentalism),而且,这种观点在安然公司的"有生之年"里一直很有市场。[1]

在安然公司1988年的年报中,肯·莱把(业已增强的)温室效应作为天然气相对于石油和煤炭的比较优势的一个组成部分:

> 对清洁空气重新燃起的兴趣可能要求采取有利于使用天然气这种最清洁的化石燃料的防污染措施。在所有的化石燃料中,天然气对温室效应、酸雨和上层大气臭氧层减少的排放贡献度是最小的……由于这些方面的进展,因此,安然公司信心满满地期待,20世纪90年代将成为天然气的10年。

安然公司1989年的年报提到了"关于全球气候变暖趋势的危险的讨论",天然气是"这个问题的解决方案的关键组成部分"。

天然气业正好赶上了人人关心全球气候变暖的潮流。全美天然气协会与环保组织就一项以天然气替代"过渡性燃料"的战略进行了会谈。塞拉俱乐部在谈到这个新联盟时说:"我们的效率取决于整个行业如何反应。"世界资源研究所(World Resources Institute)表示:"我们认为,阻止把天然气用于新的用途,是一项糟糕的能源政策,从经济的角度看是不牢靠的,而从环境的角度看是有害的。"与此同时,全美煤炭协会给这种想法贴上了"目光短浅"的标签,而代表核能利益集团的美国能源意识委员会(US Council for Energy Awareness)则抱怨自己被排除在讨论之外。

1989年春天,埃克森公司瓦尔迪兹号油轮发生在阿拉斯加的漏油事件,不

---

[1] 还请参阅第七章。关于全球气候变暖导致主要由使用化石燃料造成的温室效应增强的问题,请参阅:Internet appendix 5.4, "Global Warming and Greenhouse Gases," www.politicalcapitalism.org/Book3/Chapter5/Appendix4.html。

第五章
复苏：1988—1989年

仅仅玷污了威廉王子湾(Prince William Sound)石油的名声。莱在评论这个事件的事态发展时指出,全球气候变暖是未来天然气需求和价格的更重要的驱动因素。莱认为,"天然气的营运效益和环境效益"应该(并且必然会)"反映在天然气的价格上"。据莱估计,天然气的全值价会涨到3~4美元/百万英热单位,而现在天然气的井口价格大约只有1.6美元/百万英热单位。为了提高天然气价格,考虑到天然气公司之间在井口价上的竞争(包括安然石油天然气公司获得的税收抵免优惠),因此必须提高其他燃料的价格。对于莱来说,石油关税太成问题,但他又完全赞成"对污染越严重的燃料征收越重的税",也就是赞成开征环境附加税。

安然公司对全球气候变暖或气候变化问题的关心在未来几年里只会有增无减。安然公司让现有的各利润中心一起致力于从强制性碳减排中获利,并且准备在20世纪90年代创建新的利润中心。政治上极度咄咄逼人的安然公司将继续在幕后推动美国政府和国际社会制定相关政策,对迄今不受监管的碳排放进行定量配给(定价)。[1]

1989年末,安然公司在全国范围内首次推出了以环境为主题的广告宣传活动,它在公司杂志《安然人》(Enron People)中向全体员工解释称:"我们一直悄无声息但始终如一地在天然气行业为我们自己扬名,我们的董事长肯·莱已成为这个行业无可争议的代言人。"

安然公司在《福布斯》《巴伦周刊》《经济学人》《点名》(Roll Call)以及《奥杜邦社会学会》(Audubon Society)等杂志上做的广告,让人们注意到安然公司在减少与酸雨和全球气候变暖相关的排放物方面所扮演的角色。在平面广告中,几只展翅飞翔的金色雄鹰的图案下面写着这样一句话:"奇妙的天然气是看不见的,所以,自然界的其他东西也永远是看不见的,难道不是吗?"

这幅广告的目标受众是政策制定者。安然公司负责公共与投资者关系的副总裁埃德·塞格纳解释说:"从影响我们话题的角度看,这是美国国会一个特别活跃的时期。正当我们的立法者在讨论清洁空气问题、《公共事业控股公司法案》修订以及其他能源政策改革等议题时,我们希望他们把天然气视为他们的战

---

[1] 请参阅第七章和第十三章。

略的重要组成部分。"

"在能源世界创造自然奇迹。""天然气是一种可以阻止对外国石油日益加剧的依赖的燃料。""我们对未来最有智慧的感悟是与天然气联系在一起的。"安然公司在投资者、政策制定者和环保组织中间推介自己的品牌,使得煤炭利益集团不知所措,而石油利益集团则内部冲突不断。

然而,把安然公司想象成一家具有社会意识的优秀企业,并不能确定它的底线。安然国际公司在发展中国家建设电厂首选的燃料通常是石油(而不是天然气)。〔1〕而煤炭再过几年又(悄无声息地)成为安然公司的赚钱工具。〔2〕最终把安然公司的底线界定为零的原因是,它越来越倾向于把想象的东西当作现实的替代品。

业已实现的愿景

安然公司1988年的业绩比前三年有了可喜的变化,但天然气行业依然低迷。不过,天然气营销刚成为一个有可能影响安然公司总体收益的利润中心。安然公司与大多数其他能源企业一样,仍有必要把削减成本作为自己的核心任务。

1988年第四季度,安然公司把它旗下的管道运输集团的运营管理并入公司总部,从而减少了管理冗员。莱和金德至少在名义上是管道运输集团的经营者和监督者。安然公司因此得以裁员250人,每年估计可节省1 500万美元。肯·莱在一份致公司全体员工的谅解备忘录中解释说:"我们继续受到油价下跌的不利影响,天然气业内竞争导致天然气价格下降和我们公司的液体燃料业务利润率下降。"为了应对这种市场状况,安然公司必须把自己定位为美国成本最低的天然气供应商之一。莱不无歉意地表示:"裁员绝不是公司管理委员会主动为之,也不是我本人轻率考虑的结果。我真心希望市场状况不要迫使我们做出这样的决定。"

安然公司退回(包括莱和金德直接负责管道运输公司业务的)原状,也即由攻转守。莱喜欢进攻。他会说:"削减成本不会带来繁荣。"但这是肯·莱在

---

〔1〕 请参阅导言和第七章。
〔2〕 请参阅导言。

2001年"乌云压城"之前致公司全体员工的最后一份关于成本控制的谅解备忘录。安然公司的设计师兼董事长认为,最先行动的人,最优秀、聪明的人,应该去追逐利润,而不是精打细算。

不过,1988年的最终结果显示,情况正在好转。1989年第一季度情况良好。安然公司的许多业务在业内处于领先地位。因此,肯·莱宣布他在1986年为公司确定的任务已经胜利完成。

安然公司1988年的年报宣称,它是北美地区第一大一体化天然气管道运输企业。与此同时,由于公司各部门都进入了增长模式,英国蒂赛德的一个新的大项目也已经处在规划阶段,因此,肯·莱为公司设定了一个更加宏伟、更有创意的愿景:成为世界最大的天然气巨头。

1989年,安然公司取得了很大的成就:净收入2.26亿美元,几乎是前4年总和的2倍。以前积欠的债务正被现金流抹去。公司各事业部都实现了盈利,最重要的是,安然股票的价格上涨了一半以上,这表明华尔街也看好安然公司的天然气故事。里奇·金德和肯·莱在公司年报中表示:"我们成功地完成了为1989年确定的几乎全部重要任务,安然公司为天然气行业在一个令人兴奋但充满挑战的时代实现未来增长奠定了合适的基础。"

肯·莱头上的光环闪闪发光。毕竟,他通过推行独特的战略最终扭转了公司在无情的环境中所处的颓势。安然公司这颗能源之星正在休斯敦这个能源之都冉冉升起——而且,它是一家不同于埃克森美孚、壳牌、天纳克,当然还有特兰斯科等当地标志性企业的,更加令人振奋的企业。

莱解释说,安然公司是一家与众不同的企业。他在1989年的公司年报中表示:"安然的员工不怕冒险,并且不会满足于按照以往的方式行事。他们总是不断寻找更好、更快、更简单的方法来高质量地完成工作。"安然公司从1986年开始推行员工持股计划,现在每个员工都成了公司股东。他们被告知,安然成功的关键就在于员工有"把公司做好,从现在就开始做,而且要把它做得更好"的态度。除了用言语外,莱还用一种特殊的方式向员工表示了感谢:1989年年底,安然公司的股票首次以50美元的价格成交,莱给每个领薪员工发了一张崭新的50美元钞票,员工们个个惊喜不已。

但是,透过表象就不难发现,安然公司是一家有大量工作要做的企业。事实

图 5.4 在经历了许多动荡之后,肯·莱在 1989 年组建了一个公司最高管理团队,分管安然公司在北美的天然气资产。在肯·莱和里奇·金德(新任副董事长,不久将出任公司总裁)之下,(图中下排,从左往右)是罗恩·伯恩斯(分管州际天然气管道运输和营销业务)、福莱斯特·霍格伦德(分管天然气勘采)、迈克尔·穆克勒罗伊(分管公司液体燃料业务)和约翰·温(分管公司热电项目)。

上,一场有点像《第十一个小时》(11th-hour)*中描述的财务骗局,导致安然公司 1989 年扭亏为盈的业绩比预想的要差。瓦尔哈拉就是"煤矿里的金丝雀",1989 年年底在瓦尔哈拉发生的事情就是肯·莱的行为方式的一次预演。

随着第四季度的到来,安然公司面临着无法实现预期盈利的危险——对于一家负债累累并且在华尔街把自己的股票秀为动力股的公司来说,这可不是什么利好消息。安然公司正在设法让收益符合预期。好于预期的收益和任何其他的利好消息都会使股价上涨,这可是实行员工持股计划的安然公司全体员工们所渴望的事情,更不用说安然公司的高层管理人员了,因为后者的一揽子薪酬与

---

* 《第十一个小时》是詹姆斯·帕特森(James Patterson)的《女子谋杀俱乐部》(*Women's Murder Club*)系列小说的第九部。——译者注

盈利目标的实现、安然公司股票的价格以及安然股票与11家同行公司股票的相对价格挂钩。

就在这个关键时刻,安然公司旗下休斯敦管道公司的总裁杰拉尔德·班尼特正与天然气分销商恩泰斯集团就续签一系列批发服务的长期合同进行最后的谈判。计算不同分量(如巴梅尔储气库的储气功能)的成本以及这种成本相对于恩泰斯公司的次优机会所代表的价值,是一项艰巨的工作。

在这个过程中,班尼特发现了一些问题:在休斯敦天然气公司与联合北方公司合并时,休斯敦管道公司承担了4 000万美元的"不取照付"债务;如果能免除这笔债务,那么这份合同的"终生收益"现在就可以加速折现。现在的问题是:这个数字还不够大,安然公司必须找到冲抵的办法,否则就会出现亏损。

在一些新的条款和会计方法的帮助下,能把休斯敦管道公司-恩泰斯公司合同中的未来收益加速折现为1989年第四季度的收益。班尼特把这种可能性告诉了里奇·金德,并且对他说:"你也应该知道这种可能性,我们不要这么做。"金德与莱谈了这个问题,两人都认为,不管将来如何,他们现在需要收入。

金德做的第一件事,就是叫安然公司的新任财务总监、接替基思·科恩的杰克·汤普金斯(Jack Tompkins)请他在安达信会计师事务所(汤普金斯在安达信时负责管理安然公司的账目)的前同事签署一份业绩加速折现和撤销"不取照付"条款的协议。虽然有人抱怨这种加速折现处理违反公认会计准则——这笔收入理应用来减计合并时设定的商誉账款,但安达信会计师事务所同意这么做。[1]

然后,金德亲自参与谈判,与恩泰斯公司的吉米·特莱尔(Jimmy Terrell)合作,修改合同使其符合会计自由裁量权的要求。撇开目前的收入不谈,安然公司也要为此付出代价:恩泰斯公司利用安然公司急于求成的心理狠狠地敲了一笔——砍掉了休斯敦管道公司1/3的利润,而休斯敦管道公司要为此损失好几百万美元。

因此,从会计的角度看,这么做不但挖走了休斯敦管道公司的一笔未来收益,而且导致安然公司的净现值(与不使这种花招的情况相比)也有所减少。班

---

[1] 安然公司当时的内部审计师戴维·沃伊特克可能认为这种撤销合同条款的做法是"错误的",因为"它违反了现有的每一条会计准则"。商誉账款——联合北方公司为收购休斯敦天然气公司最初多付的12亿美元,按照美国公认会计准则的要求,用未来40年的净收益摊销。

尼特回忆说："玩这个游戏的目的就是无论如何要使当年有收益。所以,我们决定就这么做下去。"

杰夫·斯基林作为咨询顾问,与班尼特和金德紧密合作。他注意到安然公司的盈利在加速增长。事实上,这种在安然公司诞生的"盯市记账法"后来成了斯基林在安然天然气服务公司——后来成为安然资本与贸易资源公司——屡试不爽的法宝。1989年发生的效益急剧下滑,但到了20世纪90年代,这就成了安然公司的一种常态。

满足收益预期是提高股价的必要条件,但不是充分条件。在年底之前还必须采取一些其他措施来促使安然股价飙升。杰拉尔德·班尼特发现自己也参与了此事。

安然天然气营销公司成功地把它的天然气银行库存投放给了那些希望锁定其某些采购合同价格的终端用户。但在11月27日(星期一)上午7:00的管理层会议上,班尼特被刊登在《华尔街日报》头版、题为《安然公司按长期固定价格销售天然气》的一篇文章给搞蒙了。这篇文章解释了安然公司"如何暂时锁定天然气溢价,并让客户抵补未来天然气价格上涨风险"的做法。这种做法在天然气行业尚属首次。这篇文章还说,天然气银行的日成交量是2亿立方英尺,与11家客户的多年累计交易已达到4 300亿立方英尺。

这篇文章可以说是毫无保留,全盘托出。按照肯·莱的估计,安然天然气营销公司的利润率——平均买卖价差——从1988年的5美分/百万英热单位上涨到了1989年的7美分/百万英热单位。他又补充说,来年的平均利润率看起要达到11美分/百万英热单位。按净现值计算,这些合同仅头四年的收入就有6 000万美元。

德崇证券公司的前副总裁、现任安然公司公关副总裁的埃德·塞格纳证实,安然天然气营销公司日后将成为安然公司的主要利润中心。他在文章中补充说,安然石油天然气公司作为向安然天然气营销公司溢价销售其产品的供应商也从中获利。

班尼特不知所措,甚至被激怒了。他正在谈的许多交易都没有谈成。没人跟他讲述这个故事。更糟的是,他周围的人所做的一切似乎就是为了提升股价。天然气银行运行顺畅,但现在还没到通告全世界的时候。过早的告知无异于给一家上市公司设定条条框框。但安然公司高层倒是觉得,节日季节临近,是公布重大消息的时候了。

《华尔街日报》刊登的那篇文章起到了作用,推动安然公司的股价飙升到了每股61美元的历史高点。年终,安然公司的股票报收于57⅝美元,但股息仍冻结在每股0.62美元上。安然公司的股票现在成了成长股,但还不是增益股。

1989年,安然公司创收2.26亿美元。虽然按合并后的标准来衡量,这个收入看起来很高,但对于一家拥有90亿美元资产的公司来说,并不算高。即使在剔除通货膨胀因素之前,安然公司的收益仍低于休斯敦天然气公司1984年的水平。考虑到非经常性收入占净收入的大部分,因此,收益质量更加令人不安,至少与过去相比就是这样。[1]资产销售收入占税后收入的大部分:出售安然石油天然气公司的部分股权获得了1.07亿美元的收入;出售美孚公司的股票获得7 300万美元;安然公司出售对萨帕塔海湾航运公司的投资(也结束了罗伯特·赫林在20世纪70年代中期所做的毫无成效的多元化经营),获得了600万美元。另外,解决了一起反垄断纠纷,获得了1 200万美元。[2]所有这些使得部门收益不足5 000万美元。息税前收入接近7亿美元,但为安然公司积欠的32亿美元的债务还本付息,结果账面还是出现了亏损。

满足盈利预期并引导乐观情绪,也能改善经营业绩。股价上涨增加了安然公司的资本价值,降低了债务—资本比率,从而提高了安然公司的商业信用。无论现在还是将来,只要信用级别得到提升,借贷成本就会下降,从而创造数以百万美元计的利润。

还有一件事值得一提,安然公司的高管由于薪酬都与公司股票的价格挂钩,因此都得到了很高的评价。安然公司的许多高管多年来一直与莱一起承担风险,现在总算第一次可以松口气了。

安然公司虽然有较多的净资产(18亿美元),但比两家公司合并前的净资产减少了1/3。安然公司的债务—资本比率虽然从1986年的75%下降到了63%,

---

〔1〕 杰夫·斯基林对安然公司这个时期的业绩发表了评论:"一些利润数据看起来是合理的,但如果你看看这些利润的质量,就会发现它们非常糟糕。"他接着用他特有的抑扬顿挫的语调补充说:"有一段时间,这家公司能否存续都无法确定。情况就是那么糟糕。"
〔2〕 能源运输系统公司达成的和解协议涉及一项倒霉的煤泥输送管道方案。这份和解协议使安然公司在1987—1990年间获得近1亿美元的收入。关于这项和解协议的介绍,请参阅:Internet appendix 2.2, "HNG/InterNorth: Joint Ventures, Miscellaneous Assets, and Sales," www.politicalcapitalism.org/Book3/Chapter2/Appendix2.html。

但仍是一个沉重的负担。安然 1989 年的年报称："公司管理层对当前的债务水平非常满意,并将继续把债务与总资本比率的目标定在 60% 或以下。"不过,安然石油天然气公司的福莱斯特·霍格伦德肯定更加喜欢他的 41% 的债务—资本比率。

安然公司依然濒临危机。但在"不取照付"项下的债务得到控制以后,安然管道运输集团(北美最大的天然气管道运输集团)的业绩在同行中名列前茅。安然天然气营销公司是全行业规模最大、利润最高的天然气批发商——而且还不受监管。"美国的纯天然气企业"安然石油天然气公司在低价格环境下赚到了大钱。安然液体燃料公司明智地进行了扩张,并稳健地实现了盈利。在约翰·温坚持不懈地在英格兰寻求需要胆略才能利用的新机会时,安然电力公司已经具备打"本垒打"的潜力。

那么,安然公司真的已经成为北美处于领先地位的一体化天然气企业了?领先是相对的标准,而不是绝对的标准,也没有纯粹意义——上游、中游和下游且多地区意义——上的垂直一体化天然气企业。安然公司在下游并没有业务,合并后不久就变卖了联合北方公司方面的供气企业——人民天然气公司。

安然公司是一家从上游到中游表现强势的企业,在同行中名列前茅(如与埃尔帕索天然气、天纳克、东得州输气管道、特兰斯科能源和索纳特等公司相比)。如果天然气价格回升——比方说,回升到接近 1985 年的水平,安然公司就更像一台赚钱的机器。但是,安然公司在天然气价格不利的情况下仍继续繁荣到 20 世纪 90 年代。

第三篇

天然气、天然气政治：1990—1993 年

引　言

肯·莱和理查德·金德向投资者、客户和员工报告说:"安然公司是带着专注于业务的战略、一套强势的价值观和成为全球第一的一体化天然气企业的愿景进入20世纪90年代的。"这家重点突出的企业有四个主要事业部,它们是天然气勘采、管道运输、液体燃料和热电——所有这些事业部的利润都足以帮助母公司承担巨额债务负担(见第六章)。天然气行业的另一个部门很快就成了安然公司的第五个主要事业部——天然气营销,这是本书第四篇要论述的主题。

安然公司在艰难的商业环境下取得了重大的成就,它以18%的市场份额在全美天然气行业处于领先地位。1987年年中,安然公司的天然气管道运输合同中高达12亿美元的"不取照付"债务得到了控制,从而使得安然旗下的每家州际天然气管道运输企业的利润率都达到了两位数,这与陷入困境的同行横跨大陆管道公司(Transcontinental Pipe Line)和哥伦比亚天然气输送公司(Columbia Gas Transmission)大不相同。1985年合并以后,安然公司的债务—资本比率曾长时间位于73%的危险水平,目前已经下降到了60%多一点,并且还在继续下降。从各方面来看,安然公司已经做好好好利用它在年报中所说的"天然气10年"的准备。

一波立法和监管改革浪潮推动了安然公司的发展。在天然气过剩时期,联邦政府废除了20世纪70年代对天然气行业实施的监管。政治资本主义也提供了一股重要的推动力：与酸雨相关的二氧化硫排放的联邦监管以及新发现的二氧化碳问题，即人为温室气体的大量排放。相对于煤炭和石油而言，天然气具有得天独厚的优势。

联邦政府的能源政策激发了两个利润中心。1978年《公共事业管理政策法案》有一个条款促成了非公用事业(独立)发电部门的诞生，而安然电力公司是这个部门市场的引领者。燃气热电技术的发展——同时生产电力和热能——正好赶上了这个政府促成的机会。

联邦能源管理委员会修订后的规则使迅速发展的安然天然气营销公司——不久更名为安然天然气服务公司——能够在全美天然气批发市场上提供销售服务(天然气零售是公用事业燃气公司的特权)。虽然管道运输公司一如既往地盈利，但州际天然气销售可能自1938年颁布《天然气法案》以来首次实现盈利。随着安然天然气营销公司(后来的安然天然气服务公司)数百名员工掌握了实行开放—准入制的输气管网，台式电脑的出现也恰逢其时。

在国际上，"世界历史上最大的一笔买卖"正在进行。资金紧张的社会主义国家正转向让私人构建并经营能源资产，以减少财政赤字和改善经济业绩。安然公司开发和建造新电厂和其他能源基础设施，而且还进军高风险—高回报的发展中国家。但最终，这些非自由经济体为安然公司带来了更多的风险，而不是回报。

美国的政治资本主义为安然公司提供了独特的机会，如在州际天然气管道运输领域实行的强制性开放—准入。安然公司在其他方面也争取到了政府的特别支持，包括致密砂岩气开采的税收抵免，对电力批发市场实行强制性开放—准入，为外国项目提供贷款担保。并非巧合的是，一位深谙华盛顿的首席执行官在一个政治色彩浓厚的经济环境中拼命地摇晃"政府特别支持"这棵"摇钱树"。

肯·莱熟悉并喜欢华盛顿，他在那里以不同的政府官员身份工作过6年。本书第七章将介绍他的这段经历。一直有传言说，莱将接受一个高级别的政治任命。但是，安然公司为莱安排了一个跨联邦政府机构的权力中心。此外，在政府部门谋职没有那么多收入来支付一个"关系复杂的七口之家"要付的账单。

大约在1990年，安然公司就是鲁莽行事、解决问题、摆脱困境和取得真正进步的产物。1988—1989年是安然公司克服困难和重新定位的两年；1990—1993

年,安然公司凭借各事业部的发展和利润中心的突破,正快速奔向未来。

但是,安然公司15%的年盈利增长率,远远超过了美国几乎所有主要能源企业的盈利增长率,并且把自己的雄心壮志建立在资产阶级的美德之上。安然公司增长最快的子公司安然天然气服务公司采用盯市记账法夸大了公司的当前收益。非对冲大宗商品价格合约正在使安然公司积欠债务。轻率的海外投资[在印度达博尔的投资项目规模最大]将为激动人心的开端留下巨额账单。表外融资开始成为安然公司选择性地向公司投资者报告收入的恶习。

安然公司冒失地走上了泥泞湿滑的道路。激进的愿景和造势宣传使安然公司的股票成了动力股。人人都为此做出了贡献,包括安然公司的普通员工,他们持有公司20%以上的普通股。为了未来的可持续性,安然公司需要坦诚的交谈、平和的期望和审慎的调整。但随着20世纪90年代的流逝,这些事情在安然公司变得越来越罕见。

第六章 争当世界天然气行业的巨头

1990—1993年见证了安然公司的巨大变化和发展：在这4年里，安然公司的总资产增加了26%，达到了100亿美元；净利润增长近一半，达到了3.32亿美元；股东权益增长了47%，达到了26亿美元。[1]然而，财务工程是安然公司部分利润的幕后推手，安然公司正大肆压注，导致资金被套牢，并需要日后冲销坏账。这种做法，安然公司远非偶尔为之，而是秉承了一种认为稳定、稳健和稳妥还不够的"未来就在于当下"的理念。

安然公司在20世纪90年代初进入了《福布斯》《财富》和《商业周刊》等美国大企业排行榜。在美国的能源之都休斯敦，只有马拉松集团（Marathon Group）和不久就要解体的天纳克公司排在了安然公司前面（国内业务总部设在休斯敦的埃克森美孚公司和壳牌公司把公司总部搬到了其他地方）。在解决当地就业问题方面，安然公司名列第六，排在大陆航空（Continental Airlines，现为联合航空）、休斯敦工业（Houston Industries）[现为中点能源（CenterPoint Energy）]、康柏电脑[现为惠普（HP）]、贝克·休斯（Baker Hughes）和库珀工业（Cooper Industries）[现为伊顿（Eaton）的一部分]5家公司后面。

---

[1] 除了收入比较是在1989年和1993年之间进行的外，财务比较都是在1989年年底和1993年年底之间进行的。1989—1993年，安然公司总收入增长了72%（实际达到80亿美元），其中管道运输业务收入减少了大约1/4，但是，安然天然气服务公司作为天然气批发商补上了管道运输业务的收入缺口（甚至赚到了更多的收入）。

本章详细介绍安然公司 6 个事业部中的 5 个事业部。天然气管道运输部仍然是安然公司最大的组成部分。这是一个非常积极进取的国际化事业部,创造了可观的利润,但后来也造成了严重的问题。液体燃料部,由于收购了一个注定要失败的甲基叔丁基醚(methyl tertiary-butyl ether, MTBE)生产项目,最终从一个高利润事业部沦落为一个问题事业部。随着美国独立热电联产热潮的退去,美国的电力市场一度变得十分平静。安然公司的第五个事业部就是福里斯特·霍格伦德领导的被认为很有价值的勘采公司。

安然公司的天然气营销部有很多创业发展故事,笔者将在第四篇介绍这个事业部。

新愿景

1990 年第一季度,肯·莱宣布,安然公司实现了他在不到三年前设定的愿景。安然公司成为"北美第一大一体化天然气企业"。然而,这个制高点并不是休息的地方,考虑到安然公司独特的商业生态位和吸引人的企业文化,因此,这个制高点仅仅是赢得持续先发优势的滩头阵地。

莱胸怀国际化的抱负,并且觉得安然公司各(天然气导向的)事业部都获得了重要发展,于是就为安然公司提出了第二个愿景:"成为世界第一大天然气巨头、致力于创造更加美好环境的全球最具创新性和最可靠的清洁能源供应商。"莱博士在一次公司外举行的关于这个主题的会议上对他的高级助手们表示了赞叹。争当天然气行业的巨头,确实是安然公司的全部——而且也是思考能源事业的新方式。

那么,实现这个新的愿景需要具备什么条件呢?莱解释说:"由于现在还没有天然气巨头,我们必须构建自己的模式。"他拿安然公司与石油巨头——那些"在技术和财务上能在世界任何地方胜任石油业几乎全部业务的一体化公司"——类比,并且解释说这是在全球范围内进行的"从生产平台到发电厂"的全面一体化——而且越早行动越好。[1]

---

[1] 关于这个问题的更深入讨论,请参阅:Internet appendix 6.1, "Natural Gas Visions at Enron," www.politicalcapitalism.org/Book3/Chapter6/Appendix1.html。安然公司总共定过 4 个愿景,截至 1995 年定过 3 个。我们将在本书第十四章讨论安然公司 1995 年以后的愿景和任务。

的确,从大规模一体化的国际专业化的角度看,天然气行业还没有巨头,但天然气行业理应有它的行业巨头。各大石油巨头在国内具有巨大的天然气产能,在国际上强势运营着天然气行业的中上游业务,它们随时有可能成为天然气巨头。但是,美国联邦政府制定能源政策进行了干预。1935 年《公用事业控股公司法案》要求几乎全部一体化的天然气输气和供气企业退出天然气行业。例如,泽西标准公司(Jersey Standard)——后来收购了汉贝尔石油与炼油公司(肯·莱的老东家),先是成了安科石油公司(Enco),后来成了埃索石油公司(Esso),再后来又成了埃克森石油公司——把它的天然气资产剥离给股东,由此成立了 5 家独立公司。

其次,1938 年《天然气法案》把州际输气业务置于成本制费率监管之下。一体化石油巨头的核心竞争力不属于公共事业监管范畴。20 世纪 40 年代,同一部法律对一体化天然气公司的生产实施井口价格管制时,天然气行业的上游企业纷纷撤资。

在天然气行业的下游,在地方配气公司(LDC)这个层面,各州公用事业委员会根据传统的成本制原则监管天然气费率和供应服务。地方配气公司的动机就是使资本投资最大化,维持和提高天然气的费率基础,并且实现允许收益率。只要所规定的允许收益率高于借贷成本,消费者被锁定在给他们供气的公用事业公司的市场上,这种投资就能赚到净利润。[1]

州和联邦政府监管的结果就是促成了一个非一体化的天然气行业,业内有专业化于天然气开采、输气或配气的企业。因此,美国没有天然气巨头,当然也没有一体化的巨头。

进入新的 10 年以后,安然公司有五大事业部(后来又组建了国际部)。天然气这块下设管道运输、天然气服务和电力 3 个事业部;另外 2 个事业部是以天然气为核心的液体燃料以及勘采事业部。

(1)管道运输事业部有总长 3.8 万英里、由 5 家管道运输公司构成的输气系统——负责州际输气业务的北方天然气管道公司、横贯西部管道公司和佛罗里达天然气输送公司,负责州内输气业务的休斯敦管道运输公司以及负责州际输

---

[1] 关于美国制造业和天然气行业以及电力工业公用事业监管历史沿革的介绍,请参阅:Bradley, *Edison to Enron*, pp. 500—515。

气业务的合资企业北疆管道公司。

（2）安然天然气服务公司是一家不受监管的天然气融资与营销子公司，在州际市场现货和期货天然气大宗商品化方面处于领先地位。

（3）电力事业部，在国内和国际处于领先水平的独立（燃气热电）发电开发商。

（4）安然液体燃料公司是美国第五大天然气加工企业，同时也是液化天然气的大销售商和运输商以及中等规模的集油商。

（5）安然勘采公司是美国最大的非一体化独立油气勘采企业之一，它90%的能源储量是天然气，而90%的天然气储量在美国国内。

安然公司并非一家完全一体化的天然气企业，因为它没有地方供气企业。联合北方公司旗下的人民天然气公司在1985年已经被变卖，现在只剩下一些分布在输气管道沿线的规模很小的零售业务。但正如本书第八章所讨论的那样，安然公司在新的不受监管的天然气批发业做得很大。安然天然气服务公司做门站天然气批发业务，而以特许经营垄断方式专门为本地服务的地方供气企业则向安然天然气服务公司购买天然气转售给商业、工业和居民用户。正如本书第九章所讨论的那样，安然天然气服务公司把它的营销范围扩大到了地方供气企业身后的天然气用户，并且把这作为安然公司力争成为北美领先天然气销售商目标的一部分。[1]

安然公司实际上是一家纯粹的多元化天然气企业，石油约占安然石油天然气业务的1/10。安然石油交易运输公司（连同安然液体燃料公司的石油业务一起）本身就是一个"孤岛"。安然公司的发电厂甚至不做煤炭交易，更不用说生产、运输煤炭或者用煤炭作燃料发电。[2]

"天然气巨头"这个名称虽然不够迷人，但至少很特别，能令人振奋。可是，到目前为止，安然公司也只不过是说说而已。无论是现在还是将来，做生意归根结底就是赚钱——有现金流和盈利。街头的传言并没有带来任何惊喜。1985

---

〔1〕安然公司（在1986年）成立了安然金融公司。1990年，杰夫·斯基林加盟安然天然气营销公司。第二年，安然天然气营销公司与安然金融公司合并为安然天然气服务公司。
〔2〕安然公司确实通过司法途径和解了一起与能源运输系统公司煤泥输送管道项目有关的诉讼案，并且因此获得了一笔收入。联合北方公司在收购休斯敦天然气公司前买下了这个煤泥输送管道项目的权益。请参阅：Internet appendix 2.2, "HNG/InterNorth: Joint Ventures, Miscellaneous Assets, and Sales," www.politicalcapitalism.org/Book3/Chapter2/Appendix2.html.

年8月秘鲁的国有化和1987年安然公司的石油交易亏损,都是在沉重的债务负担和艰难的行业环境下发生的。安然公司能在那些动荡的岁月恢复元气,主要是靠1988—1989年实现的非经常性收入。肯·莱的出类拔萃必须有高质量、经常性的盈利能力相助,才能让安然公司还清债务,在新的竞争领域构建优势。鉴于争取一流的安然公司不是低成本的供应商,因此,安然公司还需要管理经验和新的盈利机会。[1]

休斯敦天然气公司和联合北方公司在作为独立公司的最后一年里总共赚了5亿美元,创造了近10亿美元的现金流。合并后的公司需要创造100亿美元的现金流量才能达到过去的盈利水平,而这个现金流量大约是1989年安然公司实际现金流量的2倍。莱先生作为鼓舞人心的领导者和"外向型先生"(Mr. Outside)只负责构建框架,但要靠莱的精明的首席运营官理查德·金德发现和解决问题,并且要让各事业部精诚合作,这样才能兑现盈利承诺。

发展州际天然气业务

肯·莱的安然之旅始于把得州最大的天然气管道运输公司改造成全美最大、最多样化的天然气管道运输系统。莱从被他作为输气管道系统枢纽的休斯敦管道公司开始,在1984—1985年间增设了3条跨越多个州的辐射管线:横贯西部管道公司(从得州到加州)的输气管道、佛罗里达天然气输送公司(从得州到佛罗里达州)的输气管道以及北方天然气管道公司(从得州到美国中西部地区)的输气管道。

6年后,天然气输送仍然是安然公司的核心业务。休斯敦管道公司陷入得州输气管道过度建设的泥潭,但安然公司旗下的各家州际天然气管道运输企业都在满负荷运行,并按计划扩容。在"不取照付"成本得到控制以后,有两家公司的利润和收益率都达到了两位数。肯·莱的老东家——横跨大陆管道公司——的情况就大不相同,更不用说在1991年年中宣布破产并使整个天然气行业蒙上

---

[1] 到了20世纪80年代末,安然公司普遍解决了削减成本的问题。"你不能靠削减成本来发财。"肯·莱经常这么说。从1987年到2001年,安然公司从未向公司全体员工下达过削减成本的指令,这足以说明莱只关心安然等式的收入端,并且对账面(而不是实际)利润盲目乐观。

阴影的重要州际输气公司哥伦比亚天然气输送公司了。[1]如今的天然气输送业已经不同于我们父辈时代的天然气输送业。

联邦能源管理委员会规定的允许收益率高于借款成本,这对于那些小心翼翼地执行监管规定的州际天然气管道运输企业来说是一个良好的开端。但安然公司旗下的各州际天然气管道运输企业都是超过它们规定收益率的现金流引擎,在业内被称为"打败了费率方案"。

联邦能源管理委员会在3年期费率方案中设定的最高费率规定了一定水平的输气量和成本。如果输气量高于预期,或者微妙的费率设计允许管道运输公司超额收回成本,就有可能赚到额外收入(这是一种老式的效率激励措施)。安然公司,尤其是斯坦·霍顿,在这方面做得很好。

如果实际成本低于规定的水平,就能赚到额外的利润。因此,自动化和其他增效措施使得裁员成为安然天然气业务部门的常规新闻。现代化、多任务处理和整合使组织扁平化,从而减少开支和提高生产效率。这种用资本替代劳动力的方式还有一个好处:通过提高费率基础增加未来收益。

所有这一切做起来都很难——对于设计下一轮(3年期)费率方案来说,这是一个艰难的起点。管道运输公司输气量越大,对下一轮绩效造成障碍的概率就越大。这种惩罚不但是对公用事业监管的讽刺,也是安然公司和整个天然气行业要求联邦能源管理委员会放松监管的一个原因。

如何推行开放—准入

在推行强制性开放—准入时期(1985年—),横贯西部管道公司和北方天然气管道公司引领州际天然气管道运输企业从天然气批发商(买家和卖家)朝着专门负责输送其他公司供应的天然气的收费输送商转变。法定解除权(不可抗力条款)、提前结算和以管制费率从客户处收回部分货款等措施减轻了退出批发商业务所要承担的"不取照付"成本。但剩下的冲销项目在安然公司得到了很好的利用,因为两个利润中心取代了一个利润中心。安然公司的州际天然气管道运输企业在输气业务上盈利,而安然天然气营销公司(以其不断更改的名称的名

---

[1] 1995年,哥伦比亚天然气公司向安然公司的前首席执行官里克·理查德求助。理查德随后就聘用了安然天然气服务公司的凯茜·阿博特和史蒂夫·哈维,依靠新确定的业务重点把哥伦比亚天然气公司从破产的绝境中拯救出来。

下)通过买卖天然气和提供辅助性服务来赚钱。

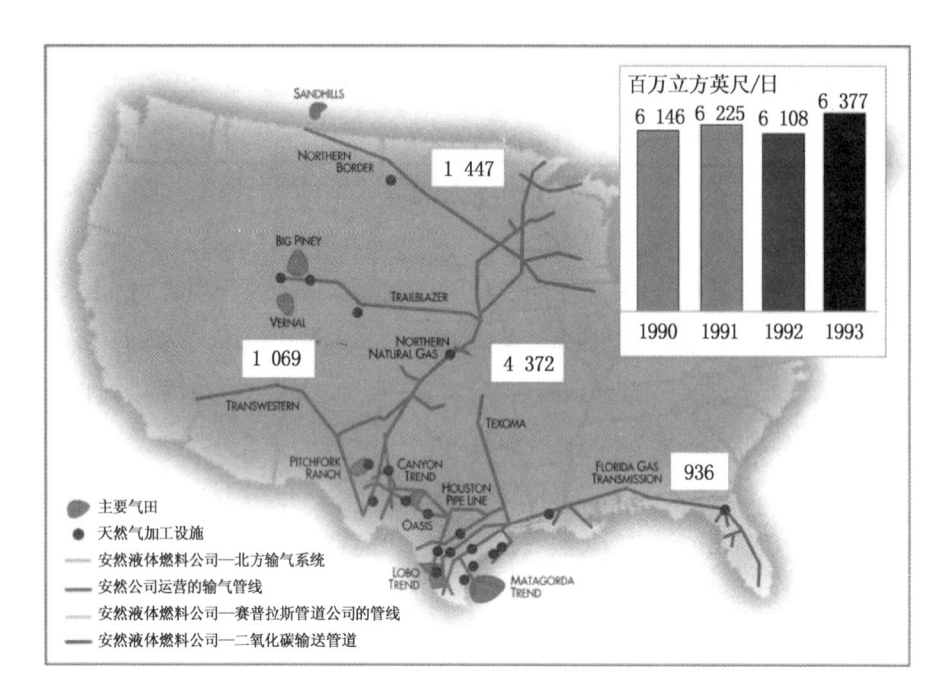

图 6.1 在联邦开放—准入监管下,安然公司全长 4.1 万英里、日输气 78 亿立方英尺的天然气输送系统(截至 1996 年)协同效应受到了限制。北方天然气管道公司的输气能力超过了安然公司(全资拥有)的横贯西部管道公司、佛罗里达天然气输送公司和北疆管道公司输气能力的总和。

根据联邦能源管理委员会第 436 号令的规定,佛罗里达天然气输送公司(由安然公司经营并持有 50% 的股份)和北疆管道公司(由安然公司经营并持有 35% 的股份)是最后一批接受开放—准入制的州际天然气管道运输企业。与先前接受这种制度的州际天然气管道运输企业一样,它们接受这种制度也是因为经济方面而不是理念上的原因。

佛罗里达天然气输送公司作为佛罗里达州唯一的供应商一直满负荷运营,并与客户签订必须履行到底的合同,但在 1990 年 8 月进入了实行强制性开放—准入计划的新世界。北疆管道公司是一家输气容量由天然气生产商全额认购的服务成本型管道运输公司,并且继续像以前那样运营。

"在 1990 财政年度结束时,"联邦能源管理委员会报告称,"23 家主要天然气输送公司全都持有统一的营业执照,并且一视同仁地帮助客户进入天然气运输市场。"但是,这些都是联邦能源管理委员会第 436 号令所规定的,北疆管道公司不受此令约束。联邦能源管理委员会第636号令(1992年)为了完成向开放—准入的过渡,规定了新的可比性规则和费率设计规则,即所谓的"最后结构性调整规则"。

罗恩·伯恩斯在接受《石油与天然气杂志》(Oil & Gas Journal)采访时表示:"我们面临的挑战是,如何利用联邦能源管理委员会在它的第636号令中赋予我们的大框架和灵活性来使输气管道系统适应客户的需求。"千篇一律的方法是行不通的,在安然公司旗下的四个州际天然气管道运输企业中,业务最简单的横贯西部管道公司在1992年获准实行开放—准入制。第二年,北方天然气管道公司和佛罗里达天然气输送公司最终也"皈依"开放—准入世界。北疆管道公司于1993年10月根据第636号令,最终获准在1993年作为业主有限责任合伙公司(master limited partnership,MLP)上市。

安然公司告诉他的投资者:"1993年全面实施联邦能源监管委员会第636号令,并且成功解决了有关我们州际天然气管道运输企业的全部重大监管问题。这一切应该能够在未来几年通过我们的最大单一盈利来源,提供稳定且可靠的现金流。"[1]自动化和现代化也帮助安然公司用有利可图的费率基础取代劳动力成本转移,从而使得"安然公司旗下的各州际天然气管道运输企业……从运营和监管的角度看都处于最佳状态"。

业务运营流程规范

在1990年年初的一次行业协会会议上,州际天然气管道运输企业作为输气商而不是批发商的角色得到了承认。肯·莱是变革的推动者,结果形成了业务运营流程规范和业务平衡协议的新方案和行业标准,而这些行业标准在1992年成为行业的正式规范。这里面还有一个故事。

很少有人知道肯·莱是一个有脾气的人。耐心和幽默是他在公众面前的形象。但是,在他失去冷静的时候,就应该小心。因为莱背负着比大多数人意识到

---

[1] 到了1993年,跨州输送的天然气全都由实行开放—准入的州际管道运输公司输送。这就意味着州际管道运输公司要收取一定的费用输送其他公司的现货天然气。以前州际管道运输公司在做批发商业务时要在输气管线终端把与输气服务捆绑在一起的产品(天然气)卖给负责供气的公用事业公司,然后再由后者转售给最终用户。关于促成这一转变的联邦能源管理委员会颁布的行政令的介绍,请参阅:Internet appendix 6.2, "Mandatory Open-Access Orders: 1985—1992," at www.politicalcapitalism.org/Book3/Chapter6/Appendix2.html, Internet appendix 6.3, "Other Federal Natural Gas Regulation," www.politicalcapitalism.org/Book3/Chapter6/Appendix3.html。

或者理解的更加沉重的负担。莱的内心承载着他对自己一贫如洗的童年的回忆——包括他父亲奥默遭遇的生意失败。聪明能干、精力充沛、效率极高的莱,一生都在适应才华不如他但家境比他好的同事。莱走路速度快、动作大,弄得后裤袋里装的金属东西不断发出叮当的响声。他的身体协调性很好,但个子很矮,这使得他无法在体育比赛中与一些身材更加匀称的对手抗衡。

他总是来去匆匆,却要应对周围几乎所有人都较慢的节奏,真不容易。不过,肯总是努力(并要求自己)保持耐心,并且善于劝导别人保持耐心。所以,他能取得更大的成功。

在他的内心自我遭遇违逆时,或者在生意上受到不公正的待遇时,他也会骂娘。20世纪70年代,莱在佛罗里达天然气公司工作时也会与塞尔比·沙利文发生激烈的争吵——笔者在《从爱迪生到安然》第八章里讲述了一个这样的故事。约翰·温也会惹他生气。但对于无辜的好人,肯会保持耐心。毕竟,他——肯·莱——也是个弱者,只是表现方式不同,而且他很有同情心。

但在1990年1月,出现过一个令人难忘的时刻。那天,愤怒的肯·莱走进美国州际天然气行业协会——美国州际天然气管道运输企业的行业协会——理事会的会议室。他两眼盯着其他公司参加会议的首席执行官,冲着他们挨个喊道:"你们他妈的偷了我的天然气!你们欠我天然气!"莱围着会议桌喊了一圈。

就在几周前,一股寒潮严重考验了美国州际天然气输送系统。为了满足峰值需求,各州际天然气管道运输企业疯狂地互相拆借天然气,甚至做空天然气。安然公司为了适应开放—准入世界,已经对自己的天然气业务进行了升级,并且实现了比其他任何一家公司都大的业务覆盖面,却发现自己在许多交易中都是做空的一方。正式的业务监管尚未落实到位。正是人脉关系和私下交易导致安然公司在不知不觉中成了州际天然气输送行业的"银行"。

美国州际天然气行业协会负责行业形势分析的副理事长斯基普·霍瓦特回忆说:"肯·莱在闭门会议上使用了相当激烈的措辞。可以说,他的讲话就成了业务运营流程规范和平衡协议——到了1992年就成了行业规范——的初始方案。"那天点燃的一把火后来就成了促成1991—1992年冬季及其后州际天然气输送行业新的最佳实践及其更好执行的催化剂。

非一体化天然气物流的电脑化,使得信息技术成为安然公司和业内其他企

业的最大支出。对于管道运输公司来说,非捆绑式天然气输送比以前作为捆绑式天然气批发商所做的业务更为复杂。对于像安然天然气营销公司那样的全国性天然气营销企业来说,这种复杂性超出了手工处理信息所能协调的范围。

代价昂贵的信息技术失误迫使安然公司在1988年与罗斯·佩罗(Ross Perot)的电子数据系统公司(EDS)签订了一份信息技术主合同。安然公司1987年的信息技术支出是7 000万美元,随后签订了一份为期10年的外包合同,第一年支出是1 600万美元,预计到第10年将增加到1.4亿美元。

在安然公司与电子数据系统公司执行合同的过程中,双方出现了一些争议,这要求安然公司重新考虑以更可控的成本来改进信息技术服务。1991年年中,安然公司成立了一个由各单位派代表参加的信息服务团队,负责制定新的准则、改进协调方式并集中解决有争议的问题。

就在这份合同签署4年后,双方宣布对合同进行重大调整,以"提高两个组织处理新的和不断发展的技术的灵活性"。合同有效期又延长了3年(到2001年),安然公司旗下的各子公司分摊了一部分成本,并受命管理和改善自己的信息技术职能。有些信息技术服务是非捆绑式的,以便每一个单位能获得量身定制的服务。这份合同还规定绩效奖励和惩罚。

在另一笔交易中,电子数据系统公司购买了安然公司350万股的新股,从而使安然公司的债务—资本比率下降了两个百分点。这笔交易预计不会稀释安然公司股票的收益,因为这笔交易有利于提高效率,并规定了相应的激励措施。

鉴于安然公司与电子数据系统公司的信息技术合作是安然公司商业等式成本端的一个关键变量,因此,公司方面里奇·金德参加了新合同的谈判。所以,这份新合同是金德的一个杰作。信息技术在新的天然气行业——以及后来的电力行业——非常重要。

回归分散化管理

1992年年底,安然公司成立了输气管道与液化天然气集团(Enron Pipeline and Gas Liquids Group),负责管理受监管的管道运输业务和生产现场服务(新解除管制的从生产现场到大口径州际天然气管道运输的支线输气业务)、清洁燃料(从天纳克公司买来的叔丁氧基甲烷和甲烷工厂)以及安然液体燃料管道输送业务。罗恩·伯恩斯任集团董事长,斯坦·霍顿被任命为集团下属的管道输气事业部总裁,同时兼任北方天然气公司总裁。

横贯西部管道公司总裁特里·索恩、西特鲁斯公司和佛罗里达天然气输送公司总裁比尔·艾利森(Bill Allison)以及北方平原公司(Northern Plains)总裁拉里·德罗因(Larry DeRoin)都要向斯坦·索恩汇报工作。仍采取集中式管理的会计、财务和法务等职能部门的主管也要向霍顿汇报工作。[1] 从事州内管道运输业务的休斯敦管道公司作为不受监管的天然气批发部门的一部分,仍留在安然天然气服务公司,而1993年年初收购的路易斯安那资源公司也是如此。

业务分散化管理是安然公司这次重组的主要重点。在必须满足特定客户的需求时,一种模式显然是不行的。现在,每家公司——无论是位于输气管道的源头还是末端——的总裁都有很多与客户接触的机会,这在以前的组织结构中是不可能的事情。天然气生产商也是安然旗下各公司的客户;没有他们,安然公司就没有天然气,因此也就没有另一端的销售。

监管也限制了安然公司轮毂—辐条式输气管道系统实现规模经济。莱所憧憬的从东海岸到西海岸、从北疆到南疆的输气管网协同效应,被联邦能源管理委员会的管线专有型监管所抑制,更不用说受到非歧视性的开放—准入规定的遏制了。这些都是可以预料到的。但是,公司内部的一些职能部门实行集中式管理,而最佳实践和标准化则通过让员工在不同管道运输公司之间轮岗来推广。

横贯西部管道公司:加急申请

安然公司的州际业务扩张模式以及联邦能源管理委员会的及时授权,对于安然公司偿还债务和增加利润至关重要。但申请《天然气法案》第7条(c)款规定的授权进入市场或扩建已有管线,一直被认为是给予竞争项目和燃料拖延时间的机会。早在20世纪50年代,佛罗里达天然气输送公司就以微弱优势战胜了燃油公司,获得了在这个阳光之州修建天然气输送管线的授权。[2] 1959年,仅仅过了15个月,横贯西部管道公司也拿到了这种授权,在天然气紧缺的加州过上了比较省心的日子。

1990年6月,横贯西部管道公司向联邦能源管理委员会申请在(再次)出现

---

[1] 第二年,霍顿又出任新成立的安然运营公司(Enron Operations Corporation)的总裁,向董事长汤姆·怀特汇报工作。

[2] 请参阅:Bradley, *Edison to Enron*, pp. 272—276。

天然气紧缺的加州扩建一条输气容量3.4亿立方英尺/日、造价1.6亿美元的输气干线,并且为接收来自新墨西哥州圣胡安盆地(San Juan Basin)急剧增加的(得到税收抵免支持的)煤层气供应,还申请扩建一条输气容量5.2亿立方英尺/日、造价9 000万美元的输气支线。[1]根据横贯西部管道公司18个月的施工进度和扩建项目的输气容量被客户订购一空的盛况,安然公司希望这两个项目能尽快实现两位数的利润增长率。

2个月后,伊拉克入侵科威特,使石油地缘政治变成了国家安全问题。肯·莱以用天然气取代石油为由,不惜余力地加快横贯西部管道公司扩建项目获批的速度。事实上,美国联邦能源管理委员会和能源部也已经公开支持加快输气管道审批,以提高天然气行业内部的竞争程度并支持使用最清洁的化石燃料。

横贯西部管道公司的扩建项目投产后,将取代每日多达5.5万桶的进口石油(加州的发电厂因天然气供应不断减少而不情愿地改用燃油)。据安然公司估计,整个天然气行业利用以天然气替代石油的机会,每天可挤走25万~50万桶的进口石油。[2]

1990年9月,横贯西部管道公司再次向联邦能源管理委员会申请加急许可。"确保我们国家有稳定的国产环保燃料供应……从来没有像现在这样……紧急。"横贯西部管道公司在申请文件中这样写道。特里·索恩对行业媒体打趣说:"我们只用一份申请就能拯救我们的国家(从伊拉克危机中)和埃尔帕索(天然气)公司。"横贯西部管道公司的总裁这样说,有点不尊重他的企业和职业。

横贯西部管道公司新的扩建计划通过了初审,因此,该公司可以依照《历史保护法案》(Historic Preservation Act)聘请自己的环保公司修复史前古器物获取通行权的同时,开展施工前的准备工作。横贯西部管道公司凭借这个抢先起跑的优势,创造了从向联邦能源管理委员会提出申请到天然气交付使用只花了一年半时间(从1990年9月到1992年2月)的"现代纪录"。

一个每年有4 000万美元息税前收入的项目工期缩短几个月,就能为安然

---

〔1〕《美国国税局法典》第29条关于每千立方英尺煤层气可抵免税收0.87美元的规定适用于1991年1月1日前完成的气井。1990年10月的立法把这个截止日期延长到1992年,并增加了致密砂岩气的税收抵免,这对于安然石油天然气公司是一个利好消息。本章对此进行了讨论。
〔2〕 与安然公司合理(但有争议)的估计数据相比,全美天然气协会的"更长期"每日取代百万桶原油的数据表明,扩大输气容量多输的天然气替代了按英热单位当量计的原油,还包括天然气汽车的需求。《天然气日报》评论称:"不过,这个行业不应该被自己的广告宣传所愚弄。事实仍然是,天然气行业继续主要为争夺新的需求而展开竞争。煤炭更有可能被天然气取代。"

公司1992年的利润增加数百万美元。横贯西部管道公司这家能做到这一点的小管道运输公司，是最后一家向联邦能源管理委员会申请扩建许可的公司，也是第一家向天然气短缺的加州提供新输气容量的公司。[1]

在佛罗里达州打败了石油

安然公司旨在借加州和佛罗里达州经济增长的"东风"的宏伟计划，在1986年油价急剧下跌时遇到了一个意想不到的问题——必须打折销售天然气，才有可能重新赢得或者保住双燃料电厂的天然气市场。但在佛罗里达电力照明公司是全球最大的发电渣油买家的佛罗里达州，安然公司签订的一份15年期、价格相当于渣油的复杂天然气供应合同出了问题——佛罗里达天然气输送公司的输气容量难以确定。

事实上，西特鲁斯–安然公司按照1985年的马克·福莱维特交易条款所做的买进和转售交易每月要损失数百万美元。这个跟踪账户——设立这个账户的初衷在于结转天然气价格跌到渣油价以下的月份里出现的亏损，并且在渣油价格普遍上涨的月份里再把亏损抹去——并没有起到预期的作用。由于环境和其他原因，渣油的需求不断下降，导致西特鲁斯公司的价格常年处于低位，并且导致天然气交货价格下跌。而所有这一切都是安然公司的问题，而不是索纳特公司的问题。

天然气与渣油的历史比价已经大幅上升。每个月300万~700万美元的亏损目前还没有减少的迹象，但本应导致合同终止的连续亏损也没有完全按照计划发挥作用。安然公司计算出了4.5亿美元的净现值负债，并需要与佛罗里达电力照明公司签订一份新的合同，不但要付钱给这家公司，而且要做出让步。一个规模相当于安然公司臭名昭著的英国北海J块油田合同1/3的问题就要发生。[2]

这份问题合同成了安然天然气服务公司必须解决的一个问题，这个任务就

---

〔1〕仅仅几周或几个月后，输气容量7亿立方英尺/日的克恩河天然气输送公司(Kern River Gas Transmission Company)（从怀俄明州把天然气输送到南加州）和埃尔帕索天然气公司输气容量4亿立方英尺/日的扩建项目因监管的原因拖延多年后终于投入运营。这两家公司向加州境内的克恩—莫哈韦(Kern-Mojave)输气管线输送11亿立方英尺/日的天然气用于直供终端用户。埃尔帕索公司在1993年年中收购安然公司持有的50%的股权，从而成为莫哈韦公司的唯一所有者。

〔2〕安然公司（见第十二章）因修订英国北海J块油田合同在1997年注销了6.75亿美元（见第十二章），而佛罗里达天然气输送公司则是支付（而不是收进）5 000万美元。

交给了杰夫·罗伯茨。他曾供职于佛罗里达电力照明公司,与安然公司的福莱维特在谈判桌上打过交道。罗伯茨指派迈克·麦康奈尔负责这份合同的重谈工作。

正如麦康奈尔后来在回忆录中所解释的那样,安然公司 1992 年的首要目标是让公司股价上涨。这笔巨额债务通过向买家开一张 5 000 万美元的支票才得以解决,而修订后的合同实际使安然公司在渣油价格走强时赚回了这笔钱。安然公司,包括文斯·卡明斯基在内的那帮聪明人干得不错。罗伯茨的前同事们想要修改一起似乎越来越符合安然公司定价关系的交易。这份合同后来也因采用盯市记账法创造了 6 000 万美元的利润,从而让麦康奈尔获得了一笔不小的奖金,并且晋升为副总裁。

充分利用

肯·莱通过进入联邦政府监管的天然气行业中游市场,对老休斯敦天然气公司进行重组,差不多已有 10 年。到了 1993 年,安然公司麾下各从事州际业务的公司都只提供输气服务,安然公司旗下一家独立运营的附属公司安然天然气营销公司,或者说,非附属独立营销公司买卖(各州际公司输送的)天然气。在从"采购供应"(purchased supply)过渡到"接收供应"(received supply)的过程中,曾经令人担心的业务问题已经被证明无关紧要。里奇·金德在 1988 年参加的摊牌会已经为老派的天然气输送公司与新派的天然气营销公司分拆(解除捆绑)和征服市场奠定了基础。

1993 年安然公司旗下的 4 家州际天然气管道运输企业(包括合资的北疆管道公司)的输气容量差不多达到了 80 亿立方英尺/日,比 1990 年增长了 10%,刚好超过了全国天然气市场的增长幅度。除了北方天然气管道公司以外,安然公司的另外几家州际天然气管道运输企业的输气容量利用率全年都处于或接近设计水平,而北方天然气管道公司是为满足冬季高需求而成立的(有需求高峰月和正常月之分)。北疆管道公司为满足 1992—1993 年冬季的供暖需求,把天然气的日输送量增加了 25%(达到了 17 亿立方英尺/日),并且处于满负荷运行状态。但是,在供过于求的得州天然气市场上,休斯敦管道公司的利润率相对较低。[1]

在很多时候,安然公司旗下的管道运输公司输能过剩,不得不按低于联邦能源管理委员会批准的最高费率的价格提供输气服务;而联邦能源管理委员会的最高费率是基于折余原始成本而不是重置成本确定的。管道运输公司之间的竞争是各州天然气市场的普遍特征,但佛罗里达天然气输送公司所在州的天然气市场是个例外,因为它是佛罗里达州唯一的天然气输送商。但是,安然公司前输气管道运营主管 E. J. 伯金(E. J. Burgin)正在"挨家敲门",希望签下建造第二条通往阳光之州的输气管道的合同——一个由联合管道公司(United Pipeline)和沿海天然气输送公司共同发起、造价 14 亿美元、输气容量 8 亿立方英尺/日的拟建项目。

"尽管州际天然气管道运输业务仍然受到监管,联邦能源管理委员会为我们的每项非捆绑服务设定最低和最高费率,"斯坦·霍顿解释说,"但我们发现,竞争决定了我们的实际收费水平。"安然国际公司的主管解释说,成为低成本供应商至关重要,"我们希望确保我们的客户不会离开我们去接受美国天然气管道公司、阿尔法自然资源公司(Alpha Natural Resources, ANR)、埃尔帕索公司、阳光公司(Sunshine)等竞争对手的服务"。但是,由于肯·莱的"一流"倾向(安然公司向其旗下的州际天然气管道运输公司收费),因此,安然公司要保持低成本并不容易,霍顿做不到福莱斯特·霍格伦德在安然石油天然气公司能做的事情。[2]

安然公司在 1991 年的年报中设定的一个目标是:"放弃严格意义上的费率基础心态,只有在被证明具有经济合理性时才可以扩建输气管道。"安然公司的现实世界不同于教科书中的自然垄断模式,从而令人对 1938 年《天然气法案》中公用事业监管的公共利益论产生了怀疑。因此,肯·莱和安然公司一直在为放松费率和准入监管进行宣传和游说。

---

[1] 业务不受监管的休斯敦管道公司(后来的路易斯安那资源公司)的销售由安然天然气服务公司负责。对州内、州际、阿根廷南方天然气输送公司和液体燃料厂的实际管理由安然运营公司负责,而后者隶属于罗恩·伯恩斯的安然输气管道与液化天然气集团。
[2] 可变薪酬就是一种降低成本的策略,安然公司在 1993 年实施了这项策略,以便更好地奖励结果,而不是努力。为了更快地解决问题(改善对客户的服务),安然公司还强调鼓励个人承担风险和持有公司股份,而不是通过(官僚)集团来解决问题。

1990年，莱提出了一种用基于"公允价值"（如重置成本，而不是折余原始成本）的新最高费率来"应对市场力量"的观点。这就是联邦能源管理委员会监管州际输油管线的方式，而重新定义的成本可以满足1938年《天然气法案》规定的基于成本的公平合理准则，这也是全美州际天然气协会的立场。

第二年，莱重申了他的主张——管道运输公司需要额外的激励，才能通过拓展风险与回报的边界来扩展它们的业务。[1] 1991年，北方天然气管道公司和佛罗里达天然气输送公司提交了其费率方案申请，并且提出了奖励费率的建议。但是，联邦能源管理委员会负责人马丁·奥尔代（Martin Allday，1989—1993年）责成申请人承担沉重的举证负担。莱只能抱怨说："现在是联邦能源管理委员会停止谈论激励费率并着手推行激励费率的时候了。"

联邦能源管理委员会负责人奥尔代的前任玛莎·海塞（Martha Hesse，1986—1989年）曾把制定激励费率的问题提上联邦能源管理委员会的议事日程，以允许管道运输公司继续提高生产率（效率）收益。她援引动态（而不是静态）竞争观解释说："我认为，毫无疑问，对天然气行业实施的从集输管线到燃烧器喷头的广泛监管，至少在一定程度上要对天然气行业过去20年的低迷表现负责。"海塞还解释说，纯利润（高于联邦能源管理委员会规定的"合理"水平的利润）的诱惑是熊彼特式创新的必要条件，并且把激励费率说成是"模仿创业生命周期的一种尝试"。[2] 她还说，这个行业已经转型，联邦能源管理委员会也必须转型。

海塞举了一些效率低下的具体例子。如果没有提高利润的潜在可能性，高风险项目就可能无人问津，而超过费率方案三年执行期的成本削减项目就可能无法完成。旨在增加输气量的费率折扣（低于完全分摊成本，即最高费率）会在下一个费率方案报批期分配输气量时对管道运输公司产生影响。但不管怎样，与动态创业观相对立的静态竞争观是难以克服的，尽管海塞已经建议采取动态创业观，更不用说肯·莱和安然公司以及整个州际管道运输业已经做出了最大

---

[1] 莱要求根据联邦能源管理委员会新规定的费率设计方法［即直接固定变量法（straight fixed variable）］来制定安然公司的费率，从而减少了风险成本的回收，进而使得激励管道运输公司输气量最大化的措施黯然失色。有关这个问题的更多讨论，请参阅：Internet appendix 6.4, "Incentive Regulation and Enron: 1989－1992," www.politicalcapitalism.org/Book3/Chapter6/Appendix4.html.

[2] 海塞援引约瑟夫·熊彼特（1885—1950年）的话解释说："企业家或创新者在一段时间里是垄断者。如果他们取得了成功，就可以享受高于正常水平的利润。但成功会引来模仿者并触发竞争。[所以]……早期的利润……随着时间的推移会逐渐被侵蚀。"关于熊彼特的经济学理论，请参阅：Bradley, *Capitalism at Work*, pp. 97－103。

的努力。[1]

致力于国际化

肯·莱在把得州的一个天然气输送系统改造成全国性的轮毂—辐条式天然气输送网络时,并没有表现出强烈的国际化愿望。事实上,休斯敦天然气公司为了给国内天然气扩张融资变卖了它全球领先的二氧化碳供应公司液碳公司。在1985年和1987年安然公司遭遇毁灭性打击——安然公司在秘鲁石油公司的业务(被国有化)和安然石油公司(交易丑闻)——以后,联合北方公司的两家国际合资企业先后停业。[2]

安然公司在加拿大有相当规模的业务。合资企业北疆管道公司把加拿大的天然气从萨斯喀彻温省(Saskatchewan)边境输往美国中西部地区。安然石油天然气公司9%的油气储量在加拿大西部,安然天然气服务公司后来也在加拿大西部开展其商业活动。

邻国墨西哥封闭的能源部门并没有被纳入安然公司的业务范畴。[3]但希望总是有的。1994年1月1日成为法律的《北美自由贸易协定》得到了美国天然气行业尤其是安然公司的大力支持。莱在1993年代表大休斯敦商会(Greater Houston Partnership)在众议院筹款委员会举行的听证会上作证时也表达了同样的意思。

安然公司是久经考验的输气管道和电厂营造商和运营商,并且是具有全球视野的天然气巨头。莱曾在1990年表示:"我们还希望继续向国际市场扩张,为我们所有的一体化业务建立全球市场。"但老牌国际能源公司也在寻求与商业友好国家达成交易。那么,安然公司是如何脱颖而出的呢?

---

[1] 关于两种竞争理论——一种是指导联邦能源管理委员会的竞争理论,另一种是推动改革的竞争理论——的更深入讨论,请参阅: Internet appendix 6.5, "Mandatory Open Access Reconsidered," www.politicalcapitalism.org/Book3/Chapter6/Appendix5.html。

[2] 联合北方公司方面的第三家国际子公司丙烷公司(Propane Corporation)后来隶属于安然美洲公司(Enron Americas),在1996年给安然公司造成了重创。这一年,这家公司在波多黎各的圣胡安天然气公司(San Juan Gas Company)发生丙烷泄漏爆炸事件,造成33人死亡、69人受伤。请参阅第十二章。

[3] 1917年,墨西哥宣布地下矿藏的所有权。1938年,墨西哥把石油和天然气工业收归国有,并成立墨西哥石油公司(Petróleos Mexicanos, PEMEX)。安然公司在20世纪90年代与墨西哥国家石油公司进行过合作谈判,但没有达成任何付诸实施的协议。

第六章
争当世界天然气行业的巨头

1990年年初,肯·莱答应了他在白宫的朋友的请求。老布什总统选择在家乡休斯敦举行定于7月召开的第16届工业化国家经济峰会[1],但准备工作没有落实到位。莱能出手相助吗?

这可是一个千载难逢的机会。在三天时间里,加拿大、英国、法国、德国、日本和欧盟委员会的领导人——及其代表和国际媒体——将会了解安然公司和能源、天然气时尚。莱与休斯敦慈善家小乔治·斯特莱克(George Strake Jr.)一起被任命为联合主席,他让能干的助手南希·迈克尼尔动用公司的许多资源具体负责这项工作。[2] 这可是为了美国、休斯敦市——还有安然公司。

七国集团的非正式工作会议收效甚微,但这里有很多得克萨斯式的娱乐和欢笑,莱不仅与布什,还与玛格丽特·撒切尔度过了美好的时光。她的国家即将要夸耀安然公司雄心勃勃的燃气热电厂。

来访代表参观了安然公司漂亮的大楼和位于42层的现代化天然气控制室。国际媒体受到殷勤款待,它们传递的信息是:安然公司规模庞大,业绩已得到证明,而且前途无量;安然公司可以融资、建设和运营;安然公司是你可能没听说过的能源巨头。联合主席斯特莱克由于不知道安然公司的安排,对他的同事这么想一手包办这次会议的筹备工作感到惊讶——甚至不安。

休斯敦为这次峰会做了大量的工作,包括一项耗资2 000万美元、有数千名志愿者参加的美化工程,并且取得了很大的成功。成千上万名休斯敦市民走上街头向贵宾们致意,但出了一个小意外——炸弹恐吓,一辆汽车的后备厢里装着一个神秘的圆筒。这是安然公司改装的一辆天然气汽车,只不过是肯·莱设计的天然气主题的一个小组成部分而已。

安然公司在20世纪90年代初采取的两次重大国际行动都与它的核心业务有关。其中的一次行动就是在英格兰东北部的蒂赛德工业区建造了世界最大的联合循环燃气电厂,而另一次行动则是收购阿根廷南部一条大型天然气输送管

---

[1]"事实上,[国务卿]吉姆·贝克(Jim Baker)是休斯敦人,我也是休斯敦人,而[商务部部长]鲍勃·莫斯巴赫(Bob Mosbacher)是得州人,这应该与下一次峰会的举行地点毫无关系。"布什在1989年打趣地说。
[2]迈克尼尔在1994年被提拔为负责公司事务的副总裁,1997年年初成为理查德·金德夫人并离开了安然公司。

图 6.2 肯·莱让安然公司在 1990 年 7 月得州休斯敦举行的第 16 届工业化国家经济峰会上出尽了风头。

线并使其现代化。在几次常规重组期间,安然电力公司在印度达博尔推出了雄心勃勃的蒂赛德项目续集,并由丽贝卡·马克接替约翰·温负责这个项目。

从蒂赛德发电厂到安然欧洲公司

到了 1990 年,"铁娘子"玛格丽特·撒切尔已经开放了英国的电力行业。英国电力行业以签订一份排他性的长期合同的方式支持英国工会组织严密的煤炭行业。英国电力行业必须引入市场竞争机制才能降低电价,消除任人唯亲的现象,并且减少劳资纠纷,而英国天然气公司这家垄断企业也需要引入竞争机制。

大约在同一时间,北海天然气田的发现导致了天然气与煤炭之间的潜在竞争。再加上燃气轮机技术的进步,这一切为私营企业,特别是像安然公司这样掌握热电专业知识又有紧迫感的新来者搭建了一个新的竞争平台。

约翰·温根据一份他与安然公司签订的咨询合同,马上就采取了行动。

肯·莱也毫不含糊,他拜访了撒切尔夫人内阁的能源大臣约翰·韦克汉姆(John Wakeham),为项目获得快速批准进行游说。

韦克汉姆发现莱"非常明智"和"非常坚定"——他"比竞争对手更加了解自己想要的东西"。这位英国能源大臣(1989—1992年)对"实质性"的商讨表示欢迎,因为这些商讨"有助于证明,我们的电力系统私有化连同竞争性市场正在朝着非常正确的方向前进"。

英国政府加快了审批这个占地23英亩的现代化项目的进程。1993年3月,蒂赛德发电厂投入使用,而韦克汉姆本人也获得了名人的荣誉。据说,查尔斯王子谢绝了这个机会——这倒并不是因为安然公司努力不够。其实,安然公司已经做了包括对王子信托基金捐款在内的努力,肯·莱也是不遗余力。

1988年,这个项目筹备工作刚启动时,约翰·温和他在温氏集团的高级副手罗伯特·凯利冒险来过伦敦,为这个世界级的项目安排合同谈判事宜。这个项目需要电力和蒸汽、天然气供应以及一条把海上天然气输送到发电厂的输气管道等的投资。

到这一年的年底,温与帝国化学工业公司的拉尔夫·霍奇(Ralph Hodge)达成了一项由该公司负责全部蒸汽和700兆瓦电力销售的长期协议。蒂赛德是帝国化学工业公司主要设施的所在地,并且作为10%的所有者参与了这个项目。由米德兰电力公司(Midlands Electric)牵头的几家公用事业公司承诺把电力供应增加到1 750兆瓦,其余125兆瓦(总共承诺供应1 875兆瓦的电力)是现货购买电力的供电公司可自由处置的峰值电能。

对于蒂赛德项目,天然气供应是一大挑战。出于对经济效益的考虑,必须铺设一条容量大于蒂赛德项目所需的1.5亿立方英尺/日的天然气输送管线。这个问题通过以下方式得到了部分解决:增建一家每天需要9 000万立方英尺天然气、每天能生产7 500桶液化天然气的工厂。为此,就得签订一份每天供应2.4亿立方英尺天然气的15年期合同,其中70%的天然气供应受"不取照付"条款约束。安然公司承诺与由北海主要石油生产商阿莫科(后来的BP)牵头的财团——中央区域输气系统(Central Area Transmission System,CATS)集团——签订了3亿立方英尺/日的输气合同,由这个财团旗下的管道运输公司负责把天然气输送到140英里外的蒂赛德。

为了赢得客户,温不但供应比较便宜的电力,还供应更多的电力和蒸汽。他

图 6.3　1993 年 4 月 1 日,世界最大的热电厂在蒂赛德建成。肯·莱和汤姆·怀特(居中)与蒂赛德项目的其他负责人在一起庆贺,个个喜笑颜开。

还签订了严格规定竣工日期和奖惩条款的合同。安然公司为最终敲定建造发电厂所必需的合同还加大了赌注。

在项目融资可以得到保证之前,安然公司自筹资金开始了项目建设——就好像这个项目已经帮助它成为能源巨头似的。在"令人精神崩溃的 6 个月"里,安然公司把它宝贵的 3 亿美元资金投入这个项目。为了加快项目建设速度,温雇用了一些美国陆军基础设施高级管理人员。汤姆·怀特、拉里·伊佐和林肯·琼斯(Lincoln Jones)后来就成了安然公司要发生的故事中的人物。[1]

事实证明,不分昼夜地工作、每天早上 7:00 的管理人员会议以及凶狠的温氏管理,还远远不够。[2] 最后只用了几分钟的时间就敲定了天然气供应合同。热电厂比 1993 年 4 月 1 日的规定日期提前 2 天竣工——创下了这种规模的项目 29 个月竣工的纪录。

高盛公司提供了 13 亿美元,够安然公司支付一半的中期成本;还对休斯敦方面进行了 1.5 亿美元的投资,从而获得了价值 12 亿美元的资产 50% 的产权。为了增加公司 1991 年和 1992 年的收益,(由安然电力公司作为建筑商和运营商

---

[1] "汤姆·怀特和拉里·伊佐出色地排除了许多障碍,"罗伯特·凯利回忆说,"我们的要求一度遭到了拒绝! 但汤姆扭转了这种局面,主要是因为他在当地人的眼里很有魅力。"

[2] "脾气火爆"的温以一种自诩"啦啦队和踢屁股组合"的方式摆布他的员工。一个直接向温汇报工作的下属说:"我们都至少被炒过十次鱿鱼。"丽贝卡·马克是温手下的一名高级职员,她与温之间暴风骤雨般的亲密关系堪称奇迹。

赚到的)1 亿美元的在建项目利润已经在 1991 年和 1992 年入账。

"除了安然公司内部,几乎没人知道安然公司为建设蒂赛德项目承担了多大的风险;而且事后也几乎没人在乎这件事。"这种拿公司当赌注的策略收到了效果,但后来,这样的行动可不会以这种方式结束。

蒂赛德项目在安然公司 1990 年的年报中被认定为在"众多"机会中,可为"落实安然公司'总体包装'(total package)概念做出广泛贡献的第一个机会"。为了利用好这个机会,安然公司在 1990 年年中成立了安然欧洲公司,由安然欧洲公司负责管理安然公司在整个欧洲大陆的全部天然气业务,包括天然气管道输送、液化加工、燃气发电甚至天然气勘采。

"安然欧洲有限公司(Enron Europe, Ltd.)是安然公司成为全球第一天然气巨头这个愿景的组成部分,并且允许安然公司在国际舞台上扩展其全部的核心业务。"安然公司在其 1990 年的年报中如是说。围绕蒂赛德项目展开的各项业务被视为这家总部位于伦敦的子公司的事业的开端。安然公司在 1991 年年报的封面上就印上了这家子公司的名称。

1992 年年中,安然公司发布与东部发电公司(Eastern Generation)达成的一项原则性协议,计划在 1993 年建造一座斥资 3 亿美元、装机容量 380 兆瓦的燃气发电厂;蒂赛德项目二期工程的液化天然气厂计划在 1994 年付诸实施。安然公司还预见到了在英国进行天然气营销的必要性:所有这一切都是雄心勃勃的"迷你安然"(mini-Enron)英国计划的组成部分。[1]

英国"大力发展天然气"以取代污染严重的煤炭,这似乎正符合肯·莱的意愿。因此,1993 年 3 月,安然欧洲公司(现在隶属于安然国际公司)与北海 J 块油田签订了一份从 1996 年开始执行、日供 3 亿立方英尺天然气的 15 年期合同。安然公司的采购承诺对于康菲石油公司(Conoco/Phillips)、英国天然气公司和意大利石油总公司(Agip)开发北海中部区域朱迪和乔安妮油田(Judy and Joann Fields)必不可少,这可是一起价值 10 亿美元的交易。与中央区域输送系统签订

---

[1] 安然公司在其 1992 年的年报中说得很清楚:"安然公司将向英国的新燃气发电项目和其他天然气客户追加销售 3 亿立方英尺/日的天然气……等北海 J 块油田投产后,[液化天然气]产量将增加 1 倍以上。这里生产的液化天然气还将在英国和全欧洲销售。"安然公司又在其 1993 年的年报中重申了这种乐观估计:"二期工程[液化天然气厂]建设有望很快启动……J 块油田的天然气……将支持安然公司未来的营销计划。"

的 3 亿立方英尺/日 "不输照付"（send-or-pay）输气合同用于支持在海岸交付天然气。由安然公司的老对手英国天然气公司牵头、扩建后输气容量达到 14 亿立方英尺/日的输气系统,必须有这样的托运人确定性才能投入建设。

但是,安然公司在 1990 年 9 月做出的天然气供应承诺与 1993 年 3 月做出的承诺有很大的区别。无论是东部发电公司还是蒂赛德二期工程的天然气处理设施都不是板上钉钉的项目,因此,供气和输气合同都具有投机性。正如以前所做的那样(而且以后还会再做),肯·莱是在赤裸裸地打赌,锁定前端天然气供应来确保安然公司在实施大欧洲战略的过程中表现卓越。

风险更大的是,安然公司是按照不断上涨的固定价格购买北海 J 块油田的天然气,却没有在天然气采购合同中加入针对天然气市场价格下跌的"中止采购"条款——就好像美国在 20 世纪 80 年代遭遇的经历不会在英国天然气市场发生似的。这 3 亿立方英尺/日的天然气 100% 采取"不取照付"的方式供应,而且每天至少要实际取用 2.6 亿立方英尺/日的天然气才能保证每天生产 9.5 万桶石油(包括天然气)。据估计,北海中部区域的朱迪和乔安油田蕴藏着超过 1 万亿立方英尺的天然气,安然公司想要买下这里的全部天然气。

安然公司后来奉命修复这些合同的迈克·麦康奈尔指出,安然公司要履行的合同义务是"确定的义务,而且是非常确定的义务"。"好像所有可能的不利条款几乎都是针对安然公司的,"他回忆道,"康菲石油公司和最初的谈判代表充分利用了安然公司的需要,以至于在谈判中几乎总要设法惩罚安然公司。"他最后无奈地表示:"我对这些协议感到失望。"

安然欧洲公司负责与北海 J 块油田谈判的主管罗伯特·凯利援引了安然公司的目标——"成为英国发电站和其他客户的有竞争力的主要天然气供应商"(他也相信,天然气将会变得越来越少,而不是越来越多)。肯·莱(和里奇·金德)回到国内后依然认为,蒂赛德电厂的装机容量只占英国电力市场 4% 的份额,这为天然气留下了大量的增长空间。[1] 安然公司的董事会也不会拒绝它的这位"金童"。[2]

---

[1] 麦康奈尔回忆说:"安然公司确信,它可以复制[蒂赛德]项目的架构,并且开始实施其电力开发增长战略。新的天然气需求项目"几乎都已经准备就绪",而且"即将结束"。但是,已经执行的需求侧约束性合同不会产生效果。

[2] 约翰·温在北海 J 块油田的问题上与凯利意见一致,而克劳德·穆伦多(据说与交易对手在一家英格兰酒吧待了太长的时间)谈判商定的合同草本,对安然公司来说,是一稿比一稿糟糕。杰夫·斯基林对这笔交易持极其严厉的批评态度。

东部发电公司的交易无果而终,而在蒂赛德项目中的液化天然气厂扩建工程也没有找到愿意做出承诺的客户。更糟糕的是,安然公司没有预见到北海油田许多新的供气合同意味着价格麻烦。对于安然石油天然气公司购买北海油田 4 个未开发区块 1/4 的权益——最初被誉为"进一步整合[我们的]欧洲业务"——来说,两者都不是什么利好消息。

安然公司危险地看好天然气供应和输送市场。北海 J 块油田和中央区域输气系统二期工程将变成一个价值数十亿美元的问题。只有孤注一掷、灵活的谈判和更加强大的安然才能扛得住这个代价昂贵的错误。[1]

(阿根廷)南方天然气输送公司

里奇·金德在 1992 年末一份写给全体员工的备忘录中分享了这样一个利好消息:由安然公司牵头的财团成功地买下了阿根廷南部一个重要的天然气输送管道系统和周边液化天然气设施 70% 股权的 35 年特许经营权,并且附带 10 年的展期选择权。根据一项费用协议,安然公司作为这个项目电站的运营商和 17.5% 的所有者,向这个仅次于蒂赛德的第二关键地区输出它的各种能力。阿根廷与英国一样,也是刚开始推行私有化,而安然公司则是率先获得了慷慨的政府贷款担保的帮助。[2]

金德表示,阿根廷南方天然气输送公司除了有望在 1993 年创造"即时收益"外,还"符合安然公司成为世界第一大天然气巨头、致力于创造更加美好环境的全球最具创新性和最可靠的清洁能源供应商的愿景"。天然气在阿根廷占有 40% 的能源市场份额,而阿根廷 2/3 的天然气就在南方天然气输送公司的地盘上。

安然公司差不多用 5.5 亿美元的中标价买下了这个输气系统 70% 的股权。安然公司的这个中标价比天纳克公司提交的唯一其他竞标价高出整整 1 亿美元,但仍低于安然管理层准许的价格区间的下限。金德和莱担心这次竞标失败,

---

〔1〕 安然公司在 1997 年以支付 6.75 亿美元(税后 4.63 亿美元)赔款的方式解决了北海 J 块油田的纠纷,这笔赔款相当于安然公司股票每股分摊 1.82 美元。请参阅第十二章。

〔2〕 阿根廷以 2.21 亿美元的价格把规模较小的北方天然气系统(也是 70% 的股权)卖给一个由加拿大诺瓦公司(Nova)牵头的财团。安然公司的竞标价高于诺瓦公司的竞标价,但阿根廷政府规定,同一家公司不可获得对这两个天然气输送系统的控制权。阿根廷政府还出售了 5 家地方供气企业,并且是仅次于英国的第二个把天然气行业整体私有化的国家。想了解更多细节,请参阅:Internet appendix 6.6, "TGS (Argentina's Privatization)," www.politicalcapitalism.org/Book3/Chapter6/Appendix6.html。

甚至为此忧心忡忡。但迈克·塔克的团队之前研究过识别这个系统真实价值而不是高估其价值的机会：安然公司进行25％的股权投资，即2 500万美元的投资，就有可能在第一年获得接近或超过20％的股权收益率——相当于或者超过安然公司国内管道运输公司的股权收益率。

阿根廷普遍存在反美情绪。从1860年到1914年，这个国家一直是"一个资本主义奇迹——增长速度惊人，经济繁荣昌盛"，但后来开始出现螺旋形干预，尤其是在胡安·贝隆(Juan Peron, 1941—1955年)执政时期。政府腐败、资本寻租、恶性通货膨胀、惩罚性税收、价格管制、民族主义和国有化等毫不意外地导致危机和政变频仍。阿根廷积欠了650亿美元的外债。

危机能够触发根本性改革。20世纪90年代，阿根廷总统卡洛斯·门纳姆(Carlos Menem)开始推行一项新的私有化和市场化政策，其中包括对国有企业进行私有化，以减少每年的预算赤字——1989年，阿根廷的预算赤字达到了占国内生产总值15％的水平。

私有化有利于论功行赏，但安然公司不得不小心翼翼地不让公司股票的投资者受到惊吓。我们在本书第二章里讨论的秘鲁贝尔科公司被收归国有的问题在经过7年的努力后并没有完全得到解决。为了协调激励措施并降低被征用的风险，安然公司组建了一个由当地工业巨头佩莱斯公司(Perez Companc)、阿根廷最大的银行花旗银行股权投资公司(Citicorp Equity Investments)以及由21家国际银行组成的阿根廷私人发展信托有限公司(Argentine Private Development Trust Company Limited)参加的很有特色的多元化财团。除了这个财团控股70％以外，阿根廷南方天然气输送公司30％的股权由阿根廷政府和本公司员工持有。最后，这个项目获得了美国海外私人投资公司5.36亿美元的风险担保，从而使美国纳税人也卷入了这场"赌博"。[1]

安然公司并没有为了赢得这次竞标而空降到阿根廷。此前，安然公司曾试图在阿根廷拓展一项液化天然气业务，而安然发展公司当时正在阿根廷寻找建造发电厂的机会。事实上，安然石油天然气公司在阿根廷的合资项目已经谈崩，因为阿根廷没有把南方新发现的气藏向外输送的能力。令人感到意外的是，安

---

[1] 这个项目的海外私人保险公司担保额在第二年增加到了6 260万美元，然后在1994年及其后逐年减少。

然公司事先听说了阿根廷的私有化计划,而且内容与官方宣布的完全相同。其实也没有什么可意外的,阿根廷相关官员为了确保招标成功一起走访了休斯敦史密斯街 1400 号(一个虚假但被广泛相信的故事说,阿根廷因为乔治·W. 布什的原因——当时他的父亲任美国总统——被迫接受安然公司的报价)。

这个输气容量 13 亿立方英尺/日、全长 3 800 英里的输气系统平均 85% 的输气容量利用率来自 4 个主要的天然气分销客户,而这 4 个客户以长期确定合同的形式订购了这个输气系统的全部输气容量。但是,阿根廷南方天然气输送公司的输气系统常年失修,急需专业知识和资本来维护,而安然公司牵头组建的财团许诺前期至少斥资 7 500 万美元。

"安然公司预计,通过提高运营效率,可从阿根廷南方这条唯一的输气管道实现可观的利润。"1993 年安然公司为这个项目确定的目标是通过更好的营销来提高输气量,通过更好地利用现有的抗压能力来增加新的输气能力,并且减员 30%——所有这些事先都经过阿根廷政府批准。这样的结构性调整允许安然公司在保证履行合同和实现盈利的前提下降低为规避外汇风险而与美元挂钩的输气费率。实际上,一份 5 年期的费率协议允许这个项目采用激励费率。

1992 年 12 月 29 日,在获得了特许经营权几周后,安然公司的 40 名高管就到现场视察这个大型输气系统重建工程。这个项目的运营方可以增招 100 名员工,而历届阿根廷政府批准录用的现职员工也都接受了竞聘上岗的面试,但结果有几百人被遣散回家。

阿根廷南方天然气输送公司是一家迷你版的安然公司。公司一上来就用"一个愿景、若干核心价值观和一些关键的公司目标来统驭公司业务的方方面面",安装了最先进的天然气计量和控制装置,配备了全新的财会、信息技术和人力资源管理系统,并且在这个资历和任人唯亲曾经大行其道的国度努力用薪酬和企业文化来推行精英管理。与阿根廷的一般企业相比,这家公司还是取得了不小的进步。

在安然公司的管理下,经过整顿的阿根廷南方天然气输送公司创造了公司有史以来的输气量纪录。但在冬季用气高峰,工业大客户的用气仍受到限制,而家庭和小企业用户享有优先用气权。为了确定用户是否愿意为了获得稳定服务——而不是可中断服务——而为扩建工程埋单,这家公司举办了一个放开用气季,预计会收到一些 9 000 万立方英尺/日的用气订单,总共会有 2.1 亿立方

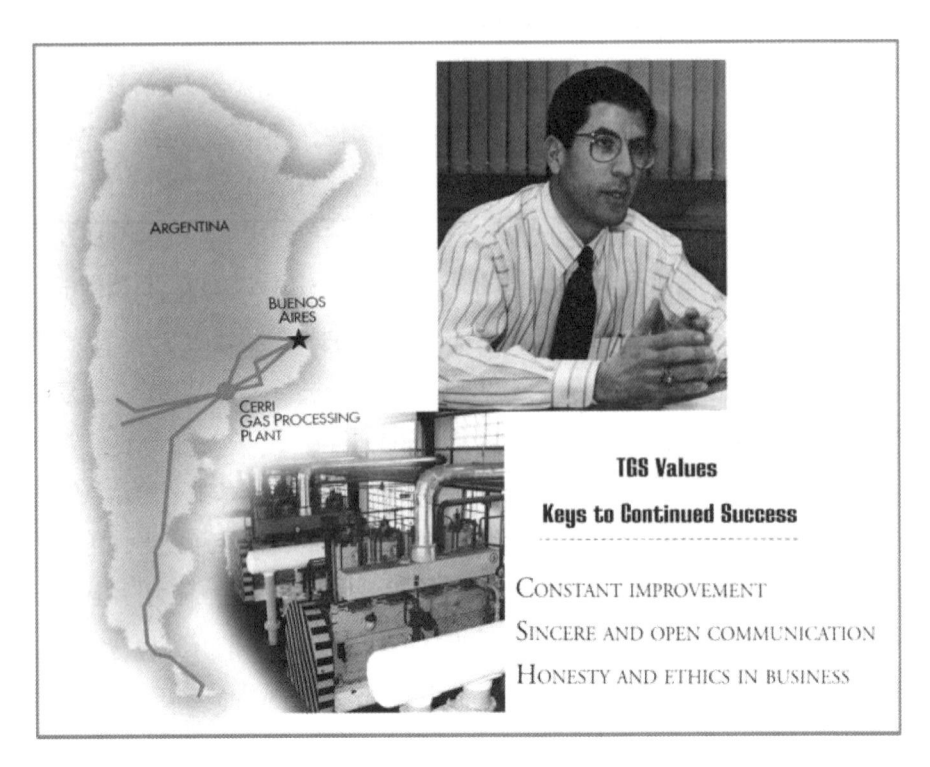

图6.4 阿根廷南方天然气输送公司是安然公司为了实现肯·莱让安然成为世界第一天然气巨头的愿景而采取的第二大国际举措。具体而言,乔治·沃瑟夫在1993—1998年间把安然公司国内州际输气业的最佳实践引入阿根廷。

英尺/日的订购量。

1994年年中,阿根廷南方天然气输送公司扩大了25%的输气容量(2.4亿立方英尺/日)。阿根廷能源监管当局"Energas"选中了一份由安然公司牵头编制的施工标书,安然公司对这个项目的净投资比它0.75亿~1.15亿美元的预期投资额有所增加,并且也使这个财团为期5年的1.53亿美元的投资预算的首期投资预算有所增加。

安然公司在1992年的年报中对投资者表示:"阿根廷南方天然气输送公司使得安然公司将来在阿根廷和南美争取发展机会方面处于有利的位置。"由于这个项目今天的输气和液化天然气营销以及明天的发电和天然气交易,因此,阿根廷天然气输送公司可被视为安然公司到阿根廷乃至南美发展的"跳板",甚至是"千载难逢的机会"。肯·莱现在不但在欧洲,而且在南美也有了滩头阵地。

安然公司因为一度成为拉美第三奇迹而受到了好评。安然公司把自己最好的资产转化为输送阿根廷天然气的最好资产。阿根廷南方天然气公司等的私有化除了推进广泛的经济改革,抑制通货膨胀并促进经济繁荣以外,而且创造了使阿根廷政府财政在 1992 年和 1993 年出现"前所未闻"的预算盈余的收入。1993 年 8 月,梅内姆总统宣布:"通过关闭负债累累的国有企业,我们铲除了非常重要的腐败温床。"[1]

重组、多样化

对于安然公司旗下独立建设和管理北美以外项目的单位来说,重组是司空见惯的事情。安然公司为了适应高管很强的个性,也需要进行人员重组。说到人员重组,没人能超过超级开发商约翰·温。他会根据形势的变化在员工和咨询顾问身份之间轮换。

1991—1993 年,安然公司一共进行了 5 次重大重组,1991 年 5 月实施了第一次重大重组。安然电力公司是一家控股公司,下设(现改名为)安然美国电力公司(Enron Power-U.S.)和安然欧洲有限公司。现在,温担任控股公司及其两家子公司的董事长。汤姆·怀特是这家控股公司的二号人物,担任总裁兼首席执行官,同时也是安然美国动力公司的总裁兼首席执行官。安然欧洲公司总裁鲍勃·凯利被任命为这家控股公司的副董事长。

以上两家子公司的副董事长、后起之秀丽贝克·马克被任命为首席开发官,负责"协调公司的全部开发活动"。这次晋升使马克能够"把安然公司的旗帜插到尽可能多的发展中国家"。

2 个月后,温辞去了他在安然公司的所有职务,再次成为安然的一名高薪顾问。现在蒂赛德项目的合同和融资已经完成,温可以兑现他的股权。他的新安排还包括一大笔奖金,只要蒂赛德项目能够按期竣工——督促项目按期竣工是他的主要职责。温氏集团还可以自由开发自己的电力项目,同时赋予安然公司作为投资者的优先购买权。

在温名义上离开安然公司以后,汤姆·怀特取代了最初雇用他的人,当上了安然电力公司的新董事长。罗伯特·凯利作为安然欧洲公司总裁,现在要向怀特汇报工作。与此同时,安然董事会成员、通用电气公司电力部门 41 岁的"退

---

[1] 几年后,阿根廷的政局压垮了南方天然气输送公司。请参阅第十二章。

役"老兵杰克·厄克哈特(Jack Urquhart)加盟安然董事长办公室,为安然电力公司提供咨询服务,并"负责协调我们在各个业务部门之间的国际战略"。所有这一切都是为了尽可能好地填补约翰·温辞职留下的空缺,并保证公司运行稳定。不过,安然公司在其广泛的国际业务中仍然保留着很强的个性和很大的领地。

1993年年初,安然公司又进行了一次大规模的重组。安然国际公司被并入了安然休斯敦总部,并由罗伯特·凯利负责。安然国际公司的主要部门是安然欧洲,它在英国、欧洲其他国家、中东和前苏联地区拥有天然气综合项目开发的管辖权。安然国际公司还负责管理国际液体燃料营销业务(包括安然美洲公司)和新成立的安然液化天然气公司(Enron LNG)。

"我们相信,这种新的组织结构有助于安然公司管理其在国际天然气市场日益增多的存在,"肯·莱和里奇·金德在致全体员工的信函中写道,"并且提升我们作为全球第一天然气巨头的地位。"

凯利在《安然商务》杂志上发表的一篇特写文章中回顾了他的宏伟计划。安然国际公司的"首要任务"是在蒂赛德以南150英里的亨伯赛德(Humberside)建造一家装机容量700兆瓦的联合循环燃气发电厂。安然公司和其合作伙伴芬兰伊沃(IVO)公司在获得施工许可并签订天然气供应和输送合同后,等待签订电力销售合同(由于无法修订这份合同不匹配的地方,因此,这个项目没有建成)。

安然国际公司正在与土耳其政府就土耳其的三个电厂项目进行谈判,最有可能在年底谈成的项目是位于马尔马拉(Marmara)的装机容量400兆瓦的天然气发电厂。与俄罗斯天然气工业股份公司的一项合资协议已接近达成,这项协议旨在升级一条位于伏尔加格勒地区、向南欧供应天然气的输气干线[一些规模更大的项目,如俄罗斯卡尔梅克共和国(Kalmykia Republic)的一个项目谈成后,没能付诸实施]。

一个改造科威特一家300兆瓦发电厂的方案被认为是安然公司进军中东市场的开始。与此同时,安然公司正在执行一项销售液化天然气和石化产品(包括甲基叔丁基醚和甲醇)的国际战略。6个月后,安然液化燃料国际公司(Enron Liquid International)与中国深圳市签署了一份为期30年的"非约束性液化天然气合资协议"。

凯利认为，范围经济应该是安然公司的利基市场。"协同效应对于其他公司可能没有太大的意义，"他常说，"但在安然国际，这是我们成长和持续成功的秘诀之一。"安然国际公司还设想在中东和美洲开展项目融资型液化天然气项目。

安然公司有3个在国际上非常活跃的独立事业部(被凯利统称为"安然国际公司")，其中一个事业部就是安然发展公司，由丽贝卡·马克主管。安然发展公司旗下有安然电力公司，后者负责不属于安然国际旗下安然欧洲公司管辖的拉美、印度和远东地区(包括环太平洋地区)的一体化天然气项目。安然电力公司还负责管理约翰·温和丽贝卡·马克之前在美国开发的全部热电项目，但还没有重启美国新项目的开发。

安然发展公司把"以市场为导向的经营理念"定义为"为东道国的能源需求寻找解决方案，而不是销售特定的燃料或推动特定的项目"，并且按照这种经营理念做成了几个项目。菲律宾的两个项目——装机容量105兆瓦的巴丹加斯项目和装机容量116兆瓦、安然发展公司持股50%的苏比克湾项目——分别于1993年4月和1994年2月投产。安然公司还在苏比克湾租赁并经营一家装机容量28兆瓦的电厂。

危地马拉的波多库扎尔港电厂是安然公司拥有一半股权的另一家新创企业，装机容量为110兆瓦。[1]这家双驳载(two-barge)电厂是中美洲首家由私人拥有并采用项目融资方式建造的发电厂，供应危地马拉全国1/5的电力。

虽然安然公司的公关形象始于天然气，并且也终结于天然气，但石油仍是这些项目所选择的燃料(这种"言行不一"后来也出现在了煤炭项目悄然进入安然公司投资组合的10年里)。大多数此类项目都距离遥远且风险很大，需要美国纳税人的援助，而且并不是都能达到预期的盈利水平。

安然公司的另外两个国际事业部是主要从事国内业务的子公司。安然输气管道与液体燃料集团(Enron Pipelines and Liquids Group)是(阿根廷)南方天然气输送公司的母公司，但它的收益由安然国际公司报告。安然石油天然气公司的子公司安然勘探公司(Enron Exploration Company)负责北美以外天然气行业的上游活动。

---

[1] 安然公司也收购已有电厂，如买下了德国一家装机容量125兆瓦的燃气发电厂一半的权益。安然在哥伦比亚、多米尼加、希腊、印度尼西亚、意大利和也门的收购谈判也变得活跃起来。

利用新闻稿和媒体照片来宣传正在进行的谈判和达成的软协议,对于安然公司来说是司空见惯的事情。但除了英国蒂赛德、阿根廷南方天然气输送公司和一些小型燃油发电项目以外,许多项目的建设和运营法律合同晦涩难懂。[1]安然公司在与外国主权政府谈判时,每一个环节都需要政治帮助。

1993年2月,安然公司聘请了乔治·H. W. 布什前政府内阁成员、在布什总统连任竞选失败后回休斯敦的詹姆斯·贝克三世(James A. Baker III)和罗伯特·莫斯巴赫(Robert Mosbacher)担任公司顾问。莱称赞他俩用自己的"国际经验财富"帮助安然公司"在世界各地发展天然气项目"。

贝克在国务卿任上与许多外国领导人建立了亲密的关系,他推动了安然公司在科威特、土耳其、卡塔尔和土库曼斯坦的项目。前商务部部长莫斯巴赫(简略地说,安然公司董事会成员)因为以前的工作非常熟悉能源问题。除了优厚的预付酬金外,他俩还能收到他们帮助促成的任何项目的权益。然而,他俩牵线搭桥的项目没有一个是有结果的。

安然公司的第三个顾问托马斯·凯利(Thomas Kelly)是在赢得了海湾战争指挥官的名声后加入安然公司董事会的,同时也在为安然公司和约翰·温的温氏集团的国际业务做牵线搭桥的工作。为了帮助安然——虽然没有在其他国家,但至少——在中国开展业务,亨利·基辛格也加入了安然公司高报酬顾问的行列。肯·莱真是煞费苦心。[2]

1993年6月,安然公司宣布了第二次重大重组。为了在国际上"用一个声音说话",安然公司对(丽贝卡·马克领衔的)国际发展公司和[莱·卡斯凯尔(Ray Kaskel)领衔的]安然国际公司进行合并,成立了安然国际集团(Enron International Group,EIG)。安然公司旗下的每个集团配备一位地区副总裁。

"单枪匹马"的约翰·温以及接受了首席战略官新职位的罗伯特·凯利,直接向休斯敦的肯·莱汇报工作。[3]罗德·格莱(Rod Gray)被任命为安然国际集团总裁。正如本书第十二章所讨论的那样,格莱的任期很短,这是一家涉世不深的国际公司不断试错的结果。

---

[1] 想了解更多的细节,请参阅:Internet appendix 6.7, "International Starts, Not Finishes," www.politicalcapitalism.org/Book3/Chapter6/Appendix7. html。
[2] 还请参阅第七章。
[3] 关于凯利把安然公司带入可再生能源领域的讨论,请参阅第十三章。

图6.5 1993年出版的一期《安然商务》刊发了许多安然公司高管与俄罗斯和中国官员达成早期协议时欢庆的照片,但《安然商务》很少报道这些令人兴奋的开端之后的跟进活动。

安然公司又成立了独立于安然国际集团的安然运营公司,由这家公司接手之前由管道运输与液体燃料集团(Pipeline and Liquids Group)负责的国际建设和运营活动,而刚在英国蒂赛德取得胜利的汤姆·怀特便成了安然运营公司的总裁。阿根廷南方天然气输送项目和其他国际运营项目的收益记在安然国际集团——而不是安然运营公司——的名下,因为安然运营公司采取收费运营的方式。与此同时,安然石油天然气公司作为一家由安然公司持股80%的上市公司,继续独立运营。

(印度)达博尔项目

丽贝卡·马克负责的一个印度电力项目被认为是对于安然发展集团来说类似英国蒂赛德项目的机遇,而对于肯·莱来说,则是安然公司一项价值200亿美元的计划的开始(这项计划旨在通过一个分两期实施的电力项目——印度历史上最大的外国投资项目——使印度电力部门现代化)。

印度的中央计划机构处境艰难,他们制定的第八个五年计划(1992—1997年)预计平均缺电8%,峰值时缺电高达19%。在印度,电力在不同的用户阶层之间定价不当,很多电力干脆在输配过程中"失踪"了。这是一种"计划混乱",自由市场经济学家路德维希·冯·米塞斯为政客管理的经济创造了这个术语。

印度只有很少的选择,本土煤炭的质量在不断下降,价格却在持续上涨。国内新的天然气供应为数有限,政府经费不足,印度疲软的货币和动荡的政局很难提升投资者的信心。[1] 最近在印度进行的能源投资殃及世界银行和其他国际机构,而印度信用等级被下调则反映了国际债务违约的真实可能性。

1992年年初,印度官员来休斯敦考察,安然公司认真听取了他们的需要。虽然传统能源巨头对一个敌视外国资本的国家不感兴趣,但这无关紧要。向来不循规蹈矩的安然公司极有可能成为第一个并且是唯一一个弥补印度电力短缺的合作伙伴。莱吹嘘要去战略规划人员说不能去的地方,他是一位高调的高管,他"把安然定位为无法解决的问题的解决者,而不是低成本的选择者"。[2]

1993年年底,安然公司与印度马哈拉施特拉邦电力委员会(MSEB)签署了一项投资额高达28亿美元、装机容量2 014兆瓦的联合循环发电项目。考虑到印度两位数的通货膨胀率,以美元计价0.073美元/千瓦时的包干价格与印度目前实行的补贴电价相比,是一个令人震惊的价格。据估计,印度目前的补贴电价仅为电力长期边际成本的一半。

这个项目的选定地点就在孟买以南约100英里的达博尔附近。马哈拉施特拉邦虽然荒凉、贫穷,但也算是印度的工业地区。

在这个项目斥资9.3亿美元、装机容量696兆瓦的一期燃油发电工程——"我们希望1994年资金已经到位并进入施工阶段"——之后,接下来的一年里,液化天然气工程一旦签订合同,就能进入施工阶段。

这个项目一期工程为期20年、合同价款高达260亿美元的电力销售协议是由丽贝卡·马克谈成的。从约翰·温的阴影中走出来以后,她在安然公司以不同的国际高管身份做出的决策,将使她成为安然公司历史上最重要的人物之一

---

[1] 1948年《印度电力法》(Indian Electricity Act)把发电和配电任务交给了邦电力委员会(SEBs),后者负责与全国性(中央)企业——一家负责水力发电,一家负责化石燃料发电,还有一家负责电网的企业——交易,而安然公司则与马哈拉施特拉邦交易。

[2] 丽贝卡·马克由于越过她的上司直接请示肯·莱,因此在公司名声很坏。肯·莱因为他俩有共同的经历(两人都在密苏里州的农村长大)和相似的抱负而对她抱有好感。莱对她的出现因为性别(女性)多样性而表示欢迎,并对她主动的亲昵拥抱和展示性魅力的举动总是一笑了之。

——同时也是缺乏企业家精神的典范。[1]

安然公司以苛刻的条件签下了电力采购协议。这个项目在技术上是可行的,但是,一个疲于应付日常工作的政府是否应对得了这个项目——或者说,这个项目在政治上是否可行?穆迪公司刚刚下调这个国家的信用级别,而世界银行则认为这个项目需要投资太多,而且进度太快,因此拒绝为这个项目融资。这个项目二期工程所需的液化天然气远比印度国内煤炭昂贵,更不用说石油了。此外,谁能无视这个邦约有1/3的电被盗,或者说没有计量,导致邦电力委员会长期处于缺钱状态?

如果安然公司能够规避风险,那么,30%的回报率——国内市场回报率的3倍——确实很有诱惑力。设备供应商通用电气公司和项目承包商贝克特尔(Bechtel)各占10%的股权,安然公司独占80%的股份。安然公司的打算是:卖掉一期工程30%的股权,就能成为占有1.35亿美元工程投资一半股权的所有人,这与安然公司在蒂赛德项目上的股权投资份额相当。可是,由于印度是一个发展中国家,因此,政府也在寻求融资(蒂赛德项目没有出现这种情况),以提高安然公司进行项目融资的概率。

安然公司签订的这份合同是一对一谈判的结果,而不是竞标的产物,它不仅基于高回报,而且基于高保护。根据天然气供应适用90%"不取照付"条款的合同,为了限制外汇风险,付款以美元而不是印度卢比计价。买方(马哈拉施特拉邦电力委员会)要对与燃料成本或工厂运营(包括输送服务)相关的成本上涨负责。而且,印度中央和邦两级政府对这个项目提供了担保。

马克给马哈拉施特拉邦电力委员会清楚交代了她要的条件,但达博尔项目的合同与北海J块油田的合同截然不同。产品要在一个贫穷、不稳定的主权国家销售。虽然双方都表示了很大的善意,媒体也给予好评,但这个纸上说得很好的项目却麻烦不断。

进出口项目融资

安然发展集团的目标是"把安然公司在国际市场上要面对的风险降低到类

---

[1] 按照作者罗伯特·布莱斯(Robert Bryce)的说法:"安然公司在马克负责的项目上蒙受了巨大的损失,并因此而加快了破产的速度。马克那种奢华的环球旅行习惯不断耗费安然公司的现金。"

图 6.6 丽贝卡·马克负责的印度达博尔项目是为了在发展中国家复制蒂赛德项目而进行的一次大胆尝试。合同签订后,项目于 1993 年开始施工,但政治问题很快就吞噬了这个项目,留给安然公司及其合作伙伴的是一个在建的不良项目。

似于在美国从事相同业务可能存在的正常商业运营风险类似的水平"。但在加拿大和英国之外,尤其是在对资本主义不友好的发展中国家,怎样才能做到这一点呢?

事实上,安然公司正在承担别人不可能会承担的风险。但这种大胆行为得到了美国纳税人的支持,主要是通过美国海外私人投资公司和进出口银行等机构来获得美国纳税人的支持。"在其他国家,我们通常会坚持要求海外私人投资公司提供征用险担保,"肯·莱在 1991 年告诉采访他的《天然气周刊》记者说,"我们当然希望这些项目的回报率高于我们在美国的回报率。但即便这样,我们也要确保把项目的成本、产品的营销安排等联系起来。"

1992—1993 年,美国海外私人投资公司为安然公司提供的担保,包括阿根廷南方天然气输送公司的项目(1992 年为 5 360 万美元;1993 年达到了 6 260 万美元)以及危地马拉的库扎尔港项目(1992 年为 7 380 万美元)和巴丹加斯项目(1993 年为 5 000 万美元)。安然公司在委内瑞拉的一个液化天然气项目(Accrogas LNG Ⅲ)获得了美国进出口银行 6 500 万美元的贷款以及法国(9 000 万美元)和意大利(4 000 万美元)的公共融资。安然石油天然气公司的外国子公司安然生产公司(Enron Production Company)也努力争取美国海外私人投资公司的帮助,如 1993 年为其特立尼达项目争取到了海外私人投资公司 1 亿美元的担保。

这些帮助仅仅是美国纳税人"参与"安然公司海外风险投资的开始。在一切结束之前,"至少21个代表美国政府、多边开发银行和其他国家政府的机构"为29个国家38个与安然公司有关的项目批准了72亿美元的担保或实际投资。如果没有这些担保或实际投资,许多项目是无法推进的。[1]

不过,说肯·莱和丽贝卡·马克领导的安然发展集团在"向发展中国家传播私有化和自由市场的福音",倒是说对了一半。事实上,安然公司把裙带资本主义运用到了对资本主义不友好的地区,并在全球范围内大肆宣扬其全球扩张的抱负,以提高安然公司股票的价格。其结果是,在国内加紧开展政治活动,但疏于遵守商业规范,从而在20世纪90年代下半期给自己制造了不少麻烦。

突破和冒险

1993年是安然公司实现其国际业务突破的一年。那年,英国的蒂赛德项目正在满负荷运营,阿根廷的南方天然气输送公司项目开始出现可观的盈利,一些规模较小的电力项目陆续竣工,而在许多距离遥远的国家正在进行的谈判则昭示着未来的盈利前景。

富有想象力的新闻发布会在凭空为安然公司造势,但是,太多的在谈项目最终都无法进入施工阶段。安然公司在俄罗斯的一个立足点(输气管线维修项目)最终也没有进入施工阶段;安然公司在中东连立足点都没有,更不用说滩头阵地了;而深圳也没有变成安然公司进入中国的"通道"。

以上这些项目使得安然公司通过北海J块油田/中央地区输送系统在英国和欧盟的扩张以及通过达博尔项目在印度的扩张留下了大笔赌注的余地,但都不可能复制蒂赛德项目。更糟的是,它们都将成为缠绕安然公司的沉重负担。肯·莱想要让安然公司成为国际能源巨头的雄心壮志让他和安然付出了沉重的代价。

安然电力公司

安然公司在1990年的年报中称:"公司仍将致力于在美国和世界各地开发

---

[1] 还请参阅第十二章。

独立的电力和热电联产项目。"美国独立电力生产商在1978年联邦立法的驱动下掀起的淘金热已经达到了高潮,因此,约翰·温和安然公司已经开始到国外淘金。[1]

在国内,安然公司四个燃气热电项目的闲置装机容量已经达到1 282兆瓦:得克萨斯市燃气热电项目闲置装机容量440兆瓦(达50%);清湖热电项目闲置装机容量377兆瓦(达50%);河口热电项目闲置装机容量300兆瓦(占17%);巴约纳热电项目闲置装机容量165兆瓦(占22.5%)。虽然1990年没有新项目投产,但利润却很丰厚,得克萨斯市和清湖项目装机容量的可利用率达到了95%,从而再次证明安然公司的热电技术是世界级的,甚至是世界最好的。安然公司在国内热电项目上取得的成功促成了英国装机容量1 725兆瓦的蒂赛德热电项目,从而促成安然欧洲公司的诞生,并且允许安然电力公司专注于美国国内的热电项目,而不被海外建设—运营合同分心。

安然公司正在国内实施一个新的热电项目——一家位于波士顿南面马萨诸塞州米尔福德(Milford)的投资1.36亿美元、装机容量150兆瓦的燃气热电厂。安然公司拥有一半股权、由它负责运营的项目在1993年投入运营。但与此同时,在得州、佛罗里达州和新英格兰的勘查工作没能为安然电力公司增加第六家热电厂。

在已经饱和的市场上,安然公司的制胜策略转向了收购。收购后的电厂改进运营,就能创造增量利润。这项任务交给了安然电力公司两位新上任的高管(即总裁兼首席运营官林肯·琼斯和项目管理高级副总裁拉里·伊佐)。1992年年中,他俩有第一笔收购交易要做:弗吉尼亚州里士满一家250兆瓦电厂的一半股权,这家热电厂根据一份为期20年的合同向弗吉尼亚州电力公司(Virginia Power)出售电力。新企业刚成立4个月,安然公司就对它进行了资本优化,重新调整了燃料合同,并为了盈利而给新企业进行再融资。

安然电力公司总裁汤姆·怀特在1992年年底告诉员工:"5年前,我们努力在距离办公地点方圆50英里的范围内建设电厂,而现在我们在数千英里之外开展业务。"安然公司从国内到全球的转向涉及欧洲、亚洲、中东和其他地区的很多

---

[1] 约翰·温(和罗伯特·凯利)离开了安然公司,但通过温的咨询公司温氏集团有限公司参与安然公司的蒂赛德项目。正如前面提到的那样,安然公司任命约翰·厄克哈特为副董事长,名义上负责监督安然电力公司和安然欧洲公司的业务。

国家。

成立四年之际的安然电力公司(安然发展集团旗下的公司),与其说是一个项目发起者,倒不如说是一家运营和投资公司。安然欧洲公司和安然发展公司都是在国外获得发展的。在国内,杰夫·斯基林领导的快节奏安然天然气服务公司正与其子公司安然电力服务公司(Enron Power Services)和安然电力营销公司(Enron Power Marketing)接手电力业务(第八章和第九章将分别介绍这两家公司)。

安然石油天然气公司

肯·莱发现得州石油天然气公司的缔造者福莱斯特·霍格伦德是复兴安然石油天然气公司的希望之星。在充满挑战的环境下,"美国纯天然气行业"一直表现不佳。1985—1987年间,天然气价格下跌了一半,安然石油天然气公司的现金流差不多也受到了同样的影响,净收入变为负数。安然石油天然气公司因1.50美元/千立方英尺的天然气价格(按2017年的美元计,差不多是这个数额的2倍)这个新现实而在重组方面遇到了麻烦。[1]

幸运的是,1987年瓦尔哈拉石油交易丑闻曝光时,霍格伦德已经加盟安然公司。如果这个消息提早一两个月传出,莱也许就无法把他弄到手。事实上,这位新首席执行官很好地纠正了公司的错误,使安然石油天然气公司得以在1989年上市,靠它出售16%的资产就为安然公司净赚了2.02亿美元,并且凭借它出售另外84%的资产又为安然创造了18亿美元的资产价值记录。[2] 安然公司在1992年第二次出售安然石油天然气公司4%的股份就获得了1.1亿美元,并且在本考察期(1990—1993年)实现了价值增值。

安然石油天然气公司的转折点出现在1990年:它的净利润由负变正,现金流反弹到了2.69亿美元;在天然气价格低迷的条件下,低勘探成本改善了公司的财务状况;产量猛增了1/3;储量替代率明显为正。

---

〔1〕 "美国纯天然气行业"是指美国全部天然气资产(不包括石油)占自身资产基础90%的企业,安然石油天然气公司用"美国纯天然气行业"来点缀它从1989年(这一年,安然石油天然气公司上市)到1993年各年度年报的封面。

〔2〕 关于安然石油天然气公司在霍格伦德1987年9月来公司任职前后的历史,请参阅第三章。

1993年,安然石油天然气公司净收入几乎是1990年的3倍,现金流几乎是1990年的2倍,而实际增加的油气储量继续超过油气产量,所有这一切都预示着安然石油天然气公司将迎来更大的变化。安然石油天然气公司在低价格环境下取得的亮丽业绩也反映了安然公司能够娴熟地利用政府力度很大的税收抵免、公司利润丰厚的协同效应和新兴技术成果。弗里斯特·霍格伦德也凭借自己的才干,吸引、留住并用好了组织的人才。

致密砂岩气:税收抵免带来的繁荣

霍格伦德在安然石油天然气公司1991年的年报中表示:"1990年年底,一项联邦立法规定了发展致密砂岩地区天然气生产可享受的税收抵免优惠。对于安然石油天然气公司来说,这可是一件大事。"他解释说,不然的话,"就得按现在的价格钻探和开发致密砂岩气储层,从而限制提高产量的经济可行性"。

1990年《综合预算调整法案》规定,1991—1992年钻探的合格致密砂岩气井的销售收入可享受0.52美元/千立方英尺的税收抵免。在当时,0.80美元/千立方英尺的税前收益就相当于井口价格上涨了50%。[1]霍格伦德对股东们说:"如果有哪家公司可称得上致密砂岩气公司,那么,安然石油天然气公司可能比业内任何其他公司都当之无愧。"安然公司和安然石油天然气公司"努力"让一项早已过期的税收抵免规定获得新的生命,绝非巧合。"我们花了很多时间来解决这个问题,实际争取到了让早已过期的第29节税收抵免规定延长有效期,"安然公司驻华盛顿办事处主任乔·希尔斯回忆说,"安然实际上是这项立法的最大赢家。"

随着经济形势的变化,安然石油天然气公司"来了个180度的大转弯",大力发展或者通过收购来发展符合条件的资产。那么,取得了怎样的结果呢?安然石油天然气公司的致密砂岩气储量占比约为美国同行企业平均占比25%的2倍。安然石油天然气公司的母公司安然公司因此而欣喜不已。"安然石油天然气公司对于致密砂岩气立法获得通过发挥的支持作用……对安然公司创造的价值,按净现值计算,可能超过1亿美元。"得州也为开采致密砂岩气提供了帮助,

---

[1] 关于这种税收抵免的技术性讨论以及安然公司为利用这种税收抵免而采取的合并资产负债表对策的讨论,请参阅:Internet appendix 6.8,"The Tight-Sands Gas Tax Credit of 1990," www.politicalcapitalism.org/Book3/Chapter6/Appendix8.html。

因此，安然石油天然气公司在 1989 年 5 月至 1996 年 8 月间钻探的气井获得了为期 10 年的开采税豁免。[1]

由税收激励促成的新气田已经投入使用。1989 年，非常规天然气产量达到了 2 万亿立方英尺，并呈现急剧上涨的趋势。1980—1990 年间的税收优惠和联邦补贴分别为 24 亿美元和 2.5 亿美元，现在正在发挥作用。尽管如此，由于海湾战争营造了反石油的环境，因此，天然气又增加了新的政治筹码。

税收优惠促成的收入大幅增加是行业——和安然公司——采取寻租行为的又一个例子。由于石油和天然气行业的一些重要部门被列入了布什任命的詹姆斯·沃特金斯(James Watkins)领导的美国能源部国家能源战略项目，因此，它们为了提高国内钻井的税后经济效益，都把精力放在了争取减税上。美国天然气行业的中游企业协会(全美州际天然气协会)和下游企业协会(全美天然气协会)都加入了美国独立石油企业协会和天然气供应协会争取减税的行列。这场争取减税斗争的口号是：以能源安全和国家安全的名义用天然气取代石油。能源巨头也纷纷参与进来，并且抱怨美国国内的税收负担比国外重。

一些主张自由市场的人士表示了反对意见。经济学家、行业咨询师阿伦·图辛(Arlon Tussing)注意到天然气价格正处于历史低位，相当于(1991 年)每桶石油 7 美元的价格，并且注意到政府的能源补贴政策遭遇了失败，因此主张政府保持中立。他在国会作证时表示："我就是不明白为什么政府要补贴[天然气]……惩罚传统燃料的生产或消费。"公共政策就应该"在整个经济体系中开放天然气供应渠道"，并且"在全国范围内消除天然气廉价高效运输的障碍"。

1990 年的天然气政策变化让一些买家在第二年天然气价格暴跌时深感后悔。据报道，落基山脉地区夏季天然气(非高峰)价格仅为 0.50 美元/千立方英尺，甚至更低。1986 年石油价格暴跌，而 1991 年则天然气价格暴跌。全美独立石油企业协会和天然气供应协会都改变了行动策略，反对对 1992 年后钻探的油气井继续实施税收优惠政策。但鉴于 1/3 的现役油气井都是在第 29 节规定出台后钻探的，计算起来相当复杂。全美独立石油企业协会在反对几个月后又重

---

[1] 1998 年，安然石油天然气公司报告了累计 2.11 亿美元的联邦税收节税额，预计在 2002 年这项减税计划结束前还能节省 2 700 万~3 000 万美元的税金。安然公司利用税收抵免的能力超过其子公司。

新支持对1992年后钻探的油气井继续实施税收优惠政策;其他团体则因为内部严重冲突而无法表明立场。

州与州之间可能也发生了冲突。俄克拉荷马州的生产商抱怨说,新墨西哥州致密砂岩气藏丰富,正在夺走他们的加州市场。"这是另一种形式的能源补贴,它扭曲了整个该死的体系。"一个"抢先之州"[*]的生产商抱怨说。

不管怎样,安然石油天然气公司仍然是最大的受益者。1992年年初,霍格伦德对国会的一个小组委员会说:"如果得到适当重视,第29节的税收抵免是刺激国内天然气产量和储量的最佳手段。"他的理由是:"生产商必须承担全部的钻井风险,只有在风险投资取得成功、天然气储量和产量增加的情况下,美国人才会为这个领域的投资做出贡献。"

一种记录一家公司生产多少常规天然气和多少非常规天然气的计分卡制度引发了争议。正如约翰·詹瑞奇在《天然气周刊》的另一篇文章中指出的那样,"这毕竟不是哲学问题的讨论,而是关于金钱的争论"。

在以后的几年里,安然石油天然气公司一直被税收政策左右。霍格伦德宣布,致密砂岩气井钻探是"安然石油天然气公司1991年的重中之重"。预算中有1亿美元用于钻探150~200口新井,预计将增加1 000万~1 500万美元的收入。

1991年,天然气井口价格下跌了近10%,跌到了1.37美元/千立方英尺,比安然石油天然气公司1985年的平均收到价格低50%以上。尽管如此,对于在致密砂岩气生产领域居于领先地位的安然石油天然气公司来说,1991年还是一个好年份。这一年,安然石油天然气公司不但自己因税收抵免获益1 700万美元,超过了预期,而且让母公司也从中受益。莱和金德报告称:"致密砂岩气所得税抵免对安然公司的税后净收入贡献巨大。"

安然石油天然气公司玩弄的税收游戏"以一种非常成功的方式"在1992年达到了登峰造极的地步,"致密砂岩气税收抵免优化"使得500口气井产生了4 250万美元的税收抵免收入。从另一个角度看,安然石油天然气公司在1992年增加的天然气储量有95%位于"致密砂岩气井合格区域",从而使得天然气和

---

[*] 即俄克拉荷马州。——译者注

石油产量的比例达到了创纪录的94%∶6%(安然公司的石油产量比例从未达到过类似的水平)。

如果税收环境比较中性,安然石油天然气公司的盈利能力就会下降。但是,它的传统气田——无论是陆上还是海上——的产量都会增加,天然气的井口价格也会上涨,这个因素会导致致密砂岩气贫乏企业(如阿纳达科公司)反对税收抵免。莱在挖霍格伦德来安然之前,曾聘用过阿纳达科公司的首席执行官罗伯特·艾利森。

安然石油天然气公司虽然曾经尝试过,但在1992年以后没能延长合格致密砂岩气井享受税收抵免的期限。[1] 不过,已钻合格气井有10年的税收抵免窗口期。1993年,安然石油天然气公司的节税收入减少了一半,以后还将继续减少。但由于1991—1992年钻探的合格气井节约了很多税收,安然石油天然气公司在未来10年里可望节省的税收累计超过1亿美元。

1993年第一季度,由于新钻气井不能享受税收抵免,美国现役钻井平台总数开始下降。不过,安然石油天然气公司仍对做"低成本生产商"持乐观态度,因为它"拥有大量已开发和/或暂停开发的非致密砂岩天然气储量"。此外,还有一个原因,但没有明说:只有减少钻探致密砂岩气井和致密砂岩天然气的产量,才能提升天然气的价格。

安然石油天然气公司参与致密砂岩气勘采,据说,大通曼哈顿银行(Chase Manhattan Bank)的预付款起到了作用。2003年的一份国会工作人员报告称:"如果大通曼哈顿银行的预付款交易没有产生应税收入,安然石油天然气公司就无法在1992年和1993年利用第29节规定的税收抵免优惠。"安然公司后来继续采用同样的预付款计划来制造实行盯市记账法无法产生的现金流。破产案审查员尼尔·巴特森(Neal Batson)曾在2003年辩称,这些预付款就相当于大通曼哈顿银行向安然公司发放的"无担保贷款",但英国法官杰里米·库克(Jeremy Cooke)裁定,根据美国会计准则,安然公司有合理的理由赋予这种预付款以非债务地位。

---

[1] 霍格伦德在1992年3月写给股东的信中表示:"我们……正在非常努力地争取通过立法,把致密砂岩气的税收激励措施延长实行到1992年以后。"

技术"迷你复兴"

与街对面的肯·莱不同,霍格伦德重视削减成本,并且亲力亲为。[1]霍格伦德曾强调指出,"我们在安然石油天然气公司掌管着一个实行分散化管理的精简组织",并列举了安然石油天然气公司在业内的声誉。1993年年初的一份公司简介宣称,"安然石油天然气公司正在成为油气勘采(E&P)行业的沃尔玛或西南航空公司"。

1989—1992年期间,安然石油天然气公司报告营运和利息支出下降了1/4——0.48美元/千立方英尺。安然石油天然气公司已经采用的新技术——有些是这家公司自己首创的新技术——节约了勘探和开采能源的时间和精力。

霍格伦德在公司1991年的年报中解释说:"安然石油天然气公司还受益于我所说的石油天然气行业的'迷你复兴'。与此同时,天然气价格下跌,钻井平台数量减少,一些非常重要的技术进步为安然石油天然气公司创造了巨大的机会。"在"最先进"的地球物理工作站用二维和三维地震探测技术观察地下岩层,就是一种改进,而改进井场设备和雇用更有经验的工作人员则是另一方面的改进。安然石油天然气公司员工发明的钻头为公司节约了6到7位数的成本。

最值得关注的是,安然石油天然气公司使用的一项技术,直到几十年后才成为业内的话题。霍格伦德在1992年年初向投资者报告说:"新的储层压裂技术大幅提高了产能,使许多钻探区域变得更加经济,这在三五年前是不可能做到的,特别是在致密砂岩地区。"安然石油天然气公司试用这项技术就更早。由于"该公司在这个地区积累了丰富的地震探测经验并掌握了先进的现代水力压裂技术",1990年南得州弗里奥(Frio)和罗伯(Lobo)气井的产量增加了2倍。

安然公司的协同效应

安然石油天然气公司生产的天然气大约有一半卖给了安然公司旗下的管道运输公司或营销公司。安然公司1989年的年报称:"随着天然气行业趋向于进行长期供应安排,安然石油天然气公司和安然公司旗下其他公司之间的众多协同效应预计将在20世纪90年代产生额外的效益。"

---

[1] 例如,霍格伦德乘坐西南航空公司在广告中所说的"公司飞机",而不是乘坐安然石油天然气公司的公司飞机,因为安然石油天然气公司没有自己的飞机。

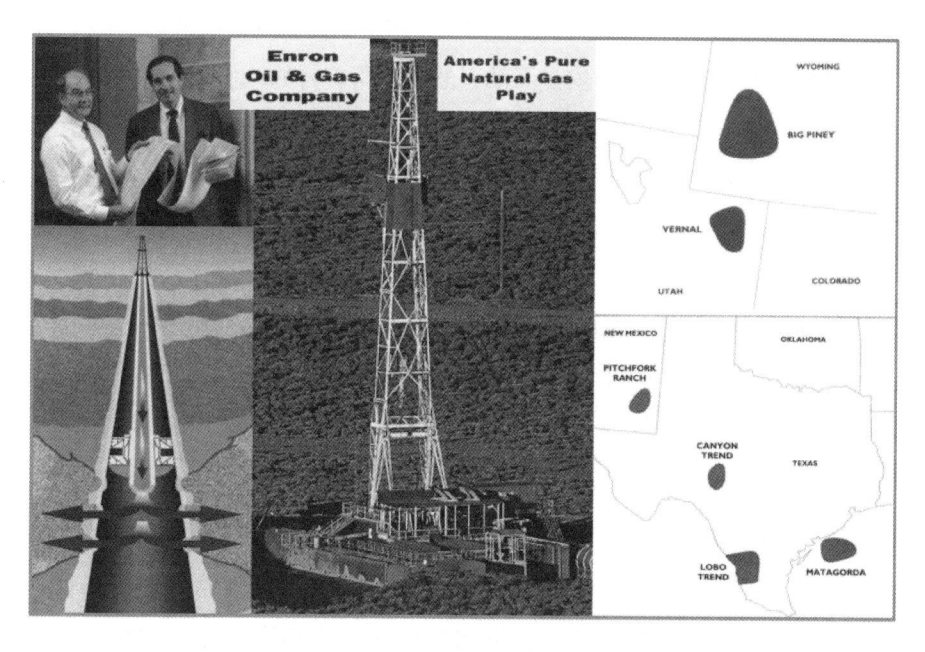

图 6.7　在价格低迷的环境下,增加天然气产量需要新技术。20 世纪 90 年代初,安然石油天然气公司采用了二维和三维地震探测技术、分馏技术和水平钻井技术。

事实上,安然石油天然气公司曾与安然电力公司签订过一份长期供应合同,合同定价相对于当时的现货价格有很高的溢价(见第五章所述的相关监管内容)。这份合同在 1988 年和 1989 年帮助了安然石油天然气公司。[1] 1 号天然气银行储存的天然气主要由安然石油天然气公司供应。20 世纪 90 年代初,安然石油天然气公司与安然天然气营销公司签订了一系列长期供气合同,因此,安然石油天然气公司增加了一个会计科目"其他天然气营销收入"。安然石油交易运输公司所做的营销工作对双方(即安然石油交易运输公司和安然石油天然气公司)都具有协同效应。

1990 年,安然天然气营销公司应安然石油天然气公司的要求执行的生产商对冲要占到安然石油天然气公司销售额的 30%。加上这方面的协同效应,安然公司的总协同效应在 1990 年产生了 5 100 万美元的增量收入,1991 年产生了 8 000 万美元的增量收入。1992 年,生产商对冲再次为安然石油天然气公司创造了收入,但 1993 年天然气价格反弹,导致这笔收入缩水。

---

〔1〕　根据《公共事业管理政策法案》,电力合同的价格根据(州)公用事业监管机构确定的避免成本来确定,允许高于天然气的市场成本。请参阅第一章、第三章和第五章。

安然公司之所以要求安然石油天然气公司争取慷慨的税收抵免,也是为了获得协同效应。安然公司与安然石油天然气公司签署的一份节税分配协议规定,安然公司要向安然石油天然气公司支付使用后者的税收抵免额度所产生的节税金额。考虑到霍格伦德负有受托责任以及合理的经济核算自有它的好处,安然母公司和子公司之间的许多服务协议都是经过精心安排的。安然石油天然气公司对投资者表示:"本公司希望,本公司与安然公司之间未来签署的任何交易合同和协议的条款,就像与第三方签订的条款一样,都必须至少对本公司有利。"

安然石油天然气公司的国际(不包括加拿大)勘采业务得益于安然公司日益增长的全球影响力和声誉,尤其是因为蒂赛德项目取得成功而享有的声誉。安然公司奉行的策略是投资于前期成本较低但有可能发现大量储藏的地区。然而,在马来西亚近海、埃及沿海、英国北海、叙利亚东部和印度尼西亚(南苏门答腊)获得的油气勘探区块,占安然石油天然气公司资本预算的3%(1990年)、6%(1991年)和4%(1992年),但并没有在这些区块取得重大发现。安然石油天然气公司也曾在澳大利亚、中国、法国、哈萨克斯坦和俄罗斯等国寻找交易机会,其中有一些涉及煤层气的交易,最终都没有取得成功。

强烈呼吁与政治活动

就在安然石油天然气公司因为税收抵免而取得巨额利润的同时,安然公司却抱怨天然气的井口价格太低,并主张通过州际监管来减少天然气供应,从而提高天然气价格(按市场需求配定产量)[1],这对于公共政策来说是莫大的讽刺。

1991年,肯·莱指责行业巨头"以低于重置成本的价格"出售天然气,表现出"经济不理性的行为",这让业内一片哗然。[2] 福莱斯特·霍格伦德虽然声明"安然石油天然气公司并不依赖不断上涨的天然气这种大宗商品的价格",并且完全又因为税收抵免有效地把井口价格实际提高了一半而受益,但也呼吁提高天然气价格。

据安然石油天然气公司计算,井口价格每上涨0.10美元/千立方英尺,这家

---

〔1〕 关于早期旨在提高天然气井口价格的州级监管措施,包括价格调整,请参阅:Bradley, *Oil, Gas, & Government: The U.S. Experience*, pp.191—200。

〔2〕 莱把重置成本定义为:"增加新储量的发现和开发成本,购买储量的收购成本,加上生产和运营成本,以及名义上的税后投资回报。"还请参阅第七章。

公司就能创造850万美元的利润。霍格伦德认为,低气价是不能接受的,于是主动关闭了一些短寿命的气井。在1990—1992年间,安然石油天然气公司短寿命气井的供气能力占其总供气能力的1/4~1/3。霍格伦德解释说:"目前天然气价格是1.20美元/千立方英尺,我认为,我们有理由不出售现有天然气,而不是开采新气藏。"这里说的是非致密砂岩气,可享受税收抵免的天然气实际价格是2.00美元/千立方英尺,加上得州豁免的开采税,那么就更高。

在得克萨斯铁路委员会1991年举办的一次州行业聚会上,霍格伦德抱怨说:"对生产商来说,逐月销售的现货市场才是真正混乱的市场。"安然石油天然气公司准备停做天然气业务,否则(据该公司说)就要以低于重置成本的价格销售天然气。但其他公司没有效仿,而是在市场上"倾销"天然气。[1]

"天然气买家,总体而言,比卖家聪明得多,"霍格伦德斥责道。"不幸的是,"他又补充说,"无情的供需力量将迫使我们做出调整。"安然石油天然气公司的首席执行官主张让市场需求配定产量。得州铁路委员会和类似的州级监管当局可根据这种配定产量法设置可允许的(强制性关闭)限制供给,从而把价格提高到众所周知的重置成本。在由市场需求配定产量的支持者看来,这样做可以减少被霍格伦德定义如下的"浪费":"由于未用完的储量、新井压裂减少、老井变得不经济以及新井没有连接输气管道而造成的天然气损失。"[2]

莱支持强制性产量配定法,但只是把它作为最后的手段。虽然安然石油天然气公司把自愿性关闭当作强制性配定产量,从而使得竞争更加激烈,但莱内容更丰富的安然式算计包括两个抵消因素:州级监管机构配定产量,可能会减少为使输气管道输气量最大化所必需的天然气,而天然气价格的上涨会降低安然液体燃料公司的利润率。[3]

霍格伦德的作用

霍格伦德的经营理念不仅仅是注重低成本,还明智而又审慎地主张多储气。安然石油天然气公司的资产负债状况"非常保守"——债务少、现金多。根据安

---

[1] 安然石油天然气公司在1991年关闭的气井日产能占其日产气能力6亿立方英尺的25%以上。不过,它关闭的都是一些低产气井。安然石油天然气公司长期合同的财务缓冲作用使它在1990年的平均售价是2.63美元/百万英热单位,几乎是现货天然气平均价格的2倍。

[2] 安然液体燃料公司在1990年这个重要年份遇上了低气价和高油价。

[3] 受益者不仅包括安然公司、特兰斯科能源公司和沿海天然气公司,还包括美国石油公司、阿尔科公司(Arco)和埃克森美孚公司。

然石油天然气公司 1989—1993 年的账目，1989—1993 年间，该公司的天然气储藏置换率基本上是逐年稳步增长：1989 年是 165%；1990 年是 128%；1991 年是 146%；1992 年是 135%；1993 年是 139%。它利用适时对冲和长期销售击败了天然气现货价格。如安然石油天然气公司位于怀俄明州大派尼的最大气田实现了创纪录的 45 个月 3.26 亿美元的销售额和 1 240 亿立方英尺的天然气产销量，就是这个结果的一部分。

到了 1993 年，霍格伦德已经是一家明星公司的明星演员——并且是"生活在贫困线边缘"的母公司各方面的依靠。1993 年，安然石油天然气公司天然气的平均井口价格和产量分别上涨或增加了 21% 和 25%。这一年安然石油天然气公司天然气的平均井口价格——1.92 美元/千立方英尺——是自 1985 年 3.19 美元/千立方英尺以来的最高价格，而净收入和现金流量分别飙升到了 1.38 亿美元和 5.21 亿美元，双双创历史新高。

安然石油天然气公司享受税收抵免的天然气产量 2.95 亿立方英尺/日，占其总产量的 42%，并且创造了 6 500 万美元的特别收入——占其总收入的 47%。投资者也非常高兴，安然石油天然气公司股票 1993 年年底的收盘价比 1989 年年底高出 50%。

霍格伦德的聘用合同于 1992 年 9 月到期，安然公司与霍格伦德续签了聘用合同，把聘用期延长到了 1995 年。聘用和续聘霍格伦德，可能是莱和安然公司董事会在他们在任短短的 17 年里做出的最佳决策之一。安然公司促成的致密砂岩气税收抵免政策（"我们决定利用税收抵免优惠，而且是全力以赴，"霍格伦德曾回忆说），肯定是有利于安然公司取得成功的原因。但如果没有税收优惠，天然气的井口价格会高得多，霍格伦德和安然石油天然气公司也会做得很好——就像他们后来所做的那样。

安然液体燃料公司

安然液体燃料公司生产和运输天然气凝液，被认为是一家同时负责输送和储存天然气的中游企业。安然液体燃料公司是安然公司五大天然气子公司中的一个，安然公司的另外四大天然气子公司分别是负责勘采的安然石油天然气公司、负责天然气输送的休斯敦管道公司和州际天然气管道运输公司、负责电力项目的安然电力公司以及负责天然气营销的安然天然气营销公司(1991年年初更名为"安然天然气服务公司")。(最初由安然电力公司负责的蒂赛德项目在1992年被剥离,并且成为安然国际公司的核心业务。)

1990年,安然液体燃料公司旗下有5家子公司,它们分别是安然天然气加工公司、安然液化天然气公司、安然液体燃料管道运输公司、安然石油交易运输公司和安然美洲公司(Enron Americas Inc.)。虽然安然液体燃料公司鲜有新闻价值,也不像安然公司的其他子公司那样引人注目,但对于缺乏经常性高质量收益的母公司来说,迈克·穆克勒罗伊负责的子公司是可靠的盈利来源。[1]

安然液体燃料公司麾下的利润中心与安然公司其他利润中心还有反周期性的关系。天然气价格下跌,就降低了(提取)乙烷、丙烷、正丁烷、异丁烷和天然汽油的成本。这些液体燃料可与石油产品竞争,因为石油产品的定价受到其他因素的影响,所以,在其他条件相同的情况下,天然气价格下跌,有利于提高液体燃料的利润率。

1990年8月,海湾战争导致石油价格飙升,安然液体燃料公司的利润猛增。就在几个月前,安然公司凑巧收购了拥有路易斯安那州最大天然气加工设施的CSX能源公司(CSX Energy)。尤妮斯(Eunice)工厂与安然液体燃料公司在堪萨斯州布什顿的工厂合作创建了一家年产10亿加仑液化天然气的综合天然气液化公司——被安然公司吹成了美国第五大液化天然气公司。

1990年,安然液体燃料公司的利润比上一年增长了1倍,销售额增长了50%,并且实现了1.87亿美元的息税前收入,超过了1988年和1989年两年的总和——足以让穆克勒罗伊负责的公司解决安然美洲公司在委内瑞拉惹上的麻烦和安然石油交易运输公司的低回报问题。

1991年,安然液体燃料公司实现了1.52亿美元的息税前收入,虽然表现依然强劲,但已回归正常水平。1991年是安然液体燃料公司表现疲软的子公司安然石油交易运输公司实现"扭亏为盈的一年"。考虑到这家公司准备作为独立公司上市,因此,扭亏为盈是急需的。石油并不是安然公司的核心业务,而且肯·莱倡导的许多公共政策使石油处于不利的地位。

---

[1] 关于穆克勒罗伊实施的重组和盈利递增策略,请参阅第五章。

1992年，安然液体燃料公司的利润比上一年减少了近一半，这在一定程度上是由国内和国际液体燃料业利润率下降造成的，也部分反映了8月份几家液化天然气厂分拆合并成一家业主有限责任合伙公司(MLP)的情况。[1]出售安然石油交易运输公司的资产是为了利用税法(业主有限责任合伙公司不用缴纳公司税)筹集股本以减少母公司的债务，并提高对核心能力的专注程度。[2]

麦肯锡咨询公司被请来准备一份具体的商业计划，并为安然石油交易运输公司独立经营做人事安排。独立经营的公司需要一个外部审计机构、一个信托代理机构、一家允许它上市的证券交易所(这两个机构都建议在纳斯达克上市)和一个办公场所(在休斯敦)，向美国证券交易委员会提交一份信息披露书，包括提供暂编财务报表和一般收益说明。

1993年年初实施的一次重大重组标志着安然液体燃料公司作为安然公司一家独立经营的重要子公司的解体，也宣告了迈克尔·穆克勒罗伊时代的结束。对于这位安然公司主管液体燃料业务的高管——安然公司最受尊敬的高管之一——来说，他在安然公司度过了多事的10年。他虽然取得了成就，但树敌甚多。在处理瓦尔哈拉问题的整个过程中，穆克勒罗伊对安然公司的管理层甚至金德提出了质疑。他对在贫困的印度做达博尔项目持批评态度。之前，他曾抱怨安然天然气服务公司采用盯市记账法记账(见第八章)。在发生所有这些变化以后，他现在已经身价数百万美元，也该离开安然公司了。

由罗恩·伯恩斯担任总裁的新组建的安然管道运输与液体燃料集团下设州际天然气管道运输公司、生产现场服务公司(Producer Field Services，集输管线)、清洁燃料公司(甲醇和甲基叔丁基醚工厂)和安然液体燃料管道运输公司(一家由安然公司经营并拥有15%股份的上市公司)四家公司。生产现场服务公司是为了顺应联邦能源管理委员会的政策变化[新近不受监管的小口径集输管线与(受监管的)大口径州际输气管线业务分开]而创建的一家新公司。

---

〔1〕安然液体燃料管道运输责任有限公司公开上市，以每股23美元的价格发行了565万股股票，市值1.3亿美元。它的主要资产是一条1 600英里长的液体燃料输送管线，一条从堪萨斯到芝加哥的成品油输送管线，一条从得克萨斯州到路易斯安那州全长100英里的液体燃料输送管线，一条位于西得克萨斯州的二氧化碳输送管线，以及在一家位于得克萨斯州蒙特贝尔维的液体燃料分馏厂持有的25%股份。

〔2〕虽然1992年第四季度披露了分拆安然石油交易运输公司的消息，但实际是在1994年3月分拆的，比原计划整整晚了1年多。安然石油交易运输公司过渡董事长兼首席执行官迈克尔·穆克勒罗伊在分拆之前就离开了公司。安然石油交易运输公司能源合伙人责任有限公司由总裁菲利普·霍克(Philip Hawk)和董事长爱德华·盖洛德(Edward Gaylord)领导。

安然液化天然气公司和规模不大的天然气汽车(NGV)合资企业"安然燃料"(Enfuels)一起被并入了安然天然气服务公司。[1] 液化天然气、甲醇和甲基叔丁基醚的国际营销业务分拆后归比尔·霍维茨(Bill Horwitz)负责,比尔·霍维茨直接向安然公司董事长办公室(莱和金德)汇报工作。安然石油交易运输公司仍像以前那样,作为一家独立公司运营。

吉姆·斯宾塞负责的安然液体燃料管道运输公司有良好的资产基础,他在1992—1993年为这家公司的股东创造了良好的业绩。但达莱尔·金德(Darrel Kinder,与里奇·金德没有亲戚关系)在安然清洁燃料公司忙得不可开交,因为这家公司的业务关键取决于美国环境保护署(EPA)重新制定的新配方汽油规定。

———————

安然公司从未涉足炼油或成品油营销领域有充分的道理。石油行业中下游业务已经成熟,资本密集,环保规则造成的负担越来越重。安然公司首席执行官喜欢监管改革产生的有利影响,而不是不利影响。与其他化石燃料行业不同,政府监管给天然气行业的发展产生了积极的影响。

那么,安然公司是如何渗透到以石油为王的运输市场的呢?天然气如何能够在占美国总能源消耗1/4强的不稳定市场上展开竞争呢?天然气几乎在住宅、商业、工业和发电等所有其他市场上展开了竞争。莱想要让天然气渗透到运输市场,以促进天然气消费并提升天然气的价格。

正如安然公司发现的那样,压缩天然气汽车是一个赔钱的利基市场。如果安然公司能够生产出一种以天然气为基础的添加剂来重新配制汽油,那么,压缩天然气汽车这个赔钱的利基市场就可能成为一个间接的盈利机会。具体来说,拿增氧剂甲基叔丁基醚按10%~15%的比例与石油燃料混合,大约可减少排放15%的一氧化碳。减少城市碳排放,是美国环境保护署和两党议员的首要任务。

乙醇用生物质制成,安然公司在这方面没有竞争优势。但是,甲基叔丁基醚是用甲醇制的,甲醇可从天然气中提取。这样,天然气里的一种成分就可用来重新配制汽油,从而为安然公司开辟新的发展空间,并且从交通运输端为"安然公司成为全球性的清洁燃料供应商"打开通道。

———————

[1] 就如本书第九章所讨论的那样,"安然燃料"在休斯敦进行的"试验"后来给安然公司造成了数百万美元的亏损。

安然公司从1988—1989年开始研究甲基叔丁基醚市场,当时提出的立法议案表明存在监管甚至寻租的机会。安然公司出于其他原因推动的1990年《清洁空气法修正案》(Clean Air Act Amendments)[1]规定,在从1992年11月1日开始到1993年3月31日结束的冬季驾车出游旺季,美国39个空气质量不符合联邦空气质量标准的大城市,必须销售燃烧更加充分的清洁汽油。这些大城市的汽油需求量接近全美汽油需求量的1/3,它们可能会在这个或者下一个冬季驾车出游旺季选择执行这项规定,并且从1995—1996年的冬季驾车出游旺季开始就要强制执行这项规定。[2]

联邦政府关于改良汽油的指令,对于安然天然气加工公司总裁达莱尔·金德具有双重吸引力。必须在汽油中消除正常含量的丁烷并添加甲基叔丁基醚,才能帮助汽油更加充分地燃烧。而被消除的丁烷也是制造甲基叔丁基醚的一种投入品。那么,安然公司会建厂或者买厂以进入新配方汽油市场吗?它是会拥有甲醇制造厂或者甲基叔丁基醚制造厂,还是同时拥有这两种工厂?[3]

1991年,陷入困境的天纳克公司宣布了一项重大公司重组计划,其中包括出售其化工单位以及一家正在得州拉波特(La Porte)建造的甲基叔丁基醚制造厂。达莱尔·金德考虑到甲基叔丁基醚这种汽油添加剂非常紧缺,并在计算了这家在建甲基叔丁基醚厂与安然位于摩根普因特(Morgan's Point)的丁烷工厂和得州帕萨迪纳(Pasadena)的甲醇工厂之间的协同效应以后,就建议里奇·金德和肯·莱买下这家工厂。这样,安然公司就能占据近10%的全美甲基叔丁基醚市场。

1991年年底,安然天然气加工公司以6.32亿美元的价格买下了天纳科液化天然气公司(Tenneco Natural Gas Liquids Corporation)和天纳科甲醇公司(Tenneco Methanol Company),其中5.23亿美元是现金,700万美元为欠款,还

---

〔1〕安然公司的兴趣集中在电力公司的二氧化硫(酸雨)减排计划上。这项计划承诺在现有和新建电厂用天然气替代煤炭。请参阅第七章。

〔2〕1994年年初,美国环保署完成了一项分两阶段实施的全年新配方汽油计划:第一阶段从1995年1月1日开始,第二阶段从2000年1月1日开始。有关这项计划更多的信息,请参阅:Internet appendix 6.9, "Reformulated Gasoline and the Clean Air Act of 1990," www.politicalcapitalism.org/Book3/Chapter6/Appendix9.html。

〔3〕乙醇从来不是安然公司清洁能源投资组合的一部分。在收购天纳克公司之前,肯·莱也没有说要把甲醇或新配方汽油作为清洁燃料。

有 1.02 亿美元用于完成在建项目。这个项目[1]大部分收购价款是由花旗集团牵头的一个银行辛迪加采用(资产负债)表外方式安排的融资,但还要归功于把这家在建工厂根据合同在3~5年内1.5万桶/日甲基叔丁基醚产量的75%作为抵押。

"收购天纳克公司使我们能够在已有液化天然气业务的基础上大约提前2年完成甲基叔丁基醚计划,"达莱尔·金德对《安然人》记者说,"现在我们在市场竞争中处于领先地位。"他谈到了安然公司的声誉以及与三大石油公司(炼油商)签订合同的可能性。安然公司的新设施略经改造就可以生产另一种增氧剂乙基叔丁基醚(ETBE)。达莱尔·金德补充说:"我们认为我们是增氧剂生产商,而不仅仅是甲基叔丁基醚生产商。"随着沿海地区以及安然石化公司(Enron Petrochemical Company)开展营销活动的22个国家的石油需求的增长,似乎一切都已准备就绪。

肯·莱在一份新闻稿中表示:"这次收购大大扩展和加强了我们已有的液化天然气业务,使安然公司能够进一步垂直整合我们的天然气和液化天然气业务,提升异构化能力,并在我们的产品供应目录中添加甲醇和甲基叔丁基醚。"莱又补充说,这"符合我们成为世界第一大天然气巨头的目标",并将"进军与天然气相关的环保首选燃料和燃料成分开发领域"。

就如本书第九章所讲述的那样,由于("安然燃料"制造的)天然气汽车要与汽油汽车竞争——而且现在又要与新配方汽油汽车竞争,因此,安然公司扩大后的清洁能源愿景营造了一种紧张局面。莱的多次讲话都强调了天然气对于运输振兴工业的作用。现在,安然公司走在了让基于燃油运输业变得更加环境友好的前列,从而冲淡了压缩天然气汽车的卖点。

据安然公司的预测,公司1993年的新投资收益将增加4 000万美元,安然公司投资的高倍率股权收益率接近50%。然而,投资者并不在乎这个消息,从而导致安然公司的股价略有下跌。天纳克公司因在这起交易中获得了溢价,因

---

[1] 这个项目收购的资产包括位于休斯敦港口拉波特的日产15 300桶甲基叔丁基醚的在建工厂,位于蒙特贝尔维液化天然气储存库、日处理17 000桶甲基叔丁基醚的异构化装置,把液化天然气从南得州经过墨西哥湾沿岸石化地区运送到蒙特贝尔维尤的迪恩输送管线,科珀斯克里斯蒂附近日处理1 600桶甲基叔丁基醚的玉兰加工厂,位于路易斯安那州西南部、由安然天然气加工厂经营、日处理3 600桶甲基叔丁基醚的色滨河谷(Sabine Pass)加工厂78%的股权,位于蒙特贝尔维尤、日处理12.6万桶甲基叔丁基醚的分馏塔25%的股权,以及位于路易斯安那州中南部的蓝水(Blue Water)处理厂19%的股份。

图 6.8　安然公司为进入新配方汽油市场所下的大赌注与天然气衍生增氧剂甲基叔丁基醚有关。在根据 1990 年《清洁空气法案》制定的新联邦环境标准所促成的需求还没得到满足的情况下,这一尝试很快就以失败而告终。

此,它的股票价格在交易公告当天上涨了 6%。

安然公司在 1992 年第二季度的报告中表示:"甲基叔丁基醚项目已被纳入公司预算,按计划将在[1992 年]11 月初投入运营,预计将成为 1993 年液体燃料集团重要的利润增长点。"安然公司的预期很高,据估计将达到 6 000 万美元的息税前收益。

安然液体燃料公司这种规模的扩张也是旨在"为安然公司的天然气生产、管道运输和营销业务提供反周期平衡"。但是,这个被里奇·金德后来说成他在安然公司犯下最大错误的项目,在收购交易完成 1 年后就开始走下坡路。

甲基叔丁基醚的生产设施按照计划于 1992 年 11 月 1 日投入使用,每天生产 1.3 万桶甲基叔丁基醚供应炼油厂用于与汽油混合。就在这一天,美国环保署开始推行针对碳排放未达标地区的第一阶段新配方汽油计划。但新配方汽油需求疲弱,销量和利润率双双下降,联邦监管机构不得不赋予地方官员回旋的余地。由于这种新配方汽油价格要比普通汽油价格高 10%,地方官员迟迟没有做出选择。与此同时,生产新配方汽油的新产能正在不断增加,因为其他公司也做天纳克公司和安然公司所做的事情。

安然公司在1993年3月表示:"今天的甲基叔丁基醚价格明显低于我们收购天纳克公司时的预期,这说明去年11月生效的《清洁空气法案》没有得到统一执行。"与1992年年中相比,甲基叔丁基醚的利润率下降了20%,安然公司新的息税前收入数据是1000万美元,可能更少。考虑到安然公司的预期——以及收购天纳克公司的价格,这可是一个利空消息。

运营问题也随之而来,异构化工厂的热交换器出了问题,导致减产20%。到了夏天,安然公司不得不关闭这家工厂,并且对工厂营造商凯洛格公司(Kellogg)提起诉讼,最终是庭外和解。异构化工厂的热交换器曾一度修好过,但其他方面的问题导致这家工厂在1994年年初再次关闭。

从1993年5月起,安然清洁燃料公司(Clean Fuels)把销售业务交给了安然天然气服务公司处理(安然运营公司这家新成立的公司负责甲醇和甲基叔丁基醚工厂的生产业务)。安然液体燃料公司调派了12名员工,供从安然电力服务公司(不情愿地)调来负责新成立的安然清洁燃料营销公司(Enron Clean Fuels Marketing)的肯·赖斯使唤。杰夫·斯基林和约翰·埃斯林格虽然因在如此不利的市场环境下接管这家公司的合同而感到不安,但他们仍告诉员工说:"对安然天然气服务公司经营的全部大宗商品采取更加一体化的营销和风险管理方法,就意味着在构建甲基叔丁基醚和甲醇业务方面会有更好的机会。"

罗恩·伯恩斯对摩根普因特的"生产限制"和现货指数定价法殃及利润率的事实表示遗憾:"我们在1995年6月的目标是把这些合同转换成利润率高于现货指数定价法的固定利润率合同。"这就意味着,为了获得盯市收益而改用定期合同,这是一种掩盖问题的解决方法,也是一种有争议的解决方法(本书第十一章将讨论这种解决方法引起的争议)。

到了从1993年11月1日开始的第二个冬季驾车出游旺季,情况几乎没有得到任何改善。安然公司的清洁燃料收益与1992年相差无几,甲基叔丁基醚销量增加产生的收益被利润率下降所抵消。收购天纳克公司时预期的高利润——每年4000万美元甚至更多的息税前收入——愿景不幸破灭。肯·赖斯领导的团队可以通过改善营销工作来创造一些增量利润,但这显然是不够的。他们还必须采取更大的举措,于是就求助于必然要付出长期代价的盯市收益欺诈。[1]

按照《清洁空气法案》实施第一阶段关于新配方汽油的规定,1995年,美国应该有9个大城市必须全年销售新配方汽油,因此,对甲基叔丁基醚的需求预计会增长两倍。[2] 安然公司向投资者保证:"甲基叔丁基醚仍是寻求遵守《清洁空气法案》规定的汽油炼油商首选的增值增氧剂。"

这次,安然公司又算计错了,更不用说美国环保署了,尽管后者对即将发生的问题了如指掌。1980年哥伦比亚广播公司"60分钟"节目向全国观众报道了这个问题。"很明显,"《石油与天然气杂志》后来评论称,"是在首次报道它对地下水构成威胁之后才被强制规定作为汽油添加剂的。"

甲基叔丁基醚是一种很容易与水混合的致癌物质,能渗透土壤残留在地下水中。如果一个加油站地下油罐漏油或者甲基叔丁基醚渗漏,地下水就会被严重污染,变得有味道和气味(在游泳池里滴两三滴甲基叔丁基醚,水就会有气味)。

实施新配方汽油计划的第一个月(也就是1992年11月),阿拉斯加就先有人投诉水受到了污染,还有报道称患者有类似流感的体征。使用甲基叔丁基醚的其他州也开始出现类似的问题。

美国的乙醇利益集团加大了对环保署制定规则的干预力度,目的就是要分享新配方汽油的"蛋糕",把乙醇列入可再生能源的清单,并利用甲基叔丁基醚不断下滑的名声来谋取利益。美国环保署在1993年3月赋予乙醇30%的新配方汽油市场份额。安然公司因下政治赌注不但招来了市场麻烦,而且陷入了政治纷争。

企业文化

安然公司有很多值得员工喜欢的地方。为了让安然公司变得更好,肯·莱从上任第一天就努力以求真务实的精神、聪明卓越的才干及和蔼可亲的态度影响周边的经营环境。在一个由工程师和律师主导的行业里,莱对工商管理硕士

---

[1] 1997年,安然公司为编造(7 400万美元的税后)收益,花费了1亿美元与甲基叔丁基醚有关的费用。

[2] 臭氧未达标的地区有巴尔的摩、芝加哥、哈特福德、休斯敦、洛杉矶、密尔沃基、纽约市、费城和圣地亚哥等大都市区。

和理学博士爱护有加。安然公司在1986年启动了一项为期五年的员工持股福利计划,现在安然公司的每一位员工都是公司的股东。到了20世纪90年代初,安然公司的每位终身制员工都在密切关注(不断上涨的公司)股价,并享受着新得到的财富。

安然公司1990年的年报介绍了安然要成为天然气行业巨头的愿景,并战胜了低价格带来的挑战。安然公司随后几年的年报除了关注公司的使命外,还关注公司的价值观,并自诩拥有业内最优秀的员工队伍。

安然公司在它1991年的年报中写道:"我们的目标是在一套独特的人际交往技能的基础上展开竞争。我们认为,我们的这些技能不仅在美国无与伦比,而且在全世界也是如此。"并且还补充说:"我们拥有业内最优秀、最具创造力的员工,并将继续从内部提拔人才,同时还要从外部招聘人才。"

奖励员工个人的主动性和根除官僚作风,将确保安然公司继续"比竞争对手更加迅速、更有创造力地采取行动"。安然公司在1993年的年报中提出了6个目标,其中一个就是"吸引、聘用、留住和激励任何业内最优秀的人才"。

安然公司着重强调了它的价值主张,两处使用了"更好、更快、更加简单"和"做正确的事情/现在就做/做得更好"。1992年,安然公司又提出了两种新的价值观。公司信笺上出现了新的信头:"您个人的最佳表现会使安然成为最佳"和"沟通——真相告白有利于结交朋友"。

薪酬永无上限。"我们将继续成为业内各种级别员工[薪酬]的引领者。"肯·莱在1990年告诉员工。他还补充说:"与其他公司相比,安然公司通常是把较多的奖金发给较低级别的员工。"对于那些不然就没有资格获得奖金的员工,安然公司设立了一项50万美元的员工绩效奖励计划,专门奖励那些做出"超出职责范围"贡献的员工。

不过也有惊喜。1993年2月,安然公司股票的价格突破了每股50美元,每位员工都收到了一张印有尤利西斯·格兰特总统头像的50美元新钞(在股价飙升时,安然石油天然气公司也发现金红包给员工惊喜)。安然公司把股票分拆成两种,股票代码为"ENE"的公司市值在过去的4年里增长了2倍。安然公司提前还清了银行贷款,允许员工持股计划直接以这只股票的名义向员工派息。

虽然员工有丰厚的薪酬,但安然公司仍主要靠老本来维持。员工的薪水是多年累积起来的,安然公司并没有为了奖励高绩效员工而降低其他员工的基本

图 6.9 肯·莱喜欢庆祝安然公司的成功,比如奖励每位全职员工一张 50 美元的新钞票,并在偿还因实行员工持股计划而欠下的银行贷款后,直接向持有安然股票的员工派发股息。

工资。为了显示更加任人唯贤,安然公司在 20 世纪 90 年代初实施了绩效薪酬制度,把自动加薪的速度放慢到行业的水平,同时相应扩大奖金总额奖励高绩效员工。安然公司新薪酬体系中的薪酬总额仍名列业内前茅或接近前茅。

杰夫·斯基林加盟安然公司以后,对天然气营销和相关服务部门进行了重组(见第八章),在安然公司的企业文化中创造了自己的企业文化:简化职务名称;公开职位陈述;拆墙开放办公空间;办公室用玻璃隔开,提高透明度。所有这一切都与休斯敦天然气公司首席执行官在一个封闭的办公室里——或者在一个你只能看到他两只脚的阅读场所里——度过的时光相差了 10 年。

安然公司增长最快的子公司有如此多的新员工,以至于斯基林实际上是在管理一家新创企业。他追求的是"一种完美的精英治理制,一种激励聪明、有才干——而且报酬丰厚——的员工在一场永无止境的主导权争夺战中相互竞争,并且创造自由流动的思想以推动企业超越竞争对手的精英治理制度"。莱和金德都很欣赏这种精英治理制度。

在丽贝卡·马克的领导下,安然发展公司也在发展另一种企业文化。马克先任安然发展公司的总裁,后又负责安然国际公司,她的"我们是最聪明的,绝不说不"的做法在20世纪90年代被证明越来越不计后果。

可以说,安然公司有多种企业文化,首先是肯·莱为公司全体员工和客户设计并由硬汉里奇·金德平衡、补充的一种和善文化。在公司层面以下,受监管的天然气管道运输业子公司有相对比较守旧,但在竞争领域富有创新性的文化。斯基林领导的安然天然气服务公司和马克领导的安然发展公司都比较新派,前者致力于重塑北美的天然气批发商业务,而后者则致力于重新定义在全世界发展业务的可能性。

福莱斯特·霍格伦德领导的安然石油天然气公司和迈克尔·穆克勒罗伊领导的液体燃料集团处于以上这些企业文化的中间。也许,他俩的公司拥有安然公司最好的企业文化。

舒适、有趣的工作环境是莱强调要为安然公司7 000名员工提供最好工作环境的另一重要内容。安然大厦堪称世界一流,楼里开设了很多公司自助餐厅(劲量餐厅)和地下健身设施和更衣室(美体小铺)。

安然公司是休斯敦市区首批在大楼内实施禁烟政策的大公司之一。从1990年第一个工作日开始,就可以看到安然公司员工在大楼外吸烟。同年夏天,安然公司开始推行周五便装制——不穿外套、不打领带,但与客户见面仍需穿职业装,并且在(1991年)夏天和(1992年)全年继续执行。

安然公司在其他工作场所的问题上也走在了前头:灵活的工作时间和照顾受赡养人的无薪假期、灵活福利计划、多元化培训和指导计划、培养女员工参与管理、规定了员工投诉上司的程序。

长期重组和定期裁员是管理层试图解释和改善的令人担忧的问题。("我们正在尽一切努力安置和培训直接受到这些行为影响的员工",这是在安然公司经常能听到的口头禅。)安然公司管道运输集团总裁罗恩·伯恩斯在一份备忘录的结尾中写道:"请相信我,我们采取这些措施的唯一动机就是确保安然成为'第一大天然气巨头',并且尽我们所能帮助公司股价继续攀升!"赚钱和为员工创造财富是最好的补救办法。

总的来说,安然公司是一家有趣且值得为之努力工作的企业。肯·莱以其迷人的风度、脚踏实地的作风(连同他那条星期五穿的蓝色牛仔裤)而深受公司一般员工的喜爱。安然公司还做了很多善举,有私人做的,也有公司做的。《安然人》杂志讲述了身患绝症的尼尔·欧林(Neil Oring)的故事和他的同事帮助他的事迹,以及他和家人在离家1 000英里的地方度假时突发急病,安然公司的飞机救他的经过。这可是他一生中的最后一次旅行。

"一颗宽宏、关怀和仁爱的集体之心,超越了任何人的期望",这让欧林对无法重返工作岗位感到特别难过。他写道:"当我在我们公司的年度报告中看到'安然主要是通过我们雇用的员工来实现公司的目标'的时候,就觉得这并不是说说而已。"

"安然公司是因为它的员工才取得成功的,"莱在给欧林的回信中写道,"我们全体员工的创造力和辛勤工作使我们有别于其他天然气公司。但正如你在信中雄辩地指出的那样,我们的员工富有同情心和奉献精神。"

肯·莱从企业领袖到大人物的升华过程只会让他更加相信,他能为安然这家目前休斯敦最大且有超前国际抱负的上市公司囤积大量的天然气人才。这位"天然气行业新时代的领军人物"在史密斯街1200号用上了白噪音机。在他的个人生活方面,莱为最新的自救和医学著作支付了六位数的费用。莱大口嚼着低卡路里食物,大把吞服保健药,并且虔诚地锻炼身体。大家都认为,他做这一切都是为了取得成功。但在这一切的背后还有另一个不为人知的秘密:一个关于他的心脏状况的秘密——鉴于他的生活规则和养生方法,这简直就是不可能的事情。

通过差异化来进行变革和完善,是肯·莱为安然公司提出的愿景的关键组成部分。安然公司想要推动外部的必要变革,就必须在公司内部树立一种新的精神。公开的邀请是为了打破常规,让常规变得更好,而不是"什么都不能改变"。莱在1992年指出:"排除障碍可能需要天然气行业和电力公用事业进行组织和制度变革。诚然,变革是艰难的,甚至是极其艰难、痛苦的。但就像生活中的许多事情一样,变革往往会让我们变得更好,从而使我们的做事方式、我们的制度乃至我们的社会变得更好。"不过,这种理念可能太过超前,并且被证明是不可持续的。

结束语

肯·莱和里奇·金德在致股东和客户的信中写道:"公司管理层通过实施纵向一体化增长战略,使我们能够创造 5 年的稳健业绩。1993 年,我们将继续对我们的组织进行微调,以便让我们的一体化天然气战略在美国和世界各地创造更多的效益。"

安然公司各主要事业部的"卓越"业绩使安然公司 1993 年的每股收益比上一年同期增长了 20%。1994 年和 1995 年的每股收益增幅预计在 15% 或以上;鉴于公司天然气管道运输事业部能取得 5% 的收益增长率已经算是很好的业绩,因此这是一个很有进取心的目标。安然公司强劲的现金流使它的债务资本比率从 6 年前的 70% 大幅下降到了 47%。这个结果的取得也与 1992—1993 年变卖 2 家业主有限责任合伙公司以及利率下降有关。

公司信用分析师也表示赞同,因为安然公司不像业内包括阿克拉(Arkla)、沿海、东得州和特兰斯科(后者是州际天然气输送业信用等级最低的公司,也是莱的老东家)等在内的公司,它仍保住了"投资级的信用等级"。这个信用等级降低了安然公司的还债利率,比竞争对手低 2%,这对安然天然气服务公司迅速扩张的营销和信贷服务至关重要。

1993 年进行的十送十的股票(ENE)分割(1990 年以来进行的第二次股票分割),反映了安然股票的强劲势头。[1] "在过去的 5 年里,我们给股东创造了大约 252% 的总回报率;而同期,标准普尔 500 指数成分股和业内同行的平均总回报率都是 90%。"

金融分析师把安然公司的股票评为"买入"级。瑞森公司(Rauscher Pierce Refsnes)的劳伦斯·克劳利(Lawrence Crowley)写道:"从过去 3 年动荡不定的能源市场来看,安然公司的成就令人瞩目。安然公司显然已经成为天然气行业的领先企业,它所专注的业务和管理风格正在成为行业标准。"这份长达 10 页的分析报告,除了安然液体燃料公司以外,没有谈到安然公司其他子公司的任何问

---

[1] "势头"(momentum)这个流行词在安然公司 1991 年的年报中出现过 6 次,一次出现在安然公司的一封公开信中。而且,安然公司的 5 个业务单位也都重复使用这个流行词。安然公司把人才从运营部门调到(公司的)投资者关系部门。1992 年,马克·柯尼可(Mark Koenig)和丽贝卡·卡特(Rebecca Carter)分别被调离了财务和会计部。

题,更是只字未提安然天然气服务公司采用的把未来业务作为本期业务的记账方法以及国外业务可能存在的问题。

安然公司本可以自己写这份分析报告。由于投资银行正在设法获得安然公司的承销业务,这种奉承将日益成为现实。

———————

与此同时,得州州内天然气市场(肯·莱原先公司的地盘)仍然供过于求,管道运输业务的利润率很低。安然公司的竞争对手运营不佳,也没有新的利润中心,大多业绩平平。有两家管道运输公司——联合管道运输公司和哥伦比亚天然气输送公司——因没有减扣或者没有解决"不取照付"条款造成的成本而开始走《破产法》第11章规定的保护程序。在这样的环境下,肯·莱真是其公司的"神童",也是名副其实的"天然气先生"——一个在业界前所未有的称号。

不过,肯·莱还没宣布他在1990年提出的愿景——成为全球第一大天然气巨头——已经实现。但据计算,安然公司在美国国内市场占有20%的份额。在1992年的几次新闻发布会上,安然公司宣称自己是"美国处于领先地位的天然气公司"。1993年,在《华尔街日报》和伦敦《金融时报》等报纸刚刚结束的宣传蒂赛德项目竣工的广告活动中,把安然公司吹嘘成一家具有"世界愿景"的国际能源公司。这次广告宣传活动对安然公司从1989年开始在美国做的以环保为主题的广告起到了补充作用。[1]

这些成功被视为前奏曲。莱和金德在1993年的公司年报中补充说:"我们正在努力保持这种优异的财务业绩,直到未来很长一段时期。"不过,问题依然存在。那么,盯市记账法的魔力能否为这种增长做出贡献呢?市场是会补救还是暴露英国北海J块油田天然气的裸价风险?印度、阿根廷的政局以及介于两者之间不那么极端的政局是否会阻挠安然公司的投资或者对安然公司的投资产生不利的影响?安然石油天然气公司的好运只能到此为止。

未来几年里州际管道运输业务的发展是否足以产生个位数中等水平的复合收益增长率?西特鲁斯贸易公司为扩大佛罗里达天然气市场而做的大量空头交易会取得好的结果吗?在油价上涨的情况下,安然公司的液体燃料业务能否盈利?陷入困境的甲基叔丁基醚收购案能否扭转局面?

———————

〔1〕安然公司还宣称自己在《财富》500强最大的多元化企业排行榜上排名第三[仅次于美国电话电报公司(AT&T)和嘉吉公司(Cargill)],并在《福布斯》收入500强企业中排名第45。

安然公司坚持认为,不用担心。天然气的未来一片光明,国际机遇"巨大"。"风险管理"将"强调锁定价差的相关业务与大宗商品风险业务",并"继续抵补大宗商品风险,如我们在安然石油天然气公司生产中所占的份额"。安然公司在致股东的信的结尾处写道:"有了安然公司全体员工的集体紧迫感,我们可以在股东(包括员工)的持续支持下实现这些(很能体现进取心的)目标。我们的员工大概持有安然 15% 的股份,他们与公司休戚相关。"

政治意识很强的安然公司也在展望未来。在华盛顿特区,1992 年《能源政策法案》(Energy Policy Act)中有一个条款允许进入全新的业务市场:电力批发营销。电力行业不像天然气行业那样有联邦能源管理委员会的第 436 号和第 636 号令。安然公司正寻求通过政治途径创建一个比天然气市场大得多的电力市场。

第七章　具有政治头脑的莱

在莱到安然公司任职 6 年之际,《休斯敦纪事报》刊登了一篇题名为《是什么驱动肯·莱这么拼命？对于安然公司董事长来说,大企业可能还不够大》的深度周日特写。作家凯尔·波普(Kyle Pope)为寻找"休斯敦最著名企业家"背后的共同点走访了很多当事人。

波普介绍说,这个现年 49 岁,具有商业、社会和政治影响力的人物是"一个反常现象"和美国"天然气行业最怪异的高管之一"。安然公司的一名前员工称赞了莱,但说他是一个"谜"。一位行业咨询师表示："有人批评他志向并不在天然气行业。"

他是一个商人,但他的最高境界是追求商业以外的东西(安然公司即将取代天纳克公司,成为总部位于休斯敦的最大企业)。他是一名政治家,但既不是共和党人,也不是民主党人,当然也不是自由党人,一个在许多不同寻常的方面寻求结盟、精力充沛的商人和公民。他是"私营部门的政治家"(尽管波普没有使用这个词组)。

这个变革者遭到了质疑和诋毁。莱在两条战线发起的化石燃料行业的内战—— 一条是天然气与煤炭,另一条是天然气与石油——导致他树敌颇多。(莱可能会说："化石燃料并非相同。")尽管天然气行业的一些重要部门开始接受安然公司的政治模式,但许多行业都受到了冲击。

第七章
具有政治头脑的莱

凯尔·波普在联邦能源管理委员会在职成员中发现了一个莱的狂热崇拜者。杰里·兰登(Jerry Langdon)把莱称为"新时代天然气行业最杰出的人物"。要不是莱,一些重要的环保人士就会反对一切与化石燃料有关的事务,他们也把莱说成是一种新的声音、一股新的力量,激发美国人重新思考能源选择的问题。

波普的研究对象受过高等教育,非常聪明,成就非凡。肯·莱具有社交天赋以及外交官的机智和高尚人格。他是语言大师——无论是书面语还是口头语。在终日忙碌的行政助理的帮助下,莱高效多产、不知疲倦。

在这一切的背后,隐藏着一个巨大的野心。莱是在逃避过去,奔向自己创造的未来。约翰·D. 洛克菲勒和塞缪尔·英萨尔分别花了数十年时间才改造了石油行业和电力行业。在立法和监管改革的鼓励下,莱本人也进行了一些变革,他希望在数年内改变自己所在行业的面貌。

波普对莱进行广泛而又深刻的评论,但仍遗漏了两件事。首先,在可观察到的莱的个人特点背后,莱有一个关于他心脏健康状况的秘密。其次,莱有喜欢冒巨大风险的倾向,有时是因为急于求成的缘故,但也因为他之前的行动迫使他冒这样的风险。

市场似乎并不知道或至少没有注意到所有的风险。安然公司对瓦尔哈拉丑闻的粉饰起到了作用(波普只字未提安然公司濒临倒闭的事情),其他的重大冒险行动有些取得了成功,另一些结果不明,还有一些正在进行中。[1]

天然气是一种新兴资源。在能源被政治化的今天,天然气的地位在不断提高,而煤炭和石油在走下坡路。安然公司为天然气搭建了一个不断发展的世界舞台。对于出生于密苏里州贫困农民家庭但现在取得了成功的肯尼斯·李·莱来说,所有这些都是取得权力的手段,也是他自我追求的伟大遗产。

刚到休斯敦天然气公司上任没几个月,肯·莱就冒巨大风险出高价收购了两家受联邦能源管理委员会监管的公用事业公司的主要资产。安然公司旗下的州际天然气管道运输公司服务于不断增长的市场,莱相信,即使在基于成本的回报受到管制的情况下,他也有办法利用州际天然气管道运输公司来赚取可观的利润。他下了很大的赌注,甚至比他在佛罗里达天然气公司和后来在特兰斯科

---

〔1〕 本书第四章介绍了瓦尔哈拉丑闻的两个组成部分。关于安然公司在英国北海J块油田和印度达博尔项目上下的赌注,请参阅第六章。

能源公司管理州际天然气管道运输业务时下的赌注还要大。[1]

在安然公司以更高的价格收购北方天然气管道公司并创建美国最大的天然气输送网络时,莱甚至在联邦能源管理委员会身上下了双倍的赌注。从1985年开始,1986年更是如此,安然公司在准入、退出、费率和其他服务条件方面,在位于华盛顿特区北国会山街825号的联邦能源管理委员会身上做了大量的工作。

安然公司做联邦能源管理委员会工作的议程侧重于放松甚至解除监管。在一般政策方面,莱倾向于根据运营成本来确定州际管道运输费率的区间,其中上限是等于(甚至高于)重置成本,而不是原始成本。尽管联邦能源管理委员会多次制定激励费率规则,且都受到行业内斗和监管惰性的阻碍,但莱仍支持激励费率。[2]联邦能源管理委员会第636号令——强制性开放—准入州际管道运输业的规定,在莱看来是一种"很好的平衡",但在第636号令发布后完全取消费率和服务条件管制又被认为并不是一种可行的选择。

横贯西部管道公司、佛罗里达天然气输送公司和北方天然气管道公司都需要明确的批文——合法化——才能销售其创新产品,并迅速调整费率和扩大输气能力。与其他公司所做的工作的最大不同在于,安然公司对联邦能源管理委员会做的工作符合市场规律,而不是(掠夺性地)抑制市场或操纵市场。安然公司提出的申请和进行的游说,都与开辟客户友好型新的创业领域有关,而不是像美国政治资本主义历史上常见的现象那样,为了限制竞争对手。[3]

安然公司没有煤炭资产,也没有多少石油资产。因此,煤炭和燃料油与天然气竞争,就是与安然公司竞争——而且也是与肯·莱本人竞争。燃料间的市场竞争十分激烈,在各州首府和华盛顿特区,竞争对手能源企业及其行业组织之间的政治竞争异常激烈。因此,作为新来者的安然公司要做双倍的政治工作。首先是做反应性政治工作,或者说是做防御性政治工作——动用政治手段来消除由竞争对手发起且不利于安然公司的已有政府干预。其次是主动的或者进攻性

---

[1] 关于莱之前在受联邦能源管理委员会监管的州际天然气管道运输业的职业生涯,请参阅:Bradley, *Edison to Enron*, pp. 291−312, 334−351。
[2] 关于联邦能源管理委员会根据安然公司的立场制定的费率政策的回顾,请参阅第二章、第三章、第五章、第六章和第十章。
[3] 美国的寻租经历是布兰德利《资本主义在行动》(*Capitalism at Work*)一书,尤其是该书第六章的一个重要主题。

政治工作——利用政治手段来促成全新的政府干预,从而使竞争对手处于不利的地位。

核能和水电也在与天然气竞争,但规模不及煤炭和石油。核电站或水电站一旦建成(资本成本就是一种沉没成本),核裂变和流水发的电就会比用天然气发的电便宜。因此,核能和水力发电是第一选择——用业内的行话来说,就是"基荷电源"(baseload supply)——而不是成本较高的峰荷电源。

运营成本(或边际成本)较高的能源——天然气、煤炭和石油——每天甚至每小时都在竞相发电,所以,肯·莱把他的政治眼光放在煤炭和石油而不是核能和水力上。

安然公司的"燃料间竞争政治"随着新一代环保监管法规的实施而加速发展,而新的环保监管法规的实施则促成了1990年《清洁空气法案修订案》(《清洁空气法案》这部1963年颁布的法律曾先后在1970年和1977年修订过)。减少煤炭污染成了解决固定污染源的核心问题,从而使得因燃烧更加充分而比较清洁的天然气更具优势;而使用新配方汽油就成了交通运输方面的核心问题。于是,安然公司在汽油添加剂甲基叔二丁醚制造方面进行了大量的投资。[1]

1990年也是值得关注的一年,因为海湾战争引起了关于石油进口对国内生产和使用可能造成的国家安全问题的关切。肯·莱不会让这场危机白白浪费。

随着安然公司逐渐发展成为一家拥有内部子公司的公司,在公司管理方面,政治变得无处不在,并且成了安然公司的一种核心竞争力:《公共事业监管政策法案》鼓励发展独立发电商;在天然气勘探和开采方面可享受可观的税收抵免;放宽州际天然气输送业务的监管;旨在方便天然气营销的州际管道运输业的开放—准入规定;纳税人出钱补贴有政治风险的对外投资;强制推行新配方汽油。对于安然公司旗下的主要事业部来说,上述每一项举措即使不能起到能动作用,也都非常重要。

这样的机会以后还会出现。如果给(二氧化)碳排放定价,无论是通过税收还是规定限额与交易上限的方式,安然公司多个事业部都能从中受益。安然公司发起的对1992年《能源政策法案》的立法修订行动,将为全新的业务——电力

---

[1] 请参阅第六章和第九章。

批发交易——拉开序幕。[1]

"天然气先生"

1986年,《商业周刊》报道称:"在保守的天然气行业里,肯尼斯·L. 莱就像夜空中喷发火焰的气井那样引人注目。"莱在特兰斯科能源公司任职期间曾就能源问题在国会作证。作为全美州际天然气协会——代表全美输送90%天然气的企业——的会长,肯·莱提出了一种新的观点。莱不主张对抗,而是寻求合作。他并不寻求诉诸法律来解决管道运输企业转型的成本问题(就像他在特兰斯科能源公司所做的那样),而是把这些问题看作会给竞争对手制造困难但可以通过协商解决的商业问题。

曾经先任全美州际天然气协会政策主管,后来又任全美天然气供应协会会长的斯基普·霍瓦特回忆说,莱"是我们理事会中学历最高,也可以说是最聪明的成员",也是一位"其很强的个性和有说服力的提问方式有助于天然气行业确定自己行动议程"的首席执行官。莱"能不断激发他人发挥想象力并挑战极限","让我们以不同的方式思考和行动"。霍瓦特总结说:

总的来说,肯是一个敢于打破条条框框、有自己想法的人。他喜欢与人谈自己的思想。如果你是个能把他掷给你的球迅速掷还给他的人,他就会和你说话。他很有风度,但不居高临下,对完成工作而不是身份感兴趣,这对我们当时的工作人员来说非常令人振奋。

1989年担任全美州际天然气协会理事长的肯·莱地位越来越高。《华尔街日报》1992年的一篇报道称:"他真的成了这个行业的代言人,而且在这方面做得很好。"约翰·詹瑞奇在《天然气周刊》他的告别专栏中把莱排在了最佳演讲者名单的榜首,他对莱的评论是"就像上帝的声音那样有幽默感"。事实上,莱将在他的行业里赢得前所未有的地位,他被尊称为"天然气先生"。在美国能源行业的企业史上,只有石油业的洛克菲勒公司和电力业英萨尔公司享受过这样的荣誉。不管莱的"统治"多么短暂(不到20年,而洛克菲勒和英萨尔的"统治"期是

---

[1] 请参阅第九章和第十一章。

第七章
具有政治头脑的莱

他的2倍),他都是一个了不起的陪伴。[1]

"天然气先生"的称号并非凭空获得。莱最初是以佛罗里达天然气输送公司的母公司大陆资源公司年轻有为的首席执行官的身份受到关注的。在创造性地解决了天然气供应过剩的问题以后,他在特兰斯科能源公司的声誉大增。他在担任休斯敦天然气公司首席执行官的头六个月里,把公司从一个地区巨头重新定位为一家全国性的公司。

从1987年开始,肯·莱就以政治、经济和环境方面的理由对煤炭行业发起了挑战,这是四分五裂的天然气行业的任何其他代表都从未做过的事情。[2]他比任何人都清楚,最重要的是,燃气发电厂不但要获得大部分发电新产能,而且要获得绝大部分发电新产能,从而为使天然气行业变得更加强大增加对天然气的需求,并且提高天然气的井口价格。

安然公司的商业模式完全与天然气有关,并且反映了一系列使得甲烷成为一些稳定市场(用于交通运输的天然气是一个利基市场,莱也会推动这个市场的发展[3])的首选燃料的事件——解除监管、监管、技术和市场——的综合作用。但是,天然气很难利用自动驾驶仪来实现这个目标。要让电力公司投资建设寿命很长的天然气发电厂,在政治和市场两个方面还要做很多工作。

肯·莱必须在外部问题上为他的公司和行业争取支持。在莱看来,必须提高天然气的井口价格,才能提高短期盈利能力和长期天然气供应能力。电力公司必须摆脱费率基础思维,因为这种思维导致电力公司把资本密集度相对较高的燃煤电厂置于天然气电厂之前。公用事业监管机构也必须直面天然气和煤炭的问题,这样才能保证自己在一个垄断—特许经营的世界里为纳税人做正确的事情。

即使拟建燃煤设施符合现行法规,天然气行业仍有另一张王牌可打,这张王牌就是天然气相对于煤炭的环保优势。肯·莱希望公用事业公司和监管机构除了考虑合规和下一代监管问题以外,现在还能考虑环境质量的问题。

---

〔1〕 莱在天然气行业的统治可以追溯到1983年,当时他在特兰斯科能源公司负责天然气营销特别计划(special gas-marketing programs,SMPs),并因此声名鹊起。直到20世纪90年代中后期,安然公司才把重心转向了能源服务、宽带、水务和可再生能源。肯·莱最后一次做关于天然气的演讲是在2000年9月。

〔2〕 阻止或禁止天然气行业内部垂直一体化的联邦法规在天然气行业制造了一个天然气生产、输送(输气)和分销(供气)的"三头怪物"。

〔3〕 关于安然公司在天然气汽车和压缩天然气领域投资遭遇的失败,请参阅第九章。

肯·莱面临多方面的挑战，首先是废除天然气短缺时代的失败监管。安然公司随后加入主流环保者的行列反对传统的污染物，因为中性监管会损害煤炭相对于天然气的利益。不久，安然公司也全力支持刚刚兴起的全球气候变暖和气候变化运动，目的是要把二氧化碳纳入排放控制的范畴。在这次战争中，天然气打败了石油，尤其是煤炭。

大谈价格

预测"天然气泡沫"何时破灭无济于事。安然公司的高管们喜欢说"观察水晶球的人会吃碎玻璃"，而经济学家、行业智者肯·莱也不例外。

1985年年初，莱预测市场会在"不远的将来"达成供需均衡。[1]但一年后，石油价格暴跌，从而使天然气价格也跌到了谷底。当时，莱不得不承认："我们能看到的最深思熟虑的预测显示，未来5年，年度天然气过剩将继续下去。"第二年，他沮丧地在美国参议院表示："未来的一年半或两年，已经持续八九年的天然气泡沫有可能会破灭。"

1988年，莱怀着些许战略警惕性又恢复了它的乐观情绪。莱在《天然气日报》(*Gas Daily*)举行的一次会议上表示："我们已经非常、非常接近供需平衡。"然而，"天然气行业的安全网络正在受到侵蚀，"他补充说并又警告称，"少量短缺可能会导致价格大幅上涨。"一年后，莱重申了他那市场正在趋向于均衡的观点，但又警告说："在未来两三年里可能会出现一些天然气供应相当不足的情况。"

但是，莱博士的预测不但被证明是错误的，而且还使他的预测变得不可信。就在他在《天然气日报》举行的会议上发出警告前4个月，莱向天然气供应协会抱怨称"生产商总是预测在一年半到两年之内会再次发生天然气短缺"，从而鼓励"公用事业公司和最终用户对煤炭和核能做出承诺"。然后，在不同的受众面前，这位"优秀的博士"又警告称，不要"让整个行业出现真正的冲击和非常严重的混乱"，以免造成"破坏性影响"。

肯·莱这种两面性并不仅仅局限在话筒面前，而且还是安然天然气营销公

---

〔1〕 莱和业内人士常说的市场均衡、过剩和短缺，是意指价格较高的委婉说法。从当前价格较低的角度看，市场处于均衡状态，没有短缺或过剩(这通常表明由于制度约束，当然包括监管，市场没有能力达到出清的程度)。在这种情况下，井口合同问题(监管本身的遗留问题)会造成定价过高和供应过剩。

司闭门向终端用户推销产品策略的组成部分,目的是要锁定固定价格的长期交易。安然天然气营销公司的业务介绍一上来是麦肯锡咨询公司的硬着陆(价格飙升)预测,接着是安然公司内部对天然气资源基础的稳健预测。传递的信息是:现在赶在别人前面锁定价格,就有价格锁定的天然气。承担一些额外成本——相当于当时现货价格的溢价——是值得的。

事实证明,天然气供应能力相对于需求仍然很高。由于新技术和井口税收优惠,天然气行业气井钻探减少,但气藏发现有所增加。由于井口价格疲软,而天然气储量正在不断增加,因此扭转了8年来的储量减少趋势。

1991年2月7日,星期三,剑桥能源研究协会在能源之都休斯敦举行年会。10年来,肯·莱对天然气供过于求深感失望,因此在这次由丹尼尔·耶金主持的年会上失去了耐心,他在这次会期2天、有400多人参加的大会上发表了"无疑最具冲击力的演讲"。

莱抱怨"经济上的非理性行为",指责大石油公司——最大的天然气生产商——实施掠夺性定价,导致井口售价低于重置成本,从而对市场造成了扭曲。"掠夺性"在经济理论和反垄断法中都有明确的定义,但莱的讲话也很明确:财大气粗的一体化公司正在利用掠夺性定价行为来摧毁小竞争对手,目的就是要创建一个竞争不如现在激烈、企业数量和天然气供给减少导致价格上涨的未来。

"以低于成本的价格销售产品,特别令人难以理解,因为这些公司中的许多公司在伊拉克入侵科威特后几乎等不了24个小时就得提高汽油价格,以至于它们不能以低于重置成本的价格销售库存汽油。我非常怀疑,它们这么做是故意的。"他抨击道。[1]"我非常怀疑,它们这样做是故意的,"莱重复说道,"不过,我宁可认为,这是一些大公司负责置换或扩大天然气储量的员工与一些公司负责积极推销公司所产天然气的员工之间沟通不够的结果。"

莱引用数据指出,目前墨西哥湾沿岸天然气现货价格是1.30美元/百万英热单位,是1976年联邦政府实施严格价格管制以来通货膨胀调整后的最低天然气现货(月度)价格。他援引的统计数据显示,在过去的5年里,有3 000家独立天然气开采企业,或者说差不多美国1/4的天然气生产商,由于价格低迷而退出

---

[1] 莱把重置成本定义为"增加新储量的发现和开发成本,购买储量的收购成本,加上生产和运营成本,以及名义上的税后投资回报"。第二年,杰夫·斯基林估计,重置成本是2.3美元/百万英热单位,比当时的市场价格高出1/3。

了天然气行业。

莱受到了一些压力,而且他受到的压力实际上比他在向全行业做演讲时要大得多。一位业内同行告诉《休斯敦纪事报》的记者"这似乎不是莱的套路",但他没有透露姓名。一家大公司的一名代表对沉没成本和利润最大化的很多经济学解释进行了反驳。毕竟,这与边际收入低于边际成本的天然气销售无关。

莱进行这样的"炮轰"被认为是因为失望。全美天然气协会的迈克·格曼(Mike German)表示:"你现在看到的情况,就像几年前油价跌到每桶10美元时一样。"

但莱不只是用他的掠夺性定价指责歪曲了经济学理论,而且也是在五十步笑百步。就如杰夫·斯基林所知道的那样,强制性开放—准入引发的竞争和安然天然气营销公司的物流正在降低从井口到零售的天然气价格(5年后,在安然公司为争取电力行业实施开放—准入进行游说时,莱的行为证实了这一点)。安然公司持股86%的安然石油天然气公司为生产致密砂岩气争取到了税收优惠,从而把天然气的井口价格实际提高了0.80美元/百万英热单位,这对于安然公司来说是利好,但(与税收中性的情况相比)也是导致生产过剩的驱动因素。

安然石油天然气公司是一家开采石油和天然气的顶尖独立企业,它关闭了(而不是继续使用)一些寿命较短的气井,因而减弱了供气能力,因为该公司相信未来天然气价格会上涨,因而能够证明推迟收入的合理性。莱可能因为安然石油天然气公司不得已这么做而感到不安。然而,就如前面几章讨论的那样,在低价格环境下,安然石油天然气公司凭借它的负税率,仍然保持了很高的盈利率。

事实上,安然石油天然气公司刚刚度过了非常成功的一年,它的天然气平均发现成本为0.82美元/百万英热单位,发现和获取的合并成本是0.95美元/百万英热单位。[1] 安然石油天然气公司的福莱斯特·霍格伦德向股东表示:"虽然早期的迹象显示天然气价格有可能低于预期,但今年(1991年)对于安然石油天然气公司来说又是一个令人兴奋的年份,有着重大的机遇。"莱所说的天然气行业通过按照低于重置成本的价格出售天然气来进行自我清算的情况并没有发生在安然石油天然气公司身上,因为安然石油天然气公司甚至在创下了产量纪

---

[1] 整个行业的天然气钻井成本大幅下降。1982年,每英尺天然气井的平均钻井成本达到了173美元的历史最高水平,而1987年每英尺平均钻井成本已经下降到了80美元,到了20世纪90年代仍保持在低于100美元的水平。

录以后仍在增加天然气储量。[1]与此同时,新技术已经在降低天然气的发现(重置)成本。

但是,莱的疯狂是有他的道理的。他的指责——他自己辩解说,他只是持"很大的保留意见"提出了一种"可能性"——影响了整个天然气行业的心态。《天然气周刊》报道称,("就在莱说……"时,)路易斯安那州的生产商便不再以低于1.45美元/百万英热单位——他们估计的重置成本——的价格出售天然气。

肯·莱在他所在的行业里有自己的传声筒,他不但是在向市场喊话,而且也是在对州监管机构传话。业内有人向州监管机构施压,要求他们利用职权把天然气产量减少到所谓的市场需求水平。正如得州独立生产商与特许经营业主协会(Texas Independent Producers and Royalty Owners Association)会长所说的那样,所谓的按市场需求水平配定产量,实际上就是以减少"经济混乱"的名义提高天然气的井口价格。安然石油天然气公司和霍格伦德都支持强制配定天然气产量的政治资本主义,同时也支持他们自己自愿关闭气井,但莱并不么赞同安然石油天然气公司和霍格伦德的做法。[2]

但经济就是经济。就在天然气需求停滞之际,快速得到改进的钻井技术,再加上钻探致密砂岩气井可享受非常慷慨的新税收抵免,正在提高天然气产能。据安然石油天然气公司霍格伦德估计,天然气供应过剩可能在5%~30%(具体取决于季节),但莱甚至霍格伦德本人自己都不信。("天然气的买家要比卖家聪明得多。"霍格伦德在得州铁路委员会主办的一次行业聚会上抱怨说。)

天然气价格在1991年夏天又创新低,全美天然气井口价格跌到了1美元/百万英热单位——而有些公司报告称,天然气现货销售价格跌破了0.50美元/百万英热单位。虽然安然石油天然气公司和其他公司自愿关闭了一些气井,并强制按井口配定产量,但仍阻止不了天然气价格下跌。得克萨斯州、俄克拉荷马州和其他州的政府机构,热衷于根据经过精确计算的市场需求来限制天然气产量,目的是要为他们的政治赞助商提高天然气价格。[3]

---

[1] 1991年第一季度,安然石油天然气公司关闭了占其6亿立方英尺/日产能25%以上的气井,但这都是一些不易开采的低产气井。安然石油天然气公司有大量长期合同提供的资金支持,从而能在1990年实现2.63美元/百万英热单位的平均售价,这个售价是现货天然气平均售价的2倍。
[2] 请参阅第六章。
[3] 所谓的"按天然气市场需求定产法"最早始于路易斯安那州(1918年)、得克萨斯州(1935年)、俄克拉荷马州(1937年)和新墨西哥州(1949年)等。

肯·莱奉行一种充满活力的商业模式,更不用说他本人非常自负。他真的不想让任何人为他或他的公司感到太过遗憾。因此,在剑桥能源研究协会年会上发表谴责性演讲8个月后,莱又利用《天然气周刊》对他进行专题采访的机会自我吹嘘了一番。"基本上,无论天然气价格是多少,我们都认为我们可以做得很好。"他告诉业内人士说。与此同时,《天然气周刊》还刊登了标题为《据来预测,安然未来两年将实现稳健增长》和《尽管天然气价格较低,但安然公司设定了较高的盈利目标》的新闻报道。

不管怎样,安然公司可以提高天然气价格,不但是为了安然石油天然气公司,而且是为了提高安然公司庞大的天然气管道运输和营销业务的利润率。无论天然气的井口价格是否上涨,安然石油天然气公司都能因特别税收条款而获得0.80美元/百万英热单位的实际价格涨幅。在莱在剑桥能源研究协会年会上"炮轰"之前,安然公司确保通过了一项关于密致砂岩气开采税收抵免的规定。这项税收抵免在未来7年可为安然石油天然气公司的母公司带来超过2亿美元的收入。这项规定也导致了天然气供应过剩,而天然气供应过剩问题正是莱所谴责的。

科技也起到了作用。得克萨斯大学经济地质办公室(University of Texas Bureau of Economic Geology)的威廉·费雪(William Fisher)解释说:"主要的问题是,我们有相当大的能力可以用相当低的成本增加天然气供应。""井口流出的滚滚财源让天然气成为自己击败煤炭、让核能靠边站的最好朋友。"安然公司的《安然展望》就是这样说的。

在第二年的一次演讲中,莱放弃了在剑桥能源研究协会耶金主持的年会上演讲时使用掠夺性定价的暗示。不仅仅是天然气巨头,而且独立的天然气公司,都在"以低于重置成本———当然是当时的重置成本——的价格"出售天然气。他现在"完全相信"掠夺并没有起作用,因为"(实力有所削弱的)巨头……已经把自己挤出(国内天然气)行业"。莱在美国独立石油生产商协会的年会上发表讲话时把话题从供应转向了需求,以解决天然气行业遇到的困难。

1993年天然气价格的回升平息了莱发起的天然气价格改革运动。而且,在天然气价格再次下跌时,他也不再重提这场运动。这一逆转毁了安然石油天然气公司在之前低价年份屡试不爽的价格对冲策略。但是,经济学博士肯·莱对沉没成本、运营成本和主要石油巨头的经营策略有自己的特殊理解,从而使整个天然气行业对他关于现实世界的经济学市场观产生了疑问。

与石油斗

1982 年,时任特兰斯科能源公司总裁的肯·莱曾呼吁征收石油进口税。特兰斯科能源公司旗下的勘探公司需要更高的石油价格,而横跨大陆天然气管道公司在天然气业和电厂用户市场上的天然气业务正被燃油取代。莱的立场就是他在特兰斯科能源公司的老板和首席执行官杰克·鲍温的立场——偏爱政府采取权宜之计。

在安然公司,莱继续以能源安全为由,主张减少石油进口——甚至减少石油使用。但即使在 1986 年油价暴跌损害了安然石油天然气公司的利益、减少了管道运输公司输气量和利润之后,他也没有停止呼吁征收石油进口税。[1] 对进口石油征收关税是一项很难完成的政治推销任务,莱没有采取任何实际行动。但是,安然公司还是坚持认为天然气是"一种可靠、清洁的国产燃料……并以贸易平衡、国家安全和国内就业为由贬低石油"。

1990 年和 1991 年,为应对海湾危机和随后爆发的海湾战争,肯·莱加大了以天然气取代石油的攻势。莱还有另外两个公司方面的原因:一是需要加快联邦能源管理委员会审批横贯西部管道公司以取代石油为主题的加州扩建项目的进程[2];二是安然公司进入压缩天然气充气市场与汽油和柴油展开竞争。莱在 1990 年谨慎地支持征收碳税(一篇报道的标题为《全美州际天然气协会反对征收煤炭税,但莱"并不那么反对"》),并开始为征收进口石油税辩护。

1989 年春天,埃克森公司"瓦尔迪兹号"(Valdez)油轮在阿拉斯加发生漏油事件,污染了威廉王子湾。莱在评论这一事件时指出,全球气候变暖是未来天然气需求增长的驱动因素。莱表示,"天然气的运营和环境效益"应该也可以"反映在天然气价格上"。据莱估计,天然气的井口价格差不多是 1.6 美元/百万英热

---

[1] 请参阅第六章。1984 年,也就是肯·莱担任美国石油学会(American Petroleum Institute)会长后的第二年,休斯敦天然气公司就退出了这个协会。

[2] 请参阅第六章。

单位,而天然气的全值价格应该在 3~4 美元/百万英热单位。

鉴于天然气企业之间竞争激烈(包括来自享受税收优惠的安然石油天然气公司的竞争),必须提高其他燃料的价格,才能使天然气价格上涨。甚至在主张对进口石油征收关税之前,莱就支持"对污染比较严重的燃料课征重税",也就是环境附加费。

莱在阿斯彭研究所能源政策论坛举行的一次会议上辩称,石油政策必须超越能源安全问题,同时要应对环境和国内供应问题。基于上述三个理由,莱在安然公司的职业生涯中首次建议征收关税。[1] 1991 年 7 月,他解释说:"石油进口税本质上是一种由市场决定的价格溢价,目的在于反映国家安全问题的外部性。"

莱把他的提议说成是"基于市场的提议",因为它一举改变了价格信号,而不是像 20 世纪 70 年代实行的"大规模政府干预"那样,把石油价格和产量配定规则混杂在一起。那么,进口石油真的是一种惩罚消费者的外部性吗?作为哲学王的他真的知道正确的税收吗?不管怎样,莱提出的税收建议没有考虑到为了应对未来价格不确定性要采取的自救措施,如石油套期保值——一种安然公司无论在内部还是外部率先应用于天然气的自救措施。

安然公司的天然气愿景一直都与电厂而不是其他有关,现在随着石油政策前沿和核心问题的变化,汽车市场也被纳入了安然公司的天然气愿景。莱认为:"任何旨在减轻石油危机对经济产生潜在危害的政策,都必须包括使交通运输领域燃料多样化的措施。"

一家由安然公司牵头成立的合资企业"安然燃料"(Enfuels)投资 1 000 万美元在休斯敦开设了一些天然气充气站。安然公司及其合资伙伴还将按照这个 1992 年启动的项目的一个子项目计划改造各自的部分公司汽车。[2]

"三四年前,我充其量是一个不可知论者,"莱在由全美公用事业监管专员协会(National Association of Regulatory Utility Commissioners)召集的专家会议上说,"从那以来,我成了一个真正的信徒。"莱接着又补充说,到 2005 年,天然气汽车的年天然气需求量可能会达到 1.5 万亿立方英尺,约占那时天然气总需求

---

〔1〕关于莱在来安然公司之前的石油关税观点,请参阅第三章。
〔2〕安然公司是"安然燃料"这家合资企业一半股权的持有者兼运营商,在亏损 400 万美元以后于 1995 年退出了这家合资企业。请参阅第九章。

的5％。交通运输天然气市场被视为仅次于发电用天然气市场的重要成长型市场。[1]

莱的"天然气取代石油观"是他的能源可持续观的一个组成部分。"我坚持认为,石油时代已经结束,或者很快就会结束,"他说,"天然气将日益取代石油和煤炭,并成为最终过渡到可再生能源的主要成长型燃料。这种情况很可能就发生在21世纪下半叶的某个时候。"

1993年年初,莱公开了他提出的一份政治议案。他在这份议案中建议对进口石油开征每桶5美元的关税,以取代克林顿政府的英热单位税,目的是要减少联邦预算赤字和(在政治上)改变能源使用方向。莱在为《石油经济学家》撰写的一篇文章中估计,每天用天然气(2万亿立方英尺)取代100万桶的石油,就能为美国创造16万个新的就业机会和375亿美元的新投资,同时还能使贸易逆差减少75亿美元。如果这是一项好的能源和经济政策,那么,从亚当·斯密到米尔顿·弗里德曼的自由贸易经济学家就完全错了。

天然气独立生产商是天然气行业里唯一准备接受这样一份议案的生产商群体,而莱正在为刺激安然公司估计的为未来7年使天然气产量增加20％(增加到22万亿立方英尺)所必需的每年750亿美元的上游投资而寻找政治帮助。莱建议政府采用工资税退税的方式进行更多的干预,以缩小"短期负面(价格)效应"的影响。

莱建议征收石油进口税的前提是这种进口产品会产生社会成本(负外部性)。但是,政府以保护主义取代国际主义的干预需要考虑的不只是市场失灵的问题,还有一些分析失误、开错处方(在本例中,莱就开错了处方)以及政府失灵——所希望的政策的次优执行——的问题,而且会产生一些意想不到的后果——这种保护主义的一个最典型特征。不过,这些问题不应该在这里讨论。我们的这位经济学博士受利润驱动,而且越来越明显。

莱的反石油理念和政治倾向在安然公司内部引发了矛盾。在天然气经济效益不佳的情况下,安然公司的国际发电厂项目使用燃油。在刚刚签署的《北美自

---

[1] 美国能源情报署(US Energy Information Administration)从1997年开始跟踪压缩天然气的使用情况,当时估计是80亿立方英尺。莱估计的2005年压缩天然气使用量约为2005年压缩天然气实际使用量(230亿立方英尺)的1.5％。

由贸易协定》的审批过程中,莱充分展示了安然公司的实力,并且在 1993 年以全美州际天然气协会会长的身份在国会作证。这项协定规定对美国两个主要石油供应国加拿大和墨西哥实行保护主义为非法。自 1994 年生效的第一天起,《北美自由贸易协定》使美国的石油关税在经济上行不通,除非建立一个由三个国家组成的保护主义集团。

向煤炭宣战

在煤炭成为巴拉克·奥巴马执政时期轰动一时的大事件前的几十年里,肯·莱就曾对煤炭宣战。在莱离开定位于煤炭的特兰斯科能源公司并把休斯敦天然气公司改造成纯天然气企业以后,安然公司就开始了煤炭讨伐战。即使在决定进入煤炭交易领域,并在最近几年收购煤炭储量之后,安然公司仍在继续它的煤炭讨伐战。

莱也曾力挺过煤炭。1974 年,时任佛罗里达天然气公司企业规划总监的莱曾写道:"不管怎样,在未来的 20 年里,煤炭业仍将是一个成长型行业,谋求全面发展的能源企业应该努力在煤炭业占据一席之地。" 8 年后,已经担任特兰斯科能源公司总裁的莱仍然认为:"随着时间的推移,我们国家乃至整个世界,在这个问题上必然越来越多地依赖煤炭,并且把煤炭连同石油和天然气作为我们的基本能源燃料。"[1] 但在这两家公司供职时,莱就为偏袒煤炭的监管对天然气造成不必要且不公平的损害感到愤慨。

安然公司的首要任务是说服立法机构废除偏袒煤炭的立法,还必须改变电力公司和国家监管机构的观念,因为天然气具有明显的经济和环保优势。这两项任务虽然都是政治任务,却需要市场取向型解决方法,因此与反竞争的寻租行为(用政治资本主义的术语来说)截然不同。[2] 用莱的话来说,"从天然气的角度看,这些都是清除障碍的问题"。

第二阶段的煤炭讨伐战始于 20 世纪 80 年代末。当时,全球气候变暖已经

---

〔1〕 莱第二年又(和特兰斯科能源公司首席执行官杰克·鲍文一起)表示:"只有利用我们丰富的煤炭、泥炭和油页岩资源,才能确保不会重新回到依赖进口能源的危险状态。"

〔2〕 寻租是指为了获得政府的特殊照顾而采取的与政治有关的商业行为,如为私利服务的监管、税收性拆分或使用公共财政资金。请参阅:Bradley,*Capitalism at Work*,pp. 122－124; Bradley,*Edison to Enron*,pp. 515－522。

成为一个国际性问题。这个阶段煤炭讨伐战的主要任务是在政治层面对二氧化碳排放进行定价(监管),并且使煤炭(和石油)相对于天然气处于不利的地位。安然公司驻华盛顿特区办事处在气候问题上对共和党施压——而乔治·H. W. 布什则承受了非常大的压力。安然公司与环保组织结盟,以牺牲其他竞争性化石燃料的方式来推广天然气。这次,安然公司采取了与以往不同的行为方式,也就是积极主动地追逐租金——寻租,而不是追求公平。

天然气和煤炭之间并没有失去"爱情",煤炭行业和天然气行业都没有几家公司有实力来促成休战。煤炭行业早在几十年前就已经开始了他们的政治活动,当时(煤炭衍生产品)人造煤气开始面临管道——先是近距离,后来是远距离——输送的天然气的竞争。面对煤炭被一种更加便宜、清洁的燃料取而代之的威胁,业已在位的煤炭利益集团——煤炭矿业公司及其参加工会的工人以及铁路煤运公司——推迟了天然气进入任何政府论坛的时间。[1]

煤炭行业使用的主要"武器"是1938年《天然气法案》第7条(c)款,该款要求联邦政府对跨州新建或扩建输气管线进行认证,并为竞争性燃料提供政治论坛,从而推迟了(如果不是阻止的话)天然气项目的实施。否则,这些项目就会使有意的买家、卖家和金融家联系在一起。

如本书第二章所述,20世纪30年代,煤炭利益集团推迟了其产品有可能取代劣等品煤气的北方天然气公司进入市场20年后,正如布兰德利在《从爱迪生到安然》中记述的那样,佛罗里达天然气公司必须在联邦听证会上排除燃油和煤炭利益集团的重重阻挠,把天然气引入这个阳光之州。这是一个全国性的故事:"在他们的参与权得到保障的情况下,替代性燃料的利益集团在20世纪40年代、50年代和60年代初定期参加联邦动力委员会举行的听证会,渴望用具有成本竞争力的清洁燃料天然气来取代煤炭。"

20世纪70年代,在天然气供应不足,而煤炭供应充足的情况下,1978年《电厂与工业燃料使用法案》(或者《燃料使用法》)以及1978年《天然气政策法案》中

---

[1] 还请参阅:Internet appendix 2.1, "Regulatory Delay under the Natural Gas Act," www.politicalcapitalism.org/Book3/Chapter2/Appendix1.html。

的一个条款影响了对天然气价格最为敏感的市场的需求。[1] 20 世纪 80 年代,不出所料地在煤炭和天然气之间爆发了一场政治"圣战",而肯·莱和安然公司也投入了这场战争。

势均力敌

虽然天然气市场由监管型供应不足转变为供应过剩,但全美煤炭协会、美国矿业代表大会(American Mining Congress)、美国矿工联合会(United Mine Workers of America)和结成联盟的不同铁路利益集团仍根据联邦法律对天然气进行阻击。起初,煤炭游说团体开始反对赋予天然气用户以免予执行《燃料使用法案》新天然气服务禁止规定的豁免权。后来,煤炭游说团体反对废除《燃料使用法案》,从而引发了美国人对天然气供应再度不足和价格飙升的担忧。煤炭公司辩称,发电厂是它们的市场,而天然气则留给了"优先级别更高"的家庭和商业企业。

1987 年,肯·莱在美国参议院一个小组委员会举行的听证会上作证时支持废除《燃料使用法案》和《天然气法案》第二篇。安然公司董事长指出,差不多就在这些法律获得通过的时候,天然气供应变得充足甚至过剩。天然气是一种丰富的资源,对消费者来说是一个好兆头。莱在作证结束时风趣地说:"我们天然气行业也有人认为,现在应该节约使用煤炭,把它留到下个世纪用于气化。"天然气行业与煤炭行业的争斗就是从这个时候开始的。

天然气行业有更具说服力的论据和事实依据。在里根政府的支持下,1987 年废除了两部偏袒煤炭的联邦法律。但是,这两部法律已经伤害了天然气行业,并且产生了长期的不利影响。与此同时,州和联邦政府机构依然偏袒煤炭。莱在一次美国独立石油企业协会发表讲话时,回顾了煤炭游说团体如何在以下方面发挥了作用:

(1)通过了禁止使用天然气发电的《燃料使用法案》;
(2)成功地说服 11 个州的监管委员会和立法机构强制要求洗涤塔(即使同

---

[1] 在 1987 年被废除之前,1978 年《天然气政策法案》(第二篇)的增量定价条款要求工业用户承担更多的天然气成本,以补贴住宅和商业用户支付的天然气价格。受害的工业企业弃用天然气,并且改用燃油和煤炭,让原本受益的住宅和商业用户处境变得糟糕。还请参阅:Internet appendix 3.4, "Fuel Use Act, Incremental Pricing, and Gas Demand," www.politicalcapitalism.org/Book3/Chapter3/Appendix4.html。

时把天然气作为燃料或重新把天然气作为燃料对消费者来说更加便宜)满足1990年《清洁空气法案修正案》等规定;

(3)虽然煤炭和天然气在美国能源总需求中所占的比例大致相同,但能源部多年来的研发预算有30%是用于煤炭,而天然气只占6%;

(4)煤炭行业不愿为自己造成的问题埋单,获得数十亿美元用于治疗黑肺病和改造废弃不用的露天矿区。

"天然气行业愿意甚至渴望在一个真正自由的市场上与煤炭行业竞争,"莱总结说,"但我们已经充分领教了那么多让煤炭行业获得极大利益的偏好、偏袒和人为的激励措施。"[1]

天然气行业必须获得增长才可能解决其自身的问题。1990年的天然气使用量比20世纪70年代初的峰值使用量减少了13%。冬天天气不够寒冷,天然气企业无法指望空间供暖需求出现任何激增。电力需求是一个亮点,因为美国各地的电力需求都在增长。如果新建发电厂都是燃气发电厂,那么,天然气的输送管线就会增加,而天然气的井口价格也会上涨——这些都是安然公司为实现其全球抱负所需要的。[2]

莱认为,新的发电能力应该转向天然气。公用事业公司不再建造核电站。加州正在立法禁止双燃料发电厂在能获得天然气的情况下使用燃油。在佛罗里达州的电力市场,安然公司的长期天然气供应合同几乎已经把燃油拒之门外。煤炭和天然气已经平分新电厂的燃料市场,从而意味着未来20年的需求流量属于它们中的胜利者。

监管趋势正在偏向天然气。在1987年"燃料中性"得到显著提高之后,1990年《清洁空气法案修正案》收紧了废气排放规则,并引入了二氧化硫排放交易机制,用于取代1977年《清洁空气法案修正案》中的最佳可用控制技术(洗涤设备)指令。

煤炭利益集团反对二氧化硫排放交易机制,因为这种机制会促进对天然气的使用,而不是增加迄今为止一直在安装的污染控制设备,因为安装污染控制设

---

[1] 1989年,莱在回答产煤州参议员温德尔·福特(肯塔基州民主党人)的质询时,曾主张以双燃料发电厂来取代濒临关闭的燃煤电厂,从而减少废气排放。他表示:"我想,我们都知道,煤炭是我们国家最重要的化石燃料资源,我们必须利用这种资源。"

[2] 1989年,莱在国会作证时把安然公司定义为"一家核心业务就是向全美市场采集、销售和输送天然气的多元化能源公司"。

备有可能提高基准电价,从而使已有电厂实现利润最大化。例如,西弗吉尼亚州的监管机构允许一家燃煤电厂投资8亿美元安装洗涤设备,而不是用只需斥资1.2亿美元就能建成的燃气热电联产设备替代燃煤电厂的产能。

煤炭利益集团没有谋求推行二氧化硫交易,而是要求对全部电力(包括燃气电厂生产的电力)按销售额征收一种全国性的规费,为发电厂改进洗涤设备融资。安然公司的前高管、现任燃煤电力业务占很大比重的印第安纳公共服务公司总裁吉姆·罗杰斯,主张建立一种"成本分担机制"来帮助承建五个洗涤设备(每个需要投资2亿美元以上),因为他经营的燃煤电厂需要这些洗涤设备才能遵守他所说的"布什法案"。如果没有这些资助,那么,印第安纳公共服务公司必须把电价调高20%左右,才能达到预定的减排二氧化硫2/3的目标。[1]

根据全美天然气协会公布的数据,天然气行业得到了它想通过1990年《清洁空气法案修正案》获得的"90%"的份额。事实上,是代表全美天然气协会和全美州际天然气协会的肯·莱在国会听证会上作证时支持碳排放交易——并且反对他的前门生罗杰斯主张的电力销售规费。

另外还有一些立法倾向于使用天然气。1990年的同一项法律修正案提高了氮氧化物的排放标准,允许发电厂进行排放交易,这对煤炭行业不利(天然气生产千瓦时电力的氮氧化物排放量是煤炭的2/3)。至于井口天然气回收,致密砂岩气回收的积分制,特别是对于安然石油天然气公司来说,是一个应该优先考虑的"发财"机会,而全球气候变暖问题则把煤炭富含二氧化碳的排放物推到了风口浪尖。

新型燃气轮机使得热电联产和联合循环把甲烷转化为电能并利用其余热的效率越来越高。燃煤电厂正在得到改进,但并没有改得像燃气电厂那么好。此外,天然气价格低廉,因此有助于具备备用燃气能力的公用事业电力公司用天然气来替代煤炭。

不过,公用事业电力公司的决策者对天然气做出长期承诺也遇到了障碍。难道天然气行业的一些头面人物没有宣扬北美天然气资源开采已经达到极限了

---

[1] 罗杰斯名义上支持碳排放交易,但他担心印第安纳公共服务公司[后来更名为"辛纳杰能源公司",再后来又更名为"杜克能源公司"(Duke)]因积累可出售的减排额度积分而面临监管风险。联邦监管机构可以通过改变规则降低积分值,而州监管机构则可以把积分值送给纳税人,而不是股东。换句话说,这种积分不受财产权保护。

吗？休斯敦天然气公司的罗伯特·赫林从1979年到2年后去世前一直都在这么做。虽然现在似乎已经没人记得，但当时在特兰斯科能源公司任职的肯·莱也做过这种事情。公用事业电力公司的总裁们都认为，煤炭资源非常丰富，而且是国产资源，可以作为应对发电成本不确定性的手段。[1]

公用事业监管机构采取的上述反常激励措施，导致情况普遍恶化。公用事业电力公司通过尽可能提高其费率基础来赚钱，从而允许其回报率成倍增长。燃煤电厂的资本密集度高于燃气电厂，而这种差别为燃煤公用事业电力公司创造了在设备投资回收期赚取利润的额外机会。

肯·莱看到了电力用户经济利益和公用事业电力公司经济效益之间的脱节以及企业通常的效用选择与环保之间的脱节。必须说服公用事业电力公司为客户做正确的事情，更不用说保护环境了。州级公用事业监管机构的监管能力也必须得到加强，而这场在有偏监管框架下进行的斗争则必须透明公开。

肯·莱首次在参议院能源与自然资源委员会(Senate Committee on Energy and Natural Resources)举行的听证会上作证，对煤炭行业发起了挑战，并展开正面交锋，差不多5年后，莱开始公开发表自己的观点。他最有力的论据是安然公司的长期固定价格天然气供应合同，因为这种合同实际上可以为公用事业公司及其客户节省成本。这款新产品由安然天然气营销公司推出，并由后来的安然天然气服务集团经销(本书下一章将讨论这个主题)。

但是，积重难返。令莱沮丧的是，美国第二大天然气用户休斯敦电力照明公司的首席执行官唐·乔丹(Don Jordan)在公开场合和监管论坛上继续力挺煤炭、贬低天然气。的确，休斯敦电力照明公司在20世纪70年代曾经是天然气短缺的受害者，但这已经是过去的事情。价格管制早已不复存在，天然气现货的低价格正在促使乔丹麾下的发电厂从燃煤转向燃(天然)气。

"天然气标准"

安然公司仔细研究并兜售其关于天然气和煤炭生产单位电力的关键环境统计数据。安然公司在1988年年报的一张表格中列示了天然气发电的减排情况：减排二氧化硫99%；减排氮氧化物43%；减排碳氢化合物53%；减排颗粒物

[1] 请参阅：Bradley, *Edison to Enron*, pp. 341–345, 452, 454, 459, 490–491, 518–519。

96%。

那么,天然气如何才能凭借低价格、发电技术的迅速进步以及发电污染物的全面减排在新发电能力的竞争中胜出呢?这需要开展教育、公关和政治活动。

1992年3月,肯·莱公布了新建电厂的天然气标准。莱还随信附上了安然公司一份有以下内容的新闻稿:

燃气联合循环发电具有压倒性的优势:它比燃煤和核能发电更加清洁、便宜和可靠。我建议电力公司和州[公用事业委员会]采用"天然气标准"来增加发电能力。这些标准应该以下列方式执行——不应建造新的燃煤电厂或核电站,除非它们:(1)比燃气联合循环发电厂更加清洁地生产电力;(2)比燃气联合循环发电厂更加便宜地生产电力;(3)比燃气联合循环发电厂更加可靠地发电。我相信,如果能够综合考虑以上三个标准,燃(天然)气联合循环发电必将取得胜利。

安然公司的布鲁斯·斯特兰和马克·福莱维特与咨询公司 ICF 资源公司(ICF Resources)合作得出了莱公布的分析结果。根据现实的假设,最先进的燃气电厂的平准发电成本比最先进的燃煤电厂要低 1/3 左右。燃气发电机组的建造和安装速度要快于最先进的燃煤发电机组。鉴于安然公司签订期限长达 20 年的固定价格天然气供应合同,因此,燃气发电的财务风险较小;而按浮动价格保证供应天然气的期限为 30 年,大约相当于新建发电设施的预期寿命。[1]

全面减少污染是天然气的一个重要政治加分项。按照更新的估计数据,燃气发电机组几乎不排放二氧化硫和固体废物(灰烬或洗涤装置淤渣)。安然公司在比较燃(天然)气发电和燃煤发电的氮氧化物排放量以后,决定把经过仔细研究的估算值从生产千瓦时电力减排 43% 提高到减排 80%。

温室气体的政治话题——二氧化碳——也出现在了新闻报道中。同样的发电量,燃气发电排放的二氧化碳约为燃煤发电的一半。

莱在巡回演讲中把天然气标准作为一种能使经济和环境变得更好的双赢、免费午餐式、不会留下任何遗憾的策略来兜售。"在电力生产中,所使用的能源越清洁,成本就越低,"莱解释说:

旧范式恰恰相反:如果我们想要比较清洁的环境,就必须通过支付高电价来

---

[1] 安然公司已经签订了 4 万亿立方英尺天然气的长期合同,这相当于美国天然气年消费量的 20%。按目前的使用量,美国本土 48 个州的天然气资源储量还可使用 70 年,因此,任何一座新建燃(天然)气发电厂都有锁定天然气长期供应的空间。

为此埋单。对于燃(天然)气发电来说,情况并非如此:如果用天然气发电,就能"免费"呼吸到比较清洁的空气和降低污染水平,因为天然气发电的每千瓦时成本通常比燃煤发电低30%。因此,比较清洁的环境是选择成本最低的经济替代方法的副产品。

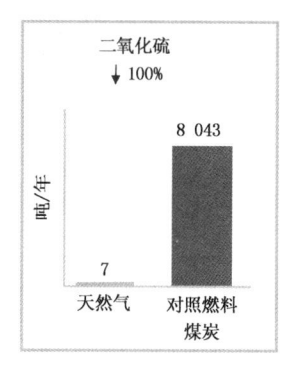

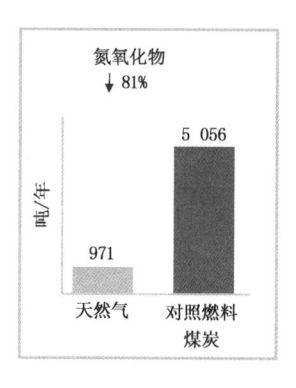

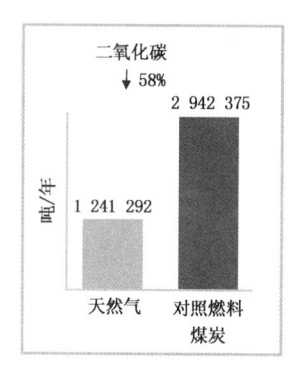

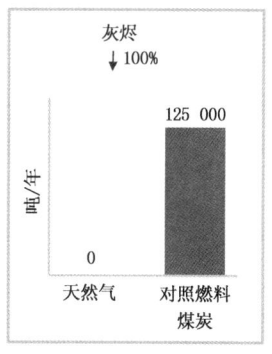

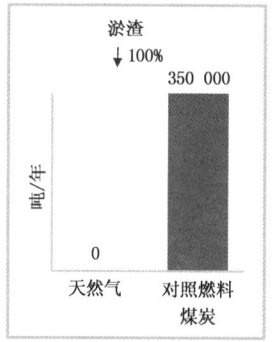

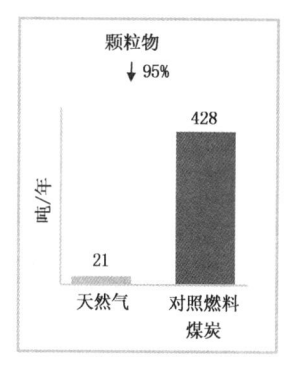

图 7.1 安然公司不断教育环保能源支持者,让他们了解天然气在当前技术条件下的环保优势。这是安然公司(大约在 1995 年编制的)小册子的部分图表,它们显示了相同规模的燃(天然)气电厂与燃煤电厂 6 种污染物减排的比较结果。

与此同时,安然公司的总裁兼首席运营官理查德·金德在全美公用事业监管专员协会召开的一次会议上呼吁州监管机构促使甚至迫使公用事业电力公司结束其偏袒煤炭的倾向。金德坚称,监管机构有责任确保公用事业电力公司公平权衡全部的资本和运营成本,并且预先批准和事先锁定成本(节省)的天然气供应长期协议。金德还补充说,监管机构也应该抵制某些产煤州偏袒本州煤炭的做法。

在与天然气的交锋中,煤炭节节败退。全美煤炭协会的理查德·罗森给全美天然气协会和全美州际天然气协会(安然公司曾是这两个天然气行业协会的会员)写了一封长达4页甚至有点冗长的信函。罗森在信中警告称,天然气输送管道可能爆裂和"以任何借口刷新臭名昭著的天然气价格历史纪录"的可能性,都是天然气"实质性且没有得到纠正的缺陷"之一。"天然气标准"可能会导致"太阳能标准"或"风能标准"的问世——并且导致在美国实施"比东欧已经失业的中央规划者们曾梦寐以求的更加严厉的监管"。

罗森还提醒天然气行业的利益集团注意天然气也是化石燃料:"那些住在具有象征意义的温室里的人不应该从室内把石头扔到室外的人身上,因为他们扔出去的石头很可能迟早会被别人扔回到他们身上。"[1]

"我们有可用300年的煤炭,并且知道我们可以在价格不出现大幅波动的情况下销售煤炭。"全美煤炭协会的另一名官员对媒体说:"按英热单位计算,煤炭仍然是最便宜的燃料。而且,如果使用清洁煤炭技术,煤炭就可以清洁地燃烧,从而满足全部新的排放要求。"

这名官员回避了关于天然气标准让市场来决定的呼声。安然公司的长期固定价格供气合同允许预先对煤炭和天然气投资进行经济性评估。(莱可能会说:"我再次重申,即使根据从现在开始的两到三年里签订的合同,安然公司现在也已经做好了保证天然气供应和价格15年不变的准备。")燃煤发电的燃料成本可能仍比天然气便宜,但必须把燃煤电厂的前期成本较高这个因素考虑进去。安然公司根据符合现实条件的假设做了这方面的估算。

提出"天然气标准",标志着安然公司从反应性发布信息和开展政治活动走向主动发布信息和开展政治活动的开端,而"天然气标准"本身则有可能消除公用事业监管中不利于自由市场消费主义的不当激励措施。

从环保的角度看,"天然气标准"是关于遵守现行法律以及未来立法和行政法规的最佳技术标准,不但包括更加严厉的污染物排放标准,而且包括把受监管排放清单扩大到二氧化碳排放。从二氧化碳排放的角度看,天然气能够轻松击败煤炭。

打破均势:关心全球气候变暖的行动

20世纪70年代,联邦能源政策无意中让煤炭在与天然气的较量中占据了

---

[1] 全美州际天然气协会会长杰拉尔德·哈尔沃森(Jerald Halvorsen)回应说:"我们不愿意与煤炭工人斗,但如果他们想和我们斗,我们就会奉陪到底。"他在其他场合还补充说:"你们不会看到我指责或反对每年要在清洁煤炭技术上花费5亿美元资金的做法。"

THE NATURAL GAS ADVANTAGE
STRATEGIES FOR ELECTRIC UTILITIES IN THE 1990's

THE STANDARD TO BEAT

The advantages of generating power from a gas fired combined cycle plant are overwhelming: It is cleaner, cheaper and more reliable than the coal and nuclear options. I propose that electric utilities and state PUCs adopt the "Natural Gas Standard" for power generation capacity additions. This standard should be applied in the following way — no new coal or nuclear power generating stations should be built unless they:

produce electricity cleaner than gas combined cycle plants;

produce electricity cheaper, per kWh, than gas combined cycle plants;

produce electricity more reliably than gas combined cycle plants.

I am obviously confident natural gas combined cycle power generation will win when all three of these standards are considered.

Kenneth L. Lay
Chairman & CEO
Enron Corp.

图 7.2　莱的同事经济学博士布鲁斯·斯特拉姆(见图)提出了部分有力的论据，肯·莱向发电商发起了挑战，目的是要他们把天然气而不是煤炭选作新增电力产能的燃料。安然公司提出"天然气标准"，与其说是在寻租，还不如说是在进行道德规劝，主要是针对享有特许经营权的垄断者的，希望其在费率基础偏袒煤炭的情况下做正确的事情。

上风。具体而言，对天然气的价格管制造成了天然气供应不足，从而促成了"以煤代气"的法规和新燃煤电厂建设。[1]

取得均势是一回事，而现在有机会打破均势，就像煤炭行业以前所做的那样。而且，机会就在眼前：1988年夏天炎热干燥，全球气候变暖问题成了一个全美关心的问题，肯·莱顺应这股关心全球气候变暖问题的潮流。

安然公司在1988年的年报中把温室效应增强问题添加到了环境指标中：

对清洁空气重新燃起的兴趣，可能要求采取有利于使用天然气的反污染措施。天然气是最清洁的化石燃料，而且在所有化石燃料中对温室效应、酸雨和上

---

[1] 请参阅：Bradley, *Edison to Enron*, pp. 454, 508−509。能源部项目管理人员通常会授予豁免权。后来分别在1987年和1989年削弱了这部法案的作用，最终于1992年废除了这部法案。

层大气臭氧层减少的排放贡献最小……由于这些方面的事态发展,安然公司完全预计到了20世纪90年代将是天然气的10年。

安然公司在1989年的年报中提到了"关于全球气候变暖趋势的危害的讨论",天然气是这个问题"解决方案的关键组成部分"。

然而,二氧化碳并不是一种污染空气的物质或者不利于健康的呼吸道污染物。与二氧化硫、氮氧化物、一氧化碳、颗粒物、铅和地面臭氧一样,二氧化碳并不是《清洁空气法案》规定的标准空气污染物。

恰恰相反,二氧化碳是一种无色、无味、惰性的微量气体,自然存在于空气中。人类呼出二氧化碳,而植物(通过光合作用)吸纳二氧化碳。所谓的"生命之气"有多种工业用途,包括提高石油采收率。

此外,在大气中,二氧化碳吸收热量(增强温室效应),从而能够抵消被认为具有反向效应的二氧化硫排放。美国航空航天局科学家詹姆斯·汉森的文章在1988年一股热浪来袭时被刊登在报纸头条的位置,他在文章中表示:"全球气候变暖已经达到了我们能以[99%的]高置信度在温室效应和所观测到的气候变暖之间建立因果关系的程度。"美国参议员阿尔·戈尔(田纳西州民主党人)和蒂姆·沃斯(Tim Wirth,科罗拉多州民主党人)是汉森发表这种观点的历史性政治时刻的幕后推手。

里德·布赖森(Reid Bryson)、保罗·埃利希(Paul Ehrlich)、约翰·霍尔德伦(John Holdren)和史蒂芬·施耐德(Steven Schneider)等科学家关于工业烟尘导致全球变冷和新冰河世纪的担忧很快就被人们遗忘,而一种与化石燃料使用有关,因此与人口增长和工业化有关的新马尔萨斯恐慌则应运而生。"记者们喜欢这种恐慌,"施耐德回忆说,"而环保人士则是欣喜若狂。"肯·莱和安然公司的另一位博士也注意到了这一点。[1]

由于使用天然气相对于使用石油尤其是煤炭而言,排放较少的二氧化碳,于是,天然气行业也开始行动起来。全美天然气协会向环保组织兜售一种"过渡燃料"替代策略。"我们的效率取决于天然气行业的反应。"塞拉俱乐部在谈到它开

---

[1] 全球气候变暖问题主要涉及使用化石燃料造成的温室效应增强。请参阅:Internet appendix 5.4, "Global Warming and Greenhouse Gases," www.politicalcapitalism.org/Book3/Chapter5/Appendix4.html。

展化石燃料倡导活动时解释说。世界资源研究所更是加大了赌注："我们认为，阻止重新使用天然气，是一项糟糕的能源政策，从经济的角度看不合理，而且对环境有害。"

全美煤炭协会把这种观点斥为"短视"，而核能团体美国能源意识委员会则抱怨自己被排除在讨论之外，这场辩论变成了煤炭与天然气之间的较量。

随着依照1990年《清洁空气法案》制定的新的环境法规开始生效，莱对收紧现行标准和扩充污染物清单的政治兴趣变得越来越浓厚，他在自己的讲话和接受的采访中进一步用他不会留下任何遗憾的例子来敦促公用事业电力公司高管通过"以气代煤"来超越满足于遵守《清洁空气法案》的行为。这就意味着"既燃气又燃煤的发电能力、'煤转气'的发电能力或新增燃气发电能力有可能帮助纳税人抵补因未来潜在的二氧化碳排放限制或税收而面临的风险"。

《天然气周刊》的约翰·詹瑞奇支持安然的生态论观点。"环保主义导致更多地使用天然气，"他在一篇文章的结尾处写道，"只有在需求增加的情况下才会有价格上涨的机会，才会出现扩大供应的经济压力。"正是这个詹瑞奇在其他场合把煤炭称为"易燃泥土"（flammable dirt），从而引得哄堂大笑。

肯·莱向政治分歧的双方传达了一个颇具吸引力的气候信息。对于共和党人，他强调利用天然气来应对气候变化这一策略不会留下任何遗憾："在我们完成对全球气候变暖的研究时，我们有重要的机会在不付出任何经济代价的情况下消灭导致全球气候变暖的一个主要因素。"对于民主党人和环保人士，莱走得更远——"全球气候变化是……这可能是一个可怕的问题。"他在一次采访中表示。

"我不知道有什么证据能够证明，大气中积累越来越多的温室气体——尤其是二氧化碳，会对我们的地球和人类产生任何——我是说'任何'——有益的影响。"

莱发表的危言耸听的气候论具有机会主义、自私、智力短视的色彩。就像对待20世纪60年代的人口爆炸和70年代的资源荒一样，反对这种生态恐慌的呼声也是极其高涨。[1] 现在已经有大量的关于大气中二氧化碳浓度升高对植物和木本物质的正面生态效应和经济效益的文献问世，如（由煤炭行业资助的）绿

---

[1] 有关马尔萨斯主义和新马尔萨斯主义惊世言论的批判性评论，请参阅：Bradley, *Capitalism at Work*, chapters 7—11。

化地球协会(Greening Earth Society)的那份文献。但是，肯·莱没有心情去公正地考虑一种对付天然气敌人的新式武器。

莱要把安然公司打造成一家强大的企业，因此在许多政治和社会问题上表现得十分圆滑。随着时间的推移，他可能会承认全球气候变暖文化基因造成的机会主义。"在过去的几十年里，如果说有哪件事情令我印象深刻的话，那就是一旦环境保护团体确定了首要任务，就会发生一些事情，"他在1997年表示，"不一定总是好事——但一定会发生一些事情。"

让天然气变绿

安然公司分两条战线打响了化石燃料行业的内战，一条是天然气对煤炭，而另一条则是天然气对石油。但肯·莱精心研究和策划的努力引发了另一场发生在迄今一直反对化石燃料、反工业化的环保团体内部的分裂战。

"直到最近，天然气还常常被归入'坏人'一类，"天然气读物作家丹尼尔·梅西(Daniel Macey)写道，"现在的问题是，是否让天然气进入环保阵营。"那么，由此引发了什么反思呢？"天然气行业的高管们正试图把蓝色火焰变成绿色火焰，因为他们发现环保人士正在为他们的'燃烧更加充分的清洁燃料'提供一种新的营销工具。"

世界观察研究所的能源专家克里斯托弗·弗莱文(Christopher Flavin)是最著名的"绿色天然气"的皈依者。弗莱文喜欢莱，反之亦然。弗莱文不但明白天然气具有环保优势，而且清楚业内的明争暗斗可能会打破碳氢化合物对政府政策的控制。"能源领域的重大政治力量重组可能导致政策发生巨大的变化，并最终形成一个新的能源体系。"弗莱文从战略的高度指出。他知道，肯·莱是业内的一个有力盟友，一个环保左派的变革者。

全美野生动物联合会(National Wildlife Federation)也在关注天然气。"考虑到天然气作为一种过渡性燃料就具有这层意思，"全美野生动物联合会主席杰伊·海尔(Jay Hair)说，"我们必须加快可再生能源和能效方面的工作，让这种过渡性燃料构建的桥梁把我们带到我们想去的地方。"

绿色和平组织反驳称，过渡不会那么快。"天然气正在为这些清洁可再生能源和能效项目铺路，"这个组织全球气候变暖运动的成员弗莱德·曼森(Fred

Munson)在具体谈到甲烷这种效能很高的温室气体的泄漏问题时表示,"天然气并不清洁,就排放而言并不比石油和煤炭好多少。"[1]

> "在过去的几十年里,如果说有哪件事让我印象深刻的话,那就是一旦环境保护团体确定了首要任务,就会发生一些事情,不一定总是好事——但一定会发生一些事情。"
>
> ——肯·L. 莱博士,
> 1997年6月

图7.3 肯·莱正在寻找下一个能源大事件,他被全球气候变暖问题和世界观察研究所克里斯托弗·弗莱文的分析所吸引(图中报告封面顶部手写的是"Desk")。正如这段引文所证明的那样,莱有时在这个问题上表现出他的实用主义。

天然气-环保联盟是私酒贩子与浸信会(Bootleggers-and-Baptists)式游说策略的一个例子——逐利者(私酒贩子)与公益团体(浸信会)结盟。在天然气-环保联盟的例子中,环保团体为了争取到特别的监管规定、税收条款或者公共资金而组织成立了全美清洁空气联盟(National Clean Air Coalition)。

安然公司作为排放市场的缔造者,对碳排放限额和交易政策比对碳排放税更加感兴趣。安然公司的前总裁吉姆·罗杰斯急于把自己的燃煤发电机组改造成燃(天然)气发电机组,以便积攒可出售的二氧化碳排放额度,他甚至更加偏爱"总量控制与排放交易"。罗杰斯和莱一样,正在利用莱的政治资本主义模式,与他的同行公用事业电力公司高管们打内战。

要想让天然气变绿,就要求这个内讧不断的行业为了共同的目标走到一起。1991年年底,天然气行业的主要协会(全美天然气协会、全美州际天然气协会、全美天然气供应协会、全美独立石油企业协会)联合组建了天然气行业理事会。

---

[1] 绿色和平组织声称甲烷泄漏率高达5%,而据包括美国环保署在内的其他组织估计,甲烷泄漏率不到1%。但不管怎样,绿色和平组织建议用新建天然气发电厂来淘汰核电站。

天然气行业理事会的 1 500 万美元广告预算旨在改善甲烷的形象,并在 5 年内把年需求量提高 13%(到 1996 年达到 22 万亿立方英尺)。[1]

天然气行业的一位行业分析师在《华尔街日报》撰文表示:"很长时期以来,天然气行业一直在谈论'先和解、后埋煤'的问题,而这个理事会似乎想做正确的事情。"持怀疑态度的约翰·詹瑞奇提醒他的《天然气周刊》读者,这是一个新的领域。他表示:"天然气行业的内部竞争与燃料间竞争一样激烈。历史已经见证这个新成立的天然气行业理事会的成员在全国各地的法庭、委员会听证会会议室和立法机构相互残杀。"

不过,增量现金流是伟大的"和平缔造者",而天然气行业——一方面要面对价格和利润率下跌,另一方面要应对不满的客户——显然有必要尝试一下。

请布什去里约

布什总统是一名温和的共和党人,与第二个任期的罗纳德·里根不同。在环境问题上,老布什希望得到绿色知识分子和媒体的支持。他的一些值得信赖的顾问,如环境保护署署长威廉·赖利(William Reilly)和白宫法律顾问 C. 博伊登·格莱(C. Boyden Gray),喜欢全球变暖问题的进步性质。

布什总统恢复了卡特时代对可再生能源和能效项目的联邦补贴,里根执政时期削减了对这些项目的补贴。八面玲珑的布什总统还签署了 1990 年《清洁空气法案》,并且认真对待酸雨造成的恐慌。因此,他对即将发生的全球气候变暖问题持开放态度。

布什需要在气候问题上施加压力,因为他所属的政党要么不温不火地支持他,要么完全持敌对态度。这句话出自布什总统在能源和相关环境问题上的得力助手肯·莱之口。莱曾被布什总统任命为环境保护署、能源部和商务部的顾问委员会成员。莱也是总统环境质量委员会(President's Commission on Environmental Quality)的成员。

莱对激进的气候政策的拥护使他理所当然地当选为可持续能源未来商业委

---

〔1〕 天然气行业理事会由全美天然气协会会长、南加州天然气公司董事长理查德·法曼(Richard Farman)担任理事长。南加州天然气公司是全美天然气协会最大的会员,而全美天然气协会是天然气行业理事会最大的会员。

员会[Business Council for a Sustainable Energy Future,1992年;后来改名为"可持续能源商业委员会"(Business Council for Sustainable Energy,BCSE)]的创始主席。这个团体由一些从二氧化碳排放监管中受益的企业组成。和莱一起担任这个团体领导人的还有阿克拉公司的首席执行官托马斯·"马克"·麦克拉蒂(Thomas "Mack" McLarty,他很快就成了克林顿政府白宫办公厅主任)、全美天然气协会会长迈克尔·巴利(Michael Baly)、参议员蒂姆·沃斯(科罗拉多州民主党人)。可持续能源商业委员会的顾问小组由世界观察研究所研究部副主任克里斯托弗·弗莱文领导,他的著作对莱的可持续发展观点产生了至关重要的影响。[1]

环保运动得到了布什政府的高度重视。莱没有让人失望,他竭尽全力说服内心充满矛盾的乔治·H. W. 布什总统参加1992年6月在巴西里约热内卢举行的地球峰会——并且使这次峰会合法化。这次峰会开启了旨在解决全球共同面临的人为温室气体排放问题的全球性努力。

"我提笔写这封信,是为了恳请您参加6月初将在巴西举行的联合国环境与发展会议,并支持树立一个合理、无约束力、稳定化的二氧化碳和其他温室气体排放水平的理念,"莱在4月3日写信给布什说,"这一稳定化水平应该作为一个有用的公共政策指南,而不是政策指令。"他在信中继续写道:"此外,我认为以市场为基础的政策是实现温室气体排放稳定化成本效益比最高且最具环境效益的手段。"

对于一个高度怀疑全球气候变暖恐慌和联合国领导的全球治理推进运动的政党来说,让总统去里约热内卢参加地球峰会,可不是容易的事情。莱写这封信是为了争取持中间立场的人。

"对这个问题持对立立场的双方进行了非常凶狠的蛊惑人心的宣传,"莱认为,"坦率地说,我不相信,如果我们不解决温室气体排放的问题,海洋就会在几年里沸腾。但我也不相信,如果为了保护全球环境,采取谨慎的措施来减少二氧化碳排放,美国就会遭受经济毁灭。"然后,他发表了不会留下遗憾的讲话:

事实上,如果推行以市场为基础的政策,减少温室气体就能营造更加清洁的

---

[1] 全美天然气协会、节能联盟(Alliance to Save Energy)和太阳能行业协会(Solar Industries Association)共同完成了一项题为《替代能源的未来》(*An Alternative Energy Future*,1992年4月)的报告,而可持续能源商业委员会是这项研究成果的产物。这个委员会的跑腿工作由安然公司的布鲁斯·斯特拉姆负责。请参阅第十三章。

环境、生产更加便宜的电力,并为美国人民创造更多的就业机会。

我相信,与其他行业相比,美国承受巨大压力的天然气行业将从基于市场的二氧化碳减排方法中受益良多。天然气是我们最清洁的化石燃料,通过在发电领域增加使用天然气,就能在减少二氧化碳排放和向消费者提供价格较低的电力方面发挥重要作用……

天然气发电不但更加清洁,而且更加便宜——使用安然等公司按目前的长期价格供应的天然气发电,在电厂的使用寿命内至少比燃煤发电便宜30%。天然气发电厂也被证明比煤炭或核能发电厂更加可靠。

莱在信末写道:

我恳请您在这一重要的全球环境问题上发挥领导作用。美国许多行业不但将受益于包括天然气行业在内要实施的温室气体减排措施,而且通过实施适当的基于市场的政策,这些温室气体减排措施将使环境变得更加清洁、电力更加便宜,并且为美国创造更多的就业机会和减少贸易赤字。[1]

布什总统参加了在巴西里约热内卢召开的地球峰会,并且发表了讲话。虽然环保压力组织提出了更多的要求,但布什总统为美国参加全球气候谈判抢占了一个滩头阵地。"美国非常愿意在保护全球环境方面成为世界最杰出的领导者,"布什在会上表示,"通过参加这次在里约热内卢召开的重要会议的……世界各国领导人……的努力,环境保护[就像大家认为的那样]使增长可持续。"

布什总统在这次峰会上签署了《气候变化框架公约》(Framework Convention on Climate Change Treaty)。鉴于这个框架公约的温室气体减排目标是自愿性目标,而不是强制性目标,因此没能在美国参议院获得一致通过。成千上万名知识分子、活动人士和政府代表现在也加入了关心这个问题的行列,并且致力于下一步的工作——用法令取代市场选择。

安然公司关心全球气候变暖和气候变化问题的程度在以后的几年有增无减。安然公司不但可让它已有的利润中心都能得益于强制性二氧化碳减排,而且又增加了新的盈利区。政治意识超强的安然公司将在幕后为美国政府和国际政府间机构制定这种原本不受监管的非污染物排放额度配给(定价)政策建言献

---

[1] 莱把这封信连同信封上写的说明一起转交给了能源部副部长琳达·斯图茨(Linda Stuntz)。"我觉得……限制二氧化碳排放……有可能有悖于能源部的政策立场,"莱在信封上写道,"但我认为,这既有利于经济,也有利于政治。"

策。[1]由莱牵头的这项努力后来导致一位专家宣称安然公司"是挑起碳氢化合物行业温室气体内战的罪魁祸首"。

从布什到克林顿-戈尔

"莱说他并不认为自己是共和党人。"凯尔·波普在他1991年给莱做的评价中写道。事实上,莱支持过许多民主党候选人和政府官员,他的一些最重要的议题对民主党的吸引力超过了共和党,但他仍然全身心地帮助他的白宫朋友乔治·H. W. 布什。

莱曾在1988年担任布什-奎尔休斯敦金融委员会(Bush-Quayle Houston Finance Committee)主任,并且是这个委员会全国指导委员会的成员。应布什总统的要求,莱在1990年充当了由休斯敦主办的工业化国家经济峰会的幕后推手。同年,莱帮助策划了在休斯敦举行的总统答谢庆典。

作为回报,布什任命莱为总统环境质量委员会和总统出口委员会(President's Export Council)委员。莱是能源部部长顾问委员会的成员,能源部部长詹姆斯·沃特金斯邀请莱继续在国家石油委员会任职。

虽然莱曾有机会接替罗伯特·莫斯巴赫担任商务部部长,但最终没有加入布什政府。"我确实见过总统,我还告诉他,出于各种个人和职业的原因,我还没有准备好离开安然公司。"莱有4个孩子在上大学,还有很多其他经济负担,他在休斯敦的地位也越来越高,几乎没人觉得他的这个决定令人惊讶或者难以做出。

在布什进行连任竞选时,莱担任1992年在休斯敦举行的共和党全国代表大会主办委员会主任。安然公司捐赠了25万美元,而莱则筹集了更多的资金,就像他在4年前所做的那样。但布什在能源领域遇到了真正的竞争对手,而肯·莱发现自己有脱不了的干系——部分原因是由他造成的。鉴于总统候选人比尔·克林顿和主流环保主义者把购买天然气作为实现能源可持续性的桥梁,加之上游行业在低价环境下举步维艰,莱需要为现任总统做一些支持工作。化石燃料行业的内战现在变成了总统竞选期间各政党之间的内战。

天然气行业的高管罗伯特·A. 赫夫纳三世(Robert A. Hefner III)称,克林

---

[1] 请参阅第十三章。

顿是"有史以来第一个真正了解天然气与石油之间区别以及天然气能为我们国家做些什么的总统候选人"。那么,克林顿的竞选伙伴呢？他接着又说："戈尔一直是天然气行业的老朋友,他帮助通过了《天然气政策法案》,从而使拟议中放松对天然气的管制成为可能。"除了赫夫纳三世这么认为以外,壳牌公司、德士古公司、全美天然气协会、安然公司等都在两党之间平分捐款。

莱在《天然气周刊》上回答了赫夫纳三世的问题。"好消息是,克林顿-戈尔团队和布什-奎尔团队都表示他们是天然气行业的坚定支持者。"但是,莱继续说,布什在首个总统任期内,在天然气方面取得了决定性的胜利。1990年,布什签署了《清洁空气法案修正案》,在政治上帮助天然气取代了煤炭；主持制定了国家能源战略,这项战略的大部分内容被纳入了不久就成为法律的1992年《能源政策法案》；简化天然气管道运输业务的许可制度；修订1935年《公用事业控股公司法案》,以促进独立电力生产(如安然公司)；补贴压缩天然气进入商业交通运输市场；规定天然气井独立钻探商可享受替代性最低税收减免。莱还补充说,相比之下,民主党才是20世纪70年代大部分能源立法的幕后推手,包括1978年臭名昭著的《卡特-蒙代尔燃料使用法案》(Carter-Mondale Fuel Use Act)。

"最后,我想说的是,因为我深信他们必定不会做的事情,我个人也支持……这次连任竞选,"莱最后表示,"随着市场继续收紧,他们将否决或以其他方式阻止任何试图对我们的行业重新实施井口价格或其他监管的努力。"

这场辩论吸引了其他一些有力的声音。天然气营销的开拓者哈德森天然气系统公司前总裁维诺德·达尔警告称："天然气行业在匆忙接纳那些声称当今世界的组织原则是环境的团体之前应该三思而行。""公民行动"(Citizen Action)的能源政策主管、行业牛虻埃德温·罗斯柴尔德不同意这种观点。罗斯柴尔德指出,布什政府已经失去了帮助天然气行业的机会,他预测"克林顿-戈尔政府将重振美国天然气行业"。

随着大选日期的临近,赫夫纳三世在《天然气周刊》上发文引用莱的观点称：

> 克林顿和戈尔认为,通过实现全球二氧化碳排放目标,我们不会失去工作(正如布什政府坚称的那样),而是会增加国内就业,并促进我们的经济……他们相信这一切都是可能的,因为他们相信美国人民以及他们的伟大精神、独创性和技术能力。

最后,他呼吁："把选票投给克林顿和戈尔——天然气行业的'梦之队'。"

在选举前的最后一次辩护中，肯·莱称布什为"能源总统"，因为他提出了百项国家能源战略议案。莱总结道："布什总统不仅知道能源政策，他还亲身体验过能源政策。乔治·布什是'能源总统'。"

虽然克林顿-戈尔赢得了大选，但天然气行业的竞争实际上没有分出胜负。《天然气周刊》的詹瑞奇在选举前夕预测了天然气行业的投票趋势："说到底，能源似乎是克林顿经济计划的一个重要组成部分；而在能源领域，天然气似乎是克林顿选择的主要燃料。"那么，结果呢？"他应该得到天然气行业的选票。"业界元老乔治·米切尔(George Mitchell)和奥斯卡·怀亚特也宣布支持克林顿。

由于莱在全球气候变暖问题上与克林顿-戈尔政府意见一致，具有两党倾向的安然公司已经准备好接受任何一种总统选举结果。不过，大选结束后，莱仍保持着与布什的关系，他为乔治·布什总统图书馆基金会募集资金，却选择休斯敦大学(莱在那里获得了博士学位)而不是得克萨斯农机大学(Texas A&M University)作为基金会保管人。

不久，小布什就成了莱的恳求对象。1995年，乔治·W. 布什当选得州州长，莱被重新任命为州长商业理事会成员。值得注意的是，民主党人、州长安·理查兹(Ann Richards)之前曾任命莱为州长商业理事会成员。

安然公司向自己的员工正面介绍了克林顿-戈尔政府的前景："当选总统克林顿已经表示，他的国家能源政策的基石将是增加使用国内天然气，既是为了减少进口石油，又是为了净化环境。"安然公司1992年11月的一份简报补充说：

> 克林顿的国家能源政策可能会把大量的注意力集中在全球气候变暖的问题上，并大力推动限制或减少二氧化碳排放。戈尔参议员一直积极支持着力应对全球气候变暖问题的政策，并主张到2000年把二氧化碳排放量减少到1990年的水平。这将为天然气提供一个真正的机会，因为天然气排放的二氧化碳比煤炭少1/2，比石油少1/3。

在安然公司内部，特里·索恩是这次总统选举的大赢家。这位先是出任莫哈韦管道公司总裁，后又担任横贯西部管道公司总裁并且具有商业头脑和平易近人的管理风格的准学院派人士，是比尔的核心民主党人和朋友，他在公司获得了一个新的头衔——政府事务与公共政策高级副总裁。索恩将在休斯敦遥控操纵安然公司业务繁忙、由约瑟夫·希林斯和辛西娅·桑德赫尔具体负责的驻华盛顿办事处。

这次政府更迭受到了天然气行业的欢迎。《天然气情报》(Natural Gas Intelligence)发表了以《天然气行业把克林顿看作自己的新盟友》为标题的文章。《天然气周刊》发表了以《俄克拉荷马州欢呼"梦之队",把天然气作为首要问题》的标题的报道。全美天然气协会和全美州际天然气协会都对此表示肯定,而天然气生产商虽然也表示支持,但对戈尔任内的天然气井钻探政策感到担忧。

在克林顿任命哈泽尔·奥莱里(Hazel O'Leary)为能源部部长以后,又有报纸发表了以《新能源部部长会支持天然气行业》为标题的报道。安然公司的索恩立即邀请奥莱里来休斯敦解释克林顿政府的能源议程。索恩在邀请信上写道:"坦率地说,对于这个行业的许多人来说,您是一个未知数,很少有人知道您在能源部所追求的积极进取的创新举措。"[1]

与此同时,里奇·金德与奥莱里的副手、能源部副部长比尔·怀特(Bill White)进行了接触。怀特这个休斯敦人作为比尔的朋友,现在忙于了解能源问题。金德在给怀特的信中写道:"您正是我们今天在联邦政府中需要的那种充满活力、干劲十足的人。"由于莱形成了把天然气放在环境和经济议程首位的政治愿景,因此,安然公司驻华盛顿办事处将发出更多的这类信函。

———

在1992年里约热内卢地球峰会上,布什总统签署了一份由178个国家参加的名为"21议程"(这里的"21"意指"21世纪")的协议。这份协议呼吁国际社会采取"更加综合的决策方法……为了实现可持续性而促进对社会、经济和环境问题的综合考虑"。根据这份协议,克林顿总统在这份协议签署一周年之际创建了总统可持续发展委员会(President's Council on Sustainable Development, PCSD)。这个委员会的职责是"制定并向总统推荐旨在提高经济活力的国家可持续发展行动战略"。"可持续发展"这个关键术语被定义为"既造福今世和后代,又不会对地球资源或生物系统造成不利影响的经济增长"。[2]

肯·莱被任命为这个由25人组成的委员会的成员。这个委员会的成员还有雪佛龙公司的能源首席执行官肯尼斯·德尔(Kenneth Derr)和太平洋燃气与

---

[1] 索恩向奥莱里做了自我介绍(他们没有见过面),他补充说:"在我最近升职之前,我是横贯西部管道公司的总裁兼首席执行官,是克林顿的坚定支持者,并且积极开展活动支持克林顿竞选总统。"

[2] 关于"(政治化的)可持续发展"一词的表述以及笔者代表安然公司肯·莱参加总统可持续发展委员会的情况,请参阅: Internet appendix 7.1, "PCSD and Sustainable Development," www.politicalcapitalism.org/Book3/Chapter7/Appendix1.html。

电力公司的理查德·克拉克(Richard Clark)。其他成员都是左派环保人士，以及政府官员和压力集团的领导人，如环境保护基金(Environmental Defense Fund)的执行董事弗莱德·克肑伯(Fred Krupp)和自然资源保护委员会(Natural Resources Defense Council)的执行董事约翰·亚当斯(John Adams)。其他几家公司的代表也参加了这个委员会，但这个委员会的成员大多是非营利组织的代表——没有一个自由市场论者。[1]

莱对媒体说："如果我们想要以经济、有效……的方式解决其中的一些环境问题，那么，私营部门、环保人士和政府之间必须加强对话。"克林顿本人对这个新的特别工作组评论说："美国可以通过实现可持续到我们子孙后代的经济增长来树立榜样，因为美国人民尊重使这种增长成为可能的资源。"

总统可持续发展委员会是阿尔·戈尔宠爱的组织。"我们必须把拯救环境作为文明的核心组织原则，"他几年前在《濒危的地球》(*Earth in the Balance*)中说，"我们是否意识到，我们正在进行一场旨在纠正地球偏倚的史诗般战斗？只有在世界大多数人都被一种共同的危机感充分激发起来，并且全力以赴时，这场战斗才能取得胜利。"

肯·莱私下里并不喜欢阿尔·戈尔。但他很乐意让戈尔鼓励大家关注天然气开采的问题。莱对环保人士说："在我看来，天然气将在帮助我们实现'可持续发展'方面发挥主导作用——不仅仅在美国，而且在世界各地。"

注重环境问题的安然公司

"在安然公司，我们一直有一种明智的环境操守。"米克·塞德尔在安然公司破产5年后回忆说。先是休斯敦天然气公司后来又是安然公司的前总裁解释说：

我们尽量做到环保。我们促进天然气作为柴油和煤炭的替代品，因为柴油和煤炭污染更加严重。我们总是关心和谈论环境问题，因为我们认为环境问题赋予我们竞争优势。

"我不是资本主义的卫道士，也不是环保运动的辩护士，"他总结说，"我是常识的辩护者。"

---

[1] 关于这个问题的更多细节，请参阅第十三章。

安然公司发迹的岁月

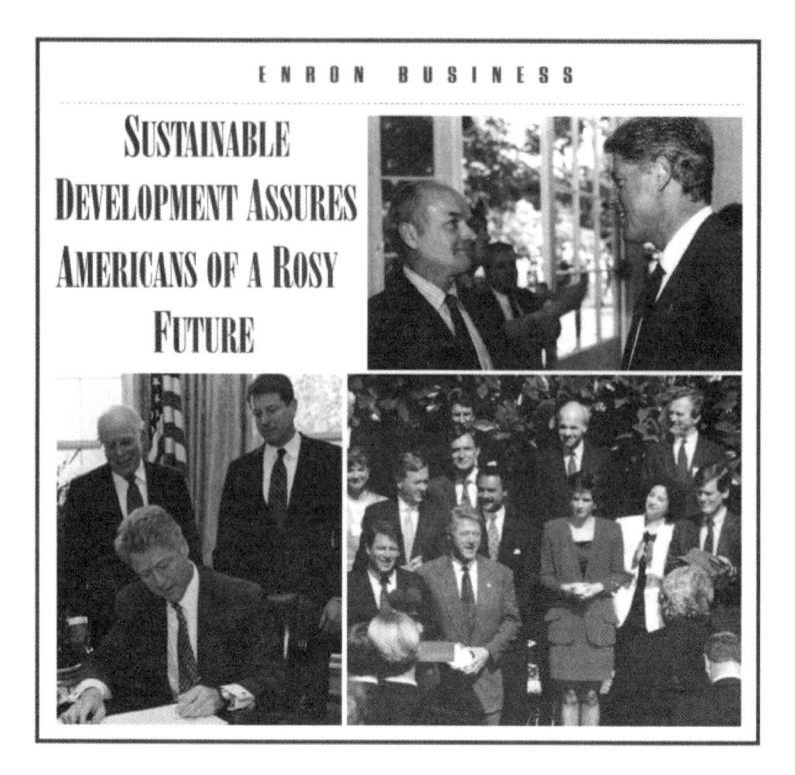

图7.4 肯·莱虽然名义上是共和党人,但由于安然公司支持克林顿政府在全球气候变暖问题上的立场,因此成了克林顿总统和戈尔副总统的最爱。莱与包括总部位于加州的雪佛龙肯尼斯·德尔在内的其他公司高管导致化石燃料行业在气候问题上产生了分歧。

在以下的文摘中,也可以看出肯·莱是赞成合理性的:"我们国家和其他国家真正需要的是根据一些靠谱的成本效益分析,而不是采用一种相当情绪化的特别方式,来确定需要我们优先考虑的环境目标。"事实上,作为一家垂直一体化的大型能源企业,安然公司面临的许多环境问题更多与联邦环境保护署的法令和管制有关,与有效的环境补救措施却没有多大的关系。莱提到了有毒废物造成的危害的修复问题,但只字未提更便宜、清洁的替代品的问题。横贯西部管道公司曾是一个耗资数百万美元的多氯联苯(PCB)清除项目的重点单位,但这个项目并不是安然公司所为。[1] 莱在现场听到了这些故事,那里狂热战胜了科

---

[1] 安然公司在1984年从东得州输气公司那里收购横贯西部管道公司时,接过了多氯联苯的问题。多氯联苯是孟山都公司(Monsanto)生产的一种润滑剂,用于远距离输送天然气的压缩站。横贯西部管道公司与孟山都公司共同承担解决这个问题的1 000万美元费用,并且通过按联邦能源管理委员会设定的最高费率收费把部分费用转嫁给消费者。

学和常识。撇开天然气的优势不说,他想要合理的监管。

1989年1月,也就是在塞德尔离开安然前后,安然公司亮出了自己的王牌,并履行了自己的受托责任。但是,在莱的游说活动从被动变为主动、从要求取消监管变为主张政府监管、从积极促进市场中立变为谋求寻租以后,安然公司跨越了一条重要的公共政策界限。

莱建议征收的石油进口税在法律、实践和理智方面都存在问题。安然公司以孤注一掷的勇气参与"气候问题解决运动"(climate crusade),只能表明它有争议地接受了一种认为物理学起决定性作用的解释,并且忽视了那些与如何有效、经济地监管与二氧化碳有关的棘手的政治经济问题。只要涉及二氧化碳的问题,安然公司总是首先考虑自己,最后才是能源消费者和纳税人。

莱发起的气候问题解决运动也让安然公司为不久要做的事情做好了准备:投资太阳能、风能和节能服务。莱认为:"未来的能源公司必须积极参与天然气、可再生能源和节能这三种与能源有关的活动。"但安然公司即将在这三个领域的投资都没有赚到利润,而安然公司在20世纪90年代末压注煤炭的情况则截然不同。[1] 安然公司进军风能和节能领域,结果抢走了天然气的业务。在交通运输方面,安然公司有限的天然气汽车投资也是赔钱,而压在甲基叔丁基醚的赌注玩得过头了。不管怎样,天然气仍有很多对安然有利的政治因素,而绿色形象有助于安然公司的股票成为动力股。换句话说,莱自有他的道理。

在其他场合从事的政治活动

随着公司政府事务不断增多,安然公司众多的政治互动关系使它的创始人整天忙于其他事务,而且公司业务单位的高管也未能幸免。在莱的敦促下,通过树立榜样,安然公司几乎所有的高管都捐款给公司的政治行动委员会(PAC)。安然公司的政治行动委员会在1992年把28.1万美元用于美国联邦政治竞选活动。

安然公司签约聘用了一些政治资源丰富的顾问。1991年退役后曾短暂加盟安然公司董事会的海湾战争英雄托马斯·凯利被安然公司雇用,负责推动一

[1] 请参阅导言。

个在科威特的燃气发电厂项目。1993年,莱聘请前国务卿詹姆斯·A.贝克和前商务部部长罗伯特·莫斯巴赫,帮助推进安然公司在中东的谈判(莫斯巴赫曾短暂加盟安然公司董事会)。莱的"大笔抢购狂潮"并没有取得多大的结果,但关于早期谈判的新闻稿却让安然公司成为新闻焦点。

如本书第六章所述,安然公司的冒险精神和敢为人先的心态使它成了美国纳税人资助的海外私人投资公司和进出口银行融资的主要受益者。在美国国会威胁要终止美国海外私人投资公司和进出口银行的这种融资业务时,莱和安然公司驻华盛顿办事处发出红色警报回击财政保守分子和一些环保组织。

《公用事业控股公司法案》修订

安然公司的一个主要政策阵线,是允许独立发电商和电力销售商进入以前被公用事业公司垄断的市场的电力立法改革。1978年《公共事业管理政策法案》,再加上快速发展的技术(燃气热电联产技术),意外地帮助安然公司创建了一个基于政治的发电利润中心,这个问题在第五章里讨论过。但是,另一部之前留下的法律,即1935年《公用事业控股公司法案》,把电力公用事业封闭在一个密不透风的系统里,并且禁止安然公司和其他独立企业在没有获得特别豁免权的情况下在多个地区的公开市场上销售电力。

1991年,作为布什安排的主要立法工作之一,1935年《公用事业控股公司法案》修订工作进入了快车道。莱在多次讲话中,对休斯敦电力与照明公司和其他为维持现状而游说的公用事业公司提出了异议。休斯敦电力与照明公司满足于它那受特许经营权保护的市场,对收购或被另一家公司收购不感兴趣。1935年《公用事业控股公司法案》的修订偏袒独立的天然气发电公司,而不是唐·乔丹主张的"重煤炭企业"(coal-heavy company)。[1] 一些进步的公用事业公司也对修订该法开辟的新世界表示欢迎,但其中没有一家公司比安然公司的前高管吉姆·罗杰斯领导的印第安纳公共服务公司旗下的能源公司(PSI Energy Inc.)更加欢迎这个新世界。

休斯敦见证了两家最大的能源公司之间打的口水仗。安然公司对这场口水仗的预期很高,因为它曾预想非公用事业发电企业如何不断扩大市场份额,从而

---

[1] 休斯敦电力与照明公司反对"旨在促进增加天然气使用量"的改革,因为这可能"使我们国家的电力供应系统陷入严重的困境"。

导致在电力行业推行(强制性)开放—准入计划。用一家老牌公用事业公司的话来说,这是安然公司想进军下一个前沿领域的"真实动机"。杰夫·斯基林对北美的电力交易市场早已垂涎三尺,因为,据他估计,这个市场的规模是天然气市场的6倍(后来被修正为3倍)。

在安然公司的带领下,天然气行业的大部分企业联合起来支持修订1935年《公用事业控股公司法案》。在全美天然气协会没有表示支持修订这部法律的情况下(因为该协会有一些公用事业燃气和电力公司会员),安然公司就拒绝缴纳部分会费,并用这笔资金来为自己推动1935年《公用事业控股公司法案》修订工作的游说活动埋单。1992年《能源政策法案》中有一个条款规定,独立发电或电力批发企业(不同于直接向消费者销售电力的公用事业公司)有不执行1935年《公用事业控股公司法案》的豁免权。所谓的享有豁免权的批发电商(EWG)包括安然天然气服务公司旗下的一家新建子公司——安然电力营销公司。

税 收 政 策

肯·莱反对石油和煤炭相对于天然气的负外部性观点,驱使他主张实行差异化税收政策。石油进口税是一种过境税,更广为人知的名称是关税。莱还主张征收碳排放税,但他更倾向于对二氧化碳排放进行总量控制和交易监管[一种"后门税"(back-door tax)]。这样,安然公司就能获得另一种废气排放市场上交易的大宗商品。

克林顿在1993年年初提出的英热单位税方案对天然气相对有利,预计天然气价格可能会上涨13%(0.26美元/百万英热单位),但石油价格要上涨18%(3.47美元/桶),煤炭价格更是要上涨26%(5.57美元/吨)。可再生能源以及甲醇/甲基叔丁基醚和乙醇/乙烯基叔丁基醚没有包括在应税能源之列。

然而,在美国财政部决定按门站价而不是井口价对天然气征税以后,莱就不再发表任何支持征收能源税的言论。美国财政部的这一决定严重损害了安然天然气服务公司在当年2~7月的长期交易谈判。于是,安然天然气服务公司、安然公司和整个天然气行业联合起来反对这项决定。

《华尔街日报》年中刊登的一篇文章标题为:《由于游说人士似乎能够自行制定税收豁免权,因此,英热单位税在遭遇千刀万剐后濒临死亡》。于是,英热单位税议案中途夭折。时任安然天然气服务公司副总裁的罗恩·伯恩斯不无得意地

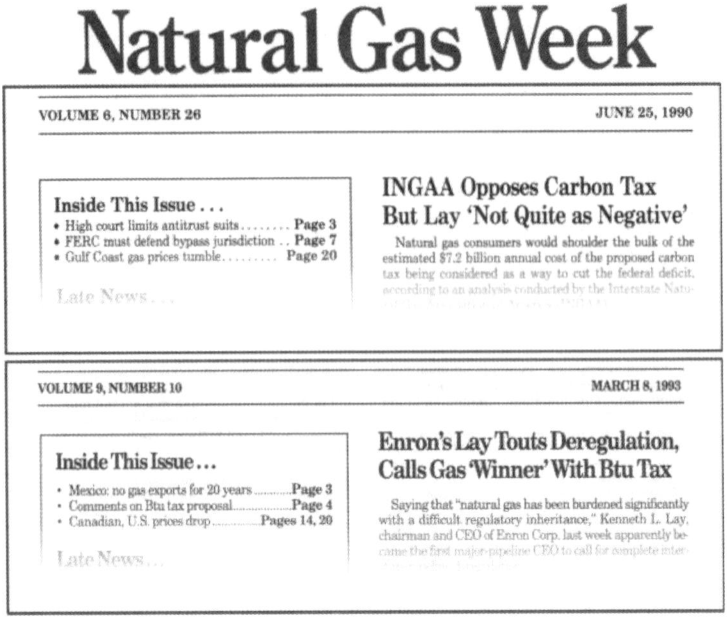
Natural Gas Week

VOLUME 6, NUMBER 26 JUNE 25, 1990

Inside This Issue . . .
- High court limits antitrust suits .... Page 3
- FERC must defend bypass jurisdiction .. Page 7
- Gulf Coast gas prices tumble......... Page 20

Late News . . .

INGAA Opposes Carbon Tax But Lay 'Not Quite as Negative'

Natural gas consumers would shoulder the bulk of the estimated $7.2 billion annual cost of the proposed carbon tax being considered as a way to cut the federal deficit, according to an analysis conducted by the Interstate Natu-

VOLUME 9, NUMBER 10 MARCH 8, 1993

Inside This Issue...
- Mexico: no gas exports for 20 years ....Page 3
- Comments on Btu tax proposal..................Page 4
- Canadian, U.S. prices drop..............Pages 14, 20

Late News...

Enron's Lay Touts Deregulation, Calls Gas 'Winner' With Btu Tax

Saying that "natural gas has been burdened significantly with a difficult regulatory inheritance," Kenneth L. Lay, chairman and CEO of Enron Corp. last week apparently became the first major-pipeline CEO to call for complete inter-

图 7.5　肯·莱希望通过动用税收政策来惩罚石油和煤炭,而不是天然气。通过根据各种石化燃料的二氧化碳含量或英热单位指标对它们征税,就能做到这一点。直到后来,安然公司才悄悄地进入煤炭行业。

说:"我们的行业使得我们的声音有人倾听,从而阻止了英热单位税。但如果开征这种税收,由于输家如此之多,而赢家又如此之少,这个税种遭遇这种结果实际上是命中注定的。"

作为特别游说组织竞争资本联盟(Coalition for Competitive Capital)的主席,肯·莱正在美国国会游说,以便用10%的永久性投资税收抵免取代财政部提出的一年期投资税收抵免方案。莱在国会为他提出的请求辩护,称它为"经济复苏战略"和"旨在提升美国企业国际竞争力"的请求。能源生产和运输设备——安然公司拥有大量的这类设备——解释了莱的兴趣所在。

莱警告说,不要通过提高企业的总体税率来弥补投资税收抵免造成的税收损失(估计每年高达170亿美元)。他还建议降低资本利得税率,作为"刺激我们经济的另一个潜在的重大举措"。莱还敦促议员们延长第29条规定的致密砂岩气税收抵免——安然石油天然气公司的公共政策重点。

能源哲学家？

莱这台拥有"休斯敦先生"和"天然气先生"等称号的私人和公共部门"动力机"，始终代表着安然公司的全部。伟大的莱和伟大的安然公司是凯尔·波普介绍的要点。不然怎么解释这个在那么多的地方有那么多的支持者并做了那么多事情的人呢？

凭借他的学历、把化石燃料行业一分为三的新策略以及务实的环保主义者的娴熟游说技巧，莱披上了能源专家和大思想家的外衣。其他能源公司的高管只能从季度和即将到来的一年的角度来考虑问题，而莱的预言具有社会公益和长期特性，从而让他看似与众不同。

莱宣称，石油时代即将离我们而去。天然气将帮助我们从化石燃料时代过渡到可再生能源时代。莱说："据我猜测，在一个世纪左右的时间里，我们将看到可再生能源在我们总能源需求中占据很大的比例。"据预测，在200~300年的时间里，我们将过渡到100%使用可再生能源的时代。

那么，安然公司的缔造者是能源预言家还是伪善地推销自己基本论点的伪哲学家呢？肯·莱当然读过最有思想的环保能源活动家克里斯托弗·弗莱文写的书。弗莱文支持政府主导向可再生能源过渡的书籍和小册子值得认真研读。[1] 但是，这位世界观察组织的专家并没有为他那些关于化石燃料的警世言论辩护。他的那些律师喜欢的简评没有仔细考虑相反的观点。他那些满篇脚注的著作是赞美的宣传，而不是真正的学术研究。

莱没有考虑消费者选择能源背后的基本物理学原理。传统能源由于它们的密度（相对于稀释度）和内在存储性（相对于间歇度）因素，比政治上正确的可再生能源（风能和太阳能）更加便宜、可靠。威廉·斯坦利·杰文斯（William Stanley Jevons）在其1865年出版的巨著《煤炭问题》（*Coal Question*）中解释了两者之间的区别。如果莱真的想知道的话，可去阅读瓦茨拉夫·斯米尔（Vaclav Smil）等学者的著作，因为它们解释了莱所处的时代驱动市场选择的因素。

---

［1］ 弗莱文和他的合著者丹尼尔·杜德尼（Daniel Deudney）早在1983年就宣称："可再生能源技术现在已经成熟，越来越多的太阳能集热器、风能发电机、沼气池和其他可再生能源技术正在成为世界各地日常使用的设备和技术。"弗莱文把接下来的25年用于撰写有关能源转型的著述，而且增加了气候变化的论据。

莱博士是一位行事匆匆的企业高管,而不是从消费者驱动型市场现实出发的分析师,他总是从政治出发,凭想象闭门造车。"对于莱来说,知识只是达到目的手段,"特里·索恩回忆道,"我认为他缺少一种求知欲望,我的意思是说,他缺少从自己特别受益的东西之外获取知识的欲望。"

天然气是莱心目中的利基市场,他没有因为手中的好牌(发电用天然气)变成了臭牌(汽车用压缩天然气)而感到失望。莱并不满足于政治规定的污染物排放标准,他准备对迄今一直被视为非污染物的二氧化碳发难,以牺牲石油尤其是煤炭为代价来帮助天然气。

莱有时会说谎。在谈到用天然气发电的问题时,他认为天然气发电有助于降低电价("电价下降,就意味着经济增长和就业机会增加")。但在谈到给化石燃料发电产生的二氧化碳规定排放费率的问题时,他又认为此举会推高电价,更不用说他认为,对进口石油征收关税会抬高汽油、柴油和燃料油的价格。

这位经济学博士在觉得适当的时候,会忘记自己所受的经济学教育。莱对"天然气价格低得不合理"的抱怨以及对一体化石油巨头实施掠夺性定价的指责,有悖于按可变成本组织生产和根据机会成本决策的基本经济学原理。

从亚当·斯密生活的那个时代起,经济学家就开始驳斥国际贸易差额论。国际贸易差额论认为,一个国家从流入本国的资金(由于出口)中获得的财富大于从流出本国的资金(由于进口)中获得的财富。然而,莱利用这种论点来敦促使用天然气,而不是石油。他认为,"随着美国对外国石油依赖的加剧,美国的贸易差额会不断恶化",但并没有认识到进口是为出口付出的代价,而贸易本身是有益的。毕竟,得州或者休斯敦对其周边州或城市的贸易逆差并不意味着什么,统计文献甚至没有收入这方面的数据。

虽然(《从爱迪生到安然》中的)塞缪尔·英萨尔在他职业生涯的后期受到种种缺陷的困扰,但与莱相比,他是一位知识分子和真理追寻者。"英萨尔是一个名副其实的实事崇尚者——在他的全盛时期,他是一个真正的企业建设者和领导者。"英萨尔是一个塞缪尔·斯迈尔斯式的人物,而莱则不同,所以,莱的公司陷入轻率鲁莽行为的重重包围之中,从而导致前进的道路充满了风险和坎坷。因此,与"放松能源管制的哲学王"和"安然公司的自由市场梦想家"的称号相矛盾的政治资本主义管理模式也必然遭遇相同的命运。

汇添富基金·世界资本经典译丛

安然公司发迹的岁月
——被遗忘的 1984—1996 年
（下）

小罗伯特·L. 布兰德利 著
（Robert L. Bradley Jr.）

沈国华 译

上海财经大学出版社

第一章　焕然一新的休斯敦天然气公司/83

新公司/84

回归天然气/90

招募新人/94

收购案/97

剥离资产/107

动能与债务/109

1985 年/112

最后一招？/121

第二章　休斯敦天然气公司与联合北方公司/124

北方天然气公司/125

一家擅长营销的天然气管道运输公司/130

一起合并案的序幕/136

休斯敦天然气-联合北方公司/142

买方后悔/146

合并后的挫折/149

团结一致/151

肯·莱亲自掌管/158

竞争性管道运输服务/163

给未来定位/170

新的公司名称/172

第三章　奠定基础/174

新的公司总部所在地/175

新的团队/179

不朽的 1986 年/182

熠熠生辉的 1987 年/206

目 录

总序/1

序/1

致谢/1

导言　安然公司的发迹历程/1

反资本主义/4

董事长肯·莱/10

收益问题/20

公司的面具/33

政府创造的机会与依赖/42

（政治领域取得的）成就/55

反资本主义的安然公司/70

历史教训/76

第一篇　从休斯敦天然气公司到安然公司：1984—1987年

引言/81

结束语/215

第二篇　冒险与发展:1987—1989 年

引言/219

第四章　安然石油公司危机:1987 年/221
警示与否认(瓦尔哈拉 1 号丑闻)/224
危机与善后(瓦尔哈拉 2 号丑闻)/230
没有吸取的教训/243

第五章　复苏:1988—1989 年/245
管理层的深度和变革/247
安然石油天然气公司的重新定位/252
重新致力于热电联产/257
天然气管道运输公司创业/263
狠抓天然气营销不放/273
液体燃料:有钱可赚的渐进式发展/279
变得更有政治追求/282
业已实现的愿景/286

第三篇　天然气、天然气政治:1990—1993 年

引言/295

第六章　争当世界天然气行业的巨头/298
新愿景/299
发展州际天然气业务/302
致力于国际化/314

安然电力公司/333

安然石油天然气公司/335

安然液体燃料公司/344

企业文化/352

结束语/357

第七章 具有政治头脑的莱/360

"天然气先生"/364

大谈价格/366

与石油斗/371

向煤炭宣战/374

让天然气变绿/386

请布什去里约/388

从布什到克林顿-戈尔/391

注重环境问题的安然公司/395

在其他场合从事的政治活动/397

能源哲学家?/401

第四篇 杰夫·斯基林

引言/405

第八章 天然气营销:1990—1991年/408

监管变革与新市场/409

安然天然气营销公司:1990年/414

安然天然气服务集团:1991年/429

盯市记账/440

结束语/446

第九章　天然气营销发展：1992—1993 年/448

安然天然气服务集团：1992 年/449

安然天然气服务集团：1993 年/472

监管问题/484

竞争与压力/491

第五篇　安然公司的扩张：1994—1996 年

引言/495

第十章　安然公司稳定的一面/500

州际天然气管道集团的发展/501

安然石油天然气公司/520

安然石油交易运输公司/530

结束语/536

第十一章　安然资本与贸易资源公司/538

新的名称，组织变革/545

电力批发市场营销/547

安然国际公司/551

风险管理，企业文化/559

人才评价与引进/565

结束语/569

第十二章　安然公司的国际抱负/571

早期的成就/574

发展中的问题/576

未了的心愿/588

安然全球电力与管道公司/595

安然工程建设公司/600

结束语/602

第六篇　焦虑不安的安然公司:1994—1996年

引言/605

第十三章　替代性能源/608

伟大的思想,新的赌注/611

太阳能/615

风能/627

燃料电池尝试/637

安然环保服务公司/641

总统可持续发展委员会/643

结束语/649

第十四章　愿景多变的安然公司/652

安然公司的新愿景/653

安然公司的新经济(加里·哈默尔)/662

大人物,伟大的企业/665

结束语/678

第十五章　能源零售/680

天然气零售/682

电力零售/686

安然能源服务公司/731

结束语/739

后记　危险的野心/740
　　三个"纪元"/740
　　1996 年前后/744
　　一家不断变革的企业/747
　　纠正误解/769
　　反资本主义的安然/775
　　最后的思考/778

肯·L. 莱年表/781

参考文献/791

第四篇

杰夫·斯基林

引　言

20世纪90年代初,安然公司的突破主要集中在天然气的大宗商品化上。安然天然气营销公司(1991年更名为安然天然气服务公司)一直致力于把发电市场由煤炭市场转变为天然气市场,并且将其作为安然公司成为全球第一大天然气巨头的目标的组成部分。这个(通过环保运动)对公共政策产生深远影响的宏大愿景始于对天然气的需求,但为了让最终用户得到他们喜欢的产品,很快就转向了天然气供应。

安然天然气营销公司和安然天然气服务公司的全盛时期标志着美国天然气行业的一个高点。其他天然气营销商,其中最著名的是美国天然气清算所(后来的NGC公司,当时名为"迪奈基"),也在利用联邦能源管理委员会颁布的强制性开放——准入规则所创造的商机的过程中脱颖而出。

到了20世纪80年代末,安然天然气营销公司开始用期限数月和数年的合约来补充短期(现货)销售。(这个行业——从勘采到营销,再从输送到发电——的巨额资本需要,按照安然公司估计是每年25美元/千立方英尺,因此需要用长期合约来保证价格的确定性。)20世纪90年代初,安然天然气服务公司创建了天然气产品的大市场。过去,一家公司的天然气可以从一个点流动到另一个点,而现在网络经济和金融(衍生品)交易已经取而代之。

1990—1993年,安然公司迅速发展的天然气批发业务为创建"可履行投资银行交易平台职能"的专有系统差不多花费了 6 000 万美元。北美——不同期限(数月、数年、长期和短期混合)、服务质量(不可中断供气、可中断供气和两者的混合)以及价格(可变、固定、可变和固定混合)的——天然气和相关输送服务买卖标志着甲烷商品化取得了重大进展,并且也是安然公司在其短暂的一生中做出的持续时间最长的贡献。

安然公司可以说从 1990 年聘用麦肯锡咨询公司前员工杰夫·斯基林,并指派他搞活新成立的安然金融公司开始就名声远扬并臭名昭著。斯基林要应对的挑战,就是创建一个长期天然气供应市场,以满足被天然气银行(在第五章讨论过)所证明的对天然气交易长期合约的需求。以此为基础,再加上(通过纽约商品交易所)成功推出天然气期货交易,就能推出可用来套期保值并有其他用途的金融产品(基于实物产品的衍生产品)。

虽然约翰·埃斯林格继续执掌安然天然气营销公司的实物交易业务,但安然天然气营销公司将迎来一个新的团队——吉恩·汉弗莱(Gene Humphrey,负责期货天然气采购业务)、马克·福莱维特(负责期货天然气销售业务)、乔·波卡尔斯基(Joe Pokalsky)和凯文·汉侬(负责天然气衍生产品交易)以及安迪·法斯托(负责结构化融资——也被称为证券化——业务)——和斯基林时代。卢·派后来接替了波卡尔斯基的工作,并聘请定量专家文斯·卡明斯基为安然天然气服务公司的日记账建模,以便更好地为产品定价并评估公司的总体风险。

由于采用了一种新的记账方法,也就是即期估算长期合约的未来收益入账,安然天然气服务公司在 1992 年成为安然公司的第二大收入来源,而盯市记账法则成了安然公司 15% 年收益增长率故事的主角,并且帮助安然公司的股票变成为动力股。但是,这种"未来—现在"理念在它不断发展的 10 年里产生了负面影响。

安然金融公司仅仅标志着安然天然气营销公司和安然天然气服务公司 3 年创新、重组和扩张的开始。1991 年,安然天然气服务公司成立了天然气储量收购公司(Reserve Acquisition)、安然电力服务和安然风险管理服务(Enron Risk Management Services)3 家新的子公司,第二年又增设了安然生产商服务公司(Enron Producer Services)、安然天然气输送与交易公司(Enron Gas Transportation and Trading)和旨在拓展北美业务的安然天然气服务公司加拿大业务单位

(EGS-Canada)。

1992年,安然天然气服务公司的地盘又有所扩大,因为安然公司把甲醇和甲基叔丁基醚生产设施以及休斯敦管道公司的销售业务也交给了斯基林掌管。同年,安然天然气服务公司收购了天然气零售商大通能源公司(Access Energy),随后在1993年又收购了排放额度贸易商AER*X和州内天然气管道运输与存储公司路易斯安那资源公司。

安然公司推出的一些创新产品有可能无法在市场遭遇创造性破坏的情况下存续下来。一批区域性天然气定价中心(枢纽)并没有取代路易斯安那州的亨利定价中心(Henry Hub)作为纽约商品交易所主要定价中心的作用。"安然天然气"(EnGas)和"天然气信托"(GasTrust)是安然公司推出的另外两种供不应求的创新产品(见第九章)。不过,这时安然公司已经停止天然气汽车("安然燃料"合资项目)商业化的努力。

在本篇的考察期里,安然天然气服务公司成为一家公司内的巨大公司。在成为美国最大的天然气买家和卖家的过程中,安然天然气服务公司没有进行过任何资产减记,更不用说爆出丑闻了。相反,这家公司在外部市场具有很高的声誉价值,这对交易对手方的信心和它自身的信用评级都很重要。

截至1993年年底,安然天然气服务公司1 000名员工贡献了安然公司1/5的收入、3/4的收益和近一半的资产。更重要的是,安然天然气服务公司是一家自身资产不多的企业,它使用其他公司的输气系统就像使用安然公司自己的州际输气系统那样容易。安然天然气服务公司的秘密,因此也是安然公司的秘密,就在于对千载难逢的监管创造的机遇具有企业家警觉性。

第八章 天然气营销:1990—1991年

杰拉尔德·班尼特了解州际天然气市场的走向。作为休斯敦管道公司及相关业务的负责人,他明白美国州内天然气管道运输企业如何为最终用户量身定制天然气一揽子服务。1988年,班尼特正在与一名肯·莱和理查德·金德委托的麦肯锡公司咨询顾问一起筹划如何让州际天然气更好地成为大宗商品,以便安然公司增加天然气成交量并提高利润率。[1]

与杰夫·斯基林的这次合作产生了本书第五章介绍的"天然气银行"——一种按已知价格为未来要交付的天然气安排货源,旨在帮助寿命较长的发电厂在由《公用事业管理政策法案》创建的世界里获得建设融资的手段。由于天然气的长期供应无法满足需求,于是,安然公司就努力把安然天然气营销公司的一项传统业务转交给一个新的业务单位——安然金融公司——经营,哈佛大学的一项研究把安然金融公司说成是"与[天然气银行]有关的金融相关产品和服务的开发实验室"。

斯基林可以说是独一无二的奇才,他曾经是麦肯锡公司能源和化工业务主管,并很快就成了安然公司的一名高管。肯·莱很聪明,当然也明白这一点,但他努力委婉地把事情做好。硬汉里奇·金德平易近人、为人正直,只是在安然公

---

[1] 关于杰尔拉德·班尼特发挥的作用,请参阅:Internet appendix 5.3, "On the Formation of Gas Bank," www.politicalcapitalism.org/Book3/Chapter5/Appendix3.html。

司的温室里赚钱的那些日子里除外。约翰·温是一个爱慕虚荣的极品,却有充分的生存和发展天赋。杰夫·斯基林是这家公司最聪明的人,他的优点和缺点都将促成安然公司的成功——以及最终的失败。[1]

安然公司的天然气批发业务不但是一个创造性破坏的故事,而且是创造性建构的故事,是客户选择新时代的新经营方式的集大成者。一项研究解释说:"这家公司打算在天然气市场上寻找空白点,然后用新的服务来填补。"亚当·斯密的"看不见的手"在这个新的竞争领域发挥了作用,但政府这只"看得见的手"通过对州际天然气管道运输企业实行强制性开放—准入规则创建了这个特殊的平台。[2]

监管变革与新市场

在20世纪80年代之前,(业务受监管的)州际天然气管道运输企业在某个州的井口购买天然气,然后签订长期合同转卖给另一个州的供气商(或市政当局)。州际天然气管道运输企业通常采用确定不中断或可中断交付的方式把天然气卖给公用事业公司或市政当局;然后,公用事业公司或市政当局以提供几种基本选择的方式把天然气转卖给最终用户;中间没有中间商来为特定最终用户量身定制天然气供应。

此外,根据联邦能源管理委员会颁布的行政法规,在天然气州际市场上,买卖天然气这种大宗商品无利可赚。利润只能通过收取天然气输送费来赚取,而天然气输送费则包括在州际输气管线终端单一捆绑价格中。例如,在井口以1.50美元/百万英热单位的价格购买的天然气,加上0.40美元/百万英热单位的天然气输送费,在门站按1.90美元/百万英热单位的价格出售。这种天然气商品买卖只不过是不赚钱的转手交易,按1.50美元/百万英热单位的价格买进卖出,并且还要接受联邦能源管理委员会的合理性审查;而0.40美元/百万英热单位的天然气输送费则是州际天然气管道运输企业的非天然气成本加上州际天

---

[1] "房间里最聪明的人"这个词组源自一篇讲述安然公司历史的文章的标题。另一位作者把斯基林描述成一个"从不怀疑他是自己进过的每个房间里最聪明的人"。

[2] 关于什么是自由市场或不是混合经济辩论的讨论,请参阅:Internet appendix 3.6,"'Market Conforming' Intervention: Free Market or Not?" www.politicalcapitalism.org/Book3/Chapter3/Appendix6.html.

然气管道投资的允许回报(所谓的"费率基础")的总和。

针对州际天然气管道运输业的强制性开放—准入计划为天然气行业开辟了一个新的业务领域:营利性天然气(大宗商品)营销。州际天然气管道运输业的旧世界——销售把(按成本价转售的)天然气和(有利润的)天然气输送服务捆绑在一起的产品——已经成为过去。到了20世纪90年代初,联邦能源管理委员会通过发布第436号、第497号、第500号和第636号令,使得州际天然气管道运输业脱离了大宗商品批发的职能,并且向安然天然气营销公司和许多其他独立的天然气营销企业颁发"公共便利营业执照"(certificates of public convenience),准许它们在州际天然气批发业按议定(非管制)费率买卖天然气。安然天然气营销公司归联邦监管机构管辖,但没有被联邦机构列为监管对象。[1]

现在有一些独立的实体做天然气买卖业务,并且求助于天然气管道运输企业输送它们的天然气。为了沿用我们的例子,而不是按1.90美元/百万英热单位的价格转售天然气的例子,天然气管道运输企业为了收回它的输气成本和赚取所允许的投资回报,收取0.40美元/百万英热单位的天然气输送费,但不必按1.5美元/百万英热单位的价格购买天然气。现在有中间商买卖天然气,通常还为交付天然气购买输气服务。因此,安然天然气营销公司对天然气交易进行了重组,在假定1.50美元/百万英热单位价格的基础上确定利润率并赚取利润。

州际天然气管道运输企业因退出天然气批发业务而违反与生产商签订的"不取照付"合同,需要承担特殊的费用。联邦能源管理委员会要求包括安然公司在内的所有州际天然气管道运输企业内部消化部分转换成本,而不是把这种成本转嫁给客户。然而,对这些天然气企业来说,自救的可能性就是有机会能从以前由它们的州际天然气管道运输企业(按成本价)所做的(联邦机构)无管辖权的销售业务中赚取利润。

肯·莱看到了两个利润中心的未来,其中一个利润中心以前就存在。理查德·金德召开的摊牌会(见本书第五章)迫使安然公司旗下的州际管道运输公司把自己的天然气批发职能割让给安然天然气营销公司(在佛罗里达天然气输送公司,是把天然气批发职能交给西特鲁斯贸易公司)。这一转换理所当然,因为

---

[1]"归联邦监管机构管辖"就意味着州际天然气批发(包括州际天然气输送)的天然气买卖可能要受到联邦能源管理委员会监管的影响。而"归联邦监管机构管辖但没有被列为监管对象"则代表着联邦动力委员会和后来的联邦能源管理委员会依照1938年《天然气法案》实施"适当合理的监管"(just-and-reasonable regulation)的一个新开端。

天然气批发系统的演化

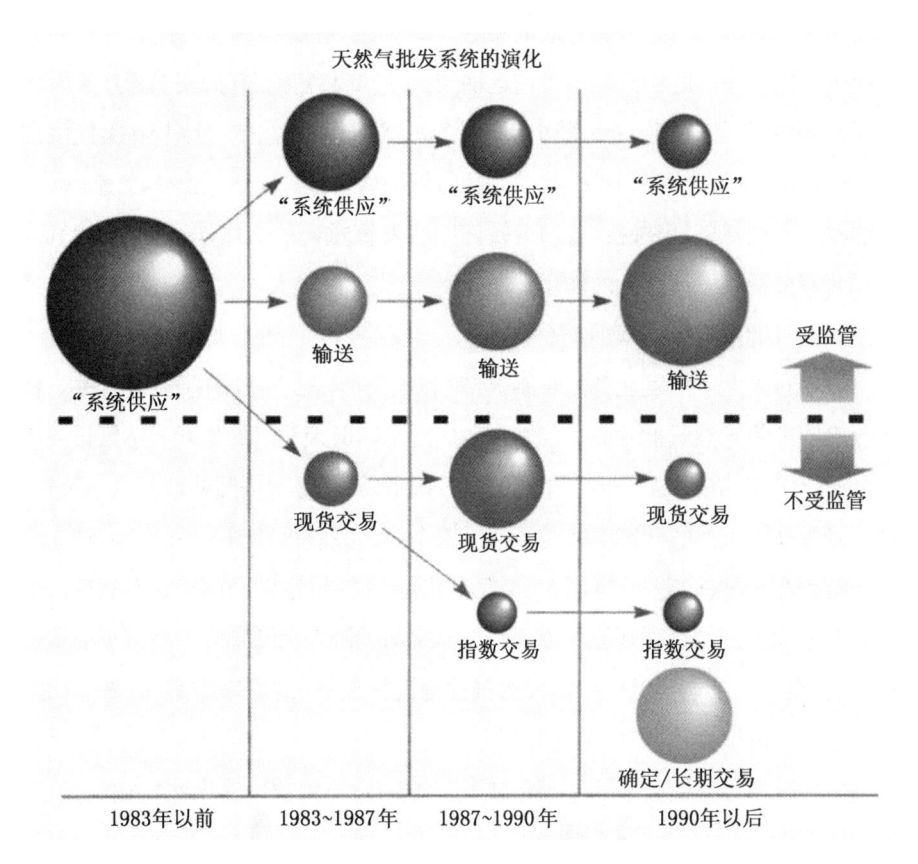

```
"系统供应"        "系统供应"       "系统供应"
                                                        受监管
"系统供应"    输送           输送           输送         ─────
                                                        不受监管
              现货交易      现货交易       现货交易
                           指数交易        指数交易
                                          确定/长期交易

1983年以前   1983~1987年   1987~1990年    1990年以后
```

图 8.1　图中有关联邦能源管理委员会天然气行业监管变革的内容摘自安然公司 1990 年的年报。天然气销售与输送服务的分离使得安然公司有了两个利润中心，这是肯·莱在 1984—1985 年重新把重点放在州际天然气管道运输业务上的一个关键原因。

安然公司的两家前身公司——得州的休斯敦管道公司和中西部地区的联合北方公司——都是天然气营销的引领者。事实上，成立于 1983 年的北方天然气营销公司已经非常超前，它拒绝了肯·莱(当时他在特兰斯科能源公司任职)参加美国天然气清算所(后来更名为 NGC 公司，再后来又改名为迪奈基能源公司)的邀请。北方天然气营销公司后来成了合并后的休斯敦天然气-联合北方公司天然气营销部门的中坚力量，但不久就变成了安然天然气营销公司。[1]

安然公司在 1992 年的年报中解释称："安然公司一直拥护(联邦能源管理委

---

〔1〕　关于莱早期在特兰斯科能源公司和全美范围内组建天然气行业第四部门(营销)而做出的努力，请参阅：Bradley, *Edison to Enron*, pp. 339−341, 346−347。

员会的)第 636 号令,因为它有效地解除了对天然气批发业务的管制,并且为客户提供了内容丰富的由天然气管道运输商、生产商和营销商(如安然天然气服务公司)提供的天然气销售、输送和存储服务选择,而不是在 20 世纪 80 年代中期以前一直由管道运输公司提供单一的受监管销售服务。"安然天然气管道运输部门的罗恩·伯恩斯补充说:"管道运输部门将发挥重要的实体作用,但天然气采集和营销公司将发挥更大的作用。"毫无疑问,安然既是天然气管道运输企业,又是做天然气批发业务的营销企业。

放松对天然气批发业务的管制,与对其他天然气业实施的新监管有关。联邦政府要求为天然气批发商和营销商做成交易输送天然气的州际天然气管道运输企业除了向其全体客户提供相同的输气服务外,还必须按照非歧视价格收费,从而确保外部天然气营销商能与管道运输企业的关联营销商竞争;否则,独立天然气营销商可能(如在 20 世纪 80 年代早期)会无法输送他们销售的天然气。安然天然气营销公司在联邦能源管理委员会之前就派人干预州际天然气管道运输业务(甚至安然公司自己的州际天然气管道运输业务)的费率方案,以确保州际天然气管道运输企业严守"中立"。[1]

安然天然气营销公司的干预也涉及其姊妹公司佛罗里达天然气输送公司、横贯西部管道公司和北方天然气管道公司,其目的是一视同仁地对待州际天然气管道运输企业——无论是不是关联企业,以确保天然气输送服务方面的偏袒不至于成为限制天然气营销的瓶颈。的确,在一个不受监管的世界里,安然天然气营销公司可以优先与安然公司旗下的三家管道运输公司做生意,以排斥其他天然气营销企业,但几十家其他州际天然气管道运输企业也可以对安然天然气营销公司采取同样的做法。现在,安然公司即使在没有它自己输气管道的地方,也可以利用全美天然气输送管网。因此,安然公司能够成为"轻资产"企业,扩大自己的业务范围,而不用扩大所有权。(对于安然公司来说,这种做法对电力行业实施开放—准入具有更加重要的意义,因为安然公司没有州际输电资产。)

安然公司并没有促成预示它最辉煌时刻的新监管制度。休斯敦天然气公司在收购了佛罗里达天然气输送公司、横贯西部管道公司以后,把一个利润中心转

---

[1] 请参阅第九章。

化为两个利润中心的工作进行得很顺利。[1] 但后来更名为"安然"的公司,从强制性开放—准入规定构建的基础设施中看到了巨大的盈利机会,为由能源部发起并由联邦能源管理委员会主导的转型提供了早期的行业支持,就如联合北方公司旗下的北方天然气管道公司——1985 年与休斯敦天然气公司合并的主要州际天然气管道运输公司——所做的那样。[2]

如果没有联邦政府制定的价格和服务规定,天然气行业就会由那些与开采、运输、精炼和销售成品油的石油巨头没什么区别的垂直一体化的天然气巨头——经营联合采气、输气和供气业务的大公司——主导。[3] 由于州和联邦政府监管天然气行业,因此,这个行业在(上游的)天然气勘探和开采、(中游的)天然气输送和储存以及(下游的)零售分销之间失去了一体化的可能性。这种分业经营导致了彼此保持距离的各运营方之间的协调问题,也就是一体化支持者所说的"三头怪物"。[4]

安然公司没有选择正式的一体化方式,是因为存在监管方面的阻碍,而其中的最大阻碍就是那部 1935 年颁行的将地方天然气分销的外部所有权限制在一个连续的封闭系统内的联邦法律。[5] 相反,安然公司在其各事业部——各天然气业务部门——的顶端或者顶端附近设立了准独立的子公司。

安然石油天然气公司是一家专门从事天然气勘采的顶尖企业。安然公司通过四条从东海岸延伸到西海岸、从北疆伸展到南疆的州际输气管线,把天然气输往全美各地,但是,开放—准入的监管规定限制了它们作为一个系统运营所能产生的协同效应。安然公司虽然根据联邦公开—准入规定不能优先使用它旗下的州际天然气输送管线,但后来却成了全国天然气营销的引领者,而安然公司旗下(从事州内输气业务)的休斯敦管道公司和后来收购的路易斯安那资源公司则情

---

[1] 请参阅第一章。
[2] 请参阅:Internet appendix 1.2,"Mandatory Open Access for Interstate Natural Gas Pipelines,"www.politicalcapitalism.org/Book3/Chapter1/Appendix2.htm.
[3] 后来主导天然气行业的公用事业监管条例从未在石油行业站稳脚跟,因为无论是独立石油企业还是大石油公司都对这个条例缺乏兴趣,而且(从改革者的角度看)石油行业从井口到加油站都存在有效竞争。
[4] 美国天然气监管始于下游的地方供气环节,然后扩展到中游(的输气),最后再延伸到上游(井口),以寻求公平合理的定价方法。关于行业一体化与非一体化的本质(也就是厂商理论论述的本质),请参阅:Bradley,*Capitalism at Work*,pp.113—117。
[5] 《联邦公用事业控股公司法案》是安然公司的"眼中钉",因为安然公司创建独立热电厂的做法有可能违反这部法律。《联邦公用事业控股公司法案》也是安然天然气服务公司实现其电力交易愿望的一个障碍,因为安然公司必须向联邦能源管理委员会申请不执行这部法律的豁免权。

况不同。

联合北方公司在 1985 年收购休斯敦天然气公司后不久,为了减少债务,就变卖了它旗下的配气公司人民天然气公司。但是,安然公司在国内外建造燃气热电厂以后,可以宣称自己已经进军天然气行业的下游市场,当然并不是像传统的公用事业公司那样在门站购买天然气,然后转售给家庭、商业和工业用户。

安然天然气营销公司:1990 年

1990 年,安然天然气营销公司除了创建安然金融公司外,还取得了日均销售 15 亿立方英尺天然气的骄人业绩——比 1989 年增加了 1/3,而且是在西部、中西部和东南部地区实现了销售量的同步增长和收入的相应增加——息税前收入介于 1 000 万美元至 1 500 万美元。这些收入主要是智力资本投资的回报,而不是用留存收益或借新债构建或购置有形资产的回报。但不管怎样,安然天然气营销公司还只是一个发展中的小利润中心,它要赌的是未来。

安然天然气营销公司与纽约电力管理局(New York Power Authority)签订了一份为期 23 年、日供气 3 300 万立方英尺的合同,为长岛一座拟建热电厂提供燃气。在这笔 13 亿美元的交易中,前 10 年的天然气将由安然公司的第二天然气银行供应。在与其他已签订合同比较以后,安然公司自豪地报告称,安然天然气营销公司年终销售组合中期货和现货各占一半。

第二天然气银行向 8 个客户投放 1 900 亿立方英尺的多年固定价格天然气,这相当于第一天然气银行供气量(主要依靠安然石油天然气公司供应)的一半,从而激发了安然公司及其咨询顾问杰夫·斯基林的欲望,他们在安然天然气营销公司内部新建了一家负责长期天然气采购的子公司。不管怎样,安然公司在创建了天然气银行并做出其他承诺以后签订了不少天然气长期销售合同,从而使天然气长期销售量占其总销售量的比例从 1989 年的 26% 增加到 1990 年的 40%。

安然天然气营销公司销售的天然气有 40% 没有使用安然公司自己的输气管线输送,从而表明联邦监管使得安然公司的业务规模大于它的资产规模,也就是说,联邦监管导致安然公司变成了一家"轻资产"企业。1990 年,安然天然气营销公司销售的天然气有 60% 是可中断(即尽最大努力)交付的短期现货天然气,而有40%是期限更长、利润率更高、供应不可中断(由安然公司担保)的确定(保证交付)合同。这种销售合同才是安然天然气营销公司想要的合同,并且为安然公司在与煤炭争夺——无论是公用事业电力公司、市政当局的还是独立电力生产商的——新增发电产能的竞争中击败煤炭所必需。

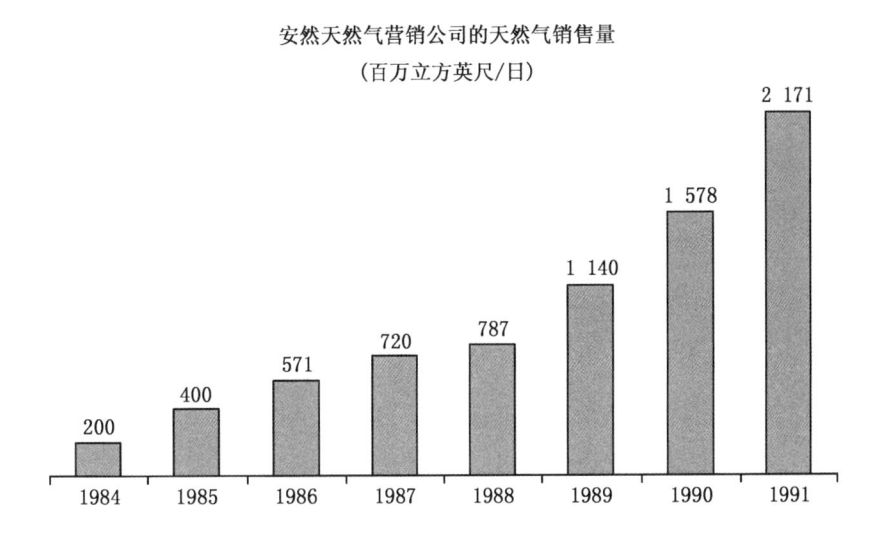

安然天然气营销公司的天然气销售量
(百万立方英尺/日)

年份	销售量
1984	200
1985	400
1986	571
1987	720
1988	787
1989	1 140
1990	1 578
1991	2 171

图8.2 天然气营销是天然气行业在20世纪80年代中期兴起的一种新业务。安然公司的天然气营销业务从1989—1990年建立天然气银行、1990年建立安然金融公司和1991年成立安然天然气服务公司开始一路快速增长。

多年期天然气交易利润率较高,但鉴于安然公司缺乏价格对冲机制(天然气空仓和多仓的比例是公司机密),现货价格需要保持稳定。鉴于市场分散并缺乏流动性,因此,不可能对冲全部交易,但安然公司习惯为抢占市场承担不确定性。

天然气对冲交易需要定价中心和交割地点,以取代《天然气日报》《联邦能源管理委员会天然气市场内部报告》(Inside FERC Gas Market Report)或《天然气周刊》自愿公布的地区价格——而且在接下来的几个月里仅限于在行业小报上公布价格。虽然安然公司决定用以与它们竞争的是一个四中心(枢纽)专有定价计划,但为了价格发现和流动性功能而创建天然气期货市场的计划正以有利于安然公司的方式付诸实施。

中心服务与纽约商品交易所

"中心(枢纽)定价"(hub pricing)是安然天然气营销公司在1990年完成的

一个重大创新计划,也是一个旨在与纽约商品交易所开辟的新天然气期货市场竞争的计划。安然公司和其他一些天然气企业虽然曾直截了当地建议纽约商品交易所官员推出天然气期货交易,但安然公司想做得更大,希望在纽约商品交易所路易斯安那州亨利中心以外一些大家都能接受的交割地点(中心)进行天然气期货交易。

1983年3月,纽约商品交易所在俄克拉荷马州库欣(Cushing)成功推出了一种18个月期的原油期货合约[1],于是就构想在纽约商品交易所推出天然气期货。但随着开放—准入在天然气管道运输业的实施和天然气现货市场的发展,开展天然气期货交易的想法并没有付诸实施。事实证明,要让天然气管道运输企业致力于构建一个地区交易中心——能作为可比定价依据的实物交付地点——并争取联邦能源管理委员会支持在天然气管道运输业实施开放—准入,实在是速度太慢。

到了1988年,得州凯蒂市(Katy)就成了纽约商品交易所天然气地区定价的领跑者。凯蒂市有数十条州际和州内天然气输送管线在埃克森美孚公司一家输气能力过剩的大型天然气加工厂附近相交。有几家天然气管道运输企业同意把凯蒂的天然气短途运价作为纽约商品交易所的天然气短途运价,但安然公司旗下的休斯敦管道公司和其他管道运输公司坚持不肯妥协,并且想自己创立天然气期货市场。

1989年,业内人士的兴趣转向了路易斯安那州的埃拉斯(Erath),那里有更多纵横交叉的天然气输送管线,因此引起了注意,并且已经有人在那里扩建交易中心所需的新的输气容量。虽然安然公司并不是埃拉斯亨利中心的实体参与者,但它的代表知道在纽约商品交易所设点将有利于整个天然气行业,因此就帮助设计期货合约结构和交付机制。纽约商品交易所提交的月交易1万百万英热单位的12月期天然气合约申请已获得美国商品期货交易委员会(CFTC,成立于1974年)批准,并于1990年4月开始交易。

5个月后,《华尔街日报》把亨利中心描述为"7年来推出的最成功的大宗商品交易工具"。纽约商品交易所的天然气合约把投机者和套期保值者聚集到一起来确定天然气的实时价格,从而取代了场外交易中使用的行业杂志公布的价

---

[1] 关于20世纪70年代及之前的石油期货交易历史,请参阅:Bradley,*Oil*,*Gas*,*and Government*,pp. 1048—1055。

格。现货价格20％或以上的月波动幅度赋予投资者很多做期货投资的理由。天然气营销企业每月在竞标周进行买卖交易撮合和明确下个月的指定输气量,并且根据亨利中心的成交情况调整自己的交易计划。

全美单一价格行情变成了不同地区天然气定价的基准——用亨利中心百万英热单位天然气的价格加/减若干美分来表示。1992年第一季度,经美国商品期货交易委员会批准,纽约商品交易所天然气期货合约的期限延长为18个月,10月份又推出了基于期货合约的期权交易。最初,有些天然气产地对纽约商品交易所天然气期货交易有抵触情绪,但后来,这种抵触情绪几乎消失殆尽。

安然天然气营销公司的凯茜·阿博特负责公司所有与天然气期货有关的事务。从1988年开始,她和业内其他企业的高管——如大通能源公司(后来被安然公司收购)的兰斯·施奈尔(Lance Schneier)——为在纽约商品交易所工作的团队出谋划策,这个团队由负责研究部的副总裁罗伯特·莱文(Robert Levin)领导。阿博特是安然所谓的"六人小组"(Group of Six)的成员。这个小组负责设计亨利中心的替代方案,以便在安然公司选定的交易地点赚取利润。

随着天然气交易在纽约商品交易所开张在即,安然天然气营销公司宣布了一项天然气交割和定价的四地收取和交付计划。除了亨利中心的买入和卖出报价用于东部地区交割天然气以外,还有为得州和南方地区服务的得州沃顿(Wharton)中心、向加州交付天然气的得州瓦哈(Waha)中心和为整个中部内陆地区服务的堪萨斯州基奥瓦县(Kiowa County)中心。太平洋西北部地区以及加拿大和美国之间的天然气交易都不在安然天然气营销公司计划的控制范围之内。

安然天然气营销公司总裁约翰·埃斯林格向媒体表示:"未来,我们将尽可能合理地保证买家和卖家之间的平衡。"由于安然天然气营销公司为那些签订了中心定价主协议(第一轮签订了300份)的客户提供连续价格和确定输气服务,因此,客户可以进行天然气对冲、投机或者实物交付,并且可以在任何起始日进行四地10天期合约互换——与月度现货市场的区别在于没有竞标周。安然天然气营销公司的交易品种期限比纽约商品交易所的短。在接下来的6个月里,安然天然气营销公司每个月都以远期价格报价。如果利息和流动性合适,这家公司就会考虑延长报价期(6个月以上)。

埃斯林格认为，推出亨利中心的天然气期货交易是"正确的做法"。但据他预测，由于地区价差和安然公司确定的输气服务，因此，天然气期货市场会采用安然公司的交易模式。但是，纽约商品交易所是全国性的商品交易所，它的流动性功能很强的价格已经成为安然公司计算其他3个地区天然气价格（亨利中心百万英热单位天然气价格加/减若干美分）的基准。埃斯林格承认，到了年底，安然天然气营销公司只签下85张交易合约，总计800亿立方英尺的天然气，远低于"制定这项计划时确定的雄心勃勃的目标"；而纽约商品交易所则每天能成交数千张合约。

其他天然气期货交易中心也在不断发展，如[联合太平洋公司（Union Pacific）]得州迦太基（Carthage）中心和（新墨西哥天然气公司为太平洋西北地区交付天然气服务的）新墨西哥州的布兰科（Blanco）中心。得州的凯蒂中心（最终）也一起获得了发展。但是，纽约商品交易所仍是龙头老大，因为它的基准价差加上确定的输气服务支持，使它的天然气期货合约成为完美无缺的对冲工具。

安然金融公司

1987年，安然公司向它的咨询公司麦肯锡公司寻求提升安然天然气营销公司业绩的思路。当时，安然天然气营销公司让克劳德·穆伦多负责采购天然气，然后由约翰·埃斯林格负责通常在30天期的现货市场上销售。安然天然气营销公司的天然气供应很少采用平均利润率有望超过现货销售4%～5%的固定价格长期合约。

安然公司缺少有保证的长期天然气储备，无法提供天然气供应的"离散合约组合"来为公用事业公司、独立发电商、工业用户和市政当局的远期市场服务。买方有兴趣抵补天然气供应风险和/或价格风险，而不是在短期市场上冒险。安然天然气营销公司在做空和做多时也需要规避风险，因此需要基于天然气实物供应的衍生（金融）产品。

安然公司的杰拉尔德·班尼特与公司的咨询顾问斯基林合作，一起研究如何量身定制天然气供应来满足需求。他们的研究结果就是创建天然气银行，通过对天然气银行的供应能力和寿命进行委托工程估算来支持天然气的长期销售。在实施强制性开放—准入的条件下，安然天然气营销公司或者客户通过与管道运输企业签订合同，就能确定把天然气从气田输送到客户那里的管道运输容量。

在1988年年末的一次会议上,安然公司旗下的管道运输公司冷静地接受了创建天然气银行的想法,但金德要求斯基林让安然天然气营销公司迅速进入高速运行状态。金德的要求并不过分:1989年年末,他和斯基林几乎没有遇到什么困难就卖掉了天然气银行的天然气储存。从斯基林事后的计算结果看,天然气银行总共投放了3 660亿立方英尺的天然气,全都按10年期固定价格销售,创造了2亿美元的净现值。[1]

天然气银行的作用得到了证明,但第二年第二个天然气银行规模较小的投放表明,需要扩大天然气储存的规模,并需要采取新的天然气供应理念。有必要采取一种能满足现有天然气需求的全新天然气供应观来创建价格具有一定确定性的长期天然气期货市场。

安然金融公司于1990年年初成立,需要配备特殊的领导力量。莱和金德找到了麦肯锡公司刚被提拔到重要岗位上的杰夫·斯基林。在做通斯基林的工作后,他俩又选定安然公司的前财务主管唐·古尔奎斯特协助斯基林工作。几个月后,天然气的供应情况几乎没有什么变化,而第二个天然气银行的储存已经濒临告罄。看来,传统的经营方式已经行不通了。

安然公司,也是整个天然气行业需要,能够指明"天然气大宗商品化道路"的人。莱和金德再次求助于斯基林这位先是联合北方公司现在是安然公司的咨询顾问,他似乎总能找到正确的答案。这一次,他又答应了莱和金德。

杰夫·斯基林。杰弗里·基思·斯基林(Jeffrey Keith Skilling,1953—)出生在宾夕法尼亚州匹兹堡,是汤姆·斯基林(Tom Skilling)和贝蒂·斯基林(Betty Skilling)四个孩子中的第二个孩子。杰弗里的父亲汤姆就读于利哈伊大学(Lehigh University)机械工程学专业,毕业后从事的职业是向美国中西部地区的自来水厂、发电厂和其他重工业企业销售阀门。因为这份工作,他们全家从匹兹堡搬到了新泽西州的韦斯特菲尔德(Westfield)。后来,也就是杰夫12岁那年,全家又搬到了芝加哥郊区奥罗拉(Aurora)。在这里,汤姆升任为亨利·普拉特公司(Henry Pratt Company)负责销售的副总裁,但他没能实现升任公司总裁的愿望。

---

[1] 请参阅第五章。

汤姆主外,贝蒂·斯基林主内,全家人必须节俭生活。不过,这种稳定的中产阶级城市生活,远远好于比杰弗里年长 11 岁的肯尼斯·李·莱在密苏里州农村所过的农民家庭生活。

杰夫曾就读于奥罗拉的公立学校,并以全美高中荣誉生会(National Honor Society)成员的身份毕业。他聪明好学、专心致志,是个实干家。他举止文雅,做事周到,会体贴人。透过他的冷幽默,不难发现他也很忧郁,但他的羞怯掩盖了隐藏在表面之下的叛逆心理。

与莱一样,杰夫身材矮小、身体协调能力一般,因此,他无法参加竞技运动。但他在其他方面都很出色。他像"跳华尔兹"(他母亲的话)那样轻松地完成了高中学业,成绩优异,并且获得了普林斯顿大学和南卫理公会大学(Southern Methodist University)的奖学金。他在这两所大学学工程学专业。但正当这名青年在奥罗拉的一个"超高频社区接入基站"(UHF community-access station)承担运营责任时,遇到了一个突发事件。就在他天天重复各种琐碎的工作时,解决一场编程危机的任务落在了杰夫身上。他通过让 WLXT 电视继续播放,展示了自己的技术能力,并因他与编程专家一起加班而获得了奖励。从那时起,杰夫发现自己很适合控制室的工作。与学校"无聊透顶"(用他的话来说)的学习相比,他对接入基站的长时间带薪工作感到满意,至少在接入基站关闭之前是这样。

斯基林的这几年成长岁月预示着未来要发生的事情。他和他的兄弟和朋友一起开始了少年时代的冒险和专业项目。杰夫有一种"以身"测试可能性的偏好,结果发生了意外。"杰夫一生中有一半时间是在'折腾中'度过的。"杰夫的哥哥汤姆三世(Tom Ⅲ)回忆说。汤姆三世对天气变化的迷恋使他在芝加哥超级电视台 WGN-TV 的工作中取得了卓越的成就。(汤姆三世也是在 WLXT-TV 电视台开始了他的气象预报员的工作。)

大学是"这个既是技术极客又是后来者的学业有成者"人生的下一站。在位于熙熙攘攘的达拉斯的美国南卫理公会大学安顿下来后,这名 17 岁的工科生又有了新的重大爱好,把好不容易省下来的钱用在了投资上。投资收益带来的喜悦和投资损失造成的痛苦(他损失惨重)促使他开始研究如何理财。有一本很有影响力的书(自称是"第一本介绍经过科学论证、能在股市持续赚钱的方法的书")名叫《战胜华尔街》(*Beat the Market*),讲述了很多"如何盯市"的故事。

第八章
天然气营销:1990—1991年

由于工程学学习成绩不佳,杰夫放弃了工程学而改学商科。他发现,与要精确计算"令人厌恶"的数字和公式的工程学相比,商科具有创造性和刺激性。商务课布置的一篇关于大宗商品合约证券化的论文特别引起了他的注意。

在南卫理公会大学,斯基林加入了兄弟会这个社团组织,因此碰巧成了肯·莱的"兄弟"。10年前,肯·莱是密苏里州大学兄弟会分会的会长。但是,在奥默·莱向肯灌输乐观主义思想时,杰夫的母亲却总担心杰夫不能取得足够的成就。(杰夫的母亲常对他说,"你迟早会明白的"。)

斯基林商科的平均成绩是4.0,要好于他工程学的平均成绩2.6,这足以让他在1975年5月毕业后获得聘约。在与大学时期的心上人苏·隆(Sue Long)结婚后,杰夫就搬到了休斯敦生活,在第一城市国民银行(First City National Bank)的资产负债部门谋到了一个职位。在这家休斯敦最大的银行里,他在进入企业规划部工作之前先从事运营业务,(2年后)成了这家银行最年轻的高管。杰夫在第一城市国民银行的一个工作亮点,就是推导出一个能帮助银行识别空头支票的公式。

不过,斯基林想要的不仅仅是银行业的职业生涯。他决定去攻读有助于提升自己前途的商科硕士学位。休斯敦大学的夜校允许他在继续担任第一城市国民银行企业规划部高管的同时攻读商科硕士学位。不过,他还有一个选择:争取更大的上升空间——到哈佛大学攻读两年制的工商管理硕士学位。

事情的经过是这样的:在杰夫决定申请攻读哈佛大学工商管理硕士学位后,这个项目的主管正在休斯敦主持面试。斯基林加盟安然公司前最精彩的故事就发生在这次面试期间。在市中心凯悦酒店(Hyatt Regency),也就是安然公司随后召开多次全体员工会议的地方,哈佛大学工商管理硕士项目主管要求杰夫介绍自己与众不同的地方——他做到了。在那天临近结束时,杰夫收到了哈佛商学院的录取通知书。他哭着给母亲打电话,用斯基林的话说,这次搞大了,真的,搞大了。1977年8月,他辞去了第一城市国民银行的职务,和苏重新回到了马萨诸塞州的剑桥。

据哈佛大学的同学回忆,杰夫"锋芒毕露",风度翩翩,杰夫在课堂上对现实商业世界的互动式剖析十分着迷,他对商业史和能源问题尤其是约翰·D. 洛克菲勒在19世纪末优化石油工业的方式很感兴趣。杰夫因以冷静、精于计算的方法分析哈佛商学院案例研究课程中的案例而被人铭记,并且预示着一种非道德论的兴起。[1]

1979年,斯基林以"贝克学者"(Baker Scholar)的身份毕业,只有成绩前5%的学生能够获得这个荣誉。在企业咨询公司MJH南丁格尔(MJH Nightingale)做了一年实习生后,他加盟了更负盛名的麦肯锡公司驻达拉斯办事处。[2] 斯基林对能源的兴趣和关注使他在6个月后调到了休斯敦。不久,他就成为麦肯锡公司北美天然气业务的主管。

斯基林在麦肯锡公司的导师是约翰·索希尔,后者曾在吉米·卡特政府当过能源部副部长,还曾担任过理查德·尼克松政府的联邦能源署署长。联合北方公司曾是斯基林负责的客户,斯基林曾经帮助这家公司通过实施给现货天然气打折的销售策略挽回了天然气销售的亏损。斯基林负责的另一个项目是关于联合北方公司和休斯敦天然气公司合并后总部应该设在哪里的论证(斯基林建议把公司总部搬到休斯敦,而不是留在奥马哈)。

1984年,斯基林当选为麦肯锡公司董事,5年后又作为麦肯锡公司全球能源和北美化工业务负责人当选为公司合伙人——不一般的年轻合伙人。据传,斯基林的年薪接近百万美元,这说明他技能高超、工作勤奋以及他负责的以安然公司为首的顶级客户的重要性。

对于麦肯锡公司的一位高管来说,在安然公司身上冒险,并不是一项容易做出的决定。金德和莱第一次与斯基林接触,是在天然气银行投放的天然气售罄之后。当时,杰夫并没有做好少拿大笔年薪并把自己的全部鸡蛋放在一个篮子里的准备。他喜欢各种不同的项目(把自己的一半时间花在安然公司身上),他不能确定自己是否具备做企业经理的品格(他可能不具备这种品格)。

5个月后,他发现自己作为麦肯锡公司的合伙人参加了太多的公司管理层会议,并担心自己开始在安然公司做的事情不会有结果,因此有了不同的想法。天然气银行独木难支,天然气供应无法满足受到压抑的对有价格保证的长期天

---

[1] 斯基林的非道德论被表述为"严格的商业和市场自由主义观"。然而,正如布兰德利在《资本主义在行动》第一篇中记述的那样,至少从亚当·斯密开始,古典自由学派就阐述、捍卫并提倡以品质为中心的商业和自由市场道德观。

[2] 麦肯锡公司成立于1925年,创始人是芝加哥大学会计学教授、管理专家詹姆斯·麦肯锡(James McKinsey)。他的公司"以其高昂且不可协商的收费闻名"。

然气的需求。鉴于安然公司受制于资本约束,新的天然气采购策略必须与一种把天然气采购和销售的长期合约转让给外部人的方式结合起来。简而言之,有待开拓一种全新的业务。"你得等待多久才能等来一次改变世界的机会。"斯基林心里在想。

虽然安然公司答应付给斯基林的年薪远低于他在麦肯锡的年薪,但安然公司外加了一大堆激励措施,于是斯基林就接受一份一直持续到1994年的多年期聘用合同。他的最低底薪是每年27.5万美元,另外还有7.5万股的股票期权,让他在不用承担任何风险的情况下坐享安然公司股票的升值。与安然石油天然气公司的霍格伦德一样,斯基林也收到了安然金融公司赠与的股份。最初市值2亿美元的股票升值5%(就增值1 000万美元);安然金融公司的股票在继续升值,在股票市值4亿美元的时候,增值就达到了1 900万美元;如果安然金融公司股票的市值(据估计能)达到10亿美元,就会增值3 100万美元。此外,在正常情况下,只要他留在安然公司,就不用偿还95万美元的公司贷款。斯基林的聘用合同中订有竞业禁止条款,以确保他不会离开安然公司去创办自己的公司或者加盟像天然气清算所那样的竞争对手公司。

与安然公司其他高管的聘用合同相比,斯基林的聘用合同仅次于莱和金德,但好于迈克尔·穆克勒罗伊(安然液体燃料公司的首席执行官)、罗恩·伯恩斯(安然天然气管道运输集团的首席执行官)和杰克·汤姆金斯(安然公司的财务总监)。[1] 根据公司最近的情况,斯基林的基本年薪可望翻番,并且因为股票升值而赚得更多。

莱还答应满足杰夫提出的一个特殊要求,就是改变认定长期聘用合同中收入的会计方法,即不再采用现金收入(权责发生制)法,而是改用现值盯市法来认定长期聘用合同中的收入。斯基林提出这个特殊要求有他的职业和个人理由。历史成本会计并不完善,有时甚至不合逻辑。盯市会计合乎逻辑——盯市会计可以基于已知的现实情况(美国证券交易委员会指定的一级和二级输入数据)。但是,盯市会计在不受支持(采用三级输入数据)时,就相当于在小鸡孵出来之前

---

[1] 根据他们1989年签订的多年期聘用合同,莱的最低薪酬是75万美元,金德50万美元,穆克勒罗伊35万美元,伯恩斯24.5万美元,汤普金斯23.5万美元。股票期权和公司贷款也与这个排序大致相同:莱的股票期权是25万股,公司贷款250万美元;金德的股票期权15万股,公司贷款150万美元。1990年这五人的实际现金薪酬大约比他们各自的最低薪酬增加了1倍。与此同时,福莱斯特·霍格伦德在安然石油天然气公司另有其他薪酬待遇。

数小鸡。

鉴于盯市会计具有判断甚至主观性质,因此,这样的变更需要格外的尽职和诚实,而且是以牺牲未来为代价来体现对本期的重视。在会计准则允许自由裁量的情况下,就需要有强大的资产阶级美德来支撑。

良好的开端。"我很荣幸地宣布,"肯·莱在1990年6月致公司全体员工的信中写道,"杰夫·斯基林已被任命为安然金融公司的董事长兼首席执行官。这一任命从1990年8月1日起生效。"自福莱斯特·霍格伦德差不多3年前加盟安然公司以来,杰夫·斯基林是安然公司聘用的最重要员工——并且也是一个新的开端。莱解释说:

> 杰夫是在天然气行业金融发展的关键时刻加入我们的行列的。安然金融公司有机会向生产商提供必要的金融资源,为天然气钻探融资。由于生产商可利用的融资渠道减少,安然金融公司有很多商机。我们估计,随着公司来年的发展,我们还会增加人手。

安然金融公司试图解决一个重大的行业问题——由于天然气价格疲软且不确定,加上银行监管机构在1986年能源价格暴跌后几乎停止了对能源生产的贷款,天然气生产贷款稀缺。[1] 尤其是在天然气价格停滞不涨的情况下,天然气生产商需要融资来开采作为期货销售的天然气。为了能让安然天然气营销公司提高利润率(相对于逐月销售而言),需要大量已知、现成、有保证的天然气,才能签订长期供气合同。

虽然天然气的买家正在享受天然气的(历史)低价,但他们都明白现货市场的走势有可能发生逆转,从而使任何依赖天然气的新电厂陷入困境。安然公司的机会就在于重新分摊风险,为天然气生产商争取较高的已知价格,并为燃气发电厂争取有竞争力的已知天然气价格。

安然金融公司的营销宣传资料解释称:"我们的宗旨是开发新的机制,以降低业务中的固有风险和资本成本。"新的金融产品——从"传统贷款到以天然气计价的融资工具,再到复杂的燃料期货价格对冲"——为不同的交易方抵补风

---

[1] 从1985年11月到1986年3月,西得州中质原油(West Texas Intermediate)现货价格从每桶28美元跌到了每桶10美元以下。1986年公布的价格约为1年前的一半,现金流和资产价值成比例下降。上游产业的就业人数差不多减少了1/3。许多以能源企业为重点客户的银行因无法收回贷款和偿还储蓄而倒闭。储贷危机中倒闭的得州银行占得州银行总数的一半,而联邦银行监管机构为了防止新一轮的繁荣与萧条循环,加大了对传统能源贷款的监管力度。

险。

具体来说,"对于上游参与者(天然气生产商、采集商、加工商),安然金融公司提供传统的储气贷款、对冲和杠杆化储气贷款、非资源项目融资、非货币生产性付款和收购融资。对于下游参与者(管道运输公司、热电厂、用气企业),安然金融公司提供个性化设计的价格对冲、对冲贷款和非资源项目融资"。

以上这些都是能源银行曾经做过的业务,但安然金融公司做的业务不止这些。事实上,曾经受雇于银行计算抵押品(天然气储量)的气藏工程师现在也来安然公司应聘。

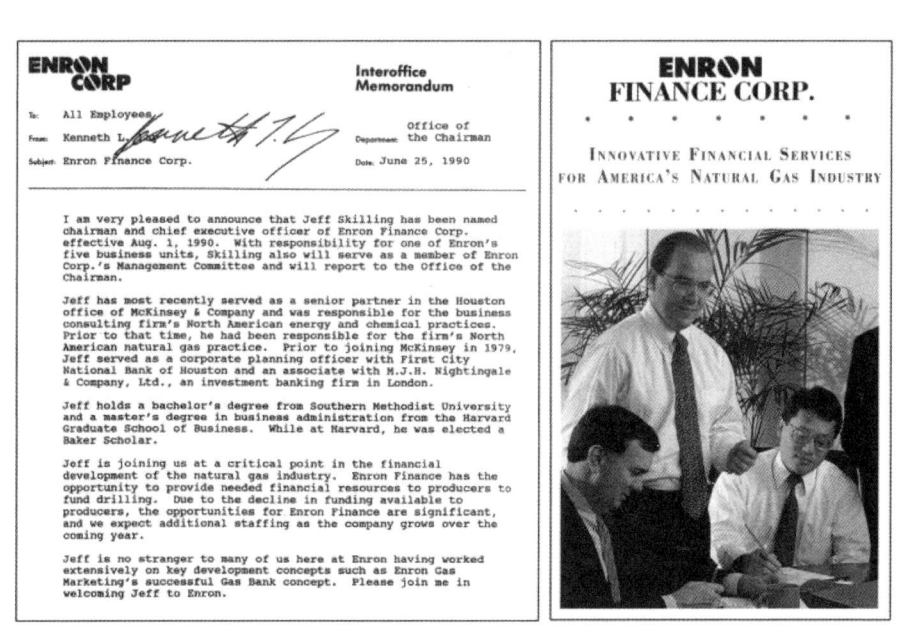

图8.3 1990年杰夫·斯基林的加盟将在未来10年里导致安然公司起伏不定。斯基林早期聘用的两名关键员工分别是负责生产商融资业务的吉恩·汉弗莱(图左)和负责衍生产品的卢·派(图右)。

如果不能提高天然气供应和价格的确定性,天然气就会在为增加电力供应而提高新电厂产能的竞争中输给煤炭。公用事业公司及其监管机构不用担心资源丰裕的煤炭会出现匮乏的问题,20世纪70年代不是削减了天然气项目吗?与燃气发电厂相比,燃煤发电厂难道不是更多地决定着电力的费率基础(据以计算管制回报率的依据)吗?

不过,安然金融公司并不像银行那样只是收取风险抵押资本的利息收入,它还试图获得已发现天然气的调用权。安然公司设计量产付款法交易支持天然气定期销售合约,在井口提供对冲服务,并且将合约证券化,以释放资金并消解安然公司需承担的风险。

1990年,安然金融公司可报告的业务可能不是太多,但斯基林正为能在这个新的竞争领域取胜而搭建团队。第一个应聘者是纽约花旗银行的能源问题专家吉恩·汉弗莱,他曾与金德一起对刚接受安然公司职位的斯基林进行了面试。汉弗莱因为帮助为雇员股票期权计划融资而在安然公司内部非常出名。几年前,由这项计划出资把欧文·雅各布斯赶出了安然公司。

8月29日,汉弗莱正式加盟安然金融公司,他的职责是创建一个为天然气生产商服务的准银行职能部门,取代得州银行和其他机构几乎已经放弃的贷款职能。他聘用的第一名员工是气藏工程师蒙特·格里森(Monte Gleason)。格里森曾在休斯敦第一城市银行工作(杰夫·斯基林和丽贝卡·马克都曾在这家银行工作)。后来,格里森负责为未来的工作配备人员,估算汉弗莱负责融资的已探明天然气储量和几年后的流量。

安然公司内部也发现了两名高管。乔治·波西(George Posey)原来在安然天然气服务公司工作,现在调到安然金融公司负责财会工作。卢·派是从安然天然气营销公司挑选来的,他曾是安然公司负责墨西哥湾天然气供应和天然气银行事务的副总裁。在这之前,派一直在布鲁斯·斯特拉姆领导的负责公司战略规划,后来成为新人才孵化器的一个很小的部门工作[马克·福莱维特和戴夫·杜兰(Dave Duran)也是他俩的校友]。派的逻辑思维(他的父亲是航空学教授)后来找到了很好的归宿,他负责把新天然气批发的关键业务组合在一起。不过,他后来突然终止了在安然公司的职业生涯。

期货天然气及其交易业务需要资金,而签订天然气期货销售合约也离不开流动资金。杰夫·斯基林希望,安然金融公司的业务能获得发展——而且是快速发展。这一切都需要资金,那么,如何筹集所需的资金呢?里奇·金德不想借钱,因为他有责任降低公司债务—资本比率,从而提高安然公司的信用等级——安然天然气服务公司所需要的(相对于AAA级的交易对手而言,安然公司的信用等级已经是个问题)。

安然金融公司只剩下证券化可以求助了,它把在执行的长期合约捆绑在一起,作为证券发售给外部人。这样做既能剔除安然公司资产负债表中的债务,又能为下一笔交易筹集资金。安然金融公司把长期合约证券化的工作交给了安德鲁·法斯托这个吉恩·汉弗莱从芝加哥大陆银行(Continental Bank)挖来的天才证券化专家[为了确保法斯托愿意来安然工作,安然公司为安德鲁的妻子——婚前叫利·温加滕(Lea Weingarten)——在公司财务部安排了一份工作。温加腾是休斯敦人,她为能够重新与家人和朋友相聚而感到高兴]。

作为安然金融公司的财务经理,安迪·法斯托的底薪是7.5万美元,签约奖金2万美元,第二年的最低奖金2.5万美元(他于1990年12月正式加盟安然金融公司)。他后来也领教了一种自己帮助定义的企业文化。

用斯基林的话来说,派和法斯托两人都是"刺头"。派和法斯托与有绅士风度的汉弗莱和有学者风度的波西不同,虽然才华横溢,但喜怒无常,很难相处。除了在39楼以外,肯·莱和街对面安然石油天然气公司的福莱斯特·霍格伦德一样,都会克制自己。里奇·金德十分严厉,但很有礼貌,偶尔也会道歉。负责热电项目的约翰·温圆滑善变,但已经不是安然公司的在编员工。

在新的一年里,其他主要高管也纷纷加盟安然金融公司,包括法务主管马克·哈迪克(Mark Haedicke)。他不但要负责审核整个集团的全部商业合同,而且得负责设计一种既能确保天然气长期供应,又不参与勘采的方法,因为天然气勘采归安然石油天然气公司负责。最终的结果就是一项可以收入历史书的法律发明,即前面提到的量产付款法。

建立合作伙伴关系,也是斯基林设计的初始方案的一项内容。在纽约商品交易所推出天然气期货交易以后,斯基林在1990年年中与信孚银行(Bankers Trust)成立了一家旨在开发天然气衍生品和交易市场的合资企业。到了这一年的年底,双方签署了一份谅解备忘录:信孚银行负责派遣一个三人团队——两人在纽约,一人到休斯敦工作——与卢·派的团队合作,作为回报可分享合资企业40%的利润。

这次合作使得安然公司能够进入一个新的业务领域赚钱。6个月后,安然公司向其合资伙伴支付了300万美元的利润,但信孚银行认为,根据他们的安排,不应该分得这么少的利润。安然公司关心的是合资企业能创造多少价值——它自己能分到多少利润。双方为达成最终协议而进行的谈判在7月份谈崩。于是,从信孚银行借调来的凯文·汉侬在纽约接到通知拷贝一份合作技术文件(风险书和定价模型)并删除其他文件,然后回信孚银行上班。

汉侬在周末的撤离让派和安然公司感到意外。乔·波卡尔斯基是一名金融产品交易员,对基础风险(同一产品的地域价差)颇有管理经验。把他从纽约的化工银行(Chemical Bank)挖来,就是为了填补汉侬撤离留下的空缺。波卡尔斯基是"名副其实的天然气交易业务明星,也是斯基林所依赖的干将",他一上任就提升了金融交易部门在公司的地位,并且发现天然气交易的利润率远远高于利率(波卡尔斯基有很强的个性,在输掉与卢·派的权力斗争以后,于1993年离开了安然公司)。

9个月后,汉侬重新回到安然公司在安然天然气服务公司任职。"回到纽约后,我为信孚银行编制了第一本天然气交易风险提示书,"他回忆说,"但我意识到,天然气行业的业务中心仍在休斯敦。"他的新工作是组建一个结构化交易小组,审核北美根据《能源宪章条约》(Energy Charter Treaty, ECT)确定的全部天然气定价。6个月后,他为安然石油天然气公司编制和管理实物交易交易所(exchange-for-physical trading)指数和基准风险提示书(指数是指根据已公布报价编制的定价指数;基准风险是指在某一特定交易地点相对于另一个交易地点的定价)。汉侬所做的这些基础性工作是他日后获得升迁的部分原因,他曾任安然资本与贸易资源公司北美分公司总裁,后来又担任安然北美公司(Enron North America)首席执行官。

信孚银行继续在天然气领域与安然公司展开竞争,摩根士丹利和美国国际集团金融公司(AIG Financial)也是如此,而杰夫·斯基林不会再以这种方式开展合作。

斯基林刚到休斯敦史密斯街1400号,就发现安然公司内部存在有细微差别的不同企业文化。公共事业监管在安然公司各州际天然气管道运输公司造就了一种慢节奏(但谨慎)的企业文化,北方天然气管道公司和佛罗里达天然气输送公司的企业文化尤其如此,而经过重建的横贯西部管道公司的企业文化相对要好些。虽然激烈的竞争正在颠覆一切,但休斯敦管道公司仍满足于得州传统的运营方式。此外,还有肯·莱聘用的几个聪明高管——聪明绝顶的家伙——正在探索天然气行业新的竞争领域。

安然天然气营销公司的快节奏员工、物流专家和交易撮合者,一直在吸引公司其他三种文化中的最优秀人才,而安然金融公司就是这样建立起来的。

具有麦肯锡公司风格的斯基林追求一种以透明、开放型沟通为特征的精英文化,推行绩效工资,鼓励创造性破坏和员工之间的竞争。职场就是颠覆常规,而不只是线性改进的场所。斯基林的态度是"打破常规,让常规变得更好",而不是"东西不坏,就别修理"。约瑟夫·熊彼特、彼得·德鲁克和加里·哈默尔是安然公司莱-斯基林模式和行业动荡的标志性思想家。[1]

安然大厦的31楼进行了重新布局,中央交易区取代了办公室间长长的走廊,其他办公室靠走廊一侧都改用透明的玻璃墙。"大厦其他楼层特有的正式装饰和安静的氛围"已经不复存在。两层楼之间的开放式楼梯,先是通往一个不同的安然,并进一步与斯基林的人马相连。

职位说明把24个职级压缩到助理、经理、董事、副总裁4个。薪酬反映的是绩效(盯市绩效),而不是资历,同行评议取代了分层考核。这一切全部是新的。对斯基林来说,安然金融公司是一家与众不同的企业,与微软一样是它那个时代的主要新创企业之一。

安然天然气服务集团:1991年

1991年1月,里奇·金德向员工宣布:"在过去的几年里,安然公司专注于创建一系列新的、不受监管的天然气服务业务,旨在保证更加长期的价格和数量安全。通过我们的天然气银行、确定指数合约[和]中心(枢纽)定价机制,安然金融公司一直处于我们认为的行业主要增长领域的前沿。"金德指出,事实上,天然气买卖正在逐渐成为安然公司的主要盈利业务和自营业务,并且"提出了一系列与内部管理流程、会计和法务处理、供应和营销执行等相关的问题"。

"因此,我很高兴地宣布成立安然天然气服务集团,把安然天然气营销公司的业务与安然金融公司的业务[合并]在一起。"这两家公司的支持活动将合并在一起,"组建一个把安然公司所有不受监管的天然气批发服务全部整合在一起的集团"。唯一的例外是西特鲁普公司与佛罗里达天然气输送公司之间的天然气买卖,因为西特鲁普公司是安然公司只持有一半股权的独立公司。

---

[1] 请参阅:Bradley, *Capitalism at Work*, pp. 83–84, 101–103, 116–117, 126–130, 158。

杰夫·斯基林被任命为安然天然气服务集团的董事长兼首席执行官,而约翰·埃斯林格则任安然天然气服务集团的总裁兼首席运营官。安然天然气服务集团下设两家公司:安然天然气营销公司仍然专注于期货天然气的营销业务,而安然金融公司则专注于生产商融资和衍生产品交易业务。这两家公司的财会部合并后由乔治·波希负责;法务部合并后由马克·哈迪克负责;而监管事务部合并后则由雪莱·福斯特(Shelly Fust)负责,福斯特的工作包括确保在实行联邦开放—准入监管的情况下,安然天然气服务集团销售的天然气能够方便地通过安然公司旗下的州际管道运输公司输送。

安然天然气服务集团成立第三家公司(即电力服务公司),是为了把天然气卖给发电商(无论是独立、公用事业还是市政部门发电商)。马克·福莱维特曾在安然公司做过很多工作,曾负责让发电厂改用天然气作为燃料的工作,因此被任命为电力服务公司总裁。肯·赖斯加入福莱维特的管理团队,并且很快就成为顶尖的天然气交易撮合者和斯基林的知己——也是一个灵魂肮脏的小人,后来在安然宽带服务公司(Enron Broadband Services)干了10年后就销声匿迹了。

安然天然气服务集团旗下向董事长办公室(斯基林和埃斯林格)汇报工作的其他部门包括丹·莱瑟(Dan Ryser)负责的市场营销部、吉恩·汉弗莱负责的结构化融资部、卢·派负责的衍生产品部、彼得·魏德勒(Peter Weidler)负责的枢纽服务部、凯茜·阿博特负责的基准管理部(Basis Management),以及迈克·沃尔克(Mike Walker)负责新成立的分析部。莱瑟负责的市场营销部下设西部、中西部和东部三个地区分部,每个分部都有一个供应主管和一个营销主管。运营部由朱莉·戈麦斯负责,而运营规划部则由玛丽·卢·汉密尔顿(Mary Lou Hamilton)负责。

金德在谅解备忘录中总结道:"我相信,在完成这些变革以后,新的安然天然气服务集团将率领整个公司在1991年及其后取得巨大的成就。"

实物与金融产品交易部门的合并以及由此而造成的"共享员工",导致在随后的2个月里需要进行更多的调整。由于市场对中心(枢纽)服务部的反应不温不火,因此,魏德勒被重新任命为主管天然气储量收购公司的副总裁,具体负责天然气储量收购和交易,用来做固定价格长期供气合约(6~15年)交易,并向供气商和市政部门供应享受税收优惠的天然气(某些类别的天然气可以少缴税)。

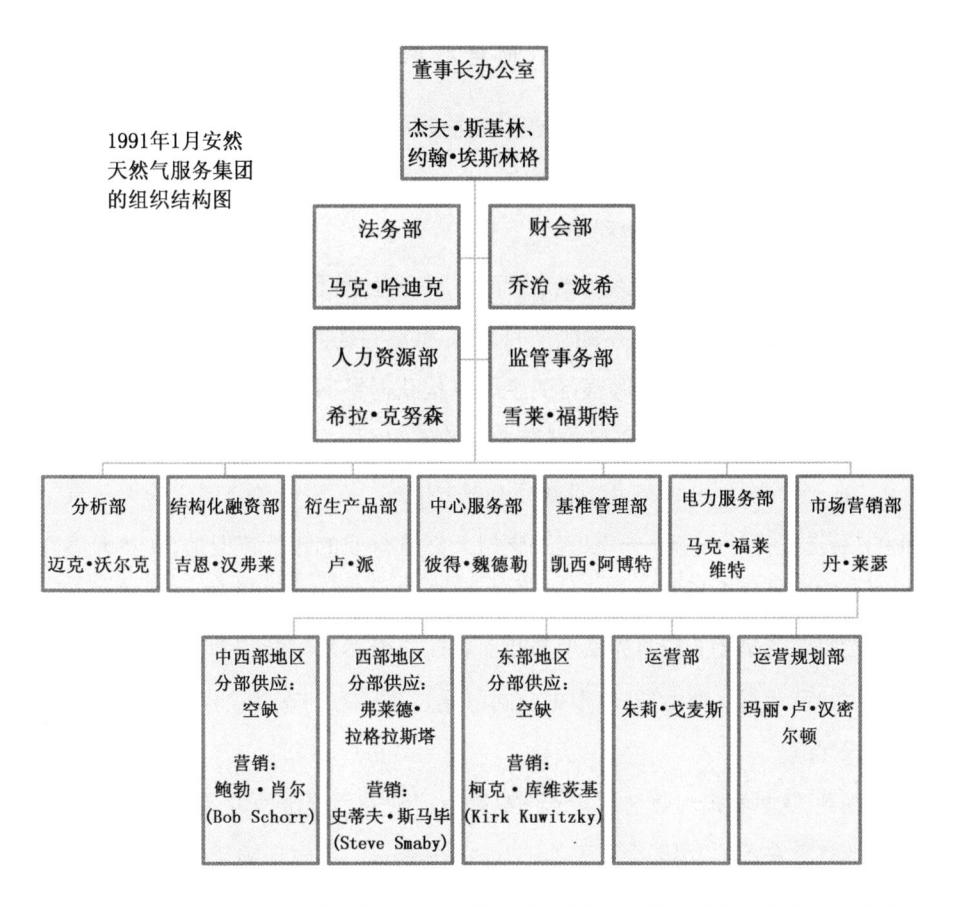

第八章
天然气营销：1990—1991年

```
                    ┌──────────────────┐
                    │    董事长办公室      │
1991年1月安然         │    杰夫·斯基林、     │
天然气服务集团         │    约翰·埃斯林格     │
的组织结构图          └──────────────────┘
                ┌──────────┬──────────┐
            ┌───┴───┐  ┌───┴───┐
            │ 法务部 │  │ 财会部 │
            │马克·   │  │乔治·   │
            │哈迪克 │  │波希   │
            └───────┘  └───────┘
            ┌───────┐  ┌───────┐
            │人力资源│  │监管事务│
            │部     │  │部     │
            │希拉·  │  │雪莱·  │
            │克努森 │  │福斯特 │
            └───────┘  └───────┘
```

| 分析部 迈克·沃尔克 | 结构化融资部 吉恩·汉弗莱 | 衍生产品部 卢·派 | 中心服务部 彼得·魏德勒 | 基准管理部 凯西·阿博特 | 电力服务部 马克·福莱维特 | 市场营销部 丹·莱瑟 |

| 中西部地区分部供应：空缺 营销：鲍勃·肖尔(Bob Schorr) | 西部地区分部供应：弗莱德·拉格拉斯塔 营销：史蒂夫·斯马毕(Steve Smaby) | 东部地区分部供应：空缺 营销：柯克·库维茨基(Kirk Kuwitzky) | 运营部 朱莉·戈麦斯 | 运营规划部 玛丽·卢·汉密尔顿 |

图8.4 1991年第一季度安然天然气服务集团的组织结构图有5个业务支持部门、6个利润中心和5个营销分部

在安然天然气服务集团的衍生产品部，成立了一个由卢·派直接领导的定价团队，负责创建和维护该集团在每个交易点（中心）的多年逐月买卖交易报价。为不同期限的期货交易提供即时定价的所谓"买价/卖价曲线"（bid/ask curve），成为交易盈利和内部薪酬计发的关键。安然天然气服务集团还成立了一个执行委员会负责审核这些数据，并为集团制定战略、政策和解决人事问题。但是，要防止这个忙于抢占市场份额的"暴发户"太过超前，还有很多工作要做。

几周后，集团16位领导人在一个非现场会议上共同对新组织进行了定义和评估，并且甄别和比较了"灰色责任区域"。斯基林通过传授他的"从紧/从宽"管理理念为集团定下了基调，即风险管理、法务和财务都要从紧，而其他事务都可以从宽。

天然气储量收购公司

安然金融公司旗下的天然气储量收购公司负责保证安然天然气营销公司进行长期销售所需的天然气。价格确定的供应与(较高的)价格确定的销售配对,如果操作得当,就意味着盈利。

但常年持乐观态度的天然气生产商不愿锁定他们认为低迷的多年期付款基准价格。对安然天然气服务集团来说,更加糟糕的是,天然气生产商很难从得州和其他地方迄今被称为能源银行的金融机构获得钻探资金。因此,解决这个问题,就是安然金融公司吉恩·汉弗莱要做的工作。

"在一个刚受到[1986年]能源危机影响的州,安然金融公司成为天然气行业的'首选银行'——唯一一家真正支持天然气行业的银行。"但是,安然天然气服务集团没有像安然石油天然气公司那样购买气藏或气田,而是设计了一种安然天然气服务集团有权首先从生产商那里购买天然气流量和地下气藏的合同。签约生产商负责具体运作,但根据合同可通过第三方向安然公司输送合同约定量的天然气。

因此,这种量产付款协议*允许安然公司预先用现金换取生产商日后交付的天然气。安然的"用现金换天然气"(cash-for-gas)不同于银行的"用现金换取生息现金"(cash-for-cash-with-interest),它是为了获得万一生产商资不抵债仍受到法律保护的天然气而设计的。(量产付款协议胜过开采权所有者手中的权利。[1]

对安然公司来说,关键是要掌握预测气藏可采量和可实现流量的工程知识。在蒙特·格里森的领导下,安然天然气服务集团借助可用来绘制天然气储量地图并估计长期流量的新技术(尤其是三维成像技术),练就了运用这种知识的能力。

1991年4月,吉恩·汉弗莱执行了安然金融公司的第一份量产付款协议("安然参与的第一个特别目的实体")。安然金融公司付给森林石油公司(For-

---

* 量产付款协议是一种在石油和天然气行业已经使用几十年的融资方式。根据这种融资方式,石油和天然气资产所有者出售其一定比例的石油或者天然气,以换取预付现金。——译者注

[1] 重叠区开采权(the overriding royalty)是一种合成债务工具,在破产程序中可创造一种与生产商其他资产无关的合法权益。量产付款协议之前在黄金和煤炭开采业已有使用先例。据说,安然公司花费了18个月和数百万美元从法律上对这种协议进行了完善。

est Oil)4 500万美元的预付款用于购买总计 320 亿立方英尺(约 0.71 美元/百万英热单位)的 5 年天然气供应。更值得一提的是,等把这批天然气出售以后,这份量产付款协议估计单独就能创造约 700 万美元的净利润。

5 月,汉弗莱采用量产付款方式为齐尔卡能源公司(Zilkha Energy)在墨西哥湾的钻探项目融资 2 400 万美元,也是为了获得该公司未来生产的天然气。齐尔卡能源公司没有出售油田资产或用已探明天然气储量作为抵押物借款,而是出售了其近海油田未来一定量的天然气,但保留了气藏本身的所有权。安然金融公司随后通过价格和利率对冲并与最终用户签订实价供气合同套利的方式来消除它的"开拓"风险。

安然公司可用量产付款协议赚两笔钱。首先,生产商要为这种协议安排向安然公司支付一笔预付费。然后,天然气成本和天然气收入之间有一个大于融资成本的锁定价差。对于渴望利润并注重形象的安然公司来说,更重要的是,未来的利润通过盯市记账法就变成了本期盈利。

图 8.5 量产付款协议是安然公司的一大法律创新,为天然气生产商提供资金,从而可与最终用户签订固定价格供气合同。安然金融公司副总裁吉恩·汉弗莱(图左)与森林石油公司的罗布·博斯韦尔(图右)在 **1991 年 4 月**签署第一份量产付款协议后合影留念。从此,量产付款协议开始支持固定价格长期供气合同的签署。

根据《纽约时报》报道,截至 1991 年 5 月,安然公司重组后的天然气批发职能部门共撮合 35 个天然气生产商向 50 个客户供应长期天然气。"我们正在进行一项类似于银行资产负债管理的业务,"斯基林对《档案记录报》(*Newspaper of Record*)的记者说,"对买家来说,这一切多亏了安然公司,因为安然公司为合同做了担保。"

管理风险和降低资金成本,同时把资金交到生产商手中,是安然金融公司旗下的天然气储量收购公司的一项重大创新。杰夫·斯基林回忆说:"如果你向天然气生产商提出按固定价格购买 20 年的天然气,他们会把你轰走。但如果你主动提出给某个生产商 4 亿美元,让他开发气藏,那么,他会把你当作合作伙伴。"[1]

天然气储量收购公司 1991 年量产付款协议项下的付款额达到了 1.21 亿美元,而 1990 年只有 400 万美元。这家公司拥有 760 亿立方英尺的天然气储量和 100 万桶的原油储量。但最重要的是,具有价格竞争力的天然气在下游找到了归宿。

安然电力服务公司

安然电力服务公司成立于 1991 年 2 月,负责向发电企业推销天然气。马克·福莱维特在为安然公司开发佛罗里达州电力市场时崭露头角,现在是负责这家新公司的副总裁。安然电力服务公司同时隶属于安然天然气服务集团旗下的安然天然气营销公司和安然金融公司。

从长期看,独立电力生产商是天然气市场上最活跃的买家。根据联邦法律,独立电力生产商被允许按照公用事业电力公司(经监管机构批准)的避免成本价把自己生产的电力卖给公用事业电力公司。[2] 1978 年《公共事业管理政策法案》的这项规定,就是要把竞争强制性地引入这个以前只有拥有特许经营权的垄断公用事业公司为了自己的需要发电的领域。

肯·赖斯加盟福莱维特领导的新公司,担任独立电力生产商市场营销主管。

---

〔1〕 安然天然气储量收购公司的另一个利基市场是"面向地方市政配气公司和市政供电公司的享受税收优惠的长期天然气储量计划",这也是政府支持的安然天然气服务集团利基市场的另一体现。

〔2〕 关于独立电力生产商和避免成本的讨论,请参阅:Internet appendix 1.5,"Public Utility Regulatory Policies Act of 1978 (PURPA),"www.politicalcapitalism.org/Book3/Chapter1 /Appendix5. html。

有了固定价格的投入(天然气)合同和固定价格的产出(电力)合同,这些项目就有了(银行能接受的)资信。在安然公司创造的新世界里,煤炭无法再打"天然气供应不足的"恐慌牌。

公用事业电力公司的情况就不同,它们更喜欢建造燃煤电厂来扩大新产能。费率基础管制意味着,与成本较低的燃(天然)气电厂相比,成本(资本投资)较高的燃煤电厂成本能带来更多的利润。这种反常现象加剧了人们对天然气短缺将卷土重来的担忧。虽然导致强制减产的价格管制措施几乎已不复存在,麦肯锡公司的约翰·索希尔等专家——更不用说煤炭游说团体——却宣扬天然气前景黯淡。一些州的法律也鼓励公用事业管理机构优先考虑使用煤炭而不是天然气。[1]

安然天然气服务集团不但急于把天然气作为供应可靠且价格适中的产品出售给独立电力生产商,而且急于把它卖给公用事业电力公司新建的电厂。在让赖斯负责向公用事业电力公司推销天然气半年后,福莱维特又聘用杰夫·罗伯茨来完成这个任务(几年前,罗伯茨曾作为佛罗里达电力照明公司的员工与福莱维特进行过谈判)。罗伯茨甚至比赖斯更加需要了解市场真相,才能销售他的产品组合。

安然公司必须让大家明白,从电厂寿命成本的角度看,天然气比煤炭便宜。肯·莱的天然气标准出自安然电力服务公司与ICF资源公司合作完成的一个研究项目。据这两家公司研究估计,在高利用率(基本负荷)的电厂,燃(天然)气发电要比燃煤发电便宜1/4;而对于低利用率(循环发电、峰值发电)的机组,燃(天然)气发电就更加便宜。[2]

ICF资源公司的结论是,"与之前的一些预测相反,天然气将在20世纪90年代重新夺回发电市场的重要份额"。这家公司还表示,联合循环燃(天然)气发电的经济效益迅速提高,而"安然公司等企业提供了创新性天然气供应选择",两者一起推动了他们的这项研究。该公司又补充说,燃煤发电的经济效益在某些情况下仍好于燃(天然)气发电,因此有必要进行个案评估。

天然气可以重新夺回很多发电市场。在20世纪70年代初容量达到4万亿

---

[1] 请参阅第七章。
[2] 关于莱推销天然气在发电方面优于煤炭的经济和环境优势的努力,请参阅第七章。

立方英尺的天然气市场到了 1986 年已经缩小到了 2.6 万亿立方英尺,而到了 1988 年又进一步缩小。但据 ICF 资源公司预计,这个市场在 1995 年将达到 5.8 万亿立方英尺的容量,到 2000 年将进一步达到 7.7 万亿立方英尺的容量。天然气市场的发展终将会到来,但这些预测要等待漫长的 10 年才能实现。[1]

在天然气供应方面,安然公司在 1991 年更新了对天然气资源的内部研究,发现在一个以市场为基础、无价格管制的世界上,天然气资源丰富,且不断有新的发现。布鲁斯·斯特拉姆撰写的安然公司研究报告表明,"新技术的发展和迅速扩散"以及"三维地震勘探等提升后的勘探技术、改进后的评价和完井技术,再加上精细化的裂缝诊断和水平钻井等得到改进的钻井技术"都是增加天然气供应的驱动因素。这个"新现实"表明,"从长期看,天然气价格有望趋于合理"。

据安然公司预计,2005 年美国天然气市场有 22 万亿立方英尺的容量,这才恢复到 20 世纪 70 年代初的历史水平。1983 年和 1986 年,美国的天然气使用量都低于 17 万亿立方英尺,比历史最高水平少了 1/4。虽然发电用天然气的需求增幅低于预期,但安然公司对 2005 年的预测将被证明是准确的。

安然公司在 20 世纪 90 年代以它特有的方式重建了天然气市场。安然公司创建的天然气银行为把期货天然气纳入市场交易已经做出了很大的努力,而安然公司提出的天然气标准引发了旨在扭转 20 世纪 70 年代(由监管造成的)"煤炭取代天然气"偏倚的辩论。安然公司在 1992 年年初实现了市场突破。当时,计划在北纽约州兴建的大型热电厂赛特能源集团,由于与安然电力服务公司签署了一份长期天然气供应协议,因此选择了使用天然气发电(我们将在第九章讨论这个问题)。

安然风险管理服务公司

1991 年 3 月,安然天然气服务集团设立了它的第四大事业部——安然风险管理服务公司,另外 3 家分别是安然天然气营销公司(于 1986 年成立)、安然金融公司(于 1990 年 8 月成立)和安然电力服务公司(于 1991 年 1 月成立)。考虑到安然公司现有的投资产品和新的交易,看涨期权、看跌期权、远期、掉期和它们的姐妹产品的任何组合在任何一天、下个月或者下一年会对安然公司产生怎样

---

[1] ICF 资源公司估计的 1995 年天然气使用量是在 2006 年达到的,而它估计的 2000 年天然气使用量最终是在 2012 年被超越的。

的影响呢？安然风险管理服务公司成立以后就负责系统化地搞清这个问题。

斯基林和埃斯林格解释说："广义的风险管理服务占我们业务的比例越来越大。据我们估计，风险管理产品在1991年将为安然天然气服务集团直接或间接创造近60％的毛利。长期合约的业务组合，尤其是天然气银行和天然气交易中心服务部的合约，都牵涉到未来的赌注：有些是对冲的，有些没有，而还有一些则需要对冲。"

1991年年初在创建安然天然气服务集团时就设立了基准管理事业部，这是一个负责管理不同交易地点天然气长期供应量和价格承诺的新职能部门。凯茜·阿博特被调离横贯西部管道公司，并被任命为负责这个职能部门的副总裁，负责为全国数十个天然气中心确定价差。与此同时，负责衍生产品业务的副总裁、安然公司冉冉升起的新星卢·派也要大量利用阿博特的数据。

派现在是负责风险管理服务公司的副总裁和每周定价团队会议的召集人。派和他的团队与阿博特以及包括斯基林和埃斯林格在内的其他高管一起，绘制天然气期货买价／卖价曲线。

"（我们的风险）是增长面临许多挑战，"斯基林和埃斯林格在致员工的信中写道，"我们需要继续增加高素质的员工，建立和改进我们的流程和系统，并设计和开发新的服务产品。"事实上，与斯基林试图效仿的金融产品市场相比，测算流动性不足的发展中天然气市场的风险是非常主观的。

由于各交易地点的业务太少，无法计算（交易点对交易点的）基准价差，阿博特不得不建立相对输气费率模型来估算未来的天然气交付成本。此外，还有一些天然气银行的交易，尽管气田与交货地点之间的输气成本浮动不定，但合同规定了最高交货价格。安然公司必须处理好自己承担的风险，并为下一笔交易计算出合理的风险回报曲线。以前那种分门别类的临时交易模式，已无法在安然天然气服务集团的增长模式中维系下去。

安然风险管理服务公司从斯基林的老东家第一城市银行公司（First City Bancorporation）挖来了马克·彼得森（Mark Peterson），请他担任负责这家公司的副总裁，而阿博特和派都要向彼得森汇报工作。

不过，是派，而不是彼得森，将成为安然公司的首席期货价格制定者，并负责估计交易员在未来出售天然气的价格。安然公司来年新招的人才将帮助安然公司把风险管理能力提升到一个更高的水平。但是，彼得森只在安然公司工作了

图 8.6　安然天然气服务集团的核心业务是天然气营销。它的天然气营销业务分布在三个区域(见右图下方)。杰夫·斯基林的开放式办公理念通过小隔间和透明的办公室体现出来。

一年半,于 1993 年年初就离开了安然。[1]

结构化融资/衍生产品

量产付款协议交易给本来就资金紧张的安然公司造成了现金流的问题,因为安然金融公司要向生产商支付现款,才能获得以后出售换取收入的期货天然气。于是,安然金融公司就聘用安迪·法斯托做公司需要做的事情:把交易合约证券化,这样安然公司就可以从锁定的合同中套利,并且在资产负债表中消除未来的债务。

1991 年下半年,安然公司将其手中的量产付款合约卖给了一家有限合伙公司 SPE(即特别目的实体),并以公司的名义提供担保:安然公司按议定价格买进特别目的实体因购买量产付款合约而吃进的期货天然气。安然公司购买天然气(为履行自己签订的长期供气合同所必需),因此为特别目的实体创造了一种类似于债券对于投资者的收入流。于是,一个由得克萨斯商业银行(Texas Commerce Bank,肯·莱是这家银行的董事)牵头、有 15 家银行参加的银团向特别目

---

[1]　彼得森最初在第一城市银行担任财务主管,安然事件以后又回到了几家不同的企业从事财务类工作。

的实体提供了 3.4 亿美元的贷款,而特别目的实体则用安然公司购买期货天然气支付的款项来偿还这笔贷款。通用电气信贷公司(General Electric Credit)也出了一小笔资金,并且由此收到了一些付款。如果把特别目的实体和它的债务视为独立于安然公司的实体和债务,那么,通用电气信贷公司的出资必不可少。

所有这些只不过是为了与天然气生产商做成交易采取的额外举措,但证券化交易给安然公司创造了现金,从而使它能够重复与生产商做交易,并且进行更多的"现在买、日后卖"天然气交易。安然公司并不忌讳特别目的实体的存在,称其为"5亿多美元的'永久性融资工具'"。

仙人掌融资公司(Cactus Funding Corporation)也推出了一种新的金融法律工具,在住房抵押贷款池方面已经有使用的先例。为操作量产付款协议交易而创立的特别目的实体是由安然金融公司的法斯托与安达信会计师事务所由里克·考西(Rick Causey)带队的几个会计师以及安然公司最常聘用的外部法律顾问文森-艾尔金斯律师事务所的律师共同设计的。但为了确保特别目的实体的独立性,必须遵守一些晦涩难懂的会计规则,如对外部投资者和外部控制规定的 3% 的最低持股要求。[1]

仙人掌融资公司进行了多次"迭代"("仙人掌投资"),其中包括 1992 年的安然石油天然气公司的量产付款协议项目,以该公司在怀俄明州 1 240 亿立方英尺的天然气产量换取 3.27 亿美元的现金。到了 1993 年,安然公司的证券化资产总额达到了 9 亿美元——全是(资产负债)表外资产。

特别目的实体证券化,结束了安然公司为让买家有信心对天然气做出长期承诺所需做的事情的循环往复。面向终端用户的价格确定型多年期产品被打包卖给外部投资者,从而使得安然天然气服务集团有资金进行下一次"迭代"。"这就是最终形式的天然气银行:外部人提供现金,生产商获得融资,安然公司的客户以确定的价格获得天然气——所有这一切都以安然公司为中心,而且利润丰厚。"一位作者这样写道。对谢隆·沃特金斯来说,"与仙人掌融资公司合作建立的特别目的实体为安然公司的量产付款协议交易提供了资金,并且使得这种协

---

[1] 通用电气信贷公司的出资被作为安然公司进行的股权投资,但被通用电气信贷公司视为贷款,因为安然公司保证在未来按固定价格分期购买特别目的实体的天然气。但是,如果把通用电气信贷公司的这笔资金作为贷款,就与银行贷款没有什么区别,这样就会违反"要让特别目的实体独立于安然公司就必须有最少不低于 3% 的外部人股权投资"的规定。还请参阅:Internet appendix I.3,"Enron's Special-Purpose Entities: From 1991 to 1996, and Beyond," www.politicalcapitalism. org/Book3/Introduction/Appendix3.htm。

议的交易快速增长"。

证券化帮助安然公司解决了粉饰资产负债表的问题,却导致损益表变得非常复杂。购买量产付款协议项下的天然气是对应于天然气期货销售合约项下未来收入的当期费用。虽然采用权责发生制会计,交易在整个合同期内可能非常有利可图,但会计上的不匹配造成了当期亏损(本章稍后讨论这个问题)。安然天然气服务集团采用了杰夫·斯基林提倡的另一种天然气销售会计制度——盯市会计,即把未来的预计收入作为本期收入入账。

报告结果

安然公司在1991年的年报中着重强调了安然天然气服务集团22亿立方英尺/日的销售量,比上一年度增长了38%,其中一半以上(57%)是期货天然气。新的期货交易(新签合约)增加了两倍多,达到1万亿立方英尺。

安然公司没有像去年那样公布4个交易中心(枢纽)的价格,而是在50个地点公布各种各样的天然气产品组合的价格,安然公司是"纽约商品交易所最大的买家和卖家之一"。加上其他交易,安然公司是美国四大天然气销售商之一,仅次于雪佛龙、德士古和已经成立8年的天然气清算所。安然公司和安然天然气服务集团可以通过它旗下的管道运输公司输送占全美交易总额18%的天然气。

安然公司在1991年报告了"巨大的收益增长幅度",造成收益大幅增长的一个原因就是把会计核算方法由权责发生制改为盯市记账法,从而使收益增加了2 500万美元。息税前收入达到了7 100万美元,整整比1990年增加了3倍多。[1] 变更记账方法(将在下一节里讨论)的一个关键原因是,3月加盟安然公司的安达信会计师事务所的里克·考西当上了安然公司的助理财务总监。

盯市记账

肯·莱急于要把安然公司打造成能源巨头。这不仅是他的性格,还有他那变态的勤勉促成了这一切。安然公司必须开发新的项目并创建全新的事业部,才能创收偿还高额债务,才能为实现肯·莱在1990年设定的成为全球第一大天

---

〔1〕 安然公司的息税前收入1990年是1 500万美元(1989年为1 300万美元),1991年飙升到了7 100万美元。

第八章
天然气营销：1990—1991年

然气巨头这个愿景所必需的增长提供资金。随着手中持有越来越多的安然公司股票，肯·莱、里奇·金德和安然公司的其他高管都还需要一年多到两年的时间——也就是一直到1991年——来巩固自己未来的经济地位，因此，当然要求助于重于实质的形象。

安然公司在1992年年报的附注中说明了一个重大的会计变更事项。它在年报第50页的脚注中写道："安然公司的价格风险管理业务采用盯市记账法。因此，与第三方签订的远期合约、掉期合约、期权合约、期货合约和其他金融工具都按市值计价；由此，合并损益表把未实现损益作为本期损益来认定。"

安然公司还在1992年年报中指出，长期合同的市场价值由客观因素和管理层酌情确定。

在确定市场价值时要考虑各种因素，包括外汇市场收盘价、时间价值和影响承诺的波动因素、管理层对未来还本付息成本和信用风险的评价以及在当前市场条件下和合理的时间范围内有序平仓对市场价格的影响。

"盯市记账法有严格的使用范围限制，"安然公司年报的脚注最后称，

安然公司的其他业务（采用成本市价孰低法记账）也签订远期、期货和其他合约，以尽量减少市场波动对库存和其他合同承诺的影响。那些为套期保值签订的对冲合约其市场价值变动要推迟到被对冲存货或固定承诺确认损益之后再入账。

安然公司前后大约花了18个月才完成了记账方法的变更。首先，莱把这作为聘用斯基林的一个条件。斯基林后来说服了他的同事，而安然公司的审计委员会于1991年5月批准了这项变更计划。记账方法变更计划审议会议的主持人和主要决策者是罗伯特·贾迪克博士，他曾是会计学教授，后来担任斯坦福大学商学院院长。

安然公司的外部审计机构安达信会计师事务所是这项工作的第二决策者，先是安达信会计师事务所派驻休斯敦的客户服务团队，后来是安达信会计师事务所的芝加哥总部，决定进行这项变更。安然公司的外部法律顾问文森-埃尔金斯和信孚银行派驻安然公司的顾问（当时是安然天然气服务集团的合伙人）也出席了审议会议。1992年1月，位于华盛顿特区的美国证券交易委员会最终批准了这项变更计划。

不过,记账方法变更也遇到过一些阻力。在这一过程的早期,就在几年前揭露瓦尔哈拉石油交易丑闻的安然公司雇员戴维·沃伊特克就长期天然气合约流动性需要适当评估的问题,向安然公司财务总监杰克·汤普金斯提出过质疑。沃伊特克认为,按猜测计价并不是盯市计价,因此,在会计期间,除非有现金入账,否则收入就不应作为已实现收入入账。要保持盯市记账法下的收益增长,就必须做越来越多的交易,因此,沃伊特克还对能否持续[即所谓的"生长壁隔"(growth wall)问题]表示疑惑。

安达信会计师事务所必须面对这样一个事实:石油和天然气企业历来采用权责发生制会计,成本和收入都到实际发生以后入账。斯基林当时没能说服安达信会计师事务所驻休斯敦办事处,而是向安达信会计师事务所芝加哥总部的高层提交了会计制度变更的申请文件。安达信会计师事务所芝加哥总部的高层表示,只要证券交易委员会批准,他们就同意。证券交易委员会在进行尽职调查后没有批准安然公司的申请,斯基林在证券交易委员会华盛顿总部做了陈述,要求证券交易委员会撤销原决定。安然公司随后致函证券交易委员会,保证根据"已知价差和已平仓位"做账,而不是"明显依赖主观因素"。

证券交易委员会在1992年1月30日做出了最后决定,并致函杰克·汤普金斯,告知准许安然公司从当月开始按市值对天然气计价。新任首席会计师沃尔特·P. 舒泽(Walter P. Schuetze)刚到证券交易委员会上任,他深信盯市记账法的逻辑性,允许安然公司采用这种会计制度可能是他在前进道路上迈出的重要一步。

(不幸的是,舒泽只在会计师事务所和官僚机构工作过,没有在企业工作的经历,他的盯市记账法理念来自这样一个奇妙的假设:企业会聘请中立的专家来做市值估算。安然事件发生后,舒泽作证称,盯市记账法要求"有能力、有资格的专业人士或实体不隶属于报告公司实体,并且也没有经济关联关系"。舒泽的这种想法显然是不切实际的,杰夫·斯基林不可能不顾对账面数据产生什么影响而允许某个秉公办事的外部专家插手,并确定安然公司的资产值多少钱。事实上,安然公司的革命性会计方法变更把证券交易委员会的批文变成了安然公司给投资者制造令人震惊的道德风险的保护伞——较之于不受监管的市场。)

汤普金斯在回复证券交易委员会的信函中提到了安然公司将实施会计制度变更,若非影响"非实质性"就追溯到1991年。事实也确实如此,1991年签订的远期天然气合约的"快进"收益增加了 2 500 万美元,这是在缺乏流动性的情况下根据需要按主观因素计算得出的。(新的)2.42 亿美元的净收入比 1990 年的净收入高出 20%,而这恰好是安然公司向华尔街承诺的增长数字——安然公司还达到了触发高管奖金激励的安然股票收益水平。

安然公司开始实行自由裁量处理。安然公司收到证券交易委员会批准函的消息传开以后,公司交易大厅里香槟酒四溢。莱和金德如愿以偿地获得了他们想要的数据,并且滔滔不绝地谈论安然公司 1991 年的"非凡"财务业绩,其中尤其以"安然电力公司(蒂赛德项目)和安然天然气服务集团旗下各单位的业绩表现最为突出"。这仅仅是个开始,因为安然公司将在新的业务领域和出于新的目的继续采用盯市记账法。滑坡被涂上了油,而安然公司已经站在了滑坡上。

安然公司通过财会手段发的"横财"引起了《福布斯》财经作家托尼·马克的注意。她在"安全隐患"(Hidden Risks)中讲述了安然如何成为"第一家,也是当时唯一一家采用所谓的盯市记账法的非金融上市公司"的经过。天然气买卖合约不是那种可以合理地按市值定价的流动性金融合约。万一发生新的成本,如税收(莱希望开征与气候相关的税收)或输气费率飙升,现在把收益入账,就会把风险留给未来,而且客户也可能违约。

迈克对安然公司的情况做了充分的介绍。斯基林指出,安然天然气营销公司要求交易对手方具有良好的信誉,并设立了 4 900 万美元的准备金用于弥补意外损失。金德驳斥了"生长壁隔"的观点,他表示:"我们认为,我们可以保持每年 20%甚或更高的增长率。"

不管怎样,迈克的告诫还是触动了一个人的神经,因为安然股票的表现一反常态地滞后于大盘。莱随即写信向迈克开火,他在信中详细列出了批准依据(监管当局的论据)。然后,对安然公司持友好态度的华尔街分析师也对迈克进行了抨击。

蒂杰投资银行(Donaldson, Lufkin & Jenrette)撰文表示:"我们认为,《福布斯》罗列的风险是对安然公司不准确的描述,表明我们对安然天然气服务集团和天然气行业的运营缺乏了解。"高盛公司辩称:"这篇文章暗示,盯市记账法是一种证券交易委员会勉强容忍的畸变会计方法。事实上,它是[商品期货交易]委员会认可并准备在未来几年强制推行的方法,因为它更准确地反映了期货和衍生品仓位的收益和风险。"(这就引出了这样的问题:安然公司是否在一个高流动性市场上做市?作为做市商,安然公司能否让市场真正具有流动性?)雷曼兄弟公司(Lehman Brothers)称,迈克的文章具有"误导性",并且表明"相当缺乏了解"。所有这一切都再次证明,他们都看好安然公司的股票。

斯基林在哈佛商学院介绍了安然公司的盯市记账法案例。一年后,哈佛商学院一份关于安然天然气服务集团的不乏赞美之词的案例研究报告在第一页上写道,安然公司"可能会忽视"迈克的关切。不过,迈克的文章没有考虑斯基林没有把盯市记账法应用于完全流动性市场以外的任何市场,只是举了一个全部参数都已知的5年期交易的例子,而且没有考虑安然天然气服务集团的准备金扣除金额和斯基林能秉公办事,也没有提及流动性较差的时期或赌输赢的现实情况。

《安然商务》在1994年载文向安然公司的全体员工解释了这个问题。文章一上来就表示:"安然天然气服务公司的批评者称,这种会计方法过于激进,目的是要通过提前把今天看来不错的交易的收入入账,让安然公司看起来赚得比实际多。"文章援引了斯基林关于现实如何得到体现以及安然公司在能源行业率先采用盯市记账法的原因的讲话。斯基林曾解释说:"由于需要运用风险管理工具来稳定天然气价格,因此,现在的天然气合约更像是金融工具,而不是10年前那种以实物为导向、受到高度监管的法律文件。"随后,文章还援引了里克·考西关于安然公司如何在内部获得外部审计机构安达信会计师事务所以及在外部得到证券交易委员会批准的经过的讲话。

《安然商务》的这篇文章最后指出,安然公司过于保守,把长期合约30%的计算总利润留给了天然气输送,10%留给了实物交付,25%用作净现值折扣。因此,如果计算总利润是200万美元,那么只有70万美元作为本期收益入账,只占总利润的35%(65%是折扣和扣除项)。

那么,有谁了解这种会计方法呢?这种会计方法虽然突然被提上日程,但为什么没有得到迈克的认同?管理层的自由裁量权被用来弥补已经认识到的管理层自由裁量权所存在的不足——对于流动性较差的市场来说,这种会计方法并不是保守的权责发生制会计准则的良好替代品。

安然公司采用盯市记账法的理由是,这种记账法能使天然气这种大宗商品

图 8.7　安然公司在 1992 年年报中公告,安然天然气服务集团采用盯市记账法。在受到负面报道后,安然公司又在公司员工的杂志上辩护。安然公司的里克·凯西为了争取获得变更会计方法的自由权,不断加大对自己老东家安达信会计师事务所的游说力度。

的定价变得透明,"随行就市"。然而,1992 年年初,在剑桥能源研究协会的年会上,斯基林无意中承认,对天然气交易采用盯市记账法记账并不合适。他在座无虚席的会场里表示,95%~98%的天然气交易是"现货交易或现货指数交易",因此可用来确定远期市场价值的交易寥寥无几。他接着又说:"我们必须有大量的交易才能做到随行就市,但这是在未来 5~10 年里不可能做到的事。"

那么,为什么安然公司的守门人们要谎称天然气类似于交易量很大的金融产品呢?为什么不采用一种混合会计方法,即对流动性强的交易采用盯市记账法,而对(流动性弱的)交易,至少在盯市记账法成熟前的未来几年里采用权责发生制会计呢?在各当事方中,证券交易委员会最不应该听任安然公司。事实证明,这是一个政府试图纠正不受监管的企业会计实践假想失败遭遇失败的例子。

在缺乏外部价格信号(流动性)的情况下,安然公司自由裁量的做法很快把盯市记账法变成了"盯模型记账法"。更糟糕的是,安然公司恣意把盯市记账法用于全新的业务领域,而它的内部或外部守门人居然没有感到不安(监管机构几乎形同虚设)。事实证明,安然公司管理层内部存在意见分歧,安达信会计师事务所内部也是如此。安然公司的高管得到了数百万美元的股权奖励,安达信会计师事务所收到了数千万美元的客户服务费,而证券交易委员会则提供了一个避风港——这一切注定不会产生好的结果。

安然公司现在是骑虎难下。据吉恩·汉弗莱回忆,首先,在长期合约到期前的最后若干年里,每年的每个季度,"没有任何基础……创造任何增量收益"。"业绩超快增长"推高了对下一个报告期的业绩预期,诱使交易员和管理层越来越频繁地动用自己手中的自由裁量权。汉弗莱又补充说,安然公司"饥不择食"的做法——每个报告期周而复始——使得安然变成了"一个非常、非常有刺激性的地方"。

其次,与(账面)利润相比,收入越来越少。"现金流确实是个问题。"约翰·埃斯林格回忆说。

最后,由于巨额成交量立刻就能"创造"巨额收入,交易撮合者和交易部门之间产生了报酬冲突。交易撮合者拿到了合约,但后台部门决定交易的估值,而关于天然气成本、输气费率和利息未来估值的模型假设推动了净现值计算。

事实上,在卢·派领导下工作的盯市会计模型制作者也想分得一杯羹。一本讲述安然公司故事的书表示,结果"远远超出了正常的公司内讧",它们(公司内讧)变成了每个阵营——交易、营销和财务——争夺每笔交易利润的内战。"安然公司对内和对外都存在经济核算问题,"埃斯林格回忆说,由于公布的利润实在是太多,以至于奖金"失去了控制"。

事实上,安然天然气服务集团采用的会计方法是天然气行业的一个例外。安然公司前高管克拉克·史密斯领导的沿海天然气营销公司,对他的上司也认为是花招的行为并不感兴趣。但不管怎样,海岸天然气营销公司的经营成本仍大幅上升,因为安然天然气服务集团根据(不断飙升的)当期利润确定薪酬的做法决定了天然气行业的市场走势。虽然天然气清算所对盯市记账法不感兴趣,但它的经营成本也大幅上涨。

结束语

2年后,杰夫·斯基林对安然公司的天然气批发业务进行了重组。天然气银行变成了一个更大的机构,既是天然气库,又是金融机构;规模经济和范围经济发挥了作用;合约不断标准化,即使在买方市场上也是确定供应承诺取代了可中断供应。在强制性开放—准入时代,安然公司还在天然气营销和管道运输业务方面保持着很高的声誉价值。

安然天然气服务集团是联邦监管政策创建的新业务领域——州际天然气批发业务(天然气零售营销市场正在等待州监管当局对地方供气企业实行开放—准入政策)——具有创造力的先行者。但在创造过程中,安然公司承担了巨大的风险,并且不顾一切地在当下过度透支未来的利润。

安然公司一贯咄咄逼人,肯·莱对这家公司无论是部分(休斯敦天然气公司的州际业务)还是整体(联合北方公司收购休斯敦天然气公司)要价总是过高,容忍瓦尔哈拉交易操纵,并且在低迷的天然气市场上冒险。现在,"神童"斯基林正在他自己的安然世界里试水。特别值得一提的是,这种盯市记账法,现在对于安然公司股票这只我们大家信赖的动力股来说至关重要。但是,安然公司的现金流可能滞后于安然公司报告的利润率。与权责发生制会计下的利润信号相比,现在安然公司发出的利润信号是虚假的信号,而公司的薪酬则被人为地推高。这种加速"跑步机"在需要它慢下来的时候很难减速。

在莱和金德的启发下,斯基林很快就不加区别地把盯市记账法应用到新的领域,我们将在下一章讨论这个问题。安然公司声誉卓著的董事会对杰夫·斯基林从奉行会计保守主义转变为大搞"财务工程"也负有责任。

第九章 天然气营销发展：1992—1993年

在本章考察的2年里，安然天然气服务集团在杰夫·斯基林(负责销售融资和财务)和约翰·埃斯林格(负责业务)的领导下获得了蓬勃的发展。斯基林的企业在1990—1991年发展势头的基础上，利用纽约商品交易所的天然气期货市场凸显了安然公司历史上创新的一面。

1992年，安然天然气服务集团成为安然公司旗下仅次于州际管道运输集团的第二大盈利部门，年收入比上一年翻了一番。安然公司表示，"利润的显著增长可归功于认识到市场日益细分并寻求满足个性化需求的定制产品策略"。安然天然气服务集团在1992年创造了1.47亿美元的利润，而1993年的利润预计要增加到1.69亿美元。但与安然公司旗下的其他子公司实现的利润不同，盯市记账法只在预期盈利的基础上制造了部分账面利润。由此产生的现金流问题要求安然天然气服务集团尽量减少资产负债表中的负债和自筹资金项目。

依托安然公司的内部增长、外部收购和资产重组，安然天然气服务集团在1993年年底变成了一家公司内部的大公司，自称年收入61亿美元，拥有资产54亿美元，雇用员工1 100人。集团还在广招人才，许多银行、小型独立天然气营销商和公用事业燃气公司的人才纷纷加盟。集团还针对本科毕业生与拥有研究生学位和一定工作经验的新聘员工推出了分析员和助理培训计划。关键是要有才华,许多新人都在安然公司开始了他们的职业生涯。在安然公司的企业文化中,他们会遇到很多诱惑,而且是一些他们几乎没有生活经验去抵制的诱惑。

虽然英国的蒂赛德项目是安然公司的明星项目,斯基林领导的事业部却是安然公司的明星事业部,但很遗憾,安然公司无法复制蒂赛德项目,并且不再重视硬资产投资,而是把天然气大宗商品化作为20世纪90年代中期增长故事的核心内容。

安然天然气服务集团:1992年

对于安然天然气服务集团来说,1992年是实现突破的一年,标志着一个新时代的到来。这一年以签下一份创纪录的20年期天然气销售合同开始,其间对集团进行了重组,增设了两个新的事业部,并且以创纪录的交易量、收入和利润结束。1992年,安然天然气服务集团还完成了以下一些重要的组织工作:

(1)与独立发电商签下了有史以来最大的天然气销售合同,把安然电力服务公司的业务扩展到向公用事业电力公司销售天然气;

(2)推出新的"安然包"产品系列,为面向公用事业燃气公司和公用事业电力公司的天然气批发业务提供天然气供应和价格保障,期限最长可达到10年;

(3)扩大短期(30天)天然气交易和输送业务,并把这些业务集中在一个新设立的事业部——安然天然气交易与运输公司(Enron Gas Trading and Transportation,EGTT);

(4)成立(独立于安然金融公司的)安然生产商服务公司,"扩大和加强我们的长期供应来源工作";

(5)建立安然天然气服务集团加拿大公司,以加强在北美的存在;

(6)收购大通能源公司向下游一体化,对小用户天然气销售业务进行整合;

(7)在安然风投公司(Enron Ventures)内部成立安然天然气汽车公司("Enfuels Corp"),推进天然气汽车市场商业化;

(8)为安然公司进入不受监管的电力批发市场奠定立法基础;

(9)为分析员和助理开设麦肯锡公司版的入门课程,同时根据同行评议结果排名淘汰表现垫底者。

安然公司的首要事业部——安然天然气服务集团——接管了休斯敦管道公

司和巴梅尔储气库的商业运营工作,以"优化经过改进的全系统天然气流量和新的/加强后的服务设计"。换句话说,斯基林的智囊团要为休斯敦管道公司和巴梅尔储气库找到提高天然气业务利润率以解决得州天然气市场供大于求造成的利润低下问题的途径。

风险控制把基准交易手册(Basis Book,按交付地点定价)和指数交易手册(Index Book,按交付期限定价)的定价承诺与引进新人才结合起来。同样在1992年,集中管理长期天然气采购和天然气销售协议,以减少风险并释放资金。

安然天然气服务集团推出的计划并没能在新的商业环境下全部存活下来。斯基林所说的"产品和服务的绝对爆发"在集团内部和外部都遭到了创造性破坏。正如本书第八章所说的那样,作为纽约商品交易所"竞争对手"的中心(枢纽)定价机制没能存活下来,拟议中的从事天然气长期合约买卖的上市公司"天然气信托公司"(Gas Trust)以及专营天然气公司行政服务外包的安然天然气管理服务公司(Enron Gas Administrative Services, EnGas)也都是如此。

但不管怎样,安然天然气服务集团取得成功的计划远远多于失败的计划。哈佛商学院1995年完成的一项研究列出了体现安然天然气服务集团领导力的5个主要方面:(1)北美不受监管天然气批发业务的最大批发商;(2)北美最大的天然气买家和卖家;(3)世界最大的固定价格天然气衍生品合约投资组合的管理者;(4)北美发电行业最大的天然气供应系统运营商;(5)得州的最大天然气输送管线系统运营商。

安然电力服务公司(与西特能源集团签署的合同)

1992年1月,安然公司在重建天然气发电市场的道路上迈出了一大步,因为安然电力服务公司宣布将与纽约西特能源集团签署一项为期20年、日供天然气1.95亿立方英尺——合同价款达40亿美元——的天然气销售合同,为计划在纽约州奥斯威戈(Oswego)建造的一座装机容量1 000兆瓦的发电厂提供燃料。该电厂将把大部分电力卖给纽约联合爱迪生公司(Consolidated Edison Company),后者根据1978年的一部联邦法律,有义务按它自有电厂的千瓦时避免成本购买纽约西特能源集团的电力。[1]

---

[1] 请参阅:Internet appendix 1.5, "Public Utility Regulatory Policies Act of 1978 (PURPA)," www.politicalcapitalism.org/Book3/Chapter1/Appendix5.html。

安然公司在合同期的头5年按固定价格保证天然气供应,之后则以浮动价格交付天然气。但是,这份合同又过了一年才真正签署。1995年第一个工作日,奥斯威戈电厂开始运营,安然公司开始供气。

安然公司为做成这笔交易下了很大的赌注,因为它在签约时并没有确定所承诺天然气的全部来源,也没有确定天然气供应的合作伙伴。安然公司利用它新发明的自由裁量权和盯市记账法,大大加快了收益增长速度,在真正交付天然气和收到收入之前就能"获取"(账面)利润。

西特能源集团在新闻发布会上表示:"我们这个项目最初是想建一座燃煤电厂,但由于没有其他公司愿意签这么长的确定合同,又由于许多环境、选址和经济方面的原因,因此,我们决定把天然气作为这个设施的主要燃料。"这笔被斯基林说成"头牛交易"(bell-cow transaction)的交易把安然天然气服务集团不同部门的服务(和利润)整合在了一起,并且重新定义了天然气行业的供气能力:天然气来自不同地区,根据不同输气合同交付,有些合同甚至是与待建管道公司签订的,而风险管理工具则在可能的情况下被用来为240个月的供气承诺防范风险。安然天然气服务集团内部不少于8个业务单位参与了这份即便不是天然气行业历史上最复杂的商业协议,至少也是最复杂的商业协议之一的执行。

安然公司无法通过对冲来防范届时现货天然气价格高于安然公司承诺的天然气交付价格的风险。流动性市场充其量只会出现在合同期限的头几年,因此,安然公司要承担天然气现货价格与西特能源集团(按新增发电产能的避免成本确定的)出售电力的收到价之间的差价(点火差价)风险。

安然公司乐观的预设(产生可立即入账的利润)并不总是正确,安然公司的债务开始增多。但安然公司没有在当期报告亏损,而是继续利用盯市记账法夸大利润诠释。这个问题直到安然公司有偿付能力的生命临近结束时才顺利得到解决,但安然公司并没有报告本应在此期间报告的数亿美元债务。

向福莱维特汇报工作的独立发电商营销集团(Independent Power Marketing Group)副总裁肯·赖斯是与西特能源公司集团签订的合同的主要撮合者。赖斯主修化学工程学,在获得工商管理硕士学位的同时,在联合北方公司谋得了一个工程职位。随公司来到休斯敦以后,他先是负责把天然气卖给工业企业,然后转向发电市场。现在,在撮合成安然天然气服务集团历史上最大的一笔交易后,赖斯不但赚到了不少钱,而且进入了杰夫·斯基林的核心圈子。现在,斯基

安然公司发迹的岁月

> **安然商务**
>
> **安然电力服务公司承诺供应发电用天然气**
>
> 在安然公司实现其"成为世界第一大天然气巨头"愿景的进程中,安然天然气服务集团率先成为美国电力行业第一天然气供应商。
>
> 为安然天然气服务集团铺路的是西特能源集团从1993年1月27日获得融资的电厂项目。这个项目就是纽约州奥斯威戈在建的一座装机容量1 000兆瓦的燃气热电厂。对于安然天然气服务集团的子公司安然电力服务公司来说,这个项目就是一份合同价款达40亿美元、为期20年的天然气供应合同。

图9.1 这份为期20年、日供应天然气1.95亿立方英尺的合同,将为纽约州西特能源集团"装机容量1 000兆瓦的热电项目"提供燃料,这是对安然天然气服务集团能力的一次极限考验。安然公司负责这个项目的三位主要责任人分别是马克·福莱维特(图左)、丹·麦卡蒂(图中,负责供应)和肯·赖斯(图右,负责销售)。

林有什么重要任务都会先想到他。

在过去的几十年里,美国政府的干预损害了天然气行业,而帮助了煤炭业。但现在,新的监管规定取代了这种干预,使得做成安然电力服务集团与西特能源集团这样的交易成为可能。独立发电商的固定买家纽约联合爱迪生公司不得不按照自己的避免成本购买西特能源集团发的电,从而使安然公司能够利用有保证的天然气供应来套利。强制性开放—准入规定允许安然公司在纽约独立站(Independence Station)交付来自墨西哥湾沿海地区、中陆地区和加拿大的天然气。[1] 如果准入并非强制,天然气输送管道的所有人可以拒绝输送别人的天然气,安然公司就必然会付出更大的代价,引入合作伙伴,或者收购更长的输气管线来完成这笔交易。

1992年年初,安然公司成立了公用事业电力公司营销集团(Electric Utility Marketing Group),专门负责传统公用事业发电公司的市场。杰夫·罗伯茨被任命为负责这个部门的副总裁,并为他配备人手拓展业务。罗伯茨与负责独立

---

[1] 如果没有监管,一体化的公用事业公司可能已经建造发电厂,并使用自己生产的期限较短的天然气。但是,合并后的安然公司可能仍然会以批发的方式出售天然气,并在门站交付天然气。

电力生产商市场的肯·赖斯两人同时向安然电力服务公司总裁马克·福莱维特汇报工作。

罗伯茨领导的公用事业电力公司营销部最终即使没有让对方觉得不好意思,也至少连哄带骗地说服公用事业电力公司及其监管机构为公用事业电力公司的客户做一些正确的事情。1991—1992年,罗伯茨和福莱维特先后与100多家公用事业电力公司的高管举行了私人会晤,有时肯·莱或理查德·金德也会参加。

安然天然气服务集团的员工出版物在1993年年初表示:"事实证明,由于现在有那么多的燃煤锅炉,因此,煤炭行业是一个非常强劲的竞争对手。天然气价格波动不定,天然气供应被认为是不可靠,从而使得煤炭成了对许多事后才会反思自己所做出选择的电力公司来说更具吸引力的燃料。"但在天然气能与煤炭直接竞争的新建电厂燃料市场上,罗伯茨正在做成交易。佛罗里达电力照明公司在1992年签署了一份为期15年、日供气1亿立方英尺的合同,此外,得州公用事业公司以及休斯敦电力照明公司也分别签署了规模较小的合同。

天然气的输送和环保优势对于这些公司做出这样的选择产生了影响,但在中西部地区,由于经济状况较好,州监管机构又对煤炭业比较友好,因此较难把煤炭逐出公用事业发电市场。

"安然包"协议

肯·莱曾反对低天然气价格,甚至指责主要石油公司在天然气泡沫时期进行掠夺性定价(我们在第七章讨论过这个问题);而杰夫·斯基林则宣称自己是现货天然气(逐月交易)的敌人。这两个问题的答案都是期货天然气交易,因为这种交易比现货交易更有利可图。因此,安然天然气服务集团的任务是执行价格和利润率更高的长期担保合同。这种业务始于1989年年底至1990年创建天然气银行以后。在远期销售无法抵补风险的情况下,开展这种业务需要勇气。

安然公司批发商功能的演变,再加上休斯敦管道公司并入安然天然气服务集团,促成了1992年5种产品交易的高度市场化。安然包天然气资源协议(En-Folio Gas Resource Agreements)是一种基于天然气及其输送的确定合约。"这是……我们6个月前做不到的事情。"斯基林在谈到这种合约时表示。

"安然包30"是安然公司在现货市场——美国的大部分天然气都在现货市

场上交易——上推出的一种升级版交易合约。为了取代供应可中断的天然气[斯基林称之为"价格型不可抗力天然气"(price-majeure gas)],安然包提供了一种在下个月按固定价格保证交付的天然气。

另外4种天然气产品合约期限较长,这也是安然公司真正希望天然气市场发展的方向。这另外4种安然包产品是:

(1)"GasBank":合同期限1~10年,可以实行固定或指数化(包括季节性)定价,月供气量可以不同。与现货交易合约相比,主要的特点在于灵活性和可预见性。

(2)"GasBlend":合同期限1年、3年或者5年,供气量可变,实行季节性定价。

(3)"Indexed":合同期限议定,有50个交易地点,按指数或天然气当量替代燃料价格(如燃料油、残渣油、无铅汽油价格)定价。

(4)"GasCap":这种产品仅限于冬季(11月到来年2月),期限最长3年,规定价格上限,合同价格取指数或价格上限较低者。

安然公司以"最高水平的支持"为后盾,宣称"通过定价结构的多样化来提升实力"。安然天然气服务集团的"全面服务"配置包括电子化输气量指定、涉及61家管道运输企业的天然气输送管理、每笔交易的交付确认、24小时紧急服务、标准和定制账单以及电脑化的用气量汇总。休斯敦管道公司作为安然天然气服务集团的实体中心,每天都要负责平衡输气负荷,让客户了解其相对于合同规定义务的天然气输送量。

———————

这项计划都与风险管理有关。"安然包天然气资源协议……在某些情况下可以帮助您和您的客户减少甚至消除未来风险,"安然天然气服务集团分发的精美宣传小册子介绍称,"它们赋予像贵公司这样的企业一种构建定制化天然气投资组合的独特手段。"

"主要的不确定性"与交易量、交付能力和价格有关:天然气可能无法通过签订合同来保证供应;合同规定的天然气交易量可能无法如期交付;天然气价格可能会飙升。安然公司要解决"泡沫能持续多久""是否有足够的输气能力""油价会上涨、下跌还是保持不变"等问题。

安然包协议的广告宣传活动利用埃里克·希尔(Eric Hill)的童话连环册

第九章

天然气营销发展：1992—1993年

"小狗斯宝特"(Dog Spot,这只狗的英文名字与"现货"相同)中的对话警示称："斯宝特是个坏孩子。请大家注意,斯宝特有点失控了。"短期市场利润率很低,安然天然气服务集团在这个市场上有很多竞争对手(天然气清算所、沿海天然气营销公司等)。产品量身定制的长期市场才是赚钱的地方——而且由于采用盯市记账法,因此可以"赚到"更多的钱。

图9.2 安然天然气服务集团在1992年开展的安然包协议的广告宣传活动中,通过用"大黑点"来表示小狗斯宝特的方式,提醒天然气买家,短期天然气虽然交付可靠,但价格有可能会猛涨。安然公司签订能锁定天然气供应的长期固定价格的确定合约,就能立即确认利润,并另外对合约进行证券化,然后卖给外部投资者变现。

但是,关于天然气市场的未来状况,安然公司的高管总是说谎骗人,或者表示一切正常。肯·莱和安然公司的研究都看好在可预见的未来增加天然气储量的前景。杰夫·斯基林告诉《能源日报》,天然气管道运输服务的可获得性因为联邦能源管理委员会发布第636号令而"大幅度提高",就像放松管制释放了航空和电信业的产能一样。约翰·索希尔和麦肯锡公司都看跌天然气市场,他们的悲观情绪激发了人们对安然天然气服务集团利润更高的长期固定价格天然气的兴趣。

安然包产品的广告宣传重点是针对为其被捕获用户服务的公用事业燃气公司和为其发电厂购买天然气的公用事业电力公司的合同多样性。安然包产品的宣传小册子称,"在现货市场购买任何天然气产品或者使用现货基准(价格)指数,都会剥夺对您这样的天然气供应经理来说非常重要的灵活性。如果现货市场开始变得活跃,那么,指数化和固定价格长期合约……帮助您和您的客户免受价格上涨的影响"。

安然包产品的促销活动最终还要说明合同担保人安然公司"是美国处于领先地位的一体化天然气企业,年收入超过130亿美元,拥有资产100亿美元,天然气储量接近1.6万亿立方英尺;全长38 000英里的天然气输送系统是全美最大的天然气输送系统;持有美国最大的独立油气生产商之一的安然石油天然气公司84%的股份;安然天然气服务集团是无与伦比的天然气生产商、营销商和风险管理服务提供商——所有这些都使安然包协议成为取代现货天然气采购的真正稳定的长期替代品"。

——————

安然包产品系列于1992年2月在全国首次亮相,因此,安然天然气服务集团需要具备新的服务能力。品牌推广、精美宣传册和PPT演示片设计、购买广告时段和版面以及参加行业展览会等,都需要设立一个新的营销服务部门来负责。新成立的营销服务部聘用了电脑制图专家戴维·考克斯(David Cox),他不久就成了斯基林最喜欢的人,后来又成了安然宽带服务交易撮合者,并且对一次盯市记账法操作失误负有责任。

安然公司的政府事务部需要充实力量。安然包产品是一种可用来替代受监管公用事业公司依赖的必须每月购买的现货天然气的成熟产品。但如果天然气价格不涨,安然公司的这种替代产品最终可能会显得很贵,而且并不是《公用事业管理政策法案》认可、可向发电厂销售的产品,尽管期货天然气满足监管机构规定的避免成本要求。公用事业燃气公司想要用价格较贵的期货天然气来实现其天然气供应多样化,就必须征得得州监管机构的同意,这样才能在未来的成本合理性审查中避免因成本不合规而遭到拒绝。

安然天然气服务集团的新任监管事务部主管史蒂夫·哈里斯(Steve Harris)和他的上司莱斯利·劳纳(Leslie Lawner)的工作就是给各有关州的委员会"洗脑"。对他俩来说,这并不是一个容易完成的任务,因为长期确定合同的天然气价格定得相当高——甚至是市场现货天然气价格的2~3倍(比如说,是3.5美元/百万英热单位,而不是1.3美元/百万英热单位)。

加州大学富尔顿分校的罗伯特·迈克尔斯等经济学家认为,市场天然气现货价格是真实的市场价格,谨慎的公用事业公司应该在价格上把握机会,而不是承担高于现货价格的长期或准长期价格义务。他认为,公用事业监管机构不准许公用事业公司签订真正的长期确定合同。此外,竞争性营销企业之间的竞争也会阻止在设计安然包产品时就想避免的价格大幅飙升。

另一个论点——不是迈克尔或其他人提出的——是卖方的资信。事实上,安然公司现在所签合同的期限超过其有偿付能力的寿命。

安然天然气交易与运输公司

1992年3月的重组在安然天然气营销公司内部设立了一个新的集权式机构安然天然气交易与运输公司。安然天然气交易与运输公司把分地区完成的短期业务(一个月或以下)合并在一起,而且接手了长期合同月内要履行的业务。

安然天然气交易与运输公司根据"独一无二的市场/供应特征"设立了西部、中部内陆(Mid-Continent)、中部、得州、东部和西北部/加拿大6个地区事业部。每个事业部负责自己的天然气采购、销售和输送。为每个交易地点和时期确定了"100％取货的基本负载确定交易"(firm, 100％ take, baseload transactions)的中间价。在此基础上,报价方式也修改为"月度实取期权"(monthly physical take options)、"日波动供应"(daily swing provisions)、"交付地点灵活"(delivery point flexibility)和"输送灵活"(transportation flexibility)4种。这种为满足客户需求而量身定制的报价方式,给安然公司带来了许多可以彼此配对和相互抵消的合同,从而能够实现许多规模较小的天然气营销商难以企及的经济效益。

"我们将非常努力地确定提供这些服务最低成本的手段。"负责安然天然气交易与运输公司的副总裁史蒂夫·斯马毕解释道。接着,他又补充说,涉及安然天然气服务集团得州枢纽休斯敦管道公司的交易定价"特别复杂,仍然需要做更多的工作"。

安然天然气交易与运输公司的交易员都聚集在一个很大的开放式工作区内,围坐在专门为他们设计的八角形工作台前,大家可以分享不同地区的实时信息。开放式团队氛围也为了"给安然天然气服务集团的其他人员提供一个便于参与的环境"。斯马毕曾亲自向全体集团员工发出邀请,在"棒极了"的竞标周来交易员工作区现场观摩。

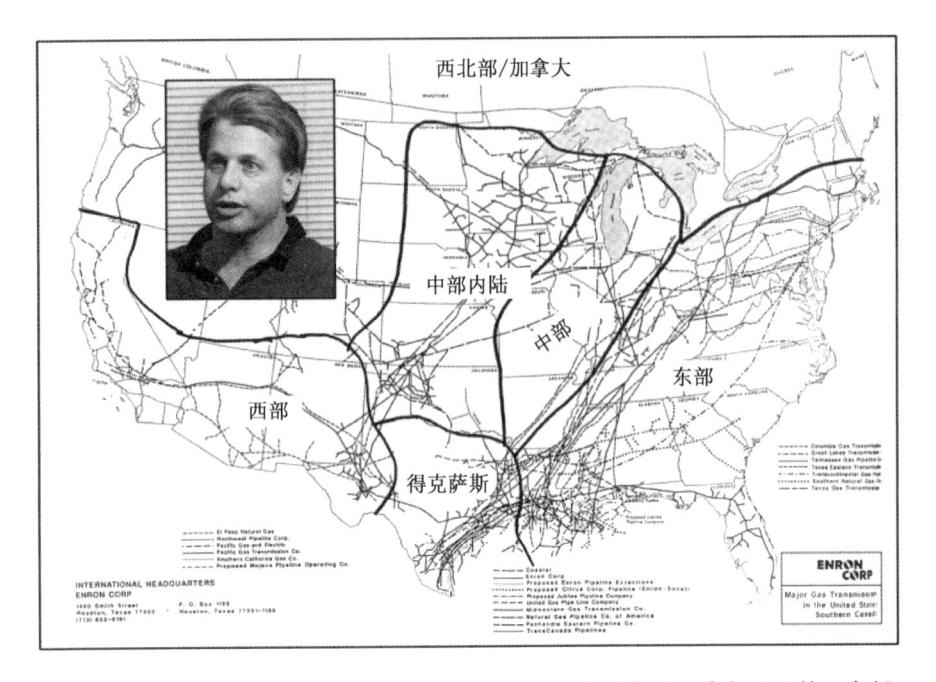

图 9.3 安然天然气交易与运输公司是安然天然气服务集团内部设立的一个新单位,下设6个北美地区分部负责短期交易。这地区分部分布草图被附在了1992年3月史蒂夫·斯马毕(见图中插图)致安然天然气服务集团全体员工的短信中。

就在斯基林和埃斯林格表示"我们对提供绝对可靠地在全国范围内进行实物交付和交易的能力的承诺有了非常显著的提高"几个月后,安然天然气交易与运输公司开始履行集团的全部实物交付义务,包括新合并进来的休斯敦管道公司的实物交付义务。输送交换(包括长期产品开发)业务从安然天然气营销公司转到安然天然气交易与运输公司。后者专门成立了一个信息与系统管理单位,由梅林达·托索尼(Melinda Tosoni)主管,负责开发并整合全集团的奥米龙(omicron,1个月以下,主要是逐日交易)和指数(多月、多年)交易业务。朱莉·戈麦斯的商业运营部现在也并入斯马毕负责的单位。不到一年,斯马毕手下已经有168名员工,并且还在朝着186名员工的目标迈进。

安然天然气交易与运输公司又成立了一个实体风险管理事业部,不但负责短期交易定价,而且负责数月和多年交易定价,并且合并按基准交易手册(按交付地点定价)与指数交易手册(按合同期限定价)成交的业务。史蒂夫·哈维和他的导师凯希·阿博特2年前离开了公司的受管制管道运输部门,并且加盟了安然天然气服务集团。他现在负责为奥米克龙交易转换服务、指数交易服务、储气期权和天然气输送服务定价。实际上,哈维在一些重要的方面已经取代了阿博特。

这位负责实体风险管理的新副总裁记得,他的工作是"运用'金融'市场策略来开发天然气交付实体风险管理的手段"。哈维还记得,这是斯基林确定的一个目标,即对所有的风险进行显性管理,并在全部要承担的风险上取得财务回报。"这就意味着把基本风险分解为多个分量,分别为它们建立'账册'……并跟踪它们的表现。"[1]

但是,定价要反映超过计算得到的机会成本的每一分钱的风险和/或成本,收回安然天然气服务集团的成本,而且要取得收益(按每百万英热单位 1~1.5美分计算),因此,往往会导致安然公司的交易撮合者与实物交易部门之间产生矛盾。内部竞争正在形成,安然天然气服务集团不可能自动获得模型所要求的结果。

哈维的风险分析单位隶属于安然风险管理服务公司,由马克·彼得森和卢·派领导。但不管怎样,随着纸上交易逐渐成熟并转化为实物交易,安然天然气交易与运输公司为长期合同交易提供了重要信息。与此同时,安然风险管理服务公司保留了其数月和多年合约的基准交易。

风险管理

安然天然气服务集团在 1991 年成立了安然风险管理服务公司,以量化和管理与天然气销售相关的风险。负责这家公司的集团副总裁卢·派的职责是为看跌期权、看涨期权、其他期权、掉期及其姊妹产品定价,并以此来反映风险和利润率。由于卢·派要管理 100 多种产品(通常与实物合约和/或金融合约捆绑在一起)的风险,而且安然公司有能力"设计其用户要求的几乎任何类型的金融合约",因此,卢·派必须了解不同产品间风险的相互影响。

结果,安然风险管理服务公司开发了一种"Lotus 1-2-3"电子表格,打开这种表格需要 10 分钟或更多的时间——修改软件就可以缩短打开的时间。用户下

---

[1] 安然天然气交易与运输公司共设立 5 种交易账册,它们分别是《区域实物交易账册》《指数交易账册》《天然气输送账册》《奥米克龙交易账册》《天然气储存账册》。请参阅:Internet appendix 9.1, "EGTT Cost-of-Gas Pricing," www.politicalcapitalism.org/Book3/Chapter9/Appendix1.html。

载这个文档并输入自己的数据,就可与主文档分离,但必须对主文档进行更新。有很多数据都没有收入模型,因为没人知道如何把它们收入模型——天然气行业其他企业没有这样的模型。

安然公司在1992年年中找到了解决这个问题的方案。文斯·卡明斯基是在所罗门兄弟公司(Solomon Brothers)金融建模部工作的的数学博士兼工商管理硕士,他在纽约接受卢·派主持的初次面试时遭到了拒绝。(卡明斯基后来回忆说:"我觉得,他并不欣赏为安然公司提升到更高水平所需要的技能。")不过,这名定量分析师巧妙地获得了第二次面试机会,这次面试是在休斯敦并由杰夫·斯基林亲自主持进行的。

"斯基林是我一生中遇到的印象最深刻的人之一,"卡明斯基回忆说,"他为人低调,非常聪明,很有远见。"这种感觉是相互的,不久,文斯就坐在30楼的一张敞开式办公桌前,与派、凯文·汉侬和杰夫·尚克曼(Jeff Shankman)等要人一起工作。

卡明斯基名义上要向派汇报工作,但实际上是按自己套路做事。卢·派第一天分配给他的项目刚完成不久就被用来改进交易员估价单。卡明斯基解决的一个问题就是,考虑到未来冬夏两季预期的价差会鼓励天然气市场增加新产能,是否应该购买储气。这个复杂优化问题的精确答案开始出现在以前无法想象的场景中。两周后,派就指示这位天才招人配备助手。

给客户的简单合约可能需要多种安排,甚至是与其他当事方签订多份合约,这样才能确保合约的可行性。一位作者写道:"安然公司让这件事看起来十分简单。安然公司站在金融界的肩膀上,通过改编期权、掉期和其他投资工具开拓了自己的交易业务。"这种交易业务对于天然气行业来说是全新的(在安然公司的带领下,电力行业也将推出这种交易业务),从而为天然气和电力这两种大宗商品推出一种"前无古人、后无来者"的交易业务。

安然公司需要的是综合性整体方法,而不是零碎的建模。卡明斯基的优势在于既会编程又懂得交易业务,从而能编制可以整合和量化安然批发业务组合中的风险并且把交易和仓位数据与计算估值引擎分开的软件。

到了1993年年初,安然公司的交易员就可以快速获得某种场景的答案,或者程序员可以调整引擎来给出相应的答案。这是后来成为风险价值(VAR)期权模型的第一个迭代模型,也是华尔街以外的第一个迭代模型。用风险价值期权模型计算的日亏损敞口风险,无论是用美元表示还是用公司总市值的百分比来表示,都必须落入95%的置信区间。这样,就能给每个交易员设定亏损敞口风险上限。

到了1994年,风险价值期权模型成为天然气行业的标准工具,并使文斯·卡明斯基成了行业会议和报刊炙手可热的专家。极其复杂的远期价格曲线和模拟模型由于使用专业知识并本着务实的精神开发,因此十分好用。但是,洛伦·福克斯(Loren Fox)撰文表示,交易员仍可玩弄花招突破自己的亏损敞口风险上限,并得到上司的默许——只要他们能够赚钱。

安然风险管理服务公司首任总裁马克·彼得森于1993年年初去世。是卢·派负责运用卡明斯基开发的模型进行不同交易地点和不同时间的跨期标购和标售,从而把全部的交易整合成一个金融整体。

安然公司向投资者保证,它的交易业务管理良好,并没有充斥不可测风险或敞口仓位。安然公司在1993年的年报中高调表示:"安然天然气服务集团的每个业务部门都实行部门内部以及集团风险管理和物流职能部门的双重管理。安然天然气服务集团并不急于建仓,并且保持仓位平衡。公司把自己的业务建立在竞争优势和能够利用公司竞争优势的优秀人才的基础上。"越是用心阅读安然公司的年报,投资者就越是放心,因为公司对"净敞口仓位"进行监控和管理,以防"市场波动"对"公司财务状况或经营结果产生重大的不利影响"。

在安然公司大墙以内,实际情况并非如此。在逐日交易市场上,公司交易员在项目上压重注,并冒裸险。福克斯写道:"即使在20世纪90年代初,安然公司的交易部门也因时常下大赌注——或者像交易圈子里有些人所说的那样'挥棒重击'(swinging a big bat)——而出名。"第十一章中讨论的1996年一次未披露的严重的"重击"失误,将证明风险价值期权模型设定的规则及其在交易实践中的执行之间存在差异。

1992年,安然天然气服务集团开始受到表彰。卡明斯基的工作成果,再加上斯基林很强的盈利和开拓新业务的能力,使得《风险管理》(Risk Management)杂志把安然风险管理服务公司排在短期和长期天然气掉期(用于抵补未来价格波动风险)、奇异产品和结构化交易等方面的首位。安然风险管理服务公司在期权交易方面排名第二,可与华尔街和芝加哥的主要交易机构媲美。

安然生产商服务公司

安然天然气服务集团在1992年3月重组期间创建了安然生产商服务公司,目的是要"补强"安然金融公司,并"做大做强"天然气长期供应来源。安然天然气服务集团的任务是签约保证期限一个月以上的天然气供应,而安然天然气交易与运输公司的任务则是签约确保期限为一个月的天然气供应。安然生产商服务公司的职能也独立于安然金融公司的收购生产商资产和维护与大单生产商的关系。

负责安然生产商服务公司的副总裁马克·塞尔斯(Mark Searles)将公司的使命表述为"创建瞄准天然气生产界的新的创新性交易结构,从而签订能够与我们在安然电力服务公司和安然天然气营销公司已经取得的惊人成功相匹配的大量天然气储备合约"。

安然生产商服务公司对天然气井口卖家的营销力度不亚于安然天然气营销公司和它自己对买家的营销力度。安然生产商服务公司的一项计划"安然投资者"(EnVestor)为天然气独立生产商提供了投资于由安然电力服务公司共同推出的独立发电项目的机会,而另一项不那么成功的计划"安然天然气"(EnGas)则为天然气生产商提供行政、会计和天然气营销方面的外包服务。

安然生产商服务公司还设立了独立生产商天然气供应部和非独立生产商天然气供应部以及一些地区分部,而且计划在加拿大设立一个办事处——因为在加拿大的一份暂定划款协议马上就要到期。

正如本书第八章所讨论的那样,天然气银行发起的挑战正在确保有充分的期货天然气供应来满足对固定价格天然气的需求,也就是满足扩大发电产能所需的天然气的需求。在过去10年发生储贷危机以后,美国制定了严格的银行监管政策,因此,商业银行减少了天然气储量贷款。安然公司为应对商业银行减贷,推出了一种新的融资工具,也就是量产付款协议。1991年,关于森林石油公司和齐尔卡能源公司的交易证明了这种融资工具的作用。1992年年初,安然金融公司贷款4 200万美元给一家前景看好的小型初创企业弗洛莱斯-拉克斯公司(Flores & Rucks),让这家初创企业购买和开发南路易斯安那州的一些地震探测数据显示有良好含气前景的气田。

比利·拉克斯回忆说:"那时没有其他的资金来源,银行遭遇了重创。"由蒙特·格里森率领的安然气藏工程师对我们要勘探的地块的含气前景进行了仔细审核,结果超出了预期。安然公司通过变卖近海天然气认购权,不但收回了贷款,而且赚到了不少钱。

这笔交易只是个开始。第二年,安然公司放贷1.18亿美元,安然公司与吉姆·弗洛莱斯和比利·拉克斯都取得了巨大的成功。弗洛莱斯—拉克斯公司在短短的几年里成为一家身价1亿美元的公司,而安然公司净赚了2 000万美元。据估计,通过出售天然气、超额开采权和所有权,安然公司还能赚到更多的钱。[1]

总的来说,吉恩·汉弗莱领导的集团在1990—1991年完成了3亿美元的量产付款协议交易,在1992年又签署了贷款5亿美元的量产付款协议,以巩固其作为"北美为独立油气部门安排融资的最大实体之一"的地位。

1992年10月,安然金融公司成立了一个新单位负责募集私人股本,用于购买和开发(但不是运营)油气藏。这个部门推出的融资工具ENGASCO不同于量产付款协议,它把投资者定位为承担生产成本的开采权益所有人。对于安然公司来说,如果在这些油气田发现额外油气藏,那么不仅能增加未来的天然气流量,而且还能使资本增值。

吉恩·汉弗莱在致安然天然气服务集团全体员工的信中表示:"我们相信,ENGASCO将使我们获得比目前更多的北美油气藏基地。"彼得·福布斯(Peter Forbes)被任命为负责这个新单位的副总裁,他是曾在休斯敦多家能源公司工作过的资深财会人员。

虽然推出ENGASCO这种融资工具是个好主意,但考虑到安然公司持有安然石油天然气公司的股权,安然金融公司负责募集私募股权的新单位还是遇到了信托问题。在完成了两起油气藏收购以后,这个新单位于1993年年底彻底从安然金融公司剥离出来,成为一家有限合伙公司。第二年,这家有限合伙公司变卖了利用ENGASCO收购的油气藏,随后自己也宣布解散。

---

[1] 弗洛莱斯-拉克斯公司于1994年上市,通过派用1/3公司股权偿还欠安然公司贷款的方式筹集到了5 800万美元。1997年比利·拉克斯退休后,弗洛莱斯把公司改名为海洋能源公司(Ocean Energy)。1995年,海洋能源公司与联合子午线公司(United Meridian)合并,并把总部搬到了休斯敦。2001年,戴文能源公司(Devon Energy)以35亿美元收购了海洋能源公司。

安然天然气营销公司加拿大办事处

1989年,安然公司与加拿大生产商签署了一份初步合作协议,把北极地区的天然气输送到美国本土48个州。肯·莱曾提到,作为这项计划的一个组成部分,安然公司斥资持有一条出口输气管道的股权,但这一切都没有进一步推进。

安然公司在1988年把尤尼瓦斯公司(Unigas Corp.)卖给了联合能源公司(Union Energy)后,与联合能源公司签订了一份为期4年的竞业禁止协议,因此,安然公司当时在加拿大没有营销机构。在这份协议到期后,也就是1992年8月,安然天然气营销公司就在加拿大阿尔伯塔省卡尔加里(Calgary)市设立一个办事处。负责这个办事处的副总裁是格伦·吉尔(Glen Gill),他目前是加拿大第五大上市油气公司阿尔伯塔能源公司(Alberta Energy Company)的天然气营销主管。

安然公司的声誉和催人奋进的薪酬制度促使吉尔接受了这种平级调动,并最终成为一个名副其实的暴发户。他还有一份大销售合同等着他:与尤尼瓦斯公司签订了为期10年并从当年11月份开始供应1 130亿立方英尺天然气的销售合同。

安然天然气营销公司加拿大办事处制订了"积极进取"的业务计划——每天销售20亿立方英尺天然气。几个月后,吉尔手下的6名员工就超过了这个目标销售量的10%。与此同时,安然公司收购了加拿大天然气营销公司(Canadian Gas Marketing Inc.)。对于一个努力要成为全国领先者的"国家级选手"来说,这是又一个良好的开端。

安然大通公司:进军天然气零售业

杰夫·斯基林和约翰·埃斯林格在1992年5月宣布:"戴夫·杜兰和克利夫·巴克斯特从即日起重新回休斯敦负责发展一个新的业务拓展单位——一个专门负责针对较小规模终端用户营销工作的新单位。他们的近期目标是显著提高安然天然气营销公司在这个市场的份额。"

杜兰在向董事长办公室报告后,就着手实施一项重大计划。迄今为止,安然天然气营销公司一直是在一些大市场上销售天然气:公用事业公司的天然气批发市场、发电厂和大型工业企业的零售市场。直接向商业和居民用户供应天然气,可能需要在州一级实行强制开放—准入规定。此外,只有大规模聚集(规模经济),才能解决高成本和低利润的问题。要想打开一个像长途电话居民用户市场那样具有巨大潜力的天然气市场,以上两项是非常重要的前提条件。

那么,安然公司是从零做起,寻找合作伙伴,还是通过实施它的新计划来完整掌握专业知识呢? 3 个月后,据传,安然公司斥资 1 000 万美元或许还要多一点,收购了俄亥俄州都柏林的大通能源公司。于是,我们也就有了这个问题的答案。

大通能源公司是美国第一家天然气营销公司,也是面向小型终端用户的领先供应商,在美国 34 个州和加拿大拥有近 1 万个客户。[1] 这家独立天然气营销公司需要安然公司包括风险管理在内的"附加能力",安然公司赞扬了它们两家公司互补的业务,这种业务的互补性为在小用户市场上角逐并赚取利润所必需。安然公司有意收购大通能源公司的第三个理由是这家公司盈利能力较低,促使它的大股东帝杰投资银行把它挂牌出售。

有关这起合并案的新闻稿表示,"合并后两家公司就能向全美更多的天然气客户提供更多的产品和服务"。新的安然大通能源公司将留用原有员工,并且仍在兰斯·施奈尔的领导下继续前行。

施奈尔在 1993 年 10 月报告称:"我们正在调整结构,并为我们已经很优秀的地方配气公司服务团队追加大量的资源,以便使它们能够利用实施联邦能源管理委员会第 636 号令后天然气世界的机会。"西部地区交给了鲍勃·舒尔,坐镇休斯敦负责运营。新聘请的鲍勃·劳曼(Bob Laughman)曾经是大通能源公司竞争对手哈德森天然气系统公司的总裁,现在负责都柏林以东地区的业务。[2] 此外,公司还任命了另外一些地方配气公司的高级客户经理,包括青年代表琳达·克莱蒙斯(Lynda Clemmons)。克莱蒙斯后来在安然公司从事天然气衍生品业务,并且因此而一举成名。[3]

---

〔1〕 大通能源公司创建于 1982 年,原名扬基资源公司(Yankee Resources),是美国第一家天然气营销公司(2 年后,天然气清算所才开始天然气营销业务)。

〔2〕 1992 年 10 月,哈德森公司(Hadson Corp.)因购买非生产性非能源资产而负债累累,随后申请破产。5 个月后,马克天然气公司(GasMark)根据《破产法》第 11 章申请破产保护,安然的子公司因此背上了 240 万美元的无担保债务。规模较小的天然气营销企业申特兰(Centran)、恩德福克(Endevco)和跨州营销(TransMarketing)等公司随后也相继破产。

〔3〕 1992 年年中,凯茜·阿博特完成了把休斯敦管道公司并入安然天然气服务集团的工作,然后就负责安然天然气服务集团的分析员/助理培训项目。第二年,她聘请了包括格莱格·韦利(Greg Whaley)和约翰·拉沃拉托(John Lavorato)在内的多名公司要人。

虽然面向地方配气公司的营销非常重要,但每个办事处都把直接向小型商业和最终工业用户零售天然气作为自己的目标。安然大通能源公司把总部设在俄亥俄州都柏林,在休斯敦设立了第二个办公点,分别在芝加哥、匹兹堡、旧金山和加州尔湾(Irvine)设立了卫星办事处,并且把商业或机构用户作为新的营销对象,如俄亥俄州哥伦布(Columbus)市的塔可钟(Taco Bell)品牌折扣商店以及芝加哥大主教管区的教堂。

1993年,这家已经更名为"安然大通能源公司"的公司被并入安然天然气营销公司,"为广大天然气零售商和最终用户提供增值产品和服务"。它的新市场由于休斯敦管道公司的长期存在而是"墨西哥湾地区以外的小型工业企业和全球性商业企业"。

天然气汽车合资公司"安然燃料"

"经过积极的反思和技术升级,"《安然人》在1990年年初告诉员工,"压缩天然气曾经遭遇的障碍现在可被视为优势。"第二年,肯·莱在接受《天然气周刊》采访时表示,他是天然气汽车的"忠实信徒",而几年前他"充其量只是个不可知论者"。

那么,接下来又发生了什么变化呢?1990年8月爆发并在1991年2月结束的海湾战争导致汽油价格飙升,反石油政治也随之迎来了它的高潮。肯·莱看到了反对石油的经济和政治机会,石油是他的两个竞争对手之一。交通运输业是推动天然气消费从而提高天然气井口价格的新疆界,而莱也对随之而来的宣传表示欢迎。

1992年,安然公司组建合资企业负责开发新的天然气市场。安然公司制订过一项旨在促进工业和商业用天然气制冷的计划,但从未付诸实施。安然公司制订的另一项旨在促进压缩天然气汽车销售的计划显示了它的政治正确性,并且也受到了关注。这两项计划都是实现安然公司不遗余力地追求的"成为全球第一大天然气巨头、最具创新性和最可靠的清洁能源供应商"目标的组成部分。[1]

"安然燃料"是一家由安然公司作为50%的股东经营管理的合资企业。特

---

[1] 1994年,安然公司在把天然气转化为微应用电能的燃料电池技术领域占据了一席之地。这个项目在启动2年后没有取得商业上的成功。请参阅第十三章。

兰斯科能源公司旗下的三氨乙基胺—燃料(tren-fuels)公司持股30%,恩泰斯集团(休斯敦的地方供气商)持股20%。"安然燃料"的目标就是促进天然气汽车商业化,提供全套转换服务,并在美国能源之都休斯敦周围建造一圈公共压缩天然气充气站。

运输公司的车队之所以成为安然公司提供转换服务的目标,是因为它们行驶在特定的地理区域内,并且比普通车辆耗油多。因为多种不断加剧的不利因素,如续航力小、加气时间长、气缸继容量小、缺乏加气基础设施等,安然公司先不考虑乘用车市场。

"安然燃料"的经济主张是否可行,取决于以甲烷替代石油可节省的燃料费用(每加仑可节省0.25～0.50美元),但要减去最初的车辆改装费(每辆车3 500美元)。计算结果显示,假设一辆典型的车队车辆每加仑天然气的价格优势是0.45美元,那么,2.4年就能收回投资。转换成本将由"安然燃料"承担,条件是车队要与"安然燃料"签署一份长期运营成本合同。这份合同规定,除去"安然燃料"作为这个项目的发起人赚到的利润外,车队节省的燃料费用归车队。由于"安然燃料"属于安然天然气服务集团,因此,这类外包协议必须抵补风险,以防止天然气价格的突然上涨。

这项计划旨在完善休斯敦模式,并把它应用于南加州(洛杉矶和圣地亚哥)和纽约市,因为这三个城市都违反了1990年《清洁空气法案》。墨西哥城也表示了兴趣。与普通汽油相比,压缩天然气减少了80%～90%的氮氧化物和挥发性有机化合物的排放,而这些化合物是地面臭氧的主要来源。

1992年年中,"安然燃料"和雪佛龙在休斯敦开设了第一个对外开放的零售天然气充气站,这个充气站是计划于来年年底前建成的8个充气站中的第一个。没过多久,"安然燃料"天然气车辆技术中心(Enfuels Natural Gas Vehicles Technology Center)正式对外推出"油改气"项目。负责这项工作的是休斯敦管道公司的一名老员工李·帕帕约蒂,他对所有与汽车有关的事情都充满了热情。

据肯·莱预测,到2015年,天然气汽车的天然气市场将达到1.5万亿立方英尺的规模,从而可以减少生产75万桶/日的石油,并且"对石油进口和清洁空气问题产生重大影响"。"安然燃料"打算届时在休斯敦建造100个压缩天然气充气站,并且在其他地方建造更多的压缩天然气充气站。"安然燃料""打造一个既有利于环境又减轻国内能源安全担忧、有利可图且可持续的天然气新市场"的优势,就是"安然公司在融资和价格风险管理方面的技能"以及"不需要[车主]进行改装投资就能遵守《清洁空气法案》规定的安排"。

"这就是我们的计划和希望,"帕帕约蒂回忆说:"但到了 1993 年年底,很明显,这个机遇面临着无法战胜的挑战。"虽然有 1990 年《清洁空气法案》,1992 年《能源政策法案》还规定了税收优惠,虽然乔治·H.W. 布什和克林顿总统都要求联邦政府机构购买天然气汽车,虽然有真正的信徒[如得州土地专员加里·毛罗(Gary Mauro)]在推动天然气汽车项目,但无论如何都没有足够的动力让车队签约,也没有足够的车队让安然公司接近规模经济。于是,天然气车辆技术中心那边逐渐归于平静,而压缩天然气充气站也没有了声音。

安然公司在这方面做出了另一大努力,也就是说服三大汽车制造商大规模生产能与安然公司的长期交钥匙工程项目配套的车队用压缩天然气卡车。然而,虽然天然气行业尽了最大的努力,特别是肯·莱更是不遗余力,但还是没有实现预期的目标。汽车制造商对于创造一个只会缩小他们现有汽车市场的天然气汽车市场并不热心。

———————

帕帕约蒂总结了经验,他认为:"经过一些实践体验和高层(即不只是我本人)做出的重大努力,我们得出以下结论,即把天然气作为汽车燃料在发达国家并不可行,但在某些发展中国家也许是可行的,因为它们缺乏炼油设施,却有本地的天然气供应,而且还准备实施有利于天然气的税收政策。"

有多方面的原因导致安然公司失去了"气代油"的动力。首先,天然气价格上涨,石油价格下跌,从而会延长"气改油"的投资回收期。[1] 其次,"随着汽油和柴油技术(包括汽车和燃料)继续以比改用替代燃料更低的成本减少排放,[天然气汽车的]环保优势变得越来越没有意义。"帕帕约蒂在事后解释说。

再者,"国内能源安全问题也失去了实际意义",因为"美国原油来源的多样化和原油市场流动性的提高,大大降低了 20 世纪 70 年代石油短缺和供应中断重演的可能性"。最后,帕帕约蒂承认,"天然气汽车和充气站设施与燃油车和加油站相比仍然存在显著的技术差距"。

政府补贴(以及强制购买和减税)虽然数额巨大,但还是不够。"我们曾希望

———————

〔1〕 从 1990 年到 1993 年,压缩天然气价格上涨了 25%,而传统的汽车燃料价格尽管市场上出现了新配方汽油,但仍保持稳定或有所下降。

《清洁空气法案》和《能源政策法案》能在政府有车队的部门……[和]私营部门建造充气基础设施……"帕帕约蒂回忆道。

至少从理论上讲,旨在增加天然气汽车购买以及"气代油"授权和激励可以让这个试点项目继续下去。但是,"当成品油价格处于低位并且长期处于低位时,国内能源安全问题得不到广泛的政治支持,"帕帕约蒂解释说,"私营部门的车队成功地游说反对他们(正确地)认为不经济的东西,而关于私营部门车队车辆改装的命令则被收回或者废除。"[1]

帕帕约蒂的深入剖析,解释了安然公司为何停止实现其交通运输领域天然气抱负的行动。燃煤发电是一定要降服的"凶神恶煞",而降服煤炭的利剑则是全球气候变暖问题,而不是能源安全问题。美国是煤炭净出口国和天然气净进口国,因此,煤炭在国家安全方面具有它的优势。但在全球气候变暖的政治问题上,天然气是击败煤炭的撒手锏。

安然公司在1995年退出了"安然燃料",在天然气汽车项目上大约亏损了400万美元。暂且不说电动汽车,与丙烷、氢、液化天然气、甲醇和乙醇相比,压缩天然气可能是最佳的交通运输替代能源。但实际情况是,汽油和柴油并没有停滞不前,内燃机在改进,(新配方)汽油在减少排放,汽油价格从海湾战争的高点下降了20%。

安然公司的这种政治努力并没有取得成功,就像对其他未达标区域公用事业燃气公司所做出的政治努力。天然气汽车联盟(Natural Gas Vehicle Coalition)——T. 布恩·皮肯斯一度领导过这个联盟,碰巧的是,他希望发展车用天然气市场,而不是电厂天然气市场——的最大政治努力在20世纪90年代中期仍显得不够。在接下来的几十年里还会有其他类似的尝试(但不是安然公司进行的尝试),结果也不会相差很远。[2]

---

[1] 帕帕约蒂是从市场角度进行了总结。通用汽车公司把1993年定为天然气汽车需求"消失"的一年。1994年,全美天然气协会的高管迈克·格曼曾表示,在这个行业投入5亿美元推广天然气汽车"不会产生效益"。《天然气周刊》的编辑约翰·詹瑞奇第二年就贬低推广天然气汽车努力的作用,称这种努力是"为了0.005%左右的天然气需求的小题大做"。不过,一些人把这个问题归咎于"石油巨头"的利益,而不是消费者的基本问题。
[2] 安然公司一直远离电动汽车,而帕帕约蒂向公司管理层介绍称,电动汽车具有"令人震惊的"经济效益、"边际"环境效益,但电动乘用车和车队车辆的实际劣势远远大于天然气乘用车和车队车辆。

突破性的一年

"对于天然气服务集团来说,过去的一年是非常成功的一年,"杰夫·斯基林和约翰·埃斯林格在1992年临近结束时对员工说,"实际上,我们所有的业务单位都取得了创纪录的利润。"在对于这个行业来说艰难的一年里,"我们的公司却变得'成熟'了"。

从数量上看,安然天然气服务集团是北美最大的天然气买家和卖家、最大的电厂天然气卖家、最大的固定价格合同天然气和风险管理的批发商。"令人难以置信的是,"他们写道,"依托安然金融公司,我们(居然是)北美独立油气行业两三家最大的新资金供应商之一。"

安然天然气服务集团的盈利增长速度比安然公司旗下的任何一个业务单位都要快,安然天然气服务集团现在是安然公司仅次于安然管道运输集团的第二大利润来源。但是,这些结果背后是一些不择手段的做法。与西特能源公司达成的20年期天然气供应协议刚刚接近签约阶段,在以后的3年里,安然公司不用供应天然气,但仍会采用盯市记账法按市值入账。[1]

然后,安然天然气服务集团又把自己的成绩单翻到了人力资本一页,并且谈到了"组织应该如何构建高绩效愿景"的问题。使分散决策成为可能的扁平组织结构是安然天然气服务集团取得的一个成就,而另一个成就则是绩效薪酬制,尤其是对"具有高度影响力的特殊贡献"的奖励。在用人方面实行优胜劣汰,强制排名制度用于淘汰表现不佳的员工,而凯茜·阿博特负责的入门培训项目招收顶尖毕业生,其中许多毕业生拥有工商管理硕士学位,还有一些人已经积累了一定的相关工作经验。[2]

升迁张榜公布。安迪·法斯托被任命为公司7名业务副总裁之一。法斯托的升迁公告解释说,作为安然天然气服务集团融资能力的"创造者",他已经完成了7亿多美元对期货天然气供应至关重要的金融交易。斯基林和埃斯林格还在法斯托的升迁公告中补充说:"安迪现在正着手构建更强的融资能力,从而进一步提高我们为客户服务的能力。"

---

[1] 安然公司为签下西特能源公司的供气合同欠下了高达18亿美元的债务,后来,安然公司在它有偿债能力的生命的晚期很好地解决了这笔债务问题。

[2] 斯基林回忆说:"这些分析员/助理为集团注入了全新的活力",并且取代了那些"过于保守"并正在"扼杀创意"的资深员工。

除了法斯托之外,还有 4 人被任命为业务副总裁。

(1)戴夫·杜兰是安然包产品"GasBank"和中心(枢纽)定价的资深员工,在谈判收购大通能源公司之前,他曾负责安然天然气营销公司东部销售区的业务。杜兰开始掌管安然金融公司一个新的事业部"能源风投"(Energy Ventures),负责投资天然气汽车、天然气制冷设备、微型热电项目和丙烷—空气混合项目。

(2)杰莱·欧福戴克(Jere Overdyke)是安然金融公司与弗洛莱斯-拉克斯公司和安然石油天然气公司签署"具有高度创造性"的量产付款协议的最终敲定者。

(3)乔·波卡尔斯基是安然公司世界上最大的天然气风险账册的管理人。

(4)杰夫·罗伯茨是安然电力服务公司电力公用事业销售部主管,目前正在为安然电力服务公司整合排放交易的能力。

安然天然气服务集团宣布了两项非业务高管晋升决定。负责安然天然气服务集团会计和控制系统大部分工作的经理里克·凯西被任命为副总裁。杰夫·斯基林和埃斯林格在里克·凯西的晋升决定中解释说:"里克在争取证券交易委员会批准我们采用盯市记账法方面发挥了重要作用,并为我们的融资活动设计了很多符合表外处理规定的方法。"安然公司的世界很小,就在两年前,凯西还是安达信会计师事务所的合伙人,负责对安然公司的审计。

另一位非业务副总裁是人力资源与办公室服务主管希拉·克努森,她帮助安然天然气服务集团开发并实施"独特的绩效考核规程和我们的薪酬制度"。她几乎与安然公司的所有员工都不同,因为她的职业生涯是在安然公司及其前身公司度过的。

负责法务的副总裁马克·哈迪克是安然天然气服务集团的另一位领导人。安然天然气服务集团由于要推行一种增长模式,因此从休斯敦顶级律师事务所招聘了金融、期货天然气确定合约、休斯敦管道公司与供应可中断的短期天然气合约以及监管事务这 4 个方面的律师。文森-艾尔金斯律师事务所的阿曼达·马丁(Amanda Martin)和维姬·夏普(Vickie Sharp),以及里德尔-萨普(Liddell & Sapp)律师事务所的芭芭拉·尼尔森·格莱(Barbara Nelson Gray)都是安然公司新聘人才的代表。安然公司的现任总法律顾问是小詹姆斯·德里克(James Derrick Jr.),他是在 1991 年接替加里·奥洛夫的。

1992 年是一个好年份,休斯敦管道公司已并入了安然天然气营销公司。安然天然气服务集团完成了一系列资产重组和融资,通过垂直一体化渗透住宅和商业终端用户市场,并且通过大肆进军加拿大使自己成为一个名副其实的北美天然气运营商。

安然天然气服务集团:1993年

安然天然气服务集团的一份简要新闻稿告诉员工:"在过去的几年里,安然天然气服务集团继续把自己的业务转向一系列具有高供应可靠性和价格可预测性的天然气产品和服务。到目前为止,这项策略非常成功,[使得]安然天然气服务集团……成为非监管批发业务的引领者。"但是,杰夫·斯基林和约翰·埃斯林格补充说:"我们必须在过去取得的成就的基础上不断变革,继续前行。"

前面已经说过,1992年是安然天然气服务集团的丰收年。在1993年,安然天然气服务集团几乎也不可能放慢前进的步伐。在重组中,安然天然气服务集团再次接手了安然公司更多实体资产的商业运营业务,进入了废弃排放交易市场,完成了一项重大的州内输气管道收购交易,并且建立了一种具有里程碑意义且成为全国性新闻的投资伙伴关系。与此同时,安然天然气服务集团继续发展并定义期货天然气确定合约的市场。

安然天然气服务集团还利用《能源政策法案》中由安然公司促成的条款,拿到了联邦能源管理委员会颁发的交易价格和服务都不受监管的电力交易营业执照。交易价格和服务都不受监管的电力买卖可能就是杰夫·斯基林在20世纪90年代中期要开拓的新的业务领域。[1]

AER*X 排放交易

1993年1月,安然天然气服务集团宣布收购 AER*X 公司的部分资产。AER*X 是一家1984年在洛杉矶成立的废气排放咨询和二氧化硫(SO_2)配额交易公司,为当地的经纪人市场提供咨询服务。这家公司花了数百万美元买下了一个大型数据库(这个数据库收集了有关公用事业公司和工业区排放、废气排放许可证交易历史、这个领域的专家和咨询公司等数据),但没有任何实物资产。

---

[1] 关于安然公司进军电力批发市场的讨论,请参阅第十一章和第十五章;关于安然公司进军电力零售市场的讨论,请参阅第十五章。

第九章
天然气营销发展：1992—1993年

AER*X公司是监管的产物。1970年《清洁空气法案修正案》首次把与酸雨有关的二氧化硫排放物规定为污染物，而这部联邦法律的1990年修正案用所谓的市场基础观——排放额度交易——取代了该法对"新污染源行为标准"（命令—控制型监管的一个例子）的不当激励。

当时，有规制经济学家提出允许买卖不超过减排总量上限的污染排放额度的想法。在一些主要环保组织的推动下，这种想法还得到了布什政府的支持（具体由环境保护署署长威廉·赖利负责）。企业只要能够按照成本效益原则减少污染物排放，就能获得积分并可把积分卖给那些无法减少二氧化硫排放的企业，其实就是后一种企业付费向前一种企业购买继续按以前的排放水平排放的权利，而且美国环保署曾对铅和氟氯碳化物排放试行过这种所谓的"总量管制排放交易"计划。

安然公司以自己的名义并通过行业协会来提高自己支持排放交易的声音。其实，只有煤炭才有二氧化硫排放的问题（相对而言，天然气的二氧化硫排放量可以忽略不计），而煤炭由于排放问题而成本上涨，就意味着天然气可以扩大自己的市场。莱曾代表全美州际天然气协会（莱是这个协会的会长）和全美天然气协会，就二氧化硫排放额度交易问题在国会作证，称二氧化硫排放额度交易"允许公用事业公司在尽可能大的范围内实现必要的减排"。莱解释说，"自由选择观"在经济上比通过提高费率基础来控制每家发电厂的排放需要更加有效。

天然气行业对1990年的立法表示欢迎。全美天然气协会表示："政府采取了灵活的自由市场做法，使我们国家能够充分利用其日益乐观的天然气供应前景以及门类齐全、建设到位的天然气基础设施。燃气发电是公用事业公司减少现有燃煤电厂排放的一种选择。增加新的发电产能，包括新建电厂，应该优先考虑天然气，而不是煤炭，这样才能避免承担购买排放积分的成本。"

据全美天然气协会的迈克尔·巴利预测，在布什政府支持天然气的国家能源战略的推助下，新的排放要求"每年将增加2万亿立方英尺的天然气需求"。但是，这10%的增长幅度只能使美国的天然气需求恢复到1981年的水平（1995年可能真正达到了这个水平）。想要达到肯·莱确定的天然气标准，还有很多工作要做（见第七章）。

总的二氧化硫排放上限应该要求净减排，因此必须赋予废气排放许可证以

货币价值。第一次二氧化硫排放许可证拍卖(在安然公司收购 AER*X 公司几个月后举行)标志着公用事业公司和大型工业用户遵守 1995 年 1 月 1 日排放总量减少规定的开始。

安然天然气服务集团应该把排放额度交易纳入它要卖给公用事业公司的期货天然气产品包,因为排放额度交易是安然天然气服务集团一个新的利基市场,也很符合肯·莱奉行的天然气环保主义策略。如果国会进行二氧化碳总量控制排放交易(cap-and-trade)立法,AER*X 公司就可以为安然公司复制它的能力——安然公司和环境保护基金已经在考虑这个问题。

杰夫·斯基林在新闻发布会上宣布收购电子数据系统公司[(Electronic Data Systems, EDS),安然公司的信息技术供应商和安然公司股票(ENE)投资人]旗下的 AER*X 公司时表示:"AER*X 公司是国际公认的二氧化硫排放配额和基于市场的环境项目领域的专家。这次收购将为二氧化硫排放额度交易市场提供全面的价格风险管理服务,从而帮助安然天然气服务集团构建战略优势。"

安然天然气服务集团随即就进行大肆宣传。正如一份行业出版物所说的那样,"安然天然气服务公司正以在它有时不正统的营销风格中添加另一种不正规的成分的方式,试图通过主张二氧化硫排放额度交易来促使燃油或/和燃煤公用事业电力公司改用天然气"。

通过利用二氧化硫排放额度看跌期权和看涨期权,而不是仅仅天然气本身的看跌期权和看涨期权,安然公司就可以为公用事业公司锁定未来的成本,从而使得天然气期权相对于其他合规工具更具吸引力。例如,一家燃煤电厂可以通过改用天然气来节省二氧化硫排放额度,然后出售所节省的排放额度,用于支付"煤改气"的成本。或者说,电力公司可以只是简单地决定安装一个洗涤器,或者改变发电厂的发电方式,以少买或多卖二氧化硫排放额度。

安然电力公司的公用事业营销主管杰夫·罗伯茨在一份致全体员工的短信中对二氧化硫排放额度交易进行了解释:"虽然燃(天然)气成本可能高于改用低硫煤,但燃(天然)气可以通过节省二氧化硫排放额度来创造增量优势。"不过,罗伯茨又解释说,鉴于这类许可没有确定的价格,公用事业公司正寻求通过其他当事方(能源供应商、设备销售商)来降低风险。这就是安然公司现在可以谈判的地方。罗伯茨还解释说:"利用价格风险管理技术,安然公司就能为二氧化硫排放额度的买卖双方都面临的问题提供全面的解决方案,包括把二氧化硫排放额度对冲与天然气供应和相关服务捆绑在一起。"

安然电力公司留用了 AER*X 公司的全部 5 名员工,并且与十几家电力公司和设备供应商就把天然气供应和二氧化硫排放额度对冲捆绑在一起的交易进行谈判。AER*X 公司的创始人兼总裁约翰·帕米萨诺在收购过程中曾担任安然电力公司的顾问,后来成了安然公司首席气候游说官,并且促成了一项旨在减少二氧化碳排放的国际协议——《京都议定书》。[1]

关于二氧化硫排放的监管,无论是酸雨问题的严重程度,还是强制减少二氧化硫排放的可能性(一名批评者表示,"这是斥资数十亿美元去解决耗资百万美元的问题"),都存在争议。除此之外,1990 年的"总量控制与排放额度交易"型监管取代了 1977 年与"最佳可用[控制]技术"(一个监管术语)有关的低效方法。支持者认为,现在的监管是成功的。"我们旨在减少酸雨的总量控制与排放额度交易计划已经使二氧化硫排放量减少了一半,而且减排成本仅为预期成本的一小部分。"环境保护基金后来报告称。

排放许可额度供求交易虽然是市场交易,却是在政府人为创造的市场——而不是自由市场——上进行的交易。特里·安德森(Terry Anderson)和唐纳德·利尔(Donald Leal)表示:"政府机构仍然必须确定排放许可水平,而排放许可不会迫使污染者赔偿污染受害者。是政治过程,而不是污染者与污染成本承担人之间的讨价还价,决定初始或最佳污染水平。"另一项减排策略是征收排放税,但这个策略在涉及二氧化碳排放时比涉及二氧化硫排放时争论更加激烈。

路易斯安那资源公司

休斯敦管道公司和巴梅尔储气库使得安然天然气服务集团在得州市场上具有竞争优势。为了在路易斯安那州构建同样的竞争优势,安然天然气服务集团于 1992 年在新奥尔良开设了办事处。同年晚些时候,安然天然气服务集团的并购主管克利夫·巴克斯特就收购路易斯安那资源公司一家拥有 540 英里输气管线、日输气 7.3 亿立方英尺的州内管道运输公司的事宜与威廉姆斯公司接触。

1993 年 3 月,安然天然气服务集团斥资 1.7 亿美元完成了这笔收购交易。

---

[1] 请参阅第十三章。

优厚的收购价格(这条输气管道对威廉姆斯公司来说只是略有盈利)体现了安然公司可以利用但威廉姆斯公司无法利用的协同效应。安然天然气服务集团获得了一个与美国第二大天然气州(仅次于得克萨斯州)每条州内和州际主要输气管道连接的多接口"集输管道系统"。这样,安然公司就能用 4 条输气管线把天然气输送到美国中西部地区和东北地区,并用包括佛罗里达天然气输送公司输气管线在内的 3 条管线把天然气输往美国的东南地区。

安然公司在路易斯安那资源公司占 1/3 天然气交付能力的"亨利定价中心"有了实体存在以后,就能以无缝对接的方式接收或交付与它的期货合约相关的天然气。就在安然天然气服务集团在路易斯安那州付费托运天然气的时候,路易斯安那资源公司的输气管道还有闲置运能没有得到利用。此外,安然运营公司不久就要负责这条输气管线的实体运营和维护,目的是要采取前东家未曾用过的方式来提高这个输气系统的运营效率。

斯基林解释说:"路易斯安那资源公司为我们创造了为金融合约提供实体服务的条件。"这家公司不但为我们创造了输气收入,而且能帮助我们利用得州和路易斯安那州之间的天然气价差。此外,它还能帮助我们与拿破仑城的储气库相连接,并在新奥尔良设立营业所,从而使天然气日吞吐量从 6 亿立方英尺猛增到 7.5 亿立方英尺。有了管线充填量和天然气存储,安然天然气服务集团就可以在东部地区保证巨大供气量(估计 20 亿立方英尺/日)的同时,还能提高满足客户突然增加或者减少取气要求[所谓的"变动服务"(swing service)或"无通知服务"(no-notice service)]的灵活性。

路易斯安那资源公司收购案是安然天然气服务集团 1993 年的一个工作亮点。这家公司在新奥尔良营业所完成自己的使命以后,第二年就搬到了休斯敦。

与此同时,长期深陷低利润泥潭的休斯敦管道公司这个安然公司在得州的天然气枢纽,正在接受与安然资本与贸易资源公司之间是否存在协同效应的评估(与州际天然气管道运输公司不同,休斯敦天然气管道公司实际上不受监管)。为此,凯茜·阿博特离开了决定交易地点价格的基准管理部,并出任负责业务整合(Business Integration)这个新部门的副总裁。在安然公司作为做市商拥有信息和输气优势的套利业务中,安然天然气服务集团可以利用价差赚取休斯敦管道公司按传统利润率无法赚到的利润。

第九章
天然气营销发展：1992—1993年

> **LOUISIANA RESOURCES COMPANY GENERATES NEW GAS MARKETS FOR ENRON GAS SERVICES**
>
> ENRON BUSINESS
>
> Through hard work and determination EGS employees add another strategic link to the company's natural gas market chain
>
> **Facts and Figures about Louisiana Resources Company**
>
> | | |
> |---|---|
> | Pipeline | 540-miles |
> | Capacity | 730 million cubic feet per day |
> | Compressor stations | 5 |
> | Total horsepower | 21,150 |
> | Pipeline interconnects | over 30 |
> | Storage facility | 1- Napoleonville |
> | Processing plants | 1 - Crawfish |
> | Date the system was built | Fall of 1974 |
> | Employees | 53 |

图 9.4 路易斯安那资源公司长达 540 英里、日输气 7.3 亿立方英尺的输气管道把天然气输送到位于巴吞鲁日（Baton Rouge）和新奥尔良之间的密西西比河沿岸工业带。这条输气管道使得安然公司在美国的天然气交易中心"亨利枢纽"实现自己的实体存在。

加州公务员退休基金和联合能源发展投资公司

"路易斯安那资源公司是我们通过战略性资产收购来为安然天然气服务集团创造竞争优势走出的第一步。"安然天然气服务集团负责战略发展的副总裁道格·克兰兹（Doug Krenz）表示。但是，安然公司受制于资金约束，因此，安然天然气服务集团需要招揽外部投资者，以便实现 1993 年集资 5 000 万美元的目标。

正当巴克斯特忙于收购路易斯安那资源公司时，安然金融公司的安迪·法斯托正在考虑美国最大的投资基金——加州公务员退休基金（California Public Employees Retirement System，CalPERS）——提出的合作投资北美天然气资产的请求。加州公务员退休基金非常满意安然公司的业绩记录，对肯·莱掌握的天然气信息也很感兴趣。加州公务员退休基金顾问太平洋企业集团（Pacific Corporate Group）的创始人兼首席执行官克里斯·鲍尔（Chris Bower）主动打电话找杰夫·斯基林，问他对合作是否感兴趣。起初，斯基林还以为这是一个恶作剧电话,好得令人难以置信。但结果是,加州公务员退休基金对安然公司进行了5亿美元的3年期投资,一半投资于安然公司的股票,一半支付现金。

安然公司当时指出,通过借债进行杠杆化操作有可能为安然天然气服务集团筹集到多达15亿美元的资金用于其自己的资产运作(如量产付款协议)或者购买输气管道和气藏。结果,安然资本公司(Enron Capital Corp)安排了5亿美元的循环信贷额度(以安然公司的股票作抵押),并提供了7.5亿美元的投资资金。

这家合伙公司作为未合并的实体,它的业务不会出现在安然公司的资产负债表上。事实上,如果安然公司的股票因这家合伙公司而升值,那么,安然公司的债务—资本比率甚至可能会下降。这家有限合伙公司取名"联合能源发展投资公司"[Joint Energy Development Investments,JEDI,后来的第一联合能源发展投资公司(JEDI Ⅰ)]。安然天然气服务集团负责这家合伙公司的运营,并且要做增长率不低于15%的项目。这家合伙公司的目标是投资像路易斯安那资源公司这样的未来项目,但它做的投资项目没有一个有如此引人注目的增长率。

安然公司在1993年的年报中把联合能源发展投资公司说成是"一起关系到安然天然气服务集团未来的决定性交易"。安然天然气服务集团方面的新任联席总裁罗恩·伯恩斯表示:"随着时间的推移,这种合作有可能改变我们的业务性质,就像1989年第一份长期固定价格合同改变我们的业务一样。"

安然商务

安然公司与加州公务员退休基金联手进行天然气投资

美国最大的退休基金之一与安然公司之间有什么共同点呢?在天然气行业试水,并以获得不低于15%的增长率为目标。在这个基本前提下,安然天然气服务集团的子公司安然资本公司和加州公务员退休基金成立了一家合资企业,在北美进行天然气资产和项目投资。

"对于投资各方来说,这是一种双赢的合作。我们为加州公务员退休基金选择安然公司作为它的旗舰投资对象而感到自豪。这是加州公务员退休基金对安然公司的故事投票表示信任。"

图9.5 加州公务员退休基金主动向安然公司表示了对其能源投资的兴趣,这可是安然公司1993年的一大亮点。安然公司出资一半、由安迪·法斯托领导的联合能源发展投资公司筹集到5亿美元的资金,用于为安然公司自己的项目和外部风险投资融资。

加州公务员退休基金是美国最大的普通股持有者之一,拥有 750 亿美元的资产,它对安然公司投下了重要的信任票。"我们为加州公务员退休基金选择安然公司作为'旗舰'投资而感到自豪,"里奇·金德对安然公司的员工说,"这是在对安然故事投信任票。"

这家合资企业由安达信会计师事务所前合伙人谢隆·史密斯(Sherron Smith)(后来由沃特金斯)管理。联合能源发展投资公司的守门人仔细审查了安然公司各部门众多急需资金的投资方案。史密斯要向安迪·法斯托汇报工作,她不但进入了安然天然气服务集团的核心圈,而且还成为后来吞噬安然公司并使之命悬一线的会计和财务实践的核心人物。

重组与升迁

1993 年中期,安然公司进行了一次全面重组,进一步提升了安然天然气服务集团在安然公司内部的地位。前一年,休斯敦管道公司的加盟赋予斯基林一个实现实体存在的手段,以增强安然天然气服务集团的交易功能,而现在安然天然气服务集团又增添了液化天然气和甲基叔丁基醚制造设施。不过,增添这两种设施只是为了促进集团的交易活动,而休斯敦管道公司、路易斯安那资源公司、液化天然气厂和甲基叔丁基醚制造设施的实际运营则交给了新成立的安然运营公司。

莱和金德指出,把实体业务与交易业务拆分开来"是为了改变我们现有的业务结构"。他俩又表示,这有利于安然公司两个截然不同的业务部门构建自己的比较优势。但是,接下来的故事是:安然公司把一个麻烦不断的事业部"清洁燃料"扔给了安然天然气服务集团。安然天然气服务集团是一个巨大的利润和知识中心,有能力处理"柠檬",甚至还能制作"柠檬水"。

这次重组涉及了集团顶层。罗恩·伯恩斯和杰夫·斯基林被任命为联合董事长,两人都向母公司董事长办公室、莱和金德汇报工作。约翰·埃斯林格继续当安然天然气服务集团的总裁。莱和金德写道:"罗恩、杰夫和约翰都认为,团队观能赋予安然天然气服务集团所需要的优势,从而保持其在行业的领先地位,并抓住不断变化的天然气和电力行业环境带来的增长机会。"

那么,为什么要任命曾负责州际管道运输和液体燃料业务的伯恩斯担任安然天然气服务集团的联合董事长呢?首先,可以说,伯恩斯是带着液体燃料业务加盟安然天然气服务集团的。其次,斯基林正在考虑以"半工半酬"的方式来参与国内问题的处理。杰夫需要运营方面的帮助,而伯恩斯也被证明需要与杰夫平级的头衔。

罗恩·伯恩斯有在北方天然气公司输送和交易职能部门任职以及后来担任北方天然气公司营销主管的经历,并且由此为自己赢得了声望。不过,这些都是实体业务方面的经历,而安然天然气服务集团是安然公司的财务"神童"。还有一个原因,那就是肯·莱非常清楚罗恩是一个善于交际的人,因此可以与杰夫·斯基林互补。安然天然气服务集团存在企业文化的问题,伯恩斯可以平衡这些问题,从而缩小与安然公司旗下其他子公司的差距。

据说,斯基林认为,他的联合董事长并不称职。毕竟,罗恩不是做财务出身。(埃斯林格回忆说:"他并不清楚发生了什么。")卢·派不喜欢有人插在他和斯基林之间。但当伯恩斯在1995年年中离开安然公司去联合太平洋铁路公司担任总裁时,安然天然气服务集团就失去它人性方面的一些东西,员工们还是很惦记他的。

罗恩·伯恩斯、约翰·埃斯林格和杰夫·斯基林(以董事长办公室的名义)在1993年7月一封致安然天然气服务公司全体员工的6页厚的备忘录中详细列出了以下8项"重大的组织和人事变动",并表示即日起执行:

(1)建立北美电力业务单位。新成立的安然电力营销单位由肯·赖斯领导,他的职责是在电力行业创建一家像安然天然气服务公司那样的电力批发企业。

(2)重组安然清洁燃料公司(Enron Clean Fuels)。史蒂夫·斯马毕曾是安然天然气储运公司(Gas Transportation & Storage, GT&T)的总裁,他的职责就是创建一家经营甲基叔丁基醚及其相关产品——安然公司资产组合中一个特别薄弱的环节——的批发企业。

(3)合并重建安然风险管理服务公司与天然气储运公司。安然风险管理服务公司与天然气储运公司合并,成立安然风险管理与交易公司(Enron Risk Management and Trading, ERMT)。凯文·汉侬负责新公司的交易与风险管理业务,而朱莉·戈麦斯负责新公司的实体运输物流业务,俩人都向卢·派汇报工作。

(4)组建现场生产商服务公司(Field Producer Services)。安然公司成立了由道格·克兰兹领导的安然现场服务公司(Enron Field Services),负责运营天然气采集系统、天然气加工和监督生产商的集输工作。

(5)重组生产商联络机构(Producer Contact Organizations)。在马克·塞尔斯接管安然天然气营销公司加拿大子公司后,对天然气独立生产商和大生产商的公关工作交给了安然金融公司负责。

(6)整合州际业务营销活动。在兰斯·施奈尔的领导下,俄亥俄州都柏林的安然大通能源公司负责向地方配气公司、商业和工业用户以及居民用户销售天然气。

(7)其他任命。负责分析员/助理培训项目的凯茜·阿博特被任命为人力资源主管。总法律顾问马克·哈迪克被任命为首席控制官,负责安然天然气服务集团的法务、信贷和交易风险事务。

(8)其他升迁。罗恩·伯恩斯升迁为负责营销与供应的董事长兼首席执行官,杰夫·斯基林升迁为负责风险管理和电力事务的董事长兼首席执行官,而约翰·埃斯林格则升迁为首席运营官。上文已经介绍的8位总裁分别是安然电力服务公司的马克·福莱维特、安然金融公司的杰恩·汉弗莱、安然现场服务公司的道格·克伦兹、安然碳氢化合物服务公司的迈克·迈克纳利(Mike McNally)、安然风险管理与交易公司的卢·派、安然电力营销公司的肯·赖斯、安然大通能源公司的兰斯·施奈尔、清洁燃料公司的史蒂夫·斯马毕。

清洁能源赌注

安然天然气服务集团不分青红皂白地,全面、追溯性地采用盯市记账法处理期货天然气销售合约。没错,正如第八章所讲述的那样,安然天然气服务集团对预期利润打1/3的折扣后就作为当期利润入账。但是,这种做法很容易导致被操纵的主观判断。一种反映会计逻辑的现实观或许会主张在流动性不足时期(可能经常会出现)仍然应沿用权责发生制记账法。

如果说早期还难以确定安然天然气服务集团的赌徒心态,那么接下来发生的事情就是一种蛮干心态的明确体现。在安然天然气服务集团接手安然公司无利可图的甲基叔丁基醚和甲醇业务后不久[1],斯基林(实际上)就在公认会计

---

[1] 关于困扰安然公司天然气输送方面环境赌注的市场和运营问题,请参阅第六章。甲基叔丁基醚工厂在把7 500万美元的费用作为利润入账以后,于1997年关门歇业。

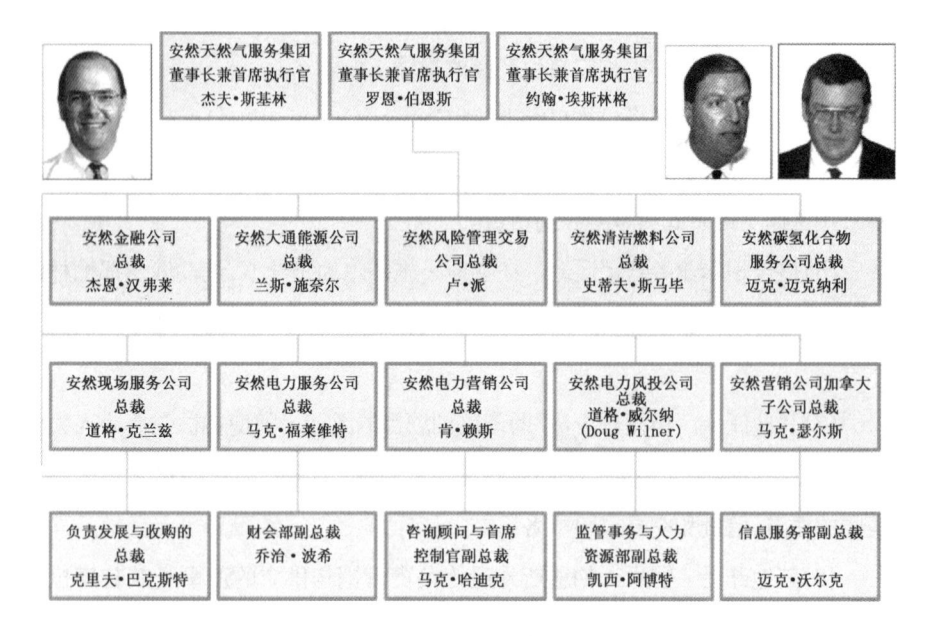

图 9.6　1993 年年中的安然天然气服务集团组织结构图与集团 18 位高管。罗恩·伯恩斯、斯基林和埃斯林格担任集团最高职务，下设 11 个总裁和 4 个副总裁职位。

准则(GAAP)规定的(宽松)范围内开始用他新近获得的自由裁量权来歪曲现实情况。从安然公司最终命运的角度看，清洁燃料公司的盯市记账骗局对于杰夫·斯基林的影响，就如同 1986—1987 年的瓦尔哈拉石油交易危机对于肯·莱的影响。

斯基林为了让甲基叔丁基醚工厂盈利，从安然电力服务公司挖来了肯·赖斯。赖斯对这个领域一窍不通，但斯基林下达了调令。里克·考西指派了一名会计，后者建议对安然燃料公司两份盈利的远期天然气合约进行重新安排，以便采用盯市记账法操纵，从而抵消亏损的现货合同。诀窍就是增加流动性——或者只是创建一个"初级市场"(rudimentary marketplace)，以便采用新的方法进行会计处理。

经过几笔精心策划的交易之后，清洁燃料公司就把这种欺骗性做法提交给安达信会计师事务所认可，而这家("被委托人俘虏"的)审计机构就认可了这种做法。那两份远期合约的收益就作为当期收益入账——没有现金流，也没有关系。清洁燃料公司的其他业务也很平淡，而且也不可能再提高这两份收益已经入账的合同的利润率。

从账面上看,一切都很好。清洁燃料公司报告了得益于销量增加的利润同比增长以及"按市值反映合同承诺的影响"。但是,安然公司并没有就此收手,它在年报里还补充说,"1993年,安然天然气服务集团通过签订固定价格期货合约,显著减少了它的甲基叔丁基醚的价格敞口风险"。但是,甲基叔丁基醚的收益率很低,因为未来的收益已经提前入账。就像在其他领域一样,专注于当下就要在未来付出代价。[1]

电力营销

安然天然气服务集团在1993年年中的重组把电力营销作为一个主要的增长点。肯·莱和里奇·金德致函告诉员工:"在增加了电力业务以后,安然天然气服务集团就能提供从井口到母线再到其北美各地全体客户、种类特别齐全的产品和批发商服务。特别是通过增加电力产品和服务,安然天然气服务集团应该能够显著扩大集团为天然气行业开发的合同和融资结构的潜在市场。"

那么,输电网开放能否创造一个电力现货市场呢?天然气行业就是一个先例,更不用说直通个人用户的长途电话。早在1988年,麻省理工学院和波士顿地区的一些学者,包括安然天然气服务集团的未来顾问理查德·塔波斯(Richard Tabors),就已经"为了公用事业[电力]公司,根据现在的需要与客户交易奠定了理论上合理且实际可行的基础"。安然天然气服务集团能够满足自由选择、经济效率、公平和公用事业业务管制4条标准,但它需要更加先进的微电子技术。[2]

1993年,根据1992年《能源政策法案》,安然天然气服务集团申请到了联邦能源管理委员会颁发的执照,因此可以"在电力行业履行与它在天然气行业已经做的大致相同的中介职能"。斯基林对电力营销人员发出的第一道业务命令是与电力交换站签署输电协议,并建立能够执行交易的业务调度单位。

电力行业很期待有这样一个市场,并且希望其规模是天然气市场的2~3倍。但是,安然天然气营销公司和安然电力服务公司,作为全国性批发商和零售

---

[1] 请参阅第十一章。
[2] 作者指出:"一个基于现货价格的能源市场对电力公司和客户都有许多好处。这些好处包括提高运营效率、减少所需的资本投资以及客户对可买电力类型(可靠性)的选择。"

商客户的营销商,违反或者至少有可能违反了一部受英萨尔启发制定的神秘新政法——1935年《公共事业控股公司法案》。该法案旨在阻止天然气行业和电力行业出现多种形式的控股公司。美国证券交易委员会的一项决定连同联邦能源管理委员会颁发的执照,使得安然电力营销公司能够开张营业。[1]

监管问题

从所申请到的没有规定经营范围的营业执照看,安然天然气营销公司虽然大部分买卖交易跨越了州界,但不受联邦能源管理委员会的监管。不过,这并不意味着安然天然气服务集团就不用设立政府事务部门。对于斯基林来说,有4个非常重要的问题需要联邦监管机构帮助解决,而另外2个问题则需要州级监管机构帮助解决。

首先,根据联邦法规,安然天然气服务集团的天然气批发业务必须无缝接入州际天然气输送系统。这个问题在斯基林1990年到任之前一直是个核心问题,现在依然如此。

其次,成立于1974年的商品期货交易委员会(Commodity Futures Trading Commission, CFTC)对如何监管安然天然气服务集团衍生产品业务的问题有过争论。这也许就意味着,很有可能限制这些衍生产品的交易量和/或利润率——对于一个迅速发展的产品系列来说并不是好事。此时,能够守住就等于在进攻。

再次,为了进入一个新的更大的能源市场,安然公司需要一部基于天然气模式的联邦电力开放—准入法规。这些公用事业公司之间的联系非常紧密,以至于门站销售(批发)被认为是州际业务,因此归联邦能源管理委员会管辖。安然公司驻华盛顿办事处的辛西娅·桑德赫尔和约瑟夫·希林斯在这方面已经积累了丰富的经验。

最后,无论是绝对还是相对于乙醇,应该优先考虑敦促监管机构鼓励使用汽车燃料增氧剂甲基叔二丁醚。由于需求滞后,甲基叔二丁醚生产的利润率很低,某种像美国环境保护署指令之类的东西可能会有所帮助(或者至少不会使情况

---

[1] 1994年1月5日,美国证券交易委员会裁定,安然电力营销公司不是"公用事业电力公司",因为它的电力买卖业务不涉及"发电、输电或供电(销售)设施"的持有或运营。因此,证券交易委员会觉得,1935年《公共事业控股公司法案》不适用于安然电力营销公司的"电力购买和转售合同以及与您在信中描述的电力营销交易相关的输电容量合同"。

变得更糟)。安然公司在这方面不会取得多大的成功,因为在安然公司不幸投资汽车燃料增氧剂之前,就已经有一些地位稳固的法律——1990年《清洁空气法案修正案》和1992年《能源政策法案》——存在。

有两个问题需要州级监管机构来解决。首先,安然公司试图在天然气零售领域复制其在天然气批发领域的做法,这就需要各州相关委员会规定,地方公用事业公司要分解把天然气输送到家庭和商业企业的业务。安然公司在这个领域没有滩头阵地,每个州的委员会都被本州的公用事业公司牢牢控制,因此对安然公司的天然气营销不感兴趣。换句话说,没有一个州颁布相当于联邦能源管理委员会第436号和第636号令的行政命令。

其次,鉴于公用事业燃气公司仍在履行天然气批发职能,州政府必须批准价格高于当时1个月期现货价格指数的长期采购合同。安然天然气服务集团在1992年专门指派史蒂夫·哈里斯和莱斯利·劳纳负责这项工作。

联邦监管

安然天然气营销公司申请到的(没有规定经营范围的)公众需要服务营业执照,允许它在州际交易中按(不受监管的)议定价格进行转售交易。从另一个角度看,联邦能源管理委员会认为大宗商品自由市场定价机制具有竞争力,符合1938年《天然气法案》规定的公平、合理标准。

但是,对于安然公司旗下的管道运输公司,就如同对于天然气行业的其他管道运输企业,跨州天然气输送费率仍然由联邦政府监管。不受监管的安然天然气营销公司希望对受监管的州际天然气管道运输企业也能解除监管,并且相信因费率原因被拒绝的输气需求有可能会部分乃至全部成为被他们"俘获"的需求。换句话说,安然天然气营销公司的输气费率在强制性开放—准入制和基于成本(基于低于折余原始成本)的监管机制下,低于在自由市场与州际天然气管道运输企业议定的费率。

安然天然气营销公司的希望只适用于已有的管道运输公司——和短期业务。随着时间的推移,受监管的输气利润将抑制新增输气能力(至少在市场的高风险部分是如此),从而导致安然天然气营销公司的寻租收益减少甚至消失。[1]

"我们完全愿意继续充当基本不受监管的全国性天然气营销商。"肯·莱在行业媒体上强调指出。安然公司作为美国处于领先地位的天然气批发商的利益也受到天然气输送业强制性开放—准入机制的影响。除安然公司外,另一家大型天然气批发机构天然气清算所也为了谋求接入输气管网和根据成本确定费率的便利,正忙着根据联邦能源管理委员会第 436 号和第 636 号令解决这个问题。[2]

安然天然气营销公司照例介入联邦能源管理委员会的州际天然气管道运输监管事宜(费率方案和重定程序),以确保州际管道运输企业能无缝接入输气管网(像休斯敦管道公司这样的州内管道运输公司因为州监管当局的原因而不受开放—准入监管的约束)。到了 1993 年年初,安然天然气营销公司促使 58 家——也就是几乎全部——州际天然气管道运输企业履行开放—准入规定。输气服务——无论是内部(安然公司旗下的州际管道运输公司)还是外部(其他州际天然气管道运输企业)——的相似性,使得安然天然气营销公司可以动用 37 个州的百来条输气管线每天输送 20 亿立方英尺的天然气。

强制性开放—准入规定开启的这项新业务竞争激烈,从而允许杰夫·斯基林把天然气由实物产品转化为金融产品。天然气行业没有像石油行业已经存在的期权、掉期、上下限期权和相关产品的组合等基于基础实物商品的衍生产品,因为天然气行业监管无处不在,无论是联邦价格和配售监管,还是州级公用事业燃气监管。

从 20 世纪 80 年代开始,放松管制和监管变革促进了州际管道运输天然气的大宗商品化。随着时间的推移,几十种产品出现在了以前很少有产品存在的地方,从而引起了美国商品期货交易委员会的注意。美国商品期货交易委员会实际上对所有其他领域的衍生产品都拥有管辖权,并对它们进行监管,名义上是

---

[1] 肯·莱赞成,安然公司旗下的州际管道运输公司和天然气行业的其他管道企业实行费率自由化,而不是采用基于服务成本的最高费率(见第六章和第七章);而安然天然气营销公司/安然天然气服务集团则在不走逆莱的同时,不动声色地支持联邦能源管理委员会基于成本的监管。
[2] 天然气清算所监管事务主管肯·伦道夫(Ken Randolph)回忆说:"早在联邦能源管理委员会发布《超级法规提案通告》(Mega-NOPR,就是后来的第 636 号令)之前,我们就在推动服务相似性。"

为了保护消费者。

与其他衍生产品一样,天然气衍生产品也有一个公开的用途:把风险从风险规避者那里重新配置给风险偏好者。通过降低不确定性来降低资本密集型长期项目的借贷成本。对于发电厂来说,5 年、10 年或 15 年天然气采购价格的确定性非常重要。发电厂可以通过与公用事业公司(或与公用事业公司签订《公用事业管理政策法案》规定协议的独立生产商)签订电力销售合同,并与工业客户签订另一份合同来锁定收益。安然电力服务公司利用衍生产品签订背靠背合同来锁定利润。

与摩根大通、摩根士丹利或信孚银行所做的同类交易不同的是,安然公司在纽约商品交易所或芝加哥交易所(Chicago Board of Trade)的交易不受商品期货委员会的监管。安然公司没有美国证券交易委员会颁发的证券交易许可证,而且也不受纽约证券交易所交易规则的约束。"安然公司可以制定自己的标准,从而使它成为新兴的数万亿美元场外衍生品市场的关键参与者之一。"

1992 年 11 月,安然公司等能源企业请求商品期货交易委员会把能源衍生品交易排除在监管控制之外。商品期货交易委员会委员、自由市场经济学博士温迪·格拉姆及其丈夫——一位志同道合的经济学家、美国参议员——菲尔·格拉姆支持这项豁免请求,并且说服了大部分委员。不信任市场治理的民粹主义批评人士把这种豁免说成是"不负责任""明目张胆"和"危险的先例"。

1993 年,温蒂·格拉姆离开商品期货交易委员会才几个星期,就成了安然公司的董事。这层关系使她在安然公司倒闭前净赚了上百万美元。在罗伯特·布莱斯看来,这层关系(以及后来肯·莱对菲尔·格拉姆的政治支持)使这对夫妇成了"安然公司的一家全资子公司"。

然而,温迪·格拉姆在商品期货交易委员会奉行的是她自己的哲学。杰夫·斯基林在这场监管辩论前后进行的大量运作满足了市场的需求,用亚当·斯密的话来说,就好像由一只"看不见的手"在引导。安然公司没有传出天然气衍生品交易丑闻,更不用说商品期货交易委员会本可阻止的丑闻。因此,任何早该采取的行动都可能没有什么效益可用来抵消监管成本,包括限制产品开发和市场发现过程的监管成本。[1]

---

〔1〕 2000 年,安然公司利用它享有的豁免执行《商品期货现代化法案》的权利又躲过了另一枚监管"子弹"。

安然公司所做的最重要的一次游说努力,是它提出的两项建议被收入了1992年《能源政策法案》。这部法律对1935年《公用事业控股公司法案》进行了修订,允许安然公司在美国和国外建造发电设施,并在没有变成该法认定的公用事业公司的情况下销售电力,从而涉及严格的所有权限制。1992年新设立的享受所有权限制豁免的批发电商(Exempt Wholesale Generator)类别,使安然公司与电力设施开发商和电力营销商一样,可以在不同的地区建造多个发电厂,并且向它们供应天然气。

事实证明,安然公司以及太平洋燃气与电力公司等其他公司进行的游说活动,对于推动1935年《公用事业控股公司法案》的修订起到了至关重要的作用。"我们两次组织委员会成员和/或政府官员前往蒂赛德和/或伦敦……我们多次在国会作证……我们约见了无数政府官员和委员会成员……我们不断地写信、打电话,等等。"安然公司驻华盛顿办事处的辛西娅·桑德赫尔回忆道。

安然公司提出并被收入《能源政策法案》的第二项建议为安然公司开辟了新的业务领域——州际电力批发业务。美国国会对1935年《联邦电力法案》进行了修订,要求公用事业电力公司执行强制性开放—准入规定,让独立电力营销商在州际电力批发市场上向工厂或电厂销售电力。

绝大多数公用事业电力公司反对在电力批发环节推行强制性开放—准入,并且担心这可能会成为电力零售环节推行强制性开放—准入规定的前奏曲。"我永远不会忘记得州公用事业公司(Texas Utilities,TXU)的说客说我们是'帐篷底下骆驼的鼻子',"桑德赫尔回忆说,"他担心这会导致在电力批发和零售环节全面推行开放—准入制。见鬼,'就像有人不请自来在你家的客厅跳舞'。"一场围绕强制性输电环节准入问题的"战斗"终于在1993年年初打响。联邦能源管理委员会内部的一篇重要文章一上来就表示:"'说不'的公用事业公司在强制性输电环节准入的战斗中遭遇了重创,它们可能还没有意识到最糟糕的情况,因为《能源政策法案》释放出来的竞争力量似乎正在无情地转向某种形式的电力零售转供业务。"

《能源政策法案》第721节谈到了对1935年《联邦电力法案》第211节的修订:"任何电力公司、联邦电力营销管理机构,或者其他发电批发商,都可以向联邦能源管理委员会申请依照本款命令要求公用事业输电公司向申请人提供输电服务(包括为提供输电服务而必须增加输电能力的情况)。"由于联邦能源管理委员会拥有这方面的自由裁量权,因此,它为166家公用事业电力公司颁布了一项类似于天然气行业第436号和第636号令的行政命令。

根据联邦能源管理委员会第888号和第889号令的一般规定,1996年停止下发逐案审批的电力转售批文。安然公司从1994年开始从事电力交易,很快就成了最大的非公用事业电力批发营销商,而且在1995年把目光投向了输电环节的强制性开放—准入问题,它的公开目的就是要争夺公用事业公司的(电力零售转供)客户。事实上,安然公司2000年的宏伟目标——承诺在1996—2000年间把公司的规模和盈利能力扩大或提高一倍——是以斯基林负责的电力交易收入大幅增长为前提的,因为电力市场的规模是天然气市场的两倍多。[1]

州级监管

安然天然气营销公司的天然气批发业务是靠联邦政府的强制性开放—准入政策创建的。州公用事业监管机构也可以在天然气零售环节推行相同的政策。在天然气零售环节推行"最后一英里"的强制性开放—准入政策,就能使天然气独立营销商向居民和商业用户,而不是向地方配气公司(LDC)销售天然气。1993年年中,《天然气情报》刊登一篇标题为《是否可能把[联邦能源管理委员会]第636号令扩展执行到州内管道运输业务呢?》的文章,而安然天然气营销公司收购大通能源公司就是想利用这种可能性。

零售环节是否推行强制性开放—准入是各州自己的事情,这意味着安然天然气服务集团必须扩大其监管事务部,才能有足够的力量去游说各州的公用事业委员会,让其地方配气公司放弃天然气批发业务。不过,这些都是将来要做的事情。就目前而言,安然公司与公用事业公司签订的长期供气合同需要得到监管部门的批准,因为地方配气公司需要接受合理性审查,并且有可能通不过审查。游说各州公用事业委员会让地方配气公司放弃天然气批发业务的任务就落到了安然天然气服务集团由保罗·魏尔格斯(Paul Wielgus)负责的监管事务部和营销服务部的身上。

事实上,地方配气公司就依靠供应30日可中断现货天然气的买方市场"度

---

[1] 请参阅第十五章和后记。

日"。对卖家来说,短期市场的利润率因竞争而下降。安然天然气营销公司急切寻求签订中期(2~12个月)和长期(1~10年)的固定价格合约,因为这两种合约的利润率要高很多。现货天然气与被它取代的固定价格管道运输天然气供应合同相比,价格比较便宜,而且没有太多的理由相信买方市场会消失。肯·莱反复解释说,20世纪70年代价格飙升毕竟是由天然气价格和配售监管,而不是由于矿产资源基础老化造成的。

美国权力最大的州公用事业委员会是加利福尼亚公用事业委员会(CPUC),而加州这个天然气大州拥有全美最大的天然气现货市场。在为投资者所有的公用事业公司进行审慎审查和综合资源规划方面,加州公用事业委员会是美国最积极主动的监管机构。加州公用事业委员会的顾问、我们这一代最受尊敬的天然气经济学家、天然气咨询顾问阿伦·图辛断言,现货天然气才是解决问题的关键,而今天锁定以后交付的价格更高的期货天然气解决不了问题。

安然公司有不同的看法。威尔格斯在一份文件中辩称:"固定价格合同不能也不应对照现货价格来评价,而是应该对照合同谈判可获得的类似天然气购买方案来评判。"他还辩称,公用事业公司应该采取一种"年均业务组合"(vintaged portfolio)法,用长期合同来补充短期承诺。

安然天然气服务集团并不赞同图辛的观点,而是认为30日天然气市场应该被看作"为出清市场而存在的剩余活动",而不是"整个市场"。审慎以及加州公用事业委员会进行审慎审查的可能性,应该有利于促成"固定价格合约和市场反应性价格合约的平衡组合"。

安然天然气服务集团警告称,逐月交易的[现货天然气]倚重的是未来从价格和交付两个方面看都有天然气供应。如果逐月交易市场上没有可用的输气服务或者价格上涨,那么,被(受监管的)公用事业公司所"俘虏"的客户在没有自我保护选择的情况下就得付出代价。安然天然气服务集团把气田产量减少的速度——陆上气田每年减产7.5%,海上气田每年减产20%——看作导致进行多样化购气选择的原因。为了向加州的天然气消费者按照极具竞争力的价格供应"世界上最好、可靠、充足的能源",加州公用事业委员会(即便不鼓励,也)应该允许固定价格确定合约采用长于一个月的期限。[1]

---

〔1〕 美国能源部就影响天然气行业的州级政策征求意见,安然天然气服务集团以同样的理由(与"现货标准"相比)为"固定、现货和指数化供应的管理组合"辩护。

加州公用事业委员会并没有接受安然公司的建议,而是支持全部仰仗现货,而不是部分采用长期固定价格合约的天然气采购,而其他州的公用事业委员会则对(价格更高的)定期合约提出了质疑,这些监管机构提到了可靠的天然气储量估计数据——安然石油天然气公司福莱斯特·霍格伦德等根据技术进步论估计的天然气储量数据。"我们有可供应35年的天然气,而且……价格低廉。"特拉华州公用事业委员会的一名委员表示。肯·莱在为天然气做宣传时也没有比这位委员说得好。在这方面和在其他领域一样,安然公司也很难做到两全其美。

竞争与压力

杰夫·斯基林在哈佛商学院发表演讲称:"天然气销售正在成为一项真正的业务,就像洗衣机销售一样。我们卖的是最简单的大宗商品甲烷分子,我们用一个品牌来包装和交付这种商品,就像通用电气公司所做的那样。"

这是一种过于简单化的说法,尽管一般的观点是,短期市场上有许多买家和卖家。天然气销售,至少在批发环节,正在标准化。随之而来的是利润率的下降,因为其他天然气批发商纷纷效仿安然天然气服务集团,其中往往不乏安然公司的前高管(以零售竞争取代地方配气公司的捆绑式供应并不符合政治时代的要求)。

1993年临近年底,安然公司备受推崇并有千名员工从事的天然气批发业务虽然很有创意,但利润却没有数据显示得那么漂亮。盯市记账法夸大了净利润。令安然公司陷入困境的甲基叔丁基醚和甲醇合约(因为采用盯市记账法处理而)人为地制造了流动性,可以说是一种理念的飞跃。里奇·金德和肯·莱以及安然公司的董事会在这个问题上都难辞其咎。把问题资产交给杰夫·斯基林这个"房间里最聪明的家伙"处理只不过是一个权宜之计,只能推迟不可避免的事情的发生。

会计粉饰有利于编造安然故事,但在其他方面却制造了不少麻烦。现金流量没有反映所报告的净收入;薪酬制度失常。安然公司这部跑步机启动后,已经无法停下来。安然公司的股票这只动力股在一定程度上是靠谎言在维持。

天然气营销竞争愈演愈烈。天然气清算所、沿海天然气营销公司、埃尔帕索天然气营销公司等的交易部门都在吞噬安然公司的利润。兔子的先发优势最终让位于乌龟的慢步前行,纽约商品交易所的价格发现功能导致20世纪80年代中后期天然气0.5～0.75美元/千立方英尺的利润现在只剩下一两美分。埃斯林格回忆说,这是"典型的杂货店利润"。银行也在恢复能源贷款业务,从而迫使吉恩·汉弗莱和量产付款协议创始团队只能做条件更加苛刻的长期天然气交易。

从更大的政治经济角度看,天然气批发或销售环节的重组是一个行业总体问题,这是一个高度管制的行业的第四业务部门。在这个业务部门出现以前,天然气行业已经分成采气、输气和配气3个部门。在一个没有州级公用事业监管和联邦《天然气法案》的真正的自由市场环境中,安然公司做出大量努力创造的天然气批发职能应该属于采气、输气和配气一体化企业的范畴。可以说,安然天然气服务集团就是一体化天然气巨头的替身,它要用(捆绑式)天然气营销来补强它的实体基础设施(就像休斯敦管道公司在不受监管的得州市场上所做的那样)。

事实上,安然天然气服务集团由于以下3方面的联邦监管而获益匪浅:强制性开放—准入;《公用事业管理政策法案》有关独立发电的规定;银行系统由于受到高度管制和约束,因此(在发生储贷危机后的几年里)无法有效地为天然气钻探企业提供资金。

肯·莱可能会说:"从很多方面看,天然气行业一直是自己最大的敌人。"但是,正如莱在其他场合指出的那样,20世纪70年代,过度监管(而非天然气资源的地质性短缺)困扰了美国州际天然气市场。到了80年代,一些天然气大客户仍对此事记忆犹新。其他方面的监管,包括反一体化的1935年《公用事业控股公司法案》,阻碍了结构性市场效率。

监管有利有弊。以天然气营销为例,监管赋予安然公司一个千载难逢的开发全新市场的机会。在一个公共政策排名第二好(或者第二最不差)的国家里,安然公司在一个由监管造就的业务领域焕发出了创业活力。

第五篇

安然公司的扩张：1994—1996 年

引 言

20世纪90年代中期,安然公司从事五大业务活动:国际能源基础设施开发、天然气和石油勘采、州际天然气运输、液化天然气以及天然气与电力营销。在《公用事业管理政策法案》促成的繁荣时期,发电在美国成了一种独立的业务,但在安然公司变成了一个在世界范围内为发电厂和天然气管道运输企业提供建设和运营服务的工程事业部。[1]

肯·莱的公司有两个取向。传统的"地下铁管"安然公司根植于老休斯敦天然气公司、1984年的几起收购案以及1985年与联合北方公司的合并。20世纪80年代,安然公司是一家定义明确的中上游能源企业,拥有气井、输气管道、储气和天然气液化设施以及燃气热电厂,并开展新兴的天然气营销业务。

液体燃料曾经是安然公司的一个独立事业部,现在变成了安然资本与贸易资源公司(前安然天然气服务集团)的一个下属单位。安然液体燃料公司有问题重重的甲基叔丁基醚和甲醇工厂。安然公司在1991年从天纳克公司高价收购了甲基叔丁基醚和甲醇工厂。1992年,安然公司的大部分液体燃料输送管道——迈克尔·穆克勒罗伊时代的安然液体燃料公司的一个组成部分——在3年前安然石油天然气公司首次公开上市时被剥离出售。

---

[1] 随着《公用事业管理政策法案》促成的繁荣时期的结束,安然公司开始向发电商销售天然气,而不是自己扩建新的发电产能。

在出售安然液体燃料管道运输公司以后,安然公司分别在 1993 年第三季度、1994 年第一季度和 1994 年第四季度,通过出售北疆合伙人公司(Northern Border Partners,股票代码"NBP")、安然石油交易运输公司能源合伙人公司(股票代码"EOT")和安然全球电力与管道公司(股票代码"EPP")的部分股权进行资产变现。所有这些资产的运营合同为其部分所有人安然公司创造了服务收入。[1]

1990—1996 年间,安然公司又建立了两个新的重要利润中心。从英国蒂赛德项目开始,安然公司目前在 20 个国家建设天然气和电力基础设施,其中许多项目位于发展中国家(石油巨头主要关注发展中国家的石油项目)。此外,安然公司在天然气和电力批发营销市场上是第一、最大、最好的营销商。风险投资在安然天然气服务集团/安然资本与贸易资源公司也占据越来越大的比重。

安然公司虽然已经退出配气环节(休斯敦天然气-联合北方公司在 1985 年出售了人民天然气公司),但它是美国一体化程度最高的大型天然气企业。这家自诩为天然气巨头的企业,现在是按照通过"把天然气从井口输送到燃烧器喷头的每个环节使天然气分子增值"来盈利的方式组织的。

安然公司得益于其业务的协同效应。本书第五章描述了安然公司的得克萨斯市热电厂与安然石油天然气公司签订的一份高价长期合同。安然天然气服务集团的天然气银行与安然石油天然气公司签订了天然气储备合同,而斯基林则把安然石油天然气公司看作他做出非对冲销售承诺的后盾。

除此之外,安然公司天然气供应链内的协同效应并不显著。上述 5 家上市公司至少在名义上独立于安然公司。[2]联邦能源管理委员会的监管在职能上把州际输气业务与天然气作为大宗商品销售的业务分离开来,从而排除了安然公司两大全资子公司自然合并的可能性。

安然公司旗下的十几个事业部和分拆公司都设有董事长职位。肯·莱是一

---

[1] 安然公司在 1996 年年底持股份额是:代码 EOG 的股票 61%;代码 ENP 的股票 15%;代码 NBP 的股票 13%;代码 EOT 的股票 49%;代码 EPP 的股票 52%。安然公司还(通过西特鲁斯公司)持有佛罗里达天然气输送公司一半的股权,索纳特公司持有另一半股权。1997 年第一季度,安然公司又变卖了它在路易斯安那州的天然气加工和液体燃料运营业务[安然路易斯安那能源公司(Enron Louisiana Energy Company)]及其丙烷批发业务。

[2] 安然全球电力与管道公司自己没有管理机构,而是与安然公司共享管理机构,当母公司的管理人员试图保护少数股东的利益时,这家子公司就与母公司发生了利益冲突。1997 年,这家子公司重新并入安然公司。关于这个问题的讨论,请参阅第十二章。

个有远见卓识的领导、形象塑造者和代表人物。公司业绩由理查德·金德负责,他是整个公司的"良心"、最后一道防线和"刹车"。但说到要实现预定的目标,特别是肯·莱承诺的 15% 的年增长率,金德也扮演了加速器甚至切角机的角色。[1]

莱手下有两个事业部的主管争做安然公司的三把手(而安然石油天然气公司的福莱斯特·霍格伦德则安坐在自己的上市公司里)。安然资本与贸易资源公司的"神童"杰夫·斯基林与金德合作得很好,并且受到了莱的赏识。安然国际/发展公司的丽贝卡·马克得到了莱的广泛授权和高度信任,但金德(和斯基林)对她的使命意识和能力却缺乏信心。

在高层指挥系统中,安然公司董事会全体成员和理查德·金德对肯·莱都很忠诚。斯基林对金德和莱也很忠诚。丽贝卡·马克对莱忠心耿耿。里奇·金德除了受到上司的尊重外,还受到了公司全体员工的尊敬。

第十章讲述 20 世纪 90 年代中期的传统安然公司。安然石油天然气公司在安然公司之外运营并被出售(1999 年与母公司完全脱离关系)。州际天然气管道集团(Interstate Natural Gas Pipeline Group)——北方天然气管道公司、横贯西部管道公司以及(拥有一半所有权的)佛罗里达天然气输送公司——是安然公司的另一个主要支柱。安然石油交易运输公司虽然收入占安然公司总营收的一半,但它的业务被视为非核心业务,1994 年被分拆为安然石油交易运输能源合伙人公司。

安然石油天然气公司和州际天然气管道集团分别在福莱斯特·霍格伦德和斯坦·霍顿的领导下经营稳定、盈利丰厚、经久不衰,没有玩弄会计伎俩或做财务工程,只有老式的规划和执行。这些资产产生的现金流,在很大程度上为安然公司在 20 世纪 90 年代实现其雄心勃勃(甚至是野心勃勃)的抱负提供了资金。

第十一章记述了安然资本与贸易资源公司的发展历程。安然资本与贸易资源公司依靠一次行业范围内的整合获得了迅速的发展,竞争对手减少了一半。安然资本与贸易资源公司的核心业务先是天然气批发营销,然后是电力批发营

---

[1] 请参阅序、导言和后记。

销——两种因推行全国州际输送系统非歧视性开放的联邦法规而创造的新业务。[1]

在欧洲,安然资本与贸易资源公司以世界最大的热电厂蒂赛德项目为契机,开展大规模的天然气和电力营销业务。在安然电力公司投产并运营的实体基础上,安然资本与贸易资源公司式的交易业务持续迅速发展,并在西欧其他中心城市推广开来。

第十二章介绍了安然公司的国际抱负。丽贝卡·马克和乔·萨顿把"项目开发、燃料供应和融资"引入服务不足、资本匮乏的市场,这是安然公司"在全球范围内提供综合能源解决方案"这一范围更大的努力的一个组成部分。

安然公司在印度、中国、危地马拉、菲律宾和多米尼加共和国都投资建造了发电厂,在阿根廷和哥伦比亚投资铺设了输气管道,并且在许多其他发展中国家投资建设"最终发展"项目。马克还向莱承诺,未来几年内要让公司的利润增长20%。新建的安然国际公司(吸收了安然发展公司)只是肯·莱实现其全球抱负的部分载体,它同安然石油天然气公司和安然资本与贸易资源公司一起,依托其核心竞争力在全球范围内扩张。

在20世纪80年代中期到90年代中期的十多年时间里,安然公司几乎就是心无旁骛地沿着一个陡峭的增长轨迹顺利前行:1984—1985年创建了一家大企业;1986—1987年进行了调整并得以存续;1988—1989年的重点就是实现复苏;1990—1993年,各事业部都获得了发展,利润中心实现了突破;1994—1996年,北美一体化程度最高的天然气企业重新定义了它心目中的能源领域,并在全球范围内建设能源基础设施。

安然公司享有勇于创新、管理有方和重点突出的声誉。有媒体称,安然公司在正确的时候力挺正确的燃料,卓越的管理与宏大的愿景互为补充。从表面上看,这个"冒险家"是一个能干的"风险管理者"。安然公司是一家与众不同的能源企业,创造了与众不同的收益率纪录。如果想在能源行业、律师事务所或与能源相关的投资银行寻找工作,还能找到比安然公司更好的工作单位吗?对于将

---

[1] 虽然安然公司拥有4条受联邦监管的输气管道,但除了新收购的波特兰通用电力公司(Portland General Electric)的输电资产(专门用来为波特兰通用电力公司的核心客户服务)外,安然公司没有其他输电资产。

要开始职业生涯的顶尖商学院学生来说,也是如此。

然而,仔细观察就能发现,20世纪90年代中期安然公司的情况有所变化。政治资本主义的社会经济混合体披着政治正确的外衣,一边进行财会欺诈,一边争取政府的特别照顾,而反资本主义的安然公司——虽然可以依靠它在天然气行业中上游的稳固基础,但——开始蒙骗很多人甚至它自己。

第十章　安然公司稳定的一面

约翰·詹瑞奇在《天然气周刊》1996年的一个专栏中发表重要文章称："现在是干天然气这一行的大好时机,天然气供应充沛'几成定局'。"输气管道的运能不是问题,天然气批发营销(第十一章的主题)正在变得合理化。安然公司就处在这种万事俱备、只欠东风,只要努力就能成功的环境中。

虽然联邦监管机构规定了管道输气的费率上限和折扣率,但安然公司对州际输气管线进行了现代化和扩建,从而使得收益继续增长。具体来说,成本正在大幅度下降,由稳定的输气收入支持扩建的新运能正在投入运营。斯坦·霍顿领导完成了所有这些工作,并将继续率领安然州际天然气管道运输集团赚取利润、平安无事地度过安然公司有偿付能力的余生。

福莱斯特·霍格伦德麾下的安然石油天然气公司正在引领那些利润和现金流不断增长且势头强劲的上游独立油气公司,成功地从20世纪90年代初由税收抵免驱动的业务转向税收中性、低成本的油气生产。安然石油天然气公司通过年复一年地置换甚至增加其已探明的油气储量,而成了业内可持续发展企业的代名词。正如安然公司在1995年的管理人员大会上指出的那样,安然石油天然气公司是"一头名副其实的现金牛,即使在经济不景气时期也是如此"。

霍格伦德在安然石油天然气公司的"统治"可以追溯到1987年,他后来发现了自己的继承人马克·帕帕(Mark Papa)。正是帕帕在1999年,也就是霍格伦德退休的那年,带领安然石油天然气公司与安然公司彻底分手,并且成功地经营这家公司一直到 2013 年他自己退休。

安然公司的液化天然气业务正处于过渡状态,有些业务的资产已经出售,另一些资产则转交给了安然资本与贸易资源公司。安然石油交易运输公司由于资产已经与原先休斯敦天然气公司和联合北方公司的资产一样陈旧,因此于 1994 年 3 月在安然公司的财务担保下拆分成立安然石油交易运输合伙人公司。把石油业务从"世界第一大天然气企业"剥离出去,在后来几年使安然公司付出了比干脆出售这家公司要承担的损失更大的代价。

州际天然气管道集团的发展

安然公司在天然气行业非传统业务领域不断获得发展,但就高质量的收益而言,传统的管道运输业务仍然是它最重要的业务。从事州内天然气输送业务的休斯敦管道公司和路易斯安那资源公司被归置在安然资本与贸易资源公司,作为其不受管制的天然气销售业务的补充。[1] 但是,安然公司旗下受联邦能源管理委员会监管的州际天然气输送业务,在 1996 年作为安然天然气管道集团的业务被分离出来之前,曾并入安然运营公司(1993—1995 年)。[2]

安然公司有 4 个州际天然气管道运输系统,它们分别是安然公司全资拥有的北方天然气管道公司和横贯西部管道公司、安然公司持有一半股权的佛罗里达天然气输送公司和持有少数股权(9%)的北疆管道公司。这 4 个州际天然气管道运输系统全由安然公司负责运营,但后两个州际天然气管道运输系统通过与其他所有者签订管理合同来运作。安然公司在这些管道运输公司总共有 36 亿美元的设备净资产和 21 亿美元的股权。

这类资产是安然公司每年在年报中首先要报告的,至少在杰夫·斯基林接

---

[1] 与联邦能源管理委员会对州际管道运输业务的监管相比,对州内管道运输业务的监管相对比较宽松。20 世纪 90 年代中期,州监管机构曾试图对包括休斯敦管道公司在内的得州州内天然气管道企业推行服务成本监管,但没有成功。

[2] 安然工程建设公司(Engineering & Construction)归属安然运营公司,它的收入记入"全球资产建设、管理和运营"账户。液化天然气设施、发电厂和国际天然气输送管道以及休斯敦管道公司技术部门、路易斯安那资源公司和 4 家州际管道运输公司的收入都记入这个账户。

任公司首席运营官一职之前是如此。[1] 各州际天然气管道运输公司每年近3亿美元的净收入占安然公司总收入的一半甚至更多,它们的收入既稳定质量又高,不会随市值变化。与安然资本与贸易资源公司的收入计算方法不同,安然公司旗下的各管道运输公司由长期合同担保的收入要等到实际收到以后再入账,而不是根据法律义务的变更在当季汇总计提。

有利的费率方案和专家管理不断为州际天然气管道运输业务领域的投资创造两位数的资本回报率。把折旧费用计入账面利润,甚至会出现更多的现金流,因此,安然公司受联邦能源管理委员会监管的资产就被称为"现金牛"。[2] "任务大师"理查德·金德试图把标准定得更高,而斯坦·霍顿领导的部门正在制定净收入和现金流目标。

安然公司内部创业精神很强的初创单位和安然资本与贸易资源公司都不认为费率和服务受到监管的州际管道集团因循守旧、墨守成规。有一次,约翰·温被问及州际管道集团时曾轻蔑地回答说:"我把世界分为两部分:财富创造者和资产守护者,州际管道集团的人在某种程度上就是资产守护者。"但是,考虑到来自现有和潜在其他管道公司的竞争,更不用说来自替代性燃料的竞争[3],要想保持管道公司盈利,就必须关注细节,并对机遇保持警觉。州际管道集团是安然公司的核心竞争力。行业调查证实,霍顿主管的集团是业内同类企业中表现最好的企业,而《财富》杂志则把安然公司列为该杂志年度美国最受尊敬的企业排行榜天然气管道运输企业分榜首位。[4]

信誉良好的托运人签订的长期合同是扩建周期长、资本密集型干线的必要条件。在联邦能源管理委员会必须巧妙地创造机会满足甚至超过经核准的回报率(用管道运输企业的行话来说,"击败费率方案")之前,与客户和其他各方洽谈3年的费率方案。

---

[1] 安然公司在1985—1988年年报的封面上特别提到了州际管道集团,在1989—1996年间一直被作为主要部门,1997年和1998年(仅次于安然石油天然气公司)又被作为主要部门,在1999年和2000年最后又作为主要部门(分别在这两个年度公司年报的第22页和第18页)。

[2] 与州监管机构为(风险较小的)配气企业规定的11%~12%的回报率相比,州际管道运输公司游说联邦能源管理委员会把回报率提高到了15%~18%——不受监管的《财富》500强的平均回报率。但不管怎样,年收益增长率远低于任何一年投资资本的回报率。

[3] 虽然市场可能无法对联邦能源管理委员会所说的"可行竞争"进行量化检验,但现实世界的竞争为放松管制提供了理由。请参阅:Internet appendix 10.1, "Competition: Real World versus Theoretical," www.politicalcapitalism.org/Book3/Chapter10/Appendix1.html.

[4] 《财富》杂志从1994年开始设立天然气管道运输企业排行榜,1994年、1995年和1996年的排名是:安然公司第一;威廉姆斯公司第二;东潘汉德尔公司第三。

随着据以计算回报率——原始成本减去累积折旧(即折余原始成本)——的费率基础的下降,每家州际管道运输公司即使不扩建也需要再投资,才能保持其实物资本稳定盈利。事实上,正如安然公司在科罗拉多州比弗克里克(Beaver Creek)举行的公司分析员年会上解释的那样,它的策略是让"目标管道资本支出(CapEx)达到折旧、损耗和摊销(DD&A)的水平"。

20世纪80年代末、90年代初,横跨大陆管道公司(一度由肯·莱经营)并没有达到其经核准的回报率,更不用说超过了。[1]哥伦比亚天然气输送公司(1991—1995年)的破产是一个在联邦监管变革后公司破产的悲惨故事。特别是,这两家管道公司在过渡阶段(根据联邦能源管理委员会第436号和第636号令)受到了由"不取照付"条款造成的成本的困扰。相比之下,安然公司则能积极解决有问题的合约。肯·莱的尽早解决理念——他在安然公司度过的职业生涯中的一大亮点,为他管理的管道公司取得成功排除了障碍。

高吞吐量——每家管道公司追求的目标——需要天然气输入和输出之间的平衡。管道运输公司必须讨好生产商,把集输管线铺设到气田的井口,并与其他管道公司的输气管道相互连接,以确保所需天然气的供应。管道运输公司必须对托运人示好,并且在终端有很大的用气需求。

如果州际天然气管道运输企业能够降低成本并/或增加收入,从而超过联邦能源管理委员会允许的回报率,那么,设计良好的费率方案就能创造额外的利润(唯一的缺点是为下一期费率方案备下了较高的基准)。在只规定费率上限而不设费率下限,并且没有法律授权以日后收取高于监管水平的费率来弥补费率打折造成的损失的情况下,管道运输公司要面对的挑战就是保持高吞吐量。

对实行开放—准入的管道运输公司来说,利好消息是联邦能源管理委员会推行新的费率方案设计政策,从而把更多的成本转移到客户必须支付的固定不变的即时供气附加费上,而把较少的成本转移到因为打折而可能低于费率上限或者因为运能闲置而完全收不到的容量费率上。采用直接固定变动法(straight fixed variable,SFV)设计费率方案,可降低管道运输公司需要承担的风险,这对于强制性开放—准入时代的天然气管线投资者和天然气托运人来说都是好事。

加州和佛罗里达州的天然气需求正在增加,而中西部地区的需求则有所减

---

[1] 请参阅:Bradley,*Edison to Enron*,pp. 353–364。

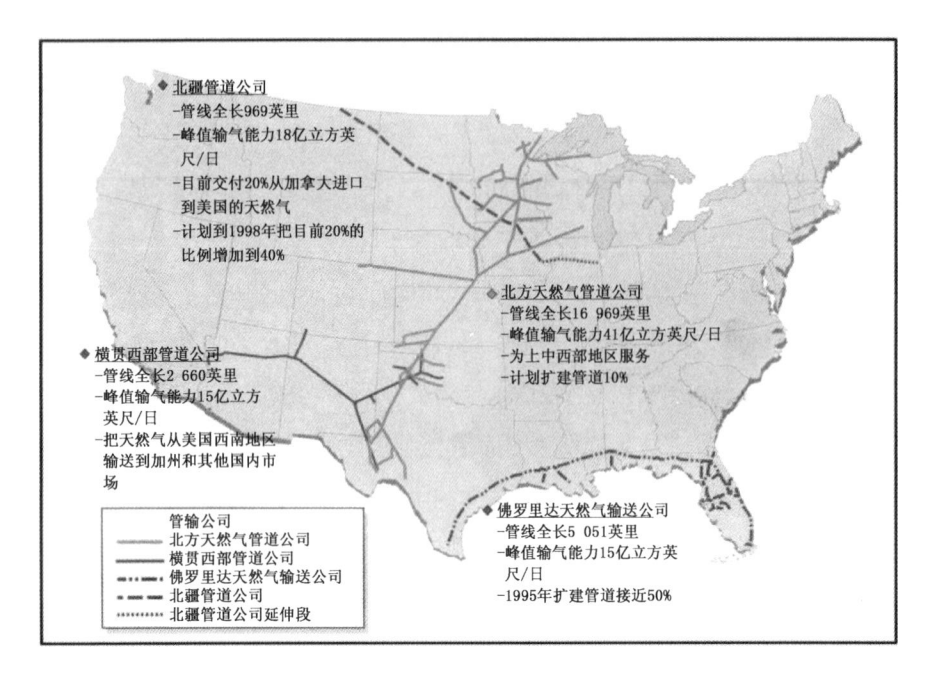

图 10.1　1996 年,安然公司的州际输气能力达到了日输 90 亿立方英尺天然气的峰值,比 10 年前增长了近 1/3。除了全资拥有北方天然气管道公司和横贯西部管道公司外,安然公司还持有佛罗里达天然气输送公司 50% 的股份和北疆管道公司 9% 的股份,并负责这 4 家公司的运营。

少。安然公司的州际管线(折余原始成本)投资从 1993 年的 28 亿美元增加到了 1994 年的 36 亿美元。按增幅计,1994 年是 1991 年增长 17%(25 亿美元)以来增长最快的一年。安然公司之所以能够大幅度增加州际管线投资,是因为无论托运人是否使用(预定)运能,("不运照付")的承运合同都要求增加。

新增净设备(费率基础)投资是安然公司维持和增加其最大部门盈利的关键。但利润增长很难达到安然公司新事业部的目标(年收益增长率预定为 15% 或更高)。[1] 安然公司旗下的管道公司能够实现 15% 的年收益率,但无法实现 15% 的年收益增长率。能实现 5%～10% 的年收益增长率已经是很好的了。

---

[1]　安然公司同时扩增输气能力遇到的一个问题是,国内缺少用于制造输气管道的钢板,因为联邦政府对进口钢板征收关税。1989 年,"安然公司成功把自己的诉求体现在了那部创立供应短缺救济机制的法律中"。但随着这部法律在 1992 年到期失效,安然公司驻华盛顿办事处又不得不重启游说活动。

降低成本：保持竞争力

安然公司的员工杂志在 1994 年春季报道称："这 4 家公司发起了旨在找到更好、更快、更简单、更赚钱的经营方式的攻势。"必须设立目标：在实际收入由于打折、吞吐量下降、不能再收取即时供气附加费等原因而低于理论上的成本加成最高费率收入的情况下，必须降低成本，并且不再能够玩弄节约费用、尽可能提高费率基础，然后采取"愿者上钩"的态度来销售天然气这种简易的游戏。安然公司负责这个项目的高管(共有两名)汤姆·怀特回忆说："维持现状并不是明智的选择。"

降低成本的一个重要方面，就是用固定投资取代劳动力。自动化和现代化能够提高据以创造纯利润的费率基础，并且降低不会创造利润的劳动力成本，而减少开支则能改善"开放—准入"世界输气业的经济状况。

其中的一个目标就是淘汰靠四五个工人手工操作的老式压缩机站，其中最老的是北方天然气管道公司可追溯到 20 世纪 30 年代的压缩机站。新的自动化技术使位于休斯敦(安然大厦 42 楼)的天然气控制系统能够远程控制压缩机站。如果休斯敦的控制系统发生故障，位于北方天然气管道公司总部奥马哈的一个备用系统也能远程控制压缩机站。

与此同时，在各位分管业务的副总裁的领导下，组建和培训自我指导工作小组，并且推行基于技能的薪酬制度，从而精简了一线管理层。安然公司还对每个员工的工作技能进行全面的评估和考核，结果是有些员工的职责和薪酬双双增加，部分员工则被解雇或"买断"。"我们发现了各种各样的有趣事情。"怀特在回忆技能评估时表示。读写能力也作为一种工作技能来考核。有些身居要职的资深员工不识字，只能依靠他们的下属。

安然公司在降低成本方面取得了戏剧性的效果。仅在 1993 年上半年，安然旗下的州际天然气管道运输公司就裁减了超过 1/5 的员工。到这个过程结束时，这些管道运输公司大约节省了 40% 的日常开支。由于员工人均输气量增加了 5 倍，因此，输气可靠性也有所提高。

安然旗下州际管道运输公司的一线管理人员从 130 人减少到 19 人。北方天然气管道公司的一台老式压缩机被送到奥马哈的一家博物馆作为展品陈列。"我对斯坦·霍顿开玩笑说，20 年后，[堪萨斯州]克利夫顿(Clifton)将只剩下一个人和一条狗，"汤姆·怀特回忆说，"这个人负责喂狗，而狗负责看管不让这个人摸碰压缩机站的任何控制装置。"

1995年采取的名为"绩效改进法"（Performance Improvement Process）的削减成本举措，要求跨职能团队（安然旗下的管道运输公司大约有40个这样的团队）设定成本削减目标。"文化变革"消除了原来的成本转嫁心态的最后残余影响。"过去，员工如果觉得自己需要什么东西，就会去买，"一位现场负责人说，"现在他们必须确定是否真的需要，然后他们还要看看兜里是否有钱，自己是否负担得起。"

通过采取这些不同的措施，头几个月就节省了几十万美元。每套设备所需的费用按地区合并后组织招标。首次跟踪"用吹毛求疵的方式确定的费用"，并且取消遗留成本。（"一些地方对不再使用的[电话]线路收费，包括一些可以追溯到20世纪40年代的线路。"）在不影响安全的前提下，在"更接近边缘的"地方采取行动。

安然运营公司的联席董事长兼首席执行官霍顿和工程建设部门主管怀特牵头负责成本节约工作。（1996年，安然石油公司分拆为两部分，霍顿担任安然天然气管输集团董事长兼首席执行官。）霍顿擅长鉴别费率方案之间的细微差别，并且在运营方面也很精明，他支持基于经济理性的扩张，而不是安然公司批评的那种"狭隘的费率基础心态"。安然公司的市场面临相当激烈的竞争，但联邦能源管理委员会对"有效竞争"（一个有争议的理论标准）的定量评价结果与此相反。

横贯西部管道公司的企业家精神

20世纪90年代，横贯西部管道公司面临两大挑战。其中的一大挑战就是，由于克恩河天然气输送公司的进入，再加上包括横贯西部管道公司在内的所有3家已经进入加州市场的州外供应商对加州的扩张，因此，加州的输气能力明显过剩。结果是7亿立方英尺/日的输气能力追逐5亿立方英尺/日的天然气需求——出现了30%的过剩，而监管扭曲又加剧了输气能力过剩。[1] 打折销售

---

[1] 加州公用事业委员会以及加州几家主要的公用事业燃气公司，成功地说服州政府推迟在加州中部"提高石油采收率"市场增加输气管道运能。多年来的拖延阻止了增加为更加合理地回应市场需求所需的运能，并且在从1987年年底开始的3年里，也就是在首次提出增加新运能后的3年里，导致加州的天然气供应不断减少。

输气容量——尤其是在埃尔帕索公司和横贯西部管道公司的空档期——在所难免。

横贯西部管道公司面临的第二大挑战是联邦能源管理委员会第 636 号令 (1992 年)中的一项规定,这项规定准许地方配气公司把不需要的输气容量永久归还给它们的州际输气供应商。[1] 由于输气能力过剩几乎完全消除了这种优先购买权的价值,南加州燃气公司通知横贯西部管道公司到合同期满时,也就是到 1996 年 11 月可以收回其输气容量。

南加州燃气公司是横贯西部管道公司最大的客户,确定的日需输气容量是 457 兆立方英尺,相当于横贯西部管道公司加州历史输气容量的 60%。因此,南加州燃气公司退还它不需要的输气容量以后,就不需要再向安然公司每年支付 5 100 万美元,而只需按实际输气容量付费,无须支付输气容量预订费。在这之前,横贯西部管道公司(和埃尔帕索公司)曾达成一项无限期协议:南加州燃气公司要按其历史合同 60%的折扣支付(固定的)即时供气附加费。

横贯西部管道公司不得不推行一项在实施 1938 年《天然气法案》的整个历史中很少有州际管道运输公司采用过的商业策略,结果达成了一项让这家公司在执行有可能获得更多收入的激励措施的同时得到部分缓解的"具有里程碑意义的费率结算协议"。作为对南加州燃气公司继续支付 5 年打折后的即时供气附加费的回报,横贯西部管道公司同意在 5 年内收取(联邦能源管理委员会有史以来首次批准的)最高指数化费率,并且对集输管线资产用客户信用来取代费率基础。横贯西部管道公司还获得了为重新出售(南加州燃气公司)放弃的输气容量使用权的权利。

这项经过高度协商且几乎没有争议的和解总协议,是联邦能源管理委员会另一项首开先河的协议。它让横贯西部管道公司在 2006 年之前(3 年)不用报批费率方案,而在一个 10 年的窗口期里采取削减成本和其他提高效率的措施可以创造能成为公司利润的增量收入。签署协议不是通过联邦能源管理委员会来实施监管,而是通过签订契约来管理。几年前,安然公司的两位思想家把这种契约称为"社会契约"——一种受影响各方之间为了取代监管费用并激发企业家对

---

[1] 关于横贯西部管道公司面对监管变革所表现出来的企业家精神的介绍,请参阅第二章、第三章、第五章和第六章。

效率的警觉性而确定价格和服务条件的长期合约。[1]

图 10.2　横贯西部管道公司与它以南加州燃气公司为首的客户达成的和解总协议,实际开启了一个降低成本和增加收入从而增加利润的 10 年无监管窗口期。图中的照片显示,横贯西部管道公司总裁德博拉·迈克唐纳(Deborah Macdonald)与项目团队的其他成员在一起庆祝胜利。

通过收回并重新出售客户已认购未用的输气容量,横贯西部管道公司可以赢得有保障的收入流,而且一直要到州运能过剩问题得到解决为止,并且能重新赋予输气容量确定使用权以经济价值。由于加拿大的低成本天然气打进了加州,横贯西部管道公司不得不把天然气输往美国东部地区,并且因此而受启发采取三项措施:为获得新的天然气供应来源,扩建一条容量 3.4 亿立方英尺/日的输气管道横向延伸到新墨西哥州气藏丰富的圣胡安盆地;把它的两条得州横向输气管道改成双向输气管道;与北方天然气管道公司一起制定联运费率。

到了 1996 年,新组建的横贯西部管道公司对加州的天然气运能已经达到 15 亿立方英尺/日,而之前它在东加州的业务只有 10 亿立方英尺/日的输气能力。1985 年安然公司收购这家管道公司时,它的运能是向西输送 7.5 亿立方英尺/日的天然气,而向东只能输送 2.5 亿立方英尺/日。11 年前,肯·莱正确地告诉股东说,横贯西部管道公司"有潜力在未来 10 年显著增加其销售收入和输

---

〔1〕　时任董事长的特里·索恩表示:"如果发现州和联邦监管的总成本相当于横贯西部管道公司的[确定输气]费率的一半,我不会感到惊讶。"

气容量"。

横贯西部管道公司做得更好的地方是,能在前所未有的买方市场上保持自己的盈利能力,并且创造更好的盈利机会。这个安然旗下管道运输公司中的"小妹妹"把自己的规模扩大了两倍,并且可以说是美国最具企业家精神的管道运输公司。

佛罗里达天然气输送公司:阻止进入

佛罗里达天然气输送公司 1987 年和 1991 年完成的两次增量扩能(每次扩增 1 亿立方英尺/日的运能)刚好赶上市场需求的增加。第三期扩建工程规模要大很多。1991 年年底,佛罗里达天然气输送公司向联邦能源管理委员会提交了扩容申请,当时正面临联合管道公司和沿海天然气输送公司联合发起的一个新管道项目的潜在进入威胁(这个项目最终于 2002 年投入使用)。[1]

在已有输气容量 9.25 亿立方英尺/日的情况下,佛罗里达天然气输送公司申请新建一条 800 英里长的输气干线和两个新的压缩站,并升级已有的压缩机,以增加 8.75 亿立方英尺/日的输气容量。估计这个斥资 9.4 亿美元的拟建项目要到 1994 年年底才能投入使用。

由于扩建项目输气容量缩减到了 5.3 亿立方英尺/日(拟通过 6 年后实施的第四期扩建工程补足差额),因此,到了 1995 年年初,佛罗里达天然气输送公司就成了一家拥有耗资约 10 亿美元、14.5 亿立方英尺/日运能、全长 5 275 英里的输气管道系统的输气公司。佛罗里达天然气输送公司作为阳光之州唯一的天然气供应商,试图通过及时扩大运能来保持这种状况,同时为未来扩大运能积累成本优势,当然也需要注意环境问题造成的成本上涨。

佛罗里达电力照明公司希望把已有的燃油电厂改成燃气电厂,并增加新的燃气发电能力。于是,佛罗里达天然气输送公司通过与这家电力公司签署确定输气合同增强了自己扩大输气容量的能力。佛罗里达天然气输送公司的 29 个客户占用了它 99%的新增输气容量,并且使它有保证的货币收入(不管客户是否输送天然气,都要支付即时供气附加费)从 1990 年占其总收入的 19%增加到了 90%。采用直接固定可变费率法设计的费率方案把输气收费转变成必付费

---

〔1〕 关于佛罗里达天然气输送公司前几次扩容的介绍,请参阅第三章、第五章和第六章。

率,而不是按实际输气量支付的容积费率,从而使得西特鲁斯公司从中获益。西特鲁斯公司由安然公司和索纳特公司各持一半股权,并由安然公司的比尔·艾利森管理。[1]

虽然第三期运能扩建项目规模缩小了40%,但成本并没有因此而相应下降。尤其是前所未有的环境要求增加了项目的费用和施工时间。大约2 300只生活在输气主干线附近的戈帕尔龟要求"环保专家曾经尝试过的规模最大的一次受保护物种迁徙行动"。这是联邦能源管理委员会第一次要求在输气管线两旁种植乔木和灌木,而不是简单地保护自然植被。

安然公司的一位高管表示:"这是一种正确的做法。"但这也是法律所要求的——对于受管制费率的设定来说也是一件好事。额外的成本打进了包含一定回报率的费率基础,而有可能进入佛罗里达天然气输送公司地盘的潜在管道运输公司则要执行相同的标准,从而增加了它们的进入成本。

北方天然气管道公司:渐进式扩容

北方天然气管道公司的输气管线总长超过安然公司跨州输气管道总长的一半。这家公司自20世纪30年代初成立以来,一直是美国中西部市场上占据支配地位的供应商。与佛罗里达州和加利福尼亚州高速增长的市场相比,北方广阔而又分散的市场已经成熟。[2]然而,正如安然公司在1994年年报中指出的那样,北方天然气管道公司"稳定的费率基础、交易量和利润率使它能够持续创造强劲的盈利和现金流"。

在原始成本不断折旧的情况下,小规模的扩张得以保持非常重要的费率基础不变。1996年,北方天然气管道公司完成了两个1亿立方英尺/日的增能扩容项目:一个在艾奥瓦州、伊利诺伊州和威斯康星州;另一个在明尼苏达州。北方天然气管道公司41亿立方英尺/日的运能,几乎相当于安然公司其他三家州际管道运输公司运能的总和。

在上报联邦能源管理委员会之前达成费率方案协议,对于北方天然气管道公司的盈利能力,就像对于其他州际管道运输公司的盈利能力,至关重要。1996

---

[1] 佛罗里达天然气公司和佛罗里达电力照明公司签订了一份超前的创新合同,这份合同不仅把石油和煤炭拒之门外,而且阻止了一条通往佛罗里达州的拟建新输气管道项目的实施。

[2] 关于北方天然气管道公司历史的介绍,请参阅第一章和第二章。

年 3 月,北方天然气管道公司与其客户达成了一项协议:北方天然气管道公司取消上调费率;作为交换,客户同意(即将到期的)输气容量确定合同再展期两年,从而能为北方天然气管道公司带来它急需的固定收入。如果地方配气商能解除捆绑并允许最终用户自己购买天然气(地方配气商继续保留输气容量),就有必要提前(而不是等待惯常的 3 年期)采用另一个费率方案来落实北方天然气管道公司未得到执行的按季度(而不是按照联邦能源管理委员会规定的年度)给输气容量定价的方案,以便更好地实现需求与供给的匹配。就像在其他问题上一样,安然公司是在挑战联邦和州的监管极限。

1996 年,北方天然气管道公司宣布了一项增能扩容计划,打算在 1997—2000 年间斥资 1.05 亿美元,主要在上中西部地区增加确定运能 3.5 亿立方英尺/日。虽然以安然公司的标准来衡量,这个项目的规模并不算大,但"2000 年峰荷日"项目却是北方天然气管道公司 30 年来最大的扩容项目。增加客户和扩大运能可以提高费率基础,并且允许安然公司最大的现金牛继续生产每一滴都很重要的"全脂牛奶"。

北疆管道公司:输送更多加拿大产的天然气

安然公司拥有北疆管道公司 9%的股权,并且负责这家公司长 970 英里、容量 170 亿立方英尺/日的输气管道的运营,把加拿大的天然气输送到美国中西部地区。其中,70%的天然气在艾奥瓦州文图拉(Ventura)交付给北方天然气管道公司,再由这家公司把天然气输送到美国中西部地区的多个市场后交付给客户。

"北疆管道公司是把加拿大的天然气输送到美国的最大输气商。"北疆管道公司占有 20%的美国天然气市场份额,1995 年年初向联邦能源管理委员会提出斥资 7 亿美元扩大 15%运能的申请,主要是为了把更多的加拿大天然气输送到美国中西部地区。结果,这个扩能方案,再加上一项铺设一条通往芝加哥的支线的新计划,就把北疆管道公司的运能扩大 40%,新增运能达到了 7 亿立方英尺/日,从而使北疆管道公司变成这个地区已有天然气管道运输容量供应商美国天然气管道公司和美国自然资源公司旗下的管道运输公司以及一个之前已经向联邦能源管理委员会提出进入申请的潜在管道运输容量供应商[联盟管道公司(Alliance Pipeline)]的竞争对手。这个耗资 8.37 亿美元的增能扩建工程——美国正在进行的规模最大的增能扩建工程——最终于 1998 年竣工投产。

从1981年开始,北疆管道公司实行服务成本加成费率,但安然公司的其他州际管道运输公司采用固定可变费率制,把(大部分固定)成本分摊到固定费率(即时供气附加费)上,而把其他(大部分可变)成本分摊到可中断供气费率上。北疆管道公司的收费方式要求签订确定合同的托运人支付作为固定成本的全部输气费用,而实际输气量的增量成本为零(这种从加拿大把天然气运到美国的跨国输气常用的收费方式实际消除了管道运输公司的风险,但在2000年被"直接固定变动费率制"所取代)。

签订确定合约的客户不分昼夜地充分利用北疆管道公司的运能("自1988年以来,北疆管道公司一直在以其最大或接近最大运能的水平输送天然气")。

根据联邦能源管理委员会第636号令,订约托运人可以把自己签订确定合约订购的闲置容量收费转让给第三方。

安然公司通过持有北疆合伙人有限公司13%股份的方式拥有北疆管道公司的部分权益;北疆管道公司的其他股东是威廉姆斯公司、东潘汉德尔公司和纵跨加拿大管道公司(TransCanada Pipeline)。拥有北疆管道公司70%股份的北疆合伙人有限公司于1993年以业主有限责任合伙公司(Master Limited Partnership, MLP)的形式上市。安然公司变卖了它持有的北疆合伙人有限公司的股份而获得了2.17亿美元,并且用它来帮助实现公司整体盈利15%的目标,"还用它来偿还债务,为那些给我们带来更高回报率和更快增速的项目提供资金"。安然公司仍然是北疆管道公司运营商和一般合伙人,因此能分享该公司的收费收入,同时又能持续为安然公司旗下的其他州际管道运输公司和驻加拿大营销办事处带来北疆管道公司的"协同效益"。

1987年,美国国会为自然资源和矿产企业规定了业主有限责任合伙公司的所有权形式,允许业主有限责任合伙公司直接向股东派发股息并免缴企业所得税。也就是说,业主有限责任合伙公司的收入可以不缴60%的所得税。北疆合伙人有限公司的3个美国所有人都是业主有限责任合伙公司的股东。

安然储运公司

安然公司早在1987年就提出了一个令人振奋的"单一网络系统"愿景。虽然安然公司对由5条管道组成的州内和州际输气系统进行过职能部门集中管理的试点,并产生了一些双管线协同效应,但特别是对于佛罗里达天然气输送公司和横贯西部管道公司来说,这个愿景与其说已经成为现实,还不如说是炒作和憧憬[1],尽管这两家公司曾把会计、财务和费率设计等职能部门合并在一起。

网络化优势在很大程度上被输气管道系统特有的联邦费率和服务监管所抵消,更不用说针对管道运输公司的强制性开放—准入规定产生的影响。虽然位于安然大厦42楼的天然气控制中心的荧屏能够显示安然公司运营的5个相互连接的输气系统,但安然公司并没能整合其职能部门,但不管怎样,安然公司就如何对这些输气管道进行"安然化"改造还是动了不少脑筋。

横贯西部管道公司和北方天然气管道公司(这两家公司是安然公司的全资子公司)总裁德博拉·迈克唐纳和比尔·科德斯宣布,从1994年3月1日开始,对这两家公司进行整合,以便增收节支。他俩表示:"横贯西部管道公司和北方天然气管道公司正在整合其收入目标、经营战略、运输服务和新产品线。"这两家公司的其他部门也在探索联合优化以解决其地域重叠的问题。这次整合的结果就是组建安然储运公司(Enron Transport and Storage, ETS)。

这次试点在1996年9月进入了新的阶段,横贯西部管道公司的东段和北方天然气管道公司的南段合并成一个新的实体——安然储运公司。这两家管道运输公司仍然是独立的法律实体,而安然储运公司则是一个"赋予横贯西部管道公司和北方天然气管道公司合并部分新身份"的"伞形组织"。

现在有一个单一营销团队为两家公司有重叠的市场服务,而调度和计费被合并为"无缝服务"部。"新实体员工的目标是为新实体,而不是为其中的某家管道运输公司实现利润最大化,从而以尽可能少的交易成本为安然公司创造尽可能多的收入。"

有几个因素促使这种事实上的合并成为可能。这两家管道运输公司都解决了它们的"不输照付"问题,都是完全实行开放—准入规则的管道运输运营商,并且都关闭了自己的集输系统。这两家公司最近都与客户签订了费率协议,可以在之后几年里经营受轻度监管的业务,因此,节支就能创造利润。但最重要的是,整合是对西得州以及得州和俄克拉荷马州狭长地带输气系统重叠做出的回应。

---

[1] 关于安然公司对管道运输公司的集中化管理的介绍,请参阅第三章、第五章和第六章。

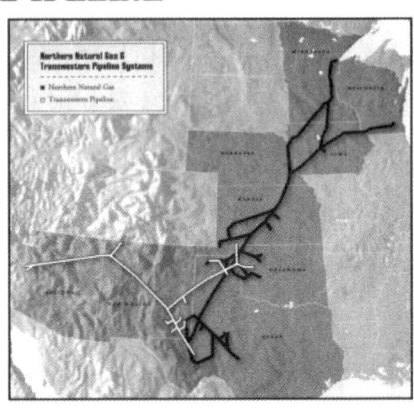

图10.3 安然公司在实施州际管道运输公司整合策略的过程中遇到了监管和所有权方面的困扰,但(1996年)有机会把北方天然气管道公司输气系统的南段和横贯西部管道公司的东段合并成一个实体。

安然储运公司的联席董事长斯坦·霍顿和北方天然气管道公司的总裁比尔·科德斯认为,这个新实体是"我们行业正常发展的部分结果"。事实上,天然气行业标准委员会在联邦能源管理委员会的授权下,很好地编纂了旨在促进企业相同业务有效整合的最佳标准。[1]但是,霍顿注意到了另一个事实:天然气运输协同效应正在打破天然气行业被监管分割的局面。

并非解除监管

安然公司是减弱联邦能源管理委员会监管力度的行动源泉。在吉姆·罗杰斯的领导下,安然公司提出了合理区域费率(1985年)、天然气供应预订费(1986年)——后来成为天然气库存费(1987—1988年)、系统外可中断销售服务(1987年)和天然气灵活采购调整(flex PGAs,1986年和1988年)等建议。罗杰斯在北

---

[1] 1996年3月,由生产商、管道运输商、营销商和地方配气商代表参加的天然气行业标准委员会提出了140项关于输气容量指定、分配和计价等的标准。经过审核,联邦能源管理委员会在第二年把天然气行业标准委员会达成一致的标准作为监管准则。

方天然气管道公司的门生里克·理查德(Rick Richard, 1989年)提出了一种成本加成月度定价法。在获得联邦能源管理委员会和加州公用事业委员会的批准后,横贯西部管道公司(1986年)成了第一家在加州绕过地方配气商直接向客户销售天然气的州际天然气管道运输企业,从而也是第一家让发电厂用天然气取代渣油发电的州际天然气管道运输企业。

横贯西部管道公司和北方天然气管道公司是最早宣布按照开放—准入规定经营管道运输业务的州际管道运输公司(1986年)。3年后,横贯西部管道公司的输气管线成了美国第一条单一输气管线。横贯西部管道公司和北方天然气管道公司也曾提出申请要求解除管制,并允许转让已签订确定合约预订的固定输气容量。这两家公司希望能在公开市场上把输气容量持有者退还的容量(重新)签约卖给出价最高的竞标人。

1990年伊拉克战争结束后,横贯西部管道公司成功推动了对新增州际管道运能的加速利用,原因就是用天然气来取代(不可靠的)外国石油。肯·莱劝说联邦能源管理委员会对天然气管道运输业实行公允费率定价法。根据这种定价法,成本加成费率采用(较高的)重置成本,而不是折余原始成本——联邦能源管理委员会对州际石油管道运输业采用的方法。

费率方案普遍成了安然公司旗下各管道运输公司突破传统监管边界的手段。除了以前的先例外,1991年佛罗里达天然气输送公司和北部天然气管道公司提出的激励费率确定方案都要遵守这种三年一申请的费率方案报批制度。[1]

不管怎样,简单地解除对天然气管道运输业的管制并不是政策制定者的兴趣所在。1991年美国能源部发布的布什政府国家能源战略(National Energy Strategy, NES)表明,只有在"管道运输公司没有市场力量"的情况下才能取消费率管制。用乔治·H. W. 布什的话来说,国家能源战略的"市场魔力"并不适合天然气行业中游的州际管道运输市场,除非监管机构进行专门的量化调查。

管制是得到天然气生产商、营销商和地方配气商肯定的根深蒂固的行业立场,也是监管惰性造成的结果,并没有多少监管机构倾向于解除管制。虽然有的州监管机构对州内管道运输业务的监管比较宽松(如得州)并取得了成功的先

---

[1] 请参阅第六章和第七章。

例,但以上这一切都导致州际管道运输业在推动解除天然气行业其他领域的管制时变得缩手缩脚。

安然公司讲究实际,支持一种"成本加成费率、激励费率和/或基于特定市场特定服务的市场费率的组合"。与卡托研究所和能源研究所有关的一些自由市场经济学家和自由论者持相反的观点,他们认为,完全解除管制——不管是不是分阶段实施——都是可行的。

肯·莱虽然之前主张在成本加成法公平、合理的框架内放松管制,但在1993年卡托研究所和能源研究所召开的年会上支持完全解除管制,并且成了"第一个公开考虑解除州际管道运输管制的大管道运输公司董事长"。与此同时,甚至在同一篇演讲中,莱又主张政府干预能源市场,这也是为了增强安然公司的竞争优势。[1]

———

莱的利己主义立场有着众所周知的理论基础。联邦能源管理委员会根据州际管道运输公司的"市场支配力"进行"有效竞争"的量化检验,是一种运用赫芬达尔-赫希曼指数(Herfindahl-Hirschman Index)评估市场份额比率的方法。赫芬达尔-赫希曼指数静态审视竞争和效率,是一种平衡分析法。[2]但正如从约瑟夫·熊彼特到F. A.哈耶克等经济学家所强调的那样,竞争是一个动态的渐进过程,而不是当前产业结构的反映(或当下的衡量标准)。联邦能源管理委员会采用的结构—行为—绩效模型无法捕捉到创业或创新所产生的效益,因为创业或者创新都不是一种可预测、可衡量的行为。[3]但不管怎样,动态效率与静态效率同等重要,甚至比静态效率更加重要。

反对者谴责一种定性的市场过程竞争观。天然气生产商的行业组织天然气供应协会和全美独立石油企业协会在一份简报中表示:"不能根据轶事、假设或亚里士多德逻辑来确定整个行业的竞争是否充分。"由监管造成的这种非一体化天然气行业,反过来又制造了这种(亲)监管冲突。

﹝1﹞ 莱主张为征收英热单位税设立基金。相对于天然气而言,这种税收会对石油和煤炭造成更加严重的不利影响,从而对安然公司有利。英热单位税基金可用来为购买原油构建战略石油储备提供担保。
﹝2﹞ 请参阅:Internet appendix 10.1, "Competition: Real World versus Theoretical," www.politicalcapitalism.org/Book3/Chapter10/Appendix1.html。
﹝3﹞ 请参阅:Internet appendix "Entrepreneurship in Economics: From Unknown to Missing," http://www.politicalcapitalism.org/Book1/Chapter4/Appendix2.html。

第十章
安然公司稳定的一面

"行动缓慢的传统监管无法应对(由)……天然气市场竞争力量扩张促成的快速变化,"安然公司的一名咨询顾问表示,"费率通常对服务定价不当:在高峰时期,服务并没有配置给最有价值的用途;而在非高峰时期,输气管道没有得到尽可能充分的利用,用行政方式设定的费率未能为进入和退出决策提供适当的信号。"

此外,根据定义,不完全竞争的问题并不能通过完美的监管来解决。在寻求解决市场失灵的过程中又出现了政府失灵的问题。莱在卡托研究所和能源研究所年会上发表主旨演讲时表示"不完美的市场往往要好于完美的监管",他是在暗示,即使是政府最好的作为也常常比它们的不作为更加糟糕。

1996年,安然公司的一个特别工作组设想了一些崇尚自由市场的联邦能源委员会新委员可能会如何建议重新解读《天然气法案》关于市场取代监管的公平合理标准。《解除监管法规提案通告》(Deregulation Notice of Proposed Rulemaking, D-NOPR)提出了这样一种假设:建立一个支持自由市场的联邦能源管理委员会,用"通过联邦能源管理委员会批准的费率结算协议来实行的市场依赖型自我监管"取代以成本为基础的监管以及准入和退出授权。[1]这个新想法的灵感来自横贯西部管道公司的统一费率协议。根据这种协议,在联邦能源管理委员会的支持下,双方签订基本取代联邦监管的长期合同。从某种意义上说,监管被"私人化"——从而降低监管的成本,同时又提高监管的法律确定性。

考虑到联邦能源管理委员会的指导思想是"在证明无罪之前都被推定有罪",安然公司旗下的各州际管道运输公司在20世纪90年代中期继续致力于推动符合市场规范的宽松监管。其中的有些公司由于遭到上下游的反对而未能达到目的。反对方把严格意义上的成本加成费率法视为有利于财富从受监管方转移到他们手中的费率制定方法——一种与自由市场激励有利于更多的产品选择和新进入的动态观针锋相对的零和观。

事实上,联邦能源管理委员会大谈市场改革,但从来都不放心自愿谈判和让市场决定,就连它从20世纪80年代末到90年代中期优先考虑的激励型监管也迟迟没有付诸实施。

---

[1] 请参阅:Internet appendix 10.2,"Enron Memos on Natural Gas Transmission Deregulation,"http://www.politicalcapitalism.org/Book3/Chapter10/Appendix2.html。

图 10.4　安然公司旗下的州际管道运输公司在监管约束下创业。安然州际管道集团首席执行官斯坦·霍顿(前排居中)领导下的 4 家管道公司的总裁(按顺时针方向)分别是德博拉·迈克唐纳(横贯西部管道公司)、拉里·德罗因(北疆管道公司)、比尔·科德斯(北方天然气管道公司)和比尔·艾利森(佛罗里达天然气输送公司)。

1995 年,横贯西部管道公司在达成统一费率协议,使得它在 10 年后实行下一个强制性费率方案之前实际已经解除管制。同年,佛罗里达天然气输送公司提出在一个 5 年期内对其服务成本按通货膨胀率进行指数化,并在没有实行指数化费率的情况下允许客户选择不同于监管默认价格的价格和服务议定费率(追索选择权)。在这个"市场匹配计划"下,最终的选择取决于"试图利用自己所处的特殊市场环境最大限度地提高灵活性、效率和价值的托运人的创造力"。但是,就像佛罗里达天然气输送公司在 1991 年提出的类似方案一样,这个方案没有得到联邦能源管理委员会的批准。

1996 年,北方天然气管道公司提出了"地平线"(Skyline)方案。根据这个方案,托运人要支付市场敏感型季节性费率,以便(在其他条件相同的情况下)提高冬季高峰期的费率,并降低非高峰期的费率。采用这样一种稀缺定价法制定的费率不得超过按总成本确定的收入的上限,这样,高于监管水平的费率就能以低于监管水平的费率在一年内实现平衡。

集输监管的解除

虽然联邦监管机构并不认为州际管道运输市场是"有效竞争"市场,但天然气井口价格和市场中心(枢纽)价格却是有效竞争价格。20世纪70年代,生产者价格管制造成了天然气短缺,这是依照1938年《天然气法案》实施行政监管的一个不良记录。由于天然气供应过剩,1978年和1989年的联邦立法取消了所有的天然气价格上限,但收效甚微。[1]

这些联邦立法导致集输管线——费率基础由联邦能源管理委员会公用事业处监管的小口径管线——的费率方案和非常复杂的州际管道运输费率方案的情况也是如此。采用成本费率制的受监管管道运输气系统占据1/3的市场,从而使得大部分市场成为不受管制的竞争市场。受监管管道运输业的费率确定仍以牺牲生产成本较低的气井为代价交叉补贴业绩较差的气井。

考虑到集输管线系统已经被它们受监管管道的所有者拆分,联邦能源管理委员会在第636号令颁布以后是否仍应该继续对集输管线系统实行监管呢?毕竟,非关联集输管线系统不受华盛顿监管。为了解决这些问题,联邦能源管理委员会于1993年开始制定规则。

安然公司支持联邦能源管理委员会制定规则,并表示"对关联集输管线运营商的'连带监管'造成的联邦监管威胁,使他们在竞争中相对于不受监管的竞争对手而言处于劣势地位"。由(安然公司的里奇·金德一度担任会长的)全美州际天然气协会代表的其他有受监管集输管线的州际管道运输公司也在寻求平等和创业自由。

无论是天然气独立生产商还是天然气生产巨头,都在为维持现状——联邦能源管理委员会设定的费率上限——进行游说。美国独立石油生产商协会会长告诉联邦能源管理委员会:"许多气井的集输竞争是一种幻觉。"康诺克石油公司(Conoco)、阿莫科公司、阿纳达科石油公司和全美天然气供应协会的代表反对取消对集输管线的管制,甚至反对取消现有的宽松监管。

联邦能源管理委员会在1994年5月颁布了它制定的规则:"如果管道运输公司把集输设施'分拆'给公司麾下的附属公司或者另一家公司,本委员会就不

---

[1] 关于这次历史性的监管失败的介绍,请参阅:Bradley, *Edison to Enron*, pp. 504—508。

会监管这些设施。"这个委员会的一名委员富有哲理地说:"如果我们对天然气行业的这个部门监管过度,那么就错了。"过渡规则已经制定到位,联邦能源管理委员会已经把管辖权交给州能源监管机构以便它们在必要时介入干预。

这种对自由市场的让步,是州际管道运输公司和安然公司取得胜利的结果。"我们赞赏联邦能源管理委员会采取非常平衡的兼顾方法。"斯坦·霍顿说。他还指出,安然公司有安全网,而且"联邦能源管理委员会担心的滥用行为在安然公司并不存在。毕竟,生产商是我们的客户。没有天然气供应,没有良好的关系,就不会有天然气销售"。

是到了放下或者分拆集输管道的时候了。

几个月后,霍顿表示:"我们的内部分析和相关方面的主动报价都表明,横贯西部管道公司和北方天然气管道公司的集输资产可能对于其他公司更有价值。"随后就变卖了一些集输资产,从而使得这两家公司的管道运输里程分别减少了28%和40%。但是,安然公司旗下的管道运输公司又一次给安然送来了现金。

不管怎样,安然公司对集输资产采取的行动并没有逃过政府的监管。美国联邦贸易委员会对安然公司把集输管线系统卖给菲利普石油公司(Phillips Petroleum)的交易进行了干预,要求安然公司把得克萨斯—俄克拉荷马州阿纳达科段的集输管线(大约占拟交易管线的1/3)排除在一项正在进行谈判的2 300英里集输管线交易之外。其他一些州(包括俄克拉荷马州和堪萨斯州),特别是得克萨斯州,表示要行使管辖权,为那些感到自己受到集输管线运营商价格或服务歧视或虐待的天然气生产商设立投诉程序。不过,这种宽松监管与此前对州际管道运输业实施的费率监管还是有很大的区别的。

安然石油天然气公司

1987年聘请福莱斯特·霍格伦德,赋予他重振安然石油天然气公司的重任,是肯·莱在安然公司任职期间的一个亮点。到了1990年,安然石油天然气公司已经现金充盈,这在一定程度上要归功于约翰·温依照《公用事业管理政策法案》签订的合同。在接下来的几年里,致密砂岩气生产的税收抵免为安然石油天然气公司带来了繁荣。1992年和1993年,致密砂岩气收入要占到公司净收入的40%。(如第六章所述,安然石油天然气公司曾努力恢复联邦税法中这个已经过期的条款。)

但除了寻租之外,霍格伦德在创造竞争优势方面也做了很多正确的事情。正当其他公司通过合并事业部办公机构来降低成本时,安然石油天然气公司缩减了公司在休斯敦的机构,但设立了许多地区办事处。安然石油天然气公司的每个事业部自主配备员工,并且都成了自己的利润中心。在新技术特别是二维和三维地震探测和水平钻井技术的帮助下,这些内部的公司在业内率先积极削减钻井和运营成本。[1]

天然气价格在1985—1987年间下跌了一半,而且后来也没有回升,但霍格伦德吹嘘说,可通过对冲在任何行业状态下持有的仓位来进行自我对冲操作。[2]与安然公司不同,安然石油天然气公司是一家低成本企业,是天然气行业的"西南航空"和"沃尔玛"。它与母公司不同的地方就是它的资产负债表一直"非常保守"。它与安然天然气服务公司也不同,作为美国第五大独立天然气生产商,没有玩弄透支未来的会计花招。("我们不玩那种简单的游戏。"霍格伦德如是说。)因此,安然石油天然气公司每年都能创造5亿美元的现金流,并且日益按照自己的方式用安然公司的投资来赚更多的钱,也就不足为奇了。

1989年,安然公司用安然石油天然气公司16%的股权进行上市,证实了这家子公司的企业价值高于肯·莱的公司的全部其他资产。安然公司分别在1992年和1995年把自己对石油天然气公司的持股比例减少到了80%和61%,由此分别获得了1.1亿美元和1.61亿美元的现金。也是在1995年,安然公司迫使自己在1998年年底进行了一次战略性转换,把持股比例降低到53.5%(第二年全面撤资)。新安然在一定程度上就是靠安然石油天然气公司提供资金的。

随着新井钻探投资税收抵免的到期,安然石油天然气公司在1993年转而实施税收中性策略,即增强低成本供气的能力、处置濒临枯竭的油气田资产和构建油气战略储备。1994—1996年间,安然石油天然气公司取得了稳步的发展,并为日后获得更好甚至更大的发展奠定了基础。低成本、低债务、高透明度的安然石油天然气公司,不会像安然公司那样遭遇不幸的结局。

---

[1] 关于安然石油天然气公司早期历史的介绍,请参阅第三章、第五章和第六章。
[2] 霍格伦德开玩笑说:"直到去年,我们才让大家完全相信,我们可以在天然气价格下跌的情况下继续增加盈利。1993年最大的挑战是向他们表明,我们也能利用天然气价格上涨来增加盈利。"

低价格盈利能力

1994年伊始,安然石油天然气公司就发出了国内外业务都很兴隆的信号。除了北美7个地区分部都很赚钱外,国际业务也开始做出贡献。业务最多的地区分部是怀俄明州的大派尼分部,包括南得州、东得州、西得州和新墨西哥州、俄克拉荷马州、墨西哥湾和加拿大在内的其他地区分部也有不少的业务。[1]虽然天然气占其油气储量的93%,但安然石油天然气公司由于国际抱负越来越大,因此放弃了之前要成为美国天然气企业的口号。

1993年出现的天然气价格小幅回升在1994年发生了逆转,从而导致安然石油天然气公司平均井口收入减少了16%,也就是下降到了1.62美元/千立方英尺,促使该公司自愿停止部分生产(相当于其产能的25%),并且重新把资本从加密钻探配置到增加储量。套期保值和削减成本以及(监管促成的)之前做过的溢价交易,在1994年为安然石油天然气公司创造了创纪录的利润,并对上市公司进行了二送一的普通股稀释。事实上,自安然石油天然气公司1989年上市以来,其市值已经从18亿美元增加到38亿美元,年复合增长率超过15%。股东的总回报率超过了100%,是标准普尔500指数的两倍,远远超过5年同行-5%的回报率。

1994年,安然石油天然气公司的油气储量重置率再创新高,达到了创纪录的177%,而发现成本下降到了0.88美元/千立方英尺。不受新法规定约束的致密砂岩气田的税收优惠这年又增加了2 100万美元,从而使安然石油天然气公司的实际税率从35%的法定税率降低到了4%。[2]

"我认为,这个行业没有人能在钻井成本的问题上与我们相提并论。"福莱斯特·霍格伦德自豪地说。高盛公司的一份报告对此表示赞同,估计安然石油天然气公司单位能源生产的现金运营成本远低于同行。改进后的三维目标钻井模型,加上强化版井内竞争技术的应用,能以更低的成本生产更多的天然气。《安然商务》告诉员工,有一个气田的钻井时间从24天减少到了17天,而另一个气

---

[1] 美国内政部对安然石油天然气公司在联邦土地上的业务进行监管,特别是土地管理局(Bureau of Land Management)对陆上业务(大派尼)和矿产管理局对海上业务(墨西哥湾)进行监管。

[2] 1992年和1993年,安然石油天然气公司的实际税率分别是-22%和-23%,而这两年的致密砂岩气分别抵免税收4 300万美元和6 000万美元。安然公司付给安然石油天然气公司一张支票,通过合并申报收入来节税。

田的钻井时间更是从 13 天减少到了 7 天。

天然气井口价格在 1995 年创下新低以后,安然石油天然气公司也迎来了福莱斯特·霍格伦德所说的"可能是我们公司历史上最艰难的一年"。在霍格伦德所说的"不同凡响的一年"里,安然石油天然气公司虽然收益与上一年持平,但仍令人印象深刻。

这家自封的"低成本独立企业"不得不采用新的方式来赚钱:"增加原油和凝析油产量,开展其他营销活动,包括大宗商品价格对冲,变卖精选的油气储量并从事相关销售交易。"安然石油天然气公司仍有超过 5 亿美元的现金流可自由支配,这一年的股东回报率接近 30%,是业内企业的两倍多。

1995 年,天然气价格下跌了 20%,安然石油天然气公司主动减产 1.05 亿立方英尺/日的天然气(相当于其北美产能的 14%),把资金从钻探转向了储量收购。这一年,安然石油天然气公司靠变卖油气田资产净赚了一些钱,增加了油气储量以及可用于已有业务的战略性油气田资产,而且还有盈利——"我们有史以来最好的收购年"。油气储量重置率在这一年翻了一番,为开创未来做好了准备。

在价格压力很大的一年里,安然石油天然气公司迎来了一个政治契机。安然石油天然气公司想把自愿减产转变为强制性减产,要求其满负荷生产的竞争对手也减产——所有这些努力都是为了提高价格。霍格伦德这帮人想从任何一个发布强制产量配额令的州委员会那里得到帮助。正如安然石油天然气公司俄克拉荷马州分部负责人利兰·迈克维(Leland McVay)所希望的那样,俄克拉荷马州企业委员会(Oklahoma Corporation Commission, OCC)正在削减该州 28 000 口油气井的产量。但其他生产商自然是用产量来弥补价格上的损失。俄克拉荷马州企业委员会无助地看到得克萨斯、路易斯安那和堪萨斯等产油大州没有选择产量配额制,而是继续增加产量。竞争正在损害这个推行产量配额制的州天然气生产商的利益,而这个州的政府无法像过去几十年那样保护本州的生产商,因为那时候,这些产油大州都实行了原油产量配额政策,联邦政府也限制石油进口。

安然公司利用安然石油天然气公司股票在这一年年底的强劲表现套现,出售 3 100 万股普通股获得了 6.5 亿美元,获利 3.67 亿美元(税后 1.61 亿美元)。

此外,肯·莱和里奇·金德在安然公司的年报中告诉股东:"主要由于安然石油天然气公司在 1995 年 12 月成功完成了债券发行,我们把公司的债务—总资本比率差不多降低到了 40%,并将关键的信用等级提高到了 BBB+。"

莱和金德表示,安然石油天然气公司的收益"将为安然资本与贸易资源公司和安然发展公司创造商业机会"。福莱斯特·霍格伦德对"安然石油天然气公司股票流动性的增强"表示欢迎,因为"这[允许]现有投资者大幅度增仓,同时又能吸引新的投资者"。霍格伦德是安然公司旗下顶级子公司的主管,这家子公司业绩稳定,利润丰厚,企业价值不断上升。

安然公司与安然石油天然气公司之间的故事就是一个鱼与面包的故事。在安然石油天然气公司上市之前,安然公司对它的估值是 8.8 亿美元。在安然石油天然气公司为母公司创造了 20 亿美元的股票销售收入之后,安然公司 1996 年留存的 53% 股权仍然值 19 亿美元。这个时期,石油行业并不容易。但不管怎样,对低价颇为担忧、曾(在 1991 年)指责石油巨头进行掠夺性定价的肯·莱还想获得更多。

安然石油天然气公司就是一个关于天然气行业如何在一只"看不见的手"的引领下为消费者服务的宏大故事的一部分。诸如"容易找到的东西已经找到"或"只剩下高成本的供应"之类的常见警示早就遭到驳斥,而且经常在安然石油天然气公司和美国各地遭到驳斥。

"新技术和管理智能化还在延长已经持续 10 年之久的天然气过剩,"托尼·马克 1994 年年末在《福布斯》上撰文表示,"即使价格仍保持在低位,石油商们也已经学会了压缩成本,扭亏为盈,生产更多的天然气。"由此增加的供应持续压低价格,而新技术在没有降低回报率的情况下,显然把原本高成本的天然气变成了低成本的天然气。正如朱利安·西蒙等人所预测的那样,所谓的可消费天然气的边际成本正在下降,这与主流的不可再生资源损耗(新马尔萨斯主义)观相左。[1]

信息技术正在取代"修缝匠"勘探天然气。安然石油天然气公司的处境也是全行业的处境(尽管霍格伦德的业绩好于同行)。休斯敦的一名钻井顾问在

---

[1] 请参阅:Bradley, *Capitalism at Work*, pp. 187, 240, 268—270, 271—280。

1995年表示:"勘探资金正从传统的钻探技术转移到三维地震勘探技术。三维地震勘探技术能提供很大的整体画面,而传统的钻探技术只能提供单一的数据点。"从不同的角度看,"在实际钻探更多的气井之前,通过电子计算机模拟展现无数不同的场景,就能判断相关气藏钻井、产气和最终耗尽的情况"。

并不是人人都对当时的状况感到满意。如上所述,福莱斯特·霍格伦德要求州监管机构通过减少不同气田和气井的产量来推动价格上涨。几年前,肯·莱在暗示石油巨头采取掠夺性行为受到严厉批评后表现得犹豫不决。好斗的奥斯卡·怀亚特敦促得州铁路委员会削减20%~30%高峰时期的天然气产量,从而把天然气价格提高到2.5美元/百万英热单位——比当时的平均井口价格高出50%。"我们竟然心甘情愿地选择以灾难般的价格向市场大量供应优质燃料。"沿海天然气公司的董事长抱怨说。

如果生产的目的是为了消费;如果消费者的福利比生产者的福利重要,那么,天然气行业正在履行它的义务。1985—1994年,按通货膨胀调整后的天然气售价,卖给居民用户的价格略有上涨,卖给商业用户的价格保持稳定,而卖给地方配气商和工业用户的价格则下降了20%以上。

另外还有一个问题。在推行开放—准入以后,中游企业无论是管道运输公司还是储气设施运营商,由于提高了运营效率,因此,它们使用比以前少的"产能"就能完成为客户供应同样多的天然气的工作。(约翰·詹瑞奇半开玩笑地说,开放—准入制"正在毁掉输气管道建造生意"。)对于那些面向现货市场的企业来说,价格波动幅度当然是变大了,但这是根据稀缺原则定价的结果。再说,还可以使用风险产品。"市场真的起作用了。"前天纳克公司生产主管,现在的新气田勘探公司(Newfield Exploration)总裁乔·福斯特(Joe Foster)评论说。

———————

"1996年,安然石油天然气公司仍继续推行不顾市场状况提高股东价值的战略。"霍格伦德在第一季度写道。但是,成功必须在不进行价格对冲的情况下取得。1995年和前年的对冲交易分别创造了1.07亿和5 400万美元的收益。由于价格预期会回升,安然石油天然气公司已经平掉了敞口仓位。

这次,安然石油天然气公司赌对了。1996年,北美天然气价格上涨了43%,达到了1.92美元/百万英热单位,随着自愿减产的结束,天然气销量有所增加。然而,与上一年相比,净利润几乎没有变化,从而反映出1996年的对冲收益较

1995 年减少了 1 亿美元,油气田资产销售大幅下滑,但运营费用却增加了 13%(由井口价格上涨所致);而且,新的天然气生产不能享受税收抵免待遇,因此要多缴所得税。[1] 尽管如此,由于井口价格的每一分钱变化都在改变估计有 1 300 万美元的现金流,因此,安然石油天然气公司还是希望井口价格能够上涨。

安然公司在 1996 年的年报中指出:"安然石油天然气公司已经变得比以往任何时候都更加强大,并且将继续致力于争当利用技术优势以及低成本、速效业绩提高未来盈利能力的引领者。"1993 年以来的盈利和现金流水平掩盖了安然石油天然气公司自 1989 年上市以来取得的实际发展以及其强劲的未来前景。在上市后的 8 年里,安然石油天然气公司的净收入和现金流增加了两倍,达到了 5.43 亿美元;天然气和液体燃料的产能都增加了 1 倍多(分别达到了 8.3 亿立方英尺/日和 2.2 万桶/日)。安然石油天然气公司现在也有了自己的国际业务。所有这一切都有利于它的股票自上市以来价格翻了一番多,而且季度分红是许多股票的 2 倍。

安然石油天然气公司投产后连续 9 年增加已探明储量,现在拥有 4 万亿立方英尺(天然气当量)的储量,比公司上市时增加了 60%。安然石油天然气公司的储量有 92% 是天然气,并且有 83% 位于北美。但由于北美、印度和特立尼达的钻探项目大幅增加,因此,公司的债务—资本比率从 20% 上升到了 27%。

国 际 业 务

福莱斯特·霍格伦德要向肯·莱和里奇·金德汇报工作。安然公司董事会控制着安然石油天然气公司由莱和金德参加的董事会。因此,母公司巨大的国际抱负也构成了安然石油天然气公司的 DNA。霍格伦德在 1994 年表示:"如果安然公司想成为天然气巨头,安然石油天然气公司就必须在全球范围内推广其勘探和生产专门技术。"

安然石油天然气公司的国际诉求对投资者和母公司来说都是很好的谈资。它的理念就是探寻"北美以外、经过挑选的传统天然气和原油开采机会……特别是在可以与安然旗下的其他关联公司一起优化天然气运输、加工以及发电方面

---

[1] 美国的法定税率是 35%,而安然石油天然气公司 1996 年的实际税率是 27%,略高于 1995 年的 23%,但远远高于 1994 年由税收抵免造成的 4%。

协同效应的领域"。

安然石油天然气公司在澳大利亚、中国、埃及、法国、哈萨克斯坦、马来西亚(近海)、俄罗斯、南苏门答腊、叙利亚、英国(北海)、乌兹别克斯坦和委内瑞拉这12个国家进行的谈判、签订协议、大片土地收购或钻井等活动几乎都没有取得成果[1],与母公司安然公司一起在卡塔尔和莫桑比克进行的备受期待的液化天然气项目也没有实现商业化。

特立尼达的故事则完全不同。安然石油天然气公司在那里的快速生产始于1993年,1994年的产量还只有0.63亿立方英尺/日,但到了1996年就猛增到了1.24亿立方英尺/日,占安然石油天然气公司总产量的15%。安然石油天然气公司在特立尼达岛的天然气产量超过了它在卡尔加里(加拿大)分公司的产量。由于天然气价格低迷,管道运输容量有限,加拿大分公司多年来一直是一个利基市场的参与者。[2]

安然石油天然气公司国际业务部的前后两任总裁乔·麦金尼(Joe McKinney)和丹尼斯·乌拉克(Dennis Ulak)进行了多次长途旅行,与国有企业进行艰苦的谈判,所有这一切都是为了与石油巨头竞争。他们的努力获得的回报就是特立尼达气田和印度的一些石油和凝析油产出,而安然石油天然气公司则成了首家在印度获得钻探权的外资企业。成为全球"首家低成本、快速勘采企业"的计划,就是要把海外产量占公司总产量的比例提高一倍,也就是把这个比例增加到25%~30%。事实证明,1999年,也就是安然石油天然气公司从安然公司拆分出来的那一年,安然石油天然气资源公司包括特立尼拉岛在内的北美以外地区的产量只占其总产量的一半。

福莱斯特·霍格伦德经常谈到安然石油天然气公司面临的挑战——无论遥远大陆上的碳氢化合物有多么丰富,都要克服那里的"政治或文化环境"差别。霍格伦德还担心那里的政治风险。谁能忘记安然公司直到1993年才最终解决的1985年发生的秘鲁国有化问题? 安然石油天然气公司的理念是"在北美地区稳定增长的基础上,奠定在北美以外地区实现适度承担风险的增长的基础"。事

---

[1] 安然石油天然气公司没再提起它在1995年年报中大肆宣扬的从(美国)圣胡安盆地向澳大利亚、中国、英国和法国输出煤层气开采专业技术的雄心勃勃的公开计划。

[2] 安然石油加拿大有限公司(Enron Oil Canada Ltd.)1992年的天然气产量是3 000万立方英尺/日,当时的井口价格约为1.00美元/百万英热单位。第二年井口价格翻了一番,产量增至7 000万立方英尺/日。1996年,产量约为1亿立方英尺/日,使卡尔加里成为安然石油天然气公司的一个重要天然气生产基地。

实上，安然石油天然气公司是靠美国纳税人出钱的海外私人投资公司提供的一份价值1亿美元的保单，才让它的国际"头牛"特立尼达岛项目的风险变得可以承受。

安然石油天然气公司为它在印度孟买斥资11亿美元的近海项目向海外私人投资公司投保了2亿美元。这个项目预计几年后将达到2.8亿立方英尺/日天然气的产量(但结果，产量要少得多)。[1]但1996年，安然石油天然气公司一鼓作气，在帕那(Panna)和穆克塔(Mukta)油田以及达布蒂(Tapti)天然气田搭建了钻井平台，并且运用地震勘探技术进行了勘探。

马克·帕帕的加盟

安然石油天然气公司的董事长、总裁兼首席执行官福莱斯特·霍格伦德是安然公司应该留用的高管。他在最初的5年期聘用合同到期后，1992年又续签了3年。在他的第二份聘用合同还剩下一年的时候，公司又与这位表现优异的高管续约到1998年。安然石油天然气公司的800名员工中很少有人不愿意看到他们这位和蔼可亲的领导留任。

安然石油天然气公司向股东报告称："霍格伦德未来的薪酬基本上都会超过他的底薪，并与公司普通股的表现挂钩。"的确，霍格伦德的聘用合同没有提到加薪和奖金问题。是激励薪酬，而不是底薪，让霍格伦德加盟安然公司的；而现在是总计达数百万股股票的激励让他继续留任。安然公司股价的涨幅比安然石油天然气公司股价的涨幅更大，这主要是因为安然天然气服务公司的估值有助于留住像福莱斯特·霍格伦德这样的高管。

1994年，安然石油天然气公司的这位领导人卖掉了手中的部分股票，为他带来了1 900万美元的报酬，这可是休斯敦整个商界最高的报酬。"在我们国家，没有一家大石油公司的首席执行官能赚到这么多的钱，"肯·莱常会说起此事，但又解释说，"他配得上这样的薪酬，因为安然石油天然气公司15%的收益率远远超过了许多竞争对手通常只有5%的收益率。"

1996年年报中的致股东函介绍了公司两位高管的形象，而不是只介绍福莱

---

[1] 这个项目与安然公司在印度达博尔由纳税人资助的电厂项目二期工程没有关系，后者最初获得了美国海外私人投资公司和进出口银行4亿美元的资助。在1999年独立的分拆中，更名为安然石油天然气资源公司的安然石油天然气公司把它在亚洲的油气田资产都交给了安然公司，这其中最有价值的资产是印度的达布蒂气田。

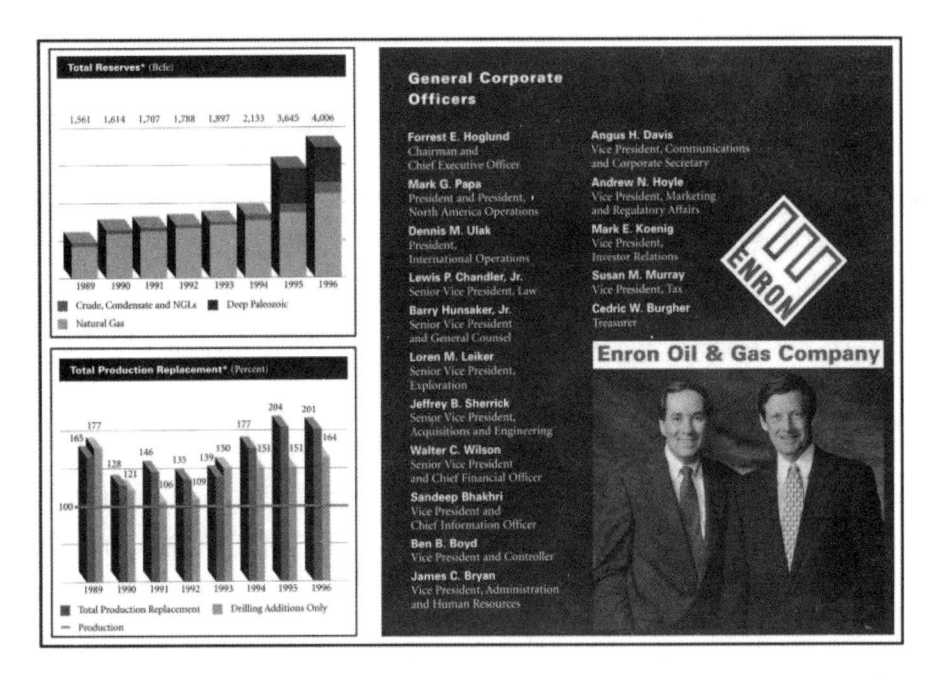

图 10.5　安然石油天然气公司是可持续增长企业的榜样，它的产量、盈利和油气储量逐年增加。福莱斯特·霍格伦德（图右）业绩优异，马克·帕帕（图左）也是如此。帕帕于 1999 年接替霍格伦德。这一年，安然石油天然气公司与安然公司完全分离，更名为"安然石油天然气资源公司"。

斯特·霍格伦德。安然石油天然气公司的新总裁是马克·G. 帕帕（Mark G. Papa），他曾是公司北美业务部总裁，在出任公司新总裁的同时仍保留原来的头衔。现年 63 岁的霍格伦德选择了他的职位继承人。

现年 50 岁的帕帕自安然石油天然气公司成立以来一直没有离开过。之前，他从 1981 年开始一直在安然石油天然气公司的前身贝尔科石油公司工作。工程师出身的帕帕是在油田开始他的职业生涯的，然后进入康诺克石油公司在位于科珀斯克里斯蒂的总部工作。在迪拜工作了几年后，帕帕获得休斯敦大学的工商管理硕士学位，随后加盟贝尔科能源公司，两年后被任命为负责钻井和运营的副总裁。在安然石油天然气公司，他曾担任高级副总裁，负责公司包括美国和加拿大陆上和海上业务在内的北美业务。

帕帕在 1999 年接替霍格伦德成了安然石油天然气公司的首席执行官。那年，他们俩通过谈判使安然石油天然气公司彻底脱离了安然公司。帕帕将继续把更名后的安然石油天然气资源公司打造成一家顶尖的独立油气和金融公司，一直到 2013 年退休为止。[1]

安然公司把安然石油天然气公司的收益重新部署到国际和天然气营销业务上。20 世纪 90 年代中期,莱认为,这两项新业务对于安然公司至关重要。在业务低迷时期,安然公司通过减持安然石油天然气公司的股票获得了现金。但比这更重要的是,福莱斯特·霍格伦德和安然石油天然气公司为安然公司树立了榜样:这家经营保守的子公司虽然风险容忍度比母公司低得多,但成本控制却比母公司好得多。

虽然脱离了母公司,但安然石油天然气公司从"四方面——产品开发和营销、多个国际项目、税收抵免利用和财务灵活性——的相互协同效应"中获益匪浅。安然石油天然气公司也是约翰·埃斯林格掌管的安然天然气营销公司早期天然气交易的实体支撑(对冲或套期保值)。

除了致密砂岩气享受的税收抵免外,安然公司由《公用事业管理政策法案》驱动的发电厂与安然石油天然气公司签订的价格不菲的天然气供应合同,也是这种协同效应的组成部分。政府的特别政策,无论是针对天然气行业的上游、中游还是下游,都是安然公司崛起的重要主题。

安然石油交易运输公司

20 世纪 90 年代初,安然石油交易运输公司隶属于安然液体燃料公司这家由迈克·穆克勒罗伊领导、拥有 5 家孙公司(或 5 个事业部)的子公司。安然石油交易运输公司的姐妹公司是安然天然气加工公司、安然液化天然气公司、安然液体燃料管输公司和安然美洲公司(Enron Americas Inc)。

迈克尔·穆克勒罗伊领导的公司虽然没有什么新闻价值,但能为缺乏高质量收入的母公司创造利润。液体燃料加工和运输都属于中游业务,负责补充天然气的储运。作为安然公司的五大事业部之一,液体燃料公司与勘采(安然石油天然气公司)、天然气管道运输(休斯敦管道公司和安然旗下的各州际管道运输公司)、发电(安然电力公司)和天然气营销(安然天然气服务公司)一起开展运营

---

[1] 埃德蒙·塞格纳任安然石油天然气公司总裁兼办公室主任,是公司仅次于帕帕的二号人物。他在 1997 年加盟安然石油天然气公司之前曾任安然公司执行副总裁兼办公室主任。

业务。

安然石油交易运输公司由查尔斯·埃默尔(Charles Emel)管理,是安然公司唯一一个以石油为主的事业部。但是,安然石油天然气公司的油气储量中不到1/10是原油,安然公司从未涉足炼油行业,只涉足过甲醇和甲基叔丁基醚精炼。

安然石油交易运输公司的利润率波动幅度比安然液体管道公司(ELP)的总利润率波幅还要大。鉴于这家公司的北美原油产量预计每年将减少3%～5%,因此,新的租赁收购是其增长的关键。

安然石油交易运输公司似乎总是处于一种行业性周期中,这是一个高度竞争的短期市场的部分特点。就盈利能力而言,这家公司在1989年、1991年和1993年表现强劲;1990年和1992年非常艰难。但就收入而言,安然石油交易运输公司可是大户,它的营收约占安然公司总营收的一半。安然石油交易运输公司从美国17个州约23 000个租赁地以及加拿大的租赁地购买原油。通常每天约要购买25万桶原油,其中大部分是由公司333辆卡车和1 036英里的集输管道运输,大部分是州内运输,但也有一些州际运输。[1] 1994年,每天还要进口34 000桶原油出售。

自有或租赁的储油罐的储油能力接近30万桶。路易斯安那州和得州的四个驳船设施也有25万桶的储能。安然石油交易运输公司的加工交易设施又能根据与炼油商签署的加工协议对原油进行混合和提炼,并在15个州销售精炼汽油。

安然石油交易运输公司几乎不签固定价格的长期合约,也没有敞口仓位,只做短期的背靠背(买卖)交易。安然石油交易运输公司以租赁的方式购买原油,并同时把买进的原油卖给炼油厂——买卖交易的正价差用于支付运输费。有时,安然石油交易运输公司也把原油卖给第三方,再由第三方把原油卖给位于下游更远的下家;有时也会在纽约商品交易所在未来一个月里把买进的原油卖掉以轧平仓位。

安然石油交易运输公司把利润最大化定义为"把原油交付到其价值最大的

---

[1] 州际石油管道运输业也由联邦能源管理委员会管制,但方法不同于对天然气管道运输业的管制,州际石油管道运输业管制采用依法授权的方式。因此,联邦能源管理委员会对石油管道运输业的管制要松于对天然气管道运输业的管制。请参阅:Bradley, *Oil, Gas, and Government: The U.S. Experience*, chapter 14。

交割点,或以其他方式使公司控制的原油价值最大化"。安然石油交易运输公司的策略完全不同于杰夫·斯基林的主张,是"不以利用价格变化进行投机交易为目的,购买和持有原油、其他石油产品、期货合约或其他衍生产品"。

由于没有政府的行业准入壁垒,因此,利润率很低。原油购买地的变化超过了运输目的地的变化。这是一种众所周知的生意,几乎每个人都知道其他人在做什么。与天然气、电力和(程度较低)液化天然气的业务单位相比,安然石油交易运输公司的业务没有任何特别的优势。不过,"安然石油交易运输公司相信,风险管理和金融服务等新的市场服务将成为行业服务组合中越来越重要的组成部分"。

1992年第四季度,肯·莱和里奇·金德向员工表示:"在我们努力实现成为全球第一天然气巨头的目标之际,安然石油交易运输公司与原油相关的业务职能不属于我们公司总体发展方向的范畴。""我们计划把安然石油交易运输公司剥离给安然公司的股东",以便成立"一个完全独立于安然公司的独立交易的新上市实体",只有安然石油交易运输公司风险管理部门"多燃料"(Multifuels)的员工才会加盟安然资本与贸易资源公司,并继续留在安然公司。

麦肯锡公司应邀为拟议中的上市公司制定新的商业计划,这并不是什么好的迹象。在这一年结束之前,安然石油交易运输公司宣布裁员160人,其中许多是计划要剥离出去的部门的员工。但是,原来计划1993年第一季度做的事情推迟了一年才完成。在这期间,负责过渡并被认为会负责新公司的迈克尔·穆克勒罗伊离开了安然公司。

安然石油交易运输能源合伙人有限公司于1994年3月上市。[1] 安然公司以58%的股权募集到了1.86亿美元的资金,实现了1 500万美元税前收益。安然石油交易运输能源合伙人有限公司是安然公司组建的第三家业主有限责任合伙公司,另外两家业主有限责任合伙公司是北疆管道运输公司(股票代码 NBP,1993年上市)和安然液体燃料管道运输公司(股票代码 ENP,1992年上市),它们的收益都分配给股东,这样就不用缴纳联邦公司税。(安然石油天然气公司和

---

[1] 从技术上讲,安然公司全资拥有的安然石油交易运输能源公司(EOTT Energy Corp.)把它的原油营销和运输资产换成安然石油交易运输能源合伙人有限公司的股票以及2%的普通合伙人权益。安然公司保留了安然石油交易运输能源合伙人有限公司700万次级单位(subordinated units),也就是拥有42%的权益。

安然全球电力与管道公司分别于1989年和1994年以常规公司形式上市。)这五家公司都是为了改善母公司的资产负债状况和提高母公司的股票价格而上市的。

好消息是,1994年,安然石油交易运输公司的上市增加了安然公司的收益;而坏消息是,要实现这一收益(否则就会出现亏损),就要保证新上市公司的股票每股能卖20美元,而这个股价则需要安然公司为新公司的业绩提供支撑。安然公司的几家业主有限责任合伙公司在有稳定的现金流时业绩很好,但安然石油交易运输公司就没有那么幸运。

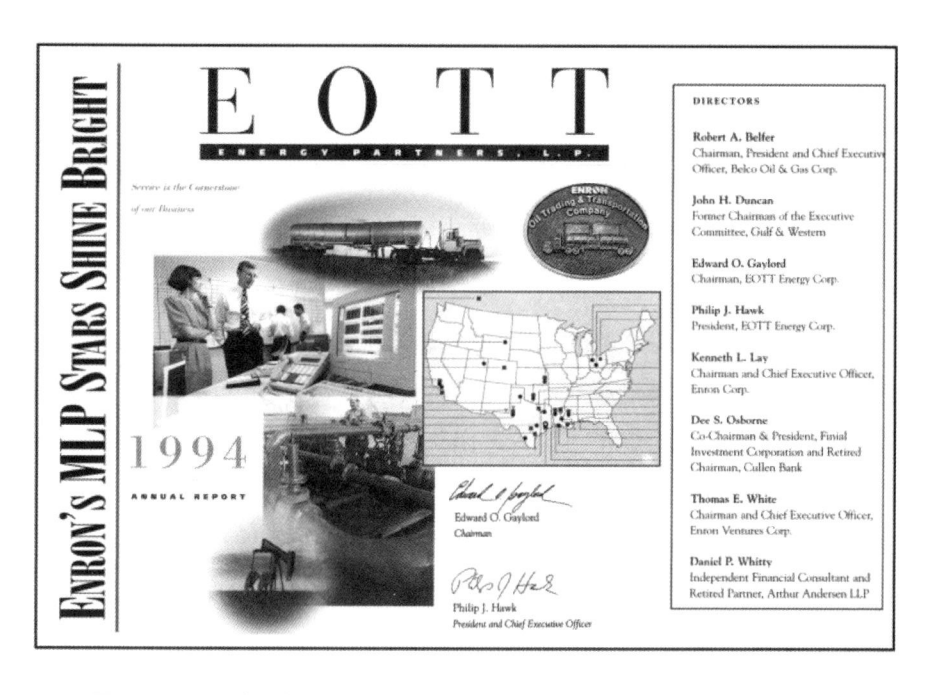

图10.6 1994年,安然公司旗下的安然石油交易运输公司被剥离出去,成立了一家业主有限责任合伙公司,由安然公司担保支持这家合伙公司的股价,并且确保合伙公司有现金用于季度分红。

具体来说,安然公司签订了一项资助协议,以确保安然石油交易运输公司有现金用于分红,如果现金流不能支持每股1.70美元规定派发的红利(根据法律规定,必须在每个季度结束后45天内向投资者分红),即8.5%的回报率。安然公司承诺在1997年第一季度之前保证提供这种资助。因此,在未来几年,安然公司有可能要提供数千万美元的资助和数亿美元的担保。

作为普通合伙人,安然公司保留了合伙公司42%的股权,并收费负责安然石油交易运输公司的运营。安然石油交易运输能源合伙人有限公司称自己是"一家旨在通过向客户提供服务来创造利润的增值中介公司",服务内容包括"传统原油交易、营销和运输活动以及新兴的风险管理"。安然石油交易运输能源合伙人有限公司与史洛克二叠纪石油公司(Sclock Permian Oil)、科赫石油公司(Koch Oil)和德士古贸易公司(Texaco Trading)展开竞争,占据了约4%的市场份额。这4家公司总共占据了差不多25%的租赁原油市场,而各石油巨头则占据了这个市场40%~45%的份额。

安然石油交易运输公司下设三个事业部,它们分别是北美原油(North American Crude Oil)、西海岸业务(West Coast Operations)和成品油营销(Refined Products Marketing)。1994年12月,菲利普·霍克被任命为首席执行官,向董事会主席爱德华·盖洛德汇报工作。里奇·金德和肯·莱以及约翰·邓肯和罗伯特·贝尔弗都是安然石油交易运输公司的董事会成员,这表明前全部权益所有人与现在的普通合伙人之间仍有关联。

安然石油交易运输公司在上市后的头9个月里表现强劲,而且1993年情况就"大有好转"。1993年,安然石油交易运输公司"扩大了公司的战略基础,退出了不盈利的活动,并构建了新的管理团队和经营战略"。1994年,公司盈利1 970万美元(每股1.13美元),比1993年的1 690万美元(每股0.97美元)高出16%,因此无须安然公司特别资助,就能提供足以满足分红需要的净现金流。

安然石油交易运输公司买卖租赁原油的基本业务不会出现亏损,真正的风险出现在其他业务上。"安然石油交易运输公司协议加工业务的盈利能力受到原油提炼套利——成品油销售价与交付炼油厂加工的原料(主要是原油)成本之间的差额——的显著影响"。投资者可通过该公司的第一份10-K表格了解这方面的信息。

1995年第一季度,安然石油交易运输公司与加州一家炼油厂签订的重要加工协议取得了10年来最低的利润率。安然石油交易运输公司没有对这份协议项下的买入交易进行对冲,同时要支付固定的炼油费。"原油提炼套利"的暗淡前景导致安然石油交易运输公司在1995年第三季度终止了西海岸加工和沥青营销业务,注销了4 680万美元的账款,相当于每股2.70美元。

1995年第一季度的亏损需要普通合伙人(安然公司)从其承诺的1 900万美

元资助担保中拿出425万美元的现金用于分红。第二季度还需要480万美元的资助才能进行每股1.90美元的分红。

安然公司在1995年又增加了1 000万美元(增加到2 900万美元)的资助义务,并且把季度资助期延长一年(到1998年第一季度结束)。此外,安然公司在1996年3月前为安然石油交易运输公司经营日常业务,还有4.5亿美元的贸易、信用证、贷款和损失赔偿等担保。

安然石油运输贸易能源合伙有限公司的股价最初是每股20美元,其间曾略有上涨,但到了1994年晚些时候跌破了15美元,第二年股价跌到了12.75美元。之后,安然公司1 500万美元的股票回购计划把股价提升到了18.50美元的高位。

在接下来的一年里,情况趋于缓解。爱德华·盖洛德和菲利普·霍克表示:"我们很自豪地宣布,1996年,我们的合伙公司创下了收入纪录。我们在1995年采取的退出西海岸加工业务的举措、正在进行的收购产生的有利影响、我们对积极的商业建设举措的持续关注,以及有利的市场条件,都有利于我们取得这一成就。"[1]安然石油交易运输能源合伙人有限公司的股价从1995年年底的18.25美元上涨到了1996年年底的21.875美元。

与低迷的1995年相比,1996年公司收益翻了两番,足以派发每股1.90美元的股利。1996年年底,安然公司为安然石油交易运输公司1.82亿美元的信用证提供担保,另外还提供4.24亿美元的其他担保。"安然公司承诺,如有需要,在1988年3月以前还会通过购买合伙公司的追加权益,为安然石油交易运输公司的普通股分红提供最多2 900万元的资助。"

事实上,安然公司在1996年年底前把它的持股比例从上市时的42%提高到了49%,而且要增加到50%。1996年,安然石油交易运输公司以320万美元的价格卖掉了它那位于亚利桑那州的沥青码头,从而彻底退出了西海岸的业务。

现金注入、信用担保和"巨大的管理力度",所有这些都是为了获得1994年1 500万美元的税前利润和以后作为普通合伙人的运营收费收入。回过头来看,与其试图像管理"安然债券"那样管理业主有限责任合伙公司,还不如把这个

---

[1] 1996年最引人注目的收购案是收购阿莫拉达赫斯公司(Amerada Hess Corporation)614英里长的管道和其他资产。

单位全部或部分卖掉并退出这方面的业务。[1]

更多的挑战接踵而至。安然石油交易运输公司在"非常艰难"的 1997 年亏损了 1 440 万美元,或每股 0.75 美元(而此前曾派发过每股 1.90 美元的股利),从而导致菲利普·霍克被罢免。1998 年,在迈克尔·伯克(Michael Burke)担任总裁兼首席执行官期间,安然石油交易运输公司又亏损了 410 万美元,尽管这一年,安然石油交易运输公司以 2.356 亿美元的价格从科赫工业公司那里购买了一个原油集输系统,从而实现了"规模经济"和"成本协同效应"。

第二年 220 万美元的亏损导致安然石油交易运输公司再次变更管理层,由达纳·吉布斯(Dana Gibbs)担任首席运营官,斯坦·霍顿担任首席执行官。2000 年,由于"扩大规模、提高地域多样化程度和战略性地应用技术",公司利润重又回升到了 1 380 万美元。

结束语

20 世纪 90 年代中期,安然公司最传统的三个部门——天然气管道运输、勘采以及与石油有关的液体燃料部门——运营结果相差甚远。虽然安然石油交易运输公司营收最多,但其收益最不稳定、最难预测。1994 年的分拆是一个治标不治本的权宜之计,并且无法证明将来能否成功。另外两个部门最具经济效益(就现金流而言,不仅仅是账面利润)。总的来说,与安然公司更新、更迷人的部门相比,它的中上游业务稳定且可持续。

安然石油天然气公司和安然公司旗下的各州际管道运输公司将在这 10 年的晚些时候获得蓬勃发展,而安然公司的其他部门则步履蹒跚。及至安然公司破产时,安然石油天然气公司已经是一家完全独立的公司,而在清算过程中,安然旗下的各管道运输公司则被证明是安然公司最有价值的资产。

福莱斯特·霍格伦德后来离开了安然公司,去其他能源企业任职;而马克·帕帕则在更名后的安然石油天然气资源公司担任总裁,并且取得了不错的业绩。安然公司破产后,斯坦·霍顿继续经营多家州际天然气管道运输公司,其中包括

---

[1] 安然公司负责企业发展的副总裁卢·波坦帕表示:"只有那些有望长期获得稳定且可预期现金流的企业,才有可能(成为业主有限责任合伙公司)的候选企业。"然而,《安然商务》刊登的这篇文章却没有提到安然石油交易运输公司并不符合这个标准,并且需要特别的规定。

其他合资企业。

稳健的安然公司,也就是以前的安然公司(首席执行官里奇·金德可能培育出来的公司),是一家由硬资产驱动的公司,如今已经不复存在。金德治下的安然公司在下一个重要时期的任务将是购置资产,与金德-摩根组建的业主有限责任合伙公司积累资产的做法没有什么区别。金德、霍格伦德和霍顿将被安然公司的员工作为公司的佼佼者铭记在心。

第十一章 安然资本与贸易资源公司

到了20世纪90年代初,安然天然气服务公司已经改变了买卖天然气的交易方式。虽然联邦政府的监管使这个(批发)商品市场成了美国第二大最常用主要能源的市场,但天然气买卖的交易方式是由逐利的企业家改变的。

1994年,更名后的"安然资本与贸易资源公司"继续完善风险管理服务选项,把"香草"和"巧克力"(固定和可中断供气合约、短期和长期合约)组合成31种"不同口味的巧克力"。安然资本与贸易资源公司用彼得·德鲁克(Peter Drucker)的话来推销自己:"我们不再允许发生由大宗商品价格或货币币值波动造成的损失,就像不允许发生没有投保的工厂失火造成的损失。"为了帮助企业避免此类损失,安然公司的杰夫·斯基林推销掉期、基本风险对冲、利率上限与下限期权合约、封顶保底双向期权以及混合策略[文斯·卡明斯基和史汀生·吉布纳(Stinson Gibner)称它们为"奇异期权"]。这些产品可用来规避货币和利率风险,而不只适用于规避大宗能源商品风险。

安然公司提出的建议被作为一个条款收入了1992年《能源政策法案》。由该法案这一条款促成的电力营销将成为安然公司的下一个主攻目标,而安然资本与贸易资源公司很快就成了全美电力营销的引领者。但是,公用事业电力公司与公用事业燃气公司不同,它们供应的电力大多由自己生产和输送。在1978年《公共事业管理政策法案》的激励下,独立发电商(包括安然公司在内)构建发电能力挑战这种纵向一体化。另外,只要进入这个910亿美元的市场,就有业务可做。安然公司注意到"安然天然气服务公司为天然气创造并完善的无数技能、能力、计算机系统和各种产品都可直接用来做电力生意"。

到了1997年,安然资本与贸易资源公司已经在北美销售25种以上的商品和提供风险管理服务,并且在众多竞争对手中脱颖而出。安然资本与贸易资源公司的高管肯·赖斯当时表示:"由于提供能源批发商服务需要规模经济,[我们的产品]对多商品市场的新进入者设置了巨大的障碍。"[1]

如果独立企业能有利可图地从公用事业公司那里挖走并积聚足够的用户,零售而不是批发将成为天然气和电力行业一个全新的盈利领域。不过,首要的任务是要争取电力公司所说的"电力输送的最后一英里"的准入权。这就意味着要在电力零售领域推行强制性开放—准入。由于缺少新的联邦法律,因此,必须一个州一个州地去做大量的游说工作。[2]

20世纪90年代中期,安然资本与贸易资源公司为了复制其北美模式而走向了国际。英国是这家公司最重要的海外市场,因为附近有它觊觎已久的欧洲大陆市场。这家公司驻阿根廷布宜诺斯艾利斯的一个办事处也在南美洲做同样的事情。令人兴奋的天然气和电力批发全球化计划,对于动力驱动型股票"ENE"来说,是一个很好的题材,但结果将证明"收效太慢"。

杰夫·斯基林的公司是安然公司承诺年收益增长15%的关键所在。1994年,安然资本与贸易资源公司的息税前收入猛增到了2.25亿美元,比上一年增加了1/3。1995年的息税前收入又达到了2.32亿美元,虽然比上一年只增长了3%,但这一年它的税后收益几乎占到安然公司税后收益的1/4。(这一年,安然资本与贸易资源公司的业绩受到了注销出问题的液体燃料和甲基叔丁基醚业务的影响;而这两项业务是肯·莱和理查德·金德交给安然资本与贸易资源公司做的。)1996年,安然资本与贸易资源公司的收入达到了2.8亿美元,比1995年增长了21%,占母公司息税前收入的23%。

安然资本与贸易资源公司在1994—1996年的3年里取得了66%的总增长

---

[1] 这是几年后被称为"排放、电信、宽带和气候交易的新兴和融合市场"的开端。这种夸张的商业模式将随着安然公司的破产而消亡。
[2] 关于安然公司旨在推动联邦政府进行电力零售业强制性开放—准入立法的努力没有取得成功的介绍,请参阅第十五章。

率,轻松领先于安然公司旗下的各事业部或子公司。[1] 不过,不那么好的消息是,这家公司未来几年的收益已经采用盯市记账法入账。每一年,安然资本与贸易资源公司都必须重新开始,在竞争日益激烈的市场上不断做大它的数据。

对于安然资本与贸易资源公司来说,短期营销业务是一种稳定的赚钱业务。1994年和1995年,撮合长期交易的收入十分抢眼,但到了1996年就显著减少,这也反映了盯市记账法的缺点。采用这种记账方法,前期不会给当期留下利润。与此同时,为数不大但不断增大的放贷收入为安然资本与贸易资源公司的总利润率做出了贡献。

实际销售量
（十亿英热单位/日）

- 石油产品销售量
- 液体燃料销售量
- 运输量
- 天然气销售量

	1992	1993	1994	1995	1996
	4 901	6 573	8 097	8 754	10 744

财务结算量
（十亿英热单位/日）

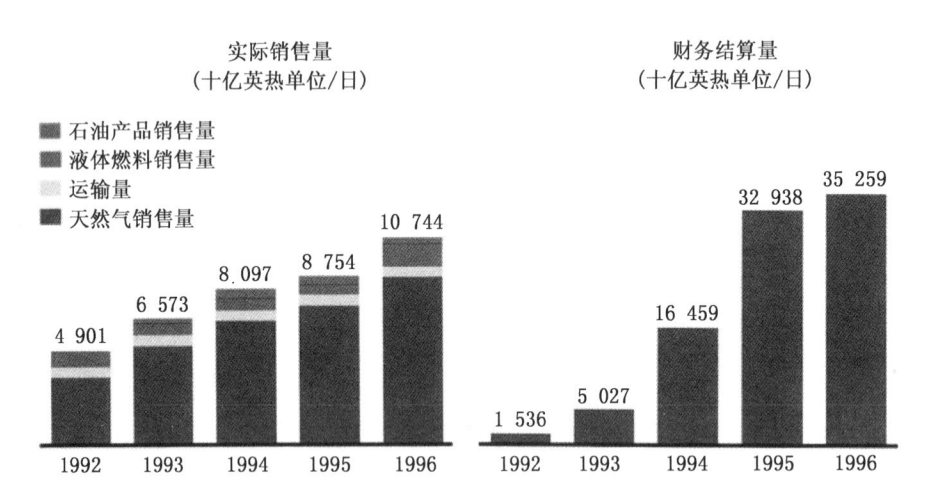

	1992	1993	1994	1995	1996
	1 536	5 027	16 459	32 938	35 259

图11.1 1992—1996年,安然天然气服务公司/安然资本与贸易资源公司的实际销售量和财务结算量急剧增加。但总体增长速度正在放缓,竞争加剧和市场成熟导致利润率下降。

安然资本与贸易资源公司的销售量增长速度超过了收入的增长速度。特别是在我们考察的3年里,财务结算中的销售量开始迅速增长。但由于来自大大小小的企业的竞争日益激烈,许多企业在休斯敦设立了办事处,可以挖走安然公司的员工,因此,单位销量的利润率正在下降。主要竞争对手有天然气清算所[它的前身是美国天然气清算所,后来更名为迪奈基]、哈德森公司、埃尔帕索营销公司(El Paso Marketing Company)、沿海天然气营销公司(安然公司的前雇员

---

[1] 1993年,安然资本与贸易资源公司吸纳了液体燃料业务。当年,这个部门实现了2 800万美元的利润,但到了1994年,由于利润率下降,再加上安然公司在得州帕萨迪纳市(Pasadena)日产42万加仑甲醇的工厂爆炸,因此,出现了2 300万美元的亏损。

克拉克·史密斯任总裁)、ANR 管道公司(ANR Pipeline Company)、威廉姆斯交易服务公司(Williams Trading Services)、特兰斯科天然气营销公司(Transco Gas Marketing Company)、德士古天然气公司(Texaco Natural Gas)、天纳科能源公司、西海岸天然气服务公司(Westcoast Gas Services)、布鲁克林州际天然气公司(Brooklyn Interstate Natural Gas Corporation)等。[1]

杰夫·斯基林深知,不断创新是超越标准回报率的必要条件——显然,他采用的会计方法设定了很高的门槛。他的口头禅是"先发优势"。斯基林曾强调指出:"我们不会接受现状。我们一直在重新思考,实现我们的愿景需要做些什么以及我们如何才能继续充当市场的主要参与者。"

创造性破坏不但被用于公司外部,也要用于公司内部。斯基林要求对员工进行排名,解雇排名垫底的员工。好是相对的——就像零和体育竞赛。但另一方面,安然资本与贸易资源公司又标榜自己能够容忍失败。"所以,我们必须允许大家犯错误。在有人犯错误时,我们必须鼓励他们再试一次。"斯基林告诉他的上千名员工说。疲者毋宁。[2]

安然资本与贸易资源公司的三个主要利润中心得益于它的州内管道运输和天然气储存设施的现金/实物(1 年期或以下的天然气合约)、风险管理(1 年期以上的天然气合约)以及融资(主要是面向天然气生产商的融资)。1990 年开始在纽约商品交易所进行的天然气期货交易业绩已经与天然气实物交易不相上下。多年期固定价格(风险管理)合约是安然公司与天然气银行在 1989—1990 年合作推出的。1991 年开始向天然气生产商推出量产付款协议(VPPs)。

美国最大的投资基金加州公务员退休基金(CalPERS)拥有由安然公司运营的合资企业"联合能源开发投资公司"的一半股权。从理论上讲,正如安然公司所指出的那样,这家投资 5 亿美元、为期 3 年的合资企业有可能以 10 亿美元的债务进行负债经营,这意味着安然天然气服务公司可获得 15 亿美元的投资资金,用于为自己进行资产投资(如量产付款协议)或者外部风投。此外,联合能源

---

[1] 规模较小的竞争对手包括北极星管道公司(Polaris Pipeline Company)、东方集团(Eastern Group)、巴黎银行期货公司(Paribas Futures)、大谷天然气公司(Grand Valley Gas Company)、杰拉尔德能源公司(Gerald Energy)、海塞天然气公司(Hesse Gas Company)、GPM 天然气公司(GPM Gas Corporation)以及经纪公司 BCMG 和中央容量公司(Capacity Central)。

[2] 安然资本与贸易资源公司的企业文化与安然公司旗下其他子公司的文化有所不同。斯基林和派更接近硬汉金德,而不是比较温和的肯·莱。随着时间的推移,莱努力去除安然资本与贸易资源公司文化中粗俗的东西,包括在斯基林和派在自己的地盘上推行的一种所谓的无亵渎政策。

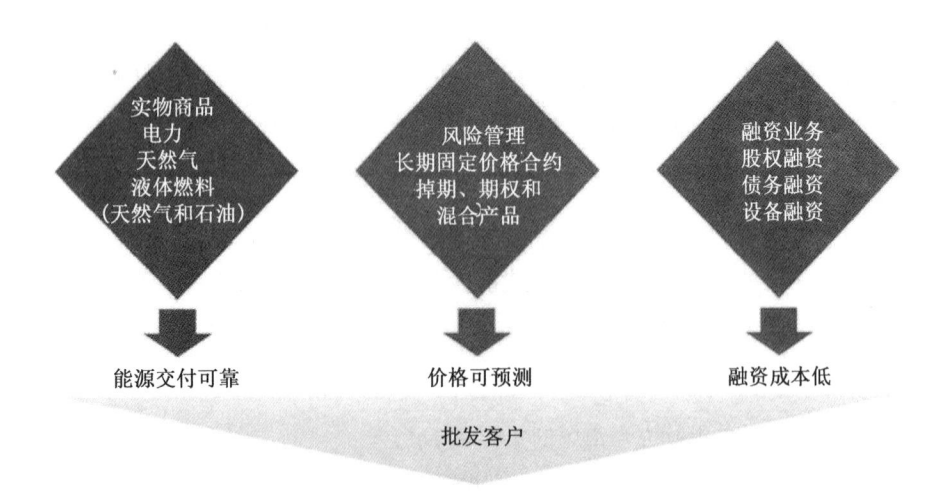

```
┌─────────────┐      ┌─────────────┐      ┌─────────────┐
│  实物商品    │      │  风险管理    │      │  融资业务    │
│   电力      │      │长期固定价格合约│      │  股权融资    │
│  天然气     │      │ 掉期、期权和  │      │  债务融资    │
│  液体燃料    │      │   混合产品   │      │  设备融资    │
│(天然气和石油)│      │             │      │             │
└──────┬──────┘      └──────┬──────┘      └──────┬──────┘
       ↓                    ↓                    ↓
   能源交付可靠           价格可预测            融资成本低
                        批发客户
```

图 11.2 20 世纪 90 年代中期,安然公司的业务从实体大宗商品(最近还包括电力)营销和风险管理扩展到了项目融资。安然天然气服务公司/安然资本与贸易资源公司的三个营销亮点是"交付可靠""价格确定"和"融资成本较低"。

开发投资公司是一个独立的特殊目的实体,因此不会增加安然公司的表内债务。

安然公司把联合能源开发投资公司 5 亿美元资本金的一半用于支持安然公司的股票(ENE)。因此,在安排了 5 亿美元的循环信贷额度(以代码为 ENE 的股票作为抵押)以后,特殊目的实体只有 7.5 亿美元的资金可用于实际投资。尽管如此,联合能源开发投资公司仍然是安然资本与贸易资源公司 1995—1996 年 11 亿美元投资的关键出资者,并且使安然资本与贸易资源公司成了"各种类型资本的全面服务提供商,包括利用现有资产、限制现有债务、建立股权合资公司以及通过量产付款协议为生产商安排融资"。[1]

"我们正处在大规模变革时代的初期。"杰夫·斯基林在 1994 年表示。事实上,斯基林这句针对电力行业说的话也适用于 10 年前的天然气行业。当时,联合北方公司和休斯敦天然气公司的营销部门因为联邦能源管理委员会发布在天然气批发业实施强制性开放—准入的法令而实现了腾飞。[2] 现在,斯基林把大规模变革应用到了电力行业,这个潜在的市场比天然气市场大两倍。斯基林

---

[1] 安然资本与贸易资源公司融资部的投资主要集中在上游[弗洛莱斯-拉克斯公司、科达能源公司(Coda Energy)、汉诺威压缩公司(Hanover Compression)],也包括寻求"综合解决方案"的能源密集型工业企业[确利达钢铁公司(Qualitech Steel Corp.)]。

[2] 请参阅第三章和第五章。

打趣地说,这个"百年一遇"的机会"似曾相识"。

1994年,安然资本与贸易资源公司准备成为一个能提供各种服务的电力批发商。天然气是安然公司的过去和现在,而电力营销则是它的未来。到了1996年,斯基林宣称,安然公司早期在电力行业下注是"完全正确"的。但当时"人们普遍认为市场还不成熟,这么做有点冒险"。

事实上,正如本书第十五章所记述的那样,安然公司的电力计划及其涉及面更广的电力零售推广计划并没有很好的基础。在1995年停止了一项向数百万家庭出售天然气和电力的计划以后,1996年又启动了一项可行性完全未经证实的新计划,向大型商业和工业用户(比较狭义的零售)提供能源总包(total energy outsourcing, TEO)服务。

安然资本与贸易资源公司的能源总包子公司安然能源服务公司(Enron Energy Services, EES)也将采用盯市记账法来报告账面利润和财务业绩。用正现金流表示的经济利润——流入的钱多于流出的钱——是这家公司的另一个故事,一个几年后把安然公司推向破产深渊的故事。

———

到了1994年,安然天然气服务公司已成为一家公司内部越来越独立的大公司,它完全可以像安然石油天然气公司在两次部分公开募股时所做的那样高调地部分或全部上市,并为安然公司赚取利润。但有两个因素阻止安然公司认真考虑这个问题。首先,安然天然气服务公司/安然资本与贸易资源公司需要安然公司的担保来完成它们的一些最大交易,而这是独立公司做不到的事情。其次,安然天然气服务公司/安然资本与贸易资源公司的收益对于安然公司的股票(ENE)及其高达25倍的市盈率非常重要,而独立贸易公司的市盈率估值通常不到8倍。

事实上,全资拥有的安然天然气服务公司是安然公司内部的盈利引擎和增长故事。安然天然气服务公司为安然公司创造了两位数的回报率,而安然公司旗下的州际管道运输公司只能提供个位数的回报率。而且安然天然气服务公司/安然资本与贸易资源公司比包括安然国际在内的大多数全资新公司都要好很多。杰夫·斯基林这边的人力资本是肯·莱手中的王牌。

1994年2月,杰夫·斯基林告诉安然公司员工说:"我们的首要任务是继续我们在安然天然气服务公司取得的增长和盈利势头。"实物和票据(衍生品)交易的成交量增长是预料之中的事情。这个金融机构曾专注于井口天然气供应贷款业务,如今正通过联合能源开发投资公司投资于中游和最终用户项目。斯基林在谈到安然金融公司时表示:"去年我们突破了10亿美元大关,我们相信我们才刚刚触及皮毛。"

主要的挑战来自天然气凝析液。乙烷、丙烷、正丁烷、异丁烷等产品的利润率在1994年和1995年连续下降,不过,1996年有所回升。但是,安然天然气服务公司/安然资本与贸易资源公司更大的问题源自一起斥资6.32亿美元"高价"购置甲基叔丁基醚工厂和其他增氧(新配方)汽油生产设施、注定要失败的收购案。[1]安然公司根据1990年《清洁空气法案》的一项授权在"清洁燃料"上下注被证明是错误的。

在需求方面,美国环境保护署允许州和地方选择不采纳清洁汽油标准,因此,在20世纪90年代中后期,对清洁汽油的需求减少了1/3。乙醇这种以农作物为原料的人造燃料被认为是一种可再生能源,它的出现让安然公司感觉很不爽。

在供给方面,其他公司正在大举增加产能。那么,结果呢?"对添加甲基叔丁基醚这种增氧剂的新配方汽油的需求没能跟上供给,迫使价格降到了可变成本的水平",并导致安然公司遭受"数亿美元的重大经济损失"。

1994年年初,安然天然气服务公司的联席董事长罗恩·伯恩斯(另一位联席董事长是斯基林)表示:"我们正在重新考虑液体燃料业务的经营战略。"新的合约工具和风险管理实务可能会产生更多关于财务工程而不是市场现实的结果,而且这个问题没有得到及时的解决。1994年第一季度,安然天然气服务公司位于得州帕萨迪纳的甲醇工厂发生爆炸事件,导致每天减少42万加仑的甲醇,其中一半是供应安然公司甲基叔丁基醚工厂的。这家工厂直到1995年年中才恢复生产。

结果,三笔营业支出彻底毁了安然公司的投资:1995年7 500万美元;1997年1亿美元;1999年4.41亿美元。安然公司在能源领域进军运输市场代价昂贵的尝试也就此宣告结束。

---

[1] 请参阅第六章。

新的名称,组织变革

原来的北方天然气管道公司早在现货天然气市场发展前几十年就开始销售天然气。北方天然气管道公司位于人口稀少的中西部地区的"意大利面条状的输气管道"需要做大量的电话询问和上门走访工作,才能找到潜在客户并扩建管线。有个笑话说,想要增加费率基础,"就得走访这个地区的最后一个户外厕所"。

在竞争异常激烈的得克萨斯湾沿海市场,老休斯敦管道公司没有被老北方天然气管道公司落下。不过,它们之间的竞争是真正的自由市场竞争,与监管北方天然气管道公司的联邦动力委员会/联邦能源管理委员会公用事业处监管下的竞争相去甚远。不是监管利润最大化,而是边际成本与边际收入的基本经济学原理促使休斯敦管道公司决定增加运能。

1978年,北方天然气管道公司为了应对本书第二章介绍过的新联邦法规,设立了一个运输交换部。人才开始流向一个有各种机会把成本降到最低水平并(通过费率方案激励)盈利的领域。不久,年轻的罗恩·伯恩斯就当上了北方天然气管道公司运输交换部的总经理。这个部门是北方天然气营销公司(成立于1983年)的前身。两年后,北方天然气营销公司就成了休斯敦天然气-联合北方公司麾下的天然气营销公司的核心部门,1986年更名为安然天然气营销公司。

鉴于安然天然气营销公司有业内最优秀的营销人才,包括休斯敦天然气公司方面的杰尔拉德·班尼特,肯·莱还聘用特兰斯科能源公司的克劳德·穆伦多和约翰·埃斯林格到安然天然气营销公司任职。凭借联邦能源管理委员会颁发的综合营业执照,安然天然气营销公司就开始致力于打造全国首屈一指的为天然气批发市场服务的能力。

1988年,联邦法规要求州际管道运输公司剥离自己的营销子公司。于是,安然天然气营销公司就接管了(横贯西部管道公司的)太平洋—大西洋营销公司、(北方天然气管道公司的)北方天然气营销公司和(休斯敦管道公司的)潘汉德尔天然气公司(Panhandle Gas)。(索纳特公司拥有一半股权的西特鲁斯公司建立了自己的独立营销公司,主要在佛罗里达州销售天然气。)就是这个强大的组织,杰夫·斯基林——先是作为咨询顾问,后来作为雇员——试图把它提升到一个新的高度。斯基林于 1990 年加盟安然公司,他是安然天然气服务公司、安然天然气营销公司和安然天然气供应公司(Enron Gas Supply)的设计师。

1994 年 10 月,安然公司寄给数千名能源客户的宣传册上写道:"在过去的 4 年里,我们一直在改变您对能源行业的看法。现在我们正在改变您对我们的看法。"那么,我们有什么新的东西呢?"安然天然气服务公司现在变成了安然资本与贸易资源公司。"

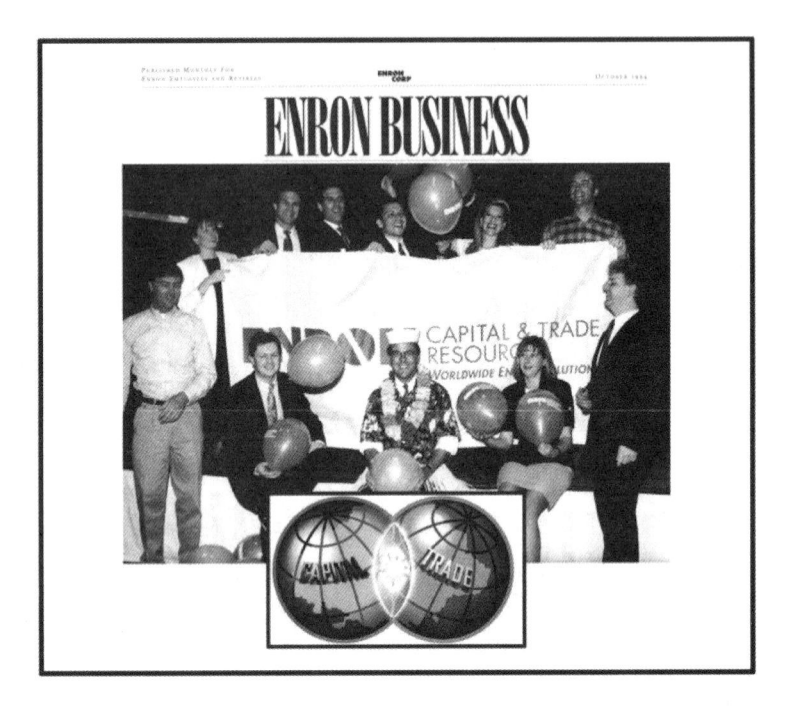

图 11.3 安然天然气服务公司更名为安然资本与贸易资源公司,并且成了《安然商务》(1994 年 10 月号)的封面故事,是值得前安然天然气服务集团庆祝的事情。

公司更名是为了反映它的现有业务,当然也是为了预示未来的发展。3 个月前,原来的安然天然气服务集团已经做成它的第一笔电力交易,现在安然资本与贸易资源公司成立了"每周 7 天、每天 24 小时不间断运营的电力营销团队"。就在 1 个月前,安然国际公司的营销部门与安然天然气服务集团的北美分公司合并,此举是对斯基林在公司内部越来越受欢迎的肯定,也是对里奇·金德关注安然国际公司距离遥远的项目的肯定。

最后一招是推销安然公司自身——"北美一家处于领先地位的一体化能源

公司,拥有 115 亿美元的资产"。安然公司依靠装机容量 3 500 兆瓦的发电产能和 4.4 万英里长的天然气输送管网立足市场。毕竟,安然公司作为安然资本与贸易资源公司的母公司,为子公司的交易充当了担保人。

电力批发市场营销

安然电力服务公司成立于 1991 年,其职责就是向独立电力生产商这个由《公用事业管理政策法案》创造的利基市场推销天然气。马克·福莱维特和负责营销的副总裁肯·赖斯做成的即时交易,没有一笔比与赛德能源集团签订的长期合同大(详见本书第九章)。

1992 年,安然电力服务公司开始向公用事业电力公司销售天然气,目的是要让新建发电厂选用天然气发电,甚至帮助已有燃煤电厂通过改造使用煤炭和天然气两种燃料或者改烧天然气发电。杰夫·罗伯茨根据安然公司非常重视经济和环境问题的天然气标准领导这项工作。[1]

除了扮演燃气热电独立生产商的开发商和运营商的角色以外,安然公司没有涉足电力营销领域,也没有自己的输电线路,而公用事业公司也无意让自己的竞争对手使用其输电线路进入它们的业务领域。安然公司必须通过推动国会立法或政府制定行政法规来推进强制性准入。

1992 年,《能源政策法案》根据安然公司的建议对《联邦电力法案》第 211 条进行了修订,要求公用事业公司向外部当事方提供非歧视的准入服务,以便外部当事方进行转售(批发)交易。新法律并没有明确规定,地方(州内)配电环节,即电力零售转供(retail wheeling),必须执行强制性开放—准入。

因此,《能源政策法案》推进了《公用事业管理政策法案》14 年前开始做的事情。独立(非公用事业)发电商现在可以进入州际电力市场。独立营销商也可以在一个州购买电力,然后批发销售给另一个州。1992 年 12 月,路易达孚公司获得了联邦能源管理委员会颁发的第一张州际电力营销执照,第二年安然公司获得了第二张州际电力营销执照。

1993 年联邦能源管理委员会颁布的电力零售法令使安然公司得以进入一

---

[1] 请参阅第七章和第八章。

个全新的业务领域。[1]《安然商务》报道称:"在安然公司完成把北美电力业务纳入安然天然气服务公司业务组合的重组之后,'电力会议'在安然天然气服务公司就具有了全新的含义。"虽然安然公司继续通过安然电力服务公司向发电商销售天然气,但又成立了一个由肯·赖斯领导的新实体"安然电力营销公司"。

"安然公司今年最急需发展的业务是电力营销,"1994年年初《安然商务》的一个封面故事讲述说,"安然天然气服务公司董事长杰夫·斯基林和一个由实力雄厚的高管组成的团队带头进行了这方面的努力。他们的目标就是开拓一种类似于安然天然气服务公司现有天然气业务的电力批发业务。"这不但需要做出市场方面的努力——开拓新的电力零售业务,而且需要在负责政府事务和公共政策的高级副总裁特里·索恩的领导下做出立法和监管方面的努力。

安然公司1994年的业务计划明确表示,"创建一个积极主动开展工作的电力现货交易职能部门,设计和销售一些电力衍生工具,并且至少签订两项有相当规模的电力供应和销售协议"。安然公司把在开放的天然气和电力输送网络上进行全英热单位营销的令人振奋的想法当作了未来的发展新机遇。杰夫·斯基林在1993年表示:"如果我们通过管道输送天然气,并在不同的地方把天然气转化为电能,那么实际上就相当于把电力输送到很远的地方。"

安然资本与贸易资源公司的罗恩·伯恩斯在1994年2月对他的员工说:"我们认为今天的电力行业和10年前的天然气行业情况相同。"这一年的6月,安然公司做成了第一笔电力交易。但在这几个月里,安然公司的墙外发生了一些意义深远的事情。加州公共事业委员会提议立法准许电力零售转供,这就意味着投资者所有的公用事业公司——南加州爱迪生公司、太平洋燃气与电力公司和圣地亚哥燃气与电力公司——将被要求向第三方开放它们的配电线路,以便第三方向最终用户供电。[2]

加州公共事业委员会在1994年4月提交的蓝皮书议案导致其他州开始对电力零售业准入问题(天然气零售业准入问题并没有这么紧迫)进行调查。《能源政策法案》刚刚颁布两年,而且比任何人预期的都要早,电力零售的问题就已经进入了"临战"状态。不但电力公司,而且消费者团体、环保人士、工会和独立

---

[1] 1996年4月,联邦能源管理委员会最终颁布法令(第888号令)取代了逐案报批的做法。联邦政府执行的电力批发交易强制性开放—准入制规定无歧视准入由166家公用事业电力公司组成的输电系统。

[2] 关于加州这份历史性议案及其对全美影响的更详细讨论,请参阅第十五章。

营销商也增加了其游说预算。重大变化在很大程度上意味着决出胜负,这就是本书第十五章要讨论的主题。

1994年7月/8月出版的《安然商务》刊登了一篇标题为《美国电力行业变革迫在眉睫》的文章。这篇文章一上来就说:"请大家想象一下,消费者可以像他们现在选择长途电话运营商那样选择电力服务提供商。"文章配发了一张全美地图,显示了各州之间以及各州内不同地区之间工业电价的巨大差别,也显示了套利的机会。杰夫·斯基林兴奋地解释了高电价如何会因竞争而下降以及如何确定未来的电价。但更重要的是,这个市场比天然气市场大3倍。

安然天然气服务公司忙于做电力批发业务,并为开展电力零售业务积极准备。安然大厦31楼有100个电力交易员和一个每周7天、每天24运营的调度中心。从电子计算机到交易产品,天然气模型较之于电力模型正在退居二线。斯基林把自己的办公室搬到了新的交易区域的中央,面积也有所缩小。安然天然气服务公司与圣地亚哥燃气与电力公司签署了一份50兆瓦的电力交易协议,而且还与洛杉矶水务与电力局(一家市政公用事业公司)以及华盛顿和纽约投资者所有的公用事业公司签署了电力采购或销售协议。

"我们有充分的理由相信,过渡进程很快就会启动,"斯基林在上述文章的结尾表示,"这个进程一旦启动,安然公司必将冲在最前面。"安然公司的确是说到做到。但要想让开放—准入规定在加州和美国本土其他47个州成为法律,就必须进行大规模的、史无前例的游说努力。目前,价值910亿美元的电力批发市场是最大的驱动力。

安然公司向即将迎来1995年的投资者承诺:"继续引领美国发电业的重组,并把强大的营销能力和竞争优势应用于这个正在不断发展的市场。"由于"业界认识到电力交易合同比发电资产更具灵活性",因此,业内开始签订长期交易合约,其中涉及"美国一个主要电力系统[田纳西流域管理局(Tennessee Valley Authority)]首次去除职能一体化"。除了电力交易短期现金市场外,安然资本与贸易资源公司"复杂的高增值产品和服务"正在促成一个新兴的电力交易期货市场。安然公司与佐治亚州最大的电力合作社做成了另一笔领先一年的电力交易。

1995年,安然资本与贸易资源公司在"美国本土48个州的每一个地区"销

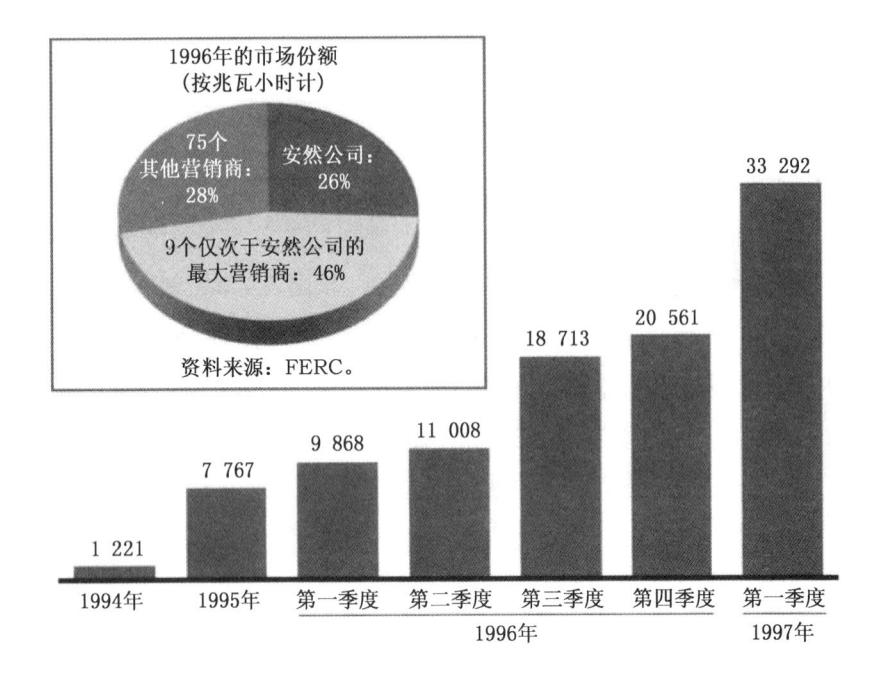

图 11.4 安然资本与贸易资源公司在电力批发市场占据的份额远远超过了最接近它的竞争对手。不过,利润率这个严格保守的秘密,从实行天然气行业强制性开放—准入的早期开始就已经在下降,而成交量(按兆瓦小时计)则稳步增长。

售电力,1995 年占据全美电力批发交易市场 29% 的份额,剩下的市场份额由 40 个独立营销商分占。1 年后,安然资本与贸易资源公司的销量几乎增长了 8 倍(达到 6 000 万兆瓦时),占据了 26% 的市场份额。仅次于安然公司的 9 个营销商共占 46% 的市场份额,另外 75 个营销商则共占 28% 的市场份额。

投资者听到了一个"大故事":安然公司的信息技术推动了电力套利交易,并且使发电成本保持在每千瓦时 2~14 美分。在过去的 5 年里,安然公司的预算中有 2.5 亿美元的信息技术支出,其中以 1996 年 7 000 万美元的信息技术支出为最,由于即将要收购波特兰通用电力公司的交易业务,因此,信息技术支出还会"急剧增加"。[1] 安然公司的策略是掌握批发业务,并在更大的零售市场上占据领先地位。无论如何,安然公司的计划就是这么定的。

---

〔1〕 关于 1996 年宣布、1997 年 7 月完成的波特兰通用电力公司收购案的介绍,请参阅第五章。

安然国际公司

1994年3月一封致全体员工的短信写道:"我们认为有一点至关重要,那就是与安然国际公司一起着手在国际市场上部署安然天然气服务公司的批发产品和服务。"打入国际市场的突破口是英国,因为安然公司的蒂赛德项目就是在英国发电和生产液化天然气,而英国"天然气和电力市场不受监管的性质"则提供了机会。但要想通过像英国天然气公司这种对外国闯入者堪称不友好的在位企业的输送系统把天然气送到用户家中,还需要做大量游说和客户发展工作。

这封短信还表示:"马克·福莱维特将率领一个考察团队前往伦敦,以确定我们的产品和服务的市场机遇以及我们应该在英国开展业务的范围。"安然天然气服务集团下属公司派遣的专家将"决定如何把批发商的服务角色最好地整合到伦敦已有的资产和开发组织中"。一支大约由10人组成的特遣队花了几周时间寻找打入英国市场的突破口,但几乎什么也没有发现。蒂赛德工厂发的电几乎无人问津,而天然气的批发市场被认为"还需要几年时间"才能形成。

杰夫·斯基林对去欧洲考察的事感到很矛盾。他本人已经在北美忙得不可开交,而他的一些最优秀的助手会被调走,但又不能立刻创造利润。他觉得,机会还不成熟。福莱维特的回答是,在他看来,机会已经足够成熟。不过,安然公司董事长办公室的想法却不同。里奇·金德明白,安然公司有问题的英国北海J块油田的天然气合同需要安然天然气服务集团的专业知识。"这是他要在安然公司解决并且不能释怀的'十大'问题之一。"事实上,安然公司这笔巨额赔钱交易需要文斯·卡明斯基和安然资本与贸易资源公司的其他人才通过重新谈判来解决。北海J块油田问题的最终解决(1997年)确实令安然公司能以尽可能好的价格销售同样的天然气。

1994年3月在英国宣布后过了5个月,安然国际公司的营销业务被并入安然天然气服务集团。安然国际公司总裁罗德·格莱出任安然天然气服务集团新成立的"国际批发业务"(International Merchant Business)部的总经理,这个业务部的职责是负责北美以外的能源营销。[1]格莱还要负责协调安然石油天然气

---

[1] 格莱的职责还包括对安然公司源自安然石油天然气公司和安然运营公司的其他国际业务进行协调。

公司和安然运营公司的国际业务。安然公司全部的国际天然气和液体燃料业务也都由安然天然气服务集团负责。丽贝卡·马克负责的安然发展公司仍然独立于安然天然气服务集团,马克后来也直接向金德和莱汇报工作。[1]

正在考虑减少在安然公司作用的杰夫·斯基林,当时与格莱和伯恩斯平级,都是安然公司的常务董事。但作为新产品开发的主管,斯基林对面向新市场的新产品非常感兴趣。后来完成的一次重组又让斯基林,而不是格莱,再次负责国际批发业务。

丽贝卡·马克在世界危险地区进行的激进项目让斯基林和金德感到担心,因为安然公司的基本交易功能依赖于安然公司良好的信用和交易对手方的信心。糟糕的国际赌注可能会对双方都造成伤害。斯基林坚持认为:"安然公司必须继续改善其表内业务和信用级别。"所以,安然天然气服务集团侵占了马克的地盘。

格莱在合并时解释说:"在[安然发展公司]提出的所有项目中,安然天然气服务集团是安然公司持有股权的唯一融资实体。"安然发展公司负责发起项目和吸引融资合作伙伴,但仅此而已。在安然发展公司完成项目以后,天然气或电力营销又归安然天然气服务集团负责,而后者发誓要复制它的北美模式。与此同时,安然发展公司可能又会启动新的基建项目。[2]

在安然天然气服务集团与安然国际公司合并后几个月,安然公司就创建了安然全球电力与管道公司这家独立的上市公司,并责成这家公司接管安然发展公司开发的处于商业化阶段的基建项目。罗德·格莱出任这家新公司的总裁兼首席执行官,而里奇·金德则任新公司的董事长。让斯基林对安然发展公司进行监督,其实是在为金德创建安然全球电力与管道公司做准备。

在格莱离开安然公司、福莱维特完成考察工作以后,杰夫·罗伯茨被任命为安然天然气服务公司(现更名为安然资本与贸易资源公司)伦敦扩展项目的负责人,而迈克·摩根(Mike Morgan,阿根廷项目)和安迪·洛温斯坦(Andy Lowenstein,莫斯科项目)也被派往海外"迷你版的安然资本与贸易资源公司"。

---

[1] 还请参阅第十二章。
[2] 金德和斯基林对马克的监督又持续了2年,直到安然资本与贸易资源公司成立合资企业管理集团(Management Group),负责监督安然发展公司处于合同准备阶段的项目。请参阅第十二章。

#　第十一章
安然资本与贸易资源公司

安然资本与贸易资源公司北美分公司就成了其海外业务的模板,因为斯基林曾表示,安然公司在1994—1995年开始的"全球批发商服务"未来向世界推广90%要采用这种模板。

安然资本与贸易资源公司"三管齐下"的国际化战略是"在安然公司目前有业务存在的国家构建核心业务,为安然发展公司开发的项目提供燃料供应和风险管理服务,并在全球范围内向第三方提供燃料供应和风险管理服务"。安然公司在1994年的年报中还指出:"安然资本与贸易资源公司为英国、德国、东欧和北欧地区的天然气和电力客户提供一系列实物和风险管理服务。"

安然公司1995年的年报又向投资者几乎一字不差地披露了同样的信息。安然公司年报中的10-K表还补充披露:"安然资本与贸易资源公司已经在伦敦和布宜诺斯艾利斯设立了商业营销办事处,提供与通过北美的安然资本与贸易资源公司可获得的实物大宗商品产品、融资服务和风险管理服务相同类型的产品和服务。"

安然公司1996年的年报称,"安然资本与贸易资源公司在美国和欧洲提供一系列的天然气和电力实物和金融产品",并且还提到了在挪威和瑞典开始新的电力交易,但没有提到南美的业务。安然公司已经悄悄地把新的重点放在了东欧和前苏联地区,用肯·莱和里奇·金德的话来说,就是开发利用"这个地区为安然公司准备的许多重大机遇"。在安然资本与贸易资源公司内部向杰夫·罗伯茨汇报工作的威廉·邵夫(William Shoff)后来负责为安然公司的另外3个子公司(安然发展公司、安然石油天然气公司和安然运营公司)开发和协调项目,并负责管理刚起步的与俄罗斯天然气工业股份公司的关系。[1]

在这个10年的后期,安然国际公司和安然资本与贸易资源公司计划利用(前者的)实物资产和(后者的)批发商功能在发展中国家创建区域一体化能源公司,但没有取得成功。其中的一个主要原因是,新兴市场"流动性太差","缺乏稳健的监管体制、现代破产法、值得信赖的交易对手方以及交易链各环节众多的交易对手方"。

---

[1] 虽然安然公司尽了很大的努力并且发布了关于早期进展的乐观的新闻稿,但东欧和前苏联地区的项目几乎没有什么回报。请参阅第十二章。

安然资本与贸易资源公司欧洲分公司

1994年,里奇·金德选派马克·福莱维特到伦敦开设一家24小时运行的办事处。福莱维特表示了异议,并推荐杰夫·罗伯茨。金德表示同意,但条件是,罗伯茨要向福莱维特汇报工作。后来,罗伯茨全权负责安然资本与贸易资源公司在全欧洲的业务。

安然资本与贸易资源公司欧洲分公司肩负四项任务:在欧洲发展能源批发业务、发起和做成战略性资产收购交易、管理(英国)蒂赛德和比特菲尔德(Bitterfeld,德国)发电厂安然公司持有的一半股权以及处理尚未解决的北海J块油田问题。仅第一个任务就极具挑战性,为了完成这项任务,特地创立了一个全球交易和风险管理职能部门,"……这个部门每天24小时跟踪全球所有主要市场的运行状况"。这个部门要从零做起,虽然英国监管改革给安然公司留出了一些向工业企业出售天然气的空间,但英国当时没有高流动性的现货市场。安然公司的交易员必须自己制作远期交易的买价/卖价曲线,而监管问题专家必须为了获准与英国天然气公司——而且还不止这个竞争对手——竞争而进行游说。

罗伯茨选定24个国家,其中大部分位于欧洲一侧的地中海沿岸,而且这些国家可望长期实现"指数式增长"。罗伯茨的部分职责就是协调安然公司在欧洲的业务,无论是安然石油天然气公司还是安然运营公司和安然发展公司的业务,而格莱和新兴市场关系密切的安然全球电力与管道公司则是另一个世界。

《安然商务》报道称:"杰夫和他的团队正在寻找克服制度障碍和创造新机会的创新方法。"斯基林暗指一些开放市场在等待安然公司,但英国的"传统现货市场"需要改革。与得州规模相仿的英国当地天然气和电力市场只有有限的流动性。想要英国和欧洲其他国家的监管机构准许安然和其他公司在它们的国家创建透明的现货市场,就必须在英国和欧洲大陆的广大选民中进行大力宣传。这是罗伯茨手下负责监管事务的副总裁汤姆·布里格斯(Tom Briggs)要做的工作。

蒂赛德电厂多发的电力采用竞价方式输入一个集中式联合电网,在一个由两家最近刚被私有化的英国电力公司——国家电力公司(National Power)和英国电力公司(Powergen)——主导的市场上以半小时递增方式定价。独立营销公司把天然气卖给工业用户和规模较大的商业用户(根据法律,天然气独立营销商不能进入居民用户市场)。安然公司在比利时沿海小镇泽布吕赫(Zeebrugge)开展的液化天然气适度营销活动也小有盈利,现在归罗伯茨负责。

那么,如何筹措启动资金——用于支付外派人员补贴、尖端的信息系统和设备精良的营业处所需要的经费——呢?简单地说,就是变卖遗留资产。"安然公司欧洲分公司的故事就是,只有在某些东西可以变现时才能赚钱,"罗伯茨回忆道,"做出了没有多少原创性的努力。"

1994年,罗伯茨卖掉了蒂赛德项目7.5%的股权,这一年实现了2 500万美元的息税前收入,不然就会出现负收益。为了日后的天然气和电力生产和交易,需要搭建监管、法律、财务和运营平台,所有这些都会发生费用。

图11.5 蒂赛德热电厂投产一年后,安然公司在英国启动了以英国为根据地的欧洲业务。杰夫·罗伯茨(左下图居中者)在1994—1995年组建了第一个工作团队(右下图)。1996年,马克·福莱维特的"第二波"行动是把安然公司欧洲业务扩展到伦敦威斯敏斯特的格罗夫纳广场40号(右上图)。

大约9个月后,也就是在1995年4月,安然公司欧洲分公司做成了第一笔天然气交易。1995年下半年,在26岁的天然气交易主管路易丝·基钦(Louise Kitchen)的努力下,欧洲分公司的天然气批发交易终于扭亏为盈。1995年全年,欧洲分公司总共创造了5 000万美元的息税前收入。

第二年,由理查德·刘易斯(Richard Lewis)负责开始电力交易,包括远期和新产品交易,其中以 1996 年 3 月做成的 10 年期电力掉期交易最为突出。1997 年,装机容量 819 兆瓦的萨顿桥(Sutton Bridge)电厂项目增加了流动性和现货电力交易,从而进一步推动了英国电力市场的形成。

交易和发起活动、第二次出售蒂赛德项目的股权(这次出售了 14.5％,安然公司还持有蒂赛德项目 28％的股权)、1996 年萨顿桥项目融资结束,为安然公司欧洲分公司带来了 1.25 亿美元的税前利润。更重要的是,萨顿桥电厂出售多发的电力实现了盈利,从而为整个项目盈利做出了贡献。据估计,这个项目的盈利是传统发电厂的三倍。[1]

但是,安然公司在其他地方也在变卖资产,从而导致公司资产负债表上的资产变得越来越少——进而导致未来的利润也变得越来越少。[2]就像盯市记账法一样,变卖资产并因此而消除未来的收入流,是另一种形式的"寅吃卯粮",这一切都是以筹措启动资金和帮助母公司实现苛刻的利润目标的名义进行的。

1995 年年初,安然公司欧洲分公司开始开拓更大的欧洲能源市场。这年秋天,安然资本与贸易资源公司成为第一家积极参与北欧电力市场的非北欧公司。在以后的几年里,安然公司欧洲分公司放慢了拓展的步伐:确保在欧洲的均势,有利于在位企业保护它们的核心业务。

罗伯茨促进了欧洲市场的成长,交易利润虽然不多,但欧洲大陆正在自由化,其合并后的市场规模大致与美国相当。[3]安然公司欧洲分公司需要在欧洲大陆和英伦三岛扩大规模和找到新的业务重点,才能成为"迷你版"安然资本与贸易资源公司。

1996 年年中,杰夫·斯基林邀请马克·福莱维特接替罗伯茨负责伦敦业务,福莱维特接受了邀请。从这一年 11 月开始的两年期聘用合同后来变成了四年期合同。合同期满后,福莱维特又回到休斯敦担任安然资本与贸易资源公司北美分公司的首席执行官,但福莱维特仍保留了对欧洲分公司的管辖权,其中一

---

〔1〕 传统的发电厂(如蒂赛德)都是签约采购天然气和销售电力,因此有可能赚取套利利润,具体取决于电厂的实际运营状况。相比之下,萨顿桥电厂提供了一种可用于交易的金融对冲(由实物供应为支撑),每天都能利用天然气/电力价差盈利。

〔2〕 "投资银行允许采用一种实际相当于实行盯市记账法得到的结果的重组方式。"罗伯茨回忆道。在这种情况下,任何运营问题都由安然公司负责,并在安然公司的资产负债表上留下"极其笨重但具有商业'脆弱性'或'刚性'的资产"。

〔3〕 受到安然公司影响的欧盟 1997 年的电力指令和 1998 年的天然气指令,方便了安然公司进行批发交易。

个原因是,安然资本与贸易资源公司欧洲和北美洲的批发部门之间从1995年起开始了具有协同效应的互相学习。后来,这种学习不断加强。

福莱维特发起的"第二波"招聘人才潮使得安然公司欧洲分公司的美国外派人员增加到了60人。带头去伦敦任职的是几个有名有姓的员工——格雷格·沃利(Greg Whalley)担任安然批发服务公司(Enron Wholesale Services)总裁,后来在安然公司存续的最后一年出任公司总裁兼首席运营官;约翰·谢里夫(John Sherriff)接替福莱维特担任安然公司欧洲分公司总裁;丹·麦卡蒂后来出任安然公司州际管道集团的首席商务官,他把安然资本与贸易资源公司的经营理念应用于受联邦能源管理委员会监管的资产。[1] 2001年8月,福莱维特本人出任安然公司副董事长,成了安然公司仅次于沃利的二把手,在安然公司有偿付能力的最后几个月里辅助名誉已经扫地的肯·莱(仍任董事长兼首席执行官)。

随着时间的推移,安然公司的美国外派人员陆续回国,而欧洲分公司则聘用和培训当地员工。到福莱维特2000年5月回国时,安然公司欧洲分公司只剩下6名外派人员。光看其在英国的业务,安然公司就已经不再是"迷你版"的安然资本与贸易资源公司,而且是一个地方性的安然资本与贸易资源公司。

安然资本与贸易资源公司加拿大分公司

安然天然气服务公司加拿大分公司成立于1992年,总部设在加拿大阿尔伯塔省卡尔加里北方大雪原的休斯敦。安然公司(如果不考虑协同效应的话)在这里有很多业务可做。安然公司经营并部分拥有的北疆管道公司向美国本土48个州输送占加拿大总产量20%的天然气。安然石油天然气公司近1/4的油气储量在加拿大,大部分在阿尔伯塔省。阿尔伯塔省是采用由安然金融公司为墨西哥湾沿海管道公司完善的量产付款协议的新区域。20世纪90年代中期,安然资本与贸易资源公司旗下的一个投资公司北美驯鹿(Caribou)对在加拿大的表外能源项目进行了投资。

"安然资本与贸易资源公司加拿大分公司有能力代理安然资本与贸易资源公司驻加拿大休斯敦办事处销售的所有产品,"加拿大分公司总裁约翰·戈尔曼

---

[1] 杰伊·菲茨杰拉德(Jay Fitzgerald)是福莱维特最早的团队中另一位从休斯敦派出去的有名有姓的外派人员。来自英国电力公司的路易斯·基钦后来参加了"安然在线"(Enron Online)的开发工作。"安然在线"于1999年11月上线,并引起了广泛的关注。

(John Gorman)在1996年表示,"唯一的区别就是我们还为当地市场定制产品。"公司刚成立时只有5名员工,现在雇用55名员工。22亿立方英尺/日的天然气产量已经超过了集团4年前设定的20亿立方英尺/日的"激进"目标。与美国休斯敦总部相同,安然资本与贸易资源公司加拿大分公司的销售部有综合解决方案、交易和风险管理、资本和金融等方面的专家,还有一个业务支持小组。

1997年年初,戈尔曼领导的分公司根据一项为期五年的非独家分包协议,通过一体化生产商森科尔公司(Suncor Inc.)增加了2亿立方英尺/日的天然气产量。加拿大分公司虽然遇到了一些成长的烦恼,但未来还是光明的。

约翰·戈尔曼这个土生土长的加拿大人,是安然资本与贸易资源公司加拿大分公司的第四任总裁。土生土长的格伦·吉尔(Glenn Gill)是加拿大分公司的第一任总裁,而休斯敦派来的马克·塞尔斯和汤姆·格兰维尔(Tom Glanville)则是第二和第三任总裁。正如戈尔曼手下的两名高管所说的那样,这个单位就是人才孵化器。负责综合解决方案的总裁戴夫·德莱尼(Dave Delainey)后来受命负责安然能源服务公司,而负责交易与风险管理的副总裁约翰·拉沃拉托后来主管公司的北美交易业务。

安然资本与贸易资源公司南美分公司

1995年,安然资本与贸易资源公司负责南美业务的副总裁迈克·摩根表示:"安然资本与贸易公司将成为阿根廷新兴市场的主要能源服务提供商。随着南美洲成为一个区域一体化的系统,我们的机会将会有所增加。"收购、开发、风险管理服务、天然气和电力营销都已经列入摩根的待办事项清单。

南方天然气运输公司(Transport Tadora de Gas del Sur, TGS)拥有3 800英里长输气管线、日输气17亿立方英尺,为阿根廷南方市场服务,是安然公司推行南美战略的桥头堡,如同安然资本与贸易资源公司欧洲分公司的蒂赛德项目。但是,摩根的计划可能要寄希望于长远。南美洲没有像西欧那么普遍的私有制,拉美国家对私有化和实行强制性开放—准入的管理制度不感兴趣。因此,安然公司虽然在南美有硬件项目,但仍无法进入中下游工商业用户市场,更不用说进入居民用户市场了。

1995年年中,摩根回到休斯敦。道格·赫尔利(Doug Hurley)被调到布宜诺斯艾利斯出任安然资本与贸易资源公司南美分公司的总裁,负责履行向生产商推销金融产品的特殊使命。安然公司在南美有越来越多的实体存在，先是与阿根廷南方天然气运输公司，接着又与哥伦比亚中央天然气公司(Centragas，成立于 1996 年、拥有 357 英里长的输气管道、投资 2.15 亿美元、日输气 1.15 亿立方英尺的管道公司)和玻利维亚天然气输送公司(Transredes，建于 1997 年、拥有 3 093 英里长的输气管道、投资 20 亿美元、日输气 3.2 亿立方英尺的管道公司)合作，但并没有因为这些合作项目而能够履行批发商职能。

布宜诺斯艾利斯是安然公司仅次于伦敦的第二大国际业务中心，却远不及伦敦。加拿大对于安然资本与贸易公司来说，就像是美国市场的前哨站。墨西哥地理位置理想、能源资源丰富，但有很多政治、法律和执行问题。杰夫·斯基林常说"世界的 90％在美国之外，那里才有安然公司的巨大商机"，但这只是一个梦想。要想使梦想成真，就需要一个国家接一个国家的非国有化、竞争和资本主义制度。安然资本与贸易资源公司已经为世界做好了准备，但世界还没有为它做好准备。

风险管理，企业文化

安然天然气服务公司认定自己是一家"盯市企业"。"如果我们的员工表现不佳，就不能依靠资产来支撑我们。"罗恩·伯恩斯说。利润率由一年一定的长期交往所决定。在安然公司，人人都被告诫："如果我们错过了机会，不能像预期的那样做出贡献，安然公司就无法取得它所需要的业绩。"

"论功行赏"是安然天然气服务公司/安然资本与贸易资源公司的一个管理理念，意思就是出于计算薪酬的考虑，交易的未来全部利润都应该记入当下做成交易的团队的名下。毫无疑问，这种理念具有激励作用，但也意味着没有(跨年度的)利润。杰夫·斯基林把这种压力说成是"开拓进取"的企业为实现目标而采取的"迷人举措"，但这是一种危险的行为方式。由于竞争不断加剧，回报率日趋正常化，想要增加盈利，就必须推出新产品。斯基林自信地说："我们目前正在做的事情，也是我们的竞争对手两三年后会做的事情。"

那么，这种压力是否意味着安然公司在交易中要冒过度的风险呢？安然公司向投资者保证绝对不会。安然公司 1993 年的年报(公布日期是 1994 年 3 月)指出："安然公司的政策是禁止利用市场波动进行投机，而安然天然气服务公司的目标是保持业务组合的平衡。"由于"未平仓合约净额"是交易固有的内容,因此,"安然天然气服务公司密切监控和管理它的敞口市场风险",有政策限制"每种交易商品的总净敞口风险和所有交易商品的合并总净敞口风险……"

通过对承诺的"实时监控"以及对风险仓位合规情况的"每日报告","安然公司预计,市场波动不会对其财务状况或运营结果产生重大负面影响"。[1]

一年后,安然资本与贸易资源公司重申了自己的指导方针——"禁止利用市场波动进行投机是安然公司的政策"。不过,这次又增加了新的细节:"公司有一个独立的风险控制团队主动监控市场风险,以确保公司和子公司都能合规",并且引入了一种新的计算方法——风险价值(VAR)法。"风险价值"被定义为"在某个特定时间段和某个置信区间,由于市场因素发生不利的变化而造成的潜在损失风险"。根据文斯·卡明斯基开发的安然风险价值模型,在任何一天和95%置信区间,母公司只有不到2%的息税前收入面临风险。卡明斯基曾为了获取信息不断询问交易员,并由此遭到了质疑。不过,他在1992—1993年开发了一个控制某种大宗商品和不同大宗商品风险的初步模型,并在1994—1995年提出了一个完整的模型。

在随后的几年里,审计和模型在现实世界中的应用都没有发现卡明斯基、史汀生·吉布纳和柯温·乔伊(Corwin Joy)等人微调过的模型存在重大问题。[2]交易员也开始欣赏这个可以帮助他们分开或合并理解、评估并证明交易风险的宏观模型。

杰夫·斯基林在里奇·金德的严密督促下,着重强调了安然天然气服务公司/安然资本与贸易资源公司内部风险评估和控制的重要性。风险管理是他受麦肯锡公司启发的"松紧有度"理念——至少在这个理念提出和公开倡导时的"松紧有度"——中"从紧"的一面。毕竟,投资者十分警惕大交易公司可能会出现的问题,如安然公司在瓦尔哈拉的业务。安然公司签订英国北海J块油田合同,就是在天然气价格上进行"裸赌",而且价款高达数亿美元,现在众所周知,安

---

〔1〕 安然公司1992年的年报(1993年3月公布)介绍了盯市记账法。不过,当时安然公司还没有使用这种方法实施它的风险管理战略。
〔2〕 卡明斯基开发的风险价值检测模型也用来对安然公司通过安然风险管理服务公司[1993年更名为"安然风险管理与交易公司"(Enron Risk Management and Trading, ERMT)]向外部市场提供的风险管理服务进行检测。在安然风险管理服务公司或安然风险管理与交易公司内部,卡明斯基先是向卢·派,后来是向吉恩·汉弗莱汇报工作。

然公司因此而陷入了尴尬。几乎从任何角度看,严格的风险控制都必须与安然公司肆无忌惮的盯市会计实践相伴。

1994年10月,安然天然气服务集团成立了全球信用部(EGS Global Credit Group),由杰夫·金尼曼(Jeff Kinneman)负责。这个信用部的职责就是撮合国内外交易,"评估(安然公司交易对手方的)信用风险,更好地监控安然天然气服务集团与每位客户的关系,并加大对安然天然气服务集团销售部的支持力度"。天然气、电力、液体燃料和金融4个单位都要向金尼曼汇报工作。对于50万美元以上的交易,发起人和交易员必须上报全球信用部审批。[1]

由首席控制官(副总裁兼总法律顾问)马克·哈迪克掌管的全球信用部,接手了安然天然气服务集团旗下控制部(全球风险控制部的一个下属单位)的部分职责。事实上,金尼曼一直在哈迪克的全球信用部的指导下进行信用监督,并把利用卡明斯基的模型进行了风险调整的资本回报率应用于交易和项目。但全球信用部独立于后来更名为"安然风险管理与交易公司"的安然风险管理服务公司。

1995年,全球信用部更名为"全球信用与风险调整资本回报部"(Global Credit and Risk Adjusted Capital Return, RARC),由首席信用官里克·比伊(Rick Buy)掌管。2个月后,全球信用与风险调整资本回报部又改名为"风险分析部"(Risk Analytics),负责项目、信用风险和交易风险分析。过了1个月,也就是8月,比伊被提升为副总裁。

1998年,比伊当上了安然公司的首席风险官,但首席风险官的工作要比首席信用官的工作复杂得多。文斯·卡明斯基只想知道他的上司如何能够为他没有接受过培训或不适合的职能部门增加价值并且领导这个部门工作。但是,比伊的这次职务升迁后来促成了安然公司的最终破产。

———————

那么,安然公司的"禁止投机政策"是一项不可违背的原则,或者说是一种策略或指导方针吗?安然公司的盯市会计先例,更不用说安然公司整体的增长需要,表明编造数据才是最重要的,这与几年前迈克尔·穆克勒罗伊的安然石油交

---

〔1〕丽贝卡·马克的安然发展公司所做的国际交易也要接受阿曼达·马丁负责的合资企业管理集团的单独审查。这个集团致力于确保安然公司在项目建成后要承担的法律义务与交易对手方保持适当的一致,以便进行高效和盈利的运营。请参阅第十二章。

易运输公司那种实际规定交易限额而且违反限额就意味着自毁的情况大不相同。

安然公司1995年的年报暴露了一些有关安然公司未来的线索。与1993年和1994年的年报明显不同的是,安然公司1995年的年报没有出现"禁止利用市场波动进行投机的政策",但出现了"安然资本与贸易资源公司制定了一套按照安然董事会批准的风险限制和控制准则管理投资组合的原则"的新表述。安然公司改变了政策?现在,安然公司是定期利用市场波动进行投机,但受到名义上独立的董事会的限制:换句话说,请相信我们,就像当年对待盯市会计。

杰夫·斯基林把安然资本与贸易资源公司说成是一家"物流公司",其实充其量也只能说是十分牵强。即使安然公司完全遵守其宣布的政策(至少1993年和1994年宣布过),即使安然公司开发的风险价值模型合理反映了历史方差(确实体现了历史和远期市场之间的关系),也仍然存在根本性的不确定性(无法量化的风险)。石油交易巨头MG在1993—1994年因前所未有的事件而损失了10亿美元。几年后,长期资本管理公司(Long-Term Capital Management)损失了数十亿美元,最终因其自吹自擂的金融模型被一些意外事件篡改而被清算。[1]

一位记录这类事件周而复始的编年史作者写道:"陷入这种金融灾难的人通常会感到异常不幸,但金融史充斥'肥尾'例子——这种基于对以往价格解读的不寻常且极端的价格波动似乎难以置信。"

值得称道的是,安然公司在1995年年末和1996年年初表现良好,当时所谓的"基础井喷"(basis blowout)篡改了历史价格关系。[2] 12月22日,动荡的天然气期货市场引发了谣言,称安然公司正遭受巨额亏损。安然股票(ENE)的价格下跌了8%,跌到了每股35美元。对于一只交易价已接近发行价的股票来说,这可是一个利空消息。莱、金德和斯基林奋起回击,解释说安然资本与贸易资源公司的利润与市场波动正相关,而不是负相关。第二天,安然公司开始回购自己的股票(ENE),股价出现了反弹。最终的答案当然是:1个月后,莱宣布

---

〔1〕罗杰·洛温斯坦(Roger Lowenstein)关于长期资本管理公司的著述《拯救华尔街:长期资本管理公司的崛起与陨落》(*When Genius Failed*:*The Rise and Fall of Long-Term Capital Management*,2000)在2001年末安然公司破产前后一直是安然资本与贸易资源公司内部的热门读物。

〔2〕正当得州、中部大陆和西部市场的天然气价格萎靡不振的时候,美国东北部地区迎来一个极其寒冷的冬季,天然气不成比例地流向这个地区。(纽约商品交易所)"亨利枢纽"价格与区域性现货市场价格之间呈现倒挂关系,从而导致整个行业实行新的对冲和交易策略。

第十一章
安然资本与贸易资源公司

1995年盈利5.2亿美元,同比增长15%,超过了许多分析师的预期。

安然公司作为美国天然气买卖的市场引领者,它的各个系统似乎都已准备就绪。一位分析师表示:"安然公司拥有如此非凡的风险管理能力,以至于我们要用不同的眼光看待这家公司。"安然公司的股票(ENE)从它的定价(市盈率较高)看,是一只适合套利交易的股票(其实并不是这种股票),而不是一只适合持有的股票(其实就是这种股票)。正如贝瑟尼·迈克莱恩和彼得·埃尔金德指出的那样,"这是安然公司一个肮脏的小秘密",一个"斯基林和他的助手们在造假败露很久以后……仍然保守的秘密"。但华尔街认为,他们不但是在座者中间最聪明的人,而且也是业内最聪明的群体,因此,要赋予安然公司的股票溢价。

一位参与者回忆道:"创建天然气储量收购公司,就是为了让分析师们放心,并让安然公司的故事动听。"虽然安然公司雇用了一位气象学家,而且可以说,安然掌握的知识比任何其他能源交易公司都要多,但实际上,安然公司并不总能赌赢。[1] 由于文斯·卡明斯基希望投机收益期望值为零,因此,为了消除投机收益的影响,安然资本与贸易资源公司把1995年7 000万美元的投机收益结转到了1996年——此举本身就是为了支持"安然资本与贸易资源公司是物流公司"这种说法而进行的欺骗。

在1996年的交易损失(1.9亿美元)把1亿美元的预算利润变成了9 000万美元的实际亏损的情况下,结转这笔投机收益仍然不够。就在马尔科姆·萨特所说的安然公司欺诈文化的"决定性时刻",安然公司召开了多次紧急会议,最终决定进行会计冲抵,也就是根据盯市记账法对"转售"的解释,(联合能源发展投资公司)对安然资本与贸易资源公司的投资被赋予"公允价值"(高于买入价)。一项以9 500万美元购买的资产,2个月后突然被赋予1.4亿美元的"公允"价值;而一项以3 000万美元购买的资产,在27天后就被赋予了4 500万美元的"公允"价值。联合能源发展投资公司这项投资的经理谢隆·沃特金斯只能用"布谷鸟"**来形容这种价值重估。更糟糕的是,引入所谓的"公允价值策略",允许天然气储量收购公司主观评估自己的资产,从而产生了(账面)利润——一个导致天然气储量收购公司阻止不良交易的作用黯然失色的诱惑。

---

〔1〕 "即使我们掌握各种市场知识,"约翰·埃斯林格回忆说,"也无法弄懂市场。"他还补充说,在天气预报方面的大笔投资,并没有"让你听到任何好于收音机里收听的信息"。

** 这里做"疯狂"解释。——译者注用"资产膨胀"来抵消交易损失的伎俩,至少在当时收到了效果——里奇·金德想要的效果。安达信会计师事务所虽然因安然公司一下子出现这么多的收益而提出了异议,但最终还是出手相助。因此,不但安然公司的股票(ENE)保住了它的溢价,而且杰夫·斯基林也因为完成了公司指标而获得了近 600 万美元的奖金。安然资本与贸易资源公司的大多数其他员工也因为公司的财务工程取得成功而领到了更多的奖金。

模型的质量是一回事,是否遵守公司设定的交易限额则是另一回事。研究安然公司出书的作者洛伦·福克斯发现:"即使在 20 世纪 90 年代初,这种交易业务也以偶尔下大注或者交易界一些人所说的'大手笔'而出名。"他还补充说,风险价值限额"执行不力"。然而,即使是到了 1996 年,一名为安然公司赚钱的优秀交易员也可能违反风险价值规定,其后果也不会比电脑提醒已经超过风险价值上限更加严重。福克斯援引一名交易员的话说:"如果你超过风险价值上限赚了钱,他们不会来找你;如果出了问题,他们就会来找你。"安然公司的高管约翰·埃斯林格对安然天然气服务公司/安然资本与贸易资源公司的理念进行了更加一般的表述:"安然的人不会问你钱是怎么赚的,而只会问你为什么没有赚到钱。"

这里有深刻的讽刺。安然公司员工谢隆·沃特金斯[后来与米米·斯沃茨(Mimi Swartz)一起写书的合著者]指出:"斯基林因承诺降低风险而出了名。但没过多久,安然资本与贸易资源公司就通过非常精明的交易大赚了一笔。"卢·派在 20 世纪 90 年代中期曾是安然天然气服务集团/安然资本与贸易资源公司冒险交易的关键人物,他承认存在这种冒险心态。"我们是赌徒,"他曾私下里说,"我们就是在赌博。"凭借信息优势和胆量,安然公司做投机交易赢多输少。到了 1995 年 3 月,安然不再否认这种行为。

如果安然资本与贸易资源公司的客户拒绝接受我们在第九章中介绍的远期产品,而是把现货价格作为交易价格来冒险,从而免付预付溢价(高于当时现货价格的价差),那么会有怎样的结果呢?这些客户是否会像安然公司告诉他们的那样,要承担更多的风险呢?或者,他们可能只是在接受一种有机会赢的风险,特别是考虑到安然公司自己的研究看好未来的天然气供应(而且后来证明前人的研究结果是正确的）。[1]

从20世纪90年代中期开始，安然公司的"裸露"交易只增不减。这种业务不像过去那样与客户建立长期供应关系——一种约翰·埃斯林格在1996—1997年离开安然资本与贸易资源公司前用心打造的关系业务。在1996年后的斯基林时代，"客户"变成了不知名的"交易对手方"。

安然资本与贸易资源公司的风险控制部有多达150个员工，每年的预算经费有3 000万美元，负责监视8 000个每年能为安然公司带来200亿美元收入的交易对手方。这个部门制定了各种风控程序。交易审批表（DASH）上有Risk-RAC模型所需的输入数据。输入数据以后，这个模型就能根据每天的交易商品、时间、价格、地点和利率分析1 000多种交易情景。斯基林向证券分析师保证："如果你做没有通过RiskRAC模型分析的交易，就会被解雇。"

但归根结底，安然资本与贸易资源公司的风险控制工作"非常薄弱"，哈佛商学院教授、研究安然公司出书的作者马尔科姆·萨特总结道。风险控制"非常薄弱"并不是文斯·卡明斯基的过错，也并非是否执行交易限额的问题。不管怎样，在1997年安然公司董事会决定注销英国北海J块油田项目以后，交易限额的执行情况有所好转。是交易撮合者和公司对盈利的需要，导致没有严格遵守交易审批程序，而且还导致性情温和、可塑性强的里克·比伊（安然的"首席警察"）变得不起任何作用。激励措施不仅对交易员至关重要，而且也能使比伊的团队在面对交易撮合者时做出让步。交易获得批准，就意味着做成后人人都能通过绩效考核赚到更多的钱。

在2000年年末、2001年年初，安然公司的控制系统几近崩溃。当然，这是一个根据安然公司长期冒险行为累积过程可预测到的结果。自始至终，安然的外部审计机构安达信会计师事务所都没有"踩刹车"制止，而是一味地纵容这个客户。

人才评价与引进

杰夫·斯基林试图在他备受推崇的新创企业推行精英治理。建立一种信息

---

[1] 在锁定可进行项目融资（包括电力采购长期固定协议中的融资）的长期天然气价格的情况下，安然天然气服务公司/安然资本与贸易资源公司的长期合约填补了一个市场空白。但与《公用事业管理政策法案》相关的合同是政府干预而不是自由市场的产物。

公开、代表授权和绩效薪酬——类似于麦肯锡公司或投资银行——的治理体制,旨在培养和激励表现优异的员工和超级明星。与此相反,安然天然气服务公司必须裁减新收购部门原先靠年资和通融混日子的员工。

斯基林希望建立一种"奖励高绩效者并终结补贴平庸者"的严格、全面的考核制度,一种超越安然公司绩效薪酬制的考核制度。20世纪90年代初,安然资本与贸易资源公司绩效考核委员会采用"360度"全方位同级考核法,要求同级员工根据同事的工作绩效打分评级:绩效分五个等级,最优为"1",而最差为"5"。每个等级事先规定百分比:5%"优秀",25%"良好",25%"好",30%"满意",15%"需要改进"。

绩效考核得5分的员工就有被裁的危险。大约有一半员工在前几次考核中被裁。随着员工素质的提高,公司放松了"末位淘汰制",保留较多的5分员工试用。遣散费按离职时的工作年限和薪水计算,公司也对那些被裁员工提供过渡性帮助。[1]

到了20世纪90年代中期,肥尾钟形曲线更多是目标,而不是要求。但是,变革才是积极因素。随着时间的推移,这种绩效考核方法变得越来越烦琐,也变得不再那么严格,成了安然资本与贸易资源公司欺骗性增压式企业文化的牺牲品。

多达二十来个同事对每个员工进行书面考评。然后,各部门主管在外面进行持续数日的"吹毛求疵的复议",结果浪费了大量本来可用来赚钱的时间。更糟糕的是,绩效考核变成了一种"制度化的人气竞赛",每个员工和他们委托的支持者("干爹")与其他员工和他们委托的支持者闹得不可开交。结果,"绩效让位于关系",一位参与者回忆说。

这种考核方法变成了"奖励忠诚者和惩罚异见者的管理工具"。这种委员会考核程序导致对RiskRAC模型的"滥用",尤其是因为各部门主管和交易员对交易获批的渴望压倒了风险控制。(账面)盈利的已做成交易相对于它们的运营业绩被高估——一种安然公司在发展中国家的项目也遇到的问题。[2] 这种绩

---

[1] 遣散费的计算公式是:1年的工龄和每1万美元的薪水,可领到相当于2周薪水的遣散费;加起来可能接近安然普通员工一年的基本工资。但2001年破产时,安然公司没有采用这个公式计算员工遣散费。当时,4 000名被解雇的员工每人领到了法院批准的4 500美元和以后支付的金额不确定的遣散费。

[2] 请参阅第十二章。

考核方法能使在适当的时候赚到巨额利润的交易员比长期稳定盈利的交易员获得更多的好处。

这种薪酬制度相对于交易撮合者和交易员而言，对于"后台员工"——那些确保列车准时到站的员工——几乎起不了什么作用。奖金到手后，高绩效员工就跳槽到最新成立的热门部门，让别人处理交易做成后的问题。（这个问题从1998年开始变得严峻起来，当时安然公司新成立的几个主要部门成了炒作的对象，其实并没有多少实质性的东西。）

在零和博弈的压力下，日常工作中的团队合作受到了影响。拙劣的方法造就了一种糟糕的激励机制，从而促成了一种对内博弈和对外欺骗的文化。马尔科姆·萨特总结表示，安然公司的绩效考核体系导致了这样一种"角斗士文化：支持风险不断增大的赌博，个人机会主义猖獗，风险管理流程在最需要它的时候崩溃"。时间在流逝，但有价值的思想"难见天日"。

低绩效员工离开后，令人敬佩的人才开始进入需要配备员工的增长领域。被杰夫·斯基林称为"安然公司竞争优势之源"的分析员/助理项目，是安然资本与贸易资源公司最有价值的组成部分。1992—1994年年初，凯茜·阿博特主持这个项目，肯·赖斯也临时负责过这个项目，后来由[从街对面得克萨斯商业银行挖来的]保罗·特里什曼(Paul Trieschman)接管。斯基林为这个项目雇用过许多富有成效的负责人，如仅1994年夏天就聘用了卢克·克莱门特(Luke Clemente)、乔·戈尔德(Joe Gold)、乔尔·希尔(Joel Hirl)、肖恩·霍尔姆斯(Sean Holmes)、保罗·拉西科特(Paul Racicot)和吉姆·斯特菲斯(Jim Steffes)。

分析员项目是一个为期一到两年的培训项目，每季度轮换接受交易与风险管理、交易撮合(地方分销商和工业用户营销、电力营销、电力服务、消费服务、液体燃料和结构化融资)、金融与战略性风投[安然资本公司、安然战略风投公司(Enron Strategic Ventures)、企业发展公司(Corporate Development)]以及专业或选修课程(信贷、合同、监管、财会、法务和商务)4个方面的培训。"安然天然气服务公司的分析员与助理项目还将继续为公司的业务单位和一些业务支持单位提供大量的金融、市场和行业分析服务。"一份内部备忘录如是说。

助理项目是一个水平高于分析员项目的入门培训项目，适用于有工商管理硕士学位和工作经验的新员工以及新晋分析员(没有获得晋升的分析员不得不离开公司)。接受过助理项目培训的员工被期望"在产品开发、客户关系、交易结构安排等各种商业流程中做出可计量的贡献"。助理项目实行为期2年的专业化培训,而不是不同课程轮训。

在接受新一代人才培养的过程中,许多助理项目班的学员已经升迁到了安然公司的高层。例如,格雷格·沃利在参加这个项目培训班后,没上几节课就被录用。他毕业于西点军校,在获得斯坦福大学工商管理硕士学位之前曾在部队服役6年。1992年加盟安然,并且迅速获得升迁,这个业务精湛的交易员很快就成了整个交易大厅的负责人,"工会领袖"。沃利后来担任安然公司总裁兼首席运营官,在公司有清偿能力的最后几个月里,他代替效率越来越低的肯·莱做决策。

与自上而下的工作安排不同,安然天然气服务公司/安然资本与贸易资源公司谋求的是一个员工可以在公司内部寻找工作的"自由市场"。晋升和薪酬变革并没有伴随那种(在年度绩效考核中发生的)"用脚投票",但每个员工都有"义务在调动工作的过程中尽早通知现在任职部门的经理,以便有序地交接工作"。

较之于外部招聘,安然公司更加重视员工在公司内部的横向调动。安然公司主要从银行、律师事务所、能源公司和公用事业公司招聘外部人才。例如,1884年4月,安然公司聘用了一名曾任太平洋燃气与电力公司企业销售主管、不久前在一家小型天然气营销公司任职的员工。约翰·谢里夫是20世纪90年代中期加入安然公司的众多西海岸公司的能源专家中的一个专家,只在安然公司干了2年就成了安然公司欧洲交易业务的主管。

安然资本与贸易资源公司1995年第一季度的副总裁选拔结果显示了安然事件发生前的高管来源。(在15个副总裁中)6位有以下背景:

(1)布莱恩·巴林顿(Brian Barrington):曾在第一波士顿银行(First Boston Corporation)企业金融与并购部任职。

(2)唐·布莱克(Don Black):曾在纽约基德尔·皮博迪公司(Kidder Peabody)做过能源衍生品交易。

(3)史汀生·吉布纳:曾在加州理工学院(California Institute of Technology)当过研究助理。

(4)杰夫·金尼曼:曾在菲布罗能源公司(Phibro Energy)管理过远期衍生品

交易部。

(5)迈克·麦康奈尔:曾在艾克赛尔资源公司(Excel Resources)做过天然气供应和营销工作。

(6)埃里克·范·德·瓦尔德(Eric Van der Walde):曾在美国航空公司(American Airlines)当过财务风险经理。

"我们雇用非常聪明的人,我们付给他们的薪水比他们认为自己应得的还要高。"安然资本与贸易公司的一位高管自豪地说。安然公司支付优厚的薪酬,享有敢于授权和具有企业家精神的声誉,是许多能源专业人士向往的工作单位。"安然溢价"就是用来描述安然员工通过信息优势、前沿技术和员工相对于竞争对手企业员工享有的自主权构建的优势。

结束语

"岁末大祺!"安然资本与贸易公司北美分公司的全体员工在1996年岁末收到了一封这样开头的短信:

除了超额完成1996年的运营计划39%以外,我们还:

● 进一步把安然资本与贸易资源公司打造成北美处于领先地位的不受监管的天然气和电力批发商;

● 在一个极其动荡的时期,天然气实物和金融交易业务仍然实现了盈利;

● 成为北美第二大电力批发商;

● 通过日益关注把更多的金融、电力和输送元素纳入新产品开发,不断发展我们的交易发起功能,以适应不断变化的市场环境;

● 通过与波特兰通用公司的合并,增加了关键的战略性资产和技能。

安然资本与贸易资源公司北美能源部(North American Energy Group,NAEG)的五成员管理委员会已经准备好在更加重要的1997年里,在肯·赖斯的领导下承担更大的责任,并把北美能源部做大:

(1)肯·赖斯:负责对各单位的总体协调,重点做好战略性市场开发和开拓以及与波特兰通用电力公司的融合。

(2)比尔·巴特勒(Bill Butler):负责中间市场的开拓与电力交易、煤炭交易

(新领域)以及风险管理。

(3)凯文·汉侬:负责天然气交易业务和全球风险管理。

(4)阿曼达·马丁:负责与归投资者所有的公用事业公司、独立电力生产商、市政公用事业公司、合作社和地方配气/配电公司合作,创建新的天然气和电力企业。

(5)埃里克·冈萨雷斯(Eric Gonzales):负责工业用户市场开拓和煤炭业务开发(新领域)。

北美能源部的另外 4 个(总共有 8 个)业务单位分别是加拿大开拓(由戴夫·德莱尼负责)、监管事务[由史蒂夫·基恩(Steve Kean)负责]、特殊项目[由约翰·斯托克斯(John Stokes)负责]和研究(由文斯·卡明斯基负责)。

令人振奋的是,安然资本与贸易资源公司准备进军电力批发市场,做广告宣传天然气和电力业务的融合,并提出了利用整个体系的协同效应和内在知识优势来模糊投机和套利之间区别的愿景。交易枢纽和市场中心现在正在向网络经济和全英热单位营销方向发展。过去的系统外运输交换部是为一方提供服务,现在则是为全国的营销商提供服务。

但不管怎样,套利交易仍有它的作用,而紧随创新的模仿导致利润率下降。盯市记账法几乎没有给未来留下任何缓冲的余地。安然公司通过切断第三方销售收入的方式,出售安然资本与贸易资源公司的实物资产变现;为了保持盈利势头,还人为地编造安然资本与贸易资源公司资产增值,并将其作为盈利来报告。安然公司动不动就拿当期盈利来炫耀——而资本与贸易资源公司的账面利润引擎则更是如此。

第十二章　安然公司的国际抱负

全球能源项目(无论规模大小,无论是一体化项目还是独立项目,甚至无论是天然气还是其他能源项目)是安然公司实现其"成为新能源巨头"愿景的重要手段。

肯·莱的天然气巨头模式借鉴了所谓的石油巨头的模式,他把石油巨头定义为"在技术和财务上有能力在世界任何地方从事石油业任何业务的一体化企业"。

到了20世纪90年代中期,安然公司已经把它在西欧、南美和印度的电力和输气管道项目作为其进一步对外发展的"滩头阵地"。上游一体化可能包括安然石油天然气公司,然后是在特立尼达和印度投资的项目,以及与委内瑞拉、莫桑比克、卡塔尔、乌兹别克斯坦和中国进行的钻探项目谈判。安然资本与贸易资源公司可以发展现货和远期天然气买卖批发业务。安然工程建设公司(Enron Engineering & Construction, EEC)随时准备在任何地方进行设计、建设和运营。先是涉足太阳能市场后又进军风能市场的安然可再生能源公司(Enron Renewable Energy Company),也能参与安然公司上游一体化战略的实施。

安然国际公司(EI)从表面上看是安然公司旗下一个成功的新业务单位,它的息税前收入从1992年的3 300万美元增加到了1993年的1.32亿美元,以后几年虽有起伏,但大致保持增长势头(1994年1.48亿美元,1995年1.42亿美元,1996年1.52亿美元)。1989年,安然公司约2%的利润来自北美以外地区,到了1996年,国际业务的利润已经占到公司总利润的12%。不过,资产出售和剥离的收益(而不是持续经营的利润)仍将用来维持盈利水平,安然公司需要能够赚钱的新的大项目。

安然公司希望安然国际公司未来几年的年收益能以20%的速度增长,这也就成了安然公司对华尔街做出的公司总收益每年增长15%的积极承诺的一个关键组成部分。由于安然资本与贸易公司前几年一直用盯市记账法做账,因此,现在面临很大的增长压力。莱要求安然资本与贸易资源公司能够与发展中国家谈成高利润项目,不过,理查德·金德对这方面的要求没有这么强烈。[1]

安然国际公司"有很多开发项目……价值200亿美元",是安然公司在1995年第一季度宣布的"成为世界第一大天然气公司"的目标的重要组成部分。安然国际公司的主要资产(于1993年第一季度完工)是位于英格兰西北部蒂赛德的一座装机容量1 875兆瓦的热电厂(世界最大的热电厂,即蒂赛德项目一期工程,以区别计划在蒂赛德投资的另一个合资项目——蒂赛德项目二期工程)。稍早一些时候,也就是在1992年12月中旬,安然公司收购了阿根廷南部刚私有化不久的天然气管道公司——拥有3 800英里输气管道、日输气17亿立方英尺的阿根廷最大的天然气管道运输公司南方天然气输送公司。1993年,蒂赛德和阿根廷南方天然气输送公司项目都已全面投入运营并开始盈利。[2]

1993年,安然国际公司还运营着6家总装机容量484兆瓦的电厂,并拥有这些电厂3/4的股权。[3]其他许多项目也正进入深入谈判阶段,其中最大的项目是位于印度达博尔的一座分两阶段建设的装机容量2 014兆瓦的电厂项目。这个项目是安然国际公司"最强大的产品线"安然发展公司的杰作,由丽贝克·马克负责。

事实证明,安然国际公司的第一代项目——1993—1994年投入使用——可

---

[1] 安然公司"在新兴市场看到了巨大的盈利商机,所以我们就这么做了。"一位负责人回忆道。吉姆·休斯(Jim Hughes)补充说,这些国家面临的挑战是"有大量的经济活动,却没有资金"。

[2] 安然公司拥有蒂赛德项目一期工程50%的股权和阿根廷南方天然气输送公司17.5%的股权。到了1996年,安然公司持有的蒂赛德项目一期工程的股权减少到了28%。

[3] 这些项目包括:菲律宾的巴丹加斯项目(装机容量105兆瓦)和安然拥有一半股权的苏比克湾项目(装机容量116兆瓦);在苏比克湾租用的两个电厂(装机容量28兆瓦);安然拥有一半股权的危地马拉库扎尔港项目(装机容量110兆瓦);德国的比特菲尔德项目(装机容量125兆瓦)。除了最后一个项目的电厂外,其他项目的电厂都是燃油电厂,而不是燃气电厂,但天然气巨头安然公司对此保持沉默。

能是安然国际公司的"高水位线"。蒂赛德项目一期工程和其他几座装机容量超过 2 300 兆瓦的发电厂项目,加上安然公司中标的阿根廷南方天然气输送公司项目,是一个坚实且盈利的开端,但没能复制,因为地区、业务线和个别项目的前景都令人大失所望。

———————

在安然国际公司这些漂亮数据和 20 世纪 90 年代中期轻松话题的背后,隐藏着一个令人忧郁的故事。蒂赛德项目二期工程是一次损失惨重的赌博;印度达博尔项目从合同内容看没有问题,但是一个政治火药桶,因为这个项目的唯一合资方是一个脆弱的政府实体。虽然安然国际公司在发展中国家的许多项目有慷慨的美国纳税人的资助,但这些项目不是无法实现商业化,就是在竣工投产后业绩不佳。安然公司的高回报交易受到了高风险的威胁,肯·莱试图通过政治手段来改善这种状况。

除了蒂赛德项目两期工程外,安然公司进行的全部国际风险投资几乎都需要美国纳税人的资助,包括安然石油天然气公司投资的特立尼达拉项目(1992 年)。[1] 安然公司在海外投资的发电厂和输气管道项目的融资越来越离不开美国海外私人投资公司和进出口银行的贷款承诺和/或贷款担保。其中的一个原因就是,资产负债状况稳健的石油巨头进入安然公司看到"淘金"机会的国家进行风险投资的速度要慢很多;而肯·莱是一个根深蒂固、急不可耐的乐观主义者,为了获得最高的回报率,他去了竞争最不激烈的地方:"回报率在百分之二十几,"丽贝卡·马克 1995 年在美国参议院的一次听证会上作证表示。莱甚至吹嘘,安然公司去了分析师们说不能去的地方。

在向投资者保证长线投资谨慎的同时,为了帮助母公司取悦华尔街,安然国际公司专注于编造年度业绩,在项目建设期间就尽可能多地计算收入。安然国际公司并不注销失败项目的坏账,而是把它们计入仍可行项目的资本账户。因此,这种坏账被称为"雪球",而且越滚越大,开始时是数千万美元(9 000 万美元),后来高达 2 亿美元,从而导致安然公司墙内产生了不同意见。但是,安然公司的股票(ENE)已经成为动力股,表演必须继续下去。

———————

[1] 第六章回顾了安然公司与美国海外私人投资公司和进出口银行的关系。安然公司驻华盛顿特区办事处不仅致力于保留它们的资助,而且游说各方反对美国对这些东道国实施制裁。这项工作要求安然公司加入 16 个驻美外国组织或者以其他方式向它们提供支持。

在建项目			
地点	项目类型	规模/权益占比	建设成本（百万美元）
印度达布尔项目一期工程	多燃料电厂	826兆瓦/80%	1 078
土耳其马尔马拉	天然气电厂	478兆瓦/50%	600
意大利撒丁岛	气化油电厂	551兆瓦/45%	1 350
进入最终开发阶段的项目			
波多黎各佩牛拉斯(Penuelas)	电厂和天然气终端站	507兆瓦/50%	620
印度尼西亚东爪哇	天然气电厂	500兆瓦/50%	525
玻利维亚～巴西	天然气输送管道	1875英里/玻利维亚30%、巴西7%	2 000
关岛皮蒂	低速柴油发电厂	85兆瓦/50%	150
越南（巴地头顿省）	天然气加工厂	年30.4万吨/49%	161
波兰(Nowa Sarzyna)	天然气电力项目	116兆瓦/97%	120
克罗地亚萨格热布	天然气电厂	180兆瓦/50%	160
莫桑比克马普托	天然气输送管道	560英里/50%	644
印度达博尔项目二期工程	液化天然气电厂和再气化设施	1 624兆瓦/80%	1 600
卡塔尔	天然气凝液项目	年500万吨/35%	4 000

图 12.1 安然国际公司开发的项目既有菲律宾赚钱的巴丹加斯电厂（左上），也有印度不赚钱的达博尔电厂（左下）。安然公司在 1996 年年报中报告的 10 个"最终开发"项目有一半无法竣工。

安然国际公司的"未来就是当下"的理念，类似于杰夫·斯基林处理长期合约的盯市记账法。安然国际公司与福雷斯特·霍格伦德的安然石油天然气公司和斯坦·霍顿的州际天然气管道公司大不相同，后两家公司的每一个盈利周期都是独立存在的（因为它们采用的是权责发生制会计），它们也没有大量变卖资产。

早期的成就

1994 年春天，《华尔街日报》头版刊登了一篇题为《天然气行业正通过走向国际进行自我重塑》的文章，文章副标题是"安然公司正与英国天然气公司进行一场全球扩张竞赛，目标是打造强大的石油帝国"。在这篇文章的第三行写着

"亚洲在推介清洁空气"。在这篇特写中,丹尼尔·耶金评论了肯·莱如何有先见之明地在"石油时代如何让位于一个新的天然气时代"这个问题上向他发出了挑战。耶金说:"就像他在做的那样,他正在通过创建一个新的天然气行业来证明自己是正确的。"

耶金在文章中解释说:"安然公司和英国天然气公司是快速推进全球天然气市场扩展(每年增长1 200亿美元)的新典范,它们在五大洲竞相插上本公司的旗帜,它们的雄心壮志在国内天然气行业闻所未闻。它们正在把自己打造成第一大国际天然气公司。"这篇文章的作者还补充说,安然公司的股票(ENE)表现不但好于国内天然气公司的股票,而且还好于全球七大石油公司股票。

媒体关于吸引眼球的高风险秀的报道是一种公关高招。安然公司把它的国际业务说成具有开拓性和人道主义性质("把电力……送给儿童、学校和医院")、风险得到了很好的管理("签订了具有法律效力的确定合同")、具有协同效应("签订了交钥匙施工运营商协议、燃料供应和燃料管理合同")、"地域多样化"、"一体化市场引致型"、选择越来越多以及能够盈利。

安然发展公司把自己的使命表述为"选择最有成功机会的项目"和"追求能为股东创造最大长期价值的项目"。为此,"风险分析与管理"是"安然发展公司开发项目的关键所在"。

安然公司向投资者保证,他们会做好各方面的基础工作。项目融资由于没有追索公司其他资产的权利,因此限制了特定项目的责任。按已知费率(用美元计价)签订的长期合同锁定了利润率。对电力购买者和管道托运人的资信进行仔细的审核。根据需要投保主权险,并使用信用证付款。通过美国海外私人投资公司和进出口银行(美国商务部)以及国际金融公司(世界银行)的贷款和贷款担保来缓解政治风险。

那么,是否存在问题呢?安然公司因签订英国北海J块油田(蒂赛德项目二期工程的配套项目)合同而迅速增加的负债,"不会对盈利产生实质性负面影响"。1995年,安然公司废除了印度达博尔项目的合同,停止施工,这可以说是因祸得福,因为重新谈判促成了一个更大的项目,并于第二年开始付诸实施。

在本书的考察期里,安然公司经常受到称赞。耶金所属的剑桥能源研究协会把安然公司评为1991—1994年"全球项目开发第一"。肯·莱把他的公司吹成"全球能源解决方案的市场引领者"。丽贝卡·马克的巧言妙语令受众惊叹不已:"我们在市场上不断重塑我们自我、我们的定义和我们的使命。"事实上,安然国际公司是《财富》杂志在 1996 年 3 月把安然公司评为美国"最具创新力的企业"的原因之一。

发展中的问题

安然国际公司强调它的使命是通过仔细观察和放眼未来创造可持续的价值,但它在对待大多数项目时明显存在急躁冒进的问题。蒂赛德项目二期工程、达博尔一期和二期项目从一开始就有问题。有些项目遇到了在国内从未遇到过的设计和运营问题。但是,公司的高管理费用,首先是安然国际公司位于休斯敦安然大厦对面的豪华总部,更不用说为员工举办奢华活动的费用,只不过是为了美化安然全球化形象的一个方面。[1]

安然公司在世界偏远地区的寻租行为呈现出一种令人毛骨悚然的性质。1996 年 4 月,时任克林顿政府商务部部长的罗恩・布朗(Ron Brown)在克罗地亚执行与安然公司有关的贸易任务时,因飞机失事而不幸身亡。[2] 布朗是安然国际公司的头号推手,这也说明了安然公司从他领导的商务部贷款机构得到帮助的原因。他出席了安然公司一些最引人注目的合同签字仪式,包括在印度达博尔举行的合同签字仪式。

蒂赛德项目二期工程(北海 J 块油田配套项目)

1993 年年初,蒂赛德项目一期工程就在 1993 年到来前几个星期投入商业运营,电厂和液体燃料厂完全由埃弗勒斯特和罗蒙德气田供应天然气。这个项目一期工程建成后,安然公司又开始考虑做更大、更加宏伟的项目。更多的天然气和更大的运能可以为安然公司将要建造和运营的新设施提供燃料,并且效仿北美的安然天然气营销公司启动天然气批发业务。为英国和欧洲大陆打造一个

---

[1] 在这些"令人吃惊的滑稽表演"中,安然公司的非洲团队曾租用一头活象,与安然公司其他地区团队的表演进行竞争。后来有人写道:"安然做的每一件事都必须更好、更加奢华,好像再怎么做也不会显得太过奢侈似的。"
[2] 安然公司的代表没有登上导致 35 名乘客全部遇难的飞机。遇难乘客中有 ABB 公司、恩瑟奇国际公司(Enserch International)和福斯特-惠勒能源集团(Foster Wheeler Energy Group)的高管。安然国际公司仅次于丽贝卡・马克的二号人物约瑟夫・萨顿乘坐的安然公司喷气式飞机在布朗改造的军用波音 737 飞机之前安全着陆。

"迷你版安然"的计划正在筹划之中。[1]

安然公司认为,美国本土的天然气资源是有限的;如果公司想要掌握主动权,就应该把它封存起来。此外,还必须签订一份更大的输气合同,才能构建一个把海上天然气输送到蒂赛德的大输气系统。安然公司在蒂赛德建造第二座发电厂和液体燃料设施(蒂赛德项目二期工程)的谈判似乎进展顺利。

安然公司在1993年3月签订了一份期限为气田使用寿命(估计是15年)的"照付不议"合同,购买北海中央J块油田(朱迪与乔安妮油田)3亿立方英尺/日的天然气。最低实际取气容量定为2.6亿立方英尺/日,目的是要确保每天的商业运营都能产生伴生油和凝析油。根据合同规定,如果取气不足,要支付合同规定的年费。

安然公司还与由阿莫科经营的中央区域输气系统签署了一份3亿立方英尺/日的"不运照付"合同,把天然气从海上平台输送到蒂赛德。这份运能一半归安然公司、另一半归帝国化学工业公司的合同"与北海J块油田合同一样也有很多问题和麻烦"。特别是,输气合同的起始日期与北海J块油田合同不一,输气容量使用不足按季支付规定费用,而北海J块油田按年收取费用。于是,争执和官司接踵而至。

北海J块油田的全部合同——11份协议和130份支持性文件——"确凿无疑"地坐实了安然公司的责任。面对形势的变化,无论是市场因素还是监管因素都不能导致合同失效,只有不可抗力才能在法律上阻止合同的履行。

安然公司欧洲分公司首席执行官杰夫·罗伯茨委托迈克·麦康奈尔就存在问题的合同进行重新谈判。麦康奈尔认为:"当时,安然公司肯定非常需要这里的天然气供应,因为不但价格非常高,而且协议中的每个条款都对菲利普石油公司有利。"但北海J块油田方面的平等合作伙伴菲利普石油公司、英国天然气公司和意大利石油总公司英国分公司(Agip UK)需要这种担保来承保一个10亿美元的项目,就像安然公司可能希望合同中能订立更加灵活的条款一样。在市场清淡的情况下,签订不可变更的施工前合同是一种基本的保护措施,类似于安然公司在建设输气管道前就签订天然气管道运输合同。对生产商来说,这份合同相当公允,但安然公司却把自己给坑了。

---

[1] 请参阅第十一章。

安然公司在达成协议时宣布,"北海油田的天然气供应将在1996年及以后补充我们的供气来源,以便我们在英国开展更多的电力项目和天然气营销活动"。毕竟,英国当时正处在"天然气冲刺"(dash for gas)时期。但是,市场在哪里呢？对蒂赛德项目一期工程来说,最神奇的时刻是同时签订多份相互衔接的天然气需求和供应协议。约翰·温不是傻瓜,罗伯特·凯利(目前负责安然公司欧洲业务)也知道其中的诀窍。但是凯利已经被召回休斯敦,克劳德·穆伦多(职业生涯晚期,可能在伦敦城的谈判中度过了一段很美好的时光)正在与著名的天然气大王菲利普石油公司的比尔·范德·李(Bill Van der Lee)较量。"令人惊讶的是,"麦康奈尔只能说,"英国的分部没有和美国的总部进行很好的沟通。"其实,双方可能进行了不错的沟通。长期以来,安然公司一直在天然气领域豪赌,与它在其他领域反复做的事情没有什么区别。

1992年第一季度,安然公司公布了一份准备在蒂赛德附近建造一座装机容量380兆瓦电厂的"协议"。"协议有待监管机构和政府批准",项目预计在1993年年初开始动工。但一年后,安然公司没再提起这个蒂赛德项目或其他任何项目,只提到了关于"英国其他电力项目和天然气营销活动"的天然气供应和运输协议。

安然公司在1994年第一季度发布了1993年的公司年报,除了提到"在蒂赛德建造第二家液体燃料加工厂:二期工程预计很快就会开工,以便在1996年北海J块油田能增加供气时投入使用"以外,只字未提建造任何电厂的事。但不管怎样,安然公司正在与别人谈一个名叫"公园巷"(Park Lane)的"半生不熟"、计划发电1 000兆瓦甚至更多的项目,但这个项目的某些参与方是在拿不怎么受欢迎的安然公司开涮。

安然公司在1994年的年报中只字未提任何燃(天然)气或剥离液体燃料资产的项目,也没有提及关于北海J块油田3亿立方英尺/日和中央区域输气系统的承诺。距离1996年10月1日第一次被要求指定输气量还有一段时间。麦康奈尔表示:"这些天然气合同被放在抽屉里,留待以后处理。"

事实上,安然公司遇上了麻烦,并且要设法解决问题。安然公司订的天然气在接收区域几乎没有市场,更不用说以高于市场的固定价格出售天然气了。北海油田新发现的气藏导致安然公司的天然气供应锁定战略失败,而对天然气的需求也没有按照安然公司的预期增长。为在英国启动安然公司的天然气批发服务所需的输电业开放——准入制,也需要再等几年才有可能付诸实施。

麦康奈尔在1995年年初调到伦敦任职后不久就开始进行谈判。情况很糟,而且还在恶化。J块油田的锁定价格是北海油田的最高价格,麦康奈尔回忆说,因此,生产商"有超级动机研发技术或者设法按合同供应尽可能多的天然气,而绝不会减少天然气供应"。而且,如果安然公司不按合同接收这些天然气,就要向中央区域输气系统承担"不输照付"的责任。

按0.60美元/百万英热单位的价格计算,J块油田的问题仅输气每季度就要产生1 500万美元的负债。中央区域输气系统声称,准备把合同执行日期定在1994年11月,后来改为1995年5月,但仍然远远早于J块油田可以供气的日期。接下来就开始打官司。

多么具有讽刺意味!这正是20世纪80年代困扰美国州际天然气管道运输业的情形。肯·莱和克劳德·穆伦多在特兰斯科能源公司任职时不就曾为了解决这个问题而努力吗?安然公司在美国州际天然气管道运输业解禁允许竞争前不是已经巧妙地解决了它的"不取照付"合同问题,并发誓再也不会签署对市场不敏感的合同吗?在休斯敦负监督责任的理查德·金德本不应该批准这种裸险,但他就是批准了这些合同——而且,莱和董事会也都这么做了。安然公司现在摊上了一个12亿美元的问题,对于一个总股东权益为32亿美元的公司来说,这可是一个相当大的问题。

1995年6月,安然公司向北海J块油田提出了第一个和解方案(对中央区域输气系统将采取不同的解决方式)。安然公司将向天然气生产商预付1亿美元,并承诺按照6种不同的"基于市场"的指数化定价结构——安然公司从美国引进的新概念——提取合同规定数量的天然气。

菲利普石油公司当即拒绝了安然公司提出的方案。现货价格持续下滑,一直到这一年的年底(跌幅超过50%),从而把安然公司北海J块油田确定合同价格18.50便士/千卡的天然气逐出了市场,而且没有好转的希望。

北海J块油田的天然气生产商对重新谈判的兴趣小于履行合同的兴趣。J块油田的运营商菲利普石油公司的首席执行官韦恩·艾伦(Wayne Allen)表示:"在这个行业,传统生产商承担生产的前期风险,而买家承担市场风险。"安然公司签署的合同"具有竞争力",他又补充说:"我们本可以把天然气卖给其他几个买家。"艾伦这次讲话被业内媒体广泛报道,从而预示着安然方面要应对一场持久战——"商业世界的第二次世界大战"。

安然公司在 1995 年的年报中首次提到了这些问题合同,并且披露了一些真相,但几乎没有表示担忧。安然公司在 1995 年 9 月通知 J 块油田的天然气卖家,第一个合同年度(1996 年 10 月—1997 年 9 月)的取气量是零指定,下一个合同年度还是零指定。在安然公司签署的北海 J 块油田合同的天然气没有市场和"这些天然气的合同价格……超过英国目前现货市场价格"的情况下,合同双方正在进行和解谈判,以便"针对定价条款确定互利的解决方案,从而使 J 块油田尽快开始生产"。

在和解谈判中,安然公司还提到了"未来几年可能要为待取天然气支付的预付款"、对北海天然气"有利"的长期需求以及关于安然的财务状况无实质性内容的争议。但不管怎样,"如果蒂赛德项目不用这些天然气,那么,这些天然气还有其他替代性市场"。

安然公司不会接受只能以巨额亏损出售的天然气。考虑到安然公司承诺的 15% 的年收益增长率,它也没有亏损出售天然气的余地。与此同时,北海 J 块油田——在安然公司首次指定输气的截止日期前 7 个月已经与中央区域输气系统接通输气管道,并且做好了送气的准备——为了能在不送气的情况下生产和销售伴生油和凝析油,已经安装了价值 8 200 万美元的天然气回注设备。

1996 年年初,安然公司提出了第二个和解方案。除了提供其他一些诱惑以外,安然公司还同意把预付款增加到 2 亿美元,并且白送安然公司预定的中央区域输气系统的输气容量,从而使安然公司的负债较原合同义务减少 10 亿美元。这个方案使事态朝着正确的方向发展,但还不足以解决争议。即使撇开经济因素不谈,暴发、入侵他人市场、违约的安然公司也不是谈判对手喜欢的公司,尤其是对于以前垄断英国天然气市场的英国天然气公司这个谈判对手来说。

由于与北海 J 块油田的谈判陷入了僵局,安然公司的伦敦团队把注意力转向了北海争议的输气问题上。中央区域输气系统在协议中使用了不够严谨的措辞,声称无法实际交付通知激活了合同,从而触发了"不输照付"条款。安然公司对中央区域输气系统提起了诉讼,要求不履行合同。

1996年3月，争议的各相关方都在积极活动。安然公司收购了帝国化学工业公司持有的蒂赛德天然气运输公司（Teesside Gas Transportation Ltd.）这份容量预定与输气协议持有人的50％股权，并首次向中央区域输气系统提出和解方案。菲利普石油公司要求一家英国法院对一般销售协议条款做出解释，以迫使安然公司接受"不取照付"条款。

安然公司在天然气输出地哈里斯县（Harris County）提起了诉讼，指控中央区域输气系统由于泄漏、汞污染和与新运能有关的其他问题而没有履行合同。安然辩称："无法把天然气输进来，也无法把它送出去。"与安然公司因生产商合同提起诉讼的理由相比，这个理由是站得住脚的。

安然公司还试图以这个专属安然公司的天然气田可能受到损害为由，禁止J块油田恢复注气。很快，安然公司与各相关生产商和中央区域输气系统之间先后提起了6起诉讼。

安然资本与贸易资源公司和杰夫·斯基林亲自参与了谈判。文斯·卡明斯基的精准分析是以麦康奈尔团队的和解方案终结纠纷的情景分析为基础，结合考虑了价格、销量、运输和现金等问题。

1996年年底，安然公司向J块油田提出了第三个和解方案，答应预付3.5亿美元。一些诉讼最后按照安然公司提出的方案了结，第二年达成了金额为6.75亿美元的最终解决方案，安然公司要承担其有史以来最高的营业支出，超过秘鲁（2.18亿美元）和瓦尔哈拉（1.42亿美元）的资产注销总额。[1]（中央区域输气系统花了更长的时间才解决与安然公司的合同纠纷，直到2001年英国一家法院才做出不利于安然公司的判决，责成蒂赛德天然气运输公司向英国天然气公司等当事方支付1.4亿美元的赔款。）

里奇·金德从来没有想到居然会遭受这样的打击，它整整毁掉了安然公司一年的业绩，使"安然2000"15％的年收益增长目标化为泡影。当然，从会计角度看，这也是一件不寻常的事情。不过，这不再是他的问题：金德已在1996年年底辞职离开安然公司。以杰夫·斯基林为首的新班子将与安然公司的创始人兼董事长肯·莱一起率领安然公司继续前行。

---

[1] 还请参阅第六章。

达博尔项目一期和二期工程

在蒂赛德项目一期工程投入运营的同一年,安然发展公司的丽贝卡·马克与印度马哈拉施特拉邦电力委员会(Maharashtra State Electricity Board, MSEB)签署了一份斥资 28 亿美元、装机容量 2 014 兆瓦的联合循环发电项目的合同。[1] 经过多年艰苦的谈判,这个项目终于在 1995 年年初达成了融资协议,并于同年 3 月开始装机容量 695 兆瓦的燃油发电一期工程的施工——很快施工现场就开进了 2 000 多名建筑工人。

《休斯敦纪事报》告诉安然公司家乡的居民说:"印度电厂的融资是有保证的。"文章一上来就表示,"两家联邦机构已同意向一个由安然公司牵头的集团发放近 4 亿美元的贷款,用于在印度建造一家需投资 9.2 亿美元的发电厂"。文章还援引了克林顿政府的商务部部长罗恩·布朗在印度发表的讲话,因为布朗、肯·莱和其他商界领袖当时正在印度进行贸易访问。

这是一出需要政府资助的大戏。美国海外私人投资公司已经答应提供 1 亿美元的贷款,然后又提供 2 亿美元的政治风险保险;而美国进出口银行的官员获悉这个项目的贷款申请已经遭到世界银行的拒绝,因此被迫提供 3.02 亿美元的直接贷款。美国进出口银行一名员工在一封电子邮件中写道:"我参与过很多交易,接触过很多行为不端的人,但我觉得,安然公司在这笔交易中的态度和行为非常糟糕,而且常常是在帮倒忙。"但是,安然公司得到了它想要的东西,美国商务部承担了这个项目总融资 40%以上的份额,而安然公司作为这个项目 80%权益的所有者,只以股权的形式出资 2.7 亿美元(这个项目的建筑商贝克特尔和汽轮机制造商通用电气公司各持股 10%)。罗恩·布朗领导的机构所做的承诺也比美洲银行(1.5 亿美元)和印度银行(1 亿美元)的合并融资还要多。

"在印度这样的地方,你永远也不会知道会发生什么事情。"一位分析师告诉《休斯敦纪事报》的记者。拉里·克劳利(Larry Crowley)好像耸了耸肩说:"有些'新的经济、商业认识'是'政治宣传'的结果。"他警告称,那里的项目"会陷入官僚主义的泥潭,损害对新兴经济体经济和商业环境有利的东西"。这就是需要这么多政府风险保险的原因。

---

[1] 请参阅第六章。

《福布斯》当时刊文设问:"在印度投资难道没有风险?"对于这个问题,现在只能回答说"绝对不是"。这篇文章解释了大多数私营企业"对(国营)电力公司的董事会支付账单的能力持怀疑态度"的原因,因为它们供应的电力有一半"在输电过程中丢失或者被偷走,或者作为补贴发放给了农民"。事实上,正是因为这个问题,世界银行取消了原本准备发放给印度电力项目7.5亿美元的信贷额度。

那么,为什么要担心一个有实力雄厚的股权合作伙伴(贝克特尔公司和通用电气公司)、政府担保了主要风险、估计回报率高达25%的项目呢?丽贝卡·马克在印度西海岸做的项目是安然公司的新"蒂赛德项目",至少从账面上看就是这样。安然公司高兴得太早,达博尔项目融资刚结束就开始论功行赏,奖励丽贝克和她的团队高达2000万美元的奖金。[1]

但是,印度对西方企业和资本主义持敌视态度。在英迪拉·甘地统治时期(1966—1977年,1980—1984年),印度的极端民族主义情绪猖獗,与亚当·斯密认为是"国民财富"的国际主义正好背道而驰;外国企业被要求撤离,或者从一开始就被禁止进入。此外,1984年12月联合碳化物公司发生的博帕尔(Bhopal)灾难——印度有记载以来最严重的工业事故,距离安然公司进行达博尔项目谈判才10年。

关于达博尔项目,最重要的是,印度马哈拉施特拉邦电力委员会长期存在应收账款问题,需要和欲望与支付能力相去甚远。这个项目的谈判进展"极其缓慢",在一个细节问题上要浪费几天时间,这反映了第三世界买家对交往、动机、义务和结果的认识(一位重要的印方谈判代表把这一过程比作"在公共场合学拉小提琴独奏","每个不和谐的音符都会被听出来")。

虽然安然公司努力美化达博尔地区并承诺为当地部分社会服务埋单,但达博尔的电价从0.075美元/千瓦时左右开始逐步提高,而且提高幅度达到了肯定会激怒民众的程度。这个项目的合同允许安然公司转嫁燃油成本,并且应对运营成本增加。付款用美元计价,消除了卢比的货币风险。一份分析总结报告表

---

〔1〕根据安然公司的政策,这笔奖金是在这个项目融资结束时(而不是开始商业运营后)按照其对于安然公司来说的净现值的10%计发的。对达博尔项目采取这种方法计发奖金,将使一切都变得不同。

示:"回过头来看,令人震惊的是,安然方面居然没有人能想到这样一份单方面的协议会引发什么样的怨恨和抵触情绪。"

安然公司的"不可亏损"协议也规避了一个显而易见的问题:为什么选择石油和天然气,而没有选择本地最便宜的燃料进口煤炭呢?世界银行在拒绝参与美国商务部的融资时也提出了同样的问题。[1]但是,安然公司总是选择天然气(或石油),包括液化天然气,就是不选择煤炭。

安然公司终于成了马哈拉施特拉邦的一个政治目标。1995年3月,一个希望"把安然公司赶进阿拉伯海的印度民族主义联盟"击败了执政的国大党,这让支持现代化、外国资本和安然项目的印度总理纳拉西姆哈·拉奥(Narasimha Rao)感到意外,并立即宣布对达博尔项目一期工程进行审查。当地村民和现场工人之间的关系高度紧张,两个月后发生的冲突成了世界新闻。安然公司以一种独特的方式在国际上出了名。

现在由执政联盟BJP-Shiv Sena党领导的马哈拉施特拉邦电力委员会已经废除了达博尔项目一期和二期工程的合同。安然公司受到的指控包括缺乏透明度、不必要的成本和环境风险。安然公司为了对印度人进行资本主义和电力教育做出的花费2 000万美元的努力,被认为比灌输还要糟糕。安然公司的一名政敌在证词中说:"这个国家肯定想知道那些从安然'商学院'毕业的政客和官员的姓名。"[2]

3天后,也就是8月8日,达博尔项目停止施工。项目的买方提起十多起诉讼,指控安然公司行贿、腐败和其他不法行为。安然公司的股票(ENE)价格先是下跌,然后又因安然国际公司的"白象"*而萎靡不振。这可是"许多人担心的灾难"。印度就是印度,至少对安然公司领导的达博尔电力公司(Dabhol Power Company)很重要。

安然公司在伦敦申请仲裁,以收回已经发生的成本和损失的利润,共达3亿美元。目前的拖延费用估计每天25万美元。"我很伤心,"丽贝卡·马克告诉媒体。这个人——被肯·莱、丹尼尔·耶金和耶鲁大学管理学院院长等人誉为"能

---

[1] 安然公司在1993年4月公布的年报中提到了其他问题,包括客户无力付款以及合同规定的基本负荷(80%~85%的负荷必须运行)——必须在非高峰时段停止包括水力发电在内的其他发电。

[2] 安然公司躲过了印度法院对2 000万美元会计账目的追究。印度法院本来可以更明确地确定这笔款项的去向和收款人。

* 比喻昂贵又无用。——译者注

源女皇"——看来是相当平淡无奇。

马克和安然公司的谈判代表在印度安营扎寨,早上8:00参加在休斯敦举行的电话会议,向里奇·金德汇报每天的谈判进展情况。克林顿政府的财政部、商务部和能源部政府官员游说印度政界人士,希望能说服他们为解决问题进行谈判,以便美国赢得世界的信任。

"安然公司是应邀来印度的,"肯·莱表示,"我们已经承诺要成为马哈拉施特拉邦优秀的长期企业公民。"他强调,安然公司并没有做过行贿、贪污腐化或其他违规的事情。"我们只要求调查客观公正,基于功过,而不是政治。"但如果说有什么政治原因的话,那就是其项目必须以政府为买家,更不用说美国方面进行的政府融资了。

———

正如马哈拉施特拉邦首席部长马诺哈尔·乔希(Manohar Joshi)所说的那样,废除合同"并不是针对美国,而是针对达博尔项目"。实际上,对于反对改革的政党来说,替罪羊安然公司只不过是一个能够克敌制胜的政治议题而已。但随着安然公司对仲裁程序的推进,并且成了印度新政治多数派的朋友(马克等人提出的新理由),乔希表示,一个条件更优惠的经过调整的项目还是可以考虑的。

从11月起,双方开始进行认真的谈判。于是,传闻四起,甚至导致所罗门兄弟公司(Salomon Brothers)推荐买入安然公司的股票(ENE),部分原因就是达博尔项目的恢复。果然,第二个月,双方就达成了协议。由于汽轮机成本下降,项目的规模更加合理(从供给的角度,而不是从需求的角度看),因此,电价调低了20%,这对于乔希政府来说已经足够了。与之前不同,现在达博尔项目二期工程是强制性的。安然公司不仅主动提出降低它在这个项目中持有的股份,还让马哈拉施特拉邦获得高达30%的权益。[1]

但是,印度激进组织仍在继续组织反击。1996年1月,双方同意第二次降低电价(幅度不到2%),以便达成——正在策划中的——新协议。仲裁程序在伦敦继续进行,而重启电厂工程要等待法院的裁决和即将举行的选举。

安然公司重新笑逐颜开,并在1995年的年报中指出:"虽然项目审查和重谈造成了拖延,但这个项目证明了安然公司的股东能从保护安然投资的合同和安

---

[1] 起初,安然公司要把20%的权益卖给安特吉能源公司(Entergy),但1995年8月这个项目的取消也消除了安然公司的这项义务。马哈拉施特拉邦电力委员会最终持有这个项目15%的权益。

然公司与客户合作创造互利解决方案的能力中受益的程度。"

"我喜欢做一个世界级问题解决者,"丽贝卡·马克在谈判重启后对媒体说,"我一直在问自己'我能走多远?我能做多少?'"

现在就庆祝未免太早。融资工作重新开始,但孟买高等法院长达 600 页的最终裁决直到 1996 年 12 月才下达,也就是说工程暂停施工长达 16 个月。第一期工程随即恢复施工,预定 1998 年年底竣工。二期工程将使项目的总发电量达到 2 450 兆瓦,计划在 2000 年使用卡塔尔北方南帕斯气田(North Dome Field,安然公司的另一个拓展项目)的液化天然气。

那么,对于安然公司来说,这个项目恢复施工是救赎还是下更危险的赌注呢?新电价略低于 0.06 美元/千瓦时,对当地人来说仍然很贵——如果他们如数支付电费的话。对于一个脆弱的政府实体来说,虽然政府现在是这个项目的部分所有者,但马哈拉施特拉邦电力委员会(要在项目的整个寿命中)做出 300 亿美元的承诺仍是一个惊人的数目。

结果不可能会好。1999 年,一期工程在一片常见的欢呼声中投入使用。("我们非常自豪地证明了他们都错了。"马克说。)结果却发现,买家在 20 年的合同签订不到两年就不愿意付款。一期工程刚投入使用不久就被闲置,而二期工程在纳税人的支持下开工建设。总而言之,在安然公司有偿付能力的余生中,达博尔项目绝不可能产生稳定的收入来收回 9 亿美元的投资。但部分是由于盈利的压力,部分是由于安然董事会感到厌烦,因此已经发话 1997 年(北海 J 块油田、甲基叔丁基醚项目)以后不再核准注销更多的资产。所以这个项目的资产不可能注销。

注销资产的事情只有等到安然公司破产以后才会结束。一份法院文件概述了这场"屠杀":

达博尔发电厂处于闲置状态;项目运营公司(达博尔电力公司)处于破产保护状态;项目投资人(包括通用电气公司、贝克特尔公司和安然公司,统称为"投资人")损失了多达数十亿美元的全部投资;这个项目的贷款机构[包括美洲银行(Bank of America)在内]持有近 20 亿美元的无价值不良贷款,其中包括美国政府机构海外私人投资公司的直接贷款,其利息和成本累计超过 1.9 亿美元;美国海外私人投资公司作为项目承保人,为了防范项目投资人和美洲银行在这个项目中的权益被征用的风险,已经为它们担保了超过 1.1 亿美元的政治风险。

安然公司在 2004 年只收回了 2 040 万美元的资产。

安然发展公司的乔·萨顿在谈到自己的问题"孩子"时哀叹道："在这个国家,你必须有政治关系,而我们没有。"丽贝克·马克认为,在一期工程上马时,更多的亲力亲为可能有助于确保项目进入商业化阶段。但萨顿的另一句话可能说得最有道理:"你必须非常小心,不要试图达成一项不应该或无法达成的交易。"

圣胡安天然气公司

安然公司从联合北方公司那里接管了一些加勒比地区规模很小的业务,其中的一些业务可追溯到 1983 年萨姆·塞格纳收购贝尔科石油公司时。1985 年,休斯敦天然气公司与联合北方公司合并后,迈克尔·穆克勒罗伊没有变卖这些勉强盈利的海外资产,并且在 20 世纪 90 年代初也没有把它们剥离出去。

安然公司当时的想法是,要大力扩大自己在南美的存在。它曾向投资者表示:"安然美洲公司(Enron Americas)计划凭借公司在加勒比地区的历史地位,利用这个地区潜在的重大发电机会。"不过,安然公司没有放弃这个遥远的"小竞技场"还另有原因:里奇·金德据说不想为了一笔估计只有 100 万美元或 200 万美元的销售收入而变卖这些资产。

安然美洲公司在委内瑞拉有两家企业。"Industrias Ventane"(Ventane,也被称为"Vengas")成立于 1953 年,是委内瑞拉主要的天然气凝析液(主要是瓶装丙烷)运输和分销商。安然公司(与通用电气公司和一些当地企业)也是委内瑞拉一家主要洗衣机制造商和分销商的部分所有者。有人开玩笑说,这家企业只需要第二个母亲节就能提高盈利能力。

除了委内瑞拉以外,安然美洲公司在牙买加也有瓶装天然气业务。但在波多黎各圣胡安的第三家类似企业后来产生了更大的影响。1996 年 11 月,圣胡安天然气公司发生了一起严重的爆炸事故,摧毁了里奥彼德拉斯(Rio Piedras)商业区一幢六层高的建筑物。这是该地区历史上最严重的工业事故之一,造成 33 人死亡、80 人受伤。圣胡安天然气公司也因此而变得臭名昭著。

圣胡安天然气公司并没有使用那栋出事的大楼,但其位于这栋大楼附近的一条地下管道泄漏丙烷,最终造成了这起严重的事故。1997 年,美国国家运输安全委员会(National Transportation Safety Board, NTSB)的一项研究对这起事故做出了如下结论:"圣胡安天然气公司对员工培训不力和当地政府不作为导致了这起爆炸事故。"这起事故的完整调查报告显示,造成人员伤亡的一个原因是,"圣胡安天然气公司没有向市民和企业用户充分通报丙烷气体的危险性,也没有在怀疑或发现丙烷泄漏时采取应有的安全措施"。800 名原告对安然公司 6 家不同的子公司提起了 500 起诉讼。

安然公司直到 2000 年才承认自己也对这起事故负有责任,它在这一年的最终年报中表示"许多赔偿问题已经得到解决",并且已经为未来的和解和赔偿设立了专项基金,而最终结果"不会对公司财务状况或运营结果产生重大负面影响"。到安然公司申请破产时,大约已经因这起事故支付了 6 000 万美元,其中包括赔偿保险费;预计还要再支付 5 000 万美元。所有这些资金都来源于一项微利资产在形势最好的时期赚到的微薄利润。

专业知识本来可以阻止这起事故的发生。事实上,由于缺乏适当的培训,圣胡安天然气公司的员工虽然曾多次查看过那栋出事大楼,但都没能查出丙烷泄漏的位置。安然公司在北美推行的最佳实践并没有在波多黎各得到实施。美国国家运输安全委员会对这起事故下的结论是:安然公司明明知道,自 1985 年以来,圣胡安天然气公司的运营一直不符合规定,但整改"既不及时也不够充分"。事实上,圣胡安天然气公司 40% 的输气管线处于闲置状态,安然公司的这家子公司在爆炸前一年就被告知有不明气体泄漏。

2001 年,安然公司的首席基础设施官汤姆·怀特表示:"这条管道的状况非常糟糕。我们已经做过多次泄漏检查,正在努力修复。"但是,意想不到的事情还是发生了。他接着又补充说:"每隔一段时间,我们就会因为忽视运营风险而变得聪明过头。"

未了的心愿

安然国际公司起初还是开发了一批成功的项目。但事实证明,该公司开发的第二批项目相对于 1993—1994 年以蒂赛德项目为代表的成功项目而言,是明显的倒退。公司的整个业务线都没有实现(全球液体燃料和液化天然气营销)目标。虽然早些年在俄罗斯、墨西哥、中东、非洲和中国做过努力,但公司在有业务的主要地区没有赚到利润。虽然莱信誓旦旦地保证"我们正打算在印度长期干下去",但事实证明,安然公司在这个它寄予最大希望的发展中国家也没有实现

图 12.2 迈克·达尔克(Mike Dahlke)负责的安然美洲公司,在圣胡安的一条输气管道发生丙烷泄漏导致灾难之前是安然公司旗下几乎不为人知的一家小公司。圣胡安天然气公司与安然公司后来的破产没有直接的关系,从而使肯·莱免于陷入极大的尴尬。

利润。在这些国家和其他国家,许多先开始被吹得天花乱坠的项目后来都没有下文。

1995 年,丽贝卡·马克告诉美国参议院外交关系委员会说:"迄今为止,做起来一直很困难。"她又补充说,凡是"在政府要靠管理基础设施的官僚机构创造数以千计就业机会的国家",私有化"在政治上都不受欢迎"。发展中国家对私有化的"短暂"兴趣和"摇摆不定的政治"以及不稳定的货币都是私有化的障碍。丹尼尔·耶金和约瑟夫·斯坦尼斯劳(Joseph Stanislaw)的《制高点》(*The Commanding Heights*)(在它的副标题中)把安然公司在一些世界最不宜居地区进行的斗争说成是"政府与重塑现代世界的市场之间的斗争"。

降低风险是问题的关键。马克强调指出,政府融资和担保是造成差异的一个重要因素:"帮助我们和/或可能伤害我们的一个重大问题就是获得资金的渠道,尤其是能否获得美国进出口银行和海外私人投资公司的资金。"事实上,仅印度的达博尔项目就获得了 4 亿美元的直接融资和 2 亿美元的股权保险——损害了所有的相关方。

许多高调宣布的项目到后来都没有了下文,其中包括分别在印度尼西亚东爪哇(装机容量 500 兆瓦、计划投资 5.25 亿美元、安然公司持股 50%)和波兰(装机容量 116 兆瓦、计划投资 1.2 亿美元、安然公司持股 97%)建造发电厂的方案。在罗恩·布朗因率领一个与安然公司有关的贸易代表团而不幸遇难的克罗地亚,一个原定在 1997 年开工并于 2 年后竣工、装机容量 180 兆瓦、计划投资 1.6 亿美元的项目一直没有动工。

在莫桑比克这个据说是世界上最贫穷的国家,安然公司提出的 560 英里天然气管道建设项目——一个能使莫桑比克潘德气田(Pande Field)进入市场的项目(一个安然石油天然气公司有可能开发的项目)——赢得了媒体的广泛关注。美国能源部部长哈泽尔·奥莱里 1995 年率领一个贸易代表团访问南非,出席了这个计划投资 7 亿美元的项目的签字仪式。然而,这个安然公司谈定要持有一半股权的项目最终没有付诸实施。[1]

安然公司也把中东地区列入了它实现国际抱负的清单。丽贝卡·马克希望从卡塔尔向以色列出售液化天然气,以打破两国之间的关系僵局。(具有讽刺意味的是,安然公司试图把自己的生意做到世界最不稳定的地区,而这个地区的不稳定被认为是美国从石油转向天然气的一个重要原因。)这笔价值 40 亿美元的巨大交易项目("规模达到它一旦投产就能把我们提升到一个新的高度,"莱向媒体表示)从未付诸实施。

安然公司曾计划在越南投资 1.61 亿美元建设一座天然气加工厂,但没有任何结果。总而言之,在被安然公司 1996 年年报列为"最终开发"的 10 个项目中,有 5 个项目最终没有开发。

安然公司负责项目的员工也有他们自己的问题。例如,撒丁岛一个装机容

---

[1] 莫桑比克能源部部长抱怨称,华盛顿方面施加了政治压力,要求他做成安然公司的交易。具体来说,他被告知,不然的话,"向莫桑比克提供的其他援助有可能面临危险"。

量551兆瓦的发电厂项目计划用意大利最大炼油厂的渣油来发电。安然公司1996年的年报用了2页多的篇幅介绍了这个项目,但结果没有按计划完成。这个耗资13.5亿美元、安然公司持有45％股份的项目于1997年8月动工,定于2年后投入商业运营。1998年,安然公司擅自把运营日期推迟到了2000年第一季度。最后,2001年,在安然公司有偿付能力的最后几个月里,这个几经拖延的综合气化联合循环电厂项目才开始投入运营。

拖延问题已经超出了单个项目的范围,涉及整个事业部、整条业务线和整个地区。安然国际公司的液化天然气(Enron LNG)事业部成立于1993年年初。这个部门虽然进行了大量广为人知的项目谈判,但始终未能谈成一笔交易。1996年有一期《安然商务》的封面文章——《安然发展公司把液化天然气送到中东和其他地区》——吹嘘了这种"经过验证"的技术成为"那些本国没有天然气供应或者管道进口能力有限的发展中国家的首选燃料"的前景。安然公司曾在非洲、中东、俄罗斯"孤注一掷",试图成为"全球第一大国际公司",结果却在那里遭遇了惨败。安然发展公司与濒临破产的风能开发商肯尼泰克技术公司(Kenetech Corp.)在波多黎各合作开发的一个液化天然气进口终端站项目也遭遇了同样的命运。

国际液体燃料营销反映了安然公司自己的液体燃料和石化生产状况。但正如安然国际公司负责人罗伯特·凯利在1993年所说的那样,找到一个"能赋予我们一些竞争优势的利基市场"的问题从来没有得到解决。凯利又补充说,这就要求安然国际公司成为像安然石油天然气公司那样的低成本供应商。但是,这种情况没有发生,而且也不可能发生,因为资产丰裕的在位企业,包括石油巨头,都已经在这个领域安营扎寨。

安然公司从1990年开始实施一项针对中国的宏伟计划。1996年,安然公司在海南岛签下了一份价值1.3亿美元、150兆瓦的电力销售协议。之后这个项目因各种原因不了了之。

俄罗斯是安然公司和肯·莱的另一个重要目标。在1993年8月30日这天的"历史性上午",俄罗斯天然气工业股份公司董事长雷姆·维亚希列夫(Rem Viakhirev)签署了一份向安然公司拟在希腊、意大利、土耳其和德国建造的未来发电厂供应天然气的"重大协议"。俄罗斯总理维克托·切尔诺梅尔金(Viktor

Chernomyrdin)和美国能源部部长哈泽尔·奥利里也出席了签字仪式。这次精心安排的活动吸引了很多媒体的注意。

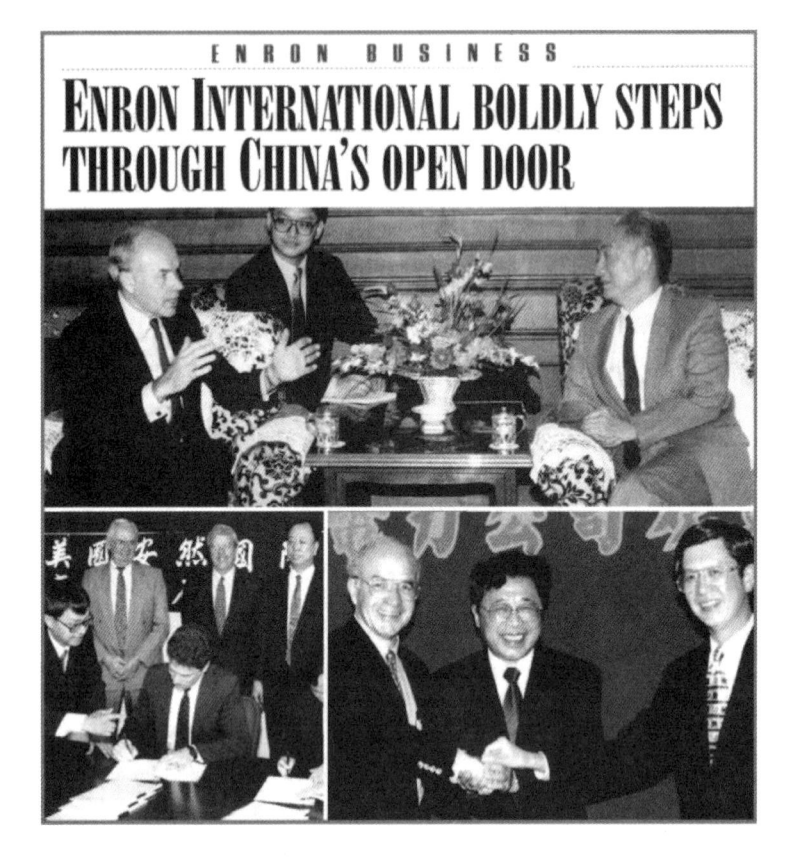

图12.3 在中国做出的7年努力就换来了海南岛(1996年)项目。这个项目的协议由肯·莱签署,他还出席了庆祝活动。安然公司早些时候签署的在中国开发液化天然气项目(左下图)也未能付诸实施。

其实,这是俄罗斯天然气工业股份公司与安然公司之间第二次合作的开始。俄罗斯天然气工业股份公司刚刚葬送了安然公司为签订一份修复俄罗斯输气管道的合同而做出的历时数年的努力。事实证明,俄罗斯天然气工业股份公司并不想让一个竞争对手,而且是美国的竞争对手抢占其市场的意图得逞。这家拥有1 700万亿立方英尺天然气储量——几乎是安然石油天然气公司天然气储量的1 000倍——的全球最大的天然气公司,为什么要让一家咄咄逼人的美国公司在欧洲和俄罗斯构筑滩头阵地呢?

安然公司总算分得了一些残羹剩饭,在北方天然气公司位于内布拉斯加州的培训基地对 54 名俄罗斯管道工人进行培训。同样是在 1994 年,安然运营公司为俄罗斯天然气工业股份公司提供资料管理帮助。第二年,俄罗斯天然气工业股份公司又求助安然石油天然气公司,与乌兹别克斯坦国家石油天然气公司(Uzbekneftegaz)共同开发和销售乌兹别克斯坦的天然气。俄罗斯的邻国拉脱维亚也利用了安然公司在储气和运营方面的专业知识。安然公司在圣彼得堡帮助翻新了一个天然气压缩站。

但是,俄罗斯对其天然气行业中游或下游——与天然气输送、营销或销售有关的——较大的项目仍持"闲人莫入"的态度。安然公司的一位负责人回忆说:"俄罗斯天然气工业股份公司并不想让俄罗斯的天然气市场自由化。他们真的认为,让安然公司进入这个特殊领域是他们不希望看到的事情。"

图 12.4 1993 年,安然公司与俄罗斯天然气工业股份公司在安然大厦 50 楼的会议室签署了一项框架性协议。即使在美国和俄罗斯两国政要的见证下,双方也没有签署重大项目的协议。这家全球最大的天然气公司无意让一个美国竞争对手进入自己的地盘。

墨西哥这个就在安然公司地盘南面的禁入国家——矿产资源丰富、人口众多、气候宜人——已经准备成为一个实行私有制、自愿交易、货币稳定和推行法治的"加拿大",甚至是新的"得克萨斯州"。但是,在危机和复苏之间徘徊(委婉

地说处于"转型期")的墨西哥,总是把安然公司拒之门外,就像它对待整个美国天然气行业那样。

希望总是有的,《北美自由贸易协定》被认为是一个能使美国到 2000 年对墨西哥的天然气出口增加 6 倍的契机——更何况,墨西哥对能源基础设施的需求快速增长。全美天然气协会和美国州际天然气企业协会中都有墨西哥企业会员,因此都把《北美自由贸易协定》列为立法的首要任务。而肯·莱本人在听证会上也作证支持这个贸易协定法案。用《天然气周刊》的话来说,签订《北美自由贸易协定》的另一个好处是这份协定"无疑将成为整个中美洲和拉丁美洲其他协定的范例"。

与此同时,墨西哥在向进口天然气、外国资本开放市场,甚至开放天然气输送和储存设施方面的谈判进展顺利。"我们正在墨西哥积极寻找机会。"杰夫·斯基林在 1993 年表示。他又补充说:"从长远看,《北美自由贸易协定》显然会带来其他机会。"

经过多方艰苦的努力,《北美自由贸易协定》终于在 1994 年的第一天变成了法律。1995 年年中,美国能源部副部长比尔·怀特率领一个贸易代表团前往墨西哥,旨在"促进美国在墨西哥这个不断扩大的新兴市场上的能源、环境和技术利益",并且邀请安然公司各个业务单位和政府事务部门的代表一起前往。这样,休斯敦管道公司的输气管道自然就一直延伸到了美国和墨西哥边境。

当然,安然公司还有参与墨西哥能源基础设施建设的机会。在美国州际天然气企业协会组织的一次活动中,墨西哥石油公司天然气输送管道部的负责人表示,墨西哥拒绝在天然气行业实行私有化或采取开放准入措施。但他预测,墨西哥新成立的能源监管委员会(Energy Regulatory Commission,1995 年 11 月 1 日依法成立)将会对目前的手动操作系统进行现代化升级,因为手动操作系统每周调整一次读数,而不能进行自动计量控制和逐日平衡。

虽然安然公司尽了很大的努力,但它在墨西哥的业务还是没有起色。安然发展公司的詹姆斯·斯蒂尔(James Steele)指出,1994 年年底至 1995 年期间发生的比索危机就是一种政治风险,使得这个国家无法获得融资。他哀叹道:"专家们并不知道未来会发生什么,情况仍在不断变化。"

安然全球电力与管道公司

1994年担任安然国际公司董事长兼首席执行官的罗德·格莱肩负着管理一家全球化新创企业,特别是管理作风泼辣的丽贝卡·马克的艰巨任务。马克这个安然国际公司旗下安然发展公司的主管曾是约翰·温的门生,后来又成了肯·莱的红颜知己。马克兼有温的干劲、韧性和莱无可救药的乐观精神,在她看来几乎没有无法克服的障碍。

安然国际公司1994年的目标不仅是为蒂赛德项目二期工程的天然气找到市场,而且还要结束达博尔项目的融资工作。格莱认为,为了改善信息流动和团队合作,有必要更好地协调安然国际公司分布广泛的业务。

就在格莱艰难地把团队凝聚在一起的时候,杰夫·斯基林和里奇·金德却对安然发展公司表示了担心。令格莱宽慰的是,在马克的默认下,安然资本与贸易资源公司内部成立了负责对比合同义务和财务预测与实际执行情况的合资企业管理集团。这个集团的审计人员由阿曼达·马丁领导。阿曼达·马丁是1991年从文森-艾尔金斯律师事务所来安然公司任职的律师。这个集团的第二负责人是达雷尔·金德(Darrell Kinder),他最近刚刚从麻烦不断的液化天然气和甲基叔丁基醚业务中解脱出来。凭借对数字的敏锐观察力和自己的其他优势,马丁在1996年成为安然资本与贸易资源公司的首位女性常务董事。

"我们的职责是从业主的角度审查每一个项目,"马丁向员工解释说,"我们不是作为开发商或交钥匙工程的运营商来审核每一笔交易。"她还补充说,他们的目标就是为确保"在当今竞争激烈的市场上能够开发出在整个资产寿命里都可行的好项目"奠定法律基础。卢·派又补充说,只有这样,发展中国家的项目才可"为安然公司的全球扩张做出重大的贡献"。

然而,"马既出厩,何以配鞍"。马丁发现了一些运营上的问题,从输气管道泄漏到发电厂取水口污染这样的问题会让安然公司在国内陷入尴尬。成本估计、利润预测和风险分析中都存在很多不确定性。由于奖金发放时间定得不合理,马克手下的员工对完成项目融资工作的兴趣远远超过对项目实际运营绩效的兴趣。[1]

里奇·金德等人总结称,现在需要新建一个专注于发展中国家业务的独立机构。此外,当一个投资项目的市场价值(公开发行所揭示的价值)超过它的账面价值时,安然公司就想变卖这个投资项目,以保持公司的高收益增长率,减少公司积欠的债务,提高公司的信用级别(这对斯基林非常重要),并对其他优先项目进行资本化。投资者也是对运营项目比对承担开发风险更感兴趣。采取措施提高公司的信用评级,对斯基林负责的部门尤为有利,因此也受到了他们的欢迎。

安然公司已经4次让自己的4家全资子公司上市,这4家子公司分别是安然石油天然气公司(1989年)、安然液体燃料管输有限公司(1992年)、北疆合伙人有限公司(1993)和安然石油交易运输公司能源合伙人有限公司(1994年3月)。安然公司准备第5次为它在新兴市场的项目吸引资金,同时为安然投资者提供新的投资机会,而且还可能为投资者带来股息收益。

结果,安然全球电力与管道责任有限公司于1994年11月上市,里奇·金德任这家上市公司的董事长,罗德·格莱任首席执行官,吉姆·亚历山大任财务总监。就在5个月前,安然国际公司并入安然资本与贸易资源公司,格莱加盟了罗恩·伯恩斯和杰夫·斯基林的管理团队。现在,负责安然发展公司的丽贝卡·马克直接向金德和莱汇报工作,她的项目移交给安然全球电力与管道责任有限公司运营。与此同时,安然国际公司已经名存实亡,变成了安然资本与贸易资源公司旗下专门为海外天然气和电力开拓流动性市场的子公司。

虽然安然全球电力与管道责任有限公司是一家上市公司,但安然公司作为这家上市公司的大股东却给它制造了不少麻烦。"安然公司将在控制安然全球电力与管道责任有限公司的同时又继续与它保持广泛的关系,"安然全球电力与管道责任有限公司的招股说明书写道,"由于这些关系的存在,因此,这两家公司之间存在一些利益冲突,并且在未来有可能被激化。"为了便于仲裁,安然公司与安然全球电力与管道责任有限公司之间的交易将由三名独立董事负责审核,其中两名董事分别是乔治·斯洛克姆(特兰斯科能源公司的卸任总裁和现任顾问)和布伦特·斯考克罗夫特(Brent Scowcroft,曾任福特总统和乔治·H.W. 布什

---

[1]"我们不擅长执行交易,"汤姆·怀特后来回忆说,"我们很擅长撮合交易,但有人会说:'哦,天哪!我们现在要在这个地方建设或经营!'"怀特负责的安然运营公司"要努力提高我们的执行能力,这样就不会在试图做项目赚钱的时候赔得精光"。

总统的国家安全顾问)将军。

安然全球电力与管道责任有限公司拥有并经营安然公司位于北美和西欧以外(即发展中国家)的电厂和输气管道。这家新上市公司的前身是阿根廷南方天然气输送公司以及安然发展公司在菲律宾和危地马拉开发的两座发电厂——所有这些资产已经足够安然全球电力与管道责任有限公司上市。[1] 这家上市公司的其他资产源自一项购买权协议——根据这项协议,安然公司承诺在2004年前"按低于可从第三方那里获得的价格"出售其在同类资产中已开发的权益。投资者还被告知,公司可在相同的地理区域购置类似的商业资产。

安然全球电力与管道责任有限公司发行了1 000万股股票,占公司48%的股份,每股24美元,为安然公司募集到了2.25亿美元。该公司年终的现金流帮助安然公司完成了1994年的业绩,并为安然公司留存的52%股份做出了即时估值。

安然全球电力与管道责任有限公司在安然公司的新资产被商业化以后,就立即从安然公司那里收购新的资产,1996年第二季度从安然公司那里收购了中美洲天然气公司(Centragas)49%的股权。中美洲天然气公司是一家位于哥伦比亚、拥有357英里长输气管道、日输能1.1亿立方英尺的天然气输送公司,它与哥伦比亚国有企业生态石油公司(Ecopetrol)签署了一份为期15年的托运人协议。同年7月,安然全球电力与管道责任有限公司收购了安然公司在多米尼加共和国开发的一座新商业化的185兆瓦船载发电厂(这个项目从很多方面看都是一个失败的项目,9 500万美元的投资"颗粒无收")50%的股权。这家发电厂与多米尼加公用事业公司签署了一项为期19年的电力购买协议。不过,最大的资产损失是印度达博尔项目,仅1995年重启该项目的前景就影响了安然全球电力与管道责任有限公司的股价。

由于安然全球电力与管道责任有限公司的管理层对公司小股东负有的受托责任与安然公司的关切相互抵触,于是就发生了一些可以预见的问题,这也是会

---

[1] 安然全球电力与管道责任有限公司开始购买安然公司持有的阿根廷南方天然气输送公司17.5%的净权益,1996年把它在阿根廷南方天然气输送公司的权益增加到了23%,而安然公司购买了阿根廷南方天然气输送公司另外11.6%的权益。阿根廷南方天然气输送公司的投资回报率是19%,作为"一家就在美国南面的管道运输公司……至少在这几年可以说是实现了很高的投资回报率"。

计准则从一开始就不鼓励此类安排的原因。为了让安然全球电力与管道责任有限公司通过上市来实现利润,安然公司花费 200 万美元与律师和会计师合作,试图找到一种控制安然全球电力与管道责任有限公司的方法。但从技术上讲,无法做到这一点。

图 12.5 罗德·格莱负责的安然全球电力与管道有限责任公司是安然公司试图把它在发展中国家项目上的投资卖掉赚钱的产物。安然全球电力与管道责任有限公司在处理大股东安然公司和小股东之间的关系时遇到的问题,导致安然公司在这家子公司上市不到 3 年的时候就对它进行了回购。

对于两家致力于收益增长 15% 的上市公司来说,贱买贵卖是一种艰难的组合,因为这会导致典型的利益冲突。不久,安然全球电力与管道责任有限公司的财务总监吉姆·亚历山大就与里奇·金德在公司估值问题上发生了争执。在亚历山大看来,由于安然发展公司一贯持高成本、低价值的主张,因此,安然公司的资产按成本价,而不是按市价卖给安然全球电力与管道责任有限公司,显然不利于后者。[1]

除了与金德外,亚历山大还因安然公司的成本分摊方法(如"滚雪球法")问题,而与自己的顶头上司罗德·格莱争论不休。亚历山大约见了肯·莱,反映了他担心的问题,但莱却把问题交给了金德处理。金德把亚历山大负责的会计工作外包给了安然资本与贸易资源公司,这就等于发出了要他辞职的信号(安然资本与贸易资源公司在1994年8月,也就是安然全球电力与管道责任公司上市前5个月,已经缩小了安然国际公司的规模)。亚历山大递交了辞呈,安然全球电力与管道责任有限公司的总法律顾问詹妮弗·沃格尔(Jennifer Vogel)和财务总监杰弗里·斯皮格尔(Jeffrey Spiegel)也提交了辞呈。斯皮格尔坚决表示:"除非我能控制财务数据,否则我不会签署任何上报证券交易委员会的文件。"

格莱继续当安然全球电力与管道责任有限公司的首席执行官,斯坦·霍顿和其他安然方面的高管也加盟了这家公司,只有亚历山大宣布辞职。对于安然公司来说,是到了解决这种做法和利益冲突纠葛的时候了,要么把手中持有52%的股份卖给安然全球电力与管道责任有限公司,要么买下这家公司其他股东手中48%的股份。

1997年8月,安然公司选择了后者,而安然全球电力与管道责任有限公司的其他股东从11月1日起按照每股35美元的价格把自己手中的安然全球电力与管道责任有限公司股票兑换成安然公司的股票(ENE)。从安然全球电力与管道责任有限公司部分上市到安然公司回购,两者相隔还不到三年的时间。在安然全球电力与管道责任有限公司的其他股东退出时,他们的投资获得了14%的年回报率。安然公司承认自己支付了"溢价",其中的一个主要原因就是让"华尔街相信它自己的投资表现出色"。安然公司把回购来的资产重新部署到安然资本与贸易资源公司,因为后者已在管理安然公司国内电厂的销售部门。

作者贝瑟妮·迈克莱恩和彼得·埃尔金德把这次短命的上市安排说成是"一种非常肮脏的解决方案",一首牺牲未来、讴歌当下的赞歌,与安然公司在其他场合采用的盯市会计没有什么区别。哈佛商学院的教授马尔科姆·萨特指出:"这个故事再次说明,莱(和金德)没能解决严重的利益冲突问题。"2002年,亚历山大告诉《纽约时报》:"我们是煤矿里已经死去的金丝雀。"

[1] 哈佛商学院的马尔科姆·萨特表示:"如果全球电力与管道责任有限公司的股东知道亚历山大知道他们的公司对安然公司收购出价过高的情况,那么很可能会起诉亚历山大。"

安然工程建设公司

安然美国电力公司（Enron Power US）是为了设计并建造蒂赛德装机容量1 725兆瓦的热电厂而仓促创建的，但没过多久就成了安然公司的一个利润中心，1991—1993年创造了1亿美元的利润；而蒂赛德这个投资14亿美元的项目也实现了7%的利润率。[1] 安然美国电力公司最初隶属于安然电力公司，"负责全球电力开发项目的设计和建设工作"。除了蒂赛德项目以外，它还在为安然国际公司的"快速通道和综合项目"忙碌。安然国际公司有几个快速通道和综合项目已经在1993—1994年竣工。

安然美国电力公司曾创下过"按时、按预算完成高质量建设"的业绩纪录，目前隶属于安然运营公司，正在"世界各地建造、管理和运营安然公司除安然石油天然气公司以外的全部资产"。这家自称是"一流建设者和管理者"的公司在寻求第三方业务，并希望成为"安然石油天然气公司的一个增长点"。那么，这家子公司如何才能超越母公司赋予的垄断业务，帮助安然公司成为新能源巨头呢？

1994年第一季度，安然运营公司总裁汤姆·怀特宣布了"20世纪90年代中期计划"（Project Mid-1990s），"对（我们的）工程建设服务进行自下而上的审核"。麦肯锡公司仍是安然公司最青睐的咨询公司，并帮助70名特别工作组负责人和成员完成工程建设服务审核和总结工作。

结果，安然运营公司成立了一个新的事业部——安然工程建设公司。根据6个月以来"内部和外部客户的反馈、与竞争对手的比较以及对自己当前做法的深入审核"，安然工程建设公司把自己的目标确定为"作为支持安然国际公司和安然天然气服务集团……[以及]我们各管道公司重大'费率基础'项目的业务开发商承担重大建设项目"。安然工程建设公司的总裁是林克·琼斯（Linc Jones），她之前是安然电力公司的总裁，而蒂赛德项目的英雄拉里·伊佐任负责项目管理的副总裁——并且很快就取代琼斯出任安然工程建设公司的总裁。

安然公司在1995年的年报中表示："到20世纪90年代结束时，安然工程建设公司正在与交钥匙工程承包商和工程服务公司，就美国、亚洲、拉丁美洲和欧洲总资本成本约为150亿美元的30来个项目进行谈判。"然而，由于国际项目启动

---

[1] 请参阅第六章。

缓慢,安然工程建设公司转而开发国内项目,如北方天然气管道公司东段管线扩建工程以及中西部一家公用事业燃气公司的一条小口径州内天然气输送管线。

在安然国际公司项目的推动下,安然工程建设公司在 1994 年创造了 4 700 万美元的净收入,1995 年和 1996 年又分别创造了 4 400 万美元和 4 600 万美元的净收入。第三方工程虽然是例外情况,但它们的混合结果使得蒂赛德项目的成功黯然失色。安然国际公司/安然发展公司几个项目的运营问题——多米尼加共和国装机容量 185 兆瓦的普拉塔港(Puerto Plata)项目的运营问题最先——反映了设计和施工问题。关联公司之间的成本加成合同造成了负激励问题;而且,随着时间的推移,类似"封地"的问题不断增加。安然工程建设公司的批评者创造了"军队黑手党"一词,用来指称包括安然全球电力与管道责任有限公司的吉姆·亚历山大在内的那帮人。

安然工程建设公司把自己定位为"经验丰富、技术领先以及安全和环保记录良好"的"低成本供应商"。安然公司在 1996 年的年报中吹嘘安然工程建设公司有价值 30 亿~40 亿美元的项目要做,但第三方业务正在流向贝克特尔、布莱克-维奇(Black & Veatch)和福斯特-惠勒等公司(事实上,贝克特尔公司是安然公司印度达博尔发电厂的部分所有者)。安然工程建设公司甚至没有专门招揽外部项目的销售人员,这几乎就是一种缺乏自信心的表现。

安然工程建设公司又把自己的增长策略转向了收购。后来,安然工程建设公司隶属于安然风险投资公司(安然运营公司的扩展继承者),1997 年从商德恩工业公司(Zurn Industries)那里收购了国民能源生产公司(National Energy Production Corp., NEPCO),以"帮助安然公司实现其成为世界领先能源公司的目标"。总部位于华盛顿州的国民能源生产公司除了已经建成的 45 座电厂外,还有大量的业务要做,而重组后的电力行业有望带来更多的业务。

结果,在接下来的几年里,国民能源生产公司因违反业绩协议而积欠了数十亿美元的债务,安然工程建设公司也变得眼高手低。国民能源生产公司后来在安然公司破产半年后也提出了破产申请。马尔科姆·萨特写道:"安然公司收购和发展国民能源生产公司的鲁莽行为值得注意,因为它反映了安然公司的商业天真、交易导向和不遵守财务纪律等问题的普遍性。"此外,曾发现安然公司积欠很多未报告负债的拉里·伊佐现在是卡尔派恩电力服务公司(Calpine Power Services)的首席执行官。

结束语

安然公司发展国际业务的努力未能维持其快速起步的势头。1992年,安然公司的国际业务实现了3 300万美元的息税前收入,1993年实现了1.32亿美元,但此后就基本停留在这个水平上。安然公司国际业务的息税前收入绝对数额一直很高,1994年、1995年和1996年分别是1.48亿、1.42亿和1.52亿美元,但是,变卖资产和一次性项目订单产生的现金流(而不是年度运营现金流)使得这些收入"来去匆匆"。

1995年,丽贝卡·马克和乔·萨顿告诉投资者:"到2002年,安然公司的国际项目总发电量将达到1.4万兆瓦,输气管道总长将达到6 000英里。"到了安然公司不再重视国际基础设施开发的时候(1999年),安然公司开发的国际项目发电容量不足4 000兆瓦,输气管道也只有1万英里(全都在南美);而且,安然公司的全部国际投资项目都成了可卖品。丽贝卡·马克和乔·萨顿在2000年离开了安然公司;到了2001年年底,安然公司已是资不抵债。

蒂赛德项目一期工程开始时让人充满了希望。但是,这个令人痛心的项目因为二期工程而大大贬值,而且无法在发达程度不及英国的国家和地区复制。

毫无疑问,资本主义制度的缺失导致农村居民无法享受到能源繁荣带来的好处,并且使得贫富不均的国际社会更是雪上加霜。安然公司准备好了资本和专业知识,可以在世界各地开展业务。但是,实际执行结果却因傲慢(而不是谦逊)、奢望(而不是谨慎)、幻想(而不是注重实际)、承诺(而不是关注结果)、签约(而不是运营)、延期(而不是按期)、政治(而不是市场)而大打折扣。

在这方面,违逆资本主义的安然国际公司及其母公司并没有什么区别。事实上,安然国际公司的资金外流导致本来就资金匮乏的安然公司在20世纪90年代末决定变本加厉地进行财务欺诈。

丽贝卡·马克这个在她的批评者们眼里的"新时代企业天后",对自己的抱负太过自信,对市场过于漫不经心,对政府太过依赖。她是一个地地道道的赌徒。她很有才华,在早期的企业生涯中取得过很多成就,但在阿祖里克斯这家安然公司1998年创建的水务公司的任上结束了自己的职业生涯。

第六篇

焦虑不安的安然公司：
1994—1996 年

引 言

肯·莱总是缺乏耐心,他又为安然公司确定了新的目标——五年内规模扩大一倍、盈利翻番,而这仅仅是安然公司在成为全球领先能源企业的征途上的一个驿站。安然公司必须在本书第五篇所述的基础——天然气勘采、天然气输送、天然气液化、天然气营销、国际基础设施开发以及运营管理——上创建全新的利润中心。

未来的安然正在形成,更名为"安然资本与贸易资源公司"(其前身是安然天然气服务集团)的公司主要从事电力营销和筹集外部资金投资于不同的能源领域。[1] 1997年,安然公司又在开拓3种后来成为安然3个新事业部的新业务。

1995年,安然公司[通过持有太阳能设备出口公司(Solarex)50%的股权]进入了太阳能开发领域,随后又收购了一家大型风能发电公司"宗德能源系统"(Zond Energy Systems),成立了安然可再生能源公司(Enron Renewable Energy Corp,EREC)。安然可再生能源公司是安然公司新建的三家公司中规模最小的公司,它就是安然公司进行政治赌博的产物,它的最重要业务就是发布新闻。安然公司还通过创建安然能源服务公司,收购了俄勒冈州公用事业公司"波特兰通

---

〔1〕 1996年年底,安然公司管理着一个特殊目的实体——联合能源开发投资公司。这家合资企业由加州公务员退休基金(CalPERS)和安然公司各出资2.5亿美元组建。加州公务员退休基金出的是现金,而安然公司只提供了股票。

用电力",把自己重新定义为"新能源巨头"。

安然公司超越了它最初的天然气使命,甚至超越了它的核心竞争力——"清洁"和"绿色"能源,使平静的能源市场(可再生能源发电)和交通运输能源市场(新配方汽油中添加甲基叔丁基醚)又掀起了波澜。[1] 接下来,安然公司又在与能源毫无关系的宽带(从 1997 年开始)和水务(从 1998 年开始)领域冒险——结果,双双遭遇了失败。[2]

第十三章回顾了安然公司如何参与进入太阳能和风能发电领域这种利用政府特殊补贴来与比较便宜、可靠的化石燃料发电竞争的政治和公关游戏。安然公司在风能领域进行规模更大的收购,是为了"进一步确立自己作为可再生能源市场全球引领者的地位"。第十三章还概述了安然公司对其他替代能源技术的兴趣以及肯·莱在政府能源和气候政策方面发挥的政治引领作用。

第十四章介绍了安然公司由肯·莱提出并由理查德·金德付诸实施、不断翻新的愿景和抱负。1995 年,安然公司宣布了"迄今为止最为积极进取的愿景",即"成为全球领先的能源公司——创造全球性的能源解决方案",并且用这个新的愿景取代了此前仅限于燃料领域的愿景——"成为世界第一天然气巨头、致力于创造更加美好的环境的全球最具创新能力和最可靠的清洁能源供应商"。

安然公司在提出这第三个愿景的同时,又提出了"安然 2000"计划。安然公司在这项计划中向投资者承诺:公司的收入和利润在 5 年内翻一番。在之前的 8 年里,安然公司名义上每年都实现了 15% 的年收益增长率,现在把 15% 定为 1996—2000 年 5 年的平均增长率。事实上,在 1997 年大规模注销资产以后,这个"愿景中的愿景"几乎已经被遗忘。

第十五章讲述了安然公司从批发市场向零售市场的扩展以及大胆进军天然气尤其是电力公用事业领域的故事。安然公司放下身段,向公用事业公司——那些"昔日的有鳞恐龙"——发起挑战,要求"放松管制",以便让大宗商品供应商(除了安然公司以外没有其他供应商)能够接触到最终用户。事实上,安然公司

---

[1] 安然公司对天然气汽车的小规模试验在 1995 年以失败告终(见第九章)。后来,安然公司又进行了规模大得多但也有问题的汽油增氧剂甲基叔丁基醚投资。

[2] 安然公司保留了波特兰通用电力公司的新创企业头点通信公司(First Point Communications),而没有按照 1996—1997 年的初始计划出售这家新创企业。安然公司不断增加对这家公司的投资,并且在 1999 年把它更名为安然通信公司(Enron Communications),在接下来的一年又把它更名为安然宽带服务公司。

所谓的"放松管制"只不过是一种不同的监管体制——通过政府强制推行开放——准入来拆分捆绑式交易。

但是,安然公司不得不缩小,甚至大大缩小肯·莱和杰夫·斯基林提出的"宏伟计划"——惠及数百万个家庭。由于亏损不断增加,又要兑现向投资者做出的实现巨额利润的承诺,安然公司很快就求助于一种新的零售理念:面向大商业用户和工业用户的总能源外包——一种规模和范围经济都未经验证的业务。

安然公司进行了迅速而又危险的扩张。对于外部人(和安然自己)来说,安然公司似乎正在打造一种独特、具有内在竞争优势的能源特许专营权。但是,引擎盖下是一台部分零件缺损、部分结构有问题且使用过度的引擎。

肯·莱把无情的盈利目标定得太高,以至于公司无法现实地描述或谨慎地实现这个目标。安然公司在英国有一个很大并且还在不断扩大的赔钱的天然气交易;安然公司的一起收购甲基叔丁基醚生产设施的重大交易也遭遇了失败;盯市记账法"预支"了大量的未来收益;为了当期收入,变卖(货币化)长期收入来源;印度的达博尔电厂结果变成了一个只有成本、没有收入的项目。

然而,按照安然公司的创始人、董事长兼首席执行官的说法,安然公司将成为一个与众不同的能源巨头。埃克森公司(不久就要成为埃克森美孚公司)是传统的老牌能源巨头,而安然公司则是革故鼎新的能源新秀。莱位于50楼的办公室俯瞰着那栋30年前(埃克森公司当时在休斯敦的存在只有汉贝尔石油公司)莱曾作为企业经济学者在那里工作过的大楼。安然大厦比埃克森美国公司位于贝尔街800号的大楼更新、更高,而肯·莱也觉得自己更新、更高。

本书第五篇和第六篇的考察期止于里奇·金德的辞职和杰夫·斯基林的升迁(1997年1月1日被任命为安然公司总裁兼首席运营官)。首席执行官肯·莱越来越放手地把公司交给杰夫·斯基林打理,并且把公司业务转向斯基林青睐的业务。后记介绍了斯基林取代金德后公司领导层发生的重大变动、金德时代一些业务方向的延续以及焦虑不安的安然公司进行的新的赌博。

第十三章　替代性能源

在安然公司供职 17 年、担任公司首席经济学家多年的布鲁斯·斯特拉姆回忆说："环保政策是肯的宝贝。按照肯·莱的说法,安然公司是唯一一家清楚地认识到'如果环境法规得到妥善执行,就有利于天然气行业'——并且按照这种认识采取行动——的天然气企业。"

安然公司把天然气变成了一种清洁能源。从莱主持编写的第一份公司年报(1984 年)到 20 世纪 90 年代中期的年报,甲烷能源一直是重点,这说明安然公司的石油业务规模相对较小。在愿景方面,安然公司把"北美第一大一体化天然气企业"(1987—1990 年)改成了"成为世界第一大天然气巨头,致力于创造更加美好的环境、全球最具创新能力和最可靠的清洁能源供应商"(1990—1995 年)。

安然公司的清洁能源差别化策略,包括进军汽车用压缩天然气领域,在 1995 年扩展到了太阳能发电领域,而且在 1997 年又以适度的花费(几千万美元)扩展到了风能发电领域。1997 年第一季度,这些努力的合并结果是成立安然可再生能源公司。安然可再生能源公司虽然利润微薄,但名义上还是成为安然公司的第五个事业部。这个事业部的太阳能和风能发电单位虽然分别苦苦挣扎 5 年和 6 年,但在 1999 年和 2002 年还是分别卖给了英国石油公司(太阳能发电)和通用电气公司(风能发电)——最终都实现了盈利。

在美国形成应对气候变化问题的政策期间,安然可再生能源公司在安然公司游说和信息传递的支持下,对能源政治经济发挥了核心作用。绿色和平组织的一位前高管回忆说,肯·莱的公司是"在碳氢化合物行业发起温室效应内战的罪魁祸首"。安然公司进军太阳能发电行业时,大型石油公司正致力于做其他事情。虽然安然公司在公用事业上规模电厂建设的宏伟计划方面遭遇了失败,并且促成了屋顶太阳能发电市场,但进入太阳能发电领域较晚却后劲十足的美国石油公司给这个行业注入了新的活力。

从财务和其他角度看,安然公司要玩的下一个环保能源"游戏"更加重要。正如丹尼尔·耶金所指出的那样,"安然公司实际上让风能发电重返美国市场"。因此,难怪这个新能源巨头在20世纪90年代成为政界人士的最爱,因为它在主要出版物上做商业性专题宣传,与克林顿政府有着特殊的关系,还得到了左翼环保组织的赞扬和褒奖。[1]

安然公司向可再生能源领域进军,也改变了天然气行业的经济和政治格局。政府支持的风能和太阳能发电减少了发电对天然气的需求,使得天然气行业成了这种非市场偏袒的"天敌"。杰夫·斯基林不是曾经说过"回归期限更长的(天然气)合同和关系,只会使我们有能力在未来超越替代燃料"？但是,正当天然气供应协会游说反对1997年可再生能源补贴计划,特别是政府强制推行配额制(又叫"可再生能源标准")的时候,肯·莱以(安然公司资助的)可持续能源商业委员会会长的名义敦促天然气供应协会参与"合作,努力促进清洁燃料发挥经济和环保优势……就像我们对待放松行业管制的关键问题和气候变化问题那样"。[2]

可持续能源商业委员会不仅有天然气和可再生能源企业的代表,而且有得益于减少电力使用指令的企业的代表。非市场性自然资源保护(主义)是以牺牲通常是天然气的发电燃料为代价的。然而,安然公司于1997年3月创建的安然能源服务公司,把自然资源保护(主义)作为其承包商业和工业客户能源服务的重要内容来吹捧。简而言之,肯·莱为了达到自己的目的,从3个方面发起了围

---

[1] 1996年,安然公司获得了经济优先选择委员会(Council on Economic Priorities)这个中间偏左组织颁发的环保领先企业良心奖(Corporate Conscience Award for Environmental Leadership)。第二年,安然公司又在日本京都获得了多个奖项;1998年又获得了美国环保署颁发的气候保护奖。

[2] 可持续能源商业委员会成立于1992年,当时名为"可持续能源未来商业委员会",由时任安然公司规划副总裁的布鲁斯·斯特拉姆发起成立。全美天然气供应协会代表一体化石油公司在美国天然气行业上游的利益集团,而一体化石油公司的观点不同于由美国独立石油企业协会代表的独立生产商的观点。

攻。

———————

20世纪80年代初,风能最早是在加州被作为商业能源开发利用的。当时的风力并不比以前大,但石油和天然气短缺,把政府的注意力引向了可再生能源,并把这种能源看作未来的能源。于是,政府为应对能源危机慷慨解囊。

在需求方面——需求对于风能发电十分重要,因为风能发电很贵,供应断断续续,而且效果没有得到证明,加州"全美最具合作精神的"公用事业公司,依照州公用事业委员会在联邦能源管理委员会眼皮底下对1978年《公用事业管理政策法案》做出的解释签订了长期采购合同。在供应方面,加州——就其面积和居民的理念而言是"国中之国","采取了堪与联邦政府媲美的优厚激励措施",几乎把联邦政府25%的税收抵免提高了一倍。[1]

各种有利因素的聚合导致大量的资本涌入加州,进行"包括风能和太阳能发电厂以及太阳能热水器在内的"投资。加州使得对风能发电项目实施30%税收抵免的丹麦黯然失色,"几乎在一夜之间"成了世界风能发电行业的中心,有5万名投资者来加州进行20亿美元的风能发电项目投资。在这个政府创建的"斯平德尔托普"(Spindletop,1901年启动得克萨斯石油工业的喷油井)投资,就能快速赚钱。但20世纪80年代中期,石油和天然气过剩,使得为可再生能源辩护的能源危机——能源枯竭和能源安全——论黯然失色,而税收补贴的终止则引发了能源业繁荣与萧条的交替循环(当时,全球气候变暖问题还没有发挥作用)。

有几部重要的联邦法律促进了太阳能和风能入网电力的商业化。卡特总统任内政府提供的大量研发援助在里根总统任内有所减少,虽然在乔治·H. W. 布什任内有所恢复,但仍显不足。由于太阳能和风能是前期投资成本集中的间歇性资源,因此,需要签订合同来保证长期销售并明确投资者的回报。在普遍认为石油和天然气濒临枯竭时,1978年颁布的《公用事业管理政策法案》以及1992年颁布的《能源政策法案》明确了对由秉承"私酒贩子与浸信会传统"的企业和环保组织组成的可再生能源游说团体的回报。[2]

————

〔1〕 世界观察研究所的克里斯托弗·弗莱文激动地表示:"南加州在挑战世界能源经济方面,做出了比任何一个国家的政府都要大的努力。"

〔2〕 "私酒贩子与浸信会"原指企业(私酒贩子)和公共利益团体(浸礼会)之间引人注目的游说伙伴关系。安然公司和环保组织以"私酒贩子和浸信会"的方式,与天然气支持者合作,后来又与可再生能源支持者和环保运动合作。

《公用事业管理政策法案》第210节造就了一个允许独立发电商与至此一直垄断市场的公用事业发电商同台竞技的市场。要知道,是维尔贝莱特-弗赖伊公司(Wheelabrator-Frye Corporation)这家废物利用能源公司及其所属的行业协会为《公用事业管理政策法案》制定第210节做出了至关重要的贡献。维尔贝莱特-弗赖伊公司所在的行业协会是一个有48 000名会员的太阳能游说团体,不但代表太阳能电池板生产企业,而且代表生物质、水电和风能企业。公用事业电力公司被要求从"有资质的发电商"那里购买电力,价格最高可达到"替代性公用事业电力公司的增量成本"。

重要的是,增量成本既不是边际运营成本,也不是由购电公用事业公司在竞争性最低成本投标过程中决定的成本。"总避免成本"由州公用事业委员会在联邦能源管理委员会的支持下决定,目的是要推广可再生能源(以及已成为安然公司完整业务的热电联产——安然公司把这项业务交给了约翰·温和罗伯特·凯利经营)。这样的避免成本决定过程,至少在20世纪80年代被解读为安然公司等独立(非公用事业)发电商的福音,但对于纳税人是一种负担。[1]

第二部法律,即1992年《清洁能源法案》,规定了每千瓦时1.5美分的可再生电力生产税收抵免(Renewable Electricity Production Tax Credit, PTC),相当于电厂现行电价(母线)的一大半。10年期的税收备抵按通货膨胀率调整,而且在安然公司的"有生"之年把电价提高到了每千瓦时1.8美分。可再生电力生产税收抵免得到了多次展期,第一次是在安然公司有偿付能力的最后一年,并且把补贴一直延续到2018年。算上现在的通货膨胀率,补贴额要达到每千瓦时2.4美分。[2]

伟大的思想,新的赌注

1993年年中,肯·莱和理查德·金德向安然公司全体员工宣布:"为了给安然公司制定长期的战略选择方案,并全面评估摆在我们面前的许多机遇,我们已经为安然公司设立了执行副总裁兼首席战略官的新职位。"这个职位是为罗伯

---

〔1〕请参阅第一章到第四章相关内容。
〔2〕《清洁能源法案》最初规定税收抵免于1999年年底到期,后来分别在2000年、2002年、2004年、2005年、2007年、2009年、2012年、2014年和2015年通过立法多次展期。

特·凯利设立的,凯利是退伍老兵,曾经当过经济学教授,他刚从伦敦回到休斯敦。他在英国负责蒂赛德项目一期工程的运营,并作为安然国际公司总裁负责蒂赛德项目二期工程的谈判。[1]

莱和金德表示:"凯利为这个新职位带来了经验和直觉知识的完美结合。"在约翰·温的领导下,凯利曾负责安然热电项目天然气合同和其他方面的谈判,这个核工程本科毕业生和哈佛大学经济学博士也是一个大思想家。

肯打算把凯利安排在休斯敦的一个业务单位。但是,这些单位"内部人员配备齐全,"凯利回忆说,"肯的想法是探索我们在可再生能源方面的选择。"于是,凯利组建了安然新兴技术公司(Enron Emerging Technologies Inc., EET)来评估具有高增长潜力的替代能源技术。

凯利在他的新职位上有两个关键的顾问。安然公司副董事长、通用电气公司前高管约翰·厄克哈特代表肯·莱坐镇董事长办公室,负责监督这家合资企业。[2] 由另一位经济学博士布鲁斯·斯特拉姆领导的企业战略与规划部门要向凯利汇报工作,而斯特拉姆本人不久就有了安然新兴技术公司高级副总裁的新头衔。

从"第一天"起,可再生能源在安然的地位就高居榜首。凯利回忆说:"特别是,我们要研究的太阳能和风能技术。"生物质能只是我们的一个附带兴趣,而水力发电并没有被认为是一种替代性能源技术。斯特拉姆负责燃料电池这种使用天然气发电的分布式发电技术。安然公司已经在研发天然气汽车的另一项与环保有关的技术,但很快又放弃了这个项目。[3]

那么,在预期常规能源供应充裕的情况下,尤其是安然公司为什么要投资可再生能源呢?虽然石油、天然气和煤炭的使用量不断增加,但在技术正不断降低总体污染水平的情况下,为什么还要下赌注于可再生能源呢?肯·莱本人认为,与其他化石燃料相比,天然气更加接近可再生能源——他在1995年9月向太平洋沿岸天然气协会(Pacific Coast Gas Association)发表的演讲"天然气的新世

---

[1] 安然公司在签订天然气购买合同抵补天然气供应和价格风险之前,已经签订价格确定的天然气供应确定合同。凯莉等人进行的裸赌结果糟糕;安然公司无法靠卖出售天然气来盈利,并在1997年损失了6.75亿美元。请参阅第六章和第十二章。

[2] 从弗吉尼亚理工大学毕业后,厄克哈特1949年到通用电气公司当工程师,并于1974年升任通用电气公司燃气轮机事业部总裁,5年后又升任天然气交付集团(Gas Delivery Group)总裁。1982年,他成为通用电气公司负责100亿美元业务的"顶级国际高管"。

[3] 请参阅第九章。安然公司曾投资生产甲基叔丁基醚和甲醇,但从未投资生产乙醇。除了(1997年收购的)波特兰通用电力公司做过很少的投资以外,安然公司从未投资过电动车生产。

界"的主题。

在那次演讲中,安然公司董事长认为,"可再生能源比天然气更加环保这一点正在变得有些模糊""天然气资源——就像可再生能源——几乎是无限的"。他还补充说:"在许多情况下,用最先进的技术控制燃烧的燃(天然)气联合循环电厂,可能比风能发电场或位于鲑鱼产卵区的新建水电设施更加环保。"

但是,安然公司看中了绿色能源中的"绿色"。风能和太阳能作为一次能源,具有新的公共政策论据和强大的政治支持者。具体地说,化石燃料使用造成的温室效应加剧所导致的全球气候变暖问题引发了新马尔萨斯主义恐慌,而海湾战争后对能源安全的担忧使石油处于守势。更重要的是,可再生能源有助于能源企业,尤其是重视宣传并想把公司股票打造成动力股的能源公司赢得了公众的认可。

环保主义者——习惯上敌意地认为石油和煤炭是可耗竭的污染能源——把风能和太阳能视为首选能源,并且把天然气看作通向可持续未来的"临时缓冲地带"和"桥梁"。曾经被认为成本效益比高、环境友好的核电,在1979年三里岛核泄漏事故(以及后来的切尔诺贝利核泄漏事故)之后被认为不仅成本效益比不高,也没有环境友好性。

1980年,忧思科学家联盟(Union of Concerned Scientists)认为:"在美国面临越来越多与能源有关的困难之际,出现了一个显而易见的解决方案——一种重视提高能源生产率和利用各种有吸引力的太阳能技术的积极进取策略,这种策略能够引导我们走出困境并走上一条通往可持续能源未来的道路。"几年前,阿莫里·洛文斯(Amory Lovins)提出了"低能量路径"(soft energy path)的理念,而一个世纪前,托马斯·爱迪生和塞缪尔·英萨尔首次倡导使用化石燃料的集中式发电站。

分布式发电依靠能源的自然流动,而不是通过开采和燃烧资源来提供动力。洛文斯把"越多越好"的自然资源保护或"自然资源保护主义"看作一种能量来源(应该与兆瓦一起考虑的负瓦特)。安然公司也欣然接受了通过成立安然能源服务公司外包效果有可能证明被夸大(经济节能被证明远不如技术节能)的尝试。

———

能源学者瓦茨拉夫·斯米尔发现自己与能源浪漫主义者的观点相左。能源浪漫主义者在自由流动、永不停歇的太阳光流中找到了一个简易的答案。20世纪 80 年代,他解释了能源供需——流量能源与存量能源供需——之间存在"不可消除的不匹配性"的原因。

工业生产过程需要 $10^2 \sim 10^7$ W/m² 的能量流,而大城市消耗的能量水平在 $10^1 \sim 10^2$ W/m²。太阳能的密度在 $10^0 \sim 10^1$ W/m²,需要昂贵的"存储设施来解决太阳能的随机流动"问题。风能也需要储存设施才能提供连续的服务,并在 10^{-1} W/m² 的密度上更容易稀释。化石燃料——能量密度为 10^3 W/m²——"更容易满足工业文明的需要",而且"没有过高的用地需求"。

斯米尔并不是第一个注意到这种矛盾的学者。1878 年,发明家约翰·埃里克森(John Ericsson)哀叹道:"虽然热能可免费获得,但需要的浓缩装置太大、成本太高,而且复杂,以至于利用太阳能生产蒸汽的成本是燃煤生产蒸汽的好几倍。"事实上,利用太阳能的实际尝试早于化石燃料时代,而且正是化石燃料使得公用事业规模利用太阳能在 19 世纪末变得没有必要。

相对功率密度说明了太阳能利用的投资很少在人口和工业中心进行,而且永远需要政府特别支持的原因。可惜,肯·莱没有看过瓦茨拉夫·斯米尔的书。虽然安然公司首席执行官的博士论文已经证明了他在理解能源物理学方面的专业水平,但他还是对能源时尚和公共政策更感兴趣。[1] 莱更爱看世界观察研究所克里斯托弗·弗莱文的能源和气候著作。但与莱一样,弗莱文关注的是能源的发展趋势和政策,而不是有助于理解为什么有些能源具有商业可用性,而其他能源则要依靠政府政策支持的基本技术基础知识。

安然公司的首席执行官看到了能源政策的走向,也看到了能源活动家们主张的能源政策走向。1992 年("八面玲珑"的)乔治·H. W. 布什签署的《能源政策法案》为符合条件的可再生能源规定了巨额税收抵免和加速折旧,从而重启了促进可再生能源开发利用的努力。除了天然气以外,比尔·克林顿还鼓励开发利用风能和太阳能。

克林顿政府的能源部任命安然公司的朋友威廉·"比尔"·怀特为副部长。作为能源部的二把手,这位休斯敦人、前出庭律师在许多方面帮助过安然公司。如果布什能够连任,安然公司能得到很多好处(甚至可能得到一个可以让人接受

---

[1] 莱所著的篇幅长达 178 页的论文《衡量国防采购活动产生经济影响的时机:越南建设分析》(The Measurement of the Timing of the Economic Impact of Defense Procurement Activity: An Analysis of the Vietnam Buildup, 1970)运用理论和统计(计量经济学)模型来"估计由国防采购项目需求变化导致的经济产出变化"。

的内阁职位),但克林顿无疑为安然公司提供了使其绿色形象超越天然气的机会,正如绿色和平组织和其他环保压力团体所希望的那样。

安然公司高瞻远瞩的首席执行官可能还明白:可再生能源能赋予安然公司一张威力巨大的牌,从而做成环保人士不希望看到的事情,即像安然公司这样的竞争性电力卖家有能力把电力卖给电力公司的零售客户,从而压低电价并增加用电量,进而减少自利性节能。[1]可再生能源法令与输电业强制性开放—准入双管齐下,对于1999年安然公司推动有可能重启陷入停滞的国内风能发电业的得州电力业重组立法具有极其重要的意义。

莱、凯利和斯特拉姆——安然公司所有被气候问题所吸引并渴望打破常规商业模式的博士——都是真正支持能源转换的积极分子。在莱的引导下,安然公司将重新涉足太阳能产业,拯救美国的风能产业,并帮助美国人认识气候问题。斯特拉姆 1995 年为哈佛大学全球环境政策项目撰写的论文《一种应对全球气候变化的碳税策略》(A Carbon Tax Strategy for Global Climate Change)充实了他在公司内部的研究成果。安然破产后,凯利出版了《碳难题:第三个千年的全球气候变暖问题和能源政策》(Carbon Conundrum: Global Warming and Energy Policy in the Third Millennium, 2002),支持市场失灵/政府能动观。安然破产后,安然公司的许多其他员工仍继续在能源环境领域工作,这与罗伯特·凯利在 1993—1994 年确定的新政策方向不无关系。

太阳能

1839 年发现的光伏效应(PV)利用太阳光的能量从简单物质中分离出电子,后来过了很久又从半导体芯片中分离出电子。1954 年,贝尔电话实验室(Bell Telephone Laboratories)引进了硅发电光伏技术。但是,与利用因为太阳多少年的作用而嵌入(储存在)石油、天然气和煤炭中的能量相比,收集和浓缩弱能射线是一种资本和用地密集型项目。与化石燃料的嵌入式能量相比,太阳能既是一种流动能,又是一种间歇能(太阳并不总能见到,而且存储容量有限)。

---

[1] 通过取代标准的公用事业服务,多家企业可向家庭或企业用户销售电力的竞争有望降低电价、增加用电量,并以最便宜的方式生产更多的电力。用克里斯托弗·弗莱文的话来说,这个"噩梦"将阻碍可再生能源开发,并降低公用事业公司需求侧管理"服务"(由纳税人资助的节能项目)的质量。

然而，太阳能在电力公司电网没有覆盖到的地方仍有它的用武之地。例如，把光伏板送入太空是一个新兴产业诞生的开端；海上石油和天然气平台将成为下一个能源市场，一个提供一种替代——运到海上使用、用完就扔到海里的——巨大电池的能源的市场。

随着成本的下降，太阳能还有其他用途：导航设备（浮标、呼叫站）、远程军事应用以及没有丙烷气可用的不入网生活。太阳能在入网地区的主要用途是水加热，第二次世界大战之后这种用途在加利福尼亚、佛罗里达和其他阳光充足的地区变得十分普遍。

华而不实的方案

罗伯特·凯利到处寻找通过合作伙伴进入太阳能行业的突破口。但在罗伯特·凯利完成这项工作之前，安然公司为了参加能源部组织的内华达州一个太阳能电厂项目的招标，已经开始广泛征集投标方案。公用事业电力公司上规模的太阳能项目正是凯利想要推出的基于规模经济的商业计划。凯利便从现有供应商那里收集报价，并且选中了两个顶尖专业供应商。这些工作结束以后，安然公司便在能源—政治界开始了声势浩大的公关工作。

1994年11月15日，《纽约时报》刊登了一篇名为《太阳能对于地球的价值》的文章，并且配发了一张凯利手持太阳能电池板、面对艳阳高照的天空的照片。文章的副标题是"安然计划让太阳能变得经济适用"。这篇商业特写介绍了安然公司提出的两年内以0.055美元/千瓦时的价格向联邦政府供电的计划(0.055美元/千瓦时是第一年的电价，在未来20年里每年提高3%)。这么低的电价闻所未闻，而且只有世界观察研究所估计的0.20美元/千瓦时的1/4。

这篇文章承认"20世纪70年代末有关太阳能等没有污染、可无穷尽再生的能源潜力无限的高调承诺，逐渐变成了令人尴尬的沉默"，但认为安然公司的乐观目标"有望实现"。文章还解释说，单位成本"悄悄"下降了2/3。安然公司提出的投资1.5亿美元、装机容量100兆瓦的太阳能电场，将提供迄今缺少的规模经济。

普林斯顿大学的一名电力工程师认为："如果一群优秀的人才投入如此规模的太阳能发电场，将会对成本产生实际影响——成本不会是小幅下降，而是下降了2/3。"美国能源部副部长怀特也表示赞同："我相信，我们可以做出一些承诺，

第十三章
替代性能源

让一家联邦实体购买或至少通过中间人购买利用太阳能发的电。"

美国能源部光伏项目主管托尼·卡塔拉诺(Tony Catalano)表示:"这么低的成本将在美国和世界其他许多地方具有非常大的竞争力。"能源部太阳能发电项目主管又补充说:"安然公司帮助我们确定了我们想要的基准,并且重启停滞不前的太阳能发电产业。"事实上,安然公司提出的方案甚至可能不需要"很多的联邦援助"。

上述文章还解释了新技术,并引用一个太阳能发电设备制造商和一名为安然公司工作的顾问说的话:"是的,这是可以做到的。"他俩中的一人说:"这是我们所有人都有过的梦想:有人愿意冒险建造一座非常大的太阳能发电厂。"事实上,这家新电厂的规模将是任何已有同类电厂规模的 12 倍。

自信的罗伯特·凯利解释了太阳能发电可如何借鉴安然公司的燃气发电经验。这篇文章在结尾处写道:"当被问及太阳能发电何时能够盈利时,(凯利)回答:'现在。对于盈利,我们是一家非常缺乏耐心的企业。'"

这篇文章像是出自安然公司某人之手,但署名是《纽约时报》驻达拉斯的能源记者艾伦·R. 迈尔森(Allen R. Myerson)。安然公司在业内所说的"免费媒体"(相对于收费媒体或非免费媒体而言)上发表了很多文章。迈尔森后来仍一如既往地对安然公司充满热情,直到安然公司在 2001 年 12 月破产为止,最后他在 2002 年 8 月从《纽约时报》大楼跳楼自尽。[1]

这个在内华达州东南部一个核试验场进行的太阳能发电项目有很浓的投机色彩。联邦政府并没有决定从安然公司或其他发电企业那里购买电力,这个项目发的电只能在白天有太阳的时候使用,价格取决于地方、州和联邦政府愿意给予的大量特别优惠和需要承担的义务以及 20 年的固定价格承诺,否则就进不了电力市场。安然公司从未制造、安装或拥有一块太阳能电池板。凯利只是透露,安然公司有一个不为人知的合作伙伴负责生产太阳能电池。

两年后,美国能源部挑选了安然公司一个 10 兆瓦的减缩版方案。但这并不是达成的交易。安然公司可得到的"回报"是:如果达成交易的第二年在美国建造一个可能是最大的太阳能发电设施,那么,安然公司就有"到 1997 年年中最终

---

[1] 迈尔森被认为是由于婚姻和经济问题而跳楼自尽的,这让人联想到那年早些时候安然公司的克利夫·巴克斯特的自杀,以及两年前《纽约时报》另一名报道安然公司的记者阿吉斯·萨尔普卡斯(Agis Salpukas)的自杀。

获得电力采购确定协议"的权利。安然公司在同一份新闻稿中提到了正在谈的另外两个太阳能发电项目。但是，这三个项目最终都没有付诸实施。

一个没有希望的合作伙伴

凯利和厄克特为完成自己的使命——为安然公司进入太阳能发电这个新行业找到一个切实可行的突破口，差不多已经花费了一年的时间。就在这个时候，他们想到了一个看似没多大希望的合作伙伴——诞生于印第安纳州标准石油公司并最终由约翰·D. 洛克菲勒的标准石油信托基金发展而来的石油巨头阿莫科石油公司。那么，为什么这么一家老牌石油公司会涉足太阳能发电领域呢？这个故事要从20世纪70年代初讲起。

与其他现金充盈的石油巨头一样，阿莫科石油公司也曾受到引发并延长20世纪70年代能源危机的石油和天然气监管的打击。当时，阿莫科石油公司的高管确实也担心石油和天然气资源枯竭。就是在这种情况下，这家总部位于芝加哥的公司开始寻找非传统业务作为对冲手段。

阿莫科石油公司在1976年向行业分析师表示："我们认为，谨慎的企业管理层应该在油气业务之外寻找并发展替代性投资，以对冲政府不断扩大、抑制我们在石油行业盈利的干预和管制。"绿色诚意也因石油营销而备受推崇，阿莫科石油公司为"争当石油业环保引领者"而做出的努力，至此仅限于在加油站把压缩天然气作为汽油和柴油的替代品。

1979年，美国总统吉米·卡特向全世界表示："毫无疑问，太阳能发电不但技术上可行，而且具有经济可行性。"不管阿莫科石油公司的高管们是否相信卡特说的话，他们在那一年买下了位于马里兰州罗克维尔（Rockville）的太阳能设备出口公司30%的股份，4年后又买下了全部剩余股份。太阳能设备出口公司是美国居于领先地位的太阳能电池制造商和分销商。

阿莫科石油公司在早些时候曾计划建造美国第一个太阳能加油站。太阳能设备出口公司成立于1973年，在1976年把多晶硅技术应用于太阳能电池，3年后推出了薄膜非晶硅模块。但是，分布式太阳能发电系统仍然存在成本太高的问题，限制了它的小众应用，并排除了它在电网中发挥任何作用的可能性。

虽然联邦政府拨款支持太阳能发电，但90%以上的资助"最终都进了美国几家最大的太阳能企业的腰包"，而卡特总统的太阳能发电愿景倒成了葬送私人部门努力的坟墓。在20世纪70年代和80年代,得州仪器公司(Texas Instruments)、通用电气公司、国际商用机器公司、宝丽来(Polaroid)、美国无线电公司(RCA)和西屋电气公司(Westinghouse),日本的三洋、京瓷、夏普公司,以及能源巨头阿尔科公司(Arco)、埃克森公司、美孚公司和英国石油公司进行的太阳能发电投资都遭遇了失败。埃克森公司在经营了15年并遭遇了3 000万美元的亏损后,于1984年退出了这项业务。在经历了总额达2亿美元的12年亏损后,阿尔科太阳能公司(Arco Solar)在1989年把自己卖给了西门子公司;[1]而美孚太阳能公司(Mobil Solar Energy Corporation)则在1994年被太阳能应用公司(Applied Solar Energy, ASE)收购。

经过行业洗牌以后,阿莫科石油公司旗下的太阳能设备出口公司——美国主要的太阳能企业,也是美国最大的光伏组件和系统制造商和分销商——得以存续下来。1987年,太阳能设备出口公司并入阿莫科石油公司旗下的科技公司,它的使命就是降低成本、增加销售,并改善生产的经济效益。它最大的生产设施增加到了5兆瓦(年产太阳能电池板的能力),但利润不足以进一步扩大利用新一代技术。太阳能设备出口公司需要新的资金、更好的营销和新的商业计划。

阿莫科石油公司/安然太阳能公司(太阳能设备出口公司)

1994年12月19日,阿莫科石油公司在一份新闻稿中宣布:"阿莫科石油公司和安然公司已经就建立一种新的全面合作伙伴关系生产光伏(太阳能充电)模块并开发太阳能发电设备达成了一致。"双方成立了一家各占50%股份的合资企业,对于安然公司就相当于实施了一起价值2 000万美元的收购案。合资企业要求合资双方各出资1 500万美元建造一家太阳能薄膜制造厂,年产能"超过10兆瓦的大面积、多节点非晶硅模块"。阿莫科石油公司在这份新闻稿中还指出,这项新技术是与美国能源部合作开发的成果。[2]

约瑟夫·普拉特在一本有关阿莫科石油公司的学术性企业历史书中解释道:"阿莫科石油公司找到了这样一位合作伙伴:它是电力生产和销售领域快速

---

〔1〕 埃克森公司从1969年开始研究太阳能,并于1973年成立了太阳能发电公司。1984年,由于亏损和前景有限,这家全球最大的能源公司关闭了这家子公司。阿尔科太阳能公司成立于1977年,目标是成为"光伏行业的通用汽车公司",1989年卖给德国西门子公司。

〔2〕 这是继硅片和薄膜非晶态硅之后,第三代处于实验阶段的技术。

增长的引领者，拥有积极进取的企业文化，因此非常适合太阳能设备出口公司的快速扩张；而安然公司则获得了美国最大的一个太阳能电池制造商的股权。"

阿莫科-安然太阳能公司(Amoco-Enron Solar)于1995年1月1日开始接收总部位于马里兰州弗雷德里克(Frederick)的太阳能设备出口公司的资产。太阳能设备出口公司后来成了阿莫科-安然太阳能公司旗下负责生产、研发和系统设计的子公司。太阳能设备出口公司在澳大利亚有一家制造厂，在中国香港有一家组装厂，目前正在弗吉尼亚州纽波特纽斯港(Newport News)外建造第二代光伏工厂。

除了太阳能设备出口公司之外，这家合资企业另外还有一家子公司，那就是总部设在休斯敦，负责营销、融资和后续运营的阿莫科-安然太阳能开发公司。这家子公司也归罗伯特·凯利负责。凯利的宏伟计划是建造大型并网太阳能发电站，为太阳能电池板赢得屋顶市场创造规模经济。

安然公司的副董事长厄克特表示："我们与阿莫科公司创建的合资企业是建立在安然公司为全球经济提供清洁能源的战略的基础上的。这项技术将使我们能够在美国和世界其他地区以具有竞争力的价格提供太阳能电力。"阿莫科石油公司还盛赞这家合资企业，说它能"为光伏产业提供目前缺少的一个环节——通过大批量生产向并网市场销售光伏产品来降低成本"。

安然公司进入了一个全新的行业，肯·莱把可再生能源列入了安然公司的"全球能源解决方案"清单。凯利把安然资本与贸易资源公司和安然国际公司的专业知识与一种正在迅速改进——据报道，1986—1994年间每美元投资的收益增加了2倍——的技术结合在了一起。安然公司曾以为能在一个碳排放受到限制的世界中大赚一把。

想象与现实

在安然公司与阿莫科公司的合资企业创建一周年之际，《安然商务》的一篇封面文章介绍了阿莫科-安然太阳能开发团队6名成员在阿莫科-安然太阳能管理委员会联席主席兼首席执行官罗伯特·凯利领导下所做的工作。凯利说，双方的合作"正步入正轨"。"我们目前在光伏电池生产方面居全球第二。"更棒的是，"我们希望在本世纪末能成为全球第一，而且是遥遥领先的全球第一，因为我们有一些竞争对手所没有的增长机会"。

最令人兴奋的进展是"获准在印度北部建造世界上最大的太阳能发电站"。不过,为这个耗资1亿美元的项目提供资金的25年电力采购合同还没有最终敲定。拉贾斯坦邦电力委员会(Rajasthan State Electricity Board)表示,在达博尔项目事件后的环境下,他们需要竞标50兆瓦的太阳能和天然气项目。面对激烈的竞争,安然公司向印度可再生能源开发署申请低息融资。(由于印度可再生能源开发署拒绝了安然的融资申请,因此,这个由凯利负责的项目于1997年12月中途夭折。)

除了内华达州的项目以外,安然公司还在为在南加州和西得州建造太阳能发电站做工作。在国际方面,安然公司在进行的公开项目谈判包括中国(150兆瓦)、印度(的上述50兆瓦项目)、希腊[50兆瓦,绿色和平太阳能运动(Greenpeace Solar Campaign)的一部分,我们将在下一节介绍]和中东。美国能源部计划拨款114万美元在夏威夷建造一座4兆瓦的太阳能发电站,但最终没有动工。

在凯利看来,为电网供电的集中式太阳能电池板是太阳能发电站的关键,而太阳能设备出口公司是屋顶太阳能电池板市场的重要参与者。阿莫科-安然太阳能公司是全球第二大太阳能电池板制造商,也是美国最大的太阳能电池板制造商,在马里兰州弗雷德里克、弗吉尼亚州纽波特纽斯附近以及澳大利亚、中国香港和日本都设有制造厂。

阿莫科-安然太阳能公司在世界70个国家和地区销售"太阳能农场、屋顶电池板、农村电气化设备、抽水设备、电信设备以及其他与太阳能发电有关的工业用品和消费品"。在2.5万美元政府拨款的资助下,阿莫科-安然太阳能公司在日本的一家合资企业为当地居民展示了世界第一个"零能耗住宅"。凭借太阳能和节能投资,这种住宅的业主以后就不用支付石油、天然气和电费账单。

太阳能设备出口公司的屋顶太阳能电池板业务是盈利的,但用于太阳能发电场商业化的研发支出影响了这家合资企业的盈利。现在的问题是,要么发展分布式太阳能发电技术,要么就宣布破产——一种得益于政府一系列特殊照顾并以克林顿政府"百万太阳能屋顶计划"(Million Solar Capped Initiative)为上限的补贴游戏。根据太阳能设备出口公司总裁哈维·福莱斯特(Harvey Forest)预计,克林顿政府提出的"百万太阳能屋顶计划"将有助于"刺激美国国内市

图 13.1　安然公司与阿莫科公司合办的合资企业迅速打进了国际太阳能发电市场。罗伯特·凯利(右上)管理的 5 名员工负责推广太阳能发电站,并为屋顶太阳能电池板揽下了大量订单。安然公司持有的合资企业一半股权在几经周折以后,于 1999 年卖给了(收购阿莫科公司的)英国石油公司,并且还赚到了钱。

场"。[1]

虽然利用阳光只能发很少的电,但安然公司的努力却激发了环保人士的热情。想要超越碳基能源,光靠天然气从石油和煤炭手中夺走市场份额是不够的。绿色梦是风能、太阳能——以及从用可再生能源发的电到电动汽车。安然公司

---

[1]　这项由太阳能行业协会(Solar Energy Industry Association)提出的 6 亿美元的联邦贷款计划涉及多个政府机构,到 2007 年将为 100 万套太阳能热水器和光伏设备的安装提供"买断"补贴。

至少在一定程度上支持它们。

1995年4月,绿色和平组织太阳能计划主任杰里米·莱格特(Jeremy Leggett)终于拜访了罗伯特·凯利。后来,他回忆说:"我需要更多地了解安然公司在开发利用太阳能方面所做的努力。看上去是真的,但我必须确定。"莱格特解释说:

> 这是世界上最大的天然气企业,同时也拥有石油权益,并与七姐妹之一的阿莫科公司联手成立了一家有可能刺激太阳能光伏市场腾飞的合资企业。太阳能光伏市场的腾飞难道不是我梦寐以求的东西?

他回忆了凯利如何把太阳能视为"未来",不仅是出于商业原因,而且还由于"全球气候变暖的威胁"。[1]莱格特在与凯利道别时已经完全信服,他在1999年出版的《碳战争:全球气候变暖与石油时代的终结》(*The Carbon War: Global Warming and The End of The Oil Era*)一书中讲述了这个故事。

罗伯特·凯利为安然公司3 500万美元投资制订的商业计划主要侧重于生产的经济效益,但太阳能工程师明确告诉他,这项商业计划不可能增加销售收入。由数千块排列整齐的太阳能板组成的太阳能发电站是关键,大型太阳能电池板阵列不仅可以降低单位成本(因为固定成本分摊在了更大的发电量上),还可以通过更好的定价为太阳能设备出口公司占领屋顶太阳能电池板市场。其实,内华达州的太阳能方案和其他州一样,仍在酝酿之中。但有一个太阳能方案似乎正在落实之中,而安然公司就在积极推进这个方案的落实。

绿色和平组织的克里特岛方案

1995年10月,希腊的绿色和平组织为了阻止在克里特岛建造一座50兆瓦柴油发电厂,发起了太阳能克里特岛运动。由于克里特岛的平均和峰值电力需求增长速度是希腊全国的两倍,因此,绿色和平组织要求在克里特岛采取一种全新的供电方式。雅典的一家杂志指出,这是一场"石油与太阳能和风能之间的战争"。

希腊有关当局开始征集克里特岛的供电方案。1996年年中,阿莫科-安然

---

[1] 凯利声称,在认识全球气候变暖威胁的问题上,安然公司内部有人持抵触态度。"我可能在这个问题上也没有表态,但我这个人也有些自己的想法,需要合乎逻辑的理由才能让我闭嘴。"他对莱格特说。事实上,从1988年开始,安然公司和肯·莱在气候问题上就立场一致,安然公司绝不会放弃对美国和国际基于限制二氧化碳排放的能源政策的追求。

太阳能公司提出了一个严肃的方案。有一家工业企业也被认为能制造为利用太阳能发 50 兆瓦电所必需的差不多 5 000 万块太阳能电池,并且能够把这些电池组装成(估计有)52.8 万个太阳能电池模块。凯利为了拿下这个项目(从现有的方案看,规模比世界上任何太阳能发电站都要大 15 倍)的最终协议,特地在希腊开设了一家子公司——IWECO 太阳能公司(IWECO Solar)。

这个需要耗资 1.2 亿美元的项目,估计每年还要花费 200 万美元的运营成本,甚至需要很多帮助才能得到当局的考虑。虽然广告宣传说这个项目的成本将远远低于全球联网太阳能发电的平均成本,但仍然高得令人望而却步。这么大容量的太阳能发电项目,无论如何都必须分阶段付诸实施。

1997 年年中,安然公司宣布获得欧盟 1 000 万美元的资助,在克里特岛建造一个斥资 1 800 万美元、装机容量 5 兆瓦的太阳能发电站;这个项目还可享受税收减免,因此可降低 30% 的成本。阿莫科-安然太阳能公司欧洲地区代表表示:"这个项目将成为我们在太阳能资源丰富的地中海地区寻求发展机会的重要手段。"按照计划,1998 年年底前先完成这个太阳能发电站第一期装机容量 5 兆瓦的工程,并在 2003 年之前每年增加 9 兆瓦的装机容量,直到达到 50 兆瓦的装机容量为止,这可是一个需要总投资 1.8 亿美元的项目。

1997 年 6 月 12 日,绿色和平组织发布了官方消息:"随着希腊政府决定在克里特岛建造世界上最大的光伏电站,太阳能发电从现在开始进入了一个新时代。"安然公司将斥资 1 775 万美元——欧盟和希腊政府承诺承担其中 55% 的资金——建造一个装机容量 5 兆瓦的太阳能发电设施,从而使当时世界最大的意大利 3.3 兆瓦的太阳能发电站黯然失色。

一名太阳能狂热者在绿色和平组织的新闻发布会上表示:"这个项目将打破关于太阳能发电规模和成本的传统假设。"这就是罗伯特·凯利想要的市场推动和技术拉动之间的良性循环,也就是需求增长导致成本下降,而成本下降又促进需求增长,两者形成无穷循环。

绿色和平组织的地中海运动把克里特岛作为这个地区转向"太阳能革命"的"展示范例",因而有助于提供"解决全球气候变暖问题的方案"。一切都是那么的简单(但又都是那么的后现代主义):"我们需要的是,各国政府相信这个地区的潜力,并有意愿在煤炭、石油和天然气开采完之前,认真考虑自己的可再生能源未来。"

事实上，这个项目并不可行，希腊的公用事业电力公司买不起这种电，更不用说这个方案没有解决太阳能发电间歇性的问题，因此，太阳能发电厂实际能发的电只占其铭牌容量的一小部分。当地工商会甚至反对这个宏大实验项目的启动。"记录在案的最低价格已经高得足以产生抑制性影响"——而且与岛上99%的其他（化石燃料）来源的电力相比，这种太阳能电是一种劣质产品。再加上储电，使太阳能发的电成为电网供应的电，又会使成本翻番。

从容退出

安然公司执行太阳能项目或者实现的利润率无法与它从太阳能领域获得的公关财富相提并论。弗吉尼亚州的太阳能薄膜厂施工进度落后于计划，但建设费用却超出了预算，从而导致阿莫科公司对管理层进行了重组。销售收入的减少意味着安然公司的投资赚不到钱，只是获得了免费的媒体报道宣传。安然风能公司很快成为凯利和安然公司关注的焦点，但也意味着安然公司在太阳能领域做出的努力的幸运结局就在眼前。

1999年1月1日，英国石油公司（BP）以480亿美元的价格收购了阿莫科公司，成立了BP阿莫科公司。1年前，英国石油公司首席执行官约翰·布朗是第一个宣称化石燃料燃烧产生的二氧化碳对气候构成威胁的大型石油公司高管。布朗援引了政府间气候变化专门委员会（Intergovernmental Panel on Climate Change, IPCC）的预防原则及其科学研究得出的结论——"为了可持续发展，企业需要一个可持续的世界"，一个碳排放受到限制的世界。

关于布朗的演讲，斯坦福大学气候科学家和活动家斯蒂芬·施耐德表示："他们不否认气候变化。"虽然布朗支持采取气候行动，但他也指出，化石燃料在现代生活中发挥着重要作用，而且我们仍然需要受利润驱动的石油和天然气企业。他认为："真正的可持续发展是既要实现盈利，又要对企业据以开展运营活动的世界的现实和关切做出回应。我们无法脱离这个世界，它同样也是我们的世界。"尽管如此，布朗还是对"现在就不用化石燃料"运动进行了驳斥。

"我并不赞同某些环保运动成员的观点，他们认为我们必须放弃使用石油和天然气，因为……这种观点低估了创造性和积极行动的潜力。不过，这种分歧并不意味着我们可以忽视越来越多的证据和对气候变化问题的关切。作为商人，当涉及我们的客户的时候，我们最好还是小心行事。"

肯·莱关注气候行动已有10年,因为气候行动是他拿天然气对抗二氧化碳排放问题更加严重的石油和煤炭的一种手段。布朗的气候战略与他的公司的石油生产、运输、精炼和营销背道而驰。尽管如此,英国石油公司在收购了阿莫科公司以后仍以天然气为主要业务,并且支持气候政策激进主义。此外,如果没有其他竞争对手,对于李·雷蒙德的埃克森石油公司来说,从环保的角度看,还有一种在加油站实施的石油销售策略(被它的批评者称为"洗绿")。

考虑到BP太阳能公司(BP Solar,成立于1981年)规模大于它收购的子公司,因此,安然公司持有太阳能设备出口公司的那一半股权,这对阿莫科公司的新东家造成了利益冲突。冗员可以裁减,但英国石油公司的新品牌是成为全球绿色石油销售商,就像10年前的阿莫科公司。1999年3月31日,英国石油公司以4 500万美元的价格收购了安然公司手中持有的太阳能设备出口公司的那一半股权,成为世界上最大的太阳能电池板制造商。对于一家亏损企业来说,4 500万美元是一个非常不错的价格,安然公司因为这次在其他方面不成功的初次尝试,幸运地赚到了650万美元的税后利润。

安然公司揣着一张令人沮丧的成绩报告单退出了太阳能发电市场。太阳能设备出口公司的萨拉·豪厄尔(Sarah Howell)在接受媒体采访时表示:"没有建成一个拟建的太阳能发电场(豪厄尔指的是凯利和安然公司吹嘘的十几个项目)。我们正专注于更加可行的并网(即城市屋顶太阳能)系统。"这也是其他人想做的业务。

1995年,壳牌公司的可再生能源部主管曾表示:"太阳能比全世界的全部能源都要多成千上万倍。"1996年,《安然商务》声称:"阿莫科-安然太阳能公司的目标就是要——按可与石化燃料竞争的价格——利用太阳能为地球提供能量。1997年被认为是太阳能光伏产业发展的一个转折点,因为全球的太阳能需求正'蓄势待发'。"

那么,在现实世界里是否能够规模开发太阳能呢?

20世纪90年代中期,南加州爱迪生公司牵头的位于莫哈韦沙漠(Mojave Desert)、耗资5 500万美元、装机容量10兆瓦的太阳能热示范项目"太阳能二号"(Solar Two)开始(间歇性)发电,每千瓦时电力的成本在0.18～0.22美元(1981年建成的10兆瓦太阳能一号项目在1986年发生火灾被烧毁)。

1994年，克里斯托弗·弗莱文和尼古拉斯·拉森(Nicolas Lenssen)曾表示："从表面上看，'太阳能二号'似乎不错，有望提供稳定的基本负载和傍晚峰值容量的电力，但所有集中式太阳能发电机都有前途未卜的问题。它们造价昂贵，占地太大，从而增加了财务风险——就像核能一样，(超过200米的)高度可能会招致反对。"他们没有说错。"太阳能二号"占地130英亩的电脑控制反射镜——作用是把阳光反射到中心塔楼——1999年停止运行，10年后被拆除。

《电力杂志》(Electricity Journal)的编辑总结说，"太阳能二号""在技术上取得了成功，但在经济上还没有为黄金时段做好准备"。英国石油公司的约翰·布朗说得对，太阳能要以两倍于竞争对手的成本生产峰值电力。

但是，作为解决能源问题的手段，直接太阳能也许还不如由太阳能间接产生的风能，因为风能本身就是地球和大气受热不匀的结果。

风　能

安然公司向风能发电机制造和销售领域的扩张——以及把可再生能源定为公司的第五个核心事业部的做法——反映了一种政府创造的发展机遇。联邦政府和加州政府对风能发电机研发和生产——就如同对为电网发电的太阳能电池板——提供慷慨的补贴。随后，其他州也迅速跟进。对强大的环保机构来说，利用风能和太阳能发电是政治上正确的方向，利用水力和生物质能发电次之，而利用最大无排放能源核能来发电则在政治上不可行。安然公司没有在后面几个领域进行投资。

安然公司这个美国可再生能源领域的新领军企业已经带头走出天然气产业，在寻求成为全球领先能源企业的过程中正在努力使自己与众不同。比尔·克林顿和阿尔·戈尔入主白宫，为安然公司带来不错的发展时机。

对于政治家和环保人士来说，肯·莱已经成为进步的能源领袖。虽然他曾为共和党做了多年的工作，但他现在是比尔的新朋友。这位首席执行官不是曾帮助说服老布什总统参加在巴西里约热内卢召开的联合国地球峰会，以推动解决全球气候变暖问题的社会正义事业吗？现在，安然公司的首席执行官正在借用绿色和平组织的话语谈论距今遥远的后化石燃料时代。[1]

但是,风能发电几乎没有任何可行性。新技术在项目和担保问题上存在竞争。安然可再生能源公司确实遭遇了损失,但它的母公司却可享受税收抵免。20世纪90年代中期,绿色主题帮助安然公司的股票(ENE)保持了强劲的上涨势头。

历史上的风能利用

风车代表了人类早期对机械能的利用,人类利用风能比利用化石燃料早了几个世纪。1887年,托马斯·爱迪生所在的社区开始把风能转化为电能。10年后,这一做法在丹麦得到了商业利用。[2] 20世纪20年代,美国企业加快了利用风能发电的步伐。第二次世界大战期间,我们祖辈发明的1.25兆瓦旋钮式风能发电机发的电被输送给佛蒙特州中部公共服务公司(Central Vermont Public Service Corporation)。1945年,这项实验促使联邦动力委员会对国内风能发电的潜力进行评估。

始于1971—1972年冬季天然气短缺和两年后石油短缺的能源危机,重新唤起了美国人对风能发电的兴趣。美国风能协会(American Wind Energy Association, AWEA)成立于1974年。6年后,美国第一个风能发电站在佛蒙特州问世。这个风能发电站有20台风能发电机,峰值发电600千瓦(0.6兆瓦)。[3]

克里斯托弗·弗莱文在1981年出版的《风能发电:一个转折点》(*Wind power: a Turning Point*)中写道:"风能发电可能是20世纪80年代吹进世界能源领域的一股清新空气。"太平洋燃气与电力公司和南加州爱迪生公司似乎在进行一场你追我赶的竞赛,两家公司都试图在风能开发领域抢占领先地位,并赢得公众的认可。事实上,已被(公用事业公司)俘虏的纳税人与不知情的纳税人以接受符合《公用事业管理政策法案》规定的标准用电合同的方式,一起在美国促成了一个新的产业。

---

[1] 莱在1993年曾经说过:"我想,在一个世纪里,我们将看到可再生能源在我们的总能源需求中占据很大的比例。当然有朝一日,我们可以用可再生能源来满足几乎所有的能源需求。"

[2] 为了与为他家提供照明电的燃煤发电商竞争,托马斯·爱迪生的竞争对手查尔斯·布拉什(Charles Brush)建造了一座60英尺高的风车、一台发电机和一些储存电流的蓄电池。不久,布拉什把自己的风能发电机与爱迪生的集中式发电站连线。爱迪生的连续集中式发电成本低于间歇分布式发电,而且使用也比较方便。

[3] 风能的次要地位在吉米·卡特总统1977年的国家能源计划中已经显而易见。这项计划更加重视太阳能、核聚变、(用煤炭做的)合成燃料和城市垃圾。

第十三章 替代性能源

1981年,吉姆·德赫尔森(Jim Dehlsen)在加州特哈查比(Tehachapi)的一个山区小镇创建了宗德能源系统公司,这个小镇位于圣华金山谷(San Joaquin Valley)和莫哈韦沙漠之间,大风从这个小镇呼啸而过。德赫尔森是美国风能发电业"最重要、最坚定的开拓者之一",他在特哈查比帕斯山口一个危险的山脊上度过了那年的除夕,想方设法让风能发电机运转起来,为的是取得即将到期的州税收抵免资格。在被无情的狂风击败以后,他开始从丹麦维斯塔斯风能公司(Vestas)进口风力涡轮机,而维斯塔斯公司则得到了哥本哈根附近一个政府资助的研究机构的帮助。[1]

事实证明,宗德能源系统公司是"加州非同寻常的风能热"的主要幸存者。"加州的风能热"造成了"风能发电机、《公用事业管理政策法案》机器'和'免税风能发电场'残骸四处可见的惨不忍睹的景象",而所有这些只换来了少得可怜的电能。为了摆脱困境,宗德能源系统公司在1993年聘请丹麦的风能发电机设计师芬恩·汉森(Finn Hansen)改造它的技术,美国能源部为此拨款100万美元资助。一些风能发电大项目,如加州有342台风能发电机的天河项目(Sky River Project),使宗德能源系统公司成为美国风能发电领域的领先者。

差不多在20世纪80年代中期,形势变得十分艰难。天然气价格的下跌导致监管机构降低了依据《公用事业管理政策法案》分摊的避免成本。一些州内补贴已经到期。但事实证明,从每个项目的少量权益中获得的收入足以让宗德系统公司"撑到下一阶段"(德赫尔森语)。

重大问题

民居屋顶或院子并不适合进行风能发电。从规模上看,风能发电并不是分布式发电,而远离公用电网的太阳能发电则是分布式发电。但是,用大型风力发电机发电远比用大型太阳能电池板发电便宜。对于新的并网容量而言,风能发电并不经济,也不如传统能源可靠。此外,巨大的涡轮叶片比波音747飞机的机翼还大,这对鸟类野生动物是一种威胁,而且也可能干扰爱静的邻居。

风能发动机是靠免费的风能来运转,但把风能转换为电能却是物质和资本

---

[1] 丹尼尔·耶金总结说:"丹麦里索(Risø)[国家实验室],还有丹麦政府的补贴,对推动丹麦风电业的发展起到了关键的作用。"

密集型的。像太阳能一样,风能也是一种间歇性能源。1883年发表在《科学美国人》(*Scientific American*)上的一篇文章指出了风不可预测的非定常流动问题,并提出了如何以"在我们不需要它的时候把它聚集起来并一直保存到我们需要它的时候"这一方式来储存风能的产出的问题。

1865年出版的第一部关于能源的专著并没有把风能看作"我们廉价的煤炭供应"的替代品,因为前者有"不规则"可用性和选址局限于"开阔和高耸的位置"等问题。W.S.杰文斯解释说,相比之下,煤炭储藏丰富、运输方便、便于储存、供应可靠——这些特点把煤炭从工业用途延伸到了发电。

《华尔街日报》1978年刊登的一篇报道称:"就连风能——似乎是一种最具免费特点、最可再生的能源——也不是完美的环保能源。巨型风车会干扰电视和无线电信号,它们旋转的叶片会杀死粗心大意的飞禽。"此外,"最大的问题是把这些东西安装在哪里:在科德角(Cape Cod)这样多风的地方,人们并不想用巨大的金属架来'点缀'风景如画的景观"。(25年后,在科德角附近安装风能发电机的提议可能会遭到当地居民的起诉。)

"鸟类死亡率"有可能成为一个值得关注的问题,就如宗德能源系统公司在1989年要求加州戈尔曼郊外建造风能发电站的申请遭到拒绝的第一手材料中所能发现的那样。[1]包括塞拉俱乐部地方分会和全国奥杜邦协会(National Audubon Society)在内的许多反对者纷纷要求"补偿宗德能源系统公司100万美元用以支付它那些毫无结果的开销",让它走人。

其他问题——如从野外到城市地区的远距离输电电缆——有时是另一个受到质疑的问题。但事实证明,这些缺陷并没有对整个风能发电行业起到决定性作用。除此之外,环保团体由于几乎没有其他方面的供给侧策略,因此只能接受风能发电的缺点。20世纪90年代初开始出现资助商业利用风能发电的政治意愿,而且一直持续到安然公司的有生之年甚至之后也没有消失。

安然公司内部有传言说,虽然太阳能行业盈利不足,但第二次进军可再生能源领域的号角即将吹响。安然公司公共政策分析主管(本书的作者)以一封呼吁

---

[1] 风能历史学家和倡导者保罗·吉普(Paul Gipe)认为:"宗德能源系统公司提出的风能发电方案和它通过几个公共论坛对这个项目的不懈追求,不仅损害了它自己的形象,而且损害了整个行业的形象。"

第十三章
替代性能源

安然公司继续用好它天然气网络的信函做出了回应。1996年11月写给安然公司负责政府事务和公共政策的高级副总裁特里·索恩的信函开头便是:"鉴于安然公司考虑进入集中式风能发电行业,本人必须从公共政策的角度以及务实的商业角度表达自己的关切。"我在信中还指出,根据经验,风能发电的成本是燃气发电的两倍,是现货电力(可立即购买的剩余电力)成本的三倍。即使按照环保组织和罗伯特·凯利本人的建议,对天然气征收碳排放税,风能发电也不会带来经济效益。[1]

我在信中还表示:"风能发电已经造成很多环境问题,首当其冲的是'鸟类死亡率'问题。这个问题已促使美国奥杜邦学会呼吁停止在鸟类敏感地区发展新的风能发电项目。"塞拉俱乐部对风能发电的态度也非常复杂。[事实上,在一场关于宗德能源系统公司提出的风能发电方案的争论中,塞拉俱乐部洛杉矶主管创造了一个几年后被用来反对安然公司风能发电项目的术语"风力烹饪艺术"(cuisinarts of the air)。]

"无论怎样强调天然气从经济和环保两个方面改变了可再生能源平衡都不为过,"我在信中最后表示:

> 燃油、煤炭和核能不再与可再生能源的争论有关。常识告诉我们,如果没有政府的巨额补贴,可再生能源在美国是没有前途的。在国际上,凡是有天然气的地方,即使考虑到环境外部性,可再生能源也是一个有争议的投资问题。

这封信写得太晚,而且也没有写给正确的收信人。当时,安然公司的主要想法是,多元化的可再生能源业务,甚至增添一些生物质能和水力发电项目,便于公司发展壮大,并通过首次公开发行的方式把成熟的业务剥离出去(变卖套现)。事实上,罗伯特·凯利对此也有一些固执的想法。

肯·莱热切希望进入包括他的老东家埃克森公司在内的能源巨头尚未涉足的能源领域。由于安然石油天然气公司开采的致密砂岩气可享受的税收抵免即将到期,因此,出售风电可享受的税收抵免可用来减轻母公司的税收负担。所谓的绿色能源可以帮助安然公司从为公用事业服务的传统销售商转变成为大众市场服务的首选电力零售商,从而实现"安然2000"确定的收入和利润率目标。

---

[1] "在考虑了合理的碳成本税收抵免[如煤电每千瓦时2美分,天然气电每千瓦时1美分,这是国家研究公司(National Research Development Corporation, NRDC)在其最近的研究《风险业务》(Risky Business)中]提出的之后,目前或未来风电价格与天然气(或者国际上是液化天然气)电的价格相比是否具有竞争力呢?"

罗伯特·凯利把安然公司打造成全球可再生能源引领者的愿景，包括在国家最高层面和国际层面推进能源公共政策。1996年年末，就在安然公司准备收购一家主要风能发电公司之际，凯利公布了一项帮助中国重组能源经济的总体商业计划。根据这项计划，到2005年（10年），中国拟减少25％的燃煤发电，到2015年将减少50％；其中一半的替代能源是天然气，而另一半则是可再生能源——25％水力、15％风能、10％太阳能。

凯利自称这是一项"积极且可行的行动计划"，"对于中国消费者来说，既可行又有价格竞争力，并且不会抑制中国的增长愿望"。他在介绍这项行动计划时指出，"实施天然气/可再生能源战略的障碍"，包括缺乏长期融资机制，不了解"可再生能源替代方案的成本、效益和效率"以及可再生能源发的电如何入网等问题。

在谈到公共政策时，凯利提出了一项"帮助中国解决温室气体问题的马歇尔计划"（China Greenhouse Gas Marshall Plan）。根据这项计划，美国政府为能源转换所需的75％的资本成本提供贷款或担保，估计在20年内每年90亿美元，总计1 800亿美元；而剩下的25％则由安然公司和其他私人赞助商承担。这种美国与发展中国家之间的项目被称为"联合实施项目"，是即将在日本京都召开的国际气候会议的谈判项目。

收购宗德能源系统公司

"安然公司成立了安然可再生能源公司，收购了居于领先地位的风能发电开发商宗德能源系统公司。"1997年1月6日，安然公司在新闻发布会上宣布，罗伯特·凯利将领导新成立的安然可再生能源公司，并参加安然公司的25人管理委员会。宗德能源系统公司当时的首席执行官肯尼斯·卡拉斯（Kenneth Karas）和阿莫科-安然太阳能公司的首席执行官兼董事长理查德·巴尔斯基（Richard Barsky）得向凯利汇报工作，而凯利则任安然可再生能源公司的董事长兼首席执行官。(安然可再生能源公司的太阳能事业部当时寄予最大希望的项目仍然是印度拉贾斯坦邦的项目，而克里特岛的项目则在6个月后建成。)

"可再生能源在未来20年将占据世界能源市场很大的份额，安然公司打算成为这个非常重要的市场的世界引领者，"肯·莱表示。重要的消息是，安然公司收购了位于加州特哈查比的宗德能源系统公司。"我们相信风能是最具竞争力的可再生能源之一,我们还相信这次收购将明确使安然成为风能发电领域的领先者。"莱补充说。

安然公司在新闻发布会上称,从事风能业务已有15年的宗德能源系统公司"正在开发、建造和运营风能发电站",它的Z级风能发电机"是世界上最具价格竞争力的风能发电机",而且"有能力以具有竞争力的成本发电"。1995年,宗德能源系统公司拥有2 400台额定功率为260兆瓦的入网风能发电机,共发电6亿千瓦时,享受联邦税收抵免额接近1 000万美元。尚未使用的税收抵免额,或者所谓的税收抵免结转额,计入了安然公司8 000万美元的收购价——6 000万美元现金,剩余数额为欠款。

"安然公司希望安然可再生能源公司能在未来5年里为母公司的发展做出重大贡献,"罗伯特·凯利在致公司员工的信中称,"在这期间,我们有机会脱颖而出,成为世界可再生能源的引领者,引领世界向可持续能源的未来过渡。"在介绍了公司组织机构和使命以后,凯利暗示公司会组建更多的合资企业。安然可再生能源公司的其他可再生能源兴趣将包括同安然公司资本与贸易资源公司和安然国际公司协同发展水力发电业务,并且通过安然资本与贸易资源公司电力营销活动销售绿色电力或利用不会直接生成二氧化碳、硫氧化物、氮氧化物或其他空气污染物的能源发电(这样的合资企业最终一家都没有建立)。

———

"安然公司的这一行动凸显了全球巨大的风能发电潜力。"美国风能协会会长兰德尔·斯威舍(Randall Swisher)表示。他还补充说:"显然,安然公司把可再生能源看作其业务的必要组成部分——一个赋予其竞争优势占领未来消费者可选择供应商的电力市场的必要组成部分。"

绿山电力公司(Green Mountain Power Company)的诺姆·特雷里(Norm Terreri)表示:"我们相信,对于从事'绿色'能源业务的公用事业公司来说,重组有着巨大的前景,因为有环保意识的客户更愿意购买用清洁能源发的电。"特雷里提到了新罕布什尔州的一项民意调查结果——在安然公司牵头的一个试点项目中,美国家庭正在选择他们的电力供应商(我们将在第十五章介绍这个项目)。

《安然商务》刊登的一篇特写除了看好可再生能源,没有其他任何内容。罗伯特·凯利认为,未来20年能源需求预计将增长50%,"将对石油、煤炭和天然气等传统燃料供应造成巨大的压力"。他还表示:"这就是我们相信风能(和太阳能)等可再生能源在未来25年里将占据全球能源市场的很大份额,到2000年肯定会占据很大一部分能源市场的原因。"

有人着重提到成本下降的问题,并且认为成本还会下降。肯·卡拉斯表示,与1985年每千瓦时13美分的发电成本相比,宗德能源系统公司的新技术(Z-46风能发电机)在可税收抵免的情况下能以4.5美分和3美分的成本发电。[1]这一估计成本低于每千瓦时5~7美分的常规成本。但考虑到风能发电的间歇性,现在还不能说风能发的电可以与石化燃料发的电实行同网平价,而只能说风能发电正变得"更具竞争力"。事实上,肯·莱在第二年由哈佛大学发起举行的会议上给出了更高的估计数:"今天,我们可以在没有任何税收抵免的情况下,在合适的地点利用风能以每千瓦时5~5.5美分的成本发电,这个发电成本比燃煤发电更有吸引力,但不及整体煤气化联合循环发电系统(integrated gasification combined cycle, IGCC,将煤炭加工成煤气,然后把煤气作为燃气轮机的燃料,并用燃气轮机来带动发电机发电),因为后者的发电成本大约是每千瓦时3美分。"撇开成本不谈,与煤炭、石油、天然气和核能这样的可调度能源相比,风能作为一种间歇性能源缺乏吸引力。

凯利指出,电力行业重组——允许安然公司向家庭用户出售电力——有利于风能发电。据称,市场调研显示,消费者愿意为"绿色能源"支付溢价。安然可再生能源公司正与安然公司新成立的电力零售公司安然能源服务公司一起设法开拓这个利基市场。凯利解释说,考虑到监管机构没有给化石燃料的污染物排放设定社会成本,对全球气候变暖问题和能源独立的关切使得其开拓电力利基市场的努力正在成为一项社会事业。

宗德能源系统公司在加州以外还有很多风能发电项目可做,安然公司会继续做下去。与明尼苏达州的北方诸州电力公司(装机容量100兆瓦)和艾奥瓦州中美能源公司(MidAmerican Energy Company,装机容量112.5兆瓦)签署了电力销售协议(这两个项目都是州立法授权项目,要求这些公用事业公司购买利用风能发的电,以换取储存部分核废料)。佛蒙特州绿山电力公司一个由宗德能源系统公司开发的5兆瓦电力项目已接近竣工。

---

[1] 几年前,据卡拉斯估计,每千瓦时电的成本在4~7美分。他还补充说:"我认为,我们绝不可能建造一个每千瓦时发电成本为0.02美元的项目。"

第十三章
替代性能源

在希腊克里特岛,阿莫科-安然太阳能公司的方案有可能要卡壳,但有两个总计15兆瓦的风电项目正在进行中。据报道,宗德能源系统公司在爱尔兰、威尔士、中国和韩国都有商业计划项目或者接到了风能发电机订单,而且还在与从得州到西班牙的合作伙伴进行积极的谈判。

"我们把宗德能源系统公司从悬崖边救了回来,"罗伯特·凯利回忆说,"宗德能源系统公司现金不足,无法使它的巨额税收抵免额度变现。""我们当时正处在生死关头,"宗德能源系统公司的詹姆斯·德赫尔森(James Dehlsen)回忆说,"这是一个非常残酷的故事。"

国内风电行业的情况甚至更糟。1996年6月,在安然公司1997年1月收购宗德能源系统公司6个月前,肯尼泰克风力发电公司(Kenetech Windpower)因风能发电机出现了技术和其他问题而进入了破产程序。[1] 虽然风能发电倡导者强调了另一个原因,但风能相对于传统能源缺乏竞争力是导致肯尼泰克风力发电公司破产的原因。美国风能协会抱怨"管理一家处于成长阶段的可再生能源企业远比一般认为的要困难",并且还指责"我们的政府缺乏政策连续性,过分强调短期问题,而付出了牺牲长期政策的代价"。

这家后来更名为"安然风电公司"(Enron Wind Corporation)的公司,最初几年难以帮助安然公司实现盈利。关于新技术的经验要靠日积月累,肯尼泰克风力发电公司终于解决了叶片故障问题。宗德能源系统公司已经进行了必要的检测,并与世界领先的风能发电机制造商维斯塔斯公司合作解决了叶片在发电机生命周期内的完好性问题。额外的工作得到了回报。安然风电公司的母公司在1998年挂牌出售了这家子公司。2002年,也就是安然公司破产后一年,这家公司被卖给了通用电气公司。当时,托马斯·怀特是安然可再生能源公司的负责人,而罗伯特·凯利在1997年年中因身体原因离开了安然公司,离职时签订了一份不错的离职协议,使他有时间写一本关于所谓的二氧化碳威胁的书。[2]

---

[1] 《国会季度周报》(Congressional Quarterly Weekly Report)提到了肯尼泰克风力发电公司遇到了"最新型号的风能发电机出现了可怕的机械故障、过度扩张甚至由于公司风车有可能伤害受联邦政府保护的鸟类而引发的环境担忧等问题"。

[2] 《碳难题:第三个千年的全球气候变暖问题和能源政策》是在安然公司破产后不到一年出版的。

图 13.2　安然公司转向风能发电,这是一个比太阳能发电更加经济(但仍然存在问题)的可再生能源发电行业。在安然公司收购宗德能源系统公司以后,从 1997 年开始,肯尼斯·卡拉斯(见图)向安然可再生能源公司的罗伯特·凯利汇报工作。

还有一个原因使得宗德能源系统公司成了安然家族的一员。安然公司依据联邦法规收购了波特兰通用电力公司,从而使它成为一家公用事业公司。但是,公用事业公司不能成为《公用事业管理政策法案》规定的可采用避免成本定价法的"合格设施",从而导致宗德能源系统公司旗下的三个风能发电站不能按利润很厚的价格出售所发的电。

第一个应对措施是为宗德风电系统(Zond Windsystems)、胜利女神花园(Victory Garden)和天河三个风能发电站寻找外部买家。但安然公司财务高级副总裁安德鲁·法斯托提出了另一种类似于他最近解决仙人掌融资公司这个采用量产付款协议的特殊目的实体问题的方案。[1]

根据会计准则,量产付款协议允许安然公司控制但不拥有资产,前提是至少 3% 的股份是外部人持有的风险股。因此,只要征得联邦能源管理委员会同意(确实征得了它的同意),有最低限度外部投资参与的特殊目的实体就可以拥有

[1]　请参阅第八章。

宗德能源系统公司并取得官方指定的"合格设施"称号。法斯托和他的副手迈克尔·科珀(Michael Kopper)成立了两个特殊目的实体"RADR",这两个实体用近1 700万美元购买了安然公司风能发电站50%的股权。这近1 700万美元中有97%是法斯托安排的安然公司贷款,而他的妻子李(Lea,一个女继承人和安然公司员工)和其他一些人都称这两个特殊目的实体为"阿尔卑斯投资者"(Alpine investors)。

安然公司内部审计的结论是,由安然公司员工牵头的这一安排不符合证券交易委员会规定的独立性检验。作为回应,法斯托和科珀暗中安排向非雇员提供资金,并让他们"出资"进行3%的外部人投资。有一位作者总结称:"只是稍微洗一下钱,法斯托就完成了会计师们认为不可能完成——至少不合法——的交易。"

这种账外合伙关系曾向好大喜功的安然公司董事会报告过,但没有做明确解释,更没有接受董事会的仔细审查。事实上,正如法斯托后来作证所说的那样,杰夫·斯基林本人对这个骗局一无所知。法斯托和他的同谋者也没有为缴纳个人所得税申报他们因这种安排而获得的高收益。

安然可再生能源公司旗下的宗德能源系统公司在不知不觉中激发法斯托非常明显地从哲学欺骗向可诉欺诈的转变,并且拉开了法斯托耍阴谋诡计的序幕,正是这些阴谋诡计在4年后拖垮安然公司的过程中发挥了重要作用。

法斯托一定对自己玩弄的阴谋诡计很有信心。也许,正如一名知情的解释者所说的那样,政府(这里就是联邦能源管理委员会)对晦涩难懂的财务准则并没有接受过专门的在校培训,也不真正关注财务准则,而只是为了确保符合《公用事业管理政策法案》规定的标准技术得到执行。如果安然公司没有破产,几乎没有人会对安排持有宗德能源系统公司股权的特殊目的实体的罪恶进行批判性思考。

燃料电池尝试

1989年,布鲁斯·斯特拉姆因为在安然公司1989年创刊的《安然天然气展望》上发表了天然气供应模型而声名鹊起。这个天然气供应模型大大提高了天然气供应预测的准确性。斯特拉姆参加了肯·莱早期进行的管道收购和评估休斯敦天然气公司旗下油气勘采子公司的工作。这项评估工作揭示了一些值得关注的业务领域,而这些值得关注的业务领域因为 1987 年福雷斯特·霍格伦德加盟安然公司而得到了高度发展。现在,应罗伯特·凯利——当时负责安然新兴技术公司——的要求,斯特拉姆正着手研究用天然气制造燃料电池的可行性。

天然气燃料电池虽然不是一种可再生资源,但可在安静的工厂里产生持续的直流电,而且不需要活动件,只需要进行化学转化。这种类似电池的装置几乎可以安装在任何地方,甚至可以"安装在地下室供电"。燃料电池在二次转化过程中产生的热量可回收用于水加热或空间取暖。

燃料电池技术并不是什么新技术,把氢和氧结合起来产生电流和水的基本原理早在 1839 年就得到了证实,而现代版的电池技术则是在 20 世纪中叶由剑桥大学研发出来的。燃料电池最初用于太空飞行器,由普惠公司(Pratt & Whitney)为美国宇航局生产燃料电池组件。"为太空计划建造的早期燃料电池每千瓦时的成本从 10 万美元到 40 万美元不等,而用于军事用途的燃料电池的每千瓦时生产成本大约也要 3 万美元。"

到了 20 世纪 70 年代初,为了使这项技术商业化,已有近 50 家企业(大部分是美国企业)进行了超过 5 000 万美元(以今天的美元计应该有几亿美元)的投资。包括埃克森、阿尔科和西屋电气在内的大公司都进行了这方面的投资。

作为后碳能源未来环保主义梦想的一部分,燃料电池已经成为一个热门话题。按照这个脚本,可再生能源将(通过对水的电解)为家庭、企业或工业生产氢气;分布式发电将取代电网。

克里斯托弗·弗莱文在 1996 年的报告中写道:"这方面竞争已经在美国开始。"处于领先地位的是安森公司(ONSI Corporation)。安森公司是联合技术公司(United Technologies)的子公司,刚刚建成世界上第一家燃料电池制造厂,每年生产数十组燃料电池,成本只有早期型号的一半(普惠公司是联合技术公司的一个事业部)。联合信号公司、国际商用机器公司、陶氏化学公司和巴拉德电力系统公司(Ballard Power Systems)也都进入了燃料电池市场。据弗莱文预测,"燃料电池很可能在未来 10 年实现商业起飞"。

联合技术公司激发了人们对燃料电池可靠性和正常工作的信心。但是,这家公司出售的是新技术,而不是电能。于是,安然公司登场了:1995 年,负责安

然资本与贸易资源公司旗下安然新兴技术公司的布鲁斯·斯特拉姆改变了原先的模式,开始供应固定价格的长期电能,并且由安然-安森公司(Enron-ONSI)安装和维修设备,不向买方收取任何资本成本。安然公司后来还供应外包生产氢气的天然气,并为这些交易提供市场和融资。

安然资本与贸易资源公司用10英尺高、10英尺宽、18英尺长的燃料电池,按照每千瓦时约0.08美元的价格,向客户供应20年期的固定电源,但有最低购买量要求。即使在加州这样的高电价州,这个最低购买量要求使得这种来源的电力与工业企业从公用事业公司购买的电力相比,也成了高价基载电力。安然公司把这种燃料电池作为备用电源来营销,从而允许用户从正常使用的连续流切换到关键时刻使用的燃料电池,如在停电的情况下。备用柴油发电机虽然很少使用,但一旦启动,对用户来说就有危险。此外,燃料电池能提供持续的电能,而且在启用电池后几秒钟就能达到全功率供电的要求。

《安然商务》的一篇封面文章看好燃料电池市场——甚至不只是"看好"。就像屋顶太阳能发电一样,在安然公司的想象中,只要有更好的技术和规模经济,燃料电池的利基市场随时可能暴涨。斯特拉姆相信,"我们处在一个有巨大增长潜力市场的前沿",高达50%的发电市场需求可用价格有竞争力的分布式发电方式来满足。

安然公司当时正在推销安森公司的PC25C技术。PC25C技术是一种第三代技术,自1992年以来,安森公司已经签下了60份采购合同。上述封面文章称,安然公司正在就向加州一家健康维护机构提供两台容量400千瓦发电机组的问题进行深入谈判,这笔交易被看作"国民账户的一笔巨大进项"。

但是,真正想要实现电化能源的商业化,还必须降低成本。按照安然公司的估计,电化能的成本约为0.06美元/千瓦时(美国工业用电的平均零售价格低于0.05美元/千瓦时,而且还在下降)。此外,安森公司不愿为确保降低甚至有可能高达0.08美元/千瓦时的成本而承担技术风险。

安然公司的五人团队未能做成任何交易,不得不解散与安森公司合办的合资企业。安然新兴技术公司也于1996年年初宣布解散。然而,斯特拉姆出售服务而不是燃料或技术的想法,很快就重新变成安然能源服务公司总能源外包的概念推出。

燃料电池也有未披露的排放问题,虽然燃料电池几乎不会产生氮氧化物或二氧化硫,但使用天然气生产氢气会产生一氧化碳和二氧化碳。

有专家指出:"事实上,如果像环保人士所要求的那样,二氧化碳成为一种受监管的'污染物',能效为40%的燃料电池还不如能效为55%的联合循环电厂有吸引力。"回收二氧化碳生成过程产生的热量,可以提高燃料电池的能效水平,但这是安然公司从未进行过市场检验就做出的承诺。

事实证明,安然公司推出燃料电池市场并非为时过早。"燃料电池继续面临重大的挑战,"丹尼尔·耶金在2011年总结说,"燃料电池本身——把氢或其他化工原料转化为电能的装置——价格昂贵,商业化需要进行大量的投资,并且还要实现技术突破。"就像20世纪70年代一样,"低成本的化学转化电能"与效率不断提高的燃气联合循环发电之间又展开了竞争。

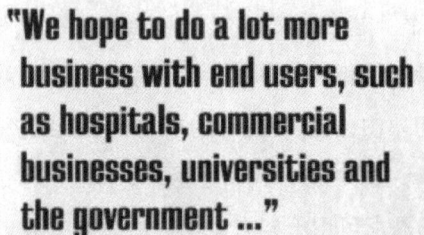

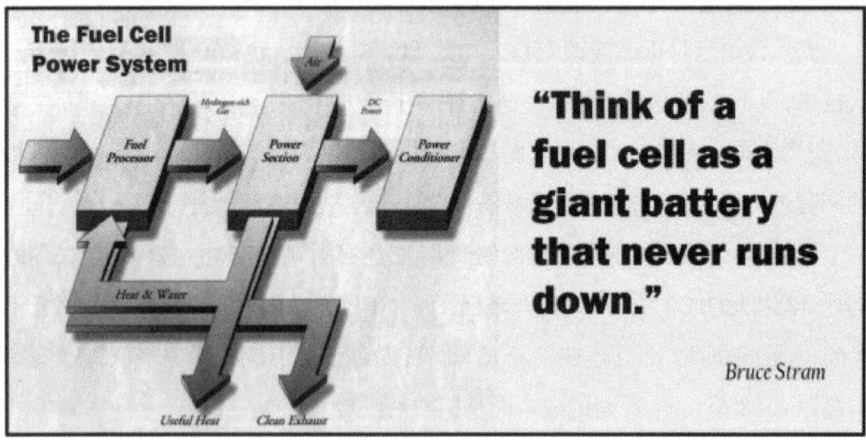

图13.3 安然公司在开始燃料电池营销时抱有很高的期望,但最终没有签到一份合同,因为安森公司无法按安然公司销售长期电力的成本来安装燃料电池。布鲁斯·斯特拉姆(图左)负责燃料电池项目两年半,并由营销总监马尔科姆·雅各布森(Malcolm Jacobson,图右)协助。

安然环保服务公司

1996年,安然公司在安然资本与贸易资源公司内部创建了一个利润中心——安然环境服务公司(Enron Environmental Services),负责向公用事业电力公司提供全面的综合环境服务。(用安然公司的话说,"抓住《清洁空气法案》创造的电力放松管制的机会赚钱"。)安然环境服务公司的使命是:"通过创新技术、燃料、电力、风险管理和财务等手段来提高环境合规的水平。"第二年,安然环境服务公司更名为"清洁能源解决方案集团"(Clean Energy Solutions Group, CES),以避免与安然能源服务公司的首字母缩写名称相混淆。

在克里斯·霍尔姆斯(Chris Holmes)的领导下,清洁能源解决方案集团的13名员工随时准备对减排进行量化和认证,(根据联合实施指南)为国际交易提供保险保障,对任何排放交易和融资项目安排远期交易、看跌期权、看涨期权和现货交易。二氧化硫和氮氧化物排放交易(以及对二氧化碳的潜在监管——使企业可以因监管前减排而获得积分)为安然公司等全国性做市商提供了机会。安然公司自1993年以来一直在做这项业务。[1]

安然公司想自己开设一家太阳能项目和风能设施的减排积分银行,以支持减排交易业务,并帮助公用事业公司在排放上限以下运营自己的工厂。安然公司也拿出了自己的专利技术,如它投资3 000万美元、占燃气轮机减排技术总投资15%的专利技术。[2]

安然公司提供新服务的重点是发达国家资助发展中国家减少温室气体排放的前瞻性监管计划:联合实施(Joint Implementation, JI)计划。1992年通过的《联合国气候变化框架公约》(United Nations Framework Convention on Climate Change)在1995年的第一次缔约方会议上提出了一项截至2000年的联合实施试点计划。曾为1997年《京都议定书》游说的安然公司从这项联合实施试点计划中看到了该计划对其业务部门有可能产生的协同效应。

安然公司的游说负责人约翰·帕米萨诺1997年末在日本京都写道:"认可

---

[1] 关于1993年安然公司收购排放交易商AER*X的详细情况,请参阅第九章。
[2] 1997年末为了获得一项实验技术而对催化燃烧系统公司(Xonon Combustion Systems)进行的投资,后来变为安迪·法斯托促成的有争议的合伙公司的一部分。这些合伙公司对安然公司在2001年的破产起到了推波助澜的作用。

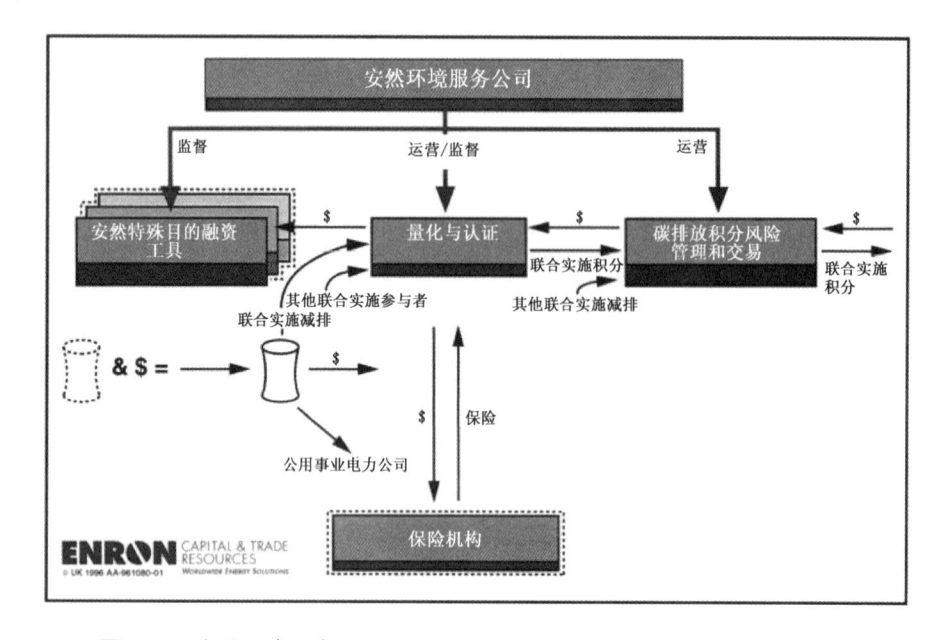

图 13.4 向公用事业电力公司和其他机构提供的示意图说明了安然环境服务公司(后来更名为"清洁能源解决方案集团")提供的服务范围和与客户的相互作用。日益增长的监管复杂性表明,专业的集成商和外包商都有自己的用武之地,但安然公司无力谈成外包合同。

《京都议定书》附录 I 中的联合实施试点计划,正是我游说想争取到的东西,而且就像是我们的胜利,其中包括一个允许发展中国家项目采用排放权抵消机制的'清洁发展基金'……"他接着说:"有了附录 I 中发达国家和转型经济体的联合实施试点计划,安然公司在俄罗斯、保加利亚、罗马尼亚或其他东方国家的项目,就可以通过减排并把排放指标卖给美国或其他西方国家的方式来实现排放指标的部分货币化。"

清洁能源解决方案集团是安然公司与全球气候变暖问题相关的 7 个利润中心中的一个(采用给二氧化碳排放定量和定价的特殊方式),但一直没能取得重大进展。从某种程度上说,美国的二氧化碳监管进展比较缓慢。众议院——即使不是一直反对,也——肯定有人投反对票,因此,《京都议定书》肯定也不会提交参议院表决。

同样甚至更加重要的是,公用事业公司可以通过把环保活动留在公司内部来实现利润最大化。这样,公用事业公司就能把环保活动的成本转嫁出去,而且可以用控制污染的投资来为盈利确定费率基础。那么,公用事业公司为什么要与安然公司做生意呢？就如第十五章介绍的有关电力行业重组的激烈辩论所示，公用事业公司把安然公司列入了它们的黑名单。克里斯·福尔摩斯的环境服务外包计划后来在1998年以失败告终。

总统可持续发展委员会

肯·莱非常希望乔治·H. W. 布什能够连任总统，因为他可能会邀请安然公司的董事长参加政府工作，担任办公厅主任、国务卿或财政部部长（能源部部长或商务部部长这样的职位，莱还没有兴趣）。持有市值超过2 000万美元的安然公司股票（ENE）的莱可能会离开安然的最高职位，而里奇·金德正准备接替他出任安然公司的首席执行官。

现年50岁的莱集聪明才智、社交技能和高学历于一身，再加上过去的传奇经历，因此，他的政治新篇章可能会产生更大的影响，甚至可能成为共和党总统候选人。但是，这样的好事并没有发生。第三党候选人罗斯·佩罗，加上布什自己的一些失误，使比尔·克林顿和阿尔·戈尔赢得了43％的选票。

安然公司几乎没有因为政府更迭而泄气。特里·索恩在竞选期间为安然公司做了正确的定位，他把所有的赌注都压在了民主党总统候选人的身上。天然气受到两党的青睐；而且，正如安然公司出的简报所解释的那样，"全球气候变暖问题可能会吸引更多的注意力，因此有可能更有力地推动限制或减少二氧化碳排放"。事实上，就在一年前，这位新任副总统发表了环境宣言《濒危的地球》（Earth in the Balance），宣称全世界必须"寻找煤炭和石油的替代品"；天然气将成为通向新能源未来的过渡性燃料。[1]

"有了克林顿政府，"全美州际天然气协会的基金会写道，"天然气行业在以后的几年里将迎来推广其燃料、刺激天然气消费并使其突破1972年水平的最好机遇。"天然气行业等待了漫长的20年，现在一个民主党人将帮助他们实现这一目标。事实上，美国的天然气消费量在1972年达到了22.1万亿立方英尺，1986年下降了25％，也就是下降到了16.2万亿立方英尺，而到了1995年已经出现了全面回升趋势。

---

[1] 戈尔解释说："天然气可以在许多方面取代煤炭和石油，而且只产生很少不需要的副产品就能提供同样多的能量。"

1992年的里约热内卢首脑会议达成了一项180个国家为了寻求"可持续发展"而自愿签署的公约,联合国发起的世界环境与发展委员会(1984—1987年会议)把"可持续发展"定义为既满足当代人需要又不影响子孙后代满足需要的能力的发展。环保人士曾希望里约热内卢会议能在目标和授权方面做得更多,但布什总统已经尽力了。对一些人来说,美国是一个拖后腿的国家,但据肯·莱所知,让布什参加这次会议的事差点就泡汤。

《21世纪议程》是一幅内容广泛的蓝图,也被称为《里约热内卢协议》。实施这个议程,现在已成为由53个国家组成、联合国批准的可持续发展委员会的职责。在1993年6月的第一次会议上,阿尔·戈尔承诺美国将发挥"真正的领导作用",并宣布成立总统可持续发展委员会这个由政府官员、友好实业家、环境活动家和民权组织代表参加的25人委员会。[1]

在能源和环境问题上表现活跃的自由市场团体,如竞争企业研究所(Competitive Enterprise Institute, CEI),没有收到参加总统可持续发展委员会的邀请。总统可持续发展委员会是继里约热内卢首脑会议之后超越布什政策的另一体现,并且与克林顿最近宣布的美国到2000年要把温室气体排放量减少到1990年水平的目标是一脉相承的,而克林顿总统的前任是不会做出这样的承诺的。

根据行政命令成立的总统可持续发展委员会享有"制定并向总统推荐旨在促进经济活力的国家可持续发展行动战略"的特许权利。它纯粹是一个咨询性质的委员会,目的是要就有争议的问题达成共识,并开展"公众意识和参与运动",以推动新的可持续发展模式。

"天然气也许不是一种可持续资源,"一份天然气行业出版物报道称,"但天然气在上星期由克林顿总统成立的[委员会]里已经获得了显著的发言权。这个委员会的职责就是就经济和环境政策向总统提出建议。"肯·莱以及雪佛龙和太平洋燃气与电力公司这两家总部位于加州的能源公司的首席执行官一起入选了

---

〔1〕 总统可持续发展委员会的联合主席是陶氏化学公司副总裁戴维·布泽利(David Buzzelli)和世界资源研究所所长乔纳森·拉什(Jonathan Lash)。政府各主要内阁部长以及环境保护组织自然资源保护委员会、环境保护基金、塞拉俱乐部、自然保护协会(Nature Conservancy)和全美野生动物联合会的负责人都是这个委员会的成员。这个委员会与克林顿-戈尔政府的联络人是环境质量委员会主席凯瑟琳·麦金蒂(Kathleen McGinty)。

第十三章
替代性能源

这个委员会。[1]

克林顿在玫瑰花园宣布总统可持续发展委员会成立的演讲中表示,"美国可以为可持续发展树立榜样"。当时,他的身边就站着莱和这个委员会的其他成员。阿尔·戈尔向这个委员会提出了要求,要求它"把目光放远,高瞻远瞩,富有创造力"。与会者中的私人部门代表也是情绪高涨。"如果我们必须解决其中的一些环境问题,并且要以经济有效的方式来解决,"肯·莱表示,"私营部门、环保人士和政府之间必须加强对话。"他还强调指出,最重要的是,克林顿授权总统可持续发展委员会"提出有意义的政策建议"。

————————

合作应该是环保组织和工业界之间达成的一项重大共识。但是,没有成员会对可持续发展下不同的定义,如放弃危言耸听的气候恶化论,转而支持能源可承受论和可靠论,并指望私营企业能更好地利用公有资源——一种"财富即健康"观。[2]事实上,总统可持续发展委员会的可持续发展和社会公平原则与第三条——企业尤其是雪佛龙和安然公司坚持的——经济增长原则是相辅相成的。

"为了实现我们的可持续发展愿景,有些东西——就业、生产力、工资、资本和储蓄、利润、信息、知识和教育——必须增长或者发展,而其他东西——污染、浪费和贫困——则必须不增长。"1996年2月发布的题为《我们相信》的最终报告在"前言"开头这样写道。这份报告还说:"基于技术创新、提高效率和扩大全球市场的经济增长,对于朝着更加繁荣、更加公平和环境质量更好的方向迈进至关重要。"但是,经济增长必须与另外两个目标保持适当的联系。"经济增长和健康的环境对于国家和全球安全至关重要。"另一种主要观点如是表示。

与此同时,企业方面取得这个最起码的胜利,离不开根据总统可持续发展委员会的"经济增长、环境健康和社会公平"三大支柱原则提出的"缩小教育、机会和环境风险方面的差距"的呼吁。

---

[1] 直到1997年5月约翰·布朗在斯坦福大学发表历史性演讲后,英国石油公司才有代表参加。英国石油美国公司的史蒂夫·珀西(Steve Percy)和美国电力公司(American Electric Power)董事长林恩·德雷珀(E. Linn Draper)——取代太平洋燃气与电力公司的理查德·克拉克——成了总统可持续发展委员会能源行业的新成员。

[2] 请参阅:Internet appendix 13.1 "Sustainable Development: Two Views," www.political-capitalism.org/Book3/Chapter13/Appendix1.html。

虽然安然公司做出了努力,但天然气作为一种减少二氧化碳排放的手段,并没有获得差别化待遇。(上面提到的最终报告表示:"如果全球气候变暖的风险被认为太大,就必须大幅度减少煤炭、石油和天然气消费。")本书作者在安然公司一份内部备忘录中指出,强制性或者税收取向的电力保护(主义)作为一种促进减排的主要手段,也要以牺牲天然气为代价。

目前,政府并没有取消煤炭和核能补贴的明确目标。"在读了最终报告以后,"本书的作者在写给特里·索恩的信中表示,"我只能得出这样的结论:我们的能源投入成了最小公分母的牺牲品,而这份报告的其余部分都是由环保左派人士撰写的。"

《可持续美国:一个新的共识》(*Sustainable America: A New Consensus*)这个漂亮的"最终产品"在 1996 年 2 月公开出版,被主流媒体说成是政府、环保组织和工业界之间进行突破性合作的结果。《纽约时报》报道称:"一年来,工业界和环保组织一直在为共和党主导的撤销联邦环境监管的努力争吵不休。如今,一个由敌对双方组成的总统委员会罕见地达成了以下共识:现行监管体制可以改进,但绝不能削弱。"不过,这份"注定要成为克林顿连任竞选环保纲领"的报告被说成是对共和党阵营企业的一种谴责。

可以肯定的是,这份最终报告使用诸如"分散决策""监管灵活性""最佳可用科学""市场定价""基于市场的监管框架""新的市场基础观"和"市场机制用途"等术语,并且表达了对"自由社会""人类有无限的能力""技术进步""创业、创新和小企业"等的尊重。这份高调报告也不乏"竞争优势""效率"和"谁污染谁赔偿原则"等术语。

不过,这份报告只是认为什么好和什么坏,而没有分析为什么好和为什么坏;提出了环境目标;确定了最佳可用科学;新马尔萨斯主义是一个事实,因此,消费趋势和一切照旧是不可持续的。虽然二氧化碳对生态系统和植物生命有众所周知的益处,但还是被认为对环境不利。市场失灵被认为是普遍现象,但政府失灵却没有受到关注。

不加批判地坚持那种认为在没有科学确定性的情况下停滞不前就是安全的预防原则,结果却忽视了不作为的代价。这份报告几乎没有提到成本效益分析问题,并且忽略了财富与健康之间的历史相关性。

市场定价,就像这份报告所说的那样,就意味着在市场价格中增加政府决定的社会成本。这份报告没有认可真正可持续发展背后的制度——私有产权和依法执行的契约。在竞争企业研究所的负责人弗雷德·史密斯(Fred Smith)看来,"可持续发展的美国"是一个"政府大规模干预市场几乎无须掩饰的借口"。

这份报告的第六章"人口与可持续性"回顾了增长的极限,即保罗·埃利希和约翰·霍尔德伦的"$I=P·A·T$"方程式。这个方程式表示,环境的负面影响与人口、富裕程度和技术正相关。埃利希和霍尔德伦写道:"在农业社会或科技社会,每个人都会对自己所处的环境产生负面影响。"因此,总统可持续发展委员会的最终报告提到了"首要的消费问题"和"生活方式改变"。

与总统可持续发展委员会关系友好的《纽约时报》称,任何真诚的反对者都不敢提出异议。恰恰相反。提出异议会被认为"不爱国"和"不是美国人"。《纽约时报》援引凯瑟琳·麦金蒂的话说:"环境是把我们作为国民团结在一起的东西,用它来分化我们的国家是一种可悲的想法。"

这份报告试图对美国进行重新定位,使其及时参与甚至主导国际气候变化行动。《1992年里约热内卢气候变化框架公约》(1992 Rio Framework Convention on Climate Change)第二次缔约方会议定于1997年12月在日本京都召开。

在最终报告公布后,总统可持续发展委员会迎来了第二个任期,有消息称将组建一个工作组专门研究有关财政问题的"深刻政治"主题,其中最重要的问题莫过于通过税收或"总量控制与排放交易"计划来为二氧化碳排放定价。就在两年前,克林顿总统提出的英热单位税方案已经遭遇了失败[1],民主党在1994年的中期选举中丢掉了一些议会席位,这就解释了为什么"可持续发展的美国"在倡导财政和补贴改革(包括收入中性的税收改革)时漏了具体的措施。

总统可持续发展委员会来自私营部门的成员肯·莱特别希望对二氧化碳排放进行监管和/或征税,结果就成立了一个隶属于财政政策与补贴委员会的世界资源研究所-安然公司工作组。这个工作组与由前环保署署长威廉·拉克尔肖斯(William Ruckelshaus)担任主席的关爱环境企业组织(Enterprise for the Environment)合作,探讨了一个新的委员会可以采用哪些标准来推荐具体政策的问题。为了促进可持续发展,这个工作组建议取消补贴和可转嫁的税收,并认为

---

[1] 请参阅第七章。

开征"环境税"和推行(拍卖)"可交易排放许可额度"是关键。"[工作组]还认为,建立一种由两党多利益相关者参加的论坛的有益机制,可以深入讨论在其他党派色彩较浓的背景下难以讨论的想法。"[1]

1996年12月,总统可持续发展委员会举行了一次重要会议,阿尔·戈尔在会上作为特邀嘉宾发表了讲话,分享了工作组取得的成绩。克林顿政府在赞扬工作组取得了成绩的同时,拒绝成立新的委员会。克林顿政府不想因为一个不受欢迎的问题(开征新税)而激怒国会,让民主党人处于被动。

与此同时,安然公司准备退出这个工作组。安然公司担心,没有克林顿政府的庇护,任何对二氧化碳定价的支持,都有可能扭曲安然想传递的有关其首要任务"重组电力市场,进军电力零售市场"的游说信息。

"我们需要认真思考安然公司是否继续在没有得到我们想要的那么多政治庇护的问题上继续努力,或者我们是否应该在幕后尽一样大的努力,"本书的作者在写给肯·莱的信中表示,"我们最不希望看到的是,(代表投资者所有的公用事业公司的爱迪生电力研究协会)指责安然公司希望通过开放—准入来降低电价,并通过碳减排计划来提高电价——所有这些都是为了赚取交易收入(事实上,在安然公司看来,二氧化碳交易应该并入电力交易)。"笔者还随信附上了以下计算结果:"每吨20美元或30美元的碳排放成本,可能会抵消(电力行业)调整电价的收益(按照经验法则,每吨10美元的二氧化碳排放成本相当于1美分/千瓦时)。"

"你提出的问题都是正确的,"莱在给布兰德利的回信中写道,"虽然我们想提供帮助,但我们可能应该尽量不要太抛头露面。"

事实证明,安然公司在退出隶属于总统可持续发展委员会的世界资源研究所-安然公司工作组以后,气候特别工作组(安然公司没有参加)在1998年年底提出了一份"自愿……以激励为基础、旨在减少温室气体排放的早期行动计划"。这份计划"鼓励广泛参与、学习、创新、灵活和实验,正式认可合法和可核查的气候保护措施,确保问责制的贯彻落实,与其他气候保护策略和环境目标相容,并且还谈到了地方、州和联邦政府领导的问题"。戈尔在总统可持续发展委员会的新闻发布会上表示:"我很高兴,这个由企业界、政府和环保领袖结成的广泛联盟

---

[1] "虽然没有明说,但二氧化碳减排是首要问题,"本书作者向工作组成员肯·莱解释说,"通常所说的纠正[负]外部性。"

呼吁……采取常识性行动来保护我们的环境和经济免受全球气候变暖的影响。"

1996年,总统可持续发展委员会又延长了三年任期。1997年3月5日,肯·莱提交了辞职信,但他的姓名仍被保留在委员名单中。在那个时候,没有必要死守程序。安然公司作为企业,仍是总统可持续发展委员会的成员,不同于太平洋燃气与电力公司、雪佛龙公司、佐治亚州太平洋公司等其他企业方面的代表。总统可持续发展委员会在成立6年后于1999年6月任期届满,但仍继续开展对外联络和教育工作。

那么,总统可持续发展委员会到底做了哪些工作呢?虽然这个委员会没有执行权或拨款能力,但它可是克林顿政府对付被共和党控制的国会的手段之一。这种合作努力提高了美国支持国际社会气候行动的级别,为新马尔萨斯主义反对朱利安·西蒙对世界的看法创造了教育机会。[1] 对安然公司来说,成为总统可持续发展委员会的委员,是在以牺牲煤炭和石油为代价促进天然气、太阳能和风能发电的政治道路上又迈出了一步。对肯·莱本人来说,能跻身这个委员会,就意味着他现在成了比尔的朋友。[2]

结束语

世界观察研究所的莱斯特·布朗(Lester Brown)和詹妮弗·米切尔(Jennifer Mitchell)评论说:"随着能源革命的势头变得越来越强劲,最大的几家天然气和石油公司开始支持能源革命。"安然公司,最初是一家总部设在得州的大型天然气企业,"通过收购美国最大的风能发电公司宗德能源系统公司以及对美国第二大光伏电池制造商太阳能设备出口公司进行投资,为进军可再生能源领域迈出了坚实的一步"。

安然公司是很多环保人士心仪的能源企业,要是没有安然公司,他们就会鄙视化石燃料企业。即便如此,安然公司仍因它的日常管道运输业务而受到环境监管机构和美国环境保护署的监管。安然公司的一名环保官员向特里·索恩抱

---

[1] 关于这两种世界观在能源方面的冲突,请参阅:Bradley, *Capitalism at Work*, Part Ⅲ。
[2] 总统可持续发展委员会成立两个月后,莱应邀与比尔·克林顿一起打了一场四人两球高尔夫赛,另外两人是前总统杰拉德·福特和高尔夫比赛冠军杰克·尼克劳斯(Jack Nicklaus)。据媒体报道,在第一杆开球时,莱和尼克劳斯就把球打进了洞,但福特把球打到了洞的右侧,而克林顿把球打到了洞的左侧。

怨说："现行的环境法规过于极端,几乎导致天然气行业陷入瘫痪,尤其是在新建设施、增加和改善现有设施以及整体运营方面。"

但是,安然公司无力改变天然气管道运输业的现状,它的管道运输业务竞争对手也有同样的问题。因此,只要联邦能源管理委员会对公用事业公司的监管能保证把环保成本转嫁给纳税人,或者允许把环保基础设施的成本计入费率基础,安然公司的利润就不会受到影响,甚至还会有所增加。

安然公司的行动不但涉及寻租,而且还有人情交易。由于安然公司收购波特兰通用电力公司是为了谋求政治平衡(见本书第十五章),自然资源保护委员会的拉尔夫·卡瓦纳(Ralph Cavanagh)从中斡旋让安然公司资助环保组织的项目("俄勒冈州公民的各种公益项目"),以换取这些组织对这起收购案的支持。

卡瓦纳在俄勒冈州公用事业委员会(Oregon Public Utility Commission)作证时讲述了安然公司资助阻止第104届国会撤销克林顿政府部分环境法规的企图。他回忆说:"我们呼吁企业界提供帮助,结果却没人理睬。"不过,"非常受尊敬的——最初很孤立的"——肯·莱却不是这样,他的积极行动是"坏家伙们最终在大部分尝试中遭遇失败的部分原因"。

"你能相信安然公司吗?"自然资源保护委员会的能源专家反问道,"在管理和公益问题上,我和这家公司打交道已有10年,通常是在最具争议的情况下,但这个问题的答案是肯定的。"

毫无疑问,安然公司在可再生能源领域的所有风险投资并非都是建立在"私酒贩子和浸信会教徒"式的犬儒主义之上的,还有那么一点"比你聪明"式的知识傲慢。罗伯特·凯利见证了世界能源时代从煤炭到石油再到天然气的转型——到了21世纪再过渡到可再生能源。在他的声明中,他虽然没有否定布鲁斯·斯特拉姆负责的《安然展望》认为安然公司未来几十年天然气储量充盈的观点,但至少表示了怀疑。

历史还讲述了另一个故事,尽管是一个政治上不正确的故事。能源世界已经从(工业时代前的)可再生能源时代过渡到了以碳为基础,煤炭、石油和天然气组合不断扩大和变化的能源时代。新技术和规模经济使得利用太阳能和风能发电变得更加经济,但化石燃料的开采、燃烧和这两者之间的中间环节也不断得到改进。基本的事实仍然是:风能和太阳能只能释放间歇性能量——为了能量供应的可靠性而添加电池存储装置的成本高得令人望而却步。

第十三章
替代性能源

从运营的角度看,安然公司的太阳能和风能发电投资几乎没有赚到利润。[1] 但是,变卖两家子公司利润丰厚的交易,使得安然公司的太阳能和风能发电投资获得了圆满的结局,而安然公司拿到了成为美国政治上最正确的能源巨头的"绿卡"。纳税人和"迷恋可再生能源"的"差饷缴纳人"应该感谢安然公司在可再生能源领域所做的努力。

安然公司非常希望规模经济和范围经济能使所谓的清洁燃料——汽车用压缩天然气、太阳能、风能和燃料电池——的商业化成为可能。安然公司的这个宏大愿望大大超过了最终的现实。(安然公司在新配方汽油所需的甲基叔丁基醚上的冒险也是功亏一篑。)四家相关的合资企业虽然从政治上看"生逢其时",但从经济上看都不应该组建。为了不用石油作为运输燃料,并且不用化石燃料来发电,安然公司付出了太大的代价,而且牺牲了质量。安然公司为了顺应国家和全球二氧化碳排放控制计划而提供的许多环保服务最多算是超前于时代。

为了构建竞争优势而进行环境博弈,对于肯·莱灵活多变的手段和目的——他的反资本主义——来说是很自然的事情。在"浸信会教徒"式的环保主义者的支持下,"私酒贩子"安然公司超越了让空气和水变得更加清洁的倡议,并且提出了一种议程驱动型反工业倡议(特别是在气候变化问题上)。政治家们有的不情愿地、有的态度坚决地,对旨在为替代能源确定立足点而开拓行动主义新疆域表示欢迎,这些开端将决定未来几十年的能源政策。

---

〔1〕 安然可再生能源公司在 1997 年遭遇小额亏损后,1998 年又亏损了 240 万美元,而它设定的盈利目标是 2 130 万美元。虽然 1998 年因税收(税收抵免)而实现了 56.2 万美元的收益,并在 1997—1998 年度争取到了 400 万美元的联邦政府的研发拨款,但还是出现了亏损。

第十四章　愿景多变的安然公司

奥默·莱是密苏里州农村的一个浸礼会非神职传教士,而他的儿子肯日后成了休斯敦第一联合卫理公会教堂的支柱。肯虽然从来都不是福音派教徒(肯在所有的事情上都扮演中间角色),但偶尔也会把"上帝"和"圣词"引入他的职业生涯。肯喜欢说,安然公司的成功要靠它的员工发挥自己的"天赐才干"和"天赐潜力"。

宗教也影响了安然公司的企业使命陈述:莱经常会引用《圣经》箴言第29章第18节说:"《圣经》中有一句话是这样说的,'没有异象,民必死亡'*。""嗯,我不能确定民会不会死,但可以肯定的是,如果没有异象,他们可能就会在荒野中游荡。"

肯总是祈求上帝指引安然公司的世俗努力。20世纪90年代中后期,随着信心的提升,他开始把安然公司视为上帝创造的杰作。事实上,源自宗教的虚假信心——信仰在理性王国的误用或信仰过度——可能是导致安然公司引擎过热的一个因素。[1] 它导致了一种重宏大计划、轻经过评估的实验发现,重感知结果、轻能力的异象**观,但两者都为安然公司设定了高风险的标准。

---

* 《圣经》中这句箴言的原话应该是"没有异象,民必放肆"。——译者注
[1] 关于这个问题,请参阅:Bradley, *Capitalism at Work*, pp. 86−87。
** 异象的英语是"vision",也有"愿景"的释义。——译者注

安然公司的新愿景

20世纪90年代中期,肯·莱在剑桥能源研究协会休斯敦年会上发表演讲,谈到"21世纪的企业应该是愿景驱动型企业"。事实上,莱在他从1984年年中到2002年年初的整个首席执行官职业生涯中一直抱有远大的目标,并且为公司确定了雄心勃勃的使命。

作为休斯敦天然气公司的新任首席执行官,莱打起了防御战,他传递的信息是专注于天然气业务,重新确定增长目标,并努力致力于股东财富最大化。[1] 他在1984年10月写给股东的信中表示:"休斯敦天然气公司的目标是让每股收益增长率和股权收益率名列行业前茅。"两个月后,莱给公司定的目标是"通过改善运营程序和鼓励创新创业"把公司的股权收益率提高到10%强或者20%弱的水平。

以上都是莱给公司定的目标。在休斯敦天然气公司和联合北方公司合并后出现了令人兴奋的开端时,莱提出了公司的初始愿景。合并后的公司很快就把自己的目标定为争做美国最成功的能源企业。由于公司在1985—1986年遇到了一些合并后的问题,因此,这个愿景和美国第一能源企业的口号很快就被遗忘了。[2]

莱在合并后的新公司重新站稳脚跟以后,就为安然公司确定了第一个愿景:"成为北美第一大一体化天然气企业。"1990年,安然公司宣布已经实现这个1987年确定的愿景,并立刻提出另一个愿景取而代之。

天然气巨头

安然公司的新使命仍然与天然气有关,但随着蒂赛德项目的实施,安然公司的愿景开始面向国际。肯·莱为安然公司确定的最令人难忘的愿景是"成为世界第一大天然气巨头,并为使环境变得更加美好而成为全球最具创新性、可靠性的清洁能源供应商"。[3]

---

[1] 请参阅第一章。
[2] 请参阅第二章。
[3] 请参阅第六章。

安然公司发迹的岁月

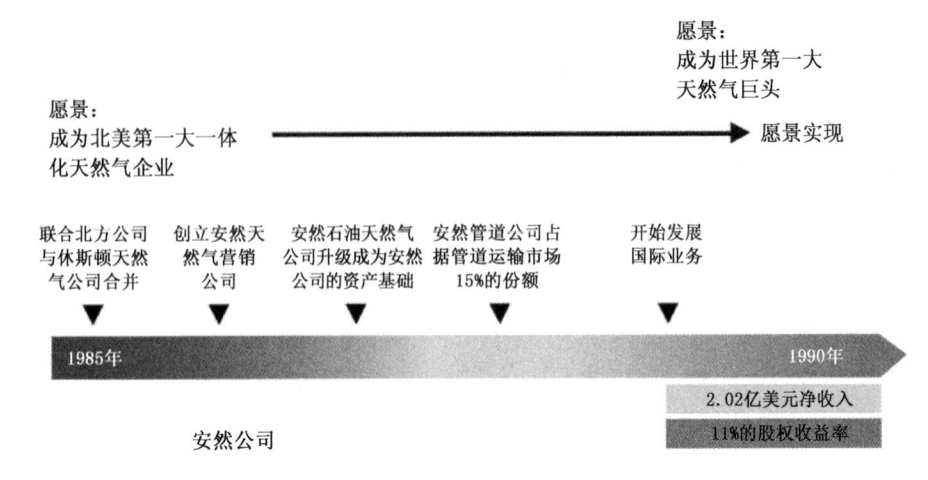

```
愿景：                                    愿景：
                                         成为世界第一大
                                         天然气巨头
愿景：
成为北美第一大一体
化天然气企业    ─────────────────────►    愿景实现

联合北方公司    创立安然天    安然石油天然气   安然管道公司占   开始发展
与休斯顿天然   然气营销      公司升级成为安然   据管道运输市场   国际业务
气公司合并    公司         公司的资产基础    15%的份额
    ▼          ▼            ▼              ▼            ▼

 1985年                                                      1990年

                                                    2.02亿美元净收入
                                                    11%的股权收益率
  安然公司
```

图 14.1 这张幻灯片(引自肯·莱的演示文稿)突出显示了几个使安然公司(在它自己看来)成为北美第一大一体化天然气企业的事件。1990年设定第二个重要愿景(见图右上角)。

后来,安然公司宣布自己是"美国处于领先地位的天然气企业"(1992年),几年后又宣布自己是"世界上最大的提供全方位服务的天然气企业"。能源顾问戴尔·斯特菲斯(Dale Steffes)把安然公司列入"天然气行业的七兄弟"行列,其他6个"天然气兄弟"分别是天纳克公司、英国天然气公司、法国天然气公司(Gas de France)、(德国)鲁尔天然气公司(Ruhrgas)、(加拿大)诺瓦天然气公司(Nova)和俄罗斯天然气工业股份公司。斯特弗斯是在借用安东尼·桑皮森(Anthony Sampson)《七姐妹》(The Seven Sisters)这本书的书名进行讽刺。桑皮森所说的"七姐妹"是指全球最大的7家石油公司。

1995年年初,安然公司宣布自己是世界第一大天然气巨头,从而结束了长达5年的苦苦追求。在致员工的贺信中,肯·莱和理查德·金德给出了以下10个理由:(1)世界最大天然气市场上的最大天然气企业;(2)代表全球最具创造力的力量,拥有全球最优秀的能源人才;(3)仅次于俄罗斯天然气工业股份公司的世界第二大天然气管道运输系统运营商;(4)竞争世界处于领先地位的最可靠天然气营销商;(5)供应天然气实物和金融产品的世界引领者;(6)美国电力行业重组的引领者,电力交易超过任何独立电力营销商,在美、英两国生产大量的电力;(7)美国最赚钱的独立天然气生产商;(8)比世界上任何企业开发天然气发电厂都要多的天然气发电厂独立开发商;(9)在15个国家拥有并运营能源设施,在另

第十四章
愿景多变的安然公司

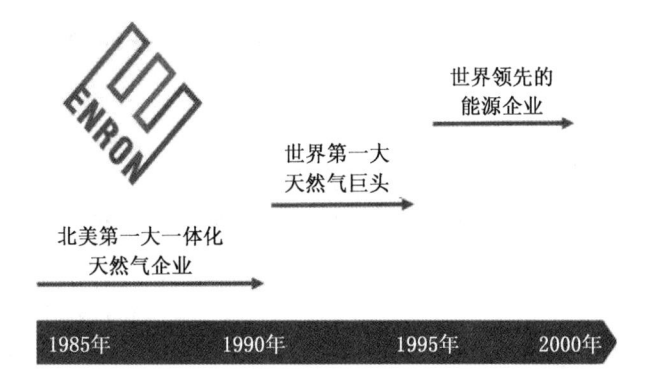

图 14.2 安然公司最早的三个主要愿景从"北美和天然气"（1987 年）变成了"全球和天然气"（1990 年），后又变成了"全球和能源"（1995 年）。

外 12 个国家拥有处于开发后期阶段的项目；(10)1990 年以来公司每股收益每年以 20％的速度增长。

这份清单中没有提到汽车用压缩天然气，而几年前安然公司曾利用它进行大肆吹嘘。交通运输的能耗占美国总能耗的 1/4，而莱也想让安然公司从中分得一杯羹。其实，安然公司试图先在休斯敦开辟天然气汽车市场，然后让其他主要城市跟进，并以这种方式来打破石油行业构筑的壁垒。但是，休斯敦的压缩天然气项目耗资巨大，而且结果表明不能用于更多的尝试。[1] 汽油和柴油在添加增氧剂进行重新配制后具有较好的环保性能（另一个安然公司也参与其中的竞争领域），因此，凭借自身的优点在竞争中胜出。

不管怎样，肯·莱和安然公司已经填补了天然气市场最大的空白。天然气行业从过去的监管中解脱出来，现在已经成为联邦政策的净受益者，而天然气也成了发电的"沃土"。20 世纪 80 年代初，天然气占发电市场新增产能的 5％左右，而现在已占到 60％。[2] 这既是安然公司积极行动的结果，也是一个可持续利用的机遇。

肯·莱为安然公司在天然气行业设定的愿景，对于安然公司自身来说有点

---

[1] 请参阅第九章。在海湾战争推高油价后，莱从"充其量只能说是不可知论者"变成了"真正的信徒"。莱在安然公司损失 400 万美元后缴械认输。莱曾在 1995 年表示："我不像有些人那样热衷于天然气汽车，因为它将来只能占美国或全球能源总耗量的很小一部分。"

[2] 莱更新了几年前的天然气标准分析，并且估计新燃气发电厂相对于新燃煤发电厂的平准成本优势在 10％～30％（与核电站相比，成本优势有 40％）。天然气的经济效益集中在前期资本成本上，与煤炭和核能相比，天然气的前期资本成本分别要少 50％和 70％。

愿景:
"成为世界第一
大天然气巨头" ————————→ 愿景实现

开始蒂赛德 | 收购阿根廷 | 蒂赛德项目 | 特立尼达 | 开始电力 | 成立安然全球 | 开始印度
项目建设 | 管道运输公司 | 竣工 | 拉生产 | 营销交易 | 电力与管道 | 发电厂
 | | | 项目投产 | | 公司 | 项目建设

1900年 ————————————————————— 1995年

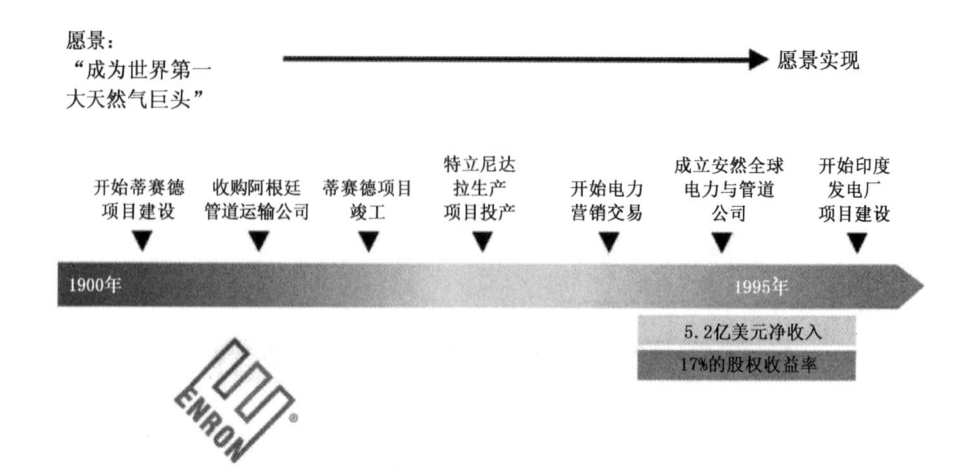

5.2亿美元净收入
17%的股权收益率

ENRON

图14.3 肯·莱演示文稿中的另一张幻灯片显示了一系列(安然公司自己认为的)使安然成为世界第一大天然气巨头的事件及其发生时间。但是,安然公司传统天然气业务稳步增长,对于奠定这个称号的作用,甚至超过了上述7个里程碑事件。

勉为其难——而且过于狭隘。安然公司的真正使命是赚钱,而不是"燃料绝对主义"(fuel absolutism)。丽贝卡·马克的国际发展"市场导向观"——被定义为"为国家的能源需要找到解决方案,而不是销售特定的燃料或推进特定的项目"——促成了几家燃油发电厂的问世。[1]

安然公司在数年后也从事一些煤炭业务,这也能证明:对于安然来说,利润比燃料种类重要。首席执行官杰夫·斯基林曾向一名新聘的煤炭业务高管保证:虽然安然公司很注意自己的绿色环保形象,但它做煤炭业务也是认真的。斯基林说:"迈克,我们是一家绿色能源企业,但绿色代表金钱。"这样的偏差甚至讽刺,因安然公司的第三个能源愿景——迄今最广义的愿景——而得到了纠正。

"世界领先的能源企业"

肯·莱把安然公司说成不但是第一大天然气巨头,而且是一个"国际'能源巨头'"。随着电力成为安然公司新的业务重点,还有可再生能源,更不用说在这里或那里进行的石油开采,安然公司必须构建范畴更广的愿景。莱想要赋予安然公司一个与以前一样雄心勃勃甚至更加雄心勃勃的使命。虽然在这个问题上,莱作为公司首席执行官真的不需要很多帮助,但他还是动员员工建言献策。

---

[1] 请参阅导言。

莱在 1995 年的公司年报中宣布了安然公司的第三个愿景："成为世界领先的能源企业——为推进全球经济增长和美化全球环境创造创新、高效的能源解决方案"。安然公司为传递这个信息提出的新口号是"在全球范围内创造能源解决方案"。

肯·莱和里奇·金德强调，安然公司的新愿景并不一定意味着安然要成为规模最大或赚钱最多的能源企业，而是意味着"在为全球客户创造最佳能源解决方案方面发挥引领作用"。换句话说，安然公司要成为"客户无论有多么复杂的能源需要，首先会想到并为满足他们的能源需要而要求助的公司"。

人们普遍认为，安然公司现在会在能源领域做它曾在天然气领域所做的一切。最优秀的员工只需要时间、资源和已经明确的方向，就能实现安然公司这个迄今最为大胆的愿景。肯和里奇解释说：

雄心勃勃？是的，你没说错。能实现吗？当然能。因为我们相信，你们是世界上最有才华和创造力的员工，任何企业都不可能比你们的公司更能充分利用我们行业目前出现的机遇。

莱希望安然公司成为竞争对手研究和模仿的企业。在为公司确定了这个使命以后，肯·莱就需要员工和股东的积极参与，让宏伟的愿景成为可能甚至不可或缺。

"安然 2000"

新愿景宣布不久，肯·莱就公布了一个所谓"我们在 21 世纪成为'世界领先能源企业'的道路上的第一个'中转站'或'检查点'"的"愿景中的愿景"。外界对安然公司是否有能力始终保持其收益增长的最佳状态存有很大的疑虑，莱的应对策略是围绕这个事实进行正面包装。

从数字上看，安然公司有自己独一无二的成功故事。1995 年年报总结了自 1985 年以来安然公司"突出"的财务统计数据——"业内无人能及"，而且把它们作为"安然 2000"的基础：(1)净收入(未扣除特别亏损)增长近 4 倍，达到 2 亿美元；(2)1995 年，每股收益(在发生特别亏损之前的持续经营收益)增长 5 倍以上，达到 2.07 美元；(3)股票市值增长 4 倍，达到 100 亿美元；(4)平均股权收益率由 6% 上涨到 17%；(5)债务—资本比率从 73% 下降到 40%。

然而，一个季度又一个季度、一年又一年地复制这种成功，让安然公司的管

在全球范围内创造能源解决方案	
愿景	
成为世界领先的能源企业——为推进全球经济增长和美化全球环境创造创新、高效的能源解决方案	
价值观	
您个人的最佳才能使安然变成最佳	
• 请保持您个人的做最佳状态； • 每个员工都能做到与众不同； • 安然会帮助您达到最佳相待； • 任何时候都要出诚相待； • 安然奖励个人和团队业绩。	
善于沟通：与事实为友	
• 实话实说； • 信任、开放； • 有想法就应该分享； • 有疑感就要问。	
更快、更快、更简单	
• 我们真的要这样做吗？ • 把事情做好，立刻行动。 • 如果您无法确定应该做某件事，就把这件事做了。 • 勇于创新。	
做事精益求精	
• 打破陈规； • 简化、简化、再简化； • 杜绝文山； • 拒绝会海； • 不要满足于常规做法； • 善于客户沟通； • 传递价值； • 为他人树立榜样。	

```
ENRON
CORP
                                    Interoffice
                                    Memorandum

由：肯·莱和里奇·金德                 分发给公司各部门办公室
致：公司全体员工                      发文单位：董事长办公室
主题：公司新愿景                     发文日期：1995年7月3日
```

相信大家已经知道，我们已经宣布，安然公司已经胜利实现关于成为世界第一大天然气巨头的愿景。通过大家的努力工作和无私奉献，我们的愿景已经变成了现实。再次祝贺大家取得了这么巨大的成就！我们谨在此重申你们将在公司年报和为了宣传安然世界第一大天然气而在这个月晚些时候做的广告中看到的信息。我们相信我们：

• 是世界最大的天然气市场上的最大天然气商；
• 代表着世界能源领域最具创造力的力量，并拥有这个领域优秀的人才企业；
• 是仅次于俄罗斯天然气工业股份公司的世界第二大天然气管道运输系统运营商；
• 是竞争世界处于领先地位的最可靠天然气营销商。

很明显，我们每个人都可能处在一个非常重要的国际性成功故事的早期阶段。但在当今竞争激烈的环境下，我们不能安于现状。我们不相信我们安然人会安于现状。事实上，1994年取得的成就已经为获得巨大的潜在增长奠定了基础。我们只要紧密地团结在一起，就能够并必然能够把安然的增长变成真正的增长，这是我们的新愿景"成为世界领先的能源企业——为推进全球经济增长和美化全球环境创造创新、高效的能源解决方案"的组成部分。

图14.4 安然公司的"愿景和价值观"陈述（1995年）列出了4个价值观和22个陈述，作为"成为世界领先能源企业"这个新目标的一部分。莱认为，价值观是"[员工]用来坚持既定方针的工具"。

第十四章
愿景多变的安然公司

理层感到担忧。盯市会计收益障碍、英国北海 J 块油田合同等国际问题、印度闲置的达博尔发电厂以及结果糟糕的清洁能源(甲基叔丁基醚生产项目)等赌注给安然公司的增长故事蒙上了阴影。[1]据杰夫·斯基林回忆,甚至连安然公司的盈利引擎安然资本与贸易资源公司也在"失去动力"。虽然成交量表现强劲,但利润率却在下降,安然公司不愿把这种情况公之于众。[2]

安然公司的股票(ENE)是一只动力股,一个几乎不间断地增长的故事。必须要让华尔街的期望转向更加长远的方向。具体来说,连续 8 年盈利增长 15% 的承诺不是指 1996 年,甚至也不是指 1997 年,而是指一直到 2000 年的平均增长率。

安然公司在 1995 年的年报中着重谈到了"安然 2000":"我们打算在 2000 年实现净收入超过 10 亿美元的目标,从而使 2000 年的净收入比 1995 年增加一倍左右,并把净收入 5 年年均复合增长率提高到 15%。"安然公司在过去 10 年里收入翻了一番,现在定的目标是:在未来 5 年里让收入翻一番。[3]

"安然 2000"试图向华尔街证明"安然公司是一家甚至超越能源企业的成长型企业",并且保证把 15% 年增长率的 8 年期限延长为 13 年。

对公司员工持股计划充满希望的安然员工都在谈论公司股价翻一番并有更多晋升机会这个作为公司五年计划部分内容的目标。[4]在凯悦酒店宽敞的宴会大厅里,安然公司举行了一次盛大的全体员工庆祝大会。会议回顾过去、展望未来,与会者都收到了一份纪念礼物,这是肯·莱的风格。

新愿景的推介活动包括在安然大厦 50 楼会议室由肯·莱主持、邀请当地分析师和基金经理人参加的介绍会。会上,莱向与会者介绍了安然公司计划如何在未来 5 年规模翻一番。当时供职于美林公司的约翰·奥尔森回忆说:"就像安然公司组织的大多数路演一样,介绍会开得很好,非常顺利,但确实掩盖了一些

---

[1] 关于这些不良投资的介绍,甲基叔丁基醚和甲醇请参阅第十一章,北海 J 块气田合同和印度达博尔发电厂第十二章。第八章解释了盯市记账法把未来收益作为当期收入入账的做法。

[2] 正如第十一章所讨论的那样,安然资本与贸易资源公司隐瞒了 1995—1996 年度的一些严重收益问题。

[3] "安然 2000"提出的其他目标包括:创造 20 亿美元或更多的现金流;信用等级达到 a 或 AA;股票市值超过 200 亿美元。

[4] 1996 年的目标是把信用等级提高到"B+++"(大评级机构)和"A-"(小评级机构)。"1985 年,安然公司还不是一家投资级公司,"莱回忆道,"今天,我们是一家实力雄厚的投资级公司,正朝着 a 级迈进。安然公司的债务—总资本比率从 1985 年的 73% 下降到 1995 年的 42%,但表外借款掩盖了公司债务。"

成为世界领先的能源企业

愿景：
成为世界领先的
能源企业

具有重要里程碑意义的事件：
净收入10亿美元

1996年 ———————————————————→ 2000年

ENRON

图 14.5 安然公司的第三个愿景(1995年)包含一个愿景中的愿景：到2000年让净收入翻一番(达到10亿美元)。在安然公司最后一个有偿付能力的年度(2001年)，肯·莱宣称安然公司已经成为世界领先的能源企业，并宣布了一个新的愿景：成为世界领先的企业。

影响故事发展的比较世俗的现实。"

接下来应该回答大约20位与会者的提问，大多数问题都很容易回答。奥尔森提出了一个对于真正研究安然公司的学者来说答案显而易见的问题，但这个问题值得深入探讨：如果安然公司的预期收益有一半来自每年增长5%的硬资产业务，那么，安然资本与贸易资源公司必须达到25%的年增长率。"可能做到吗？"奥尔森在介绍会上问莱。

"肯平时总是平易近人、彬彬有礼，但那天却有失风度，"奥尔森回忆说，"他有遇事脸红的习惯。那天，我能看到他头部的血管开始膨胀，所以，我觉得他要爆发。"那天，金德没有参加会议(这难道是他希望的？)，莱回答了奥尔森的提问，大概意思是，我们已经做到过，并且还能做到。等其他与会者离开会议室后，莱转过身来面对奥尔森，"面带怒色，并嘲笑说，我'真的不明白你提这个问题的意思'，我难道'不知道安然有巨大的潜力？'"

可是，奥尔森这个局外人只是在做他的本职工作——为普通投资者客观地评估安然公司的现状和前景——"我只是做我的良师益友们教我做的事情"。约翰·奥尔森不做利益交换或者利益冲突的事情，也就是不会通过提高估值来帮助投资银行招揽生意。不过，安然公司的态度也十分强硬。"莱希望每位分析师都给出坚决买入安然股票的建议,"奥尔森回忆道,"如果你不配合,他肯定不会把'投行费'打给你的公司。"

参加"安然2000"的介绍会回来,奥尔森坚持自己"持有安然股票观望"的观点——而不是像其他15名与会的投资分析师那样极力推荐买入。"这让肯很不舒服,因为他知道美林公司在其客户群中有巨大的号召力。"[1]

事实上,安然公司和奥尔森至少从1990年开始就有这样的过节——而且在安然公司有偿付能力的日子里,他们还将继续"顶牛"。"肯曾3次试图让我的老板解雇我,"奥尔森回忆说,"第一次是1990年我在第一波士顿银行工作时,我因此而不得不跳槽到了高盛公司。第二次是在1998年4月,我已经到美林公司工作。当时,美林公司觉得4 500多万美元的投行费比一个小分析师重要得多,因此,这名分析师受到了沉重打击。第三次是在安然公司破产前几个月,当时奥尔森在桑德斯·莫里斯·哈里斯公司(Sanders Morris Harris)任职。"[2]

"如果公司股票的价格以算术级数的速度上涨,那么,公司管理层的自我意识就会出现指数式膨胀。"约翰·奥尔森这句关于企业管理层的格言,后来就成了他在安然公司破产后各种商业会议和商学院演讲中的一个内容。但他的怀疑因安然公司股票(ENE)价格上涨而曾多次遭到安然公司内部一致的质疑和嘲笑。

安然公司股票(ENE)的价格在1995年上涨了1/4——1996年有可能再上涨15%。因此,奥尔森在演讲中常引用另一句话:"市场失去理性的持续时间可能比你有偿付能力的持续时间还要长。"[3]

里奇·金德坚称:"我们不是在用异想天开的假设来实现'安然2000'提出的目标。"在有些问题上,他没有说错,但在其他方面则不然。已经拟定的出售安然石油天然气公司、北疆管道公司和安然石油交易运输公司的方案被认为是可行的。但是,对于一些国际项目,如安然公司预计在2000年前投入运营并实现

---

[1] 奥尔森还补充说:"我的感觉是,他痴迷于股票价格,既是为了证明他自己的职业生涯,也是因为他想在这个过程中变得非常富有。我记得,就连安然大厦的电梯里都有股票行情显示屏。"
[2] 肯·莱向桑德斯·莫里斯·哈里斯公司的首席合伙人唐·桑德斯(Don Sanders)抱怨说:"10多年来,约翰·奥尔森一直错误地看待安然公司。他仍坚持错误的看法,而且始终如一。"
[3] 这句格言的原话是:"市场非理性的持续时间可能比你我有偿付能力的持续时间长得多。"这句话是金融分析师A.加里·希林(A. Gary Shilling)在1993年说的。奥尔森错误地认为是约翰·梅纳德·凯恩斯说的。众所周知,凯恩斯作为投资者比作为经济学家更加明智。

盈利的印度达博尔电厂项目一期和二期工程以及卡塔尔的液化天然气重大项目,那就是天方夜谭;安然公司认为天然气和电力零售业务将成为主要利润中心,在这方面下的政治资本主义大赌注也是有去无回。(事实上,安然公司报告的2000年盈利是9.79亿美元,第二年减少到了8.47亿美元,而负责安然公司破产案的监察官把最终的账面盈利减少到了4 200万美元。"安然2000"提出的其他目标也都全部落空。)

"相信我们,我们可以复制我们过去的辉煌",这是"安然2000"的真正卖点。那么,安然公司拿什么来创造新的重要盈利来源呢?到目前为止,安然公司最重要的利润中心是安然资本与贸易资源公司内部出现的一个新的利润中心——零售电力营销,但这确实是很难说的事情。金德也承认,在州一级电力市场推行强制性开放—准入,"在公司层面会对我们产生巨大的压力,尤其是对安然资本与贸易资源公司,要制定正确的监管和政治博弈计划,还要设法让计划取得成功"。正如后记中讨论的那样,关心政治问题的安然公司在接下来的几年里对政治更是关心有加。

安然公司的新经济(加里·哈默尔)

在介绍安然公司的新愿景和价值观时,肯·莱谈到了训练有素的忠诚员工的人力资本这种不那么传统的"物质要素"如何推动能源行业发展的问题。他说:"重要的不是我们拥有什么,而是我们如何最大限度地利用我们的资产。"安然公司拥有独一无二的人力资本。

台式电脑引发的信息技术革命只是安然公司新经济故事的部分内容。(莱在1996年曾说:"我们公司现在拥有的个人电脑和智能终端比雇用的员工还多。")安然公司在能源领域的业务是由州际天然气管道运输业的强制性开放—准入驱动的。强制性开放—准入开辟了一种盈利颇丰的批发业务,让掌握实践知识的聪明交易员能够利用其他企业的输气管道和输电电缆来创建并掌握新兴网络。天然气批发是20世纪80年代中后期出现的第一个赚钱机会,而电力批发在90年代中期也成了赚钱的机会。天然气市场和规模更大的电力零售市场就是为安然公司最优秀、聪明的交易员准备的。

20世纪90年代中期,新术语充斥莱的讲话和安然公司天然气管道运输业务的宣传材料。公司管理文献中也经常出现一些通用术语,如"知识经济"和"无国界企业"。其中有些是与安然公司紧密相关的术语,如"网络经济""虚拟一体化""能源大趋势""新能源巨头""英热单位营销"和"提供全方位服务的能源企业";而其中的一个术语是以能源为核心的环保运动的圣杯,它就是"可持续性"。[1]

在新经济时代,安然公司是一家新经济能源企业。有消息称,安然公司的模式不同于迄今占主导地位的石油巨头推行的保守一体化模式。几年后,杰夫·斯基林宣布,这种一体化石油巨头模式即将寿终正寝,这时两种模式之间的差别达到了登峰造极的地步。斯基林乐观地预测,"我们会看到全球一体化能源企业的崩溃和消亡,并且变成成千上万的碎片"。无论安然公司重新对能源巨头下的定义是多么错误,但都能在肯·莱提出的第三个愿景中找到依据。

"领导者最重要的作用是通过明确阐述企业的价值观、战略和目标来激励员工,并对本企业有足够的了解,从而成为风险管理者中的风险管理者。"1994年《财富》杂志记者约翰·休伊(John Huey)在一篇《如何清醒地认识新经济》的文章中如是说。肯·莱在这篇文章的标题下面划了线并且做了标记,准备在旅行时更加仔细地阅读。仅仅过了几个月,莱发现了一位在不了解安然公司的情况下就能说清安然全部情况的管理战略家。

虽然肯·莱受到彼得·德鲁克的影响,但在1996年年初看到《战略就是革命》(Strategy as Revolution)的初稿并在佛罗里达的一个休养所见到了作者加里·哈默尔(Gary Hamel)之前,他是有自己的想法的。回来以后,莱把这篇带有他的批注——"这是我最近一段时间以来读到的最好的企业管理文章之一"——的文章的拷贝分发给他手下的公司高管。

不久,莱就在他的演讲中开始引用哈默尔对规则制定者[国际商用机器公司、美国联合航空公司、美林公司、西尔斯公司(Sears)、可口可乐公司]、规则接受者[富士通公司、美国航空公司、美邦公司(Smith Barney)、彭尼百货公司(JC Penney)、百事可乐公司]和规则破坏者[康柏或戴尔公司、西南航空公司、嘉信理财公司、沃尔玛公司、佳得乐饮料公司(Gatorade)]的三分法。规则制定者和规

---

[1] 关于安然公司在总统可持续发展委员会中扮演的角色,请参阅第十三章。

则接受者实行渐进主义,即在相对稳定的行业结构中降低成本并增加收入,而规则破坏者,也就是革命者,采取一种全新的企业观。

莱在丹尼尔·耶金在休斯敦召开的剑桥能源研究会年会上表示:"安然公司可被视为'规则破坏者'。"莱承认,安然公司40%的收入来自1985年尚不存在的业务,而("安然2000"预期的)2000年40%的收入将来自1990年不存在的业务。

安然公司的新创业务线包括国际液化天然气、电力批发、天然气和电力零售以及太阳能发电。这4条业务线中的3条,或许是全部4条,都是以政府干预和政府特别照顾为前提的。1992年《能源政策法案》中一条由安然公司建议的(强制性开放—准入)条款使电力批发成为可能。天然气和电力零售是一个需要各州立法解决的(强制性开放—准入)问题,安然公司为解决这个问题投入了大量的资源。太阳能发电(不久在安然公司可再生能源行动的推动下又增加了工业风能发电)多亏了1992年同一部联邦法律规定的慷慨的税收抵免。关于国际液化天然气业务的讨论,也谈到了政府贷款资助的问题。

本书记述了哈默尔-安然在政治资本主义和寻租方面的革命性变革主题以及企业未来赚取利润和取得成功采取的不同于经济手段的政治手段。[1] 肯·莱的商业模式更多地基于政府能源政策的变化无常,而不是受专利保护的竞争优势或可持续的自由市场竞争优势。

加里·哈默尔在他1995年的那篇文章中一上来就写道:"让我们承认我们已经到了渐进主义的极限。"他后来又继续说道:

> 多节约一分钱的成本,提前几周把产品推向市场,更快地回答客户提出的问题,把质量再提高一个档次,多占领一个百分点的市场份额,幸运地度过行业震荡期,这些都是困扰当今经理人的问题。在竞争对手正从根本上再造行业格局的时候追求增量优势,就好比罗马城遭火灾时还在拉琴。[2]

《战略就是革命》后来过了一年在《哈佛商业评论》上发表,并且成了《哈佛商业评论》历史上被转载次数最多的文章之一。这篇文章作为序收入了加里·哈默尔和C. K. 普拉哈拉德(C. K. Prahalad)合著的《为未来而竞争》(*Competing*

---

[1] 还请参阅:Bradley,*Capitalism at Work*, pp. 83—84,101—103,265。
[2] "本书并不是谈追赶问题,而是谈超越问题。"哈默尔在他的书中补充说。

for the Future, 1994, 1996)第二版,而且还为安然公司创造了成为演讲和咨询话题的机会,进而使安然公司在哈默尔的下一本书《引领革命》(*Leading the Revolution*, 2000)中获得了很高的评价。哈默尔在这本书中写道:"就像世界上的任何一家企业一样,安然公司已经把永久性创新能力制度化。"[1]

不过,由于其他企业也都试图在同样的竞争条件下脱颖而出,一种总在变化的商业模式是执行依赖型的。有一位管理战略家解释说:"变化越彻底,偏离常规路径的距离越远,那么,为改变、创造具体的能力或以其他方式重新使具体的能力以实效为导向所必需的制度就越抽象。"

安然公司在它的一生中都过着某种抽象而危险的生活。安然公司不但在肯·莱和杰夫·斯基林时代,而且在里奇·金德时代,也养成了许多不良习惯,并且存在一些一直没有得到解决的问题。1997年的安然公司无法传承1996年——及其之前——的安然的清白,安然的革命几乎从一开始就有问题。

大人物,伟大的企业

如今,天然气行业的大人物肯·莱正与英国石油公司的约翰·布朗(1995—2007年任首席执行官)和埃克森公司的李·雷蒙德(1993—2006年任首席执行官)等石油行业的忠诚拥护者对话。安然公司是业内最有号召力和受关注的企业,安然的股票是一只表现好于石油巨头股票的动力股。莱陶醉在史密斯街1400号50层的办公室里,从这里可以俯瞰贝尔街800号44层的埃克森大楼——30年前,他曾在那里工作(当时这家公司名叫汉贝尔石油公司)过。[2]

在美国卓越的一体化石油巨头的圈子里,肯·莱是一个热门话题。埃克森公司的经济学家约翰·波特赖特(John Boatwright)——20世纪60年代中期曾与莱共过事,1994年从埃克森公司退休——回忆说:"我们公司的许多高级经理非常嫉妒他。他们会说:'该死,安然居然在做这件事,或者安然竟然会做那种事'。"

安然公司是一家非常张扬的上市公司。埃克森公司悄无声息地做好自己的

---

[1] 2001年年末,安然公司的破产导致第二年重新出版重写引言的《引领革命》,删除了赞扬安然公司的内容,并对造成安然公司破产的原因进行了分析。

[2] 请参阅:Bradley, *Edison to Enron*, pp. 291–293。

工作,而安然公司似乎在每一个新项目的每一个阶段都要向媒体发布信息(壳牌公司、英国石油公司和雪佛龙公司的风格处于这两个极端之间)。问题在于,安然公司的张扬风格为自己设定了一个难以维系的增长标准,更不用说复合增长标准了。安然公司在20世纪90年代中期面临巨大的利润压力,而且从一开始就如此。对于肯·莱来说,要么就是强劲的增长势头,要么就是关门歇业。

企业文化

肯·莱追求优秀业绩和企业荣耀的战略是围绕着员工制定的。他强调:"只有在员工的支持下,安然公司才能实现自己的目标和愿景,成为世界领先的能源企业。"

安然公司的企业文化是一种进步的企业文化。特殊需要休假、便携式医疗保健与退休计划、员工个人问题自愿援助计划、带薪休假和病假、类似乡村俱乐部的卫生设施、现场护理服务、现场就餐补贴、积极主动的培训计划(包括进修学费报销规定)、关心员工的晋升问题、裁员时与员工签订慷慨的遣散协议,林林总总,不一而足。[1]

莱总结称:"我希望,员工能在一天辛苦的工作结束后感到自己得到了公平的报酬,能够分享公司的成功和进步。"但更重要的是,"我想让他们知道,他们的努力得到了认可和赞赏"。不善于称赞认真工作的下属的主管"忽视了我认为是管理和领导基本职责的东西"。

安然公司实行业内领先的薪酬和额外津贴制度,是为了吸引和留住高质量的智力资本。[2] 莱赞赏安然公司的单位专有型薪酬体系,而石油巨头们"等级森严、一刀切的薪酬体系已经成为它们文化的一个组成部分"。虽然安然天然气服务公司/安然资本与贸易资源公司的杰夫·斯基林对绩效薪酬的追求最为执着(结果显然是喜忧参半),但全公司都推行考绩加薪、技能和绩效薪酬。

1996年,莱自豪地指出,安然员工的平均总薪酬以每年两位数的速度增长,而年通货膨胀率只有3%。结果是,"在这(5年)期间,安然公司几乎全体员工的生活水平都有了显著提高",而员工持股是导致这一结果的一个重要因素。

---

[1] 还请参阅第六章。
[2] 长期以来,肯·莱一直宣称他的员工比他优秀。他在1989年3月为1988年年报写的董事长寄语中写道:"我们相信,安然公司各个级别的员工都是业内最优秀的。"

莱解释说,"要与正在开发项目的投资银行家或企业家竞争,确实需要一种独特的薪酬制度",并且特别提到了安然资本与贸易资源公司和安然发展公司。他还补充说:"我对安然公司迄今为止的[1996年]薪酬计划所取得的结果非常满意。我们想留住的关键研发人员、交易员或高管很少流失。"莱在这里指的是福莱斯特·霍格伦德。两年前,霍格伦德获得了1 900万美元的总薪酬——其中大部分是行使股票期权的收益。这个薪酬甚至超过了各石油巨头首席执行官的薪酬。莱还夸耀说,他的高学历员工的比例有所上升:1995年是14%,而10年前这个比例只有4%。

1996年末,安然公司公布了一项员工调查的结果。这项调查显示,与接受华信惠悦公司(Watson Wyatt & Company)调查的其他成功大公司相比,安然公司员工对安然的总体满意度相对较高;安全被认为是一项核心资产;安然公司具有强烈的股东福利至上的紧迫感。员工的薪酬和福利满意度排名很高——高于1992年进行的上一次调查的满意度。安然公司的高管层也因被寄予未来还能取得成功的希望而受到了信任和尊重。

不过,安然公司在部分调查指标上的得分为负,肯·莱和杰夫·斯基林(里奇·金德已宣布辞职离开安然公司)在一封致员工的信中称,这样的结果"令人不满"和"无法接受"。开放式沟通(安然公司提倡的"与事实为友")是得分为负的主要指标。莱和斯基林在信中写道:"自1992年以来,我们在提高安然内部沟通质量方面几乎没有取得任何进展。你们中的许多人仍然对公开表达自己的观点感到不适,并且认为你们的经理和主管不会听取你们的建议,更不用说采纳了。"只有检讨过去,才会重视这种员工反馈的重要意义。

调查反映的另一个问题涉及工作量,无疑与斯基林有关。"虽然在大多数情况下,你们觉得自己受到了尊重和礼遇,但也越来越关心工作安全、工作量以及成本削减对工作质量的影响——因为工作质量可能会影响我们向客户提供的产品和服务的质量。"

莱和斯基林承诺,"在我们把事情做好之前",将对这些不足采取紧急行动。他俩在信的结尾写道:

安然公司有很多好的地方,而且我们的大多数竞争对手会对我们这样的调查结果感到高兴。然而,安然做得还不够好。我们想在我们所做的每件事上都要出类拔萃。我们不但将继续在创新和财务业绩上引领我们的行业,而且要在对待员工和客户的方式方法上处于行业的领先地位。我们的目标是在这些方面都要出类拔萃。我们的未来取决于我们能否实现这个目标,因此,我们要求你们致力于实现这个目标。

企业伦理

安然公司有很高的伦理标准——不执行时除外。紧急时刻需要采取极端措施来满足盈利预期和触发业绩奖励。正如安然公司在1995年的年报中所说的那样,毕竟,"我们的员工基础和管理团队非常希望通过集体持有安然公司的普通股来见证公司取得的成功"。

短期利润最大化,特别是在年底不惜采取一切手段来使安然公司的股票走强,创造了一些法律允许的高光时刻。一直到20世纪90年代中期,玩弄会计规则或用足税法规定,对于安然公司是司空见惯的事情。在这10年的后半期,这种心态遇上了新的机会——利用加州的电力法规牟取非常利润。[1]但是,在加州,从法律上看是合法的事情,但舆论"法庭"不一定能接受,司法部门甚至比监管机构更加重视欺诈意图(就如美国法律体系所规定的那样,法庭应该这么做)。安然公司在最需要现金流的时候,却无法收进它的巨额账面利润。[2]

在安然公司看来,寻求和获取政府的特别照顾(政治经济学术语称这为"寻租")是合法的行为,因此也是合乎道德的行为。标志性的自由市场经济学家米尔顿·弗里德曼不是宣称企业的社会责任就是盈利吗?安然公司的利润中心在很大程度上依赖于政府,它较少在自由市场上赚取利润,但肯·莱特地把监管解释为一种旨在促进市场发展、鼓励竞争的举措——最具代表性的莫过于对州际能源资产实施的强制性开放—准入制。

然后是裙带关系,这是"大人物综合征"的一种表现。肯·莱的安然公司从一开始就存在这个问题,本章稍后将讨论这个问题。

安然公司从1996年开始的主要工作是成为全国领先的家用和商用天然气

---

〔1〕 安然公司不但利用加州监管机构创造的意想不到的机会,而且在电价飙升、电力短缺接踵而至之际大肆宣扬。有关安然公司的最著名的书《房间里最聪明的家伙》第十七章"加州赌博"(Gaming California)详细讲述了安然公司在1999—2001年期间发生的故事。

〔2〕 安然公司在加州的监管环境下进行臭名昭著的赌博并创造了数亿美元的账面利润,但不足以挽回公司在其他地方遭遇的损失。

和电力供应商。特别是电力零售这个 2 000 亿美元的市场,是"安然 2000"下赌注的首选对象:致力于 5 年内让公司的规模和利润率翻番。[1]

安然公司加大了社区事务工作的力度,并把这作为使自己家喻户晓的全国性品牌推广活动的一个组成部分,而且加倍努力提高安然公司"绿色"能源企业的形象。讨人喜欢、充满热情的肯·莱本人就是安然公司的代言人,他将花费更多的时间发表演讲,并与外部支持者合作,以提升安然公司和安然股票作为动力股的形象。

1996 年年中,《安然商务》刊登了一封董事长兼首席执行官肯·莱致包括股东在内的安然共同体的信——《企业公民责任感:安然公司作为工作场所要完成的首要任务》(Corporate Citizenship: A Priority in the Enron Workplace)。信中声称,企业对"员工、客户和股东"的"道德义务"是"与共同体中的其他成员一起分享他们的成功"。

莱表示:"随着安然公司继续在全球发展业务,安然公司员工的企业公民责任也将不断扩大。"这方面的努力始于能为股东创造价值的良好客户关系。但是,莱认为,客户也必须把安然公司这家他们希望与之长期合作的企业的员工视为"具有很高伦理和道德标准的敬业、有爱心的专业人士"。为此,我们进行的每一笔交易对各方都应该是只赢不输的交易。

在国际上,也必须如此。他继续说:"例如,我们成功地让达博尔电力项目重新上马,这主要应该归功于许多员工的辛勤工作,并且再次反映了我们重视自己对客户和合作伙伴的承诺。"(事实上,在安然的有生之年,重新上马的达博尔项目并不可能卖电赚钱。)

1996 年,安然公司捐赠了 570 万美元教育和环保善款,突出反映了安然公司对利益相关者的承诺。莱最后表示:"我们的员工已经意识到他们所做的商业决策可能在安然运营的领域产生重大的社会和全球性影响。因此,通过努力创造能源解决方案,为大家营造更好的环境,并与社会分享我们的部分成就,我们在世界各地的员工正在巩固安然公司是负责任的企业公民的声誉。"

肯·莱关于企业公民责任的观点也反映在他的一篇商业道德论文中。他在这篇论文中把安然公司描述成一家英勇的企业,并且谈道:

---

[1] 请参阅第十五章。

安然公司发迹的岁月

> **企业公民责任感：安然公司作为工作场所的首要任务**
>
> ——董事长兼首席执行官肯·莱传递的信息
>
> 安然公司董事长兼首席执行官肯·莱与大家分享他对企业公民责任感的看法——企业公民责任感是一个关于企业在社会中要扮演负责任角色的概念；这个概念在今天的国内和国际商业环境下，对安然公司来说变得越来越重要。
>
> 我没有听说过在世界任何地方有任何能够在真空中开展经营活动的企业。企业实际上就是一个对其支持者——员工、顾客和股东——负有一定道德义务并承担受托人责任的群体。企业与利益共同体其他成员分享自己的成就这一点也非常重要。随着安然公司继续在全球范围内扩展业务，它的企业公民责任感也会不断增强。

图14.6 慈父般的肯·莱在1996年7/8月版的《安然商务》中表达了他对企业管理的重视。文章的副标题是"培养企业公民责任感：工作场所的首要任务""关注外部是安然的首要任务"和"安然在利益共同体中要扮演的角色就是成为媒体的关注焦点"。

我们的角色是把竞争和客户选择引入天然气和电力这两个传统的公用事业行业。我们的努力包括从启动根本性的监管改革，到为了满足消费者对后来经过重组的行业的需求开发新产品。

事实上，安然公司行善都与政治正确性和寻租有关，而不只是与真正的财富创造有关，是造成相当不英勇的结局的部分原因。[1]

在公司内部，莱十分重视员工授权问题，也非常相信知识驱动型企业。"我们的愿景和价值观强调诚实、开放、卓越和回报，"他写道，"结果就是建立一支敬业甚至充满激情的员工队伍，我们相信他们能成为业内楷模。"

莱还认为，英勇的安然能够找到"有利可图地解决社会问题的方案"，并且践行战略性慈善。解决社会问题的方案包括"通过构建二氧化碳排放许可额度交易的市场，让安然公司为找到全球气候变化问题解决方案做出贡献"；而践行战略性慈善是指以一种与安然公司营利性创业活动结合在一起的方式开展非营利

---

[1] 请参阅：Bradley, *Capitalism at Work*, pp. 309—310。

性慈善活动。但是,安然公司在这两方面采取的行动都没有收到实际效果:所需的政府干预从未激活二氧化碳排放许可额度交易,而安然公司的城市慈善性风投(安然投资合伙人公司)的投资也以失败而告终。

1995年11月30日,肯·莱给安然公司的商业伙伴们写了一封信,信的开头是这样写的:"安然公司认为应该按最高的伦理标准来开展业务。"年度(反)利益冲突公函继续写道:

安然公司希望它的每一个供应商和承包商保留能证明与安然工作关系的足够记录。安然公司的审计部门会定期对某些与安然公司有业务往来的供应商和承包商进行商业道德合规审计。他们对我们的道德标准的认可,能使我们员工可以通过公平交易与他们合作,并避免可能出现的尴尬和不道德的情况。[1]

这封信提醒供应商"安然公司及其子公司的员工必须遵守安然公司的商业道德政策,安然公司要求自己的员工不做损害公司最佳利益的事情,或者要求员工通过在安然供职为自己带来经济利益"。但仅仅过了一年多一点的时间,安迪·法斯托就把宗德能源系统公司的风电产业卖给了一个由他自己秘密出资成立的集团,由此开启了一个利益冲突的新时代并导致安然公司意外破产。

安然公司获得的荣誉称号

安然公司渴望媒体对它进行报道——当然是正面报道。肯·莱对负面报道深恶痛绝,并且对反对他的人耿耿于怀。安然股票这只动力股要靠定期发布披露项目开工、进展和结果(当然是好的结果)的消息来"打气"。安然公司这个规则破坏者会进行很多新奇的交易,因此,它的财务数据看起来很漂亮。

安然公司艰辛的公共事务工作1996年得到了回报。在《财富》杂志对美国顶级上市公司进行的年度调查中,安然公司在创新方面名列第一;新老企业的偶像乐柏美公司(Rubbermaid)和英特尔公司分列第二和第三。两年来,安然公司连续被评为最受尊敬的能源企业;现在,安然公司在一个非常令人印象深刻的企业类别中开始了新的连胜势头;而"成为美国最具创新力的企业"就成了安然公

---

[1] 莱在信中希望任何知道"与我们政策不符"的人与安然公司的总法律顾问詹姆斯·德里克(James Derrick)联系。德里克是安然公司从文森-艾尔金斯律师事务所挖来接替加里·奥洛夫(1987年从同一家公司跳槽到安然公司)的。奥洛夫1991年因一起未披露的涉及他个人道德问题的投诉而被迫离开安然公司。

司未来几年的新口号。

1997年3月,《财富》杂志从49个行业挑选出431家企业进行排名,安然公司再次名列创新企业榜首[幻影度假村公司(Mirage Resorts)名列第二,而英特尔公司再次屈居第三]。13 000多名专家按照8个标准(在本章的结束语中列出)从各行业选出前十佳企业,安然公司在总排名中位列第21(比上一年的第22又上升了一位)。

在能源企业中,安然公司名列第一,其次是壳牌石油公司(总排名第30),美孚石油公司名列第三(总排名第40),埃克森石油公司名列第四(总排名第44)。在天然气管道运输企业中,安然公司连续两年名列榜首,排名都在威廉姆斯、泛能公司和索纳特公司之前。

《财富》杂志的布莱恩·奥莱利(Brian O'Reilly)在一篇配发的文章中解释说,安然公司是"一家与众不同的电力公司"。肯·莱是这家公司的明星和设计师,安然的这位设计师表示,"我受过经济学专业训练,热爱自由市场,并深信天然气行业的大部分问题都是由政府监管造成的"。奥莱利写道,莱通过"推动放松管制"[实际上是推动了强制性开放—准入的实施],"以不同于几乎任何人的方式来审视全美的天然气输送管网地图"。莱解释说:"我们改变了天然气行业的经营理念——新产品、新服务、新合同和新的定价方式。"

奥莱利对此印象深刻:"小玩意儿、专利、花里胡哨的东西?安然公司一样也没有。不管怎样,肯·莱已经把安然公司打造成美国最具创新力的电力公司。"[1]

里奇·金德可能会提醒不要自我膨胀,他会引用一些惯用语,如"不要吸自己的毒品"或者"不要喝自己的威士忌"。但媒体乃至整个外部世界,越来越注意安然公司的信息。

裙带关系

那么,利益冲突是否也适用于肯·莱这位无须向安然公司任何人汇报工作,而只需向董事会汇报工作的员工呢?未必不适用。正如本书第一章所说的那

---

[1] 奥莱利把安然公司定性为电力公司的做法是肤浅和不成熟的。安然公司主要是一家服务于电力行业的天然气企业,也是一家主要开发燃气发电厂的公司。安然公司希望借助于强制性开放—准入成为电力巨头,这是1994—1995年设定的目标,并在1996年全面推开。

第十四章
愿景多变的安然公司

673

图14.7 1997年3月,《财富》杂志公布了其调查结果:安然公司被评为美国最具创新力的企业,并在美国最受尊敬的企业中排名第一。

样,从一开始,肯·莱就把公司的旅游业务交给了他妹妹莎伦的旅行社(莱在早期也持有这家旅行社的股份)。莱在休斯敦天然气公司任一把手时的二把手吉姆·沃尔泽尔认为,这种做法很不合适。在罗伯特·赫林或 M. D. 马修斯主政时期,更不用说他们的前任弗兰克·史密斯(Frank Smith)和巴斯·温伯利主政时期,老休斯敦天然气公司中根本不可能有人提出这样的问题或者让这样的问题成为"漏网之鱼"。

而且,肯·莱可能还有更多的利益冲突问题。肯的儿子马克·莱(Mark Lay)在安然公司两次任职期间与安然做成过交易,获得过三份代理合同。女儿伊丽莎白·莱(Elizabeth Lay)后来曾在安然公司的子公司阿祖里克斯水务公司工作过,但没有发生过代理委托事件。

对肯·莱来说,公事是私事,私事也是公事。莱的一位密友回忆说:"由于他个人愿意把自己100%的时间、精力和生命奉献给他的雇主,他觉得区别雇主的资产和他自己的资产是没有什么意义的。"

公园旅行社(Travel Agency in the Park, TAP)为安然公司实现了批量节余。

莎伦·莱和她的哥哥一样，聪明、勤奋、平易近人。在许多人看来，她的旅行社为安然公司提供了"良好的服务"。花园旅行社的审计评价很高，并且把部分节省下来的资金返还给了安然公司。

不过，安然公司的员工和业务单位并不喜欢别人在这些方面指手画脚叫他们怎么做。安然公司有人发现花园旅行社存在问题，甚至私自制定他们的旅行计划。对于一家以开放市场和竞争为豪的公司来说，这是分散处理这项业务的充分理由——如果不是由内部设立机构来做这项业务，就是(竞争性地)把这项业务外包给一家或多家旅行社，比方说，国内和国际旅行安排也许应该委托给不同的旅行社。

但是，肯·莱希望安然公司与一家旅行社——一家自家人开的旅行社——打交道。这难道不是他作为董事长为员工和股东创造了这么多价值应该享受的一种特权吗？结果，还用上了规模经济，譬如说，花园旅行社与旅行社业主家乡的大陆航空公司谈判争取获得批量折扣。

现在该让吉姆·巴恩哈特出场了，他自称"广告人"，又是行政人员。巴恩哈特是先后在杰克·鲍温、塞尔比·沙利文和肯·莱手下工作过的佛罗里达燃气公司的老人，他是在1984年休斯敦天然气公司收购佛罗里达燃气公司时重新回到肯·莱身边的。平易近人的巴恩哈特回忆说："我是首席看门人、首席抄写员、首席邮递员、首席保安。"他负责史密斯大街1400号和安然公司在其他地方的物业管理事务以及交通(尤其是安然公司的几架飞机)和档案管理——总共有20多个职务。

巴恩哈特负责的业务包括公司商务旅行，但安然公司的商务旅行业务全都包给了莎伦·莱。几年后，法律部门认定，根据美国证券交易委员会的行为指南，安然公司首席执行官与这个供应商之间的关系已是"代理交易"关系，应该作为安然公司股东年会通知中的"某些交易"予以报告。

但是，相关当事方都不希望披露这方面的交易信息，所以，旅游合同采用公开招标的方式来敲定。吉姆·巴恩哈特聘请美国旅行社协会前会长作为安然公司的顾问，帮助设计了一份责任明细表，并开列了一张投标人征询报价清单。

美国运通公司(American Express)等主要旅游公司即使不是凭借自己的范围经济，也准备凭借自己的规模经济来承接安然公司的业务。另一种选择是对旅行业务进行分散化管理，让公司各部门决定采取对它们最有利的方式。员工

第十四章
愿景多变的安然公司

个人也可能有这种或那种关系，从而能争取到好的价格。（虽然家乡的大陆航空公司的系统 I 也是花园旅行社的一项服务，但当时还没有在线旅游预订服务。）

莎伦·莱很担心，并在他们周日晚上在橡树河畔肯的家里吃饭时把自己的担心告诉了她的哥哥。巴恩哈特听到了一些动静，便去见了莱，却被告知一切都会好起来的。

安然公司收到了不少标书。由于标书良莠不齐，难做决定，巴恩哈特就把这只"烫山芋"交给了安然公司内部审计部门，最后在一次管理委员会会议上做出了决定。中标者是……花园旅行社。巴恩哈特有点吃惊，因为他之前打听得知安然公司可能会找一个新的旅行代理商。

第二年，法律部门又来找巴恩哈特，要求重新组织一次旅行合同招标会。就如巴恩哈特所说的那样：

我说："不可能！你在说什么？"他们说："哦，是真的。"我们每年都要发布代理消息。我说："这是一笔多年期的交易。"他们说："不，是一年期合同。"

我说："我向你们保证这是一份五年期的合同。"到巴恩哈特回家的那天，这笔交易已经持续了五年。这都是过去的事了，巴恩哈特已经[在 1996 年]退休。[1]

1996 年，花园旅行社从安然公司获得了约 160 万美元的佣金，并且还从与安然公司有业务往来的第三方(如文森-艾尔金斯律师事务所和安德鲁斯-库尔斯律师事务所)那里拿到了额外的收入。我们的这位大人物知道并欣赏他们这样做生意。

马克·莱既聪明又热情。他是一个好人，更多的是矜持，而不是古板。他就读于加州大学洛杉矶分校，曾是学校辩论队的队员，并以优异的成绩和美国优等生荣誉学会会员的身份毕业。

1990 年，在德崇证券公司和瑞士信贷第一波士顿银行(Credit Suisse First Boston)短暂任职后，马克就加盟他父亲担任董事长兼首席执行官的公司。安然公司是一个大舞台，而马克到安然金融公司后正赶上一波发展高潮。安然金融公司的吉恩·汉弗莱正在设计新的天然气生产融资方法，以便签约为安然公

---

[1] 在 5 年期限结束后，安然房地产与服务公司(Enron Property & Services)和花园旅行社签订了一份作为代理项目报告的长期合同。

长期销售合同确定供应气源。马克甚至参与制作了安然公司 1990 年的年报——他与眼光敏锐的大师、昔日的评论家卢·派合作拍摄的走廊宣传海报。

马克在安然公司做了两年石油天然气生产付款业务或者说学了两年生意后离开了安然公司,在美国国际集团当上了负责原油、天然气和石油产品(包括实物和金融产品)交易的副总裁。在离开美国国际集团后,马克就开始自己在快速发展的天然气业闯荡。就是在这个时候,马克发生了与安然公司的潜在利益冲突,其中的一起交易作为安然公司的代理项目(他的三个代理项目中的第一个项目)应该要公告。

1994 年 4 月,马克·莱创建并拥有 48%股份的布莱恩利益责任有限公司(Bruin Interests LLC)与休斯敦管道公司签订了一项主储气协议,可在可中断供应的基础上租用美国最大的储气库巴梅尔储气库(休斯敦管道公司为本地配气商恩泰科斯公司保留的预订天然气),也就是注入和提取天然气。

布莱恩利益公司租用巴梅尔储气库的目的是在天然气低需求月份价格相对较低时买进天然气储存,在高需求月份价格通常触顶时提取之前储存的天然气出售。1994 年 4—8 月,布莱恩利益公司购买了多达 80 亿立方英尺的天然气储存在巴梅尔储气库,而在 1994 年 12 月—1995 年 1 月期间再把这些天然气取出来卖掉。

安然公司在 1994 年委托声明书补充中宣布了这笔尚未执行的交易。在详细说明了交易双方合同规定的支付条款和权利之后,安然公司表示,这笔交易"无异于非关联第三方可获得的交易"。

第二年,委托声明摘要宣布续签可中断天然气储存协议。这次公布了由布莱恩利益公司向休斯敦管道公司支付的储存费(差不多是 0.16 美元/百万英热单位)和输气费,还规定了作为预订费的最低支付额(这次是 60 亿立方英尺,而上一年是 80 亿立方英尺)来保护休斯敦管道公司的利益。

在巴梅尔储气库建成以来的 30 年里,休斯敦管道公司从未做过这样的交易,第一笔这样的交易就是与安然公司董事长的儿子做的。委托声明书还补充说:"主协议和初始确认书随后由布莱恩利益公司转让给了第三方,休斯敦管道公司同意这样的转让。"换句话说,马克·莱的公司把这笔交易转让给另一家公司——想利用可中断输气容量套利的公司。

在正常情况下,储气的实际用户(第三方)要自己与休斯敦管道公司谈判安排交易。但显然，要进入安然公司的圈子，得需要一笔"入门费"。否则，我们就不得不得出这样的结论：与斯基林自己的交易高手进行天然气套利相比，安然公司因与外部人做这两笔交易减少的盈利仍为安然带来了更多的利润。

安然公司的律师在谈第二起交易时接手了这项业务。委托声明书宣称："休斯敦管道公司认为，现有主协议的条款无异于非关联第三方可获得的协议条款；而且，除了按照休斯敦管道公司认为无异于非关联第三方可获得的协议条款，休斯敦管道公司无意与布莱恩利益公司做任何交易，或者允许任何关联公司与布莱恩利益公司做任何交易。"

"除了肯·莱的儿子或妹夫，没有人能做成这样的交易，"休斯敦管道公司的一名官员多年后表示，"那是我们唯一一次把巴梅尔储气库租出去。"有传言说，是杰夫·斯基林为了讨好马克的父亲而同意这笔交易的，而卢·派对此事一无所知。安然公司的一些内部人从委托声明书说马克的交易"属于公司正常业务……"开始，就对这种交易不屑一顾。

安然公司在1996年又报告了另一个与马克有关的代理问题（马克连续3年成为安然公司信息披露的一个主题）。"1996年1月，安然资本与贸易资源公司、联合传媒公司(United Media Corporation, UMC)与包括马克·K. 莱在内的一些人签订了一项可行性研究合同。这份合同规定，由联合传媒和安然资本与贸易资源公司对某些纸产品固定价格买卖交易的可行性进行研究。"安然资本与贸易资源公司预支了30万美元，并许诺如研究需要，还会预支30万美元。

安然公司与联合传媒公司等签订的这份合同包括与潜在纸张供应商进行第三方拓展业务的内容。如果这个项目进入商业化阶段，联合传媒公司将获得高达49%的股权。"安然资本与贸易资源公司被告知，如果项目继续进行下去，马克·K. 莱将拥有联合传媒公司在这个项目中20%的权益。"4个月后，这笔交易被取消，紧接着安然资本与贸易资源公司又与布莱恩利益公司（马克·莱等人）签订了一份研究碳化铁业务的合同。

第二年，安然公司又报告了另一件与董事长儿子有关的交易。这起交易的委托声明书表示："1997年5月，马克·K. 莱和其他一些个人——曾是纸品印刷管理公司(Paper & Print Management Corporation)的高级管理人员、董事和/或股东——与安然资本与贸易资源公司签订了一些雇用合同，准备在安然资本与贸易资源公司内部设立一个纸成品买卖交易清算所。"作为对"某些无形产权"的回报,安然资本与贸易资源公司同意"向纸品印刷管理公司支付1 005 257.85美元以弥补后者之前做这个项目发生的费用"。换句话说,大量的现款换来的是"莫须有"的利润。

此外,马克还获得了一份为期三年的雇用合同,保证年薪不少于75万美元,其中包括10万美元的预付款,还有股票期权。而安然公司新任副总裁的最低基本年薪和奖金分别是15万美元和10万美元。

帮助还债和薪水优厚的雇用合同是一种对董事长儿子的救助吗?也许是这样,也许不是,这是安然资本与贸易资源公司愿意做的事情。创建纸浆和纸制品长期远期市场是一种创新,而且也赚钱——似乎获得一个皆大欢喜的结局。但安然公司将不得不为此投入相当多的资金,从机会成本的角度看,这项决策仍值得质疑。

结束语

1996年年底,被肯·莱称为全球第一大天然气巨头——并被他定位要成为全球领先的能源企业——的公司,其实就是一家国际项目业务与这些称谓不相称的北美天然气公司。安然公司正利用一切机会来透支未来,一些重大的问题正在继续恶化,而安然公司能否兑现它对华尔街做出的增长承诺,则取决于它在州级监管机构在(地方公用事业公司的电力零售,下一章讨论的主题)市场推行强制性开放—准入上下多大的赌注。

然而,名声显赫的安然公司和赫赫有名的肯·莱都是能源行业的佼佼者,当然还是他们"家乡"休斯敦的佼佼者。《财富》杂志不是把安然公司排在创新力,管理层素质,长期投资价值,社区和环保责任感,吸引、发展和留住人才的能力,产品和服务质量,财务稳健性以及企业资产利用等指标排行榜的榜首吗?

《财富》杂志精心挑选的专家不是把安然公司评为最佳能源企业,从而让人相信莱提出的把安然公司打造成全球领先的能源企业(回想起来令人吃惊)的新愿景吗?肯·莱,还有杰夫·斯基林,不是都在1997年3月号《财富》杂志推出的"美国最受尊敬的《财富》企业"评选活动中被评为创新大师吗?

休斯敦几乎完全掌握在安然公司的手中。"肯·莱是个好人,安然公司是伟大的企业公民,而休斯敦则因为他们而变得更加富有。"有本书在2001年末安然公司破产后这样解释说。

当残酷的事实在安然公司有偿付能力的最后一年逐渐浮出水面时,这样的奉承和宠爱就失去了意义,安然公司多年培育的商誉很快就要消失殆尽。通向这个令人震惊的结局的小路在1996年已经存在,但在中途还需要大幅度拓宽。

第十五章　能源零售

把天然气和电力直接零售给居民用户——从批发到公用事业公司的下游环节——是1996—2000年安然公司规模和盈利能力翻番目标的核心内容。这个被称为"安然2000"的目标是我们在上一章讨论的安然公司要把自己打造成世界领先能源企业愿景的一个组成部分。

肯·莱为安然公司提出的新愿景和"安然2000"都非常激进，甚至可以说是厚颜无耻。安然公司大举进军能源零售业也是如此。安然公司从1995年开始进军这个行业，到1997年就已经全面铺开。但在接下来的一年里，安然公司进行了重大的战略转变：从面向居民用户的大宗商品销售转向了面向大型企业和行业的能源总外包。

安然公司要实现这项零售计划，就必须攻克三个难关。首先，公共政策必须倾向于强制性开放被公用事业公司垄断的输气和输电业务，才能允许独立供应商(如安然公司)接触到居民和商业用户。事实上，安然公司将不得不在州议会和各相关的州委员会开展游说活动，因此需要数十名全职说客和大笔政治献金。[1]

其次，购买安然股票的公众并不知情。必须构建品牌认知和信任，才能与已

---

[1] 1995年，最初大约5名专业说客负责这项监管和立法促进工作。1998—1999年，负责这项工作的说客增加到了三四十人，年度预算高达2 500万美元。

经确立市场地位的公用事业公司展开竞争。消费者已经被他们的公用事业公司所俘虏,他们几乎没有反抗,更不用说寻找替代性供应商了。监管机构和立法机构很容易受到在位企业的影响,帮助它们维持现状。

最后,安然公司几乎没有零售经验。大众营销与企业对企业销售这个安然公司的利基市场截然不同。肯·莱的公司不是一家低成本、低利润的欺骗性证券经营机构,安然公司最优秀、最聪明能干的员工都领取行业领先的薪酬和额外津贴,而且都没有接受过卑微劳动的教育。

安然公司面临的这方面挑战——促进能源零售业推行强制性开放—准入、品牌推广和零售业销售——由三名高管负责应对,其中两名是新聘的。政府事务老将特里·索恩受指派专门负责解决天然气和电力零售市场开放的问题。伊丽莎白·蒂尔尼(Elizabeth Tilney)受聘负责广告和品牌推广,她的职责就是让安然公司的品牌成为面向大众消费者的"品牌"。阿夏克·拉奥(Ashok Rao)加盟安然公司,负责为居民和商业用户开发能源零售产品。

与此同时,肯·莱正在利用许多论坛宣扬其竞争一直延伸到最小居民和企业用户有益于消费者的观点;而杰夫·斯基林在改造和做大安然资本与贸易资源公司的同时,也在寻求把强制性开放—准入推向最终用户市场,并把这种制度作为改善美国的常识性功利主义政策。

莱和斯基林有远大的目标:他俩希望安然公司能占据10%的市场份额,并实现200亿美元的销售额和2%的利润率(也就是4亿美元的利润)。但经过18个月的努力,没能实现增加100万个客户的愿景。花了2 000万美元只增加了不到5万个客户,而且没有足够开放的市场来完成目标。安然公司又把客户还给了地方公用事业公司,并且致力于开辟新的零售路径。

———

安然公司很早就全力拓展电力零售业务。1993年12月,安然电力营销公司从联邦能源管理委员会那里申请到了经营各种电力业务的营销执照,获准按市场价格批发销售电力。安然电力营销公司在1994年6月做成了第一笔电力批发交易。到了这一年年底,安然公司这个拥有70名员工的事业部销售的电力比其他独立电力公司的总和还要多。安然电力营销公司签署了80份交换合同和单务合同以及9份输电协议,"在美国本土48个州的每一个地区"批发电力,有史以来第一次创造了一个——虽然仍处于萌芽状态的——大洲级的市场。

虽然有新进入者闯入,如天然气清算所旗下的电力清算所(Electric Clearinghouse)和应用能源服务公司(Applied Energy Services, AES),但安然公司仍能保住自己的支配地位。1996年,安然资本与贸易资源公司占据非管制(非公用事业)电力市场26%的份额,就是率先进入这个市场取得的结果。(相比之下,安然公司努力了10年才在天然气批发这个成熟市场占有17%的份额。)

那么,电力批发的利润率有多高呢?安然公司不愿透露。但是,在(200多家申请到联邦能源管理委员会营业执照的)电力批发企业中,有87家活跃的电力营销公司占整个电力(批发)市场的份额还不到5%,利润率远低于早期天然气营销。安然电力营销公司的肯·赖斯指出,到了1997年,电力批发市场与天然气批发市场一样,已经是一个"高度竞争"的市场。

天然气零售

到了20世纪90年代初,安然公司已在天然气批发市场站稳了脚跟。但是,安然资本与贸易资源公司想要增加收益,还需要等待新的机会。由于安然公司实行盯市记账法,因此,现有的长期交易已没有更多的利润可赚,每个新的会计年度都要从头开始去追赶上一年度的财务业绩。

天然气批发市场估计有300亿美元的规模,是一个有许多竞争对手效仿安然公司的成熟市场。把天然气零售卖给地方配气公司背后的工业、商业乃至居民用户,才能开辟天然气市场的新疆域。但是,零售竞争远不是一种自愿的自由市场活动,而是要在有一个世纪悠久历史的监管制度下把强制性开放—准入规则延伸应用到天然气行业的下游。[1]

1992年,有人问肯·莱,在天然气的新世界里下一步应该怎么走?他是怎么回答的呢?"绕道而行"。那年,安然公司收购了俄亥俄州哥伦布市的大通能源公司,原因就是,这家公司向美国34个州和加拿大上万名小商业用户销售天然气。这家公司在更名为安然大通公司(Enron Access)后招揽到了一些值得注意的客户,包括哥伦布市的塔可钟公司和芝加哥大主教辖区的所有教堂。[2]

---

〔1〕 关于开始实行州级公用事业监管——特许经营垄断者不得超过基于成本加成价格上限销售捆绑产品——的讨论,请参阅:Bradley, *Edison to Enron*, pp. 86−88, 121−126, 172−176。

〔2〕 请参阅第九章。

不过，开拓天然气居民用户的零售市场是另一回事。这些小用户的聚合成本很高，而服务利润最低。但就价格而言，居民用户市场似乎是一个看似合理的目标市场。1985—1994年，供应地方配气商和工业用户的天然气价格下降了20%以上，供应商业用户的天然气价格则保持不变，而居民用户的天然气价格则上涨了5%。1996年，居民用户平均要为购买每百万英热单位的天然气支付6.34美元，比商业和工业用户分别高出17%和85%。

据安然公司估计，全美零售天然气市场有700亿美元的规模，主要是地方配气商的客户，他们占天然气零售市场最终用户销售收入的71%（不属于联邦能源管理委员会和州公用事业委员会监管，因而是实行强制性开放—准入制的市政配气和天然气合作社，实现了其余部分的最终用户销售收入）。安然公司作为供应美国地方配气商的主要天然气批发商，实际上已经在为天然气零售市场的部分客户提供服务，因此安然公司实际可获得的天然气额外销售市场（零售减去批发）接近400亿美元。

到了1993年，随着联邦能源管理委员会规定的强制性开放—准入规则在州际天然气批发市场的全面推行，各州开始探索零售业务的拆分。加利福尼亚州、俄亥俄州、伊利诺伊州、马萨诸塞州、马里兰州和新泽西州开始推行绕开地方配气商的计划。佐治亚州选择了全州范围内实施的最全面的计划，当时亚特兰大燃气与照明公司（Atlanta Gas Light Company）、佐治亚州公共服务委员会（Georgia Public Service Commission, GPSC）和立法机构经过努力提出了1996年《天然气消费者选择法案》（Natural Gas Consumer Choice Act）。这个法案在第二年获得通过，改名为《天然气竞争与放松管制法案》（Natural Gas Competition and Deregulation Act）。[1]

所谓的地方配气商分拆（将交付服务与商品分离开来）有它的政治意义。虽然在开放—准入制执行最彻底的加利福尼亚、伊利诺伊和俄亥俄三个州，安然公司的2万名客户与之前作为公用事业公司客户相比节省了差不多5 000万美元的天然气支出。但在1996年之前，天然气零售市场有效的竞争仍受到限制。

在佐治亚州公共服务委员会和其他州的类似机构之前，安然公司制定了一

---

[1] 虽然这是首次对天然气买卖交易放松管制，但这部法律应该取《天然气行业竞争与重组法案》（Natural Gas Competition and Restructuring Act）这个名称才更加贴切。

套"全面拆分"准则,使它只供应大宗商品的服务能够在新的市场上竞争。安然公司提倡对公用事业公司提供的(交付)服务进行监管,但并不主张对它自身进行监管,只是提出旨在最大限度地限制大宗商品市场进入者数量的最低财务要求。

公用事业公司被要求退出批发业务——以结束捆绑式服务,并要接受所在州公用事业委员会的公平竞争监管。这样,任何独立供应商相对于公用事业公司而言都不会处于不利地位。事实上,公用事业公司后来不得不设立独立的子公司,使用新的名称来提供商品服务,而不需要母公司提供特殊的优惠费率或服务条件。安然公司强调,"至关重要的是,传统的垄断销售商——本地配气公司——没有特惠优势来阻止新的天然气供应商在新的零售准入市场上进行有效的竞争"。

私人合同将取代地方配气公司的服务义务。根据安然公司的提议,公用事业公司仍将负责为第三方聚集客户、抄燃气表和提供辅助服务。公用事业公司的交付和辅助服务费率仍根据传统的公用事业监管条例计算。这样,在位企业就无法通过收取客户退出费来阻止任何从捆绑到非捆绑服务的转换。

这就是安然公司——除了在得州、路易斯安那州或者安然公司本身就是捆绑交易批发商并同时通过提供输气服务和商品销售赚钱的地方——想要做的事情。安然公司正在与休斯敦管道公司、路易斯安那资源公司和(阿根廷的)南方天然气输送公司联手做这件事。如前所说,你采取什么立场,取决于你站在哪一边。[1]

1996 年春天,《华尔街日报》刊登的一篇报道称,"就像美国电报电话公司的拆分促进了长途电话业的竞争一样,天然气企业也会在放松管制后展开竞争"。这篇报道还指出,把这种大宗商品(天然气)与交付服务分拆开来,就像斯普林特公司(Sprint)或 MCI 公司利用小贝尔公司(Baby Bells)的传输线路把产品送到家庭或企业用户那里一样。

这篇报道接着又说,安然大通公司为新客户分发能源红包并组织其他促销活动。一个可能的结果是,品牌天然气类似于石油巨头的汽油。根据与美孚合

---

[1] 关于安然公司对公共政策的矛盾心理,请参阅导言。

作销售天然气的天然气输送巨头泛能公司的保罗·安德森(Paul Anderson)预测,"总有一天,我们也能向客户寄送印有自己品牌图案的账单,就像美孚公司向客户寄送印有红色飞马图案的账单那样"。

那么,小客户聚集是一项有利可图的业务吗?目前还没人知道,但显然存在障碍。在监管方面,虽然公用事业公司获得的支持有限,州一级的拆分正在向前推进,但并不完美无缺。[1] 从业务的角度看,从招揽到计费开票再到收款,要聚集足以实现规模经济的客户人数代价昂贵。但 1997 年年初,安然公司打算在俄亥俄州托莱多(Toledo)推出一个住宅天然气试点项目,为客户提供两位数的折扣。

安然公司别开生面的开局只吸引了一小部分符合条件的客户。相对于商业机构和制造商天然气零售业务,家庭用户的天然气零售时机还不成熟。正如肯·莱告诉联邦能源管理委员会的那样,"传统供应商具有在位者优势,包括品牌商誉、专有市场信息以及熟悉监管流程"。地方配气公司需要做的就是拆分——把交付服务与大宗商品天然气本身分开,并成立有自己名号的独立实体,从而为争夺过去只是一种实实在在的转嫁成本的利润展开竞争。[2]

虽然天然气清算所(其前身是美国天然气清算所,后来的迪奈基能源公司)已经做好了尝试这种零售业务的准备,但是,它的总裁查克·沃森拒不接受这种零售业务。沃森在接受《天然气周刊》采访时表示,我们现在与雪佛龙联手成为美国最大的天然气销售商(超过了安然公司),天然气清算所的能源储存公司(Energy Store)将继续保留批发业务。据估计,从每个客户那里能每年赚到 25 美元的收益,只有在拥有数百万名客户的市场上才能实现盈利。

安然公司可能发现了这个问题。安然能源服务公司副董事长汤姆·怀特回忆说:"在俄亥俄州的都柏林,凡是大通能源公司过去有客户的地方,我们像卖热蛋糕一样,毫无计划地把天然气合同卖给这个地方的居民。"安然公司在不考虑成本或客户人均利润率的情况下,为地方配气公司背后的客户提供上门服务,每个上门服务的员工都有自己的费率结构和服务规则。怀特回忆说,安然公司两

---

[1] 1998 年,11 个州有立法或公用事业管理委员会的法令;12 个州进行了试点;11 个州正在考虑采取行动。剩下的 16 个州没有向家庭用户出售天然气的计划。

[2] 佐治亚州公共服务委员会要求亚特兰大燃气与照明公司为其(分拆的营利性)天然气零售事业部取一个不同的名称。后来这个事业部叫"佐治亚天然气服务公司"(Georgia Natural Gas Services)。

个非常敬业的员工负责上门为阿马里洛天然气公司(Amarillo Gas Company)的客户提供服务。仅仅筛选了 20% 的底层(按用气量计)天然气用户,就使地方配气公司的数量从 120 个减少到了 30 个,但多年的浪费和损失是无法弥补的。

电力零售

实现"安然 2000"目标——五年内规模和盈利能力翻一番——的假定驱动因素,与天然气没有多大的关系,更不用说与太阳能和风能有什么关系了;而且与生物燃料也没有关系。事实上,乙醇与安然公司巨额投资的天然气衍生汽油增氧剂形成了竞争。安然公司已经剥离了大部分与石油有关的资产,而且对煤炭也不感兴趣。

迄今为止,天然气是安然公司的主要收入来源,但安然公司把最大的赌注压在了电力这种二次能源上,因为电力有一个比天然气大得多的零售市场。"安然公司在这方面有一个宏伟的计划,"投资分析师约翰·奥尔森指出,"安然公司的战略是,在 5~10 年内打造一个全国性的品牌产品……使安然公司成为电力行业的可口可乐公司或者宝洁公司。"

杰夫·斯基林委托麦肯锡公司进行的一项研究,得出了向家庭销售电力有巨大可能性的结论,这个潜在市场占电力市场的份额在 5%~8%,利润在 1%~3%。家庭电力市场有可能使安然公司的利润增加 3 亿美元。[1] 安然天然气服务公司早在 1994 年下半年就开始进行大规模的电力批发营销活动。实际上,杰夫·斯基林的新办公室就位于安然大厦 31 楼 100 个电力营销人员的办公室中间。[2]

1995 年年末,安然公司在公司(公共事务和政府事务)和安然资本与贸易资源公司两个层面开始了电力零售推进活动。虽然安然公司有 10 年的天然气批发和 1 年的电力批发经验,但电力零售对于安然公司来说,从商业计划到产品开发再到营销策略一切都是新的。

1996 年 5 月,斯基林和卢·派宣布准备工作已经结束。"在过去的 5 个月

---

[1] 对于安然公司来说,天然气零售的增量市场不如电力市场。天然气市场规模较小,安然公司已经在做天然气批发。这些天然气批发业务在地方配气公司放弃天然气批发职能后将变成安然公司的零售业务。

[2] 请参阅第十章。

里,零售集团在确定新的零售市场和制定经营战略方面已经取得了重大进展。"现在是"把大量的资源集中追加到这项工作上的时候了"。在座的各位,"我们认为,你们的努力对于把安然资本与贸易资源公司定位为下个世纪居于支配地位的能源批发商具有非常重要的意义"。

安然公司预期到"[强制性]开放—准入制扩展执行到天然气和电力零售市场",于是就成立了由"三家分立的公司"——个人用户、商业用户和专业用户——组成的电力零售集团。考虑到每一家公司的潜在规模("与安然资本与贸易资源公司本身一样大"),这三家公司全部直接向安然资本与贸易资源公司的董事长办公室汇报工作。与此同时,创建快满3年的安然电力营销公司负责电力批发业务。

蒂姆·巴拉利亚(Tim Ballaglia)和卢·派负责需要"量身定制的复杂"合同的医院和学校等连锁机构类专业用户的公司。商业用户公司由戴夫·杜兰领导——杜兰在他的公司加盟安然公司之前曾在俄亥俄州都柏林与大通能源公司一起做过这种业务。

第三种业务——个人用户——既没有顾客,也没有商业计划。"这个业务单位将负责在安然资本与贸易资源公司发展一家新的'公司内部的公司',"斯基林和派表示,"负责产品开发、面向消费者市场的销售和营销",以及在"零售联盟、品牌开发和管理、广告和公关活动"方面做安然资本与贸易资源公司的代言人。他俩最后表示:"个人用户零售公司将由安迪·法斯托领导。"

且不说天然气,安然公司如何能够通过电力服务于最小能源用户来赚取利润呢?法斯托以前通过融资能从"帽子里变出兔子"来;现在,他的任务是,与一个敬业的团队一起铺就一条通向盈利的道路。

7个星期以后,这个零售集团的三个事业部有两个宣布了业务变更。只有杜兰负责的"今天可物理交付的中间市场单一地点业务"没有受到影响。

专业用户事业部的业务——"安然资本与贸易资源公司零售领域最直接的新业务机会"——集中在其自身的业务发起、定价和风险管理功能上。这个事业部是主动变更自己的业务,而且增加了综合职能。

个人用户事业部交给"神童"法斯托。前财务部经理里克·考西现在负责开发"[零售]能源服务……以及风险管理、物流和费率分析"。安迪·法斯托没能以一种显示可行试算利润的方式来绘制支出和收入图表(他关于产品差别化的想法当然不适合像电力这样的通用产品)。但是,安然公司的高层领导人设想的东西也许根本就不存在。

法斯托悄然无声地回到了财务部。安然公司有一份备忘录写道:"安迪在金融和资本市场积累的丰富经验,将极大地帮助他在财务部的工作,并继续为安然资本与贸易资源公司增加资本。"法斯托又得到了重新任命,或许是渴望取得救赎性成就,他将在安然公司的温室里小心谨慎地工作。

考西负责制作电子数据表,并且要把许多琐碎的东西编入表格,但电力零售的后台工作令人望而生畏。谁知道有多少客户愿意放弃现在的供应商提供的便利?为客户开立账户随后通过账户向客户收费的实际成本是多少?如何才能在未来的计费周期里留住客户?

几个月后,考西也回到了财务部。

接下来,这个棘手的任务交给了曾在法斯托和考西手下干过的雷·博文(Ray Bowen)。博文把更多、更好的细节内容编入了电子数据表。但是,年轻的哈佛工商管理硕士古斯塔夫·比尔勒(Gustav Beerel)早些时候为法斯托提供的数据顽固地反映了成本高、利润低的问题,因此,有必要对现有短期市场之外的客户进行统计。

杰夫·斯基林开始感到紧张,但证明(下文要讨论的)概念的试点项目正在进行。从外面聘来的新领导人 K. 阿夏克·拉奥带来了以前他以独立人士的身份反对(但没有支撑多久)美国电话电报公司对长途电话垄断的经验。[1]

对公共政策的推进

到了 20 世纪 90 年代初,一种建立竞争性零售电力大宗商品市场的想法已经呼之欲出。1982 年,欧文·斯特尔泽(Irwin Stelzer,后来被莱聘为安然公司的高级顾问)在《监管》(*Regulation*)杂志上发文引起了轩然大波。据斯特尔泽透露,联邦能源管理委员会、能源部和弗吉尼亚电力公司(Virginia Electric & Power)都在研究电力行业垂直一体化垄断结构的替代方案。斯特尔泽把这归因于其他行业(航空公司、公路运输、铁路、电信)的放松管制以及公认的由费率基础监管激励(不当)导致的公用事业过度投资问题。

---

[1] 请参阅下文。

斯特尔泽的逻辑引出了一个简单而又陌生的想法——赋予配电商及其客户从最便宜的电力供应来源购买电力的机会。毕竟,发电商生产的电力会由许多买家购买,而不是由一家(拥有输电线路的)配电商"自然垄断"。

1986年,伊利诺伊州商务委员会(Illinois Commerce Commission)主任菲利普·奥康纳(Philip O'Connor)建议,"要求个人消费者与电力生产商之间实行非歧视电力转供,以消除不合理的地区差价,从而创建一个全国性的能源市场"。奥康纳和他的两个合著者提出,可以解除对公用事业发电业的管制,把它分拆给独立企业。可以推行电力现货价格和期货价格,公用事业电力公司提供的服务——都没有输电服务重要——可以分开定价。

安然公司虽然提出了发展电力零售业务的愿景,但一切都要从零开始。这个机会是由安然公司驻华盛顿办事处争取来的。安然公司驻华盛顿办事处发起了在1992年《能源政策法案》中加入以下这个条款的倡议:要求公用事业公司对从事批发业务(转售业务)的外部当事方的交易提供非歧视性的准入机会。联邦法律并没有明确要求在州内配电业(电力零售转供)推行强制开放—准入。当时,安然公司还不敢提出这样的要求。

因此,安然公司已经赢得了在州际电力市场推行强制性开放—准入的斗争。[1]但是,在州内电力市场,垂直一体化的电力公司对于州公用事业委员会和立法机构有更大的影响力。支持"增量竞争"的爱迪生电力研究所的戴维·欧文斯(David Owens)表示:"电力零售转供政策是一项糟糕的政策。"争论和拖延("放慢速度")为公用事业电力公司赢得了更多的时间从被其俘获的消费者那里收回不经济的("搁置")成本。但是,如果零售电力价格比较便宜(不在输电费率中加收特别附加费),那么,公用事业电力公司就无法收回不经济的搁置成本。只有少数几家公用事业电力公司支持放开电力零售市场、引入竞争机制——它们相信推动电力零售市场竞争的政治进程会赋予它们在过渡期收回搁置成本的时间。由安然公司的前高管吉姆·罗杰斯掌管的辛纳杰能源公司就是其中一家这样的公司。

那么,被垄断者俘获的消费者会持什么态度呢?消费者并没有奋起反抗,更

---

[1] 请参阅第九章和第十一章。联邦能源管理委员会针对不同诉求发出了酌情处理的个案法令,同时开始制定规则,通过发布同时适用于166家公用事业电力公司的通用法令——类似于联邦能源管理委员会关于天然气的第436号令和第636号令。结果是,1996年4月联邦能源管理委员会发布了针对电力行业的第888号和第889号令。

没有组织起来支持允许自由进入天然气或电力零售市场。家庭和商业用户已经习惯了他们支付的天然气价格或电价。而且,在价格没有飙升的情况下,他们看重的是更换供应商要花费的时间和精力(公用事业公司正是为了利用消费者的这种惰性积极开展公关活动)。那么,委员会监管难道不是竞争的替代品吗?至少从理论上讲,限制费率难道不符合公众的利益?不管怎样,随着零售准入的推进,公用事业公司对各政治行动委员会(Political Action Committee, PAC)的捐款1995—1996年比1994年增加了两倍,而且公用事业公司几乎在所有相关的政治管辖区内都变得更加忙碌,而安然公司又得投入一场战斗。

有些环保人士并不支持有望降低费率、增加消费的政策变更,因为这与阿莫里·洛文斯的资源保护主义[所谓的"负兆瓦"(negawatts)]愿景是背道而驰的,也与公用事业公司的需求侧管理计划背道而驰。世界观察研究所的克里斯托弗·弗莱文是莱最喜欢的人,他把电力零售转供称为"噩梦",因为它会给发电厂和消费者树立低费率的道德规范,从而阻碍可再生能源的发展。环保人士继续指名道姓地批评安然公司,支持一种能源总包的观点("提供节能灯泡、热水器隔热毯和减少能源使用的建议"),而不是一场电力价格战。事实上,这样的策略对安然公司来说是不够的(本章稍后讨论这个问题)。

"私酒贩子"安然公司需要"浸礼会"——一个宣传其立法和监管倡议并不是为它自己的公益团体。休斯敦工业公司(后更名为"Reliance",现又改名为"NRG")的唐·乔丹直截了当地指出:"这是钱的问题。"对他和公用事业公司(就如下文所述的那样,波特兰通用电力公司的肯·哈里森除外)来说,电力零售转供是公用事业电力公司和闯入者之间的一场零和博弈,在经济效率方面不会有实质性的收获。

无论被俘获的消费者是否要承担(输电)附加费来支付公用事业电力公司的搁置成本,旨在提高竞争水平的行业重组肯定会给消费者带来净效率收益。这个改革方案是由美国最进步的州公用事业委员会提出的。

加州的方案。为了应对加州严重的经济衰退,州长皮特·威尔逊(Pete Wilson)指示加州公用事业委员会处理远远高于全国平均水平的电价问题。1994年4月,加州公用事业委员会提出了一项监管改革方案,其中包括"直接准入"(电力零售转供)方式,一种杰夫·斯基林和肯·莱本会提出但几乎没有进行游说的直接准入方式。

作为回应，安然公司通过游说和商界两个方面开始实施"全场紧逼"策略，试图据此成为全国最大的家庭用户电力(和天然气)供应商，并在5年内把公司的规模和盈利能力提高一倍("安然2000"目标)。在安然公司的鼓动下，一批有自由主义倾向的智库和倡导团体站在了支持(对电力这种大宗商品)部分放松管制和通过新型政府干预——旨在推行直接向最终用户供(天然)气和供电的强制性开放—准入制——来刺激电力零售业竞争的一边。[1]

加州公用事业委员会在它提出的具有历史意义的方案中宣布："加州投资者所有的公用事业公司目前收取的电费是全美最高的。这一令人沮丧的事实促使我们探索现有框架之外的合理替代方案。"加州公用事业委员会在它制定规则的法令和进行调查的法令中继续表示："我们的目标十分明确，就是要建立一个取代治理垂直一体化自然垄断企业的传统服务成本监管模式的新框架"，从而"大大改善对加州居民和企业用户必须支付给投资者所有的电力公司的服务价格施加下行压力的工作"。

加州10.3美分/千瓦时的平均电价比全国平均水平高出50%——甚至是北俄勒冈州电价的两倍。这个改革方案规定，每隔两年分阶段放开一个不同客户类别的市场，总共需要8年时间才能开放各类不同客户的市场，最终在2002年元旦可直接向符合条件的最终居民用户供电。这个方案没有提到不计搁置成本的问题，也没有预测电费下降、消费者节约或整个经济的效益。直接商品竞争的好处不言自明。

加州公用事业委员会对自己的综合资源规划方法提出了质疑，承认"试图预测、规划或强制规定加州的单一电力未来，就意味着要做更多的相同的事情——集中规划和微观管理"。这是在寻求一种对消费者友好、有利于竞争的监管制度。约翰·詹瑞奇记述华盛顿的各种骚动时，把他在《天然气周刊》"展望"栏目发表的文章的标题定为《爬行资本主义正在蜿蜒爬出加州》。

在全美各地都能听到广播里播送的"蓝皮书"方案。许多公用事业电力公司的股票价格下跌了两位数，因为投资者在考虑这些成为众矢之的的公司是否能够收回其搁置成本。据估计，这种搁置成本，全美共有1 500亿美元，仅加州就

---

〔1〕虽然现状可以说是政府干预与强制性开放—准入旗鼓相当，甚至是前者多于后者，但这种开放—准入是强制性的，也是政府对市场的干预。真正的解除管制和自由市场竞争会导致公共事业监管缺失(更不用说进行综合资源规划了)，也不会对输电资产所有者、公用事业公司或其他方面提出强制性要求。

有300亿美元。[1]据爱迪生电力研究协会估计，它的会员斥资数百万美元游说反对特立独行的改革者、工业用户[组织了电力消费者资源委员会(Electricity Consumers Resource Council, ELCON)]和安然公司。

在加州公用事业委员会出台电力行业改革方案后，杰夫·斯基林向安然公司的员工解释说："加州正在发生的事情与过去10年天然气行业发生的事情相似，当时美国联邦能源监管委员会要求开放全部州际输气市场。"但更重要的是，与上次天然气行业改革相比，加州的这次电力改革要涉及居民用电，从而产生"更加广泛的影响"。斯基林指出，随着加州成为其他州的潮流引领者，这个"最后环节"将"创造一个规模三倍于天然气市场的电力市场"。

加州的这个历史性电力改革方案不是建议放松管制、去政治化，也不是给专营垄断者泼冷水，而是对电力监管制度的重新安排。一位经济学家称之为"监管机构强制推行的电力行业结构调整"，但特殊利益集团仍占据主导地位。公用事业公司希望能收回全部的搁置成本，而环保组织则希望为他们心仪的供应或需求侧项目恢复原来的电价和附加费。

果不其然，随着加州公用事业委员会提出的电力改革议案进入立法程序，这个议案就变得更加政治化，最终通过了某种针对所有人(具有1890年"血型")的《公用事业电力行业重组法案》(Electric Utility Industry Restructuring Act)。这项法案在1996年9月由威尔逊州长签署后成为正式法律。

最终的立法和行政产品绝不是一种纯粹的电力零售业准入制度，更谈不上真正的放松管制，因为供应商与消费者要在这种准入制度下就大宗商品和服务进行谈判。结果这个准入制度推迟实施，并且演变成一种"半奴役、半自由"的制度，几年后导致加州陷入全面的电力危机。安然公司在这个故事中扮演了重要角色，但不是正派角色。[2]

安然公司通过自己内部研究和委托外部机构研究，为电力零售业竞争奠定了符合公众利益的理论基础。其中的一项研究估计了其他行业解除管制或重组

[1] (全国竞争性零售业的)未折旧成本与预期收入之间的这个差额估计至少有200亿美元，最多有3 000亿美元。穆迪公司估计是1 350亿美元。
[2] 安然公司的交易员臭名昭著地利用复杂的监管规定，把批发电价提高到不可持续的水平，再利用零售电价上限导致加州的主要地区出现电力短缺(实行限电)。

实现的节省,而另一项研究则建模正式模拟了一个平均(垄断)成本高于边际(竞争)成本的行业在解除管制或重组以后价格下降的幅度。

斯基林指出:"自从1984年开始放松管制以来,天然气行业的成本累计下降了837亿美元,而同期电力行业的成本则上涨了653亿美元。"[1]据他估计,未来仅加州一年就能通过降低电价节省近90亿美元,从而有足够的钱偿还以前积欠的债务,在加州最大的几个城市多雇用一倍甚至两倍的警察和教师,而且还能剩下大约10亿美元可自由支配。在加州公用事业委员会举行的听证会上,杰夫·斯基林支持蓝皮书议案,称这个议案"选择了正确的改革道路",并为美国其他地区树立了榜样。[2]

议案引起了激烈争论。两项由安然公司资助的研究显示,把竞争机制引入电力零售业,消费者可以节省巨大的电费支出。1996年5月,克莱姆森大学(Clemson University)的经济学家估计,全面放开电力市场,通过增加低成本的新产能和不断扩大消费,在短期内可使电价降低13%,在长期内可使电价降低43%。这些估计数据把公用事业公司以不经济方式发的电重新根据市场来定价;收回搁置成本被斥为"一个有损公平的问题,而不是经济效率的问题"。(是否允许)收回搁置成本不属于可变费率范畴。

这项研究的发起者公民促进健康经济组织(Citizens for a Sound Economy, CSE)发布的一份新闻稿公布了能够产生最大政治影响的年短期节省绝对额:家庭用户短期年节省额是216美元;商业用户是2 176美元;而大工业用户则是36 000美元。

1997年年初,另一项由安然公司组织并由中间偏左的布鲁金斯学会罗伯特·克兰德尔(Robert Crandall)以及乔治·梅森大学市场过程自由市场中心(现为默卡特斯中心)杰瑞·埃里格(Jerry Ellig)完成的研究估计,其他解除管制或重组的"网络"行业(民航业、天然气行业、铁路业、电信业、公路运输业)的消费者节省都达到了两位数,并且都随着时间的推移而增长,电力行业也会如此。

---

[1] 消费者在天然气上的节约超过了在电力上的节约,这反映了天然气井口价格的下降以及对天然气批发市场强制性开放—准入制的成熟,从而拉低了天然气的零售价格。由于大多数公用事业电力公司自己发电,因此,电力批发市场实行强制性开放—准入,估计不会对电力零售市场产生相同的影响。
[2] 1995年3月,安然公司的第一项委托研究[由麻省理工学院理查德·塔波斯教授等完成]得出了这样的结论:分拆并不会造成信度问题(考虑到电能无法经济地储存);双边交易取代集中调度是可行的(Poolco,稍后讨论)。此外,在电力零售市场实施强制性开放—准入,估计每年可节省600亿~800亿美元(而总搁置成本是2 000亿美元)。

一些智库对公用事业电力公司的改革议程兴趣不大,但它们在法学家、经济学家 J. 格雷戈里·西达克(J. Gregory Sidak)那里找到了自己的知音。西达克是华盛顿一个受人尊敬的老牌中右智库美国企业研究所(American Enterprise Institute,AEI)的理事。西达克[与经济学家威廉·鲍莫尔(William Baumol)]在他的文章、专著和证词中,主张把收回全部搁置成本作为判例和法律(监管合同)问题来对待。被美国政界左右两派的批评人士称为"纾困计划"的搁置成本回收计划,削减了大部分电力零售业竞争为消费者带来的费用节省。西达克基于这些理由对公民促进健康经济组织的研究提出了质疑。

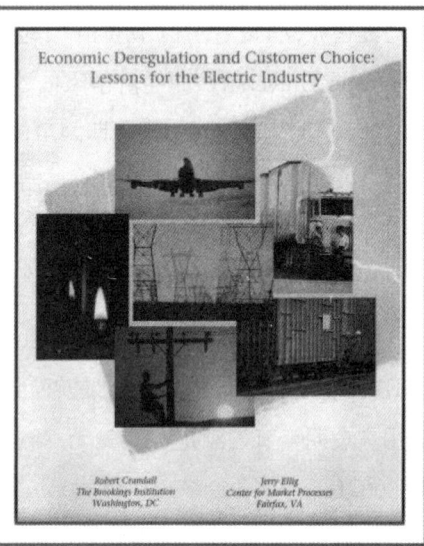

图 15.1　安然公司组织并资助的两项主要研究从消费者的角度提出了开放电力零售市场的理由。用客户选择、消费者价值等指标估算的实行强制性开放—准入能减少的成本和降低的价格(左图)以及用经济管制放松和客户选择指标估计的其他行业价格降幅(右图),表明电力行业也会如此。

"看到最近一项认为美国企业研究所是反对公民促进健康经济组织游说支持者的研究,我感到惊讶和极度失望,"美国企业研究所的一名理事兼捐助人在 1996 年年中写给该研究所所长克里斯托弗·德姆斯(Christopher DeMuth)的信中如是说,"如果美国企业研究所长期以来一直持有的竞争信念发生了变化或做出了妥协,那么就请告诉本人。"

德姆斯在一份冗长的回信中向肯·莱保证，美国企业研究所不做表明其立场的业务，收回全部搁置成本是一个合理的辩论立场。事实上，只要公用事业公司没有销售职能，安然公司就会支持收回搁置成本，但是，这一让步肯定会减少公民促进健康经济组织研究中计算出来的消费者费用节约数额。

1996年，由公用事业公司支持的两个新的游说团体提出了放慢改革步伐的理由。竞争电力联盟(Alliance for Competitive Electricity)和竞争政策研究所(Competition Policy Institute)反对电力政策的联邦化。最大的灵活性，而不是"一刀切"，也许才能最有效地防止停电或限电管制。在任何过渡时期，小消费者都应该得到保护，因为"大狗"（这里的"大狗"是指商业和工业用户）肯定能先吃。应该研究刚刚启动的天然气试点项目，最重要的是，搁置成本应该全额收回，而不应该作为亏损冲销（因为25%不取照付的管道运输成本已经置于联邦能源管理委员会的监管之下）。

联邦政府的行动。安然公司需要某种形式的"本垒打"——关于每家投资者所有的公用事业公司必须在日期确定的短期内实行强制性开放—准入的联邦立法。对1935年《联邦电力法案》(Federal Power Act)第211条进行一些措辞上的修改和增添一些新的内容，就能完成原本需要各州花费巨资才能完成且进展缓慢的工作。

1996年年初，由班尼特·约翰斯顿(J. Bennett Johnston，路易斯安那州民主党议员)提出的立法议案要求到2010年电力零售业实行强制性开放—准入，同时允许收回全部搁置成本。6个月后，爱迪生电力研究协会提出的法案被称为《安然法案》。丹·沙弗(Dan Schaefer，科罗拉多州共和党议员)提出的1996年《电力消费者选择法案》(Electric Consumers' Power to Choose Act)把2000年12月15日这个遥远的日期定为各州执行的日期，并为1997年开展更加认真的辩论奠定了基础。

"我必须承认，我对联邦政府在这方面的重大干预持怀疑态度。"参议院能源与自然资源委员会(Senate Energy and Natural Resources Committee)委员斯莱德·戈顿(Slade Gorton，华盛顿州共和党议员)表示。联邦化干预会侵犯各州的权利，否则保守派就会偏袒联邦化干预。但是，对于戈顿来说，更重要的电力改革理由是在开放的市场上实现电价均等化，因为在开放的市场上，高电价的加州会推高华盛顿州的电价（尤其是水电的价格）。

接下来的几年里，又有议员提出了更多的议案，其中大多数有具体的日期要求，还有一些是带有强制性(配额)的可再生能源发电议案(如沙弗提出的议案)。克林顿政府在1998年的综合电力竞争计划(Comprehensive Electricity Competition Plan)中明确规定了2003年开始开放市场，允许全额收回搁置成本和用可再生能源发电。

后来，联邦电力零售市场实行强制性开放—准入并没有取得成功，从而导致安然公司数十名说客有很多工作要做，而他们每年的花费要超过1 000万美元。

电力改革大辩论是围绕维持现状还是推行新的监管体制这个问题展开的，但并没有涉及真正的去监管化问题。《华尔街日报》在一篇社论中指出："即使是最热烈的自由市场论者，也没有建议政府完全退出市场。"但有一个坚定不渝的自由市场论者，它就是卡托研究所。当时，安然公司说服了一些崇尚自由市场的智库带头进行一些支持在电力零售市场推行强制性开放—准入的研究(当时，本书作者在安然公司负责这项工作)，但崇尚自由主义的卡托研究所提出了异议。

罗纳德·里根经济顾问委员会(Council of Economic Advisors)前执行主席、著名经济学家威廉·尼斯卡宁表示："强制性准入是一个糟糕的主意，部分原因是它侵犯了财产权，而不是真正的放松管制。"这位经济学博士呼吁结束电价管制和法定垄断，并且允许分布式发电并授予新的准入权与特许公用事业电力公司展开竞争。这样的"旁门左道"还能回避搁置成本回收的问题。

尼斯卡宁对这个问题的兴趣是由卡托研究所自然资源研究主任杰瑞·泰勒(Jerry Taylor)激发的，他通过自己写文章和委托研究以及参加政策与游说论坛，坚持反对强制性开放—准入。他成了电力行业重组派心目中的"崇尚自由市场的讨厌鬼"。随着时间的推移，电力行业重组派使自由市场论者共同体更倾向于完全解除管制，从而使这个共同体失去了影响力。

1996年3月，肯·莱、理查德·金德和艾德·塞格纳宣布了安然公司为"改变监管和立法环境"所做的努力，随后就像指派任务似的说："我们能否成功促成这方面的改变，将取决于安然公司管理人员和安然资本与贸易资源公司的许多员工。特里·索恩现在负责这项工作，把全部时间投入这些非常重要的活动。"

安然公司负责公共政策事务的高级副总裁要向杰夫·斯基林汇报工作,并把联邦和州政府关系事务交给安然公司办公室主任塞格纳负责。[1] 史蒂夫·基恩和凯瑟琳·马格鲁德(Kathleen Magruder)都是律师,他俩负责做加州和其他正在开放电力零售竞争市场的州的工作。安然公司驻华盛顿办事处由约瑟夫·希林斯和辛西娅·桑德赫尔负责,并在坐镇休斯敦的索恩的指导下开展工作。

安然公司的主张十分明确:以竞争——客户选择——取代垄断,从而降低费率并提高效率。斯基林表示:"这不是安然公司的问题,而是消费者的问题。"他在其他场合还说过:"这也不是各州权利的问题,而是一个涉及个人权利的问题。"大狗先吃?"大狗已经吃过……市场应该向那些无法在烟味熏人、光线暗淡的交易场所谈交易的人(居民用户)开放。"

图 15.2　为安然公司争取进入公用事业电力(先是批发,然后是零售)市场的合法权利(强制性开放—准入),是安然公司政府事务部门的工作。特里·索恩和辛西娅·桑德赫尔(左图)在华盛顿特区具体负责这项工作。史蒂夫·基恩和凯瑟琳·马格鲁德(右图)负责做加州的工作。安然公司的高管(中图)杰夫·斯基林和卢·派(前排,从左往右)以及马克·福莱维特、肯·赖斯和索恩(后排,从左往右)负责统抓涉及整个电力行业的工作。

"电价便宜,就意味着经济增长和就业机会增加,"莱常说,"例如,每千瓦时

---

〔1〕 同一份备忘录还宣布,任命伊丽莎白·蒂尔尼为负责营销与沟通的高级副总裁。索恩的职责是实现在电力零售市场推行强制性开放—准入的目标,阿夏克·拉奥负责零售产品开发,而蒂尔尼则负责促进销售。

平均消费者电价每下降 1 美分，美国一个四口之家每年钱包里就能多 452 美元，他们可以把这笔钱用于储蓄、投资或其他消费。"

杰夫·斯基林每隔一段时间就提出一个电力行业重组方案，他在自己的标准讲话中常引用莱的这句话，指责联邦能源管理委员会第 436 号令不切实际以及它可能给天然气行业带来的竞争。"鉴于天然气行业的资本密集型性质、寡头垄断的生产部门和垂直一体化输气部门，以及特许经营的排他性本质，"美国公用事业燃气协会（American Public Gas Association）在 1985 年表示，"这个行业是一个不适用自由市场机制的典型例子。"那么，现在的情况如何呢？10 年后，"消极怠工"的公用事业电力公司也在用同样的理由指责电力零售转供不切实际。

电力库（Poolco）构成的威胁。电力是一种不能经济地储存的产品，必须在生产出来的那一刻就被用掉。这种工程实际需要对电力进行集中式调度，协调电网上的所有供应源和全部需求。因此，在有关电力行业重组的辩论中，一些技术经济学家提出了一种类似于纽约证券交易所定价方式的通过聚合竞价过程来定期决定价格的机制。由这种机制生成的市场出清价格（譬如说每 90 分钟生成一个市场出清价格）能允许竞价参与者通过金融合约（"价差合约"）来锁定价格。哈佛大学经济学家威廉·霍根（William Hogan）不知疲倦地向州和联邦当局介绍电力库模型的实施意义，并从英国的电力库汲取灵感——禁止发电商、电力营销商和库外终端用户之间进行自愿交易。

电力库的一种替代性选择是订立双边合同，也被称为"直接接入"。签订双边合同的交易方自己谈定每笔交易的条件，包括价格，但仍采用集中输电的方式。安然公司希望通过单独谈判签订合同，能赚取更高的利润，就像它做天然气交易那样。因此，霍根的模型对于安然公司来说，就是一种在电力零售转供机制下的政策风险。

在 140 个缔约方就蓝皮书议案举行了 6 天的听证会之后，加州公用事业委员会于 1995 年 5 月做出了支持建立电力库的裁决。"电力库"被描述为"通过自愿设立的批发库与双边实物交易合同进行零售竞争的虚拟直接接入渠道"。加州公用事业委员会主席杰西·奈特（Jesse Knight）发表了代表少数派的意见，反对"单一强制性电力库结构"，支持"有利于能为市场参与者带来最大价值的商业机构赢得竞争的商业安排和机构网络"。

肯·莱把电力库斥为对客户选择的"威胁",是一个"监管机构强迫一个地区电力库的全部交易集中在一起进行的虚构市场"。莱警告称,电力库可能会成为下一个监管的"柏油娃娃"*。

莱解释说:"相比之下,自由市场模式允许根据市场的无穷变化签订单边和多边合约进行交易,同时保留集中式电网对配电的控制,以确保系统的完整性。"至于电网,用肯·赖斯的话来说,"不是一个而是多个电网运营商和控制区,可促进'最佳输电实践'的创新、实验和竞争性采纳(尤其是如能结合激励措施)"。

因此,独立营销商和最终用户都倾向于双边交易,而公用事业公司(背负着不经济发电的负担)、环保组织和联邦能源管理委员会则欢迎大一统的市场。

经济学家罗伯特·迈克尔斯虽然在另一个场合对安然公司向垄断者出售长期固定价格合同持批评态度,却是反对零售集中化的关键专家。"电力库是一种尝试,试图做一些政府从未成功做对过的事情——创造市场并迫使每个人都按照上面强加的规则进行交易。"在其他场合,迈克尔斯把这种制度设计称为"垄断者的新衣",并且暗示公用事业公司之所以对这种集中化感兴趣,是为了"凭借更精确的调度系统来维持它们在零售行业的垄断地位"。

安然公司的品牌推广努力

安然公司准备全面进军居民用户零售市场。这个潜在市场有数以百万计的天然气和电力用户,而安然资本与贸易资源公司长期服务的批发客户只有区区几百个。1992年安然公司收购大通能源公司以后,增加了一万多个商业用户。[1]

安然公司制定"安然2000"目标的依据,是进入一个迄今为止由被特许经营公用事业公司俘获的客户构成的大规模零售市场(一个年销售额2 000亿美元的市场)。在传统的公共事业监管体制下,用户购买的是捆绑式产品(包括商品及其运输服务)。在州级强制性开放—准入制下,安然公司和其他独立供应商提供商品——天然气和/或电力,而由公用事业公司提供输气和/或输电服务,即所谓的"最后一英里输气管道或输电线路"服务。

---

* 托尼·莫里森(Toni Morrison)的小说《柏油娃娃》(Tar Baby)中的主人公,这里比喻无法摆脱的困境。——译者注
〔1〕请参阅第九章。

正如安然公司1996年年报所说的那样,安然公司的目标是"成为美国最大的电力和天然气零售商"。安然公司计划收购占市场份额10%甚至更多的独立零售商,因此必须做出远超过1986年更改公司名称和(1989～1990年)打造绿色天然气品牌那样的公关努力。安然公司现在面临的新挑战是要让消费者在晚餐席间就认识它自己和肯·莱。

埃德蒙·P.塞格纳三世(Edmund P. Segner Ⅲ)是安然公司的执行副总裁兼办公室主任,负责公共事务工作。1996年3月,伊丽莎白·贝丝·蒂尔尼被新任命为负责市场营销、公共事务与行政的高级副总裁。5个月后,安然公司首次召开为期一天的媒体会议,会上宣布了它的品牌推广活动。

《休斯敦纪事报》的一则头版头条新闻称,"安然公司聘请了一家广告公司做广告宣传,它准备进军零售业"。奥美广告公司(Ogilvy & Mather)已经中标,正在为安然公司设计新的标识。有传言称,安然公司要花3 000万～5 000万美元购买广告。[其实,蒂尔尼在成为罗素·雷诺咨询公司(Russell Reynolds)的招聘主管之前曾在奥美公司工作过,后来才从罗素·雷诺公司跳槽到安然公司[1]。]

其他公司已经开始逐步放弃天然气和电力品牌推广。泛能公司和美孚公司之间的天然气营销联盟使用了美孚公司的"飞马"(Pegasus)标识。联合公用事业集团(UtiliCorp)旗下的第一能源公司(EnergyOne)使用直邮和定向广告来宣传其从能源商品到家电维修、安全系统和一氧化碳检测的"为客户提供一站式服务"。美国天然气交易清算所(后来更名为迪奈基能源公司)、南方公司和安特吉公司(Entergy)以及其他一些公司都在进行名称识别的实验。

安然公司的品牌推广不同于其他公司,让人觉得惊讶,因为肯·莱和杰夫·斯基林要努力进入全国市场。当时几乎没有州在零售市场实行强制性开放—准入计划。只有加州有一个准备在全州范围推行的计划,但要分阶段开放市场。加州的这个计划带有政治色彩,而且对于新成立的独立公司来说,具有盈利不确定性。

但是,安然公司的乐观情绪却溢于言表。天然气的先驱者们只是顺流而下

---

[1] 伊丽莎白·蒂尔尼的丈夫斯凯勒(Schuyler)是美林公司驻休斯敦办事处的一名投资银行家,从1998年开始与安然公司和安迪·法斯托就有瓜葛。安然公司破产后,美国证券交易委员会在一起民事诉讼案中以欺诈罪起诉了蒂尔尼(请参阅本丛书第四卷)。

进入零售市场,然后横向进入电力市场,先利用范围经济,后利用规模经济。此外,安然公司在可再生能源领域的领先优势,将遭遇公用事业公司旨在阻止电力零售市场竞争的绿色定价计划。[1]

媒体对安然公司十分友好。为什么被《财富》杂志评为"最具创新力"企业的安然公司就不应该从这种不确定性中获益呢?安然公司可能会"非常成功",一位营销专家表示。另一位消息灵通人士对《天然气周刊》表示:"在一个没有全国性品牌的市场上第一个推出全国性品牌,具有非常重要的意义。""追赶总是更难。"在8月的《纽约时报》上,艾伦·R. 迈尔森对一家为了"打造电力行业美国电话电报公司"(肯·莱的话)而正准备以自己的方式在一年的时间里花费2亿美元做广告的公司进行了正面介绍。

但是,安然公司的这位"大人物"要利用各州推行强制性开放—准入的政治意愿,并且正确利用这些规则来战胜根深蒂固的公用事业公司。安然公司做营销,实际上就是为了提高各州推行强制性开放—准入的政治意愿。如果监管机构和选民了解并喜欢安然公司和它的肯·莱,那么,安然公司就能遏制公用事业公司的在位优势。迈尔森在《纽约时报》上发表的上述文章明确指出了这一点。

当然,做全国性广告还有其他好处。"消费者会觉得'安然走在了前面',"一位市场营销学教授指出,"这当然不会对公司股票产生不利的影响。"安然公司的股票需要"东风",因为安然股票的价格已经持续下跌了一年(公司的潜在问题依然存在),使得安然在1997年成为潜在的被收购对象。

1997年是安然公司的品牌年。1月4日,安然公司隆重地向员工推出了一个由偶像级人物保罗·兰德(Paul Rand)设计的公司新标识。兰德设计的棱角分明的"E"被贝丝·蒂尔尼称为"大E"。"大E"还被配上了商标口号:天然气、电力,无穷的可能性。[2] 实际上,这项设计工作是由奥美公司的姐妹公司康胜公司(Conquest)完成的,因为后者与壳牌公司有业务往来。

说到安然公司的标识,让人想起另一件意外的事情——当时想把休斯敦天然气-联合北方公司的名字改名为"Enteron",结果中途夭折。"Enteron"的标识

---

[1] 安然公司提出了一项其特点是应急电源发电机用可再生能源发的每千瓦时合格电力都可并网交易的"绿色标签"计划,作为一项实施成本高、难度大、从发电机到电表电子跟踪计划的替代方案。绿色标签是后来成为所谓的可再生能源积分制(renewable energy credits, RECs)的概念基础。
[2] 安然公司破产后,它的公司标识被称为"歪E",这是兰德1996年在82岁去世前的最后一件公司标识设计作品。

安然公司发迹的岁月

为一个倾斜的"E","E"的 3 个尖头分别采用红、黄和蓝 3 种不同的颜色,但在复印或者传真时少了一种颜色(黄色变成了白色)。中间那尖头的颜色出了问题,简单的解决办法(现在回想起来也是理所当然的办法)是用绿色代替黄色。

图 15.3 由贝丝·蒂尔尼(居中)负责的安然公司品牌推广工作,因为由保罗·兰德(图右)设计公司新的标识而成为一个亮点。1997 年年初,安然公司为新标识举行了一次隆重的揭牌仪式,总部全体员工都参加了这个仪式。安然这样做的目的是要让员工把公司取得的成就告诉家人和朋友。

这个失误需要重新制作营销材料,从横幅到小册子再到印有信头的信纸,费用高达六位数。这个问题虽然得到了解决,但广告费已经支付;而且,再也没有比在 1997 年 1 月 26 日举行的第 31 届"超级碗"(Super Bowl)比赛时段,在选定的城市播放 30 秒钟的广告更能引人注目。

用艾德·塞格纳的话来说,现在已经到了"提升公司在全球的形象"的时候了。为了创建与客户、投资者和其他支持者的链接平台,安然公司制作了一个互联网主页。在美国第四大城市、世界能源之都休斯敦的公司总部,每一位员工都被要求注意自己的形象,因为他们都代表安然公司——"在我们的所有活动中,都要把诚信和尊重他人放在心上"。

休斯敦史密斯街 1400 号大楼的大厅里悬挂着新的横幅,"开放市场的智慧"和"争做创新实验室"都出现在了主题为"我们信仰什么"的海报中。安然公司的广告语中还包括"我们安然人能应对任何挑战……直至最后的细枝末节"以及"他们不但在谈论能源,而且还在谈论安然"。对于安然公司来说,遣词造句从来没有这么重要过,这能说明很多问题。

埃德·塞格纳聘用贝丝·蒂尔尼负责安然公司的品牌推广工作,并要求辛迪·奥尔森接管公司的社区事务。奥尔森的工作是"打造安然品牌的一个关键组成部分"。奥尔森负责的这个部门曾由肯·莱办公室的南希·迈克尼尔兼管,但迈克尼尔要和即将成为她丈夫的里奇·金德一起离开公司。

辛迪·奥尔森(与金融分析师约翰·奥尔森没有亲戚关系)刚与安然公司签订了一份为期3年的聘用合同,负责重新安排安然资本与贸易资源公司批发交易业务的非销售("后台")部门,为进入预计有600多万客户的电力零售市场做好准备。奥尔森注重细节,富有创造力,而且很漂亮,她能胜任包括天然气会计、合同管理、财务会计和风险管理在内的各种任务。从"正在重做的全部流程、系统和重新统计的人员"来看,安然公司有望每年削减2 000万~3 000万美元的成本,因此,奥尔森负责的工作,至少可以说是一项重要的工作。

奥尔森对自己能否胜任新的工作并没有把握。她觉得,安然资本与贸易资源公司是安然公司关键的利润创造单位,这种外联工作大多没有什么意义。但是,肯·莱的到访使她改变了看法。"他想从根本上重新设计安然与社区的关系。"她回忆说。这就意味着要以全新的方式来利用安然公司的慈善捐赠,最大限度地提升公司的商誉和知名度;也意味着创造性地让安然公司的数千名员工参与其中,尤其是安然公司在休斯敦和波特兰的员工。

安然公司的每一位员工都是公司的宝贵财富,同时也是安然公司的股东,每个员工都有自己的家庭和社交生活。从1997年5月开始,安然公司就把公司的杂志寄到员工家里,而不是分发到办公室。"我希望你们喜欢在家里收到你们的《安然商务》,"肯·莱写道,"我们这么做,是因为我们认为,重要的是,要让我们的家人知道并理解我们的业务和社区活动,这样他们就能支持和分享我们安然的成功。"

安然公司的社区事务部发起了"安然参与"(Enron Envolved)的活动,让员工参与造福于中心城区的基督教青年会(YMCA)、青少年糖尿病患者协会、麦当劳叔叔之家、联合劝募会(United Way)等当地组织的公益活动。社区事务部也十分重视在波特兰组织的波特兰通用电力公司之家的活动以及在卡尔加里的安然资本与贸易资源公司加拿大分公司之家的一些活动。社区事务部还利用一些特殊的机会来提高安然公司的知名度,如安然公司于 1996 年 10 月在休斯敦主办妇女领导人会议。"这对于我们来说是一个激动人心的时刻,因为安然公司的一个最终目标就是提升其作为负责任企业公民的形象,并在公司开展运营活动的社区提高知名度。"辛迪·奥尔森在《安然商务》中解释说。

安然公司的社区事务部也做政治方面的工作,它在 1996 年做了很多政治工作——把这作为安然公司打造品牌努力的一个关键组成部分,才让一座由纳税人出资的体育场得以建成投入使用。为此,奥尔森致力于处理与体育场建设有关的所有事宜,包括履行在体育场施工期间为少数族裔保留工作岗位的承诺,因为这对于公投取得胜利至关重要。我们将在下文讨论这个问题。

安然公司并非只想打造地区和全国性的品牌,而且还要打造全球性的品牌。"在我履行社区事务部主管职责期间,我也负责帮助肯在世界各地为推广休斯敦所做的许多努力。"奥尔森回忆道。肯·莱"坚信如果休斯敦能被作为世界级城市看待,那么,我们就能吸引我们需要的世界级人才来安然公司工作"。除此之外,奥尔森还前往东京参加莱通过大休斯敦商会共同主持的两市轮流主办的经济发展会议。

奥尔森觉得,她在安然公司担任社区事务副总裁的那段时间是"我在安然公司度过的最快乐的时光"。安然公司为了显示自己是一家蒸蒸日上的企业,安排巨额预算来组织铺张的活动。"我们社区事务部每年计划为安然公司策划价值 1 500 万美元左右的免费媒体宣传。"她在回忆起安然公司鼎盛期时说(这种景象很快就会在 2001 年下半年结束)。

肯·莱正从一个精力充沛的要人成长为一个事业有成的大人物。安然公司的首席执行官在 1996 年入选《商业周刊》评选的 25 位最佳经理人,并在 1997 年入选值得关注的人物。《商业周刊》的封面文章写道:"肯尼斯·L. 莱把安然公司从一家输气小公司打造成首家能与垂直一体化的全球性石油巨头竞争的天然气巨头。"现在,"莱正在向海外进军,并正以 32 亿美元的报价竞购'波特兰通用'(Portland General)这家公用事业电力公司,准备进军规模达 2 000 亿美元的国内电力市场"。

几年前,由于安然公司能够正视全球气候变暖问题,莱赢得了克林顿政府的支持。[1] 安然公司的新说辞关注的是零售竞争的好处,这"直接反映了肯·莱具有的传教士本能"。安然公司的这位大人物需要的是,给自己定位为跻身于商业、政治和学术界伟人的行列。

20世纪90年代中期,安然公司在莱斯大学詹姆斯·A.贝克三世公共政策研究所(James A. Baker Ⅲ Institute for Public Policy)设立了一个捐赠基金,用于颁发"安然杰出公共服务奖"(Enron Prize for Distinguished Public Service)。这个奖项的第一位获得者是退役将军柯林·鲍威尔(Colin Powell)。鲍威尔将军与其他大人物——尤其是肯·莱——一起提升安然公司的知名度。[2] 与此同时,休斯敦论坛为旨在邀请全国知名经济学博士来休斯敦为本地听众做讲座的"肯尼斯·L.莱系列讲座"(Kenneth L. Lay Lecture Series)举行了开讲仪式。[3]

肯·莱在密苏里州农村长大,出身贫寒,他的平民故事是他成为霍雷肖·阿尔杰协会(Horatio Alger Association)会员的基本条件。1998年,在他被接纳之前,安然公司对他进行了大肆宣传。"安然公司的董事长兼首席执行官肯尼斯·L.莱被接纳为霍雷肖·阿尔杰杰出美国人协会成员。"安然公司在1997年11月的一份新闻稿中这样写道。[4]

肯·莱是一名还俗的浸信会牧师的儿子,他一直有宗教倾向。莱在参加罗伯特·舒勒(Robert Schuller)在加州格罗夫花园(Garden Grove)水晶大教堂(Crystal Cathedral)主持的"权能时间"(Hour of Power)广播节目时讲述他自己的故事时亮出了这张牌。罗伯特·舒勒主持的这个广播节目向很多安然公司在那里表现活跃的国家播放。

莱公开露面的机会越来越多,他需要一个演讲稿撰写人。因此,艾德·塞格纳在1995年年中聘请了现在这位公司事务撰稿人。行业活动现场、公共政策会

---

[1] 请参阅第七和第十三章。
[2] 这个定期颁发的奖项后来还颁给了米哈伊尔·戈尔巴乔夫(Mikhail Gorbachev, 1998年)、爱德华·谢瓦尔德纳泽(Eduard Shevardnadze, 1999年年初)、纳尔逊·曼德拉(Nelson Mandela, 1999年年末)和艾伦·格林斯潘(Alan Greenspan, 2001年)。
[3] 演讲者包括参议员菲尔·格拉姆、哈佛大学经济学家罗伯特·巴罗(Robert Barro)、乔治·W.布什经济顾问委员会前主席格伦·哈伯德(Glenn Hubbard)以及资源经济学家朱利安·西蒙。
[4] 按原先的安排,肯·莱要主持该协会2002年的活动。但安然公司破产,这个协会在网站上删除了莱的姓名。

安然公司发迹的岁月

> **PRESTIGIOUS ENRON PRIZE DRAWS SOME OF CENTURY'S GREAT STATESMEN TO HOUSTON**

图15.4 安然公司把肯·莱打造成世界著名人物,作为公司品牌推广工作的一个内容。为此,安然公司做了不少"课外作业",如在莱斯大学贝克研究所设立的"安然杰出公共服务奖"。这个奖项的第二个获奖者是米哈伊尔·戈尔巴乔夫,因为他吸引了许多美国著名政治家,如亨利·基辛格和詹姆斯·贝克——都是安然公司的顾问。

议和商学院是莱经常公开露面的场合,但莱最重要的公开露面场合是瑞士达沃斯举行的世界经济论坛年会,安然的首席执行官参加了许多企业、政府和非营利组织世界级领导人的讨论会。在安然有偿付能力的最后一年里,莱参加了达沃斯的5场演讲会。

通往安然棒球场的道路

那么,安然公司是如何在全国打造自己的品牌的呢?对于一家新公司来说,能取得一座体育场的冠名权是再好不过的事情。俄亥俄州辛辛那提市一家雄心勃勃的电力公司就做到了这一点。1996年,滨河体育场被冠名为辛纳杰体育场(Cinergy Field)。安然公司的前高管、莱的门生吉姆·罗杰斯做出了这项购买冠名权的决定。

但是,休斯敦有一个职业体育问题,全美橄榄球联盟的休斯敦球队放弃了已有30年历史的休斯敦天体球场(Astrodome),转而在田纳西州纳什维尔建造一座由纳税人资助的新橄榄球场。休斯敦太空人棒球队也想搬出休斯敦天体球场。全美篮球协会休斯敦火箭队现在使用一个设施老化的球馆[顶峰(Summit)体育馆],很可能在几年后也会效仿它们搬出休斯敦。

由于休斯敦和哈里斯地区预算吃紧,因此,建造任何新体育场馆都必须发行纳税人支持的债券,更不用说同时建造3座体育场馆了。这种借款必须经过选民批准。但是,普通民众并不愿意接受补贴富有的老板和球员的想法,尤其是在1994—1995年美国职业棒球大联盟罢工和休斯敦太空人队表现平平以后。美国职业棒球大联盟是三大体育运动联盟中在休斯敦受到支持最少的联盟。另一个问题是,由于不知道要建什么体育场,不同的职业球队没有团结起来组织公投。

非正式民调显示,休斯敦选民将否决公共资金筹措计划。事实上,就在半年前,休斯敦选民们已经否决了一项发行3.9亿美元学校债券的计划。

面对为数不多的好的选择,休斯敦深受市民拥护的市长鲍勃·拉尼尔(Bob Lanier)前往华盛顿探寻游说国会废除美国职业运动联盟各种体育运动反垄断豁免权的策略,以增加被特许球队的数量。拉尼尔甚至还聘请律师起诉全美橄榄球联盟,要求它赔偿三倍于球队损失的赔偿金。

安然公司关心的是它的冠名权。休斯敦是一个明事理的地方。[1]一座位于市中心的新体育场可以重振休斯敦的活力,并成为安然公司员工舒适的工作和休闲场所。安然公司从精英商学院招来的最优秀、聪明的人才,自然会接受市中心的生活和附近的娱乐活动。纽约、芝加哥、旧金山和其他金融专业人士首选的目的地,都曾失去过休斯敦正在失去的东西。

拉尼尔正在为留住休斯敦太空人队续签新的长期合同,与球队老板小德雷顿·迈克莱恩(Drayton McLane Jr.)进行谈判。以华盛顿特区为首的其他市场也准备为小迈克莱恩建造一座新的球场,但拉尼尔认为休斯敦的选民不会同意这样的条件。拉尼尔回忆道:"当这笔交易看起来即将告吹时,肯·莱伸出了援手。"由于11月要举行选举,因此,在仲夏就要做出决定——休斯敦太空人棒球队可能会走休斯敦石油工人橄榄球队(很快就成为田纳西巨神队)的老路。

―――――――
〔1〕 安然公司也曾考虑购买新体育场的冠名权,以取代旧金山烛台公园(Candlestick Park)的名称——后来太平洋贝尔冠名的公园[太平洋贝尔公园(Pacific Bell Park)],现在的美国电报电话公司冠名的公园["AT&T公园"(AT&T Park)]。加州是能源零售中心,从而使安然公司对这个选择产生了兴趣。

莱承担了缩小休斯敦市和哈里斯县愿意提供的条件、为挽留太空人队所需的条件以及为资助公投获胜需要筹措的资金之间的缺口。据估计，需要选民批准的金额是3亿美元总额中的1.8亿美元，但选票附件上只说授权当局征税以获得所需资金。由于为了使公投能获得通过，已经承诺取消房地产税，因此，税负就会落在酒店和租车经营者身上，也就是落到游客身上，这需要获得得州立法机构的最后批准。[1]

在担任大休斯敦商会负责人期间，肯·莱给休斯敦市政官员留下了深刻的印象。"他是商界的领袖,"拉尼尔回忆道,"别人会听他的。"形势逐渐变得令人乐观，休斯敦市长回忆说："我能感觉到我们将由放弃协议转变为达成协议。"不过，莱有一个条件：新体育场要建在市中心，而不是8英里外的休斯敦天体球场附近。

在开会对形势进行评估以后，莱牵头成立了休斯敦体育设施合伙公司（Houston Sports Facility Partnership），为建造新球场提供3 500万美元的无息贷款，并且到球场投入使用10年后才开始偿还。但在协议细则中，媒体所称的"贡献"包括偿还利息、购买和回租球场土地的权利，以及"以具有竞争力的价格和条件向新设施提供商品、服务、广告和冠名权"的第一优先权。当年8月宣布，安然公司是14家捐款公司之一（最终放款3 300万美元，差不多占2.65亿美元预估总造价的12%）。[2]

安然公司的首席执行官在《休斯敦纪事报》一篇文章的编者按中表示："在休斯敦市中心建造世界级的专业体育设施，是很长时间以来休斯敦人一直在思考和谈论的重大机遇之一。我们当然要把体育竞技场建在市中心。"其他支持这次公投宣传活动的知名人士有传奇球星太空人队的投手诺兰·瑞恩（Nolan Ryan）和乔治·H. W. 布什（时任得州州长的小布什一直过问此事[3]）。反对者包括一个支持纳税人的小团体——由巴里·克莱因（Barry Klein）领导的休斯敦产权协会（Houston Property Rights Association）——以及当地颇有影响力的电台主

---

[1] 1号方案是这么写的："授权哈里斯县为职业棒球队和橄榄球队建造和经营新的或翻修的体育场、竞技场和其他设施，但不征收县房地产税或个人财产税来购买、建造或装备这些设施。"

[2] 安然公司直接捐赠了10万美元，莱担任董事的康柏电脑公司也捐了10万美元。壳牌公司（靠近新球场）和休斯敦火箭队也捐了10万美元。受安然公司的影响，安达信会计师事务所捐了2.5万美元。

[3] 小布什有打棒球的全套行头。1989年，由他牵头，一个投资集团收购了达拉斯地区的得州游骑兵队（Texas Rangers）。此后，由纳税人出资1.93亿美元建造的棒球场于1993年竣工。这个棒球场的建造还得到了一块罚没土地的征用权的资助。

持人丹·帕特里克(Dan Patrick,后来出任得州副州长)。

"这不仅关系到体育,而且还关乎我们社区的未来。"一张关于1号方案传单的插页写道。这张传单的主题是就业("保留或创造数千个工作岗位")、不征收财产税("由球队、私人企业、游客和体育场使用者付费——而不是哈里斯县的财产税纳税人掏钱")以及市中心的振兴("商业、购物、娱乐和住宅的振兴")。这个方案获得通过,就意味着迈克莱恩和太空人队能就这个球队未来30年继续留在休斯敦的问题达成协议,也意味着休斯敦赢得一个增加全美橄榄球大联盟球队的机会。

几周后的民意调查显示,1号方案不可能获得通过。解决办法是,采取增加少数族裔征地补偿的应急策略,就能让由惠勒大道浸礼会教堂威廉·劳森(William Lawson)领导的黑人牧师们投票赞成。他们的要求超过了当地公共项目20%的常规标准(并非法律要求),因此,莱和迈克莱恩就答应增加到30%,并且表示如果体育场工程达不到要求,他们的企业将兑现承诺。拉尼尔回忆道:"这样就把它正式化了。"

就在选举前几天,《休斯敦纪事报》的一则新闻标题为:《当地黑人领导人同意支持体育场计划》。同一天,该报的另一篇报道称,民调结果显示公投会失败。周日上午,在教堂安排了一次宣传活动,拉美裔和亚裔教友也收到了邀请。

公投前一天,安然公司休斯敦总部的全体员工收到了一封公司发的信函。肯·莱在这封信函中写道:"1号方案不仅仅是把太空人队留在休斯敦,而且也是为了振兴中心城区,使我们的中央商务区成为不但受我们在这里工作的人,而且还受生活在这个地区的每个人都欢迎的目的地,就如全国其他城市在建设新体育场馆时所证明的那样。"他还在信中指出,有人说,太空人队已经准备好离开这个城市,因为他们"在另一个城市做成了一笔比留在休斯敦更有利可图的交易"。最后,莱在信中说:"我希望你们对1号方案最后一个项目投赞成票。"

―――――――

1号方案勉强获得了通过,分别有51.1%的选民支持和48.9%的选民反对,赞成票比反对票多了16 400张。拉尼尔市长想起了参议员约翰·肯尼迪(John Kennedy)在1958年说的一句俏皮话——他的父亲"愿意为胜利埋单,但不是压倒性的胜利"。

赞成票后来居上,得益于多方面努力:10比1的支出优势、公众人物的支持,《休斯敦纪事报》措辞严厉的编者按(体育版发行量很大)以及冲刺阶段给少数族裔准备的甜头。大休斯敦商会也是全力以赴。

"1号方案之所以获得了通过,是因为市区支持这个方案的富裕和低收入居民超过了郊区反对这个方案的中产阶级选民。"《休斯敦纪事报》报道称。该报又补充说:"太空人队老板小德雷顿·迈克莱恩上周五宣布了一项旨在帮助少数族裔签约人在拟建棒球场找到工作机会的平权行动计划。他感谢所有支持者的支持,尤其是少数族裔选民的支持。"

肯·莱很高兴1号方案能获得通过。"我想感谢所有在周二公投中投票支持1号方案的人,"他在致员工的信中写道:

> 我们朝着在市中心建造一座新的棒球场和为一个职业橄榄球队翻修休斯敦天体橄榄球场迈出了第一步,也是非常重要的一步……如果1号方案没有获得通过,那么休斯敦可能要等待几年甚至几十年才能再次拥有自己的职业棒球和橄榄球队。[1]

"棒球场方案获得通过,在很大程度上要感谢非裔美国人投票支持,以及肯和德雷顿做出的各种承诺。"辛迪·奥尔森回忆说。肯曾请求他在非裔美国人社区的3个朋友提供帮助。这3个朋友分别是全美有色人种协进会(National Association for the Advancement of Colored People)休斯敦分会会长霍华德·杰斐逊(Howard Jefferson)、安然公司倒闭后莱的几个公设辩护人中的比尔·劳森(Bill Lawson)以及后来成为美国国会众议员的休斯敦法官阿尔·格林(Al Green)。

这个工程的主承包商哈利伯顿(Haliburton)试图把建造成本控制在预算以内,但奥尔森强迫他接受了30%的补偿标准。按照奥尔森的说法,在她的努力下,安然公司大幅增加了对少数族裔的支出,在18个月里从不到1%增加到了30%。

接下来,休斯敦由纳税人补贴的体育场建造方案还要在位于奥斯汀的得州立法机构经历一场唇枪舌剑,从而使安然公司重新进入全力宣传的状态。1997年5月休斯敦市中心要举行一次集会,从而迫使莱致函鼓励"安然公司的员

---

[1] 接下来,休斯敦需要纳税人资助的棒球场和橄榄球场在位于奥斯汀的得克萨斯州立法机构引发了唇枪舌剑,从而迫使安然公司重新回到全力支持的模式。1997年5月,在市中心举行的一次集会上宣读了莱写的一份备忘录。莱在备忘录中"鼓励安然公司的员工……团结起来为关于这两个球场的立法获得通过而努力奋斗"。

工……参加为促进体育场建设立法举行的集会"。

莱在1997年10月出席了在休斯敦市中心举行的棒球场奠基仪式。根据一份价值1亿美元的30年期合同,1999年4月,位于联合车站的棒球场将更名为"安然棒球场"。不久,新成立的安然能源服务公司宣布签下了一份为造价2.65亿美元的屋顶可伸缩的新球场提供天然气、电力、供暖、通风和空调服务的价值2亿美元的30年期合同。肯·莱在2000年4月7日球场开幕赛上击出了他平生最精彩的一棒。

图15.5 安然棒球场标志着安然公司打造全国性新品牌的努力达到了一个新的高度。这场由肯·莱和安然公司共同进行的由纳税人出资修建休斯敦新体育场馆的政治斗争,取得了一场"后来者居上"的胜利。贝丝·蒂尔尼(右下图,左)正与太空人队的老板德雷顿·迈克莱恩握手庆贺,但她曾获得辛迪·奥尔森(右上图)的帮助。

"安然公司现在是美国数十家用自己名字命名体育赛场的企业之一,就如同高通公司、大陆航空公司和库尔斯公司(Coors)。"作者洛伦·福克斯如是说。安然公司的公司标识出现在了数以万计的棒球、棒球帽和棒球棍上,而这些物件在史密斯街1400号大楼的许多办公室里都变成一种靓丽的装饰物。安然公司的员工在棒球场上享受到了特殊的待遇("很多员工能弄到休斯敦棒球场好位置的球票")。而且,棒球比赛的第一球居然由安然员工掷出,他们在比赛中高唱国歌。安然公司是一个有趣的工作场所,接下来也是有趣的一年半,而且直到2002年安然公司的问题导致迈克莱恩的太空人队从安然公司买回冠名权才告结束。[1]

1996年11月赞成票的胜出导致了第二次投票,并且成就了建造三个球场馆的计划:(太空人棒球队)造价2.86亿美元的棒球场、(休斯敦火箭队)造价2.52亿美元的篮球馆以及橄榄球(得州人队)造价5亿美元的橄榄球场。《休斯敦纪事报》后来指出:"很少有城市的体育场馆能与美汁源棒球场(Minute Maid Park,之前的安然棒球场)、立来特体育场(Reliant Stadium,现为超级碗橄榄球比赛场地)和丰田中心等价值数十亿美元的场馆媲美。"

那么,如何筹措资助建造球场的公共资金呢?不是征收房地产税,而是把酒店税的税率从2%提高到了17%,另外还开征5%的汽车租赁税。肯·莱和安然公司的果断行动不但促进了三座体育场馆的建成,而且还创造了美国最高的酒店税税率以及机场高得惊人的租车费。

莱-安然公司与休斯敦职业体育之间的关系超越了政治。1999年,安然公司用自己11亿美元的股份买下了鲍勃·迈克奈尔的热电技术公司(包括承担后者的债务)。2001年,迈克奈尔卖掉了安然的股票,准备筹集资金为休斯敦建立一支全美橄榄球联盟球队(迈克奈尔以7亿美元的报价买下了全美橄榄球联盟球队的特许经营权),第二年在天体球场旁边建造了一座新的体育场,把一支全美橄榄球联盟球队带回了休斯敦。

第三座新体育场馆,也就是全美篮球协会(National Basketball Association)休斯敦火箭队的篮球馆,采用了更加复杂的筹资方式。[2]第四个体育设施休斯敦罗盘体育场(BBVA Compass)不需要选民投票表决。休斯敦迪纳摩(Houston Dynamo)足球俱乐部的主场在市和县两级财政的资助下于2011年破土动工,并于次年投入使用。除了职业曲棍球(如北面的达拉斯)以外,休斯敦是一个

---

[1] 安然公司破产后,太空人队用210万美元买回了球场冠名权,以"重新开始新的赛季",迈克莱恩说。2002年,阿斯特罗球场更名为"美汁源球场",条件与之前相似:30年投资1亿美元(美汁源为可口可乐公司所有)。

[2] 最初在1999年的公投中被否决。2000年选民通过了一个重新修订的方案。丰田中心于2007年开业。

由肯·莱在 20 世纪 90 年代中期塑造的职业体育城市。

"我们只是想做一些对这座城市最有利的事情。"选民投票表决临近时,肯·莱告诉《休斯敦纪事报》。但是,凡是对休斯敦(安然总部所在城市)有利的东西,对安然公司的品牌、招聘和员工士气也都有好处。"安然公司必须把总部设在一个世界级城市,"莱在安然棒球场开业 4 年后说,"世界级城市都有一个共同的特点:一个拥有丰富的商业和娱乐设施的世界级中心城区。"

休斯敦市中心和安然棒球场的重建,对安然公司招聘尖端人才来说是一个福音。安然公司的招聘人员比利·莱蒙斯(Billy Lemmons)在 2001 年夏天表示:"这太棒了。明天下午,我将带一组分析员和助理参加一个商人组织的特别活动,他们管这个活动叫'下午 3 点比赛'。"此外,"在我们的计划中,有很多学员正在搬进这些新的托管公寓和正在市中心周边开发的联排别墅,"他补充说,"他们有些人现在步行上下班。"

事实上,"莱设计的工程"是用 16 亿美元建设休斯敦新市中心的主体工程,另有 10 亿美元的项目正在进行或规划中。安然公司的一份回顾报告强调,安然公司获得的利益"远不止一份管理合同或一个营销机会"。"这是一个回馈社区的机会,而社区工作和慈善捐赠是安然公司企业文化的重要组成部分。"对安然公司来说,公共目的、私人目的,都是一回事。

收购波特兰通用电力公司

安然公司深知电力是把天然气与电厂联系在一起的纽带,也是向电厂推销天然气的媒介。不过,安然资本与贸易资源公司远远超出了爱迪生电气研究所所代表的圈子。安然公司没有自己的输电线路,也没有签订确定的输电合同。安然公司没有从联邦政府机构获得电力买卖许可,当然也没有在地方供电环节的特许经营权。

但不管怎样,安然公司知道自己的目标。强制性开放—准入已经帮助安然公司在天然气行业确立了自己的地位,而电力行业也在等待同样的模式,因为修订联邦和州的相关法律分别能使电力批发和零售营销成为可能。事实上,肯·莱的游说力量源自 1992 年《能源政策法案》第 721 条。这一条款要求联邦能源管理委员会向寻求进入公用事业系统的各方签发批发输电令。[1]

安然电力营销公司成立于1993年，第二年开始电力买卖交易。但是，批发交易并没有创造足够的收入来支付营销人员、说客和公共事务专家的启动费用，更不用说支持这些系统的发展了。安然电力营销公司需要大幅度扩大规模。

斯基林最初采取的策略是联合地理上分散的公用事业公司建立联盟。安然公司在每家结盟的公用事业公司的服务领域开展营销活动，并与它们分享利润。安然电力营销公司负责人肯·赖斯向大约25家公用事业公司提出了建立北美电力联盟(North American Power Consortium, Power Con)的想法，并且与大约10家公司进行了会谈。大家彬彬有礼，但会谈气氛紧张。安然公司被他们视为威胁，而不是商业伙伴。与安然公司会谈的公用事业公司没有一家对安然公司提出的方案感兴趣，更不用说斯基林希望与它们合作的那6家公司。必须找到一家处于适当位置并有特别动机的特殊公用事业公司，或者用斯基林的话来说，至少获得"内部管理质量认证"的公用事业公司，安然公司才可能加入电力俱乐部。

总部位于盐湖城的太平洋电力公司(PacifiCorp)是安然公司的第一个收购目标。谈判破裂后，赖斯和并购专家克利夫·巴克斯特把重点放在了规模较小的波特兰通用电力公司身上。

为俄勒冈州大部分地区服务的波特兰通用电力公司已经为适应新的监管环境做好了准备。该公司的首席执行官肯·哈里森并不反对电力零售业竞争，他的公司是一个低成本供应商，拥有包括水电在内的多种资源组合。在解决了陷入困境的特洛伊核电站(Trojan Nuclear Plant)的成本回收问题后，波特兰通用电力公司自1986年以来首次提高了股息。哈里森也是爱迪生电力研究协会的理事。

波特兰通用电力公司称自己"在实施连接旧监管世界和新竞争世界的策略问题上走在了行业前列"。具体来说，在交易方面，这家公司领先于其他电力公司(但不包括安然公司)。波特兰通用电力公司采用一种持续"做空"发电的策略，即一直批发购买电力，限制自己的发电量，并且利用美国西部发电市场供过

---

[1] 请参阅导言和第九章。

于求的状况开展"完全一体化的能源交易业务"。

因此,波特兰通用电力公司是一个一流市场上首屈一指的电力批发营销商。1996年,纽约商品交易所为电力期货选择了两个交付地点,其中一个就是位于加州和俄勒冈州交界处的波特兰通用电力公司的电网互联站。这家公司的输电事业部已经打入了加利福尼亚州,并且让加州为电力零售市场制定了强制性开放—准入规则。波特兰通用电力公司的电力营销业务不仅覆盖其3 170平方英里的服务"领地",而且把触角伸向附近的俄勒冈州和加利福尼亚州。

除了电力,波特兰通用电力公司已经开始销售家庭安全产品。对于商业和工业用户,这家公司开发了"能源和公用事业管理服务系列",包括电力的实时定价和存储,"以帮助管理电力使用,并最终降低成本";同时推出向家庭用户提供新的价格和服务选择的试点项目,以期应对电力零售市场的竞争。

1994年年中,安然公司与波特兰通用电力公司进行了会谈。1996年年初重新开始了认真的磋商,结果双方认为唯一的前行路径是合并,而不是其他任何复杂、可能行不通的法律协议。这类协议让人想起5年前结局悲惨的安然-信孚银行合伙公司。[1]

安然公司向波特兰通用电力公司股东提供了25%的溢价采取用前者股票免税兑换后者股票这种相当标准的方式来进行合并。波特兰通用电力公司坚持要求进行一对一的股票互换,结果股东获得了"非同寻常的48%的溢价"。安然公司在一份18页厚的新闻稿中解释说,对一系列受到高度监管的资产来说,这么高的价格会导致合并后的公司负债率下降,而且还有助于盈利。这份新闻稿宣布的协议签署日期是1996年7月22日。媒体甚至提到了合并后的公司信用评级有望上调。

这笔正在等待监管机构审核的价值32亿美元的收购交易,将创建一家市值达到125亿美元的天然气与电力公司,"为北美和全球天然气与电力批发和零售客户提供综合能源解决方案"。这起"战略性而不是防御性"合并案不会导致裁员、管理层变更或总部搬迁等问题,它的协同效应是安然公司的营销能力(全国范围、风险管理和未来品牌推广)和波特兰通用电力公司的实物交付能力(发电、输电以及为65.8万零售客户提供计量、计费和查询服务)。

[1] 请参阅第八章。

双方的首席谈判代表解释了安然公司从天然气到电力多元化的理由。安然公司的克利夫·巴克斯特表示:"在零售环节,我们的愿景是成为全国领先的品牌总能源供应商。"波特兰通用电力公司的乔·希尔科(Joe Hirko)表示:"美国几乎所有其他公用事业公司的合并都是为了降低成本、提高效率和裁员。我认为,这是我们这个行业首起完全聚焦于机遇、战略地位和创建市场而完成的合并交易。"

肯·莱想得更远,他认为,"通过利用波特兰通用电力公司的运营和工程专业知识以及安然公司在全球的资产基础和经验,我们就能在多个燃料线上拓展国内和国际业务,包括天然气、石油、煤炭、水电和可再生能源。"波特兰通用电力公司的肯·哈里森表示赞同:"这将是我们行业定位最独特的企业;业内没有一家像我们这样的企业,也没有一家企业拥有我们所掌握的技能。"

莱在接受媒体采访时表示:"总的来说,我们还需要更加认真地思考,在未来两三年的时间里,这个行业将会出现怎样的竞争架构。"据他预计,这个行业将会出现更多的天然气和电力并购案,很快就会在规模2 000亿美元的下游电力市场推行强制性开放—准入。"他们都想成为电力行业的安然,"莱曾傲慢地表示,"但我们将成为电力行业的安然。"

《安然商务》宣布1996年7月22日"将被作为翻开能源历史新篇章的日子铭记在人们心中",并且引用肯·莱的话表示,"就像煤炭是19世纪的主要能源,石油是20世纪的主要燃料,我们相信天然气和电力将一起成为北美和全球其他市场21世纪的主要能源"。《安然商务》的这篇文章还指出,对于安然公司的投资者来说,这起收购案是"我们创建北美能源市场未来领先能源企业的绝佳机会"。

有关这起合并案的议论都是积极的,安然公司重组成为第七大电力公司(以千瓦时销售额计),超过了安然公司家乡的休斯敦电力照明公司,甚至超过了南加州爱迪生公司。据《天然气周刊》报道,这次合并是一次"突破"。普惠公司(Paine Webber)的投资分析师罗纳德·巴隆(Ronald Barone)表示,"一加一等于三"。据《休斯敦纪事报》报道,对这个行业来说,这是"未来的(能源)组合模式"。另一名投资分析师在《天然气日报》上表示:"安然公司再一次站在了新世界的前沿。"

这个时期发生的其他合并案导致天然气-电力融合理论(theory of a gas-electricity convergence)的问世。[1] 那么,在一个实施强制性开放—准入的世界里,真的会出现不连续的跳跃吗？毕竟,电力行业是一个与天然气行业截然不同的行业。罗伯特·迈克尔斯是一位非常聪明的经济学家,他既没有看到这两个行业之间有协同效应,也没有发现两者融合的规模经济。

图15.6 安然公司于1997年收购波特兰通用电力公司,这起收购案标志着能源行业进入了一个不同能源融合的新时代。波特兰通用电力公司的低成本资源组合和对零售业务的开放态度,是这次合并的主要吸引力。公司合并后,波特兰通用电力公司的首席执行官肯·哈里森(图右)出任安然公司副董事长。

安然公司的投资者对这起合并案反应并不热烈。波特兰通用电力公司股票(PGN)的价格上涨了25%,涨到了28.125美元;而安然公司股票(ENE)的价格则下跌了5%,跌到了39.75美元。这让人想起了1985年联合北方公司收购休斯敦天然气公司时的情景,当时约翰·奥尔森曾打趣说:"在达成合并协议之前,看起来是一起很棒的企业合并案。"

一个令人担忧的问题是,俄勒冈州公用事业委员会在试图让纳税人获取否则就由投资者赚取的协同效应利润方面所扮演的角色。"有利于竞争"的合并不

---

[1] 除了得州公用事业公司收购恩瑟奇公司(1996年4月,17亿美元)外,还包括(安然公司宣布后不久)雪佛龙在1996年8月收购天然气交易清算所(后来的迪奈基公司)1/4的股权、休斯敦工业公司收购北美洲能源服务公司(NorAm Energy Services,1996年8月,38亿美元)、杜克电力公司(Duke Power)收购泛能公司(1996年11月,74亿美元)。

会给证券交易委员会、联邦能源管理委员会或司法部反垄断司制造麻烦,但俄勒冈州公用事业委员会有可能会通过审批程序来利用安然公司急于完成这起交易的心理。毕竟,俄勒冈州对商业并不是特别友好,更不用说对一个来自得州的闯入者了。

安然公司从一开始就很重视波特兰通用电力公司客户的利益以及两家公司"积极参与社区活动和支持健康环境的优良传统"。1996年9月,安然公司向俄勒冈州公用事业委员会提交的合并申请文件中有双方各捐1 000万美元善款(总计2 000万美元)的证明材料。尽管如此,美国西北部地区和加州的公用事业电力公司、民间团体和环保组织还是纷纷表示反对。

俄勒冈州公用事业委员会提出了23个获批的条件。

为了避免尴尬,肯·莱和杰夫·斯基林还有更多的工作要做。安然公司发放了"各种各样的福利",并且与13个公民和环保团体[其中的一个团体是由80个子团体组成的联盟——西北资源保护行动联盟(Northwest Conservation Act Coalition)]达成了谅解并签署了备忘录。然而,谅解备忘录中的一个条款为安然公司带来了可观的好处:波特兰通用电力公司承诺支持25兆瓦的风能发电——专门为安然公司刚收购的宗德能源系统公司(不久就更名为安然风电公司)设立的。

美国自然资源保护委员会高级律师拉尔夫·卡瓦纳对(安然公司与波特兰通用电力公司)1997年1月达成的协议表示欢迎,称它是"一种适合电力行业发展到竞争更加激烈的阶段的模式"。卡瓦纳在证词中对两家公司的合并大加赞赏,他列举了肯·莱在气候行动和可再生能源领域的领导能力,包括他争取共和党人支持环保人士的能力。[1]

关于下调波特兰通用电力公司客户电价的问题,安然公司最初报出了冻结电价的收购价,而俄勒冈州公用事业委员会则要求降低电价,从而把报价下调了1.9亿美元。根据安然公司的计算,总收购价下调1.9亿美元就相当于减少1.41亿美元的净现值。俄勒冈州公用事业委员会的工作人员手握主动权,但这个不可商谈的要求导致合并双方改变了这起合并案的交易方式,也就是采用以安然公司0.982 5股兑换波特兰通用电力公司1股的交易方式,而且这种交易

---

[1] 请参阅第七章。

方式受到了两家公司投资者的欢迎。俄勒冈州公用事业委员会在 6 月 4 日批准了这起合并案——从而排除了这起合并交易的最后一个障碍(联邦能源管理委员会早在 2 月份就已经批复)。

从 1997 年 7 月 1 日起,波特兰通用电力公司这家"完全一体化的独立公用事业公司"就成了安然公司的第 8 个业务单位。[1] 这起收购案的总价款略低于 30 亿美元,按合并前价格计算,波特兰通用电力公司的股票溢价 42%。另外,安然公司还接管了波特兰通用电力公司 11 亿美元的债务。

《安然商务》用黑体大字写道:"欢迎波特兰通用电力公司全体员工加盟安然!""我们是一家尊重员工、客户和股东,并且注重诚信经营的企业,"肯·莱和杰夫·斯基林表示,"安然公司的员工也关心他们生活和工作单位所在的社区,积极支持社区的教育项目和艺术活动,并且促进清洁环境的营造工作。"最后,莱和斯基林表示:"对于你们加入我们的团队,我们再次表示由衷的高兴,并且期待与你们一起为塑造下一个千年的能源工业共同奋斗!"

6 月 30 日,安然公司在波特兰玫瑰花园体育场举行了庆祝活动。活动当天,现场彩旗飘扬、人声鼎沸,还颁发了许多奖品。安然公司遍布全球的机构办公楼大屏幕上打着"欢迎波特兰通用电力公司 4 000 名员工"的字幕。波特兰通用电力公司首席执行官——兼安然公司新任副董事长——肯·哈里森表示:"我们创建了美国乃至全球唯一一家最具战略地位的能源企业。我坚信,三四年后,我们中的有些人将走上几年前他们从未想到甚至从未梦见过的职业道路。"(他可能并不知道自己说的这些话会变得多么有悖事实。)

12 月,也就是合并后 5 个月,安然资本与贸易资源公司 20 名交易员搬到了波特兰,开设(西部地区)电力交易发起部(Power Trading and Origination),并与波特兰通用电力公司原来的交易员团队一起工作,而波特兰通用电力公司的部分员工被调到休斯敦工作,如帕特里克·斯塔佩克(Patrick Stupek)出任社区关系经理,协助辛迪·奥尔森从事品牌推广工作。

安然公司合并后的另一个工作亮点是推出了客户选择引导计划。截至 12

---

[1] 除波特兰通用电力公司以外,安然公司还有安然石油天然气、安然天然气管道、安然风险投资(工程建设、清洁燃料、安然石油交易运输)、安然资本与贸易资源、安然国际、安然全球电力与管道以及安然再生能源 7 个业务单位。6 个月后,加上安然能源服务、安然欧洲和安然通信(从波特兰通用电力公司中分离出来的)这 3 个业务单位,再减去安然全球电力与管道这个业务单位,这样,安然公司的业务单位就增加到了 10 个。

月1日,这项计划帮助4个县的5万名波特兰通用电力公司客户选择新的电力供应商。目前有十几家或更多的供应商愿意向这些客户提供10%的电价折扣。推出这项计划的目的,是为了证明电力零售的基本概念,然后从1999年起在电网系统范围内实施。安然公司欣然接受把电力零售业务作为它与俄勒冈州公用事业委员会和解的一个条件,它是想树立"恪守竞争原则"(用肯·哈里森的话来说)典范的形象,也就是告诉其他公用事业公司,为在全美范围内逐州推行强制性开放—准入应该做些什么。

事实证明,安然公司"进入加州电网和拿到公用事业电力行业的秘密剧本",不但意义被夸大,而且成本也越来越高。波特兰通用电力公司的盈利可以预见,而且绝不会比预见的更多。其他公用事业公司的高管开玩笑问,他们是否也能获得40~50%的溢价(安然公司最初25%溢价的报价比较正常)。

形势变得逐渐不利于安然公司。俄勒冈州公用事业委员会没有停止对它进行监管,并且没有批准波特兰通用电力公司要求把它的发电单位与受监管的(供电)单位拆分的计划。事实证明,这起合并交易只有有限的协同效应,波特兰通用电力公司将其自夸的交易和输电通道留给了受监管的业务单位。波特兰通用电力公司的子公司头点通信公司并不是奉送的"金矿",而是一种会让安然公司偏离正道更远,从而导致它遭遇最后命运的诱惑。[1] 在1935年《公共事业控股公司法案》促使安迪·法斯托玩弄财务骗术,从而标志着安然公司衰败的时候,波特兰通用电力公司也给安然公司造成了一些遗留问题。

原先的预测是,结局不是"本垒打"就是"高飞球",结果都不是。2年后,安然公司虽然保留了批发营销和交易业务以及波特兰通用电力公司的电信单位,但变卖了波特兰通用电力公司的其他业务单位。安然公司不但需要现金,而且想把安然风能发电资产从法斯托的特殊目的实体(RADR)中剥离出去。

1999年,安然公司宣布准备以31亿美元(2亿美元的亏损)的价格把一个风能发电项目的资产卖给塞拉太平洋电力公司(Sierra Pacific Power Company),结果,这起交易因加州和美国西部发生电力危机而告吹。2001年春天,安然公司又宣布准备以30亿美元(3亿美元的亏损)的价格向西北天然气公司(North-

---

[1] 有人总结说:"由于狂妄自大,莱·斯基林和安然宽带部门的其他高管认为,他们不需要了解电信业的实际运营状况。"

west Natural Gas Company)出售资产。但1年后,这笔交易也被取消。

在2001年12月申请破产时,安然公司并没有把它全资拥有的波特兰通用电力公司列入母公司的破产申请书。但是,当安然公司股票的价格从每股80美元跌到几美元,然后又跌到零时,原波特兰通用电力公司员工的401(k)账户问题却成了全国性的新闻。

[直到安然(母)公司破产,波特兰通用电力公司才与安然分离。2003年11月达成的一份由得克萨斯太平洋集团(Texas Pacific Group)收购波特兰通用电力公司的协议,虽然获得了破产法庭的批准,但在2005年4月被俄勒冈州公用事业委员会否决。不管怎样,出于会计目的的考虑,安然公司还是冲销了18亿美元的资产。最终,一年后,也就是在合并10周年临近之际,波特兰通用电力公司通过向安然公司的债权人发行股票的方式,重又成为独立公司。]

马尔科姆·萨特总结道:"就像印度达博尔项目一样,波特兰通用电力公司事件让安然公司的股东损失了数亿美元。"这是由那些认为自己最了解电力行业未来的人偏离正道的创业行为造成的,安然公司的"天然气-电力融合"就像其他公司的这种融合一样叫人看不懂。事实证明,交易的"选择性"和"点火价差"(天然气和电力价格的英热单位比较)更多是宣传噱头,而不是经济机会。

试点项目

安然公司在1996—1998年期间进行了多个试点项目,目的在于通过实践来检验一些想法。通过试点,安然公司不仅可以学习如何向家庭用户销售天然气和电力,还可以观察州监管机构能否决定在全州范围内实施强制性开放—准入。只有加州致力于在全州范围内推行零售市场准入,因此,对于安然公司来说,重要的是,展示自己的竞争力并拓宽零售市场。

从1997年3月开始,安然公司在俄亥俄州托莱多实施了一个重要的天然气试点项目,但它实施的其他试点都是电力项目。从1996年5月起,安然公司把全国性品牌推广工作集中在新罕布什尔州的彼得伯勒(Peterborough)。波特兰通用电力公司——1997年12月1日起开始实施试点项目——发现,安然公司作为它的新东家与自己成了竞争对手。1997年10月,安然公司提出了接管宾夕法尼亚州佩科能源公司(PECO Energy Company)商品销售业务的大胆方案。这个接管方案虽然并不是试点项目,但引发了一场规模不大却成为全国头条新闻的辩论。

加州这只全美各州的"领头羊"宣布开放电力零售市场,从而激发安然公司在 1996—1997 年做出了更大的努力。南加州和北加州有巨大的电力零售市场,安然公司在 1997 年年中收购了波特兰通用电力公司以后,就有了进军西海岸电力零售市场的计划。

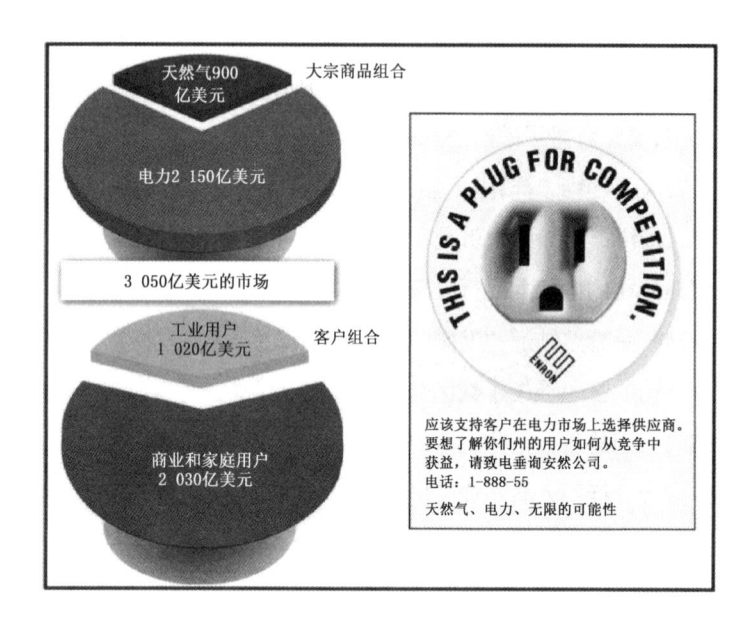

图 15.7 安然公司的头等大事是,不但要向商业场所销售电力和天然气,还要直接向家庭用户零售电力和天然气。这个估计规模有 **3 050 亿美元的市场**,需要同时进行游说和品牌宣传才能进入。安然公司从 1996 年开始在几个州进行了试点。

安然公司最初是在安然资本与贸易资源公司,由零售集团客户事业部进行全面的零售努力,但并不指望这种努力部分或者全部能够赚钱。安然公司进行亏损试点的目的是要证明"零售市场在不断扩大并有可能出现规模经济"这个概念。肯·莱和杰夫·斯基林在 1997 年第一季度告诉投资者:"现在,我们为了成为美国最大的电力和天然气供应商,正在带头推进放松对零售电力和天然气市场的管制。"

那么,是否有足够多的消费者会对经济刺激做出反应,也就是离开他们信赖的供应商转向其他供应商呢?能否迅速开放全国零售市场,迅速到足以抑制亏损的发生?相关规定是否严厉到足以消除在位公用事业公司的优势?肯·莱和杰夫·斯基林认为这些都不是问题,并且准备压注赌一把——为了赢得这场赌博,安然公司雇用专人负责这项工作。

安然资本与贸易资源公司旗下零售集团的第四任主管(继安迪·法斯托、里克·考西和雷·鲍文之后)是一位经验丰富的业外人。K. 阿夏克·拉奥在1990年创办了自己的公司中间盒通信公司(Midcom Communications),与美国电话电报公司(AT&T)竞争。1995年上市时,中间盒通信公司的营收已达到2.5亿美元,是全球十大长途通信运营商之一。[1]

拉奥是一名受过专业培训的工程师,在加盟安然资本与贸易资源公司时还没有能源方面的经验,但他并不缺乏热情和目标。"就像克里斯托弗·哥伦布(Christopher Columbus)一样,我们有一个向西发展的愿景。一路走来,我们遇到了一些挑战。"1997年,他以安然能源服务公司总裁兼首席运营官的身份在接管了安然公司开拓家庭用户市场的工作后对1 100名员工表示:"这就是我们的愿景,它能在我们锐意进取、开创新的竞争世界并让每个消费者都有权选择的时候让我们团结起来,并推动我们向前。"

拉奥说的都对。"我们必须注意细节,哪怕是很小的细节,"他在"ENside ECT"网站上解释说,"而且要把每件事都做好,起码比别人做得好那么一点,这样才能取得成功。"那么,是否存在有发展前途的市场呢?即便有,安然公司是否能够盈利呢?这个试点项目能为更名后的零售集团安然能源服务公司提供解决方案。

彼得伯勒(电力)试点项目

1996年5月,新罕布什尔州公共服务公司(Public Service of New Hampshire, PSNH)为占该州3%的电力用户——17 000名客户——推出了全国第一个电力零售试点项目,旨在为1998年年初在全州范围内开放电力零售市场做准备。开放新罕布什尔州全州电力零售市场是一项立法建议案提出的要求,而提出这项建议案的原因是,新罕布什尔州全州的平均电价高达0.15美元/千瓦时——位列全美各州高电价前列。

安然公司向新罕布什尔州派遣了30名员工,比在该州争夺相同业务的其他

---

[1] 安然资本与贸易资源公司一份向员工介绍拉奥的简介称:"他是印度人,会说7种语言,为美国电信业重组做过工作。他曾在国际电话电报公司(ITT)、英国交换电讯社(Extel)和ALC通信公司(ALC Communications)工作过,后来担任被称为'美国中西部诸州贝尔公司'的美国科技声文服务公司(Ameritech Audiotext Services)的总裁。"

24家独立供电公司中的任何一家都要多。尤其值得注意的是，彼得伯勒（有5 300个居民）准备打包出售自己的业务。1996年6月，安然公司以2.3美分/千瓦时的报价中标，这个电价比之前公用事业电力公司的电价低了1/3。为了扩大这个试点项目的影响，安然公司除了开展其他促销活动以外，还通过发放50美元的红包来确保其他用户签约。安然公司做广告称，总共可为用户节省差不多20%的电费。

1997年3月的《安然商务》表示，彼得伯勒试点项目取得了"巨大成功"。杰夫·斯基林满面笑容使整个故事增色不少。但《纽约时报》在一篇总结性文章中指出："对于一家市值132亿美元的能源公司来说，这是一个微不足道的胜利。"这个镇的"首选"供应商（安然公司）在广告、促销、馈赠和盛大的镇民聚会上花费了六位数的开销，这还不包括员工的成本。[1]

安然公司的"最低"费率为卖方留下了很小的盈利空间，甚至没有留下任何盈利空间，而彼得伯勒则成了安然公司全国品牌宣传活动的主角。"在一个信奉格言'不自由，毋宁死'的州里，居民不愿意支付几乎是美国最高的能源价格，"广告词还说，"现在，他们新获得的选择自由使他们能够支付较低的电价，却能享受更好的服务，而且还有一个志同道合的能源合作伙伴陪伴。"广告最后以"请把您的各种能源需要告诉我们"结束，并且还附有免费电话号码。

事实证明，新罕布什尔州直到安然公司破产后又过了很久，才在全州范围内开放电力零售市场，引入竞争机制。1998年9月，安然公司退出了彼得伯勒，并把几百个客户扔给了新罕布什尔州公共服务公司。差不多在同一时间，安然公司也撤出了加州和其他地方。

托莱多（天然气）

1997年年初，安然公司在俄亥俄州托莱多市进行了一次天然气零售试点，这次试点是一次规模很大的尝试。安然公司的"清洁起步"（Clean Start）计划为每位客户提供比往年天然气平均价格低15%的优惠。安然公司为了在这个由16万居民和1.2万家小企业构成的合适市场树立品牌和商誉，发起了媒体宣传和现场赞助活动。

---

[1]"免费营销"让许多营销对象"不堪重负"，大多数居民从未放弃过新罕布什尔州公共服务公司，从而显示了在位者的实力。

安然公司每月只能从每个客户身上赚到几美元的利润,这点利润与成本相比实在是微不足道。不过,托莱多试点的诱惑就在于"边干边学",为成功做好准备。安然公司的项目主管斯图尔特·莱克斯罗德(Stuart Rexrode)表示:"如果我们能先在托莱多取得成功,然后在加州等大州取得成功,就会相信这种势头将扩张到全美,并获得成功。"

安然公司夸耀自己在俄亥俄州开展业已有长达15年的历史(通过4年前收购的大通公司)。它对500名商业用户的记录显示,安然"提供了可靠的服务,并且为用户节省了费用"。这项策略吸取了彼得伯勒试点的教训。

安然公司做了"市场疲软"的电视广告后,又在《托莱多刀锋报》(*Toledo Blade*)上做了以居民和当地名人为主要受众的平面广告。在做了这些直接广告之后,安然公司又做了有关"清洁起步"的特别广告,制定了一项"只要开放市场,居民才能免费用电"的能源奖励计划,开通了号码为"800"的热线电话,还计划在当地设立一个零售办事处。安然公司还赞助了托莱多动物园和泥鸡小联盟棒球队。在雷克斯罗德看来,这就像一场"政治竞选"。

图 15.8 俄亥俄州托莱多成了安然公司直接向居民用户销售天然气的实验室。莱·鲍恩以安然能源服务公司副总裁的身份负责监督这个试点项目和其他试点项目。安然公司虽然为开放零售市场做了全方位的努力,但由于天然气——包括电力——零售市场利润低、缺乏规模,最终还是以失败告终。

（安然公司最终退出了俄亥俄州的托莱多市场，并且在第二年又把客户送还给了哥伦比亚天然气公司。同样也是在1998年，安然公司进行了一个涉及亚特兰大燃气与照明公司140万客户、规模大很多的天然气试点项目，并且表示要等到市场成熟以后再正式启动。但到了市场成熟以后，安然公司做出了一项痛苦的决定，不再强调零售，而是让安然能源服务公司为大机构提供全面的能源总包服务，下文我们会讨论这个问题。）

加利福尼亚州（电力）

1994年，加州的"蓝皮书"议案引发了一场关于从电力批发市场准入走向电力零售市场准入的全国性辩论。后来两项足以达成"加州共识"的议案的提出促使安然公司做出进军加州电力零售市场的全面部署。尽管安然公司已经做出了"明确、几乎不可逆转的选择——进军电力零售市场"，但前面仍有许多政治障碍——甚至是足以导致安然的努力付之东流的政治障碍——需要排除。

1997年年初，安然开始在加州部署400多名员工。安然公司的新建子公司安然能源服务公司总裁阿夏克·拉奥表示："加州将迎来重大的机遇，它将于1998年1月1日成为美国首个全面开放电力市场引入竞争机制的州。安然能源服务公司已经在加州开展了全方位的公关、广告和直接营销活动，我们的员工正努力在这个规模达到100亿美元的市场上招揽客户。"

1997年10月，也就是在加州开放电力市场前几个月，安然公司提出了一个"吸引眼球"的方案，准备在2年内按低于现行电价10%的标准收费，外加两周的免费用电。安然能源服务公司的董事长兼首席执行官卢·派在宣布这场加州"闪电战"的新闻发布会上表示："我们是来这里做生意的。十多年来，安然公司一直在争取放松乃至解除对能源的管制。现在，我们向尽可能多的加州人收取低费率，并提供更具创新性的产品。"安然公司也以其太阳能和风能发电投资为例推销它的绿色能源概念。但是，环保人士对安然公司只强调电价问题感到困惑，他们更加偏爱资源保护措施。[1]

安然能源服务公司先后在南加州的圣地亚哥、长滩和科斯塔梅萨（Costa

---

[1]"地球之友"负责人在《华尔街日报》上抱怨说："遗憾的是，诸如能效等环境因素在竞相压价过程中遭到了忽视。"例如，安然这家加州的大公用事业营销公司为愿意更换供应商的客户提供两周免费用电的优惠；而这些客户的供应商则"采用提供节能灯泡、热水器隔热毯和其他小赠品的方式来挽留用户"。

Mesa)以及北加州的旧金山和核桃溪(Walnut Creek)开设了5个营销办事处。安然公司为抢占加州电力市场花费了2 000万~2 500万美元,而直接邮寄和一般广告以及对新一代电表的技术投资就是其中的部分开销。

6个月后,在这届"放松管制奥运会"上,安然公司争取到了5万个家庭用户——1%的市场份额。有一份评估报告总结称,"草根阶层对垄断权力的愤怒远比莱所说的要严重,而受到抑制的对公用事业的愤怒则根本就不存在"。

有几个原因导致安然能源服务公司在加州遭遇了失败。电力零售市场准入政策对安然公司不利,这体现了公用事业公司的影响力。加州(直到1998年3月31日)才开放电力零售市场,整整推迟了3个月。加州立法机关强制要求公用事业公司降低10%的居民用户电价,从而减弱了居民用户转换的动力。独立电力公司不做说明就在零售电价中加收过渡成本附加费,虽然是为了支付公用事业公司不经济发电造成的搁置成本,但也模糊了安然公司的价值主张。

然后是竞争。PG&E(这里是太平洋燃气与电力公司,而不是安然公司的波特兰通用电力公司)能源服务公司在加州设立了5个营销办事处,并且还在其他州设立了15个营销办事处。加州本地的新建能源企业有了允许它们与零售客户群体签约的低成本电力供应来源。从各个方面来看,这都是一场难打的比赛。

俄勒冈州(波特兰通用电力公司与消费者选择)

安然公司在1997年年中收购波特兰通用电力公司时受到以下条件的制约:波特兰通用电力公司必须在60天内对68万居民用户实施客户选择(客户分散)计划。俄勒冈州公用事业委员会的这个要求正是安然公司在加入电力俱乐部时想要的东西,波特兰通用电力公司已经做好了准备,这也是合并的原因之一。

"多年来,我们一直在说,我们的客户应该有选择能源供应商的权利,"波特兰通用电力公司首席执行官肯·哈里森表示,"在我看来,我们的客户选择计划中的许多核心元素将会在全国各地的客户选择计划中得到采纳。"

1997年10月,俄勒冈州公用事业委员会批准了一项针对5万名客户的选择试点计划,从12月1日起在4个城市付诸实施。波特兰通用电力公司的二把手佩吉·福勒(Peggy Fowler)称这个试点项目是一次"突破性体验","确保波特兰通用电力公司顺利过渡到未来的客户选择……帮助全国各地的消费者和公用事业公司实现只有竞争市场才能提供的好处"。

波特兰通用电力公司的消费者选择引导项目只吸引了两个竞争对手——安然资本与贸易资源公司和电力照明公司(Electric Lite)。这两家独立公司都在1998年7月停止了这方面的活动,之后参加它们活动的居民用户(8 700人,占符合条件的消费者的17%)又回到了波特兰通用电力公司(安然公司从事受监管业务的部门)。造成这个消费者选择试点项目失败的主要原因是大家都熟悉的高交易成本(更换供应商非常麻烦),也就是说,消费者不喜欢花费时间和精力更换供应商的程度超过了他们喜欢更换供应商能带来的费用节省的程度。

佩科能源公司(电力)

永不知足的安然公司试图通过与宾夕法尼亚州最大的公用事业电力公司"佩科能源"展开一场大胆的竞争,来创建属于自己的有一定规模的市场。安然公司打探消息时,佩科能源公司正在与宾夕法尼亚州公用事业委员会进行重组谈判。宾夕法尼亚州零售电价高达0.14美元/千瓦时,是全国平均水平的两倍,这也反映了该州核能发电的高成本。佩科能源公司与宾州公用事业委员会达成了以下协议:佩科能源公司答应降低电价10%,而宾州公用事业委员会则同意推迟开放电力零售市场。安然公司与宾州公用事业委员会谈判取得了截然不同的结果,并且发现自己被拒之门外。这是典型的只说不做的公用事业公司逃避零售市场竞争的例子。

在佩科能源公司拒绝再次会谈后,安然公司决定以主动出击的方式来解决问题。就在安然公司准备采取行动前几天,佩科能源公司与宾州公用事业委员会等达成的协议获得了批准。肯·莱于1997年10月7日抵达费城,提出了一个大胆的合作方案:在承担佩科能源公司54亿美元搁置(不经济发电)成本(在宾州公用事业委员会看来,全部可在电价中收回)的同时,承诺把电价降低20%。安然公司突然发起了一场全国性的宣传和品牌推广运动,它租用的一架飞机掠过佩科能源公司总部29层高的大楼,机尾挂着"安然公司的客户选择计划能节省20%的电费"的条幅。

在实施公用事业监管的近一个世纪里,电力行业从未发生过这样的事情,而当时的特许经营权保护和成本价差定价原则却把企业间竞争排斥在电力行业之外。

佩科能源公司的首席执行官科尔宾·迈克尼尔(Corbin McNeill)亲自抓这

项工作,他拿他自己的出身背景(核潜艇指挥官)与"政策人"莱的出身背景进行了比较。"他是数选票的,我是发射鱼雷的。"但实际情况恰恰相反,斯基林和莱在佩科能源公司的地盘上,通过做电台和媒体广告来推销他们的方案。安然公司的说客对宾州立法机关做工作,基督教联合会(Christian Coalition)领袖拉尔夫·里德(Ralph Reed)被聘来帮助制定基层策略。莱说:"就像是在开展竞选活动。"

在佩科能源公司举行的新闻发布会上,迈克尼尔直言不讳地为自己差不多得到批准的和解方案进行了辩护,称它"已经在不损害佩科能源公司经济利益的前提下,最大限度地体现我们公司的价值"。迈克尼尔把他的怒气直接出在了那个不速之客身上:"安然这家经常被指责缺乏商业诚信的得州公司,正试图利用宾州的监管程序为自己谋取或构建非法商业利益和优势。"

在全国媒体看来,安然公司相当巧妙地"试图接管宾州服务区",而在迈克尼尔看来,安然公司的做法"只不过是对当地很大一部公用事业公司业务的'敌意收购'而已"。

宾州监管机构处境险恶,不得不重谈他们的交易。结果,双方谈定佩科能源公司降价15%,介于最初答应的价格与安然公司的报价之间。降价定于2000年执行,而肯·莱的公司只能空手而归。

"安然没有赢得这场竞争,"罗兰·福克斯总结说,"但安然公司的介入造成了不同的结果。"安然公司所说的"为消费者赢得了胜利"是代价昂贵的宣传和道义上的胜利。

退出,再介入

安迪·法斯托、里克·考西、雷·鲍文、阿夏克·拉奥——因针对居民用户确定的商业计划和盈利途径——承受了巨大的压力。他们艰难地熬过了这一年半时间,大约花费了2 000万美元。新聘用的零售营销主管是在百事可乐和塔可钟公司工作过的吉姆·巴杜姆(Jim Badum),他在卢·派的陪同下找肯·莱谈了自己的想法。

巴杜姆表示,安然公司需要"放慢速度"。安然公司不是一家典型的营销企业,现在或近期根本不可能招揽到足够的用户,因此无法把收入提高到成本的水平。

莱对巴杜姆说："这是我们这次见面我最不希望听到的东西。"到了 2001 年，美国将开放一半的电力零售市场，而安然公司将成为一家能与大型石油公司平起平坐的能源零售商，这种想法确实令人振奋，但现在根本没有讨论的必要。安然公司要招揽到多达 2 000 万个家庭电力用户才能巩固它的批发优势地位，但结果可能没招揽到 5 万户就不得不收手，而且还要把已经签约的客户再还给公用事业公司。

1998 年年中，莱在美国西部经济协会（Western Economic Association）宣布，"我们决定暂停加州居民用户市场的建设工作"。莱抱怨，这种任性的改革进程有可能把每个人的生活都弄糟。莱解释说，为了安抚公用事业公司的经理和股东，不惜牺牲消费者福利和供给侧创新。搁置成本全额回收和在位者优势（使公用事业公司成为默认供应商）组合，就像是"用受监管的垄断来取代不受监管的垄断"。

但是，造成这种局面的有些责任应该由安然公司承担。"我们不是营销公司，"卢·派承认说，"营销不是我们擅长的事情。"叫安然公司的员工销售锅炉房是一种文化错配，而不仅仅是财务错配。而且，只要公用事业公司仍能做默认的供应商，那么，用户几乎不可能明智地更换供应商。

安然公司吸取了教训，现在的计划是等待更多的市场开放，并重新与能够降低价格，从而能扩大所需用户基础的合作伙伴进行合作。安然公司在两年半以后完成了计划。2000 年 5 月，安然公司牵头成立的新电力公司（New Power Company）以每股 21 美元的价格上市，这家上市公司的业务就是把电力和"配套产品"卖给家庭和小企业。新电力公司有"超过 1.2 亿美元"的股本，并且与国际商用机器公司和美国在线公司（AOL）签订了互联网营销实体服务协议，因而市值有所上升。

"我们研究居民用户和小企业用户市场多年，相信这是为这些用户创造价值的最佳方式，"莱在发布会上说，"通过合资成立独立经营的企业，安然公司就能在与其他行业领先企业合作的同时，利用自己的能源和风险管理核心竞争力赋予新电力公司不同寻常、立竿见影的深度和能力。"但后来，结果并没有证明与几年前的情况有多大不同。

由 H. 尤金·洛克哈特（H. Eugene Lockhart）领导的新电力公司虽然开始

似乎很有希望，但不久就熄了火。与以往一样，电力用户对为每个月节省几美元的电费而费力劳神不太感兴趣。另一个先有进展后来也熄火的项目发生在2000—2001年的加州电力危机时期，安然公司的赌博行为加剧了加州的这场电力危机。[1] 由于新电力公司的股票从其早期的峰值一路下跌，安然公司旨在锁定2000年高利润和现金流而设计的对冲策略[猛禽Ⅲ（Raptor Ⅲ）]收到了适得其反的效果。

随着安然公司的破产，许多州对电力零售转供业务的兴趣逐渐减弱（得州却是另一番景象，1999年颁布了安然公司示范法），而新能源公司后来在2003年提出了破产申请。

安然能源服务公司

1997年2月，杰夫·斯基林怀着打开居民用户市场的远大梦想，宣布在安然资本与贸易资源公司内部成立一家"与众不同的独立运营零售业务的企业"。取代成立仅10个月的零售集团的安然能源服务公司，由职位仅次于斯基林的安然资本与贸易资源公司总裁兼首席运营官卢·派领导。[2] 派与斯基林一样，获得了安然能源服务公司的虚拟股权，这些股权在一年后变得非常值钱。

应对斯基林所说的"严峻的管理和业务发展挑战"，也属于公司最近聘请的总裁兼首席运营官阿夏克·拉奥的职责范畴——负责管理居民用户试点项目。拉奥向派汇报工作，派向斯基林汇报工作，而斯基林则向母公司的莱汇报工作。

安然能源服务公司虽然是一家公司内部的企业，但必须自己雇用会计、财务、法务、营销、信息技术和人力资源等部门的管理人员。这是总经理里克·考西的工作，在过去的6年里，考西已经在安然资本与贸易资源公司担任过很多职务。安然能源服务公司在1996年年底只有400名员工，但到了第二年就突破了1 000人。现在，安然能源服务公司的目标是至少分拆部分部门，以应对亏损不断增加的局面，并帮助价格不断下跌的安然公司股票走强。

---

[1] 例如，可参阅：James Sweeney, *The California Electricity Crisis* (Stanford, CA: Hoover Institution Press, 2002)。

[2] 在派离任后，(安然北美公司的)肯·赖斯、[大宗商品与交易服务公司(Commodity and Trade Services)的]凯文·汉侬和(安然欧洲公司的)马克·福莱维特直接向杰夫·斯基林汇报工作，并且都成了安然管理委员会和安然运营委员会的成员。

安然能源服务公司要通过"量身定制创新性能源产品和服务来满足不同零售客户的需求",从而为一个规模达 3 000 亿美元的市场服务。除了家庭用户市场外,新的业务前沿阵地还有面向大商业和工业客户的能源总包服务。获得派支持的这种新重点业务由马蒂·桑德(Marty Sunde)和丹·莱夫(Dan Leff)负责开发。马蒂·桑德曾与"企业对企业"承包商国际商用机器公司有过合作,而丹·莱夫在加盟安然公司之前就具有能源设备和工程背景。安然公司的首席战略思想家布鲁斯·斯特拉姆也向派"推销"能源总包的商业可行性。[1]

"我们是根据一份 10 年期的价值链管理协议,从资本项目做起的,"桑德回忆说,"后来,由于各州放松管制,我们就转向降价和商品。"他又补充说,在那些分类定价的州,我们把这项先前用于"企业对企业"业务的策略运用到了"企业对家庭"的业务。

商品	设备服务
天然气	计量表具
电力	电涌保护装置
	一氧化碳报警保护器
服务	加热和冷却系统
资本	能源信息系统
能源	安全照明系统
节能评估	
设备维修项目	账单服务
能效项目	平准化付款计划
施工与养护	自动付款
环境解决方案	信用卡支付
操作培训	账单查询
电能质量	延期付款协议计划
负荷管理	双份通知计划

图15.9 能源总包成了安然能源服务公司的重点业务。多种捆绑在一起的服务被认为是能成倍增加盈利的机会。集中管理这些服务业务以实现规模经济的前提,实际上并没有得到证实。

作为能源管理企业,安然公司不但要"参与大宗商品交易",而且要"争取需求侧管理业务"和"节约人工成本",甚至还要"为高度结构化的产品注入资金,并

---

[1] "我认为,我说服了卢[·派]。因此,他也觉得能源服务公司做针对商业部门的业务才是正道。这是因为,正如现有小规模节能服务企业的业务所显示的那样,这种业务仍有盈利空间,而且不受监管。"

且不断推陈出新"。对于客户来说,增值就是降低能源使用总成本——无论是购买电力,安装新设备,安排能源使用时间,还是遵守监管规则,甚至是更换灯泡,而降低能源使用总成本则取决于安然公司降低能源相关费用的能力。不管怎样,从理论上讲就是这样。

蒂赛德项目的建设者和基础设施专家托马斯·怀特回忆说,桑德、莱夫、斯特拉姆和派就是在一个"不这么做就会死"的紧要关头进行了调整。怀特不久就取代了已被解雇的拉奥在安然能源服务公司的职务。天然气和电力等大宗商品零售业务正在下滑,而能源总包也处于中途修正状态。已经变得众所周知的能源服务公司起源于安然公司1997年推出的"一站式购买"或包括能源服务的"总解决方案"。

安然公司"可以使客户的能源需要管理变得看似无形"。用斯基林的话来说,说到底,"客户想要的是某种功能……[而且]并不在乎这种功能来自天然气、电力还是石油"。那么,为什么安然公司不这么做呢?1988年,金德把安然公司的信息技术职能部门外包给了罗斯·佩罗的电子数据系统(EDS)公司。[1]就像许多其他公司一样,安然公司也把它的自助餐厅[马里奥特公司(Marriott)]、复印机(国际商用机器公司)、旅行安排(公园旅行社)以及图表制作、医务室和邮件收发都承包给了外部专家。现在,能源专家安然公司要向大能源用户提供能源总包服务。

不过,也有一些问题。关于有利可图的未开发能源管理机会的整体观认为,自利的企业在一定程度上缺乏开发这种机会的动力。此外,地方、州和联邦政府的一些项目已经在为减少能源使用提供补贴(资源保护论)。同样,人为地保持高电价,可以说是过度鼓励需求侧管理。而且,这一点在加州表现得最为明显,在美国各州中,加州削减能源补贴和授权最多。

能源总包并不是一个结果经过验证的概念,安然公司也是一个能力未经验证的能源总包服务供应商。在处理以下一些问题时,审慎的做法似乎是有节制地扩大规模,而不是全面推行能源总包服务:

(1)安然能源服务公司真的比那些现场能源管理专业人员更加了解能源工程?

(2)安然公司能否以有效益的方式雇用和集中使用那些在其他地方以支离破碎的方式(在安然公司看来)运营的专业人员?

---

[1] 请参阅第六章。

(3)长期合同——有些是10年期,也有些长达15年——能否应对其间所有可能发生的情况,从而建立稳定、互利的关系?

(4)安然公司所选择的会计方法能否为经济核算提供可靠的反馈信息?

(5)安然公司鉴于它的资产负债状况,是否承担得起为赢得合同(安装从长远来看可节约能源的新设备)所必需的前期资金?

(6)卢·派是否知道如何经营一家大企业?斯基林(在没有金德的情况下)能否对卢·派和安然能源服务公司进行严格的监督?

自称集规模经济、范围经济和管理能力于一身的安然能源服务公司,正变得越来越不计成本、急于求成,而投资者关心的是结果。

———————

卢·派在1997年11月的安然公司管理人员会议上介绍了安然能源服务公司规模扩大的情况。"巨大的市场机会"现在估计有4 000亿美元的规模:2 000亿美元在"现有零售市场"和2 000亿美元在"相关能源服务/设备市场"。[1] 在一个月内累计亏损有可能达到1.42亿美元(1996年全年亏损3 500万美元,1997年达到了1.07亿美元)的情况下,拉奥在会上谈到了"先发优势",也就是在安然公司可以定义的大量等待机会更换公用事业供应商的客户组成的市场上的先发优势。

拉奥承诺"利润率会随着时间的推移而提高",而更多的服务则会进一步增加利润。"产品和服务的捆绑销售……能提高8种'打包'业务——合并计发账单、融资、运营和养护、流程改进、能效、分布式发电、电能质量、供电——的利润率。"[2] 当时的想法是,通过能源总包,天然气或电力的零售利润率可从1%~2%增加到10%~15%。

肯·莱和杰夫·斯基林对持怀疑态度的投资者发起了新的宣传攻势。他俩在1997年的年报中表示:"安然公司在这个不断增长的业务领域能否取得成功,并不取决于政府持续放松监管的速度。在美国,安然公司可自由地向客户提供创新性能源服务——比过去的传统服务更有价值且质量更高。"

安然能源服务公司的"能源自助餐"需要大量的外部帮助,因此,公司雇用了

———————

[1] 安然公司估计的市场规模各不相同。安然公司在1998年的年报中写道:"'私人设施'——锅炉、制冷机、照明和控制装置——的市场规模接近4 500亿美元;而服务——商品、加热/通风/空调及设施管理——市场的规模每年超过2 400亿美元,相当于相同客户年电消费额的两倍。"

[2] 安然公司正在考虑对天然气、电力、金融、电信等进行内容更加丰富的"横向捆绑"。

大量的外部人才，购买了很多能源软件，收购了抄表收费公司"两仪控股"（OmniCorp），并且参股了定子达因（Statordyne）这家致力于确保互联网时代持续不断供电的电能质量公司。杰夫·斯基林表示："由于安然资本与贸易资源公司进入了竞争激烈的零售能源市场，因此，我们必须能够始终如一地为我们……要求最高的能源客户提供精确的功耗控制服务。"

加州是美国能效要求最高的州，宾利公司（Bentley Company）是加州的一家能源工程建设公司。这家公司的主要资产是一份旨在使加州联邦大楼现代化的 50 亿美元的新合同。安然公司在 1997 年年中收购了这家公司。安然能源服务公司在宾利公司的核桃溪总部设立了一个"作战室"，第二年又把宾利公司的加州总部搬到了圣拉蒙。

后来，安然公司又进行了更多的收购；为了追求规模经济效应和全国性的影响力，还把不同的采暖、通风和空调（HVAC）公司整合在一起。所有这些都是因为预期能创造未来收入并最终实现两位数盈利而支付的前期支出。

安然能源服务公司"因失血过多而身亡"，汤姆·怀特回忆说。根据预测，安然能源服务公司每年亏损超过 1 亿美元。解决亏损的办法就是通过变卖公司的部分资产（实际上，就是变卖任何可以高价出售的东西）来证明能源总包概念——至少在树立形象方面是这样。安然能源服务公司求助于原来的一个投资伙伴，在安迪·法斯托的特别帮助下后来又获得了新生。

1998 年 1 月，安然公司宣布把安然能源服务公司 7% 的股权卖给了安然公司与加州公务员退休基金一起设立的新的特殊目的实体——第二联合能源发展投资公司（JEDI Ⅱ）——以及安大略教师退休金联盟（Ontario Teachers' Pension Union）。安然公司报告称："这两个投资者斥资 1.3 亿美元，增加了约 19 亿美元的企业价值，相当于安然公司股票每股增值 5.5 美元。"但是，这次配售几乎不能代表整个公司的价值。事实上，斯基林曾希望通过变卖 10% 的股权募集 2.3 亿美元，并且在更大的范围内配售。安然公司在 1997 年陷入了困境，当然希望能配售更多的股份[1]，但投资者对这种有点做作的配售不屑一顾。

---

〔1〕 虽然安然公司把 3 笔付款中的 2 笔安排在下一年度，但 1997 年账簿上的全部利润只有 6 100 万美元。用这种办法创造的利润占 1997 年安然公司总利润的一半以上，从而"避免了那个年度的账面运营结果比实际更加糟糕"。

这次股票配售等于是"给猪涂口红"*。预计安然能源服务公司要到 2000 年年底才能扭亏为盈,也就是出现正的息税前收入。在这次配股公告之前甚至之后,市场都没有给出安然能源服务公司的价值。安然公司内部对"加州公务员退休基金出手相助"的效果感到失望。更糟糕的是,法斯托企图让加州公务员退休基金退出第一联合能源发展投资公司,注资第二联合能源发展投资公司,这是"安然公司第一次利用公司员工经营的特殊目的实体从事可疑的会计操纵,从而开启了最终导致安然公司破产的恶劣风气"。[1]

阿夏克·拉奥被他的新东家赶走,他的狂言并没有激发投资者的信心。(汤姆·怀特回忆说:"我们没有对阿夏克做太多的'功课',后来才发现他是在相当不幸的情况下离职的。")拉奥是家庭用户零售业务部要求聘任的它的第四名高管,协助法斯托、考西和鲍文工作。但与这三位高管不同的是,拉奥被迫离开了安然公司。

出售安然能源服务公司的部分股权,为弥补不断增加的亏损赢得了时间。与它第一个完整运营年 1.07 亿美元的亏损相比,1998 年亏损增加到了 1.19 亿美元,在接下来的一年减少到了 6 800 万美元。1999 年第四季度,安然能源服务公司出现了正的息税前净收入,从而"标志着我们旨在构建(按照安然公司的算法)指数式增长和急剧增强的盈利能力的启动阶段的结束"。安然能源服务公司在 2000 年记录了 1.03 亿美元的息税前收入,这是它的第一个盈利年度。

但是,安然能源服务公司收入状况非常糟糕。减少亏损和记录利润反映了一种与收付实现制不符的会计方法。具体来说,安然能源服务公司数十笔"合同总价款"(客户能源总支出的估计值)高达数百亿美元的重大交易,只不过是一些"嵌入财报披露的公关信息"而已。[2] 这些合同采用盯市记账法做账,把合同有效期内未来成本和收入的主观估计值折算成现值并被作为本季利润入账。在缺乏流动性的情况下,盯市记账法实际上就成了"盯模型记账"。

---

* 意为徒劳无功。——译者注

〔1〕 在买断加州公务员退休基金投资的第一联合能源发展投资公司之前,必须先买断这个公司在第二联合能源发展投资公司 50% 的股份。法斯托通过组建臭名昭著的邱克投资公司(Chewco Investments)安排了这次收购。详见:Internet appendix 15.1,"From JEDI to Chewco,"www.politicalcapitalism.org/Book3/Chapter15/Appendix1.html。

〔2〕 已签订交易的合同总价值从 1997 年的略多于 10 亿美元增加到 1998 年的 38 亿美元、1999 年的 85 亿美元和 2000 年的 161 亿美元。报告收入在 1998 年为 11 亿美元,1999 年为 18 亿美元,2000 年为 46 亿美元。

真实成本不可能永远用虚构的收入来掩饰。安然公司的"基于专家的打包交钥匙解决方案"(expert-based, turnkey packaged solutions,按照安然能源服务公司一位负责人的说法)导致现金流失,并转变为更加严重的问题,而这些问题在 2001 年达到了不可收拾的地步。[1]

投资者被告知,"安然公司已经拥有之前在开拓批发市场时发展起来的优势和系统以及开拓这个新市场专用的投资和人才,因此已经为执行其成为首选零售供应商的制胜战术做好了充分的准备"。但是,即使能源总包模式本身是一种有效的模式(事实证明并非如此),安然公司也不是实施这种模式的适当企业。

安然公司在能源使用方面从来就没有核心竞争力,只不过是擅长做大宗能源商品买卖交易而已。具体的能源工程知识,即关于商业和工业企业能源管理的现场知识,并不是安然公司的专长。即使让这些工程师穿上安然能源服务公司的制服,也创造不了规模经济和范围经济效益。

安然能源服务公司"漫长而又痛苦的历史"是在主观会计的伪装下可以预见的经营模式不健全、执行不力的结果。安然公司的这个事业部几乎从一开始就具有欺骗性——从哲学欺骗转变成法律(可提起公诉的)欺骗,而且中途一直没有得到纠正。临近结束时,安然公司试图通过把这个事业部与安然资本与贸易资源公司的盈利部门合并在一起的方式来掩饰这个事业部 5 亿美元的亏损。最终,安然能源服务公司成了安然公司破产案中联邦检察官起诉的主要对象。

不管怎么说,安然公司还是让那些批评市场的环保人士兴奋不已。[2] 安然能源服务公司是第一家(也是有史以来最大的)能源服务公司。毕竟,有谁能够抱怨私营部门既能省钱又能减少能源消耗和排放——而且似乎还能盈利——的策略呢?

安然能源服务公司做广告宣传说,在他们签订的合同长达 15 年的执行期里,他们可为大型商业和工业用户节省 5%～15% 的费用。肯·莱认为,节省能源消耗接近 10%,从而激发公司内部有些员工建议把客户认定为"遵守《京都议

---

[1] "如果你告诉全体非常积极的交易员,唯一重要的事情就是合同总价值,还要加上极讨厌的控制和快速完成任务的极端紧迫性以及基于长期交易预期利润率的薪酬体系,"迈克莱恩和彼得·埃尔金德总结说,"你必然会签下很多糟糕的合同。"

[2] 资源保护论,即关于能耗本身就是坏事的理论,支持任何或者全部政府干预以减少能耗。这一理论不同于主张通过实行自由市场激励来提高能效或减少能耗的理论。请参阅:Bradley, *Capitalism at Work*, pp. 187−188, 218, 242, 245, 251, 284, 311−312。

定书》的模范客户"。据安然能源服务公司联席董事长汤姆·怀特说,客户节省能源费用达20%。

但是,能源保护主义者认为,这么大幅度的节能只是一个开始。他们认为,节能和减少温室气体排放达到可盈利的水平,就能使遵守国际气候变化协议成为可能,甚至变得非常容易。乔·罗姆(Joe Romm)写信给安然公司说:"能源服务公司绝对是未来的发展趋势。"在《冷企业:最佳企业如何通过减少温室气体排放来提高利润和生产效率》(*Cool Companies: How the Best Businesses Boost Profits and Productivity by Cutting Greenhouse Gas Emissions*, 1999)一书中,罗姆写道,"冷建筑"可以"使能耗减少一半,从而减少温室气体排放"。安然能源服务公司为已有和潜在客户买了200本罗姆的书。"安然公司是一家本人非常尊敬的企业。"罗姆告诉安然公司。

对于阿莫里·洛文斯等人来说,能源服务公司是"自然资本主义新时代"的一个组成部分,而且是刚处在还有东西可以挖掘的开端。1984年,洛文斯在接受《商业周刊》采访时表示:"目前售出的电力约有80%或90%与采用节能技术供应的电力相比缺乏竞争力。"据他预测,电力需求减少就可能意味着新建电厂的终结。

洛文斯仍然认为,虽然安然能源服务公司没有取得成功,但有无穷的机会通过提高能效来使美国用电量减少一半。"这不是免费的午餐,"洛文斯宣称,"这是你付钱才能吃到的午餐。"安然公司的经历就证明了这一点,太平洋燃气与电力公司和杜克能源公司旗下的能源服务公司所做的风险投资也没有取得成功。安然能源服务公司动用整个基于欺骗的会计和其他方面的部门愚弄了资源保护主义者。[1] 但环保激进分子几乎没有受到影响,他们继续主张政府应该为纠正一种认为企业完全没有能力系统认识并实施节能的观点进行干预。

事实上,经济节能是物理节能和技术节能的一个子集。因此,我们可以通过减少政府补贴或者企业失误(如安然能源服务公司)来节约很多——而不是丁点——能源。

---

〔1〕 安然公司的骗局包括创建一个"是安然能源服务公司完美隐喻"的迷你版"波将金村庄"(Potemkin Village),又音译为"波特金村庄"(1787年,在叶卡捷琳娜二世出巡因取得俄土战争胜利而得到的克里米亚的途中,格里戈里·波将金在第聂伯河两岸布置了许多可移动的村庄来欺骗女皇及随行使臣。在现代政治和经济中,"波将金村庄"指专门用来给人虚假印象的建设和举措。——译者注)。1998年1月,安然公司招募员工在另一层楼设立一个工作坊,作为来访金融分析师设在安然能源服务公司的"战况分析室"。安然能源服务公司的高管认为,这种欺骗不是问题,因为"最终,安然能源服务公司确实使用了这个工作坊"。

肯·莱认为,企业高管对企业内部的节能和能效没有足够的认识,因此需要能源总包来帮助企业节能和提高能效。但是,与大多数能吸引唯利是图的能源总包供应商的其他产品相比,能源的成本不但要高很多,而且也更加透明。事实证明,使用外部服务(不包括能源总包)的内部管理比安然公司的能源服务更具可持续性。

结束语

1997年3月,一名与会者指出:"毫无疑问,爱迪生电力研究协会和其他与投资者所有的公用事业公司结盟的机构正在赢得这场游说战。"公用事业公司拥有很大的全国政治影响力,足以阻止在零售市场上推行联邦强制性开放—准入制,因此能够在州立法机构和委员会的支持下放慢强制性开放—准入的进程。

1996年,杰夫·斯基林哀叹道:"它们拥有公共关系、广告和游说方面的战备资源,能够打一场持久战。它们准备打一场持久战……拖延足以从消费者和长期合约锁定的市场收回非经济成本的时间。"事实上,35个不同的游说联盟正在为一种特殊形式的电力行业重组而战,安然公司只是其中的一个。

安然公司无法获得真正的竞争性市场,因为这种市场充斥削弱公用事业公司在位优势的规则。但是,投资者至少在能保证安然公司股票是动力股的情况下会对这个故事很感兴趣:安然公司此次受挫纯属偶然,因为它让安然公司进入了利润丰厚的能源总包市场。事实证明,公用事业公司和安然公司都没有盈利,但后者的财务状况由于报告账面利润的骗局而得到粉饰,其实根本就没有取得用正现金流计量的经济利润。

安然公司在能源零售市场开放的问题上犯了最值得注意的判断错误,从而导致它的甲基叔丁基醚投资惨遭失败,后来又导致水务(阿祖里克斯公司)和高带宽网络(安然宽带服务公司)投资失败。安然公司旗下的这个零售集团从1995—1996年开始就压错了赌注,从而引发了一个值得关注的问题:里奇·金德如果还担任安然公司的首席执行官,它是否会停止播放"安然2000"赖以出名的音乐——其实就是"塞壬之歌"(Siren song)*?

---

* 塞壬是希腊神话中人首鸟身(或鸟首人身或者跟美人鱼相类似)的怪物,又被称为"海妖"。塞壬经常飞到海中礁石或过往船只上唱歌,使得水手倾听失神,航船触礁沉没。——译者注

后记　危险的野心

安然公司再次需要对自己进行重塑。1995年,肯·莱和理查德·金德向投资者承诺,通过保持之前8年(名义上)快速增长的速度,在以后的5年里分别让安然公司的规模和利润翻番。到了2000年,安然公司的市值应该达到200亿美元,年利润10亿美元,而现金流则是1995年的两倍。

为了完成2000年的财务指标,必须创建新的利润中心。安然石油天然气公司已经廉价出售,安然资本与贸易资源公司天然气业务的利润率已经下滑;州际管道运输公司的收费受到监管,其他市场还没有开放;安然国际公司正在准备上市;而新配方汽油市场的一个重要入口已经堵塞。

安然公司取名"安然2000"的财务计划是实现公司新愿景的一个驿站。这家自封为全球第一大天然气巨头的企业,正打算成为全球领先的能源企业,这是安然公司在肯·莱领导下所做的第4次重新定位。

三个"纪元"

对于安然公司来说,1995年前的10年漫长而又多事。1984年,休斯敦天然气公司的新任董事长兼首席执行官通过收购横贯西部管道公司和佛罗里达天然气输送公司,改变了这家总部设在得州的天然气企业。休斯敦天然气公司此前的管理层拒绝了一起有利可图的收购案,而且一些投资者正因此事在打官司。然而,莱所做的几笔高价收购交易并不能解决这个问题。虽然重组后的公司规模扩大了一倍,但1984年年底的市值却低于上一年。[1]

莱在1985年解决了他接手的信托问题,当时休斯敦天然气公司的股东因他们的公司与联合北方公司合并而大赚了一笔。[2] 莱到休斯敦天然气公司后完成的第二次重组,把休斯敦天然气公司的规模又扩大了一倍多,缔造了一家地域多元化的一体化天然气企业。但是,休斯敦天然气-联合北方公司在无情的市场上负债累累。长期的艰苦奋斗看来是在所难免,于是这家公司的工程师、会计师和一些律师开始做传统上能源企业才做的事情。

肯·莱既不是工程师,也不是会计师,更不是律师。他是一个有大局观的经济学家,在美国传承下来的混合经济中掌握了一套偏政治的技能。莱耐心、精力充沛,而且超自信——乐施好善,但也容易制造利益冲突,他喜欢高调做事,敢于冒险,而且是冒大风险。他曾经工作过的埃克森公司是一只乌龟,而安然公司要做新创建的能源行业的兔子。

安然公司的第三个纪元是由政府政策助力开创的。联邦能源管理委员会的一次监管调整创造了天然气行业的第四个细分市场——天然气批发营销市场,另外三个细分市场是天然气勘采、天然气输送(输气)以及天然气地方分销(或地方配气)。凭借它的两个前身——两家已经走在行业前列的天然气交易企业,安然公司在1985—1986年间成为天然气行业的全国领先者,并一直保持到2001年年底。

第三纪元的安然公司还开发了由政府相关型融资促成的高风险国际项目。另一个政府创造的机会是在电力批发市场推行强制性开放—准入计划,安然公司在1994年把电力这种大宗商品纳入了自己的产品线。

安然公司的下一次重铸——为实现"安然2000"开辟新的疆域——是建立在一项重大的公共政策策略上的。安然公司促成了天然气和电力批发市场强制性开放—准入制的实施,接着又积极推进天然气和电力零售市场强制性开放—准入立法。一旦在零售市场实行强制性开放—准入,就能有利可图地把天然气和电力这两种能源卖给全美数以百万计的家庭和数万家企业。由于推进在全国

---

[1] 请参阅导言和第一章。
[2] 请参阅第二章。

范围内开放零售市场的联邦立法希望渺茫,各州的立法机构和公用事业委员会就成了安然公司在从第三纪元向第四纪元迈进过程中的公关对象。

能源、政府和聪明才智:与在之前的休斯敦天然气公司和联合北方公司以及其他大多数能源企业可看到的情况截然不同,莱为开辟新的竞争领域聚集了一批才华横溢的人才。安然公司的"首席博士"最初以联邦动力委员会(1971—1972年)和内政部(1972—1974年)经济学家的身份了解天然气这个被监管的市场。他在佛罗里达天然气输送公司(1974—1981年)和横贯大陆天然气管道公司(1981—1984年)作为被监管者供职时,对这个行业有了更多的了解。此外,在华盛顿工作期间,莱教过微观经济学、宏观经济学和企业与政府关系的研究生课程。

从一开始,莱就急于创建由联邦法规和补贴支持的新型利润中心。为了成立一家引领燃气热电联产的企业——一个由1978年一部要求公用事业电力公司按(慷慨决定的)"避免成本"向有资质的发电厂买电的联邦法律促成的事业部,莱从通用电气公司挖来了约翰·温。不拘泥于传统的温连续击出"安打",不但使安然公司在国内实现了扩张,而且在国际上树立了自己的形象。[1]

早期,安然公司也在州际市场上买卖天然气,这种业务是由联邦能源管理委员会(联邦动力委员会的继承者)的新规定创建的。从1985年到1986年,强制性开放—准入计划在全美范围内开放了几十个主要的州际输气系统,休斯敦天然气公司和联合北方公司都有州际输气技能和经验。

自1938年以来,(不受监管的)天然气营销商首次可以在天然气州际管道运输市场上买卖天然气并从中获利,从而取代了之前一直由受监管的州际天然气管道运输企业经营且不准在天然气上赚取任何利润(只能转嫁成本)的捆绑式销售。结果,安然天然气营销公司——1991年更名为"安然天然气服务公司"、在1884年再次更名为"安然资本与贸易资源公司"——在美国、加拿大和欧洲对天然气进行大宗商品化。接下来,安然资本与贸易资源公司又对电力进行了大宗商品化——首先是批发,然后是零售。

安然公司还进行了另一项具有决定性意义的变革。1987年,安然公司重新

---

〔1〕 请参阅第一章、第三章到第六章。

恢复了安然石油天然气公司，并交给了新聘用的福雷斯特·霍格伦德负责。在20世纪80年代末和90年代初，温这方面一份由《公用事业管理政策法案》促成的合同和联邦政府的税收抵免促进了安然石油天然气公司的发展。[1] 由于采用一种不同于肯·莱的商业模式，霍格伦德在这家"公司内部的公司"——一家逐渐与安然公司脱离关系的公司——里创造了真正的市场价值。安然石油天然气公司对它的母公司来说，就是一个利益输送的故事，在本书的考察期里，安然石油天然气公司以创造利润、可允许安然全公司盈利避税的获利丰厚的税收抵免额度以及出售股份的方式创收20多亿美元。

在开拓国际业务方面，安然公司旗开得胜：签下了一个由玛格丽特·撒切尔推动的英国私有化进程和北海天然气生产引发的"（天然）气换油"所促成的巨大项目。约翰·温主持的蒂赛德项目、全球最大的装机容量达到1 875兆瓦的热电厂赶在严格规定的截止日期之前竣工投产，从而成了安然公司一个重要的利润中心。

安然公司在获得了国际认可以后，就利用政府资金并通过游说，把目标定在了发展中国家的高风险/高回报项目上。特别是在克林顿执政时期，美国政府——以提供贷款、贷款担保、派遣贸易代表团和政府间施压的方式——全力支持安然公司在数十个传统上不友好的国家进行大胆的"追求"。

电力行业重组是依照1992年《能源政策法案》中一条采纳了安然公司提出的建议后增补的条款发起的。这个条款促使联邦能源管理委员会在1996年先后颁布了第888号和第889号令，在天然气州际管道运输（批发）市场推行强制性开放—准入。乔治·H. W. 布什的同一项立法规定，对符合条件的可再生能源发电提供丰厚的税收优惠，从而促使安然公司在1995年进军太阳能发电领域，两年后又进入风能发电领域。（不过，安然公司并没有为获准进入电力行业进行游说。）

《公用事业管理政策法案》促成的项目，联邦能源管理委员会颁布的第436号、第497号和第636号令（在天然气批发市场推行强制性开放—准入规则），1990年《综合调解法案》第29条（密致砂岩气勘采税收抵免），海外私人投资公司和进出口银行融资（用于发展中国家项目），1992年《能源政策法案》第721条

---

[1] 请参阅第五章和第六章。

(电力批发),1992年《能源政策法案》第1212条(可再生能源生产税收抵免)以及联邦能源管理委员会第888号和第889号令(电力批发市场实行强制性开放—准入),所有这一切驱使政治机会主义者肯·莱朝着与传统能源巨头截然不同的方向前行。

安然公司史无前例的政治取向是更大事件的一部分。莱的管理策略没有正式的名称,只有一些描述,如超级进取型和规则破坏型。这种策略的一个最重要内容就是利用公共关系,使企业看起来比实际更加强大;另一个组成部分就是,无论设立规则的目的和意图是什么,都要合法地玩弄规则来创造所希望的结果或树立所希望的形象。

安然公司的策略还有其他决定性的方面:把政府作为推动者或对手方来利用;在宏大的企业叙事中树立广泛的信心;相信自己目的正确、手段正当;把对未来利润的承诺看作是一种当前收入。因此,从最一般的意义上说,这种策略包括寻租、哲学欺骗和对资产阶级美德的策略性偏离;但请注意,安然公司从不使用甚至从不考虑这些术语。肯·莱在没有思考甚至没有认识到反资本主义的情况下就创建了一种新的管理哲学——反资本主义哲学。[1]

1996年前后

经过3次改造,1996年的安然公司已经截然不同于肯·莱在1984年年中认识的休斯敦天然气公司:资产和收入在12年里增长了6倍,分别达到了160亿美元和130亿美元;报告净收入增长了近5倍,达到了5.84亿美元;公司市值已经是1984年37亿美元的3~4倍。

1996年年底,安然公司的债务—总资本比率为38%,而1984年则高达59%;与1985年合并后73%的峰值相比,已经大幅下降。但背后另有故事:在资产负债表外,安然公司有52亿美元的债务(而资产负债表上只报告了33亿美元的债务)。在标准普尔公司的分析师约翰·比拉尔代洛(John Bilardello)看来,加上表外债务,就相当于63%的债务—总资本比率,从而可以把安然公司的

---

〔1〕 请参阅前言和导言。

"BBB+"(强投资级)信用等级调低到"B"(垃圾级)。

事实上,正如《财务总监》(*CFO*)杂志当时报道的那样,安然公司(资产负债)表外实体的"巧妙结构"使它能够在不涉及相关资产和负债的情况下报告利润。在"裸眼"看来,安然公司所报告的资产似乎创造了全部的报告利润。

在理查德·金德时代,情况也是这样。

至少从安然公司的资产负债表和损益表上看,趋势线都为正。安然公司股票(ENE)的升值增加了公司资本,帮助安然公司提高了至关重要的信用等级。但正如在其他场合详细描述的那样,安然公司在不拉响警报的情况下通过各种可能的方式透支未来,而且从1989年就开始这样做了。[1] 从1989年开始,表外融资活动不断增加,而且不久就迅速猛增。

休斯敦天然气公司和联合北方公司原先都有国际业务,但合并后,主要的国外业务被剥离或者取消。因此,蒂赛德项目为安然公司开启了一个新的时代。到了1996年,安然公司的国际子公司差不多在30个国家开展业务。

安然公司的员工人数先是减少,后又回升。新合并的休斯敦天然气-北方联合公司拥有8 800名员工。变卖资产、裁员和增效(包括输气管道自动化)使员工总人数减少了1/3。由于安然公司不断开展各种新业务,因此,到了1996年年底,公司员工总人数从1988年的低点增加到了11 000人的历史最高水平。

安然公司的业务构成也发生了变化。1984年年底,休斯敦天然气公司的业务重点是天然气输送(主要是受联邦能源管理委员会监管的业务),经营这类业务的资产占公司总资产的60%,利润占总利润的80%。大约在1996年,安然公司的天然气营销和国际子公司的息税前收入接近母公司息税前总收入的1/3。从1991年到1995年,从事新业务的员工总人数从1991年的不足200人增加到1995年的1 500人,而1996年又比1995年增加了一倍多。

安然公司的业务重点仍然是天然气。1984年,莱在入主休斯敦天然气公司后主持编制的第一份年报的封面上写着:"我们将继续编织我们的业务网络,并且做我们最擅长做的事情。"这一点在当年购买两条州际天然气管道时再次得到了证实,而且1985年的合并也没有改变(在联合北方公司的业务构成中,石油也是次要的业务)。

---

[1] 安然公司盈利能力的人为性质可以追溯到休斯敦天然气-联合北方公司成立之初安然石油公司犯下的许多欺诈行为(参见第四章)。

安然公司发迹的岁月

1996年,安然公司仍以天然气为主要业务,但在国内没有天然气供应导致电厂购买石油的价格比购买进口液化天然气便宜的发展中国家除外。与发电用天然气竞争的可再生能源成了安然公司作为电力零售市场"绿色能源"供应商的新业务重点,这也是一场纯粹的政治逐利游戏(详见第十三章)。

安然公司的普通股是一个增长题材,蕴含着基于股东高回报率的很高预期。1990—1996年,安然公司股票(ENE)的股东总回报率高达234%,超过了标准普尔500指数135%的股东回报率以及安然公司股票所属能源板块(主要是天然气公司)43%的增长幅度。每股0.90美元的股息,虽然每年约增加5%,但只相当于2%的收益率。安然公司股票(ENE)是一只成长股,而不是增益股。

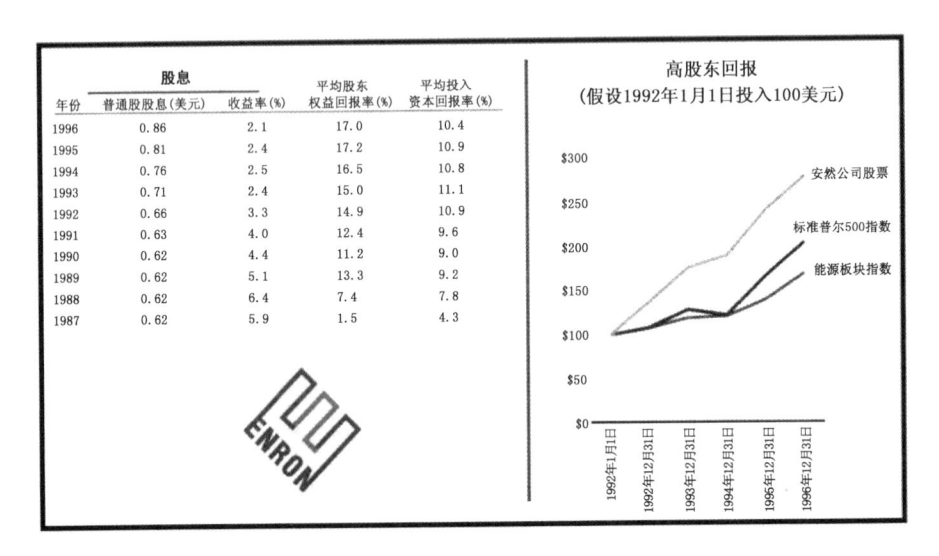

年份	股息 普通股股息(美元)	收益率(%)	平均股东权益回报率(%)	平均投入资本回报率(%)
1996	0.86	2.1	17.0	10.4
1995	0.81	2.4	17.2	10.9
1994	0.76	2.5	16.5	10.8
1993	0.71	2.9	15.0	11.1
1992	0.66	3.3	14.9	10.9
1991	0.63	4.0	12.4	9.6
1990	0.62	4.4	11.2	9.0
1989	0.62	5.1	13.3	9.2
1988	0.62	6.4	7.4	7.8
1987	0.62	5.9	1.5	4.3

高股东回报
(假设1992年1月1日投入100美元)
— 安然公司股票
— 标准普尔500指数
— 能源板块指数

图 E.1 安然公司的股票(ENE)从20世纪80年代末开始,一直是一只上涨势头强劲的股票。1996年安然公司为其股票(ENE)提出的宣传口号是:虽然新创企业发起了挑战,但ENE的过去说明了一切。

按照1996年的收盘价,安然公司股票的市盈率相对较高(19倍)。[能源板块股票的市盈率较低,威廉姆斯公司以17倍的市盈率高居榜首。]安然公司上下都沉浸在一片乐观氛围中,公司办公室主任埃德·塞格纳表示,有必要提高标准普尔公司对安然公司评定的"BBB"信用等级以及穆迪公司评定的"Baa1"信用等级,"这是朝着我们希望的a级信用等级迈出的第一步"。标准普尔公司确实把安然公司的信用等级调高到了"BBB+",但穆迪公司并没有调整安然公司的信用等级,而安然公司在1997年为自己设定的"A—"的新目标永远也不会实现。

一家不断变革的企业

安然公司旗下的 4 个主要事业部几乎都不可能取得两位数的年收益增长率。安然公司的第 5 个事业部——可再生能源事业部——是一个传统赔钱业务领域的新创企业。想要实现"安然 2000",就需要新的增长故事。

退出旧业务领域,进入新业务领域:安然公司正在为减少债务和给新业务融资而出售安然石油天然气公司部分股权套现。在 1995 年的第 3 次出售中,安然公司对安然石油天然气公司的持股比例下降到了 61%,这次出售股权还签署了一项 3 年后把持股比例减少到 54% 的协议。安然公司不只是在 1998 年把对安然石油天然气公司的持股比例降低到了 54%,而且在 1999 年彻底把安然石油天然气公司剥离了出去。

安然公司旗下的州际管道运输公司虽然创立一种在联邦能源管理委员会设定的最高费率范围内进行创业的模式,但除了主要扩建项目投产的那一年外,其他年份可能都没有希望实现两位数的收益增长率。5% 的收益增长率已经算是好的了,但这些州际管道运输公司远非可有可无,它们不但为安然公司奠定了一个可预测的收益基础,而且为安然公司带来了高现金流。轰轰烈烈的州际管道运输事业部不久也将陪伴安然公司这艘破船一起沉沦,并且成了安然公司进入破产程序后可变卖的最有价值的资产。

安然国际公司吹嘘的价值 200 亿美元的项目不但谈判时间长,而且常常签不到合同,更不用说运营成功了。交易对手方——不稳定的穷政府——基本上没有能力执行项目。印度的达博尔电力项目虽然在 1996 年就开始施工建设,但并没有产生足够的收入来抵消其滚雪球般的成本——后来已经达到数亿美元。即使最具可行性的项目,竞争也在加剧,因为东道国把过去谈判达成协议的方式改成了回报率更低的招标方式。[1]

安然资本与贸易资源公司之前执行的多年交易,在新年即将来临之际,也没有实现新的收益增长。所有的利润都采用盯市记账法核算,环境的变化可能会增加预期收入,但也可能减少预期收入,不过,这可是安然公司不愿考虑的事情,

---

[1] 请参阅导言。

正如与赛德能源集团公司的交易所显示的那样。

迪奈基、埃尔帕索、沿海管道和特兰斯科能源等公司——以及其他营销商——纷纷参与竞争,从而导致一个市场估计规模达 2 000 亿美元的业务领域利润趋于正常化。收益增长需要新的事业部和经营方式。杰夫·斯基林在 1994 年说:"我们目前正在做的事情是我们的竞争对手两三年后将要做的事情。"但是,通过不断的创新来保持先动者地位是有风险的,其他企业正在挖走斯基林手下的干将,以模仿安然公司的最佳实践。

安然公司的年收益增长率通常最多也就是 5%～10%,尤其是考虑到一些推迟和迫在眉睫的资产注销,其中的两笔资产注销导致"安然 2000"在 1997 年就失去了实现的可能性。[1] 新的业务领域(没有一个规模比电力行业大)必须要像 20 世纪 90 年代初天然气行业那样有强劲的发展势头。虽然电力行业仍是一个未知数,但安然公司信心十足地宣布自己进军电力行业的决心。此外,领导公司第 4 次——也是最雄心勃勃的一次——再造的,是一个未经受过考验的新总裁——肯·莱的新接班人。

新的领导班子

从安然公司诞生到寿终正寝,肯·莱一直是这家公司的领导人。但在 1997 年前的整个发展过程中,安然公司还有其他值得注意的高管。其中最值得关注的是里奇·金德,他在这个时期几乎一直都与莱一起在管理安然公司。金德是一位真正的首席运营官,他有充分的理由心安理得地在 20 世纪 90 年代中期成为公司的首席执行官。

杰弗里·斯基林创建了安然天然气营销公司。福莱斯特·霍格伦德是安然公司旗下另一家公司的创始人,他创建的安然石油天然气公司行使着不受母公司控制的自治权。约翰·温曾断断续续地为肯·莱充当安然公司第三事业部的创建者,先是在国内创建热电厂,后来又负责英国的蒂赛德项目。

丽贝卡·马克为安然公司创建了一个重要的事业部——安然发展公司。但是,安然公司从这个事业部获得的好处远远少于其他 3 个事业部。从机会成本的角度看,马克在发展中国家的投资相当于一起国内天然气管线的重大收购案,

---

[1] 请参阅导言。不管怎样,虽然现在的抱负没有达到过去多年的平均水平,但继续经营的业务仍定有收益两位数增长的目标。

或许相当于一起旨在为安然公司实现持久的资产价值和现金流而在(安然输气管网版图上遗漏的)东北地区完成的一起收购案。

1984—1996年期间,安然公司的一些高管在天然气管道运输业发挥了值得尊敬的作用,包括吉姆·罗杰斯(20世纪80年代)和斯坦·霍顿(之后一个时期)。在天然气行业中游和批发业务领域,罗恩·伯恩斯是一个在1995年离开安然公司后令人怀念的高管。

1987年,迈克尔·穆克勒罗伊在紧要关头及时遏制了安然石油交易丑闻对公司造成的损害。约翰·埃斯林格在几经更名的安然天然气营销公司负责实物交易,直到1997年年初离职。在福莱斯特·霍格伦德的领导下,马克·帕帕在安然石油天然气公司干得风生水起。

理查德·金德的离去。 在很长一段时期,理查德·金德一直是安然公司的二把手,他有很多讨人喜欢的地方。安然公司总裁兼首席运营官理查德·丹·金德是一位思维敏捷的运营经理人和有才干的战略家。1985年1月加盟休斯敦天然气公司以后,他为安然公司艰苦卓绝地工作,最重要的是,他解决了安然公司在某些方面业绩不佳的问题。刚来公司的头几年,他是公司总部排在总裁兼首席运营官米克·塞德尔之后的三把手,并且充当莱的"打手"。

作为高级副总裁和总法律顾问,金德在1986年黑暗的日子里受命主持一个成本控制委员会,负责全面调查公司的真实状况。第二年,金德被提升为执行副总裁兼办公室主任,在1989年取代塞德尔成为安然公司二把手之前,他一直与塞德尔过不去。正是在这段时间,金德带领杰夫·斯基林经受住了怀疑者们的质疑,并且排除干扰推进了分拆管道公司捆绑式销售和管道运输业务的改革进程。

金德要解决安然公司遇到或者存在的各种问题。他在公司高管会议上那种"粗暴"的作风倒是很能解决问题。问责制?金德对公司的每个员工推行问责制,也许除了他的老板。

金德曾经说过:"我觉得,我的专长就是分析复杂的问题和情况,制定一些可行的解决方案,并在其他有才干的人的帮助下,对他们进行重新组合,让他们去实施某项战略。"想要实现5%~10%的增长率,这样做就足够了。但是,在肯·莱的热情和放任让安然公司过快或危险地进入新领域的情况下,5%~10%的增长率最终成了金德列出的十大问题之一。金德一直把这些问题记在心头,准备采取行动加以解决。不管怎样,这位"巡回搞定先生"虽然很不情愿,但还是接受了这种"冒进",并且还夹带一些他自己的东西。

金德说话谦逊、谨慎,至少与安然公司的首席执行官相比是这样。"我相信'骄者必败'这句老话,"他在安然公司取得靓丽业绩的那年,在写给员工的信中表示,"如果我们想保持行业领先地位,就必须继续关注细节和努力工作,并在竞争中保持领先。"金德在谈到安然公司的问题时常警告员工,"不要喝我们自己酿的威士忌"或者"不要吸我们自己制的毒品",他也因此而赢得了"纪律博士"的绰号。

里奇·金德注重细节、"足不出户",他很少走出安然公司的大墙,这是莱越来越依赖他的两个原因。不过,里奇也能尽心尽责地完成外部任务,如在20世纪90年代中期担任全美州际天然气协会管道运输分会会长。

在金德从莱手中接过首席运营官职务以后,莱越来越迷恋于他的"初恋"——政府事务、公共关系以及任何能让他成为大人物的外部工作——以及让安然公司的股票(ENE)成为动力股的工作。虽然莱本人与安然公司的董事会一样,认为他自己远没有公司首席运营官那么容易被取代,但莱和金德作为一个团队的成员,合作得还是很好的。

为了信守向华尔街做出的言过其实的承诺,金德执着地工作,但也采用哄骗、恐吓的手段。但是,他这样做的结果是导致安然公司的一个优势(基于现实的业绩)变成了一个严重劣势(基于操纵),并且使安然公司养成了一个影响并最终主导安然公司企业文化和商业模式的坏习惯。在一些有关安然公司破产的书中遭到嘲讽的"后金德时代",是在"莱-金德时代"孕育的。

里奇·金德从1987年起就成为安然公司三把手,从1989年开始更是成了安然公司的二把手。1994年年初,董事会对莱仍担任董事长、金德升任首席执行官的问题进行了讨论。但当时,董事们对此还没有完全做好准备,但这位二号人物新签的于1994年2月1日生效的五年雇用合同促成了这个职务变更。

金德新签的雇用合同把1997年2月8日定为触发日期,也就是说,"如果金德和安然公司双方都满意的关于金德未来在公司工作安排的条款届时没有得到金德和公司的认可",金德可以带着他该得的全部利益离开安然公司。莱的新雇用合同也把这一天定为合同提前终止日。

到了1996年,金德已经有所准备。如果老布什再次当选总统,并任命他的朋友肯·莱担任一个重要的政府职务,或许是办公厅主任或者财政部部长,那么,安然公司内部的职务变更可能已经发生。(据说,莱拒绝了相对比较不重要的此前由他的朋友罗伯特·莫斯巴赫担任的商务部部长一职。)或者,如果强大的美国电话电报公司在电信业的强制性开放—准入时代因为在首席执行官罗伯特·艾伦(Robert Allen)的领导下经营不善,所以说服54岁的莱接替艾伦,那么,安然公司内部的职务变更可能也已经发生。[1]

在莱与美国电话电报公司谈判期间,安然董事会认真考虑过让金德担任公司董事长的问题,最后得出的结论是,他不像莱那样处事不惊、善于外交或擅长政治。金德也没有莱那样的远见卓识,就这一点而言,杰夫·斯基林也不像莱那样有远见卓识。

与此同时,莱很享受在安然公司的工作,越来越有理由成为安然公司的"对外关系先生"。企业政治和公共事务——莱的强项——比以往任何时候都显得更加重要。毕竟,为了获准向家庭和企业销售天然气和电力而在全国范围内进行努力,是一场以更低的价格和竞争取代特许经营垄断的"十字军东征"。安然先生现在可以成为经济学家先生,并且能向数以百万计的美国人证明这一点。

安然公司面临的让客户信任并选择安然品牌的挑战,要求肯·莱几乎像安然公司那样出名。争取市场开放,就意味着要在华盛顿和几十个州的首府做大量的工作,而且还要做一些地方上的工作,如为休斯敦新建专业体育场馆争取公共资金,从而直接或间接地提高安然公司的知名度。

要想争当能源零售领域的拓荒者,就应该先升格为"天然气先生"和天然气行业全球气候变暖问题的提醒者。两者之间有一定关联性,因为莱喜欢听到主流环保人士的掌声,而可再生("绿色")能源现在是一种使争当"新能源巨头"的"零售安然"与众不同的手段。

随着管理层接班日期的临近,其他一些因素对于关系到安然余生命运的决定变得至关重要。高管层发生的戏剧性事件造成了金德和莱之间的分歧,从而

[1] 由于莱无法以他在天然气行业已经掌握的方式应对电信监管改革,因此,美国电话电报公司开始物色新的领导人选。1996年9月,莱发现,美国电话电报公司并不打算立刻就让他当首席执行官,而是在艾伦的领导下先做两年总裁,于是就中止了谈判。

决定了这个原定从 1997 年 1 月 1 日正式出任安然公司首席执行官的人的命运。

1996 年年中，大家都知道，金德与肯·莱的高级助理、已经升任负责公司事务副总裁的南希·迈克尼尔发生了一段恋情。人称"小将军"的南希，漂亮、聪明、机灵，做事有条理。与莱的妻子琳达一样，南希是肯的知己和联络人。就在迈克尼尔已经结束她的婚姻，而金德正要结束他的婚姻的时候，公司里谣言四起。金德的老板直接问金德时，他矢口否认，但证据就在那里。

肯·莱把事实告诉了董事会。就个人而言，他觉得受到了双重欺骗。难道他没有为南希和里奇做比别人可能知道的更多的好事？董事会投票决定不让金德升任首席执行官，尽管董事会清楚这项决议可能导致的结果。金德立即递交了辞呈，而莱获得了一份为期 5 年、任命他为董事长、首席执行官兼总裁的新聘用合同。1996 年 11 月，安然公司宣布这项任命决定时让所有人都感到惊讶不已。

金德在接受《华尔街日报》采访时表示："我想做的不只是二把手。"金德告诉《休斯敦纪事报》："他们给了我留下来的机会，但有点'留在这里，就做这事'的味道。"

安然公司的股票(ENE)下跌了不到 2%，几乎不值得担心，但显示了一些退出迹象。对银行、评级机构和整个投资界来说，金德才是真正的"安然先生"。保诚证券研究公司(Prudential Securities Research)的能源分析师卡罗尔·科尔(Carol Coale)表示："我认为这是安然公司的一大损失。"普惠公司的罗纳德·巴隆则有点不以为然："他只是一个管理能力很强的伙伴。"

里奇·金德背着一个价值超过 600 万美元的"行囊"离开了安然公司。在很短的时间里，他就分几次卖掉了手中的安然股票(ENE)，并与南希·迈克尼尔结婚。安然公司的公关部门向里奇展示了一个上面有数千名员工签名的巨大横幅。在想把事情掩饰过去的大家的朋友肯·莱的指示下，安然公司的员工很快就忘掉了公司内部发生的许多戏剧性事情。

那么，现在该做什么呢？金德虽然富有，但还没有退休的打算。金德找到了比尔·摩根。摩根是他在大学和法学院的老朋友，也是金德在佛罗里达天然气公司和休斯敦天然气-联合北方公司的前同事。金德的想法是创办一家中游能源企业。事实上，金德通过收购安然公司几年前剥离的资产——安然液体燃料管输公司——已经为自己创业奠定了基础。

后记
危险的野心

金德-摩根能源合伙人公司(Kinder Morgan Energy Partners)于1997年2月成立,收购了安然公司在安然液体管道运输公司的普通合伙人权益。金德-摩根能源合伙人公司出资4 000万美元建造了两家液态燃料加工厂、一条二氧化碳输送管道和一个煤炭转运终端站。金德利用业主有限责任合伙公司收购回报率低于需缴纳所得税的公司能够接受的水平的资产,并以他在安然公司无法做到的方式削减成本,最终做成了一家中游能源企业。到了1998年10月,这家企业的估值已经达到10亿美元。[1]

几年后,安然公司被清算。这时,金德掌管着一家价值70亿美元的公司。他的公司为2003年分析师年会准备的200页厚的笔记簿封面上印有"同样无聊的东西:真实的资产,真实的收益,真实的现金"。虽然金德的公司与两年前杰夫·斯基林声称其股票每股值126美元(当时的股价是82美元)的公司有着明显的区别,但他不可能对安然公司提出任何质疑。就在斯基林吹嘘安然公司股票4个月后,斯基林就从安然辞职。又过了4个月,安然公司宣布破产,而安然公司的股票很快就变得一文不值。

杰夫·斯基林:总裁兼首席运营官。那么,谁将成为安然公司新二把手呢?安然公司自1990年以来首个身兼董事长、首席执行官和总裁三职的高管肯·莱,告诉他的高级运营官——杰夫·斯基林、斯坦·霍顿、丽贝卡·马克和福莱斯特·霍格伦德,目前没有任何替代人选。与此同时,媒体提到了安然管道公司金德式纪律严明者霍顿和安然公司聪明、精通财务的办公室主任埃德·塞格纳。

莱想要一个有商业经验的公司二把手,公司董事会曾找福莱斯特·霍格伦德谈过,但立即遭到了拒绝。丽贝卡·马克虽然是莱的心仪人选,但被认为还不适合这个职位。领先的候选人是神勇的杰弗里·K. 斯基林——他告诉莱,他已经为这次晋升做好了准备;如果得不到晋升,他准备离开安然。

12月12日,就在金德辞职1个月后,43岁的杰夫·斯基林被任命为安然公司的总裁兼首席运营官,并于1997年1月1日正式上任。与此同时,他仍担任安然资本与贸易资源公司的董事长兼首席执行官的职务。莱和董事会没有浪费

---

[1] 金德在1998年说:"在我还是安然公司总裁时,如果有人提出一个税后回报率低于15%的方案,我就会把他们赶出去。"但有了业主有限责任合伙企业的税收优势,"只要税前利润超过8.5%,我们就可以收购"。

很多时间来确定安然公司的新方向,因为安然已经走上了斯基林的老路。但在一些接近安然高层的人士看来,"杰夫基本上是通过要挟肯才上位的"。

现在,安然公司的一把手和二把手都是梦想家。只要霍顿和霍格伦德还在,莱和董事会就觉得这样很好。不过,霍顿和霍格伦德是老安然人,新业务是另一回事。由于斯基林身兼数职,难免要分心,他不得不把安然资本与贸易资源公司的指挥权交给有才华但脾气古怪的卢·派(安然资本与贸易资源公司的实体业务骨干约翰·埃斯林格刚刚退休)。在国际业务方面,莱对丽贝卡·马克充满信心,但对杰夫·斯基林(就像对金德一样)并没有信心。

华尔街喜欢里奇·金德,但斯基林也从未让人失望。这位在一个重组后的行业处于中心地位的天然气大宗商品化之父正被拿来与克拉克·肯特(Clark Kent)比较。瑞士信贷第一波士顿银行的史蒂夫·帕拉(Steve Parla)表示:"永远不要认为杰夫的礼服衬衫下面没有一个大红色的 S。"华尔街的另一位顶级分析师帝杰投资银行的库尔特·劳纳表示:"他太超前了,我们花了一段时间才弄明白他想做什么。"(顺便说一句,这两个看好斯基林的分析师都曾供职于为安然发行股票大赚了一把的投资银行,他们不太愿意过多地窥探安然公司的内幕。)

杰夫·斯基林难道不是价值创造者?不就是他把只有两名员工的安然金融集团和拥有 140 名员工的天然气营销集团打造成了拥有 2 000 名员工的庞然大物,并且收入从 1990 年的 1 000 万美元增加到了后来的 3 亿美元?在想象和实干两个方面,他几乎没有任何瑕疵记录。

但也有人质疑,约翰·温就是其中的一个。他一听到安然高层的人事变动,就变卖安然的股票套现。美林公司的投资分析师约翰·奥尔森听到这个消息也皱起了眉头。事实证明,用斯基林取代金德的决定造成了灾难性的后果。斯基林不擅长制定和执行部门预算。虽然斯基林会操纵当期利润,但他没有管理成本。安然公司的行政主管吉姆·巴恩哈特回忆说:"他记得斯基林曾多次说过,'只要你能拿出业绩来,我才不在乎你花了多少钱呢'。而理查德·金德会说,'吉姆,即使在形势很好的时候,我们也要数人头、点钱……你必须证明你所做的一切都是正确的'。"[1]

---

[1] 有一件轶事可以说明金德"经常参加"月会,审查每个事业部的预算成本和收入。"你总能说(迈克尔·)穆克勒罗伊的数据是否准确,因为他会出席会议!"一位当年的与会者回忆说,"如果数据不对,他会把他的所有副手全都叫去挨金德一顿臭骂。"

安然公司的这位新晋首席运营官是一个只会讲大话的家伙、一个增长15%的思想家,他需要有一个纪律严明的管理高手来帮衬。斯基林当然能读懂财务报表,并能抓住事物的本质,但这位新任首席运营官并不擅长安然公司的许多业务。最重要的或许是,斯基林被证明是一个裁剪工,一个为了完成使数字达到个人和公司目标的事业而不惜玩弄欺骗手段的骗子。

图E.2 金德离开安然以后,安然公司的最高领导人是肯·莱和杰夫·斯基林。安然公司的总裁兼首席运营官斯基林不久就加入安然公司由约翰·邓肯(下图前排右一)领导的14人执行委员会。

斯基林在母公司和子公司(安然资本与贸易资源公司)兼职,使得情况变得复杂。他在策划一项半工半薪计划之前差点以身心疲惫为由辞职离开安然公司,但在最后一刻又放弃了这项计划。1994年,罗恩·伯恩斯加盟安然资本与贸易资源公司,头衔与斯基林(以及埃斯林格)相当,安然公司这么安排是为了应对斯基林的不靠谱,但伯恩斯和艾斯林格都没有在母公司任职。

自那以后,安然公司日益成为杰夫的公司,开始推行一种(由强制性开放一准入促成的)轻资产战略。那么,杰夫是否有能力掌管好整个公司呢?肯·莱不是理查德·金德,他身边也没有其他人,当然也没有作用有限的副董事长。[1]在出任安然资本与贸易资源公司联席董事长之前曾任安然管道与液体燃料集团董事长的罗恩·伯恩斯,一年前已经辞职去联合太平洋铁路公司担任总裁。

但在斯基林得到任命之前,伯恩斯在联合太平洋铁路公司度过了艰难的15个月以后突然有机会重回安然公司。莱邀请他回来,但罗恩想当安然的二把手(总裁兼首席运营官),有权管束总是串通一气的斯基林和马克。这个要求超出了莱的想象。莱本想请伯恩斯回来可多个帮手,而不是冒险失去斯基林并惹恼马克。

肯·莱:走出安然。1984年年中加盟休斯敦天然气公司以后,肯·莱一直是个"内部先生"。无论是在休斯敦天然气公司、休斯敦天然气-联合北方公司还是安然公司,莱这个工作狂总是提着鼓鼓的律师公文包上下班,事无巨细,总是亲力亲为。这种情况在20世纪80年代末开始发生变化,当时莱逐渐成为安然公司的"外部先生",而金德则成了安然的"内部先生"。

这并不是说莱没有能力处理复杂的琐碎事情,实际上,他有能力处理很多复杂的琐碎事情。他在五角大楼完成、后来成为他博士论文的研究说明,他能熟练地运用数学和统计学方法。莱在之前几家公司供职时总能完成需要他做的事情。

在金德等人的帮助下,莱的使命转向了国际:先是与英国当局合作促成了蒂赛德项目,然后是为安然公司在发展中国家的项目争取东道国政要的支持。他也越来越重视做华盛顿的工作。因此,除了在休斯敦史密斯街1400号忙碌之外,莱的繁忙行程还包括美国各州的首府,当然也包括得州首府奥斯汀。

及至金德离开安然时,"外部先生"已经成为"帝国总统",不愿再过他以前那种亲力亲为的生活。我们这位得克萨斯商业银行(1985年)、康柏电脑公司(1987年)、西部信托公司(Trust Company of the West,1992年)和礼来公司(Eli Lilly Company,1993年)的董事还在其他几十个组织担任职务,如总统可持续发展委员会、商务委员会(Business Council)、全美石油委员会(National Petroleum

---

[1] 约翰·厄克哈特自1990年以来一直担任安然公司的副董事长,帮助莱处理电力技术方面的事务,1998年根据一份咨询合同成了安然公司的高级顾问。1997年,在安然公司收购波特兰通用电力公司以后,肯·哈里森出任安然公司的副董事长。

Council)、美国企业研究所和环境智库 H. 约翰·海因茨三世中心（H. John Heinz Ⅲ Center）。莱过去担任过主席（或会长）职务的组织包括大休斯敦商会、休斯敦大学董事局（University of Houston Board of Regents）、共和党全国代表大会休斯敦主办委员会（Houston Host Committee for the Republican National Convention）以及 1990 年休斯敦经济峰会（1990 Houston Economic Summit）。

即使晚上，莱也不会闲着，要为重要人物和慈善事业举办活动而忙碌，琳达和肯·莱家族基金会还会积极提供资助。做大家的朋友——大家都在为树立安然公司的品牌和扩大安然公司的市场服务，到了 2000 年莱的圈子成员已经增加到了 76 人。现在的问题变成了："肯·莱什么时候有时间管理安然公司？"

到了 1997 年，莱已经成了安然公司外部支持者和员工的代言人，而现在又成了公司主要投资者群体的代言人。《安然商务》在 1997 年年初解释说："肯将把他的大部分时间花在国际项目、业务发展以及政府、客户和员工关系上。肯和杰夫将继续把大量的时间放在战略上，包括旨在进一步加快安然增长速度的与能源相关的新业务领域。"

那么，有谁会否决这种危及公司财务可持续性的权宜之计呢？又有谁会深究预算问题来质疑并规劝业务单位主管——并且每周跟踪承诺和兑现之间是否存在差距？这又不是斯基林的工作，而金德正在相隔两个街区的他自己的公司里——而且是用刚购买的安然公司的资产——做这些事情。

新安然

到了 1996 年，过去的安然公司已经销声匿迹。州际天然气输送仍然是安然公司的核心业务，但面对监管约束，安然公司试图通过引进人才来使天然气管道运输业"安然化"。安然公司通过出售和公开发行的方式，几乎变卖了它在各地的传统资产。[1] 安然公司已经开始放慢开发国际项目的速度：虽然印度达博尔项目在 1996 年 12 月已经重新开工，但大多数其他项目只能说进展缓慢。

新安然的核心是杰夫·斯基林和安然资本与贸易资源公司。安然公司在价格、期限、交付地点和可靠性方面大规模定制（大宗商品化的）天然气批发交易。

---

[1] 安然公司正在出售蒂赛德项目和安然石油天然气公司。安然公司旗下的上市公司有安然液体管道（1992 年）、北疆合伙公司（1993 年）、安然石油交易运输公司能源合伙公司（1994 年）以及安然全球电力与管道公司（1994 年）。

1990—1996年期间,安然资本与贸易资源公司把它的天然气交易产品增加到了200多种,并且以更快的速度发展电力交易业务。安然公司的北美电力业务单位在1996年推出了大约250种不同的(批发交易)产品,而几年前连一种电力批发交易产品都没有。到了1996年,安然公司的欧洲业务单位推出了250多种能源产品,而在1994年欧洲根本就没有这类能源产品。

这是安然公司进行新的大赌博的序幕。"安然2000"雄心勃勃甚至大胆的目标的基础是天然气和电力零售业务。

安然公司在1996年的年报中向投资者表示:"我们已经创办了一家新的独立零售企业,我们相信,5年后,这家企业的收入将达到或超过安然公司1996年5.84亿美元的净收入总额。"这样,安然公司就能成为能源巨头,与一体化的石油巨头并驾齐驱。如果安然公司能在美国规模达到2 070亿美元的电力零售市场上占据10%的份额(考虑到安然已经在美国电力批发市场占据了1/3的份额,10%这个数字被认为是保守的),肯·莱认为安然的零售收入有望超过石油巨头。部分原因在于市场规模:电力市场的规模达到2 070亿美元,而加油站的汽油和柴油市场规模只有1 070亿美元。安然公司的规模将超过美孚、壳牌、埃克森、德士古。

安然公司的目标就是抢占多达2 000万户家庭用户的电力零售市场,抢占全美电力零售市场的努力将以试点项目和树立安然品牌为先导。除了新罕布什尔州正在进行主要的试点项目外,还要在加州全州范围内率先推行这一计划,因为加州已经确定了分阶段实施电力零售计划的日期。

正如第十五章详细描述的那样,安然公司正努力在以下5个方面成为面向家庭和企业的大型天然气和电力零售商:(1)商业计划和产品开发,为最终用户提供公用事业服务之外的另一种选择;(2)开展倡导和游说活动,以促进旨在通过推行强制性开放—准入开放零售市场的联邦和州立法提案程序;(3)开展广告和("品牌")推广活动,使客户放心地由公用事业公司转向安然公司;[1](4)组织试点项目,以证明与零售客户签约的概念;(5)收购波特兰通用电力公司,学习供电业务,并在西北地区实施试点项目。

---

[1] 可以说,这一努力始于1994年年末,当时安然公司进入屋顶太阳能发电领域,两年后又进入了风能发电领域。安然公司在1997年年初指出:"安然的市场研究表明,除了金钱激励以外,大多数人更愿意与对环境负责的企业打交道。"

在安然之前,没有其他公司这样做过。这可不是一种小规模试点。与安然公司的其他业务相比,大众电力零售是安然公司保持其股票(ENE)增长势头的策略。不过,在安然公司和"安然2000"之间横亘着拥有数十年在位优势和政治势力的公用事业电力公司。但是,事实并非如安然这个"暴发户"所料。

1996年年报。安然公司于1997年3月4日发布它第一份加有品牌标识的年报,介绍了公司充满传奇的过去和锐意变革的未来。莱主持编写的第14份公司年报不同于安然公司之前发布的11份年报、休斯敦天然气-联合北方公司发布的1份年报和休斯敦天然气公司发布的2份年报。不同之处不仅体现在董事长办公室上,年报中出现了公司新二号人物的相片,而且还反映在霍雷肖·阿尔杰式的企业准备把重塑的未来货币化的精彩故事上。

在致股东和客户的信"我们是谁"的一节中有几段自我描述,如:(1)"世界最大的一体化天然气和电力企业之一";(2)"北美顶尖的天然气和电力批发营销商";(3)"世界最成功的能源基础设施开发商。"

展望未来:"我们还将成为全球最大的风能和太阳能可再生能源供应商之一。"

莱和斯基林写道:"我们为能成为一个伟大行业的引领者而感到自豪。但我们相信,我们迄今取得的成就只是一个序幕——一个正在能源领域发生的令人兴奋的新故事的序幕。"

具体来说,政府放松对天然气和电力的管制(换句话说,在北美天然气和电力零售市场推行强制性开放—准入),正在创造一个"年销售额高达3 000亿美元的巨大新市场"。在其他西方工业化国家:"国有和私营垄断正在让位于私营竞争。"在发展中国家,"随着政府转向私有化,特别是在电信、交通和能源领域,新的市场正在涌现"。

安然公司在致股东和客户的信中强调,安然已经投身于抢占所有3个新能源市场的竞争。安然的计划是"成为美国最大的电力和天然气供应商"——而且在5~10年后成为欧洲最大的天然气和电力供应商。不但是电力营销,而且液化天然气项目也已经有了"良好的开端"。加上可再生能源,到下个10年初,安然公司在这3个新领域的业务"将走上正轨",实现"至少10亿美元甚至更多的净现值"。安然公司已经考虑把一些业务拆分出去,如安然石油天然气公司(但不是安然资本与贸易资源公司)。

安然公司发迹的岁月

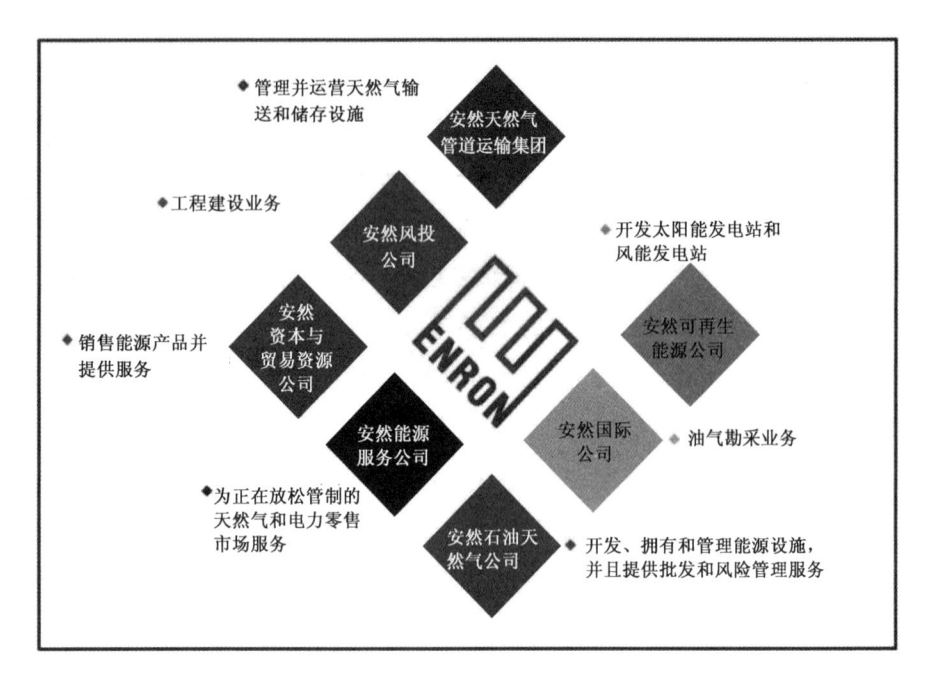

图 E.3 到了 1997 年,安然公司有 7 个事业部,最新的两个事业部是"安然可再生能源"和"安然能源服务"。1 年后,安然又把自己分为核心(州际管道运输、勘采、能源批发服务)和非核心(国际、能源零售服务、可再生能源)两大部分。

这一年年报中的热门词语还有"非同寻常的变化"……"非同寻常的希望和潜力"……"天然气和电力市场加速融合"……"能源新世界"……"重塑能源业务"。

得过且过的安然公司——为了制造超常的利润纪录,不惜运用甚至滥用盯市记账法并变卖资产(未来的利润流),居然公开宣称为未来而战。"安然公司确信长远观才是一种正确的观点,"它在 1996 年致股东和客户的信中写道,"现在就投入时间和资源,播下会结出果实的种子,加大市场开发力度,促进变革,让公司成长。"

安然公司在致股东和客户的信中大谈这样的繁荣和美好的未来,却没有提及许多重要的潜在问题——那些(意见不一的)投资分析师迟迟没有发现,更谈不上强调的问题。它们分别是:

(1)收益率受管制的业务面临收益增长方面的挑战,不但州际管道运输业务,而且即将被收购的波特兰通用电力公司的运营业务,都面临这方面的挑战。

(2)安然资本与贸易资源公司的利润率趋于正常化,盯市记账法造成的负担逐年加重。

(3)预期零售市场份额与已持有的批发市场份额之间(由于重复计算的原因)存在此消彼长的关系。

(4)国际项目很多都没有竣工,特别是仍在施工的达博尔电厂交易对手方的问题。

(5)有些国际项目有可能被注销。(年报后面提到了蒂赛德项目二期工程北海J块油田的负债问题,但根本没有提及甲基叔丁基醚的不良投资项目。)[1]

(6)1996年11月21日,波多黎各圣胡安发生丙烷爆炸事件,造成33人死亡、80人受伤。(由此引发的怀疑将得到证实,而安然的圣胡安天然气公司要到2000年才达成和解。)

安然公司常用半真半假的故事来故弄玄虚。安然公司新的增长故事的亮点是由新罕布什尔州电力公司牵头的"非常成功"的电力零售试点项目。的确,安然公司把零售看作是天然气和电力行业从未有独立企业做过的业务。但正如安然公司的竞争对手美国天然气清算所(后来的迪奈基公司)的查克·沃森所预测的那样,经济学原理并不起作用。根据安然自己的计算,在每位零售客户身上的损失无法通过数量来弥补,客户越多,总体亏损就越大。

事实上,在经历了多次管理层变更以后,安然资本与贸易资源公司在1996年退出了家庭用户市场(为大型商业和工业客户提供能源总包的新模式,促使安然公司在1997年第一季度对它的能源服务公司进行了重组)。在安然公司的年报中再也看不到"到1997年年底,将为多达100万(零售)客户提供服务"。[2]

这封致股东和客户的信中含有半真半假甚至完全不可信的内容。"安然2000"虽然没有提到安然公司的名字,但重申了以下承诺:"我们预计,从1996年到2000年,公司每股收益的复合年增长率至少达到15%。我们预计,在此期间,每股收益每年至少实现两位数的增长。"但几个月后,安然宣布注销资产,1997年的收益增长率为-18%。那么,半真半假的东西呢?扣除特别费用的净

---

[1] 3个月后,安然公司把6.75亿美元的费用记作收益,并且声称北海J块油田"不会对其财务状况产生重大不利影响"。

[2] 正如第十五章所述,安然公司停止了花费18个月和2 000万美元的努力,因为只招揽到4.6万个客户。

收入同比增长了18%。

从表面看,安然公司正昂首进入它的新时代。财务工程以及延期核销,使1996年的利润增长率保持在两位数以上,这是"安然2000"承诺的东西。安然公司的股票(ENE)是一只动力股,而不是10年前的增益股。信用评级对于安然大额交易业务非常重要,因此,这种乐观情绪、这种共享的叙事,即使不能升级,也必须维系下去。

安然公司1996年的年报是在得到特别帮助以后出台的。肯·莱和杰夫·斯基林为了能在年报中附上一封令人过目难忘的信——一封与通用电气公司杰克·韦尔奇的信没有什么区别的信,竟然求助于曾为罗纳德·里根和后来的乔治·H. W. 布什写过令人难忘的演讲稿的白宫演讲稿撰写人佩吉·努南(Peggy Noonan)写这封信。

努南为了了解安然公司及其雄心壮志,整整花了两天的时间参观了安然。她在信中提到了"宽敞的办公场所""无处不在的电脑屏幕"和"能源业的未来主宰"。她分别会见了肯·莱、杰夫·斯基林和丽贝卡·马克。她想知道,这是一个新时代的企业世界,还是一个与企业无关的外部世界?

一切都在按计划进行,但努南很难找到特别恰当的词语来表述"一切似乎依赖于暂时的东西""他们告诉我他们在建这拆那,他们正在与各州议会的议员交谈,试图说服他们通过放松监管的法案"以及(所有这些)"听起来都很贵,要耗费大量的人力和时间"。

"我写的东西帮不上任何忙,"努南承认——即使是在花费了100~200个小时的计费时间(每小时250美元)以后,"我也不完全明白他们的使命是什么。"她后来解释说,这和在商店里卖东西不一样。还有一点:"高层中有一种企业偏执狂——如果你不明白我们在做什么,那么你可能就不够聪明。"

具体而言,努南发现,斯基林对零售业务宣传不够令人信服。"太复杂了。"她对杰夫说。在一个人们来去匆匆的世界里,选择一家电力供应商"可能只是普通消费者日常决策清单上太多项目中的一项"。

努南明白了经济学家所说的高交易成本是什么意思。毫无疑问,在消费者没有主动要求改变的情况下,安然公司在多个方面投入了大量的资金,以吸引最终被证明为数不多的客户。正如安然公司痛苦发现的那样,天然气和电力零售业的强制性开放—准入完全不同于批发业的强制性开放—准入。

安然公司破产后1个月,《华尔街日报》发表文章称"一个建立在假设上的帝国",这当然是后见之明。努南在文章的摘要中提到了"贪婪",讲述了她的版本的安然故事,然后又把话题转向了公共政策。像她这样的保守分子和共和党人负有"特殊的责任……严惩那些欺骗股东和员工的人",尤其是在安然公司这个灾难"损害了人们对自由市场的信心"之后。

但与其他保守分子一样,她没有把安然公司理解为一家独特的反资本主义企业,一家寻租,在不作为、半真半假和错误引导的情况下进行交易,(更不用说是)行为轻率的反资本主义企业。

高歌猛进。到了1997年,安然已经忘记了金德,外界正在盛传一家处于以下四大能源趋势最佳位置的企业的故事:被安然公司定义为强制性开放—准入的监管放松;私有化;主要集中在天然气和可再生能源领域的需求增长;环保主义,特别是远离煤炭的运动。安然公司同时扮演着私酒贩子和浸信会教徒的角色。"我们站在天使的一边,"杰夫·斯基林说,"我们正在让环境变得更加清洁,降低消费者的成本,并惩戒100年来的垄断。"

媒体认为,安然公司值得关注。新闻机构从肯·莱的企业得到的新闻素材肯定比其他任何能源企业都要多。安然公司按行业标准规模已经过大的公共与政府事务部门,只有等到安然公司成为政坛能源机构以后才可能进一步扩大。

安然公司是一家世界级的天然气企业,正在进入已有和新的业务领域。1996年年初,《华盛顿邮报》(*Washington Post*)刊登了一篇题为"你听说过石油巨头。这是一个天然气巨头的故事……一个从安然公司说起的故事,这家公司希望成为世界第一"的企业特写。文章用"综合能源解决方案"和"能源批发商"等流行词描述了一种新型能源企业。

安然公司与业内企业的更多差别源自媒体尤其是安然公司自己的渲染。20世纪80年代的"从北疆到南疆、从西海岸到东海岸"的天然气管道运输公司,现在是一家提供"能源管理服务"和"绿色英热单位"的"新型能源巨头"。

安然公司使用过"严重的行业不连续性",包括天然气和电力行业的"融合趋势"[1],到了1997年已经运用"先发优势"和"战略监管观"构建了"在北美无与

---

[1] 天然气和电力之间的"范围经济"会导致更多的大宗商品交易和中介业务。因此,安然公司在它的最后一份年报(2000年)中把自己描绘成"一家营销和物流公司"。

伦比的竞争优势"。两年后,安然公司又把这种优势称为"毋庸置疑的竞争优势"。安然公司在1998年的年报中告诉投资者,同样的模式也适用于欧洲和南美,也就是通过创建"全球能源特许专营权",将其扩展应用到欧洲和南美洲。

虽然在试错过程中出现了一些失误,但安然公司还是把创造性破坏变成了一种赚钱的手段。"创造力是一种'易碎品',"安然公司在它1999年的年报中写道,"我们用尽可能具有创新性的文化——一种不是以犯了多少错误,而是用尝试频率来考核员工的文化——来支持员工。"

1996年,安然公司被《财富》杂志评为"美国最具创新力的企业",这是安然公司连续6年被评为"美国最具创新力的企业"。安然公司用一幅整版广告回应称"我们非常感激",安然公司是要感谢客户预想到了变革,感谢员工实施变革。

《商业周刊》把莱列入全美25位顶尖高管的行列,《世界热电联产》(*World Cogeneration*)杂志把莱评为"年度最佳高管"。这本杂志在简介中写道:"他熟悉政治环境,具有政治敏锐性,这一直是肯·莱和安然公司在重组后的能源行业取得成功的关键。"

安然公司也获得了很多不是商界颁发的奖项。由于安然公司提出了绿色能源的倡议,中间偏左的经济优先选择委员会授予安然公司1996年的环保领袖企业良心奖。在接下来的一年里,正逢国际气候大会在日本京都召开,安然公司获得了更多的认可和奖项。

那么,肯·莱是如何看待自己和安然公司的呢?答案就在他因获得霍雷肖·阿尔杰奖(莱在1998年获得这个奖项)提名而准备的个人"传记"中。安然公司准备的这份12页厚的"传记"主要有以下要点:(1)"肯在大部分职业生涯中都是在为争取开放受监管的市场和引入竞争而奋斗,为他所供职的任何企业在新的竞争环境中取胜进行积极的准备";(2)"肯一直在率领员工把安然打造成全球性的能源巨头";(3)"他对安然公司进行了扁平化改造,降低了成本,建立了全新的激励机制,并在公司设立创业中心";(4)"肯和他的组织一直站在发展中国家经济自由化努力的前沿,从而扩大了他对市场和竞争的坚定信念的影响"。

这份"传记"详细介绍了在截至1996年的10年里,安然公司的市值从20亿美元增加到了110亿美元,股东的总收益率高达408%,是业内同行的数倍,比标准普尔500指数的平均涨幅还高出1/3以上。

后记
危险的野心
765

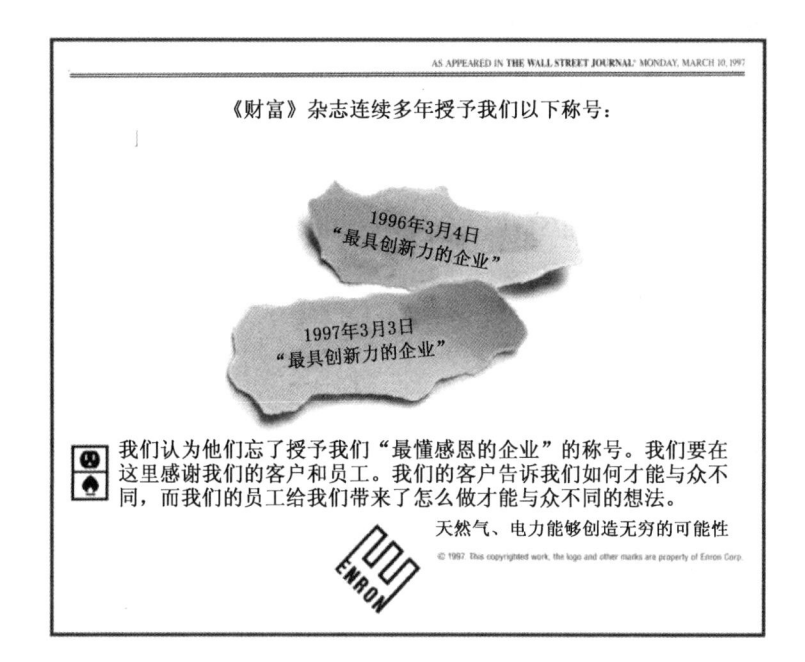

> AS APPEARED IN THE WALL STREET JOURNAL® MONDAY, MARCH 10, 1997
>
> 《财富》杂志连续多年授予我们以下称号：
>
> 1996年3月4日
> "最具创新力的企业"
>
> 1997年3月3日
> "最具创新力的企业"
>
> 我们认为他们忘了授予我们"最懂感恩的企业"的称号。我们要在这里感谢我们的客户和员工。我们的客户告诉我们如何才能与众不同，而我们的员工给我们带来了怎么做才能与众不同的想法。
>
> 天然气、电力能够创造无穷的可能性
>
> ENRON
>
> © 1997. This copyrighted work, the logo and other marks are property of Enron Corp.

图 E.4　到了 20 世纪 90 年代中期，安然公司在天然气和电力批发营销向零售营销扩展动力的推动下掀起了一股创新和再创造的浪潮。安然公司在《华尔街日报》上刊登的这则广告大肆宣扬其越来越高的声誉。

"肯·莱一生坚决支持回馈社会和国家，""传记"补充道，"他喜欢引用布鲁斯·H. 威尔金森(Bruce H. Wilkinson)的话，他相信这句话出自威尔金森之口：'靠索取谋生，通过付出来创造生活。'"

莱应用的个人哲学部分再现了肯在迈克尔·诺瓦克(Michael Novak)的《商业是一种召唤》(Business as a Calling)一书中披露的故事。他一上来就说："我是浸礼会牧师的儿子。"

在这样的背景下，我不仅完全接触到了法律行为，而且也接触到了道德和伦理行为，并且明白它们对于领导组织及其成员的意义。我过去和现在都坚信，生活中最令人满意的事情之一，就是创造一个人人都被允许并受鼓励去挖掘自己天赋潜能的高度道德和伦理的环境。

诺瓦克仍留在美国企业研究所，他的书由美国企业研究所这个保守的中间派公共政策基金会(智库)出版；而身为安然公司首席执行官和这个基金会理事的莱则立场或左或右，飘忽不定。

肯·莱是一个根深蒂固的乐观主义者，他从不感到失望，只会觉得出乎预料。1997年年中《商业周刊》刊登了一篇名为《撼动公用事业公司的恬静之人》的文章。这篇文章表示,"莱表现出一种不可动摇、通过十几年冒险和成功的经历磨炼出来的自信",并且指出,安然公司与爱迪生电力研究协会之间的斗争是莱有生以来经历过的最重要的政治斗争,而这场斗争的战利品则是有利可图地开展天然气和电力零售业务的先决条件——在天然气和电力零售市场推行强制性开放—准入。

"金贵"的安然公司,很少有人批评它。1993年,托尼·马克在《福布斯》杂志上发表文章批评安然公司实行盯市记账法,称这是一种只顾眼前利益的权宜之计。哈里·赫特三世1995年在《财富》发表的一篇关于安然公司的特写中指出,安然公司有一种不健康的短期偏好。投资界的约翰·奥尔森也不时会对安然公司提出质疑。

但是,马克在1993年批评安然公司4年后,对它作为一个开放市场中的大众能源零售商大加赞赏。她在《福布斯》杂志上发表的一篇文章中一上来就写道:"这些数据真是太棒了。"她认为,竞争性电力零售市场和天然气零售市场分别有2 150亿美元和900亿美元的规模。这两个市场合并在一起比长途电话市场(1 700亿美元)和民航市场(1 000亿美元)合并在一起还要大,而且无数的燃气和电力用户愿意参与到电力和天然气零售市场中来。

马克写道:"加州、纽约州、宾夕法尼亚州、伊利诺伊州和新英格兰地区的一些州正在迅速放松监管。"联邦立法机构将立法在全国范围内开放整个市场,各州必须赶在联邦立法机构之前采取行动。安然公司的品牌推广活动既大胆又有先见之明。她最后表示:"安然公司的总裁杰弗里·斯基林对电力行业的未来进行了总结性的展望,他认为'这将是一个完全竞争的竞技场'。"

不过,也有人对安然公司通过规模零售来实现短期利润的做法提出了质疑。据迈克估计,安然公司仅为品牌推广就耗资1亿美元。关于安然公司吹嘘的价值200亿美元的国际项目,另一篇(在其他方面赞美安然公司的)文章指出:"有批评人士认为,其中的一些项目规模相对较小,现在说其中的其他项目能否完成还为时过早。"此外,他们还表示:"这家公司最大的国际项目——计划投资25亿美元的以石脑油和天然气为燃料的印度达博尔电厂——迄今仍命运未卜。"

1996年,保诚证券公司和迪安-威特-雷诺兹证券公司(Dean Witter Reynolds)出于对安然公司利润的担忧,把安然公司的股票(ENE)从"买入"下调到"持有观望"级。在1997年第一季度过后,随着资产注销和零售业务启动成本的增加,安然股票的价格可能会大幅下降。(莱告诉投资者,说安然公司1997年的股东投资回报会出现负增长"是不可接受的"。)事实上,安然公司的股票已经持续低迷了两年。到了1997年年底,有传言说,安然公司已成为收购目标。《天然气周刊》发表了一篇题为《股价持续下跌了一年,有可能让安然这个巨头上黑名单》的文章。

斯基林的公司。1996年中期,在金德主持工作时,安然公司有4个业务单位,它们分别是安然运营公司(包括州际管道运输、液化天然气和建筑服务)、安然资本与贸易资源公司、安然国际公司和安然石油天然气公司。

1年后,在斯基林担任公司总裁时,安然公司有7个业务单位,它们分别是安然石油天然气公司、安然天然气管道集团、安然风险投资公司(安然工程建设公司、安然清洁燃料公司、安然石油交易运输公司)、安然资本与贸易资源公司、安然国际公司、安然全球能源与管道公司以及安然可再生能源公司。

到了1997年年底,安然公司的业务单位又增加到了9个,也就是添加了安然能源服务公司、安然欧洲公司和安然通信公司(从波特兰通用电力公司分拆出来),撤销了安然全球能源与管道公司。

现在,安然公司由杰夫·斯基林管理,肯·莱日益忙于演讲、游说和国外项目。斯基林在莱和安然董事会的全力支持下,不但明着大把花钱(而且还花钱做桌子底下的交易)。仅在1997年,安然公司的资本支出就翻了一番,达到了14亿美元;债务几乎翻了一番,达到了62.5亿美元,利息支出也几乎增加了一半。

斯基林方面的人也有所增加。"在斯基林任职第一年结束时,斯基林的人在安然公司管理委员会26个席位中占据了11个,包括财务和政府事务等不同的职位。"

成立安然资本管理公司(Enron Capital Management, ECM),是早期为了加快安然公司的发展而采取的一项关键举措。安然资本管理公司是一个公司级别的企业集团,既是安然公司履行财务和风险管理职能的事业部,又替安然资本与贸易资源公司履行财务和风险管理职能。安然资本管理公司的100名员工由安迪·法斯托领导,他们负责的待完成项目总价值累计超过150亿美元,而且还有可能再增加400亿美元。

除了管理安然公司的资金流动和现金余额的传统职能外,安然资本管理公司还负责降低各业务单位的资金成本,从而使它们能够增加项目流。安然公司新上任的高级副总裁解释说:"我们希望业务团队拥有资金,并且把资金作为他们武器库里的武器,以使他们年后做成其他企业做不成的交易。"对于安然公司的新晋二把手为了让安然公司尽快登顶而做的一切,肯·莱不会有任何异议。

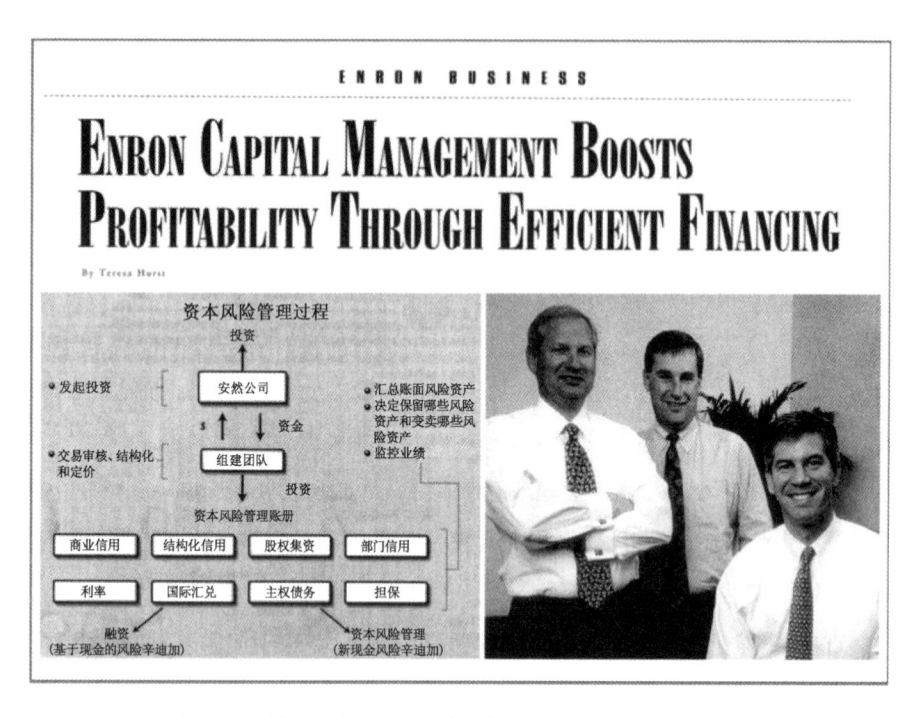

图 E.5 安然公司的新业务需要大量资金,加上保护公司信誉也需要资金,从而促成了公司内部业务单位的重组。安迪·法斯托(图右)领导的安然资本管理公司由比尔·盖瑟曼(Bill Gathmann,图左)负责的一个金融单位和里克·比伊(图中)负责的风险管理单位组成。

安然资本管理公司以资金池的方式,对全公司的全部融资风险进行集中量化管理,就像安然资本与贸易资源公司管理自己的交易那样。法斯托已经在做"擦边球"交易,帮助安然公司完成了1995年和1996年的业绩指标,但在1997年做得更加过分,甚至不惜做非法交易——而且后来变本加厉,因此成了导致安然公司最终破产的最臭名昭著的人物。

纠正误解

安然公司的兴衰,是美国商业和资本主义史册中最令人震惊和困惑的事件之一。对它的解释涉及道德和市场效率问题——以及商业资本主义自身的合法性。在政治经济叙事中,安然公司的故事在影响舆论和检验世界观方面可与约翰·D. 洛克菲勒的标准石油公司和美国大萧条的故事相提并论。塞缪尔·英萨尔公司的兴衰——《从爱迪生到安然》(本丛书第二卷)讨论的主题,在这家公司所处的时代也是影响舆论的重大事件,并且与肯·莱的兴衰有许多相似之处。

对于安然故事的解读虽然有许多版本,但仍然存在根本性的误解。正如安然公司破产后的余波(2001—2003 年)——并且在安然公司破产 5 周年、10 周年和 15 周年纪念日反复出现——所反映的那样,主流观点认为,放松监管促成了有缺陷的特征,而监管不力则导致了所谓的安然人为繁荣和最终破产。据说,资本主义的"传染性贪欲"和"非理性繁荣"是安然公司的本质。艾恩·兰德和自由市场经济学家在思想上受到了谴责。

有关安然的这些结论必须完全彻底地重新思考,就像我们这套丛书想做的那样。[1] 安然公司几乎从一开始就表现出反资本主义的倾向,它的这些背离资本主义最佳实践的行为,从微不足道到堆积如山,最终以令人震惊的方式彻底拖垮了这家公司。

安然公司的故事是一个讲述执行企业决策的故事,有一本讲述安然故事的书总结说:"安然公司的故事,归根结底是一个关于人的故事。"这些人都是有动机的决策者,他们更多是用政治资本主义和后现代主义心态,而不是古典自由主义来对诱因和机会做出反应。

本书对安然公司形成时代的考察和重新解释得出了两个主要结论。首先,安然公司并不是一家自由市场企业,肯也不是一个真正的自由市场倡导者。恰恰相反,安然公司是一家反资本主义的企业。虽然莱的内心是亲资本主义的,但行动上却是反资本主义的。

---

[1] 尤其请参阅:Bradley, *Capitalism at Work* (Part Ⅰ); Bradley, *Edison to Enron*, pp. 2−3, 13−16, 479−480。

其次,安然公司开始实践缺乏内在一致性的后现代主义哲学——一种用思考、想要和期待某种状态来代替采取艰难、需要耐心的举措来创造这种状态(或者研究决定不创造这种状态)的后现代主义哲学。在本书着重讨论的令人提心吊胆的胜利、重大挫折和公共关系中,过度的野心、过度自信、想入非非和狂妄自大都显而易见。

安然公司的堕落是一个过程

安然公司不是一个物件,也不是一个地方,而是一个由行为导致结果、结果又激发新的行为的商业决策过程。本书按照安然公司的事业部和整个公司的因果年表,试图以一种"能让读者身临其境"的方式把安然公司呈现给读者。读者也许会问:我们应该怎么做?我们应该如何警告安然公司的领导层?这样的现实主义会对一个有可能以一种简单化、讲故事、非过程的形式显得很奇特甚至令人费解的故事进行人性化处理。[1]

细致入微、循序渐进的过程分析是理解肯·莱的公司如何演变成完全不同于他和公司董事会所能想象的公司的关键。这就是为什么安然公司的故事含有多个引爆点,甚至由许多引爆点中的一个引爆的原因。

有一项关于安然公司的年代学研究总结说:"从歪曲规则到违反规则,这似乎是一个小小的飞跃。"这项研究的作者洛伦·福克斯继续写道:"安然公司绝不是一下子从歪曲规则转变为违反规则的,而是在重视侵犯行为的企业文化的鼓励下,由于违规行为逐渐增多而引发质变的。"

同样,哈佛大学的马尔科姆·萨特描述了一种"随着时间推移逐步形成的欺骗行为模式:由于骄傲自满、狂妄自大,安然公司在难以实现其激进目标的时候投资建立了许多无利可图的合资企业,构建了一种欺骗文化,从而导致绩效计量和控制系统发生了故障"。

一些开展实地研究的最佳实践企业顾问也强调过程。在《从优秀到卓越:为什么有些企业能实现这一飞跃,而其他企业则不能?》(Good to Great: Why Some Companies Make the Leap and Others Don't)一书中,吉姆·柯林斯(Jim

---

[1] 安然公司的"不断变革"观被认为是一种新奥地利学派的经济学观点,这种观点采用了"时间、知识和市场过程"等现实世界的变量,用于取代新古典主义经济学中自始至终静态的交易观。还请参阅: Internet appendix I.1, "Business History Scholarship: Some Methodological Notes," www.politicalcapitalism.org/Book3/Introduction/Appendix1.html。

Collins)阐述了改进为什么"从来就不是一蹴而就",而是如何"通过一个累积过程——一步接着一步、一次行动接着一次行动、一项决策接着一项决策——逐步完成的……才能取得可持续、引人注目的结果"。

柯林斯提出的"有机进化"过程也可以产生反向作用,卓越的企业会退化为只能算好企业,或者好企业可沦落为坏企业——甚至更加糟糕。安然公司比其他任何企业都更能证明由好变坏的过程:安然公司有缺陷的事业部压倒了优秀的事业部,而公司总部却成了与成功学所描述的行为截然相反的行为的牺牲品。

总之,安然公司在美国的混合经济中是一家以营利为目的的商业企业。美国混合经济的特点是:依靠消费者主导型自由市场和政府驱动型政策市场的混搭来实施经济激励。只有从个性和动机的角度考虑问题,才能揭示隐藏在安然公司经典传奇背后难以捉摸的原因。虽然这些原因并非始于莱-斯基林时代,但从1997年开始快速形成并变得不易改变。更确切地说,这些原因是1996年结束的莱-金德时代的特征。

理查德·金德的问题

"请不要引诱一个绝望的人。"安然公司在进入杰夫·斯基林时代的时候正处在十字路口,并将迎来前景难以预料的一年。对于安然公司来说,要么重组回归基础——就像它10年前所做的那样,要么加快冒险的步伐。安然公司已经触到某些引爆点,现在处在一个新的十字路口,一个很重要的十字路口。

为了履行"安然2000"新做出的承诺以及"成为世界领先能源企业"的承诺,安然公司已经选定了反资本主义的路线。肯·莱只知道速度,斯基林也喜欢速度。安然公司拥有两个坚不可摧的实体资产事业部(州际天然气管道运输集团和安然石油天然气公司)和一个世界级的能源交易事业部,它们是安然公司据以进军新领域的基础。

事实证明,对进入全新领域(可再生能源、总能源外包、宽带、水务、在线交易)的大肆炒作、财务工程("盯模型会计"、"RADR"特殊目的实体、邱克投资公司、LJM Ⅰ、LJM Ⅱ)达到的新高度,以及肯·莱高大的形象以及政治正确性,使得安然公司的故事一直延续到2001年出现不可逆转的严酷现实为止。回想起来,一个有权有势、内心矛盾、罪恶累累的财务总监通过巧妙但下作的手段,推迟了安然公司最终结局的到来。

大多数历史学家把1997年杰夫·斯基林接替做肯·莱的副手定为安然公司走向末日的开始,也就是安然公司故事的"引爆点"。1997年,安然公司想给未来的强劲发展扫清障碍,却遭受了惨重的损失。不管怎样,这就是那一年传递的信息。但是,还是表面现象取得了胜利,安然公司那一年股价只下跌了4%,并且保住了重要的信用评级,从而避免了多次危机,但一个截然不同的安然公司被藏匿了起来。

除了差点把安然公司击垮的瓦尔哈拉事件外,关于安然公司最值得关注的假设就是:如果理查德·金德按原定计划出任安然公司的首席执行官,莱担任董事长,那么,安然公司会有怎样的结局?

安然公司的新任首席执行官肯定处境险恶,金德也参与"安然2000"的制定工作,而且他在"安然2000"中做出的一些承诺后来变成了安然公司的一些问题。"把金德简单地看作逃之夭夭的白衣骑士,就是无视更加复杂的现实,"贝瑟妮·迈克莱恩和彼得·埃尔金德指出,"事实上,安然公司破产的有些种子是在金德的监视下播下的。"

事实的确如此——但不止于此。

安然公司的金德时代可能比(即使当时金德)能够意识到的还要痛苦,而且诱惑更大。与那些一直待到安然公司最后破产的高管的命运相比,金德在1997年与安然公司彻底决裂去创建金德-摩根王国,算是非常幸运的。

不管怎样,我们可以对1996年后的莱-金德时代的反事实历史进行推测。首先,安然公司应该会采取1997年采取的两项资产注销(金德可能不会同意把达博尔项目作为第三笔注销资产来处理——但不会有任何实质性变化)。但如果得到斯基林手下正忙于做假账的财务总监安迪·法斯托的认可,那么,1997年的净亏损可能会更多。

安然公司必须大刀阔斧地削减成本,就像1988年进行的裁员那样——1988年为了使自己重新成为"国内成本最低的天然气供应商之一",安然公司进行了合并和裁员。那次裁员应该减少了安然的公司费用,也就是各个业务单位的间接费用。如果里奇·金德出任安然公司的首席执行官,他肯定不会成为"休斯敦先生",也不会成为像前任那样不断发表演讲、塑造形象的政治活跃分子——只是一个在做大公司之前安心本职工作、宅在公司里的首席执行官。

后记
危险的野心

金德治理的安然公司可能会更加接近福雷斯特·霍格伦德管理的安然石油天然气公司和斯坦·霍顿主政的州际天然气管道公司，而不是一个在1997—1998年形成的"代表美国资本主义未来阶段的新型企业"。金德应该不会组建那些重新定义安然公司的新合资企业，或者会先进行小规模试点，也许会放弃甚或变卖合资企业，而不是像现在这样让它们发展壮大。

安然公司的股票(ENE)作为动力股的地位可能会受到全面调整的影响，股价可能会以两位数的幅度下跌。有些投资者十分欣赏金德推行的强硬改革，并且认为这种改革为避免股价进一步下跌所必需。

那么，关于规模零售的叙事和过度夸张的情况又会如何呢？如果金德担任安然公司的首席执行官，那么，他面临的真正考验应该是如何让安然公司这颗希望之星正视现实。他会(痛苦地)降低自己以前那么乐观的预期吗？其次，他会不会采取一种不戳破安然泡沫和不降低安然的信用等级，也不让安然资本与贸易资源公司陷入恶性循环的方式呢？

1996年，金德对零售市场做出了非常冷静——而不是令人鼓舞——的评估。当时，试点项目遭遇了大笔亏损，但市场却没有以可盈利的方式开放。斯基林和莱通过把零售市场重新定位为安然能源服务公司(成立于1997年3月)内部的商业和工业用户能源总包市场，才逐步走出了困境。他们给投资者讲述的故事是：通过学习和纠错，安然公司找到了一个新的利基市场，甚至是一个取之不尽的宝藏。

事实上，这种(人为的)能效游戏很好地帮助安然公司在全球气候变暖问题日益严重的时代发起可再生能源的宣传攻势。媒体和环保人士对安然公司大加赞赏，这也成了安然公司走捷径的一个理由。

能源总包并不是一个经过实践检验的概念。恰恰相反，能源总包是一种涉及大量工程问题的业务，而且对于这些工程问题，安然公司既没有经验，也没有对它们进行长期预测的能力。卢·派聘用的律师努力用签订5年期、10年期甚至20年期的合同来应对各种可能发生的意外情况，而财务部门则为了少报亏损，最终是为了编造(账面)利润，采用盯市记账法(其实是"盯模型会计")来编制收入报告。

我们可以猜测(但绝不可能知道)，金德不会像派、斯基林和莱那样，默许大肆进行能源总包尝试。我们只能希望，金德会求助于更好的会计方法，坚持更准确的模型假设,从盈亏中获得更加准确的反馈信息,并相应做出再定位调整。

如果金德出任安然公司的首席执行官,由于不会考虑做零售业务,并且会对其他业务进行重组,因此,安然公司应该仍有可能遭遇沉重的打击,安然公司的股价也应该会下跌。不过,灾难性的急剧下滑,应该会让位于上山爬坡的长途跋涉。那么,"安然2000"会出台吗?很可能不会,而"世界领先的能源企业"的口号则会被遗忘。革命性变革呢?革命性变革很可能被渐进式改进所取代。非同寻常的业绩呢?不可能年年,更不可能季季要求取得非同寻常的业绩。

那么,肯·莱会有怎样的结局呢?他可能会去接受另一项商业挑战——也许是去一家大投资公司"呼风唤雨",也许去领导一家即将成立的新能源公司,甚至可能去华盛顿从政;而斯基林、派和法斯托可能无法在安然资本与贸易资源公司退出零售市场以后继续留下来,而是把批发业务转交给里奇·金德领导的安然公司。

这个设想就是最好的结局。但即便如此,考虑到金德主政的安然公司的沉没投资和成本结构以及金德-摩根公司采用的业主有限责任合伙企业这种商业模式,因此,金德主政的安然公司也不会像金德—摩根公司那么有价值。不过,金德肯定会利用资源丰富的中游资产市场来促进安然公司增长,甚至有可能把安然公司的大部分业务重组成一家巨大的业主有限责任合伙企业,但无论如何不会让莱大把花钱和不断提出宏大愿景的情况发生,而是会认为5%~10%的年收益增长率可以接受。[1]

据迈克莱恩和艾尔金德推测,"如果金德没有离开安然公司,那么,安然公司就达不到现在的高点,但它的低点也绝不会像现在这么低"。不过,考虑到要让1995—1996年已经启动的大功率引擎开倒车,"低点不会像现在这么低"也许是最好的情况,而不是最糟糕的情况。

---

[1] 安然公司没有积极竞购中游的战略性资产,已经错失了一些发展核心业务的机会。1994年,安然公司在收购陷入困境的特兰斯科能源公司的竞标中输给了威廉姆斯公司,1996年年中在收购田纳西天然气输送公司的竞标中又输给了埃尔帕索能源公司。事实上,埃尔帕索能源公司超越安然公司成了美国最大的天然气输送运营商,并(像安然那样)吹嘘自己有能力"把天然气从(加州的)贝克斯菲尔德(Bakersfield)输送到(马萨诸塞州的)波士顿"。

反资本主义的安然

耶鲁大学政治学和管理学理查德·伊利（Richard Ely）讲席教授道格拉斯·雷（Douglas Rae）指出："安然事件可以说是美国资本主义现代史上发生的最严重的灾难。"对安然事件的解释可以从肯·莱作为一个"不称职的首席执行官——不管他是否犯罪"开始，然后继续把安然的最终命运与一系列因为秘密交易和做假账而导致情况恶化的"糟糕商业决策"联系起来。但是，想要探明安然的死因，还必须进行明确的动机解释。

暂且撇开业务诊断不谈，那么，安然的死因是什么？为什么是肯·莱？为什么是安然？为什么是在能源行业？

那么，安然事件为什么又会发生在有着半个多世纪投资者保护监管传统的美国的混合经济里？

正如笔者在本书导言中提出并在其他章节中记述的那样，答案就是安然公司的反资本主义管理——一种产生于一个其一般理念、商业时尚和社会经济体系本身都与通常定义的最佳实践背道而驰的竞争性商业世界的反资本主义管理。

肯·莱是一条变色龙，而安然公司则是一家没有业务重点的企业。莱这个休斯敦天然气行业和新能源经济领域的大人物，是由政治资本主义的理念和机遇造就的，而不是由古典自由学派在法律、哲学和政治经济学中理解的市场资本主义成就的。

政治资本主义在《资本主义在行动》（本丛书第一卷）中被定义为："一种商业利益集团不惜牺牲消费者、纳税人和/或竞争对手的利益，寻求、争取并利用政府干预来为自己谋取利益的混合经济的变体。"截至1996年，肯·莱领导的安然公司当然一直能够依法开展业务——并且在未来的几年里变得更加政治化。臭名昭著的安然公司既没有在实践中也没有从理论上排斥自由市场。毕竟，由"看不见的手"支配的经济环境不适合企业和政府合力打出的任人唯亲的重拳。

安然事件对政府的特别照顾驱动利润中心甚至可以定义整家公司的社会经济体系——以及一种导致赌输赢和道德风险的企业治理监管观——提出了质疑。弗雷德·史密斯警告说："与其把安然事件看作市场失灵造成的结果，还不

如考虑政治控制是否能够阻止竞争力量,而这本该是一个早就被发现并解决的问题。"

昔日赞扬处于上升阶段的安然公司(政治方向正确)的市场批评者们,觉得别人背叛了自己,于是在安然公司破产后就贬低安然曾经达到的繁荣程度。他们的愤怒也表现为加倍实施"宏大的层级制政治监管计划",或者为"通往奴役的道路"铺设更多的砖块(就像弗雷德·史密斯引用 F. A. 哈耶克的话所说的那样)。后安然时代的进步主义改革为了防止坏企业家的出现,有可能抑制优秀企业家的成长。2002 年《萨班斯-奥克斯利企业改革法案》(Sarbanes-Oxley Corporate Reform Act)、2002 年《两党竞选改革法案》(Bipartisan Campaign Reform Act)和 2005 年《能源政策法案》等法律的颁布也分别造成了一些问题,有些是无意造成的问题,而另一些是可以预见的问题(这是本丛书第四卷要讨论的一个主题)。

"英勇的资本主义"(《资本主义在行动》第一篇)提出了由古典自由主义学说发展而来的商业成败理论。几个世纪以来,亚当·斯密、塞缪尔·斯迈尔斯、艾恩·兰德和查尔斯·科赫不仅倡导经济自由,而且阐述了市场成功的先决条件。在法治和市场自由之外,这些知识分子倡导谨慎、真实、创造财富和调整方向——以取代疏忽、不信任、任人唯亲和逃避。

《资本主义在行动》一书记录了资本主义哲学家们长期以来是如何提醒我们注意那种吞噬并最终征服安然公司的行为的。亚当·斯密在 18 世纪提出的关于"遵守一般规则就要像尊敬神灵一样""自律"和"谨慎"的洞见以及他提出的关于"自欺"和"过分自负"的警告,很有先见之明地适用于肯·莱的组织。《资本主义在行动》总结称:"安然公司的系统性失败会让斯密失望——但几乎不会让他感到意外。"

亚当·斯密之后过了一个世纪,维多利亚时代的道德家和自助大师塞缪尔·斯迈尔斯把商业成功与对细节、常识和诚信的关注联系在一起。他警告说:"为了比别人更加迅速地赚钱,我们使出了多少招数——但其中根本就不包括诚实!"在斯迈尔斯看来,安然公司的财务总监安迪·法斯托等人就像是装在新瓶里的旧酒。

又过了一个世纪,也就是斯密之后过了两个世纪,艾恩·兰德开创的客观主义哲学可以用来解释安然公司的主观主义和层层欺骗是如何导致失败的。在

后记
危险的野心

肯·莱恨别人寰数十年前,兰德曾警告那些投机取巧的商业领袖说:"企图通过欺骗他人的精神来获取价值,是一种抬举你的受害者并使你自己成为他们无知的受害者的行为,一种使你成为他们逃避的奴隶的行为,而他们的智慧、理性和洞见则会成为你必然会恐惧的敌人。"

安然公司是一家政治方向正确的后现代企业,肯·莱"逐渐相信,希望、相信并说某件事是真的,那么就能使它成真"。但是,外在的现实并不是由人的个人意识造就的。安然公司反复并且越来越多地犯哲学欺骗的错误,用虚假和模糊取代现实和清晰。(大约在1996年,可起诉的欺诈行为对安然公司来说并不是问题,但后来就成了问题。)安然公司在20世纪80年代侥幸躲过了一劫,在90年代初至中期又被卖空,并且又在1996—1997年大肆进行投机色彩很浓的重组。直到破产,安然公司的企业文化也从未真正发生过变化。

然而,让自由市场资本主义代安然公司受过,这是多么具有讽刺意味。肯·莱是一个受过良好教育、不知疲倦的寻租者,几乎总是无差别地采取策略来消除不利的监管,并通过实施以牺牲消费者、纳税人和/或竞争对手的利益为代价强制政府干预的策略来营造公平竞争的环境,从而让安然公司受益。莱的确能在每一个转折的紧要关头提出关于公共政策的基本设想,而他的非市场行动主义并不比他的竞争对手——其他公司的首席执行官们——能够、愿意或实际做的多,至少在小范围里就是这样。不过,莱的政治商业模式以及安然公司本身都是政治资本主义(或任人唯亲)的典范。

斯密、斯迈尔斯和兰德分别在他们各自所生活的不同世纪批评了寻租行为,并指明了通向英勇的资本主义(heroic capitalism)*的道路。在我们这个时代,英勇的资本主义被定义为"通过始终合法和诚信经商为社会创造真正的价值来最大限度地提高企业的长期盈利能力"。[1]

查尔斯·科赫反对由政治驱动的利润,并为消费者驱动的利润进行辩护:"取之有道的利润来自企业对社会做出的贡献——而不是企业的福利或者企业

---

* 英勇的资本主义或者动态资本主义(dynamic capitalism)是意大利法西斯运动借用维尔纳·桑巴特(Werner Sombart)解释资本主义发展原因时使用的概念。桑巴特称这个阶段的资本主义(即英勇的资本主义)为"早期资本主义"。——译者注

[1] 请参阅:Bradley, *Capitalism at Work*, pp. 9—11, 18, 24, 79, 89, 314—319。

以其他利用他人的方式取得的不义之财。"[1]裙带关系的细菌会繁殖并滋生腐败。他指出:"太多的企业过分热衷于游说,要求维持甚至增加由纳税人和消费者埋单的补贴和授权。企业与政府之间不断发展的伙伴关系是一种破坏性力量,它不仅会破坏我们的经济和政治体系,而且会破坏我们文化的根基。"

从18世纪的亚当·斯密到21世纪的查尔斯·科赫,久享盛名的资本主义哲学家都是反安然的知识分子(就如《资本主义在行动》所总结的那样)。他们"阐明了成败背后当事人的人格特征、思维模式和人际关系状况,并且把崇尚自由市场的企业家精神与政治寻租明确区分开来。无论资本主义的物质产出有多么丰富,他们关心的更多是资本主义的道德投入,而不是资本主义的物质产出"。

安然事件的基本教训是:资本主义没有失灵,但混合经济遭遇失败了。安然事件后,资本主义世界观变得更有影响力,而不是削弱了影响力。但是,还有另外一个更加深刻的教训可用来解释安然事件以及安然事件之前、安然公司存续期间和安然事件之后主流知识分子所犯的错误,那就是傲慢的行为,或者用有关安然公司的行话来说,所谓的'房间里最聪明的家伙'的问题,随时随地都可能发生。无论是在商业或学术领域,还是在任何职业界或社团,自负、欺骗和独断都是个人、理智和组织取得成功的障碍。

简而言之,重新解读安然公司能演绎得到的政策含义完全不同于从安然公司破产后发生的事情中总结出来的政策含义,而本丛书最后一卷的一个主题就是考察安然公司破产以后所发生的事情。

最后的思考

安然公司的前高管迈克·麦康奈尔试图重新解读他自以为了解的安然这家公司与他本人和其他数千名安然员工遭遇的残酷现实之间的关系。他在自传中写道:"我目睹了一家曾连续五年获得全美'最具创新力企业'称号的公司在一夜之间陷入了破产、丑闻和混乱不堪的境地。"

为什么会这样呢?我相信事实,我觉得事实就是:很长一段时期以来,安然

---

[1] 用他的管理哲学的话来说,"基于市场的管理强调讲原则的企业家精神,而不是企业福利;强调美德,而不是才能;强调挑战,而不是层级制;强调比较优势,而不是职务头衔;强调长期价值创造,而不是预算管理"。

公司已经开始穷途末路。我们只是没有看到……现在回想起来,我发现了曾出现在我们周围的警示信号。它们是一些重要的东西,如文化、价值观、许多领导或群体对待客户和员工的方式,以及应当予以注意和纠正的状况。

麦康奈尔在结束他对安然公司的解剖时总结道:"如果我们当时能静下心来思考一些'可能会'和'应该是'之类的问题,那么,我相信,安然公司在今天仍会是一家稳健且不断成长的企业。"

安然公司的消长过程可以追溯到1984—1985年。这个过程有一个共同点,那就是安然公司一直都是由一个独特、有能力、聪明、感情丰富的首席执行官领导。肯·莱被誉为"行业巨人",他从来没有失败过,总能取得进步,而且他决心让安然公司成为他的至高荣誉。正是这种过度的追求使他在美国混合经济条件下走上了反资本主义的道路。如果说莱没有认识到他走的是一条危险的道路,那么可能仅仅是因为没有一个恰当的术语可用来表示对实用主义的进步主义管理策略的认识,所以没能提防那种导致他的公司虚假繁荣和彻底破产的策略。

肯·莱的企业必然会与世界上最大且最复杂的经济体的制衡机制发生冲突,并且要突破这种制衡机制的束缚。对外,安然公司可能会与银行家、投资者、证券分析师、监管者、知识分子和媒体发生冲突,并且设法欺骗愚弄他们;对内,安然公司欺骗了自己的律师、会计师、审计机构、董事会和员工。

有一项研究总结认为:"有人想知道,安然公司的高管层是否有可能被他们要求并批准的财务操纵的综合影响所误导。"杰夫·斯基林没有被误导,因为他选择了跳槽;肯是被误导了,所以,他没有弃船而逃,而是和他的船一起沉没。更可悲的是,在安然事件后,他坚持错误的叙事,在庭审中遭遇了毁灭性的失败,并且在等待有可能是终身监禁的判决结果期间伤心地死去。江湖骗子和世界的罪犯,曾经的英萨尔式的行业巨人落得这么一个更加悲惨的下场,简直无法想象。如果他能在安然公司续存期间——甚至在安然事件以后——认识到他之前没有认识到的东西,那么,他就配得上一个较好,起码远比现在好的结局。

企业哲学家伊莱恩·斯特恩伯格(Elaine Sternberg)指出:"长期以来,我们一直认为,所谓的'资本主义'要为各种假想的罪恶负责。"安然公司不仅仅是"假想的恶魔",它更是"美国资本主义系统失灵的产物"。但是,安然公司不是传统理解和定义上的资本主义系统失灵的产物。

安然公司用它自己的言行对反资本主义进行了定义：安然公司意义上的反资本主义就是政治资本主义，政治方向正确，监管博弈以及混合经济中的其他裙带行为。广义地讲，安然事件与后现代主义哲学有关，它是允许最差者胜出的政府干预主义的意外产物。

从安然事件可以总结出许多教训，既有微妙的，也有深刻的。首先，企业管理是现实，而不是虚幻；不仅仅需要革命性变革，也需要循序渐进；应该是双赢，而不是有输有赢；而且要只做正确的事情。

关于政治经济，要创造财富，而不是寻租；复杂世界有简单的规则；生财要走正道，不能走旁门左道。

古典自由主义企业家查尔斯·科赫认为，基于市场的管理实践是自由社会的最佳管理实践，这种管理实践是建立在几个世纪前孕育资本主义的社会哲学的基础上的。这个哲学传统赞美基于现实的思考、小规模试点的试错检验、中途纠错、简单朴素以及——最重要的是——在市场创造性破坏面前的谦逊等认识论美德。

在人际关系层面，古典自由主义企业理论家和实践者已经接受了诚实、率真、尊重他人、开放、光明磊落、礼貌和守信。从道德的角度看，它们代表着审慎、谨慎、正直、品格和平衡。

相反，安然公司信奉的是，形象高于现实，虚假重于证据，感觉胜过事实，群体思维优于独立分析，且时尚比基本面重要。在伦理层面，肯·莱为"房间里最聪明的家伙"践行新的行为规范腾出了空间。在政治层面，安然公司采取任人唯亲的做法，利用公共部门的特殊照顾来推动新的利润中心的构建。

从安然公司身上吸取的真正教训必须能够反映安然公司正确和错误的地方。但是，正如 G. K. 切斯特顿（G. K. Chesterton）所说的那样，虽然人跌倒的角度有无数个，但人能保持直立的角度只有一个。因此，安然公司的许多负面教训也可以归结为一个正面教训：事实很重要——要善于发现事实，记住事实，报告事实，按事实办事。所以，这就是修正主义的安然历史。

肯·L. 莱年表

肯尼斯·李·莱(Kenneth Lee Lay)家族最可靠的家谱可以追溯到他的祖先杰西·莱(Jesse Lay)。杰西·莱1744年出生在弗吉尼亚州哈利法克斯(Halifax)县。杰西·莱可能是祖籍英格兰威尔特郡(Wiltshire)的大卫·莱(David Lay)的儿子或者孙子。

在美国独立战争前,杰西·莱从弗吉尼亚州哈利法克斯县迁徙到了英国皇家殖民地中北部北卡罗来纳州的卡斯威尔(Caswell)县。他的儿子杰西·邓肯·莱(Jesse Duncan Lay,1766年生)搬到了北卡罗来纳州更靠西面的威尔克斯(Wilkes)县,杰西·邓肯·莱的儿子约翰·迈克尔·莱(John Michael Lay)1790年就出生在威尔克斯县。后来,约翰·迈克尔·莱搬到了田纳西州东北部的坎贝尔(Campbell)县,他的儿子托马斯·莱(Thomas Lay)于1832年出生在坎贝尔。

妻子黛利拉·克罗利·莱(Delilah Croley Lay)去世后,托马斯再婚,并与儿子约翰·克罗利·莱(John Croley Lay)搬到了密苏里州。约翰·克罗利·莱大约生于1850年,是肯·莱的曾祖父。

1874年:肯·莱的祖父安德鲁·杰克逊·莱(Andrew Jackson Lay)出生在密苏里州得克萨斯县的奥扎克斯(Ozarks,县政府所在地是休斯敦)。安德鲁·杰克逊·莱于1949年在他度过一生的农场里去世(那年,肯·莱只有7岁)。

1895年:安德鲁·杰克逊·莱与玛蒂尔达·艾伦·欧文斯(Matilda Ellen Owens,1876年出生)结婚。

1914年:10月3日,肯·莱的父亲奥默·莱——安德鲁·杰克逊·莱和他的妻子的儿子——在得克萨斯县的索罗(Solo)出生。奥默·莱(1914—1999年)是安德鲁·杰克逊·莱11个孩子中的第10个孩子。安德鲁·杰克逊的11个孩子中有7个长大成人，他们分别是克拉伦斯·奥托(Clarence Otto,1896—1975年)、路德·亨利(Luther Henry,1898—1984年)、约翰·谢尔比(John Shelby,1899—1980年)、艾拉(Ira,1901—1973年)、韦斯特·尤厄尔(Vester Euel,1907—1993年)、奥默(Omer)和罗伯特(Robert,1918—1974年)。其中的6个后来就是肯·莱的叔叔，而他们的孩子后来就是肯·莱的堂兄弟和堂姐妹。

1916年：10月23日，肯·莱的母亲露丝·艾斯特·里斯(Ruth Ester Rees)在密苏里州蒂龙(Tyrone)出生，她是乔·西弗斯·里斯(Joe Sievus Rees,也拼作"Reese"和"Reece")和雷切尔·里斯(Rachel Rees,娘家姓Ice)的女儿。露丝(1916—1995年)的父母一共生了6个孩子，她是6个孩子中的第5个孩子。其他5个孩子分别是艾达(Ada,1906—1997年)、麦特尔(Myrtle,1905—1993年)、维吉尔(Virgil,1906—1978年)、伯莎(Bertha,1908—1997年)和鲁比(Ruby,1918—2005年)。他们分别是肯·莱的4个姨妈[算上他们同父异母的姐姐埃塞尔·艾斯(Ethel Ice,1898—1991年)，肯·莱就有5个姨妈]和1个舅舅，而他们的孩子就是肯·莱的表兄弟和表姐妹。

1937年：5月22日，奥默·莱和露丝·艾斯特·里斯在密苏里州得克萨斯县的休斯敦结婚，当地报纸称他俩的结合是青梅竹马的完美结果。

1939年：5月9日，奥默和露丝有了他们的第一个孩子：女儿邦妮·吉恩(Bonnie Jean)。

1941年：6月20日，联邦调查局派驻密苏里州杰斐逊市(Jefferson City)的特工罗恩·艾尔斯(Rowen Ayers)与联邦调查局办事员埃莉诺·拜尔雷(Eleanor Byarlay)结婚，他们后来就是肯·莱的第一任岳父母。

1942年：4月15日，肯尼斯·李·莱在密苏里州得克萨斯县蒂龙的奥默和露丝家中出生。在肯出生后的头6年里，他们一家曾先后在密苏里州相距15英里的4个小镇蒂龙、卡普尔(Cabool)、休斯敦和雷蒙德维尔(Raymondville)生活过。

1945年：10月8日，肯·莱的妹妹莎伦·苏·莱——奥默和露丝·莱的女儿——出生。奥默和露丝·莱的第二个女儿莎伦是他们的第三个也是最后一个孩子。

1947年：奥默·莱在密苏里州雷蒙德维尔(得克萨斯县一个不到200人的村庄)定居，露丝的哥哥维吉尔也住在那里。奥默·莱经营一家养鸡场，但也收购其他农场主养的鸡，然后卖给附近城镇的商店。奥默在一次驾车送鸡时出了车祸，于是，他们的家境一落千丈。后来，奥默在密西西比州的家用舒适炉公司(Home Comfort Stove Co.)找到了一份旅行推销员的工作,带着全家人一个镇一个镇地推销家用火炉。

1948 年:奥默·莱和他的家人搬到了密苏里州拉什山(Rush Hill)镇,奥默在附近墨西哥小镇蒙哥马利·沃德(Montgomery Ward)公司的销售部门工作。[他也在他妻子露丝的姐姐贝莎·艾伦的丈夫——奥默的连襟——奥赛尔·L. 霍布斯(Othel L. Hobbs)的农场帮工。]

莱全家人生活了近 10 年的拉什山镇比雷蒙德维尔镇还要小,当时只有 120 个居民,但不属于奥扎克斯。

1950 年前后:肯·莱做送报(三条线路)、修草坪、铲雪、堆干草等零活赚钱贴补家用。他上的是拉什山镇小学,学校只有三间教室:一个老师在第一间教室里负责教一年级和二年级的学生;另一个老师在第二间教室里教三年级、四年级和五年级的学生;还有一个老师在第三间教室里教六年级、七年级和八年级的学生。

奥默·莱接受了在拉什山镇无教派社区教堂布道的邀请,一直到 1958 年离开拉什山镇。

1954 年左右:(12 岁的)肯·莱暑假期间找到了一份工资只有每小时 25 美分的全职工作,每天在一家农场工作 16 个小时。从 12 岁起,肯·莱就赚钱负责自己除食宿费以外的全部个人开销。同样是在 1954 年,奥默·莱家里装上自来水。

1956 年:肯·莱(14 岁)进奥弗雷德(Audrain)县一所只有 6 间教室的社区中学读书。

1957 年:6 月,肯·莱的姐姐邦妮·吉恩从奥弗雷德县社区中学毕业,并准备进密苏里州哥伦比亚市一所保守的女子学校教会学院(Christian College)继续深造。奥默·莱一家从拉什山镇搬到了哥伦比亚市。这样,邦妮·吉恩可以住在家里上学,并且省钱让她的弟弟和妹妹上比较好的中学。奥默·莱在密苏里大学做保安,而露丝在大学的书店里工作。奥默还兼职推销农业机械,在哥伦比亚的伯特利浸信会教堂(Bethel Baptist Church)担任牧师和主日学校教师。

9 月,肯·莱(15 岁)进了哥伦比亚的大卫·H. 希克曼高中(David H. Hickman High School)。他上高中时就在唱诗班唱歌,吹长号演四重奏,担任同学会会长,被选为美国国家高中荣誉生,并获得了国家历史奖。

1959 年:6 月 6 日,邦妮·吉恩·莱与密苏里州大学四年级学生詹姆斯·理查德·伯恩(James Richard Bourne)结婚。婚礼公告称,这对夫妇将于 9 月在得州达拉斯南卫理公会大学(Southern Methodist University)注册入学。新娘将在这所学校攻读音乐学士学位,而新郎则在这所学校攻读牧师学位。

1960 年:5 月,肯·莱从希克曼高中毕业,他的成绩在全年级 276 名学生中名列第十。

9月,肯进哥伦比亚市的密苏里州大学深造。肯(与他的姐姐和妹妹)在他的祖父母、外祖父母、父母、12个叔叔、伯伯和姨妈以及40个堂、表兄妹这个大家族中是最早上大学的。

虽然学费由奖学金支付,但肯在暑假里全职打工,在学期里兼职打工(每周15~20小时)挣钱供自己开销。

1962年:莱虽然只是一个大三学生,却被选为密苏里州大学"Beta Theta Pi"兄弟会"Zeta Phi"分会会长,这是校园里最大的兄弟会,也是出名的"干货"兄弟会。

1963年:肯·莱获得了经济学学士学位,平均成绩超过3.6分,以美国优等生联谊会会员的身份毕业。他的大学导师是经济学教授平克尼·沃尔克。

莎伦·莱嫁给了查尔斯·爱德华·鲍尔斯(Charles Edward Powers),两人都只有18岁,刚刚高中毕业。后来,莎伦又嫁给了休斯敦地区著名的美容牙医乔·埃里斯(Joe Ellis)。

1965年:6月,肯·莱加盟汉贝尔石油与炼油公司(现在并入了埃克森美孚公司),在公司规划部担任经济师工作。

奥默·莱任职7年后,(在51岁)辞去了他在哥伦比亚伯特利浸信会的牧师职务。

8月,肯·莱以优异的成绩获得了密苏里州大学的经济学硕士学位,他的平均成绩超过3.8分。

9月,莱开始在休斯敦大学攻读经济学博士学位。

1966年:1月,琳达·菲利普斯(Linda Phillis,后来嫁给了肯·莱)嫁给罗伯特·F. 赫罗德(Robert F. Herrold)。9月,罗伯特和琳达在华盛顿特区有了他们的第一个孩子:女儿罗宾·安妮(Robyn Anne)。

6月18日,肯·莱和朱迪思·艾尔斯(Judith Ayers)在密苏里州的杰斐逊市结婚。艾尔斯1966年从密苏里州大学新闻专业毕业,之前她曾在学校上法语课时坐在肯·莱的前面。她的伴娘包括威廉·摩根夫人[安妮·兰姆金(Anne Lamkin)]和理查德·金德夫人[萨拉·卢·斯科尔斯(Sara Lu Scholes)]——两人都是卡帕阿尔法塔(Kappa Alpha Theta)女生联谊会的会员。肯·莱的迎宾员是他的姐夫爱德华·鲍尔斯(莎伦·苏·莱的丈夫)和新娘的弟弟海军少尉詹姆斯·埃尔斯(James Ayers,1964年毕业于安纳波利斯的美国海军学院)。他的伴郎是兄弟会会员罗伯特·希利(Robert Healy),他后来在得州休斯敦埃克森美孚公司任化学工程师,并在这家公司度过了他的整个职业生涯,毕生致力于提高石油采收率的工作。

1967年:汉贝尔石油公司首席执行官迈克·赖特(Mike Wright)的演讲稿(大部分由

肯·莱代笔)由麦格劳希尔出版公司以《公事公办》(The Business of Business)的书名结集出版。

1968 年：1 月,肯·莱在美国海军军官候选人学校注册服役。5 月,他被任命为海军军官。6 月,由平克尼·沃尔克推荐,他被调到五角大楼协助海军负责财务管理的助理部长工作。他在那里设计改进了军需采购系统。

8 月 15 日,马克·肯尼斯·莱(Mark Kenneth Lay)在弗吉尼亚州阿灵顿出生,他的父亲是肯,母亲是朱迪·莱(Judie Lay)。

11 月 21 日,得克萨斯县的一家报纸在报道莱的一次家庭聚会时提到了奥默·莱夫妇、哥伦比亚的莎伦·鲍尔斯小姐、邦妮·伯恩夫人和圣约瑟夫的孩子们。邦妮·伯恩最终在密苏里州大学获得了教育学博士学位。

1970 年：6 月,莱获得休斯敦大学经济学博士学位。他的论文是《衡量国防采购活动经济影响的时机选择：对越南建设的分析》。

1970—1973 年：莱在华盛顿特区乔治华盛顿大学夜校担任讲师,后来又升任助理教授。他最喜欢的书是彼得·德鲁克的《不连续的时代》(The Age of Discontinuity)。

1971 年：1 月 3 日,肯和朱迪在马里兰州贝塞斯达(Bethesda)有了他们的第二个孩子：伊丽莎白·艾尔斯·莱(Elizabeth Ayers Lay)。

4 月,肯·莱中尉在服役 39 个月后从海军光荣退役。

5 月,莱入职联邦动力委员会(现在的联邦能源管理委员会),任该委员会副主任平克尼·沃尔克的技术助理,沃尔克是他在密苏里州大学的经济学导师。在沃尔克请假照顾他生病的妻子期间,莱成了联邦动力委员会事实上的委员。

1972 年：10 月,莱入职内政部,担任负责能源事务的副次长,这是一个负责监督联邦政府各部门能源政策的新职位。1973 年 4 月 18 日,他牵头起草了理查德·尼克松总统第一份关于能源的总统讲话。莱还与白宫就石油分配问题进行合作。

1973 年：肯·莱会见了佛罗里达天然气公司首席执行官杰克·鲍恩,同时主持了在佛罗里达附近召开的墨西哥湾石油和天然气钻探会议。几个月后,他写信给鲍恩,询问是否有可能在佛罗里达天然气公司找到一份私营部门的工作。莱寻找私营部门的工作,结果收到 15 份要约。

1974 年：1 月。莱加盟杰克·鲍恩位于佛罗里达州温特帕克(Winter Park)的佛罗里达天然气公司,担任公司规划总监。这个部门后来更名为"企业发展部"。佛罗里达天然气公司首席执行官杰克·鲍恩主张聘用肯·莱,但首席运营官谢尔比·沙利文就没那么热情。莱升职后,他和朱迪在卢加诺街(Via Lugano)高档住宅区买了一座别墅,还在佛罗里达州墨尔本海滩(Melbourne Beach)买了一套公寓。在休闲方面,肯·莱喜欢慢跑、打网球、打高尔夫,还喜欢阅读约翰·D. 迈克唐纳(John D. MacDonald)的惊悚小说。约翰·D. 迈克唐纳是一个获得哈佛商学院工商管理硕士学位的作家,他写的以佛罗里达为背景的故事常常包括精心设计的商业骗局。

9 月,莱被任命为跨墨西哥湾管道公司(Transgulf Pipeline Company)的副总裁。

1975 年:5 月,莱被任命为佛罗里达天然气公司负责企业发展事务的副总裁。

10 月,莱被任命为佛罗里达天然气输送公司的高级副总裁,负责供应和工程事务。

1976 年:9 月,莱被任命为佛罗里达天然气输送公司总裁和母公司佛罗里达天然气公司的执行副总裁。

1978 年:3 月,莱被任命为天然气研究所理事,并一直担任到 1986 年 8 月。

1979 年:5 月,莱被任命为佛罗里达天然气公司总裁。

8 月,大陆集团收购佛罗里达天然气公司,并把佛罗里达天然气公司更名为大陆资源公司。莱被任命为董事长。

11 月,莱被任命为大陆集团副总裁。

莱当选为泥沙运输协会(Slurry Transport Association)会长。

1980 年:7 月,莱当选为全美州际天然气协会理事,并在 1989 年担任理事长。

10 月,莱被任命为全美天然气协会理事,一直到 1986 年 9 月卸任。

1981 年:4 月,莱辞去大陆资源公司的职务。比尔·摩根出任公司负责温特帕克(Winter Park)业务的高级主管。

4 月,肯提出与朱迪·莱离婚的申请。

5 月 1 日,莱加盟特兰斯科企业公司(Transco Companies Inc.),担任总裁兼首席运营官,归曾聘请他加盟佛罗里达天然气公司的董事长兼首席执行官杰克·鲍恩领导。

6 月,朱迪·莱精神崩溃,被送进精神病院。他们的离婚案审判被推迟。

7 月,莱被临时任命为横贯大陆天然气管道公司总裁和首席运营官,一直担任到 1982 年 4 月 30 日卸任。

1982 年:2 月,莱被任命为美国国家能源基金会(National Energy Foundation)理事,一直到 1988 年 2 月才卸任。莱还出任休斯敦第一城市国民银行董事。

5 月,除了保留其他头衔以外,莱被任命为特兰斯科勘探公司(Transco Exploration Company,TXC)临时总裁和首席执行官。

6 月,肯和朱迪·莱的离婚案定于一个星期后开始审理,结果两人达成了离婚协议。

7 月,肯·莱和他的前秘书琳达·菲利普斯·赫罗德在休斯敦结婚。琳达在第一次婚姻中有罗宾·安妮(Robyn Anne,1965 年出生)、托德·大卫(Todd David,1969 年出生)和罗伯特·莱·"博"(Robert Ray "Beau",1971 年出生)3 个孩子。

1983 年：7 月，《休斯敦纪事报》企业版发表的一篇名为《特兰斯科公司的肯·莱被誉为天然气行业的革新者》的专题报道，这是第一篇正面宣传莱的文章。在接下来的几年里，《休斯敦纪事报》又刊登了许多有关莱的这类文章。

11 月，莱出任美国资本形成委员会（American Council for Capital Formation）理事。

1984 年：6 月 6 日，休斯敦天然气公司宣布肯·莱当选为公司董事长、总裁和首席执行官，并且从 6 月 8 日（星期五）正式上任。这一天也是肯·莱辞去特兰斯科勘探公司职务的辞呈生效日期。

6 月 8 日，莱与休斯敦天然气公司签订了一份 5 年期的聘用合同。根据这份合同，公司每年支付 51 万美元的底薪，底薪每年增长 10%。莱在 1986 年 2 月废除了这份聘用合同，并在 3 个月后重签了新的 5 年期聘用合同。

12 月 30 日，《纽约时报》刊登一篇题名为《改变了一个行业的特立独行者》的（配图）企业特写，对肯·莱做了专题报道。

1985 年：莱被聘为得克萨斯商业银行董事。

1 月，莱被任命为美国石油学会（American Petroleum Institute）理事。后来，莱在 1987 年 12 月辞去这个职务。

7 月 16 日，莱被任命为休斯敦天然气-联合北方公司总裁兼首席运营官。

11 月 12 日，山姆·塞格纳被免职后，莱被任命为休斯敦天然气-联合北方公司总裁兼首席执行官，比尔·施特劳斯任公司董事长。

1986 年：2 月，肯·莱废除了他（在 1984 签订）的聘用合同。后来，他拒绝接受 1986 年 18.75 万美元的奖金。

2 月 11 日，在比尔·施特劳斯辞职后，莱被任命为休斯敦天然气-联合北方公司总裁、董事长兼首席执行官。

4 月 10 日，休斯敦天然气-联合北方公司改名为"安然公司"，莱被任命为董事长兼首席执行官。

5 月，莱与安然公司签订了一份新的聘用合同。这份合同订有公司要因控制权变更导致的非自愿解聘提供补偿的条款。

1987 年：5 月，肯·莱与安然公司签订了一份 4 年期的聘用合同。这份合同规定，公司每年支付 62.5 万美元的底薪，承诺提供 150 万美元的贷款，并且还订有其他条款。

莱被聘为康柏电脑公司董事。

1988 年：肯·莱加入休斯敦大学董事会。后来，他捐钱给在该校政治学系和经济学系设立（肯·莱）讲席。1995 年，他获得了休斯敦大学颁发的杰出校友奖。莱被任命为休斯敦财政委员会主任，接替当选总统的乔治·布什。

1989年： 9月，肯·莱与安然公司签订了一份5年期的聘用合同；合同规定了每年75万美元的底薪、25万股的股票期权以及其他福利条款和财务激励措施。

1990年： 肯·莱被任命为工业化国家经济峰会休斯敦东道主委员会的联合主席。

4月，莱被任命为由28名成员组成的能源咨询委员会的秘书，他是石油和天然气行业在这个咨询委员会的两名代表之一（他已经是国家石油委员会成员）。

1991年： 10月，《休斯敦纪事报》企业版刊登的一篇企业专题深度报道《是什么让肯尼斯·莱奔跑？》认为，莱具有多面性和神秘性。

12月，莱在与总统会谈后，排除了他在布什政府担任内阁部长的可能性。

1992年： 肯·莱获得密苏里州立大学法学荣誉博士学位。

莱被聘为西部信托公司（Trust Company of the West）董事。

莱被任命为1992年共和党全国代表大会主办委员会主任。

1993年： 6月，肯·莱在华盛顿特区白宫举行的仪式上被提名为有25个成员的总统可持续发展委员会的成员。

莱被聘为礼来公司董事。

1994年： 2月，肯·莱与安然公司签订了一份新的5年期聘用合同。这份合同规定了每年99万美元的底薪、120万股的股票期权以及其他福利条款。莱有权选择在1997年2月8日终止合同。

1995年： 3月10日，肯·莱的母亲露丝·里斯·莱在密苏里州哥伦比亚去世，享年79岁。

1996年： 11月26日，莱同意续签一份为期五年的董事长兼首席执行官聘用合同。1997年1月1日，里奇·金德辞去安然公司总裁的职务。莱宣布由他自己兼任总裁职务。

12月，杰夫·斯基林被任命为安然公司总裁兼首席运营官，从1997年1月1日起履新。莱与安然公司签订的新的5年期聘用合同规定了120万美元的年度底薪和127.5万股股票期权，另外还有其他福利条款和财务激励措施。

《商业周刊》把肯·莱列入1996年全美25个顶尖经理人榜单。

1997年： 肯·莱获得四项主要表彰：本·K. 米勒国际企业纪念奖（Ben K. Miller Memorial International Business Award，科罗拉多大学）、私人部门委员会领导奖（Private Sector Council Leadership Award）、扶轮社年度杰出公民奖（Rotary Club Distinguished Citizen of the Year，）以及入选得州商业名人堂。

10月，肯·莱在得州休斯敦的莱斯大学詹姆斯·A. 贝克三世公共政策研究所为米哈伊尔·戈尔巴乔夫颁发安然杰出公共服务奖。

1998 年：肯·莱当选为霍雷肖·阿尔杰协会会员，后来加入了该协会的理事会，从 2000 年 5 月到 2002 年 4 月担任该协会的执行副总裁。

肯·莱获得休斯敦大学人文学荣誉博士学位。

1999 年：2 月 12 日，肯·莱的父亲奥默·莱去世，享年 84 岁。他被安葬在密苏里州哥伦比亚他曾布道的伯特利浸信会教堂。

肯·莱获得(伦敦)布鲁内尔大学(Brunel University)社会科学和奥斯威戈(纽约)州立大学[Oswego(NY)State University]人文学荣誉博士学位。

2000 年：4 月 7 日，肯·莱在耗资 2.65 亿美元新建的安然棒球场为休斯敦太空人队新赛季投出了第一球。事实上，肯·莱被认为是促进建造新棒球场留住休斯敦太空人队的提案能获得全民公投通过的功臣。

2001 年：2 月，斯基林出任安然公司首席执行官，莱仍担任董事长。

2002 年：1 月 23 日，肯·莱宣布辞去安然公司的职务，而安然公司在上个月已经宣布破产。

2 月，莱被传唤到国会作证，并在作证时为美国宪法第五修正案辩护，而斯基林则没有这样做。

2004 年：7 月 8 日，肯·莱被大陪审团指控多项罪名，包括在安然公司业务真实业绩上欺骗美国证券交易委员会和投资大众。

2005 年：12 月 13 日，肯·莱在休斯敦论坛上发表演讲《有罪，直到证明无罪》(Guilty, Until Proven Innocent)，而他的案子定于下个月开始审理。

2006 年：1 月 30 日，莱和斯基林的案子在休斯敦开始审理。美国最高法院大法官索托马约尔(Sotomayer)后来(在《斯基林诉美国政府案》[2010]中)写道，她"怀疑(陪审团)是否真的摆脱了弥漫于全社会的根深蒂固的敌意"。但是，最高法院的多数法官不同意斯基林的主张——审讯应该在休斯敦以外的地方举行。

7 月 5 日，肯·莱被定罪后度过了难熬的 40 个昼夜。他在一个朋友位于科罗拉多州阿斯彭(Aspen)的度假屋中去世，享年 64 岁。莱死于一种他长期隐瞒的心脏病。西米恩·赖克(Simeon Lake)法官裁定，根据减刑从头开始的原则，不但对莱的定罪无效，而且他的案子就按他没有被起诉处理。长期担任安然公司高管的马克·福莱维特称这是上帝的赦免。

7 月 9 日，周日，肯·莱的追悼会在他度假时去世的科罗拉多州阿斯彭举行，只允许包括家人和朋友在内的 200 人参加。

7 月 12 日又在休斯敦为肯·莱举行了一次追悼会，前总统乔治·H. W. 布什和前国务卿詹姆斯·贝克三世出席了莱的这次追悼会。莱的妻子与她和前夫生的儿子大卫·赫罗德在会上诵读了《圣咏集》(新国际版:18:3,19)中的一段诗篇,他说这是肯·莱在他随身携带的笔记本上写的最后几句话之一:"我向值得赞美的主呼救,我被从仇敌手中救出来⋯⋯主把我带到一个宽敞的地方。他救了我,因为他喜欢我。"莱的遗体被火化,骨灰撒在了阿斯彭的乡村。

2011 年:安然债权人讨债公司(Enron Creditors Recovery Corp.)解决了琳达·莱和肯·莱的遗产诉讼案,因为琳达·莱的资产"极其有限",而且她的遗产已经资不抵债(路透社,2011 年 6 月 20 日)。

参考文献

Abbott, Catherine. "The Expanding Domain of the Nonjurisdictional Gas Industry." In *New Horizons in Natural Gas Deregulation*, edited by Jerry Ellig and Joseph Kalt, 187–94. Westport, CT: Praeger, 1996.
"Abolish FERC." Editorial, *Wall Street Journal,* September 18, 1985.
Accounting Reform and Investor Protection Issues Raised by Enron and Other Public Companies: Oversight of the Accounting Profession, Audit Quality and Independence, and Formulation of Accounting Principles: Hearings Before the Senate Committee on Banking, Housing, and Urban Affairs, 107th Cong., 2nd sess. (2002) (statement of Walter P. Schuetze), 235–38.
Alger, Dan. "The Scope of Deregulation for Natural Gas Pipelines and the 'Workable Competition' Standard." In *New Horizons in Natural Gas Deregulation,* edited by Jerry Ellig and Joseph Kalt, 85–106. Westport, CT: Praeger, 1996.
Alger, Dan, and Michael A. Toman. "Market-Based Regulation of Natural Gas Pipelines." *Journal of Regulatory Economics* 2, no. 3 (1990): 262–80.
American Wind Energy Association. "Enron Acquires Zond, Launches Enron Renewable Energy Corp." Press release, January 6, 1997.
"America's Most Admired Companies." *Fortune*, March 3, 1997, 73.
Amoco/Enron Solar. "Amoco Corporation and Enron Corporation Form Joint Venture to Provide Missing Link in Solar Energy Industry." PR Newswire, December 19, 1994.
Anderson, Terry, and Donald Leal. *Free Market Environmentalism*. San Francisco: Pacific Research Institute for Public Policy, 1991.
Angrist, Stanley. "Natural Gas Futures Are a Big Success." *Wall Street Journal*, September 17, 1990.
Arbogast, Stephen. *Resisting Corporate Corruption: Lessons in Practical Ethics from the Enron Wreckage.* Salem, MA: M & M Scrivener Press, 2008.
Arthur Andersen. "Annual Energy Symposium: 1980–1999 Highlights." Houston, TX: 2000.

Babineck, Mark. "Enron Spins Off Oil, Asian Subsidiaries." Associated Press, July 21, 1999.
Ball, Ian, and Gary Pflugrath. "Government Accounting: Making Enron Look Good." *World Economics*, January–March 2012, 1–18.
Banerjee, Neela. "At Enron, Lavish Excess Often Came Before Success." *New York Times*, February 26, 2002, sec. C.
Barrett, William P. "Bargain Hunter." *Forbes*, May 4, 1998, 92.
Bartlett, Christopher A., and Meg Wozny. "Enron's Transformation: From Gas Pipelines to New Economy Powerhouse." Harvard Business School Case No. 9-301-064. Boston: Harvard Business School Press, 2001.
Bast, Joseph. "Enron Proves Capitalism Works." Heartland Institute, September 1, 2002. https://www.heartland.org/publications-resources/publications/september-2002-enron-proves-capitalism-works.
Baumol, William, and J. Gregory Sidak. *Transmission Pricing and Stranded Costs in the Electric Power Industry*. Washington, DC: American Enterprise Institute, 1995.
Beazley, J. Earnest. "USX's Hoglund Resigns to Take Post at Enron." *Wall Street Journal*, September 2, 1987.
Behr, Peter, and April Witt. "The Fall of Enron: Dream Job Turns into Nightmare." *Washington Post*, July 28, 2002, sec. A.
Benedict, Roger. "Analyst Backs Hedging as Alternative to Import Fee, Cartel." *Oil Daily*, December 28, 1992, 2.
Benston, George. "Fair-Value Accounting: A Cautionary Tale from Enron." *Journal of Accounting and Public Policy* 25 (2006): 465–84.
Bhatnagar, Sanjay, and Peter Tufano. "Enron Gas Services." Harvard Business School Case No. 9-294-076. Boston: Harvard Business School Press, 1995.
Binswanger, Harry, ed. *The Ayn Rand Lexicon: Objectivism from A to Z*. New York: Meridian, 1982.
Blauvelt, Randal. "Enron Corp. Purchases Shares, Establishes Employee Stock Ownership Plan and Authorizes Open Market Share Repurchase Program." Press release, October 20, 1986.
Bradley, Robert, Jr. "California DSM: A Pyrrhic Victory for Energy Efficiency?" *Public Utilities Fortnightly*, October 1, 1995, 41–47.
———. *Capitalism at Work: Business, Government, and Energy*. Salem, MA: M & M Scrivener Press, 2009.
———. *Climate Alarmism Reconsidered*. London: Institute of Economic Affairs, 2003.
———. "The Distortions and Dynamics of Gas Regulation." In *New Horizons in Natural Gas Deregulation*, edited by Jerry Ellig and Joseph Kalt, 1–29. Westport, CT: Praeger, 1996.
———. *Edison to Enron: Energy Markets and Political Strategies*. Hoboken, NJ: John Wiley & Sons; Salem, MA: Scrivener Publishing, 2011.
———. "Enron Wind Decision." Memorandum to Ken Lay, October 28, 1998.
———. Foreword to *New Horizons in Natural Gas Deregulation*, edited by Jerry Ellig and Joseph Kalt, ix–x. Westport, CT: Praeger, 1996.
———. *The Mirage of Oil Protection*. Lanham, MD: University Press of America, 1989.
———. "Natural Gas, Electricity, and the Environment." Presentation, various locales,

———. "New Energy Ideas at Enron." Presentation at Texas A&M University, October 14, 1999.

———. *Oil, Gas & Government: The U.S. Experience*. 2 vols. Lanham, MD: Rowman & Littlefield, 1996.

———. "Potential Enron Windpower Investment." Memorandum to Terry Thorn, November 25, 1996.

———. "Power Politics: Enron Lives!" Commentary. *POWER*, December 1, 2009. www.powermag.com/power-politics-enron-lives/.

———. "Renewable Energy: Not Cheap, Not 'Green'." Cato Institute Policy Analysis No. 280, August 27, 1997.

Brenner, Marie. "The Enron Wars." *Vanity Fair*, April 2002, 181–209.

Brewer, Lynn. *Confessions of an Enron Executive: A Whistleblower's Story*. College Station, TX: VirtualBookworm.com Publishing, 1992.

"Broad Use of Order 436 Seen Reducing Gas Prices 30¢/Mcf." *Oil & Gas Journal*, April 21, 1986, 33.

"Brooklyn Union and Enron Sign Gas Sales Agreement." *Business Wire*, January 14, 1987.

Brough, Wayne. "Market Structure, Measurements, and Deregulation." In *New Horizons in Natural Gas Deregulation*, edited by Jerry Ellig and Joseph Kalt, 107–20. Westport, CT: Praeger, 1996.

Brown, Lester, and Jennifer Mitchell. "Building a New Economy." In *State of the World 1998*, produced by the Worldwatch Institute. New York: W. W. Norton, 1998.

Browne, John. "Climate Change: The New Agenda." Address at Stanford University, May 19, 1997. Reprinted in *Global Climate Change: A Senior-Level Debate at the Intersection of Economics, Strategy, Technology, Science, Politics, and International Negotiation*, edited by Andrew Hoffman, 53–62. San Francisco: New Lexington Press, 1998.

Bryce, Robert. *Cronies: Oil, the Bushes, and the Rise of Texas, America's Superstate*. New York: PublicAffairs, 2004.

———. "King Kinder." *Houston Press*. March 6, 2003. http://www.houstonpress.com/news/king-kinder-6556981.

———. *Pipe Dreams: Greed, Ego, and the Death of Enron*. New York: PublicAffairs, 2002.

Bryson, Reid. Preface to *The Cooling: Has the Next Ice Age Already Begun?* by Lowell Ponte, xi–xii. Englewood Cliffs, NJ: Prentice Hall, 1976.

Burns, Ron. "Enron Pipeline & Liquids Group." *Enron Business*, January 1993, 7.

———. "FACTS ARE FRIENDLY." Memorandum to GPG Employees, October 2, 1991.

Burrough, Bryan. "Houston Natural Gas Chairman Quits; Transco Energy President Is Successor." *Wall Street Journal*, June 7, 1984.

Bush, George H. W. "Remarks on the National Energy Strategy." July 24, 1991. Available at American Presidency Project, http://www.presidency.ucsb.edu/ws/?pid=19827.

California Public Utilities Commission. "CPUC Offers Electric Restructuring Proposals for Comment." Press release, May 24, 1995.

———. *Order Instituting Rulemaking and Order Instituting Investigation on the Commission's Proposed Policies Governing Restructuring California's Electric Services Industry and Reforming Regulation*. Case Nos. R.94-04-031 and I.94-04-032, April 20, 1994.

———. "Proposed Policy Decision Adopting a Preferred Industry Structure." *Order Instituting Rulemaking and Order Instituting Investigation on the Commission's Proposed*

Policies Governing Restructuring California's Electric Services Industry and Reforming Regulation. Case Nos. R.94-04-031 and I.94-04-032, May 24, 1995.

Cano, Craig. "Feds Have No Taste for Retail Wheeling, but Hunger Grows in States." *Inside FERC*, January 25, 1993, 1, 8–10.

Castaneda, Christopher, and Joseph Pratt. *From Texas to the East: A Strategic History of Texas Eastern Corporation.* College Station: Texas A&M University Press, 1993.

Castaneda, Christopher, and Clarance Smith. *Gas Pipelines and the Emergence of America's Regulatory State: A History of Panhandle Eastern Corporation, 1928–1993.* New York: Cambridge University Press, 1996.

"Cato Institute Chair Criticizes Mandatory Open Access." *Megawatt Daily*, January 31, 1997.

Caudill, Mark D. "Competition in Natural Gas." Presentation to the NARUC Committee on Gas, Austin, TX, November 9, 2015.

Chui, Glennda. "BP Official Takes Global Warming Seriously." *San Jose Mercury News*, May 20, 1997, sec. A.

Citizens for a Sound Economy. "Typical Household Would Save $216 a Year if Consumers Had Choice in Electric Provider." Press release, May 30, 1996.

Clark, Mary. "Electricity Ruling Clears Path for Wholesale Wheeling." *Enron Business*, June 1996, 3, 8.

———. "Enron Ranks Among the Top 25 Most Admired Companies in America." *Enron Business*, April 1996, 2, 8.

———. "Enron's Board of Directors Sets the Standard in Corporate Leadership." *Enron Business*, June 1994, 2–3.

———. "Enron's New Vision and Values Set a Course for Success." *Enron Business*, June/July 1995, 2, 7.

———. "From a Fossil Fuel to a Commodity, Natural Gas Comes of Age with the Latest in Financial Marketing Tools." *Enron Business*, July 1993, 4.

———. Numerous articles, *Enron Business*, 1993–97.

Clark, Mary, and Carol Hensley. "Enron Gas Services and Enron International—United in the Global Marketplace." *Enron Business*, September 1994, 2–3.

Clark, Wilson. *Energy for Survival: The Alternative to Extinction.* Garden City, NY: Anchor Books, 1974.

Clayton, Gary. *Economics: Principles and Practices.* New York: McGraw-Hill, 2008.

Clean Air Act Reauthorization: Hearings Before the Subcommittee on Energy and Power, House Committee on Energy and Commerce, 101st Cong., 1st sess. (1989) (statement and testimony of Ken Lay, chairman of Enron Corp., appearing on behalf of the INGAA and the AGA), 471–90, 516–17; (statement and testimony of James Rogers, chairman of the Public Service Company of Indiana, appearing on behalf of the Indiana Coalition for Acid Rain Equity), 48–53, 70–86; (statement of Richard E. Ayers, senior attorney for the Natural Resources Defense Council), 467–71.

"Coal—the Latest Addition to ECT's Energy Portfolio." *Enside ECT*, May/June 1998, 3–4.

Collingwood, R. J. *The Idea of History.* Oxford: Clarendon Press, 1946.

Collins, Jim. *Good to Great: Why Some Companies Make the Leap ... and Others Don't.* New York: HarperBusiness, 2001.

Competitive Enterprise Institute. "CEI Statement Opposing 'Stranded Cost' Recovery." Press release, August 7, 1997.

Corporate Fraud Task Force. *Second Year Report to the President*. Washington, DC: Government Printing Office, July 20, 2004.

Costello, Kenneth, and J. Rodney Lemon. *Unbundling the Retail Gas Market: Current Activities and Guidance for Serving Residential and Small Customers*. Columbus, OH: National Regulatory Research Institute, May 1996.

"Court Confirms Enron Bankruptcy Plan." *USA Today*, wire reports, July 15, 2004.

Crandall, Robert, and Jerry Ellig. "Economic Deregulation and Customer Choice: Lessons for the Electric Industry." Center for Market Processes, 1997. https://www.mercatus.org/publication/economic-deregulation-and-customer-choice-lessons-electric-industry.

Crawford, Mark. "White House Takes a Shine to Solar Power." *Energy Daily*, July 2, 1997, 3.

"Creative Idea from Enron: Enron Promoting Demand Charge for Producers." *Gas Daily*, June 4, 1986, 3–4.

Creswell, Julie. "The Anti-Enron: In 1996, Rich Kinder lost out on the CEO job at Enron. So he left to start his own energy firm. Now he's a billionaire. Take that, Ken Lay!" *Fortune*, November 24, 2003, 178–84.

Crow, Patrick. "FERC Control of Gas Gathering at Issue Among U.S. Industry." *Oil and Gas Journal*, March 7, 1994, 23–25.

Crowley, Lawrence. "Enron Corporation." Rauscher Pierce Refsnes. March 5, 1993.

Culp, Christopher, and Steve Hanke. "Empire of the Sun." In *Corporate Aftershock*, edited by Christopher Culp and William Niskanen, 3–27. Hoboken, NJ: John Wiley & Sons, 2005.

Dar, Vinod. "'Dream Team' or MTV?" Letter to the editor, *Natural Gas Week*, October 5, 1992, 3.

Davidson, Mark. "Always-Confident Enron Aims to Grab 10% of Retail Energy Market by 2001." *Inside FERC's Gas Market Report*, Week of March 7, 1997.

Davies, Karin. "Texas Intrastates Chase After Falling Prices with Spot Sales." *Natural Gas Week*, January 21, 1985, 1, 3

Davis, Jo Ellen. "Enron's Pipeline Is Filled with Problems," *Business Week*, November 16, 1987, 156F, 156H.

———. "A Mega-Pipeline with a Massive Identity Crisis." *Business Week*, April 14, 1986, 65–66.

Davis, Michael. "Lay Staying, So Kinder Will Leave." *Houston Chronicle*, November 26, 1996.

DeMuth, Christopher (American Enterprise Institute). Letter to Ken Lay (Enron). June 10, 1996.

Dent, Gregory. "Enron Asks Oklahoma Regulators to Cut Back on Gas Production." *Natural Gas Week*, May 8, 1995, 6.

De Rouffignac, Ann. "Enron Pulls the Plug on Solar Power Operation." *Houston Business Journal*, Week of April 16–22, 1999, 44.

———. "Enron Ready to Retail Electric Power." *Houston Business Journal*, Week of May 10–16, 1996, sec. A.

———. "Enron Wins Bid to Supply Electric Power in New Hampshire Town." *Houston Business Journal*, June 23, 1996. https://www.bizjournals.com/houston/stories/1996/06/24/story8.html.

———. "Visions of Power." *Houston Business Journal*, Week of March 7–16, 1997, sec. A.

Deudney, Daniel, and Christopher Flavin. *Renewable Energy: The Power to Choose*. New York: W. W. Norton, 1983.

Doehne, Gaynell. "Backstage at the Northern Border Pipeline Project." *Enron Business*, October 1996, 8–9.

———. "Venezuela Fits EOG's Niche." *Enron Business*, September 1996, 8, 11.

Dolbee, Sandi. "Prophet or Profit? Energy Chief, Religious Leaders Dispute God's Role in Utility Price Spiral." *San Diego Union-Tribune*, February 2, 2001.

Donnelly, Ann. "Executive of the Year." *World Cogeneration*, November/December 1996, 1, 20.

Donway, Roger. "The Collapse of a Postmodern Corporation." *Navigator*, May 2002. https://atlassociety.org/commentary/commentary-blog/3846-the-collapse-of-a-postmodern-corporation.

Drummond, Jim. "Enron Sees Hubs Cutting U.S. Spot Gas Sales More Than Half." *Oil Daily*, April 18, 1990.

Durgin, Hillary. "Enron Taps Skilling for No. 2 Job." *Houston Chronicle*, December 11, 1996.

Ebdon, J. Fred. "Transwestern Builds an 'Advanced Inch.'" *Gas*, May 1960, 1–20.

"EES Employees Make a Powerful Stand for Electricity Competition." *Enron Business* 9 (1997): 6–7.

"EGS Takes on Some Powerful Business." *Enron Business*, February 1993, 7.

Ehrlich, Paul, and John Holdren. "Impact of Population Growth." *Science* 171 (1971): 1212–17.

Eichenwald, Kurt. *Conspiracy of Fools: A True Story*. New York: Broadway Books, 2005.

———. "Enron's Many Strands: The Partnerships; for Enron Executive, Big Profit on a Bad Deal." *New York Times*, February 26, 2002, sec. C.

"An Electric Combination: The Portland General Merger." *Enside ECT*, September/October 1996, 1.

Ellig, Jerry. "The Consumer Impact of Federal Natural Gas Regulation." *Transportation Practitioners Journal* 60, no. 3 (Spring 1993): 270–85.

———. "Why Do Regulators Regulate? The Case of the Southern California Gas Market." *Journal of Regulatory Economics* 7, no. 3 (1995): 293–308.

Ellig, Jerry, and Joseph P. Kalt, eds. *New Horizons in Natural Gas Deregulation*. Westport, CT: Praeger, 1996.

Ellig, Jerry, and Daniel Lin. "A Taxonomy of Dynamic Competition Theories." In *Dynamic Competition and Public Policy*, edited by Jerry Ellig, 16–44. Cambridge: Cambridge University Press, 2001.

"El Paso." In *Pacific Coast Gas Association: A Century of Excellence*, edited by Gordon Blackley, 70–71. Portland, OR: PCGA, 1993.

Energy Daily. Various issues.

Energy Information Administration. Annual energy review, monthly reviews, historical data.

———. *Distribution of Natural Gas*. Washington, DC: Department of Energy, 2008.

———. "Oregon Restructuring Active," updated April 2007. https://www.eia.gov/electricity/state/archive/062907.pdf.

———. *U.S. Crude Oil, Natural Gas, and Natural Gas Liquids Reserves 1990 Annual Report*. DOE/EIA-0216(90). Washington, DC: Department of Energy, 1991.

Enfuels. NGV Update. November 1992–January 1993.

Enron Business. 1993–98.

"Enron Buys Louisiana Resources." *Gas Processors Report*, April 26, 1993, 6–8.

"Enron Buys Stake in 'Pure Power' Firm." *Energy Daily*, December 23, 1996, 3.

Enron Capital & Trade Resources. "Beaver Creek, 1995." Enron Analyst Conference, Beaver Creek, CO, February 2–4, 1995.

———. *Understanding Risk Management.* 1994.

"Enron Casts Its Energy Reach to Wind with Purchase of Zond." *Energy Reports,* January 13, 1997.

"Enron CEO Boosts Gas-Fired Generator." *Natural Gas Week,* February 22, 1988, 7.

"Enron CEO Kenneth Lay Says Gas Industry Should Not Rule Out Full Deregulation After Stabilization in Post-636 Era; Berkeley Professor and FERC Director O'Neill Disagree on Open Access Impact." *Foster Report,* no. 1918 (March 11, 1993): 26–29.

"Enron CEO Lay Says NAFTA Will Help Improve U.S.-Mexico Business Climate, Development." *Oil Daily,* September 24, 1993.

Enron Corp. "The Clinton/Gore Administration: What's It Mean to Enron?" *To the Point,* November 1992.

———. Company documents, including annual reports, with statistical supplements; Form 10-Ks, Form 10-Qs, press releases, proxy statements, conference brochures.

———. "Enron Corp. Chairman Kenneth Lay Cites Means by Which to Rebuild U.S. Energy Infrastructure, Create New Jobs and U.S. Investment." Press release, January 21, 1993.

———. *Enron Corp.'s Outlook for Natural Gas,* 1989–1991, 1993.

———. *The 1995 Enron Outlook.*

———. *1997 Enron Energy Outlook.*

———. "Enron 2000 Work Plan," n.d.

———. "Federal Issues Panel Discussion." Handout at the Enron Federal Government Affairs meeting, Houston, TX, November 19–21, 1997.

———. "Motion for Leave to Intervene of Northern Natural Gas Company, Transwestern Pipeline Company, Florida Gas Transmission Company, and Enron Gas Marketing and Enron Gas Marketing Inc." *Long Island Lighting Company v. Federal Energy Regulatory Commission,* 11th Circuit US Court of Appeals, February 5, 1993.

———. "The Natural Gas Advantage: Strategies for Electric Utilities in the 1990s." Houston, TX: 1992.

———. *Transportadora de Gas del Sur S.A. 2000.*

———. "Visions and Values." Handout, 1995.

Enron Corp. and Portland General Electric. "Enron and Portland General Announce Pro-Competitive Merger." PR Newswire, July 22, 1996.

Enron Development. "Energy Systems to Meet the World's Power Demand." Company brochure, 1994.

"Enron Energy Services." *ENside ECT,* November/December 1996, 2.

Enron Finance Corp. "Innovative Financial Services for America's Natural Gas Industry." Company booklet, 1992.

———. "Is Funding the Future for Natural Gas." *EnSIDE EGS,* June 1993, 2.

Enron Gas Services. "Comments Before the Public Utilities Commission of the State of California Regarding Natural Gas Procurement." February 27, 1992 (Paul Wielgus, EGS, 1992 CPUC Comments).

———. "Comments Before the U.S. Department of Energy, Notice of Inquiry and Request for Public Comments: State Policies Affecting Natural Gas Consumption." November 18, 1992 (Leslie Lawner, EGS, 1992 DOE Comments).

Enron Global Power & Pipelines. Annual reports, various years.

Enron Interstates and Enron Gas Services. "Comments of the Enron Interstate Pipelines to Notice of Proposed Policy Statement on Incentive Regulation." Federal Energy Regulation Commission, Docket No. PL92-1-000, April 27, 1992.
———. Letter to FERC: "Response to Notice of Public [Gathering Policy] Conference." January 14, 1994.
"Enron Is Pitching a 'Gas Standard' for Electric Utilities." *Inside FERC,* March 16, 1992.
Enron Liquid Pipelines. Annual reports, various years.
Enron Oil & Gas Company. Company documents, including annual reports, Form 10-Ks, proxy statements.
———. Presentation at Enron Management Conference. Woodlands, TX. November 15–17, 1995.
Enron Oil Trading and Transportation Company. Annual reports, Form 10-Ks.
Enron Operations Corp. Presentation at Enron Analyst Conference, Beaver Creek, CO, February 2–4, 1995.
Enron People. 1986–92.
Enron Power Marketing. SEC No-Action Letter. January 5, 1994 (Ref. No. 94-1-OPUR).
"Enron Power Services Is Firing Up the Power Market." *EnSIDE EGS,* April 1993, 1–2.
Enron Power Services. *Natural Gas: The Power Generation Fuel for the 1990s* (prepared by ICF Resources Incorporated), 1992.
"Enron Pulls Out of New Hampshire Retail Pilot." *Megawatt Daily,* September 22, 1998.
Enron Renewable Energy Corp. "Reducing Greenhouse Gas Emissions in the Electricity Sector in China: A U.S. Policy Initiative." Internal presentation, December 1996.
"Enron Signs Definitive Agreement to Acquire Natural Gas Liquids Operations from Tenneco." PR Newswire, November 25, 1991.
"Enron's Lay Sees Third Summer Selling Below Cost." *Gas Daily,* April 4, 1988, 3–4.
"Enron's Sins." Editorial, *Wall Street Journal,* January 12, 2002.
"Enron Sweetens Long-Term Contracts with Offer to Market SO$_2$ Credits." *Inside FERC's Gas Market Report,* January 29, 1993, 2–3.
Enron v. Borget, 90-cv-1952-DNE-NRB.
EnSIDE EGS. Various issues.
Environmental Defense Fund. "Acid Rain: The Power of Markets to Help the Planet." Available at https://archive.fo/iN1V1#selection-1543.0-1543.230.
"Environmental Experts Consider New Task Force on Economic Links." *INSIDE EPA,* September 13, 1996, 10.
Environmental Protection Agency. *Regulation of Fuels and Fuel Additives: Standards for Reformulated and Conventional Gasoline,* 59 Fed. Reg. 7629 (February 16, 1994).
EOG Resources. *1999 Annual Report.*
Epstein, Richard. *Simple Rules for a Complex World.* Cambridge, MA: Harvard University Press, 1995.
Executive Office of the President. *The National Energy Plan.* Washington, DC: Government Printing Office, 1977.
"Expand 636 to States?" *Natural Gas Intelligence,* June 7, 1993, 3.
Federal Energy Regulatory Commission. Annual reports. Washington, DC: Government Printing Office, various years.
Fellows, Kenneth. *Houston Natural Gas Corporation: Its First Fifty Years, 1925–1975.* Houston, TX: Houston Natural Gas, 1976.

FERC Contract Carriage Proposal: Hearings Before the Subcommittee on Fossil and Synthetic Fuels, House Committee on Energy and Commerce, 99th Cong., 1st sess. (1985) (statement of Robert Loch), 510–15.
"FERC Ends Gathering Debate, to Keep Watchful Eye." *Gas Daily*, May 26, 1994, 1.
"FERC Needs to 'Let the Market Be Creative' in the Future." *Inside FERC*, February 1, 1988, 12.
"FERC Orders on Gathering Issues Clarify Jurisdictional Boundaries." *Inside FERC's Gas Market Report*, June 3, 1994, 13–14.
FERC's Mega-NOPR and Construction Rule: Hearing Before the Senate Committee on Energy and Natural Resources, 102nd Cong., 2nd sess. (1992) (statement of Ronald Kuehn), 7–12.
Fernando, Chitru, et al. "Unbundling the U.S. Electric Power Industry: A Blueprint for Change." Philadelphia: The Wharton School, March 1995.
Financial Oversight of Enron: The SEC and Private-Sector Watchdogs: Hearings Before the Senate Committee on Governmental Affairs, 107th Congress, 2nd sess. (2002) (staff report), 107–75.
Fink, Ronald. "On Again, Off Again," *CFO Magazine*, July 1, 1997, Available at: http://ww2.cfo.com/accounting-tax/1997/07/off-again-on-again-fasb/.
Fisher, Daniel. "Sweet Consolation." *Forbes*, September 21, 1998, 144, 146.
Fitzgerald, Jay, and Joseph Pokalsky. "The Natural Gas Market." In *Managing Energy Price Risk*. London: Risk Publications, 1995, 189–211.
Flavin, Christopher. "The Bridge to Clean Energy." *World Watch*, July/August 1992, 10–18.
———. *Electricity for a Developing World: New Directions*. Worldwatch Paper 70. Washington, DC: Worldwatch Institute, June 1986.
———. *Nuclear Power: The Market Test*. Worldwatch Paper 57. Washington, DC: Worldwatch Institute, December 1983.
———. "Power Shock: The Next Energy Revolution." *World Watch*, January/February 1996, 10–19.
———. *Wind Power: A Turning Point*. Worldwatch Paper 45. Washington, DC: Worldwatch Institute, July 1981.
Flavin, Christopher, and Nicholas Lenssen. *Powering the Future: Blueprint for a Sustainable Electricity Industry*. Worldwatch Paper 119. Washington, DC: Worldwatch Institute, June 1994.
———. *Power Surge: Guide to the Coming Energy Revolution*. New York: W. W. Norton, 1994.
Fletcher, Sam. "Enron's International Projects Carry $19 Billion Price Tag." *Natural Gas Week International*, March 4, 1996, 1, 10–11.
———. "Lay Creates Stir in Industry with Frank Talk on Gas Issues." *Natural Gas Week*, March 11, 1991, 5.
———. "Lay Says Enron Plans to Target Less-Regulated Side of Business." *Natural Gas Week*, January 13, 1992, 1, 4.
———. "Majors' 'Predatory' Prices Hurt Small Producers, Lay Says." *Natural Gas Week*, February 11, 1991, 3–4.
———. "Merger to Form Largest U.S. Pipeline." *Houston Post*, May 3, 1985, sec. H.
———. "Phillips Digs in Its Heels in UK Gas Dispute with Enron." *Natural Gas Week International*, October 2, 1995, 1, 6.
"Florida Gas Proposes Freely Negotiated Service, No Release Limits." *Inside FERC*, January 9, 1995.

"Forrest Hoglund and 650 Employees Vie for Happiest Shareholder Title as EOG's Market Value Hits $4 Billion." *Enron Business* 1, no. 6 (1993): 4–5.

Foster, Richard, and Sarah Kaplan. *Creative Destruction.* New York: Currency, 2001.

Fox, Loren. *Enron: The Rise and Fall.* Hoboken, NJ: John Wiley & Sons, 2003.

Frank, Peter. "Enron to Close Unit After Costly Trades." *New York Times,* October 23, 1987, sec. D.

Frank, Thomas. "Ayn Rand's Libertarian 'Groundhog Day': Billionaire Greed, Deregulation and the Myth that Markets Aren't Free Enough." *Salon,* August 3, 2014. http://www.salon.com/2014/08/03/ayn_rands_libertarian_groundhog_day_billionaire_greed_deregulation_and_the_myth_that_markets_arent_free_enough/.

Fraser, K. Michael. "Is This Gas Bubble About to Pop?" *Business Week,* May 21, 1990, 132D.

Freeman, Beverly. "Enron Capital & Trade Resources Sets the Hurdle Higher for 1995." *Enron Business,* February/March 1995, 4, 10.

———. "Mark-to-Market Accounting: Endorsed for Risk Management Activities." *Enron Business,* May 1994, 8–9.

Fritsch, Peter. "Enron's President, Kinder, Will Leave at End of the Year." *Wall Street Journal,* November 26, 1996.

Fusaro, Peter. "The New Millennium in Energy Trading." In *Energy Convergence: The Beginnings of the Multi-Commodity Market,* by Peter Fusaro, 1–4. New York: John Wiley & Sons, 2002.

Fusaro, Peter, and Ross Miller. *What Went Wrong at Enron.* Hoboken, NJ: John Wiley & Sons, 2002.

Galbraith, Kate, and Asher Price. *The Great Texas Wind Rush.* Austin: University of Texas Press, 2013.

Garner, W. Lynn. "Enron Invests in Argentina; Nova Corp. Also Wins Gas Bid." *Natural Gas Week,* December 7, 1992, 3.

———. "Fall of Gas Threatens Independents." *Oil Daily,* July 8, 1991, 1, 8.

———. "Lay Calls for Toe-to-Toe Battle by Gas for Electricity Market." *Natural Gas Week,* May 18, 1992, 3.

———. "Passage of Natural Gas Tax Credit Turns into Hollow Victory." *Oil Daily,* August 19, 1991, 1, back page.

Gas Daily. 1986–97.

General Accounting Office. *Natural Gas Regulation: Little Opposition to FERC's Recent Policies on Transportation-Related Services.* December 1994. https://www.gpo.gov/fdsys/pkg/GAOREPORTS-RCED-95-39/html/GAOREPORTS-RCED-95-39.htm.

Gipe, Paul. *Wind Energy Comes of Age.* New York: John Wiley & Sons, 1995.

Givens, David. "CFTC Approves Options on Gas Futures." *Gas Daily,* March 6, 1992, 1–2.

Goldstein, Bill. "'Greenspan Shrugged': When Greed Was a Virtue and Regulation the Enemy." *New York Times,* July 21, 2002.

Gordon, Richard L. "Don't Restructure Electricity; Deregulate." *Cato Journal* 20, no. 3 (Winter 2001): 327–58.

Gore, Al. *Earth in the Balance: Ecology and the Human Spirit.* New York: Plume/Penguin, 1992, 1993.

Gott, Stephanie, and Mike Rieke. "Enron Gas Services Set to Buy Access Energy." *Gas Daily*, August 28, 1992, 1.

Graves, Cody, and Maria Seidler. "The Regulation of Gathering in a Federal System." *Energy Law Journal* 15 (1994): 405–25.

Graves, Joseph S., William W. Hogan, and Robert T. McWhinney Jr. *Mandatory Contract Carriage: An Essential Condition for Natural Gas Wellhead Competition and Least Consumer Cost.* Boston: Putnam, Hayes & Bartlett, September 1984.

Greenpeace International. *Plugging into the Sun—Kickstarting the Solar Age in Crete.* June 1997. http://www.skeptictank.org/treasure/GP4/PLUGTOT.TXT.

Griffin, James, and Henry Steele. *Energy Economics and Policy.* 2nd ed. New York: Academic Press College Division, 1986.

Grossman, Peter. *U.S. Energy Policy and the Pursuit of Failure.* New York: Cambridge University Press, 2013.

Gruley, Bryan, and Rebecca Smith. "Anatomy of a Fall: Keys to Success Left Kenneth Lay Open to Disaster." *Wall Street Journal,* April 26, 2002, sec. A.

Hagar, Rick, and Bob Williams. "Cogeneration Thrives in U.S. Despite Lower Oil, Gas Prices." *Oil & Gas Journal*, January 19, 1987, 15.

Hahn, Robert, and Robert Stavins. "Trading in Greenhouse Permits: A Critical Examination of Design and Implementation Issues." In *Shaping National Responses to Climate Change,* edited by Henry Lee, 177–217. Washington, DC: Island Press, 1995.

Hamel, Gary. *Leading the Revolution.* Boston: Harvard Business School Press, 2000.

———. *Leading the Revolution,* rev. ed. Boston: Harvard Business School Press, 2002.

———. "Strategy as Revolution" (discussion draft, 1995). Published in *Harvard Business Review* 74, no. 4 (July/August 1996): 69–82.

Hamel, Gary, and C. K. Prahalad. *Competing for the Future.* Boston: Harvard Business School Press, 1994; reprinted 1996.

Hammond, Allen, William D. Metz, and Thomas H. Maugh. *Energy and the Future.* Washington, DC: American Association for the Advancement of Science, 1973.

Hansard, Sara. "Environmentalists Favor Gas Use on Road to Energy Conservation." *Natural Gas Week,* August 7, 1989, 1, 6–8.

———. "INGAA Opposes Carbon Tax but Lay 'Not Quite as Negative'." *Natural Gas Week,* June 25, 1990, 1, 4.

———. "Treasury Favors Production Aid, Rips 'Unconventional' Subsidy." *Natural Gas Week,* March 12, 1990, 11.

Hansard, Sara, and John Jennrich. "Transwestern Seeks Pipeline from San Juan for 1991–92." *Natural Gas Week*, October 1, 1990, 10.

Hayden, Howard. *The Solar Fraud: Why Solar Energy Won't Run the World.* Pueblo West, CO: Vales Lake Publishing, 2004.

Hayek, F. A. "The Use of Knowledge in Society" (1945). Reprinted in Hayek, *Individualism and Economic Order,* 77–91. Chicago: Henry Regnery, 1972.

Hays, Kristen. "Enron Sells Last Major Assets to Private Equity Firm for $2.9 Billion." Associated Press, September 8, 2006.

Hefner, Robert, III. "Democrats Clinton, Gore Are Gas Industry's Dream Team." Letter to the editor, *Natural Gas Week,* August 17, 1992.

———. "Dream Team Will End 'Read My Lips.'" Letter to the editor, *Natural Gas Week*, October 12, 1992.

———. "Unconventional Gas Tax Credit Is Boondoggle." *Natural Gas Week*, October 22, 1990, 3.

Henney, Alex. "Poolco, Bilateral Trading, and Technology." *Public Utilities Fortnightly*, March 15, 1995, 25–27.

Hensley, Carol. "Enron and Portland General Set to Become Nation's 21st Century Natural Gas and Electricity Leader." *Enron Business*, September 1996, 2–3.

———. "Enron International Stakes Its Claim in the Growing Global Market." *Enron Business*, January 1994, 7.

———. "EOG Outlasts Low Prices with Aggressive Marketing and Cost Cutting." *Enron Business*, January/February 1996, 7, 9.

———. Numerous articles, *Enron Business*, 1994–97.

Hershey, Robert, Jr. "The Maverick Who Transformed an Industry." *New York Times*, December 30, 1984, sec. F.

Hesse, Martha. "Incentive-Based Regulation Targets Increased Efficiency by Gas Pipelines." *Oil Daily*, October 5, 1988, 4.

"HNG Decides to Concentrate on Oil & Gas Activities." *HNG Magazine*, Spring 1984, 7.

HNG/InterNorth Corp. *America's Premier Energy Company*. Company booklet, 1985.

———. *1985 Annual Report*.

———. *Year-End Report: Pulling Together in '86*. Company brochure, 1986.

"HNG/InterNorth Forms Premier Energy Network." *HNG/InterNorth* 1, no. 1 (July 1985).

"HNG/InterNorth to Become Enron Corp." *Houston Chronicle*, April 11, 1986.

"HNG to Buy Transwestern Pipeline Co." *Houston Chronicle*, November 6, 1984, sec. 3.

Hoekstra, Aldyn, and Gary Simon. "Making a Choice: California's New Move to Retail Wheeling." Cambridge, MA: Cambridge Energy Research Associates, 1996.

Hogan, Rick. "Energy Companies Eye Chance to Put Tags on Sports Palaces." *Natural Gas Week*, October 20, 1997, 10.

Holden, Benjamin. "Enron Agrees to Buy Portland General." *Wall Street Journal*, July 22, 1996, sec. A.

Houston Advanced Research Center. "Kenneth Lay: Guiding a Sustainable Energy Future." Interview, *Woodlands Forum* 10, no. 1 (1992): 1–4.

Houston Chronicle. 1985–2004.

Houston Economic Summit Host Committee. *The Economic Summit: A Pictorial History of the Economic Summit of Industrialized Nations, 1975–1990*. Charlottesville, VA: Thomasson-Grant, 1990.

Houston Natural Gas Corp (HNG). Company documents, including annual reports, Form 10-Ks, proxy statements.

"Houston Natural Submits Legal Memorandum Supporting 'Negotiated Rate' Proposal for Establishing Interruptible Transportation Rates within Zone of Reasonableness," *Foster Report*, April 18, 1985, 2–3.

Houston Post. 1985–88.

Huey, John. "Waking Up to the New Economy." *Fortune*, June 27, 1994, 36–38, 40, 44, 46.

Hurst, Teresa. "Amoco/Enron Solar Brings Solar Power Down to Earth." *Enron Business*, March 1996, 2–3.

———. "Enron Speaks Out in Antidumping Debate." *Enron Business*, June 1996, 4.

———. "Enron Takes Bold Steps into the Community Spotlight." *Enron Business*, November/December 1996, 8–9.

———. Numerous articles, *Enron Business*, 1994–97.

Hurt, Harry, III. "Power Players." *Fortune*, August 5, 1996, 94–97.

Hylton, Hilary. "Lawmakers Tepid About NGVs; Say Safety Concerns Remain." *Natural Gas Week*, May 8, 1995, 8.

INGAA Foundation. "Natural Gas for Electric Generation: Realizing the Potential." Washington, DC: Washington International Energy Group, 1994.

Ingersoll, John. *Natural Gas Vehicles*. Lilburn, GA: Fairmont Press, 1996.

"InterNorth, HNG Plan Merger to Form 'Premier' U.S. Pipeline." *Natural Gas Week*, May 6, 1985, 1, 8.

InterNorth Inc. Annual reports, business and financial profiles, and Form 10-Ks.

———. *Overview*. Company brochure, May 8, 1985.

"Introducing The New Power Company." *Business Wire*, May 16, 2000. http://boards.fool.com/investment-in-the-new-power-company-12575950.aspx.

Isser, Steve. *Electricity Restructuring in the United States: Markets and Policy from the 1978 Energy Act to the Present*. New York: Cambridge University Press, 2015.

James, Terrie. "1995 Prepares ECT for the Challenges and Opportunities of a Changing Marketplace." *Enron Business*, January/February 1996, 5.

Jennrich, John. "Creeping Capitalism Slithers Out of California." *Natural Gas Week*, May 2, 1994, 2.

———. "Enron's Lay Touts Deregulation, Calls Gas 'Winner' with BTU Tax." *Natural Gas Week*, March 8, 1993, 1, 18, 19.

———. "Gas Needs More Business, Less Politicking." *Natural Gas Week*, December 21, 1987, 2.

———. "Hanzlik to Recruit 'Competitive' Executives." *Natural Gas Week*, September 30, 1985, 2.

———. "It's a Great Time to Be in the Gas Business." *Natural Gas Week*, May 6, 1996, 2.

———. "NGVs: Much Ado About 0.005% of Gas Demand." *Natural Gas Week*, May 8, 1995, 2.

———. Numerous articles, *Natural Gas Week*, 1985–1996.

———. "Order 436 Produces Confusion and Caution." *Natural Gas Week*, October 21, 1985, 2.

———. "Some Overseas Gas 'Opportunities' Illusory." *Natural Gas Week*, November 13, 1995, 2.

———. "Survival in Gas Belongs to Most Adaptable." *Natural Gas Week*, June 9, 1986, 2.

Jensen, Carl. *20 Years of Censored News*. New York: Seven Stories Press, 1997.

Jevons, W. S. *The Coal Question: An Inquiry Concerning the Progress of the Nation and the Probable Exhaustion of our Coal Mines*. London: Macmillan, 1865.

Joint Committee on Taxation. *Report of Investigation of Enron Corporation and Related Entities Regarding Federal Tax and Compensation Issues, and Policy Recommendations*. Volume I: Report, February 2003.

Jones, Del. "Enron Chief: Energy Spending Generates Real Savings." *USA Today*, November 27, 2000.

Jones, Don. "T&E." *Northern Natural Gas News*, 1985, 3.

Jordon, Steve. "HNG, InterNorth Held Secret Courtship." *Omaha World-Herald*, May 19, 1985, sec. M.

———. "Segnar to Guide Joint Venture Until '87." *Omaha World-Herald*, May 3, 1985.

Jost, Kenneth. "Restructuring the Electric Industry." *CQ Researcher*, January 17, 1997, 25–48.

"Just the Boost Downtown Houston Needed." *Enron Business*, 2 (2000): 9, 11.

Kaminski, Vincent, and Stinson Gibner. "Exotic Options." In *Managing Energy Price Risk*, edited by Kaminski, 117–48. London: Risk Publications, 1995.

Kelly, Marjorie. "Waving Goodbye to the Invisible Hand: How the Enron Mess Grew and Grew." *San Francisco Chronicle*, February 24, 2002.

Kelly, Robert. "The Outlook for Renewable Energy in the 21st Century." Presentation to Yale Center for Environmental Law and Policy, New Haven, CT, May 1, 1996.

Kelly, Robert, with Mary Clark. "Enron International." *Enron Business*, March 1993, 8.

Kemezis, Paul. "SoCal Gas Turns Environmentalist to Fight Rival Pipeline Companies." *Energy Daily*, May 9, 1988, 3.

Kendall, Henry, and Steven Nadis, eds. *Energy Strategies: Toward a Solar Future*. A report by the Union of Concerned Scientists. Cambridge, MA: Ballinger, 1980.

"Kenetech Files for Bankruptcy Protection." *Wind Power Monthly*, June 1, 1996. http://www.windpowermonthly.com/article/953448/kenetech-files-bankruptcy-protection-meantime-corporation-stands-firm-hopes-clemency.

"Kern River." In *Pacific Coast Gas Association: A Century of Excellence*, edited by Gordon Blackley, 135. Portland, OR: PCGA, 1993.

Kerr, Richard. "Hansen vs. the World on the Greenhouse Threat." *Science* 244, no. 4908 (1989): 1041–43.

Kinder, Richard. "Argentina Pipeline Project." Memorandum to All Employees, from the Office of the Chairman, December 3, 1992.

———. "Customer Choice with Gas and Electricity: The Future Is Now." Presentation to the Mid-American Regulatory Commissioners Conference, Chicago, June 17, 1996.

———. "Letter from the President." *Enron Business*, January 1993, 3.

Klebnikov, Paul. "Power Plays." *Forbes*, December 21, 1992, 277.

Klempin, Ray. "Texas Utility Displaces Coal with Gas." *Gas Daily*, June 21, 1991, 2.

Knight, Jessie. Public Utilities Commission, State of California. Letter to the Honorable Elizabeth Moler, chairwoman of the Federal Energy Regulatory Commission. June 5, 1995.

Koch, Charles. "Corporate Cronyism Harms America." *Wall Street Journal*, September 9, 2012.

———. *Good Profit: How Creating Value for Others Built One of the World's Most Successful Companies*. New York: Crown Business, 2015.

———. *The Science of Success*. Hoboken, NJ: John Wiley & Sons, 2007.

Koch Industries. "The Challenge of Success." *Discovery*, January 2012, 1.

Koen, A. D. "U.S. Gas Industry Sees Signs of End to Lengthy Downturn." *Oil & Gas Journal*, January 13, 1993, 15.

———. "U.S. Gas Pipelines Preparing for Life under FERC Order 636." *Oil & Gas Journal*, July 6, 1992, 21–26.

Krugman, Paul. "The Great Divide." *New York Times*, January 29, 2002.

Kunen, James. "Enron's Vision (and Values) Thing." *New York Times*, January 19, 2002.

Kuttner, Robert. "Enron: A Powerful Blow to Market Fundamentalists." *BusinessWeek*, February 4, 2002, 20.
Lambert, Jeremiah. *The Power Brokers*. London: MIT Press, 2015.
Langlois, Richard. "Do Firms Plan?" *Constitutional Political Economy* 6, no. 3 (Fall 1995): 247–61.
Larson, Henrietta, Evelyn Knowlton, and Charles Popple. *New Horizons, 1927–1950: History of Standard Oil Company (New Jersey)*. New York: Harper & Row, 1971.
Lawton, George. "Fuel Cells Prepare for Prime Time." *Power*, May/June 2001, 86–88.
Lay, Ken. "Coming Soon to Your Home and Business: The New Energy Majors." In *Straight from the CEO*, edited by G. William Dauphinais and Colin Price, 250–56. New York: Simon & Schuster, 1998.
———. "Corporate Citizenship: A Priority in the Enron Workplace." *Enron Business*, July/August 1996, 2, 8.
———. "Deregulation of Gas and Electricity." Presentation to the Japan-US Southern Conference. New Orleans, October 1, 1998.
———. "Don't Drop the Ball." Memorandum to Houston-Based Employees, May 20, 1997.
———. "The Energy Company of the 21st Century." In *The Global Energy Company of the 21st Century*, edited by James Rosenfield and Penny Janeway, 33–41. Cambridge, MA: Cambridge Energy Research Associates, 1996.
———. "The Energy Industry in the Next Century: Opportunities and Constraints." In *Energy After 2000*, edited by Irwin Stelzer, 13–26. VIII Repsol-Harvard Seminar, June 1997.
———. Enron Corp Comments to FERC on Issues and Priorities for the Natural Gas Industry. FERC Docket No. PL 97-1. April 29, 1997.
———. "Enron in the New Economy." Presentation to a Harvard Business School conference, Boston, January 25, 2000.
———. "Enron in the 21st Century." Presentation to the 15th Annual CERA Executive Conference, Houston, TX, February 14, 1996.
———. "Enron New Hire Orientation." Speech in Houston, TX, September 14, 1999.
———. *The Enron Story*. Pamphlet. New York: Newcomen Society for the United States, 1990.
———. "From the Chairman," *HNG Annual Report for Employees*, 1984.
———. "Give All Customers the Right to Choose, Immediately." In *Customer Choice: Finding Value in Retail Electricity Markets*, edited by Ahmad Faruqui and J. Robert Malko, 291–96. Vienna, VA: Public Utility Reports, 1999.
———. "Give Bush Credit, He Is the 'Energy President'." *Houston Chronicle*, October 13, 1992, sec. A.
———. "Greenpeace Wrong in Attacking Natural Gas." Letter to the editor. *Natural Gas Week*, February 28, 1994, 3.
———. "Houston Outlook '86: Energy & Manufacturing Panel," Houston, TX, January 1986.
———. "If Natural Gas Is the Fuel of the Future, When Does the Future Start?" Presentation to the Independent Petroleum Association of America, Santa Fe, NM, May 7, 1992; Fifth Annual Natural Gas Marketing Conference, Santa Fe, New Mexico, May 11, 1992.
———. "The Importance of Vision." Text of speech to Enron employees, 1995.

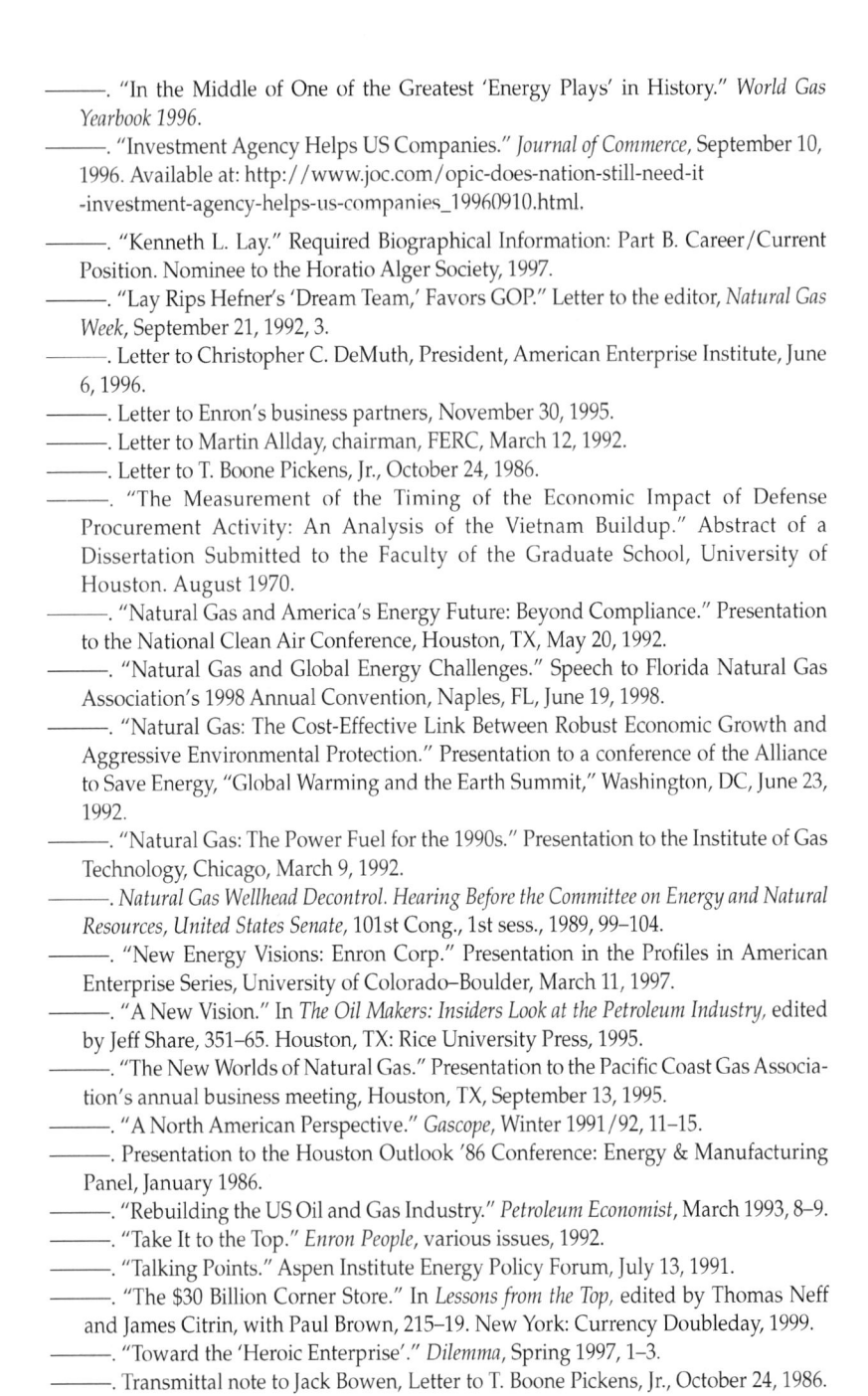

---. "In the Middle of One of the Greatest 'Energy Plays' in History." *World Gas Yearbook 1996*.

---. "Investment Agency Helps US Companies." *Journal of Commerce*, September 10, 1996. Available at: http://www.joc.com/opic-does-nation-still-need-it-investment-agency-helps-us-companies_19960910.html.

---. "Kenneth L. Lay." Required Biographical Information: Part B. Career/Current Position. Nominee to the Horatio Alger Society, 1997.

---. "Lay Rips Hefner's 'Dream Team,' Favors GOP." Letter to the editor, *Natural Gas Week*, September 21, 1992, 3.

---. Letter to Christopher C. DeMuth, President, American Enterprise Institute, June 6, 1996.

---. Letter to Enron's business partners, November 30, 1995.

---. Letter to Martin Allday, chairman, FERC, March 12, 1992.

---. Letter to T. Boone Pickens, Jr., October 24, 1986.

---. "The Measurement of the Timing of the Economic Impact of Defense Procurement Activity: An Analysis of the Vietnam Buildup." Abstract of a Dissertation Submitted to the Faculty of the Graduate School, University of Houston. August 1970.

---. "Natural Gas and America's Energy Future: Beyond Compliance." Presentation to the National Clean Air Conference, Houston, TX, May 20, 1992.

---. "Natural Gas and Global Energy Challenges." Speech to Florida Natural Gas Association's 1998 Annual Convention, Naples, FL, June 19, 1998.

---. "Natural Gas: The Cost-Effective Link Between Robust Economic Growth and Aggressive Environmental Protection." Presentation to a conference of the Alliance to Save Energy, "Global Warming and the Earth Summit," Washington, DC, June 23, 1992.

---. "Natural Gas: The Power Fuel for the 1990s." Presentation to the Institute of Gas Technology, Chicago, March 9, 1992.

---. *Natural Gas Wellhead Decontrol. Hearing Before the Committee on Energy and Natural Resources, United States Senate*, 101st Cong., 1st sess., 1989, 99–104.

---. "New Energy Visions: Enron Corp." Presentation in the Profiles in American Enterprise Series, University of Colorado–Boulder, March 11, 1997.

---. "A New Vision." In *The Oil Makers: Insiders Look at the Petroleum Industry*, edited by Jeff Share, 351–65. Houston, TX: Rice University Press, 1995.

---. "The New Worlds of Natural Gas." Presentation to the Pacific Coast Gas Association's annual business meeting, Houston, TX, September 13, 1995.

---. "A North American Perspective." *Gascope*, Winter 1991/92, 11–15.

---. Presentation to the Houston Outlook '86 Conference: Energy & Manufacturing Panel, January 1986.

---. "Rebuilding the US Oil and Gas Industry." *Petroleum Economist*, March 1993, 8–9.

---. "Take It to the Top." *Enron People*, various issues, 1992.

---. "Talking Points." Aspen Institute Energy Policy Forum, July 13, 1991.

---. "The $30 Billion Corner Store." In *Lessons from the Top*, edited by Thomas Neff and James Citrin, with Paul Brown, 215–19. New York: Currency Doubleday, 1999.

---. "Toward the 'Heroic Enterprise'." *Dilemma*, Spring 1997, 1–3.

---. Transmittal note to Jack Bowen, Letter to T. Boone Pickens, Jr., October 24, 1986.

———. "Tuesday's Vote for Proposition 1." Memorandum to Houston-Based Employees, November 7, 1996.

———. "A Vision for the 21st Century Asia." Speech given at China, the United States, and Asia: Challenges for United States Policy and Business, an Asia Society/Baker Institute Conference, Houston, TX, February 9, 1996.

———. "White Paper: Electric Deregulation and Enron." *American Oil and Gas Reporter*, December 23, 1995.

Lay, Ken, and Rich Kinder. "Interview: 1996 Goals and Enron 2000." Typescript, January 17, 1996.

Lay, Ken, and Jim McIngvale. "Downtown's a Natural for Sports Arenas." *Houston Chronicle*, September 1, 1996.

Lay, Ken, et al. "Transcribed Interviews." 2000 Enron Management Conference, November 17, 2000.

"Lay Sees Cogeneration Plants Boosting Natural Gas Demand." *Oil & Gas Journal*, June 25, 1984, 33.

Lee, Amy. "Peterborough Electricity Pilot: Where Customers Come First." *Enron Business*, March 1997, 2–3.

Leggett, Jeremy. *The Carbon War: Global Warming and the End of the Oil Era*. London: Penguin Books, 1999.

Lenzner, Robert. "Let's Talk Business." *Forbes*, December 5, 1994, 161–62.

Levin, Yuval. "Recovering the Case for Capitalism." *National Affairs*, Spring 2010, 123–36.

Lovins, Amory. "Energy Strategy: The Road Not Taken?" *Foreign Affairs* 55, no. 1 (October 1976): 65–96.

———. "Saving Gigabucks with Negawatts." *Public Utility Fortnightly* 115, no. 6 (March 21, 1985): 19–26.

Lovins, Amory, et al. *Natural Capitalism*. New York: Little, Brown and Company, 1999.

Lowenstein, Roger. *When Genius Failed: The Rise and Fall of Long-Term Capital Management*. New York: Random House, 2000.

Macey, Daniel. "Gas and Environmentalism: Strange Bedfellows?" *NG Magazine*, Summer 1993, 24–27.

———. "Lay Backs Import Fee as Way to Promote Gas." *Gas Daily*, January 22, 1993, 1, 4.

———. "Lay Encourages Gas as Standard for New Plants." *Gas Daily*, March 10, 1992, 1, 4.

———. Numerous articles, *Gas Daily*, 1988–93.

Mack, Toni. "Hidden Risks." *Forbes*, May 24, 1993, 54–55.

———. "Orderly Mind in a Disorderly Market." *Forbes*, September 21, 1987, 62–64.

———. "The Other Enron Story." *Forbes*, October 14, 2002, 63–65.

———. "Power Players." *Forbes*, May 19, 1997, 114, 118, 120, 122.

———. "Prices Down, Supply Up." *Forbes*, December 19, 1994, 47–48.

———. "This Is Deregulation?" *Forbes*, January 2, 1984.

Mahoney, Peggy. "Kyoto Compliant." Memorandum to Robert Bradley Jr., May 11, 2000.

Maloney, Michael, and Robert McCormick, with Raymond Sauer. *Customer Choice, Consumer Value: An Analysis of Retail Competition in America's Electric Industry*. Washington, DC: Citizens for a Sound Economy Foundation, May 1996.

"Managers to Watch in 1997." *BusinessWeek*, January 13, 1997, 67.

Mark, Rebecca. "Testimony Before the Senate Committee on Foreign Relations." March 7, 1995, 76–78. Available at: https://energy.gov/sites/prod/files/maprod/documents/enron1995.pdf.

Markham, Jerry. *A Financial History of Modern U.S. Corporate Scandals: From Enron to Reform.* London: M. E. Sharpe, 2006.

Marshall, Jonathan. "Big Power Play: Enron Poised to Challenge PG&E in State." *San Francisco Chronicle,* August 26, 1997.

Martin, Douglas. "Environmental Risk from 'Renewable' Energy Sources?" *Wall Street Journal,* June 9, 1978.

Marxsen, Craig. "MTBE Latest Victim of US Environmental Overregulation?" *Oil & Gas Journal,* February 26, 2001, 20–24.

Mayhew, Robert. *Ayn Rand Answers.* New York: Centennial, 2005.

McCasland, Elaine. "Enron's Argentine Pipeline Expands to Meet Increased Demand." *Enron Business,* November/December 1993, 3.

———. Numerous articles, *Enron Business,* 1993–96.

McCloskey, Deirdre. *The Bourgeois Virtues: Ethics for an Age of Commerce.* Chicago: University of Chicago Press, 2006.

McConnell, Mike. *Just Because You Can Doesn't Mean You Should: Keys to a Successful Life.* New York: iUniverse, 2008.

McDonald, Forrest. *Insull.* Chicago: University of Chicago, 1962. Reprinted as *Insull: The Rise and Fall of a Billionaire Utility Tycoon.* Washington, DC: BeardBooks, 2004.

McKnight, John. "Enron, IBM, AOL Form 'The New Power Company.'" *ElectricNet,* May 17, 2000. https://www.electricnet.com/doc/enron-ibm-aol-form-the-new-power-company-0001.

McLean, Bethany, and Peter Elkind. *The Smartest Guys in the Room: The Amazing Rise and Scandalous Fall of Enron.* New York: Portfolio, 2003.

McNamar, R. T. "Bankers as Corporate Monitors." In *After Enron: Lessons for Public Policy,* edited by William Niskanen, 198–217. Lanham, MD: Rowman & Littlefield, 2005.

Mehta, Abhay. *Power Play: A Study of the Enron Project.* Telangana, India: Orient Longman, 1999.

Michaels, Patrick. *Sound and Fury: The Science and Politics of Global Warming.* Washington, DC: Cato Institute, 1992.

Michaels, Robert. "Preparing for Gas/Electric Convergence: Mergers or Alliances." In *Customer Choice: Finding Value in Retail Electricity Markets,* edited by Ahmad Faruqui and J. Robert Malko, 79–94. Vienna, VA: Public Utility Reports, 1999.

———. "Reducing Risk, Shifting Risk, and Concealing Risk: Why Are There Long-Term Gas Contracts?" In *New Horizons in Natural Gas Deregulation,* edited by Jerry Ellig and Joseph Kalt, 195–208. Westport, CT: Praeger, 1996.

———. "Wholesale Pooling: The Monopolist's New Clothes." *Electricity Journal,* December 1994, 64–76.

Miller, Mark. "Tough Calls." *American Journalism Review,* December 2002, 43–47.

Moffett, Matt. "HNG/InterNorth Goes to Pros in Bid to Get New Name." *Wall Street Journal,* February 20, 1986.

———. "Lay Doubles Houston Natural Gas's Size in Only 6 Months as Chairman and Chief." *Wall Street Journal,* December 4, 1984.

Montgomery, John. "Gas Dies with 'Greener' Fuels as Fossil Bridge." *Gas Daily*, December 14, 1992, 1, 3.

Moody, Rush, and Allan Garten. "The Natural Gas Policy Act of 1978: Analysis and Overview." *Rocky Mountain Institute* 25, no 2 (1979): 1–93.

Morriss, Andrew, et al. *The False Promise of Green Energy*. Washington, DC: Cato Institute, 2011.

Murray, Susan. "Tight-Gas Sand Credits." EOG Memorandum to Rob Bradley, February 19, 1998.

Myerson, Allen. "Solar Power, for Earthly Prices." *New York Times*, November 15, 1994, sec. D.

NAFTA: Energy Provisions and Environmental Implications: Hearings Before the Subcommittee on Energy and Power, House Committee on Energy and Commerce. 103rd Cong., 1st sess. (1993) (Ken Lay, testimony submitted for the record), 187–95.

National Energy Plan. Executive Office of the President, Energy Policy and Planning. Washington, DC: Government Printing Office, 1977.

National Energy Strategy (Part 1): Hearings Before the Subcommittee on Energy and Power, House Committee on Energy and Commerce, 102nd Cong., 1st sess. (1991) (statement of Arlon Tussing), 157–59.

National Independent Energy Producers. *Independent Energy Producers: The New Electric Generating Sector*. Washington, DC: NIEP, 1989.

National Transportation Safety Board. "San Juan Gas Company, Inc./Enron Corp. Propane Gas Explosion in San Juan, Puerto Rico, on November 21, 1996." Accident report. Washington, DC: December 1997.

———. "San Juan Gas Company's Inadequate Training of Employees and Government Deficiencies Led to Building Explosion." Press release, December 16, 1997.

Natural Coal Association. *Coal Background*, March 11, 1993.

Natural Gas Clearinghouse. *A Decade of Excellence in Energy 1984–1994*. Houston, TX: NGC, 1994.

Natural Gas Contract Renegotiations and FERC Authorities: Hearings Before the Subcommittee on Fossil and Synthetic Fuels, House Committee on Energy and Commerce, 98th Cong., 1st sess. (1983) (Dan Dienstbier, "Letter to the Honorable Phil Sharp"), 397–99.

Natural Gas: Hearing Before a Subcommittee of the House Committee on Interstate and Foreign Commerce, 74th Cong., 2nd sess. (1936) (statement of Ralph W. Gallagher, Standard Oil of New Jersey), 139–50.

Natural Gas Ratepayers Relief Act of 1991: Hearings Before the Senate Subcommittee on Energy and Natural Resources, 102nd Cong., 1st sess., (1991) (statement of John E. Olson, Vice President, Equity Research, Goldman, Sachs & Co.), 33–35.

Natural Gas Utilization Act of 1987: Hearing Before the Subcommittee on Energy Regulation and Conservation, Senate Committee on Energy and Natural Resources, 100th Cong., 1st sess. (1987) (opening statement of Senator Howard Metzenbaum), 1–2; (statement by Kenneth L. Lay), 147–63.

Natural Gas Week. 1985–97.

Navarro, Mireya. "Enron's Collapse: Five Uncertain Years." *New York Times*, January 21, 2002.

Neal, Roger. "Why Merge if You Can Share?" *Forbes*, May 20, 1985, 150, 154.
"The New World of Natural Gas Pipelines." *Enron Business*, August/September 1993, 5–6.
New York Times. 1982–2008.
"NGSA Proclaims Section 29 a Tax Credit Whose Time Is Up." *Natural Gas Week*, May 25, 1992, 6.
Nielsen, John, and Andrew Serwer. "Take that, Belco." *Fortune*, February 3, 1986, 9.
"1997 Guidebook to the Federal Restructuring Debate" (Special Report). *Electric Power Alert*, January 29, 1997.
Niskanen, William. "A Crisis of Trust." In *After Enron: Lessons for Public Policy*, edited by William Niskanen, 1–10. Lanham, MD: Rowman & Littlefield, 2005.
———. "Don't Count Too Much on Financial Accounting." In *After Enron: Lessons for Public Policy*, edited by William Niskanen, 47–54. Lanham, MD: Rowman & Littlefield, 2005.
———. Introduction to *Corporate Aftershock: The Public Policy Lessons from the Collapse of Enron and Other Major Corporations*, edited by Christopher Culp and William Niskanen, xxvii–xxviii. Hoboken, NJ: John Wiley & Sons, 2003.
Nocera, Joseph. "Living in the Enron Dream World." *New York Times*, December 17, 2005.
Noland, Jude. "Portland General/Enron Commitments Lead to Public Interest Groups' Support for Merger." *California Energy Markets*, January 10, 1997, 14.
Noonan, Peggy. "An Empire Built on Ifs." *Wall Street Journal*, January 25, 2002.
Norman, James. "In Natural Gas, It's Buy or Be Bought." *Business Week*, May 20, 1985, 62–63.
Northern Border Partners. Annual reports, with Form 10-Ks.
Northern Gas Marketing. *The Natural Gas Spot Market: The Dawn of a New Era*. Booklet, n.d.
Northern Natural Gas Company. Annual reports, various years.
———. *Northern: The First Fifty Years*. Company brochure, 1980.
Novak, Michael. *Business as a Calling: Work and the Examined Life*. New York: The Free Press, 1996.
O'Connor, Philip, Robert Bussa, and Wayne Olson. "Competition, Financial Innovation, and Diversification in the Electric Industry." *Public Utilities Fortnightly*, February 20, 1986, 17–21.
O'Donnell, Arthur. "New Coalition Supports Poolco Approach." *California Energy Markets*, July 14, 1995, 13.
O'Driscoll, Mary. "Fuel Wars: NCA's Lawson Blasts Natural Gas Industry." *Energy Daily*, April 15, 1992, 1, 3.
———. "Skilling: Customized Gas Services Are the Key to Profitability." *Energy Daily*, May 13, 1992, 3.
O'Reilly, Brian. "New Ideas, New Products: The Secrets of America's Most Admired Corporations." *Fortune*, March 3, 1997, 60–66.
O'Reilly, Cary. "Hub Trading Poised to Expand; May Decide Fate of Gas Futures." *Natural Gas Week*, February 4, 1991, 9–10, 18–19.
Olson, Cindy. *The Whole Truth … So Help Me God*. Mustang, OK: Tate Publishing, 2008.
Olson, John. "Defining Deviancy Down: Market Challenges (Enron and After)." Presentation to the Texas Investment Portfolio Symposium, Houston, TX, February 21, 2015.

———. "Enron and After: A Conversation." Presentation to A. B. Freeman School of Business, Tulane University, New Orleans, April 27, 2010.

———. "The Pandora's Box: Enron and Its Consequences." Presentation, Houston, TX, n.d.

Oppel, Richard, Jr., and Andrew Sorkin. "Enron's Collapse: The Overview; Enron Corp. Files Largest U.S. Claim for Bankruptcy." *New York Times*, December 3, 2001.

Pagel, Al. "He Started at $210 a Month." *Omaha Sunday World-Herald Magazine of the Midlands*, April 25, 1976, 28.

Pai, Lou. "Enron Energy Services, 1997–1998." Presentation at Enron Management Conference, San Antonio, TX, November 6–7, 1997.

Palmeri, Christopher. "At the Heart of a Revolution." *Forbes*, January 12, 1998, 48.

———. "This Is About Money." *Forbes*, February 27, 1995, 52.

Papayoti, Lee. "A Brief History of NGVs." Memorandum to Rob Bradley, January 22, 1998.

———. "Natural Gas Vehicles: An Overview." Enron presentation, November 17, 1999.

"Paper: InterNorth to Move in '87." *Omaha World-Herald*, May 3, 1985.

Parker, Susan. "Pipelines Poised to Dive into Gathering Melting Pot." *Natural Gas Intelligence*, June 6, 1994, 1–2.

PECO Energy. "There Will Be No Deal with Enron." Press release, October 9, 1997.

Pending Natural Gas Legislation: Hearing Before the Senate Committee on Energy and Natural Resources, 99th Cong., 2nd sess. (1986) (statement of Brian E. O'Neill, President, Transcontinental Gas Pipe Line Corp.), 129–48; (A. Denny Ellerman, "Statement on the Repeal of the Powerplant & Industrial Fuel Use Act"), 510–15.

Perlin, John. *From Space to Earth: The Story of Solar Electricity*. Ann Arbor, MI: AATEC Publications, 1999.

Perrot, Etienne. "An Ethical Diagnosis of the Enron Affair." In *Enron and World Finance: A Case Study in Ethics,* edited by Paul Dembinski, Carole Lager, Andrew Cornford, and Jean-Michel Bonvin, 103–16. New York: Palgrave, 2006.

Peters, Tom, and Robert Waterman Jr. *In Search of Excellence*. New York: Warner Books, 1982.

Pierobon, James. "Transco's Ken Lay Credited as Natural Gas Innovator." *Houston Chronicle*, July 17, 1983, sec. 4.

"Pipelines Girding to Lobby FERC for Changes in Rates, Certificates." *Inside FERC*, February 12, 1990, 3–4.

Pope, Kyle. "What Makes Kenneth Lay Run?" *Houston Chronicle*, October 13, 1991, sec. F.

Port, David. "Clinton Gives Energy a Strong Say on New Policy Group." *Natural Gas Intelligence*, June 21, 1993.

Portland General Electric. Annual reports, Form 10-Ks, Form 10-Qs.

"Portland General Electric: 1997 in Review." *Enron Business*, 1 (1998): 5, 14.

Prah, Pamela. "Ames Says IPAA Supports Extension of Section 29 Credit." *Natural Gas Week,* July 6, 1992, 7.

Prashad, Vijay. *Fat Cats & Running Dogs: The Enron Stage of Capitalism*. London: Zed Books, 2002.

Pratt, Joseph. *Prelude to Merger: A History of Amoco Corporation, 1973–1998*. Houston, TX: Hart Publications, 2000.

Pratt, Joseph, with William Hale. *Exxon: Transforming Energy, 1973–2005*. Austin, TX: Briscoe Center for American History, 2013.

President's Council on Sustainable Development. "U.S. Environmental and Business Leaders Agree Early Action Is Needed to Reduce Greenhouse Gas Emissions and Present Principles for Early Action to Vice President Gore." Press release, October 27, 1998.

———. *Sustainable America: A New Consensus*. Washington, DC: Government Printing Office, February 1996.

———. *Towards a Sustainable America*. Washington, DC: Government Printing Office, May 1999.

Proposed Changes to Natural Gas Laws: Hearings Before the Subcommittee on Fossil and Synthetic Fuels, House Committee on Energy and Commerce, 98th Cong., 1st sess. (1983) (statement by Gary Hancock), vol. 5, 285–97.

Public Utility Regulatory Policies Act Amendments: Hearing Before the Subcommittee on Energy Regulation. Senate Committee on Energy and Natural Resources, 97th Cong., 2nd sess. (1982) (testimony of Barrett Stambler and Sam Enfield), 370–87.

Rae, Douglas. Interview with Jim Alexander (former executive of Enron Global Power & Pipelines). Yale University School of Management. September 30, 2009.

Raghunathan, N. *Memories, Men, and Matters*. Mumbai, India: Bharatiya Vidya Bhavan, 1999.

Rand, Ayn. "The Objectivist Ethics." In *The Virtue of Selfishness*, by Rand et al, 13–35. New York: Signet, 1964.

Randall, Karl, and Rick Buy. "RARC/Risk Analytics Group." Memorandum to All ECT Employees, July 13, 1995.

Rankin, Kristin. "Enron and CalPERS Join Forces to Invest in Natural Gas." *Enron Business*, July 1993, 7.

———. "Enron Oil & Gas Company." *Enron Business*, January 1993, 6.

———. "Louisiana Resources Company Generates New Gas Markets for Enron Gas Services." *Enron Business*, May 1993, 2–3.

Rao, Ashok. "Presentation." Enron Management Conference, San Antonio, TX. November 6–7, 1997.

RECON Research Corporation. "The Impact of Coal Seam Production on the California Natural Gas Market." Los Angeles, December 13, 1990.

"Record Volumes Going to California; Oklahoma Prices Up." *Natural Gas Intelligence*, February 9, 1987, 2.

Rehm, Barbara. "Transwestern Pipeline Prepares Deal Leading to Open Carriage." *Natural Gas Week*, January 20, 1986, 1, 4.

Renewable Northwest Project. "Conservation, Renewable Energy, Consumer Protection Form Basis of Agreement Between Advocates and PGE on Enron Merger." Press release, January 8, 1997.

Request for Arbitration ... Between the Government of the United States (Claimant) and the Government of India (Respondent), November 4, 2004. Available at: https://www.opic.gov/sites/default/files/docs/GOI110804.pdf.

Revsine, Lawrence. "Enron: Sad but Inevitable." *Journal of Accounting and Public Policy* 21 (2002): 137–45.

Rice, Kenneth. "Electric Power Marketers: What Is Their Role in the Evolution of the Electric Power Industry?" Cambridge Energy Forum, 1995, 95–108.

———. "Public Power: Creating Success in the Evolving Electricity Industry." *Electricity Journal*, November 1997, 68–71.
Richardson, Ted. "New Transportation System Opens Two-Way Street." *Intercom* (publication of InterNorth Inc.) no. 8 (1982): 10.
Rieke, Mike. "Enron Exec Blames Spot Market for Low Prices." *Gas Daily*, March 25, 1991, 1–2.
———. "Lay Faults 'Predatory Pricing' for Low Prices." *Gas Daily*, February 7, 1991, 1–2.
Roberts, Paul Craig, and Karen LaFollette Araujo. *The Capitalist Revolution in Latin America*. New York: Oxford University Press, 1997.
Romm, Joe. *Cool Companies: How the Best Businesses Boost Profits and Productivity by Cutting Greenhouse Gas Emissions*. Washington, DC: Island Press, 1999.
Rosenheim, Daniel. "InterNorth, Houston Natural Gas in $2.3 Billion Merger." *Chicago Tribune*, May 3, 1985, sec. B.
Rothschild, Edwin. "Bushmen Dropped Ball on Natural Gas." Letter to the editor, *Natural Gas Week*, October 5, 1992, 3.
Rudin, Brad. "Enron Fuels Investor Interest; Recapitalization Tops Busy List for Oil and Gas Firm." *Pensions & Investment Age*, September 21, 1987, 52.
Salpukas, Agis. "Has a State Tried Too Hard to Deregulate?" *New York Times*, February 1, 1997.
Salter, Malcolm. *Innovation Corrupted: The Origins and Legacy of Enron's Collapse*. Cambridge, MA: Harvard University Press, 2008.
Saunders, Barbara. "Arrival of Spot Market Clearinghouse Draws Cautious Reviews from Industry." *Natural Gas*, September 1984, 4–6.
"SCE's Solar Two Deemed Workable, but Not Economical" (staff article). *Electricity Journal*, November 1999, 6–7.
Schuman, Michael. "Power Hungry." *Forbes*, April 24, 1995, 162–63.
Schwartz, John. "An Enron Unit Chief Warned, and Was Rebuffed." *New York Times*, February 20, 2002.
Schweppe, Fred C., Michael C. Caramanis, Richard D. Tabors, and Roger E. Bohn. *Spot Pricing of Electricity*. Boston: Kluwer Academic Publishers, 1988.
Scott, Tom, and Barbara Shook. "Lay Move to HNG Sparks Top Reshuffling." *Houston Chronicle*, June 7, 1984, sec. 3.
Seay, Gregory. "Transco Executive Will Head HNG." *Houston Post*, June 7, 1984, sec. E.
Segnar, Sam. "All InterNorth Employees." InterNorth memorandum and attachment, July 10, 1985.
"Segnar Resignation Leaves Lay in Charge of HNG/InterNorth." *Natural Gas Week*, November 11, 1985, 3–4.
Seidl, John ("Mick"). "Pipelines Caught in 'Unraveling' of Cradle-to-Grave Regulatory Scheme." *Oil Daily*, February 4, 1988, 4.
Shabecoff, Philip. "Global Warming Has Begun, Expert Tells Senate." *New York Times*, June 24, 1988.
Shea, Cynthia. *Renewable Energy: Today's Contribution, Tomorrow's Promise*. Worldwatch Paper 81. Washington, DC: Worldwatch Institute, 1988.
Shook, Barbara. "Enron Seen Gearing Up for Fight as Regulators Snag Oregon Deal." *Natural Gas Week*, March 24, 1997, 1, 10–11.

———. "Exxon Oil Spill Breeds Good Will for Gas." *Natural Gas Intelligence*, April 17, 1989, 1–2.

———. "HNG, InterNorth Merger Begins Today." *Houston Chronicle*, May 3, 1985, sec. 3.

———. "NGC Reigns as Top Marketer, But Watson Strives for More." *Natural Gas Week*, October 11, 1996, 1, 11.

———. "The Shakeout at HNG/InterNorth." *Houston Chronicle*, February 23, 1986, sec. 5.

———. "Skilling Predicts End of Integrated Energy Companies." *Oil Daily*, November 30, 2000, 5–6.

Shook, Barbara, and Howard Buskirk. "Year-Long Slide in Stock Price May Put Giant Enron on Hit List." *Natural Gas Week*, November 24, 1997, 1, 11.

Simons, Arno, and Jan-Peter Voss. "Politics by Other Means: The Making of the Emissions Trading Instrument as a 'Pre-History' of Carbon Trading." In *The Politics of Carbon Markets*, edited by Benjamin Stephan and Richard Lane, 51–68. New York: Routledge, 2015.

Skilling, Jeff. "Customer Choice with Electricity Is Coming." 1996 draft for speech.

———. "Enron." Presentation to VEBA Corporate Conference, Düsseldorf, Germany, June 19, 1998.

———. *Testimony Before the Public Utilities Commission of the State of California*. Order Instituting Rulemaking and Order Instituting Investigation on the Commission's Proposed Policies Governing Restructuring California's Electric Services Industry and Reforming Regulation. Case Nos. R.94-04-031 and I.94-04-032, June 14, 1994, 268–80.

Smil, Vaclav. *Energy • Food • Environment: Realities • Myths • Options*. New York: Oxford University Press, 1987.

Smiles, Samuel. *Duty: With Illustrations of Courage, Patience, and Endurance*. New York: Harper & Brothers, 1881.

———. *Self-Help: With Illustrations of Character, Conduct, and Perseverance*. 1859, 2nd ed. 1866. Reprinted with editing by Peter Sinnema. Oxford: Oxford University Press, 2002.

———. *Thrift*. New York: A. L. Burt, 1875.

Smith, Adam. *The Theory of Moral Sentiments*. 1759. 6th ed., 1790. Reprinted with introduction and notes by D. D. Raphael and A. L. Mcfie. Indianapolis, IN: LibertyPress, 1984.

———. *The Wealth of Nations*. London: 1776. Reprinted with editing by R. H. Campbell and A. S. Skinner. Indianapolis, IN: LibertyPress, 1981.

Smith, Fred. "Cowboys versus Cattle Thieves." In *Corporate Aftershock*, edited by William Niskanen, 265–300. Hoboken, NJ: John Wiley & Sons, 2003.

———. "Unsustainable Policies." *CEI UpDate*. April 1996, 2.

Smith, Gene, and Kathleen Wood. "Sabine's Henry Hub Crowned as Gas Futures Delivery Site." *Natural Gas Week*, October 30, 1989, 1, 6.

Smith, Rebecca. "Enron's Lay Says 'Very Bad Investments,' Loss of Investor Confidence Led to Sale." *Wall Street Journal*, November 15, 2001, sec. A.

Sodamann, David. "Permian Basin Gas Producers Worry About HNG-InterNorth." *Natural Gas Week*, May 13, 1985, 3.

"The 'Soft' Path Solution for Hard-Pressed Utilities." Interview with Amory Lovins, *BusinessWeek*, July 23, 1984, 96L–96N.

Solarex. "Powerful Solutions." Company brochure. April 1995.

———. "Solarex/Japanese Partners Complete World's First 'Zero-Energy House.'" Press release, December 7, 1998.
Solomon, Caleb. "Enron Expects an $85 Million Charge Because of Secret Trading." *Wall Street Journal*, October 23, 1987.
Sombart, Werner. *The Quintessence of Capitalism*, trans. and ed. by M. Epstein. New York: E. P. Dutton & Company, 1915.
Southerland, Daniel. "You've Heard of Big Oil. This Is the Story of Big Gas ... and It Begins with Enron Corp., Which Wants to be No. 1 in World." *Washington Post*, February 4, 1996.
St. Clair, Jeffrey. "Oil for One and One for Oil. In *Dime's Worth of Difference: Beyond the Lesser of Two Evils*," edited by Alexander Cockburn and Jeffrey St. Clair, 193–214. Petrolia, CA: CounterPunch; AK Press, 2004.
Stagliano, Vito. *A Policy of Discontent: The Making of a National Energy Strategy*. Tulsa, OK: PennWell Books, 2001.
Steffes, Dale. "The 'Seven Brothers' of Natural Gas: A Matter of Vision." *Journal of Commerce*, January 3, 1995.
Stelzer, Irwin. "Electric Utilities—Next Stop for Deregulators." *Regulation*, July/August 1982, 29–35.
———, ed. *Energy After 2000*. VIII Repsol-Harvard Seminar, June 1997.
Sternberg, Elaine. "Defining Capitalism." *Economic Affairs* 35, no. 3 (2015): 380–96.
Stevens, William. "Gore Promises U.S. Leadership on Sustainable Development." *New York Times*, June 15, 1993, sec. C.
Stewart, James. *Den of Thieves*. New York: Simon and Schuster, 1991.
Stewart-Gordon, Thomas. "One in Three Drilling Rigs Tapping into Section 29 Credits." *Natural Gas Week*, September 28, 1992, 8.
Stipp, David. "Can This Man Solve America's Energy Crisis?" *Fortune*, May 13, 2002, 100–108.
"Stop the Bailout" Coalition. "Don't Charge Consumers for Utilities' Past Mistakes." Press Release, August 1997.
Stram, Bruce, and Terry Thorn. "Beyond Regulation: A 'Social Compact' for Gas and Electricity." *Public Utilities Fortnightly*, March 1, 1993, 19–22.
Swartz, Mimi, with Sherron Watkins. *Power Failure: The Inside Story of the Collapse of Enron*. New York: Doubleday, 2003.
Szmrecsanyi, Stephen. "InterNorth: The First Fifty Years." Unpublished book manuscript, completed in 1981.
Tatge, Mark. "Irv the Operator." Forbes, November 29, 2004, 180.
"Tax Credits for Non-Conventional Gas Production Offer a Big Bang." *Inside FERC*, February 17, 1992, 7.
Taylor, Jerry, and Peter VanDoren, "California's Electricity Crisis: What's Going On, Who's to Blame, and What to Do." Cato Policy Analysis No. 406. Washington, DC: Cato Institute, 2001.
Tenaska Company. *2015 Annual Report*.
"Texas Commissioners Inquire About 'Shadow Pipeline' Impact." *Natural Gas Week*, April 1, 1985, 1, 4.
Thakar, Nidhi. "The Urge to Merge: A Look at the Repeal of the Public Utility Holding Company Act of 1935." *Lewis & Clark Law Review* 12, no. 3 (1998): 903–42.

Thierer, Adam, and Wayne Crews. *What's Yours Is Mine: Open Access and the Rise of Infrastructure Socialism*. Washington, DC: Cato Institute, 2003.

Thomas, Elaine. "The Blending of Northern Natural Gas and Transwestern Pipeline." *Enron Business*, June 1996, 5.

Thomas, Evan, and Andrew Murr. "The Gambler Who Blew It All." *Newsweek*, February 4, 2002, 17, 20–24.

Thomas, Victoria. "Courts in England and Texas Caught Up in J-Block Battle." *Natural Gas Week International*, May 6, 1996, 3–4.

Thorp, Edward, and Sheen Kassouf. *Beat the Market: A Scientific Stock Market System*. New York: Random House, 1967.

Tiernan, Tom. "Johnston Floats Comprehensive Bill Mandating Retail Wheeling by 2010." *Inside FERC*, January 29, 1996, 5–7.

Tolson, Mike. "Skilling Energized Enron but Draws Suspicion After Its Fall." *Houston Chronicle*, February 10, 2002.

"The Top Managers of 1996." *BusinessWeek*. January 13, 1997, 58.

Transco Energy Company. Annual reports.

Transportadora de Gas del Sur, S.A. *Gas Stories in Argentina, 1823–1998*. Buenos Aires, Argentina: Artes Gráficas Corin Luna S.A., 1998.

"Transwestern Commences Pilot Program Relaxing Capacity Release Restrictions." *Foster Report*, January 9, 1997, 10–12.

"Transwestern Pipeline Company." In *Pacific Coast Gas Association: A Century of Excellence*, edited by Gordon Blackley, 209–10. Portland, OR: PCGA, 1993.

Transwestern Pipeline Company. *30 Year History*. Typescript. Internal company document, Summer 1990.

"Transwestern's Motion to Reopen Record for Additional Evidence on Rejected Direct Billing Mechanism for Recovery of Take-or-Pay Settlement Costs Opposed by FERC Staff, California Parties and Others." *Foster Report*, March 3, 1988, 18–19.

Tussing, Arlon, and Bob Tippee, *The Natural Gas Industry: Evolution, Structure, Performance*. Tulsa, OK: PennWell Books, 1995.

United Nations. *Agenda 21*. New York: United Nations, 1992.

"US Exim Bank Questioned Enron's Dabhol Project." Reuters, May 24, 2002.

Valdez, William. "Coal, Gas Holy War Spreads; Wednesday ERA Hearing Critical." *Natural Gas Week*, February 16, 1987, 1, 6.

———. "Pipeline Marketing Affiliates Rile Independent Gas Brokers." *Natural Gas Week*, September 8, 1986, 1, 4–5.

Vallette, Jim, and Daphne Wysham. *Enron's Pawns: How Public Institutions Bankrolled Enron's Globalization Game*. Washington, DC: Institute for Public Policy, 2002.

Wall Street Journal. 1984–2002.

Walsh, Campion. "Natural Gas Pipelines Push for Deregulation of Gathering Despite Producer Opposition." *Oil Daily*, February 25, 1994.

———. "3-D Seismic Changes Exploration by Shifting Spending to Computers from 'Dumb Iron.'" *Oil Daily*, January 23, 1995.

Wamsted, Dennis. "Michaels Dismisses Conventional Wisdom on Utility Mergers." *Energy Daily*, December 23, 1996, 3.

Washington Post. 1988–2005.

"Weak Demand, Supply Glut Crimping U.S. Gas Industry." *Oil & Gas Journal*, April 22, 1991, 25–28.

Weber, Joseph, with Gary McWilliams, "Cathy Abbott Is No Good Ol' Boy," *BusinessWeek*, February 12, 1996.

Weisman, Jonathan. "Congress Looks West for Lesson in Utility Deregulation." *Congressional Quarterly Weekly Report*, February 15, 1997, 712–19.

———. "Drive to Open Power Industry to Competition Gains Steam." *Congressional Quarterly Weekly Report*, October 12, 1996, 2911–17.

———. "An Energy Star Flames Out." *Congressional Quarterly Weekly Report*, October 12, 1996, 2916.

———. "Plea for Utility 'Bailout' May Spark Charges of Corporate Welfare." *Congressional Quarterly Weekly Report*, October 12, 1996, 2914–15.

———. "Utilities Hiring Former Members as They Gird for Battle." *Congressional Quarterly Weekly Report*, March 29, 1997, 742–45.

Wendt, Ed. "Black Consultants Shortchanged by Stadium PAC." *Forward Times*, November 6–12, 1996, sec. A.

White, Tom. "Enron Power Corp.," *Enron Business*, January 1993, 5.

———. "To All Enron Operations Corp. Customers and Vendors." Letter, August 2, 1994.

Will, George. "Events, Dear Boy, Events." *Newsweek*, January 28, 2002, 64.

Williams, Bob. "Struggle Develops Over Potential EOR Gas Market in California." *Oil & Gas Journal*, August 26, 1985, 25–30.

Williams, Gary. "The Quiet Man Who's Jolting Utilities." *BusinessWeek*, June 9, 1997, 84–88.

Williams, Stephen. *The Natural Gas Revolution of 1985*. Washington, DC: American Enterprise Institute, 1985.

Williams Company. Annual reports.

Wilson, Jane, and Rockford Meyer. "Comments of Transwestern Pipeline Company on Proposed Decision of [California Public Utilities Commission] ALJ Kim Malcolm Regarding the Application of California Gas Company for Authority to Implement Peaking Service Rates." May 18, 1995.

Wise, Donna. "Report of the WRI-Enron Working Group on a Fiscal Policy and Subsidy Commission." December 9, 1996, 1–5. Available at US Department of Energy, Enron Document, 107–12.

Wood, Kathleen. "Enron Crosses Gas Futures with 4-Hub Trading Program." *Natural Gas Week*, April 16, 1990, 1, 4.

———. "Enron Rejects E&P Unit Bids; Still Needs to Reduce Debt." *Natural Gas Week*, July 25, 1988, 5.

World Commission on Environment and Development. "Towards Sustainable Development." In *Our Common Future*. Transmitted as an Annex to UN Doc. A/42/427 (1987).

Yandle, Bruce. "Bootleggers and Baptists in Retrospect." *Regulation*. October 1999, 5–7.

———. "Bootleggers and Baptists—The Education of a Regulatory Economist." *Regulation*. May/June 1983, 12–16.

Yardley, Jim. "Enron's Many Strands: The Former Chairman; His Influence Lost, Lay Prepares to Answer Questions in Washington." *New York Times*, February 3, 2002.

Yergin, Daniel. *The Prize: The Epic Quest for Oil, Money, and Power*. New York: Simon & Schuster, 1991.

———. *The Quest: Energy, Security, and the Remaking of the Modern World*. New York: Penguin Press, 2011.

Yergin, Daniel, and Joseph Stanislaw. *The Commanding Heights: The Battle Between Government and the Marketplace That Is Remaking the Modern World*. New York: Simon & Schuster, 1998.

Zastudil, Michael. "Enron Launches Its Game Plan; Brand Identification Is Goal. *Natural Gas Week*, January 27, 1997, 2.

Zieman, Mark, Jonathan Cavanagh, and Brenton Schlender. "Peruvian Unit of U.S. Firm Is Nationalized." *Wall Street Journal*, December 30, 1985.

Zimmermann, Erich. *World Resources and Industries*. New York: Harper & Brothers, 1951.

Interviews

Allison, Robert. Interview by Robert Bradley Jr., Houston, TX, January 15, 2007.

Barnhart, Jim. Interview by Robert Bradley Jr., Houston, TX, July 31, 2002.

Beard, John. Interview by Robert Bradley Jr., Houston, TX, December 9, 2007.

Belfer, Robert. Interview by Robert Bradley Jr. and Ursula Brenner, Houston, TX, April 30, 2001.

Bennett, Gerald. Interview by Robert Bradley Jr., Houston, TX, May 13, 2006.

Berriman, Jay. Interview notes by Robert Bradley Jr., n.d.

———. Telephone conversation with Robert Bradley Jr., Houston, TX, n.d.

Beyer, Michael, and George McClellan. Interview by Robert Bradley Jr., Houston, TX, April 10, 2001.

Bhatnagar, Sanjay. Interview by Robert Bradley Jr., Houston, TX, January 17, 2001.

Boatwright, John. Interview by Robert Bradley Jr., Houston, TX, July 25, 2001.

Borget, Lou. Interview notes by Robert Bradley Jr., January 5, 2007.

Burns, Ron. Telephone interviews by Robert Bradley Jr., August 16, 2000, and December 6, 2006.

Collins, Ted. Telephone interviews by Robert Bradley Jr., October 2 and 9, 2006.

Cordes, William. Interview by Robert Bradley Jr. and Joseph Pratt on airplane flight between Houston, TX, and Omaha, NE, August 16, 2000.

Corman, Shelley. Interview by Robert Bradley Jr., Houston, TX, June 8, 2001.

Dienstbier, Dan. Interview by Robert Bradley Jr., Houston, TX, July 17, 2000.

———. Telephone interview by Robert Bradley Jr., July 17, 2006.

Doan, David, Philip Marston, and Ken Malloy. Interview by Robert Bradley Jr., Washington, DC, March 1, 2001.

Duncan, John. Interview by Robert Bradley Jr., Houston, TX, February 26, 2001.

———. Meeting notes by Robert Bradley Jr., Houston, TX, February 19, 2007.

Esslinger, John. Interview by Hamad Alkayhat, London, February 26, 2001 (Esslinger 1).

———. Interview by Robert Bradley Jr., Houston, TX, May 8, 2006 (Esslinger 2).

Frevert, Mark. Interview by Robert Bradley Jr. and Hamad Alkayhat, Houston, TX, February 20, 2001.

Gold, Joe. Interview by Robert Bradley Jr., Houston, TX, June 19, 2001.

Gomez, Julie. Interview by Robert Bradley Jr., Houston, TX, June 29, 2001.
Gullquist, Ronald. Interview by Robert Bradley Jr., Houston, TX, October 11, 2006.
Haug, David. Interview by Hamad Alkayhat and Ursula Brenner, Houston, TX, May 16, 2001.
Hawks, Harold. Telephone interview by Robert Bradley Jr., Houston, TX, and Omaha, NE, May 31, 2007.
———. Telephone conversation notes by Robert Bradley Jr., April 17, 2007.
Hendricks, Tom. Conversation with Robert Bradley Jr., Houston, TX, April 5, 2007.
Herring, Joanne. Interview by Robert Bradley Jr., Houston, TX, May 5, 2003.
Hillings, Joseph. Interview by Robert Bradley Jr., Washington, DC, March 2, 2001.
Hoglund, Forrest. Interview by Robert Bradley Jr., Houston, TX, June 21, 2006.
Horton, Stan. Interview by Robert Bradley Jr., Houston, TX, February 21, 2001 (Horton 1).
———. Interview by Robert Bradley Jr., Houston, TX, August 22, 2001 (Horton 2).
Horvath, Skip. Interview by Robert Bradley Jr., Washington, DC, March 2, 2001.
Hughes, Jim. Interview by Hamad Alkayhat, Houston, TX, April 2001.
Humphrey, Gene. Interview by Robert Bradley Jr., Houston, TX, August 28, 2006.
January, Steve. Interview by Robert Bradley Jr., Houston, TX, July 26, 2001.
Jennrich, John. Interview by Robert Bradley Jr., Washington, DC, October 17, 2001.
Kaminski, Vince. Interview by Robert Bradley Jr., Houston, TX, July 24, 2001.
Kelly, Robert. Interview by Robert Bradley Jr., Houston, TX, February 20, 2001.
Lanier, Bob. Interview by Robert Bradley Jr., Houston, TX, March 20, 2001.
Lay, Ken. Interview by Robert Bradley Jr. Houston, TX, November 10, 2003 (Lay 1).
———. Interview by Robert Bradley Jr., Houston, TX, April 28, 2005 (Lay 2).
———. Interview by Robert Bradley Jr., Houston, TX, August 2, 2005 (Lay 3).
Lemmons, Billy, and Paul Treischman. Interview by Robert Bradley Jr., Houston, TX, August 29, 2001.
Levin, Robert. Interview by Robert Bradley Jr., Houston, TX, August 1, 2001.
LoChiano, Rocco. Telephone interview by Robert Bradley Jr., June 13, 2006.
Love, Ben. Interview by Robert Bradley Jr., Houston, TX, March 13, 2001.
Malloy, Ken. Interview by Robert Bradley Jr., Washington, DC, March 1, 2001.
Mark, Rebecca. Interview notes by Robert Bradley Jr., November 4, 2015.
Marston, Philip. Interview by Robert Bradley Jr., Washington, DC, March 1, 2001.
McCarty, Dan. Interview by Robert Bradley Jr., Houston, TX, January 23, 2001.
McNair, Bob. Interview by Robert Bradley Jr., Houston, TX, August 16, 2006.
Menchaca, Peggy. Interview by Robert Bradley Jr., Houston, TX, August 21, 2001.
Meyer, Rockford. Interview by Robert Bradley Jr., Houston, TX, February 16, 2001.
Morgan, William. Interview by Robert Bradley Jr., Houston, TX, May 11, 2006.
Muckleroy, Mike. Interviews by Robert Bradley Jr., Winter Park, FL, June–October 2006.
Olson, John. Interview by Robert Bradley Jr., Houston, TX, December 16, 2006.
Piper, Greg. Interview by Robert Bradley Jr., Houston, TX, March 6, 2001.
Potempa, Lou. Interview by Robert Bradley Jr., Houston, TX, April 27, 2001 (Potempa 1).
———. Interview by Robert Bradley Jr., Houston, TX, September 8–9, 27, 2006 (Potempa 2).
Schroeder, Mark. Interview by Robert Bradley Jr. and Ursula Brenner, Houston, TX, June 13, 2001.
Segnar, Sam. Interview by Robert Bradley Jr., The Woodlands, TX, October 10, 2001.

Seidl, Mick. Interviews by Robert Bradley Jr., Houston, TX, September–October 2006.
Shapiro, Rick. Interview by Robert Bradley Jr., Houston, TX, February 12, 2001.
Sherriff, John. Interview by Hamad Alkayhat, London, February 26, 2001.
Skilling, Jeff. Interview by Robert Bradley Jr. and Joseph Pratt, Houston, TX, October 4, 2000.
Smith, Clark. Interview by Robert Bradley Jr., Houston, TX, May 3, 2006.
Stram, Bruce. Interview by Robert Bradley Jr., Houston, TX, May 3, 2001.
Strauss, Bill. Interview by Robert Bradley Jr. and Joseph Pratt, Omaha, NE, August 17, 2000.
Sunde, Marty. Interview by Robert Bradley Jr., Houston, TX, July 10, 2001.
Sutton, Joe. Interview by Robert Bradley Jr., Houston, TX, October 13, 2000.
Thompson, John. Interview by Robert Bradley Jr., London, June 20, 2001.
Thorn, Terence. Interview by Robert Bradley Jr., Houston, TX, June 6, 2001.
Wakeham, John. Interview by Robert Bradley Jr., Houston, TX, April 30, 2001.
Walzel, Jim. Interview by Robert Bradley Jr., Houston, TX, March 14, 2006.
Wasaff, George. Interview by Robert Bradley Jr., Houston, TX, March 7, 2001.
———. Interview notes by Robert Bradley Jr., February 5, 2014.
White, Tom. Interview by Robert Bradley Jr., Houston, TX, March 19, 2001.
Wing, John. Interviews by Robert Bradley Jr., The Woodlands, TX, and Houston, TX, June and October 2006.
———. Telephone interview by Robert Bradley Jr., The Woodlands, TX, and Houston, TX, December 6, 2006.
Woytek, David. Interview by Robert Bradley Jr., Houston, TX, January 10, 2007.